CADEIA DE SUPRIMENTOS
PROJETO E GESTÃO

S588c Simchi-Levi, David
        Cadeia de suprimentos : projeto e gestão / David Simchi-Levi, Philip Kaminsky, Edith Simchi-Levi ; tradução: Félix Nonnenmacher. – 3. ed. – Porto Alegre : Bookman, 2010.
        584 p. ; 25 cm.

        ISBN 978-85-7780-611-9

        1. Logística empresarial. 2. Administração – Material – Logística. I. Kaminsky, Philip. II. Simchi-Levi, Edith. III. Título.

        CDU 658.7

Catalogação na publicação: Renata de Souza Borges CRB-10/1922

David Simchi-Levi
Instituto de Tecnologia de Massachusetts (MIT), Cambridge, Massachusetts, EUA

Philip Kaminsky
Universidade da Califórnia, Berkeley, EUA

Edith Simchi-Levi
Logic Tools, Inc., Lexington, Massachusetts, EUA

TERCEIRA EDIÇÃO

CADEIA DE SUPRIMENTOS PROJETO E GESTÃO

Conceitos, Estratégias e Estudos de Caso

Tradução:
Félix José Nonnenmacher

Revisão técnica desta edição:
Marcelo Klippel
Mestre em Administração pela Unisinos/RS

Consultoria e supervisão desta edição:
José Antônio Valle Antunes Júnior
Professor de Mestrado e Doutorado em Administração e
Mestrado em Engenharia de Produção da Unisinos/RS

2010

Obra originalmente publicada sob o título
*Designing and Managing the Supply Chain: Concepts, Strategies and Case Studies
(with Student CD-ROM), 3rd. Edition*
ISBN 978-0-07-298239-8

Copyright © 2008, The McGraw-Hill Companies, Inc. All rights reserved.

Portuguese-language translation copyright © 2010, Bookman Editora Ltda, a division of Artmed Editora. All rights reserved.

Capa: *Rogério Grilho, arte sobre capa original*

Leitura final: *Mônica Stefani*

Editora Sênior: *Arysinha Jacques Affonso*

Editora Pleno: *Denise Weber Nowaczyk*

Projeto e editoração: *Techbooks*

Reservados todos os direitos de publicação, em língua portuguesa, à
ARTMED® EDITORA S. A.
(BOOKMAN® COMPANHIA EDITORA é uma divisão da ARTMED® EDITORA S.A.)
Av. Jerônimo de Ornelas, 670 - Santana
90040-340 Porto Alegre RS
Fone (51) 3027-7000 Fax (51) 3027-7070

É proibida a duplicação ou reprodução deste volume, no todo ou em parte, sob quaisquer formas ou por quaisquer meios (eletrônico, mecânico, gravação, fotocópia, distribuição na Web e outros), sem permissão expressa da Editora.

SÃO PAULO
Av. Angélica, 1091 - Higienópolis
01227-100 São Paulo SP
Fone (11) 3665-1100 Fax (11) 3667-1333

SAC 0800 703-3444

IMPRESSO NO BRASIL
PRINTED IN BRAZIL
Impresso sob demanda na Meta Brasil a pedido de Grupo A Educação.

OS AUTORES

DAVID SIMCHI-LEVI é Professor de Sistemas de Engenharia do Instituto de Tecnologia de Massachusetts (MIT). Antes de juntar-se ao MIT, foi professor na Universidade Northwestern e na Universidade de Columbia. O Prof. Simchi-Levi obteve seu doutorado em Pesquisa Operacional na Universidade de Tel-Aviv e recebeu diversos prêmios por seu trabalho com a gestão da cadeia de suprimentos, logística e transporte. No MIT ensina logística e gestão da cadeia de suprimentos no Programa de Formação de Líderes em Produção e em Programas Executivos na Escola de Administração de Empresas Sloan, da mesma instituição. Em 2000, foi nomeado "Master of *design*" pelo periódico *Supply Chain Management Review*. É coautor, ao lado de Xin Chen e Juline Bramel, do livro *The Logic of Logistics*, publicado pela Springer, e cofundador e ex-CEO da Logic Tools, uma divisão da ILOG. A Logic Tools é uma empresa líder em software de planejamento estratégico e tático da cadeia de suprimentos.

PHIL KAMINSKY é Professor adjunto de Engenharia Industrial na Universidade da Califórnia, Berkeley. Obteve seu doutorado em Engenharia Industrial na Universidade Northwestern. Antes de seus estudos de pós-graduação, trabalhou na divisão de produção da Merck & Co., Inc. Phil Kaminsky fornece consultoria nas áreas de gestão da cadeia de suprimentos e da produção.

EDITH SIMCHI-LEVI é cofundadora e Vice-presidente de Operações da LogicTools Inc., uma divisão da ILOG. Tem extensa experiência em desenvolvimento de software e participou de inúmeros projetos de consultoria em logística e gestão da cadeia de suprimentos. Edith Simchi-Levi obteve seu bacharelado em Matemática e Ciência da Computação na Universidade de Tel-Aviv.

A nossos filhos, Sara e Yuval, que têm a paciência e o senso de humor necessários para tolerar nosso trabalho conjunto.

D.S.L., E.S.L.

À minha família, pelo apoio e estímulo que me oferecem.

P.K.

AGRADECIMENTOS

Estamos felizes em agradecer a todos aqueles que nos ajudaram nas três edições deste livro. Primeiramente, gostaríamos de agradecer ao Dr. Myron Feinstein, ex-diretor do departamento de desenvolvimento de estratégias para a cadeia de suprimentos da Unilever, Nova York, que leu todo o texto e comentou diversos capítulos da primeira edição. Da mesma forma, expressamos nossa gratidão aos instrutores que revisaram o texto da primeira edição, os Professores Michael Ball (Universidade de Maryland), Wendell Gilland (Universidade da Carolina do Norte, Chapel Hill), Eric Johnson (Dartmouth College), Douglas Morrice (Universidade do Texas, Austin), Michael Pangburn (Universidade do Estado da Pensilvânia), Powell Robinson (Universidade Texas A&M), William Tallon (Universidade do Norte de Illinois) e Rachel Yang (Universidade de Illinois, Urbana-Champaign).

Temos uma dívida de gratidão também com o Dr. Deniz Caglar de Booz Allen Hamilton, por seus comentários em versões anteriores deste livro.

A segunda edição contou com comentários e sugestões de muitas pessoas incluindo os Professores Arjang Assad, Michael Ball, e seus colegas da Universidade de Maryland–College Park; Chia-Shin Chung (Universidade do Estado de Cleveland); Brian Gibson (Universidade de Auburn); Boaz Golany (Technion, Israel); Isaac Gottleib (Universidade de Rutgers); Shelly Jha (Universidade Wilfrid Laurier, Ontário, Canadá); Dana Johnson (Universidade Técnica de Michigan); Mary Meixell (Universidade George Mason); Dan Rinks (Universidade do Estado da Louisiana); Tony Arreola-Risa (Universidade Texas A&M) e Joel Wisner (Universidade de Nevada–Las Vegas). Esses comentários foram valiosíssimos para a organização e apresentação desta obra.

O Professor Ravi Anupindi (Universidade Michigan, Ann Arbor), o Professor Yehuda Bassok (Universidade do Sul da California), o Dr. Jeff Tew (General Motors) e o Professor Jayashankar Swaminathan (Universidade da Carolina do Norte, Chapel Hill) ofereceram importantes noções que incorporamos à segunda edição.

Estamos igualmente agradecidos a todos os que revisaram a segunda edição deste livro em preparação para publicarmos a terceira: Kyle Cattani (Universidade da Carolina do Sul, Chapel Hill), Zhi-Long Chen (Universidade de Maryland), Deborah F. Cook (Universidade Técnica da Virgínia), Sriam Dasu (Universidade da Califórnia, Los Angeles), Mark Ferguson (Universidade Técnica da Geórgia), Manoj K. Malhotra (Universidade da Carolina do Sul, Columbia), Charles Petersen (Universidade do Norte de Illinois) e Young K. Son (Baruch College). A terceira edição aproveitou esses comentários.

A terceira edição deste livro também contou com a colaboração do Professor Chung-Lun Li (Universidade Politécnica de Hong Kong) e do Professor Victor Martinez de Albeniz

(IESE, Espanha). O Professor Kanshik Sengupta da Universidade Hofstra preparou os Power-Points e o Manual do Instrutor, e estamos muito contentes com esta valiosa contribuição.

Estamos gratos a nossos colegas do Instituto de Tecnologia de Massachusetts (MIT), da Universidade da Califórnia (Berkeley) e da LogicTools que nos concederam a oportunidade de interagir com algumas das mentes mais brilhantes em atuação na esfera da cadeia de suprimentos, e de aprender com as pesquisas e os progressos que promovem. Dentre elas, citamos os Professores Charles H. Fine e Stephen C. Graves (MIT), com quem o Professor Simchi-Levi vem colaborando nos últimos cinco anos, além de Peter J. Cacioppi, Derek Nelson e Dr. Michael S. Watson, da LogicTools.

Agradecemos à Dr. Kathleen A. Stair e à Srta. Ann Stuart pela cuidadosa revisão de muitos capítulos. A Srta. Ann Stuart também ofereceu sua preciosa ajuda na preparação da segunda edição.

Por fim, agradecemos à Srta. Colleen Tuscher, que nos auxiliou nos estágios iniciais do projeto, a nosso editor, o Sr. Scott Isenberg, e a nossa editora de desenvolvimento, a Srta. Cynthia Douglas, que nos incentivou em todos os momentos e nos auxiliou a concluir esta obra. Obrigado também a James Labeots e à equipe de produção da McGraw-Hill por toda a ajuda que nos prestaram.

David Simchi-Levi
Cambridge, Massachusetts

Philip Kaminsky
Berkeley, California

Edith Simchi-Levi
Lexington, Massachusetts

APRESENTAÇÃO À EDIÇÃO BRASILEIRA

O crescente interesse pela Gestão das Cadeias de Suprimentos (*Supply Chain Management – SCM*) marca o avanço da teoria e da prática de uma série de disciplinas diretamente vinculadas à gestão das organizações. É fácil notar sua presença na literatura especializada, na mídia em geral e, particularmente, nas ações de melhorias empreendidas por diferentes empresas de diferentes indústrias.

Esta edição oferece um panorama geral das questões relacionadas à Gestão de Cadeias de Suprimentos, contemplado a variedade de facetas estratégicas, tecnológicas e gerenciais que a envolvem. Adotando uma perspectiva contemporânea, que considera diretamente a desverticalização das estruturas industriais e a importância crescente da integração via sistemas de informação, ela privilegia a visão de processos e a análise dos aspectos estratégicos associados às opções de configuração e gestão das cadeias.

As razões que direcionam o interesse pelo tema SCM podem ser assim sintetizadas:

- Empresas de diferentes setores industriais têm concentrado suas atividades e recursos em determinadas atividades, notadamente aquelas que representam diferenciais competitivos. Este aspecto ressalta a importância da coordenação de competências entre empresas (no desenvolvimento de produtos, no desenvolvimento de novos mercados, etc.).
- Encontra-se em curso um processo de desverticalização que faz crescer o peso relativo dos materiais adquiridos externamente. Em vez de comprar itens específicos, as empresas tendem a comprar subconjuntos montados que apresentam valores agregados superiores aos simples somatórios dos itens individuais.
- Com a desverticalização, as possibilidades de redução de custos pela melhoria das operações passam a se situar além das fronteiras de cada empresa individual.
- A coordenação e a sincronização dos fluxos de materiais deixam de ter sentido apenas dentro de cada empresa e passam a se referir à cadeia como um todo.
- Os ganhos de produtividade obtidos pelas empresas industriais a partir dos anos 90, notadamente com a adoção de abordagens derivadas do Sistema Toyota de Produção, tendem a ultrapassar os limites da fábrica, integrando e "cortando" as cadeias nos seus diferentes estágios (desde a extração das matérias-primas até a entrega dos produtos finais ao mercado).
- O desenvolvimento e a consolidação de uma "visão global" dos sistemas de operações, que supera a idéia de otimização ou melhoria local (em cada máquina, cada posto de trabalho ou cada empresa isolada), consolidou-se em uma série de práticas e teorias de gestão, situadas em um paradigma sistêmico-processual. Desta nova visão, orientada para os processos, decorre a relevância crescente emprestada ao entendimento e à gestão integrada dos sistemas de operações ao longo das cadeias.

- Os avanços da tecnologia de informação têm descortinado novas possibilidades para:
  - a modelagem analítica (geração e utilização de modelos para projeto, planejamento e programação de produção, materiais, distribuição, etc.), de maneira que a geração e resolução de modelos matemáticos heurísticos e otimizantes têm se tornado cada vez mais correntes, economicamente viáveis e rápidas com o incremento da capacidade computacional e o desenvolvimento de novos métodos matemáticos;
  - a integração dos fluxos de dados transacionais e a automação de processos entre empresas, permitindo que processos possam ser implementados (por meio de sistemas de informação do tipo ERPs e de comércio eletrônico) por diferentes empresas, reduzindo tempos de fluxo (*lead-times*) das informações e gerando grandes massas de dados que podem ser utilizadas na gestão das cadeias.

Há, portanto, uma variedade de possibilidades e desafios para a gestão das cadeias de suprimentos. A compreensão das opções que se apresentam aos gestores e "do que está em jogo" em cada tipo de decisão é de suma importância para aqueles que trabalham com o tema e desenvolvem suas atividades profissionais na área.

O livro de David Simchi-Levi, Philip Kaminsky e Edith Simchi-Levi contempla a grande maioria dos aspectos necessários para o entendimento e a aplicação dos conceitos fundamentais e contemporâneos ligados à Gestão das Cadeias de Suprimentos. Esta obra certamente continuará a contribuir de forma significativa com o ensino do tema na graduação e pós-graduação nas áreas de Administração e Engenharia de Produção nas universidades brasileiras. Ainda, continuará a colaborar com os profissionais que atuam diretamente relacionados com o tema nas empresas a melhorarem continuamente o desempenho econômico-financeiro e a sustentabilidade de longo prazo da competitividade das mesmas. Desejamos uma boa e eficaz leitura a todos vocês!

Roberto dos Reis Alvarez,
Doutor pelo PEP/COPPE/UFRJ,
Mestre em Engenharia de Produção pelo PPGEP/UFRGS,
Diretoria de Desenvolvimento Industrial da Agência Brasileira de
Desenvolvimento Industrial – ABDI

José Antonio Valle Antunes Júnior (Junico Antunes),
Doutor em Administração pelo PPGA/UFRGS,
Diretor da PRODUTTARE Consultores Associados,
Professor do Mestrado e Doutorado da UNISINOS

Marcelo Klippel,
Mestre em Administração de Empresas pela UNISINOS,
Administrador de Empresas pela PUC/RS,
Sócio Consultor da PRODUTTARE Consultores Associados e
Diretor Industrial da ARTISAN Estofados

APRESENTAÇÃO

Nos últimos anos, testemunhamos uma explosão de publicações sobre gestão da cadeia de suprimentos. Inúmeros livros são publicados e muitos artigos ganham espaço em periódicos acadêmicos, em revistas de economia e negócios e também na grande imprensa. Essas publicações são excessivamente técnicas – e portanto inacessíveis a profissionais e estudantes universitários – ou carecem da cobertura e da profundidade que o assunto merece. Sem dúvida, é difícil encontrar um livro apropriado para estudantes de administração ou de engenharia sobre o ensino da gestão da cadeia de suprimentos. *Cadeia de Suprimentos – Projeto e Gestão* é uma obra que vem preencher esta lacuna.

Este livro faz uma importante contribuição, sendo essencial para os estudos da comunidade da cadeia de suprimentos. Ele é o primeiro a abranger um amplo espectro de tópicos da cadeia de suprimentos em profundidade, apresentando os principais desafios nesta área. Foi escrito por especialistas atuantes nas esferas acadêmica e industrial, pessoas que vêm pesquisando, oferecendo consultoria e desenvolvendo programas de software para a gestão da cadeia de suprimentos há muitos anos.

A obra inclui muitos estudos de caso, tanto inéditos quanto clássicos, exemplos e análises detalhadas de algumas das questões que envolvem a gestão do estoque, o projeto de redes e a formação de alianças estratégicas, entre outros. Portanto, este livro-texto é ideal para as disciplinas de gestão da cadeia de suprimentos em cursos universitários, mestrados e MBAs. Uma vez que cada capítulo é independente, os professores podem escolher os temas que desejam explorar, de acordo com as necessidades e a duração do curso. O livro inclui três jogos de computador. O Jogo da Cerveja Informatizado é uma excelente ferramenta de ensino que envolve os alunos na gestão da cadeia de suprimentos, sendo um ponto de partida para a discussão do valor da informação na cadeia de suprimentos, na formação de alianças estratégicas, na tomada de decisão centralizada, e assim sucessivamente. O Jogo do Compartilhamento do Risco permite entender um importante conceito da gestão da cadeia de suprimentos, o do compartilhamento do risco. O Jogo das Cotações ilustra importantes estratégias de *procurement**. Os autores foram muito criativos na proposição de jogos para motivar e expor os alunos a assuntos desafiadores.

---

* N. de R. T.: *Procurement*, também conhecido como processo de aprovisionamento, abrange vários aspectos da armação onde fornecedores e empresa tendo como objetivo principal gerar todo o ciclo entre empresas e fornecedores e os produtos a adquirir, estando este conceito relacionado com a logística de entrada. Compreende o processo desde a entrada até o momento da produção.

Por fim, visto que diversas empresas entendem a gestão da cadeia de suprimentos como um ponto central de suas estratégias de negócio, este livro atende também aos interesses de gestores envolvidos em qualquer processo que forma a cadeia de suprimentos.

Quero parabenizar os autores deste livro por terem escrito uma obra de valor extraordinário para a comunidade da cadeia de suprimentos.

Hau L. Lee
Professor com o título Kleiner Perkins, Mayfield e Sequoia Capital
Diretor do Fórum Stanford para a Cadeia de Suprimentos
Universidade de Stanford

PREFÁCIO

Três anos atrás, quando a segunda edição deste livro foi publicada, mencionamos nosso objetivo de elaborar os pontos positivos da primeira edição e incluir o que havíamos aprendido sobre a gestão da cadeia de suprimentos. Temos a satisfação de dizer que aquela revisão teve sucesso. Tal como ocorreu com a primeira edição, recebemos uma reação excelente dos leitores, quer estudantes, executivos ou consultores. Contudo, desde então novos conceitos foram desenvolvidos, as mudanças tecnológicas continuam a andar a passos cada vez mais amplos, e descobrimos uma variedade de abordagens e conceitos de ensino novos e importantes. Assim, vimos que chegara a hora certa para mais uma revisão do livro.

A edição original desta obra nasceu a partir de diversos cursos de gestão da cadeia de suprimentos e de programas de ensino para executivos que ministramos na Universidade Northwestern, além de inúmeros projetos de consultoria e sistemas de suporte à cadeia de suprimentos que desenvolvemos na LogicTools. Desde então, continuamos lecionando em cursos executivos e regulares, tanto no Instituto de Tecnologia de Massachusetts quanto na Universidade da Califórnia, Berkeley. Também prosseguimos com o desenvolvimento de uma variedade de ferramentas de suporte à decisão para a cadeia de suprimentos. Estes cursos geraram muitos conceitos inovadores e eficientes ao ensino da gestão da cadeia de suprimentos. O foco desses programas sempre esteve na apresentação, de modo simples e acessível, dos modelos mais avançados e das soluções mais importantes ao projeto, ao controle e à operação da cadeia de suprimentos. Da mesma forma, os projetos de consultoria e os sistemas de apoio à decisão desenvolvidos pela LogicTools se concentram na aplicação destas técnicas avançadas na solução de problemas específicos enfrentados por nossos clientes. Nos últimos três anos, continuamos a acrescentar novos modelos e técnicas aos currículos destes cursos, à medida que foram desenvolvidos, e avançamos com o processo de integração destas abordagens, modelos e métodos de solução em estruturas (*frameworks*), de forma que os estudantes possam pôr estas ideias em perspectiva, com melhores resultados.

O interesse na gestão da cadeia de suprimentos, tanto na indústria quanto nas universidades, cresceu rapidamente nas duas últimas décadas, e continua crescendo. Uma série de forças vem contribuindo com esta tendência. Na década de 1990, muitas empresas reconheceram que haviam reduzido seus custos de produção dentro do limite praticável. Muitas destas empresas descobriram a magnitude da economia que pode ser obtida com o planejamento e a gestão de suas cadeias de suprimentos com maior eficiência. Na verdade, um exemplo incrível visto na década de 1990 foi o sucesso da Wal-Mart, em parte atribuído à implementação de uma nova estratégia logística chamada *cross-docking**. Ao mesmo tempo, os sistemas de informação e comunicação passaram a ser implementados em todo o lugar, fornecendo acesso a dados detalhados de todos os componentes da cadeia.

A influência da Internet e do comércio eletrônico (*e-commerce*) na economia, em geral, e na práxis dos negócios, em particular, foi tremenda. As mudanças ocorrem com incrível rapidez, e a abrangência dessas alterações é de tirar o fôlego! Por exemplo, o modelo de venda direta adotado por gigantes da indústria, como a Dell Computers e a Amazon.com, possibilita aos clientes pedir seus produtos pela Internet, o que por sua vez permite às empresas comercializar seus produtos sem a dependência de distribuidores ou lojas comuns. Da mesma forma, a Internet trouxe um expressivo impacto nas transações *business-to-business* e nas colaborações. Ao mesmo tempo, o afrouxamento das regulamentações do setor de transporte levou ao desenvolvimento de inúmeros modos de transporte e à redução nos respectivos custos – o que foi acompanhado por uma significativa elevação no nível de complexidade dos sistemas logísticos.

Por fim, um novo conjunto de forças contribuiu para o maior interesse na gestão da cadeia de suprimentos nos últimos anos. Com o contínuo crescimento nas operações de produção em outros continentes e da globalização, o enredamento da cadeia de suprimentos e os riscos envolvidos aumentaram significativamente. Isto, ao lado dos maiores custos com energia e a aceleração das atividades de fusão e aquisição, motivou muitas empresas a reavaliarem suas estratégias para a cadeia de suprimentos, de forma a utilizar melhor os recursos e a infraestrutura existentes.

Portanto, não causa surpresa o fato de muitas empresas estarem envolvidas na análise de suas cadeias de suprimentos. Na maioria dos casos, contudo, esta análise é feita com base na experiência e na intuição. Pouquíssimos modelos analíticos ou ferramentas de planejamento eram utilizados neste processo. Em contrapartida, nas duas últimas décadas, a comunidade acadêmica desenvolveu diversos modelos e ferramentas para a gestão da cadeia de suprimentos. Infelizmente, a primeira geração desta tecnologia não foi robusta ou flexível o bastante para permitir que a indústria a utilizasse de forma eficaz. Porém, isso mudou nos últimos anos, período de melhoria na análise e nos *insights* (percepções). Além disso, modelos e sistemas eficientes de apoio à decisão foram desenvolvidos. Mas a indústria não estava exatamente familiarizada com estas novidades. De fato, pelo que sabemos, não há estudos publicados que discutam esses problemas, modelos, conceitos e ferramentas com uma ótica acessível e em nível apropriado de detalhe.

Neste livro, nossa intenção é preencher esta lacuna, apresentando modelos de última geração, conceitos e soluções importantes para o controle, a operação e a gestão de sistemas para a cadeia de suprimentos. Em especial, tentamos mostrar o que está por trás dos principais conceitos da cadeia de suprimentos e apresentar técnicas simples que podem ser utilizadas para analisar diversos aspectos da mesma.

A ênfase está em um formato acessível a executivos e profissionais liberais, além de estudantes interessados em seguir carreira em setores relacionados. Além disso, este livro apresenta aos alunos os sistemas de informação e as ferramentas de apoio à decisão que podem auxiliar no projeto, na análise e no controle de cadeias de suprimentos.

---

* N. de R. T.: Trata-se de uma solução na qual a distribuição de bens é feita por meio de uma rede que possui pontos de transbordo de cargas. Não existem estoques nesses nós da rede além daqueles em movimentação de um veículo para outro (transbordo). A denominação *cross-docking* surge a partir do fato de que os bens transportados chegam ao ponto de transbordo por "docas" de entrada, são descarregados, reagrupados e expedidos pelas "docas" de saída. Por exemplo: chegam caminhões carregados de leite (caminhão 1), cereais (caminhão 2) e biscoitos (caminhão 3) nas docas de entrada, suas cargas são descarregadas e carregamentos mistos (leite+cereais+biscoitos) são compostos e expedidos pelas docas de saída. É um sistema orientado para o fluxo rápido.

Este livro tem a intenção de servir como:

- Livro-texto para cursos de MBA de logística e gestão da cadeia de suprimentos
- Livro-texto para cursos de graduação e mestrado em engenharia industrial com ênfase em logística e cadeia de suprimentos
- Referência para professores, consultores e profissionais liberais envolvidos em algum dos processos que compõem a cadeia de suprimentos

Claro que a gestão da cadeia de suprimentos é uma área muito ampla, e seria impossível, para um único livro, tratar de todas as áreas importantes, em profundidade. De fato, há uma certa discordância, na comunidade acadêmica e na indústria, acerca de quais são exatamente estas áreas de relevância. No entanto, tentamos fornecer uma ampla introdução para muitas das facetas da gestão da cadeia de suprimentos. Ainda que muitas das questões da cadeia de suprimentos estejam interligadas, fizemos todos os esforços possíveis para tornar os capítulos independentes, de forma que o leitor possa encontrar o capítulo que explora determinado tópico com facilidade.

A discussão varia entre os tópicos básicos da gestão de estoques, o planejamento da rede logística, sistemas de distribuição e valor para o cliente, até assuntos mais avançados, como alianças estratégicas, o valor da informação na cadeia de suprimentos, contratos de suprimento, *procurement* e terceirização, projeto de produto e a interface entre o projeto de produto e as estratégias para a cadeia de suprimentos, processos de negócio e tecnologia da informação, incluindo sistemas de apoio à decisão, padrões tecnológicos e gerenciamento do risco, e aspectos da gestão internacional da cadeia de suprimentos. Cada capítulo traz diversos estudos de caso e exemplos, e as seções com enfoque matemático e técnico podem ser omitidas sem prejudicar a continuidade da obra.

O QUE HÁ DE NOVO NA TERCEIRA EDIÇÃO

A terceira edição deste livro apresenta uma expressiva revisão de conteúdo. Conservamos a mesma estrutura e filosofia das edições anteriores, porém conferimos maior importância a estruturas que ilustram questões relevantes da cadeia de suprimentos. Ao mesmo tempo, motivados pelos novos progressos vistos na indústria, acrescentamos conteúdos sobre uma diversidade de tópicos e aumentamos a cobertura de outros.

Resumidamente, as principais mudanças incluem:

- Novos estudos de caso, como a Estratégia de Distribuição da Amazon.com Europa; A Dell Inc.: A Melhoria na Flexibilidade da Cadeia de Suprimentos dos Microcomputadores Desktop; H.C. Starck, Inc.; Steel Works, Inc.; A Solectron: de Fabricante Contratada a Integradora da Cadeia de Suprimentos Global e Zara.
- Novos tópicos, como o planejamento de rede logística, estoque estratégico, estratégias para a gestão do risco, estratégias para o *global sourcing** e padrões de tecnologias.
- Novos capítulos, como a cadeia de desenvolvimento e suprimento, *sourcing* estratégico e arquitetura voltada para o serviço.

Em termos mais específicos:

- Apresentamos o conceito da cadeia de desenvolvimento e suprimento (Capítulo 1) e o aplicamos a estratégias de projeto de produto e de cadeia de suprimentos (Capítulo 11).

---

* N. de R. T.: A estratégia de *global sourcing* pode ser definida como a busca por fornecedores que estão localizados em outros países ou regiões distantes, ou seja, há uma independência da localização geográfica.

- Expandimos nossa discussão sobre o planejamento da rede logística e aumentamos a ênfase no estoque de segurança estratégico e no planejamento de estoques em redes de suprimentos (Capítulo 3).
- Acrescentamos um capítulo sobre contratos de suprimento para componentes estratégicos e *commodities* (Capítulo 4).
- Aprimoramos a discussão sobre o impacto dos *lead times* nas estratégias para a cadeia de suprimentos (Capítulo 6).
- Incluímos um capítulo sobre estratégias de distribuição em que o impacto está no compartilhamento do risco e na pesquisa de compra feita pelo cliente (Capítulo 7).
- Elaboramos uma ampla revisão do capítulo sobre estratégias de *procurement* e terceirização, com foco nas estruturas de terceirização, compra estratégica e pegada do fornecedor (Capítulo 9).
- Desenvolvemos uma nova estrutura para a gestão do risco em cadeias de suprimentos globais (Capítulo 10).
- Acrescentamos um capítulo sobre padrões de tecnologia, como arquitetura orientada para o serviço e identificação por radiofrequência (Capítulo 15).
- Adicionamos e atualizamos diversos exemplos para ilustrar vários conceitos, estruturas e estratégias.

Este livro também inclui três programas de software – o **Jogo da Cerveja Informatizado**, o **Jogo do Compartilhamento do Risco** e o **Jogo das Cotações** – que ilustram muitos dos conceitos aqui discutidos. Na verdade, ao lecionarmos para estudantes universitários e executivos, descobrimos que estes jogos ajudam os alunos a entender melhor problemas e conceitos como o efeito chicote, o valor da informação na cadeia de suprimentos, o impacto dos *lead times*, a tomada centralizada de decisões, compartilhamento do risco e a competição do fornecedor nas operações da cadeia de suprimentos. Como na segunda edição, incluímos uma planilha do Microsoft Excel para ajudar os alunos a entender muitos dos conceitos dos contratos para a cadeia de suprimentos apresentados no Capítulo 4.

Partes deste livro foram baseadas no trabalho feito anteriormente por nós mesmos, ou com a colaboração de outras pessoas.

- Os Capítulos 1 e 3 são baseados essencialmente no livro *The Logic of Logistics,* escrito por J. Bramel e D. Simchi-Levi e publicado pela Springer em 1997. A segunda edição (com X. Chen e J. Bramel) foi publicada em outubro de 2004.
- O conceito de cadeia de desenvolvimento e suprimento foi criado por C. H. Fine do MIT, e então aplicado por C. H. Fine e D. Simchi-Levi para desenvolver estratégias eficientes para a cadeia de suprimentos. Algumas de suas ideias são discutidas nos Capítulos 1 e 11.
- Parte do material sobre o efeito chicote aparece em um artigo de F. Y. Chen, Z. Drezner, J. K. Ryan e D. Simchi-Levi em *Quantitative Models for Supply Chain Management*, editado por S. Tayur, R. Ganeshan e M. Magazine, publicado pela Kluwer Academic Publishers em 1998.
- O material no Capítulo 6 foi tomado de dois estudos, um escrito por D. Simchi-Levi e E. Simchi-Levi, e o outro pelos mesmos autores e M. Watson. Este estudo aparece em *The Practice of Supply Chain Management*, editado por T. Harrison, H. Lee, e J. Neale, publicado pela Kluwer Academic Publishers em 2003.
- O material sobre compartilhamento de estoques e pesquisa do cliente discutido no Capítulo 7 é baseado no estudo "Centralization of Stocks: Retailers vs. Manufacturer," de R. Anupindi e Y. Bassok, publicado em *Management Science* em 1999. Este estudo moti-

vou D. Simchi-Levi a desenvolver (em parceria com X. Chen e Y. Sheng) um modelo de simulação utilizado nos Exemplos 7-2 e 7-3.
- Parte do material no Capítulo 9 é baseado em material didático dado aos autores por C. P. Teo, da Universidade Nacional de Cingapura, e V.M. de Albeniz, do IESE, Espanha.
- O Capítulo 14 foi extensivamente baseado em um artigo de C. Heinrich e D. Simchi-Levi publicado em *Supply Chain Management Review*, maio de 2005.
- A discussão sobre identificação por radiofrequência no Capítulo 15 foi baseada em um capítulo escrito por D. Simchi-Levi e que consta no livro *RFID and Beyond: Growing Your Business Through Real World Awareness*, editado por C. Heinrich e publicado pela Wiley em 2005.
- O Jogo da Cerveja Informatizado é discutido em um artigo de P. Kaminsky e D. Simchi-Levi em *Supply Chain and Technology Management*, editado por H. Lee e S. M. Ng, publicado pela The Production and Operations Management Society.
- O Jogo das Cotações é baseado em um artigo de V. Martinez de Albeniz e D. Simchi-Levi "Competition in the Supply Option Market," dissertação, MIT, 2005.
- Parte do material em CD sobre o gerenciamento do risco foi retirado de um artigo de D. Simchi-Levi, L. Snyder e M. Watson publicado em *Supply Chain Management Review* em 2002.

LISTA DE ESTUDOS DE CASO

A Meditech Surgical   51

A Steel Works, Inc.   61

Compartilhamento do risco   85

Sport Obermeyer   100

A Bis Corporation   117

ElecComp Inc.   138

H.C. Starck, Inc.   151

A American Tool Works   166

Barilla SpA (A)   187

Camisetas de futebol da Liga Nacional de Futebol Americano (National Football League, NFL): um caso para postergação   219

A Dell Inc.: a melhoria na flexibilidade da cadeia de suprimentos dos microcomputadores desktop   226

A grande correção de estoque   253

A estratégia de distribuição da Amazon.com Europa   258

Como a Kimberly-Clark conserva o cliente Costco   294

A Audio Duplication Services, Inc. (ADS)   317

O Smith Group   318

Zara   319

A Solectron: de fabricante contratada a integradora da cadeia de suprimentos global   349

A Wal-Mart altera sua tática para atender as preferências internacionais   367

A Hewlett-Packard: a cadeia de suprimentos da impressora DeskJet   391

A Hewlett-Packard Company: o projeto da impressora em rede com vistas à universalidade   421

Feito sob medida   428

A economia da Starbucks: a solução do mistério do indefinível cappuccino "curto"   454

A incrível reviravolta dos descontos pós-pagamento   471

A cadeia de suprimentos da Whirlpool   475

A 7-Eleven se abastece com experiência tecnológica   489

A "evolução" do S&OP na Adtran   502

A Pacorini se mantém na liderança do mercado de logística global com a arquitetura orientada a serviços (SOA) da IBM   509

SUMÁRIO RESUMIDO

1. INTRODUÇÃO À GESTÃO DA CADEIA DE SUPRIMENTOS	33
2. A GESTÃO DE ESTOQUES E O COMPARTILHAMENTO DO RISCO	61
3. A CONFIGURAÇÃO DA REDE LOGÍSTICA	117
4. OS CONTRATOS DE FORNECIMENTO	166
5. O VALOR DA INFORMAÇÃO	187
6. A INTEGRAÇÃO DA CADEIA DE SUPRIMENTOS	226
7. AS ESTRATÉGIAS DE DISTRIBUIÇÃO	258
8. AS ALIANÇAS ESTRATÉGICAS	294
9. AS ESTRATÉGIAS DE *PROCUREMENT* E DE TERCEIRIZAÇÃO	319
10. A LOGÍSTICA E O GERENCIAMENTO DO RISCO	367
11. O PROJETO COORDENADO DA CADEIA DE SUPRIMENTOS E DO PRODUTO	391
12. O VALOR PARA O CLIENTE	428
13. A PRECIFICAÇÃO INTELIGENTE	454
14. A TECNOLOGIA DA INFORMAÇÃO E OS PROCESSOS DE NEGÓCIO	475
15. OS PADRÕES TECNOLÓGICOS	509
Apêndice A O Jogo da Cerveja Informatizado	535
Apêndice B O Jogo do Compartilhamento do Risco	551
Apêndice C A Planilha Excel	559
Apêndice D O Jogo das Cotações	560
Referências	563
Índice	569

SUMÁRIO

1. **INTRODUÇÃO À GESTÃO DA CADEIA DE SUPRIMENTOS** — 33
   - 1.1 O que é a cadeia de suprimentos — 33
   - 1.2 A cadeia de desenvolvimento — 35
   - 1.3 A otimização global — 36
   - 1.4 A gestão da incerteza e do risco — 37
   - 1.5 A evolução da gestão da cadeia de suprimentos — 39
   - 1.6 A complexidade — 44
   - 1.7 Os principais problemas da gestão da cadeia de suprimentos — 45
   - 1.8 Os objetivos e uma visão geral deste livro — 49
   - Questões para discussão — 50
   - **ESTUDO DE CASO: A MEDITECH SURGICAL** — 51

2. **A GESTÃO DE ESTOQUES E O COMPARTILHAMENTO DO RISCO** — 61
   - **ESTUDO DE CASO: A STEEL WORKS, INC.** — 61
   - 2.1 Introdução — 65
   - 2.2 Controle de estoques de estágio único — 67
     - 2.2.1 O modelo do tamanho do lote econômico — 68
     - 2.2.2 O efeito da incerteza na demanda — 70
     - 2.2.3 Os modelos de período único — 71
     - 2.2.4 O estoque inicial — 74
     - 2.2.5 Oportunidades de pedidos múltiplos — 76
     - 2.2.6 A política de avaliação contínua — 77
     - 2.2.7 Lead times variáveis — 80
     - 2.2.8 A política de avaliação periódica — 81
     - 2.2.9 A otimização do nível de serviço — 83
   - 2.3 O compartilhamento do risco — 84
   - **ESTUDO DE CASO: COMPARTILHAMENTO DO RISCO** — 85
   - 2.4 O sistema centralizado versus o sistema descentralizado — 88
   - 2.5 A gestão do estoque na cadeia de suprimentos — 88
   - 2.6 Algumas questões práticas — 92
   - 2.7 A previsão — 93
     - 2.7.1 Os métodos baseados em julgamento — 94
     - 2.7.2 Os métodos de pesquisa de mercado — 94

2.7.3 Os métodos baseados nas séries históricas — 95
2.7.4 Os métodos causais — 95
2.7.5 A seleção da técnica apropriada para a geração de previsões — 96
Resumo — 96
Questões para discussão — 97

ESTUDO DE CASO: SPORT OBERMEYER — **100**

3. A CONFIGURAÇÃO DA REDE LOGÍSTICA — 117

ESTUDO DE CASO: A BIS CORPORATION — **117**

3.1 Introdução — 119
3.2 O projeto da rede logística — 120
   3.2.1 A coleta de dados — 122
   3.2.2 A agregação de dados — 122
   3.2.3 As tarifas de transporte — 125
   3.2.4 Estimativa de milhagem — 127
   3.2.5 Custos com depósitos — 128
   3.2.6 As capacidades dos depósitos — 129
   3.2.7 Os possíveis locais para depósitos — 130
   3.2.8 O nível de serviço exigido — 130
   3.2.9 A demanda futura — 131
   3.2.10 A validação do modelo e dos dados — 131
   3.2.11 As técnicas de solução — 132
   3.2.12 As principais características de um PCS para a configuração de rede logística — 135
3.3 A posição de estoques e a coordenação logística — 136
   3.3.1 O estoque de segurança estratégico — 136

ESTUDO DE CASO: ELECCOMP INC. — **138**

   3.3.2 A integração da posição do estoque com o projeto da rede logística — 144
3.4 A alocação de recursos — 145
Resumo — 149
Questões para discussão — 150

ESTUDO DE CASO: H.C. STARCK, INC. — **151**

4. OS CONTRATOS DE FORNECIMENTO — 166

ESTUDO DE CASO: A AMERICAN TOOL WORKS — **166**

4.1 Introdução — 167
4.2 Os componentes estratégicos — 168
   4.2.1 Os contratos de suprimento — 168
   4.2.2 As limitações — 173
4.3 Os contratos para cadeias de suprimentos para estoque (MTS – make-to-stock) e sob encomenda (MTO – make-to-order) — 174
4.4 Os contratos com informações assimétricas — 179
4.5 Os contratos para componentes não estratégicos — 180
Resumo — 183
Questões para discussão — 183

5. O VALOR DA INFORMAÇÃO — 187

ESTUDO DE CASO: BARILLA SPA (A) — 187

5.1 Introdução — 198
5.2 O efeito chicote — 199
   5.2.1 A quantificação do efeito chicote — 202
   5.2.2 O impacto das informações centralizadas no efeito chicote — 204
   5.2.3 Os métodos para lidar com o efeito chicote — 207
5.3 O compartilhamento de informações e os incentivos — 208
5.4 As previsões eficazes — 210
5.5 As informações para a coordenação de sistemas — 211
5.6 A localização dos produtos desejados — 211
5.7 A redução dos lead times — 212
5.8 As informações e os trade-offs na cadeia de suprimentos — 212
   5.8.1 Os objetivos conflitantes na cadeia de suprimentos — 213
   5.8.2 O projeto da cadeia de suprimentos diante de objetivos conflitantes — 213
5.9 Como diminuir o valor marginal da informação — 217
Resumo — 217
Questões para discussão — 218

ESTUDO DE CASO: CAMISETAS DE FUTEBOL DA LIGA NACIONAL DE FUTEBOL AMERICANO (NATIONAL FOOTBALL LEAGUE, NFL): UM CASO PARA POSTERGAÇÃO — 219

6. A INTEGRAÇÃO DA CADEIA DE SUPRIMENTOS — 226

ESTUDO DE CASO: A DELL INC.: A MELHORIA NA FLEXIBILIDADE DA CADEIA DE SUPRIMENTOS DOS MICROCOMPUTADORES DESKTOP — 226

6.1 Introdução — 236
6.2 Os sistemas empurrados, puxados e empurrados-puxados — 236
   6.2.1 A cadeia de suprimentos empurrada — 236
   6.2.2 A cadeia de suprimentos puxada — 237
   6.2.3 A cadeia de suprimentos empurrada-puxada — 238
   6.2.4 A identificação da melhor estratégia para a cadeia de suprimentos — 239
   6.2.5 A implementação de uma estratégia empurrada-puxada — 241
6.3 O impacto do lead time — 243
6.4 As estratégias orientadas pela demanda — 245
6.5 O impacto da Internet nas estratégias da cadeia de suprimentos — 247
   6.5.1 O que é o e-business? — 249
   6.5.2 A indústria dos alimentos — 249
   6.5.3 A indústria editorial — 250
   6.5.4 A indústria varejista — 250
   6.5.5 O impacto do transporte e do atendimento do pedido — 251
Resumo — 252
Questões para discussão — 253

ESTUDO DE CASO: A GRANDE CORREÇÃO DE ESTOQUE — 253

7. AS ESTRATÉGIAS DE DISTRIBUIÇÃO — 258
ESTUDO DE CASO: A ESTRATÉGIA DE DISTRIBUIÇÃO DA AMAZON.COM EUROPA — 258

7.1 Introdução — 281
7.2 As estratégias de distribuição com expedição direta — 282
7.3 As estratégias de armazenagem com pontos de estoque intermediário — 282
    7.3.1 A armazenagem tradicional — 283
    7.3.2 O cross-docking — 285
    7.3.3 O compartilhamento de estoques — 285
7.4 O transbordo — 291
7.5 A seleção de uma estratégia apropriada — 292
Resumo — 293
Questões para discussão — 293

8. AS ALIANÇAS ESTRATÉGICAS — 294
ESTUDO DE CASO: COMO A KIMBERLY-CLARK CONSERVA O CLIENTE COSTCO — 294

8.1 Introdução — 298
8.2 Uma estrutura para as alianças estratégicas — 299
8.3 A logística terceirizada — 301
    8.3.1 O que é a LT? — 301
    8.3.2 As vantagens e desvantagens da LT — 302
    8.3.3 Os problemas e as exigências da LT — 304
    8.3.4 Os problemas na implementação da LT — 305
8.4 As parcerias varejista-fornecedor — 306
    8.4.1 Os tipos de PVF — 306
    8.4.2 As exigências para a PVF — 307
    8.4.3 A propriedade do estoque na PVF — 308
    8.4.4 As questões envolvendo a implementação da PVF — 309
    8.4.5 Os aspectos da implementação da PVF — 310
    8.4.6 As vantagens e desvantagens da PVF — 310
    8.4.7 Sucessos e fracassos — 312
8.5 A integração dos distribuidores — 313
    8.5.1 Os tipos de integração dos distribuidores — 314
    8.5.2 Os problemas com a integração dos distribuidores — 315
Resumo — 315
Questões para discussão — 316
ESTUDO DE CASO: A AUDIO DUPLICATION SERVICES, INC. (ADS) — 317
ESTUDO DE CASO: O SMITH GROUP — 318

9. AS ESTRATÉGIAS DE *PROCUREMENT* E DE TERCEIRIZAÇÃO — 319
ESTUDO DE CASO: ZARA — 319

9.1 Introdução — 333
9.2 As vantagens e os riscos da terceirização — 334
9.3 Uma estrutura para as decisões de comprar/fazer — 336

9.4 As estratégias de procurement — 339
   9.4.1 A escolha do fornecedor — 341
9.5 O e-procurement — 344
Resumo — 348
Questões para discussão — 348
ESTUDO DE CASO: A SOLECTRON: DE FABRICANTE CONTRATADA A INTEGRADORA DA CADEIA DE SUPRIMENTOS GLOBAL — 349
Questões para discussão do estudo de caso — 364

10. A LOGÍSTICA E O GERENCIAMENTO DO RISCO — 367

ESTUDO DE CASO: A WAL-MART ALTERA SUA TÁTICA PARA ATENDER AS PREFERÊNCIAS INTERNACIONAIS — 367

10.1 Introdução — 371
   10.1.1 As forças dos mercados globais — 372
   10.1.2 As forças tecnológicas — 373
   10.1.3 As forças dos custos globais — 373
   10.1.4 As forças econômicas e políticas — 374
10.2 O gerenciamento do risco — 374
   10.2.1 As diversas fontes de riscos — 375
   10.2.2 O gerencimento dos riscos unknown-unknown (desconhecido-desconhecido) — 377
   10.2.3 O gerenciamento dos riscos globais — 381
   10.2.4 As exigências para a implementação de uma estratégia global — 382
10.3 Os problemas na gestão da cadeia de suprimentos internacional — 383
   10.3.1 Produtos internacionais versus produtos regionais — 384
   10.3.2 Autonomia local versus controle central — 384
   10.3.3 Perigos diversos — 385
10.4 As diferenças regionais na logística — 386
   10.4.1 As diferenças culturais — 386
   10.4.2 A infraestrutura — 387
   10.4.3 As expectativas e a avaliação do desempenho — 388
   10.4.4 A disponibilidade do sistema de informação — 388
   10.4.5 Os recursos humanos — 389
Resumo — 389
Questões para discussão — 390

11. O PROJETO COORDENADO DA CADEIA DE SUPRIMENTOS E DO PRODUTO — 391

ESTUDO DE CASO: A HEWLETT-PACKARD: A CADEIA DE SUPRIMENTOS DA IMPRESSORA DESKJET — 391

11.1 Uma estrutura geral — 399
11.2 O projeto para a logística — 403
   11.2.1 Uma visão geral — 403
   11.2.2 A embalagem e o transporte econômicos — 404
   11.2.3 O processamento paralelo e simultâneo — 405
   11.2.4 A padronização — 407

11.2.5 A seleção da estratégia de padronização	*410*
11.2.6 Considerações importantes	*411*
11.2.7 A fronteira empurrada-puxada	*412*
11.2.8 A análise do estudo de caso apresentado	*413*
11.3 A integração do fornecedor no desenvolvimento de novos produtos	*415*
11.3.1 O espectro da integração do fornecedor	*415*
11.3.2 As chaves para a integração eficiente do fornecedor	*416*
11.3.3 Um "baú" de tecnologias e fornecedores	*417*
11.4 A customização em massa	*417*
11.4.1 O que é a customização em massa?	*417*
11.4.2 Como operacionalizar a customização em massa	*418*
11.4.3 A customização em massa e a gestão da cadeia de suprimentos	*419*
Resumo	*420*
Questões para discussão	*420*
ESTUDO DE CASO: A HEWLETT-PACKARD COMPANY: O PROJETO DA IMPRESSORA EM REDE COM VISTAS À UNIVERSALIDADE	**421**

12. O VALOR PARA O CLIENTE — 428

ESTUDO DE CASO: FEITO SOB MEDIDA — **428**

12.1 Introdução	*431*
12.2 As dimensões do valor para o cliente	*434*
12.2.1 A conformidade às exigências	*434*
12.2.2 A seleção do produto	*436*
12.2.3 O preço e a marca	*439*
12.2.4 Os serviços com valor agregado	*441*
12.2.5 Os relacionamentos e as experiências	*442*
12.2.6 As dimensões e a concretização da excelência	*445*
12.3 Os indicadores do valor para o cliente	*446*
12.4 A tecnologia da informação e o valor para o cliente	*449*
Resumo	*452*
Questões para discussão	*453*

13. A PRECIFICAÇÃO INTELIGENTE — 454

ESTUDO DE CASO: A ECONOMIA DA STARBUCKS: A SOLUÇÃO DO MISTÉRIO DO INDEFINÍVEL CAPPUCCINO "CURTO" — **454**

13.1 Introdução	*456*
13.2 O preço e a demanda	*456*
13.3 As remarcações	*458*
13.4 A diferenciação do preço	*459*
13.5 A gestão de receitas	*460*
13.6 A precificação inteligente	*464*
13.6.1 A precificação diferencial	*464*
13.6.2 A precificação dinâmica	*466*
13.7 O impacto da Internet	*468*
13.8 Algumas advertências	*468*

Resumo 469
Questões para discussão 470
ESTUDO DE CASO: A INCRÍVEL REVIRAVOLTA DOS DESCONTOS PÓS-PAGAMENTO 471

14. A TECNOLOGIA DA INFORMAÇÃO E OS PROCESSOS DE NEGÓCIO 475

ESTUDO DE CASO: A CADEIA DE SUPRIMENTOS DA WHIRLPOOL 475

14.1 Introdução 478
14.2 A importância dos processos de negócio 478
14.3 Os objetivos da TI para a cadeia de suprimentos 485

ESTUDO DE CASO: A 7-ELEVEN SE ABASTECE COM EXPERIÊNCIA TECNOLÓGICA 489

14.4 Os componentes dos sistemas de gestão da cadeia de suprimentos 493
   14.4.1 Os sistemas de apoio à decisão 494
   14.4.2 A TI para a excelência na cadeia de suprimentos 498
14.5 O planejamento de vendas e operações 501

ESTUDO DE CASO: A "EVOLUÇÃO" DO S&OP NA ADTRAN 502

14.6 A integração das tecnologias da informação para a cadeia de suprimentos 504
   14.6.1 A implementação de ERP e SAD 505
   14.6.2 As soluções de ERP best of breed versus fornecedor único 506
Resumo 507
Questões para discussão 508

15. OS PADRÕES TECNOLÓGICOS 509

ESTUDO DE CASO: A PACORINI SE MANTÉM NA LIDERANÇA DO MERCADO DE LOGÍSTICA GLOBAL COM A ARQUITETURA ORIENTADA A SERVIÇOS (SOA) DA IBM 509

15.1 Introdução 511
15.2 Os padrões da TI 511
15.3 A infraestrutura da TI 513
   15.3.1 Os dispositivos de interface 513
   15.3.2 A arquitetura de sistemas 514
   15.3.3 O comércio eletrônico 516
15.4 A arquitetura orientada a serviços (SOA) 519
   15.4.1 A base tecnológica: a IBM e a Microsoft 521
   15.4.2 A plataforma da fornecedora de ERP: a SAP e a Oracle 522
   15.4.3 Conclusão 523
15.5 A identificação por radiofrequência (RFID) 524
   15.5.1 Introdução 524
   15.5.2 As aplicações da RFID 525
   15.5.3 A RFID e os dados dos pontos de venda 529
   15.5.4 As vantagens para os negócios 529
   15.5.5 A eficiência na cadeia de suprimentos 532
Resumo 533
Questões para discussão 533

APÊNDICE A   O JOGO DA CERVEJA INFORMATIZADO — 535

A.1 Introdução — 535
A.2 O Jogo da Cerveja tradicional — 535
   A.2.1 As dificuldades com o Jogo da Cerveja tradicional — 536
A.3 Os cenários — 537
A.4 Como jogar uma rodada — 538
   A.4.1 A apresentação do jogo — 538
   A.4.2 Como entender a tela — 540
   A.4.3 Como jogar — 540
   A.4.4 Outras características — 543
A.5 Opções e configurações — 544
   A.5.1 Os comandos de arquivo — 544
   A.5.2 Os comandos de opções — 544
   A.5.3 Os comandos do jogo — 547
   A.5.4 Os comandos de gráfico — 548
   A.5.5 Os comandos de relatório — 549

APÊNDICE B   O JOGO DO COMPARTILHAMENTO DO RISCO — 551

B.1 Introdução — 551
B.2 Os cenários — 551
B.3 Como jogar várias rodadas — 552
   B.3.1 A apresentação do jogo — 552
   B.3.2 Como entender a tela — 553
   B.3.3 Como jogar — 554
   B.3.4 Outras características — 554
B.4 Opções e configurações — 554
   B.4.1 Os comandos de arquivo — 555
   B.4.2 Os comandos do jogo — 555
   B.4.3 Os comandos de relatório — 557

APÊNDICE C   A PLANILHA EXCEL — 559

C.1 Introdução — 559
C.2 A planilha — 559

APÊNDICE D   O JOGO DAS COTAÇÕES — 560

D.1 Introdução — 560
D.2 O cenário — 560
D.3 As instruções para a versão para Excel do jogo das cotações — 561

REFERÊNCIAS — 563

ÍNDICE — 569

CAPÍTULO 1
Introdução à Gestão da Cadeia de Suprimentos

1.1 O QUE É A CADEIA DE SUPRIMENTOS

Na atualidade, a feroz competição nos mercados globais, o aparecimento de produtos com ciclos de vida curtos e as maiores expectativas dos clientes forçam as empresas do setor de produção a investir e concentrar esforços nas cadeias de suprimentos. Este cenário, ao lado dos constantes progressos nas tecnologias de comunicação e transporte (por exemplo, comunicação móvel, Internet e entrega noturna), motiva a constante evolução da cadeia de suprimentos e de diferentes técnicas para sua gestão eficiente.

Em uma cadeia de suprimentos típica, matérias-primas são compradas, produtos são manufaturados em uma ou mais fábricas, transportados para depósitos para fins de armazenamento temporário e então transportados para varejistas e clientes. Desta forma, para reduzir custos e melhorar os níveis de serviço, as estratégias eficazes de gestão da cadeia de suprimentos precisam contemplar as interações entre seus diferentes níveis. A cadeia de suprimentos, também chamada de *rede logística*, consiste em fornecedores, centros de produção, depósitos, centros de distribuição, varejistas, além das matérias-primas, estoques de produtos em processo e produtos acabados que se deslocam entre as instalações (ver Figura 1.1).

Este livro apresenta e explica conceitos, *insights*, ferramentas práticas e sistemas de apoio à tomada de decisão, importantes para a gestão eficaz da cadeia de suprimentos. Mas, o que exatamente é a *gestão da cadeia de suprimentos*? Adotamos a seguinte definição:

> A gestão da cadeia de suprimentos é um conjunto de abordagens que integra, com eficiência, fornecedores, fabricantes, depósitos e pontos comerciais, de forma que a mercadoria é produzida e distribuída nas quantidades corretas, aos pontos de entrega e nos prazos corretos, com o objetivo de minimizar os custos totais do sistema sem deixar de atender às exigências em termos de nível de serviço.

Esta definição leva a várias observações. Em primeiro lugar, a gestão da cadeia de suprimentos considera todas as instalações que têm um impacto no custo e que desempenham um papel na fabricação do produto de acordo com as exigências do cliente: desde as instalações do fornecedor e do fabricante, os depósitos e centros de distribuição, até os varejistas e pontos do comércio. De fato, na análise da cadeia de suprimentos é preciso considerar os fornecedores dos fornecedores e os clientes dos clientes, pois eles exercem impacto no desempenho da cadeia.

Em segundo, o objetivo da gestão da cadeia de suprimentos é a eficiência em termos de produção e de custos para todo o sistema. Os custos globais do sistema, desde o transporte e a distribuição até os estoques de matérias-primas, estoques em processo e de produtos acabados precisam ser minimizados. Assim, a ênfase não reside em simplesmente minimizar os custos de transporte ou em reduzir estoques; ao contrário, os esforços devem concentrar-se em adotar uma *abordagem sistêmica* para a gestão da cadeia de suprimentos.

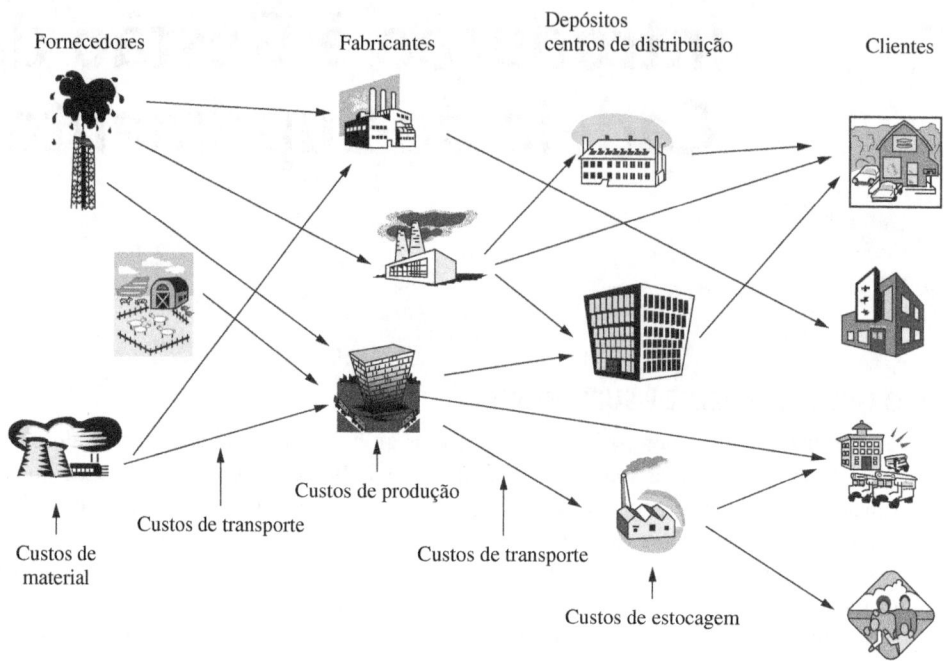

FIGURA 1-1 A rede logística.

Por fim, uma vez que a cadeia de suprimentos gira em torno da integração eficiente entre fornecedores, fabricantes, depósitos e lojistas, ela engloba as atividades de uma empresa em diversos níveis, desde o estratégico até o tático e operacional.

O que dizer da gestão logística, ou gestão da cadeia de valor, ou da cadeia de demanda? Diversas empresas, consultores e acadêmicos desenvolveram inúmeros termos e conceitos para designar aquilo que acreditam serem os principais problemas da gestão da cadeia de suprimentos. Ainda que muitos destes conceitos sejam úteis e reveladores, para a finalidade deste livro adotamos o termo gestão da cadeia de suprimentos para designar os conceitos, as abordagens, as estratégias e as ideias que serão abordadas.

Mas o que dificulta a gestão da cadeia de suprimentos? Apesar de esta obra discutir uma série de razões, todas elas podem ser relacionadas a algumas ou a todas estas observações:

1. **As estratégias da cadeia de suprimentos não podem ser definidas isoladamente. Elas são afetadas de forma direta por outra cadeia que a maioria das organizações tem, a** *cadeia de desenvolvimento,* que inclui o conjunto de atividades associadas à apresentação de um novo produto. Ao mesmo tempo, as estratégias da cadeia de suprimentos precisam estar alinhadas aos objetivos específicos da organização, como a maximização de sua fatia de mercado ou de seus lucros.
2. **É desafiador projetar e pôr em operação uma cadeia de suprimentos de forma a minimizar os custos totais do sistema e manter os níveis de serviço.** Na verdade, muitas vezes é difícil operar *uma única unidade* com o objetivo de minimizar custos e conseguir ainda assim manter o nível de serviço. A dificuldade aumenta de forma

exponencial quando todo um sistema está sob consideração. O processo de encontrar a melhor estratégia para o *sistema global* é conhecido como *otimização global*.
3. **A incerteza e o risco são aspectos inerentes a todas as cadeias de suprimentos.** A demanda do cliente nunca pode ser prevista com exatidão, os tempos de transporte nunca estão totalmente definidos e sempre existe a possibilidade de as máquinas e os veículos pararem de funcionar. De modo semelhante, as tendências industriais recentes, incluindo a terceirização, a produção *offshore* e a produção enxuta, voltadas para a redução dos custos da cadeia de suprimentos, aumentam o nível de risco na cadeia de suprimentos de forma significativa. Assim, as cadeias de suprimentos precisam ser projetadas e administradas para eliminar o máximo possível em termos de incerteza e risco, além de lidar de forma eficiente com as incertezas e riscos remanescentes.

Estas questões serão discutidas com mais detalhes nas três seções a seguir.

1.2 A CADEIA DE DESENVOLVIMENTO

A *cadeia de desenvolvimento* é o conjunto de atividades e processos associados com o lançamento de um novo produto. Ela inclui a fase do projeto do produto, o conhecimento e a capacitação inerentes e que precisam ser desenvolvidos internamente, as decisões envolvendo as avaliações de fornecedores e os planos de produção. Mais especificamente, a cadeia de desenvolvimento inclui decisões sobre; (a) arquitetura do produto; (b) o que produzir internamente e o que comprar de fornecedores externos, isto é, as decisões de produção e compra; (c) a seleção de fornecedores; (d) a inclusão dos fornecedores desde o início do desenvolvimento do produto e (e) as alianças estratégicas.

As cadeias de desenvolvimento e de suprimentos interceptam-se no ponto de produção, como ilustra a Figura 1-2. Está claro que as características e as decisões tomadas na cadeia de desenvolvimento terão impacto na cadeia de suprimentos. Nesse sentido, fica evidente que as características do produto e da cadeia de suprimentos exercem forte influência na estratégia de projeto do produto e, portanto, na cadeia de desenvolvimento.

EXEMPLO 1-1

A Hewlett Packard (HP) foi uma das primeiras empresas a reconhecer a intersecção entre as cadeias de desenvolvimento e de produto. Um caso que representa este reconhecimento é o da impressora a jato de tinta, em que as decisões acerca da arquitetura do produto foram tomadas considerando não apenas os custos de mão de obra e de material, como também os custos totais da cadeia de suprimentos ao longo de todo o ciclo de vida do produto. Recentemente a HP passou a se concentrar na tomada de decisões envolvendo as atividades de projeto a serem terceirizadas e as estruturas organizacionais correspondentes necessárias à gestão do processo de projeto terceirizado, com a consideração das características das cadeias de desenvolvimento e de suprimentos.

Infelizmente, na maioria das organizações, diferentes gestores são responsáveis pelas diferentes atividades integrantes dessas cadeias. Em geral, o vice-presidente do departamento de engenharia é incumbido da cadeia de desenvolvimento, o vice-presidente da produção é responsável pelas parcelas das cadeias relativas à produção e o vice-presidente da cadeia de suprimentos ou de logística é o encarregado do atendimento da demanda do cliente. A menos que seja tratada com cuidado, o resultado mais comum desta estrutura organizacional é a falta de alinhamento entre projeto de produto e estratégias para a cadeia de suprimentos.

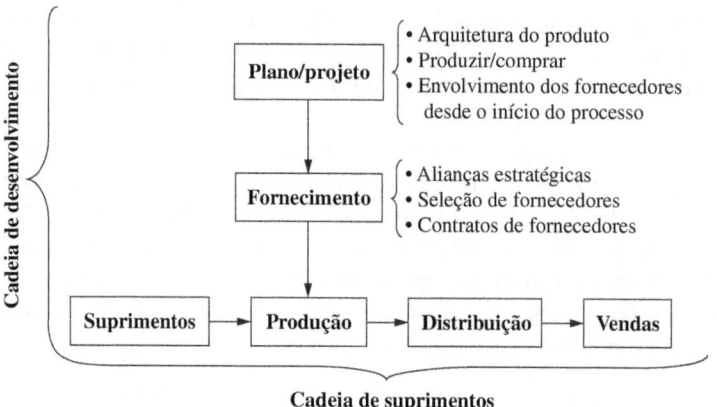

FIGURA 1-2 O desenvolvimento de um projeto e as cadeias de suprimentos.

Para piorar, em muitas organizações outras cadeias interceptam as cadeias de desenvolvimento e de suprimentos. Estas incluem a cadeia logística reversa, isto é, a cadeia associada à devolução de produtos ou componentes, bem como a cadeia das peças de reposição. Este livro examina as diversas características de cada uma destas cadeias de suprimentos, com o objetivo de melhor entender o impacto destas sobre as estratégias das cadeias de produto e de suprimentos. Ilustramos como a consideração destas características leva a estruturas de desenvolvimento que auxiliam na vinculação de produtos a estratégias.

1.3 A OTIMIZAÇÃO GLOBAL

O que dificulta a descoberta da melhor solução para o sistema global, ou globalmente otimizada, integrada? São vários os fatores que tornam este problema um verdadeiro desafio:

1. **A cadeia de suprimentos é uma rede complexa** de unidades de ampla distribuição geográfica que, em muitos casos, atinge o mundo inteiro. O exemplo a seguir ilustra uma rede comum na maioria das empresas globais da atualidade.

EXEMPLO 1-2

A National Semiconductor, cuja lista de concorrentes inclui a Motorola Inc. e a Intel Corporation, é uma das maiores fabricantes mundiais de dispositivos analógicos e subsistemas utilizados em aparelhos de fax, telefones celulares, computadores e automóveis. Atualmente, a empresa tem quatro instalações voltadas para a fabricação de *wafers** (três nos EUA e uma no Reino Unido), e unidades de teste e montagem na Malásia, China e Cingapura. Após a montagem, os produtos acabados são transportados para centenas de unidades de fabricação espalhadas no mundo todo, incluindo as da Apple, Canon, Delphi, Ford, IBM, Hewlett-Packard e Siemens. Uma vez que a indústria de semicondutores é altamente competitiva, a definição de *lead times* menores e a capacidade de efetuar entregas no prazo contratado são características essenciais. Em 1994, 95% dos clientes da National Semiconductor recebiam seus pedidos em 45 dias a partir da data de emissão, enquanto os 5% restantes recebiam seus pedidos em 90 dias. Estes *lead times* exíguos exigiram que a empresa envolvesse 12 companhias aéreas, em cerca de 20 mil rotas. Naturalmente, a dificuldade residia no fato de que nenhum cliente sabia se faria parte dos 5% que receberiam seus pedidos em 90 dias ou dos 95% que teriam suas encomendas em mãos em 45 dias [93, 232].

---

* N. de T.: Fatia de silício empregada na fabricação de circuitos integrados.

2. **As diferentes unidades da cadeia de suprimentos muitas vezes têm** *objetivos diferentes e conflitantes*. Por exemplo, os fornecedores via de regra desejam que os fabricantes comprometam-se a comprar grandes quantidades a volumes constantes com datas de entrega flexíveis. Infelizmente, ainda que a maioria dos fabricantes goste de adotar períodos longos de produção com os mesmos produtos, eles precisam se flexibilizar diante das necessidades de seus clientes e das alterações na demanda. Assim, os objetivos dos fornecedores estão em conflito direto com o desejo por flexibilidade do fabricante. De fato, uma vez que as decisões de produção em geral são tomadas sem informações adequadas sobre a demanda do cliente, a capacidade dos fabricantes de equilibrar suprimentos e demanda depende muito de sua capacidade de alterar o volume de suprimento à medida que chegam as informações sobre a demanda. De modo semelhante, o objetivo dos fabricantes de produzir grandes quantidades muitas vezes entra em conflito com os objetivos tanto dos depósitos quanto dos centros de distribuição, que é o de reduzir estoques. Para piorar esta situação, é exatamente esta meta de redução de estoque que implica um aumento nos custos de transporte.
3. **A cadeia de suprimentos é um sistema dinâmico** que evolui com o tempo. Na verdade, a demanda do cliente e a capacidade do fornecedor não apenas se alteram com o tempo, como também o fazem os relacionamentos dentro da cadeia de suprimentos. Por exemplo, à medida que o poder do consumidor aumenta, aumenta também a pressão sobre fabricantes e fornecedores para gerar uma enorme variedade de produtos de alta qualidade e, por fim, produzir itens customizados.
4. **As variações no sistema observadas ao longo do tempo** são outro fator importante a considerar. Mesmo quando a demanda é conhecida com precisão (por exemplo, em consonância com disposições contratuais), o processo de planejamento não pode deixar de considerar os parâmetros de demanda e de custo que variam com o tempo em função do impacto de flutuações sazonais, tendências, propaganda e promoções, estratégias de precificação adotadas pela concorrência, entre outros. Estes parâmetros variáveis de demanda e de custo dificultam a determinação da estratégia mais eficiente para a cadeia de suprimentos: aquela que minimize os custos globais do sistema e que se encaixe nas exigências do cliente.

Claro que a otimização global, por si só, significa que ela é igualmente importante para a otimização entre as diferentes instalações da cadeia de suprimentos e entre processos associados com o desenvolvimento destas cadeias. Isto é, ela é importante para identificar os processos e as estratégias que otimizam ou que, como alternativa, sincronizam ambas as cadeias.

1.4 A GESTÃO DA INCERTEZA E DO RISCO

A otimização global é dificultada ainda mais porque as cadeias de suprimentos precisam ser projetadas e operacionalizadas em ambientes cercados de incertezas, o que por vezes gera expressivos riscos para as organizações. Uma diversidade de fatores contribui para esta situação:

1. **A equiparação entre oferta e demanda** é um grande desafio:
   a. Em 1997 a Boeing Aircraft anunciou um corte de US$ 2,6 bilhões devido à "escassez de matérias-primas, de peças produzidas internamente e por fornecedores e ineficiência produtiva" [215].
   b. "As vendas do segundo trimestre da U.S. Surgical Corporation caíram 25%, resultando em um prejuízo de US$ 22 milhões. A queda em vendas e rendimentos é atribuída a estoques maiores do que o antecipado pela empresa, presentes nas prateleiras dos hospitais" [216].

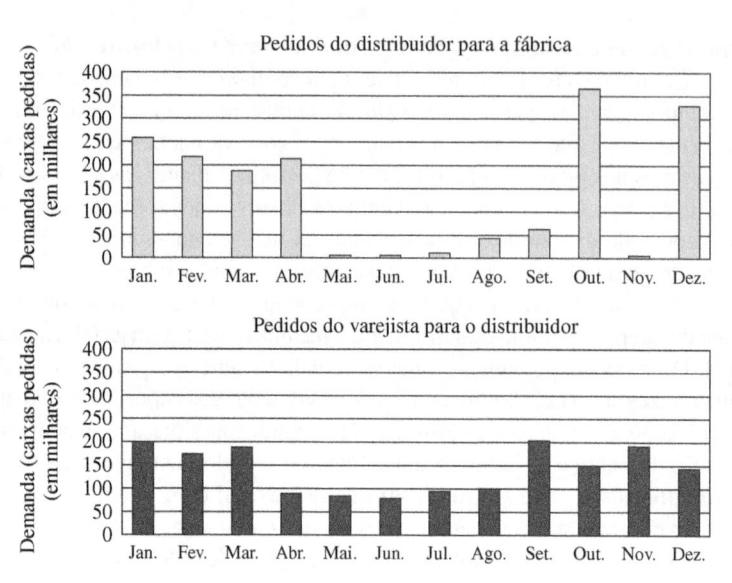

FIGURA 1-3 Variação nos pedidos na cadeia de suprimentos.

    c. "A EMC Corp. declarou que perdeu cerca de US$ 100 milhões de sua orientação de receita de US$ 2,66 bilhões para o segundo trimestre de 2006, e afirmou que esta discrepância deveu-se a pedidos maiores do que o esperado para o novo sistema DMX-3 em relação ao DMX-2, o que causou uma confusão nos estoques" [188].
    d. "As maneiras de um estoque entrar em nosso sistema são tantas que mantê-lo sob controle é um desafio constante" [Johnnie Dobbs, Executivo da Cadeia de Suprimentos e Logística da Wal-Mart].
    e. "A Intel, a maior fabricante mundial de chips, registrou uma queda de 38% em seus lucros trimestrais na quarta-feira, em função da feroz competição com a Advanced Micro Devices e de uma desaceleração geral no mercado de microcomputadores que fez os estoques incharem" [76].

Claro que esta dificuldade origina-se do fato de que meses antes de a demanda ser realizada, os fabricantes têm de comprometer-se com níveis específicos de produção. Estes compromissos antecipados significam enormes riscos na esfera financeira e de suprimentos.

2. **Os níveis de estoques e pedidos em atraso flutuam consideravelmente na cadeia de suprimentos**, mesmo quando a demanda dos clientes por produtos específicos não varia muito. Para fins de ilustração, consideremos a Figura 1-3, que sugere que em uma cadeia de suprimentos típica, os pedidos do distribuidor para a fábrica flutuam muito mais do que a demanda relativa gerada pelo varejista.
3. **A previsão não resolve o problema.** Defendemos a tese de que o primeiro princípio da previsão é o de que "ela está sempre errada". Portanto, é impossível prever a demanda exata por um item específico, mesmo com as técnicas de previsão de demanda mais avançadas.
4. **A demanda não é a única fonte de incerteza**. Os *lead times* de entrega, o rendimento da produção, os tempos de transporte e a disponibilidade de componentes também podem exercer um impacto significativo na cadeia de suprimentos.

5. **As tendências recentes como a produção enxuta, a terceirização e a produção *offshore* concentradas na redução de custos aumentam os riscos de forma significativa.** Por exemplo, consideremos uma montadora de automóveis cujos fornecedores de peças estão localizados no Canadá e no México. Com pouca incerteza no transporte e um cronograma estável de suprimentos, as peças podem ser entregues *just-in-time* às unidades montadoras, com base na programação fixa de produção. Contudo, no caso de um desastre imprevisível, como os ataques terroristas de 11 de setembro ou calamidades climáticas, a adesão a este tipo de estratégia pode acarretar a paralisação das linhas de produção devido à falta de peças.

De modo semelhante, a terceirização e a produção *offshore* implicam uma maior diversidade geográfica e, consequentemente, desastres naturais ou causados pela mão do homem podem ter um impacto extraordinário.

EXEMPLO 1-3

- Em 29 de agosto de 2005, o furacão Katrina devastou Nova Orleans e a costa do Golfo do México. A fabricação de café da Procter & Gamble, com marcas como a Folgers, que obtém mais da metade de seus suprimentos de pontos de distribuição localizados em Nova Orleans, sofreu graves impactos com o furacão. Seis meses depois, ainda havia, como declarou ao New York Times um executivo da empresa, "espaços vazios em prateleiras" que deveriam estar ocupados por marcas da P&G [176].
- Em 2002, uma greve nos portos da costa oeste dos EUA fechou todos os portos desde Seattle até San Diego. Os economistas estimam que os custos com esta greve para a economia foram de US$ 1 bilhão por dia. Uma vez que as lojas não tinham como receber produtos, frutas e verduras apodreceram e fábricas foram fechadas devido à falta de peças [84].
- Em setembro de 1999, um forte terremoto devastou Taiwan. A princípio, 80% da capacidade de geração de energia elétrica da ilha foi perdida. Empresas como a Hewlett-Packard e a Dell, que compram diversos componentes de fabricantes taiwaneses, sofreram impactos com esta interrupção [11].
- Os carregamentos de tecidos indianos sofreram atrasos devido ao terremoto de 26 de janeiro de 2001 na província indiana de Gujarat, com consequências para muitas confecções norte-americanas [67].

Ainda que a incerteza e o risco não possam ser eliminados, apresentamos alguns exemplos que ilustram como o projeto do produto, a modelagem de redes, a tecnologia da informação, o *procurement* e as estratégias de estoque são utilizados para minimizar a incerteza e gerar flexibilidade e redundância na cadeia de suprimentos com o objetivo de reduzir riscos.

1.5 A EVOLUÇÃO DA GESTÃO DA CADEIA DE SUPRIMENTOS

Na década de 1980, as empresas descobriram novas tecnologias e estratégias de produção que lhes permitiram reduzir custos e competir com mais eficiência em diferentes mercados. Estratégias como o *just-in-time*, o *kanban*, a produção enxuta, a gestão da qualidade total, entre outras, ganharam notável popularidade, com grandes investimentos para implementá-las. Contudo, nos últimos três anos, ficou evidente que muitas empresas já haviam reduzido seus custos ao menor valor praticável e, agora, algumas delas estão descobrindo que a gestão eficiente da cadeia de suprimentos é o próximo passo a ser tomado no sentido de aumentar lucros e fatias de mercado.

Sem dúvida, os custos com logística e cadeia de suprimentos desempenham um papel central na economia norte-americana. O State of Logistics Report (Relatório das Condições Logísticas nos EUA), relatório anual sobre a logística norte-americana patrocinado pelo Council of Supply Chain Management Professionals (Conselho Norte-americano de Profissionais da Gestão da Cadeia de Suprimentos) e publicado pela primeira vez em 1989, fornece um relato das tendências de contas e rotas de logística em termos de custos de transporte, custos de manutenção e carregamento de estoques e custos totais de logística. Conforme ilustra a Figura 1-4, os custos com logística nos EUA excederam o valor de 12% do PIB do país no início da década de 1980 e diminuíram constantemente até 2003. Os números absolutos são gigantescos: para o ano de 1998 a quantia foi de US$ 898 bilhões, enquanto para 2005 ela subiu para US$ 1,18 trilhão. Este valor representa um aumento de US$ 156 bilhões sobre o valor de 1994, o que é ainda mais surpreendente, se considerarmos que enquanto a economia norte-americana sofria uma desaceleração em 2005, os custos com logística aumentavam em cerca de 15%. Este aumento foi motivado, de acordo com o State of Logistics Report (Relatório das Condições Logísticas nos EUA), "pelos altos custos com combustíveis, pela escassez de motoristas de caminhão, pelas limitações na capacidade ferroviária, pela produção *offshore* e terceirização e pelos custos com segurança."

É interessante também entender a magnitude dos diversos custos com componentes que compõem os custos com logística nos EUA. Estes dados são apresentados na Figura 1-5 (também extraídos do State of Logistics Report), em que os custos de transporte são de longe os que mais contribuem com o custo total em logística. Os custos com estoques são ligeiramente maiores do que metade dos custos com transporte. Ambas as classes de custos cresceram de forma constante nos últimos anos, exceto pelo fato de que até 2003 os custos totais com logística aumentaram mais lentamente do que o crescimento econômico. Contudo, este aumento foi mais rápido do que o observado na evolução econômica nos últimos dois anos.

Infelizmente, este enorme investimento via de regra abarca muitos componentes de custo desnecessários devido a estoques redundantes, estratégias ineficientes de transportes e outras práticas que geram desperdícios na cadeia de suprimentos. Por exemplo, especialistas acreditam que a indústria de alimentos, um setor com margem notavelmente baixa, é capaz de economizar cerca de US$ 30 bilhões, ou 10% em custos operacionais, empregando metodologias mais eficientes para a gestão da cadeia de suprimentos [93]. Para ilustrar esta situação, consideremos os dois exemplos a seguir:

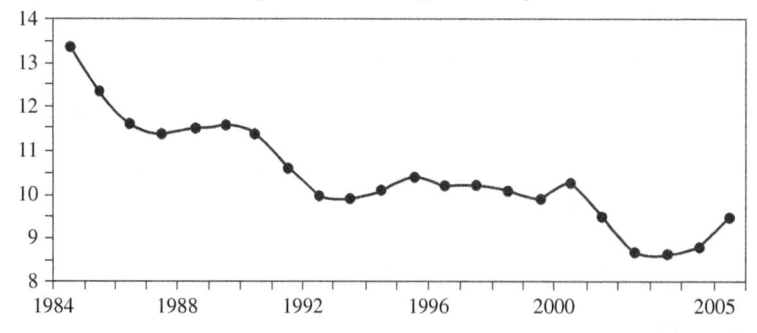

FIGURA 1-4 Os custos com logística nos EUA como parcela da economia norte-americana.
Fonte: baseado em www.dcvelocity.com/articles/20060801/news.cfm.

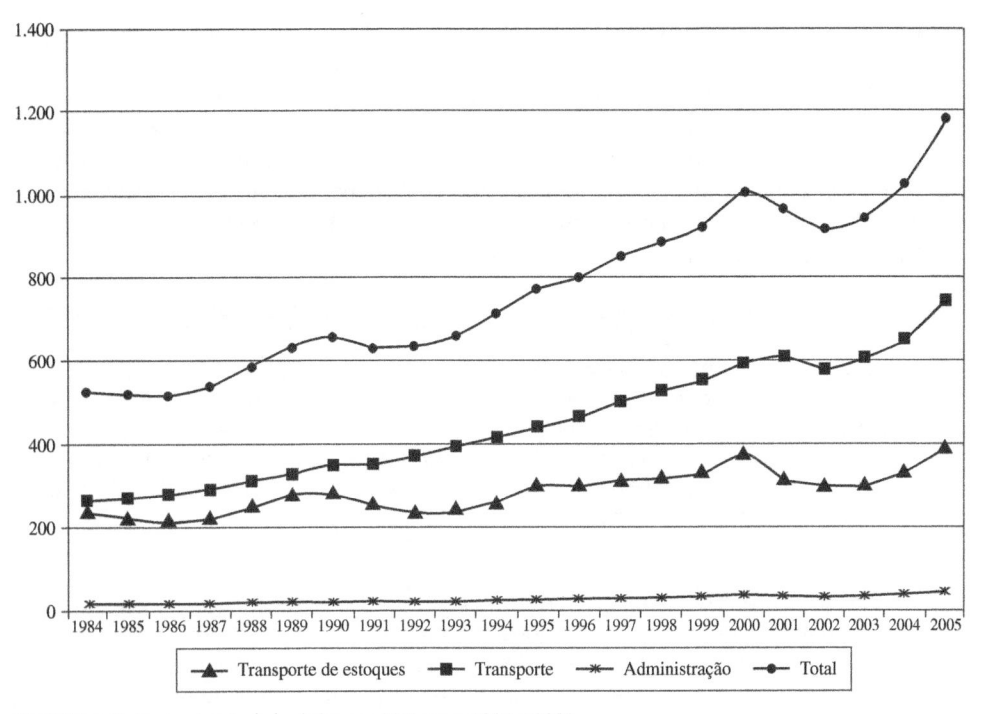

FIGURA 1-5 Custos totais de logística nos EUA entre 1994 e 2005.
Fonte: baseado em www.dcvelocity.com/articles/20060801/news.cfm.

1. Uma caixa de cereais leva mais de três meses para sair da fábrica e chegar ao supermercado.
2. Em média são necessários 15 dias para um automóvel novo ir da fábrica para a revenda. Este *lead time* precisa ser comparado com o tempo de viagem real, que não passa de quatro a cinco dias.

Portanto, na década de 1990 muitas empresas concentraram seus esforços em estratégias de redução de seus custos e dos de seus parceiros da cadeia de suprimentos.

EXEMPLO 1-4

A Procter & Gamble estima que economizou US$ 65 milhões para seus varejistas em um estudo recente sobre um experimento de 18 meses com a cadeia de suprimentos. "De acordo com a Procter & Gamble, a essência desta abordagem está no trabalho conjunto entre fornecedores e fabricantes ... que conjuntamente geram planos de negócio que eliminam a fonte de desperdício em toda a cadeia de suprimentos" [214].

Conforme sugere o exemplo, um componente importante na elaboração de uma estratégia eficiente para a cadeia de suprimentos são as *alianças estratégicas* entre fornecedores e compradores, parcerias estas capazes de auxiliar ambas as partes a reduzir seus custos.

De fato, fabricantes como a Procter & Gamble e a Kimberly-Clark e gigantes do varejo, como a Wal-Mart, vêm adotando alianças estratégicas como elemento importante em suas estratégias de negócio. De modo semelhante, empresas como a 3M, Eastman

Kodak, Dow Chemical, Time Warner e General Motors terceirizaram grande parte de suas operações logísticas.

Ao mesmo tempo, muitos parceiros da cadeia de suprimentos engajam-se no *compartilhamento de informações*, pois assim os fabricantes são capazes de utilizar os dados atualizados de vendas para prever com maior eficiência os níveis de demanda e reduzir os *lead times*. Este compartilhamento de informações também permite que os fabricantes controlem a variação na cadeia de suprimentos (também chamado de efeito chicote; ver Capítulo 5) e, com isso, reduzir estoques e uniformizar a produção.

EXEMPLO 1-5

Entre as primeiras empresas a utilizar informações em tempo real estava a Milliken and Company, uma empresa de produtos têxteis e químicos. A Milliken trabalhava com diversos fornecedores de vestuário e grandes lojas de departamentos, que concordaram em utilizar dados gerados nos pontos de venda (POS – *point-of-sale*) das lojas de departamento para "sincronizar" seus planos de pedidos e produção. O *lead time* entre o recebimento do pedido nas unidades têxteis da Milliken e a entrega final nas lojas de departamento foi reduzido de 18 para três semanas [185].

Na década de 1990, a imensa pressão exercida no sentido de reduzir custos e aumentar lucros forçou muitos fabricantes a recorrerem à *terceirização*. As empresas consideraram terceirizar tudo, desde as funções de *procurement* até as de produção e manufatura. Na verdade, em meados da década de 1990, via-se um expressivo aumento no volume de compra como percentual das vendas médias das empresas. Mais recentemente, entre 1998 e 2000, a terceirização na indústria eletrônica aumentou de 15% para 40% dos componentes utilizados.

Por fim, no final da década de 1990, a Internet e os *modelos de e-business* que surgiram trouxeram expectativas de que muitos dos problemas vistos nas cadeias de suprimentos seriam resolvidos com a mera adoção destas novas tecnologias e modelos de negócio. As estratégias de *e-business*, supunha-se, reduziriam custos, aumentariam o nível de serviço, a flexibilidade e, naturalmente, os lucros, ainda que somente no futuro. Na realidade, muitas vezes estas expectativas nunca foram satisfeitas, pois diversas empresas de *e-business* faliram. Em muitos casos, a queda de algumas das empresas de Internet mais proeminentes é atribuída às estratégias logísticas que adotaram.

EXEMPLO 1-6

A Furniture.com, lançada em janeiro de 1999, oferecia milhares de produtos oriundos de muitos fabricantes de móveis, mas somente alguns de marcas conhecidas. A empresa teve US$ 22 milhões em vendas nos primeiros nove meses de 2000 e um milhão de visitantes por mês em seu website. Sua falência em novembro de 2000 deveu-se a detalhes logísticos e, particularmente, a processos de entrega ineficientes. Inicialmente a Furniture.com utilizava os serviços de transportadoras para levar seus produtos de um depósito central até seus clientes. Uma vez que os custos deste transporte eram excessivamente altos, a empresa firmou uma aliança com distribuidores regionais. Infelizmente, estes relacionamentos foram muito difíceis de preservar, o que deixou diversos problemas sem solução, incluindo o tratamento dado a produtos tombados e a devoluções.

Está claro que, em muitos casos, a Internet apresentou novos canais e possibilitou o modelo de negócio direto ao consumidor. Estes novos canais exigiram que muitas empresas desenvolvessem novas capacitações e acrescentassem complexidade às cadeias de suprimentos existentes.

EXEMPLO 1-7

De acordo com o banco de dados Stern Stewart EVA 1000, a Dell Computers ultrapassou a concorrência em 3.000% em termos de crescimento acionário no período de oito anos compreendido entre 1988 e 1996. O sucesso da Dell neste intervalo deveu-se à sua integração virtual, uma estratégia que elimina as fronteiras tradicionais existentes entre fornecedores, fabricantes e usuários finais. A decisão da Dell de vender computadores construídos a partir de componentes produzidos por outros fabricantes liberou-a de possuir ativos, de fazer pesquisa e desenvolvimento e de administrar um quadro de pessoal numeroso. Ao mesmo tempo, o modelo Dell de venda direta ao cliente e de produção sob encomenda eliminou a maior parte dos estoques de produto. Estas decisões permitiram à empresa crescer com maior velocidade do que seus concorrentes e manter um estoque de apenas oito dias.

Contudo, nos últimos anos esta paisagem alterou-se. A indústria reconheceu que certas tendências, que incluem a terceirização, a produção *offshore*, a produção enxuta e o *just-in-time*, que se concentram na redução da produção e dos custos da cadeia de suprimentos, aumentam o nível do risco na cadeia de forma expressiva. Consequentemente, nos últimos anos as empresas com mentalidade progressista passaram a concentrar esforços em estratégias que encontram o melhor equilíbrio entre a redução de custos e a gestão do risco.

Várias abordagens vêm sendo adotadas pela indústria para administrar o risco em suas cadeias de suprimentos:

- A inclusão da redundância na cadeia de suprimentos de forma que, se uma parte falhar – por exemplo, com a ocorrência de um incêndio em um depósito ou um porto fechado – a cadeia de suprimentos não perde sua capacidade de satisfazer à demanda.
- A utilização da informação para perceber e reagir com eficiência a eventos disruptivos.
- A incorporação da flexibilidade em contratos de suprimento para o melhor equilíbrio entre oferta e demanda.
- A melhoria dos processos da cadeia de suprimentos com a inclusão de medidas de mensuração do risco.

Fica evidente que muitas destas abordagens dependem consideravelmente da tecnologia. De fato, a implementação de sistemas ERP, ou de *Planejamento dos Recursos da Empresa*, motivado pelas preocupações de muitas empresas no ano 2000, além de novas tecnologias, como ferramentas para avaliações de desempenho de fornecedores, geraram oportunidades para melhorar a resiliência e a capacidade de reação da cadeia de suprimentos. De modo semelhante, os sistemas avançados de planejamento de estoques são hoje utilizados para melhor posicionar o estoque na cadeia de suprimentos e para auxiliar as empresas a entender mais profundamente o impacto das alternativas do *projeto* de produto nos custos e riscos da cadeia, o que facilita a integração da cadeia de desenvolvimento na cadeia de suprimentos.

EXEMPLO 1-8

A United Technologies Corp. (UTC) avalia e mede o desempenho de seus fornecedores continuamente, por meio de um software externo. Este software utiliza não apenas dados históricos como também dados financeiros externos sobre seus fornecedores para gerar alertas de risco relativos a cada um deles. A UTC complementa o sistema de desempenho dos fornecedores e de alerta de risco com o trabalho de equipes que auxiliam os fornecedores *nível 1* da empresa (fornecedores diretos) a melhorar suas próprias cadeias de suprimentos e a reduzir os riscos, por sua vez, com seus próprios fornecedores. De acordo com a UTC, estas iniciativas aumentaram a rotatividade de estoques de forma significativa e reduziram o custo de problemas com qualidade (horas extras não planejadas, refugo, etc.) [1].

Conforme observamos na Figura 1-4, a urgência nos desafios na cadeia de suprimentos não diminuiu com o passar do tempo, diante do recente aumento em seus custos. Com a complexidade trazida pela globalização, os altos custos com transporte, a infraestrutura precária, os desastres climáticos e as ameaças terroristas, a gestão da cadeia de suprimentos tornou-se um desafio cada vez maior. Ao longo deste texto demonstramos como as tecnologias e estratégias da cadeia de suprimentos podem auxiliar as empresas a lidar com estes desafios.

1.6 A COMPLEXIDADE

A seção anterior descreve várias histórias de sucesso na gestão da cadeia de suprimentos: a Procter & Gamble, a Wal-Mart, a UTC, entre outras. Estes exemplos sugerem que, em algumas indústrias, a gestão da cadeia de suprimentos é talvez o principal fator determinante do sucesso de uma empresa. De fato, na indústria de computadores e impressoras, em que a maioria dos fabricantes utiliza os mesmos fornecedores e tecnologias idênticas, as empresas competem em nível de custos e de serviço – os dois principais elementos em nossa definição de gestão da cadeia de suprimentos.

Os exemplos também levantam uma questão importante. Se estas empresas melhoram o desempenho de suas cadeias de suprimentos ao darem enfoque a alianças estratégicas, ao utilizarem o compartilhamento de informações e de tecnologia, ou ao porem em prática estratégias de minimização do risco, o que impede outras empresas de adotar estas mesmas técnicas para melhorarem o desempenho de suas próprias cadeias de suprimentos?

A discussão tecida anteriormente sugere que a resposta envolve três aptidões essenciais, que toda empresa de sucesso precisa ter:

- A capacidade de combinar estratégias da cadeia de suprimentos com as características do produto. Na verdade, está claro que para setores e produtos em que a tecnologia se altera com frequência – os chamados *fast clock speed products* – a estratégia para a cadeia de suprimentos precisa ser essencialmente diferente daquela para a cadeia dos *slow clock speed products*. De modo semelhante, a estratégia do *projeto* de produtos depende não apenas das características da cadeia de desenvolvimento, como também das características da cadeia de suprimentos. Assim, a intersecção entre a cadeia de desenvolvimento e a cadeia de suprimentos tem um impacto tanto no *projeto* do produto quanto na estratégia da cadeia de suprimentos.
- A capacidade de substituir as estratégias tradicionais da cadeia de suprimentos, em que cada unidade ou ator da cadeia toma decisões sem considerar na íntegra o impacto para os outros parceiros da cadeia, por estratégias que geram uma cadeia de suprimentos *globalmente otimizada*.
- A capacidade de administrar a incerteza e o risco com eficiência. Conforme dissemos anteriormente, iniciativas como a terceirização e a produção *offshore*, além das estratégias de fabricação como a produção enxuta e o *just-in-time* aumentaram a intensidade dos riscos de forma significativa para qualquer empresa. Na verdade, no setor de alta tecnologia, os ciclos de vida do produto estão ficando cada vez mais curtos. Por exemplo, muitos modelos de microcomputadores e de impressoras têm ciclos de vida de apenas alguns meses e, portanto, o fabricante talvez receba um único pedido ou tenha apenas uma oportunidade de produzi-los. Infelizmente, visto que estes produtos são novos, não existem dados históricos disponíveis que permitam ao fabricante prever a demanda do cliente de forma confiável. Ao mesmo tempo, a proliferação de produtos nestas indústrias dificulta ainda mais a previsão da demanda para um dado modelo. Por fim, as ex-

pressivas quedas no preço dos produtos vistas nestas indústrias são muito comuns, o que reduz o valor do produto em seu ciclo de vida [146].

> **EXEMPLO 1-9**
>
> Um fabricante coreano de componentes eletrônicos, como relés de uso industrial, está diante de um nível de serviço de cerca de 70%, isto é, apenas 70% de todos os pedidos são entregues na data. Por outro lado, os estoques vão se avolumando, sobretudo de produtos fora da demanda. A razão da rotação de estoque do fabricante, definida como a razão entre o fluxo anual e a média dos estoques em seu principal depósito tem o valor aproximado igual a quatro. Contudo, na indústria de eletrônicos, as principais empresas renovam seus estoques cerca de nove vezes ao ano. Se o fabricante coreano for capaz de aumentar sua rotação de estoques neste nível, então ele será capaz de reduzir os níveis de estoque de forma significativa. O fabricante está portanto procurando novas estratégias que aumentem o nível de serviço nos próximos três anos para quase 99% e, ao mesmo tempo, diminuam de forma significativa os níveis de estoque e de custos.

Poucos anos atrás os analistas teriam dito que estes dois objetivos, a melhoria no serviço e nos níveis de estoque, não poderiam ser alcançados ao mesmo tempo. Na verdade a teoria tradicional dos estoques diz que para aumentar o nível de serviço, a empresa precisa aumentar o estoque e portanto seus custos. Por incrível que pareça, os recentes avanços nas tecnologias da informação e comunicação, ao lado da melhor compreensão sobre as estratégias da cadeia de suprimentos, abriram caminho para a adoção de abordagens que permitem à empresa melhorar estes dois objetivos simultaneamente. O restante deste livro faz um esforço para apresentar estas abordagens e estratégias em detalhe. O enfoque será a demonstração do porquê certas estratégias são adotadas, quais os *trade-offs* entre as diferentes estratégias disponíveis e como as estratégias específicas são postas em prática.

1.7 OS PRINCIPAIS PROBLEMAS DA GESTÃO DA CADEIA DE SUPRIMENTOS

Esta seção apresenta alguns dos problemas da gestão da cadeia de suprimentos discutidos em mais detalhes nos próximos capítulos. Estes problemas cobrem uma ampla gama de atividades empresariais, desde o nível estratégico e tático, até o operacional.

- O *nível estratégico* lida com as decisões que têm efeito duradouro na empresa. Estas incluem as decisões com relação ao *projeto* do produto, ao que produzir internamente ou terceirizar, à seleção de fornecedores, às alianças estratégicas, e também as decisões sobre o número, a localização e a capacidade de depósitos e unidades de produção, além do fluxo de material na rede logística.
- O *nível tático* inclui as decisões que são tipicamente atualizadas uma vez a cada semestre ou uma vez ao ano. Estas decisões incluem aquelas relativas a compras e produção, políticas de estoque e estratégias de transporte e programação e gerenciamento da produção, a frequência das visitas aos clientes.
- O *nível operacional* refere-se às decisões tomadas no dia a dia, que envolvem programação e gerenciamento da produção, estimativas de *lead time*, definição de rotas e carregamento de caminhões.

A seguir apresentamos e discutimos alguns dos principais problemas, questões e *trade-offs* associados a diferentes classes de decisão.

A configuração da rede de distribuição. Consideremos diversas unidades que fabricam produtos para atender a um conjunto de varejistas distribuídos em diversos pontos geográficos.

O conjunto atual de depósitos é considerado inapropriado, e a gestão deseja reorganizar ou reprojetar a rede de distribuição. Isto pode ser imputado às mudanças nos padrões de demanda ou ao término de um contrato de *leasing* para um dado número de depósitos, por exemplo. Além disso, os padrões de demanda em mudança talvez exijam uma alteração nos níveis de produção da unidade, a seleção de novos fornecedores e novos padrões de fluxo ao longo de toda a rede de distribuição. Sendo assim, como é que a gestão seleciona os locais e as capacidades dos depósitos? Como ela determina os níveis de produção para cada produto em cada unidade, e define os volumes transportados entre as unidades, da fábrica para o depósito ou deste para o varejista, de forma a minimizar os custos totais de produção, estoque e transporte e satisfazer as exigências em termos de nível de serviço? Este problema de otimização é complexo e são necessárias tecnologias e abordagens avançadas para encontrar uma solução.

O controle do estoque. Consideremos um varejista que mantém um estoque de um dado produto. Uma vez que a demanda do cliente muda com o tempo, o varejista consegue empregar apenas dados históricos para prevê-la. Ele deseja definir o ponto em que um novo pedido para o produto tem de ser feito, e o quanto pedir, de forma a minimizar os custos de pedido e de manutenção do estoque. Mas, se analisarmos melhor a questão, por que o varejista precisa manter um estoque? A resposta estaria na incerteza na demanda do cliente, no processo de suprimento ou em outros aspectos? Se for por causa da incerteza na demanda do cliente, existe algo que possa ser feito para reduzi-la? Qual é o impacto da ferramenta de previsão escolhida para prever a demanda? Por fim, qual giro de estoque deve ser adotado? Este muda de indústria para indústria?

O fornecimento para a produção. Em muitas indústrias existe a necessidade de equilibrar, de forma cuidadosa, os custos de transporte e de produção. Mais especificamente, a redução de custos de produção significa que cada unidade de fabricação é responsável por um pequeno sortimento de produtos de forma que grandes lotes são produzidos, daí os menores custos de produção. Infelizmente, esta situação pode levar a maiores custos de transporte.

De modo semelhante, a redução dos custos de transporte via de regra significa que cada unidade possui flexibilidade e tem a habilidade de produzir a maior parte ou todos os produtos da empresa; porém, isto implica a produção de pequenos lotes e o concomitante aumento dos custos de produção. Encontrar o ponto de equilíbrio entre os dois componentes é difícil, mas precisa ser feito a cada mês ou a cada trimestre.

Os contratos de fornecimento. Nas estratégias tradicionais adotadas para as cadeias de suprimentos, cada ator em uma dada cadeia concentra-se nos seus próprios lucros e assim toma as decisões com pouca preocupação com os respectivos impactos nos outros parceiros da cadeia. Os relacionamentos entre fornecedores e compradores são estabelecidos por meio de contratos de fornecimento que especificam a precificação e os descontos por volume, os *lead times* de entrega, a qualidade, a devolução de produtos, entre outros. Claro que a questão principal está em saber se os contratos de fornecimento também podem ser utilizados para substituir a estratégia tradicional da cadeia de suprimentos por uma que otimize o desempenho total da cadeia. Particularmente, qual é o impacto dos contratos com desconto por volume ou compartilhamento de receitas no desempenho da cadeia de suprimentos? Existem estratégias de precificação aplicáveis por fornecedores para conceder incentivos aos compradores, para que estes peçam mais produtos ao mesmo tempo em que o lucro do fornecedor aumenta?

As estratégias de distribuição. Um dos mais importantes desafios enfrentados por muitas organizações está em definir o montante de seu sistema de distribuição que deve ser centralizado (ou descentralizado). Qual é o impacto de cada estratégia nos níveis de estoque e nos custos de transporte? Qual é o impacto nos níveis de serviço? Por fim, em que circunstâncias os produtos devem ser transportados por via aérea de locais centralizados aos vários pontos de demanda? Estas questões são importantes não apenas para uma empresa que esteja definindo sua estratégia de distribuição; elas também são essenciais para os varejistas que competem entre si, para decidirem o quanto eles poderão colaborar um com o outro. Por exemplo, revendedores que comercializam uma mesma marca devem compartilhar estoques? Em caso afirmativo, qual a vantagem competitiva tirada deste posicionamento?

A integração da cadeia de suprimentos e das alianças estratégicas. Conforme observado anteriormente, o projeto e a implementação de uma cadeia de suprimentos otimizada no âmbito global é difícil devido à sua dinâmica e aos objetivos conflitantes das diferentes unidades e dos parceiros. Contudo, as histórias de sucesso da Dell, da Wal-Mart e da Procter & Gamble provam que uma cadeia de suprimentos globalmente integrada e otimizada não apenas é possível como também pode ter um imenso impacto no desempenho da empresa e em sua fatia de mercado. Claro que é possível argumentar que estes três exemplos estão associados a empresas que encontram-se entre as maiores em seus respectivos setores de atuação. Estas empresas conseguem implementar tecnologias e estratégias que um número limitadíssimo de outras empresas também é capaz de adotar. Porém, nos mercados competitivos de hoje, a maior parte das empresas não tem escolha: elas são forçadas a integrar sua cadeia de suprimentos e a adotar alianças estratégicas. Esta pressão origina-se tanto de seus clientes quanto de seus parceiros da cadeia. Como é possível atingir esta integração com êxito? Não há dúvida de que o compartilhamento de informações e o planejamento operacional são a chave para a integração exitosa da cadeia de suprimentos. Como a informação afeta o projeto e a operação da cadeia de suprimentos? Qual é o nível de integração necessário dentro da organização e qual é o nível exigido com os parceiros externos? Por fim, quais são os tipos de parcerias que podem ser implementados e qual tipo precisa ser implementado em uma dada situação?

As estratégias de terceirização e de produção *off-shore.* A reconsideração da estratégia da cadeia de suprimentos envolve não apenas a coordenação de diferentes atividades na cadeia como também a decisão sobre o que produzir internamente e o que comprar de fontes externas. Como uma empresa identifica as atividades de produção que se inserem no conjunto de suas competências essenciais e que, portanto, devem ser implementadas internamente? Quais são os produtos ou componentes que devem ser adquiridos de fornecedores externos, já que estas atividades de produção não se enquadram naquele conjunto? Existe alguma relação entre a resposta àquela questão e a arquitetura do produto? Quais são os riscos associados com a terceirização e como eles podem ser minimizados? Quando é que se recorre à terceirização? Como você garante um fornecimento de produtos em prazo oportuno? Em que situação a empresa precisa manter mais de uma fonte para um mesmo componente? Por fim, mesmo que a empresa decida não terceirizar atividades, em que situação faz sentido transferir suas operações para a Ásia? Qual é o impacto de adotar a produção *off-shore* nos níveis de estoque e no custo de capital? Quais são os riscos inerentes?

O projeto do produto. O projeto eficiente desempenha diversos papéis importantes na cadeia de suprimentos. É óbvio que certos projetos de produtos aumentam os estoques ou os custos de transporte, ao passo que outros diminuem o *lead time* de fabricação. Infelizmente o reprojeto de um item muitas vezes é um processo dispendioso. Em que situação é interessante reprojetar produtos para reduzir os custos de logística ou os *lead times* das cadeias de suprimentos? É possível alavancar o projeto de produtos para compensar a incerteza e a demanda do cliente? É possível quantificar a economia resultante desta estratégia? Que alterações devem ser feitas na cadeia de suprimentos para tirar vantagem do projeto do produto? Finalmente, conceitos novos como a customização em massa vêm ganhando crescente popularidade. Qual é o papel desempenhado pela cadeia de suprimentos no sucesso da implementação destes conceitos?

A tecnologia da informação e os sistemas de apoio à tomada de decisão. A tecnologia da informação é um fator essencial à viabilização da gestão da cadeia de suprimentos. De fato, muito do interesse atual na gestão da cadeia de suprimentos é motivado pelas oportunidades que apareceram devido à abundância de dados e à economia possibilitada pela sofisticação da análise deles. A principal questão sobre a gestão da cadeia de suprimentos não envolve a possibilidade ou não de receber dados, mas a de quais dados devem ser transferidos – isto é, quais dados são importantes para a cadeia de suprimentos e quais podem ser ignorados com segurança. Além disso, com que frequência os dados precisam ser transferidos e analisados? Qual é o impacto da Internet? Qual é o papel do comércio eletrônico? Qual é a infraestrutura necessária tanto internamente quanto entre os parceiros da cadeia de suprimentos? Por último, uma vez que a tecnologia da informação e os sistemas de apoio à tomada de decisão estão disponíveis, é possível interpretar estas tecnologias como as principais ferramentas para atingir a vantagem competitiva no mercado? Em caso afirmativo, então o que impede outras empresas de adotar a mesma tecnologia?

O valor para o cliente. O valor para o cliente é a medida da contribuição de uma empresa para seus clientes, com base na gama completa de produtos, serviços e intangíveis que ela oferece. Recentemente esta medida suplantou outros parâmetros de aferição, como a qualidade e a satisfação do cliente. Sem dúvida, a gestão eficiente da cadeia de suprimentos é crítica quando uma empresa deseja satisfazer as necessidades de seus clientes e oferecer valor, ao mesmo tempo. Porém, o que determina o valor para o cliente em diferentes empresas? Como medir o valor para o cliente? Como a tecnologia da informação é utilizada para aprimorar o valor para o cliente na cadeia de suprimentos? Como a gestão da cadeia de suprimentos contribui para o valor para o cliente? Como as novas tendências do valor para o cliente e o desenvolvimento de relacionamentos e experiências afetam a gestão da cadeia? Qual é a relação entre o preço do produto e o nome da marca no mundo tradicional e no mundo eletrônico?

A precificação inteligente. As estratégias de gestão de receitas vêm sendo aplicadas com sucesso por empresas como companhias aéreas, hotéis e locadoras de automóveis. Nos últimos anos, um grande número de fabricantes, varejistas e transportadoras passaram a aplicar uma variante destas técnicas com o propósito de melhorar o desempenho da cadeia de suprimentos. Neste caso, a empresa integra a precificação e o estoque (ou a capacidade disponível) para assim influenciar a demanda do mercado e melhorar o desempenho, do ponto de partida. Como isto é feito? As estratégias de precificação "inteligente" podem ser adotadas para melhorar o desempenho da cadeia? Qual é o impacto destas estratégias na cadeia de suprimentos?

Cada um destes problemas e estratégias será discutido em pormenor nos capítulos a seguir. Conforme será demonstrado, o foco em cada caso está na cadeia de desenvolvimento ou na cadeia de suprimentos, e está também na concretização de uma cadeia de suprimentos *globalmente otimizada*, na gestão do risco e da incerteza inerentes, ou em concretizar tudo isto, ao mesmo tempo. Um esboço destes objetivos é mostrado na Tabela 1-1.

TABELA 1-1
PRINCIPAIS PROBLEMAS DA CADEIA DE SUPRIMENTOS

	Cadeia	Otimização global	Gestão do risco e da incerteza
Configuração da rede de distribuição	Suprimentos	Sim	
Controle de estoques	Suprimentos		Sim
Fornecimento para a produção	Suprimentos	Sim	
Contratos com fornecedores	Ambas	Sim	Sim
Estratégias de distribuição	Suprimentos	Sim	Sim
Alianças estratégicas	Desenvolvimento	Sim	
Terceirização e produção *off-shore*	Desenvolvimento	Sim	
Projeto do produto	Desenvolvimento		Sim
Tecnologia da informação	Suprimentos	Sim	Sim
Valor para o cliente	Ambas	Sim	Sim
Precificação inteligente	Suprimentos	Sim	

1.8 OS OBJETIVOS E UMA VISÃO GERAL DESTE LIVRO

Nos últimos tempos, diversas razões aumentaram de forma impressionante o interesse geral na logística e na gestão da cadeia de suprimentos, o que levou muitas empresas a analisar suas cadeias de suprimentos. Contudo, na maioria dos casos esta análise foi feita com base na experiência e na intuição. Poucos modelos analíticos ou ferramentas de projeto foram utilizados neste processo. Ao mesmo tempo, nas duas últimas décadas a comunidade acadêmica desenvolveu uma série de modelos e ferramentas de auxílio à gestão da cadeia de suprimentos. Infelizmente, a primeira geração desta tecnologia não foi robusta ou flexível o bastante para ser posta em prática, de forma eficaz, pela indústria.

No entanto, esta situação se alterou nos últimos anos. A análise e o *insight* se aperfeiçoaram, e modelos e sistemas de apoio à tomada de decisão mais eficazes foram desenvolvidos – mas com estes a indústria não está familiarizada.

Este livro preenche essa lacuna ao apresentar os modelos e métodos de solução mais modernos, importantes no projeto, no controle, na operação e na gestão de sistemas da cadeia de suprimentos. Nossa intenção é de que ele seja útil como livro-texto para cursos de MBA em logística e cadeia de suprimentos e como referência para professores, consultores e gestores envolvidos em qualquer um dos processos da cadeia de suprimentos. Cada capítulo inclui estudos de caso e apresenta vários exemplos e perguntas para discussão. Além disso, cada um de seus capítulos é independente, e as seções com desenvolvimento matemático e técnico podem deixar de ser lidas sem prejuízo à continuidade da obra. Portanto, acreditamos que o livro seja acessível a qualquer um que se interesse por algum dos aspectos da gestão da cadeia de suprimentos. Por exemplo, os gerentes encarregados do transporte que decidem quais meios empregar para transportar produtos, os gerentes de estoque que desejam garantir a uniformidade da produção com o menor estoque possível, os gerentes de compra e venda que concebem contratos com seus fornecedores e clientes, e os gerentes de logística incumbidos de administrar as cadeias de suprimentos de suas empresas podem usufruir do conteúdo deste livro.

A obra inclui capítulos que tratam dos seguintes tópicos:

- A gestão de estoques
- O planejamento da rede logística
- Os contratos de fornecimento para componentes estratégicos e para *commodities*
- O valor e o uso eficiente da informação na cadeia de suprimentos

- A integração da cadeia de suprimentos
- As estratégias de distribuição centralizadas e descentralizadas
- As alianças estratégicas
- As estratégias de terceirização, de produção *off-shore* e de *procurement*
- As estratégias de logística internacional e de gestão do risco
- A gestão da cadeia de suprimentos e o projeto de produto
- O valor para o cliente
- A gestão de receitas e as estratégias de precificação
- A tecnologia da informação e seu impacto na cadeia de suprimentos
- Os padrões técnicos e seus impactos na cadeia de suprimentos

Além disso, este livro inclui três pacotes de software, o **Jogo da Cerveja Informatizado**, o **Jogo do Compartilhamento do Risco** e o **Jogo de *Procurement***, além de um conjunto de planilhas. O Jogo da Cerveja Informatizado é uma versão avançada de uma simulação de gestão da cadeia de suprimentos desenvolvido inicialmente no MIT (Instituto de Tecnologia de Massachusetts). Além do formato tradicional de jogo de tabuleiro, o Jogo Informatizado da Cerveja oferece muitas opções e características que possibilitam ao leitor explorar uma variedade de conceitos simples e também avançados da cadeia de suprimentos, que não são facilmente ensinados por meio do jogo tradicional. Estes conceitos incluem o valor do compartilhamento da informação, o impacto de *lead times* curtos ou longos e a diferença entre a tomada de decisão centralizada e descentralizada no desempenho da cadeia de suprimentos. Este jogo complementa a maior parte do que será discutido no texto. Mais especificamente, ele auxilia a esclarecer muitos dos pontos levantados no Capítulo 5.

De modo semelhante, o Jogo do Compartilhamento do Risco foi desenvolvido para ilustrar questões importantes na gestão de estoques e um conceito fundamental na gestão da cadeia de suprimentos, chamado de *compartilhamento do risco*, discutido no Capítulo 2. Neste jogo, o jogador administra, ao mesmo tempo, uma cadeia de suprimentos com um depósito e uma cadeia de suprimentos sem depósitos. No segundo caso, o jogador entrega suas mercadorias aos varejistas diretamente a partir dos fornecedores. No decorrer do jogo, o software registra os lucros das duas cadeias de suprimentos, de forma que o jogador pode comparar o desempenho de sistemas centralizados e descentralizados.

O Jogo de *Procurement* foi desenvolvido para ilustrar o impacto de contratos flexíveis (opções) e da competição entre fornecedores no comportamento destes e do comprador. O jogo apresenta uma situação realista em uma indústria de alta tecnologia, em que a incerteza ao redor da demanda é alta e os compradores precisam reservar capacidade antes da temporada de vendas com um ou mais fornecedores. O jogo complementa o material sobre estratégias de *procurement* apresentado no Capítulo 9. Os três pacotes de software são descritos detalhadamente nos apêndices.

Por fim, o livro é acompanhado também de uma série de planilhas que ilustram os diversos conceitos de estoque e de *contratos de suprimento* descritos nos Capítulos 2 e 4.

QUESTÕES PARA DISCUSSÃO

1. Consideremos a cadeia de suprimentos para um automóvel.
    a. Quais são os componentes de sua cadeia de suprimentos?
    b. Quais são as diferentes empresas envolvidas nesta cadeia de suprimentos?
    c. Quais são os objetivos destas empresas?
    d. Dê exemplos de objetivos conflitantes nesta cadeia de suprimentos.

e. Quais são os riscos raros e os eventos imprevistos que esta cadeia de suprimentos tem de enfrentar?
2. Consideremos uma hipoteca oferecida por um banco.
   a. Quais são os componentes da cadeia de suprimentos para a hipoteca?
   b. Existe mais de uma empresa envolvida nesta cadeia de suprimentos? Quais são os objetivos desta empresa ou empresas?
   c. Quais são as semelhanças entre as cadeias de suprimento para produtos e para serviços? Quais são as diferenças?
3. Qual foi a cadeia de suprimentos que evoluiu com o tempo?
4. Uma empresa verticalmente integrada é aquela que possui, administra e opera todas as funções do negócio. Uma empresa horizontalmente integrada é uma corporação que consiste de um número de empresas, cada qual com atuação independente das outras. A corporação oferece as estratégias gerais, as de *branding* e de direção. Compare e contraste as estratégias para as cadeias de suprimentos dos dois tipos de empresas.
5. Se uma empresa é verticalmente integrada por completo, a cadeia de suprimentos eficiente ainda é importante?
6. Consideremos a cadeia de suprimentos para pêssegos enlatados vendidos por uma grande empresa de alimentos industrializados. Quais são as fontes de incerteza nesta cadeia de suprimentos?
7. Consideremos uma empresa que está reprojetando sua cadeia logística. Quais são as vantagens de ter um número pequeno de depósitos centrais? E as vantagens de ter um grande número de depósitos próximos ao consumidor final?
8. Consideremos uma empresa que está selecionando um fornecedor de serviços de transporte. Quais são as vantagens de recorrer a uma transportadora que utiliza caminhões? Ou de recorrer a uma transportadora de encomendas, como a UPS?
9. Quais são as vantagens de uma empresa com altos níveis de estoque? E as desvantagens? Quais são as vantagens de ter baixos níveis de estoque? E as desvantagens?
10. Cite algumas das maneiras de incluir a redundância na cadeia de suprimentos. Quais são as vantagens e desvantagens de fazê-lo?
11. Consideremos a Figura 1-5. Quais são as razões para o aumento nos custos de transporte? E para os custos com estoques? Estes custos afetam um ao outro? Como?

ESTUDO DE CASO

A Meditech Surgical

Três anos depois de a Meditech ter se separado da empresa que a gerou, ela capturou a maior fatia do mercado de instrumentos cirúrgicos utilizados em endoscopia. Seu principal competidor, a National Medical Corporation, havia praticamente criado o mercado de US$800 milhões na década anterior. Mas a Meditech competiu de forma agressiva, desenvolvendo instrumentos novos e inovadores e vendendo-os por meio de uma equipe de vendas de primeira classe. A combinação deu certo e a Meditech tornou-se um fenômeno em um curto espaço de tempo.

Fonte: Copyright © 1985, Massachusetts Institute of Technology. Este estudo de caso foi preparado pelo *Leader for Manufacturing* Bryan Gilpin, sob a supervisão do prof. Stephen C. Graves, como base para uma discussão em sala de aula.

Apesar deste sucesso, Dan Franklin, o gerente do setor de Distribuição e Atendimento ao Cliente, estava preocupado com a crescente insatisfação dos clientes. A Meditech havia recentemente lançado vários novos produtos, essenciais à toda a linha de produtos da companhia. Estes novos produtos, que eram cruciais para a estratégia de desenvolvimento acelerado de produto da Meditech, precisavam ser lançados de forma impecável, pois assim protegeriam a reputação da companhia e as vendas de suas outras linhas. Mas a Meditech não conseguiu acompanhar a demanda durante a enxurrada inicial de pedidos. A capacidade de produção se esgotou, com os clientes esperando por até seis semanas para verem entregues seus pedidos. O serviço de entrega deficiente, que é fatal para qualquer empresa de equipamentos médicos, estava ameaçando a reputação da Meditech.

O HISTÓRICO DA COMPANHIA

As técnicas de endoscopia estão classificadas em procedimentos cirúrgicos descritos como pouco invasivos. Esta categoria de procedimento requer apenas pequenas incisões para a execução da operação. Assim, os procedimentos que utilizam técnicas endoscópicas muitas vezes trazem grandes benefícios para o paciente, tanto física quanto financeiramente. Estes procedimentos muitas vezes abreviam o tempo de recuperação do paciente, o que se traduz em menores despesas cirúrgicas em geral. Apesar dos benefícios e da longa história da tecnologia endoscópica, estes procedimentos se tornaram populares apenas nos últimos dez anos. Há apenas três anos, a expectativa era de que o mercado para instrumentos endoscópicos duplicasse no período de cinco anos. O crescimento esperado para o mercado, após esse período, também era promissor. A Largo Healthcare Company, a companhia que fundou a Meditech, decidiu desfazer-se dela, transformando-a em uma empresa independente, concentrada apenas na produção e comercialização de equipamentos para procedimentos de endoscopia. Os gestores da Largo esperavam que a nova companhia fosse prosperar sem as aflições que se abateram sobre outras empresas da corporação Largo, e assim capturasse uma fatia de mercado de instrumentos endoscópicos o mais rápido possível.

Desde sua criação, há pouco mais de seis anos, a Meditech vem fabricando produtos inovadores e de baixo custo. Estes novos produtos eram lançados no mercado com rapidez e empurrados pela ação de uma equipe de vendas agressiva. Os produtos antigos foram atualizados com o acréscimo de características inovadoras e apresentados ao mercado como produtos novos. Assim, a competição entre a Meditech e a National Medical concentrou-se no desenvolvimento e no lançamento contínuos de novos produtos, de ambas as empresas. Geralmente a Meditech lançava novos itens a cada ano.

Ao mesmo tempo em que as estratégias de desenvolvimento eram semelhantes, as estratégias de venda diferiam drasticamente. A National Medical concentrou-se na venda a cirurgiões. As vendas da Meditech foram dirigidas a hospitais, a gerentes de material, como também a cirurgiões. Os gerentes de material estavam mais inclinados a se concentrar nos aspectos custo e entrega. Por outro lado, os cirurgiões davam mais atenção às características do produto. Com o aumento da pressão dos custos com saúde, a importância da postura da gerência de material em termos de compras também aumentou. A Meditech estava bem preparada para tirar vantagem desta importante mudança.

O sucesso da estratégia da empresa ficou claro rapidamente. No espaço de seis anos, a Meditech detinha a liderança do mercado de equipamentos cirúrgicos endoscópicos. Esta já não seria a proeza desprezível, independentemente dos padrões de mercado, mas no tocante a instrumentos cirúrgicos esta realização foi especialmente impressionante. As mudanças sofridas pela indústria de equipamentos médicos de uso profissional tenderam a ocorrer de forma gradual. Muitas vezes via-se que os cirurgiões e clínicos conservavam suas preferências por determinado fabricante. Os hospitais frequentemente utilizavam os serviços de centrais de compra de material médico que tiravam vantagem de contratos de longo prazo com fornecedores. O processo de "converter" um hospital a adotar um novo fornecedor muitas vezes levava meses de negociação e convencimento.

A maioria dos instrumentos endoscópicos são pequenos o bastante para caber na palma da mão de um cirurgião. Por natureza, estes instrumentos são mecânicos e têm diversos mecanismos que oferecem a funcionalidade necessária. Os materiais empregados na fabricação destes instrumentos incluem peças de plástico injetado, lâminas de metal, molas, entre outros. Em todos os casos, os cirurgiões utilizam o instrumento para um único procedimento e depois o descartam. Os instrumentos nunca são re-esterilizados ou reutilizados com outro paciente. Em suma, a linha de produtos da Meditech consiste de mais de 200 itens distintos.

A DISTRIBUIÇÃO

A Meditech distribui todas suas mercadorias a partir de um depósito central por meio de dois canais principais – os revendedores no mercado doméstico e empresas afiliadas no exterior – para o consumidor final (isto é, os hospitais). O primeiro canal, utilizado apenas para as vendas no mercado doméstico norte-americano, utiliza distribuidores nacionais, ou revendedores, para efetuar o transporte aos hospitais. Os revendedores fazem os pedidos e recebem os produtos de diversos fabricantes, incluindo a Meditech, e via de regra estocam centenas deles. Os produtos em estoque variam de itens de uso geral, como luvas cirúrgicas e aspirina, a instrumentos cirúrgicos endoscópicos. Ao recorrerem aos revendedores para obter os diversos produtos de que necessitam, os hospitais não precisam fazer os pedidos diretamente aos fabricantes. Além disso, uma vez que os revendedores mantêm depósitos regionais em todo o território norte-americano, a distância entre estes depósitos e a maioria dos hospitais tende a ser expressivamente pequena o que permite o reabastecimento frequente dos estoques hospitalares. Em alguns casos, os caminhões dos revendedores chegam a entregar os pedidos uma ou duas vezes ao dia. Este reabastecimento minimiza os estoques hospitalares e, com isso, reduz os custos com material.

Os depósitos regionais dos revendedores atuam como entidades independentes e determinam de forma autônoma a data e o volume de novos pedidos de suprimentos. Portanto, ainda que a Meditech utilize apenas quatro ou cinco grandes distribuidoras, ela recebe pedidos e encaminha mercadorias para centenas de depósitos regionais individualmente administrados. Cada depósito, por sua vez, encaminha mercadorias a vários hospitais, o que resulta em milhares destes que recebem produtos da Meditech.

O canal de distribuição para vendas internacionais utiliza as afiliadas estrangeiras da Largo Healthcare. Estas empresas afiliadas são de total propriedade de subsidiárias da Largo Healthcare estabelecidas fora dos EUA. Tal como ocorre com os revendedores internos, que podem estar lotados a poucos quilômetros dos hospitais que atendem, uma afiliada transporta produtos em toda sua região de cobertura. Do ponto de vista da Meditech, os pedidos das afiliadas não são diferentes dos pedidos dos revendedores – as afiliadas no mercado doméstico emitem pedidos para a Meditech e ela os realiza com os produtos disponíveis.

AS OPERAÇÕES INTERNAS

Os processos de produção de instrumentos para a endoscopia compreendem três etapas principais: a montagem de componentes para formar um instrumento propriamente dito ou pré-montado, a embalagem de um ou mais instrumentos prontos ou pré-montados em um item pronto para a venda e a esterilização destes itens. Cada uma destas etapas é descrita a seguir.

A montagem

O processo de montagem é composto de muitas operações manuais. As peças chegam à área de montagem a partir de fornecedores, depois de uma breve inspeção do setor de Inspeção de Qualidade. As peças são colocadas em estoque até estarem prontas para uso por uma das linhas de montagem. Cada linha de montagem é tocada por uma equipe de funcionários treinados no processo de produção que pode produzir qualquer um dos instrumentos de uma dada família de produtos. As mudanças de atividade em uma dada família são rápidas e baratas, exigindo apenas o alerta do líder da equipe de produção e um suprimento dos componentes adequados. O ciclo de tempo típico para a montagem de um lote de instrumentos – o tempo necessário para programar e montar um lote de instrumentos, supondo que as peças estejam disponíveis no estoque específico – é da ordem de duas semanas. O *lead time* para os componentes é da ordem de duas a 16 semanas. Os instrumentos montados são levados da área de montagem para o estoque geral de instrumentos, onde eles esperam para ser embalados.

A embalagem

O processo de embalagem utiliza diversas máquinas de embalar de grande porte. Estas máquinas inserem os instrumentos pré-montados em recipientes plásticos e então dispõem uma folha de material flexível sobre o recipiente. A seguir, todo ele é colocado em uma caixa de papelão com capacidade para 16 unidades, que por sua vez é levada para o esterilizador. A capacidade da área de embalagem não tem limite de produção.

A esterilização

O processo de esterilização utiliza um esterilizador de grande porte, que opera com radiação de cobalto. Após os lotes de instrumentos embalados (contêiner de papelão, recipiente plástico e instrumentos) terem sido inseridos no esterilizador, este é posto em operação por cerca de uma hora. A radiação penetra no papelão e no plástico, destruindo os agentes de contaminação em potencial. O esterilizador tem a capacidade de esterilizar tantos itens quanto couberem no interior de suas quatro paredes. As limitações de capacidade nunca foram um problema. Os instrumentos esterilizados são imediatamente transportados para o estoque de produtos acabados.

A organização das operações

Todos os setores de produção reportam-se ao Vice-presidente de Operações, Keneth Strangler (ver Figura 1-6 para o organograma de operações da empresa). As funções imediatamente subalternas a Strangler incluem os diversos gerentes de unidade (um para cada unidade de fabricação da Meditech), um diretor de gestão de fornecimento e um diretor de planejamento, distribuição e atendimento ao consumidor. Outros vice-presidentes (não mostrados) estão incumbidos das vendas, do desenvolvimento de produto e das finanças. Todos eles reportam-se ao gestor de mais alto escalão dentro da Meditech: o presidente. Os gerentes das unidades da organização são responsáveis pelo quadro de pessoal da produção e da engenharia, pela inspeção de qualidade, pelos serviços de apoio e pelo fornecimento de material para suas respectivas unidades.

Imediatamente sob os gerentes de unidade estão as diversas unidades de negócios. Cada

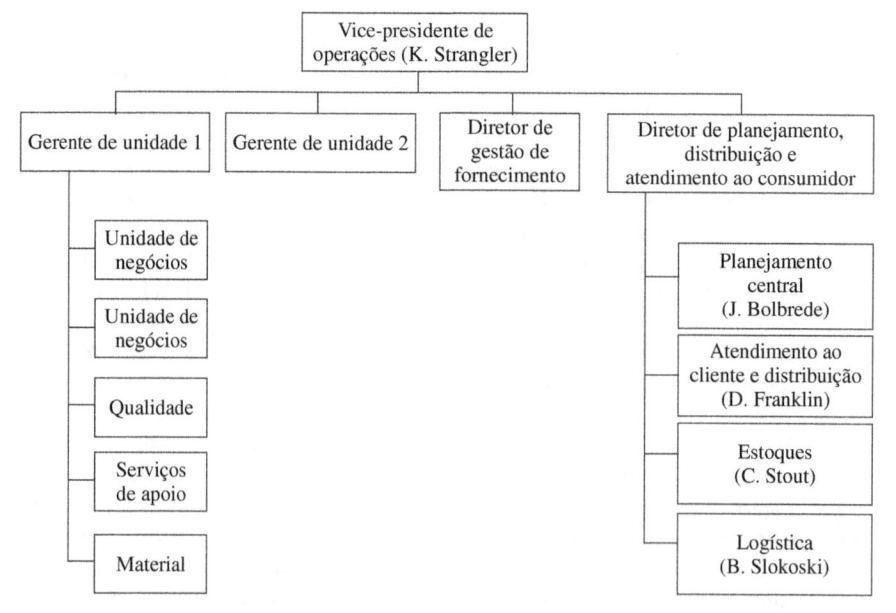

FIGURA 1-6 O organograma de operações da Meditech.

unidade de negócio tem total responsabilidade tanto pela montagem de uma família de produtos ou, no caso da embalagem e esterilização, por todo um processo de produção. A tarefa mais importante de cada unidade de montagem consiste em satisfazer as metas de produção semanais. A realização destas metas garante um fornecimento de instrumentos para o processo de embalagem e esterilização. O processo de definição dos cronogramas de montagem e de embalagem e esterilização é discutido a seguir.

Outras instâncias de gestão que também reportam-se ao Presidente de Operações são o Diretor de Gestão de Fornecimento e o Diretor de Planejamento, Distribuição e Atendimento ao Consumidor. A Gestão de Fornecimento trabalha com os relacionamentos com fornecedores, incluindo a concretização de contratos de compra e a descoberta de novos fornecedores, sempre que necessário. O departamento de Planejamento, Distribuição e Atendimento ao Consumidor faz tudo o que está a seu alcance para garantir que os clientes recebam os produtos quando exigido. Os cargos existentes sob o Serviço de Atendimento ao Cliente incluem o gerente de Atendimento ao Cliente e Distribuição, Dan Franklin, o gerente de Planejamento Central, o gerente de Estoques e o gerente de Logística. O Atendimento ao Cliente lida com tudo desde as ocasionais queixas de um consumidor até a definição de estratégias de melhoria do serviço de entrega. Os representantes do Atendimento ao Cliente trabalham com os revendedores e as afiliadas, mantendo-os atualizados sobre as datas de entrega de produtos e eventuais problemas. Muitas vezes estas responsabilidades colocam o representante do Atendimento ao Cliente em contato direto com o quadro de pessoal dos hospitais.

Enquanto o Atendimento ao Cliente lida com questões pertinentes à movimentação de produtos acabados que saem do estoque, o Planejamento Central garante que os produtos adequados estejam disponíveis para satisfazer os pedidos que entram. O departamento prepara planos de produção mensais que são usados pelas unidades de negócio para definir a programação semanal e diária.

Charles Stout, o gerente de Estoque, define a política de estoque de produtos acabados e as diretrizes para os estoques total e de peças para as unidades de negócio. Quando uma ordem para a diminuição de estoque é emitida pela alta gerência, o gerente de Estoque precisa definir o ponto em que ele pode ser reduzido e passa a promover estas reduções. Com seus esforços, Stout teve sucesso ao eliminar milhões de dólares em estoques obsoletos e de baixa movimentação.

O PLANEJAMENTO E A PROGRAMAÇÃO DA PRODUÇÃO

O planejamento e a programação da produção é segmentado em duas partes: o planejamento, baseado em previsões mensais de pedidos de montagem e de peças componentes, e na programação diária de embalagem e esterilização com base nos níveis de estoque de produtos acabados. No decorrer do quarto trimestre de cada ano fiscal, os departamentos de marketing e finanças fazem uma previsão para o ano seguinte. Esta previsão é dividida proporcionalmente com base no número de semanas do mês, em escala mensal. À medida que o ano avança, a equipe de Planejamento Central trabalha com o departamento de marketing para prever ajustes de acordo com as tendências de mercado e os acontecimentos relacionados. No começo de cada mês, as previsões mensais são ajustadas e aprovadas pelo departamento de marketing e pelo Planejamento Central.

O planejamento da montagem de um determinado instrumento começa com as previsões mensais de demanda. Com base nesta previsão, a equipe de Planejamento Central define a quantidade de produto que precisa ser transferida do estoque geral para o estoque de produtos acabados, de forma a satisfazer a demanda esperada. Esta quantidade, chamada de "necessidade de transferência" de produtos acabados, é determinada subtraindo o nível de estoque de produtos acabados atual da (1) previsão de demanda para o mês acrescida do (2) estoque de segurança necessário. (A atual política para o estoque de segurança é a manutenção de um volume correspondente à demanda de três semanas.)

As necessidades de transferência, uma vez apuradas para todos os mais de 200 códigos de produto, são submetidas à aprovação do setor de planejamento e programação. Geralmente, este processo leva de uma a duas semanas, no mês corrente. Ainda que não sejam de fato empregadas para programar a montagem ou alterar os processos de embalagem e esterilização, as necessidades de transferência disponibilizam uma estimativa da produção total necessária para o mês. Assim, eventuais problemas para fornecer as entregas de acordo com o planejado podem ser identificados e resolvidos.

As programações de montagem e os pedidos de reabastecimento de peças são baseados nas previsões mensais de demanda e nos níveis atuais de estoque. Na metade do mês, os planos mensais finalizados, que contêm as previsões para o período, são enviados às unidades de montagem. Um integrante da equipe de planejamento insere as previsões no sistema de Planejamento de Necessidades de Materiais (MRP – *Materials Requirement Planning*), que determina as programações semanais de produção e os pedidos de peças para cada produto acabado. O sistema MRP estipula as programações de montagem e os pedidos de peças com base em (1) as previsões mensais; (2) os *lead times* de montagem, embalagem e esterilização; e (3) os níveis atuais de estoque de peças, de material total e de produtos acabados. Apesar de o MRP poder ser executado várias vezes a cada semana, o funcionário encarregado precisa tomar o cuidado de dar ciência da alteração da programação semanal de produção em tempo menor do que uma semana. (Uma alteração de programação em geral requer a redistribuição de mão de obra e a obtenção de mais peças. O prazo de uma semana para responder às alterações de programação é, portanto, considerado adequado pelos gerentes das unidades de negócio.)

Em contraste com a programação da linha de montagem com base em previsões, as operações de embalagem e esterilização são programadas com base na necessidade de reabastecimento do estoque de produtos acabados.

Para fins de programação, as operações de embalagem e esterilização são consideradas uma operação única, pois os instrumentos pré-acabados vão da embalagem para a esterilização e posteriormente para o estoque de produtos acabados sem serem inventariados. (A Figura 1-7 ilustra um diagrama de todo o processo de produção.) Todo o processo de embalagem e esterilização pode ser finalizado para um lote de instrumentos em cerca de uma semana. A programação da embalagem e esterilização é conduzida com base em um sistema de ponto de pedido/quantidade de pedido (PP/QP) (isto é, quando o estoque de produtos acabados cai abaixo do ponto predefinido de pedido PP, um pedido de reabastecimento para mais produtos embalados e esterilizados é emitido; o volume deste pedido em termos de número de instrumentos é sempre igual à quantidade de pedido predefinida, QP).

Uma maneira alternativa de programar o processo consiste em considerar o material como sendo "empurrado" da montagem para o estoque geral, e como sendo "puxado" da embalagem e esterilização para o estoque de produtos acabados. O movimento da montagem é baseado na previsão mensal definida antes de a demanda mensal de fato ser informada. Já o movimento da embalagem e esterilização simplesmente reabastece o que foi vendido dos produtos acabados no dia anterior.

OS LANÇAMENTOS DE NOVOS PRODUTOS, OS NÍVEIS ALTOS DE ESTOQUE E O NÍVEL INSATISFATÓRIO DE SERVIÇO

Ao longo dos últimos anos, a Meditech lançou dezenas de novos produtos no mercado, principalmente por meio da atualização de produtos existentes. A Meditech planeja dar continuidade a esta estratégia de tornar obsoletos seus próprios pro-

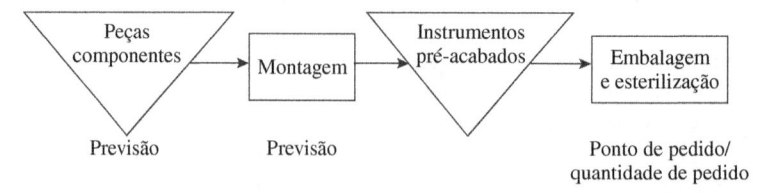

FIGURA 1-7 O processo de produção da Meditech.

dutos com o lançamento constante de inovações. Ao passo que produtos inovadores vêm sendo bem aceitos pelo mercado, o lançamento de cada um deles resulta em uma enxurrada de problemas de suprimento. Dan Franklin percebeu que os clientes estavam começando a se cansar do serviço insatisfatório gerado por cada lançamento. Por meio de diversas reuniões com os gerentes de material dos hospitais que a empresa atende, Dan começou a entender todo o leque de frustrações de seus clientes.

Franklin não conseguia entender como a Meditech sofria com a constante escassez de produtos a cada lançamento. A elaboração de previsões certamente tinha sido um problema, mas a determinação de sua extensão era uma tarefa difícil. Os dados para medir a acuracidade das previsões não haviam sido acompanhados de antemão; tampouco haviam sido armazenadas as informações sobre demanda e previsões. A coleta de dados requer um processo demorado que envolve a inspeção das cópias impressas de planos mensais anteriores e a inserção manual de informações no sistema informatizado. Ainda que uma metodologia mais eficiente pudesse ser determinada, as previsões podem ser melhoradas tão-somente na mesma medida.

Além dos problemas com o lançamento de novos produtos, os níveis de estoque de produtos acabados pareciam notavelmente altos. Um consultor contratado para estudar o estoque da Meditech descobriu que o estoque total poderia ser reduzido em no mínimo 40%, sem impactos no nível de serviço (ver Figura 1-8)[1]. Apesar dos altos níveis de estoque, o nível de serviço real ao longo do ano passado foi decepcionante e esteve abaixo das metas corporativas. A gestão temia que a redução no estoque prejudicasse ainda mais o nível de desempenho, que já estava abaixo do esperado.

---

[1] Nota sobre a hipótese do reabastecimento: para fins de simplicidade, este gráfico pressupõe que o estoque de produtos acabados (PA) é reabastecido uma vez por semana com um *lead time* de uma semana. No início de cada semana, uma quantidade suficiente de produto é "pedida" de forma que os estoques de produtos em processamento e de PA é igual à demanda de $2/3$ de semana. Neste caso, os produtos em processamento são aqueles que ainda não entraram no estoque de produtos acabados. Em média, o volume de produtos em processamento equivale à demanda de uma semana. O processamento deixa, em média, $2^2/_3 - 1 = 1^2/_3$ da demanda semanal no estoque de PA no início de cada semana.

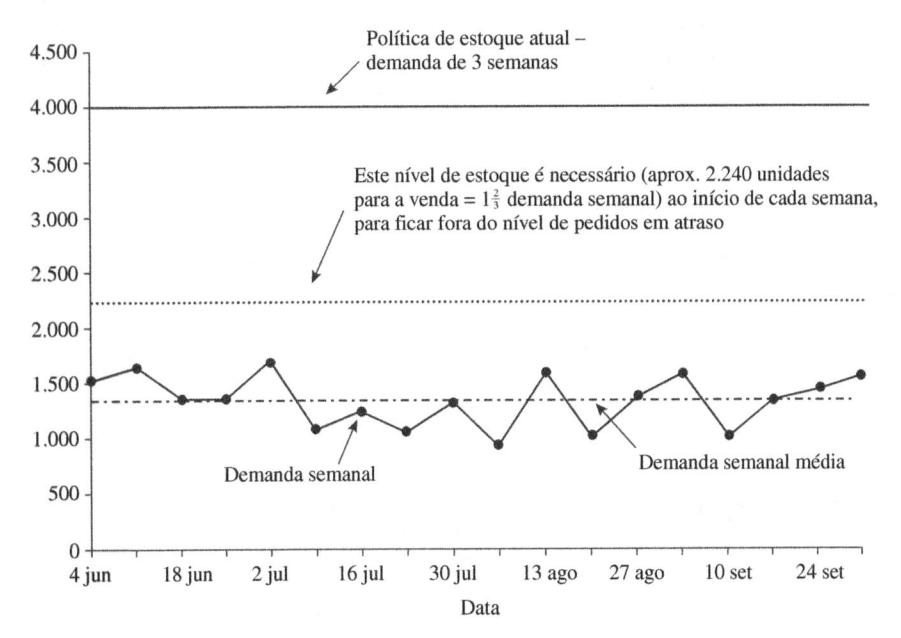

FIGURA 1-8 Padrão da demanda semanal para um produto estável e representativo, demonstrando os níveis atuais de estoque *versus* os níveis recomendados pela política de estoque do consultor.

Outra possível causa do problema são os "pedidos com margem de segurança" dos revendedores e das afiliadas. Os pedidos emitidos com margem de segurança ocorrem quando um revendedor ou afiliada não tem certeza de que o produto será entregue na data e, por isso, o volume pedido é majorado na esperança de que a Meditech cumpra ao menos uma parte deste. Este inchaço nos pedidos faz a demanda aumentar temporariamente, o que ajuda a explicar os problemas da Meditech com o fato de a demanda exceder a oferta de forma expressiva. Acostumados com os problemas passados envolvendo entregas, os revendedores e as afiliadas tinham toda a razão em emitir pedidos com margem de segurança. Em uma conversa com um representante do maior revendedor da Meditech, ele sinalizou que o pedido com margem de segurança era uma possibilidade. Dada a natureza descentralizada dos depósitos regionais, o revendedor tinha pouco controle sobre o quanto um depósito de fato solicita. Assim, os depósitos podiam emitir este tipo de pedido com margem de segurança sem o conhecimento do revendedor central. Por outro lado, a possibilidade de o pedido ser feito com margem de segurança não significa que de fato ocorrerá. Para piorar as coisas, era difícil encontrar dados provando ou negando sua existência.

Dan pediu a um membro de sua equipe que investigasse o novo problema com o lançamento de produtos e o paradoxo com o nível de estoque e de serviço. Esta pessoa passou vários meses compilando informações sobre padrões de demanda, taxas de produção e previsões. As informações estavam espalhadas em diferentes sistemas em diversas áreas da organização, o que estava de acordo com a natureza descentralizada da Meditech. Não havia uma maneira padronizada de detectar a demanda, os estoques ou os níveis de produção para um dado instrumento. O desenvolvimento de um formato comum para os dados também havia sido difícil. Alguns dados eram expressos em base mensal, outros em base semanal, e ainda outros em termos do calendário corporativo financeiro (com a alternância entre dois meses consecutivos de quatro semanas e um de cinco semanas). Uma vez reunidas, as informações traduziram o seguinte:

- A nova demanda do produto após seu lançamento acompanhou um padrão consistente, que atinge um pico durante as primeiras semanas e depois relativamente se estabiliza (ver Figura 1-9).
- A variação na programação da produção muitas vezes excedia a variação na demanda (ver Figuras 1-10 e 1-11).
- As previsões mensais podiam ser melhoradas consideravelmente por meio de um método estatístico: gerar uma regressão linear com dados passados.

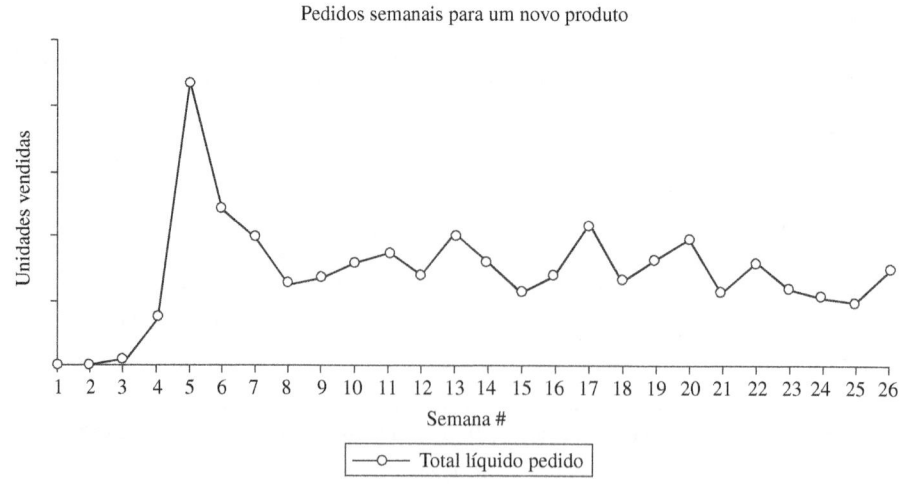

FIGURA 1-9 Padrão típico de demanda para o lançamento de um novo produto. O produto foi apresentado oficialmente quase no final da semana número 4.

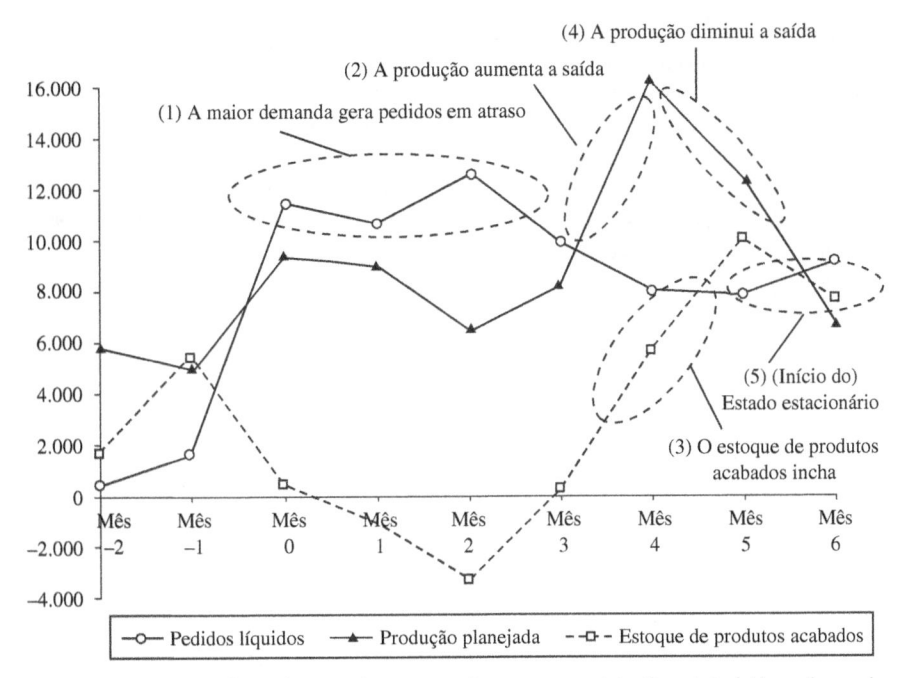

FIGURA 1-10 Reação da produção ao lançamento de um novo produto. O produto foi lançado nas duas últimas semanas do mês 0.

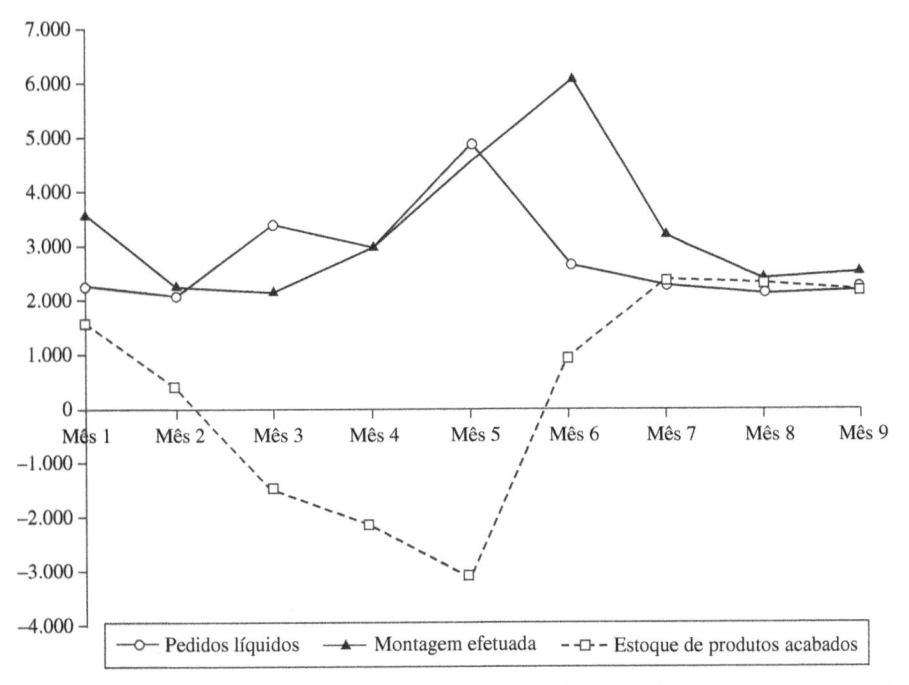

FIGURA 1-11 Reação da produção à demanda inesperadamente alta (não ao lançamento de um novo produto). A demanda inesperada ocorreu nos meses 3, 4 e 5. Observe que apenas os dados de saída da montagem são mostrados. Os dados de saída da embalagem e esterilização não foram obtidos.

De posse destas informações, Dan Franklin começou a pensar sobre uma maneira de resolver os problemas de entrega da Meditech.

QUESTÕES PARA DISCUSSÃO DO ESTUDO DE CASO

1. Quais são os problemas da Meditech com o lançamento de novos produtos? E com a fabricação de TODOS os produtos?
2. O que está causando estes problemas, tanto do ponto de vista sistemático quanto do organizacional?
3. Por que o gerente do serviço de Atendimento ao Cliente é a primeira pessoa a reconhecer os principais problemas?
4. Como você resolveria estes problemas?

CAPÍTULO 2

A Gestão de Estoques e o Compartilhamento do Risco

ESTUDO DE CASO

A Steel Works, Inc.

Gary Lemming estava sentado em seu *corner office**, batendo com o lápis no tampo da escrivaninha. Lemming havia sido nomeado chefe do novo grupo de logística centralizada da Steel Works, Inc. Após uma década de experiência com a implementação de sistemas de Planejamento das Necessidades de Materiais (MRP) em todas as unidades de produção da empresa, Lemming estava confiante de poder cumprir com suas funções. Mas isso foi até essa manhã.

"Nossos níveis de estoque são ridículos!" gritou Jean Du Blanc, o diretor financeiro da companhia. "Nosso serviço de atendimento ao cliente é o pior do setor, e piora a cada dia," murmurou Kirk Callow, o CEO. Lemming começou a explicar: "Veja bem, já montei uma equipe para examinar tudo isso...", mas antes de conseguir terminar, Callow levantou-se e disse: "Nossas vendas estão caindo em 30% e nossas despesas estão em uma alta de 25%. Nossos melhores clientes me telefonam para dizer que vão comprar de nossos concorrentes, e que na velocidade em que estamos perdendo mercado, estaremos falidos em um ano. Não quero saber de equipes, quero que você volte aqui em uma semana para me dizer como você vai consertar isso".

Lemming examinou a lista de pessoas que ele iria encontrar naquela semana. Ele sacudiu a cabeça – como baixar as despesas e melhorar o desempenho? Como é que eu vou encontrar a resposta para isso?

O BACKGROUND

A Steel Works, Inc. é um fabricante de aços especiais e customizados que em 1993 teve um faturamento de $ 400 milhões em vendas. Fundada em 1980 por três brilhantes pesquisadores do MIT, a empresa hoje emprega mais de 2.500 pessoas em cinco unidades. Com seu primeiro produto, o DuraBend™, a empresa conquistou a reputação de fornecedor de alta tecnologia e com rapidez estabeleceu-se em um nicho que era visto como mercado de *commodities*. Suas duas divisões, a de Produtos Especiais e a de Produtos Customizados, são duas empresas separadas com diferentes áreas de atuação.

A DIVISÃO DE PRODUTOS CUSTOMIZADOS

A primeira reunião daquela manhã foi com Stephanie Williams, a Presidente da divisão de

---

* N. de T.: Sala localizada em um dos quatro cantos de um prédio comercial e tida como a melhor, pois tem janelas em duas de suas paredes. É oferecida a integrantes em posições mais altas da hierarquia de uma empresa.

Fonte: Este caso foi preparado pelo assistente de pesquisa David Kletter, sob a orientação do Professor Stephen C. Graves como base para uma discussão em sala de aula, não para ilustrar o tratamento eficiente ou não de uma situação administrativa. Copyright © 1996, Massachusetts Institute of Technology. A companhia, os dados e os eventos mencionados são inteiramente fictícios. Qualquer semelhança com pessoas, empresas ou situações reais é mera coincidência.

Produtos Customizados. "Nossa palavra de ordem é *o cliente em primeiro lugar, em segundo, em terceiro, nunca em último*", explicou a Sra. Williams. "A divisão de Produtos Customizados desenvolve a maioria de seus produtos sob a proteção de contrato de cliente único, para a venda exclusiva a ele, e trabalha em proximidade com ele, antes de o produto ser inventado até nosso produto fazer parte do produto dele.

Temos os melhores cientistas e engenheiros do mundo e é por isso que as maiores empresas dos EUA vem até *nós*. Projetamos os metais que fazem os produtos de nossos clientes funcionar de forma excelente. É por isso que não podemos vender nossos produtos a ninguém além de nosso cliente original – os concorrentes de nossos clientes adorariam comprar de nós também."

Williams explicou que quando um produto deixa de ser tecnologia de ponta, a divisão de Produtos Customizados negocia com o cliente para que ele permita à Steel Works, Inc. vender o produto para outros clientes. "Estas discussões são uma forma de arte," explica Stephanie, "e fazem uma brutal diferença em termos de receitas para nós."

"Veja o DuraFlex™ R23, por exemplo. Desenvolvemos este produto por contrato para uma das três grandes montadoras dos EUA. Demorou mais de um ano para ser desenvolvido e ainda não existe algo comparável a ele no mercado. Mas conseguimos convencer nosso cliente a nos deixar vender o produto no mercado a um valor 30% maior do que cobramos dele. Nossas vendas para ele ainda são grandes e a divisão de Produtos Especiais faz uma pequena fortuna fabricando exatamente o mesmo aço e vendendo a um preço bem mais alto a quatro outras montadoras e a uma empresa fabricante de fotocopiadoras."

Williams mostrou um esquema representando o sistema de fabricação da divisão de Produtos Customizados. Cada uma das três unidades de produção ficava a poucas milhas de um dos três centros de pesquisa e desenvolvimento da divisão de Produtos Customizados, que atendia as regiões oeste, centro-oeste e leste dos EUA. Os clientes e seus produtos estavam lotados em um centro de pesquisa e desenvolvimento e em uma unidade específica. A Steel Works tinha diversos depósitos próximos às suas unidades.

A única pergunta que pairava sobre a cabeça de Lemming era: "Por que os níveis de estoque estão tão altos?" A resposta foi curta e grossa: "Precisamos agradar nossos clientes. Eles não ficam contentes quando você diz a eles que terão de esperar três meses para receberem seus pedidos! Em 1991, fomos dar ouvidos àquela ordem da presidência para reduzir nossos estoques em 20% e acabamos ficando sem produtos para entregar toda semana!"

A DIVISÃO DE PRODUTOS ESPECIAIS

"Vou lhe dizer uma coisa," falou Barry White quando entrou de súbito na sala, "nada temos a ver com a divisão de Produtos Customizados." O Sr. White era o presidente da divisão de Produtos Especiais, cujas vendas vinham sendo o maior sucesso nos últimos meses.

"Aquela divisão de Produtos Customizados passa o dia todo brincando nos laboratórios. Somos nós que estamos no mercado, todo o dia, vendendo produtos e fazendo 67% da receita da empresa. Tenho à minha disposição a melhor equipe de vendas, e é ela que faz a empresa ir para a frente."

"A divisão de Produtos Customizados pensa que é especial porque tem clientes de grande porte. Bem, adivinhe: nós também. Nosso maior cliente na divisão de Produtos Especiais contribui com 10% da receita da companhia e é com sangue, suor e lágrimas que mantemos estes e outros clientes como nossos. Você quer resolver seus problemas? É na produção que estão seus problemas. Você deveria conversar com sua equipe de produção. Meus gerentes de unidade passam o dia gritando comigo, dizendo que os representantes do atendimento ao cliente estão gritando com eles porque os clientes estão gritando com o pessoal do atendimento, pois estes não têm aço em estoque. E não é culpa do pessoal do atendimento ao cliente, é culpa da produção."

"Nessas últimas duas semanas o departamento de sistemas de informação bate todo o dia na porta de meu escritório para dizer como seria legal se toda a Steel Works tivesse um único sistema de dados, e que pagariam $ 12 milhões pela minha divisão. Eles acham que entendem nosso negócio mas eles não entendem. Não precisamos de um sistema computadorizado integrado, precisamos arrumar o que está errado na produção!"

White explicou que tal como a divisão de Produtos Customizados, a divisão de Produtos Especiais tentou fabricar seus produtos em uma única unidade. A divisão operacionalizou três unidades e fabricou seis linhas diferentes de produto. A estratégia geral da empresa foi a de explorar as economias de escala na produção e recrutar a rede logística para distribuir os produtos em todo o território norte-americano. Com vistas a aumentar a eficiência ainda mais, as famílias de produtos eram sempre fabricadas na mesma unidade, o que diminuía os custos de fabricação: os custos de mudança de produto a ser fabricado entre produtos de uma mesma família eram consistentemente menores do que os vistos para produtos de famílias diferentes. Os produtos eram fabricados em sequência cíclica. Por exemplo, o DuraFlex™ R23 é produzido sempre durante a primeira semana do mês.

E foi assim que, antes de Lemming se dar conta, White saiu a passos largos de sua sala.

A ANÁLISE

Era terça-feira e 20% da semana havia se passado. Debby Klein, uma analista sênior de logística, estava sentada diante de Lemming.

"Bem, é exatamente como você disse que seria. A divisão de Produtos Customizados tem mesmo um monte de produtos, e perto de 90% deles são vendidos a um único cliente. Por outro lado, o pessoal de Produtos Especiais tem cerca de 130 clientes para 120 produtos. Eles tem tantos produtos que eu nem consigo acompanhar a lista!"

Debby passou a relatar as más notícias sobre os níveis do serviço de atendimento ao cliente. "Com base nos dados coletados por nossos sistemas de entrada de pedidos, cerca de 70% dos pedidos que são inseridos no sistema estão programados para deixar o estoque em 48 horas. O restante dos pedidos (30%) ou são cancelados pelo cliente quando são inseridos no sistema, ou colocados em um arquivo de pedidos em atraso. Não consegui descobrir quantos pedidos em atraso são cancelados e não tinha certeza se precisávamos desta informação."

Lemming então indagou acerca do grande cliente. "Com certeza, ele é um *senhor* cliente, mesmo. Ele responde por 15% das vendas da Produtos Especiais em 1993 e compra um monte de produtos diferentes. Mas também tem outros

Grandes clientes (> US$ 25 milhões)	5
Pequenos clientes (< US$ 1 milhão)	107
Todos os outros clientes	18
Total	130

FIGURA 2-1 O perfil dos clientes da divisão de Produtos Especiais.

clientes grandes. E tem os pequenos... os médios..." (ver Figura 2-1). "Obrigado, Debby," disse Lemming, sentindo-se mais confuso do que nunca.

Depois do almoço Lemming recebeu um fax com o plano de produção da unidade de Produtos Especiais instalada em Ohio. A unidade de Ohio fabricava as famílias de produtos DuraBend™ e DuraFlex™. A produção na unidade obedecia a uma programação cíclica regular, produzindo cada família uma vez ao mês. O plano parecia consistente com o relato da estratégia de produção da empresa dado por Barry White.

Ao final do dia, uma jovem especialista em previsões chamada Maria apareceu na sala de Lemming, muito preocupada. "Examinei todos os produtos que o senhor pediu. Está uma confusão daquelas, como o senhor descreveu, com 80% dos produtos dentro desta categoria de 'alta volatilidade' (ver Figura 2-2). Diante de desvios-padrão tão altos, não acredito que uma ferramenta de previsão vai nos ajudar muito."

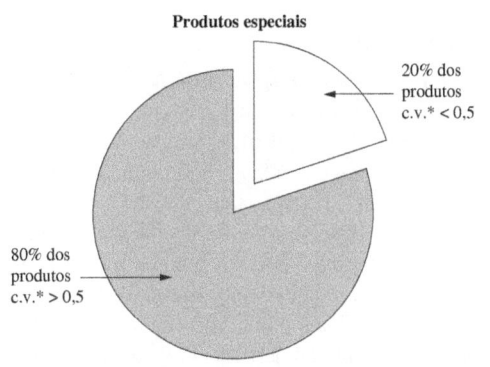

Nota.: C.V. é o coeficiente de variação da demanda de um mês, igual ao desvio-padrão da demanda ao longo de um mês dividida pela demanda mensal média.

FIGURA 2-2 A variação na demanda para a divisão de Produtos Especiais.

A CONSULTORIA

Já bem cedo na manhã de quarta-feira, Fred Chow, um consultor de logística, entra no escritório de Lemming. "Com o que o senhor descreveu ao telefone, a resposta parece bastante simples. Há três coisas que o senhor deve fazer:

1. Livre-se de todos estes produtos. Provavelmente o senhor tem produtos com vendas anuais de alguns milhares de dólares e outros que simplesmente não vendem. Interrompa a produção e se concentre em produtos de alta margem de lucro e de maior volume de vendas, para maximizar receitas.
2. Utilize um pacote estatístico de previsão para antever a demanda, assim o senhor poderá diminuir o nível de estoque necessário. Veja, os níveis de estoque de que o senhor precisa serão uma função de uma regressão dos mínimos quadrados e o desvio-padrão resultante dependerá do erro na demanda e no *lead time*. Assim, reduza isso e o senhor reduzirá os estoques. *Voilá!*
3. O senhor talvez tenha um número excessivo de depósitos. Todo mundo sabe que menos depósitos implicam estoques menores."

Lemming agora estava exultante. Ele não entendeu aquele negócio dos mínimos quadrados, e apesar de Maria ter dito ontem que a previsão não funcionaria, ele estava chegando a algumas conclusões. Sem perceber, Lemming chamou o consultor de "Jonah"* e ficou muito agradecido.

A REALIDADE BATE À SUA PORTA

As empresas rejeitaram categoricamente a ideia de interromper os produtos de baixo giro e de demanda irregular. "Não podemos fazer uma coisa dessas! Nossos clientes mais importantes compram estes produtos!" De que valeu essa ideia, afinal?

Como se não bastasse, Debby retorna ao escritório de Lemming. "Reduzir o número de nossos depósitos? Mas do que é que você está falando? Se tivermos que efetuar o transporte de nossos produtos a partir de um número menor de depósitos, vai demorar mais, custar mais e isso é o que vai enfurecer as divisões. E tem mais, se nos limitarmos a colocar os estoques de dois depósitos em um só, isso não quer dizer que vamos economizar tanto dinheiro assim. Alguns custos fixos certamente vão diminuir, mas isso não vai compensar os custos extras de transporte que teremos de amargar."

Lemming não estava acreditando nisso. Assim, ele reuniu esforços para descer ao fundo do problema da consolidação de depósitos. Várias horas e várias folhas de papel depois, Lemming entendeu que ele havia subestimado a coleta de dados e a *calculeira* envolvidas nesse tipo de análise. Ainda que a ideia tivesse a capacidade de reduzir custos, sua equipe não tinha tempo disponível para examinar tantas informações no tempo que restava daquela semana.

ENTÃO O RELÓGIO BATE ONZE HORAS...

É quinta-feira, quase meia-noite, e Lemming está suando. Debby, Maria e John Thompson, um recém-formado de Sloan**, estão reunidos no *corner office* de Lemming. Eles elaboraram uma lista com algumas ideias no quadro-negro: análise ABC***, segmentação de clientes, EOQ****, entre muitas outras... e rejeitaram todas. Lemming já consegue ver a cara de raiva de Callow – sua carreira profissional está escorregando entre seus dedos.

O que você vai fazer, John Thompson?

UMA VISÃO GERAL DOS DADOS DA STEEL WORKS, INC.

Uma vez que seria praticamente impossível analisar todos os dados da Steel Works, uma amostra representativa de produtos de 1994 é dada. Dados específicos são oferecidos para partes de duas linhas de produtos DuraBend™ e DuraFlex™.

Cinco planilhas estão disponíveis no CD-ROM que acompanha o livro, para auxiliar nas análises:

---

* N. de T.: Profeta hebreu.

** N. de T.: Faculdade de Administração de Empresas do MIT, Instituto de Tecnologia de Massachusetts.

*** N. de T.: Análise "Active Based Costs", ou análise dos custos baseados nas atividades. O ABC é um processo de análise e orçamento que avalia as despesas de estrutura e as operacionais, ligando os custos aos clientes, serviços e pedidos. Permite identificar os produtos rentáveis e não rentáveis.

**** N. de T.: Economical Order Quantity, ou lote econômico de pedido ou de compras (LEC).

S0121958.XLS Vendas de DuraBend™ R12 para cada mês e para cada cliente.
MONTHVOL.XSL Vendas totais de DuraBend™ e DuraFlex™ para cada mês.
PRODBAT.XSL Tamanho dos lotes de DuraBend™ e DuraFlex™ produzidos.
FINCLDAT.XLS Custos unitários e preços de venda de 1994 para DuraBend™ e DuraFlex™.
EOMINV.XLS Estoques de DuraBend™ e DuraFlex™ ao final de cada mês.

Nota.: Todos os dados das tabelas (incluindo os valores em dólares norte-americanos) são em milhares.

Quando você fizer inferências sobre os dados, você pode pressupor, com bastante segurança, que as linhas de produtos DuraBend™ e DuraFlex™ representam toda a divisão de Produtos Especiais.

Ao final deste capítulo você terá entendido as seguintes questões:

- Como as empresas lidam com a enorme variação na demanda do cliente.
- Qual é a relação existente entre níveis de serviço e níveis de estoque.
- Qual é o impacto do *lead time* e de sua variação nos níveis de estoque.
- O que de fato faz uma política de gestão de estoque eficiente.
- Como os compradores e fornecedores utilizam os *contratos de suprimento* para melhorar o desempenho da cadeia de suprimentos.
- Quais são as abordagens que podem ser adotadas para prever a demanda futura.

2.1 INTRODUÇÃO

Em muitos setores da indústria e cadeias de suprimentos, o estoque representa um dos maiores custos. Nos EUA, por exemplo, mais de um trilhão de dólares é investido em estoques. Para muitos gestores, a gestão da cadeia de suprimentos é sinônimo de redução de níveis de estoque em seu interior. Naturalmente, esta visão da gestão da cadeia de suprimentos é simplista – na verdade, o objetivo da gestão de estoques eficiente na cadeia de suprimentos é ter o estoque certo no local certo para minimizar os custos do sistema ao mesmo tempo em que as necessidades dos clientes são satisfeitas. Infelizmente, a gestão de estoques em cadeias de suprimentos complexas é sempre difícil e as decisões relativas a estoques podem exercer um impacto significativo no nível de serviço ao cliente e nos custos globais do sistema da cadeia.

Conforme discutimos no Capítulo 1, uma cadeia de suprimentos típica consiste de fornecedores e fabricantes, que convertem matérias-primas em produtos acabados, e de centros de distribuição e depósitos, a partir dos quais estes produtos são transportados aos clientes. O estoque pode aparecer em muitos pontos da cadeia e de diversas formas:

- Estoques de matéria-prima
- Estoques de produtos em processamento (WIP – *Work In Process*)
- Estoque de produtos acabados

Cada um desses estoques tem de estar de acordo com seu próprio mecanismo ou abordagem de controle. Infelizmente, a definição destes mecanismos é difícil, porque as estratégias de produção, distribuição e controle de estoques que reduzem os custos globais do sistema e melhoram o nível de serviço precisam considerar as interações entre os diversos níveis da cadeia de suprimentos. Contudo, as vantagens de determinar esses mecanismos de controle de estoque podem ser muitas.

> **EXEMPLO 2-1**
>
> A General Motors (GM) tem uma das maiores redes de produção e distribuição do mundo. Em 1984, a rede de distribuição da GM consistia em 20 mil unidades fornecedoras, 133 unidades de fabricação de peças, 31 unidades de montagem e 11 mil revendedoras. Os custos com frete eram cerca de $ 4,1 bilhões, com 60% deste valor representado pelo transporte de materiais. Além disso, o estoque da GM foi avaliado em $ 7,4 bilhões, dos quais 70% era de produtos em processamento e o restante de veículos acabados. A GM implementou uma ferramenta de tomada de decisão capaz de reduzir os custos de estoque e transporte combinados da corporação. De fato, ao ajustar os volumes transportados (isto é, a política de estoques) e as rotas (a estratégia de transporte), os custos foram reduzidos em cerca de 26% ao ano [24].

Se os estoques são geralmente caros e difíceis de administrar, então por que fazê-lo? Estoques são mantidos por uma variedade de motivos, e os mecanismos para seu controle precisam levar estas razões em consideração. Um estoque é mantido devido a:

1. **Mudanças inesperadas na demanda do cliente.** A demanda do cliente sempre é difícil de prever, e esta incerteza vem crescendo nos últimos anos devido a:
   a. O ciclo de vida curto de um número cada vez maior de produtos. Isto significa que estes dados históricos sobre a demanda do cliente talvez não estejam disponíveis ou sejam limitados (ver Capítulo 1).
   b. A presença de muitos produtos competindo no mercado. Esta proliferação de produtos dificulta cada vez mais a previsão da demanda de um determinado modelo. De fato, ao mesmo tempo em que é relativamente fácil prever a demanda entre grupos de produtos – isto é, prever a demanda para todos os produtos competindo em um mesmo mercado – é bem mais difícil estimar a demanda por produtos individuais. Esse problema será discutido na Seção 2.3 e nos Capítulos 6 e 11.
2. **A presença, em muitas situações, de uma expressiva incerteza** na quantidade e qualidade do suprimento, nos custos com fornecedores e nos tempos de entrega.
3. **Os *lead times*.** Mesmo que não haja incerteza na demanda ou no suprimento, existe a necessidade de manter um estoque, devido aos *lead times* de entrega.
4. **As economias de escala oferecidas pelas transportadoras** que encorajam as empresas a transportar grandes quantidades de itens e, portanto, a manter estoques altos. De fato, muitos dos fornecedores de serviços de transporte tentam encorajar o envio de grandes volumes, ao oferecerem todos os tipos de descontos aos expedidores (ver Capítulo 3). De modo semelhante, os incentivos oferecidos pelos fabricantes aos distribuidores e varejistas motivam os compradores a adquirir grandes quantidades de produtos nos períodos de promoção abertos pelos primeiros, portanto levam a níveis de estoque mais altos.

Infelizmente, ainda que esteja claro o porquê dos estoques serem mantidos, manter a quantidade certa de produtos em estoque – e no tempo e local certos – muitas vezes é difícil.

- Em 1993 as ações da Dell Computers despencaram, depois de a empresa ter previsto perdas. A Dell reconheceu que estava muito longe de sua previsão de demanda, o que resultou em uma diminuição de estoques [218].
- Em 1993 a Liz Claiborne* vivenciou uma queda inesperada em receitas, consequência de estoques maiores do que o previsto [219].

---

* N. de T.: Grupo industrial que comercializa diversas marcas voltadas para o público feminino, especialmente vestuário, perfumaria e acessórios, vendidos em grandes lojas de departamento.

- Em 1994 a IBM lutou contra a escassez na linha ThinkPad, devido à gestão ineficiente de estoques [220].
- Em 2001 a Cisco assumiu uma dívida relativa a estoques em excesso da ordem de $ 2,25 bilhões, devido à queda nas vendas.

Estes exemplos levantam duas questões essenciais para a gestão de estoques e a previsão de demanda. Uma vez que na maioria das situações a demanda é incerta, a previsão de demanda é fator crítico para definir a data e o conteúdo de um pedido. Mas, qual é a relação entre a previsão de demanda e a quantidade ótima de um pedido? A quantidade pedida deve ser igual, maior ou menor do que a demanda prevista? E, se a quantidade constante no pedido é diferente da demanda prevista, ela o é em que proporção? Exploramos essas questões no restante deste capítulo.

A estratégia, a abordagem ou o conjunto de técnicas utilizado para definir a maneira de administrar estoques são conhecidos como a *política de estoques* de uma empresa. Para decidir algo acerca da política de estoques, os gestores têm de considerar muitas das características da cadeia de suprimentos:

1. Em primeiro lugar está a demanda do cliente, que pode ser conhecida antecipadamente ou de maneira aleatória. Neste caso, as ferramentas de previsão podem ser utilizadas em situações em que os dados históricos estão disponíveis para estimar a demanda do cliente, bem como a variação na demanda do cliente (muitas vezes mensurada na forma de desvio-padrão).
2. O *lead time* de reabastecimento, que pode ser conhecido quando da emissão do pedido, ou pode também ser indefinido.
3. O número de diferentes produtos sendo considerados. Estes produtos competem em termos de orçamento ou de espaço e, por isso, a política de estoques de um produto afeta a de outros.
4. A extensão do horizonte de planejamento.
5. Os custos, incluindo os custos de pedidos e os de armazenagem de estoques.
    a. Geralmente, os custos de pedidos têm dois componentes: o custo do produto e o custo de transporte. O custo do produto exibe economias de escala, isto é, quanto maior a quantidade pedida, menor o preço unitário.
    b. O custo de manter o estoque ou encargos sobre os estoques consiste em:
        i. Impostos governamentais, de propriedade e seguros sobre estoques.
        ii. Custos de manutenção das instalações.
        iii. Custos de obsolescência, que se originam do risco de um item perder parte de seu valor em função de mudanças no mercado.
        iv. Os custos de oportunidade, que representam o retorno sobre o investimento recebido se o dinheiro tivesse sido investido de outra forma (por exemplo, no mercado de ações), e não em estoque.
6. Necessidades relativas ao nível de serviço. Em situações em que a demanda do cliente é incerta, muitas vezes é impossível satisfazer os pedidos dos clientes em 100% das vezes; portanto, a gerência precisa especificar um nível aceitável de serviço.

2.2 CONTROLE DE ESTOQUES DE ESTÁGIO ÚNICO

Começamos considerando a gestão de estoques em um único estágio da cadeia de suprimentos. Existe uma variedade de técnicas e metodologias que podem ser eficientes na gestão de estoques em um único estágio, dependendo das características deste.

2.2.1 O modelo do tamanho do lote econômico

O tradicional *modelo do tamanho do lote econômico*, apresentado por Ford W. Harris em 1915, é um modelo simples que ilustra os *trade-offs* entre os custos de pedido e os de estocagem. Consideremos um depósito com uma demanda constante por um *único* item. O depósito emite pedidos para o fornecedor que, supõe-se, tem uma quantidade ilimitada do produto. O modelo pressupõe o seguinte:

- A demanda é constante a uma taxa de D itens ao dia.
- As quantidades pedidas são fixadas em Q itens por pedido, isto é, a cada vez que o depósito emite um pedido, este é para Q itens.
- Um custo fixo de preparação (*setup*), K, é gerado toda a vez que o depósito emite um pedido.
- O custo de armazenagem de estoques, h, também chamado de *custo de manutenção de estoques*, é acrescentado por unidade mantida em estoque, por dia de estocagem.
- O *lead time*, o tempo transcorrido entre a colocação de um pedido e seu recebimento, é zero.
- O estoque inicial é zero.
- O horizonte de planejamento é longo (infinito).

Nosso objetivo é encontrar a política de pedidos ótima, que minimize os custos anuais de compra e de armazenagem ao mesmo tempo em que satisfaz toda a demanda (isto é, sem a falta de produtos).

Esta é uma versão extremamente simplificada de um sistema de estoques real. A hipótese de uma demanda fixa a um horizonte longo sem dúvida é fantasiosa. O reabastecimento de produtos muito provavelmente leva vários dias e a necessidade por uma quantidade fixa para o pedido tem caráter restritivo. Surpreende o fato de que a compreensão trazida por este modelo nos auxilia a desenvolver políticas de estoque eficientes para sistemas realistas e mais complexos.

É fácil perceber que em uma política ótima para o modelo descrito acima, os pedidos precisam ser recebidos no depósito exatamente quando o nível de estoque cai a zero. Este ponto é chamado de *propriedade de pedido de estoque zero*, que pode ser observado considerando uma política em que os pedidos são emitidos e recebidos quando o nível de estoque não é zero. Sem dúvida, uma política menos dispendiosa envolveria esperar até o nível de estoque chegar a zero antes de fazer o pedido, o que diminui custos.

Para descobrir a melhor política de pedido no modelo do tamanho do lote econômico, consideramos o nível de estoque como função do tempo, conforme mostra a Figura 2-3. Este

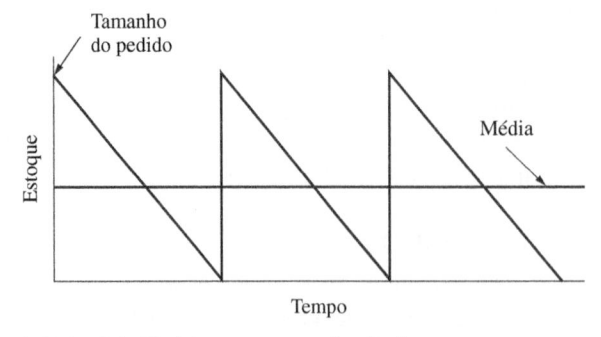

FIGURA 2-3 Nível de estoque como função do tempo.

é o chamado padrão dente-de-serra para estoques. Chamamos o tempo transcorrido entre dois reabastecimentos sucessivos de *tempo de ciclo*. Assim, o custo total do estoque em um ciclo com tempo T é:

$$K + \frac{hTQ}{2}$$

uma vez que o custo fixo é cobrado por pedido e o custo de estocagem pode ser visto como o produto dos seguintes fatores: custo de estocagem por unidade/período h, nível médio de estoque $Q/2$ e duração do ciclo T.

Uma vez que o nível de estoque se altera de Q para 0 durante um ciclo de tempo T, e que a demanda é constante a uma taxa de D unidades por unidade de tempo, então $Q = TD$. Portanto, podemos dividir o custo acima por T, ou, de forma equivalente, Q/D para termos o custo médio total por unidade de tempo:

$$\frac{KD}{Q} + \frac{hQ}{2}$$

Por meio de um cálculo simples, fica fácil demonstrar que o volume do pedido Q^* que minimiza a função custo anterior é:

$$Q^* = \sqrt{\frac{2KD}{h}}$$

Este modelo simples traz duas noções importantes:

1. Uma política ótima equilibra o custo de estocagem do estoque por unidade de tempo com o custo de preparação por unidade de tempo. De fato, o custo de preparação por unidade de tempo = KD/Q, enquanto o custo de armazenagem por unidade de tempo = $hQ/2$ (ver Figura 2-4). Assim, à medida que se aumenta o volume pedido Q, os custos de estocagem por unidade de tempo aumentam também, ao passo que os custos de preparação por unidade diminuem. A quantidade ótima é atingida no ponto em que o custo de preparação do estoque por unidade de tempo (KD/Q) se iguala ao custo de estocagem por unidade de tempo ($hQ/2$). Isto é:

$$\frac{KD}{Q} = \frac{hQ}{2}$$

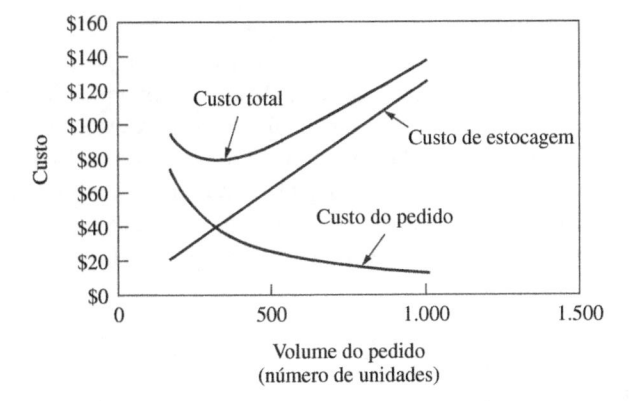

FIGURA 2-4 Modelo do tamanho do lote econômico: custo total por unidade de tempo.

ou

$$Q^* = \sqrt{\frac{2KD}{h}}$$

2. O custo total do estoque não é influenciado pelos volumes dos pedidos, isto é, as alterações nestes volumes têm um impacto relativamente modesto nos custos anuais de preparação e nos custos de estocagem. Para ilustrar esta questão, consideremos um tomador de decisão que emite um volume de pedido Q que é um múltiplo b da quantidade ótima de pedido Q^*. Em outras palavras, para um dado b, a quantidade pedida é $Q = bQ^*$. Assim, $b = 1$ significa que o tomador de decisão faz o pedido da quantidade econômica. Se $b = 1,2$ (ou se $b = 0,8$), o tomador de decisão faz um pedido com 20% a mais (ou menos) do que a quantidade ótima de pedido. A Tabela 2-1 apresenta o impacto das mudanças de b no custo total do sistema. Por exemplo, se o tomador de decisão pede 20% a mais do que a quantidade ótima ($b = 1,2$), então o aumento no custo total do estoque em relação ao custo total ótimo não passa de 1,6%.

TABELA 2-1

ANÁLISE DE SENSIBILIDADE

b	0,5	0,8	0,9	1	1,1	1,2	1,5	2
Aumento no custo	25%	2,5%	0,5%	0	0,4%	1,6%	8,9%	25%

EXEMPLO 2-2

Consideremos um depósito de ferramentas que tem obrigação contratual de entregar 1.000 unidades de um tipo especial de presilha a um fabricante local, a cada semana. Toda vez que o depósito faz um pedido deste material a seu fornecedor, uma taxa de pedido e transporte de $20 é cobrada do depósito. Ele paga $1,00 para cada presilha e cobra $5,00 de seu cliente. O custo anual de estocagem é de 25% do valor do estoque, ou $0,25 ao ano. O gerente do depósito gostaria de saber quanto pedir quando o estoque chegar a zero.

Para responder a esta pergunta, podemos empregar a fórmula dada anteriormente. A demanda anual (supondo que a planta de fabricação funciona 50 semanas ao ano) é de 50 mil unidades, o custo anual de estocagem é $0,25 por unidade e o custo fixo de preparação por unidade é $20,00. Sempre que o depósito faz um pedido, a quantidade ótima de pedido é portanto 2.828.

2.2.2 O efeito da incerteza na demanda

O modelo apresentado anteriormente ilustra os *trade-offs* entre os custos de preparação e os de estocagem. Contudo, ele ignora questões como incerteza na demanda e previsão. Muitas empresas tratam o mundo como se ele fosse previsível e tomam decisões sobre estoques com base nas previsões da demanda feitas muito antes da temporada de vendas. Ainda que estas empresas estejam conscientes da incerteza na demanda quando geram uma previsão, elas projetam seus processos de planejamento como se a previsão inicial fosse uma representação precisa da realidade. Neste caso, é preciso lembrar os seguintes princípios de toda e qualquer previsão (ver [148]):

1. A previsão sempre está errada.
2. Quanto maior o horizonte da previsão, pior ela será.
3. As previsões agregadas são mais precisas.

Assim, o primeiro princípio diz que é difícil fazer o suprimento satisfazer a demanda e o segundo diz que isto fica ainda mais difícil se for preciso prever a demanda do cliente por um longo período de tempo, como nos próximos 12 ou 18 meses. O terceiro princípio sugere que ao mesmo tempo em que é difícil prever a demanda do cliente para SKUs* individuais, é muito mais fácil prever a demanda entre todos os SKUs em uma família de produtos. Este princípio é um exemplo do conceito de **compartilhamento do risco** (ver Seção 2.3).

2.2.3 Os modelos de período único

Para entender melhor o impacto da incerteza na demanda, consideramos uma série de situações com níveis crescentes de detalhe e complexidade. Para começar, analisamos um produto que tem um ciclo de vida curto (assim, a empresa tem apenas uma oportunidade de pedido). Antes de a demanda ocorrer, a empresa precisa decidir quanto deverá armazenar de forma a satisfazer a demanda. Se a empresa armazenar um grande volume do produto, ela terá um excesso de estoque a ser despachado. Se armazenar menos do que deveria, ela terá de abrir mão de um volume de vendas e, portanto, de parte de seus lucros.

Utilizando dados históricos, a empresa poderá identificar uma variedade de cenários de demanda e determinar a probabilidade de ocorrência de cada um deles. Observe que dada uma política específica de estoques, a empresa pode determinar o lucro associado a um destes cenários. Assim, diante de uma determinada quantidade pedida, a empresa tem a chance de estimar o lucro em cada um destes cenários por meio da probabilidade de sua ocorrência, estimando também o lucro médio ou esperado para uma dada quantidade pedida. Desta forma, é natural que a empresa emita um pedido de uma quantidade que maximize o lucro médio.

EXEMPLO 2-3

Consideremos uma empresa que projeta, produz e vende itens de moda de verão, como trajes de banho. Cerca de seis meses antes do início do verão, a empresa precisa se comprometer com a produção de quantidades específicas para toda sua linha de produtos. Uma vez que não há indicação clara de como o mercado reagirá aos novos modelos, a empresa precisa valer-se de diversas ferramentas para prever a demanda de cada um e, com base nessas previsões, planejar a produção e o fornecimento. Neste cenário, os *trade-offs* ficam evidentes: superestimar a demanda do cliente resulta em estoque que não será vendido, ao passo que subestimar a demanda leva à falta de estoque e à perda de clientes em potencial.

Para auxiliar a gestão nestas decisões, o departamento de marketing utiliza dados dos últimos cinco anos, as condições econômicas do presente e outros fatores para construir uma *previsão probabilística* da demanda por trajes de banho. A equipe de marketing identificou diversos cenários possíveis para as vendas na estação que está para começar, com base em fatores como os prováveis padrões climáticos e comportamento da concorrência, e deu a cada um destes fatores uma probabilidade ou chance de ocorrência. Por exemplo, o departamento de marketing acredita que um cenário que leve à venda de 8 mil unidades tem uma chance de 11% de ocorrência. Outros cenários que levam a diferentes volumes de venda têm diferentes probabilidades de ocorrência. Estes cenários estão ilustrados na Figura 2-5. Esta previsão probabilística sugere que a demanda média compreende cerca de 13 mil unidades, mas existe a chance de que a demanda seja maior ou mesmo menor do que este valor.

---

* N. de T.: SKU: *Stock Keeping Unit*, ou unidade de produto acabado mantida em estoque.

EXEMPLO 2-3 *continuação*

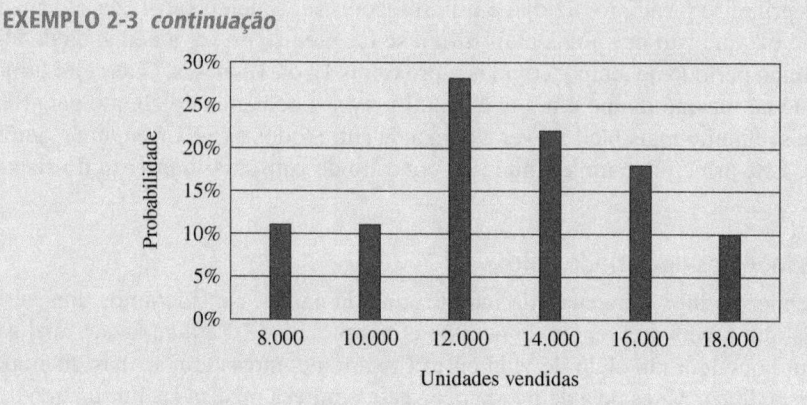

FIGURA 2-5 A previsão probabilística.

Além disso, dispomos das seguintes informações:

- Para iniciar a produção, o fabricante precisa investir $100 mil, independentemente da quantidade produzida. Chamaremos este custo de *custo fixo de produção*.
- O custo de produção variável por unidade é $80.
- Durante o verão, o preço de venda dos trajes de banho é $125 por unidade.
- Qualquer traje que não seja vendido durante o verão é vendido a uma loja de produtos com descontos especiais por $20. Chamaremos esse valor de *valor residual*.

Para identificar a quantidade ótima de produção, a empresa precisa entender a relação entre quantidade produzida, demanda do cliente e lucro.

Suponhamos que o fabricante produza 10 mil unidades, mas que a demanda chegue a 12 mil. É fácil entender que o lucro é igual à receita de vendas do verão, menos o custo variável de produção, menos o custo fixo de produção. Isto é:

$$\text{Lucro} = 125(10.000) - 80(10.000) - 100.000$$
$$= 350.000$$

Por outro lado, se a empresa produzir 10 mil unidades e a demanda for de apenas 8 mil, o lucro será igual à receita das vendas de verão mais o valor residual, menos o custo variável de produção menos o custo fixo de produção:

$$\text{Lucro} = 125(8.000) + 20(2.000) - 80(10.000) - 100.000$$
$$= 140.000$$

Observe que, com base na previsão feita pelo departamento de marketing, a probabilidade de que a demanda seja 8 mil unidades é de 11%, enquanto a chance de que a demanda seja 12 mil unidades é de 27%. Assim, a produção de 10 mil trajes de banho gera um lucro de $350 mil com uma probabilidade de 27%, e de $140 mil com uma probabilidade de 11%. De modo semelhante, é possível calcular o lucro associado a cada cenário, dado que o fabricante produz 10 mil unidades. Isto permite determinar o lucro *esperado* (ou médio) associado a este volume de produção. Este lucro esperado é o lucro total de todos os cenários, calculado de forma ponderada para cada probabilidade de ocorrência destes.

Claro que gostaríamos de encontrar uma quantidade de pedido que maximize o lucro médio. A Figura 1-6 apresenta um gráfico do lucro médio como função da quantidade produzida. A função mostra que a quantidade ótima de produção, ou a quantidade que maximiza os lucros, é cerca de 12 mil unidades.

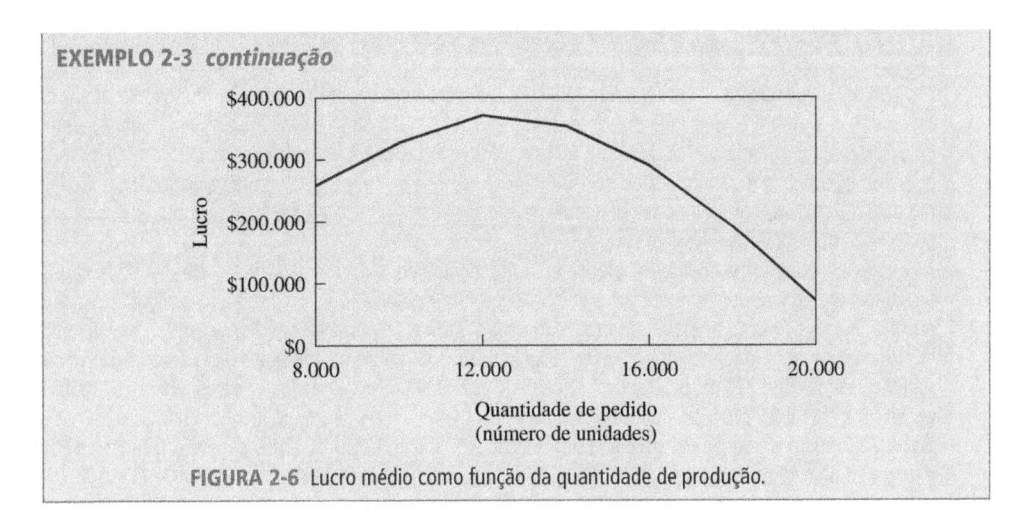

> **EXEMPLO 2-3** *continuação*
>
> **FIGURA 2-6** Lucro médio como função da quantidade de produção.

É interessante observar que a quantidade do pedido que maximiza o lucro total esperado não é necessariamente igual à demanda média. De fato, no exemplo anterior, a quantidade de pedido que maximiza o lucro total esperado é 12 mil unidades, enquanto a demanda média é de 13 mil unidades.

Assim, qual é a relação entre a quantidade ótima de pedido ou de produção e a demanda média? A quantidade ótima de pedido deve sempre ser menor do que a demanda média, como no exemplo anterior? Para responder a estas perguntas, comparamos o lucro marginal e o custo marginal de pedir uma unidade adicional. Se uma unidade adicional for vendida, então o lucro marginal é a diferença entre o preço de venda unitário e o custo variável de pedido (ou produção), por unidade. Em contrapartida, se esta unidade adicional não for vendida durante a estação, então o custo marginal é a diferença entre o custo de produção variável e o valor residual por unidade. Se o custo de não vender uma unidade adicional é maior do que o lucro obtido ao vendê-la, a quantidade ótima será em geral menor do que a demanda média, ao passo que se o oposto for verificado, a quantidade de pedido ótima será maior do que a demanda média.

> **EXEMPLO 2-4**
>
> Retornemos a nosso exemplo. Nele, a demanda média é de 13 mil unidades. Anteriormente vimos que a quantidade ótima de pedido é cerca de 12 mil unidades. Por que isso ocorre?
>
> Com isso em mente, vamos avaliar o lucro *marginal* e o custo marginal de produção de um traje de banho adicional. Se este traje de banho for vendido durante o verão, então o lucro marginal será de $45. Se este traje não for vendido no período, então o custo marginal será de $60. Assim, o custo de não vender este traje adicional durante a estação é maior do que o lucro obtido ao vendê-lo e, portanto, a quantidade ótima de produção será menor do que a demanda média.

Claro, isso se verifica somente se a minimização do lucro médio for de fato o objetivo da empresa. Tal como ocorre com outros tipos de investimentos, o investimento em estoque tem riscos de consequências negativas se as vendas ficarem abaixo das expectativas, e riscos positivos se a demanda exceder os valores estimados. É interessante observar que é possível caracterizar os prováveis riscos com resultados positivos e negativos em nosso modelo, e desta forma auxiliar a gestão na tomada de decisão relativa a investimentos em estoque.

EXEMPLO 2-5

Mais uma vez consideramos o exemplo dado. A Figura 2-6 ilustra o lucro médio como função da quantidade de produção. Conforme mencionamos anteriormente, esta função mostra que a quantidade ótima de produção, isto é, a quantidade que maximiza o lucro médio, é cerca de 12 mil unidades. A figura também mostra que a produção de 9 mil unidades ou de 16 mil unidades leva a valores igualmente próximos a um lucro médio de $294 mil. Se, por alguma razão, temos de escolher entre produzir 9 mil unidades ou 16 mil unidades, por qual destes números deveríamos optar?

Para responder a esta pergunta, precisamos entender melhor o *risco* associado a certas decisões. Para esta finalidade, construiremos um histograma de frequência (ver Figura 2-7), que oferece informações sobre o lucro provável para as duas quantidades de produção dadas, 9 mil e 16 mil unidades. Por exemplo, consideremos o lucro quando a quantidade de produção for 16 mil unidades. O gráfico mostra que a distribuição do lucro não é simétrica. Perdas de $220 mil ocorrem em cerca de 11% do tempo, enquanto lucros de no mínimo $410 mil são observados em 50% do tempo. Por outro lado, um histograma de frequência do lucro quando a quantidade de produção for 9 mil unidades mostra que a distribuição tem apenas dois resultados possíveis. O lucro é de $200 mil com probabilidade de 11%, ou de $305 mil com probabilidade de 89%. Assim, enquanto a produção de 16 mil unidades tem o mesmo lucro médio apresentado pela produção de 9 mil unidades, o possível *risco*, por um lado, ou a possível *recompensa*, por outro, aumenta diretamente com o volume de produção.

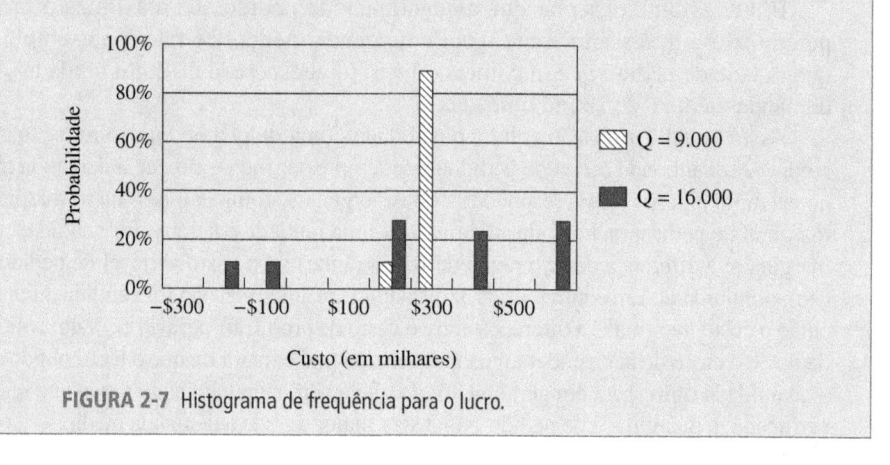

FIGURA 2-7 Histograma de frequência para o lucro.

Em síntese:

- A quantidade de pedido ótima não é necessariamente igual à demanda prevista ou média. Na verdade, a quantidade ótima depende da relação entre o lucro marginal conseguido com a venda de uma unidade adicional e o custo marginal. O que é mais importante é que o custo fixo não exerce impacto na quantidade de produção, apenas na decisão de produzir ou não. Assim, definida a decisão de produzir, a quantidade de produção é a mesma, independentemente do custo fixo de produção.
- À medida que a quantidade do pedido aumenta, o lucro médio em geral cresce até a quantidade de produção atingir um certo valor, após o qual o lucro médio passa a diminuir.
- À medida que a quantidade de produção aumenta, o risco – isto é, a probabilidade de grandes perdas – também aumenta. Este é o *trade-off* entre risco e recompensa.

2.2.4 O estoque inicial

No modelo anterior, consideramos uma situação em que a empresa tem apenas uma oportunidade de pedido ou de produção para satisfazer a demanda durante um período curto de vendas. A seguir analisamos uma situação semelhante, mas que também mostra a empresa como já possuindo um volume de estoque disponível, talvez o remanescente da temporada passada. Se nenhum pedido adicional for feito ou produzido, o estoque disponível pode ser empregado para satisfazer a demanda, mas, claro, a empresa não pode vender mais do que está disponível neste volume de estoque preexistente. Por outro lado, se um pedido for emitido, é preciso arcar com o custo fixo, e um volume adicional de estoque precisa ser adquirido. Assim, quando um estoque inicial está disponível, o *trade-off* se encontra entre ter uma quantidade limitada de estoque ao deixar de pagar pelo custo fixo e pagar este custo fixo e, assim, ter um nível mais alto de estoque.

EXEMPLO 2-6

Relembremos nosso último exemplo e suponhamos que o traje de banho em questão é um modelo produzido no ano passado e que o fabricante tem um estoque inicial de 5 mil unidades. Supondo que a demanda por este modelo siga o mesmo padrão dos cenários descritos anteriormente, o fabricante deve iniciar a produção, e, em caso afirmativo, quantos trajes devem ser produzidos?

Se o fabricante não produz trajes adicionais, o número limite de trajes que podem ser vendidos é de 5 mil, e nenhum custo adicional será lançado. Contudo, se o fabricante decidir produzir, então um custo fixo de produção será cobrado, independentemente da quantidade produzida.

Para tratar desta questão, consideremos a Figura 2-8, em que a linha sólida representa o lucro médio excetuando-se o custo fixo de produção, enquanto a linha tracejada representa o lucro médio, menos o custo fixo de produção.

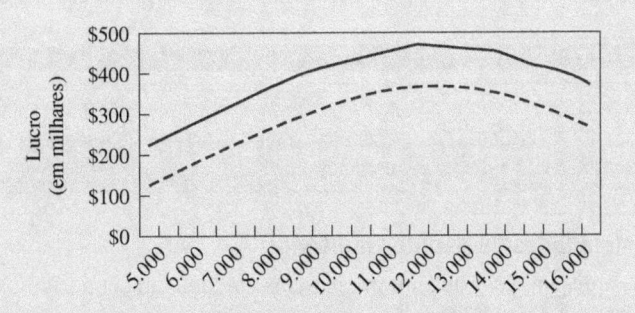

FIGURA 2-8 Lucro e o impacto no estoque inicial.

Observe que a curva tracejada é idêntica à curva na Figura 2-6, e que a curva sólida está sempre acima da linha tracejada para cada quantidade de produção; a diferença entre as duas linhas é o custo fixo de produção. Assim, se nada for produzido, o lucro médio pode ser obtido por meio da linha sólida na Figura 2-8, e é igual a

$$225.000 \text{ (da figura)} + 5.000 \times 80 = 625.000$$

Em que o último membro é o custo variável de produção, já incluído no valor de $225 mil.

Por outro lado, se o fabricante decidir produzir, então fica claro que a produção deve aumentar o estoque de 5 mil para 12 mil unidades. Assim, o lucro médio neste caso é calculado a partir da linha tracejada, e é igual a:

$$371.000 \text{ (da figura)} + 5.000 \times 80 = 771.000$$

Uma vez que o lucro médio associado ao aumento do estoque para 12 mil unidades é maior do que o lucro médio associado à decisão de não produzir mais, a política de estoque ótima consiste em produzir $7.000 = 12.000 - 5.000$ unidades.

> **EXEMPLO 2-6** *continuação*
>
> Consideremos agora o caso em que o estoque inicial é de 10 mil unidades. Seguindo a mesma análise proposta anteriormente, fica fácil observarmos que não há necessidade de produzir, porque o lucro médio associado com um estoque inicial de 10 mil unidades é maior do que o obtido se produzirmos para fins de aumentar o estoque para 12 mil unidades. Isto é verdadeiro em virtude do fato de que se não produzirmos, então não pagaremos um custo fixo. Em contrapartida, se produzirmos, teremos de arcar com um custo fixo, independentemente da quantidade produzida.
>
> Portanto, se decidirmos partir para a produção, o máximo que poderemos obter, na média, é um lucro de $375 mil. Este é o mesmo lucro médio que teremos se nosso estoque inicial é cerca de 8.500 unidades e decidirmos não produzir uma quantidade adicional de trajes de banho. Assim, se nosso estoque inicial for menor do que 8.500 unidades, passamos a produzir para aumentar o estoque para 12 mil unidades. Por outro lado, se um estoque inicial for de no mínimo 8.500 unidades, então não devemos produzir mais trajes.

O exemplo anterior lança a base para uma política de estoque poderosa, posta em prática para administrar estoques: sempre que o nível de estoque for avaliado, se ele estiver abaixo de um dado valor, por exemplo, s, temos de emitir um pedido (ou produzir) para aumentar o estoque para o valor S. Esta política é chamada de política (s, S), ou de *mínimos e máximos*. Geralmente chamamos s de *ponto de reabastecimento* ou *o mínimo*, e S de *ponto de estoque máximo*, ou *o máximo*. Por fim, observe que se não há custo fixo, então o estoque ótimo é caracterizado por um único número, o ponto de estoque máximo. Sempre emita um pedido de quantidade grande o bastante para aumentar o estoque ao nível almejado.

> **EXEMPLO 2-7**
>
> No exemplo da produção de trajes de banho, o ponto de reabastecimento é 8.500 unidades, e o ponto de estoque máximo é 12 mil unidades. A diferença entre estes dois níveis é motivada pelos custos fixos associados ao pedido, fabricação ou transporte dos produtos.

2.2.5 Oportunidades de pedidos múltiplos

As situações apresentadas concentram-se todas em uma única oportunidade de pedido ou de produção. Este é o caso de itens de vestuário, em que a estação para a venda do produto é curta e não há uma segunda oportunidade de emitir novos pedidos com base na demanda do cliente. Contudo, na prática, há muitas situações em que o tomador de decisões pode emitir pedidos repetidamente, em qualquer período do ano.

Por exemplo, consideremos um distribuidor que se depara com uma demanda aleatória por um produto, e satisfaz esta demanda com produtos solicitados ao fabricante. Claro que o fabricante não pode atender simultaneamente a todos os pedidos emitidos pelo distribuidor: existe um *lead time* fixo para a entrega, sempre que o distribuidor emite um pedido. Uma vez que a demanda é aleatória e que o fabricante tem um *lead time* fixo para a entrega, o distribuidor precisa segurar o estoque, mesmo que nenhum custo de preparação seja cobrado pelo pedido dos produtos. A seguir citamos as três razões para um distribuidor segurar estoque:

1. Satisfazer a demanda que ocorre durante o *lead time*. Uma vez que os pedidos não são atendidos imediatamente, o estoque precisa estar disponível para satisfazer a demanda do cliente que ocorre entre o momento em que o distribuidor emite o pedido e o momento em que o estoque pedido chega.
2. Proteger-se contra a incerteza na demanda.

3. Equilibrar os custos anuais de armazenagem de estoques e os custos anuais fixos de pedidos. Já foi discutido que os pedidos mais frequentes levam a níveis mais baixos de estoques, e assim a custos menores de armazenagem, mas eles também acarretam maiores custos fixos anuais de pedidos.

Ao mesmo tempo em que estas questões são esclarecidas de forma intuitiva, a política específica de estoques que o distribuidor deve adotar não é tão simples. Para administrar estoques de forma eficiente, o distribuidor precisa decidir o momento e o volume a ser pedido. Há dois tipos de política:

- **Política de avaliação contínua**, em que o estoque é inventariado continuamente, e um pedido é emitido quando o nível de estoque atinge um valor específico, ou o ponto de reabastecimento. Este tipo de política é o mais apropriado para o caso em que um estoque pode ser avaliado continuamente – por exemplo, quando são usados sistemas computadorizados de controle de estoques.
- **Política de avaliação periódica**, em que o nível do estoque é avaliado a intervalos regulares e uma quantidade apropriada é pedida após cada avaliação. Este tipo de política é o mais apropriado para sistemas em que é impossível ou inconveniente promover uma avaliação do estoque e emitir pedidos, se necessário.

2.2.6 A política de avaliação contínua

Consideramos primeiramente um sistema em que o estoque é inventariado de forma contínua. Este sistema de avaliação geralmente oferece uma estratégia de gestão de estoques mais responsiva do que aquela associada a um sistema de avaliação periódica (por quê?).

Temos as seguintes hipóteses.

- A demanda diária é aleatória e obedece a uma distribuição normal. Em outras palavras, estamos supondo que a previsão probabilística da demanda diária obedece à famosa curva em formato de sino. Observe que podemos descrever a demanda normal por meio desta média e do desvio-padrão.
- Toda vez que o distribuidor emite um pedido para o fabricante, aquele arca com um custo fixo K acrescido de uma quantia proporcional à quantidade pedida.
- O custo de armazenagem do estoque é cobrado por item e por unidade de tempo.
- O nível do estoque é avaliado continuamente, e se um pedido for emitido, este chega após o *lead time* adequado.
- Se o pedido de um cliente chega quando há falta de estoque existente para satisfazê-lo (isto é, quando o distribuidor não tem estoque), o pedido se perde.
- O distribuidor especifica o *nível de serviço* exigido. O nível de serviço é a probabilidade de não ficar sem estoque durante o *lead time*. Por exemplo, o distribuidor pode desejar garantir que a proporção de *lead times* em que a demanda é atendida fora do estoque é de 95%. Assim, o nível de serviço exigido é de 95%, neste caso.

Para caracterizarmos a política de estoque que o distribuidor deve adotar, precisamos das seguintes informações:

MED = Demanda diária enfrentada pelo distribuidor.
DSV = Desvio-padrão da demanda diária enfrentada pelo distribuidor.
L = *Lead time* de reabastecimento do fornecedor para o distribuidor, em dias.
p = Custo de armazenagem de uma unidade do produto por dia, no distribuidor.
α = Nível de serviço. Este implica que a probabilidade de falta de estoque é de $1 - \alpha$.

Além disso, é preciso definir o conceito de *posição de estoque*. A posição de estoque a qualquer ponto no tempo é o estoque real no depósito, mais os itens pedidos pelo distribuidor que ainda não foram entregues, menos os itens que são parte de pedidos em atraso.

Para descrever a política que o distribuidor deve adotar, recorremos às noções desenvolvidas quando consideramos um modelo de estoque de período único com um estoque inicial. Naquele modelo, quando o estoque estava abaixo de um certo nível, emitimos um pedido com quantidade grande o bastante para aumentar o estoque para outro nível, mais alto. No caso do modelo de avaliação constante, empregamos uma abordagem semelhante, conhecida como política (Q, R) – sempre que o nível de um estoque cai para um nível de reabastecimento R, devemos emitir um pedido de Q unidades.

O nível de reabastecimento R consiste de dois componentes. O primeiro é o estoque médio durante o *lead time*, que é o produto da demanda média diária e do *lead time*. Este garante que quando o distribuidor emite um pedido, o sistema tem estoque disponível o bastante para cobrir a demanda esperada durante todo o *lead time*. A demanda média durante o *lead time* é:

$$L \times MED$$

O segundo componente representa o *estoque de segurança*, que é a quantidade de estoque que o distribuidor precisa manter no depósito e na linha para proteger-se contra desvios na média durante o *lead time*. Esta quantidade é calculada desta forma:

$$z \times DSV \times \sqrt{L}$$

Em que z é uma constante, chamada de **fator de segurança**. Esta constante está associada ao nível de serviço. Assim, o nível de reabastecimento é

$$L \times MED + z \times DSV \times \sqrt{L}$$

O fator de segurança z é escolhido com base em tabelas estatísticas para garantir que a probabilidade de falta de estoque durante o *lead time* seja exatamente $1 - \alpha$. Isto significa que o nível de reabastecimento precisa satisfazer:

$$Prob \{\text{Demanda durante o } \textit{lead time} \geq L \times MED + z \times DSV \times \sqrt{L}\} = 1 - \alpha$$

A Tabela 2-2 mostra uma lista dos valores de z para diferentes valores do nível de serviço α.

E a quantidade pedida, Q? Ainda que o cálculo da quantidade Q ótima para este modelo não seja fácil, QOP anteriormente calculada é muito eficiente para este modelo. Lembremos que, com este modelo, a quantidade de pedido Q é calculada desta forma:

$$Q = \sqrt{\frac{2K \times MED}{h}}$$

Se não houver variação na demanda do cliente, o distribuidor pediria Q itens quando o estoque estiver no nível de $L \times MED$, uma vez que são necessários L dias para receber o pedido. Contudo, existe variação na demanda, e assim o distribuidor emite um pedido de Q itens sempre que o estoque estiver em seu nível de reabastecimento, R.

A Figura 2-9 ilustra o nível de estoque ao longo do tempo quando este tipo de política é implementado. Qual é o nível médio do estoque nesta política? Observe que entre dois

TABELA 2-2										
NÍVEL DE SERVIÇO E O FATOR DE SEGURANÇA, z										
Nível de serviço	90%	91%	92%	93%	94%	95%	96%	97%	98%	99%	99,9%
z	1,29	1,34	1,41	1,48	1,56	1,65	1,75	1,88	2,05	2,33	3,08

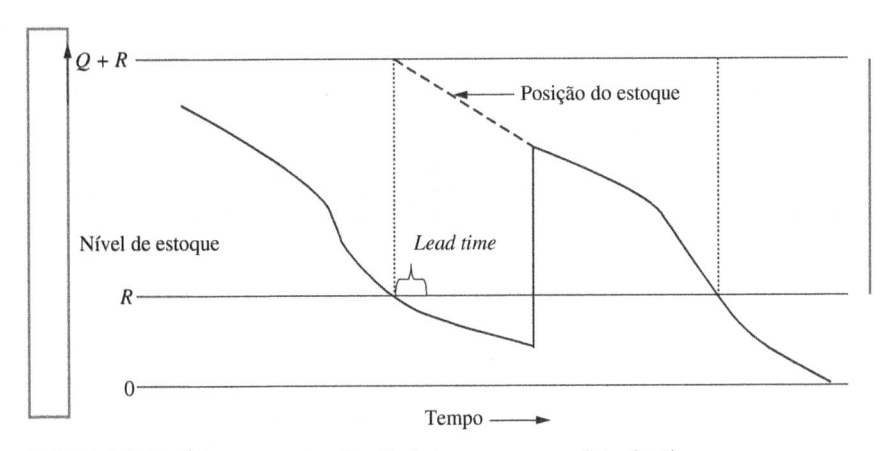

FIGURA 2-9 Nível do estoque como função do tempo em uma política (Q, R).

pedidos sucessivos, o nível mínimo de estoque é atingido exatamente antes do recebimento de um deles, ao passo que o nível máximo de estoque é atingido imediatamente após o recebimento de um pedido. O nível esperado de estoque antes do recebimento de um pedido é o estoque de segurança

$$z \times MED \times \sqrt{L}$$

enquanto o nível esperado de estoque obtido imediatamente após o recebimento do pedido é

$$Q + z \times MED \times \sqrt{L}$$

Assim, o nível médio de estoque é a média destes dois valores, que é igual a

$$\frac{Q}{2} + z \times MED \times \sqrt{L}$$

EXEMPLO 2-8

Consideremos o distribuidor de aparelhos de TV que emite um pedido a um fabricante e revende a varejistas. Suponhamos que o distribuidor queira adotar uma política de estoque no depósito para um dos modelos que revende. Vamos supor que sempre que ele emite um pedido, existe um custo fixo de pedido de $4.500, que não depende do tamanho dele. O custo de um televisor para o distribuidor é de $250, e o custo anual de armazenagem é cerca de 18% do custo do produto. O período de reabastecimento (isto é, o *lead time*) é de aproximadamente duas semanas.

A Tabela 2-3 fornece dados sobre o número de televisores vendidos a varejistas em cada um dos 12 meses do ano. Dado que o distribuidor gostaria de garantir um nível de serviço de 97%, qual é o nível de reabastecimento e a quantidade de pedido que o distribuidor deve adotar?

TABELA 2-3

DADOS HISTÓRICOS

Mês	Set	Out	Nov	Dez	Jan	Fev	Mar	Abr	Maio	Jun	Jul	Ago
Vendas	200	152	100	221	287	176	151	198	246	309	98	156

A Tabela 2-3 sugere que a demanda média mensal é de 191,17 e que o desvio-padrão da demanda média é de 66,53.

> **EXEMPLO 2-8** *continuação*
>
> Uma vez que o *lead time* é de duas semanas, transformaremos a média e o desvio-padrão em valores semanais, desta forma:
>
> $$\text{Demanda semanal média} = \frac{\text{Demanda mensal média}}{4,3}$$
>
> enquanto
>
> $$\text{Desvio-padrão da demanda semanal} = \frac{\text{Desvio-padrão mensal}}{\sqrt{4,3}}$$
>
> Estes dados estão mostrados na Tabela 2-4. Eles permitem calcular a demanda média durante o *lead time* e armazenar produtos com uma margem de segurança, utilizando o fator de segurança $z = 1,9$ (ou, mais precisamente, 1,88), obtido da Tabela 2-2 com base em um nível de serviço de 97%. O ponto de reabastecimento é simplesmente a soma da demanda durante o *lead time* e do estoque de segurança. Todos estes dados são mostrados na Tabela 2-4.
>
> **TABELA 2-4**
> **ANÁLISE DE ESTOQUE**
>
> | Parâmetro | Demanda semanal média | Desvio-padrão da demanda semanal média | Demanda média durante o *lead time* | Estoque de segurança | Ponto de reabastecimento |
> |---|---|---|---|---|---|
> | Valor | 44,58 | 32,08 | 89,16 | 86,20 | 176 |
>
> Para determinarmos a quantidade de pedido, Q, observe que o custo semanal de armazenagem por aparelho de TV é
>
> $$\frac{0,18 \times 250}{52} = 0,87$$
>
> ou 87 centavos. Isso significa que a quantidade de pedido Q é calculada desta forma
>
> $$Q = \sqrt{\frac{2 \times 4.500 \times 44,58}{0,87}} = 679$$
>
> Isto é, o distribuidor deve emitir um pedido de 679 televisores sempre que o nível de estoque atingir o número de 176 unidades. Por fim, o nível médio de estoque é igual a
>
> $$679/2 + 86,20 = 426$$
>
> o que significa que, na média, o distribuidor mantém em estoque um volume equivalente a cerca de 10 ($=426/44,58$) semanas de fornecimento de produtos.

2.2.7 *Lead times* variáveis

Em muitos casos a hipótese de que o *lead time* de entrega para o depósito seja fixo e conhecido de antemão não necessariamente se sustenta. De fato, em muitas situações observadas na prática, o *lead time* para o depósito pode ser aleatório ou desconhecido. Nestes casos, é comum supormos que o *lead time* obedece à distribuição normal, em que o *lead time* médio é representado por *MEDL* e o desvio-padrão por *DSVL*. Neste caso, o ponto de reabastecimento é calculado da seguinte maneira:

$$R = MED \times MEDL + z\sqrt{MEDL \times DSV^2 + MED^2 \times DSVL^2}$$

Em que $MED \times MEDL$ representa a demanda média durante o *lead time*, enquanto

$$\sqrt{MEDL \times DSV^2 + MED^2 \times DSVL^2}$$

é o desvio-padrão da demanda durante o *lead time*. Assim, a quantidade de estoque de segurança que precisa ser mantida é de

$$z\sqrt{MEDL \times DSV^2 + MED^2 \times DSVL^2}$$

Como antes, a quantidade de pedido Q satisfaz a igualdade $Q = \sqrt{\frac{2K \times MED}{h}}$

2.2.8 A política de avaliação periódica

Em muitas situações reais, o nível de estoque é avaliado periodicamente a intervalos regulares, e uma quantidade apropriada é pedida a cada uma destas avaliações. Se estes intervalos forem relativamente curtos (por exemplo, de um dia), talvez seja interessante adotar uma versão modificada da política (Q, R) apresentada anteriormente. Infelizmente, a política (Q, R) não pode ser implementada de forma direta, pois o nível de estoque pode cair abaixo do ponto de reabastecimento quando o depósito emite um pedido. Para solucionar este problema, é indicado definir dois níveis de estoque, s e S, e durante cada avaliação de estoque, se ele estiver abaixo de s, emitir um pedido de quantidade grande o bastante para elevá-lo à posição demarcada por S. Esta versão modificada da política (Q, R) é chamada de política (s, S). Apesar de ser difícil determinar os valores ótimos para s e S, uma aproximação eficiente consiste em calcular os valores de Q e R como se o modelo fosse o da avaliação contínua, definindo s como R e S como $R + Q$.

Se há muito tempo transcorrido entre sucessivas avaliações de estoque (uma semana ou um mês, por exemplo), talvez seja indicado sempre emitir um pedido após cada avaliação. Uma vez que o pedido é emitido após cada uma destas avaliações, o custo fixo em emiti-lo é um custo histórico e portanto pode ser ignorado. É possível supor que o custo fixo foi usado para definir o intervalo de avaliação. A quantidade pedida chega após o *lead time* esperado.

Qual é a política de estoque que o depósito deve adotar neste caso? Uma vez que o custo fixo não desempenha um papel neste ambiente, a política de estoque é caracterizada por um único parâmetro, o **nível-base de estoque**. Isto é, o depósito define o nível de estoque almejado, o nível-base de estoque, e a cada avaliação de estoque ele solicita uma quantidade de produtos grande o bastante para elevar o estoque a este nível.

Assim, qual é o nível-base mais eficiente para um estoque? Para respondermos a esta pergunta, façamos r o intervalo de avaliação – supomos que os pedidos são emitidos a cada r períodos de tempo. Como antes, L é o *lead time*, MED é a demanda média diária no depósito e DSV é o desvio-padrão desta demanda.

Observe que no instante em que o depósito emite o pedido, este eleva o estoque a seu nível-base. Este nível de estoque deve ser o bastante para proteger o depósito contra escassez, até a chegada dos produtos pedidos. Uma vez que o próximo pedido chega após um período de $r + L$ dias, o pedido em questão deve ser grande o suficiente para atender à demanda durante um período de $r + L$ dias.

Assim, o nível-base do estoque deve incluir dois componentes: a demanda média durante o intervalo de $r + L$ dias, que é igual a

$$(r + L) \times MED$$

e o estoque de segurança, que é a quantidade em estoque que o depósito precisa manter para proteger-se contra desvios na demanda média em um período de $r + L$ dias. Esta quantidade é calculada desta forma:

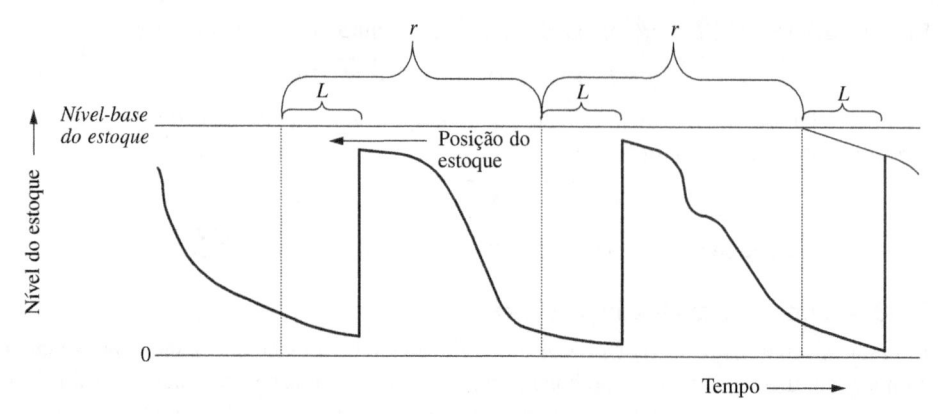

FIGURA 2-10 Nível do estoque como função do tempo na política de avaliação periódica.

$$z \times MED \times \sqrt{r + L}$$

em que z é o fator de segurança.

A Figura 2-10 ilustra o nível de estoque ao longo do tempo quando este tipo de política é implementado. Qual é o nível médio de estoque neste caso? De forma análoga à apresentada anteriormente, o nível máximo de estoque é atingido exatamente após o recebimento do pedido, enquanto o nível mínimo é alcançado exatamente antes do recebimento do mesmo. É fácil entender que o nível esperado de estoque após o recebimento do pedido é igual a:

$$r \times MED + z \times DSV \times \sqrt{r + L}$$

enquanto o nível esperado do estoque antes de um pedido chegar resume-se ao estoque de segurança.

$$z \times DSV \times \sqrt{r + L}$$

Aqui, o nível médio do estoque é a média destes dois valores, que é igual a

$$\frac{r \times MED}{2} r \times DSV \times \sqrt{r + L}$$

EXEMPLO 2-9

Continuamos com o exemplo anterior e supomos que o distribuidor emite um pedido de televisores a cada três semanas. Uma vez que o *lead time* é de duas semanas, o nível-base do estoque precisa cobrir um período de cinco semanas. Assim, a demanda média durante este período é de:

$$44,58 \times 5 = 222,9$$

e o estoque de segurança, para um nível de serviço de 97% é:

$$1,9 \times 32,8 \times \sqrt{5} = 139$$

Assim, o nível-base do estoque deve ser 223 + 136 = 359. Isto é, quando o distribuidor emite um pedido a cada três semanas, ele deve elevar a posição do estoque a 359 aparelhos de TV. O nível médio do estoque neste caso é igual a:

$$\frac{3 \times 44,58}{2} 1,9 \times 32,08 \times \sqrt{5} = 203,17$$

o que significa que, na média, o distribuidor mantém um estoque de cinco semanas (= 203,17/44,58).

2.2.9 A otimização do nível de serviço

Até agora consideramos que o objetivo da otimização do estoque é definir a melhor política de estoque, dado um nível de serviço previamente almejado. A pergunta que persiste, no entanto, é: sobre que base a unidade de produção deve decidir o nível apropriado de serviço? Às vezes este nível é definido pelo cliente imediatamente abaixo na cadeia; em outras palavras, o varejista pode requerer que a unidade, por exemplo, o fornecedor, mantenha um nível específico de serviço e que o fornecedor utilize esta meta para administrar seu próprio estoque.

Em outros casos, a unidade tem a flexibilidade de escolher o nível apropriado de serviço. Os *trade-offs* apresentados na Figura 2-11 são claros: mantendo todo o resto constante, quanto maior o nível de serviço, maior o nível do estoque. De modo semelhante, para um mesmo nível de estoque, quanto maior o *lead time* para a unidade, menor o nível de serviço que ela oferece. Por fim, quanto menor o nível do estoque, maior o impacto de uma unidade estocada no nível de serviço e, portanto, maior o lucro esperado.

Assim, uma estratégia possível usada no varejo, para definir o nível de serviço para cada SKU consiste em maximizar o lucro esperado para todos, ou alguns de seus produtos. Isto é, dado um nível de serviço para todos os produtos, definimos o nível de serviço para cada SKU de forma a maximizar o lucro esperado. Se todo o resto for mantido constante, o nível de serviço será maior para os produtos com:

- Alta margem de lucro
- Grande volume
- Baixa variação
- *Lead time* curto

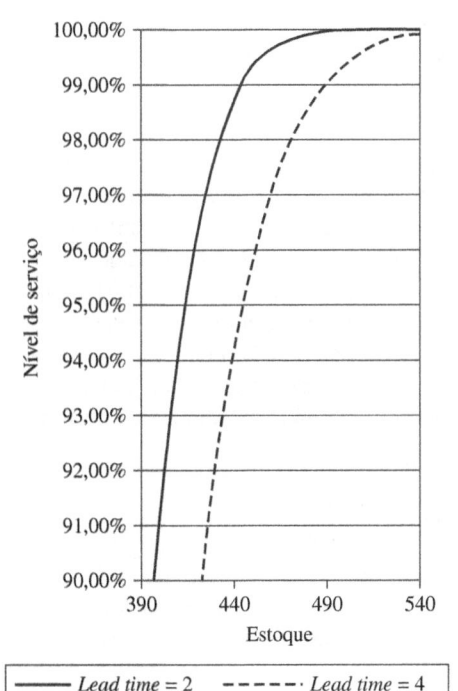

FIGURA 2-11 Nível de serviço *versus* nível de estoque como função do *lead time*.

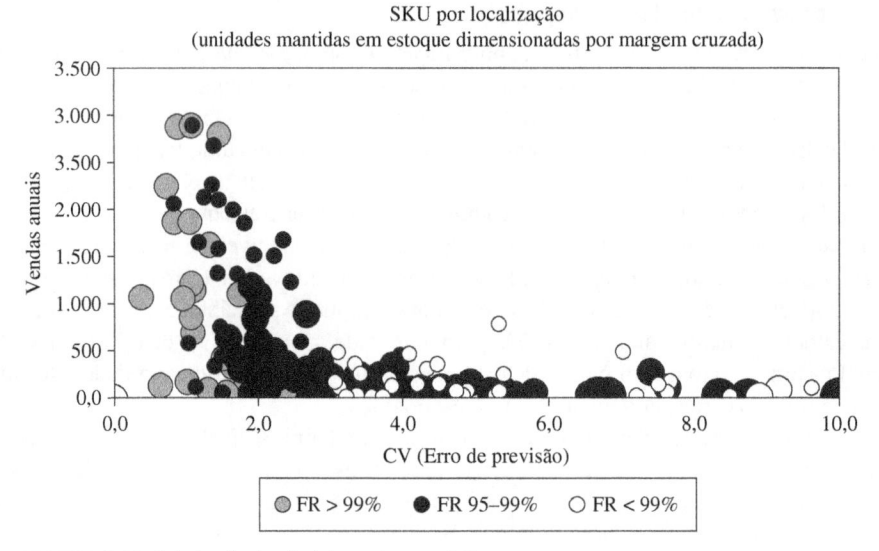

FIGURA 2-12 Otimização do nível de serviço por SKU.

O impacto da otimização do lucro no nível de serviço é detalhadamente ilustrado na Figura 2-12. O eixo vertical representa as vendas anuais enquanto o eixo horizontal representa a variação na demanda. Cada círculo está associado com um produto e o tamanho do círculo é proporcional à margem de lucro. O nível almejado de estoque é 95% para todos os produtos. Como podemos ver, o nível de serviço é maior do que 99% (círculos cinzas) para muitos produtos com alta margem de lucro, grande volume e baixa variação. Por outro lado, o nível de serviço é menor do que 95% para produtos com baixa margem de lucro, pequeno volume e alta variação.

2.3 O COMPARTILHAMENTO DO RISCO

Uma das ferramentas mais poderosas adotadas para tratar da variação na cadeia de suprimentos é o conceito de **compartilhamento do risco**. O compartilhamento do risco sugere que a variação na demanda é reduzida se a demanda for agregada entre locais. Isto se mostra verdadeiro porque, uma vez que agregamos demanda entre diferentes locais, aumenta a probabilidade de que a alta demanda de um cliente seja contrabalançada pela demanda menor de outro. Esta diminuição na variação permite reduzir o estoque de segurança e portanto reduz também o estoque médio.

Para entendermos o compartilhamento do risco, é essencial entendermos antes os conceitos de desvio-padrão e coeficiente de variação na demanda. O desvio-padrão é uma medida do quanto a demanda tende a variar no entorno na média, e o coeficiente de variação é a razão entre o desvio-padrão e a demanda média.

$$\text{Coeficiente de variação} = \frac{\text{Desvio-padrão}}{\text{Demanda padrão}}$$

É importante entender neste ponto a diferença entre o desvio-padrão e o coeficiente de variação, que mensuram a variação da demanda do cliente. De fato, ao passo que o desvio-padrão afere a variação absoluta nas demandas dos clientes, o coeficiente de variação mede a variação relativa à demanda média.

De posse destes conceitos, para entendermos o poder do compartilhamento do risco, consideremos o estudo de caso apresentado a seguir:

ESTUDO DE CASO

Compartilhamento do risco

ACME, uma empresa que produz e distribui equipamentos eletrônicos no nordeste dos EUA, está enfrentando um problema de distribuição. O sistema de distribuição atual divide a região nordeste do país em dois mercados, cada um com um único depósito. Um depósito está localizado em Paramus, Nova Jersey, e o outro em Newton, Massachusetts. Os clientes, geralmente varejistas, recebem itens diretamente dos depósitos. Neste sistema de distribuição, um único mercado é atribuído a cada cliente, e este recebe entregas do depósito correspondente.

Os depósitos recebem itens de uma unidade de fabricação localizada em Chicago. O *lead time* de entrega de cada um dos depósitos é cerca de uma semana e a unidade produtora tem uma capacidade de produção ampla o bastante para satisfazer qualquer pedido dos depósitos. A estratégia de distribuição em vigor oferece um nível de serviço de 97%, isto é, a política de estoque adotada pelos depósitos é concebida de forma que a probabilidade de falta de estoque é de 3%. Claro que pedidos unificados são perdidos para a concorrência e assim não podem ser atendidos por entregas futuras.

Uma vez que o sistema de distribuição original foi concebido há sete anos, o recém-nomeado CEO da companhia decidiu avaliar a logística e o sistema de distribuição atual da empresa. A ACME lida com aproximadamente 1.500 produtos diferentes em sua cadeia de suprimentos e atende a 10 mil contas no nordeste dos EUA. A ACME estuda a seguinte estratégia alternativa: substituir os dois depósitos por um único depósito localizado entre Paramus e Newton e que atenda a todos os pedidos dos clientes. Chamaremos este sistema proposto de sistema centralizado de distribuição. O CEO insiste na manutenção do mesmo nível de serviço, não importando a estratégia de logística a ser adotada.

Está claro que o atual sistema de distribuição, com dois depósitos, tem uma vantagem importante em comparação com o sistema de distribuição de depósito único, já que cada depósito está próximo a um conjunto específico de clientes, o que em última análise reduz o tempo de entrega. Contudo, a alteração proposta também traz um benefício importante: ela permite à ACME atingir o mesmo nível de serviço de 97% com um estoque bem menor, ou alcançar níveis de serviço mais altos com o mesmo nível de estoque total.

Em termos simples, esta afirmação tem a seguinte explicação. Com a demanda aleatória, é muito provável que a demanda acima da média em um varejista seja contrabalançada por uma demanda abaixo da média em outro. À medida que aumenta o número de varejistas atendidos por um depósito, esta probabilidade também sobe. Na verdade, este é exatamente o terceiro princípio de todas as previsões descrito no início da Seção 2.2.2: previsões agregadas são mais precisas.

Neste sentido, até que ponto a ACME pode reduzir estoques se a companhia decidir adotar o sistema centralizado, mantendo os mesmos 97% de nível de serviço?

Para responder a esta pergunta, precisamos efetuar uma análise mais rigorosa da política de estoque que a ACME deverá adotar no sistema em vigor e no sistema centralizado. Explicaremos esta análise para dois produtos específicos, o Produto A e o Produto B, ainda que a análise precise ser conduzida para todos os produtos.

Para ambos os produtos, um pedido da empresa custa $60, e o custo unitário semanal de armazenagem é $0,27. No atual sistema de distribuição, o custo de transportar um produto de um depósito até o cliente é, na média, $1,05 por produto. Estima-se que no sistema centralizado de distribuição o custo de transporte do depósito central seja de, na média, $1,10 por produto. Para esta análise, suporemos que o *lead time* de entrega não difira expressivamente para os dois sistemas.

As Tabelas 2-5 e 2-6 fornecem os dados históricos para os Produtos A e B, respectivamente. As tabelas incluem as informações com base semanal para cada produto para as últimas oito semanas em cada área de mercado. Observe que o Produto B é um produto de movimentação lenta: a demanda pelo Produto B é muito menor do que a demanda pelo Produto A.

TABELA 2-5
DADOS HISTÓRICOS PARA O PRODUTO A

Semana	1	2	3	4	5	6	7	8
Massachusetts	33	45	37	38	55	30	18	58
Nova Jersey	46	35	41	40	26	48	18	55
Total	79	80	78	78	81	78	36	113

TABELA 2-6
DADOS HISTÓRICOS PARA O PRODUTO B

Semana	1	2	3	4	5	6	7	8
Massachusetts	0	3	3	0	0	1	3	0
Nova Jersey	2	4	0	0	3	1	0	0
Total	2	6	3	0	3	2	3	0

A Tabela 2-7 resume a demanda média semanal e o desvio-padrão na demanda semanal para cada produto. Ela também apresenta o *coeficiente de variação* da demanda em cada depósito.

Lembremos que o desvio-padrão mensura a variação absoluta na demanda do cliente, ao passo que o coeficiente de variação mede a variação relativa à demanda média. Por exemplo, no caso dos dois produtos aqui analisados, vemos que o Produto A tem um desvio-padrão muito maior, e que o Produto B tem um coeficiente de variação muito mais expressivo. Esta distinção entre os dois produtos desempenha um papel importante na análise final.

Por fim, temos de observar que para cada produto, a demanda média enfrentada pelo depósito no sistema centralizado de distribuição é a soma da demanda média imposta a cada um dos depósitos existentes. No entanto, a variação verificada no depósito central, medida tanto pelo desvio-padrão quanto pelo coeficiente de variação, é muito menor do que as variações combinadas enfrentadas pelos dois depósitos existentes.

Esta situação tem impacto expressivo nos níveis de estoque no sistema em vigor e no sistema proposto. Estes níveis, calculados como descrito nas seções anteriores, são mostrados na Tabela 2-8.

Observe que o estoque médio para o Produto A no depósito de Paramus, Nova Jersey, é cerca de:

$$\text{Estoque de segurança} + Q/2 = 88$$

De modo semelhante, o estoque médio no depósito de Newton, Massachusetts, para o mesmo produto, é de aproximadamente 91 unidades, enquanto o estoque médio no depósito centralizado está perto de 132 unidades. Portanto, o estoque médio para o Produto A é reduzido em quase 132 unidades quando a ACME troca o sistema atual pelo novo sistema centralizado – o que representa um expressivo enxugamento no estoque médio.

O estoque médio para o Produto B é 15 no depósito de Paramus, 14 no depósito de Newton e 20 no depósito centralizado. Neste caso, a ACME atingirá uma redução de cerca de 43% no nível médio de estoque.

TABELA 2-7
RESUMO DOS DADOS HISTÓRICOS

Estatísticas	Produto	Demanda média	Desvio-padrão na demanda	Coeficiente de variação
Massachusetts	A	39,3	13,2	0,34
Massachusetts	B	1,125	1,36	1,21
Nova Jersey	A	38,6	12,0	0,31
Nova Jersey	B	1,25	1,58	1,26
Total	A	77,9	20,71	0,27
Total	B	2,375	1,9	0,81

TABELA 2-8
NÍVEIS DE ESTOQUE

	Produto	Demanda média durante o *lead time*	Estoque de segurança	Ponto de reabastecimento	Q
Massachusetts	A	39,3	25,08	65	132
Massachusetts	B	1,125	2,58	4,25	
Nova Jersey	A	38,6	22,8	62	31
Nova Jersey	B	1,25	3	5	24
Total	A	77,9	39,35	118	186
Total	B	2,375	3,61	6	33

Este estudo de caso ilustra, de forma contundente, o conceito de compartilhamento do risco. Conforme dissemos anteriormente, a agregação da demanda que se origina do compartilhamento do risco leva a uma redução na variação na demanda e, portanto, a uma diminuição no estoque de segurança e no estoque médio. Por exemplo, no sistema centralizado de distribuição descrito, o depósito atende a todos os clientes, o que leva a uma redução na variação medida tanto pelo desvio-padrão quanto pelo coeficiente de variação.

A seguir resumimos os três pontos críticos que levantamos sobre o compartilhamento do risco:

1. A centralização do estoque reduz tanto o estoque de segurança quanto o estoque médio no sistema. Isto pode ser explicado da seguinte forma. Em um sistema centralizado de distribuição, sempre que a demanda de uma área do mercado for maior do que a média ao mesmo tempo que a demanda em outra área do mercado for menor, os itens no depósito que foram originalmente alocados para um mercado podem ser realocados para outro. O processo de realocação de estoques é impossível em um sistema descentralizado de distribuição, em que diferentes depósitos atendem a diferentes mercados.
2. Quanto maior o coeficiente de variação, maior o benefício obtido com a implantação de um sistema centralizado, isto é, maior a vantagem no compartilhamento do risco. Isso se explica da seguinte forma. O estoque médio tem dois componentes: um que é proporcional à demanda semanal média (Q) e outro que é proporcional ao desvio na demanda semanal média (estoque de segurança). Uma vez que a redução no estoque médio é obtida, principalmente por meio de uma redução no estoque de segurança, quanto maior o coeficiente de variação, maior o impacto do estoque de segurança na redução de estoque.
3. Os benefícios do compartilhamento do risco dependem do comportamento da demanda de um mercado em relação à demanda de outro. Dizemos que a demanda de dois mercados tem *correlação positiva* quando é muito provável que sempre que a demanda de um for maior do que a média, a demanda do outro também será maior do que a média. De modo semelhante, quando a demanda de um mercado for menor do que a média, assim será a do outro mercado. Em termos mais simples, o benefício do compartilhamento do risco diminui à medida que a correlação entre a demanda dos dois mercados se torna mais positiva.

No Capítulo 6 oferecemos diferentes exemplos de compartilhamento do risco, no qual ele é posto em prática por meio da *agregação da demanda para todos os produtos* ou *ao longo de todo o tempo*, em vez de para todos os clientes, como apresentamos aqui.

2.4 O SISTEMA CENTRALIZADO *VERSUS* O SISTEMA DESCENTRALIZADO

A análise apresentada na seção anterior levanta uma questão prática muito importante: quais *trade-offs* precisam ser considerados na comparação de sistemas de distribuição centralizados com os descentralizados?

Estoque de segurança. Sem dúvida, o estoque de segurança diminui à medida que a empresa se desloca de um sistema descentralizado para um sistema centralizado. A dimensão desta redução depende de uma série de parâmetros, que incluem o coeficiente de variação e a correlação entre a demanda dos diferentes mercados.

Nível de serviço. Quando os sistemas centralizado e descentralizado têm o mesmo estoque total de segurança, o nível de serviço possibilitado pelo sistema centralizado é maior. Como visto antes, a magnitude do aumento do nível de serviço depende do coeficiente de variação e da correlação entre a demanda de diferentes mercados.

Custos indiretos. Geralmente, estes custos são muito maiores em um sistema descentralizado, pois existem menos economias de escala.

***Lead time* para o cliente.** Uma vez que os depósitos estão muito mais próximos dos clientes em um sistema descentralizado, o tempo de reação é muito mais curto (ver Capítulo 3).

Custos de transporte. O impacto dos custos de transporte depende dos aspectos específicos da situação. Por um lado, à medida que aumentamos o número de depósitos, os custos de saída – aqueles relativos à saída dos itens do depósito e sua entrega nos clientes – diminuem em função de os depósitos estarem bem mais próximos às áreas de comercialização. Por outro, os custos de entrada – aqueles relativos ao transporte de produtos das unidades de suprimento e fabricação para os depósitos – aumentam. Portanto, o impacto final no custo de transporte não fica claro de imediato.

2.5 A GESTÃO DO ESTOQUE NA CADEIA DE SUPRIMENTOS

A maioria dos modelos de estoque e dos exemplos considerados até agora neste livro supõe a existência de uma única unidade (por exemplo, um depósito ou varejo) administrando seu estoque de forma a minimizar seus próprios custos, o máximo possível.

Nesta seção, primeiramente consideramos uma cadeia de suprimentos com múltiplas unidades em série, que pertence a uma única empresa. Uma cadeia em série é aquela em que existe uma série de estágios, cada um fornecendo produtos a um único estágio subsequente na cadeia, em um processo que se prolonga até o último deles e que satisfaz a demanda do cliente final. Por exemplo, um único fabricante que fornece para um único atacadista e que por sua vez atende aos pedidos de um único distribuidor. Por fim, o distribuidor fornece a um único varejista que atende à demanda do cliente.

Se esta cadeia em série for propriedade de uma única empresa, o objetivo desta empresa será a gestão do estoque de forma a reduzir o custo total do sistema. Com isto em mente, é importante para a empresa considerar a interação das diversas unidades e o impacto desta interação na política de estoques que cada uma delas deve adotar.

As hipóteses feitas são as seguintes:

1. As decisões relativas a estoques são tomadas por um único tomador de decisão, cujo objetivo é minimizar o custo total do sistema.
2. O tomador de decisão tem acesso a informações sobre o estoque em cada um dos varejistas e também no depósito.

Neste caso, uma abordagem baseada no conceito de *política de estoque global por estágio* é uma maneira eficiente de administrar o sistema (observe que é muito difícil encontrar uma política ótima para este problema, mas a política que descrevemos tem eficiência comprovada).

Para entendermos esta política, é necessário apresentar o conceito de estoque global por estágio. Em um sistema de distribuição, cada estágio ou nível (isto é, o depósito ou varejista) é muitas vezes chamado de estágio. Assim, o estoque global por estágio a qualquer nível em que está o sistema é igual ao estoque disponível naquele local, mais o *estoque a jusante* (a jusante significa próximo ao cliente).

Por exemplo, a Figura 2-13 mostra que o estoque global por estágio no distribuidor é igual ao estoque que ele tem disponível mais o estoque em trânsito e o estoque no varejista. Do mesmo modo, a *posição do estoque global por estágio* no distribuidor é o estoque global por estágio em seu depósito mais os itens que são pedidos por ele e que ainda não chegaram, menos todos os itens que estão com pedido em atraso (ver Figura 2-13).

Isto sugere a seguinte abordagem para a gestão do sistema em série. Em primeiro lugar, o estoque no varejista é administrado por meio da política (Q,R) descrita na Seção 2.2.6. O nível de reabastecimento e a quantidade pedida no varejista são calculados a partir das fórmulas descritas naquela seção

$$R = L \times MED + z \times DSV \times \sqrt{L}$$

$$Q^* = \sqrt{\frac{2\,KD}{h}}$$

Neste caso, o *lead time L* é o tempo transcorrido entre a emissão do pedido pelo varejista e o momento em que este é recebido, supondo que o depósito tenha o bastante em estoque. Sempre que a posição de um estoque em um varejista cair abaixo do ponto de reabastecimento R, é feito um pedido de Q unidades. Da mesma forma, um ponto de reabastecimento R e uma

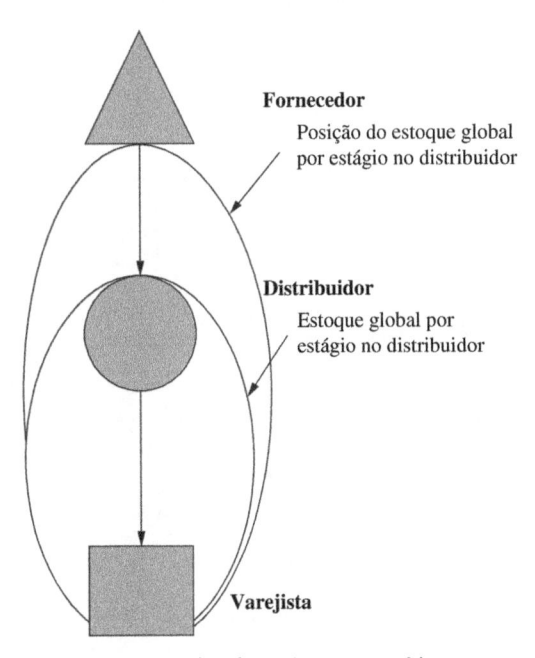

FIGURA 2-13 A cadeia de suprimentos em série.

quantidade pedida Q são calculados para o distribuidor. Neste caso, contudo, a política do depósito controla sua política de estoque global por estágio; sempre que a posição deste estoque global por estágio para o depósito estiver abaixo de R, um pedido de Q unidades é emitido.

Como é calculado o ponto de reabastecimento associado à posição do estoque global por estágio do distribuidor? Neste caso, o ponto de reabastecimento é:

$$R = L^e \times MED + z \times DSV \times \sqrt{L^e}$$

onde:

L^e = *lead time do estoque global por estágio*, definido como o *lead time* entre o varejista e o distribuidor, mais o *lead time* entre o distribuidor e seu fornecedor, o atacadista
MED = demanda média no varejista
DSV = desvio-padrão da demanda no varejista

A seguir, uma abordagem semelhante é usada para administrar o estoque no atacadista e no fabricante, em que o *lead time* é modificado de forma apropriada e o estoque global por estágio indicado é adotado.

EXEMPLO 2-10

Consideremos a cadeia de suprimentos de quatro estágios descrita anteriormente. Vamos supor que a demanda média semanal enfrentada pelo varejista é 45, com um desvio-padrão de 32. Além disso, vamos supor que a cada estágio a gestão tenta manter um nível de serviço de 97% ($z = 1,88$), que o *lead time* entre os estágios e entre o fabricante e seu fornecedor seja de uma semana, que os custos fixos de pedido e de armazenagem a cada um dos estágios sejam os dados na Tabela 2-9, em que também definimos as quantidades pedidas.

TABELA 2-9
PARÂMETROS DE CUSTO E QUANTIDADES PEDIDAS

	K	D	H	Q
Varejista	250	45	1,2	137
Distribuidor	200	45	0,9	141
Atacadista	205	45	0,8	152
Fabricante	500	45	0,7	255

A seguir, utilizando os diferentes estoques globais por estágio, os pontos de reabastecimento são calculados como:

Para o varejista:
$$R = 1 \times 45 + 1,88 \times 32 \times \sqrt{1} = 105$$

Para o distribuidor:
$$R = 2 \times 45 + 1,88 \times 32 \times \sqrt{2} = 175$$

Para o atacadista:
$$R = 3 \times 45 + 1,88 \times 32 \times \sqrt{3} = 239$$

Para o fabricante:
$$R = 4 \times 45 + 1,88 \times 32 \times \sqrt{4} = 300$$

A cada estágio, quando a posição do estoque por estágio cai abaixo do ponto de reabastecimento para aquele estágio, a quantidade Q adequada é pedida.

Fornecedor

Lead time do estoque global por estágio no depósito

Depósito

Estoque global por estágio no depósito

Varejistas

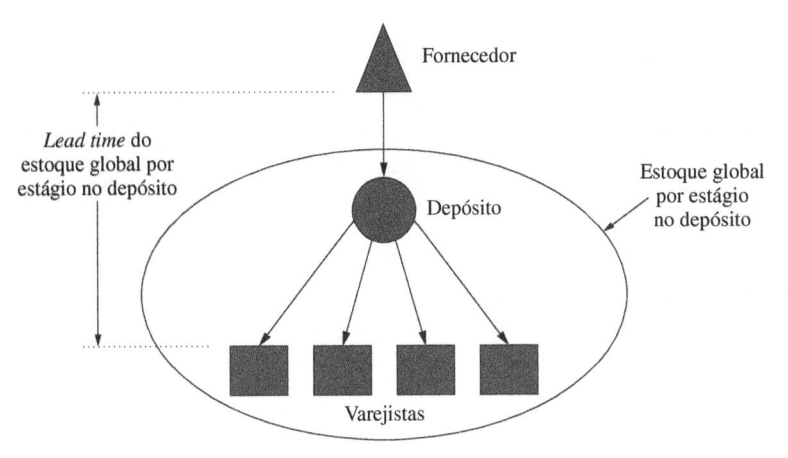

FIGURA 2-14 O estoque global por estágio no depósito.

O que acontece quando existe mais de uma instalação em um dado estágio da cadeia de suprimentos? Por exemplo, o que acontece no caso de uma cadeia de suprimentos de dois estágios em que um depósito fornece para um grupo de varejistas? A mesma abordagem pode ser usada neste caso, exceto pelo fato de que o estoque global por estágio no depósito é o estoque no depósito mais todo o estoque em trânsito para e em estoque em cada um dos varejistas. De modo semelhante, a posição do estoque global por estágio no depósito é dada por este estoque mais os itens pedidos pelo depósito e que ainda não chegaram, menos todos os itens em atraso (ver Figura 2-14).

Para administrar o estoque neste sistema, o ponto de reabastecimento R e a quantidade pedida Q são calculados para cada varejista como antes, e sempre que a posição do estoque em um varejista cair abaixo do ponto de reabastecimento R, é feito um pedido de Q unidades.

Como é calculado o ponto de reabastecimento associado à posição do estoque global por estágio do depósito? Neste caso, o ponto de reabastecimento é:

$$R = L^e \times MED + z \times DSV \times \sqrt{L^e}$$

onde

L^e = *lead time do estoque global por estágio*, definido como o *lead time* entre os varejistas e o depósito, mais o *lead time* entre o depósito e seu fornecedor
MED = demanda média entre *todos* varejistas (isto é, a média da demanda agregada)
DSV = desvio-padrão da demanda (*agregada*) entre todos os varejistas

EXEMPLO 2-11

Consideremos o distribuidor de aparelhos de TV do Exemplo 2-8. Naquele exemplo, definimos a política de estoque para aquele depósito. Agora, vamos supor que o depósito fornece para um grupo de varejistas. Os dados históricos de demanda na Tabela 2-3 são os dados de demanda agregada para os varejistas. Por fim, o *lead time* de duas semanas é o *lead time* por estágios – o tempo transcorrido para que um pedido chegue ao cliente. Assim, o distribuidor precisa garantir que um total de 176 unidades do estoque, ou cerca de quatro semanas de fornecimento, estejam em algum ponto do interior do sistema, tanto a caminho do depósito, no depósito em si, em trânsito para os varejistas, ou neles próprios.

E os varejistas? Neste caso, precisamos efetuar exatamente os mesmos cálculos, mas desta vez utilizando o *lead time* associado do estoque ao varejista.

> **EXEMPLO 2-11** *continuação*
>
> Por exemplo, vamos supor que é preciso uma semana para os itens irem do depósito ao varejista. Com a mesma abordagem adotada anteriormente para um nível de serviço de 97%, descobrimos que o nível de reabastecimento *R* para o varejista é 20. Assim, um pedido é emitido sempre que a posição do estoque no varejista é 20. Está claro que se outros varejistas enfrentarem demandas ou *lead times* diferentes, eles terão outros níveis de reabastecimento.

Esta técnica pode ser estendida a cadeias de suprimentos de maior grau de complexidade – cadeias de suprimentos de mais níveis – conquanto que estas estejam sob controle centralizado e as informações de estoque de cada um dos estágios estejam disponíveis aos tomadores de decisão.

2.6 ALGUMAS QUESTÕES PRÁTICAS

Em uma pesquisa recente[1], um grupo de gestores de materiais e estoques foi chamado para identificar estratégias eficientes de redução de estoques. As sete principais estratégias mencionadas foram:

1. **Executar uma avaliação periódica dos estoques.** Nesta estratégia (ver Seção 2.2.8), o estoque é avaliado a intervalos predefinidos de tempo e sempre que estas avaliações ocorrem, uma decisão é tomada acerca do tamanho do pedido. A política de avaliação periódica de estoque possibilita identificar os produtos de pouca movimentação e obsoletos, e permite aos gestores reduzir estoques de forma contínua.
2. **Oferecer uma gestão rígida de taxas de uso,** *lead times* **e estoques de segurança.** Esta estratégia permite à empresa certificar-se de que um estoque será mantido ao nível adequado. Este processo de controle de estoque possibilita à empresa identificar as situações em que as taxas de uso diminuem, no período de alguns meses, por exemplo. Se nenhuma ação eficiente for tomada, esta redução nas taxas de uso implica uma diminuição nos níveis de estoque ao longo do mesmo período de tempo.
3. **Reduzir os níveis dos estoques de segurança.** Isso pode ser obtido por meio da concentração de esforços na redução dos *lead times*.
4. **Introduzir ou aprimorar a prática da contagem de ciclos.** Este processo substitui a contagem anual de estoque por um sistema em que parte do estoque é contada todos os dias, e cada item é contado várias vezes ao ano.
5. **Adotar a abordagem ABC.** Nesta estratégia os itens são classificados em três categorias: os itens Classe A incluem todos os produtos que geram receitas altas, que tipicamente respondem por cerca de 80% das vendas anuais ($) e representam aproximadamente 20% das unidades de manutenção de estoques. Os itens B incluem produtos que respondem por 15% das vendas anuais, enquanto os produtos C representam produtos de pouca geração de receita. Uma vez que os itens Classe A respondem pela maior parte do negócio, uma política de avaliação periódica a intervalos menores (por exemplo, com avaliação semanal) é apropriada a este caso. De modo semelhante, uma política de avaliação periódica é aplicada a produtos da Classe B, ainda que a frequência das avaliações não seja tão alta quanto para os produtos da Classe A. Por fim, dependendo do valor do produto, a empresa pode não manter estoque de produtos Classe C caros ou manter um grande estoque de produtos Classe C mais baratos.

---

[1] *Inventory Reduction Report*, número 07-01 (julho de 2001), p. 10-12.

6. **Repassar uma parte maior dos estoques ou deixe que os fornecedores tenham maiores estoques.**
7. **Adotar abordagens quantitativas.** Estas abordagens são semelhantes às descritas neste capítulo e se concentram no equilíbrio correto entre manutenção de estoque e custos de pedidos.

Observe que o foco da pesquisa não foi a redução de custos, mas a redução dos níveis de estoque. De fato, nos últimos anos, vimos um grande esforço de parte da indústria para aumentar a *taxa de giro de estoques*, definida como:

$$\text{Taxa de giro de estoques} = \frac{\text{Vendas anuais}}{\text{Nível médio de estoques}}$$

Esta definição significa que um aumento no giro de estoques leva a uma diminuição nos níveis médios de estoque. Por exemplo, a Wal-Mart, varejista importante, tem a maior taxa de giro de estoque entre todos os varejistas de preços baixos. Isto sugere que a Wal-Mart tem o maior nível de liquidez, o menor risco de obsolescência e o menor investimento em estoque. Claro que um baixo nível de estoque por si só não é sempre apropriado, uma vez que ele aumenta o risco de vendas perdidas.

Assim, fica a pergunta: qual é a rotação de estoque a ser adotada na prática? Uma pesquisa recente sobre as práticas adotadas na indústria sugere que a resposta varia a cada ano e que depende, em especial, de cada setor industrial[2]. Na verdade, a pesquisa relata um expressivo aumento nas razões de giro de estoque no ano de 2001: cerca de 52,9% dos fabricantes que participaram da pesquisa aumentaram suas taxas de renovação. A Tabela 2-10 mostra alguns dos exemplos de giro de estoque em diferentes fabricantes, por setor, em 2001.

TABELA 2-10

RAZÃO DO GIRO DE ESTOQUE PARA DIFERENTES FABRICANTES

Setor	Quartil superior	Mediana	Quartil inferior
Componentes e acessórios eletrônicos	8,1	4,9	3,3
Computadores	22,7	7,0	2,7
Equipamentos de áudio e vídeo de uso doméstico	6,3	3,9	2,5
Indústria de celulose e papel	11,7	8,0	5,5
Produtos químicos	14,1	6,4	4,2
Produtos de panifícios	39,7	23,0	12,6
Publicação e impressão de livros	7,2	2,8	1,5

Fonte: Baseado em uma pesquisa conduzida pelo Risk Management Associates.

2.7 A PREVISÃO

Ao longo deste capítulo, contamos os problemas envolvendo previsões. Afinal, as três regras da formulação de previsões são:

1. A previsão sempre está errada.
2. Quanto maior o horizonte da previsão, pior ela será.
3. As previsões agregadas são mais precisas.

Contudo, as previsões são uma ferramenta essencial na caixa de ferramentas da gestão. Vimos que com a correta gestão de estoque, os gestores são capazes de dar o melhor uso possível para as previsões, apesar das dificuldades em prepará-las. Além disso, as previsões não se limitam

---
[2] *Inventory Reduction Report*, número 03-02 (março 2002), p.6-10.

à tomada de decisão relativa a estoques; elas também valem para as decisões sobre entrar em um dado mercado, ou sobre a possibilidade de um plano promocional trazer benefícios sobre previsões eficientes. Esta seção explora várias técnicas que podem ser adotadas, em separado ou em combinação, para gerar previsões. Claro que seria possível escrever um livro inteiro sobre previsões (e existem muitos livros sobre o assunto), mas nosso objetivo aqui é apresentar as diferentes abordagens e apontar o momento em que cada uma delas é apropriado.

Ainda que haja muitas ferramentas e métodos diferentes para a elaboração de previsões, estes podem ser agrupados em quatro categorias gerais de uso (ver [83]):

- **Métodos baseados em julgamento** envolvem a avaliação da opinião de especialistas.
- **Métodos baseados em pesquisas de mercado** envolvem estudos qualitativos do comportamento do consumidor.
- **Métodos baseados em séries históricas** são métodos matemáticos em que o desempenho futuro é extrapolado a partir de dados do desempenho passado.
- **Métodos causais** são métodos matemáticos em que as previsões são geradas com base em uma variedade de variáveis do sistema.

A seguir, estes métodos são discutidos em pormenor.

2.7.1 Os métodos baseados em julgamento

Os métodos baseados em julgamento fazem um esforço para reunir as opiniões de vários especialistas, de modo sistemático. Por exemplo, vendedores muitas vezes demonstram ter boas noções sobre expectativas de vendas, uma vez que estão mais próximos do mercado. Uma **equipe de vendas composta** pode ser montada de forma a combinar as estimativas de cada um de seus membros, de forma lógica.

Grupos de especialistas são formados para chegar a um consenso. Esta abordagem pressupõe que uma forma superior de previsão pode ser obtida com o compartilhamento e a comunicação de informações, de forma aberta, entre os membros do grupo. Estes especialistas podem ser especialistas externos ou internos de várias áreas funcionais da empresa.

O **método Delphi** é uma técnica estruturada para chegar a um consenso, a partir de um grupo de especialistas, sem contudo reuni-los em um único local. De fato, a técnica foi criada para eliminar o perigo de um – ou de alguns – indivíduos dominarem o processo de tomada de decisão. No método Delphi, cada integrante do grupo de especialistas é chamado a dar sua opinião, em geral por escrito. As opiniões são compiladas e resumidas, e cada integrante tem a oportunidade de alterar sua opinião depois de ver os resumos produzidos. Este processo é repetido até o consenso ser atingido.

Lembremos, por exemplo, do estudo de caso da produção de trajes de banho discutido neste capítulo. Nele, o fabricante de trajes de banho valeu-se de uma previsão probabilística para tomar as decisões relativas à produção e a estoques. A previsão consistiu de diversos cenários, cada um com sua própria probabilidade de ocorrência. É bem provável que o departamento de marketing tenha utilizado um ou mais dos métodos de julgamento apresentados anteriormente para gerar a previsão probabilística para a empresa.

2.7.2 Os métodos de pesquisa de mercado

Os **testes de mercado** e as **pesquisas de mercado** são ferramentas valiosas na geração de previsões, em especial para produtos apresentados recentemente. Nos testes de mercado, são formados grupos focais de prováveis consumidores que são testados quanto às suas reações diante de produtos recém-lançados, e estas reações são extrapoladas para o mercado todo para estimar a demanda destes produtos. As pesquisas de mercado envolvem a reunião destes dados de inúmeros clientes em potencial, em geral por meio de entrevistas, pesquisas por telefone ou por escrito.

2.7.3 Os métodos baseados nas séries históricas

Os métodos baseados nas séries históricas utilizam uma variedade de dados passados (isto é, valores passados para a grandeza sendo prevista) para a estimativa de dados futuros. Existem muitas técnicas comumente empregadas, cada uma com diferentes vantagens e desvantagens. Exploramos esta relação entre os métodos de elaboração de previsões baseados nas séries históricas e o efeito chicote no Capítulo 5.

A seguir são discutidos os métodos das séries históricas mais comuns (para mais detalhes, ver [148]).

Média móvel. Cada previsão é a média de um dado número de pontos de demanda anterior. Nesta variante, o principal é selecionar o número de pontos na média móvel de forma que as irregularidades dos dados sejam minimizadas. Consulte o Capítulo 5 para uma ideia do impacto da previsão com médias móveis sobre o efeito chicote.

Suavização exponencial. Cada previsão é uma média ponderada das previsões anteriores e do último ponto de demanda. Assim, este método é semelhante ao da média móvel, exceto por ser uma média ponderada de todos os pontos de dados passados, em que os pontos mais recentes recebem peso maior.

Os métodos para dados com tendências. As duas abordagens anteriores pressupõem que não haja tendências nos dados. Se houver uma tendência, então os métodos como a **análise de regressão** e o **Método de Holt** são mais úteis, pois contabilizam estas tendências nos dados de forma mais específica. A análise de regressão gera uma reta para os pontos de dados discretos, ao passo que o Método de Holt combina o conceito de suavização exponencial com a habilidade de acompanhar uma tendência linear dos dados.

Os métodos para dados sazonais. Há uma variedade de técnicas que consideram as alterações sazonais na demanda. Por exemplo, os **métodos de decomposição sazonal** removem os padrões sazonais dos dados e aplicam as abordagens descritas anteriormente nestes dados modificados. De modo semelhante, o **Método de Winter** é uma versão da suavização exponencial que considera as tendências e a sazonalidade.

Os métodos mais complexos. Vários métodos mais complexos foram propostos para a geração de estimativas. Contudo, eles não são adotados na prática, pois existem evidências de que eles não oferecem vantagens adicionais sobre os métodos mais simples [148].

2.7.4 Os métodos causais

Lembremos que os métodos baseados em séries históricas descritos aqui fornecem estimativas baseadas inteiramente em valores anteriores de dados para os quais desejamos uma previsão. Em contrapartida, os métodos causais geram previsões baseadas em dados *diferentes daqueles sendo previstos*. Mais especificamente, a previsão é baseada na função de outros tipos de dados. Por exemplo, as previsões para as vendas causais para o próximo trimestre podem ser uma função da inflação, do PIB, da taxa de desemprego, do clima ou de qualquer aspecto além das vendas para este trimestre.

2.7.5 A seleção da técnica apropriada para a geração de previsões

Diante de tantas técnicas de geração de previsões, qual é a mais adequada para uma dada situação? Chambers, Mullick e Smith (CMS), em seu seminal artigo publicado na *Harvard Business Review* [41], colocam três questões que auxiliam esta decisão:

- **Qual é a finalidade da previsão? Como ela será usada?** Se as estimativas para as vendas brutas são suficientes, uma técnica menos complexa é a mais indicada, ao passo que se forem necessárias estimativas mais detalhadas, técnicas avançadas são a melhor escolha.
- **Qual é a dinâmica do sistema para o qual a previsão está sendo feita?** O sistema é sensível ao tipo de dados econômicos que levam a crer que um modelo causal faz sentido? A demanda é sazonal ou apresenta tendências de alta ou baixa? Todos estes aspectos influenciam a escolha da ferramenta preditiva.
- **Qual é a importância dos dados passados na estimativa para o futuro?** Se o passado é muito importante, os métodos baseados nas séries temporais são os mais indicados. Se as alterações no sistema tornam o passado menos importante, então os métodos baseados em julgamentos ou em pesquisa de mercado são os mais apropriados.

CMS também enfatizam que diferentes técnicas de previsão são mais apropriadas para diferentes estágios do ciclo de vida do produto. Na fase de desenvolvimento do produto, os métodos baseados em pesquisas de mercado indicam as prováveis vendas de diferentes produtos e modelos. Nas fases de teste e introdução, uma pesquisa de mercado pode ser interessante, e os métodos baseados em julgamentos são úteis para prever a demanda futura de produtos. Na fase de crescimento rápido do ciclo de vida do produto, dados históricos são os mais interessantes.

Além disso, uma vez que o produto tenha alcançado um estado de maturidade no mercado, a análise baseada em dados históricos é a mais indicada, exatamente como os métodos causais, que preveem o desempenho de longo prazo com base em dados econômicos.

Por fim, a qualidade das previsões pode muitas vezes ser melhorada com a combinação de várias técnicas que foram descritas nesta seção. Georgoff e Murdick observam que "os resultados de previsões combinadas ultrapassam de longe a maioria das projeções, e técnicas feitas individualmente e que deveriam *ser lidas e analisadas por especialistas*" [83] Isto é verdadeiro sobretudo porque é difícil dizer *a priori* quais das várias técnicas de previsão disponíveis funcionam melhor para uma dada situação.

RESUMO

Fazer com que a oferta e a demanda se igualem em uma cadeia de suprimentos é uma tarefa desafiadora. Com o intuito de reduzir custos e fornecer o nível de serviço adequado, é importante considerar os custos de manutenção de estoque e os custos fixos de preparação, o *lead time* e as variações no *lead time* e na demanda prevista. Infelizmente, a *primeira regra* da gestão de estoques diz que *a previsão sempre está errada*. Assim, um único número, a demanda prevista, não é o bastante para definir uma política de estoque eficiente. De fato, as estratégias de gestão de estoque descritas neste capítulo também consideram as informações sobre a variação na demanda.

A segunda regra da gestão de estoques diz que *quanto maior o horizonte da previsão, pior ela será*. Isto significa que a precisão das estimativas semanais diminui à medida que o horizonte de previsão se alarga.

A terceira regra da gestão de estoques afirma que *as informações agregadas sobre a demanda sempre são mais precisas do que dados vistos isoladamente*. Isto é, os dados agregados sobre a demanda apresentam variabilidade muito menor. Esta premissa é a base para o conceito de compartilhamento do risco que possibilita um nível menor de estoque sem prejuízo ao nível de serviço.

Apesar de a previsão apresentar diversos pontos fracos, é importante desenvolver uma previsão que seja o mais eficiente possível. Há uma grande variedade de abordagens que são úteis à melhoria da geração de previsões.

Este capítulo discutiu a gestão de estoques em sistemas com um gestor centralizado. Claro que em muitos casos diferentes gestores ou empresas possuem ou operam diferentes partes da cadeia de suprimentos. O Capítulo 4 trata dos contratos e das estratégias para administrar estoques de forma eficiente nestes sistemas descentralizados.

QUESTÕES PARA DISCUSSÃO

1. Responda as seguintes perguntas sobre o estudo de caso apresentado no início deste capítulo.
   a. Com base nos dados das planilhas, como você caracterizaria os produtos da Steel Works? E os clientes da Steel Works? Diante de suas respostas e das informações sobre o estudo de caso, o que fica claro?
   b. Quais são as informações que o coeficiente de variação nos traz? Você consegue determinar o coeficiente de variação para as linhas de produto DuraBend™ e DuraFlex™?
   c. Quanto estoque a Steel Works mantém? Quanto estoque ela deve manter?
   d. Apesar de nenhuma informação ser dada para a divisão de Produtos Especiais, existem oportunidades óbvias implícitas nas informações disponibilizadas para o estudo de caso?
2. Como as empresas conseguem competir com a grande variação na demanda do cliente?
3. Qual é a relação entre nível de serviço e níveis de estoque?
4. Qual é o impacto do *lead time* e da variação no *lead time* sobre os níveis de estoque?
5. Quais são os fatores que a gerência deve considerar ao definir um nível de serviço almejado?
6. Considere a política (Q, R) analisada na Seção 2.2.6. Explique por que o nível esperado de estoque antes do recebimento de um pedido é:

$$z \times DSV \times \sqrt{L}$$

enquanto o nível esperado de estoque imediatamente após o recebimento do pedido é:

$$Q + z \times DSV \times \sqrt{L}$$

7. Considere a política do nível-base de estoque discutida na Seção 2.2.8. Explique por que o nível esperado de estoque após o recebimento do pedido é igual a:

$$r \times MED + z \times DSV \times \sqrt{r + L}$$

enquanto o nível esperado de estoque antes do pedido chegar é:

$$z \times DSV \times \sqrt{r + L}$$

8. Imagine que você gerencia uma loja de departamentos. Liste cinco produtos que você vende, e emita um pedido para o menor nível de serviço possível e outro para o maior nível de serviço possível. Justifique seus pedidos.
9. Considere uma cadeia de suprimentos que consiste em uma única unidade de fabricação, um *cross-dock** e dois *outlets* de varejistas. Os itens são transportados da unidade de fabricação para a unidade de *cross-docking* e desta para os *outlets*. Seja L_1 o *lead time* da fábrica para a unidade de *cross-docking* e L_2 o *lead time* desta para cada *outlet*. Seja $L = L_1 + L_2$. Na análise a seguir, mantemos L fixo e variamos L_1 e L_2.
    a. Compare a quantidade do estoque de segurança nos dois sistemas, um em que o *lead time* da unidade de *cross-docking* ao *outlet* do varejista é zero (isto é, $L_1 = L$ e L_2 = zero), e um segundo sistema em que o *lead time* da fábrica para a unidade de *cross-docking* é igual a zero (isto é, L_1 = zero e $L_2 = L$).
    b. Para reduzir o estoque de segurança, a unidade de *cross-docking* deveria estar mais próxima da fábrica ou dos *outlets* do varejista? Com esta mesma finalidade, analise o impacto da diminuição de L_1 e, portanto, do aumento de L_2 no estoque de segurança total.
10. Vamos supor que você esteja escolhendo um fornecedor. Você preferiria um fornecedor com um *lead time* curto mas muito variável, ou um fornecedor com um *lead time* longo e com menor variação?
11. Ainda que em geral reproduzamos os custos relativos a estoques como custos fixos ou variáveis, no mundo real a situação é mais complexa. Discuta alguns dos custos relativos a estoques que são fixos no curto prazo, mas que podem ser considerados variáveis no caso de um horizonte de tempo mais longo.
12. Em que casos o modelo do tamanho do lote econômico, que ignora a aleatoriedade, é útil?
13. Quais são os prejuízos trazidos por uma demanda muito variável? Existem vantagens?
14. Dê um exemplo específico de compartilhamento do risco (a) entre locais, (b) ao longo do tempo, (c) entre produtos.
15. Em que casos podemos esperar que as demandas por um produto em duas lojas tenham correlação positiva? Em que casos você espera que esta correlação seja negativa?
16. Considere o primeiro modelo de Walkman™ lançado pela Sony. Discuta qual é a abordagem de previsão mais útil no início, no meio e no fim do ciclo de vida do produto. Considere também o modelo mais recente de iPod da Apple. Como você alteraria a avaliação das técnicas de previsão mais adequadas?
17. **Questão técnica:** A KLF Electronics é uma fabricante norte-americana de equipamentos eletrônicos. A empresa tem uma única unidade de fabricação em San Jose, Califórnia. A KLF distribui seus produtos por meio de cinco depósitos regionais localizados em Atlanta, Boston, Chicago, Dallas e Los Angeles. No atual sistema de distribuição, os EUA estão divididos em cinco mercados principais, cada um atendido por um único depósito. Os clientes, geralmente varejistas, recebem os itens diretamente do depósito regional do mercado em questão. Isto é, neste sistema cada cliente está registrado em um único mercado e recebe as encomendas de um depósito regional.

    Os depósitos recebem os itens de uma unidade de fabricação. Em geral são necessárias duas semanas para entregar um pedido feito por qualquer um dos depósitos regionais. No momento, a KLF oferece um nível de serviço de cerca de 90% a seus clientes.

---

* N. de T.: Sistema de seleção de pedido imediatamente após o recebimento, de modo a evitar a estocagem e do estoque para a separação. Conhecido também como transbordo.

Nos últimos anos, a KLF verificou um expressivo aumento na competição e uma imensa pressão de seus clientes no sentido de aperfeiçoar o nível de serviço e de reduzir custos. Com este objetivo, a KLF deseja encontrar uma estratégia alternativa de distribuição em que os cinco depósitos regionais sejam substituídos por um único depósito central, que se encarregue de todos os pedidos dos clientes. Este depósito deverá ser um dos depósitos já existentes. O CEO da empresa insiste que qualquer que seja a estratégia de distribuição adotada, a KLF pensará esta estratégia de forma a elevar o nível de serviço a aproximadamente 97%.

Responda as seguintes perguntas:

a. Uma análise detalhada da demanda do cliente nos cinco mercados revela que a demanda nestas regiões é muito semelhante, isto é, se a demanda semanal em uma região estiver acima da média, então a demanda nas outras regiões também estará. De que forma esta observação afeta a decisão de adotar este novo sistema?

b. Para efetuar uma análise criteriosa, você identificou um produto típico, o Produto A. A Tabela 2-11 apresenta os dados históricos e inclui a demanda semanal para este produto para os últimos 12 meses em cada uma das cinco regiões de mercado. Um pedido (emitido por um depósito para a fábrica) custa $5.550 (por pedido), e os custos de armazenagem do estoque são de $1,25 por unidade, por semana. No atual sistema de distribuição o custo de transportar um produto da unidade de fabricação para um depósito é dado na Tabela 2-12 (ver coluna "de saída"). Por fim, a Tabela 2-13 fornece informações sobre os custos de transporte por unidade de produto a partir de um depósito regional existente para todas as outras áreas de mercado, supondo que este depósito regional se torne o depósito central.

Vamos supor que você deseja comparar os dois sistemas apenas para o Produto A. Qual é a sua recomendação? Para responder a esta pergunta, você precisa comparar os custos e os níveis médios de estoque para as duas estratégias, com a hipótese de que as demandas ocorrem de acordo com os dados históricos. Além disso, você precisa determinar qual depósito regional será adotado como depósito central.

TABELA 2-11

DADOS HISTÓRICOS

	Semana											
	1	2	3	4	5	6	7	8	9	10	11	12
Atlanta	33	45	37	38	55	30	18	58	47	37	23	55
Boston	26	35	41	40	46	48	55	18	62	44	30	45
Chicago	44	34	22	55	48	72	62	28	27	95	35	45
Dallas	27	42	35	40	51	64	70	65	55	43	38	47
Los Angeles	32	43	54	40	46	74	40	35	45	38	48	56

TABELA 2-12

CUSTOS DE TRANSPORTE POR UNIDADE

Depósito	De entrada	De saída
Atlanta	12	13
Boston	11,50	13
Chicago	11	13
Dallas	9	13
Los Angeles	7	13

TABELA 2-13
CUSTOS DE TRANSPORTE POR UNIDADE NO SISTEMA CENTRALIZADO

Depósito	Atlanta	Boston	Chicago	Dallas	Los Angeles
Atlanta	13	14	14	15	17
Boston	14	13	8	15	17
Chicago	14	8	13	15	16
Dallas	15	15	15	13	8
Los Angeles	17	17	16	8	13

c. Propõe-se que na estratégia centralizada de distribuição, isto é, aquela com um único depósito, os produtos sejam distribuídos pela UPS Ground Service, que garante que os produtos sejam entregues no depósito em três dias (0,5 semana). Claro que neste caso o custo de transporte de um único item entre a unidade de fabricação e o depósito será maior. Na verdade, para esta situação os custos de transporte aumentam em 50%. Assim, por exemplo, o transporte de um item da unidade de fabricação localizada em Atlanta custará $18. Você recomendaria esta estratégia? Explique sua resposta.

ESTUDO DE CASO

Sport Obermeyer

Aspen, Colorado

Wally Obermeyer segurava seu molho de chaves e uma cópia volumosa de dados de previsão enquanto pedalava em sua bicicleta, entrando na matriz da Sport Obermeyer em Aspen, Colorado. Fazia um frio intenso e seco naquela manhã de novembro, em 1992. Wally parou para respirar o ar fresco e apreciar a beleza das montanhas em redor, antes de fechar a porta atrás de si.

Wally chegou para atacar uma das tarefas mais críticas que a Sport Obermeyer, um fabricante de roupas para a prática do esqui, precisa enfrentar todos os anos – a decisão das quantidades específicas de cada item de vestuário que a empresa pretende oferecer na próxima coleção. Nesta manhã, a Sport Obermeyer iniciaria um processo de tomada de decisão para a produção de sua coleção 1993-1994 de trajes de esqui, mas sem muitas informações sobre como o mercado reagiria a ela. Na verdade, não havia uma indicação clara de como os consumidores estavam reagindo à coleção atual de 1992-1993. Apesar da expectativa por informações do mercado, Wally sabia que um atraso nas decisões sobre a nova coleção atrasaria também a entrega aos varejistas e isto reduziria a exposição dos produtos da Obermeyer aos consumidores.

Como de praxe, a nova coleção da Obermeyer tinha *designs* arrojados, mas seu derradeiro sucesso dependeria em grande parte do quão bem a empresa seria capaz de prever a resposta do mercado a diferentes estilos e cores. O *feedback* dos varejistas para a coleção 1993-1994 não apareceria antes da Feira de Las Vegas em março próximo, muito depois da produção iniciar. Wally se perguntou:

> Que bom que nosso destino sempre é decidido em Las Vegas. Exatamente como a maioria dos fabricantes de trajes específicos, temos de entrar em uma "loteria da moda" todos os anos. Todo outono começamos a fabricar muito antes da estação iniciar, com a certeza de que as tendências do mercado poderão mudar no meio do caminho. Os bons apostadores calculam suas chances antes de apostar seu dinheiro. Da mesma forma, ganhar ou perder a loteria da moda com um dado parca para o esqui depende da precisão com que prevemos as probabilidades de venda de cada um destes itens.

Fonte: Copyright © 1994 pelo presidente e colega do Harvard College. Este caso foi escrito por Janice H. Hammond e Ananth Raman da Harvard Business School.

As previsões inexatas da demanda do varejo haviam se tornado um problema para a Obermeyer: nos últimos anos uma maior variedade de produtos e a concorrência mais acirrada haviam dificultado ainda mais a exatidão nas previsões. Disto brotaram dois cenários – ambos dolorosos. Por um lado, ao final de cada temporada, a empresa estava carregada com excesso de mercadorias dos estilos e cores que os varejistas não haviam comprado. Os estilos com as piores vendas eram comercializados com grandes descontos, muitas vezes reduzindo o preço final abaixo do custo de produção. Por outro, a empresa muitas vezes via esgotarem-se os itens mais populares. Ainda que estes produtos geravam os melhores resultados, muita receita era perdida a cada ano em função da incapacidade da empresa de prever quais os itens que ganhariam a preferência do público.

Wally sentou-se diante de sua escrivaninha e refletiu sobre os resultados da reunião do "Grupo de Compras", que ele mesmo organizara e que durara o dia inteiro, ontem. Este ano Wally havia mudado a prática corriqueira da empresa, em que o grupo, composto por seis dos principais gerentes da Obermeyer, tinha de tomar as decisões de produção com base em um consenso entre os seus integrantes. Em vez disso, ele pediu a cada um destes, de forma independente, que previsse a demanda no varejo para cada um dos produtos da empresa. Ele é que teria de empregar as previsões geradas pelos gerentes individualmente. Ele estremeceu quando percebeu as discrepâncias entre as previsões feitas pelos integrantes do grupo. Como é que ele poderia utilizar os resultados dos esforços do dia anterior para tomar as melhores decisões sobre a coleção do ano que vem?

Um segundo problema que ele enfrentaria era encontrar a maneira de alocar a produção entre as fábricas em Hong Kong e na China. Ano passado, quase um terço dos parcas da Obermeyer havia sido feito na China, por fabricantes subcontratados em Shenzhen. Este ano, a empresa planejava produzir metade de seus parcas na China, ainda por fabricantes subcontratados, e iniciaria também parte da produção em uma nova unidade em Lo Village, em Guangdong. Os custos trabalhistas na China eram extremamente baixos, mas Wally tinha lá suas preocupações com a qualidade e a confiabilidade das operações naquele país. Ele também sabia que as unidades na China em geral exigiam pedidos mínimos maiores do que as baseadas em Hong Kong, e estavam sujeitas a restrições de cotas impostas pelo governo dos EUA. Como é que ele conseguiria incorporar todas estas diferenças em uma decisão bem fundamentada sobre o local em que cada produto teria de ser fabricado?

Tsuen Wan, Novos Territórios, Hong Kong

Raymond Tse, o diretor administrativo da Obersport Limited, esperava ansiosamente pelos pedidos da Sport Obermeyer para a coleção 1993-1994. Uma vez que os pedidos chegassem, ele teria de traduzi-los rapidamente em exigências por componentes específicos e enviar os pedidos apropriados destes componentes aos representantes. Qualquer atraso causaria problemas: maior pressão no relacionamento com representantes, horas extras em sua fábrica ou nas fábricas subcontratadas, ou até mesmo o atraso nas entregas para a Sport Obermeyer.

A Obersport Ltd. era uma *joint venture* fundada em 1985 por Klaus Obermeyer e Raymond Tse para coordenar a produção da Sport Obermeyer no Extremo Oriente (ver Figura 2-15). A Obersport era responsável por encontrar fornecedores de tecidos e componentes para toda a produção da Sport Obermeyer no continente. Os materiais eram cortados e costurados tanto nas fábricas "Alpine" de Raymond Tse ou em confecções subcontratadas localizadas em Hong Kong, Macau e na China. Raymond era o proprietário e presidente da Alpine Ltd., que incluía unidades de fabricação de trajes para esqui em Hong Kong e de uma fábrica na China, recentemente adquirida. Os pedidos da Sport Obermeyer representavam cerca de 80% do volume anual de produção da Alpine.

Lo Village, Guangdong, China

Raymond Tse e seu primo, Shiu Chuen Tse, fitavam com orgulho e satisfação o complexo de produção recém-concluído. Localizado em meio a vastos arrozais, na periferia de Lo Village, a unidade acabaria gerando empregos, além de locais de acomodação e recreação para mais de 300 trabalhadores. Esta unidade era o primeiro investimento direto em capacidade de fabricação que a Alpine fazia na China.

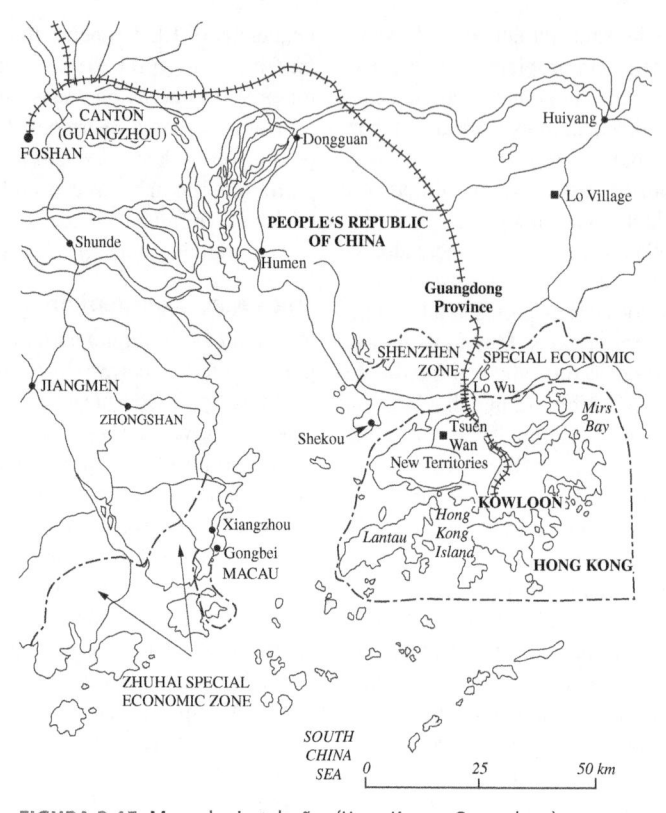

FIGURA 2-15 Mapa das instalações (Hong Kong e Guangdong).

Shiu Chuen havia vivido em Lo Village por toda sua vida – a família Tse residia no local há gerações. Os pais de Raymond, antigos proprietários rurais do vilarejo, mudaram-se para Hong Kong antes de Raymond nascer, e retornaram a Lo Village quando ele era ainda garoto, durante a ocupação japonesa de Hong Kong durante a Segunda Guerra Mundial. Em 1991 Raymond Tse visitara Lo Village pela primeira vez em 40 anos. Os habitantes do local ficaram muito felizes em vê-lo. Além desta alegria, eles tinham também a esperança de convencê-lo a trazer um pouco de sua riqueza e talento empresarial para Lo Village. Após uma conversa com os habitantes da comunidade, Raymond decidiu construir a fábrica, com investimentos que já somam US$ 1 milhão.

Trabalhando com a administração da Alpine em Hong Kong, Shiu Chuen havia contratado 200 trabalhadores para o primeiro ano de produção da fábrica. Os trabalhadores eram oriundos da comunidade local e também de cidades das províncias vizinhas. A maioria deles já havia chegado e estava recebendo treinamento na unidade. Shiu Chuen esperava ter feito os planos corretos para atender aos pedidos dos clientes da Alpine que entrariam neste ano. Este planejamento havia sido difícil, pois a demanda, o nível de capacitação dos trabalhadores e a produtividade eram muito difíceis de prever.

A SPORT OBERMEYER LTD.

As origens da Sport Obermeyer Ltd. datam de 1947, quando Klaus Obermeyer emigrou da Alemanha para os EUA e passou a ensinar esqui na Aspen Ski School. Nos dias mais frios e em que a neve caía mais pesada, Klaus via seus alunos sentirem frio e uma certa tristeza por não terem as roupas adequadas para a prática do esporte – roupas estas que não eram quentes nem tinham o estilo daquelas que os esquiadores vestiam em sua terra natal.

Nos meses de verão, Klaus passou a viajar para a Alemanha a fim de procurar roupas e equipamentos para esqui duráveis e de alto desempenho para seus alunos. Com formação em engenharia, Klaus também projetou e apresentou uma variedade de produtos e equipamentos para a prática do esqui. Deve-se a ele a invenção do colete forrado com penas de ganso, que ele fez a partir de um velho acolchoado, na década de 1950. No início da década de 1980, ele popularizou o "freio do esqui", um dispositivo simples que substituía os complicados "tirantes de pista". Este freio impedia que os esquis que se desprendiam dos pés dos esquiadores se perdessem montanha abaixo. Ao longo dos anos, a Sport Obermeyer cresceu e tornou-se um dos maiores competidores no mercado de indumentária para o esqui: as vendas previstas para 1992 foram de $32,8 milhões. A empresa detinha a impressionante fatia de 45% do mercado de roupas infantis para a prática do esporte. A Columbia Sportswear era um concorrente de pouca exclusividade em modelos e com produtos mais acessíveis, cujas vendas cresceram rapidamente nos três anos anteriores. Em 1992, a Columbia havia capturado cerca de 23% do mercado de jaquetas de esqui para adultos.

Obermeyer oferecia uma ampla linha de trajes de esqui de qualidade, que incluía parcas, coletes, trajes completos, blusas, calças, suéteres comuns e de gola alta, além de acessórios. Os parcas eram considerados os componentes mais críticos em termos de *design* para qualquer coleção. Os outros itens eram desenhados de forma a combinar o estilo e a cor daqueles.

Os produtos da Obermeyer eram oferecidos em cinco "gêneros": masculino, feminino, meninos, meninas e crianças de colo. A empresa segmentava cada mercado para estes "gêneros" de acordo com preço, tipo de esquiador e com o grau em que o mercado "acompanhava as tendências da moda". Por exemplo, a empresa dividia seus clientes masculinos adultos em quatro tipos: Fred, Rex, Biege e Klausie. O Fred era o mais conservador de todos. Ele tinha uma tendência de comprar estilos e cores clássicos e provavelmente usaria o mesmo traje em muitas temporadas. Rex era o tipo rico, consciente da própria imagem, que gostava de exibir a última moda em tecidos, *designs* e equipamentos. Em contrapartida, Biege era um alpinista inveterado, que colocava desempenho técnico acima de tudo e desprezava elementos sem funcionalidade. Klausie era um esquiador ou *snowboarder* exibido e famoso, que usava a última moda, muitas vezes com cores berrantes como rosa-choque ou verde-limão.

Para cada "gênero", numerosos estilos eram oferecidos, cada um em diversas cores e tamanhos. A Figura 2-16 mostra como os parcas femininos da Obermeyer mudaram com o tempo, incluindo o número total de unidades de manutenção de estoque que a Obermeyer ofereceu durante os últimos 16 anos, bem como o número médio de estilos, cores por estilo e tamanhos por combinação de estilo e cor.

A Obermeyer competia oferecendo uma excelente relação preço/valor, em que o valor era definido tanto como funcionalidade e estilo, e almejava as fatias de mercado de médio e alto poder aquisitivo. Diferente de alguns de seus concorrentes, que fabricavam roupas tanto para a prática do esqui quanto casuais, a Obermeyer vendia a maior parte de seus produtos (95%) apenas para a prática do esqui. A funcionalidade era um aspecto essencial para o esquiador consciente: as roupas tinham de ser quentes e impermeáveis, sem contudo restringir os movimentos das pernas ou dos braços do esquiador.

A gerência acreditava que a implementação eficiente de uma estratégia de produto dependia de várias atividades relacionadas à logística, que incluíam a entrega de coleções inteiras aos varejistas de uma única vez (o que permitiria que os consumidores vissem e comprassem itens que combinassem ao mesmo tempo) e a entrega de produtos a lojas no início da temporada (para maximizar o número de dias em que os produtos estivessem em exposição no varejo).

A abordagem da gestão

Ao longo da história da empresa, Klaus Obermeyer havia se envolvido ativamente na gestão da empresa. Klaus acreditava que uma empresa deveria ser administrada "sem nervosismo". A filosofia pessoal de Klaus estava no cerne de seu

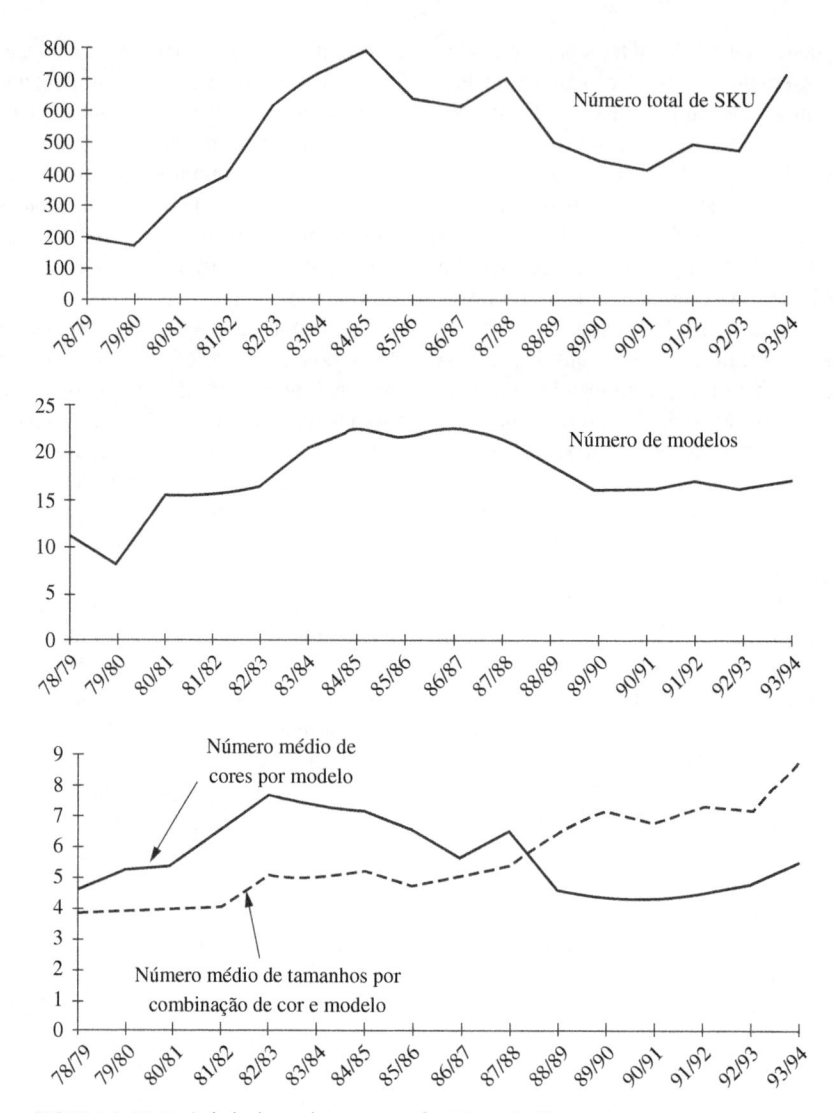

FIGURA 2-16 Variedade de produtos, parcas femininos da Obermeyer.
Observação:
Um exemplo de modelo é o parca "Stardust".
Um exemplo de combinação de cor e modelo é um parca Stardust vermelho.
Um exemplo de SKU é um manequim 36 de parca Stardust vermelho.

estilo de gerenciar. Tanto em sua vida pessoal quanto em suas atividades profissionais ele tentava "obter harmonia". Ele comentava:

> Estamos nos misturando com as forças do mercado, não nos opondo a elas. Isto leva à resolução de conflitos. Se você se opor a uma força, você aumenta o conflito. Não é dinheiro, nem posses, nem fatia de mercado. Trata-se de estar em paz com o ambiente em que você vive.

De acordo com sua filosofia, a indústria do esqui precisa estar nas mãos de pessoas que se sentem "confortáveis com um ponto de partida incerto". O estilo de administrar de Klaus enfatizava a confiança nas pessoas e a valorização do cliente. Ele acreditava que muitos aspectos deste negócio caíam no reino das artes. Ao tomar decisões, é preciso se deixar guiar pelo próprio julgamento e pela intuição. Nesta *joint venture* com Raymond Tse, Klaus dependia da sua confiança em Raymond, a quem sempre confiava as decisões sobre produção e investimento.

Ainda que Klaus fosse a "alma" da empresa, outros membros da família desempenhavam papéis importantes em seu crescimento. A esposa de Klaus, Nome, uma *designer* de sucesso, tinha envolvimento ativo no desenvolvimento de novos produtos. Na opinião de Klaus, Nome tinha um "tino" para moda – Klaus havia confiado muito em seu julgamento durante a avaliação da popularidade relativa de vários modelos.

Nos últimos anos, o filho de Klaus, Wally, passara a se envolver de forma ativa na gestão das operações internas da empresa. Após completar o ensino médio, Wally combinou seu trabalho de meio turno na empresa com a atividade de patrulheiro nas montanhas de Aspen por seis anos, antes de ir para a universidade, em 1980. Depois de se formar na Escola de Administração de Harvard em 1986, Wally inicialmente se concentrou no desenvolvimento de uma unidade geradora de energia hidroelétrica no estado do Colorado. Em 1989, a unidade entrou em operação e passou a necessitar de um envolvimento menor seu. Ele se uniu à Obermeyer em tempo integral em 1989, como vice-presidente.

Como ocorre muitas vezes, o fundador da empresa e seu filho com MBA logo demonstraram visões administrativas discordantes. Enquanto Wally dependia bastante da coleta formal de dados e de técnicas analíticas, Klaus tinha um estilo que preconizava a intuição e que se baseava expressivamente em sua grande experiência na indústria.

O CICLO DOS PEDIDOS

A Sport Obermeyer vendia seus produtos principalmente por meio de lojas de artigos de esqui, localizadas tanto em áreas urbanas quanto próximas a estações de esqui. Obermeyer também atendia a algumas grandes lojas de departamento (incluindo a Nordstrom) e varejistas de venda direta (inclusive a REI). Nos EUA, a maior parte das vendas a varejistas ocorria entre os meses de setembro e janeiro, com o pico em dezembro e janeiro. A maioria das lojas requisitava a entrega de seus pedidos na totalidade antes do início da estação. A Sport Obermeyer tentava entregar coleções coordenadas de suas mercadorias em lojas já no começo de setembro. Aproximadamente dois anos de planejamento se passaram e a atividade de produção começou, antes das vendas dos produtos aos clientes (ver Tabela 2-14).

O processo do *design*

O processo do *design* para a coleção 1993-1994 começou em fevereiro de 1992, quando a equipe de *design* da Obermeyer e a alta gerência foram a uma feira de roupas para a prática de esportes em Munique, Alemanha, em que eles puderam observar as tendências europeias atuais. "A Europa tem um olho mais aguçado para a moda do que os EUA", disse Klaus. "Os estilos europeus atuais muitas vezes são bons indicadores da moda que o norte-americano consumirá no futuro." Além disso, a cada ano uma grande feira de equipamentos e trajes de esqui ocorria em Las Vegas. A feira de Las Vegas de março de 1992 deu uma injeção adicional de ideias no processo de *design* para a coleção 1993-1994. Já em maio de 1992, os conceitos de *design* estavam finalizados. Os esboços foram mandados para a Obermeyer para a produção de protótipos em julho. Estes eram muitas vezes feitos de tecidos remanescentes da estação anterior, uma vez que estes modelos tinham a única função de auxiliar na tomada de decisão dos gestores da Obermeyer. A empresa refinou os *designs* com base nos protótipos, finalizando-os em setembro de 1992.

Produção do mostruário

Logo que os *designs* foram concluídos, a Obersport iniciou a produção de trajes de mostruário – pequenas quantidades de cada combinação de estilo e de cor para a equipe de vendas mostrar aos varejistas. Diferentemente dos protótipos, o mostruário foi feito com o mesmo tecido que seria utilizado para produzir as roupas da coleção. As empresas que fariam o tingimento e as estampas estavam dispostas a processar pequenos lotes de material para este processo de fabricação de mostruário. Os representantes de vendas exibiram estas peças de mostruário a varejistas durante a feira de uma semana em Las Vegas, que sempre ocorre em março, e depois levaram estas peças para os pontos de varejo no restante da primavera.

TABELA 2-14
CICLO DE PLANEJAMENTO E PRODUÇÃO DA COLEÇÃO 1993-1994 DA OBERMEYER

Mês	Atividades de *design*	Recebimento do pedido e planejamento da produção	Gestão de materiais	Produção	Atividades no varejo
Jan 92					
Fev 92	O processo de *design* começa				
Mar 92	Feira de Las Vegas para 92-93				
Abr 92					
Maio 92	Conceitos finalizados				
Jun 92					
Jul 92	Esboços enviados à Obersport		Pedido de tecido bruto		
Ago 92				Produção de protótipos	
Set 92	Finalização de *designs*			Produção de protótipos	
Out 92				Produção do mostruário	
Nov 92		Emitir *primeiro* pedido de produção para a Obersport	Receber o primeiro pedido • Calcular as exigências de tecidos e componentes • Pedir os componentes • Emitir pedidos de estampas e corantes	Produção do mostruário	
Dez 92				Produção do mostruário	
Jan 93			Feriado do Ano Novo Chinês	Feriado do Ano Novo Chinês	
Fev 93				Produção em escala total	
Mar 93		Feira de Las Vegas para a coleção de 93-94 (recebimento de 80% dos pedidos iniciais dos varejistas) Emitir *segundo* pedido de produção para a Obersport	Receber segundo pedido • Calcular as exigências de tecidos e componentes • Pedir os componentes • Emitir pedidos de estampas e corantes	Produção em escala total	
Abr 93		Mais pedidos de varejistas são recebidos		Produção em escala total	
Maio 93		Mais pedidos de varejistas são recebidos		Produção em escala total	
Jun 93		Mais pedidos de varejistas são recebidos		Produção em escala total Envio de produtos acabados	
Jul 93				Produção em escala total Envio de produtos acabados	

(continua)

TABELA 2-14 (continuação)
CICLO DE PLANEJAMENTO E PRODUÇÃO DA COLEÇÃO 1993-1994 DA OBERMEYER

Mês	Atividades de *design*	Recebimento do pedido e planejamento da produção	Gestão de materiais	Produção	Atividades no varejo
Ago 93				Produção em escala total Envio de produtos acabados por via aérea	Coleção 93-94 entregue no varejo
Set 93					Período de venda no varejo
Out 93					Período de venda no varejo
Nov 93					Período de venda no varejo
Dez 93		Recebimento dos pedidos de reabastecimento dos varejistas			Pico no período de venda no varejo
Jan 94		Recebimento dos pedidos de reabastecimento dos varejistas			Pico no período de venda no varejo
Fev 94		Recebimento dos pedidos de reabastecimento dos varejistas			Período de venda no varejo
Mar 94					Período de venda no varejo
Abr 94					Período de venda no varejo

O fornecimento de matérias-primas e a produção

Ao mesmo tempo em que ocorria a produção, a Obersport definiu os tecidos e componentes para o primeiro pedido da Obermeyer (que via de regra era cerca de metade da produção anual da Obermeyer) com base nas listas de material que a Obermeyer emitia. Era importante que a Obersport enviasse instruções de tingimento e estamparia e emitisse os pedidos de componentes com rapidez, já que o *lead time* de alguns de seus fornecedores chegava a 90 dias. O corte e a costura do primeiro pedido da Obermeyer iniciaria em fevereiro de 1993.

O processo de pedido do varejista

Durante a feira de Las Vegas, a maioria dos varejistas fazia seus pedidos. A Obermeyer geralmente recebia pedidos que representavam 80% de seu volume anual já na semana seguinte à feira. Com estas informações em mãos, a Obermeyer foi capaz de prever sua demanda total com grande precisão (ver Figura 2-17). Após completar a previsão, a Obermeyer emitiu seu segundo e último pedido de produção. O remanescente dos pedidos regulares dos varejistas (que não eram para o reabastecimento) foram recebidos em abril e maio. Conforme dito a seguir, os varejistas também emitiram pedidos de itens mais populares durante o pico do período de vendas.

O transporte para o depósito da Obermeyer

Em junho e julho, os trajes da Obermeyer foram transportados por navio do depósito da Obersport em Hong Kong para a cidade de Seattle, de onde eles foram transportados por caminhão até o depósito da Obermeyer em Denver. (O transporte levou cerca de seis semanas.) A maioria dos produtos foi transportada via aérea para Denver, a

Previsão inicial

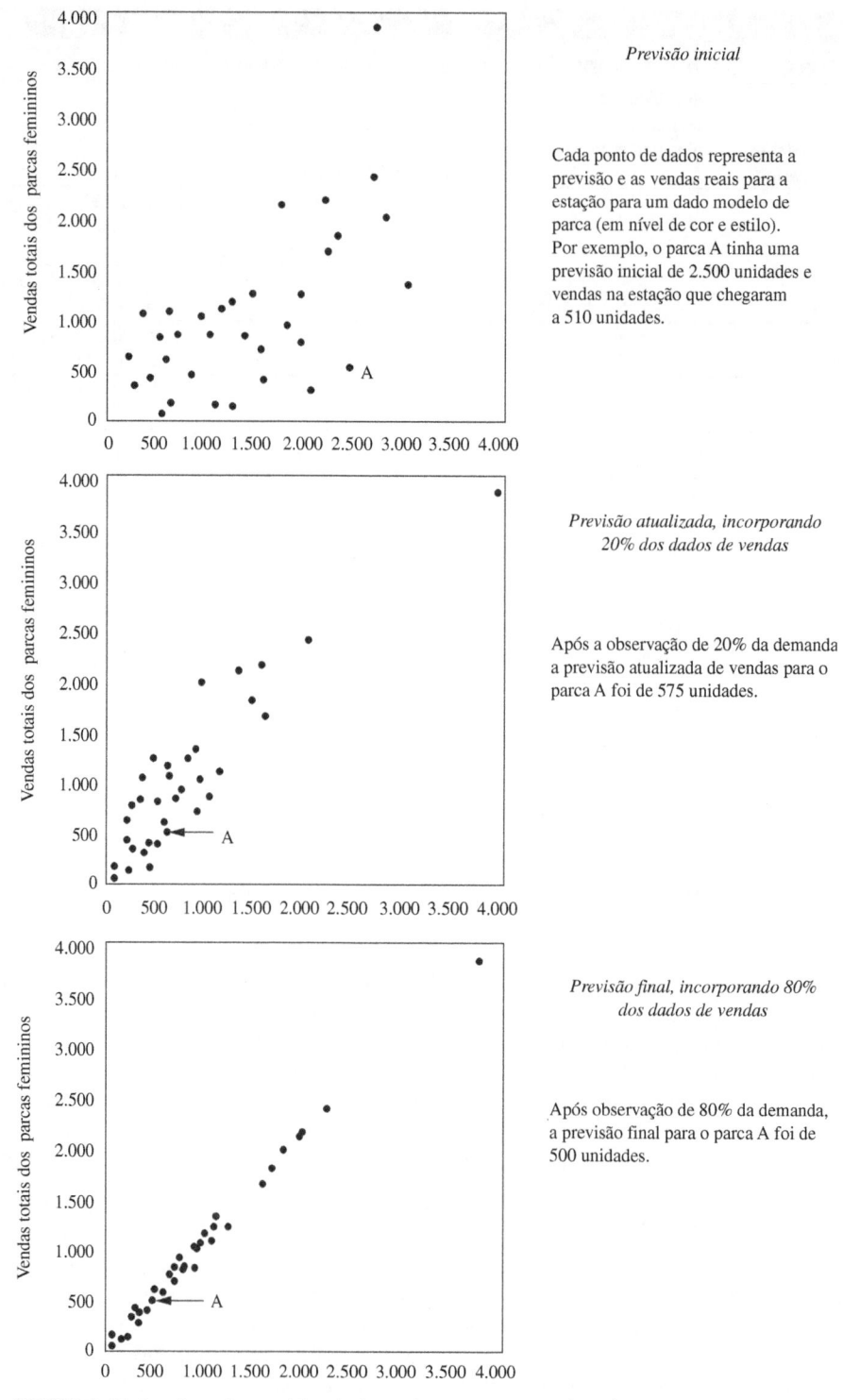

Cada ponto de dados representa a previsão e as vendas reais para a estação para um dado modelo de parca (em nível de cor e estilo). Por exemplo, o parca A tinha uma previsão inicial de 2.500 unidades e vendas na estação que chegaram a 510 unidades.

Previsão atualizada, incorporando 20% dos dados de vendas

Após a observação de 20% da demanda a previsão atualizada de vendas para o parca A foi de 575 unidades.

Previsão final, incorporando 80% dos dados de vendas

Após observação de 80% da demanda, a previsão final para o parca A foi de 500 unidades.

FIGURA 2-17 A melhora das previsões de demanda com o aumento das informações.

fim de garantir a entrega em tempo aos varejistas. Além disso, para as mercadorias manufaturadas na China, o transporte aéreo era muitas vezes essencial, devido às restrições nas cotas de certas categorias de produtos. O governo norte-americano limitava o número de unidades que poderia ser importada da China para os EUA. Os representantes do governo norte-americano nos portos de entrada inspecionavam as importações. Os produtos que violavam as cotas eram devolvidos para o país de origem. Uma vez que as restrições nas cotas eram impostas na quantidade total de uma categoria de produto que todas as empresas importavam da China, as empresas individualmente muitas vezes corriam para que seus produtos entrassem nos EUA antes de outras empresas "usarem" o limite permitido de importações.

O transporte para o varejista; os pedidos de reabastecimento do varejista

Próximo ao final de agosto, a Obermeyer transportou os produtos pedidos aos varejistas por meio de transportadoras de pequenos volumes, como a UPS e RPS. As vendas cresceram gradualmente em setembro, outubro e novembro, e tiveram seu pico em dezembro e janeiro. Já em dezembro ou janeiro, os varejistas que identificaram itens para os quais as expectativas de venda seriam maiores do que o volume em estoque muitas vezes requisitaram o reabastecimento destes itens junto à Obermeyer. Esta demanda era satisfeita se a empresa tivesse o item em estoque.

Em fevereiro a Obermeyer passou a oferecer itens para o reabastecimento de varejistas com desconto. De modo semelhante, estes começaram a remarcar seus preços do estoque remanescente para esvaziar suas prateleiras, ao final da estação. À medida que a estação avançava, os varejistas começaram a oferecer estes descontos. Os itens que permaneceram ao final da estação foram mantidos até o ano seguinte e vendidos com prejuízo. A Obermeyer adotou uma variedade de estratégias para liquidar os estoques ao final do ano, incluindo a venda de grandes carregamentos de trajes com preços bem abaixo do custo de produção, para mercados sul-americanos, e engajou-se na prática da permuta de mercadorias (por exemplo, oferecendo parcas em vez de dinheiro por produtos ou serviços utilizados pela empresa, como hospedagem em hotéis ou voos).

A CADEIA DE SUPRIMENTOS

A Obermeyer tinha na Obersport a maior fonte de seus trajes. (Ver Figura 2-18). Nos últimos anos, Wally havia trabalhado com a Obersport para a "pré-cotação" (compra antes da estação e manutenção de um item no estoque) de tecido bruto[3] como parte de um esforço mais amplo de lidar com os *lead times* de produção. Para a pré-cotação do tecido, a Obermeyer contrataria os fornecedores para fabricar uma determinada quantidade de tecido de um dado tipo a cada mês. A Obermeyer então emitiria as especificações de tingimento e estamparia. A empresa teria de tomar a posse de todo o material que comprasse, mesmo que nem todo este volume fosse necessário. Diferentes tipos de tecidos foram comprados para a fabricação da parte externa e do forro dos trajes. Cerca de 10 tipos de tecidos para a parte externa eram necessários a cada ano. A Obersport comprava estes de revendedores nos EUA, no Japão, na Coreia, na Alemanha, na Áustria, em Taiwan e na Suíça. O tecido destinado ao forro era comprado principalmente da Coreia e do Japão. (A Tabela 2-15 lista as informações sobre *lead times*, variedade e outros aspectos da compra de componentes.)

Cada tecido bruto seria então tingido e/ou estampado, conforme a necessidade. Cada tecido destinado à parte externa das roupas era oferecido de 8 a 12 cores e estampas. Antes do início da estação, a Obersport trabalhava com as empresas contratadas para preparar um pequeno lote de cada cor, exigido para um dado tecido. A preparação

---
[3] Tecido ainda sem tingimento e sem estampa.

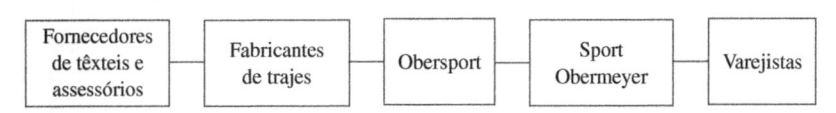

| Fornecedores de têxteis e assessórios | Fabricantes de trajes | Obersport | Sport Obermeyer | Varejistas |

FIGURA 2-18 A cadeia de suprimentos.

TABELA 2-15
INFORMAÇÕES DE PROCUREMENT PARA OS COMPONENTES DO PARCA DA OBERMEYER

Componente	Variedade	País de origem	Lead time do procurement	Mínimos	Utilização de material, por unidade	Média (%) do custo total do material por parca
Tecido bruto externo	10	Japão, EUA, Suíça, Alemanha, Áustria, Coreia, Taiwan	45-90 dias	5.000-10.000 jardas*	2,2-2,5 jardas por parca adulto 1,5-2 jardas por parca infantil	30
Acabamento do tecido externo	8-12 cores ou estampas por tecido	Acabamento realizado no país de origem (ver acima)	Tingimento ou estamparia: 45-60 dias	Tingimento: 1.000 jardas Estamparia: 3.000 jardas por *design*, ao menos 1.000 jardas por cor em qualquer *design*	2,25-2,5 jardas por parca adulto 1,5-2 jardas por parca infantil	13
Tecido para forro acabado	6	Nylon: Coreia, Taiwan Lã: Coreia, Taiwan, EUA	45-60 dias	600-1.000 jardas	2,0-2,5 jardas por parca adulto 1,25-1,75 m por parca infantil	13
Isolamento térmico	3-4 pesos diferentes (80-240 gramas/metro)	Hong Kong, Coreia, Taiwan, China	2-3 semanas	50-100 jardas	~2 jardas por parca adulto ~1,2 -1,5 jardas por parca infantil	16
Zíperes	400 cores-padrão 4 tamanhos de dente 4-5 cores de dentes 2-3 materiais de dentes 5-6 tipos de cursores	Hong Kong, Japão	Padrão (de Hong Kong): 60 dias Especiais (do Japão): 90 dias ou mais	500 jardas (cores-padrão) 1.000 jardas (cores especiais)	~1 jarda	12
Linhas	80 cores	Hong Kong	30 dias	5.000 jardas	2.000-3.000 jardas	2
Apliques com o logo, cordões, etiquetas, etc.	Vários	A maioria de Hong Kong	15-30 dias	Vários	Vários	10
Botões de pressão (não tingidos)	10	Alemanha, Itália, Hong Kong	1-2 meses	1.000 peças	5-10 peças	3
Tingimento de botões de pressão	50 cores	Hong Kong	15-30 dias	1.000 peças por cor	5-10 peças	1
						100

* N. de R. T.: 1 jarda equivale a 91,4 cm ou 0,9144 metros.

desta "tinturaria de laboratório" levava duas semanas. Havia vezes em que o procedimento tinha de ser repetido se a qualidade da experiência não chegava ao limite mínimo de qualidade exigido pelos estilistas ou gerentes da Obermeyer. Além disso, a Obersport trabalhava com as empresas de estampagem para desenvolver "telas" que seriam usadas no processo de estamparia de tecidos. Este procedimento consumia seis semanas.

A maioria das tarefas eram executadas apenas depois de as quantidades planejadas pela Obermeyer serem divulgadas. Tão logo as informações eram enviadas pela Sport Obermeyer, a Obersport solicitava às empresas que tingissem ou estampassem os tecidos. Por exemplo, um parca adulto típico requeria entre 2,25 e 2,50 jardas de tecido de 60 polegadas de largura para a confecção da parte externa. O consumo de tecido era um pouco menor para os parcas infantis. As empresas contratadas para o tingimento tinham um *lead time* de 45 a 60 dias e um pedido mínimo de mil jardas de tecido. As empresas encarregadas da estamparia requeriam no mínimo 3 mil jardas, com *lead times* de 45 a 50 dias.

Os produtos da Obermeyer utilizavam materiais especiais para o isolamento térmico dos trajes, e uma variedade de outros componentes além dos tecidos para as partes externas dos trajes e de forro. Por exemplo, cada parca precisava de cerca de duas jardas de material isolante térmico. Estes materiais (com exceção das penas de ganso, que eram compradas na China e Coreia) eram adquiridos da DuPont, cujas representantes em Hong Kong, Taiwan, Coreia e China levavam duas semanas para entregá-los. Ao início de cada ano, a Obersport informava à DuPont uma estimativa de suas necessidades anuais para cada tipo de material isolante.

A Obersport também tinha de garantir a disponibilidade de uma variedade de outros componentes, como anéis "D", fivelas, botões de pressão, botões comuns, zíperes, cordões para ajustar o casaco e os devidos apetrechos, além de vários tipos de etiquetas. As fivelas, os anéis "D", os cordões e botões eram todos comprados em Hong Kong, e tinham um *lead time* de 15 a 30 dias. Muitos botões de pressão eram comprados de representantes alemães. Uma vez que os *lead times* para estes botões eram muito longos, a Obersport mantinha um estoque destes e providenciava para que fossem tingidos por alguma empresa local, se necessário. As etiquetas tinham *lead times* curtos e eram relativamente baratas. A Obersport em geral tinha excesso de estoque destes materiais.

A maior parte dos zíperes era comprada da YKK, um grande fabricante japonês do acessório. A Obersport utilizava uma ampla gama de zíperes a cada ano. Eles variavam em comprimento, cor e forma do cursor, além da largura, da cor e do material dos dentes. Cerca de 60% do volume em termos de zíperes da Obersport eram obtidos com a fábrica da YKK em Hong Kong, que fabricava os zíperes-padrão utilizados. O *lead time* para estes itens era de 60 dias. O remanescente deste item era de zíperes diferenciados, que eram adquiridos no Japão com *lead times* de no mínimo 90 dias. A YKK exigia um pedido mínimo de 500 jardas se a cor do zíper estava em catálogo, caso contrário, a quantidade mínima para um pedido subia para mil jardas. Todos os materiais de produção eram recebidos pela Obersport. Os materiais para qualquer estilo eram então coletados e despachados para a fábrica na qual este modelo seria cortado e costurado. Os produtos da Obermeyer eram manufaturados em diversas fábricas em Hong Kong e na China.

O corte e costura

O corte e costura de um produto típico da Obermeyer exigia diversas etapas. (A Tabela 2-16 mostra a sequência de operações para o parca Rococo.) A alocação de operações aos trabalhadores diferia de uma fábrica para a outra, dependendo da capacitação dos funcionários e do grau de treinamento em diferentes funções. Os trabalhadores de Hong Kong trabalhavam a uma velocidade 50% maior do que os da China. Além de serem mais capacitados, os primeiros em geral haviam sido treinados para uma maior diversidade de tarefas. Assim, uma linha de parcas que exigia 10 funcionários em Hong Kong poderia requerer 40 funcionários na China. Linhas de produção mais longas na China levavam a maiores desequilíbrios em relação aos itens fabricados em Hong Kong. Portanto, a produção de uma costureira de Hong Kong para um dado período de tempo era quase duas vezes maior do que a de uma trabalhadora chinesa. (Ver a Tabela 2-17 para uma comparação entre as operações de Hong Kong e da China. Os

TABELA 2-16
AMOSTRA – OPERAÇÕES DE CONFECÇÃO DO PARCA FEMININO ROCOCO

HK**$/Peça		Operação
1	$0,05	Alça do cinto (1×)
2	$0,20	Costura frontal do ombro com ponto invisível. Forro completo: tecido (5×), abertura frontal (1×), gola (2×).
3	$0,50	Ponto invisível para o revestimento do fole frontal (2×).
4	$0,50	Ponto duplo para o revestimento do fole frontal (2×).
5	$0,70	Ponto ziguezague para a costura do fole frontal (2×).
6	$2,40	Colocar bolso de junção dupla com zíper (2×) e inserir anel "D" (1×).
7	$0,25	Corpo do bolso com overloque de cinco pontos (2×).
8	$1,00	Ponto invisível da face inferior do fole, costura da dobra frontal do ombro (2×), inserir parte frontal do revestimento.
9	$0,40	Ponto em 1/4 pol da costura frontal e traseira do ombro (4×).
10	$0,30	Ponto alto único (o meio do ponto alto duplo) para a costura frontal e traseira do ombro (4×).
11	$4,50	Vire o corpo e prenda a gola, costure o zíper, costure com ponto invisível a parte inferior e a abertura da manga, deixe uma pequena abertura na parte inferior do zíper dianteiro esquerdo.
12	$1,00	Costure com ponto duplo de 1/4 a costura dianteira do zíper, de baixo para cima.
13	$0,50	Costure com ponto invisível a costura do fole traseiro (2×).
14	$0,50	Costure com ponto duplo de 1/4 a costura traseira do fole.
15	$0,70	Costure com ponto ziguezague a costura traseira do fole (2×).
16	$1,00	Costure o revestimento inferior do fole traseiro com ponto invisível (2×). Efetue a costura frontal e traseira do ombro com ponto invisível (4×).
17	$0,50	Feche a costura lateral com ponto invisível, junto com a costura (6×).
18	$0,25	Efetue costura lateral com overloque de 3 pontos.
19	$1,00	Costure a abertura da manga e a bainha inferior com ponto invisível.
20	$0,80	Faça a costura da abertura frontal com ponto invisível, então use ponto alto de 1/4 para efetuar a costura da abertura.
21	$1,10	Faça a costura da manga com ponto invisível (4×). Faça a costura da barra da manga com ponto invisível e costure as dobras na costura da barra da manga (2×).
22	$0,90	Efetue a costura do raglã da manga e da barra da manga com ponto alto de 1/4.
23	$0,70	Faça pesponto único na costura do raglã e da barra da manga, faça ponto duplo no centro da costura da barra da manga. (6×)
24	$0,70	Efetue a costura da cava com ponto invisível (2×), junte a linha da costura da cava (2×).
25	$0,50	Faça a costura com ponto duplo da cava (2×).
26	$0,40	Faça pesponto único na costura do raglã e do encaixe da manga, faça ponto duplo no centro da costura da barra da manga. (6×)
27	$0,60	Faça pesponto único para fechar o revestimento inferior da bainha (1×), insira o barbante de fechar na bainha inferior.
28	$0,60	Costure com ponto invisível a abertura da manga, insira e costure o elástico na abertura da manga (2×).
29	$1,00	Costure o enchimento da gola (1×), costure com ponto invisível a gola, feche a base da gola, insira a alça, troque o fio.
30	$0,25	Costure com ponto duplo a parte central da abertura (1×).
31	$0,35	Costure com ponto ziguezague o centro do ponto duplo da abertura (1×).
32	$0,80	Costure junto ao final da abertura preenchida (1×).
33	$0,20	Costure a etiqueta principal e insira a etiqueta na costura lateral; depois, costure a etiqueta identificadora do tamanho da peça.
34	$0,80	Costure o bolso interno. O bolso com zíper à esquerda e o bolso com velcro à direita.
35	$0,20	Coloque o enchimento frontal com pontos de borda 1/16 pol (2×).
36	$1,70	Costure com overloque de três pontos o forro do bolso (2×).
37	$1,60	Costure com ponto em triângulo as extremidades do zíper, com ponto invisível na face externa do zíper, vire e costure com ponto de borda de 1/16 pol.
38	$1,30	Faça 13 pontos no corpo do forro.
39	$1,40	Costure com overloque de 5 pontos o corpo do forro.
40	$0,80	Coloque as ombreiras (2×).

Custo total com mão de obra para o parca Rococo = HK$78. (As colunas não são somadas, pois algumas operações foram efetuadas várias vezes para completar um parca.)

* Para este parca, os subcomponentes descritos nos passos 1 e 2 foram completados por empresas contratadas para essa finalidade.

** N. de T.: HK = moeda de Hong Kong.

TABELA 2-17
COMPARAÇÃO ENTRE AS OPERAÇÕES EM HONG KONG E CHINA

Item	Hong Kong	China
Salário/hora	HK$30	RMB 0,91
Taxa de câmbio	HK$7,8 = US$1	RMB (Renminbi) 5,7 = US$1
Jornada de trabalho	8 horas/dia, 6 dias/semana	9 horas/dia, 6,5 dias/semana
	Total = 48 horas/semana	Total = 58,5 horas/semana
	Máximo permitido em horas extras = 200 horas/semana	Durante o pico de produção, os funcionários trabalham 13 horas/dia, 6,5 dias/semana
Produção semanal por trabalhador (fora do período de pico)	19 parcas	12 parcas
Carga de trabalho por parca (incluindo tempo de reparos)	~2,35 horas	~3,6 horas
Mão de obra paga por parca (incluindo tempo de reparos)	~2,53 horas/parca	~4,88 horas/parca
Custo da mão de obra por parca	HK$75,6	RMB 4,45
Configuração da linha de produção	10-12 pessoas/linha	40 pessoas/linha
Treinamento	Em diversas funções	Para uma única função
Quantidade mínima de pedido	600 unidades de um mesmo modelo	1.200 unidades de um mesmo modelo
Taxa de consertos	1-2%	~10%

Desafios	• Razão salarial
	• Mão de obra:
	  • Baixo desemprego (~2%)
	  • Trabalhadores jovens preferem empregos em escritórios
		• Mão de obra:
		  • Menor quantidade e noções precárias de limpeza
		  • Exigências relativas a treinamento

componentes do custo do parca Rococo, que era produzido em Hong Kong, são mostrados na Tabela 2-18. A Tabela 2-19 mostra o custo estimado

TABELA 2-18
INFORMAÇÕES DE CUSTOS PARA O PARCA ROCOCO (FEITO EM HONG KONG)

Custo no destino para a Obermeyer

Custo FOB para a Obersport[a]	$49,90
Tarifa do agente (para a Obersport, 7%)	$3,49
Frete (transportadora marítima)[b]	$1,40
Tarifas alfandegárias, seguro e outros	$5,29
Custo total no destino	**$60,08**

Custo FOB para a Obersport:

Material	$30,00
Mão de obra	$10,00
Cotas de Hong Kong, lucro da Obersport e custos indiretos	$9,90
Total	$49,90

Todos os valores em dólares norte-americanos.
[a] FOB (*free on board*) para a Obersport significa que a Obermeyer pagou pelos fretes e é a proprietária dos produtos durante o transporte.
[b] Se o transporte fosse por via aérea, o custo seria de aproximadamente $5,00 por parca.

da produção do Rococo na China. A Obermeyer vendia o parca Rococo a varejistas a um preço de atacado de $112,50. Os varejistas comercializavam o item a $225.)

Os trabalhadores eram pagos por peça produzida, tanto em Hong Kong quanto na China: o valor era calculado de forma a ser consistente com os salários competitivos nas respectivas comunidades. Os salários na China eram muito menores do que em Hong Kong. Uma costureira de nível médio em uma fábrica de Guangdong ganhava US$0,16 em comparação com os US$3,84 por hora pagos a uma costureira na fábrica Alpine em Hong Kong.

Além disso, os trabalhadores de Hong Kong eram capazes de acelerar a produção em comparação com os da China. Esta habilidade, ao lado das linhas de produção menores, tornava possível à fábrica em Hong Kong produzir quantidades menores de pedidos com maior eficiência. Para os parcas, a quantidade mínima de produção de um modelo era 1.200 unidades na China e 600 unidades em Hong Kong.

TABELA 2-19
CUSTO ESTIMADO PARA O PARCA ROCOCO (SE CONFECCIONADO NA CHINA)

Custo no destino para a Obermeyer	
Custo FOB para a Obersport[a]	$42,64
Tarifa do agente (para a Obersport, 7%)	$2,98
Frete (transportadora marítima)[b]	$1,40
Tarifas alfandegárias, seguro e outros	$4,90
Custo total no destino	**$51,92**
Custo FOB para a Obersport:	
Material	$30,00
Mão de obra	$0,78
Transporte no interior da China e custos indiretos no país	$2,00
Cotas da China, lucro da Obersport e custos indiretos	$9,90
Total	$42,68

Todos os valores em dólares norte-americanos.
[a] FOB (*free on board*) para a Obersport significa que a Obermeyer pagou pelos fretes e é a proprietária dos produtos durante o transporte.
[b] Se o transporte fosse por via aérea, o custo seria de aproximadamente $5,00 por parca.

A Obermeyer produzia cerca de 200 mil parcas ao ano. A capacidade máxima disponível para a empresa cortar e costurar era de 30 mil unidades ao ano. Este número incluía a capacidade de produção em todas as fábricas aptas a manufaturar os produtos da Sport Obermeyer.

A Obersport era responsável por monitorar a produção e a qualidade de todas as fábricas subcontratadas. Os trabalhadores da Obersport inspecionavam a produção de cada subcontratada antes do envio das unidades para os EUA.

PLANEJAMENTO DA PRODUÇÃO

A principal preocupação de Wally era definir um compromisso adequado de produção para a primeira metade da demanda prevista da Obermeyer para a temporada 1993-1994. Ele estimava que a Obermeyer ganhava 24% do preço de atacado (antes dos tributos) sobre cada parca vendido, e que as unidades que não teriam sido vendidas ao final da estação o seriam com prejuízo que chegaria a 8% do preço de atacado. Assim, para um modelo de parca como o Rococo, por exemplo, cujo preço de atacado era $112,50, o lucro esperado da Obermeyer seria de aproximadamente 24% × $112,50 = $27, e o prejuízo para cada um destes itens que ficasse nas prateleiras seria de 8% × 112,50 = $9.

Uma simulação do problema

Com o objetivo de gerar ideias sobre como tomar decisões de produção, ele decidiu examinar uma versão em pequena escala do problema da empresa. Ele examinou as previsões do Comitê de Compras para a amostra de 10 parcas femininos[4] (ver Tabela 2-20). Uma vez que estes 10 modelos de parca representavam cerca de 10% da demanda total da Obermeyer, ele supôs que a capacidade de costura era de 3 mil unidades por mês (10% da capacidade real), para que esta versão em menor escala do problema fosse representativa da realidade, durante o período de produção de sete meses. Com estas hipóteses, Wally precisava de 10 mil unidades para a primeira fase de produção. As 10 mil unidades restantes teriam de esperar até o final da feira de Las Vegas.

Wally estudou as previsões do Comitê de Compras e se perguntou como ele poderia estimar o risco associado à produção precoce de cada modelo. Haveria alguma maneira de utilizar as diferenças entre as previsões de cada integrante do Comitê como medida da incerteza na demanda? Uma análise da demanda de anos anteriores indicou que a precisão na previsão era maior para os modelos para os quais o Comitê de Compras havia chegado ao nível mais alto de concordância de valores. (Em termos técnicos, ele descobriu que o desvio-padrão da demanda por um modelo era aproximadamente o dobro do desvio-padrão presente nas previsões do Comitê, para um dado modelo.) Com isto em mente, ele construiu uma distribuição das previsões para cada modelo como uma variável aleatória, de média igual à média das previsões dos integrantes do Comitê e desvio-padrão igual ao dobro do desvio-padrão destas previsões (ver Figura 2-19).

Então, onde produzir?

Para completar o planejamento da tomada de decisão, Wally também precisava decidir quais os modelos que seriam fabricados em Hong Kong e quais os que seriam fabricados na China. Neste

---
[4] Quando o Comitê de Compras se reuniu, Wally pediu a cada um dos integrantes que previsse as vendas de forma que a soma das previsões individuais chegasse a um valor total específico (para os parcas, 200 mil unidades). Da mesma forma, as previsões na simulação do problema haviam sido adaptadas para chegar a 20 mil unidades.

TABELA 2-20
AMOSTRA DE PREVISÕES DO COMITÊ DE COMPRA, 10 MODELOS DE PARCAS FEMININOS

Modelo	Preço[a]	Previsões individuais						Previsão média	Desvio-padrão	2 × desvio-padrão
		Laura	Carolyn	Greg	Wendy	Tom	Wally			
Gail	$110	900	1.000	900	1.300	800	1.200	1.017	194	388
Isis	$99	800	700	1.000	1.600	950	1.200	1.042	323	646
Entice	$80	1.200	1.600	1.500	1.550	950	1.350	1.358	248	496
Assault	$90	2.500	1.900	2.700	2.450	2.800	2.800	2.525	340	680
Teri	$123	800	900	1.000	1.100	950	1.850	1.100	381	762
Electra	$173	2.500	1.900	1.900	2.800	1.800	2.000	2.150	404	807
Stephanie	$133	600	900	1.000	1.100	950	2.125	1.113	524	1.048
Seduced	$73	4.600	4.300	3.900	4.000	4.300	3.000	4.017	556	1.113
Anita	$93	4.400	3.300	3.500	1.500	4.200	2.875	3.296	1.047	2.094
Daphne	$148	1.700	3.500	2.600	2.600	2.300	1.600	2.383	697	1.349
Totais		20.000	20.000	20.000	20.000	20.000	20.000	20.000		

[a] Preço de atacado da Obermeyer

Nota:
Laura Kornashiewicz era diretora de marketing; Carolyn Gray era gerente de serviços ao consumidor; Greg Hunter era gerente de produção; Wendy Hemphill era coordenadora de produção; Tom Tweed era representante de vendas; Wally Obermeyer era vice-presidente.

ano, Obermeyer esperava produzir cerca de metade de todos os seus produtos na China. Considerando o longo prazo, ele se perguntava se produzir na China restringiria a capacidade de sua empresa de administrar a produção e os riscos inerentes a estoques. Os pedidos mínimos para produção na China, bem maiores do que os de Hong Kong, limitariam a variedade de produtos oferecidos pela empresa ou a gestão do risco nos estoques? A tendência da Obermeyer de aumentar a produção na China era arriscada demais diante da incerteza nas relações comerciais com os EUA?

QUESTÕES PARA DISCUSSÃO DO ESTUDO DE CASO

1. Utilize os dados apresentados na simulação dada na Tabela 2-20 para recomendar a Wally o melhor número de unidades de cada modelo que deverá ser produzido na fase inicial de produção. Suponha que os 10 modelos na simulação são fabricados em Hong Kong e que a produção inicial de Wally precisa ser de no mínimo 10 mil unidades. Ignore a diferença de preço entre os modelos em sua análise inicial.

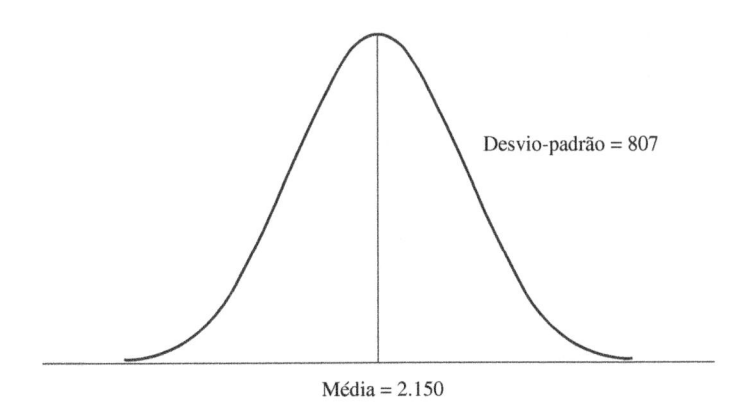

Desvio-padrão = 807

Média = 2.150

FIGURA 2-19 Distribuição das previsões para o parca Electra.

2. Você é capaz de fornecer uma medida do risco associado à sua política de pedidos? Esta medida precisa ser quantificável.
3. Repita seu cálculo, supondo que os 10 modelos são fabricados na China. Qual é a diferença (se existe) entre os dois números de produção inicial?
4. Quais alterações operacionais você recomendaria para que Wally melhorasse o desempenho?
5. Qual será a opinião de Wally (tanto de curto quanto de longo prazo) sobre a confecção de seus produtos em Hong Kong *versus* China? Que tipo de política de obtenção de produtos você recomendaria?

CAPÍTULO 3
A Configuração da Rede Logística

ESTUDO DE CASO

A Bis Corporation

A Bis Corporation é uma empresa que produz e distribui tintas. Hoje, oito unidades de fabricação localizadas em cidades como Atlanta e Denver atendem a cerca de 2 mil varejistas que incluem a Home Depot, a Wal-Mart, além das próprias lojas da Bis. O sistema de distribuição consiste em uma rede logística *single-tier* (camada única), em que todos os produtos são transportados das unidades de fabricação para os 17 depósitos localizados em todo o território norte-americano, e destes para os varejistas.

A empresa foi fundada em 1964 como empresa familiar, e nas décadas de 1970 e 1980 teve crescimento razoavelmente constante. A Bis hoje é controlada por 12 acionistas e comandada por um recém-nomeado CEO.

A Bis produz e vende cerca de 4 mil SKUs a preços semelhantes, e a margem bruta na indústria de tintas é cerca de 20%. Apesar da alta rentabilidade, o novo CEO está preocupado com o fato de a cadeia de suprimentos não ser a mais eficiente entre as cadeias possíveis. Mais especificamente, o CEO afirmou que a utilização de caminhões de entrada de produtos, os giros de estoque e os níveis de serviço são muito baixos. Em uma recente reunião dos acionistas, ele lembrou que a estratégia de produção e distribuição atual praticada pela Bis foi desenvolvida cerca de 20 anos atrás, e nunca passou por modificações. Ela consiste das seguintes etapas:

- Produzir e estocar nas unidades de fabricação
- Apanhar, carregar e transportar os produtos para um centro de distribuição/depósito
- Descarregar e armazenar no depósito
- Apanhar, carregar e entregar nas lojas

Assim, os acionistas decidiram procurar ajuda externa para alterar a rede logística da Bis e a estratégia da rede logística. A empresa estava pronta para definir uma meta, transcorridos seis meses de trabalho contínuo da divisão de vendas. O compromisso definido quando do recebimento da meta foi o de melhorar a eficiência e alinhar o custo do serviço com a rentabilidade das contas dos clientes. Na proposta inicial, foi mencionado que "este objetivo será alcançado por meio de uma reengenharia da produção, dos estoques e das funções logísticas". Parece que o conceito de reengenharia de toda a cadeia de suprimentos, aliado ao compromisso não apenas com o projeto como também com a implementação da nova estratégia, atraiu os acionistas da Bis.

A equipe de consultores identificou três importantes questões que devem ser abordadas:

1. *Qual é a melhor configuração para a rede logística que a Bis Corporation deveria adotar?*
Uma observação importante feita anteriormente durante a análise foi a de que a rede de fornecedor único atualmente em vigor na Bis força a baixa utilização dos caminhões, o que faz o custo com transportes subir. Por isso, foi

---

Fonte: Bis é uma marca fictícia. O material deste estudo de caso foi livremente baseado em nossa experiência com diversas empresas.

proposto que a Bis considerasse a substituição desta rede por uma rede logística *two-tier* (duas camadas), que inclua depósitos principais e secundários. Nesta rede logística, os depósitos principais recebem os produtos das fábricas e transferem os estoques para depósitos secundários. Estes por sua vez atendem aos varejistas. Uma vez que o número de depósitos principais é relativamente pequeno, é possível aumentar a utilização dos caminhões e, portanto, reduzir os custos com transporte. O desafio aqui consiste em identificar o número, os locais e o tamanho dos depósitos principais e secundários.

2. *Dada a configuração da rede logística, qual é a posição de estoque que a empresa deve adotar?* Mais especificamente, com 4 mil SKUs nesta cadeia de suprimentos, não está claro como o estoque deve ser posicionado. O estoque de cada SKU deve ser posicionado em cada unidade, ou o estoque de algumas SKUs deve ser estocado nos depósitos principais, enquanto o de outras ficaria para os depósitos secundários?

3. *Em quais fábricas devem ser produzidos os diferentes itens?* As fábricas devem se especializar em alguns poucos produtos e assim fabricar lotes grandes, reduzindo o custo de produção, ou elas devem ser flexíveis e atender a todos os varejistas mais próximos, concentrando-se na redução dos custos de distribuição?

Para identificar a melhor configuração da rede logística, os varejistas foram reunidos em 550 zonas e os diferentes produtos em cinco famílias.

Os dados coletados incluem:

1. A demanda de SKU por família de produto para cada zona de clientes, em 2004.
2. A capacidade de produção anual (em SKUs) em cada unidade de fabricação.
3. A capacidade máxima (SKUs) para cada depósito, tanto os depósitos novos quanto os existentes.
4. Os custos de transporte por família de produto por milha para a distribuição destes produtos a partir das fábricas e depósitos.
5. O custo de preparação para abrir um depósito e aquele incorrido ao fechar um depósito existente.
6. Os prováveis locais para novos depósitos.

O atendimento ao cliente é uma preocupação especial na Bis, pois há muitos produtos da concorrência no mercado. Não é possível atribuir um valor específico em dólares para um dado nível de serviço. Contudo, o CEO insiste que para manter a competitividade da empresa, o tempo de entrega não deve ultrapassar um dia para a maioria dos varejistas.

A Bis Corporation recentemente concluiu um abrangente estudo de mercado que revelou um impressionante aumento em seus mercados. Estima-se que este crescimento seja uniforme em todas as diferentes zonas, mas que varia entre as famílias de produtos. O crescimento anual para 2006 e 2007 é dado na Tabela 3-1.

O custo de produção variável nas oito unidades de fabricação varia por produto e unidade. O CEO e os acionistas se opõem à construção de uma nova unidade de fabricação, em função dos custos e riscos envolvidos. Porém, eles estão dispostos a alterar o foco das outras fábricas para que cada uma fabrique o produto adequado com base não apenas no custo de fabricação, como também nos custos de toda a cadeia de suprimentos, incluindo os de transporte.

A Bis Corporation gostaria de tratar das seguintes questões:

1. A Bis deve abandonar a rede logística existente e adotar uma rede *two-tier*? Como deverão funcionar os centros principais e secundários de distribuição e onde deverão ser localizados?
2. O modelo usado neste processo representa verdadeiramente a rede logística da Bis? Como a empresa poderá validá-lo? Qual é o

TABELA 3-1

CRESCIMENTO ANUAL ESTIMADO

Família	1	2	3	4	5
Multiplicador	1,07	1,03	1,06	1,05	1,06

impacto de agregar clientes e produtos no cálculo da precisão do modelo?
3. Qual é a melhor estratégia de posição de estoque na rede? As unidades devem ter estoque de todas as SKUs?
4. A estratégia de produção da Bis deve ser trocada por uma em que cada unidade se especialize em alguns poucos produtos? Qual é o impacto do custo de distribuição na estratégia de produção?

Ao final deste capítulo você será capaz de compreender os seguintes problemas:
- Como uma empresa desenvolve um modelo que represente sua rede logística.
- Como uma empresa valida este modelo.
- Como a agregação de clientes e produtos afeta a precisão do modelo.
- Como uma empresa decide onde colocar os estoques.
- Qual é o impacto da incerteza e da variabilidade na demanda sobre a posição de estoques.
- Como uma empresa obtém os produtos de suas diferentes unidades quando estas são em grande número e capazes de fabricar diversos produtos.
- Como uma empresa descobre se deve expandir sua capacidade de produção, quando e onde.

3.1 INTRODUÇÃO

A cadeia de suprimentos física consiste de fornecedores, fábricas, depósitos, centros de distribuição e varejistas, além de matéria-prima, estoque de produtos em processamento e produtos acabados que se deslocam entre as unidades. O Capítulo 2 discutiu várias abordagens para a gestão de estoques em uma cadeia de suprimentos *existente*. Neste capítulo, nos concentramos no que chamamos de *planejamento da rede logística* – o processo por meio do qual a empresa estrutura e administra a cadeia de suprimentos de forma a:

- Encontrar o melhor equilíbrio entre os custos de estoque, de transporte e de produção.
- Equiparar a oferta e a demanda em um cenário de incerteza, com a posição e a gestão eficazes dos estoques.
- Utilizar os recursos com eficácia ao obter produtos da unidade de fabricação mais apropriada.

Este processo é complexo e requer uma abordagem hierárquica, na qual as decisões sobre o projeto da rede, a posição e a gestão de estoques e a utilização de recursos são combinados para reduzir custos e aumentar o nível de serviço. Indica-se dividir o processo de planejamento em três etapas:

1. **O projeto da rede.** Esta etapa inclui as decisões tomadas acerca do número, dos locais e dos tamanhos das unidades de produção e depósitos, a designação de varejistas para cada um dos depósitos, entre outras. A maior parte das decisões sobre a obtenção de produtos é feita nesta etapa, e o horizonte de planejamento geralmente é de alguns anos.
2. **A posição de estoques.** Esta etapa inclui a identificação dos pontos de estocagem e a seleção das fábricas que produzirão e armazenarão produtos, e portanto terão estoques, e aquelas que produzirão sob encomenda e assim não terão depósitos. Estas decisões são tomadas em estrita consonância com as estratégias de gestão de estoque discutidas no Capítulo 2.
3. **A alocação de recursos.** Dada a estrutura da rede logística e a localização dos pontos de estocagem, o objetivo desta etapa é definir se a produção e a embalagem de diferentes produtos é efetuada na unidade correta. Quais devem ser as estratégias de obtenção de produtos da empresa? Qual deve ser a capacidade de cada unidade para atender à demanda sazonal?

Neste capítulo vamos analisar cada uma destas etapas e dar exemplos dos processos envolvidos.

3.2 O PROJETO DA REDE LOGÍSTICA

O projeto da rede logística define a configuração física e a infraestrutura da cadeia de suprimentos. Conforme explicado no Capítulo 1, o projeto da rede logística é uma decisão estratégica que tem um efeito prolongado na empresa, envolvendo a tomada de decisões acerca da localização de fábricas e de depósitos, além da distribuição e obtenção de produtos.

Muitas vezes a estrutura da cadeia de suprimentos precisa ser reavaliada diante das mudanças nos padrões de demanda, no *mix* de produtos, nos processos de produção, nas estratégias de obtenção de produtos, ou ainda no custo inerente à administração das unidades. Além disso, fusões e aquisições de empresas podem determinar a integração de redes logísticas distintas.

A discussão se concentra nas principais decisões estratégicas:

1. A definição do número adequado de unidades, como fábricas e depósitos.
2. A definição da localização de cada unidade.
3. A definição do tamanho de cada unidade.
4. A alocação de espaço para produtos em cada unidade.
5. A definição das exigências de obtenção de produtos.
6. A definição das estratégias de distribuição, isto é, a alocação de clientes a cada depósito.

O objetivo é projetar ou reconfigurar a rede logística de forma a minimizar o custo anual do sistema, incluindo os custos de produção e de compra, de armazenagem, os custos inerentes às unidades (os custos fixos, de estocagem e de manuseio), e os custos de transporte, sujeitos a uma série de exigências relativas ao *nível de serviço*.

Neste cenário, os *trade-offs* estão claros. O aumento no número de depósitos tipicamente leva a:

- Uma melhoria no nível de serviço devido à redução no tempo médio de viagem do produto até o cliente.
- Um aumento nos custos de estoque devido aos estoques de segurança maiores necessários para proteger cada depósito contra as incertezas na demanda do cliente.
- Um aumento dos custos indiretos e de preparação.
- Uma redução nos custos de transporte de saída: os custos de transporte dos depósitos para os clientes.
- Um aumento nos custos de transporte de entrada: os custos de transporte dos fornecedores e/ou fabricantes para os depósitos.

Em síntese, a empresa precisa encontrar o equilíbrio entre os custos de abrir novos depósitos e as vantagens de estar *perto* do cliente. Portanto, as decisões relativas à localização dos depósitos são fatores cruciais para a eficiência da cadeia de suprimentos como canal de distribuição de produtos.

A seguir são descritas algumas questões relacionadas à coleta de dados e ao cálculo de custos necessárias para a elaboração de modelos de otimização. Algumas das informações fornecidas são baseadas em livros sobre logística, como [19], [101] e [180].

As Figuras 3-1 e 3-2 ilustram duas telas de uma ferramenta típica de planejamento da cadeia de suprimentos (PCS). O usuário vê estas telas em diferentes estágios de otimização. A primeira tela representa a rede antes da otimização, enquanto a segunda mostra a rede otimizada.

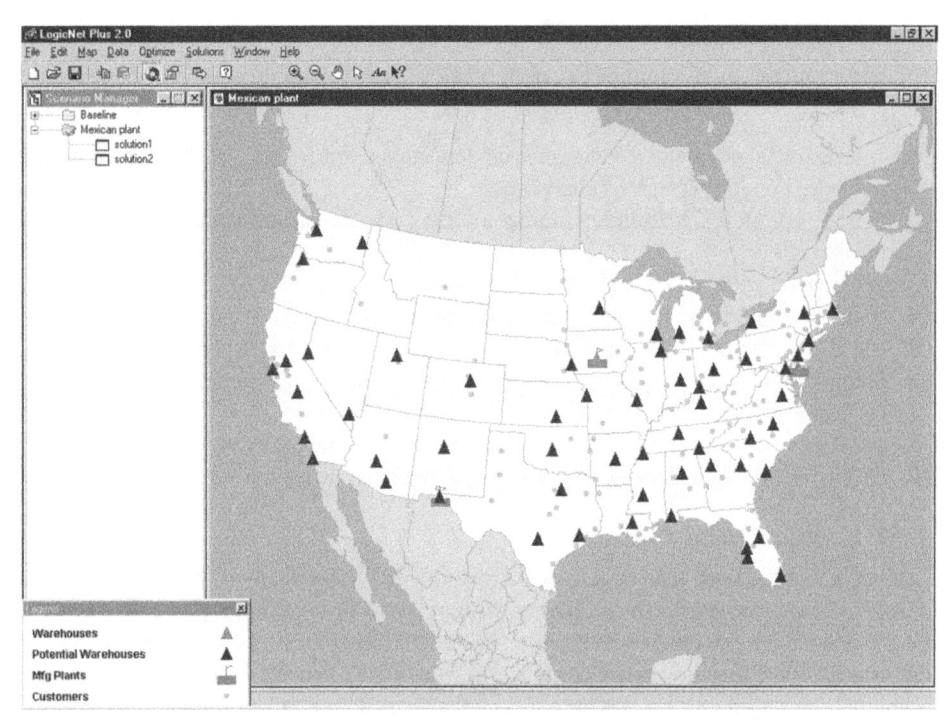

FIGURA 3-1 Tela da ferramenta de PCS representando os dados antes da otimização.

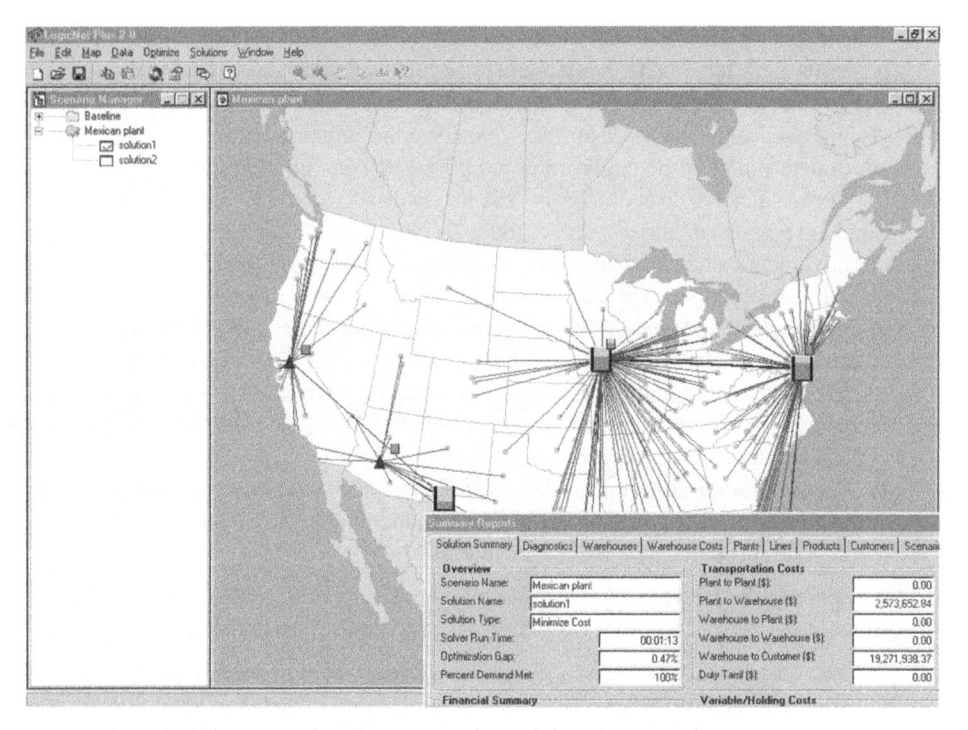

FIGURA 3-2 Tela da ferramenta de PCS representando a rede logística otimizada.

3.2.1 A coleta de dados

Um dos problemas mais comuns na configuração de redes logísticas envolve o enorme volume de dados, que incluem as informações sobre:

1. A localização de clientes, varejistas, de depósitos e centros de distribuição existentes, de unidades de fabricação e fornecedores.
2. Todos os produtos, incluindo volumes e meios especiais de transporte (por exemplo, sob refrigeração).
3. A demanda anual de cada produto, por localização do cliente.
4. As taxas cobradas pelo transporte, por meio utilizado.
5. Os custos com depósitos, incluindo mão de obra, taxas de transporte e custos fixos.
6. Os tamanhos dos carregamentos e as frequências de entrega para os clientes.
7. Os custos de processamento de pedidos.
8. As exigências feitas pelo atendimento ao cliente e os respectivos objetivos.
9. Os custos e a capacidade de produção e de obtenção de produtos.

3.2.2 A agregação de dados

Um breve exame dessa lista sugere que a quantidade de dados envolvidos em qualquer modelo de otimização para este problema é gigantesca. Por exemplo, um sistema típico de distribuição de refrigerantes tem entre 10 mil e 120 mil contas (clientes). Da mesma forma, em uma rede logística de varejo, como a Wal-Mart ou JC Penney, o número de produtos que fluem pela rede está na casa dos milhares ou centenas de milhares.

Por este motivo, o primeiro passo essencial a tomar é a agregação de dados. Este processo é efetuado de acordo com o seguinte procedimento:

1. Os clientes próximos um ao outro são agregados por meio de uma rede logística em grade ou outra técnica de agrupamento. Todos os clientes em uma célula ou grupo são substituídos por um único cliente localizado no centro da célula ou grupo. Esta célula ou grupo é chamada de zona do cliente. Uma técnica eficiente para agregar clientes consiste em utilizar o código de endereçamento postal de cada um. Observe que se os clientes forem classificados de acordo com seus níveis de serviço ou frequência de entrega, eles serão agregados em classes. Isto é, todos os clientes em uma mesma classe são agregados em uma mesma classe, independentemente das outras classes.
2. Os itens são agregados em um número razoável de grupos de produtos, com base em:
    a. *Padrão de distribuição.* Todos os produtos obtidos de uma mesma fonte e destinados aos mesmos clientes são agregados em conjunto. Por vezes existe a necessidade de agregar não apenas de acordo com o padrão de distribuição, como também com as características logísticas, como peso e volume. Isto é, todos os produtos são considerados como tendo o mesmo padrão de distribuição.
    b. *Tipo de produto.* Em muitos casos diferentes produtos podem simplesmente ser variações de modelos ou estilos, ou diferirem meramente no tipo de embalagem utilizado. Estes produtos geralmente são agregados.

É importante considerar o impacto no modelo da substituição dos dados originais detalhados por dados agregados. Este problema será tratado de duas maneiras:

1. Mesmo que exista uma tecnologia capaz de resolver o problema do projeto da rede logística utilizando os dados originais, a agregação de dados ainda é útil, pois nossa capacidade de prever a demanda do cliente nos níveis de conta e de produto muitas ve-

zes é pequena. Diante da redução em variabilidade obtida com a agregação, a previsão da demanda ganha precisão expressiva com os dados agregados.
2. Vários pesquisadores relatam que a agregação de clientes em cerca de 150 ou 200 zonas em geral leva a um erro que não passa de 1% na estimativa dos custos totais de transporte. (Ver [19] e [96].)

EXEMPLO 3-1

Para ilustrar o impacto da agregação na variabilidade, consideremos um exemplo em que dois clientes (por exemplo, varejistas) são agregados. A Tabela 3-2 lista os dados sobre a demanda gerada por estes clientes nos últimos sete anos.

TABELA 3-2
DADOS HISTÓRICOS DOS DOIS CLIENTES

	Ano						
	2000	2001	2002	2003	2004	2005	2006
Cliente 1	22.346	28.549	19.567	25.457	31.986	21.897	19.854
Cliente 2	17.835	21.765	19.875	24.346	22.876	14.653	24.987
Total	40.181	50.314	39.442	49.803	54.862	36.550	44.841

Vamos supor que estes dados representam com fidelidade a distribuição para a demanda de cada cliente para o próximo ano. A Tabela 3-3 mostra um resumo da demanda anual média, o desvio-padrão da demanda anual e o coeficiente de variação para cada cliente e para o cliente agregado. Para uma discussão sobre a diferença entre o desvio-padrão e o coeficiente de variação, veja o Capítulo 2.

TABELA 3-3
RESUMO DOS DADOS HISTÓRICOS

	Estatísticas		
	Demanda anual média	Desvio-padrão da demanda anual	Coeficiente de variação
Cliente 1	24.237	4.658	0,192
Cliente 2	20.905	3.427	0,173
Total	45.142	6.757	0,150

Observe que a demanda anual média para o cliente agregado é a soma da demanda média gerada por cada cliente. Contudo, a variabilidade enfrentada pelo cliente agregado, medida por meio tanto do desvio-padrão quanto do coeficiente de variação, é menor do que as variabilidades combinadas enfrentadas pelos dois clientes existentes.

Na prática, a abordagem mais usada para a agregação de dados é a seguinte:
- A demanda agregada envolve no mínimo 200 zonas. Se os clientes forem agrupados em classes de acordo com seus níveis de serviço ou frequência de entrega, cada classe terá no mínimo 200 pontos agregados.
- Certifique-se de que cada zona tenha uma quantidade semelhante de demanda total. Isto significa que as zonas podem ter tamanhos geográficos diferentes.
- Coloque os pontos agregados no centro de cada zona.
- Agregue os produtos em grupos de 20 ou 50.

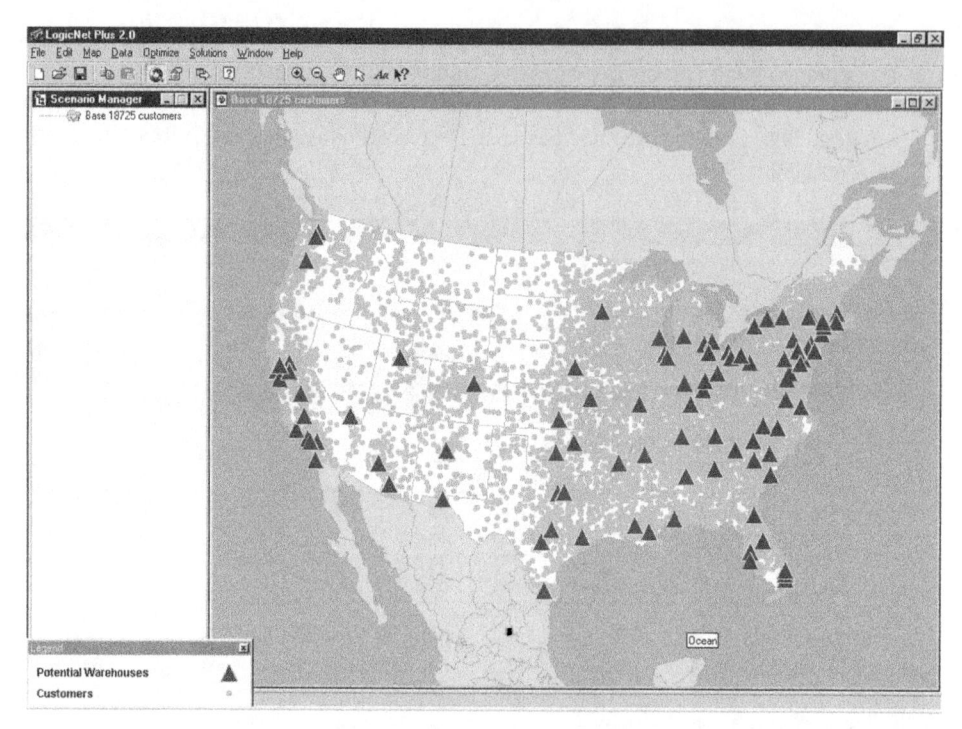

FIGURA 3-3 A tela da ferramenta PCD representando os dados antes da agregação.

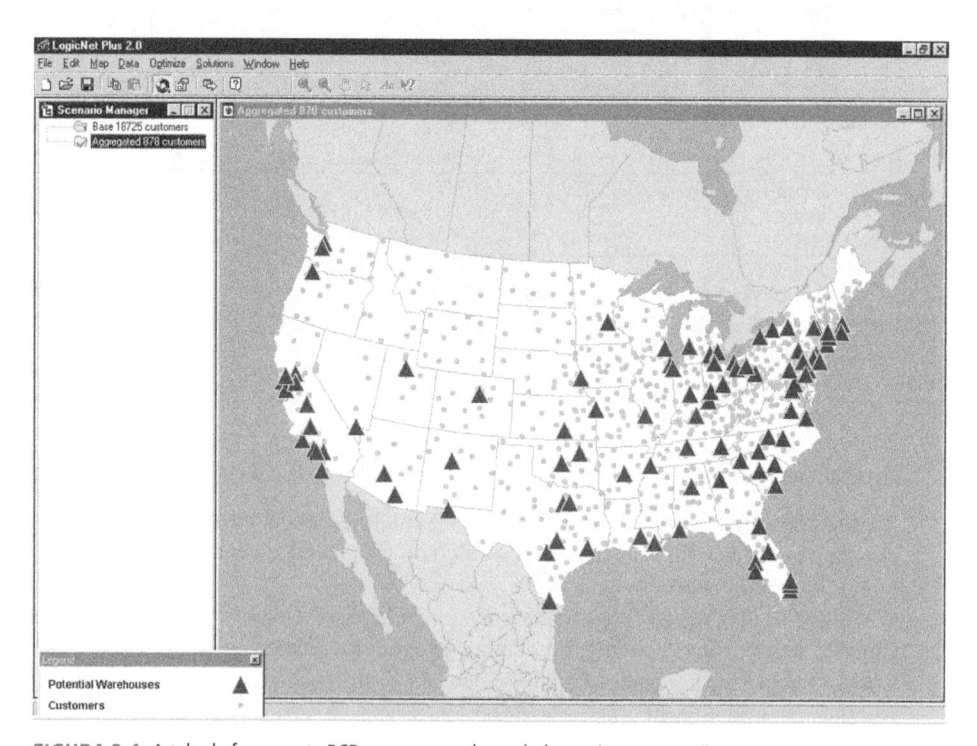

FIGURA 3-4 A tela da ferramenta PCD representando os dados após a agregação.

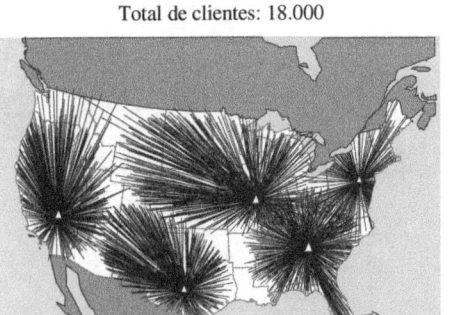

Custo total: $5.796.000
Total de clientes: 18.000

Custo total: $5.793.000
Total de clientes: 800

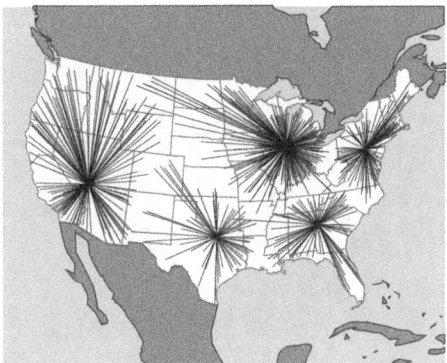

Diferença de custo <0,05%

FIGURA 3-5 O impacto da agregação do cliente na precisão do modelo.

A Figura 3-3 apresenta as informações sobre 3.220 clientes, todos nos EUA, enquanto a Figura 3-4 mostra os mesmos dados após a agregação feita com o código de endereçamento postal e que resultou em 217 pontos agregados.

Por sua vez, a Figura 3-5 apresenta o impacto da agregação de clientes em uma cadeia de suprimentos com uma única unidade de fabricação e um único produto. A cadeia de suprimentos original tem 18 mil pontos agregados por meio do código de endereçamento postal para 800 zonas. Podemos ver que a diferença de custo entre a cadeia de suprimentos original e a agregada é menor do que 0,05%. Da mesma forma, a Figura 3-6 testa o impacto da agregação do produto na cadeia de suprimentos com cinco unidades de fabricação, 25 prováveis locais para depósitos e 46 produtos agregados em quatro produtos. Mais uma vez, a diferença de custo entra o modelo original e o agregado é menor do que 0,03%.

3.2.3 As tarifas de transporte

A próxima etapa na construção de um modelo para uma rede logística eficaz consiste na estimativa dos custos de transporte. Uma das características importantes da maioria das tarifas cobradas pelo transporte, incluindo caminhões, trens e outros, é que as tarifas são quase lineares com a distância, mas não com o volume. Faremos a distinção entre os custos associados com o transporte feito com frota *interna* e *externa*.

A estimativa dos custos de transporte efetuado com caminhões da própria empresa é simples. Ela envolve os custos anuais por caminhão, a milhagem anual por caminhão, a quantidade entregue anualmente e a capacidade efetiva do veículo. Todas estas informações podem ser usadas com facilidade para calcular o custo por milha por SKU.

A incorporação das tarifas de transporte para uma frota externa no modelo é mais complexa. Distinguimos entre dois modos de transporte: carga cheia (CC) e carga parcial (CP).

Nos EUA, as empresas que transportam carga cheia dividem o país em zonas. Estas zonas são em sua maioria um estado, exceto no caso de estados grandes, como Flórida e Nova York, que compreendem duas zonas cada um. As transportadoras têm tabelas de custo de

Custo total: $104.564.000
Total de produtos: 46

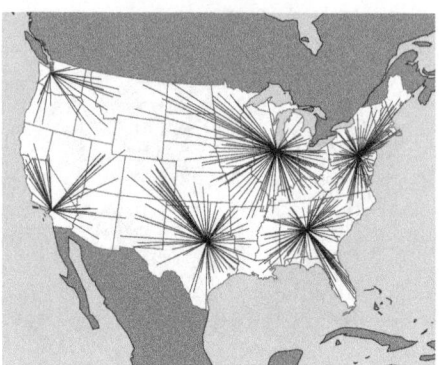

Custo total: $104.599.000
Total de produtos: 4

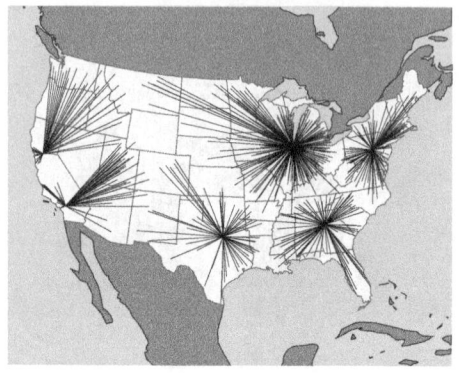

Diferença de custo < 0,03%

FIGURA 3-6 O impacto da agregação do produto na precisão do modelo.

transporte de zona para zona. Esta base de dados dá o custo por milha por carga entre duas zonas. Por exemplo, para calcular o custo da CC de Chicago, estado de Illinois, até Boston, Massachusetts, é preciso considerar o custo por milha para estas cidades e multiplicar pela distância entre elas. Uma importante característica da estrutura de custos com CC é que ela não é simétrica, isto é, geralmente é mais caro transportar um caminhão com carga cheia de Illinois a Nova York, do que de Nova York a Illinois.

Com as empresas que transportam CP, as tarifas pertencem a um dos três tipos básicos de tarifas de frete: *por categorias*, *especiais* e *gerais*. As tarifas por categoria são padronizadas e adotadas para quase todos os produtos ou *commodities* transportados. Elas são calculadas com a ajuda de uma *tarifa de classificação* que confere a cada carregamento uma *categoria* ou *taxação*. Por exemplo, a classificação do transporte ferroviário inclui 31 classes, que variam de 400 a 13, calculadas por meio da amplamente utilizada *Uniform Freight Classification* (classificação uniforme de fretes). Por outro lado, a *National Motor Freight Classification* (classificação nacional de fretes por veículos motorizados) tem apenas 23 classes que variam de 500 a 35. Em todos os casos, quanto maior a categoria ou taxação, maior o preço relativo para o transporte da mercadoria. Existem muitos fatores envolvidos na determinação da categoria específica de um produto, desde a densidade do produto, facilidade ou dificuldade de manuseio e transporte, até a responsabilidade por danos.

Uma vez que a categoria foi definida, é necessário identificar o *número base da tarifa*. Este número é a distância aproximada entre a origem e o destino da carga. Com a categoria ou taxação da mercadoria e o número base da tarifa, a taxa específica por unidade de peso é obtida de uma tabela de tarifas da transportadora (uma tabela de tarifas de frete, por exemplo).

As duas outras tarifas de frete, *especial* e *geral*, são tarifas individualizadas empregadas como forma de ter-se tarifas mais baixas (especial) ou tarifas aplicáveis a certas *commodities* (geral). Uma excelente discussão sobre este assunto é apresentada em [101] e [160]. A maioria das transportadoras oferece uma base de dados com todas as suas tarifas; estas bases de dados são incorporadas nos sistemas de apoio à tomada de decisão.

A proliferação de empresas que transportam CP e a natureza altamente fragmentada da indústria do transporte rodoviário por caminhões geraram a necessidade de ferramentas sofisticadas de categorização. Um exemplo deste tipo de ferramenta, amplamente utilizada, é a SMC3's RateWare [ver 228]. Esta ferramenta opera com diversas tabelas de tarifas e com a SMC3's CzarLite, uma das formas mais utilizadas e aceitas de tarifas baseadas no código de endereçamento postal dos EUA. Diferentemente da tarifa individual de outras empresas, a CzarLite oferece uma lista de preços obtida com base no mercado a partir de estudos de precificação da CP em nível regional, inter-regional e nacional. Esta ferramenta oferece às transportadoras um sistema de precificação justo e evita que os vieses operacional e de marketing de uma dada empresa transportadora influenciem a escolha por uma delas. Assim, as tarifas da CzarLite são muitas vezes utilizadas como base para a negociação de contratos de transporte de CP entre expedidores, transportadoras e operadoras logísticas terceirizadas.

A Figura 3-7 mostra o custo cobrado por uma transportadora para levar 4 mil libras de peso como função da distância a Chicago. O custo é dado para duas classes: classe 100 e classe 150. Conforme se vê, neste caso o custo de transporte é função não linear da distância.

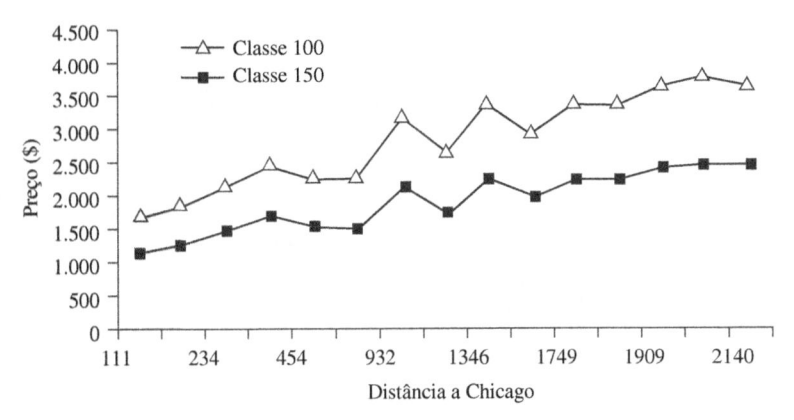

FIGURA 3-7 Tarifas de transporte para 4.000 libras de peso.

3.2.4 Estimativa de milhagem

Conforme explicado na subseção anterior, o custo do transporte de produtos de uma fonte específica para um destino predefinido é função da distância entre estes dois pontos. Assim, é preciso ter em mãos uma ferramenta que permita estimar distâncias. Esta estimativa é possibilitada tanto pela rede de estradas quanto pelo traçado de linhas retas. Vamos estimar a distância entre dois pontos a e b. Para esta finalidade, é preciso obter lon_a e lat_a, a longitude e a latitude do ponto a (e as mesmas grandezas para o ponto b). Depois, a distância em linha reta em milhas de a a b, D_{ab}, é calculada com a fórmula:

$$D_{ab} = 69\sqrt{(lon_a - lon_b)^2 + (lat_a - lat_b)^2}$$

O número 69 é uma aproximação para as milhas presentes em um *grau* de latitude no território norte-americano continental, pois a longitude e a latitude são medidas nesta unidade. Esta equação produz resultados precisos apenas para curtas distâncias (ela não considera a curvatura da terra). Para medir com mais precisão distâncias longas e corrigir o valor para a curvatura do planeta, empregamos a aproximação sugerida pelo Departamento Norte-americano de Pesquisas Geológicas:

$$D_{ab} = 2(69)\text{sen}^{-1}\sqrt{(\text{sen}(\frac{lat_a - lat_b}{2}))^2 + \cos(lat_a) \times \cos(lat_b) \times (\text{sen}(\frac{lon_a - lon_b}{2}))^2}$$

Estas equações resultam em cálculos precisos de distâncias. Em ambos os casos, contudo, as equações subestimam a real distância rodoviária. A correção para esta distância real é feita multiplicando-se D_{ab} por um fator de *itinerário*, ρ. Geralmente, em uma região metropolitana $\rho = 1{,}3$, ao passo que $\rho = 1{,}14$ para o território norte-americano continental.

EXEMPLO 3-2

Consideremos uma empresa que precisa enviar uma única carga completa por caminhão de Chicago, Illinois, a Boston, Massachusetts. A empresa contratou uma transportadora de CC cuja tarifa é 105 centavos por milha por carga. Para calcular o custo de transporte deste carregamento, precisamos de dados geográficos. A Tabela 3-4 traz informações de latitude e longitude para cada uma das duas cidades.

A aplicação da equação nos dados da Tabela 3-2 gera 855 milhas de distância entre Chicago e Boston. Ao multiplicarmos este valor pelo fator de itinerário 1,14, a distância rodoviária estimada sobe para 974 milhas. Este número deve ser comparado com a distância real, que é 965 milhas. Assim, com base em nossa estimativa para a distância rodoviária, o custo de transporte neste caso é $1.023.

TABELA 3-4

INFORMAÇÕES GEOGRÁFICAS

Cidade	Longitude	Latitude
Chicago	−87,65	41,85
Boston	−71,06	42,36

Nota: Os graus na tabela são uma representação decimal, de forma que 87,85 equivale a 87°39' na representação em graus e minutos, mais comumente empregada em mapas. A longitude representa a distância no eixo leste-oeste. Todos os pontos localizados a oeste do meridiano de Greenwich têm valor negativo. A latitude representa a distância no eixo norte-sul. Todos os pontos ao sul do equador têm valor negativo.

Quando distâncias exatas são necessárias, estas podem ser obtidas de sistemas de informações geográficas (*Geographic information system*, GIS). Contudo, esta abordagem muitas vezes reduz drasticamente a velocidade de processamento das ferramentas PCD. A aproximação descrita anteriormente em geral oferece uma boa precisão para muitas aplicações.

3.2.5 Custos com depósitos

Os custos com os centros de distribuição e depósitos têm três componentes principais:

1. *Custos de manuseio*. Estes custos incluem os custos de mão de obra e de equipamentos que são proporcionais ao fluxo anual do depósito.
2. *Custos fixos*. Estes custos são relativos a todos os componentes que não são proporcionais ao fluxo anual do depósito. O custo fixo é proporcional ao tamanho do depósito (capacidade), mas esta relação não tem comportamento linear (ver Figura 3-8). Conforme mostra a figura, este custo é fixo para certas faixas de tamanho de depósito.
3. *Custos de estocagem*. Estes representam os custos de se manter um estoque, proporcionais aos níveis de estoque positivos *médios*.

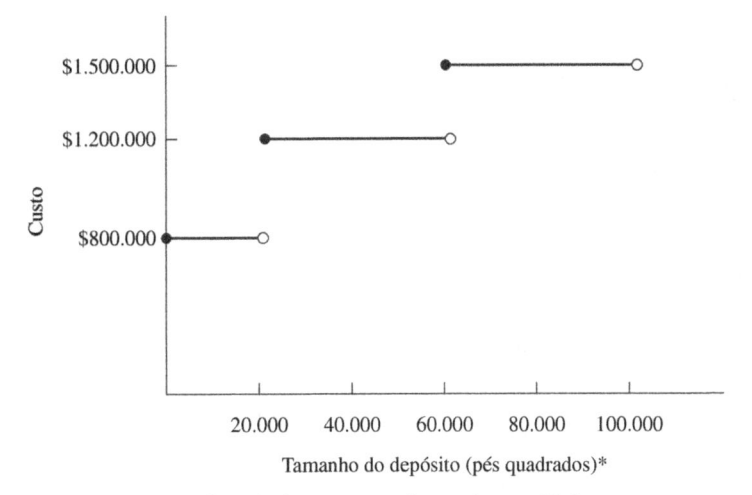

FIGURA 3-8 Custos fixos do depósito como função da capacidade.

Portanto, a estimativa dos custos de manuseio em um estoque é razoavelmente fácil, enquanto a estimativa dos outros dois custos é difícil. Para entendermos esta diferença, vamos supor que durante todo o ano, mil unidades de um produto são necessárias para um dado cliente. Estas mil unidades não precisam fluir no depósito *ao mesmo tempo*, por isso, o nível médio do estoque provavelmente será expressivamente menor do que mil unidades. Desta forma, ao coletar os dados para a ferramenta PCD, precisamos converter estes fluxos anuais em quantidades reais de estoque ao longo do tempo. De modo semelhante, o fluxo anual e o estoque médio associado a este produto não trazem informações sobre o espaço necessário para o produto neste depósito. Isto se verifica porque o espaço que o depósito precisa é proporcional ao estoque de pico, não ao fluxo anual ou ao estoque médio.

É possível superar esta dificuldade com eficiência, utilizando a *taxa de giro de estoque*. Esta é definida como:

$$\text{Taxa de giro de estoque} = \frac{\text{vendas anuais}}{\text{nível médio de estoque}}$$

Neste caso, a taxa de giro de estoque é a razão entre o fluxo anual total que sai do depósito e o nível médio do estoque. Assim, se a razão for λ, então o nível médio do estoque é o fluxo anual total dividido por λ. A multiplicação do nível médio de estoque pelo custo de armazenagem gera o custo anual de estocagem. Por fim, para calcular o custo fixo, precisamos estimar a capacidade do depósito. Esta estimativa é apresentada na próxima seção.

3.2.6 As capacidades dos depósitos

A capacidade real do depósito é outra informação importante para o modelo de projeto da cadeia de suprimentos. Contudo, a maneira de estimar o espaço anual necessário não é clara, de imediato. Isto ocorre em função do fluxo anual específico para o material, para todo o depósito. Mais uma vez, a taxa de giro de estoque é a abordagem mais indicada. Como anteriormente, o fluxo anual em um depósito é dividido pela taxa de giro de estoque para gerar o nível médio de estoque. Supondo a existência de carregamentos e cronogramas de entrega regulares, como o dado na

---

* N. de R. T.: 1 pé quadrado equivale a 929,09 centímetros quadrados.

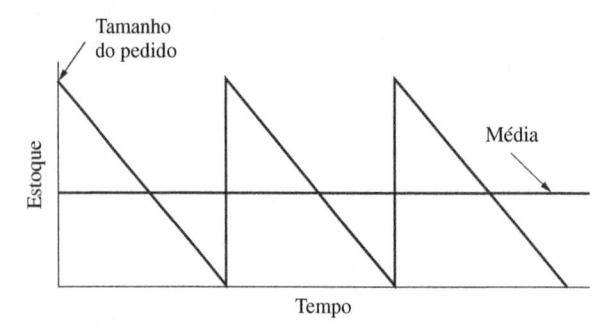

FIGURA 3-9 Nível de estoque como função do tempo.

Figura 3-9, temos que o espaço necessário para a estocagem é aproximadamente o *dobro* daquele calculado antes. Na prática, cada palete armazenado no depósito requer um espaço vazio para permitir o acesso a ele e seu manuseio e, portanto, considerando este espaço e aquele ocupado por corredores, equipamentos de carregamento, classificação e processamento e VGAs (veículos guiados automaticamente), em geral temos de multiplicar o espaço necessário à estocagem por um fator (>1). Este fator depende do uso destinado ao depósito e permite ao usuário avaliar o espaço disponível no depósito com mais precisão. Um valor para este fator comumente adotado na prática é três. Este fator deve ser usado da seguinte maneira. Consideremos uma situação em que o fluxo anual em um depósito é de mil unidades, e que a taxa de giro de estoque é 10,0. Isto significa que o nível médio de estoque é cerca de 100 unidades e que, portanto, se cada unidade ocupa 10 pés quadrados de espaço, o espaço total necessário para os produtos é de 2 mil pés quadrados. Assim, o espaço total necessário para o depósito é de aproximadamente 6 mil pés quadrados.

3.2.7 Os possíveis locais para depósitos

A identificação eficaz dos possíveis locais para novos depósitos também é um fator importante. Normalmente estes locais precisam satisfazer uma variedade de condições:

- Condições geográficas e de infraestrutura
- Recursos naturais e mão de obra disponível
- Regulamentações para a indústria local e legislação tributária
- Interesse público

Disto decorre que o número de locais que podem atender a todos estes pré-requisitos é limitado, e os que conseguem serão considerados os melhores para a construção de novas instalações.

3.2.8 O nível de serviço exigido

Existem diversas maneiras de definir os níveis de serviço neste contexto. Por exemplo, é possível especificar uma distância máxima entre cada cliente e o depósito que os atende. Esta especificação garante que um depósito será capaz de atender a seus clientes em intervalos razoáveis de tempo. Por vezes, é preciso reconhecer que para alguns clientes, como aqueles localizados em áreas rurais ou isoladas, é mais difícil fornecer o mesmo nível de serviço disponibilizado à maioria dos outros clientes. Neste caso, normalmente é melhor definir o nível de serviço como proporção do número de clientes cuja distância ao respectivo depósito não ultrapassa uma dada extensão. Por exemplo, é possível especificar que 95% dos clientes estejam situados a menos de 200 milhas do depósito que os atende.

3.2.9 A demanda futura

Conforme colocado no Capítulo 1, as decisões tomadas em nível estratégico, que incluem o projeto da rede logística, têm efeito prolongado na empresa. Em especial, as decisões relacionadas a número, local e tamanho de depósitos influenciam a empresa por, no mínimo, três a cinco anos. Isto significa que as alterações na demanda do cliente nos próximos anos precisam ser consideradas ao projetar a rede. Esta consideração é comumente feita com uma abordagem baseada em cenários que incorpora cálculos do valor presente líquido. Por exemplo, a abordagem pode gerar os diversos cenários possíveis que representam uma variedade de padrões futuros de demanda também possíveis ao longo do horizonte de planejamento. Estes cenários podem então ser diretamente incorporados no modelo para definir a melhor estratégia de distribuição.

3.2.10 A validação do modelo e dos dados

As subseções anteriores documentam as dificuldades na coleta, tabulação e limpeza de dados para um modelo de configuração de rede logística. Uma vez que estes passos tenham sido completados, como garantimos que os dados e o modelo refletem com precisão o problema do projeto da rede?

O processo utilizado para tratar desta questão é conhecido como validação do modelo e dos dados. Este processo é comumente executado por meio da reconstrução da configuração da rede existente utilizando o modelo e os dados coletados, e pela comparação dos resultados do modelo com os dados existentes.

A importância dada a esta validação não pode ser exagerada. Os principais resultados do modelo configurado para reproduzir as condições existentes de operação incluem todos os custos – da abertura de novos depósitos, do estoque, da produção e do transporte – gerados a partir da configuração da rede existente. Estes dados podem ser comparados às informações contábeis da empresa. Esta é a melhor maneira de identificar os erros nos dados, as hipóteses problemáticas, as falhas no modelo, entre outros problemas.

Durante a execução de um projeto, é possível ter uma ideia da possibilidade de os custos de transporte calculados durante o processo de validação estarem subestimando de forma consistente os custos sugeridos nos dados contábeis. Após uma cuidadosa revisão das práticas de distribuição, os consultores contratados concluíram que a capacidade efetiva dos caminhões era de apenas 30% da capacidade física dos veículos. Isto quer dizer que os caminhões estavam sendo despachados com pouquíssima carga. Assim, o processo de validação não apenas auxilia a calibrar alguns dos parâmetros usados no modelo, como também sugere as melhorias possíveis na utilização da rede existente.

Muitas vezes é indicado também implementar alterações pequenas ou localizadas na configuração da rede para ver como o sistema estima o impacto delas nos custos e nos níveis de serviço. Mas esta etapa está cercada de dúvidas, que incluem a estimativa do impacto de fechar um depósito existente no desempenho do sistema. Outra questão diz respeito à possibilidade de o usuário alterar o fluxo de material na rede existente e avaliar as mudanças nos custos. Muitas vezes os gestores demonstram uma boa intuição sobre os efeitos destas pequenas mudanças no sistema, assim eles podem identificar os erros no modelo com facilidade. A intuição sobre o efeito de reprojetar radicalmente todo o sistema é na maioria das vezes menos confiável. Em suma, o processo de validação geralmente envolve respostas às seguintes questões:

- O modelo faz sentido?
- Os dados são consistentes?

- Os resultados do modelo podem ser plenamente explicados?
- Você executou uma análise de sensibilidade?

A validação é uma etapa essencial para a determinação da aplicabilidade do modelo e dos dados, mas o processo tem também outras vantagens. Em especial, ele auxilia o usuário a estabelecer a conexão entre as operações existentes, que foram remodeladas durante o processo de validação, e as prováveis melhorias após a otimização.

3.2.11 As técnicas de solução

Uma vez que os dados foram coletados, tabulados e verificados, a próxima etapa é otimizar a configuração da rede logística. Duas técnicas são empregadas na prática.

1. Técnicas de otimização matemática, que incluem
   - Os algoritmos exatos que garantem as soluções ótimas, isto é, as menos dispendiosas.
   - Os algoritmos heurísticos, que levam a *boas* soluções, não necessariamente às ótimas.
2. Modelos de simulação que fornecem mecanismos de avaliação das alternativas específicas de projeto geradas pelo projetista.

A heurística e a necessidade de algoritmos exatos. Começamos nossa discussão com a consideração de técnicas matemáticas de otimização. De forma a entendermos a eficácia dos algoritmos heurísticos e a necessidade de algoritmos precisos, consideremos o seguinte exemplo, desenvolvido por Geoffrion e Van Roy [82].

EXEMPLO 3-3

Considere a seguinte rede logística:

- Produto único.
- Duas fábricas, chamadas de fábrica F1 e fábrica F2.
- A fábrica F1 tem uma capacidade anual de 60 mil unidades.
- As duas fábricas têm os mesmos custos de produção.
- Dois depósitos existentes, chamados de D1 e D2, têm os custos de administração de depósito idênticos.
- Três áreas de mercado, chamadas de M1, M2 e M3, com demandas de 50 mil, 100 mil e 50 mil unidades respectivamente
- A Tabela 3-5 mostra o custo de distribuição por unidade. Por exemplo, a distribuição de uma unidade da fábrica F1 para o D2 custa $5.

TABELA 3-5

CUSTOS DE DISTRIBUIÇÃO POR UNIDADE

Depósito/fábrica	F1	F2	M1	M2	M3
D1	0	4	3	4	5
D2	5	2	2	1	2

Nosso objetivo é encontrar uma estratégia de distribuição que especifique o fluxo de produtos dos fornecedores, passando pelos depósitos até as áreas de mercado, sem violar as limitações de capacidade de produção da fábrica F2, que satisfaça as demandas da área e que minimize os custos totais de distribuição. Observe que este problema é muito mais fácil de resolver do que o problema da configuração da rede logística discutido anteriormente. Aqui, estamos supondo que o local da fábrica não é um problema, e que nosso interesse é meramente o de encontrar uma estratégia de distribuição eficaz. Para esta finalidade, consideremos a seguinte heurística intuitiva:

EXEMPLO 3-3 *continuação*

Heurística 1

Para cada mercado, escolhemos a demanda mais barata de entrega a partir do depósito. Assim, M1, M2 e M3 seriam atendidos por D2. Então, para este depósito, escolha a fábrica mais barata, isto é, distribua 60 mil unidades da F2 e as 140 mil restantes a partir da F1. O custo total é:

$$2 \times 50.000 + 1 \times 100.000 + 2 \times 50.000 + 2 \times 60.000 + 5 \times 140.000 = 1.120.000$$

Heurística 2

Para cada área de mercado, escolha o depósito em que os custos totais de entrada e de saída sejam os menores, isto é, considere os custos de distribuição para a entrada e a para a saída de produtos. Assim, para a área de mercado M1, considere os caminhos F1 → D1 → M1, F1 → D2 → M1, F2 → D1 → M1, F2 → D2 → M1.

Entre estas alternativas, a mais barata é F1 → D1 → M1, então escolha D1 para atender a M1. Por meio de uma análise semelhante, escolhemos D2 para M2 e D2 para M3.

Isto significa que o depósito D1 entrega um total de 50 mil unidades enquanto o depósito D2 entrega um total de 150 mil unidades. O melhor padrão de fluxo de entrada consiste em suprir 50 mil da fábrica F1 para o depósito D1, 60 mil unidades da fábrica F2 para o depósito D2 e 90 mil unidades da fábrica F1 para o depósito D2. O custo total desta estratégia é de $920 mil.

Infelizmente, as duas heurísticas descritas não reproduzem a melhor estratégia, aquela de menor custo. Para isto, consideremos o seguinte *modelo de otimização*. Na verdade, o problema de distribuição anterior pode ser descrito como o seguinte problema de programação linear.[1]

Com este objetivo, façamos:

- $X(F1,D1)$, $X(F2,D2)$, $X(F2,D1)$ e $X(F2,D2)$ serem os fluxos das fábricas para os depósitos.
- $X(D1,M1)$, $X(D1,M2)$ e $X(D1,M3)$ serem os fluxos do depósito D1 para as zonas de mercado M1, M2 e M3.
- $X(D2,M1)$, $X(D2,M2)$ e $X(D2,M3)$ serem os fluxos do depósito D2 para as zonas de mercado M1, M2 e M3.

O problema de programação linear que precisamos resolver é

$$\text{Minimizar } \{0X(F1,D1) + 5X(F1,D2) + 4X(F2,D1)$$
$$+ 2X(F2,D2) + 3X(D1,M1) + 4X(D1,M2)$$
$$+ 5X(D1,M3) + 2X(D2,M1) + 1X(D2,M2) + 2X(D2,M3)\}$$

Sujeitos às seguintes restrições:

$$X(F2,D1) + X(F2,D2) \leq 60.000$$
$$X(F1,D1) + X(F2,D1) = X(D1,M1) + X(D1,M2) + X(D1,M3)$$
$$X(F1,D2) + X(F2,D2) = X(D2,M1) + X(D2,M2) + X(D2,M3)$$
$$X(D1,M1) + X(D2,M1) = 50.000$$
$$X(D1,M2) + X(D2,M2) = 100.000$$
$$X(D1,M3) + X(D2,M3) = 50.000$$

Todos os fluxos são maiores do que zero.

É fácil construir um modelo no programa Excel para este problema e utilizar o *solver* de programação linear para encontrar a estratégia ótima. Para mais informações sobre como fazê-lo, ver [116]. Esta estratégia é descrita na Tabela 3-6.

---

[1] Esta parte da seção exige um conhecimento básico de programação linear. Contudo, ela pode ser ignorada sem prejuízos ao raciocínio.

EXEMPLO 3-3 *continuação*

TABELA 3-6

ESTRATÉGIA ÓTIMA DE DISTRIBUIÇÃO

Depósito/fábrica	F1	F2	M1	M2	M3
D1	140.000	0	50.000	40.000	50.000
D2	0	60.000	0	60.000	0

O custo total para a estratégia ótima é $740 mil.

Este exemplo ilustra com clareza o valor das técnicas baseadas na otimização. *Estas ferramentas podem definir estratégias que reduzirão expressivamente o custo global do sistema.* Claro que o modelo de configuração da rede logística que gostaríamos de analisar e resolver é sempre mais complexo do que o exemplo simples descrito anteriormente. Uma das principais diferenças está na necessidade de estabelecer os melhores locais para a instalação de depósitos, centros de distribuição e unidades de *cross-docking*. Infelizmente estas decisões tornam inapropriada a programação linear e exigem o uso de uma técnica chamada de *programação binária*. Na verdade, a programação linear lida com variáveis contínuas, ao passo que a decisão de abrir ou não um depósito em uma dada cidade é uma variável binária – zero se o depósito não for aberto, e um se ele for aberto.

Assim, o modelo de configuração da rede logística é um modelo de programação binária. Infelizmente, este tipo de modelo é muito mais difícil de resolver. O leitor interessado em aprender mais sobre o assunto pode consultar [20] e [193] para uma discussão acerca dos algoritmos que se aplicam ao problema de configuração da rede logística.

Os modelos baseados em simulação e as técnicas de otimização. As técnicas de otimização matemática descritas anteriormente sofrem algumas limitações importantes. Elas lidam com modelos estáticos – normalmente com a consideração da demanda anual ou média – e não consideram as mudanças ocorridas ao longo do tempo. As ferramentas baseadas em simulações consideram a dinâmica do sistema e são capazes de caracterizar o desempenho para um *dado projeto*. Assim, fica a cargo do usuário conferir alternativas projetuais para o modelo de simulação.

Logo, os modelos baseados em simulação permitem ao usuário efetuar uma análise em nível micro. De fato, o modelo de simulação pode incluir (ver [90]):

1. Padrão individual de pedidos
2. Políticas específicas para estoques
3. Movimentação de estoques dentro dos depósitos

Infelizmente os modelos baseados em simulações reproduzem apenas o projeto pré-especificado de rede logística. Em outras palavras, dada uma configuração de depósitos, varejistas, e assim sucessivamente, um modelo baseado em simulação pode ser adotado para estimar os custos associados com a operação desta rede. Se uma rede diferente for considerada (por exemplo, se alguns dos clientes devem ser atendidos por um depósito diferente), então o modelo tem de ser refeito.

Como veremos no Capítulo 14, uma simulação não é uma ferramenta de otimização. Ela é útil na caracterização do desempenho de uma determinada configuração, mas não da definição de uma configuração eficaz em meio a um grande conjunto de configurações possíveis. Além disso, um modelo detalhado baseado em simulações e que incorpore informações sobre padrões de pedido de um dado cliente, políticas de estoque e de produção específicas, estratégias de distribuição diária e assim por diante, requer um gigantesco tempo de computação para gerar o nível desejado de precisão no desempenho do sistema. Isto significa que podemos considerar *pouquíssimas* alternativas se usarmos um modelo baseado em simulações.

Desta forma, se a dinâmica do sistema não for uma questão-chave, então um modelo estático é apropriado, e assim as técnicas matemáticas de otimização podem ser usadas. De acordo com nossa experiência pessoal, este tipo de modelo contabiliza a vasta maioria de modelos de configuração de redes logísticas utilizados na prática. Todavia, nos casos em que a dinâmica detalhada do sistema for importante, faz sentido utilizar a seguinte abordagem em dois estágios sugerida por Hax e Candea [90], que tem a vantagem de reunir os pontos fortes das técnicas baseadas em simulações e em otimizações:

1. Utilize um modelo de otimização para gerar um número de soluções de menor custo em nível macro, considerando os componentes de custo mais importantes.
2. Utilize o modelo baseado em simulações para avaliar as soluções geradas na primeira fase.

3.2.12 As principais características de um PCS para a configuração de rede logística

Uma das principais exigências de qualquer ferramenta de planejamento da cadeia de suprimentos para o projeto de uma rede logística é a flexibilidade. Neste contexto, *flexibilidade* é definida como a habilidade de o sistema incorporar um grande conjunto de características da rede existente. Na verdade, dependendo da aplicação, todo um espectro de opções de projeto pode ser indicado. Em uma ponta deste espectro está a reotimização completa da rede existente. Isto significa que depósitos podem ser tanto abertos quanto fechados, e todos os fluxos de transporte redirecionados. Na outra ponta, pode ser preciso incorporar as seguintes características ao modelo de otimização:

1. *As exigências relativas a nível de serviço específicas a clientes.*
2. *Os depósitos existentes.* Na maioria dos casos, os depósitos já existem e os contratos de arrendamento não venceram. Portanto, o modelo não deve permitir o fechamento destes depósitos.
3. *A expansão dos depósitos existentes.* Os depósitos existentes podem ser expandidos.
4. *Padrões de fluxo específicos.* Em diversas situações, os padrões de fluxo específicos (por exemplo, de um depósito em especial para um grupo de clientes) não deve ser alterado, ou o que é mais provável, um certo local em que os produtos são manufaturados é incapaz de produzir certas SKUs.
5. *Fluxo de depósito para depósito.* Em alguns casos o material pode fluir entre depósitos.
6. *Produção e lista de materiais.* Em alguns casos, a montagem é necessária e precisa ser considerada pelo modelo. Com esta finalidade, o usuário precisa fornecer as informações sobre os componentes utilizados na montagem dos produtos acabados. Além disso, as informações de produção existentes em nível de linha também podem ser incluídas no modelo.

Mas não basta a ferramenta de planejamento da cadeia de suprimentos incluir todas essas características: ela deve ter a capacidade de lidar com todas estas questões com pouca ou nenhuma redução em sua *eficácia*. Esta última exigência está relacionada diretamente com a chamada *robustez* da ferramenta. Esta estipula que a qualidade relativa da solução gerada pela ferramenta (isto é, os custos e o nível de serviço) devem ser independentes do ambiente específico analisado, da variação nos dados ou do cenário em que a cadeia de suprimentos se insere. Se uma dada ferramenta de PCS não for robusta, então será difícil definir o grau de eficácia oferecido para a solução de um dado problema.

3.3 A POSIÇÃO DE ESTOQUES E A COORDENAÇÃO LOGÍSTICA

A importância da posição de estoques e a necessidade de coordenação das decisões relativas a eles e a políticas de transporte é evidente. Infelizmente, a gestão de estoques em cadeias de suprimentos complexas muitas vezes é difícil e pode ter um impacto significativo no nível de serviço e no custo global do sistema da cadeia.

No Capítulo 2 falamos sobre estoques detalhadamente. Lembremos de que o estoque pode assumir diversas formas:

- Estoques de matéria-prima
- Estoques de produtos em processamento (WIP)
- Estoque de produtos acabados

Cada um destes tipos de estoque precisa ter um mecanismo próprio de controle. Infelizmente, a definição destes mecanismos é difícil, pois as estratégias eficientes para produção, distribuição e controle de estoque que visam a reduzir o custo global do sistema e melhorar os níveis de serviço precisam contemplar as interações entre os vários níveis da cadeia de suprimentos. No entanto, as vantagens de determinar estes mecanismos de controle podem ser muito boas. No Capítulo 2 discutimos vários mecanismos e abordagens, com foco naqueles que tratavam da incerteza na demanda em suas diversas formas.

3.3.1 O estoque de segurança estratégico

A maior parte da análise conduzida no Capítulo 2 foi dedicada ao caso de uma única unidade (por exemplo, um depósito ou varejista) que gerenciava seu estoque de forma a minimizar os próprios custos o tanto quanto possível, ou de uma empresa que tem diversas unidades e decidiu manter um estoque em cada uma delas. Nesta seção, continuamos a explorar uma cadeia de suprimentos para várias unidades, que pertence a uma única empresa. O objetivo da empresa é administrar o estoque com o propósito de diminuir o custo global do sistema. Portanto, é importante considerar a interação entre as diversas instalações e o impacto desta na política de estoque a ser adotada por cada instalação.

Uma das maneiras de administrar o estoque de um produto manufaturado em qualquer unidade consiste em esperar pela entrada de pedidos antes de iniciar a produção. Este tipo de unidade é chamada de unidade de produção sob encomenda, e contrasta com a unidade de produção para estoque discutida nos capítulos anteriores. Uma questão importante que surge da gestão de estoques em uma cadeia de suprimentos complexa consiste em encontrar *o local para manter o estoque de segurança* – em outras palavras, quais instalações devem produzir para estoque e quais devem produzir sob encomenda. A resposta a esta questão depende do nível de serviço desejado, da rede logística, dos *lead times*, bem como de uma variedade de disposições e restrições operacionais. Assim a gestão precisa se concentrar em um modelo estratégico que permita à empresa posicionar o estoque de segurança com eficiência em sua cadeia de suprimentos. Este é um problema de otimização complexo, que requer técnicas e abordagens que ultrapassam o nível deste livro.

Para entender os problemas envolvidos, consideremos o seguinte modelo: de produto único em uma unidade de avaliação periódica de estoque. Façamos

- SI o tempo que passa entre a chegada de um pedido e o instante em que a unidade recebe um carregamento. Este tempo é chamado de *tempo de recebimento*.
- S é o *tempo de entrega* da unidade a seus próprios clientes.
- T é o *tempo de processamento* na unidade.

Claro que precisamos supor que $SI + T > S$, pois se fosse diferente, não seria necessário ter estoque na unidade.

Vamos supor que a unidade administra seu estoque de acordo com uma política de avaliação periódica (descrita no Capítulo 2) e que a demanda obedece à distribuição normal com as características descritas no Capítulo 2 (em termos técnicos, diz-se que a demanda é independente e tem distribuição idêntica entre os períodos de tempo que se seguem à distribuição normal). Dados os valores iniciais de SI, S e T, e que não há custos de preparação, o nível do estoque de segurança que a unidade precisa manter é:

$$zh\sqrt{SI + T - S}$$

em que z é o fator de estoque de segurança associado a um nível de serviço específico e h é o custo de armazenagem do estoque. O valor $SI + T - S$ é chamado de *lead time líquido* da instalação.

Agora, consideremos a seguinte cadeia de suprimentos de dois estágios com a instalação, ou estágio 2, suprindo a instalação 1, que atende ao cliente final. Defina SI_1, S_1 e T_1 como tempo de recebimento, tempo de entrega e tempo de processamento da instalação 1, e faça o mesmo para a instalação 2. Assim, S_1 é o tempo de recebimento para a instalação 1, S_2 é o tempo de recebimento que a instalação 2 tem para a instalação 1 e, portanto, $S_2 = SI_1$. Por fim, SI_2 é o tempo de entrega para a instalação 2. Todas estas relações estão representadas na Figura 3-10.

O objetivo é reduzir o custo global da cadeia de suprimentos sem precisar de um novo compromisso de serviço de fornecedores externos. Observe que se reduzirmos o tempo de entrega que a instalação 2 tem para a instalação 1, poderemos ter um impacto nos estoques tanto da instalação 1 quanto da 2. Na verdade, neste caso o estoque na instalação 1 é reduzido, mas o estoque na instalação 2 aumenta. Logo, o objetivo geral é escolher o tempo de entrega para cada instalação, e assim definir o local e o volume de estoque de forma a minimizar o custo global, ou mais precisamente, o custo global do sistema para o estoque de segurança.

Para ilustrar os *trade-offs* e o impacto da posição do estoque de segurança na cadeia de suprimentos, consideremos o exemplo a seguir.

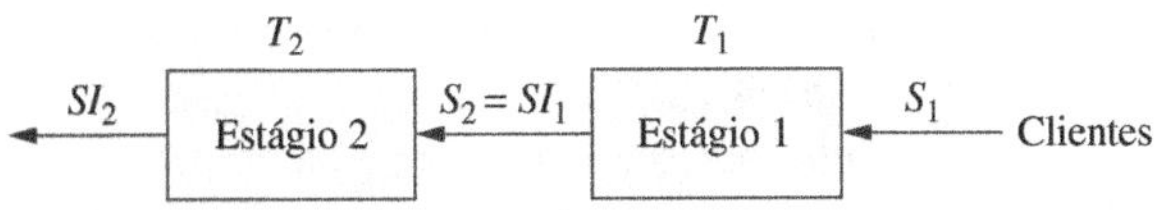

FIGURA 3-10 A relação entre as duas instalações no modelo.

ESTUDO DE CASO

ElecComp Inc.

A ElecComp é um grande fabricante de placas de circuitos e outras peças de alta tecnologia. A empresa vende cerca de 27 mil produtos de alto valor cujo ciclo de vida é relativamente curto. A competição neste setor leva a ElecComp a oferecer *lead times* curtos a seus clientes. Este tempo de entrega é geralmente mais curto do que o *lead time* de fabricação. Infelizmente, o processo de fabricação inclui uma sequência complexa de montagem composta por diferentes estágios.

Em função do *lead time* longo de fabricação e da pressão para fornecer aos clientes com um tempo de resposta curto, a ElecComp mantinha um estoque de produtos acabados composto por muitas de suas SKUs. Assim, a empresa administrava sua cadeia de suprimentos com base nas previsões de longo prazo, a chamada estratégia de cadeia de suprimentos empurrada. Este ambiente de produção para o estoque exigia que a empresa tivesse diversos estoques de segurança, resultando em imensos riscos financeiros e de escassez.

Os executivos da ElecComp já haviam reconhecido que a estratégia empurrada não era a mais apropriada para a cadeia de suprimentos existente. Infelizmente, em função do *lead time* longo, uma estratégia puxada para a cadeia de suprimentos, em que a fabricação e a montagem são conduzidas com base na demanda realizada, também não era indicada.

Assim, a ElecComp se concentrou no desenvolvimento de uma nova estratégia para a cadeia de suprimentos da empresa com os seguintes objetivos:

1. Reduzir os riscos financeiros e relativos a estoques.
2. Entregar as mercadorias aos clientes com tempos de resposta competitivos.

Estes objetivos poderiam ser alcançados por meio de:

- Uma definição do melhor *local* para os estoques nos vários estágios do processo de fabricação e montagem.
- O cálculo de uma quantidade ótima de estoque para cada componente, em cada estágio.

O foco da reengenharia da cadeia de suprimentos da ElecComp foi colocado na estratégia híbrida em que uma parte da cadeia de suprimentos é administrada de acordo com a estratégia empurrada, isto é, uma produção feita para estoque, enquanto o restante da cadeia era organizada de acordo com a estratégia puxada, ou de produção sob encomenda. Observe que os estágios da cadeia de suprimentos que produzem para estoque estarão nos locais em que a empresa mantém um estoque de segurança, enquanto os estágios de produção sob encomenda não mantêm estoques. Portanto, o desafio foi identificar a localização na cadeia de suprimentos em que a estratégia fosse substituída, da empurrada, ou de produção para estoque, para a puxada, ou de produção sob encomenda. Este local será chamado de *fronteira empurra-puxa*.

A ElecComp desenvolveu e implementou uma nova estratégia de empurra-puxa para a cadeia de suprimentos, e o impacto foi drástico. Para os mesmos *lead times* do cliente, o estoque de segurança foi diminuído em 40 a 60%, dependendo do produto. O mais importante é que, com a nova estrutura da cadeia de suprimentos, a ElecComp concluiu que poderia reduzir os *lead times* para os clientes em 50% e ainda manter uma redução de 30% no estoque de segurança.

Para entender a análise e as vantagens obtidas pela ElecComp, vejamos a Figura 3-11, em que o produto acabado (a peça 1) é montado em uma unidade em Dallas, a partir de dois componentes, um produzido na fábrica de Montgomery e o outro em uma fábrica em Dallas. Cada retângulo dá informações sobre o valor do produto fabricado em cada instalação. Os números abaixo de cada retângulo representam o tempo de processamento no respectivo estágio. As caixas abertas representam os estoques de segurança. Os tempos de trânsito entre as unidades também são informados. Por fim, cada unidade obedece ao tempo de resposta

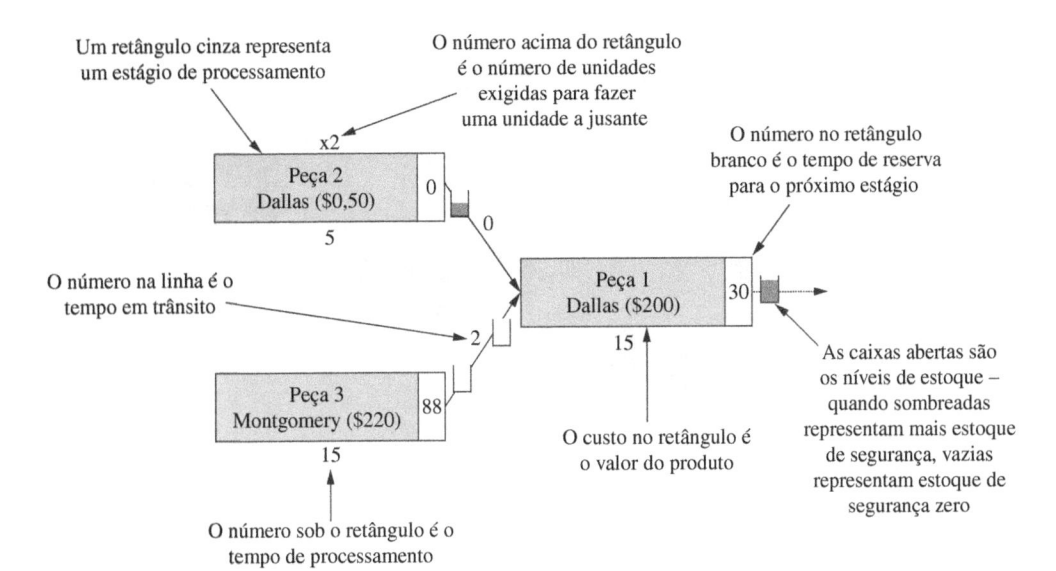

FIGURA 3-11 Como interpretar os diagramas.

Um retângulo cinza representa um estágio de processamento

O número acima do retângulo é o número de unidades exigidas para fazer uma unidade a jusante

O número no retângulo branco é o tempo de reserva para o próximo estágio

O número na linha é o tempo em trânsito

O número sob o retângulo é o tempo de processamento

O custo no retângulo é o valor do produto

As caixas abertas são os níveis de estoque – quando sombreadas representam mais estoque de segurança, vazias representam estoque de segurança zero

reservado para as unidades a jusante. Por exemplo, a unidade de montagem especifica um tempo de resposta de 30 dias para seus clientes. Isto significa que nenhum pedido pode ser entregue em mais de 30 dias. A unidade de Montgomery calcula um tempo de resposta de 88 dias para a unidade de montagem. Consequentemente, esta precisa manter um estoque de produtos acabados para atender aos pedidos dos clientes em seu tempo de entrega de 30 dias.

Se por algum motivo a ElecComp for capaz de reduzir o tempo de entrega entre a unidade de Montgomery e a unidade de montagem de 88 para digamos 50 ou 40 dias, esta conseguirá reduzir seu estoque de produtos acabados enquanto aquela terá de passar a manter estoque. Claro que o objetivo da ElecComp é o de minimizar os custos totais de estoque e fabricação. E é exatamente isto que o Inventory Analyst™ da Logic Tools permite fazer (www.logictools.com). Ao analisar toda a cadeia de suprimentos, a ferramenta define o nível de estoque apropriado a cada estágio.

Por exemplo, se a unidade de Montgomery reduzir seu *lead time* para 13 dias, então a unidade de montagem não precisa de estoques de produtos acabados. Qualquer pedido de cliente vai iniciar um pedido de peças 2 e 3. A peça 2 estará disponível imediatamente, já que a unidade

que a produz tem estoque. Porém, a peça 3 estará disponível na unidade de montagem em 15 dias: 13 dias de tempo de resposta da unidade de fabricação mais 2 dias de *lead time* de transporte. São necessários outros 15 dias para processar o pedido na unidade de montagem e, assim, o pedido será entregue aos clientes no tempo de entrega. Neste caso, a unidade de montagem produz sob encomenda, isto é, de acordo com uma estratégia puxada, enquanto a unidade de Montgomery precisa manter um estoque e portanto é administrada com base em uma estratégia empurrada, ou de produção para o estoque.

Agora que os *trade-offs* estão claros, consideremos a estrutura de produto apresentada na Figura 3-12. Os retângulos cinzas (peças 4, 5 e 7) representam os fornecedores externos, enquanto os retângulos pretos representam os estágios internos dentro da cadeia de suprimentos da ElecComp. Observe que a unidade de montagem tem um tempo de resposta de 30 dias para os clientes e mantém um estoque de produtos acabados. Mais precisamente, a unidade de montagem e a unidade que fabrica a peça 2 adotam a produção para estoque. Todos os outros estágios produzem sob encomenda.

A Figura 3-13 mostra a cadeia de suprimentos otimizada que fornece com o mesmo tempo de resposta de 30 dias. Observe que ao ajustar o

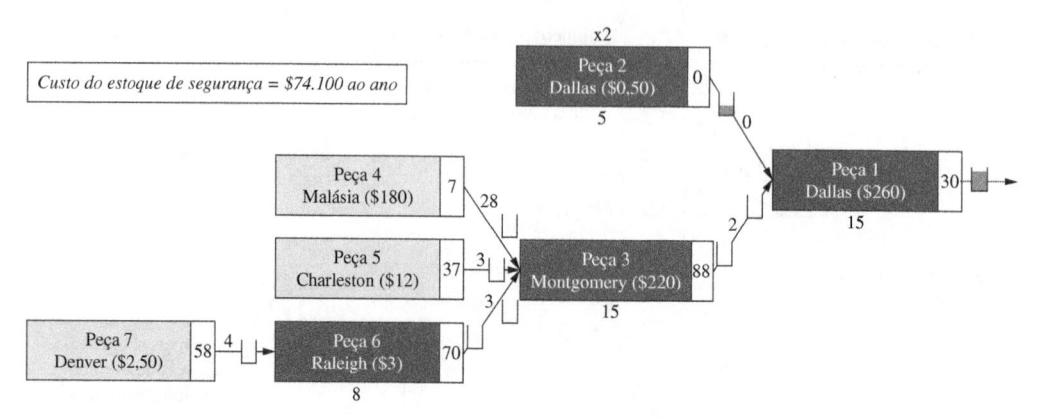

FIGURA 3-12 A localização atual do estoque de segurança.

Custo do estoque de segurança = $74.100 ao ano

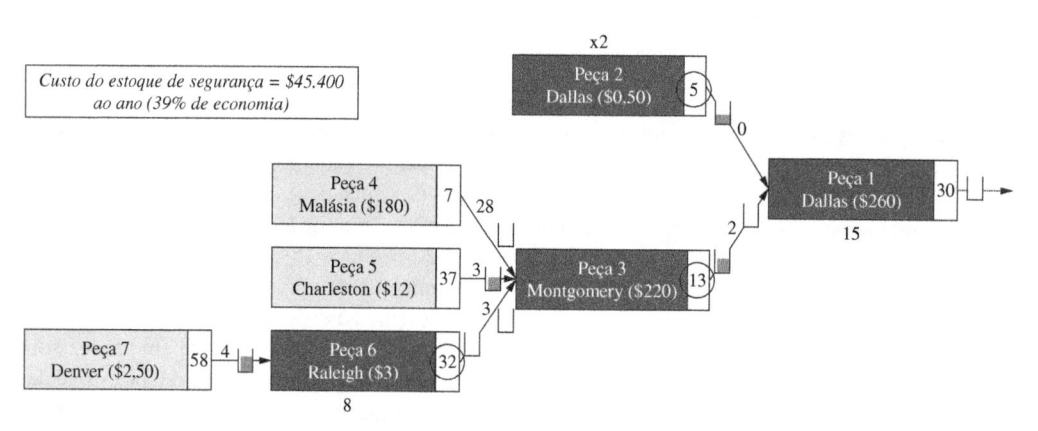

FIGURA 3-13 Estoque de segurança otimizado.

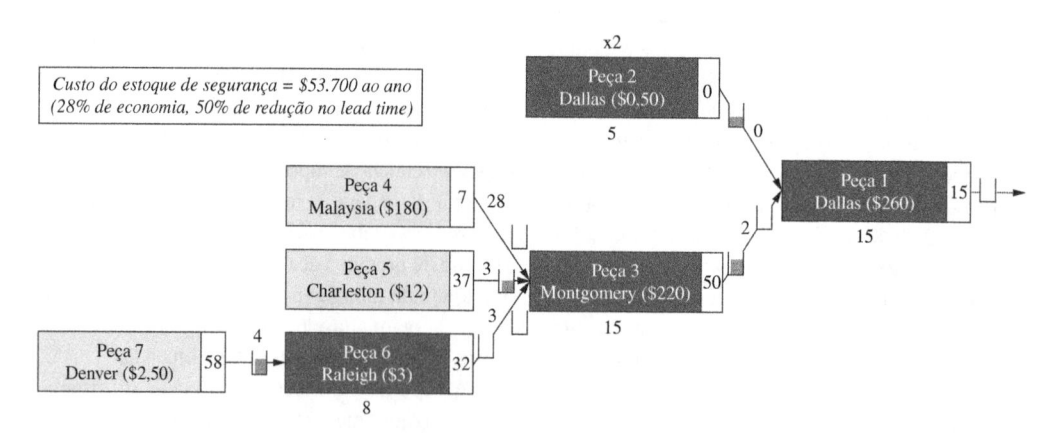

Custo do estoque de segurança = $45.400 ao ano (39% de economia)

FIGURA 3-14 Estoque de segurança otimizado com redução no *lead time*.

Custo do estoque de segurança = $53.700 ao ano (28% de economia, 50% de redução no lead time) tempo de entrega de várias unidades internas, o sistema de montagem passa a produzir sob encomenda e não mantém estoque de produtos acabados. Por outro lado, as unidades de Raleigh e de Montgomery precisam produzir para diminuir seu tempo de entrega e assim manter estoque.

Então, em que parte da estratégia otimizada a produção é puxada e em que parte ela é empurrada? A unidade de montagem e a unidade de Dallas que produz a peça 2 operam sob encomenda, isto é, de acordo com a estratégia puxada; a unidade de Montgomery opera para a formação de estoques, de acordo com a estratégia empurrada. O impacto na cadeia de suprimentos é uma redução de 39% no estoque de segurança!

Neste ponto, é interessante analisar o impacto de um *lead time* definido com mais agressividade para os clientes. Isto é, os executivos da ElecComp consideram reduzir os *lead times* definidos para os clientes de 30 para 15 dias. A Figura 3-14 mostra a estratégia para a cadeia de suprimentos otimizada, com esta nova configuração. O impacto ficou evidente. Em relação aos valores iniciais (Figura 3-12), o estoque foi diminuído em 28%, ao passo que o tempo de resposta para os clientes caiu pela metade. Ver a Tabela 3-7 para um resumo dos resultados deste estudo.

Por fim, as Figuras 3-15 e 3-16 apresentam uma estrutura de produto mais complexa. A Figura 3-15 dá informações sobre a estratégia da cadeia de suprimentos antes da otimização, e a Figura 3-16 ilustra a estratégia após a otimização da fronteira empurra-puxa e os níveis de estoque em diferentes estágios no interior da cadeia de suprimentos. Mais uma vez, a vantagem é clara. Ao escolhermos corretamente o estágio que produzirá sob encomenda e aquele que produzirá para estoque, os custos com estoque foram reduzidos em mais de 60%, com a manutenção do mesmo *lead time* especificado para os clientes.

Em suma, a tecnologia multiestágio de otimização do estoque (Inventory Analyst™ da Logic Tools) permitiu à ElecComp reduzir de forma expressiva os custos, ao mesmo tempo em que mantinha ou mesmo diminuía significativamente os tempos de serviço especificados para os clientes. Estas metas foram atingidas por meio da:

1. Identificação da fronteira empurra-puxa, isto é, a identificação dos estágios da cadeia de suprimentos que devem operar para formar estoque e assim manter estoque de segurança. Os outros estágios da cadeia de suprimentos produzem sob encomenda e, por isso, não detêm estoques. Isto é possível empurrando o estoque para locais menos dispendiosos na cadeia de suprimentos.
2. Vantagem do conceito do compartilhamento do risco. Este conceito sugere que a demanda por um componente usado na produção de um determinado número de produtos acabados tem variação e incerteza menores do que a de produtos acabados (ver Capítulo 2).
3. Substituição de estratégias tradicionais da cadeia de suprimentos que normalmente são chamadas de *otimização sequencial* ou *local* por uma estratégia *com cadeia de suprimentos globalmente otimizada*. Na estratégia de otimização sequencial ou local, cada estágio tenta otimizar seu lucro sem dar muito peso para as decisões tomadas em outros estágios da cadeia de suprimentos. Por outro lado, na estratégia global toda a estratégia para a cadeia de suprimentos está integrada, de forma que as estratégias são selecionadas para cada estágio a fim de maximizar o desempenho da cadeia de suprimentos.

TABELA 3-7

RESUMO DOS RESULTADOS

Cenário	Custo de armazenagem do estoque de segurança ($/ano)	*Lead time* do cliente (dias)	Tempo do ciclo (dias)	Giros de estoque (giros/ano)
Atual	74.100	30	105	1,2
Otimizado	45.400	30	105	1,4
Lead times reduzidos	53.700	15	105	1,3

142 CADEIA DE SUPRIMENTOS: PROJETO E GESTÃO

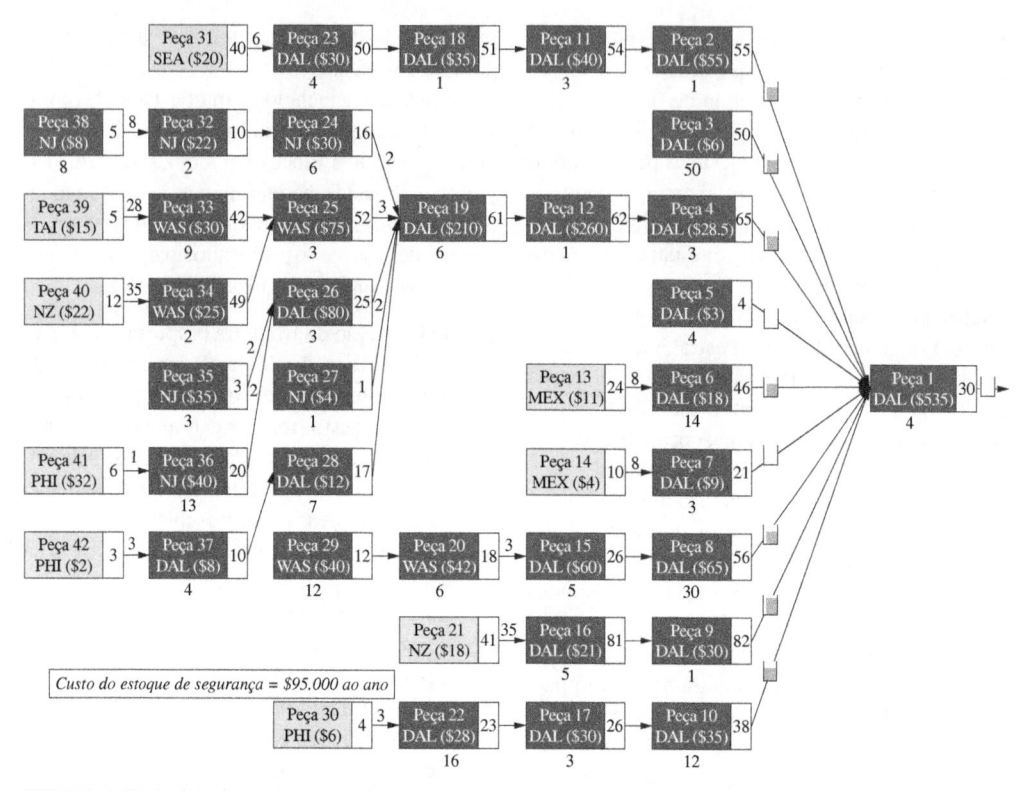

FIGURA 3-15 Cadeia de suprimentos existente.

Para entendermos melhor o impacto do novo paradigma da cadeia de suprimentos adotada pela ElecComp, examinamos a Figura 3-17, que apresenta um gráfico do custo total do estoque como função do *lead time* para o cliente. A curva em preto para o *trade-off* representa a relação tradicional entre custo e *lead time* especificado para os clientes.

Esta curva é o resultado das decisões sobre otimização tomadas localmente a cada estágio da cadeia de suprimentos. A curva em cinza para o *trade-off* é obtida quando a empresa otimiza a cadeia de suprimentos de forma global, por meio da correta identificação da fronteira empurra-puxa.

Observe que esta alteração na curva de *trade-off*, devido à localização adequada da fronteira empurra-puxa, significa que:

1. Para um mesmo *lead time* especificado a empresa pode reduzir os custos de forma expressiva.

Ou

2. Para um mesmo custo, a empresa pode encurtar significativamente o *lead time*.

Por fim, observe que a curva representando a relação tradicional entre custo e *lead time* para o cliente é contínua, diferente da nova curva de *trade-off* para o impacto da localização da fronteira empurra-puxa, que dá saltos em vários pontos. Estes saltos representam situações em que a fronteira empurra-puxa se altera, com a obtenção de expressiva economia em custos.

As empresas que adotam um novo modelo de cadeia de suprimentos como o descrito nesse estudo de caso têm em mãos uma estratégia que reduz tanto os custos quanto os *lead times* especificados. Esta estratégia permite à empresa atender à demanda com mais rapidez do que a concorrência e desenvolver uma estrutura de custo que permite a precificação eficiente.

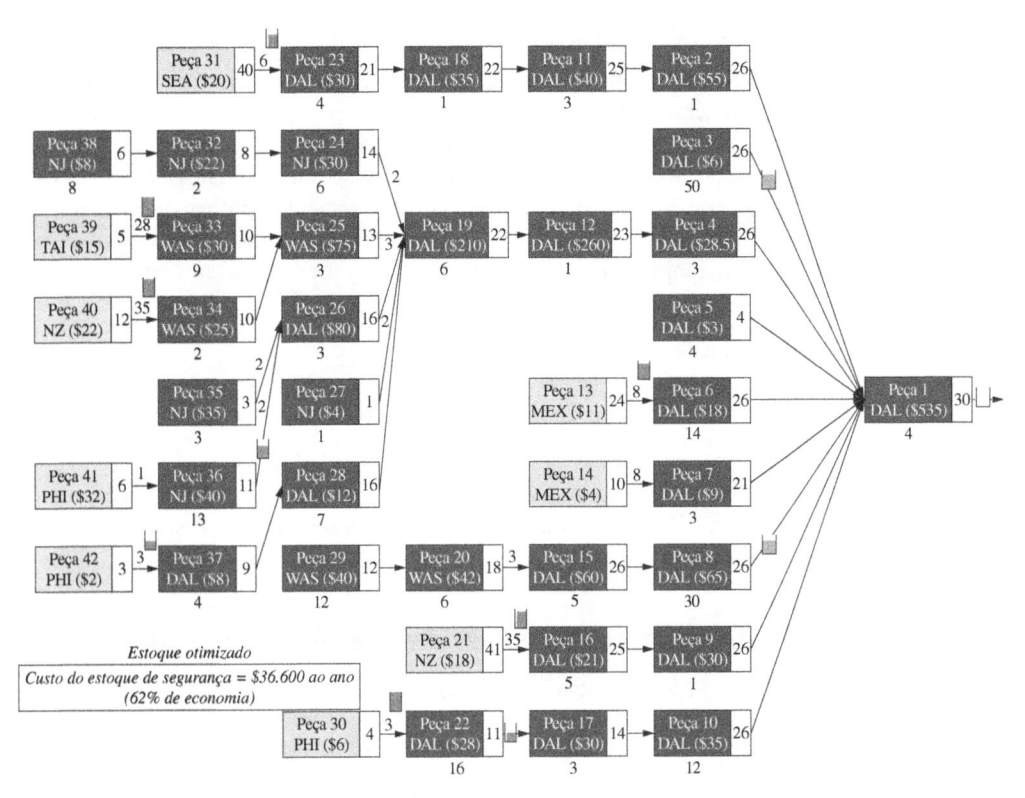

FIGURA 3-16 Cadeia de suprimentos otimizada.

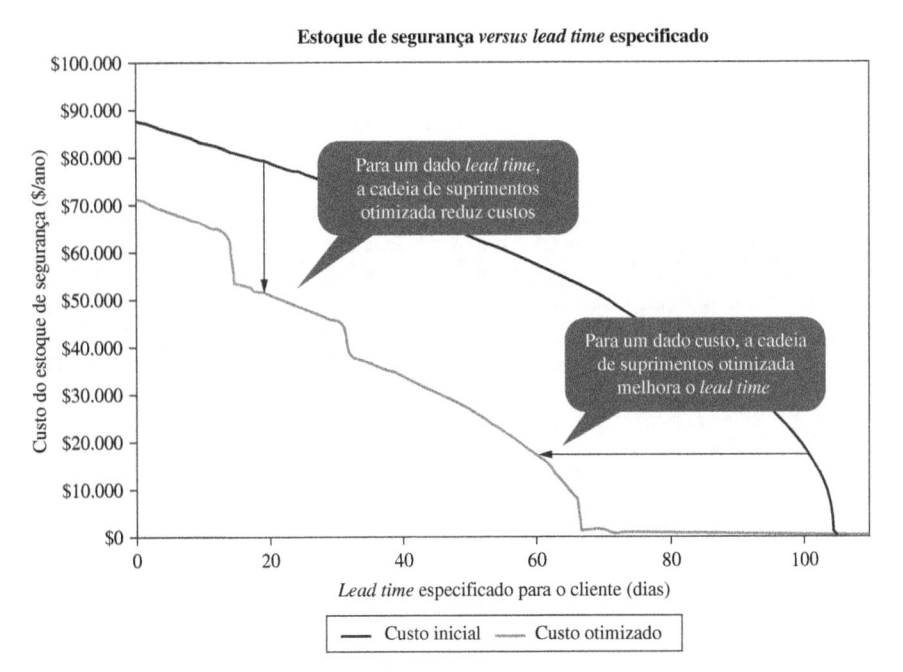

FIGURA 3-17 Os *trade-offs* entre o *lead time* especificado e o estoque de segurança.

3.3.2 A integração da posição do estoque com o projeto da rede logística

Um importante desafio durante o projeto de qualquer rede logística é a avaliação do impacto da rede no estoque, em geral, e na posição do estoque, em especial. Nossa experiência diz que muitas empresas tentam manter a maior parte possível de seus estoques mais próxima de seus clientes, ter estoques em todas as instalações e armazenar o máximo possível em termos de matéria-prima. Não resta dúvida de que o foco desta estratégia está nas otimizações localizadas, em que cada instalação na cadeia de suprimentos otimiza seus próprios objetivos sem levar muito em conta o impacto de suas decisões nas outras unidades dentro da cadeia de suprimentos. Esta atitude em geral leva a:

- Baixo giro de estoques
- Níveis de serviço inconsistentes entre as diferentes unidades e produtos
- A necessidade de apressar o despacho de produtos, com o inerente aumento nos custos de transporte

As discussões anteriores sugerem que a posição do estoque na cadeia de suprimentos deve ser executada com a utilização de modelos que considerem a cadeia de suprimentos por completo. O exemplo a seguir ilustra o processo e alguns dos resultados obtidos.

EXEMPLO 3-4

Consideremos uma empresa norte-americana de bens de consumo embalados (BCE) que no momento tem uma cadeia de suprimentos *single-tier*. A rede logística *single-tier* significa que os itens fluem das unidades de fabricação para os depósitos e destes para os varejistas. A cadeia de suprimentos tem 17 depósitos, com seis deles localizados na região central dos EUA. A cadeia de suprimentos atual é considerada ineficiente, pois a utilização dos caminhões de entrada é cerca de 63%, o que sugere que o custo com transportes está alto demais.

A empresa concluiu um projeto de engenharia de rede logística cujo objetivo foi o de transformar a rede *single-tier* em uma cadeia de suprimentos *two-tier*, isto é, os itens são despachados das unidades de fabricação para depósitos principais, destes para depósitos secundários e, por fim, aos varejistas. O novo projeto reduziu o número de depósitos de 17 para 14, dos quais cinco são depósitos principais e nove secundários. O impacto na utilização de caminhões foi drástico. Uma vez que os caminhões podem ser despachados para os depósitos principais com carga cheia, a utilização cresceu a 82%, o que reduziu os custos de transporte em cerca de 13%.

O desafio é otimizar a posição de estoque na nova cadeia de suprimentos. Isto é, todas SKUs devem ser posicionadas nos depósitos principais e nos secundários? Ou algumas devem ser posicionadas nos depósitos principais e outras exclusivamente nos depósitos secundários? Para auxiliar nesta decisão, consideremos a Figura 3-18, que apresenta informações sobre a demanda do cliente para 4 mil diferentes SKUs. O eixo vertical informa as vendas semanais médias e o eixo horizontal dá a variação na demanda medida pelo coeficiente de variação (ver Capítulo 2 para mais detalhes).

Observe que os produtos podem ser classificados em três categorias:

- Produtos de alta variação e pequeno volume
- Produtos de baixa variação e grande volume
- Produtos de baixa variação e pequeno volume

A estratégia da cadeia de suprimentos deve ser diferente para diferentes categorias de produtos. Por exemplo, o risco do estoque é o principal desafio para produtos de alta variação e pequeno volume. Assim, estes produtos têm de ser posicionados principalmente nos depósitos principais, para que a demanda de muitos varejistas possa ser agregada, reduzindo os custos com estoques.

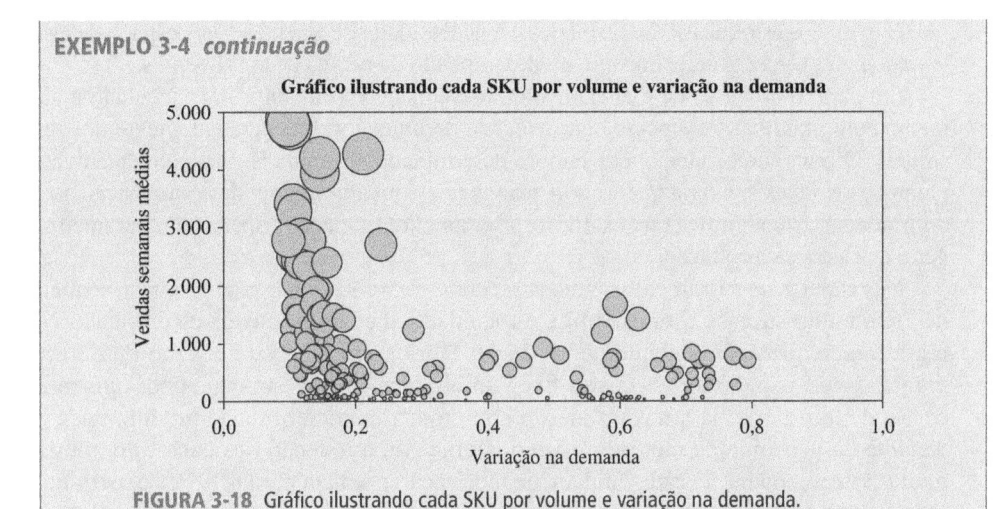

> **EXEMPLO 3-4** *continuação*
>
> **Gráfico ilustrando cada SKU por volume e variação na demanda**
>
> [Gráfico de dispersão com eixo y "Vendas semanais médias" de 0 a 5.000 e eixo x "Variação na demanda" de 0,0 a 1,0]
>
> **FIGURA 3-18** Gráfico ilustrando cada SKU por volume e variação na demanda.
>
> Por outro lado, os produtos de baixa variação e grande volume devem ser posicionados próximos aos varejistas, nos depósitos secundários, pois isto permite que a cadeia de suprimentos despache caminhões com carga cheia ao mais próximo possível dos clientes, o que reduz os custos com transporte.
>
> Por fim, posicionar os produtos de baixa variação e baixo volume requer uma análise mais detalhada, pois outras características são importantes, como as margens de lucro, entre outras.

A análise do Exemplo 3-4 leva a uma interessante conclusão. A incerteza na demanda é um fator crítico para produtos de alta variação e baixo volume; logo, a estratégia da cadeia de suprimentos posicionará o estoque em depósitos principais para tirar vantagem do compartilhamento do risco (neste caso a estratégia é *puxada*). Por outro lado, para produtos de baixa variação e grande volume, o foco está nas economias de escala, nos custos de transporte e por isso estes produtos são posicionados o mais próximo possível dos clientes. Isto reduz os custos de transporte e a estratégia é empurrada. Esta estrutura é muito semelhante àquela desenvolvida na Seção 6.2.4 para um cenário mais amplo.

3.4 A ALOCAÇÃO DE RECURSOS

Dada uma rede logística definida, a empresa precisa decidir a cada mês, trimestre ou ano como vai utilizar os recursos de forma eficaz. Esta decisão é tomada a partir de um plano de desenvolvimento de mercado para a cadeia de suprimentos. O *plano mestre da cadeia de suprimentos* é definido como o processo de coordenação e alocação de recursos e estratégias de produção e distribuição para maximizar o lucro e minimizar os custos globais do sistema. Neste processo, a empresa considera a previsão de demanda para todo o horizonte de planejamento. Por exemplo, o mês, trimestre ou ano, além das exigências relativas a estoques de segurança. Este último quesito é determinado com base em modelos semelhantes ao analisado na seção anterior.

Alocar os recursos de produção, transporte e estoque de forma a satisfazer a demanda pode ser uma tarefa desafiadora. Isto vale especialmente para o caso em que a empresa se depara com demandas sazonais, capacidades limitadas, promoções competitivas ou alta volatilidade nas previsões. De fato, as decisões envolvendo a hora e a quantidade a produzir, o local em que os estoques serão formados e a necessidade de arrendar mais espaço de estocagem podem exercer grande impacto no desempenho da cadeia de suprimentos.

Em geral o processo de planejamento da cadeia de suprimentos era executado manualmente com planilhas pela pessoa encarregada de um setor, independentemente dos outros setores. O plano de produção era sempre determinado na unidade, independentemente do plano de estoques, e exigia que os dois planos tivessem algum grau de coordenação ao final do processo. Isto significa que as divisões sempre "otimizavam" apenas um parâmetro, em geral os custos de produção.

Nas cadeias de suprimentos modernas, contudo, sabe-se que este processo sequencial não tem muito sucesso. Por exemplo, o foco dado apenas aos custos de produção via de regra indica que cada unidade de produção fabrica um número pequeno de SKUs em grandes lotes, o que reduz os custos fixos. Infelizmente, esta estratégia pode aumentar os custos de transporte, já que a instalação que produz um determinado produto pode estar distante da demanda de mercado. Como alternativa, a redução nos custos de transporte muitas vezes requer que cada unidade de fabricação produza muitas SKUs e, portanto, os clientes podem ser atendidos pela unidade mais próxima a eles.

Encontrar o equilíbrio correto entre os dois componentes requer a substituição do processo de planejamento sequencial por um que considere a interação entre os vários níveis da cadeia de suprimentos e identifique uma estratégia que maximize o desempenho da cadeia de suprimentos. Isto se chama otimização global e requer um sistema de apoio à decisão baseado na otimização. Estes sistemas, que simulam a cadeia de suprimentos por meio de programação de números inteiros mistos de grande escala, são ferramentas analíticas com a capacidade de levar em consideração a complexidade e a natureza dinâmica da cadeia de suprimentos.

Estes tipos de ferramentas de apoio à decisão exigem parte de ou todos os dados listados a seguir:

- Os locais das instalações: as unidades, os centros de distribuição e os pontos de demanda.
- Os recursos de transporte, incluindo a frota interna e as transportadoras externas.
- Os produtos e suas respectivas informações.
- As informações sobre a linha de produto, como tamanho do lote mínimo, capacidade, custos, entre outras.
- As capacidades dos depósitos e outras informações, como uma dada tecnologia (por exemplo, refrigeradores) que um certo depósito possui e portanto pode estocar uma classe específica de produtos.
- A previsão de demanda por local, produto e tempo.

Dependendo do objetivo do processo de planejamento, os resultados podem se concentrar em diferentes aspectos, como:

- **As estratégias de fornecimento.** Em que local cada produto deve ser fabricado durante o horizonte de planejamento?
- **O plano mestre da cadeia de suprimentos.** Quais são as quantidades de produção, o tamanho dos lotes a transportar e as necessidades de estocagem por produto, local e período de tempo?

Para algumas aplicações, o plano mestre da cadeia de suprimentos oferece os dados de entrada para um sistema de programação da produção detalhado. Neste caso, o sistema de programação da produção utiliza informações sobre as quantidades de produção e os prazos recebidos do plano central. Estas informações são empregadas para propor uma sequência

```
┌──────────────┐  Programação   ┌──────────────┐                  ┌──────────────┐
│              │  detalhada da  │ Modelo tático e│ Lucro por mercado│ Planejamento │
│ Planejamento │     produção   │ planejamento da│    e produto    │  da demanda/ │
│ da produção  │  Plano mestre  │   cadeia de    │ Demanda prevista│ concretização│
│              │  da cadeia de  │  suprimentos   │                 │   do pedido  │
│              │  suprimentos   │                │ Definição da demanda│         │
└──────────────┘                └──────────────┘                  └──────────────┘
    Viabilidade                    Custo/lucro                      Nível de serviço
   ←──────────→                   ←──────────→                     ←──────────→
```

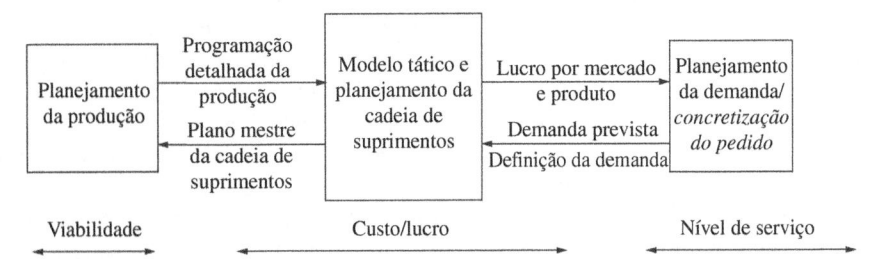

FIGURA 3-19 A cadeia de suprimentos estendida: da fabricação à concretização do pedido.

de fabricação detalhada e uma programação. Isto permite que o planejador integre o final da cadeia de suprimentos, isto é, a manufatura e a produção, e o início da cadeia, ou o planejamento da demanda e o reabastecimento (ver Figura 3-19). Este diagrama ilustra um problema importante. O foco dos sistemas de reabastecimento é o nível de serviço. Da mesma forma, o foco do planejamento tático, isto é, o processo pelo qual a empresa gera um plano central para a cadeia de suprimentos, está na minimização dos custos ou na maximização dos lucros. Por fim, o foco da parcela relativa à programação da produção detalhada da cadeia de suprimentos está na *viabilidade*. Isto é, o foco está na geração de uma programação detalhada da produção que satisfaça todas as restrições de produção e todas as exigências de prazos geradas pelo plano mestre da cadeia de suprimentos.

Claro que os resultados do processo de planejamento tático, isto é, o plano mestre da cadeia de suprimentos, é compartilhado com os participantes da cadeia de suprimentos para melhorar a coordenação e a colaboração. Por exemplo, os gestores do centro de distribuição são capazes de empregar melhor estas informações para planejar suas necessidades de mão de obra e transporte. Da mesma forma, os gerentes da unidade utilizam o plano para se certificarem de que têm suprimento suficiente de matéria-prima.

Além disso, as ferramentas utilizadas no plano mestre da cadeia de suprimentos são capazes de identificar os prováveis gargalos na cadeia *precocemente* no planejamento, o que permite ao planejador responder a perguntas como:

- O espaço arrendado para estocagem aliviará os problemas de capacidade?
- Quando e onde o estoque para as demandas sazonal e promocional deve ser montado e armazenado?
- Os problemas de capacidade podem ser minimizados com um rearranjo das zonas dos depósitos?
- Qual é o impacto das mudanças na previsão sobre a cadeia de suprimentos?
- Qual é o impacto das horas-extras nas unidades ou na terceirização da produção?
- Quais unidades devem abastecer os diferentes depósitos?
- A empresa deve transportar por via aérea ou marítima? O transporte marítimo implica *lead times* longos e, portanto, exige níveis de estoque. Por outro lado, o transporte aéreo reduz os *lead times* e, portanto, os níveis de estoque, mas aumenta os custos relativos de forma expressiva.
- É preciso re-equilibrar o estoque entre depósitos ou reabastecê-los a partir das unidades para assim atender às alterações inesperadas na demanda?

Outra importante capacidade que as ferramentas táticas possuem é a de analisar os planos de demanda e a utilização de recursos para maximizar o lucro. Isto possibilita equilibrar o efeito das promoções, dos lançamentos de novos produtos e outras mudanças planejadas nos padrões de demanda e custos da cadeia de suprimentos. Com isso, os planejadores são capazes de analisar o impacto das diferentes estratégias de precificação e identificar os mercados, as lojas ou os clientes que não rendem as margens de lucro desejadas.

Naturalmente, é preciso decidir se o foco cai na minimização dos custos ou na maximização dos lucros. Ainda que a resposta a esta questão possa variar de caso para caso, está claro que a minimização dos custos é importante quando a estrutura da cadeia de suprimentos é fixa ou em tempos de recessão e excesso de oferta. Neste caso, o foco deve ser colocado na satisfação de toda a demanda, ao menor custo possível, com a alocação eficaz de recursos. Por outro lado, a maximização dos lucros é importante em tempos de crescimento, isto é, em momentos em que a demanda excede a oferta. Neste caso, a capacidade pode sofrer limitações em função do uso de recursos naturais limitados ou dos processos de fabricação dispendiosos que são difíceis de expandir, como nos setores da indústria química e eletrônica. Nestas situações, a decisão sobre quem atender e por quanto é mais importante do que a economia em termos de custos.

Por fim, uma ferramenta eficaz de elaboração do planejamento mestre da cadeia de suprimentos precisa ser capaz de auxiliar os planejadores a melhorar a precisão do modelo da cadeia de suprimentos. Contudo, está claro que isto não procede, pois a precisão do modelo de planejamento mestre da cadeia de suprimentos depende da precisão da previsão da demanda, que por sua vez é uma das informações de entrada para o modelo. No entanto, observe que a precisão da previsão da demanda geralmente depende do tempo. Isto é, a precisão na previsão da demanda para os períodos iniciais, por exemplo, as primeiras quatro semanas, é muito maior do que para os períodos finais. Isto sugere que o planejador deve simular a primeira parte da previsão da demanda em maior nível de detalhe, ou seja, aplicar as informações semanais. Por outro lado, as previsões de demanda para os períodos finais não são tão precisas e portanto o planejador deve simular esta parcela da previsão a cada mês, ou para cada período de duas ou três semanas. Isto sugere que as previsões da demanda final são agregadas em períodos mais longos e, assim, devido ao conceito de compartilhamento do risco, a precisão da previsão é aperfeiçoada.

Em suma, o planejamento mestre da cadeia de suprimentos ajuda no tratamento dos principais *trade-offs* na cadeia de suprimentos, como o custo de preparação da produção *versus* os custos de transporte, ou tamanhos dos lotes de produção *versus* capacidades. Ele considera os custos da cadeia de suprimentos como produção, suprimentos, estocagem, transportes, taxas e estoques, bem como as capacidades e as alterações nestes parâmetros que ocorrem ao longo do tempo.

EXEMPLO 3-5

Este exemplo ilustra como o planejamento mestre da cadeia de suprimentos pode ser utilizado de forma dinâmica e consistente para auxiliar um grande fabricante de alimentos a administrar sua cadeia. O fabricante toma decisões sobre produção e distribuição em nível de divisão. Mesmo neste nível, os problemas tendem a ser grandes. Na verdade, uma divisão típica pode ter centenas de produtos, diversas unidades de produção, muitas linhas em uma dada unidade, diversos depósitos (incluindo as instalações para o excesso de produção), as estruturas de lista de material para dar conta de diferentes opções de embalagem e uma previsão de demanda de 52 semanas para cada produto e região. A previsão lida com a sazonalidade e as promoções agendadas. A previsão anual é importante porque uma promoção efetuada tardiamente no ano pode exigir recursos de produção com relatica antecipação no mesmo ano. As capacidades de produção e armazenamento são apertadas e os produtos têm uma vida útil limitada, que precisa ser inserida na análise. Por fim, o escopo do plano cobre muitas áreas funcionais, incluindo compras, produção, transporte, distribuição e gestão de estoques.

EXEMPLO 3-5 *continuação*

Em geral, cada área da empresa executava o processo de planejamento da cadeia de suprimentos manualmente por meio de planilhas. Isto é, o plano de produção era sempre determinado na unidade, independentemente do plano de estoques, e exigia que os dois planos tivessem algum grau de coordenação ao final do processo. Isto significa que as divisões sempre acabavam por "otimizar" apenas um parâmetro, em geral os custos de produção. O planejamento tático com PCS introduzido na empresa permite aos planejadores reduzir os custos globais do sistema e utilizar melhor os recursos como fabricação e estocagem. Na verdade, uma comparação detalhada entre o plano gerado pela ferramenta e a estratégia de planilhas sugere que a ferramenta baseada na otimização é capaz de reduzir os custos totais em toda a cadeia de suprimentos. Veja a Figura 3-20 para uma ilustração dos resultados.

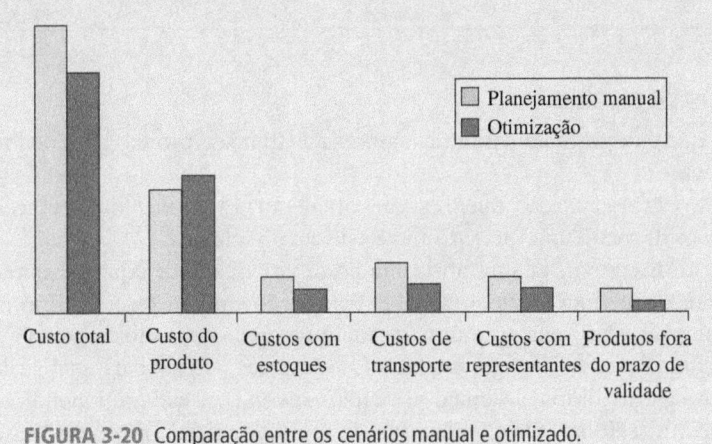

FIGURA 3-20 Comparação entre os cenários manual e otimizado.

RESUMO

A otimização do desempenho da cadeia de suprimentos é difícil em função dos objetivos conflitantes, das incertezas na demanda e na oferta e da dinâmica da cadeia. Contudo, o planejamento logístico – que combina o projeto da rede, a posição de estoques e a alocação de recursos – permite à empresa otimizar globalmente o desempenho da cadeia de suprimentos. Isto é possível por meio da consideração de toda a rede, dos custos de produção, armazenagem, transporte e de estoques, além das exigências em termos de nível de serviço.

A Tabela 3-8 resume as principais dimensões de cada uma das atividades de planejamento, do projeto da rede logística, da gestão e posição de estoques e da alocação de recursos. A tabela mostra que o projeto da rede envolve planos de longo prazo, quase sempre de anos. Estes planos são executados nos níveis mais altos e podem trazer grandes retornos. O horizonte de planejamento para a alocação de recursos (plano mestre da cadeia de suprimentos) é de um mês ou de um trimestre, a frequência do replanejamento é alta, de poucas semanas, por exemplo, e normalmente gera resultados rapidamente. O planejamento de estoques se concentra na incerteza de curto prazo na demanda, *lead times*, tempo de processamento ou de suprimento. A frequência do replanejamento é alta, com o planejamento mensal efetuado para definir o estoque de segurança adequado com base na última previsão e erro de previsão. O planejamento de estoques pode ser utilizado de modo mais estratégico para identificar os locais na cadeia de suprimentos em que a empresa mantém estoque, bem como os estágios que produzem para estoque e os que produzem sob encomenda.

TABELA 3-8
AS CARACTERÍSTICAS DO PLANEJAMENTO DA REDE LOGÍSTICA

	Projeto da rede	Posição e gestão dos estoques	Alocação de recursos
Foco de decisão	Infraestrutura	Estoque de segurança	Produção Distribuição
Horizonte de planejamento	Anos	Meses	Meses
Nível de agregação	Família	Item	Categorias
Frequência	Anual	Mensal/semanal	Mensal/semanal
Retorno sobre o investimento	Alto	Médio	Médio
Implementação	Muito curta	Curta	Curta
Usuários	Pouquíssimos	Poucos	Poucos

QUESTÕES PARA DISCUSSÃO

1. Por que é importante para uma empresa avaliar seu projeto de rede logística periodicamente?
2. Dentro da organização, quem está envolvido no projeto da rede (operações, vendas, executivos de marketing, etc.)? Como é este envolvimento?
3. A KLF Electronics é um fabricante norte-americano de equipamentos eletrônicos. A empresa tem uma única unidade de fabricação em San Jose, Califórnia. A KLF Electronics distribui seus produtos por meio de cinco depósitos regionais localizados em Atlanta, Boston, Chicago, Dallas e Los Angeles. No sistema de distribuição atual, os EUA são divididos em cinco principais mercados, cada um atendido por um único depósito regional. Os clientes, via de regra varejistas, recebem os itens diretamente do depósito regional em sua área. Isto é, neste sistema, a cada cliente é dado um único mercado, e ele recebe entregas de um depósito regional. Os depósitos recebem os produtos da unidade de fabricação. Em geral, são necessárias duas semanas para atender a um pedido emitido por um dos depósitos regionais. Nos últimos anos, a KLF vem vivenciando um aumento na concorrência e uma imensa pressão de parte de seus clientes por melhorias no nível de serviço e redução de custos. Com esse intuito, a KLF considera uma estratégia de distribuição alternativa, em que os cinco depósitos regionais fossem substituídos por um único depósito central que, por sua vez, ficaria responsável pelos pedidos de todos os clientes.
Descreva como você deve projetar a nova rede logística que terá somente um depósito. Prepare um esboço desta análise. Quais são as etapas principais? Quais são os dados específicos necessários? Quais são as vantagens e desvantagens de uma estratégia de distribuição nova em relação à existente?
4. Na seleção dos prováveis locais para depósitos, é importante considerar questões como as condições geográficas e de infraestrutura, os recursos naturais e disponibilidade de mão de obra, regulamentações para a indústria e legislação tributária e interesse público. Para cada um dos setores listados a seguir, dê exemplos de como essas questões podem afetar a escolha dos locais para depósitos.
    a. Indústria automobilística
    b. Indústria farmacêutica
    c. Editoras
    d. Indústria aeronáutica
    e. Distribuição de livros

f. Fabricação e instalação de móveis
g. Produção de computadores

5. Consideremos as indústrias farmacêutica e química. Na indústria farmacêutica, os produtos têm margens altas e normalmente adota-se a entrega noturna. Por outro lado, na indústria química, os produtos têm margens baixas e os custos de transporte de saída são maiores do que os custos de transporte de entrada. Qual é o efeito destas características no número de depósitos para empresas nestas indústrias? Onde você espera encontrar mais depósitos, na indústria química ou na farmacêutica?
6. Na Seção 3.2.3, observamos que a estrutura das taxas de transporte de carga cheia é assimétrica. Por quê?
7. Discuta alguns itens específicos que compõem os custos de manuseio, os custos fixos e os custos de estocagem associados a um depósito.
8. Qual é a diferença entre usar uma técnica de otimização exata e uma heurística para resolver um problema?
9. O que é uma simulação e como ela ajuda a resolver problemas difíceis de logística?

ESTUDO DE CASO

H.C. Starck, Inc.

1. A CHEGADA

Tom Carrol era um dos alunos do programa do MIT de Formação de Líderes para o Setor Produtivo. Em 1/6/1999, após completar um ano acadêmico difícil, Tom começou a trabalhar como estagiário na H.C. Starck, Inc. por um período de seis meses. Ele sabia que seu trabalho envolveria a redução dos *lead times*, mas não tinha informações específicas sobre os detalhes. Sua primeira reunião foi com Lee Sallade, Diretor de Operações. A Figura 3-21 mostra um fluxograma organizacional resumido da H.C. Starck. Lee explicou que a equipe de vendas estava pressionando-o para reduzir os *lead times* – definidos aqui como o tempo transcorrido entre o recebimento de um pedido do cliente e a expedição do produto. A impressão geral era de que este tempo girava entre oito e 14 semanas, devido ao longo tempo de fabricação, mas não havia dados de confirmação.

O departamento de vendas sentia que se o *lead time* pudesse ser reduzido para três semanas, então a empresa teria expressiva vantagem no mercado e aumentaria o volume de vendas. Lee concordava que o *lead time* era importante, mas alertava contra o foco exclusivo nesta variável, em detrimento do tempo total do ciclo produtivo, que é o intervalo necessário para que o material flua fisicamente no processo de produção:

> Precisamos reduzir o tempo do ciclo total e também o *lead time*. Larry [o presidente da empresa] certa vez se irritou com um projeto de redução de *lead time*. Os distribuidores é que acabaram levando toda a vantagem. Você deve conversar com ele sobre isso.

Lee explicou que os tempos de ciclo e de estoques eram importantes, mas difíceis de serem influenciados, uma vez que a empresa tinha um nível muito alto de estoque de tântalo:

> A produção de lingotes de tântalo a partir do refugo nos dá uma vantagem em termos de custo em comparação com a produção a partir do pó do metal. Temos a tecnologia necessária para processar e refinar o refugo que outras empresas não têm. Sempre

---

Fonte: Copyright © 2000, Massachusetts Institute of Technology. Este caso foi preparado pelo aluno Thomas J. Carrol do programa de Formação de Líderes, sob a coordenação dos professores Stephen C. Graves e Thomas W. Eagar como base para uma discussão em sala de aula, não como ilustração de como administrar com eficácia ou não uma situação administrativa. O caso é baseado no estágio em FL na H.C. Starck, Inc., entre julho e dezembro de 1999.

H.C. Starck, Inc.

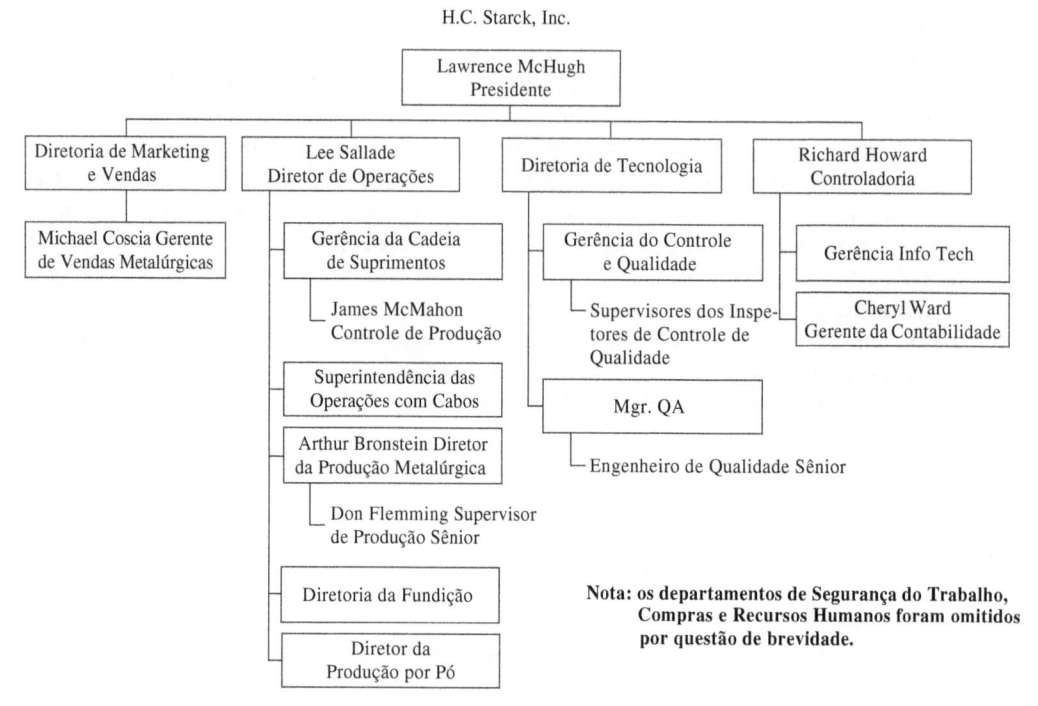

Lawrence McHugh – Presidente

- Diretoria de Marketing e Vendas
  - Michael Coscia Gerente de Vendas Metalúrgicas
- Lee Sallade – Diretor de Operações
  - Gerência da Cadeia de Suprimentos
  - James McMahon Controle de Produção
  - Superintendência das Operações com Cabos
  - Arthur Bronstein Diretor da Produção Metalúrgica
  - Don Flemming Supervisor de Produção Sênior
  - Diretoria da Fundição
  - Diretor da Produção por Pó
- Diretoria de Tecnologia
  - Gerência do Controle e Qualidade
  - Supervisores dos Inspetores de Controle de Qualidade
  - Mgr. QA
  - Engenheiro de Qualidade Sênior
- Richard Howard – Controladoria
  - Gerência Info Tech
  - Cheryl Ward Gerente da Contabilidade

Nota: os departamentos de Segurança do Trabalho, Compras e Recursos Humanos foram omitidos por questão de brevidade.

FIGURA 3-21 O organograma resumido da H.C. Starck.

compramos este refugo antes da necessidade aparecer, pois a oferta é muito irregular. Em 1996 ficamos sem refugo e não queremos que isto aconteça de novo. Às vezes compramos mais do que precisamos só para garantir que não vai faltar metal.

Lee também enfatizou a ideia de administrar por meio de dados. Ele estava preocupado com a possibilidade de que várias decisões operacionais estavam baseadas em "mitologia industrial" e que a coleta e a análise rigorosas de dados poderia auxiliar a romper com este modo de operação. Tom passou algum tempo discutindo a operação com Lee e deixou a reunião com uma meta de projeto clara: reduzir o *lead time* do cliente a três semanas ou menos para todos os produtos metalúrgicos, sem aumento nos estoques. Ainda que a meta estivesse clara, os métodos para alcançá-la não estavam. De acordo com Lee: "Não estamos certos de como atingir este objetivo. É por isso que contratamos um estudante esperto do MIT, como você!" Tom tinha muito trabalho pela frente e estava ansioso para pôr em prática suas habilidades.

2. A EMPRESA

A H.C. Starck, Inc. teve suas sementes lançadas na década de 1940, quando Richard Morse, formado pelo MIT, fundou a National Research Corporation (NRC), uma empresa de desenvolvimento de processo dedicada à exploração da tecnologia a vácuo. Inicialmente a empresa esteve localizada no número 70 da Memorial Drive, na cidade de Cambridge (hoje o prédio E51 do MIT). Os primeiros processos desenvolvidos pela NRC incluíam o suco de laranja concentrado e congelado "Minute Maid" e a marca "Holiday Brand" de café instantâneo. Na década de 1950, a NRC passou a utilizar sua tecnologia a vácuo na produção de metais de altíssima pureza, e em 1959 entrou no negócio de processamento de tântalo. Morse deixou a empresa em 1960, e ela passou por várias mudanças na sua constituição, que começaram com a aquisição pela Norton em 1963. A Norton desistiu de seus interesses na NRC em 1976, quando a H.C. Starck AG (uma empresa alemã especializada em metais refratários) adquiriu 50% da empresa e um grupo de capital de investimento comprou os outros 50%. A Bayer AG comprou a maior parte da H.C. Starck em 1986. A Bayer Group USA comprou os outros 50% da H.C. Starck logo depois. Neste ponto, a HCST se concentrou principalmente na reação de redução do tântalo e produção de pós do metal. Foi somente depois de a HCST comprar o laminador de tântalo e os cabos da Fansteel em 1989 que ela entrou no mercado metalúrgico em larga escala. A H.C. Starck International Group tem operações de redução e fabricação de pós de tântalo no Japão, na Tailândia e na Alemanha, mas a unidade instalada em Newton, Massachusetts, é a única com capacidade de fundir e laminar o metal.

3. O TÂNTALO

O tântalo (Ta) foi descoberto em 1802 por Ekeberg, mas muitos químicos achavam que o nióbio e o tântalo fossem o mesmo elemento químico até Rowe, em 1844, e Marignac, em 1866, provarem que os ácidos nióbicos e tantálicos eram na verdade dois ácidos diferentes. A primeira forma pura e relativamente dúctil de tântalo foi produzida por von Bolton em 1903. Jazidas de minérios de tântalo são encontradas na Austrália, Brasil, Moçambique, Tailândia, Portugal, Nigéria, Zaire e Canadá. O processo de separação do nióbio e do tântalo é composto por diversas etapas complexas. Vários métodos são empregados para a produção comercial do elemento, inclusive a redução do fluorotantalato de potássio por reação com o sódio.

O tântalo é um metal pesado, cinza e muito duro. O elemento é quase totalmente imune ao ataque químico por outros elementos em temperaturas abaixo de 150°C. Os únicos compostos capazes de atacá-lo são o ácido hidrofluorídrico, as soluções ácidas contendo o íon flúor, e o trióxido de enxofre livre. Os álcalis corroem o tântalo a taxas baixíssimas. Sob altas temperaturas, o tântalo se torna muito mais reativo. O elemento tem ponto de fusão de aproximadamente 3000°C, excedido apenas pelo tungstênio e rênio. É empregado na produção de diversas ligas especiais, como aquelas com alto ponto de fusão, alta durabilidade e boa ductilidade. O tântalo é utilizado para fabricar capacitores eletrolíticos e peças para fornalhas operadas a vácuo, o que responde por 60% de seu uso. O metal também é amplamente utilizado para fabricar equipamentos de processos químicos, reatores nucleares e peças para aeronaves e mísseis. Ele é totalmente imune aos fluidos corporais humanos e não causa irritação de caráter físico no ser humano. Por isso, ele é também empregado na confecção de equipamentos cirúrgicos. O óxido de tântalo entra na fabricação de vidros especiais de alta refração, utilizado em lentes para câmeras. O metal tem ainda outros usos, sendo consumido mundialmente a uma taxa de 550 toneladas ao ano.

O tântalo é muito caro, conforme mostra a Tabela 3-9, em comparação com o alumínio ($0,65/libra) ou a prata ($5/peso *troy** ou $73/onça) (dados obtidos do Wall Street Journal, 23 de junho de 1999). Ele é caro mesmo!

4. H.C. STARCK, INC. NA CADEIA DE SUPRIMENTOS DO TÂNTALO

Escória contendo tântalo e minérios do metal são processados e refinados para formarem o sal duplo de tântalo K_2TaF_2 pela H.C. Starck AG. Este pó branco e fino é transportado da Alemanha em contêineres do tamanho de paletes para as quatro unidades de produção de tântalo em pó que a empresa tem no mundo.

---

* N. de T.: Sistema de pesos utilizado especialmente por joalheiros.

TABELA 3-9

O PREÇO DO TÂNTALO

Forma	Preço por libra
Minério de tantalita (contém base pentóxido)	$35-45
Pó padrão para a fabricação de capacitores	$135-240
Fios para capacitores	$180-250
Chapas	$100-150
(Os preços são dados de 1998 da Sociedade Norte-americana de Estudos Geológicos)	

O sal duplo reage como sódio fundido para formar partículas de tântalo puro dispersas em uma massa sólida de sal. A massa é partida mecanicamente, os sais são lixiviados em várias etapas e o que resta é o pó de tântalo puro. A Figura 3-22 mostra um diagrama simplificado da cadeia de suprimentos do tântalo. Uma grande parcela do pó é refinada, purificada e vendida para a produção de capacitores de tântalo sinterizado. Parte do pó é precipitada na forma de barras para a produção de cabos, mas o principal é destinado à produção de capacitores. A partícula de pó de tântalo que está abaixo ou acima do tamanho desejado é descartada e enviada à fundição para reciclagem. Além disso, qualquer refugo das operações de precipitação ou fabricação de cabos é coletado e também reciclado.

A fundição recebe esses refugos e aqueles das divisões de produtos metalúrgicos, além de refugos adquiridos no mercado aberto, devoluções de clientes e, por vezes, alguns lingotes comprados de reservas do governo. (Os EUA e a Rússia vêm reduzindo suas reservas e periodicamente vendem os excessos de estoque do metal em leilões.) Estes restos são processados e misturados para atingir a combinação química desejada e então fundidos em lingotes em uma fornalha de feixe elétrico a vácuo. Os lingotes de oito polegadas de diâmetro são forjados a frio em chapas de quatro polegadas, que é o material utilizado na divisão de Produtos Metalúrgicos.

5. OS PRODUTOS METALÚRGICOS

A divisão de produtos metalúrgicos da HCST compreende duas áreas funcionais básicas. A planta de laminação tem três laminadoras que reduzem a chapa de quatro polegadas à espessura final desejada, além de uma série de equipamentos que desempenham funções como limpeza, corte e anelamento. A planta de laminação produz apenas formas planas. O setor de produção inclui fundição, usinagem e diversas linhas de fabricação de tubos. O setor utiliza o estoque de chapas planas para fabricar produtos de formas mais complexas.

Todas as barras de quatro polegadas que chegam à seção passam por um processo de laminação "inicial" na laminadora de grande porte. Esta laminadora produz peças de até 36 polegadas de

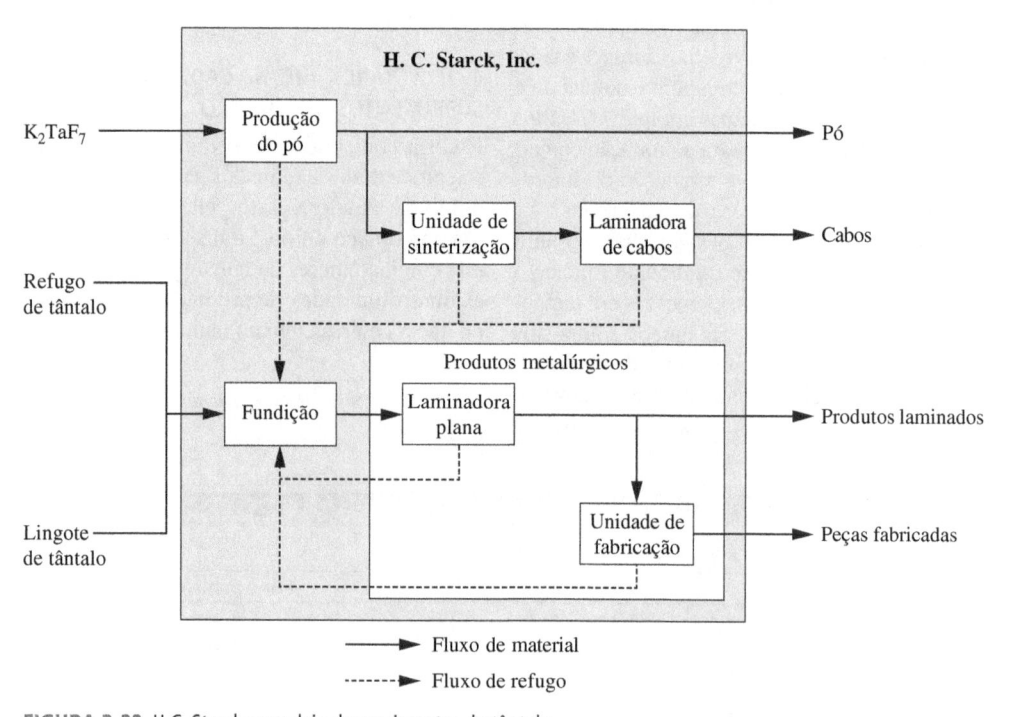

FIGURA 3-22 H.C. Starck na cadeia de suprimentos do tântalo.

largura, com espessura mínima de 0,015 polegadas. Uma laminadora especial de 12 polegadas de largura pode processar laminados de até 0,030 polegadas de espessura, sendo empregada na maior parte da produção com espessura final de 0,014 polegadas ou menos. A seção tem também uma laminadora de 16 polegadas de largura, mas esta é utilizada para encomendas personalizadas muito pequenas. Don Flemming, Supervisor Sênior de Produção para a unidade de laminação, trabalha na HCST há apenas um ano, mas tem grande experiência em outra unidade de laminação. Don descreve o processo:

> Quando laminamos uma barra de quatro polegadas, ela se empena um pouco e suas extremidades racham. É preciso parar a laminação e aparar toda a borda quando a espessura de ¼ é atingida. Isto evita que estas rachaduras se propaguem. Este processo em geral leva a uma perda por aparagem de 20%. Se a espessura final deve ser maior do que 1/16, a chapa também é anelada nesta etapa.

À medida que o material é laminado a frio, ele ganha dureza. Uma peça de tântalo inicialmente macia e dúctil pode ter sua área de seção transversal reduzida em 95%, mas torna-se dura e quebradiça se esta redução prosseguir. Ao anelar o metal a mais de 1.000°C, a estrutura do grão tem nova chance de se recristalizar em um estado livre de tensão. Esta operação restaura a maciez e ductilidade iniciais, o que permite que a peça prossiga com a laminação. Antes do anelamento, a peça metálica precisa passar por uma limpeza química. As altas temperaturas de anelamento permitem que os contaminantes de superfície (principalmente o carbono, o oxigênio, o nitrogênio e o hidrogênio presentes no ar, além dos hidrocarbonetos utilizados em lubrificação) se difundam no interior do metal, causando a fragilidade. Este ciclo de laminação-limpeza-anelamento pode ser repetido diversas vezes, conforme descrito na Figura 3-23. Don continua com sua explicação:

> Se a espessura final for menor de 1/16, então a chapa é laminada a 1/8 antes do anelamento. É possível laminar a 0,015 polegadas na laminadora maior. Qualquer espessura abaixo desta vai para a laminadora especial. Ainda que usemos a mesma laminadora, o processo de laminação é diferente, dependendo da espessura. A "diminuição" é feita na laminadora principal de modo contínuo e produz espessuras de até 1/8. Se a espessura deve ser menor do que isso, a laminação é de "acabamento", sendo efetuada sob tensão. Além disso, os conjuntos de rolos usados para diminuir e dar acabamento são diferentes – é preciso um turno inteiro para converter a laminadora principal nesta troca de processo.

Durante o processo de "laminação livre", a peça de trabalho se movimenta ao longo da laminadora pela simples ação dos rolos. Uma vez que a peça não está presa, todo seu comprimento pode ser laminado. Na laminação sob tensão, um líder de titânio é preso a cada extremidade da peça em trabalho por meio de uma mola espiral (semelhante àquela usada em cadernos escolares). Este líder é enrolado em um fuso em cada extremidade da laminadora. A tensão aplicada à peça auxilia a "puxá-la" por meio dos rolos. Uma vez que a conexão da mola não pode passar pelos rolos de trabalho, existe uma perda em cada extremidade da peça. Esta perda, junto com as perdas por aparagem, é de 10% em média.

Esta série de operações de laminação é a primeira para todos os produtos em catálogo. Ao dispô-los em termos de espessura final e mapear o nú-

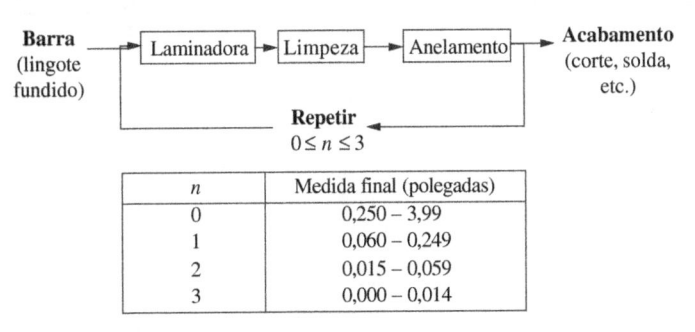

n	Medida final (polegadas)
0	0,250 – 3,99
1	0,060 – 0,249
2	0,015 – 0,059
3	0,000 – 0,014

FIGURA 3-23 A produção básica.

mero de etapas individuais de laminação e pontos de parada padronizada, é possível construir uma hierarquia de produtos, mostrada na Figura 3-24.

Após discutir o processo com Don, Tom encontrou-se com Arthur Bronstein, diretor da Produção Metalúrgica. Arthur ajudou com alguns detalhes da operação:

> Em média, a peça de tântalo que passa pela laminadora principal para a diminuição de sua espessura pesa 570 libras e toma 55 minutos de processamento, incluindo a preparação entre peças. Para o acabamento, a peça tem em média 450 libras de peso e a operação leva duas horas. A troca entre diminuição e acabamento ocupa todo um turno de oito horas. A laminadora principal opera com dois funcionários, tanto durante a operação em si quanto na troca. O salário bruto é de $2,50 por hora e as horas-extras chegam a ficar entre 5 e 10%.

Arthur também passou a Tom uma planilha com o relatório da produção da laminadora do ano anterior e do ano vigente até o momento, mostrada na Tabela 3-10. A laminadora principal tinha um ciclo de duas semanas, com cerca de uma semana de operação de diminuição de espessura e uma de laminação de acabamento. Esta programação era executada em três turnos ao dia (isto é, 24 horas), cinco dias por semana, com apenas quatro semanas de parada ao ano devido a feriados ou manutenção. O tempo disponível da laminadora principal era de 85% em média para um ano. Arthur não sabia dizer se esta era a melhor programação possível, ou se trocas executadas com maior frequência seriam vantajosas.

6. A PROGRAMAÇÃO

A H.C. Starck instalou um novo sistema de ERP (R/3 da SAP) no início de 1999 e hoje o utiliza para registrar todas as transações. Contudo, o planejamento e programação da produção ainda são efetuados manualmente. Jim McMahon, Supervisor do Controle de Produção e há 20 anos com a empresa, explica o método de pedido de matéria-prima

> Obtenho a previsão de vendas e com ela preparo uma previsão de produção. Envio os pedidos de lingotes necessários ao mês, para o ano todo, e reviso estes algumas vezes neste período. A obtenção destes lingotes é que dá trabalho – a fundição não tem capacidade muito grande de armazenamento.

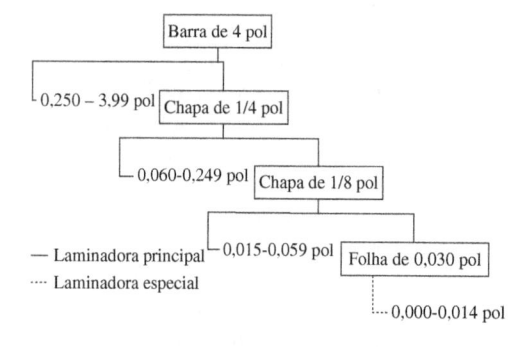

FIGURA 3-24 Hierarquia genérica da produção.

TABELA 3-10
RELATÓRIO DE PRODUÇÃO DA LAMINADORA PRINCIPAL

(em libras)	1998		1999	
	Diminuição	Acabamento	Diminuição	Acabamento
Jan	28.936	12.307	36.255	8.686
Fev	68.001	10.828	46.175	18.106
Mar	38.210	24.529	75.256	15.500
Abr	78.514	22.122	16.978	14.112
Maio	61.782	20.155	28.539	18.219
Jun	43.176	24.277	28.103	25.586
Jul	57.216	15.880		
Ago	7.838	9.296		
Set	28.394	15.981		
Out	44.151	11.383		
Nov	23.73	16.287		
Dez	46.591	9.792		
Total anual	526.540	182.837	231.306	100.209

Além disso, os pedidos normalmente chegam de repente e são muito imprevisíveis.

Além da variação na previsão de vendas, existe também a variação na produção. Jim estimava que a laminadora atendia a programação em cerca de 90% de seu tempo de operação, e que a fundição o fazia em 80% de seu tempo. A maior parte dos problemas com a programação era ocasionada por problemas com equipamentos. Além dos pedidos de matéria-prima, Jim também fazia a programação do setor de produção manualmente. O programa de programação SAP não estava sendo utilizado.

> Fico por dentro de tudo o que acontece – todos os pedidos passam por mim. Paul *[o assistente de Jim]* ou eu mesmo gero uma ordem de produção logo que recebemos o pedido a partir do departamento de vendas. Empilho as ordens de produção em minha escrivaninha, até a hora de mandá-las para o chão-de-fábrica. Se elas não são para as próximas oito semanas, elas podem ficar ali mesmo por umas quatro, antes de eu liberá-las, dependendo da carga de trabalho na produção. Estou aqui há bastante tempo e sei exatamente quanto é preciso para todas as atividades. Não levo muita fé no SAP, porque não acho que os recebimentos não estão funcionando.

Na verdade, os recebimentos eram um problema e um indicador disso era o custo padrão. Os custos padrão eram calculados a partir dos recebimentos, e para alguns produtos estes custos eram menores do que para a matéria-prima utilizada em sua fabricação – uma impossibilidade lógica. O departamento de engenharia estava trabalhando para avaliar e resolver estes problemas, mas o processo era muito lento. Um produto especialmente problemático de se planejar era o tubo. Os tubos eram produzidos curvando-se uma chapa na forma tubular, após o que a costura era soldada utilizando uma solda de arco de tungstênio. A unidade podia produzir e inspecionar cerca de 1.500 pés de tubos por dia, em dois turnos. Os pedidos de tubos tendiam a ser volumosos e imprevisíveis – um pedido de mil pés de tubo era considerado normal. Além disso, devido ao custo extremamente alto com material, aproximadamente todos os pedidos eram cortados no tamanho solicitado. Além do comprimento, a curvatura em uma dada forma (por exemplo, um tubo U para uso em aquecedores) ou aqueles com tampões soldados em uma extremidade tornavam muitos dos pedidos ainda mais customizados. Jim explicou o problema:

> O grande problema com a fabricação de tubos é o volume irregular, com grandes picos e baixas de produção. Este problema vem sendo amenizado pelos pedidos em aberto, que nos auxiliam a uniformizar um pouco a produção.

Os pedidos de compra em aberto significam que um cliente se compromete a adquirir uma certa quantidade de um produto, digamos 5 mil pés de um tubo de ¼ pol de diâmetro e de 0,015 pol de espessura ao final do ano. Ao longo de 12 meses, os clientes emitem pedidos aleatoriamente, que não caem na quantidade deste pedido em aberto. Um destes pedidos típicos pode solicitar que 50 tubos de 9 pés e 9 pol sejam despachados em seis semanas. Os tubos são cortados do estoque e despachados. Neste caso, a taxa de refugo é boa: 25 seções padrão de 20 pés podem ser cortadas para fabricar os 50 tubos, com menos de 3% de refugo. Muitas vezes, contudo, a taxa de produção de refugo era muito mais alta. Se esse pedido tivesse sido por tubos ligeiramente maiores, digamos 50 peças de 10 pés e 9 pol cada, então 50 das peças padrão de 20 pés seriam cortadas para atender ao pedido, com 50 peças a 9 pés e 3 pol acabando como refugo. Estas peças seriam deixadas em reserva, na esperança de que acabassem sendo utilizadas em outro pedido, o que leva a um acúmulo de peças velhas. As seções com menos de dois pés eram descartadas.

7. VENDAS E MARKETING

Mike Coscia, gerente de Vendas e Marketing, da Divisão de Produtos Metalúrgicos, esclareceu os incentivos às vendas.

> Nossos prêmios de participação nos lucros da empresa são baseados em quatro metas: o volume de vendas, o retorno sobre investimentos, a qualidade e a segurança. Nos últimos dois anos, o valor máximo desta participação foi atingido, e estamos tentando a mesma coisa de novo agora. A redução do *lead time* é algo excelente, pois ajuda a aumentar as vendas e melhora o ROA, mas nunca afeta a participação de forma direta.

Mesmo assim, ele concordou que a redução dos *lead times* era importante:

O tântalo é quatro vezes mais caro que o zircônio ou Hasteloy*. Se o cliente não recebe o tântalo pedido em tempo, eles o substituem por outra liga. Se funcionar, eles nunca voltam a utilizar o metal.

Mike era cético acerca da possibilidade de atingir a meta de três semanas de *lead time*.

> Não acho que seja possível. Nossos volumes de venda são 10 vezes maiores do que eram há 15 anos, mas o processo não mudou. Às vezes acho que a melhor coisa que o departamento de vendas pode fazer é não aceitar um pedido. Recém começamos a entrar com os dados da previsão no SAP. O planejamento de produção ainda é feito manualmente. Parece que existe um "buraco negro" de informações, os pedidos vão para a laminadora mas os dados de demanda não parecem voltar para a fundição.

Havia uma equipe que há poucos meses começara a processar os pedidos, com o objetivo de fazer toda a papelada do cliente para a produção em menos de duas semanas, em 80% do tempo de trabalho. Mike estava frustrado com o novo sistema SAP R/3.

> Não entendo porque demora tanto, especialmente agora que temos o SAP. Por que existe um pedaço de papel que viaja do departamento de vendas até a produção? Por que este processo não é automatizado via SAP? Sei que o software faz isso, mas há muitas queixas sobre o sistema. As pessoas estão com medo de errar.

Como forma de contornar o "buraco negro de informações", os departamentos de Vendas, Produção, Controle e Operações haviam instituído uma reunião "rápida" todo dia às oito horas da manhã. Esta reunião se concentrava nas entregas em andamento, sempre revisando a situação de todos os carregamentos que tinham de ser entregues na semana seguinte. Qualquer destes carregamentos que corresse o risco de atrasar tinha seu andamento acelerado na unidade. A reunião de fato mantinha todos atualizados acerca do andamento dos pedidos, mas um dos efeitos indesejados foi que a maioria das tarefas eram ignoradas até serem discutidas na reunião, quando todos passavam a correr para terminá-las a tempo.

---

* N. de T.: Hasteloy é uma marca registrada da Haynes International utilizada para designar mais de 20 tipos de ligas metálicas de alto desempenho.

8. AS FINANÇAS

Cheryl Ward era a Gerente de Contabilidade da HCST e havia liderado a implementação do módulo financeiro do SAP:

> O SAP mudou consideravelmente a maneira como coletamos dados financeiros. O pessoal da produção costumava passar planilhas semanais e listas de material para nós, da contabilidade, que dávamos entrada dos dados e nos certificávamos de que tudo estava certo. Agora, o pessoal da produção é que faz esta entrada de dados diretamente no SAP, em tempo real. É uma mudança e tanto na cultura da empresa.

Foram necessários alguns meses, mas os operadores no chão-de-fábrica se tornaram proficientes nas transações, com um bom grau de precisão e confiabilidade. Ainda que o registro de transações estava indo bem, os cálculos feitos pelo SAP não estavam. Um exemplo envolveu o forno de anelamento. Cada ordem de produção para a fundição recebia o tempo de oito horas de forno. É verdade que as peças precisam de oito horas para serem aneladas, mas muitas destas peças podem entrar no forno juntas. O sistema não estava modelado para considerar este detalhe, o que levava a erros tanto na alocação de custos indiretos (e portanto custos de produtos) quanto no sistema de programação (uma das razões para que ele não fosse usado). Do ponto de vista financeiro, estes erros levavam a grandes variações na alocação de custos que eram ajustadas ao final do período contábil. Já com seis meses de implementação, estes ajustes chegavam a 100% dos valores reais. Rick Howard, Controlador da HCST, explicou os estoques:

> Os estoques são caros – parece que temos anos em estoque. Uma vez que o refugo é uma matéria-prima importante, nós o consideramos uma compra estratégica – nós o compramos ainda que não precisemos dele de verdade. O mercado do tântalo é difícil, e por isso nos lançamos sobre ele quando ele aparece, ainda que seja para impedir que nossos concorrentes se apossem dele. A redução de estoques na unidade não vai economizar dinheiro para nós – ela vai apenas concentrar o estoque na forma de refugo dentro da linha de produção. O refugo vale $75 por libra, o material de grande espessura vale $100 por libra e o de espessura menor $125 por libra. Assim, a economia em manter material no começo da linha não é tão

grande assim. É preciso manter estoque em algum ponto dentro da linha, e estes podem ser alguns pontos estratégicos no final dela.

Rick disse que como subsidiária da Bayer, o custo do capital da HCST estava favoravelmente em 9%. Ele também expressou uma certa preocupação com uma empresa chinesa que recentemente começara a vender fios de tântalo. Ainda que a qualidade de seus produtos não era das melhores, seus preços de venda praticados eram quase iguais aos custos de produção da HCST. Rick se angustiava em ver os chineses melhorar a qualidade de seus produtos, e assim entrar no mercado de produtos laminados.

9. O PRESIDENTE

Tom também se encontrou com Larry McHugh, Presidente da H.C. Starck, Inc. Larry descreveu uma de suas experiências com a redução do tempo de ciclo em outra empresa:

> Não sou um grande fã de projetos de *lead time* e nível de serviço. Estes projetos ajudam sua empresa quando você fornece a clientes no final da cadeia, mas não quando você atende a intermediários, como no nosso caso. Já detemos uma grande parte do mercado mundial de tântalo processado quimicamente. Alguns de nossos clientes reclamam dos longos tempos de entrega, mas a maioria deles não compraria mais ainda que melhorássemos esse tempo. Acho que entregas mais rápidas talvez nos deem uma vantagem em alguns segmentos, como em peças para fornalha e *sputtering targets**. Antes de eu chegar na H.C. Starck, eu comandava as operações em outra empresa. Gastávamos montes de dinheiro implementando o método de gestão de Goldratt chamado Teoria das Restrições – TOC**. Levamos a coisa a sério e conseguimos reduzir os *lead times* de forma significativa, mas sem vantagens. Nossos produtos eram vendidos por meio de distribuidores regionais e eles é que ficavam com a todas as economias em estoque. É possível dizer

que com a melhoria no desempenho poderíamos ter recrutado mais distribuidores, mas em função dos problemas geográficos, e com outros pontos sendo dominados pela concorrência, não tinha jeito de mudar. Por isso gastamos um bom dinheiro sem retorno. Não quero que isso aconteça aqui. A única área que poderá lucrar com um projeto desses é a de estoques. Se você conseguir encontrar uma maneira de diminuir nossos estoques, então poderemos ter alguma economia.

10. OS *LEAD TIMES* E OS DADOS SOBRE ESTOQUES

Neste instante, a cabeça de Tom girava em meio a opiniões conflitantes e os conselhos de cada um dos diferentes jogadores envolvidos no problema que tinha diante de si. Cada um parecia ter uma opinião diferente, mas poucos eram aqueles que tinham dados que levassem a alguma conclusão. Tom decidiu que era chegada a hora de coletar dados confiáveis sobre um ponto de apoio para as recomendações que faria. Ainda que o SAP R/3 não estivesse sendo empregado para o planejamento ou a elaboração de programações, ele estava sendo usado para registrar todas as transações contábeis, incluindo a geração de pedidos em tempo quase real, em geral dentro de poucas horas de sua ocorrência física, e muitas vezes dentro de minutos apenas. Mesmo que alguns dos valores calculados por meio de recebimentos não fossem confiáveis, os dados que resultavam das transações feitas manualmente eram precisos. A Figura 3-25 mostra os *lead times* da perspectiva de um cliente – quanto tempo levará para a entrega ocorrer? (A aceitação inicial do SAP para registrar as transações foi pequena, e por isso os dados de janeiro e fevereiro foram ignorados.) Os dados mostravam que o *lead time* médio era menor do que sete semanas, não 12, como normalmente cotado. Muitos dos pedidos maiores eram na verdade pedidos em aberto, sem qualquer pedido feito fora deles.

No início do projeto, a crença geralmente aceita era a de que o *lead time* do cliente fosse longo devido ao tempo de produção prolongado. A Figura 3-26 mostra este *lead time* de produção, contando da "emissão de mercadoria" até o "recebimento da mercadoria". "Emissão de mercadoria" é a transação que ocorre quando o material de entrada é emitido fisicamente do chão-de-fábrica, e

---

* N. de T.: *Sputtering targets* é um processo de fabricação de filmes metálicos muito finos, que consiste no bombardeamento de um alvo (target) cujo material deseja-se depositar, por íons energéticos gerados por plasma. Este bombardeamento remove átomos do alvo, que se condensam sobre o substrato formando um filme.

** N. de R. T.: Goldratt formalizou a sua teoria das restrições a partir do livro *A Meta* (The Goal).

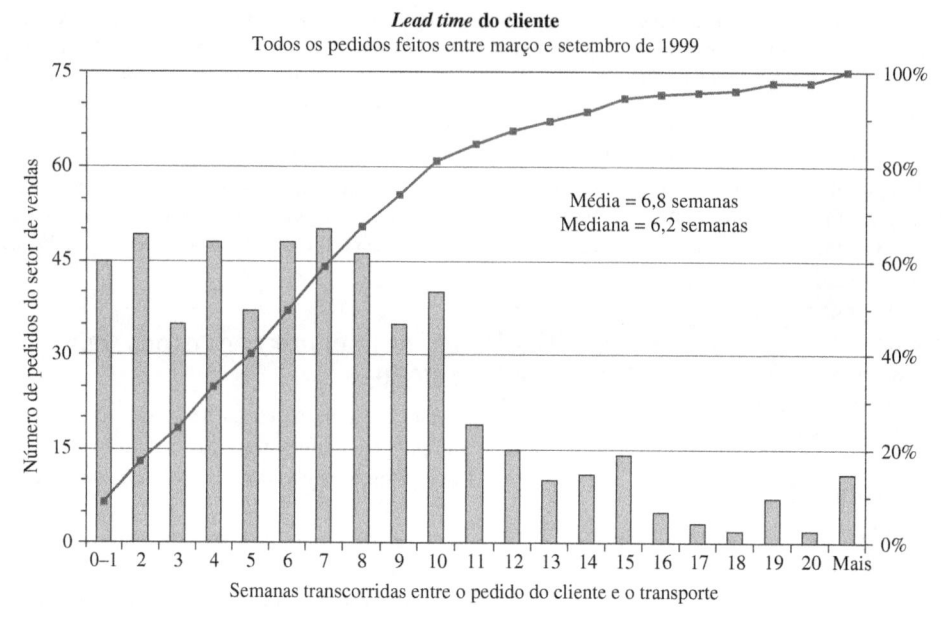

FIGURA 3-25 Lead time do cliente.

"recebimento de mercadoria" consiste na transação completada após todas as etapas de produção e inspeção terem sido completadas, e o material é deslocado para o depósito, para ser armazenado ou embalado para o transporte. Este gráfico mostra que, na média, os últimos itens são fabricados em um pouco mais de duas semanas, e que 75% é terminado em três semanas. Como é que a produção

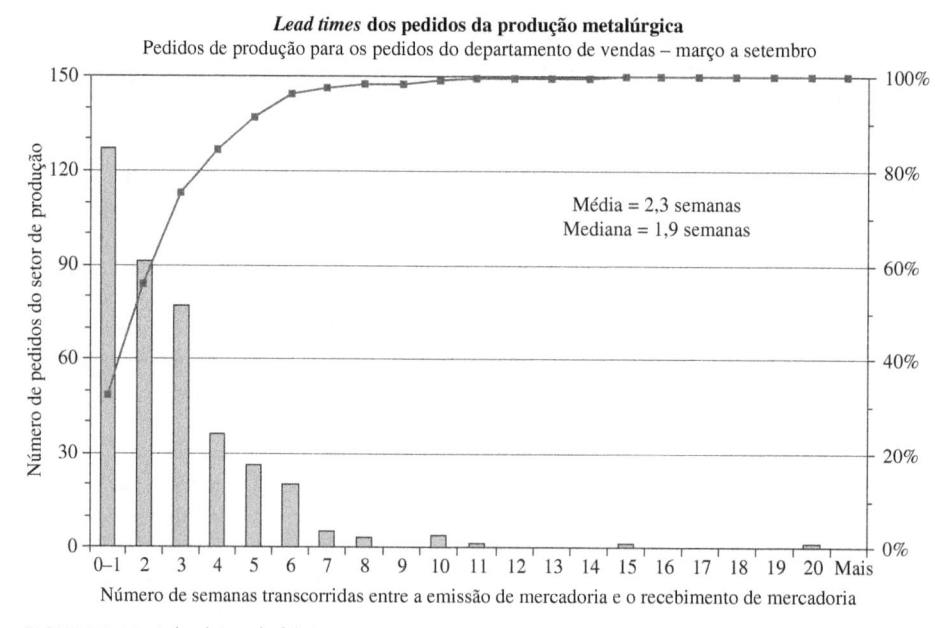

FIGURA 3-26 O *lead time* de fabricação.

ocorria em duas semanas, na média, mas o tempo entre pedido e entrega era de quase sete semanas, na média?

O que acontecia nas outras cinco semanas? Uma possibilidade era de que havia uma escassez de material, ou seja, não havia estoque de matéria-prima para ser usado na produção.

A Figura 3-27 mostra os níveis de estoque. Eles parecem mais do que adequados para garantir um alto nível de disponibilidade. Se as causas por trás do longo *lead time* do cliente não eram o tempo de fabricação nem os níveis de estoque, quais seriam estas causas? Antes da chegada de Tom, a impressão que se tinha era de que o tempo estava sendo desperdiçado ao fazer os pedidos dos clientes serem processados no chão-de-fábrica. Um grupo estava se reunindo há algumas semanas e havia começado a mapear partes do processo. Em tese, o fluxo de informações era controlado pelo SAP R/3, como mostra a Figura 3-28. Na realidade, o SAP estava sendo ignorado e um processo manual usado para transmitir os pedidos do departamento de Vendas para o de Operações.

Um relatório ABAP customizado (a linguagem de programação do SAP) fora criado para tomar conta das duas primeiras etapas no processo, e haviam sido implementados procedimentos para reduzir o tempo da primeira etapa (criar a ordem de serviço) para um dia ou menos. A segunda etapa (gerar a ordem de produção) ainda levava até duas semanas e não havia dados confiáveis para as outras etapas. Tom expandiu o relatório para que incluísse todo o processo de entrega. Os dados são mostrados na Figura 3-29. Estes dados confirmam que o tempo de fabricação (Emissão de mercadoria – Recebimento de mercadoria) era uma pequena parcela (cerca de 25% do *lead time* total). O tempo que o material acabado esperava para ser transportado também era relativamente pequeno – a maioria dos pedidos era transportada tão logo ficassem prontos. O problema estava na

FIGURA 3-28 Fluxograma do pedido.

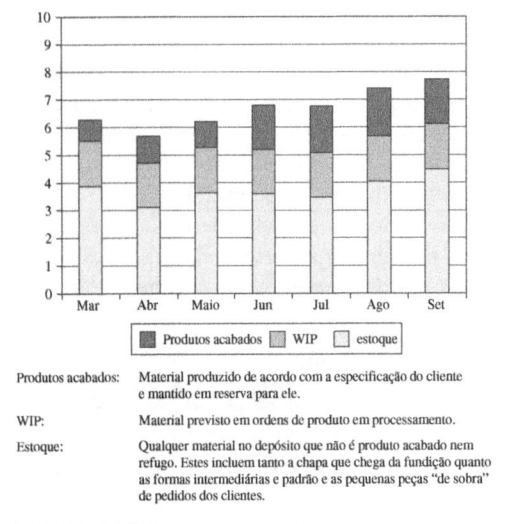

FIGURA 3-27 A cobertura do estoque.

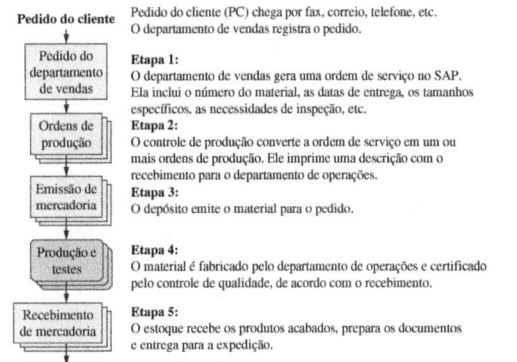

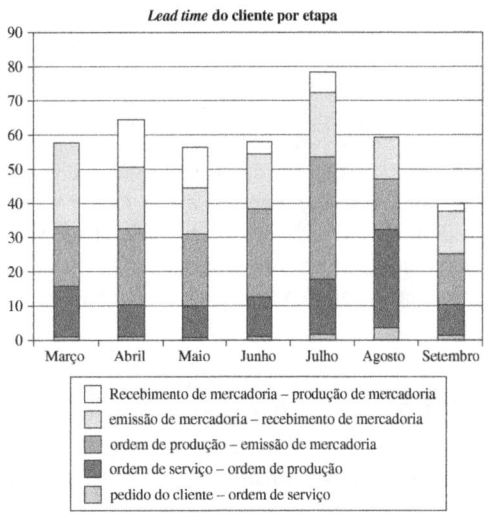

FIGURA 3-29 *Lead time* do cliente – por etapa do pedido.

fase compreendida entre a ordem de serviço e a emissão de mercadoria – todo o tempo transcorrido entre o instante em que o departamento de vendas dava entrada do pedido no SAP e aquele em que a unidade passava de fato a produzi-lo. (O grande aumento neste período no mês de agosto pode ser atribuído à paralisação anual da empresa, de duas semanas.) Este longo tempo de espera é explicado em parte pela lentidão do processo de transmissão de pedidos e em parte pela política atual de produção. A rota típica de produção adotava uma política de produção sob encomenda, com as chapas de 4 pol ou de ¼ pol do estoque como dados de entrada iniciais. Dependendo da espessura e forma finais, o material provavelmente passará por múltiplos pedidos de processo antes de se tornar o produto final.

A Figura 3-30 ilustra um cenário típico – o cliente pediu tubos de 0,015 polegada de parede e três ordens de produção diferentes são geradas. A primeira consiste em diminuir uma barra de 4 pol a uma chapa de ¼ pol. A segunda pede que a chapa de ¼ pol seja transformada, em duas etapas, em laminados de 0,015 pol. A ordem final – o pedido do cliente – começa com o formato largo do laminado de 0,015 pol, dividindo-o depois na largura adequada à produção de tubos, e então enrola, forma e inspeciona os tubos solicitados. O problema com este esquema é que o pedido final, aquele que prepara o produto pedido pelo cliente, não pode ser iniciado até que as etapas anteriores, que geram o material intermediário necessário, sejam completadas. A Figura 3-26 mede apenas o *lead time* de fabricação para os itens pedidos pelo cliente, neste caso, o tempo de processo do pedido número 3, que fabrica o tubo a partir do laminado de 0,015 pol.

Certos esquemas de aceleração de pedido e de expedição entram neste cálculo. Como forma de diminuir os *lead times*, o departamento de vendas emite pedidos reais sobre vendas prováveis, de forma que quando o pedido de fato entrar, o material já estará em processo de fabricação. Há situações em que esta estratégia funciona bem, mas muitas vezes ela gera alguns problemas. Uma vez que o SAP requer que os pedidos tenham uma data de entrega, o departamento de vendas inventa uma. Se a data inventada estiver muito adiante no futuro, então o pedido poderá ser ignorado pelo departamento de operações. Se a data estiver muito próxima, então o departamento de operações talvez produza e despache o material antes de o cliente de fato o querer, ou então completa o provável pedido e descobre que o cliente alterou as especificações do produto solicitado, e que o material produzido não serve. A reunião diária exacerba estes problemas. Nesta reunião com os departamentos de vendas, operações, controle de qualidade e controle de produção, todos os pedidos que devem ser despachados na semana seguinte são avaliados. Os pedidos atrasados no cronograma de produção são acelerados. Um dos efeitos desta estratégia é que os pedidos são expressivamente ignorados até aparecerem na reunião diária. A política de produção que resulta desta tática se torna a de "acelerar os pedidos em atraso".

11. OS DADOS DO ESTUDO DE CASO

O principal argumento em defesa da manutenção de uma operação voltada unicamente para a produção sob encomenda foi o de que a divisão de Produtos Metalúrgicos comercializava quatro tipos de ligas, com um total de mais de 600 peças no catálogo. Esta imensa diversidade de produtos e a demanda imprevisível na linha de produção parecia eliminar qualquer possibilidade de produção para estoque. Contudo, uma análise dos dados de vendas dos primeiros nove meses do ano parecia indicar que a diversidade de produtos era na verdade bem menor do que inicialmente se pensava. (Por questão de brevidade, consideramos apenas as duas primeiras ligas – escolhidas em função de terem perfis de demanda muito diferentes, e que jun-

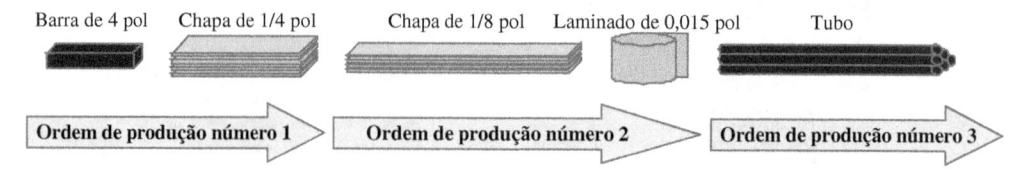

FIGURA 3-30 Múltiplas ordens de produção.

tas respondem por 80% da demanda total.) Ainda que cada liga tenha de 100 a 200 peças diferentes, as Figuras 3-31 e 3-32 mostram que menos da metade destas eram vendidas ao longo de nove meses, e que muitas destas eram comercializadas uma ou duas vezes neste período. A demanda parece estar concentrada em algumas peças apenas.

12. FINALIZAÇÃO DO ESTUDO DE CASO

Depois de dois meses aprendendo acerca da operação, construindo relacionamentos na empresa e tentando fazer alguns pequenos ganhos operacionais, Tom passou alguns minutos revisando a situação. O departamento de Produtos Metalúrgicos da HCST estava programado como uma unidade de produção sob encomenda, com o desempenho relativo ao *lead time* do cliente de sete semanas, em média. A aceleração dos pedidos era a regra, não a exceção, e na verdade as reuniões diárias ocorrem para providenciar maior rapidez. A unidade tem um estoque de vantagem de seis meses, mas alguns itens são comercializados deste estoque ou produzidos em etapa única a partir dele. Quase todo o trabalho envolve as espessuras padronizadas de 4, ¼, 1/8 e 0,030 pol, porém não há estoques padronizados para estes tamanhos, além de uma pequena quantidade de ¼ pol e algumas sobras de peças dos outros tamanhos. O departamento de vendas pressionava para reduzir os *lead times* do cliente para menos de três semanas. O objetivo parecia possível, uma vez que as ordens de produção em média levavam um pouco mais de duas semanas, mas algo precisava ser feito para acelerar o tempo entre o recebimento de um pedido e o início da operação de produção do item. Parecia que a manutenção de estoques de alguns dos tamanhos mais solicitados ajudaria a diminuir o *lead time* do cliente, já que o produto final podia ser manufaturado em operação única. Mas quais seriam

			\multicolumn{9}{c	}{Vendas faturadas em 1999 – libras por mês}
Material	Dimensão	Descrição	Jan	Fev	Mar	Abr	Maio	Jun	Jul	Ago	Set
1001	0,005	Laminado - 1,0 pol × 23,75 pol	171	0	0	20	0	0	0	17	0
1002	0,010	Laminado	20	56	287	179	41	204	560	143	276
1003	0,005	Laminado	263	576	584	812	617	969	572	359	909
1004	0,015	Laminado	68	611	1.263	167	1.917	803	321	377	404
1005	1,000	Camisa do termopar por desenho nro. abc12	0	0	0	0	0	0	0	0	2
1006	0,150	Laminado	101	0	0	0	0	0	0	0	0
1007	0,060	Chapa	0	146	32	117	129	414	581	26	191
1008	0,040	Laminado	321	101	191	486	8	98	263	176	690
1009	0,030	Laminado	0	122	614	275	422	360	686	246	177
1010	0,020	Laminado	0	54	102	183	45	54	126	92	119
1011	0,002	Folha	618	1.079	1.215	1.188	1.020	290	1.590	849	1.017
1012	0,125	Chapa	228	8	32	90	432	17	8	0	450
1013	0,150	Chapa	1.100	0	0	0	0	35	0	0	0
1014	0,250	Chapa	6	12	0	770	0	752	0	0	174
1015	0,375	Chapa	0	0	0	0	0	0	375	0	0
1016	0,500	Tubo—0,50 pol Diâmetro externo (DE)	3	0	0	51	6	54	33	27	33
1017	0,750	Tubo—3/4 pol	0	0	0	8	12	558	0	0	12
1018	0,015	Tubo—1,0 pol Diâmetro externo (DE)	8	0	0	0	0	230	0	41	0
1019	0,020	Tubo—1,5 pol Diâmetro externo (DE)	0	0	0	0	0	0	0	11	0
1020	0,500	Tubo—0,50 pol Diâmetro externo (DE)	44	3	0	0	0	0	35	0	0
1021	0,020	Tubo—5/8 pol Diâmetro externo (DE)	0	6	0	0	0	8	0	0	0
1022	0,102	Laminado	0	27	33	0	0	0	0	0	0
1023	0,010	Laminado—1,0 pol × 23,75 pol	0	99	14	18	0	0	0	0	0
1024	0,060	Chapa—7/8 pol × 39,125 pol	15	0	24	0	0	0	0	15	0
1025	1,125	Anel—6,25 pol Diâmetro externo (DE) × 4,5 pol ID45	0	0	0	0	0	0	0	0	0
1026	1,000	Anel—4,0 pol Diâmetro externo (DE) × 2,5 pol ID12	0	0	0	0	0	0	0	0	0
1027	0,015	Sputter Target—2,0 pol × 5,0 pol	0	105	0	0	0	0	0	0	0
1028	0,500	Anel—10 pol Diâmetro externo (DE) × 8,5 pol ID	0	189	0	48	293	93	0	0	174
1029	0,500	Disco—10 pol dia	275	0	353	0	581	0	530	414	1.017
1030	0,250	Chapa—5,25 pol × 10,25 pol	0	0	0	57	0	18	0	17	0
1031	0,500	Disco—6 pol Diâmetro (DIAM.)	0	0	0	15	0	0	0	0	0
1032	0,010	Tubo—2 pol Diâmetro externo (DE)	0	0	0	14	0	12	12	0	0
1033	0,8 mm	Disco—314 mm Diâmetro (DIAM.)	0	0	0	20	0	0	0	0	0
1034	0,375	Disco—9,625 pol Diâmetro (DIAM.)	0	0	0	0	57	0	0	0	0
1035	0,015	Tubo—1,0 pol w/end cap	0	0	0	0	0	2	0	0	0
1036	0,125	Anel—12-3/4 pol Diâmetro externo (DE) × 9-3/8 pol ID	0	0	0	0	23	0	0	0	0
1037	0,125	Chapa—3,5 pol × 13,2 pol	0	0	0	0	0	0	0	0	33

FIGURA 3-31 Vendas faturadas para a liga 1.

Material	Dimensão	Descrição	Vendas faturadas em 1999 – libras por mês								
			Jan	Fev	Mar	Abr	Maio	Jun	Jul	Ago	Set
2001	0,045	Disco de reparo 4 pol Dia	0	0	0	0	0	0	0	0	13
2002	0,045	Disco de reparo 2 1/2 pol Dia	0	0	0	9	0	0	0	0	0
2003	0,045	Disco de reparo pol Dia	0	0	0	0	0	2	0	0	0
2004	0,045	Disco de reparo 0,75 pol Dia	0	0	2	0	0	0	1	0	0
2005	0,015	Tampão para 1 pol	0	0	0	0	0	0	0	0	0
2006	0,045	3/4 pol Disco de reparo	0	4	4	0	9	4	9	0	5
2007	0,045	1 pol Disco de reparo	0	6	7	0	0	8	0	2	1
2008	0,045	1 1/2 pol Disco de reparo	0	4	4	8	0	0	4	0	4
2009	0,045	2 pol Disco de reparo	0	4	5	4	10	10	0	4	0
2010	0,045	2-1/2 pol Disco de reparo	0	6	7	0	0	0	4	0	4
2011	0,045	3 pol Disco de reparo	0	0	0	9	0	0	10	0	5
2012	0,045	4 pol Disco de reparo	0	8	6	15	0	84	7	9	8
2013	0,045	5 pol Disco de reparo	10	0	0	0	0	12	0	11	0
2014	0,045	6 pol Disco de reparo	0	12	0	0	8	0	0	6	32
2015	0,045	3/4 pol kit de emenda	0	0	2	0	0	1	0	0	3
2016	0,045	1 pol kit de emenda	0	0	2	0	1	0	1	0	3
2017	0,045	1 1/2 pol kit de emenda	0	0	1	0	2	1	1	0	6
2018	0,045	2 pol kit de emenda	0	0	0	0	0	1	0	0	5
2019	0,045	2 1/2 pol kit de emenda	0	0	0	0	0	1	1	0	4
2020	0,045	3 pol kit de emenda	0	0	0	0	5	1	0	0	6
2021	0,045	4 pol kit de emenda	0	0	0	0	9	0	5	0	16
2022	0,045	6 pol kit de emenda	0	0	0	0	9	0	0	0	0
2023	0,045	5 pol kit de emenda	0	7	0	0	5	0	0	0	0
2024	0,005	Laminado—Anelado	0	6	0	0	6	0	0	0	0
2025	0,002	Folha Anelado	551	0	0	0	0	0	0	0	0
2026	0,010	Laminado Anelado	0	0	435	0	251	412	0	0	0
2027	0,060	Placa Anelada	0	0	277	323	60	0	504	12	205
2028	0,045	Laminado não anelado	67	0	0	0	0	0	0	0	0
2029	0,045	Laminado Anelado	137	122	430	18	37	16	0	368	5
2030	0,375	Placa Anelada	0	0	0	23	0	0	0	0	0
2031	0,020	Laminado Anelado	761	521	826	671	889	1.004	3.975	27	7
2032	0,025	Placa Anelada	0	69	24	0	0	0	0	0	0
2033	0,150	Placa Anelada	0	0	0	0	41	0	0	0	0
2034	0,125	Placa Anelada	0	35	78	63	34	0	0	208	0
2035	0,030	Laminado Anelado	1.638	116	1.138	634	524	579	1.672	703	517
2036	0,015	Laminado Anelado	108	0	13	56	0	27	0	0	1
2037	0,015	Tubo soldado 0,50 pol Diâmetro externo (DE)	0	0	6	0	0	23	7	0	0
2038	0,025	Tubo soldado 1,5 pol Diâmetro externo (DE)	0	0	0	0	0	2	0	0	0
2039	0,020	Tubo soldado 0,50 pol Diâmetro externo (DE)	0	0	181	142	0	0	0	0	0
2040	0,025	Tubo soldado 0,75 pol Diâmetro externo (DE)	296	936	2.989	1.366	2.468	989	657	528	1.392
2041	0,020	Tubo soldado 0,75 pol Diâmetro externo (DE)	0	50	316	3	379	0	2.856	0	0
2042	0,025	Tubo soldado 0,75 pol Diâmetro externo (DE)	0	0	0	0	0	32	0	0	5
2043	0,015	Tubo soldado 1 pol-1,49 (DE)	0	0	480	444	0	77	118	343	0
2044	0,020	Tubo soldado 10, pol Diâmetro externo (DE)	0	0	0	32	241	108	4	0	0
2045	0,030	Tubo soldado 1,0 pol Diâmetro externo (DE)	0	0	370	0	0	1	0	0	41
2046	0,015	Tubo soldado 1,5 pol Diâmetro externo (DE)	0	0	0	0	40	0	133	0	0
2047	0,030	Tubo soldado 1,50 pol Diâmetro externo (DE)	0	255	100	0	0	0	0	0	0
2048	0,030	Laminado anelado customizado	0	1	1	0	0	0	0	0	0
2049	0,020	Laminado anelado customizado	0	0	0	0	0	35	0	0	0
2050	0,015	Tubo de 1 pol diam. externo com tampão	0	0	0	1.003	0	0	176	0	0
2051	0,022	Tubo soldado 1,25 pol Diâmetro externo (DE)	0	0	0	1.014	0	0	0	0	0
2052	0,035	Tubo 1,25 pol Diâmetro externo (DE)	0	0	302	0	0	0	0	0	0
2053	0,020	Disco 66mm Diâmetro externo (DE)	0	0	0	0	0	0	0	0	0
2054	0,118	Tubo 0,815 pol od × 3mm wall	0	0	0	8	8	0	0	0	0
2055	0,118	Tubo 0,614 pol od × 3mm wall	0	0	0	6	0	0	0	0	0

FIGURA 3-32 Vendas faturadas para a liga 2.

os itens a ser estocados, e em que quantidade? Além disso, nem todas as pessoas na organização estavam convencidas de que a redução no *lead time* do cliente fosse uma prioridade – ainda que outras pensassem que os níveis de estoque não fossem importantes. Tom tinha quatro meses para apresentar um plano e implementá-lo – mas o que ele faria?

QUESTÕES PARA DISCUSSÃO DO ESTUDO DE CASO

1. Por que os *lead times* são tão longos?
2. Como a Starck poderá reduzir ou modificar os *lead times*?
3. Quais são os custos da redução dos *lead times*? Quais são os benefícios?

Este estudo de caso é relativamente longo e complexo. Você deve usar seu próprio julgamento sobre a melhor maneira de tratar dele, dado que seu tempo é limitado. Você deve diagnosticar o que está acontecendo e identificar as principais abordagens possíveis. Não esperamos que você desenvolva uma análise elaborada dos dados fornecidos (ainda que esta análise seria interessante, caso você disponha do tempo necessário).

CAPÍTULO 4

Os Contratos de Fornecimento

ESTUDO DE CASO

A American Tool Works

A American Tool Works (ATW) é um dos principais fabricantes norte-americanos de ferramentas elétricas e manuais, como furadeiras e martelos, entre outros. A empresa tem fábricas em todo o mundo e seus principais mercados são a Europa e a América do Norte. Os produtos são vendidos por meio de distribuidores e representantes ou diretamente aos clientes ou lojas.

A ATW tem uma parceria de sucesso com seus distribuidores e representantes. Este canal gera cerca de 80% de sua receita e, portanto, é o foco de trabalho da nova equipe de gestão, que assumiu a empresa em 2004. O relacionamento da ATW com seus distribuidores e representantes assume duas formas:

- Os grandes distribuidores normalmente têm acordos do tipo VMI (*Vendor Managed Inventory* – Estoque Gerenciado pelo Fornecedor) com a ATW. Neste caso, a ATW monitora os níveis de estoque dos vários produtos nas instalações dos distribuidores, despachando carregamentos quando necessário.
- Os distribuidores de porte médio e pequeno não têm a capacitação técnica para participar do relacionamento com VMI, já que não possuem a tecnologia para transferir as vendas necessárias e as informações sobre estoques à ATW diretamente.

Muitos destes distribuidores não vendem apenas os produtos da ATW, mas também muitos outros produtos que competem com os da empresa.

Os grandes distribuidores geralmente se contentam com o desempenho do acordo VMI. O vice-presidente da Cadeia de Suprimentos da ATW, Dave Morrison, recentemente instituiu uma série de reuniões com os principais representantes da empresa. Nessas conversas, eles enfatizaram os seguintes aspectos:

- A equipe de vendas pode dirigir a demanda aos produtos da ATW ou aos da concorrência, isto é, os compradores normalmente pedem conselhos aos vendedores sobre os produtos e as marcas.
- Hoje, a equipe de vendas dos distribuidores toma decisões com base em:
  – Nível de conforto com diferentes produtos e marcas
  – Itens em promoção
  – Margem de lucro
- Os níveis de estoque da ATW no distribuidor não realizam as vendas uma vez que no VMI os carregamentos são recebidos com frequência – algumas vezes por semana.
- Para muitos produtos, o espaço é limitado, devido às exigências de estocagem interna. O VMI reduz consideravelmente os níveis de estoque, e assim o espaço exigido para a manutenção ou o aumento dos níveis de serviço.

Dave também reuniu-se com diversos distribuidores de pequeno porte. Eles identificaram três razões para comprar os produtos da ATW: reconhecimento do nome, qualidade e apoio às vendas.

Tal como no caso dos grandes distribuidores, os pequenos também sugeriram que sua equipe de vendas pode direcionar a demanda a certas marcas ou produtos. É interessante observar que eles qualificaram suas declarações da seguinte forma:

- Cerca de 60% das vendas é especificada pelo comprador e o distribuidor não influencia a marca ou o produto escolhido pelo contratante.
- Os outros 40% podem ser consideravelmente manipulados pela equipe de vendas do distribuidor.
- Quando a equipe de venda força a demanda, isto ocorre com base no nível de estoque.
- Os competidores da ATW adotam diversas abordagens para aumentar as vendas nestes distribuidores de pequeno porte. Uma destas abordagens encoraja alguns representantes a aumentar o estoque de ferramentas com a promessa de comprar de volta as ferramentas que não forem vendidas. Outra implementa um programa de incentivo às vendas em que uma certa quantia em dinheiro é depositada pelo fabricante e pelo distribuidor em uma conta, e este valor é dividido entre os integrantes da equipe de vendas ao final do ano.

Após concluir suas reuniões com os representantes, Dave sentiu-se muito confiante com o desempenho do programa VMI. Contudo, ele tinha a noção de que havia uma excelente oportunidade de aumentar as vendas para os pequenos representantes e ao mesmo tempo o risco de que seus concorrentes abocanhassem parte da fatia de mercado da ATW com os representantes de pequeno e médio porte.

Ao final deste capítulo você será capaz de responder as seguintes perguntas:

- O que a ATW pode fazer para aumentar o estoque em representantes de pequeno e médio porte?
- O que a ATW pode fazer para aumentar as vendas em representantes de pequeno e médio porte?
- Por que os concorrentes da ATW utilizam as duas abordagens mencionadas no estudo de caso quando eles negociam com representantes de pequeno e médio porte?
- A ATW deve adotar estas mesmas abordagens?
- A ATW deve experimentar abordagens diferentes? Quais são as possíveis abordagens que devem ser consideradas?

4.1 INTRODUÇÃO

Nos últimos anos, vimos um expressivo aumento no nível de terceirização. As empresas terceirizam tudo, desde a fabricação de componentes específicos ao projeto e montagem de todo um produto. Por exemplo, na indústria de eletrônicos, observamos um marcante aumento no volume de compra como percentual do total de vendas da empresa. Para fins de ilustração, entre 1998 e 2000 a terceirização na indústria de eletrônicos aumentou de 15% de todos os componentes, para 40% [186].

É interessante observar que muitos fabricantes com nomes reconhecidos hoje terceirizam tanto o projeto inteiro quanto a fabricação de alguns de seus produtos. Por exemplo, espera-se que em 2005 cerca de 30% das câmeras digitais, 65% dos tocadores de mp3 e cerca de 70% dos *palmtops* produzidos sejam o trabalho do fabricante original do dispositivo, que serão vendidos aos consumidores por fabricantes de marcas (ver [62]).

Um dos motivos por trás desta postura é a busca por países de baixo custo que permitam aos fabricantes reduzir o custo com mão de obra de forma significativa. Ao mesmo tempo, muitas empresas no Extremo Oriente desenvolveram uma incrível capacidade de projetar e fabricar produtos de alta qualidade e baixo custo. Estes progressos sugerem ao mesmo tempo uma oportunidade e um desafio.

De fato, o aumento no nível de terceirização significa que a função de *procurement* se torna crítica para que um OEM* permaneça com as rédeas de seu destino em suas mãos. Consequentemente, muitos OEMs se concentram em colaborar de perto com os fornecedores de seus *produtos ou componentes estratégicos*. Na maioria dos casos, esta postura requer contratos de fornecimento eficazes, que tentem coordenar a cadeia de suprimentos.

Uma abordagem diferente vem sendo adotada por OEMs no caso de componentes não estratégicos. Nesta situação, os produtos são comprados de uma série de fornecedores e a flexibilidade das condições de mercado é percebida como mais importante do que uma relação direta com aqueles. Na verdade, *os produtos commodities*, ou seja, eletricidade, memórias de computador, aço, petróleo, grãos ou algodão estão normalmente disponíveis em muitos fornecedores e podem ser adquiridos em mercados à vista. Uma vez que estes produtos são altamente padronizados, trocar de fornecedor em geral não é visto como um problema.

No restante deste capítulo discutiremos contratos de fornecimento eficazes para componentes estratégicos e não estratégicos.

4.2 OS COMPONENTES ESTRATÉGICOS

As estratégias eficazes de *procurement* requerem o desenvolvimento relacionamentos com os fornecedores. Estes relacionamentos podem assumir diversas formas, tanto do ponto de vista formal quanto informal. Contudo, na maioria das vezes, para garantir o fornecimento adequado e a entrega em tempo, os compradores e fornecedores concordam em assinar um contrato de fornecimento. Estes contratos tratam de questões que surgem entre um comprador e um fornecedor, quer aquele seja um fabricante que compra matérias-primas de um fornecedor, um OEM que adquire componentes, ou um varejista comprando produtos. Em um contrato de fornecimento típico, o comprador e o fornecedor concordam sobre:

- Precificação e descontos por volume comprado
- Quantidades mínimas e máximas de compra
- *Lead times* de entrega
- Qualidade do produto ou material
- Política de devolução de produtos

Como veremos, os contratos de fornecimento são ferramentas muito poderosas que podem ser empregadas para muitas outras finalidades além de garantir o fornecimento e a demanda adequados de produtos.

4.2.1 Os contratos de suprimento

Para ilustrar a importância e o impacto de diferentes tipos de contratos de suprimento no desempenho da cadeia de suprimentos, consideremos uma típica cadeia de suprimentos de dois estágios formada por um comprador e um fornecedor. A sequência de eventos em uma cadeia de suprimentos é a seguinte. O comprador começa gerando uma previsão, determina quantas unidades devem ser pedidas junto ao fornecedor e efetua um pedido para este de forma a otimizar seu próprio lucro. O fornecedor reage ao pedido emitido pelo comprador. Assim, nesta cadeia de suprimentos, o fornecedor tem uma cadeia de suprimentos sob enco-

---

* N. de T.: *Original Equipment Manufacturer* – Fabricante Original do Equipamento. Empresa que fabrica os produtos que ela mesma projeta.

menda (MTO – *Make-To-Order*), enquanto o comprador está comprando itens com base em uma previsão, antes de conhecer a real demanda do cliente.

Claro que esta sequência de eventos representa um processo sequencial de tomada de decisão, e assim a cadeia de suprimentos é chamada de **cadeia de suprimentos sequencial**. Em uma cadeia de suprimentos sequencial, cada parte determina seu próprio curso de ação, independentemente do impacto de suas decisões nas outras partes. Não resta dúvida de que esta estratégia não é eficaz para os parceiros da cadeia de suprimentos, uma vez que ela não identifica o que é o melhor para toda a cadeia.

Para ilustrar os desafios enfrentados pelas cadeias de suprimentos sequenciais e a importância do impacto de diferentes tipos de contrato de fornecimento sobre o desempenho destas cadeias, consideremos os exemplos a seguir, baseados no estudo de caso sobre trajes de banho analisado no Capítulo 2.

EXEMPLO 4-1

Consideremos mais uma vez o exemplo da produção de trajes de banho discutida na Seção 2.2.2. Neste estudo de caso, supomos que existem duas empresas envolvidas na cadeia de suprimentos: um varejista que tem diante de si a demanda do cliente, e um fabricante que produz e vende trajes de banho para o varejista. A demanda por trajes de banho obedece ao mesmo padrão dos cenários anteriores e a precificação do varejista e as informações sobre custos são as mesmas:

- Durante o verão, um traje de banho é vendido aos clientes a $125 a unidade.
- O preço de atacado pago pelo varejista ao fabricante é $80 a unidade.
- Qualquer traje que não for vendido durante o verão é vendido a uma loja de descontos a $20.

Para o fabricante, temos as seguintes informações:

- Custo fixo de produção: $100 mil.
- O custo de produção variável por unidade é $35.

Observe que o lucro marginal do varejista é idêntico ao lucro marginal do fabricante, $45. Além disso, observe que com exceção do custo fixo de produção, o preço de venda do varejista, o valor residual e o custo de produção são idênticos ao preço de venda, ao valor residual e ao custo de produção do exemplo no Capítulo 2. Isto significa que o lucro marginal do varejista ao vender uma unidade durante a estação, $45, é menor do que o prejuízo marginal, $80, associado a cada unidade vendida ao final da estação para lojas de desconto.

Quantas unidades o varejista deve pedir ao fabricante? Lembre-se de nossa conclusão ao final do estudo de caso dos trajes de banho: a quantidade de pedido ótima depende do lucro marginal e do prejuízo marginal, não do custo fixo. De fato, a linha contínua na Figura 4-1 representa o lucro médio para o varejista e sugere que sua política ótima consiste em pedir 12 mil unidades para ter um lucro médio de $470.700. Se o varejista emitir este pedido, o lucro do fabricante será de $12.000 (80 – 35) – 100.000 = $440.000.

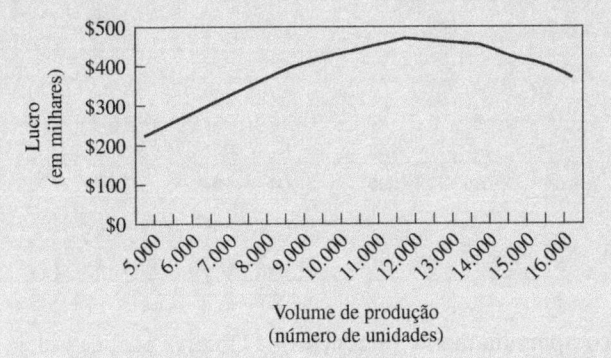

FIGURA 4-1 O lucro esperado do varejista como função da quantidade pedida.

No exemplo, observe que o comprador assume todo o risco de ter mais estoque do que vendas, enquanto o fornecedor não assume riscos. Na verdade, uma vez que o fornecedor não corre riscos, ele gostaria que o comprador emitisse o maior pedido possível, enquanto o comprador limita sua quantidade de pedido em função do risco financeiro. Claro que *uma vez que o comprador limita sua quantidade de pedido, existe um **expressivo aumento na probabilidade de ficar sem estoque***. Se o fornecedor está disposto e é capaz de compartilhar parte do risco com o comprador, então pode ser lucrativo para o comprador pedir um número maior de itens, com a redução da probabilidade de ficar sem estoque e com o aumento do lucro tanto para ele quanto para o fornecedor.

Em suma, existem diversos contratos de suprimento que possibilitam este **compartilhamento do risco** e, portanto, aumentam os lucros para as duas entidades da cadeia de suprimentos.

Contratos de recompra. Neste tipo de contrato, o vendedor concorda em comprar de volta as mercadorias que não são vendidas pelo comprador, a um preço predefinido, maior que o valor residual. Está claro que este contrato dá ao comprador o incentivo de pedir um número maior de unidades, uma vez que o risco associado às unidades que não são vendidas é menor. Por outro lado, o risco do fornecedor aumenta. Logo, o contrato é composto de forma que o aumento na quantidade de pedido emitido pelo comprador e, portanto, a redução da probabilidade de ficar sem estoque, compensa muito bem o fornecedor pelo aumento no risco. Retornemos ao exemplo dos trajes de banho.

EXEMPLO 4-2

Suponhamos que o fabricante se oferece para comprar trajes de banho que não foram vendidos pelo varejista a $55. Neste caso, o lucro marginal do varejista, $45, é maior do que seu prejuízo marginal, $35, o que o motiva a pedir mais do que a demanda média. Na verdade, com este contrato a linha contínua na Figura 4-2 representa o lucro médio do varejista e a linha pontilhada, o lucro médio do fabricante. A figura mostra que, neste caso, o varejista tem um incentivo para aumentar a quantidade de pedido para 14 mil unidades, a um lucro de $513.800, enquanto o lucro médio do fabricante aumenta para $471.900. Assim, o lucro total médio para as duas partes aumenta de $910.700 (= $470.700 + $440.000) na cadeia de suprimentos sequencial, para $985.700 (=$513.800 + $471.900) quando um contrato de recompra é assinado.

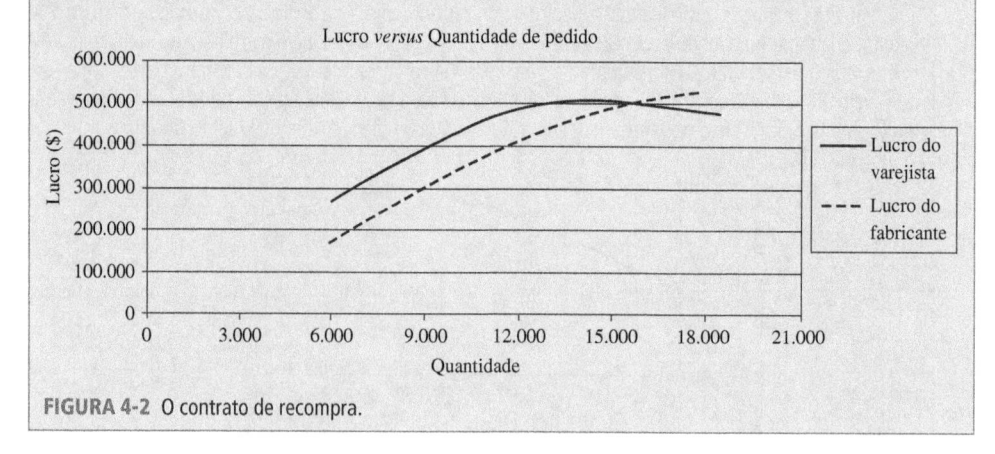

FIGURA 4-2 O contrato de recompra.

Os contratos de compartilhamento de receitas. Observe que, na cadeia de suprimentos sequencial, uma importante razão para que o comprador peça um número limitado de unidades é o alto preço no atacado. Se de alguma maneira o comprador conseguir convencer o fornecedor a reduzir o preço de atacado, então aquele terá uma motivação para pedir mais unidades. Claro que uma redução no preço de atacado diminui o lucro do fornecedor, se ele não for capaz de vender um número maior de unidades. Este problema é tratado em um contrato de compartilhamento de receitas. Neste tipo de contrato, o comprador divide parte de sua receita com o vendedor, em troca de um desconto no preço no atacado. Isto é, neste tipo de contrato, o comprador transfere uma parte da receita de cada unidade vendida ao cliente final. Consideremos o exemplo dos trajes de banho.

EXEMPLO 4-3

Suponhamos que o fabricante de trajes de banho e o varejista têm um contrato de compartilhamento de receita, em que o primeiro concorda em diminuir o preço no atacado de $80 para $60 e em troca o segundo oferece 15% da receita do produto ao fabricante. Com este contrato a linha contínua na Figura 4-3 representa o lucro médio do varejista e a linha tracejada, o lucro médio do fabricante. A figura mostra que o varejista é incentivado a aumentar seu pedido para $14 mil unidades (como no contrato de recompra) a um lucro de $504.325, e este aumento no pedido leva a um aumento no lucro do fabricante de $481.375, apesar dos menores preços no atacado. Assim, o lucro total da cadeia de suprimentos é $985.700 (= $504.235 + $481.375). Isto é, a redução no preço no atacado associada ao compartilhamento de receitas eleva o lucro para as duas partes.

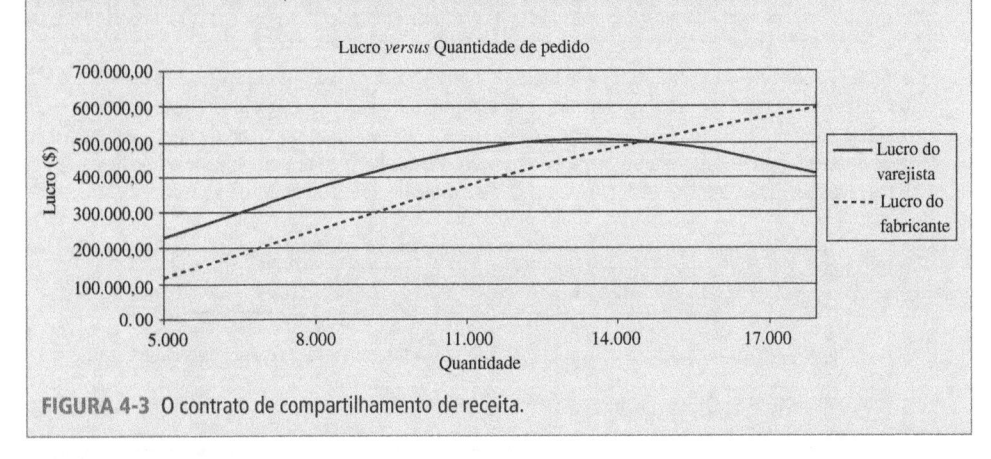

FIGURA 4-3 O contrato de compartilhamento de receita.

Outros tipos de contrato de fornecimento também são vantajosos [34]. Veja a Tabela 4-1 para um resumo destes tipos de contrato.

Contratos de flexibilidade de quantidade. Os contratos de flexibilidade de quantidade são aqueles em que o fornecedor oferece devolução total pelos itens devolvidos (não ven-

TABELA 4-1

CONTRATOS PARA COMPONENTES ESTRATÉGICOS

Contrato	Características
1. Recompra	Devolução parcial do valor pago por produtos não vendidos
2. Compartilhamento de receitas	O comprador compartilha a receita com o fornecedor em troca de um desconto no preço no atacado
3. Flexibilidade de quantidade	Devolução de todo o valor pago por produtos não vendidos
4. Abatimento nas vendas	Incentivos para satisfazer as metas de vendas

didos), desde que estes não ultrapassem um dado número. Portanto, este contrato oferece devolução total para uma parcela dos itens devolvidos, enquanto um contrato de recompra prevê a compra de todos os produtos que não forem adquiridos [34].

Contrato de abatimento nas vendas. Os contratos de abatimento nas vendas oferecem um incentivo direto ao varejista, para que ele aumente as vendas por meio de um abatimento pago pelo fornecedor por qualquer item vendido acima de uma certa quantidade.

Otimização global. Os diversos contratos descritos anteriormente trazem uma pergunta importante: qual é o maior lucro que o fornecedor e o comprador podem obter? Para responder a esta pergunta, adotaremos uma abordagem completamente diferente. E se um tomador de decisão isento consegue identificar a melhor estratégia para toda a cadeia de suprimentos? Este tomador de decisão consideraria os dois parceiros da cadeia de suprimentos, o fornecedor e o comprador, como dois integrantes de uma mesma organização. Isto é, a transferência de dinheiro entre as partes é ignorada e o tomador de decisão maximiza o lucro da cadeia de suprimentos.

EXEMPLO 4-4

No exemplo dos trajes de banho, os únicos dados relevantes neste caso são o preço de venda de $125, o valor residual de $20, os custos variáveis de produção de $35 e o custo fixo. Neste caso, o custo que o varejista cobra do fabricante é insignificante, já que estamos interessados apenas nos custos e receitas externos. Claro que, neste caso, o lucro marginal da cadeia de suprimentos, 90 = 125 − 35, é expressivamente maior do que o prejuízo marginal, 15 = 35 − 20 e, portanto, a cadeia de suprimentos produzirá mais do que a demanda média. Na verdade, a Figura 4-4 sugere que, nesta estratégia de otimização global, a quantidade ótima de pedido é de 16 mil unidades, o que implica um lucro esperado para a cadeia de suprimentos de $1.014.500.

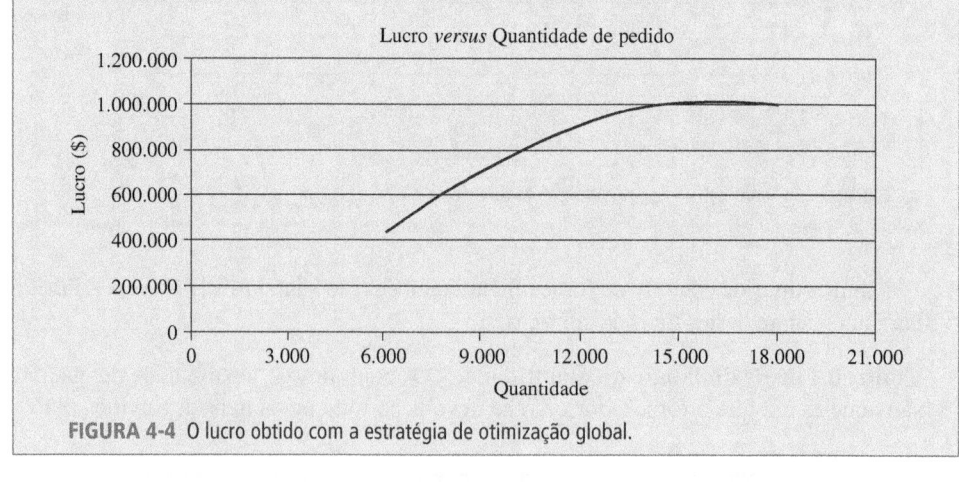

FIGURA 4-4 O lucro obtido com a estratégia de otimização global.

Claro que este tipo de tomador de decisão isento normalmente não existe. Contudo, os contratos eficazes da cadeia de suprimentos oferecem incentivos para os parceiros da cadeia, para que substituam as estratégias tradicionais, em que cada parceiro otimiza seu próprio lucro, pela **otimização global** que, por sua vez, maximiza o lucro da cadeia. A dificuldade com a otimização global reside no fato de ela exigir que a empresa entregue o poder da tomada de decisão a um tomador de decisão isento.

É exatamente por isto que os contratos de fornecimento são importantes. *Eles auxiliam as empresas a atingir a otimização global, sem a necessidade de um tomador de decisão im-*

parcial, ao permitir que os compradores e fornecedores compartilhem o risco e os prováveis benefícios. Na verdade, é possível provar que *um contrato de fornecimento elaborado com cuidado gera exatamente os mesmos lucros que a otimização global.*

Além disso, do ponto de vista da implementação, a principal desvantagem da otimização global é que ela não fornece um mecanismo para a alocação do lucro entre os parceiros da cadeia de suprimentos. Ela apenas fornece informações sobre o conjunto das melhores ações a serem tomadas pela cadeia de suprimentos para aumentar o lucro. Os contratos de fornecimento alocam este lucro entre os membros da cadeia.

O mais importante é que os contratos eficazes alocam o lucro para cada parte de forma que nenhuma delas pode aumentar seus próprios lucros com a decisão de se desviar do conjunto de melhores decisões. Isto é, não há incentivos, nem para o comprador, nem para o fornecedor, para se desviarem das ações que atingem a solução global ótima.

O exemplo a seguir ilustra o impacto dos contratos da cadeia de suprimentos na prática.

EXEMPLO 4-5

Até 1998, as videolocadoras utilizavam cópias compradas de lançamentos dos estúdios, por cerca de $65, e as alugavam aos clientes por $3. Em função do alto preço de compra, as videolocadoras não adquiriam o número suficiente de cópias para atender aos picos na demanda, que em geral ocorrem durante as primeiras dez semanas de lançamento de um filme em vídeo. O resultado era um baixo nível de serviço ao cliente. Em uma pesquisa de 1998, cerca de 20% dos clientes não conseguia assistir o filme que procuravam em uma videolocadora. Então, no mesmo ano, a Blockbuster Video assinou um contrato de compartilhamento de receita com os estúdios, em que o preço no atacado foi reduzido de $65 para $8 por cópia. Em troca, os estúdios receberiam aproximadamente 30 a 45% do preço pago pelo aluguel de cada filme. Este contrato de compartilhamento de receita é utilizado por muitas de videolocadoras [35].

Nesse exemplo, a vantagem para a Blockbuster está clara: o preço de compra é reduzido expressivamente de $65 para $8 por cópia. A vantagem para o estúdio não está tão clara. Veja as Questões para Discussão no final deste capítulo.

4.2.2 As limitações

Se estes tipos de contratos de fornecimento são tão eficazes, por que não se vê mais empresas adotando-os na prática? A resposta naturalmente tem a ver com as diversas desvantagens que surgem na implementação destes contratos.

Por exemplo, os contratos de recompra exigem que o fornecedor tenha um sistema eficaz de logística reversa o que, na verdade, pode encarecer os custos de logística. Além disso, quando os varejistas vendem produtos que competem entre si, alguns protegidos por contratos de recompra, outros não, eles (os compradores) são incentivados a empurrar os produtos que não estão sob a proteção de contrato. Isto ocorre porque o risco a que o varejista está exposto é muito maior com os produtos que não têm contrato de recompra. Assim, este contrato, ainda que atraente, é adotado apenas pelas indústrias de livros e revistas, em que os varejistas não influenciam o direcionamento da demanda de um produto para outro, e as revistas não vendidas são destruídas pelo varejista. Apenas a primeira página da revista é retornada à editora, como prova da destruição do produto.

Os contratos de compartilhamento de receita também sofrem importantes limitações. Eles exigem que o fornecedor monitore a receita do comprador, e assim aumente o custo administrativo. A importância de monitorar a receita é detalhadamente ilustrada por dois casos judiciais recentes.

> **EXEMPLO 4-6**
>
> Uma ação legal aberta por três varejistas independentes de vídeo que se queixavam de terem sido excluídos de receber os benefícios do compartilhamento de receitas foi arquivada pela justiça em junho de 2002. A razão: os varejistas independentes não tinham a infraestrutura de informação que teria permitido aos estúdios monitorar as receitas.

A tecnologia da informação por si só não basta. A confiança entre fornecedor e comprador é não apenas importante, mas também difícil de construir, como exemplificado a seguir.

> **EXEMPLO 4-7**
>
> Em janeiro de 2003, a Walt Disney Company processou a Blockbuster sob a acusação de ela estar trapaceando sua unidade de vídeo em quase $12 milhões em um contrato de compartilhamento de receitas de quatro anos (*New York Times*, 4/1/2003).

Outra importante limitação destes contratos de compartilhamento de receita é que os compradores são incentivados a empurrar os produtos da concorrência que têm margens de lucro maiores. Isto é, este tipo de contrato geralmente reduz a margem de lucro do comprador, uma vez que parte da receita é transferida para o fornecedor. Assim, o comprador é incentivado a empurrar outros produtos, de modo especial aqueles similares aos produtos de fornecedores da concorrência, com quem ele não tem contrato de compartilhamento de receitas.

4.3 OS CONTRATOS PARA CADEIAS DE SUPRIMENTOS PARA ESTOQUE (MTS – *MAKE-TO-STOCK*) E SOB ENCOMENDA (MTO – *MAKE-TO-ORDER*)

Um dos principais pressupostos em todos os contratos discutidos até aqui diz que o fornecedor tem uma cadeia de suprimentos de produção sob encomenda. Isto significa que, na cadeia de suprimentos sequencial analisada anteriormente, o fornecedor não corre riscos, enquanto o comprador assume todos. Os contratos descritos sugerem mecanismos para a transferência de parte deste risco do comprador para o fornecedor. Contudo, uma questão importante que persiste diz respeito aos contratos apropriados na situação de o fornecedor ter uma cadeia de suprimentos para estoque (MTS).

Para entendermos melhor alguns dos problemas pertinentes a esta situação, analisemos o seguinte exemplo.

> **EXEMPLO 4-8**
>
> A Ericsson vende equipamentos de redes de telecomunicação para a AT&T e compra componentes de uma variedade de fornecedores, como a Flextronics. Devido às expressivas diferenças entre os *lead times* dos componentes, a estratégia de fabricação adotada pela empresa é diferente daquela aplicada pela Flextronics. De modo especial, a Flextronics tem um ambiente de produção MTS, ditado em parte pelos *lead times* dos componentes, ao passo que a Ericsson toma suas decisões de produção apenas depois de receber um pedido da AT&T (MTO). Ver [158, 159].

Observe que a Ericsson monta os produtos após receber os pedidos de seu cliente, a AT&T, enquanto a Flextronics produz para estoque e precisa construir a capacidade de entrega antes de os pedidos da Ericsson entrarem. Isto significa que, nesta cadeia de suprimentos, o fornecedor tem todo o risco, enquanto o comprador não sofre riscos. As questões acerca deste tipo de relacionamento são detalhadamente explicadas no exemplo a seguir.

EXEMPLO 4-9

Considere a cadeia de suprimentos para itens de vestuário como jaquetas para a prática do esqui. Neste caso, a estação de vendas inicia em setembro e termina em dezembro. A sequência de eventos nesta cadeia de suprimentos é a seguinte. A produção começa 12 meses antes da estação das vendas, antes de os distribuidores emitirem pedidos para o fabricante. O distribuidor emite os pedidos para o fabricante seis meses após o início da produção. Neste instante, o fabricante já terminou de fabricar os produtos, enquanto o distribuidor já recebeu os pedidos dos varejistas. Assim, o fabricante produz jaquetas de esqui antes de receber os pedidos do distribuidor. A demanda por jaquetas deste tipo obedece ao mesmo padrão de cenários já descrito (ver Exemplo 4-1), e as informações do distribuidor sobre precificação e custos são:

- O distribuidor vende jaquetas de esqui aos varejistas a $125 a unidade.
- O distribuidor paga ao fabricante $80 por unidade.

Para o fabricante, temos as seguintes informações:

- O custo fixo de produção é $100 mil.
- O custo variável de produção por unidade é $55.
- Qualquer jaqueta de esqui que não for comprada pelos distribuidores é vendida a uma loja de descontos por $20.

Observe que o lucro marginal do fabricante é $25, enquanto o prejuízo marginal de cada unidade produzida mas não adquirida pelo distribuidor é $60. Uma vez que o prejuízo marginal é maior do que o lucro marginal, o distribuidor precisa produzir menos do que pede a demanda média, isto é, menos de $13 mil unidades. Quanto o fabricante deve produzir? A Figura 4-5 representa o lucro médio do fabricante como função do número de unidades para um lucro médio de $160.400. O lucro médio do distribuidor neste caso é $510.300.

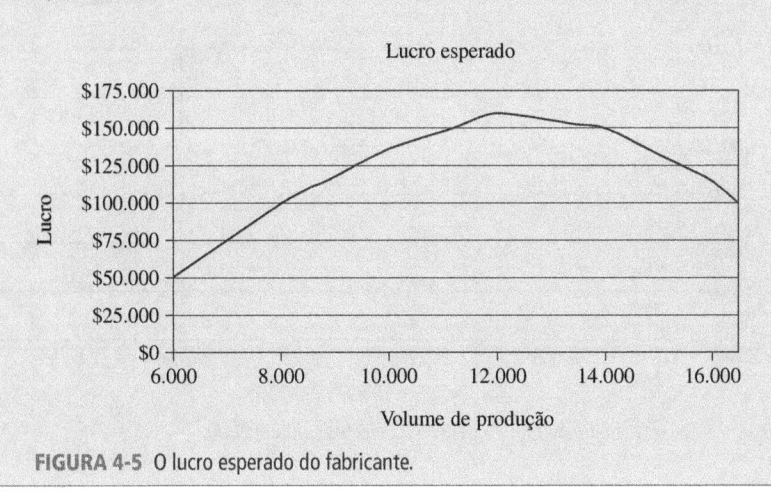

FIGURA 4-5 O lucro esperado do fabricante.

Observe que, diferentemente do exemplo dos trajes de banho, aqui o fabricante assume todo o risco de construir mais capacidade de estoque do que mandam as vendas, ao passo que o distribuidor não corre riscos. De fato, uma vez que o distribuidor não corre riscos, ele gostaria que o fabricante tivesse a maior capacidade possível, enquanto este limita seu volume de produção em função do enorme risco financeiro que corre.

176 CADEIA DE SUPRIMENTOS: PROJETO E GESTÃO

Mais uma vez, são muitos os contratos de fornecimento que possibilitam o compartilhamento do risco e, com isto, reduzem o risco a que o fabricante está exposto, motivando-o a aumentar a capacidade de produção. Esta postura aumenta os lucros, tanto para o fornecedor quanto para o distribuidor.

Contratos com *payback*. Neste contrato, o comprador concorda em pagar uma quantia predefinida por qualquer unidade produzida pelo fabricante mas não comercializada pelo distribuidor. Este tipo de contrato incentiva o fabricante a produzir mais, uma vez que o risco associado à capacidade não utilizada diminui. Por outro lado, o risco do distribuidor cresce de forma sensível. Assim, este contrato tem a finalidade de fazer com que o aumento nas quantidades de produção seja mais compensador para o distribuidor em termos do aumento no risco. Voltemos ao exemplo da jaqueta para a prática do esqui.

EXEMPLO 4-10

Vamos supor que o distribuidor se dispõe a pagar $18 para cada unidade produzida pelo fabricante que não é comprada pelo distribuidor.

Neste caso, o prejuízo marginal do fabricante é 55 − 20 − 18 = $17, enquanto o lucro marginal permanece em $25. Assim, o fabricante tem um incentivo para produzir mais do que a demanda média. A Figura 4-6 ilustra o lucro médio do fabricante, e a Figura 4-7 representa o lucro médio do distribuidor. As figuras mostram que, neste caso, o fabricante é incentivado a aumentar sua quantidade de produção para 14 mil unidades, a um lucro de $180.280, enquanto o lucro médio do distribuidor aumenta para $525.420. Assim, o lucro médio total para as duas partes aumenta de $670 mil (= $160.400 + $510.300) na cadeia de suprimentos sequencial para $705.700 (180.280 + $525.420) quando um contrato com *payback* é adotado.

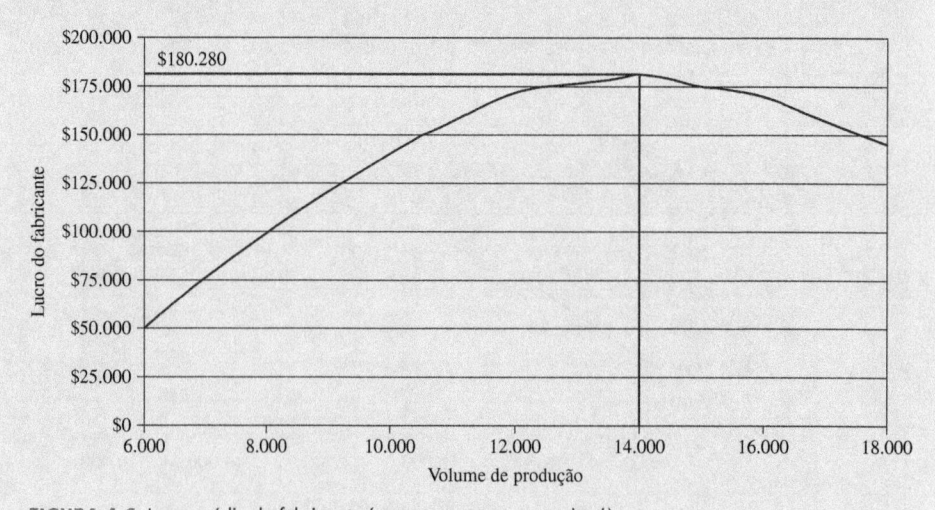

FIGURA 4-6 Lucro médio do fabricante (com contratos com *payback*).

EXEMPLO 4-10 continuação

FIGURA 4-7 Lucro médio do distribuidor (com contratos com *payback*).

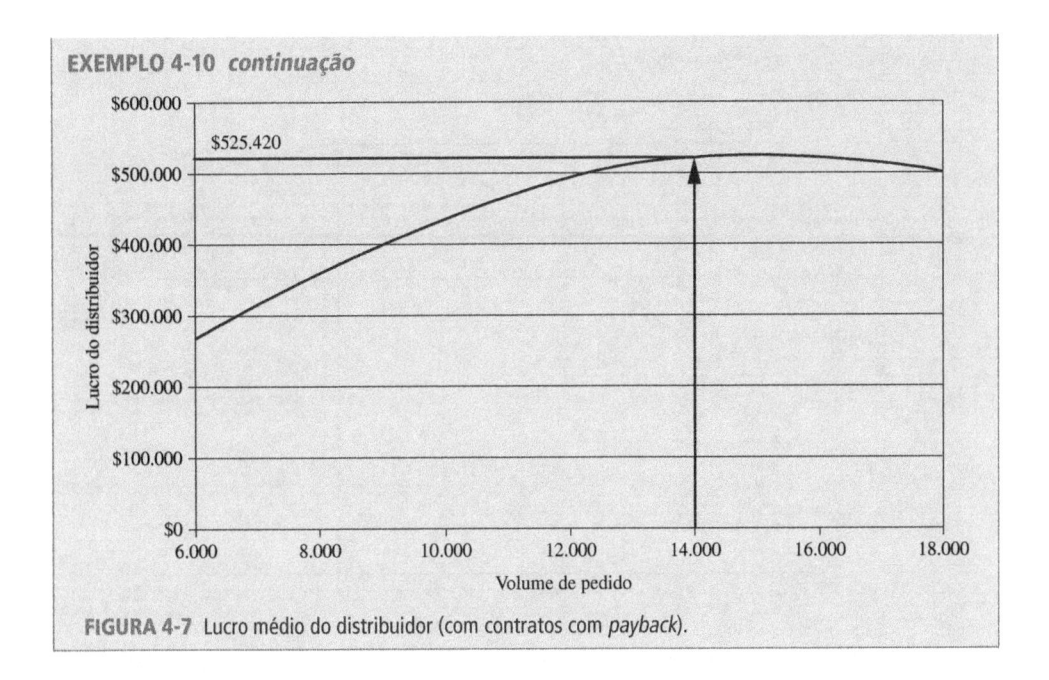

Contratos de compartilhamento de custos. Na cadeia de suprimentos seqüencial, uma importante razão para que o fabricante não produza o bastante é o alto custo de produção. Se de alguma maneira o fabricante conseguir convencer o distribuidor a compartilhar parte dos custos de produção, então está claro que ele terá um incentivo para produzir mais. Sem dúvida, arcar com parte dos custos de produção diminui o lucro do distribuidor, se ele não for capaz de vender número maior de unidades. Este problema é tratado com um contrato de compartilhamento de custos. Neste tipo de contrato, o comprador compartilha parte de seu custo de produção com o fabricante, em troca de um desconto no preço de atacado. Consideremos o exemplo da jaqueta de esqui.

EXEMPLO 4-11

Suponhamos que o fabricante de jaquetas de esqui e o distribuidor têm um contrato de compartilhamento de custos em que o primeiro concorda em diminuir o preço no atacado de $80 para $62 e, em troca, o distribuidor paga 33% dos custos de produção do fabricante. Com este contrato, a Figura 4-8 mostra o lucro médio do fabricante, e a Figura 5-9, o lucro médio do distribuidor. As figuras mostram que, neste caso, o fabricante é incentivado a aumentar seu volume de produção para 14 mil (como no contrato com *payback*) para um lucro de $182.380, e este contrato aumenta o lucro do distribuidor para $523.320, apesar dos menores preços no atacado. Assim, o lucro total da cadeia de suprimentos é $705.700, o mesmo obtido com contratos com *payback*.

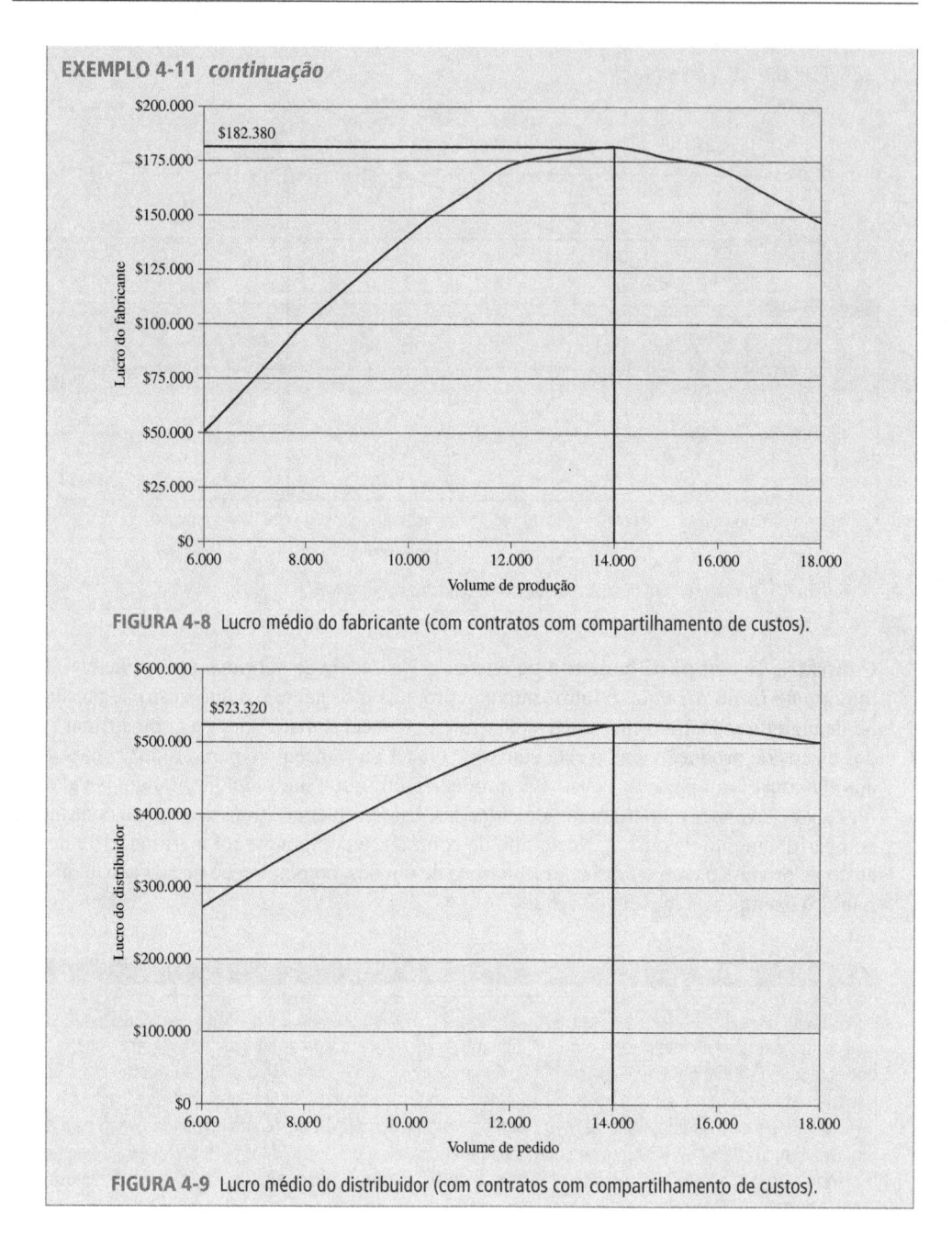

EXEMPLO 4-11 *continuação*

FIGURA 4-8 Lucro médio do fabricante (com contratos com compartilhamento de custos).

FIGURA 4-9 Lucro médio do distribuidor (com contratos com compartilhamento de custos).

Um dos problemas com os contratos de compartilhamento de custos é que ele requer que o fabricante compartilhe seu custo de produção com o distribuidor – algo que a maioria dos fabricantes reluta em fazer. Assim, como este contrato é implementado na prática? Em geral, este problema é tratado por meio de um contrato em que o distribuidor compra um ou mais componentes de que o fabricante precisa. Os componentes permanecem nos registros do distribuidor, mas são despachados para a unidade do fabricante para a produção do produto acabado.

EXEMPLO 4-12

Um OEM de grande porte da indústria de eletrônicos contrata um parceiro de fabricação (CM) responsável pelo projeto e pela fabricação de peças utilizadas pelo OEM. Este utiliza seu poder de compra para adquirir componentes-chave, utilizados pelo CM, do fornecedor deste. Estes componentes são dados ao CM tanto em consignação, isto é, o OEM continua sendo proprietário das peças no CM, quanto em um acordo de compra e venda, em que o OEM vende ao CM. O poder de compra do OEM significa que eles podem receber um preço melhor do que aquele que o CM recebe do fornecedor. Além disso, esta estratégia garante que os competidores do OEM que comprarem peças do mesmo CM não tirem vantagem de seu poder de compra.

Por fim, é fácil perceber que, no exemplo da jaqueta de esqui, tanto os contratos com *payback* quanto aqueles com compartilhamento de custos atingem o maior lucro possível nesta cadeia de suprimentos. Isto é, os parâmetros dos contratos foram selecionados de forma a fazer com que o lucro da cadeia de suprimentos em cada caso seja idêntico ao da otimização global.

EXEMPLO 4-13

No exemplo da jaqueta de esqui, os únicos dados relevantes à otimização global da cadeia de suprimentos são o preço de venda de $125, o valor residual de $20, os custos variáveis de produção de $55 e o custo fixo de produção. Neste caso, o custo que o distribuidor paga ao fabricante não é importante, uma vez que estamos interessados apenas nos custos e receitas externos. Claro que, neste caso, o lucro marginal da cadeia de suprimentos, 70 = 125 − 55, é expressivamente maior do que o prejuízo marginal, 35 = 55 − 20, e portanto a cadeia produzirá mais do que a demanda média. Na verdade, a Figura 4-10 sugere que, nesta estratégia de otimização global, a quantidade de produção ótima é 14 mil unidades, o que significa um lucro esperado para a cadeia de suprimentos de $705.700, exatamente o mesmo lucro obtido com a proteção de um contrato com *payback* ou com compartilhamento de custos.

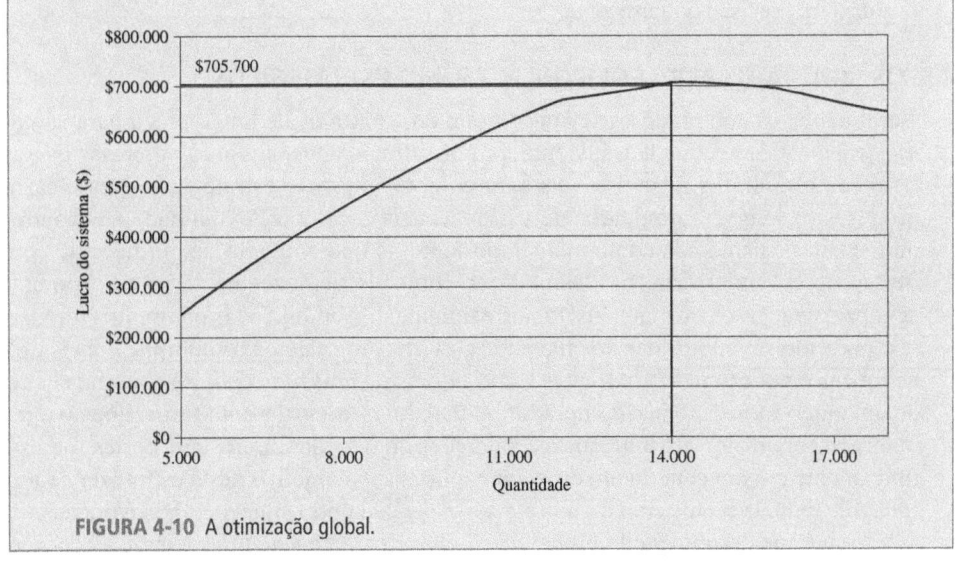

FIGURA 4-10 A otimização global.

4.4 OS CONTRATOS COM INFORMAÇÕES ASSIMÉTRICAS

Um importante pressuposto considerado nesta discussão é a de que o comprador e o fornecedor compartilham a mesma previsão de demanda. Contudo, é fácil perceber que quando o fornecedor precisa construir a capacidade com base na previsão recebida dos fabricantes, o comprador tem um incentivo para aumentar suas previsões. De fato, conforme observado em [213], "as previsões de empresas de eletrônicos e telecomunicações são frequentemente exageradas."

Para entendermos melhor este problema, consideremos o Exemplo 4-8. Neste exemplo, a Flextronics construiu uma capacidade de produção baseada na previsão recebida da Ericsson, a empresa que tem o relacionamento com o cliente final, a AT&T. Uma previsão recebida pela Flextronics da Ericsson pode ser exagerada, mas não há maneira de verificar se isto de fato ocorre. Na verdade, uma vez que existe sempre uma probabilidade de que a previsão é maior do que a demanda realizada, o fornecedor não pode argumentar que esta lacuna se deve às previsões exageradas.

Assim, o problema se resume à possibilidade de redigir contratos que garantam o compartilhamento de informações com credibilidade.

É interessante observar que esta questão tem resposta afirmativa [159]. De fato, os dois contratos a seguir atingem este objetivo.

- **Contratos de reserva de capacidade:** O fabricante paga para reservar um certo nível de capacidade com o fornecedor. O preço de reserva consiste em uma lista de preços calculados pelo fornecedor para motivar o fabricante a revelar sua verdadeira previsão. Isto é, ao escolher a capacidade a ser reservada com o fornecedor, o fabricante dá sinal de qual é sua verdadeira previsão.
- **Contratos de compra antecipada:** O fornecedor cobra o preço da compra antecipada no caso dos pedidos emitidos antes da construção da capacidade e um preço diferente para qualquer pedido adicional feito quando a demanda é realizada. Mais uma vez, o compromisso inicial feito pelo fabricante dá ao fornecedor as informações sobre a verdadeira previsão do fabricante.

4.5 OS CONTRATOS PARA COMPONENTES NÃO ESTRATÉGICOS

Geralmente, os compradores se concentram em contratos de longo prazo para atender a maioria de suas necessidades. Contudo, nos últimos anos, algumas empresas passaram a procurar contratos mais flexíveis para componentes não estratégicos. Nesse caso, os produtos podem ser comprados de vários fornecedores e a flexibilidade nas condições de mercado é percebida como mais importante do que uma relação permanente com os fornecedores. Na verdade, as *commodities*, como eletricidade, memórias de computador, aço, petróleo, grãos ou algodão são normalmente disponibilizadas por muitos fornecedores, podendo ser adquiridas nos mercados à vista. Ao selecionar múltiplas fontes de fornecimento (por exemplo, diferentes fornecedores ou uma variedade de contratos flexíveis de um único fornecedor), o comprador pode reduzir os custos com fornecimento e reagir melhor e com maior flexibilidade às condições do mercado. Cada uma destas fontes está tipicamente em um cenário em especial e, portanto, o objetivo desta estratégia de *procurement* é reduzir custos com uma proteção especial contra situações desfavoráveis.

Assim, uma estratégia de *procurement* eficaz para *commodities* tem de se concentrar tanto na diminuição de custos quanto na amenização de riscos. Estes riscos incluem:

- Riscos com estoques, devido à incerteza na demanda.
- Riscos financeiros ou presentes nos preços, devido à volatilidade no preço de mercado.
- Riscos de escassez, devido a limitações na disponibilidade de componentes.

Por exemplo, consideremos a compra de eletricidade por montadoras de automóveis, ou de memórias de computador por fabricantes das máquinas. Neste caso, a incerteza no fornecimento e na demanda do cliente lança a questão acerca de comprar agora ou esperar melhores condições de mercado no futuro. A compra agora implica riscos associados com escassez de estoque ou produtos que não são vendidos. Se houver um posicionamento de recorrer ao mercado à vista, existe o risco com preços, além do risco de escassez, isto é, de não encontrar oferta suficiente de componentes.

Apesar da natureza não estratégica das *commodities*, é essencial identificar as estratégias de *procurement* eficazes para estes componentes, uma vez que as empresas podem ter dependência total deles. Ao mesmo tempo, a incerteza na oferta e a demanda do cliente trazem a dúvida sobre adquirir produtos no momento ou esperar melhores condições de mercado no futuro.

Contratos de longo prazo. Também chamados de *compromissos a termo* ou *fixos*, os contratos de longo prazo eliminam o risco financeiro. Estes contratos especificam uma quantidade fixa de produtos a serem entregues em algum momento no futuro. O fornecedor e o comprador assinam um contrato que define o preço e a quantidade a serem entregues pelo comprador. Assim, neste caso, o comprador não sofre qualquer risco financeiro ao mesmo tempo em que corre imensos riscos de estoque, devido à incerteza na demanda e na inabilidade de ajustar as quantidades de pedido.

Contratos flexíveis ou de opção. Uma maneira de reduzir o risco de estoques são os contratos de opção, em que o comprador efetua pagamento prévio em frações relativamente pequenas do preço direto do produto, em troca de um compromisso de parte do fornecedor de reservar um certo nível de capacidade. O pagamento inicial é normalmente chamado de *preço de reserva* ou *prêmio*. Se o comprador não *exerce* a opção, o pagamento inicial está perdido. O comprador pode comprar qualquer quantidade de suprimento até o limite do especificado na opção, pagando um preço adicional, definido quando da assinatura do contrato, para cada unidade comprada. Este preço adicional é chamado de *preço de execução* ou *preço de exercício*. Claro que o preço total (a reserva mais o preço de execução) pago pelo comprador para cada unidade comprada é geralmente maior do que o preço unitário em um contrato de longo prazo.

Evidentemente que os contratos de opções oferecem ao comprador a flexibilidade de ajustar as quantidades de pedido, dependendo da demanda realizada. Portanto, estes contratos reduzem os riscos de estoque. Assim, eles transferem os riscos do comprador para o fornecedor, já que este agora está exposto à incerteza na demanda do cliente. Isto contrasta com os contratos de longo prazo em que o comprador assume todos os riscos.

Uma estratégia semelhante empregada na prática para compartilhar riscos entre fornecedores e compradores é obtida por meio de contratos de *flexibilidade*. Nestes contratos, uma quantidade fixa de produtos ofertados é determinada na assinatura do contrato, mas a quantidade a ser entregue (e paga) pode diferir em não mais de uma dada porcentagem, definida também em sua assinatura.

Contratos à vista. Os compradores procuram um fornecimento adicional de produtos no mercado aberto. As empresas utilizam um mercado eletrônico independente ou privado para selecionar seus fornecedores (ver Capítulo 9). O foco está na utilização do mercado para encontrar novos fornecedores e forçar a concorrência a fim de reduzir o preço.

O contrato com portfólio. Recentemente, empresas inovadoras, como a HP (ver a seguir), passaram a aplicar uma abordagem baseada em portfólios para os contratos de fornecimento que assinam. Neste caso, os *compradores* assinam múltiplos contratos ao mesmo tempo, para otimizar seus lucros esperados e reduzir o risco. Os contratos diferem em preço e nível de flexibilidade, o que permite ao comprador proteger-se contra o risco nos estoques, o risco de escassez e o risco presente no preço à vista. Naturalmente, esta abordagem é sobretudo interessante para *commodities*, uma vez que muitos fornecedores estão disponíveis, cada um oferecendo um tipo diferente de contrato. Desta forma, o comprador pode se interessar em selecionar diversos tipos de contratos complementares, para assim reduzir o *procurement* esperado e os custos de armazenagem de estoques.

Para encontrar o melhor contrato, o comprador precisa identificar o *mix* apropriado de contratos de preço baixo mas de baixa flexibilidade (de longo prazo), aqueles de preço razoável mas de flexibilidade melhor (opções), ou os contratos de preço e quantidade desconhecidos e sem comprometimento (mercado à vista). Mais especificamente, o comprador precisa otimizar suas operações entre diferentes contratos: Qual é a quantidade a ser comprometida em um contrato de longo prazo? Chamamos este compromisso de **nível básico de compromisso**. Quanta capacidade deve ser adquirida de empresas que vendem contratos de opção? Chamamos este de **nível de opção**. Por fim, qual é a quantidade que deve ser deixada isenta de compromisso? Se a demanda for alta, o comprador procurará um fornecimento adicional no mercado à vista.

Um exemplo disto é a abordagem baseada em portfólios da Hewlett-Packard (HP) para o *procurement* de eletricidade ou de memória de computadores. Cerca de 50% dos custos com *procurement* da empresa é investido em contratos de longo prazo, 35% em contratos de opções e o restante no mercado à vista. Ver a Tabela 4-2 para um resumo destes contratos.

Como a abordagem baseada em portfólios trata do risco? Observemos que se a demanda for muito maior do que o previsto, e o nível básico de compromisso mais o nível de opção não oferecem proteção suficiente, a empresa precisa recorrer ao mercado à vista para conseguir um nível maior de fornecimento. Infelizmente, este é sempre o pior momento para comprar no mercado à vista, já que os preços estão altos devido à escassez. Assim, o comprador pode selecionar o *trade-off* entre o risco no preço, o risco de escassez e o risco nos estoques ao selecionar com cautela o nível do compromisso de longo prazo e o nível de opção. Por exemplo, para um dado nível de opção, quanto maior o compromisso inicial no contrato, menor o risco no preço, mas maior o risco nos estoques assumido pelo comprador. Por outro lado, quanto menor o nível básico de compromisso, maiores os riscos no preço e nos estoques, devido à probabilidade de recorrer ao mercado à vista. De forma semelhante, para um dado nível básico de compromisso, quanto maior o nível de opção, maior o risco assumido pelo fornecedor, já que o comprador pode exercer apenas uma pequena parcela do nível de opção. Estes *trade-offs* estão resumidos na Tabela 4-3, em que as partes que assumem a maior parcela do risco estão entre parênteses.

TABELA 4-2

CONTRATOS PARA COMPONENTES NÃO ESTRATÉGICOS

Contrato	Características
1. Contrato de longo prazo	Compromisso fixo predefinido
2. Contrato flexível ou de opção	Pré-pagamento por opção de compra
3. Contrato à vista	Compra imediata
4. Contrato com portfólio	Combinam os três primeiros de forma estratégica

TABELA 4-3
OS *TRADE-OFFS* DO RISCO EM CONTRATOS COM PORTFÓLIOS

Nível de opção			
	Alto	Risco nos estoques (fornecedor)	Não disponível*
	Baixo	Riscos nos preços e de escassez (comprador)	Risco nos estoques (comprador)
		Baixo	Alto
		Nível básico de compromisso	

*Para uma dada situação, ou o nível de opção, ou o nível básico de compromisso podem ser altos, mas não ambos.

RESUMO

Os relacionamentos entre fornecedores e compradores podem assumir diversas formas, tanto formais quanto informais. Contudo, muitas vezes, para garantir o fornecimento adequado e a entrega na data, os compradores e fornecedores concordam em assinar contratos de fornecimento. Neste capítulo, argumentamos que estes contratos podem ser empregados como ferramentas poderosas para atingir a otimização global, para melhor administrar os *trade-offs* entre custo e risco para *commodities* e para motivar as partes da cadeia de suprimentos a revelar os verdadeiros números relativos a previsões da demanda do cliente.

QUESTÕES PARA DISCUSSÃO

1. Em que situações o indicado é contrato de recompra? Em que situações um contrato com *payback* é indicado? E o contrato de opções? Qual é a relação entre eles? Explique como os contratos de recompra e com *payback* são variantes do contrato de opções.
2. Considere um único fabricante e um único fornecedor. Seis meses antes da realização da demanda, o fabricante tem de assinar um contrato de fornecimento com o fornecedor. A sequência de eventos é a seguinte: os contratos de *procurement* são assinados em fevereiro e a demanda é realizada durante um curto período de dez semanas, que inicia em agosto.

   Os componentes são entregues a partir do fornecedor para o fabricante no começo de agosto, e este fabrica os produtos de acordo com os pedidos dos clientes. Assim, podemos ignorar o custo de armazenagem. Vamos supor que os itens que não forem vendidos ao final do período de venda de dez semanas têm valor zero. O objetivo é identificar uma estratégia de *procurement* que maximize o lucro esperado.

   Mais especificamente, consideremos um fabricante que deseja encontrar fornecedores de eletricidade. O fabricante produz e vende produtos aos clientes finais a um preço de $20 a unidade e vamos supor que a única parcela de contribuição ao custo de produção é o custo com energia elétrica. Para simplificar o exemplo, considere também que uma unidade de energia elétrica é necessária para produzir uma unidade do produto acabado. O fabricante portanto tem informações sobre a distribuição da demanda por eletricidade. Mais precisamente, ele sabe que a demanda por eletricidade obedece à previsão probabilística descrita na Tabela 4-4.

   Duas concessionárias oferecem energia elétrica:

   - A Empresa 1 oferece um contrato de compromisso fixo com as seguintes condições: a energia é comprada de antemão ao preço de $10 por unidade.
   - A Empresa 2 oferece um contrato de opções, com preço de reserva de $6 por unidade pagos adiantado e $6 por unidade quando da entrega da energia.

Qual deve ser a estratégia adotada pelo fabricante?

TABELA 4-4

Demanda	Probabilidade
800	11%
1.000	11%
1.200	28%
1.400	22%
1.600	18%
1.800	10%

3. No Exemplo 4-5, discutimos o contrato de compartilhamento de receitas entre a Blockbuster Vídeo e os estúdios de cinema. Nesse caso, a vantagem para a Blockbuster é clara: o preço de compra é reduzido significativamente de $65 para $8 por cópia de filme. Quais são as vantagens para os estúdios? (*Dica:* considere a estrutura de custos dos estúdios.)
4. Consideremos novamente o contrato de compartilhamento de receita entre a Blockbuster Vídeo e os estúdios. Este contrato é extremamente rentável para ambas as partes. Uma vez que os economistas vêm estudando os contratos de compartilhamento de receitas há tempos, porque você acha que a Blockbuster e os estúdios de cinema esperaram até 1998 para implementar um contrato deste tipo?
5. Neste capítulo, discutimos uma variedade de contratos de fornecimento para componentes estratégicos nos sistemas de produção sob encomenda e para estoque, que podem ser adotados para coordenar a cadeia de suprimentos.
    a. Por que os sistemas de produção sob encomenda e para estoque exigem diferentes tipos de contrato de fornecimento?
    b. Consideremos os contratos para os sistemas de produção para estoque. Quais são as vantagens e desvantagens de cada tipo de contrato? Por que você deve escolher um contrato específico entre tantos?
    c. Consideremos os contratos para os sistemas de produção sob encomenda. Quais são as vantagens e desvantagens para cada tipo de contrato? Por que você deve escolher um contrato específico entre tantos?
6. No Apêndice C, descrevemos a planilha estoque.xls disponível no CD do livro. Utilize esta planilha e os dados a seguir para responder as questões propostas:

O distribuidor vende por	$ 100,00
Residual	$ 20,00
Custo fixo de produção	$ 130.000,00
Custo variável de produção	$ 35,00

   a. Se um contrato de recompra é adotado e o fabricante vende o produto ao distribuidor por $65, qual é a quantia relativa à recompra exigida para que haja lucro na cadeia de suprimentos, idêntico ao lucro obtido com a otimização global?
   b. Se um contrato de compartilhamento de receitas for adotado, qual é o preço ideal que o fabricante deve praticar com o distribuidor e qual é o nível adequado de compartilhamento de receitas para que o lucro da cadeia de suprimentos se iguale ao lucro obtido com a otimização global?
7. Neste capítulo discutimos dois tipos de contratos de fornecimento para componentes estratégicos. O primeiro é apropriado quando o fabricante produz mercadorias depois de o

distribuidor ter enviado o respectivo pedido, mas este o faz antes de verificar a demanda. O segundo é indicado quando o fabricante produz suas mercadorias antes de receber o pedido do distribuidor, mas este emite o pedido após verificar a demanda. Discuta outra situação possível e descreva como os contratos de fornecimento podem ser vantajosos para a cadeia de suprimentos nesta nova situação.

8. Na abordagem baseada em portfólios descrita na Seção 4-5, o fornecedor assume todo o risco quando o nível de opção é alto e o nível de compromisso é baixo. Por que os fornecedores concordam em assumir este risco?

9. [1] Considere o seguinte cenário de demanda:

Quantidade	Probabilidade
2.000	3%
2.100	8%
2.200	15%
2.300	30%
2.400	17%
2.500	12%
2.600	10%
2.700	5%

Vamos supor que o fabricante produza a um custo de $20 por unidade. O distribuidor vende ao cliente final por $50 a unidade. As unidades que não são vendidas são vendidas a $10 cada após a temporada.

a. Qual é a quantidade de produção ótima do sistema e qual é o lucro esperado com a otimização global?

b. Supondo que o fabricante produza por encomenda, isto é, que os eventos transcorram da seguinte forma:

- O distribuidor emite os pedidos antes de conhecer a demanda dos clientes finais.
- O fabricante produz a quantidade pedida pelo distribuidor.
- A demanda do cliente é conhecida.

   i. Suponha que o fabricante venda ao distribuidor a $40 a unidade, qual deve ser o pedido do distribuidor? Qual é o lucro esperado para o fabricante? E para o distribuidor?

   ii. Encontre um contrato de opções em que tanto o fabricante quanto o distribuidor tenham um lucro esperado maior de que dado em (b)(i). Qual é o lucro esperado para o fabricante e para o distribuidor?

c. Suponha que o fabricante produza para estoque, isto é, que os eventos transcorram da seguinte forma:

- O fabricante produz uma quantidade fixa.
- O distribuidor observa a demanda.
- O distribuidor emite os pedidos para o fabricante.

   i. Utilizando o mesmo preço de atacado dado em (b)(i), calcule o nível de estoque/produção do fabricante. Qual é o lucro esperado para o fabricante e para o distribuidor? Compare seus resultados com os do item (b)(i).

---

[1] Preparado por Stephen Shum.

ii. Encontre um contrato de compartilhamento de custos em que tanto o fabricante quanto o distribuidor têm um lucro esperado maior do que aquele calculado em (c) (i) e calcule os respectivos lucros esperados.

10. [2]Utilizando os dados da Questão 9, suponha que o fabricante tenha uma demanda exagerada prevista como:

Quantidade	Probabilidade
2.200	5%
2.300	6%
2.400	10%
2.500	17%
2.600	30%
2.700	17%
2.800	12%
2.900	3%

a. Suponha que o fabricante tenha um sistema de produção sob encomenda (os eventos ocorrem como em 9(b)). Utilizando seu contrato na Questão 9(b)(ii), encontre a melhor quantidade de pedido e os lucros esperados para o distribuidor e para o fabricante. Compare suas respostas com as obtidas para o item 9(b)(ii).

b. Suponha que o fabricante produza para estoque (com eventos ocorrendo como em 9(c)). Utilizando seu contrato da Questão 9(c)(ii), encontre a quantidade de produção e os lucros esperados para o fabricante e para o distribuidor. Compare suas respostas com 9(c)(ii).

c. Se você é o distribuidor e tem a escolha de revelar a verdadeira previsão de demanda ou a previsão exagerada de demanda ao fabricante, qual você revelaria em cada caso? Explique.

---

[2] Preparado por Stephen Shum.

CAPÍTULO 5

O Valor da Informação

ESTUDO DE CASO

Barilla SpA (A)

Giorgio Maggiali estava ficando cada vez mais frustrado. Como diretor de logística do maior fabricante de macarrão do mundo, a Barilla SpA (*Societa per Azioni* é traduzido como Sociedade Anônima), Maggiali estava plenamente ciente do crescente problema da flutuação na demanda imposta ao sistema de produção e distribuição da empresa. Desde sua indicação para o cargo de Diretor de Logística, em 1988, ele tentava fazer algum progresso com uma ideia inovadora proposta por Brando Vitali, que ocupara o cargo antes de Maggiali. A ideia, que Vitali chamara de distribuição *just-in-time* (DJIT), havia sido desenvolvida com base no popular conceito de produção *just-in-time*. Em síntese, Vitali propunha que, em vez de seguir a prática tradicional de entregar os produtos aos distribuidores da Barilla baseado nos pedidos que emitiam para a empresa, o próprio departamento de logística da organização é que especificaria as quantidades "apropriadas" de entrega – aquelas que atenderiam com mais eficiência a demanda do cliente final e também permitiriam distribuir a carga de trabalho de modo mais uniforme entre os sistemas de produção e logística da empresa.

Por dois anos Maggiali, que muito apoiava a proposta de Vitali, havia tentado implementar a ideia de seu predecessor, mas agora, na primavera de 1990, o progresso observado era modesto. Parecia que os clientes da Barilla não estavam dispostos a desistir de sua autoridade de emitir pedidos à vontade. Alguns estavam até mesmo relutantes em fornecer os dados de vendas detalhados com os quais a empresa poderia tomar as decisões relativas à entrega e melhorar as previsões de demanda. O mais desconcertante nisso tudo era a resistência interna dos departamentos de venda e de marketing da própria Barilla, que viam o conceito como sendo impraticável ou perigoso, ou ambos. Talvez fosse hora de abandonar a ideia como sendo impossível. Mas se ela não fosse impossível de ser concretizada, como é que Maggiali poderia aumentar as chances de ela ser aceita?

A HISTÓRIA DA COMPANHIA

A Barilla foi fundada em 1875, quando Pietro Barilla abriu uma pequena loja na cidade de Parma, Itália, na Rua Vittorio Emanuele. Ao lado ficava o pequeno "laboratório" que ele utilizava para fabricar massas e pães que vendia na loja. Ricardo, filho de Pietro, levou a empresa a um excelente período de crescimento e, na década de 1949, passou o controle da companhia a seus dois filhos, Pietro e Gianni. Ao longo do tempo a Barilla evoluiu de seu modesto começo, se tornando uma corporação verticalmente integrada com moinhos de farinha, fábricas de macarrão e de pães em toda a Itália.

Em um ramo de atividade cheio de concorrentes, com mais de 2 mil fabricantes de massas na Itália, Pietro e Gianni Barilla diferenciaram sua

---

Fonte: Copyright © 1994, pelo Presidente e Alunos da Universidade de Harvard. Este caso foi escrito por Janice H. Hammond, da Escola de Administração de Harvard.

empresa por meio de um produto de alta qualidade apoiado por programas de marketing inovadores. A Barilla revolucionou as práticas do marketing da indústria do macarrão na Itália ao gerar uma marca forte e uma imagem para as massas que produz, vendendo-as em uma caixa de papelão fechada, com um padrão reconhecível de cor, em vez de venda a granel e investindo em campanhas publicitárias de grande escala. Em 1968, para dar apoio ao crescimento nas vendas da empresa registrado na década de 1960 e que chegava a dois dígitos, Pietro e Gianni Barilla iniciaram a construção de uma fábrica de massas ultramoderna, de 250 mil metros quadrados em Pedrignano, uma cidade na zona rural a 5 km de Parma.

O custo desta fábrica de proporções impressionantes – a maior e mais avançada fábrica de massas no mundo – fez os Barilla contrair uma dívida gigantesca. Em 1971, os irmãos venderam a empresa para a multinacional norte-americana W.R. Grace, Inc. A Grace trouxe capital de investimento e práticas profissionais de gestão, e lançou uma nova e importante linha de produtos panifícios chamada Mulino Bianco (*Moinho Branco*). Ao longo da década de 1970, diante das dificuldades econômicas e da nova legislação italiana, os preços do macarrão no varejo caíram e as ajudas de custo para os trabalhadores subiram, o que fez a Grace ter de lutar para que sua aquisição da Barilla trouxesse lucro. Em 1979, a Grace vendeu a empresa de volta para Pietro Barilla, que então possuía os fundos necessários para comprá-la.

Os investimentos em capital e as alterações organizacionais que a Grace havia implementado na Barilla, ao lado das condições de um mercado que melhorava, auxiliaram Pietro Barilla a devolver o sucesso à empresa. Na década de 1980, a Barilla tinha um crescimento de mais de 21% (ver Tabela 5-1). O crescimento era obtido por meio da expansão das empresas existentes, tanto na Itália quanto em outros países da Europa, além da aquisição de outras empresas do ramo.

Em 1990 a Barilla já havia se tornado o maior fabricante de massas do mundo, com 35% das vendas do produto na Itália e 22% na Europa. A fatia da empresa na Itália compreendia suas três marcas: a marca tradicional Barilla representava 32% do mercado, os 3% remanescentes eram divididos entre a marca Voiello (uma marca napolitana tra-

TABELA 5-1
AS VENDAS DA BARILLA, 1960-1991

Ano	Vendas da Barilla (em bilhões de liras*)	Índice de preços no atacado da Itália
1960	15	10,8
1970	47	41,5
1980	344	57,5
1981	456	67,6
1982	609	76,9
1983	728	84,4
1984	1.034	93,2
1985	1.204	100,0
1986	1.381	99,0
1987	1.634	102,0
1988	1.775	106,5
1989	2.068	121,7
1990†	2.390	128,0

*Em 1990, 1.198 liras = US$ 1,00.
†Os números de 1990 são estimativas.
Fonte: Baseado em documentos da empresa e no *Anuário Estatístico Financeiro*, Fundo Monetário Internacional.

dicional que competia no segmento de maior preço do mercado de macarrão de sêmola) e a marca Braibanti (um macarrão tradicional de qualidade, do tipo Parma, feito com ovos e sêmola). Cerca de metade do macarrão da Barilla era vendido no norte da Itália, e a outra no sul, em que a empresa detinha uma fatia menor do mercado em comparação com o norte, mas que tinha maior volume de vendas. Além disso, a Barilla detinha uma fatia de 29% do mercado de produtos panifícios da Itália.

No mesmo ano, a empresa estava organizada em sete divisões: três de produção de massas (Barilla, Voiello e Braibanti), a Divisão de Produtos Panifícios (que fabricava produtos de prazos de validade de médio a longo), a Divisão de Pães Frescos (que fabricava produtos de prazos de validade muito curtos) e a Divisão de Distribuição de Alimentos (que distribuía bolos e *croissants* congelados para bares e confeitarias), além da Divisão Internacional. Os quartéis-generais da Barilla estavam localizados ao lado da unidade de macarrão de Pedrignano.

A HISTÓRIA DO SETOR

As origens do macarrão são desconhecidas. Acredita-se que ele seja originário da China, e que tenha sido levado à Itália por Marco Pólo no século XIII. Outros dizem que as origens do macarrão estão na Itália e dão como prova um baixo-relevo

TABELA 5-2

CONSUMO *PER CAPITA* DE MACARRÃO E PRODUTOS PANIFÍCIOS, EM QUILOS, 1990

País	Pão	Cereais matinais	Macarrão	Biscoitos
Bélgica	85,5	1,0	1,7	5,2
Dinamarca	29,9	3,7	1,6	5,5
França	68,8	0,6	5,9	6,5
Alemanha (ocidental)	61,3	0,7	5,2	3,1
Grécia	70,0		6,2	8,0
Irlanda	58,4	7,7		17,9
Itália	130,9	0,2	17,8	5,9
Holanda	60,5	1,0	1,4	2,8
Portugal	70,0		5,7	4,6
Espanha	87,3	0,3	2,8	5,2
Reino Unido	43,6	7,0	3,6	13,0
Média	70,3	2,5	5,2	7,1

Adaptado do *Relatório de Dados e Estatísticas de Marketing da Europa*, 1992, Euromonitors Plc, 1992, p.33.

de uma tumba do século XIII localizada próximo a Roma e que ilustra um homem abrindo e cortando o macarrão. "Independentemente de suas origens" diz o marketing da Barilla, "desde sempre os italianos adoram o macarrão". O consumo anual *per capita* na Itália é de 18 quilos em média, e excede consideravelmente o de outros países da Europa ocidental (ver Tabela 5-2). A sazonalidade na demanda por massas sempre foi pequena – por exemplo, tipos especiais eram utilizados em saladas de macarrão no verão, ao passo que as massas com ovos e para lasanha eram muito populares nas refeições do período da Quaresma.

No final da década de 1980, o mercado de massas na Itália como um todo estava relativamente desaquecido e crescia a menos de 1% ao ano. Em 1990, ele estava estimado em 3,5 trilhões de liras. O macarrão de sêmola e as massas frescas eram os únicos segmentos que cresciam no mercado de massas do país. Contrastando com isso, o mercado de exportação vivenciava um crescimento recorde. A expectativa era de que as exportações de massas da Itália para outros países europeus aumentariam entre 20 e 25% no início daquele ano. A Barilla estimava que dois terços deste crescimento seriam atribuídos ao novo fluxo de massas sendo exportado para os países da Europa Oriental, que buscavam produtos de primeira necessidade a preços baixos. Os gestores da empresa interpretavam o mercado do leste europeu como uma excelente oportunidade de exportação, com o potencial para incluir uma ampla variedade de seus produtos.

A REDE LOGÍSTICA DAS UNIDADES

A Barilla era a proprietária e operava uma extensa rede de unidades localizadas em toda a Itália (ver Tabela 5-3 e a Figura 5-1), incluindo qua-

TABELA 5-3

OS LOCAIS DAS UNIDADES DA BARILLA E OS PRODUTOS FABRICADOS, 1989

Índice	Local da unidade	Produtos
1	Braibanti	Macarrão
2	Cagliari	Macarrão
3	Foggia	Macarrão
4	Matera	Macarrão
5	Predignano	Macarrão, talharim, biscoitos
6	Viale Barilla	Tortelini, talharim, massas frescas
7	Caserta	Macarrão, torradas, biscoito palito
8	Grissin Bon	Biscoito palito
9	Rubbiano	Torradas, biscoito palito
10	Milão	*Panettone*, bolos, *croissants*
11	Pomezia	*Croissants*
12	Mantova	Biscoitos, bolos
13	Melfi	Lanches
14	Ascoli	Lanches, pães fatiados
15	Rodolfi	Molhos
16	Altamura	Moinho de farinha
17	Castelplanio	Moinho de farinha
18	Ferrara	Moinho de farinha
19	Matera	Moinho de farinha
20	Termoli	Moinho de farinha
21	Milão	Pão fresco
22	Milão	Pão fresco
23	Altopascio	Pão fresco
24	Padova	Pão fresco
25	Torino	Pão fresco

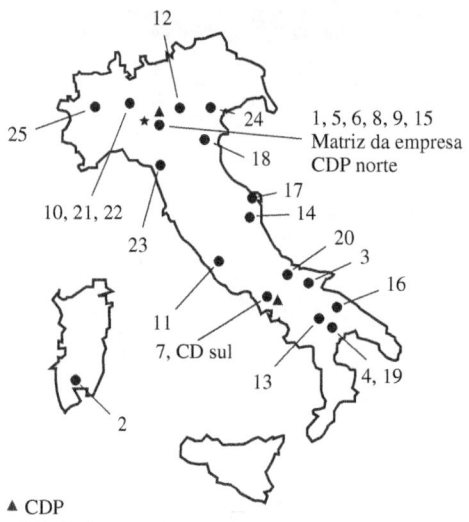

▲ CDP
★ Matriz da empresa
● Refere-se ao índice da Tabela 5-3

FIGURA 5-1 Mapa de localização das unidades da Barilla e os produtos fabricados.

tro grandes moinhos, unidades de produção de massas, além de instalações que produziam produtos especiais, como *panettone*s e *croissants*. A Barilla mantinha unidades de pesquisa e desenvolvimento de última geração para o desenvolvimento e teste de novos produtos e processos.

A produção de massas

O processo de produção de massas é semelhante ao processo pelo qual se fabrica o papel. Nas unidades da Barilla, farinha e água (e para alguns produtos ovos e/ou pasta de espinafre) são misturados para formar uma massa, que é então processada na forma de uma lâmina contínua por meio de pares de rolos dispostos em série e com distâncias de passagem da pasta que diminuem gradativamente.

Após serem processados até a espessura desejada, a lâmina de massa é passada por uma tela de extrusão de bronze, que dará a ela sua forma final. A seguir, os operários da Barilla cortam a massa no comprimento especificado. As peças cortadas são então penduradas em varas ou dispostas em bandejas que são lentamente transportadas no interior de uma longa estufa em túnel que se estende pela fábrica. A temperatura e umidade no interior desta estufa de secagem é especificada com precisão para cada tamanho e forma das massas, e têm de ser controladas de perto, para garantir a alta qualidade do produto. Para manter baixos os custos de troca no processo e alta a qualidade do produto, a Barilla tem uma cuidadosa sequência de produção, que minimiza as alterações incrementais na temperatura e a umidade da estufa para diferentes formas de massa. Após completar o ciclo de secagem de quatro horas, o macarrão é pesado e embalado.

Na Barilla, os ingredientes em seu estado bruto são transformados em macarrão embalado em linhas de produção de 120 metros de comprimento, totalmente automatizadas. Na unidade de Pedrignano, a maior e mais avançada do ponto de vista tecnológico entre todas da Barilla, 11 linhas produzem 9 mil quintais métricos (900 mil quilos) de pasta ao dia. Os funcionários da Barilla utilizam bicicletas para se locomoverem no interior desta fábrica.

As unidades de produção da Barilla se especializaram no tipo de massas produzidas. As principais distinções estão na composição das massas – por exemplo, se ela é feita com ovos ou espinafre, e se ela é vendida seca ou como massa fresca. Todas as massas da Barilla que não contêm ovos são feitas com farinha *grano duro* (trigo com alto teor de proteína), a farinha de melhor qualidade para a produção de massas. A sêmola, por exemplo, é uma farinha moída fina de trigo duro. A Barilla utiliza farinhas feitas de trigo *grano tenero* (trigo tenro), como a farinha especial, para produtos mais delicados, como massa com ovos e produtos de panificio. Os moinhos da Barilla moem ambos os tipos de trigo.

Mesmo dentro de uma mesma família de produtos, alguns produtos são produzidos em unidades com base no tamanho e na forma da massa. Os produtos de massas "curtas", como macarrão ou *fusili*, e os produtos "longos", como o espaguete e o *capellini*, são produzidos em unidades diferentes, em função dos diferentes tamanhos de equipamento utilizados.

OS CANAIS DE DISTRIBUIÇÃO

A Barilla dividiu toda sua linha de produtos em duas categorias gerais:

- Os produtos "frescos", que incluem massas frescas com prazo de validade de 21 dias, e pães frescos com prazos de um dia.

- Produtos "secos", que incluem massas secas e produtos de panifício de prazos de validade mais longos, como biscoitos, bolachas, farinha, biscoito palito e torradas. Os produtos secos contabilizam cerca de 75% das vendas da Barilla e têm prazos de validade "longos", de 18 a 24 meses (por exemplo, massas secas e torradas), ou "médios", de 10 a 12 semanas (por exemplo, biscoitos). No total, os produtos "secos" da Barilla são oferecidos em cerca de 800 diferentes SKUs. O macarrão é produzido em 200 formas e tamanhos diferentes e oferecido em mais de 470 SKUs. As massas mais populares estão disponíveis em uma variedade de opções de embalagem. Por exemplo, o espaguete número 5 da Barilla pode vir em uma embalagem de 5, 2, ou 1 kg com motivos do norte da Itália, de 1 kg com motivos do sul da Itália, de 0,5 kg com motivos "nórdicos", de 0,5 kg com motivos "meridionais", em um palete de exposição ou em uma embalagem especial com uma lata de molho Barilla grátis.

A maioria dos produtos da Barilla era transportada das respectivas unidades de produção para um ou dois dos Centros de Distribuição Principal (CDPs): o do norte, em Pedrignano, ou o do sul, nos arredores de Nápoles. Ver a Figura 5-2. (Certos produtos, como pão fresco, não passam pelos CDPs.) Outros produtos frescos são transportados rapidamente no sistema de distribuição. O estoque dos produtos frescos é geralmente armazenado em apenas três dias em cada CDP. Em comparação, cada CDP tem um estoque de um mês de produtos secos.

A Barilla mantém sistemas de distribuição diferentes para seus produtos secos e frescos em função das diferenças em termos de prazo de validade e exigências no serviço ao varejo. Os produtos frescos são comprados a partir dos dois CDPs por agentes independentes (*concessionari*), que

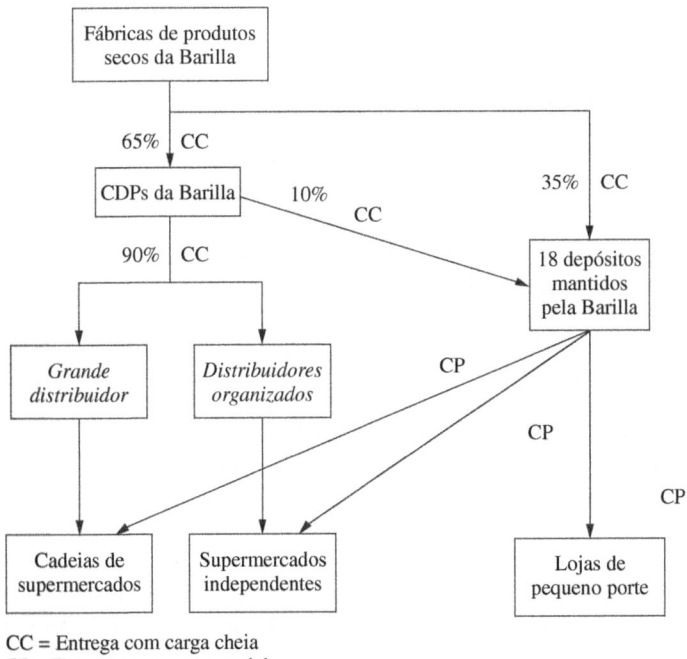

CC = Entrega com carga cheia
CP = Entrega com carga parcial

Observação: Os percentuais de produtos transportados são baseados no peso do produto.

FIGURA 5-2 Os padrões de distribuição da Barilla.

canalizam os produtos a 70 depósitos regionais localizados em toda a Itália. Cerca de dois terços dos produtos secos da Barilla são destinados aos supermercados. Estes produtos são transportados primeiramente a um dos CDPs da Barilla, onde são adquiridos pelos distribuidores. Estes por sua vez despacham os produtos aos supermercados. A proposta de DJIT de Brando Vitali se concentrava unicamente nos produtos secos vendidos por meio de distribuidores. O restante dos produtos secos é distribuído por meio de 18 pequenos depósitos da própria Barilla, na maioria dos casos para o varejo de pequeno porte.

Os produtos da Barilla são distribuídos em três tipos de varejo: pequenos mercados independentes, cadeias de supermercados e supermercados independentes. Em suma, a Barilla estima que seus produtos são oferecidos em 100 mil pontos de varejo, somente na Itália.

1. **Varejo independente de pequeno porte.** As lojas de pequeno porte são mais comuns na Itália do que em qualquer outro país da Europa Ocidental. Ao longo da década de 1980, o governo italiano havia apoiado essas pequenas lojas (normalmente chamadas de lojas *Signora Maria*) ao restringir o número de licenças dadas a grandes supermercados. Contudo, no início da década de 1990, o número de supermercados começou a crescer, uma vez que diminuíram as restrições do governo.

    Cerca de 35% dos produtos secos da Barilla (30% no norte da Itália e 40% no sul) são distribuídos a partir dos depósitos regionais da própria empresa a pontos de varejo de pequeno porte, que via de regra armazenam estoques de duas semanas na própria loja. Os proprietários destes pontos compram os produtos por meio de representantes que tratam das operações de venda com o pessoal de distribuição da Barilla.

2. **Supermercados.** Os restante dos produtos secos é distribuído a supermercados independentes – 70% a cadeias de supermercados e 30% a supermercados independentes. Um supermercado normalmente tem um estoque de dez a 12 dias destes produtos em suas lojas e, em média, tem um total de 4.800 SKUs. Apesar de a Barilla oferecer muitos tipos de massas em diversas embalagens, a maioria dos varejistas adquire um produto em uma ou duas opções de embalagem, não mais.

Os produtos secos destinados a cadeias de supermercados são distribuídos por meio do departamento de logística da própria cadeia, conhecido como *grande distribuzione* (grande distribuidor), ou GD. Os produtos que vão para os supermercados independentes são transportados por meio de uma série de diferentes distribuidores conhecidos como *distribuzione organizzata* (distribuidores organizados), ou DOs. Um DO atua como uma organização central de compra para uma variedade de supermercados independentes. A maioria dos DOs opera em âmbito regional, e um dado DO atende a um grupo de varejistas com exclusividade.

Devido às preferências e diferenças regionais em termos de exigências do varejo, um distribuidor chega a distribuir 150 dos 800 SKUs dos produtos da Barilla. A maioria dos distribuidores despacha produtos que chegam de cerca de 200 fornecedores diferentes. Entre estes, a Barilla é a maior em termos de volume físico de produtos comprados. Os distribuidores transportam entre 7 mil e 10 mil SKUs no total. Contudo, suas estratégias são variáveis. Por exemplo, um dos maiores DOs da Barilla, a Cortese, transporta apenas 100 dos produtos secos da empresa, em um total de 5 mil SKUs.

Tanto os GDs quanto os DOs adquirem os produtos dos CDPs da Barilla, mantendo estoques em seus próprios depósitos e preenchendo os pedidos dos supermercados a partir destes mesmos estoques. Em geral, o depósito de um distribuidor tem um estoque de duas semanas de produtos secos da Barilla.

Muitos supermercados emitem pedidos aos distribuidores diariamente. O gerente da loja caminha pelos corredores e observa os produtos que precisam de reabastecimento e o número de embalagens necessárias (os varejistas mais sofisticados têm *laptops* para registrar as quantidades durante este processo de verificação). O pedido então é transmitido ao distribuidor da loja. Os pedidos são recebidos pela loja em 24 a 48 horas após terem chegado no centro de distribuição.

VENDAS E MARKETING

A Barilla tem uma forte imagem de marca na Itália. A estratégia de vendas e marketing da empresa se baseia em uma combinação de propaganda e promoções.

A propaganda

As marcas da Barilla são anunciadas com intensidade. O texto publicitário diferencia as massas da empresa dos produtos comuns do gênero, ao apresentar a marca como sendo de alta qualidade, o macarrão mais sofisticado disponível. Uma campanha foi construída sobre a frase "Barilla: uma grande coleção de massas italianas de primeira qualidade." A dimensão de "coleção" foi ilustrada por meio de formas de macarrão não cozido sobre um fundo preto, como se fossem joias, o que evocou noções de luxo e sofisticação. Diferentemente de outros produtores de massas, a Barilla sempre evita imagens do folclore italiano, preferindo cenários modernos e elegantes de grandes cidades italianas para suas campanhas.

Os temas publicitários contam com o apoio de atletas famosos e celebridades. Por exemplo, a Barilla convidou as estrelas do tênis Steffi Graf para promover seus produtos na Alemanha e Stefan Edberg nos países escandinavos. Astros como Paul Newman também foram chamados para promover os produtos Barilla. Além disso, as campanhas publicitárias se concentram no desenvolvimento e fortalecimento de relacionamentos leais com as famílias italianas, por meio de mensagens como "Onde tem Barilla, tem um lar".

As promoções de vendas

A estratégia de vendas da Barilla se baseia em promoções de vendas para empurrar os produtos para a rede de distribuição. Um executivo de vendas da empresa explica a lógica da estratégia baseada em promoções:

> Vendemos para um sistema de distribuição antiquado. Os compradores esperam promoções frequentes, que eles repassam para seus clientes. Assim, uma loja sabe de imediato se outra loja está comprando nossos produtos com desconto. Você tem de entender a importância do macarrão na Itália. Todo mundo conhece o preço do macarrão. Se uma loja está vendendo massas com desconto em uma dada semana, os clientes notam a diferença no preço de imediato.

A Barilla divide o ano em dez ou 12 períodos de "campanha", que via de regra duram entre quatro e cinco semanas e correspondem cada um a um programa promocional. Durante qualquer um destes períodos de campanha, um distribuidor da Barilla compra o número de produtos que quiser, para atender às suas necessidades futuras e atuais. Os incentivos para os representantes de vendas da Barilla são baseados nas metas de vendas definidas para cada período de promoção. Diferentes categorias de produtos são oferecidas em diferentes períodos de promoção, em que o desconto depende da estrutura de margem para cada categoria. Os descontos comumente são de 1,4% para o macarrão de sêmola, 4% para massas com ovos, 4% para biscoitos, 8% para molhos e 10% para biscoitos palito.

A Barilla também oferece descontos por volume comprado. Por exemplo, a empresa paga o transporte e assim oferece incentivos de 2 a 3% para pedidos de carga cheia. Além disso, um representante de vendas pode oferecer a um comprador um desconto de mil liras por embalagem (um desconto de 4%) se o comprador adquirir um mínimo de três cargas cheias de massa com ovos da Barilla.

Os representantes de vendas

Os representantes de venda da Barilla que atendem aos DOs consomem 90% do tempo trabalhando em nível de loja. Na loja, os representantes ajudam a divulgar os produtos da empresa e a preparar as promoções da própria loja. Eles anotam informações sobre a concorrência, incluindo os preços, a falta de produtos e o lançamento de novos itens, e discutem acerca dos produtos da Barilla e das estratégias de pedido com a gestão da loja. Além disso, cada representante de vendas passa metade de um dia, toda a semana, em uma reunião com o comprador do distribuidor, ajudando o distribuidor a emitir seu pedido semanal, explicando as promoções e os descontos, e resolvendo problemas como devoluções e cancelamentos relacionados com a última entrega. Cada representante tem um computador portátil para inserir os dados dos pedidos do distribuidor. Ele também passa algumas horas por semana no CDP, discutindo novos produtos e preços, tratando de problemas relativos à entrega da semana anterior, e resolvendo disputas sobre diferentes descontos e estruturas de acordos.

Contrastando com isso, uma pequena equipe de vendas atende aos GDs. Esta equipe raramente visita os depósitos dos GDs e, em geral, envia seus pedidos à Barilla via fax.

A DISTRIBUIÇÃO
Os procedimentos de pedido do distribuidor
A maioria dos distribuidores – GDs e DOs igualmente – verifica seus níveis de estoque e emite pedidos para a Barilla uma vez por semana. Os produtos da empresa são despachados ao distribuidor no transcorrer da semana que começou oito dias e que termina 14 dias após a emissão do pedido. O *lead time* médio é dez dias. Por exemplo, um grande distribuidor que emite um pedido toda terça-feira pode pedir que diversas cargas cheias sejam entregues a partir da quarta-feira seguinte, até a próxima terça-feira. Os volumes de vendas dos distribuidores variam. Os pequenos pedem uma carga cheia por semana, ao passo que os maiores solicitam entregas que chegam a cinco cargas cheias para o mesmo período.

A maioria dos distribuidores adota sistemas simples de avaliação periódica. Por exemplo, um distribuidor pode avaliar os níveis de estoque dos produtos da Barilla a cada terça-feira, e com isso ele emite pedidos para os produtos cujos níveis estão abaixo do nível de reabastecimento. Quase todos os distribuidores têm sistemas computadorizados de emissão de pedidos, mas poucos têm estratégias ou ferramentas sofisticadas de previsão para a definição das quantidades de pedido.

A motivação para adotar o sistema DJIT
Durante a década de 1990, a Barilla sentiu os efeitos da flutuação na demanda. Os pedidos para os produtos secos da empresa oscilavam muito a cada semana (ver Figura 5-3). Esta grande variação na demanda dificultava as operações de produção e logística da empresa. Por exemplo, a sequência específica de produção de macarrão requerida pelas estritas especificações de calor e umidade na estufa complicava a produção rápida de um tipo específico de macarrão, cujos estoques haviam chegado a zero devido à demanda inesperadamente muito alta. Por outro lado, a armazenagem de estoques muito grandes de produtos acabados para atender aos pedidos dos distribuidores era muito cara quando as demandas semanais flutuavam tanto e eram tão imprevisíveis.

Parte da equipe de produção e logística era a favor de pedir aos distribuidores ou varejistas para avaliarem estoques com maior frequência para verificar a flutuação nos pedidos dos distribuidores, com a justificativa de que com seus níveis de estoque atuais, o nível de serviço de muitos destes para com os varejistas é inaceitável (ver Figura 5-4 para os níveis de estoque no distribuidor e taxas de esvaziamento de estoque). Outros achavam que os distribuidores e

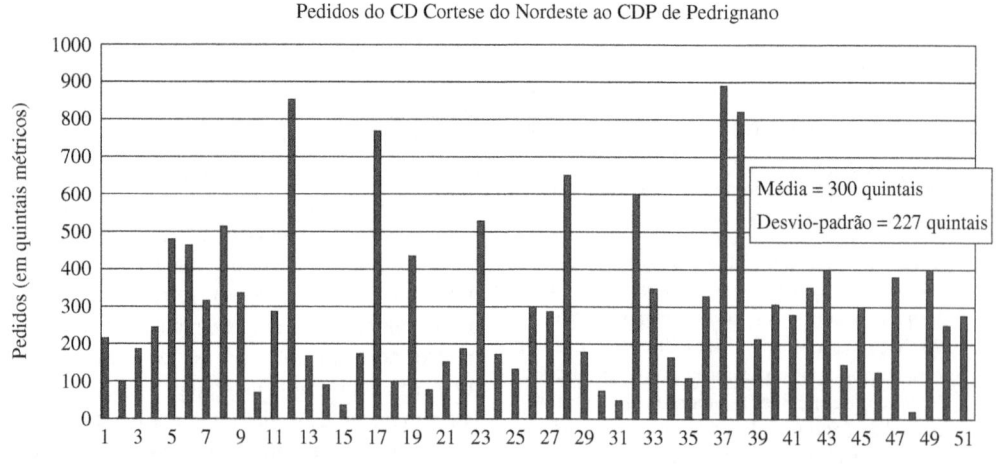

FIGURA 5-3 Demanda semanal para os produtos secos da Barilla do Centro de Distribuição Cortese do Nordeste para o CDP Pedrignano, 1989.

varejistas já estavam com estoques muito altos. No final da década de 1980, um dos gerentes de logística da Barilla discutiu a pressão envolvendo o estoque no varejo:

> Nossos clientes estão mudando. E você sabe como isso está acontecendo? Vejo que eles estão entendendo que não dispõem de espaço suficiente em suas lojas e depósitos para manter os estoques altos que os fabricantes gostariam que mantivessem. Veja o espaço nas prateleiras no varejo. É fácil aumentar este espaço. Mas os fabricantes estão sempre lançando produtos novos, e eles querem que os varejistas exibam estes produtos na parte frontal das prateleiras! Isso seria impossível, até para um supermercado feito de borracha![1]

Os distribuidores sentiam uma pressão semelhante para que aumentassem os estoques dos itens que mantinham em estoque e para acrescentarem novos itens para os quais não havia estoque.

---
[1] Claudio Ferrozzi, *The Pedrignano Warehouse*, (Milao, GEA, 1988).

Em 1987, Brando Vitali, o então diretor de logística da Barilla, havia expressado sua opinião sobre encontrar uma abordagem alternativa para atender a pedidos. Naquela época, ele comentou: "Tanto os fabricantes quanto os varejistas estão sofrendo com as margens decrescentes. Precisamos encontrar uma maneira de tirar os custos do canal de distribuição sem comprometer o serviço." Vitali era visto como um visionário, cujas ideias ultrapassavam os detalhes diários do departamento de logística. Ele vislumbrava uma abordagem que mudaria radicalmente o modo como o departamento administrava a entrega de produtos. No início de 1988 Vitali explicou seu plano:

> O que vejo pela frente é uma abordagem simples. Em vez de enviar um produto ao distribuidor de acordo com seus processos de planejamento interno, temos de examinar a totalidade de seus dados de transporte e enviar apenas o que é necessário nas lojas – nem mais, nem menos. Do jeito que operamos hoje é quase impossível prever as variações na demanda e, por isso, acabamos com um monte de

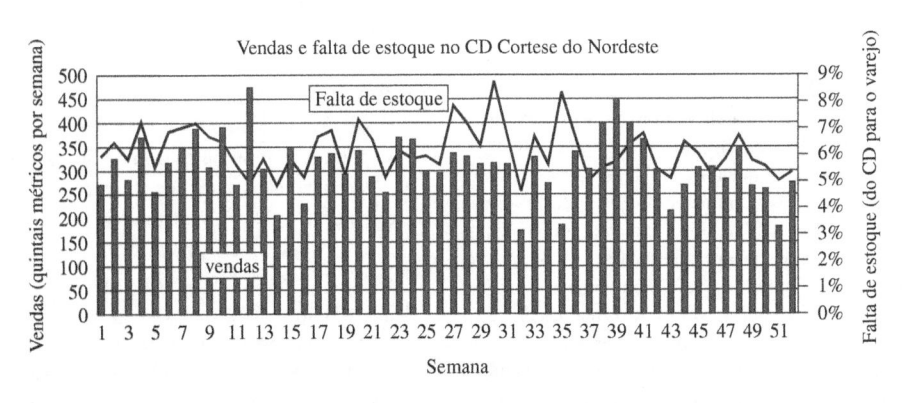

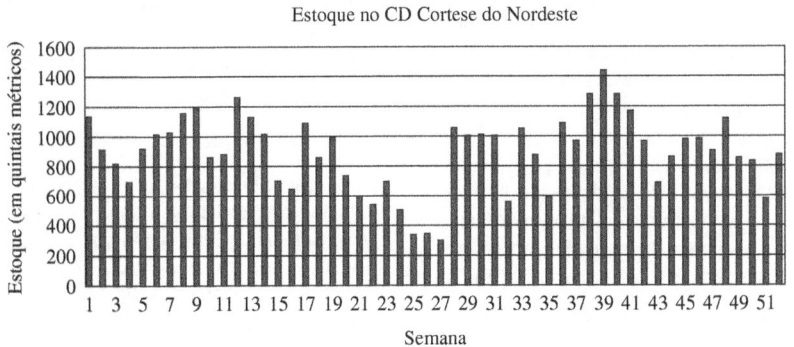

FIGURA 5-4 Exemplo de níveis de estoque e de falta de estoque no CD Cortese do Nordeste.

estoque, mexendo a toda hora em nossas operações de produção e distribuição para atender à demanda do distribuidor. E, mesmo assim, os distribuidores não parecem estar fazendo um bom trabalho ao atender a seus varejistas. Veja os dados sobre falta de estoque (ver Figura. 5-4) dos DOs do ano passado. E estes dados têm de ser interpretados sabendo que eles têm estoques de algumas semanas.

Na minha opinião, poderíamos melhorar nossas operações tanto para nós quanto para nossos clientes se assumíssemos a responsabilidade pelos cronogramas de entrega. Com isso, seríamos capazes de despachar apenas os produtos necessários, sem precisar fazer grandes estoques em nossas duas fábricas. Seríamos capazes de reduzir nossos próprios custos de distribuição, nossos níveis de estoque e até nossos custos de produção se não tivéssemos de atender a este padrão volátil de demanda dos distribuidores.

Nossa mentalidade sempre foi a de que os pedidos eram um dado de entrada imutável para nossos processos e, portanto, a flexibilidade para atendê-los era uma das características mais importantes que teríamos de exibir. Mas na verdade a demanda do consumidor final é este dado de entrada, e acho que precisamos administrar a triagem que gera os pedidos.

Como é que faremos isso? Todo dia cada distribuidor deve nos fornecer os dados sobre quais produtos da Barilla ele enviou para os depósitos dos varejistas no dia anterior, além do nível de estoque atual para cada SKU da empresa. Então, conseguiremos examinar todos os dados e tomar as decisões envolvendo o reabastecimento com base em nossas próprias previsões. É como usar os dados de ponto de venda do varejo – estaríamos apenas respondendo às informações de venda direta, um passo atrás do varejista. Em uma situação ideal, usaríamos os dados das vendas diretas, mas isso seria muito difícil tendo em vista a estrutura de nosso canal de distribuição e o fato de que a maioria dos comerciantes na Itália não está equipada com os leitores de códigos de barra e conexões computadorizadas.

Claro que não vai ser tão simples assim. Precisamos aperfeiçoar nossa própria capacidade de previsão para melhor utilizar os dados que receberemos. Também precisaremos desenvolver um conjunto de regras de decisão que usaremos para definir o que enviar após termos feito uma nova previsão.

A proposta de Vitali, "a distribuição *just-in-time*" foi recebida com grande resistência na Barilla. Os departamentos de vendas e de marketing foram especialmente relutantes em sua oposição ao plano. Diversos representantes de vendas achavam que suas responsabilidades diminuiriam se um programa como esse fosse posto em prática. As preocupações expressadas em toda a organização eram muitas. As seguintes observações foram feitas pelo pessoal de marketing e vendas:

- "Nossas vendas se achatariam se este programa fosse adotado."
- "Corremos o risco de não sermos capazes de ajustar nossos carregamentos rápido o bastante diante das mudanças nos padrões de venda ou das promoções."
- "Parece que uma boa parte do pessoal de distribuição ainda não é capaz de lidar com este tipo de sofisticação nos relacionamentos."
- "Se houver liberação de espaço nos depósitos dos distribuidores quando os estoques de nossos próprios produtos diminuírem, corremos o risco de dar mais espaço em prateleira à concorrência. Os distribuidores empurrariam os produtos dos concorrentes mais do que os nossos, uma vez que algo que foi comprado precisa ser vendido."
- "Aumentaremos o risco de ver nossos clientes sem estoque de nossos produtos se nosso processo de fornecimento for rompido. E se houver uma greve ou outro tipo de problema?"
- "Não seríamos capazes de efetuar promoções com o DJIT. Como é que conseguiremos empurrar os produtos da Barilla aos varejistas sem oferecer incentivos?"
- "Não está claro se os custos seriam de fato reduzidos. Se um DO diminuir o estoque, nós na Barilla talvez teremos de aumentar nossos próprios estoques daqueles produtos para os quais não podemos mudar o cronograma de produção devido à falta de flexibilidade de produção."

Vitali revidou dizendo:

Acho que o DJIT deve ser visto como uma ferramenta de vendas, não como uma ameaça às vendas. Estamos oferecendo serviço adicional ao cliente sem custos extras. Além disso, o programa aperfeiçoará a visibilidade da Barilla no comércio e tornará os distribuidores mais dependentes da empresa – o que deverá melhorar os relacionamentos da empresa com eles, não prejudicá-los.

Além disso, as informações sobre o estoque nos depósitos dos fornecedores têm dados objetivos que nos permitirão melhorar nossos próprios procedimentos de planejamento.

Giorgio Maggiali, o chefe da gestão de materiais da Barilla, produtos frescos, foi nomeado diretor de logística no final de 1988, quando Vitali foi promovido a chefe de uma das novas divisões da empresa. Maggiali era o gestor *mão-na-massa*, conhecido por sua disposição para agir. Logo após sua nomeação, Maggiali indicou um recém-formado em uma universidade, Vincenzo Battistini, para auxiliá-lo no desenvolvimento e na implementação de um programa DJIT.

Maggiali lembra sua frustração na implementação do programa:

> Em 1988 desenvolvemos as noções básicas para a abordagem que queríamos adotar e tentamos convencer diversos de nossos distribuidores a aceitá-la. Eles não estavam sequer interessados em falar sobre o assunto. O gerente de um de nossos maiores distribuidores resumiu muito bem a maior parte das reações que observamos, ao interromper a conversa dizendo: "A gestão de estoques é meu trabalho e não preciso que você venha inspecionar meu depósito ou meus números. Sou capaz de melhorar meu estoque e meus níveis de serviço sozinho, se você entregar os pedidos mais rapidamente. Farei uma proposta a você: emito um pedido e você entrega em 36 horas". Mas ele não entendeu que simplesmente não somos capazes de atender a pedidos que mudam a toda hora, sem aviso prévio maior do que 36 horas. Outro distribuidor expressou sua preocupação com a proximidade excessiva com a Barilla: "Nós daremos à Barilla o poder de empurrar um produto para dentro de nossos depósitos para que ela possa reduzir seus custos". Outro gerente disse: "O que faz vocês pensarem que conseguem administrar meus estoques melhor do que eu mesmo?"
>
> Por fim, conseguimos convencer alguns de nossos distribuidores a ter uma discussão mais detalhada sobre o DJIT. A primeira conversa foi com Marconi, um GD de grande porte e conservador. Primeiramente, Battistini e eu visitamos o departamento de logística da Marconi e apresentamos nosso plano. Deixamos claro que planejávamos fornecer um serviço de alta qualidade, que eles seriam capazes de reduzir seus próprios estoques e melhorar a taxa de preenchimento em suas lojas. O pessoal da logística achou o programa ótimo e estava disposto a conduzir um piloto do programa. Mas logo que os compradores da Marconi ouviram falar do assunto, eles começaram a reclamar. Os compradores expressaram suas próprias preocupações. Então, depois de conversarem com os representantes de vendas da Barilla, eles começaram a repetir algumas das objeções levantadas pelo nosso próprio pessoal de vendas também. A Marconi finalmente concordou em vender os dados que queríamos, mas em todo o resto as coisas continuariam como estavam, com a Marconi tomando as decisões sobre as quantidades e o tempo de reabastecimento. Isso não era o tipo de relacionamento que estávamos procurando e, por isso, conversamos com outros distribuidores, mas eles também não estavam prontos para aceitar o DJIT.
>
> Precisamos nos reunir e decidir se continuamos ou não com o DJIT. Este tipo de programa é bom para nosso ambiente? Se for, qual é o tipo de cliente que precisamos almejar? E como vamos convencê-lo a aceitar o DJIT?

O estudo de caso da Barilla levanta duas questões importantes:
- As variações nos padrões de pedido dos distribuidores vêm causando graves problemas operacionais e penalizando a empresa em termos de custos. A enorme variação nos pedidos que a Barilla recebe é surpreendente, considerando a distribuição de demanda por massas na Itália. Na verdade, ao mesmo tempo que a variação na demanda agregada por massas é pequena, os pedidos emitidos pelos distribuidores variam muito.
- Na estratégia DJIT proposta, a Barilla ficará responsável pelo canal entre os CDPs e os distribuidores e decidirá sobre o tempo e o tamanho dos carregamentos para os distribuidores. Assim, diferentemente das cadeias de suprimentos em que os distribuidores emitem pedidos e os fabricantes tentam atender a estes da melhor maneira possível, o "DJIT do departamento de logística da Barilla é que especificaria as quantidades apropriadas a serem entregues – aquelas que atenderiam às necessidades do consumidor final com mais eficácia e distribuiriam mais uniformemente a carga de trabalho dos sistemas de produção e logís-

tica da empresa". Esta estratégia é chamada de *estoque gerenciado pelo fornecedor* (VMI – *Vendor Managed Inventory*).

Ao final deste capítulo você será capaz de responder as seguintes perguntas:

• Quais são as razões por trás do aumento da variabilidade na cadeia de suprimentos da Barilla?
• Como a empresa conseguirá lidar com este aumento na variabilidade?
• Qual é o impacto da transferência de informações sobre a demanda entre os diversos pontos da cadeia de suprimentos?
• A estratégia VMI é capaz de resolver os problemas operacionais da Barilla?
• Como é que a cadeia de suprimentos pode resolver o conflito de interesses dos diferentes parceiros e instalações?

5.1 INTRODUÇÃO

Vivemos na "Era da Informação". *Data warehouses, web services,* XML, *wireless,* a Internet e os portais são apenas algumas das tecnologias que aparecem nas páginas de negócios dos jornais diários. Nos Capítulos 14 e 15 examinamos estas tecnologias detalhadamente, abordando questões que envolvem sua implementação. Neste capítulo consideramos o valor da utilização de qualquer tipo de tecnologia da informação. Tratamos mais especificamente da disponibilidade de um volume cada vez maior de informações em toda a cadeia de suprimentos e das implicações desta disponibilidade no projeto e na gestão eficazes da cadeia de suprimentos integrada.

As implicações desta abundância de informações são enormes. As autoridades e os consultores da cadeia de suprimentos gostam da expressão *Nas cadeias de suprimentos modernas, a informação substitui o estoque*. Não queremos discutir esta noção, mas seu sentido é vago. Afinal, em algum ponto o consumidor vai querer produtos, não informação! No entanto, a informação muda a maneira com que as cadeias de suprimentos podem e devem ser administradas com eficácia, e estas mudanças podem levar a, entre outras coisas, estoques mais baixos. Na verdade, nosso objetivo neste capítulo é caracterizar como a informação afeta o projeto e a operação das cadeias de suprimentos. Mostramos que com o domínio eficaz da informação disponível, é possível projetar e operar a cadeia de suprimentos com maior eficiência e eficácia do que no passado.

O leitor deve perceber que ter informações precisas sobre níveis de estoque, pedidos, produção e entregas em toda a cadeia de suprimentos não alivia a responsabilidade dos gestores da cadeia com relação à eficácia, em comparação com uma situação em que estas informações não estão disponíveis. Afinal, eles podem ignorá-las. Contudo, conforme veremos, estas informações oferecem uma incrível oportunidade de melhorar a maneira como a cadeia de suprimentos é projetada e administrada. Infelizmente, o uso eficaz destas informações de fato torna a cadeia de suprimentos mais complexa, já que muitas outras questões têm de ser abordadas.

Neste capítulo defendemos a tese de que esta abundância de informações:

• Ajuda a reduzir a variabilidade na cadeia de suprimentos.
• Ajuda os fornecedores a fazer previsões melhores, considerando promoções e mudanças no mercado.
• Possibilita a coordenação de sistemas e estratégias de produção e distribuição.
• Possibilita aos varejistas atender melhor a seus clientes, com a oferta de ferramentas para a localização dos itens desejados.

- Possibilita aos varejistas reagir e adaptar-se aos problemas de fornecimento com maior rapidez.
- Permite reduções nos *lead times*.

Apresentamos exemplos que atestam que, infelizmente, em diversos setores da indústria, os parceiros da cadeia de suprimentos não concordam em compartilhar informações, que eles aumentam suas previsões ou adulteram as informações compartilhadas. Assim, após discutir e demonstrar os benefícios do compartilhamento de informações, tratamos dos mecanismos de incentivos que motivam as partes da cadeia de suprimentos a trocar informações uma com a outra.

Este capítulo é baseado no trabalho precursor de [120] e [121], bem como nos estudos recentes de [44] e [45]. A seção a seguir discute o artigo de revisão [43].

5.2 O EFEITO CHICOTE

Nos últimos anos, muitos fornecedores e varejistas observam que, ainda que a demanda do cliente por alguns produtos não varie muito, os níveis de estoque e pedidos em atraso flutuam consideravelmente na cadeia de suprimentos. Por exemplo, ao examinar a demanda por fraldas descartáveis Pampers, os executivos da Procter & Gamble perceberam um fenômeno interessante. Conforme esperado, as vendas do produto no varejo eram bastante uniformes. Não havia um dia ou mês em especial em que a demanda fosse expressivamente maior ou menor do que nos outros. No entanto, os executivos perceberam que os pedidos dos fornecedores emitidos às fábricas flutuavam muito mais do que as vendas no varejo. Além disso, os pedidos da P&G a seus fornecedores flutuavam ainda mais. O aumento na variação, à medida que subimos na cadeia de suprimentos, é chamado de *efeito chicote*.

A Figura 5-5 ilustra uma cadeia de suprimentos simples de quatro estágios: um único varejista, um único atacadista, um único distribuidor e uma única fábrica. O varejista observa

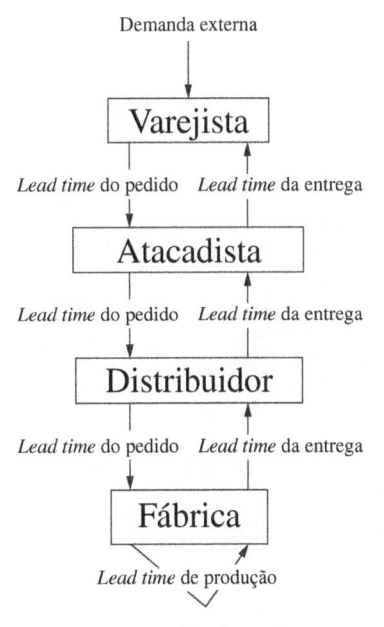

Demanda externa

Varejista

Lead time do pedido   *Lead time* da entrega

Atacadista

Lead time do pedido   *Lead time* da entrega

Distribuidor

Lead time do pedido   *Lead time* da entrega

Fábrica

Lead time de produção

FIGURA 5-5 A cadeia de suprimentos.

a demanda do cliente e emite pedidos ao atacadista. Este recebe os produtos do distribuidor, que emite pedidos para a fábrica. A Figura 5-6 mostra uma representação gráfica dos pedidos como função do tempo, emitidos em diferentes unidades. A figura mostra com clareza o aumento na variação ao longo da cadeia de suprimentos.

Para entendermos o impacto do aumento da variação na cadeia de suprimentos, consideremos o segundo estágio em nosso exemplo, o atacadista: ele recebe os pedidos do varejista e emite os seus a seu fornecedor, o distribuidor. Para definirmos estas quantidades de pedido, o atacadista precisa prever a demanda do varejista. Se o atacadista não tem acesso aos dados da demanda do cliente, ele precisará utilizar os pedidos emitidos pelo varejista para executar sua previsão.

Uma vez que a variação nos pedidos emitidos pelo varejista é expressivamente maior do que na demanda do cliente, como mostra a Figura 5-6, o atacadista é forçado a manter um estoque de segurança maior do que o varejista, ou então manter uma capacidade maior do que ele para atender ao mesmo nível de serviço que este fornece.

Esta análise pode ser feita também para o distribuidor e a fábrica, o que resulta em um nível ainda maior de estoque e, portanto, em custos maiores nestas unidades.

Por exemplo, consideremos uma cadeia de suprimentos de um item qualquer. Uma única fábrica, a Widget-Makers Inc., fornece a um grande varejista, a WidgetStore. A demanda anual pelo item na WidgetStore é de 5.200 unidades, e os carregamentos saem da Widget-Makers para a loja toda a semana. Se a variação nos pedidos emitidos pela WidgetStore é pequena, de forma que o carregamento semanal é de cerca de 100 unidades, a capacidade de produção e a capacidade semanal de expedição da WidgetMakers precisam ser de apenas 100 unidades. Se a variação é muito alta, de forma que em algumas semanas a fábrica tem de produzir 400 unidades e em outras nenhuma, é fácil entender que a capacidade de produção e de expedição precisa ser muito maior e que em algumas semanas esta capacidade ficará

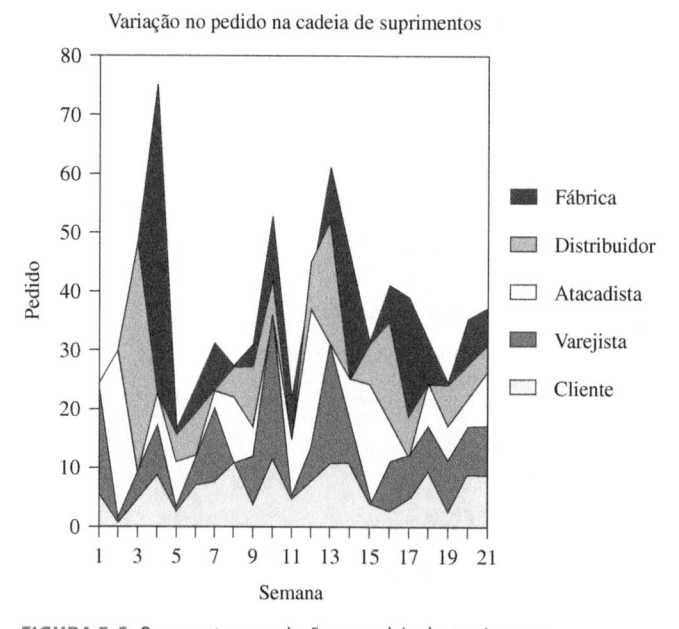

FIGURA 5-6 O aumento na variação na cadeia de suprimentos.

inoperante. Como alternativa, a WidgetMakers tem a escolha de montar um estoque nas semanas de baixa demanda e fornecer estes itens estocados nas semanas em que a demanda for alta, o que aumenta os custos de manutenção de estoque.

Assim, é importante identificar as técnicas e ferramentas que nos permitem controlar o efeito chicote, isto é, controlar o aumento na variação na cadeia de suprimentos. Com isto em mente, precisamos primeiramente entender os principais fatores que contribuem com o aumento na variação na cadeia de suprimentos.

1. *A previsão de demanda.* As técnicas tradicionais de gestão de estoques (ver Capítulo 2) praticadas em cada nível da cadeia de suprimentos causam o efeito chicote. Para explicar a relação entre a elaboração de previsões e o efeito chicote, precisamos rever as estratégias de controle de estoque em cadeias de suprimentos. Conforme discutimos no Capítulo 2, uma política interessante adotada na prática em cada estágio da cadeia de suprimentos é a *política de avaliação periódica*, na qual a política de estoque é caracterizada por um único parâmetro, **nível-base de estoque**. Isto é, o depósito define um nível de estoque almejado, o nível-base de estoque, e a cada período de avaliação a posição do estoque é analisada, e o depósito emite pedidos de volume suficiente para elevar a posição do estoque ao nível-base de estoque.

    O nível-base de estoque é via de regra definido como sendo igual à demanda média durante o *lead time* e o período de avaliação, mais um múltiplo do desvio-padrão da demanda, também durante o *lead time* e o período de avaliação. Esta última quantidade é chamada de *estoque de segurança*. Normalmente os gestores utilizam *técnicas de previsão de demanda suavizada* para estimar a demanda média e a variação na demanda. Uma das características importantes de todas as técnicas de previsão é que como mais dados são observados, as estimativas para a média e para o desvio-padrão (ou variação) das demandas dos clientes são modificadas com regularidade. Uma vez que o estoque de segurança e o nível-base de estoque dependem destas estimativas, o usuário é forçado a alterar as quantidades de pedido, o que aumenta a variação.
2. *O lead time.* É fácil entender que o aumento na variação é intensificado com o aumento no *lead time*. Para entendermos isso, lembremos do Capítulo 2 que para calcular os níveis do estoque de segurança e os níveis-base de estoque, precisamos multiplicar as estimativas da média e do desvio-padrão das demandas diárias dos clientes pela soma do *lead time* e do período de avaliação. Portanto, com *lead times* maiores, uma pequena alteração nas estimativas da variação na demanda significa uma alteração no estoque de segurança e no estoque-base, o que leva a uma expressiva alteração nas quantidades de pedido. Claro que isto leva a um aumento na variação.
3. *Pedidos em lotes.* O impacto dos pedidos em lotes é simples de entender. Se o varejista adota pedidos em lotes, como ocorre com a política de estoque (Q,R) ou com uma política de mínimos e máximos, então o atacadista receberá um pedido maior, seguido de diversos períodos sem pedido, a que se segue outro pedido de grande porte, e assim sucessivamente. Portanto, o atacadista percebe um padrão de pedido distorcido e muito variável.

    É interessante lembrar que as empresas adotam os pedidos por lote por uma série de razões. A primeira, conforme o Capítulo 2, diz que uma empresa que enfrenta custos fixos de pedido precisa adotar as políticas (Q, R) ou (s, S) de estoques, o que leva ao pedido por lote. A segunda argumenta que, como os custos com transporte aumentam cada vez mais, os varejistas talvez peçam quantidades que permitam que eles tirem vantagem dos descontos relativos (por exemplo, quantidades em carga cheia). Isso pode causar algumas semanas de grandes pedidos e algumas sem pedido. Por fim, as cotas de vendas trimestrais ou anuais, ou os incentivos vistos em muitas empresas também resultam em pedidos surpreendentemente altos, observados com certa regularidade.

4. *Flutuação nos preços*. A flutuação nos preços pode causar o efeito chicote. Se os preços flutuam, os varejistas muitas vezes tentam *fazer estoque* quando os preços baixam. Esta situação é exacerbada pela prática prevalecente em muitos setores da indústria que oferecem promoções e descontos em certas épocas ou para certas quantidades de produto. Esta prática, chamada de *compra antecipada*, significa que os varejistas compram grandes quantidades nos períodos em que distribuidores e fabricantes estão oferecendo descontos e promoções e emitem pedidos relativamente pequenos em outros períodos.

5. *Pedidos inflados*. Os pedidos inflados emitidos pelos varejistas durante períodos de escassez tendem a aumentar o efeito chicote. Estes pedidos são comuns quando os varejistas e distribuidores suspeitam que um produto sofrerá escassez, e assim esperam receber pedidos maiores, em dada proporção, à quantidade pedida. Quando o período de escassez termina, o varejista retorna aos seus pedidos padrão, acarretando várias distorção e variação nas estimativas de demanda.

5.2.1 A quantificação do efeito chicote[2]

Até aqui, discutimos fatores que contribuem para o aumento da variação na cadeia de suprimento. Para melhor entender e controlar o efeito chicote, é preciso também *quantificá-lo*, isto é, definir a extensão do aumento da variações que ocorre em cada estágio da cadeia de suprimentos. A utilidade está não apenas em demonstrar a magnitude do aumento desta variação, como também em mostrar a relação entre as técnicas de previsão, o *lead time* e o aumento na variação.

Para quantificar o aumento na variação para uma cadeia de suprimentos simples, consideremos uma cadeia de suprimentos com um varejista que observa a demanda do cliente e emite um pedido ao fabricante. Suponhamos que o varejista tem de lidar com um *lead time* fixo, de forma que um pedido emitido por ele ao final de um período t é recebido no início do período $L + t$. Além disso, vamos supor que o varejista adota um política de avaliação periódica (ver Capítulo 2) em que ele avalia o estoque em espaços de tempo predefinidos e emite um pedido para elevar seu estoque a um nível especificado. Observe que, neste caso, o período de avaliação é um.

Portanto, conforme discutido no Capítulo 2, Seção 2.2.7, o nível-base de estoque é calculado como:

$$L \times MED + z \times DSV \times \sqrt{L}$$

Em que *MED* e *DSV* são a média e o desvio-padrão da demanda diária (ou semanal) média do cliente. A constante z é o fator de segurança e é escolhida a partir de tabelas estatísticas de forma a garantir que a probabilidade de não haver falta de estoque durante o *lead time* é igual ao nível de serviço predefinido.

De forma a implementar esta política de estoque, o varejista precisa estimar a média e o desvio-padrão da demanda com base na demanda do cliente observada. Assim, na prática, o ponto de definição da quantidade de pedido pode variar a cada dia, de acordo com as alterações nas estimativas existentes sobre a média e o desvio-padrão.

---

[2] Esta seção pode ser omitida sem a perda da continuidade.

Mais especificamente, o ponto de definição da quantidade de pedido no período t, y_t, é estimado a partir da demanda observada como:

$$y_t = \hat{\mu}_t L + z\sqrt{L}\,S_t$$

em que $\hat{\mu}_t$ e S_t são a média e o desvio-padrão da demanda diária do cliente no tempo t.

Vamos supor que o varejista utiliza uma das técnicas mais simples de previsão: a média móvel. Em outras palavras, em cada período, ele estima a demanda média como média das observações anteriores feitas para a demanda, p. Ele estima o desvio-padrão da demanda de modo semelhante. Isto é, se D_i representa a demanda do cliente no período i, então:

$$\hat{\mu}_t = \frac{\sum_{i=t-p}^{t-1} D_i}{p}$$

e

$$S_t^2 = \frac{\sum_{i=t-p}^{t-1} (D_i - \hat{\mu}_t)^2}{p - 1}$$

Observe que essas expressões significam que, a cada período, o varejista calcula uma nova média e um novo desvio-padrão com base nas observações mais recentes da demanda, p. Então, uma vez que as estimativas da média e do desvio-padrão mudam a cada período, o nível almejado do estoque também vai variar a cada período.

Neste caso, é possível quantificar o aumento na variação, isto é, podemos calcular a variação enfrentada pelo fabricante e compará-la com a variação enfrentada pelo varejista. Se a variância na demanda do cliente vista pelo varejista é $Var(D)$, então a variância nos pedidos emitidos por ele ao fabricante, $Var(Q)$, em relação à variância na demanda do cliente satisfaz a seguinte equação:

$$\frac{Var(Q)}{Var(D)} \geq 1 + \frac{2L}{p} + \frac{2L^2}{p^2}$$

A Figura 5-7 mostra o limite inferior no aumento da variação como função de p para quatro valores de *lead time*, L. Em especial, quando o valor de p é alto e o de L é baixo, o efeito chicote devido ao erro na previsão é negligenciável. O efeito chicote aumenta à medida que o *lead time* cresce e p diminui.

Por exemplo, vamos supor que o varejista estima a demanda média com base nas cinco últimas observações da demanda, isto é, $p = 5$. Vamos supor também que um pedido emitido pelo varejista ao final do período t é recebido no começo do período $t + 1$. Isto

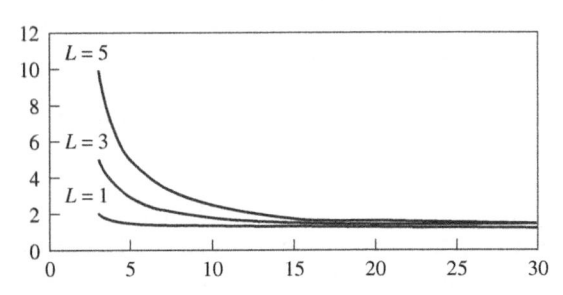

FIGURA 5-7 O limite inferior no aumento na variação como função de p.

significa que o *lead time* (mais precisamente, o *lead time* mais o período de avaliação) é igual a 1, ou seja, $L = 1$. Neste caso, a variância nos pedidos emitidos pelo varejista ao fabricante será no mínimo 40% mais alta do que a variância na demanda do consumidor, vista pelo varejista, isto é:

$$\frac{Var\,(Q)}{Var\,(Q)} \geq 1,4$$

A seguir, consideremos o mesmo varejista, mas supondo, como ocorre geralmente na indústria do varejo, que ele utiliza 10 observações de demanda (isto é, $p = 10$) para estimar o desvio-padrão da variável. Com isto, a variância nos pedidos emitidos pelo varejista ao fabricante será de ao menos 1,2 vezes a variância na demanda do cliente tal como vista pelo varejista. Em outras palavras, ao aumentar o número de observações empregadas na previsão da média móvel, ele consegue reduzir de forma significativa a variação nos pedidos que emite para o fabricante.

5.2.2 O impacto das informações centralizadas no efeito chicote

Uma das sugestões mais comuns para a redução do efeito chicote envolve a centralização das informações em uma cadeia de suprimentos, ou seja, oferecer a cada estágio da cadeia de suprimentos todas as informações sobre a demanda real do cliente. Para entendermos como as informações centralizadas sobre a demanda diminuem o efeito chicote, é preciso perceber que cada estágio da cadeia pode utilizar os dados da demanda real do cliente para gerar previsões mais acuradas, em vez de informações sobre pedidos recebidos do estágio anterior, que podem variar muito mais.

Nesta subseção consideramos a importância em compartilhar informações sobre a demanda do cliente em uma cadeia de suprimentos. Para isso, consideremos mais uma vez a cadeia de suprimentos de quatro estágios mostrada na Figura 5-5, com um único varejista, um atacadista, um distribuidor e uma fábrica. Para determinarmos o impacto da informação sobre demanda no efeito chicote, é preciso distinguir dois tipos de cadeias de suprimentos: aquela com informações centralizadas e aquela com informações descentralizadas. Estes sistemas são descritos a seguir.

A cadeia de suprimentos com informações de demanda centralizadas. No primeiro tipo de cadeia de suprimentos, a *cadeia de suprimentos centralizada*, o varejista, ou o primeiro estágio na cadeia, observa a demanda do cliente, prevê a demanda média e a variância utilizando uma média móvel e *p* observações da demanda. Depois, ele calcula sua meta de nível de estoque (estoque-base) a partir da previsão da média e da variância na demanda e emite um pedido ao atacadista. Este, ou o segundo estágio da cadeia de suprimentos, recebe um pedido junto com as informações sobre a demanda do varejista (média e variância na demanda), utiliza esta previsão para definir sua meta de nível de estoque e emite um pedido ao distribuidor. De modo semelhante, o distribuidor, ou o terceiro estágio na cadeia, recebe o pedido junto com as informações sobre previsão de demanda do varejista, utiliza esta previsão para definir sua meta de nível de estoque e emite um pedido ao quarto estágio da cadeia de suprimentos, a fábrica.

Nesta cadeia de suprimentos centralizada, cada estágio da cadeia recebe a previsão de demanda média do varejista e adota uma política de estoque-base fundamentada nesta demanda média. Portanto, neste caso, temos as informações centralizadas sobre a demanda, a técnica de previsão e a política de estoques.

De acordo com essa análise, não é difícil demonstrar que a variância nos pedidos emitidos pelo estágio número k da cadeia de suprimentos, $Var(Q^k)$, em relação à demanda do cliente, $Var(D)$ é apenas:

$$\frac{Var(Q^k)}{Var(D)} \geq 1 + \frac{2\sum_{i=1}^{k} L_i}{p} + \frac{2\left(\sum_{i=1}^{k} L_i\right)^2}{p^2}$$

em que L_i é o *lead time* entre o estágio i e o estágio $i + 1$. Isto é, o *lead time* L_i significa que um pedido emitido pela unidade i ao final do período t chega naquela unidade no início do período $t + L_i$. Por exemplo, se um pedido emitido por um varejista ao atacadista ao final do período t chegar no início do período $t + 2$, então $L_1 = 2$. De modo semelhante, se o *lead time* do atacadista ao distribuidor for de dois períodos, então $L_3 = 2$. Neste caso, o *lead time* total do varejista à fábrica é:

$$L_1 + L_2 + L_3 = 6 \text{ períodos}$$

Esta expressão para a variância nos pedidos emitidos pelo estágio de número k da cadeia de suprimentos é muito semelhante à expressão para a variação dos pedidos emitidos pelo varejista dado na seção anterior, mas com o *lead time* de estágio único L substituído pelo *lead time* $\sum_{i=1}^{k} L_i$ do estágio de número k. Assim, vemos que *a variância nos pedidos emitidos por um dado estágio da cadeia de suprimentos é função crescente do lead time total entre o estágio e o varejista*. Isto significa que a variância nos pedidos aumenta à medida que subimos na cadeia de suprimentos, de forma que os pedidos emitidos pelo segundo estágio da cadeia são mais variáveis do que aqueles emitidos pelo varejista (o primeiro estágio) e aqueles emitidos pelo terceiro estágio serão mais variáveis do que os emitidos pelo segundo, e assim sucessivamente.

As informações de demanda descentralizadas. O segundo tipo de cadeia de suprimentos é a *cadeia de suprimentos descentralizada*. Neste caso, o varejista não disponibiliza sua média e sua variância na demanda às outras partes da cadeia. Em vez disso, o atacadista precisa estimar a média e a variância na demanda com base nos pedidos recebidos do varejista. Mais uma vez, vamos supor que o atacadista utiliza uma média móvel com p observações – os últimos p pedidos emitidos pelo varejista – para prever a demanda e a variância na demanda. Então, ele utiliza esta previsão para definir a meta para o nível de estoque e emitir um pedido ao fornecedor, o distribuidor. De forma semelhante, o distribuidor utiliza uma média móvel com p observações dos pedidos emitidos pelo atacadista para prever a média e o desvio-padrão da demanda e emprega estas previsões para definir a meta para o nível de estoque. O nível de estoque almejado pelo distribuidor é usado para emitir pedidos ao quarto estágio da cadeia de suprimentos.

Com este sistema, a variância nos pedidos emitidos pelo estágio de número k da cadeia de suprimentos, $Var(Q^k)$, em relação à variância na demanda do cliente, $Var(D)$, satisfaz a equação:

$$\frac{Var(Q^k)}{Var(D)} \geq \prod_{i=1}^{k} \left(1 + \frac{2L_i}{p} + \frac{2L_i^2}{p^2}\right)$$

em que, como antes, L_i é o *lead time* entre os estágios i e $i + 1$.

Observe que esta expressão para a variância nos pedidos emitidos pelo estágio de número k na cadeia é muito semelhante à expressão para a variação nos pedidos emitidos pelo varejista no caso da cadeia de suprimentos centralizada. Porém, neste caso a variância cresce geometricamente em cada estágio da cadeia de suprimentos. Mais uma vez, a variância nos pedidos aumenta à medida que subimos na cadeia, de forma que os pedidos emitidos pelo atacadista são mais variáveis do que os do varejista.

Os *insights* gerenciais sobre o valor da informação centralizada. Já vimos que, para os dois tipos de cadeia de suprimentos, a centralizada e a descentralizada, a variância nas quantidades de pedido aumenta à medida que subimos na cadeia, de forma que os pedidos emitidos pelo atacadista são mais variáveis do que os pedidos emitidos pelo varejista, e assim sucessivamente. A diferença entre os dois tipos de cadeia de suprimentos dá-se em termos do aumento na variação à medida que passamos de estágio a estágio.

Os resultados anteriores indicam que a variância nos pedidos cresce em proporção aritmética no *lead time* total para a cadeia centralizada, e em proporção geométrica para a cadeia descentralizada. Em outras palavras, uma cadeia de suprimentos descentralizada, em que apenas o varejista conhece a demanda do cliente, pode levar a uma variação expressivamente maior do que a cadeia centralizada, em que as informações sobre a demanda do cliente estão disponíveis a cada estágio da cadeia de suprimentos, sobretudo quando os *lead times* são longos. Portanto, concluímos que *a centralização das informações de demanda podem reduzir de forma expressiva o efeito chicote.*

Esta redução está ilustrada em detalhe na Figura 5-8, que mostra a razão entre a variação nos pedidos emitidos pelo estágio k, para $k = 3$ e $k = 5$, e a variação nas demandas dos clientes para os sistemas centralizados e descentralizados quando $L_i = 1$ para cada i. Ela também apresenta a razão entre a variação nos pedidos emitidos pelo varejista e a variação nas demandas do cliente ($k = 1$).

Portanto, agora está claro que ao compartilhar as informações sobre a demanda com cada estágio da cadeia de suprimentos, é possível reduzir de forma significativa o efeito chicote. Na verdade, quando as informações sobre demanda são centralizadas, cada estágio da cadeia de suprimentos pode usar os dados reais da demanda do cliente para estimar a demanda média. Por outro lado, quando as informações sobre demanda não são compartilhadas, cada estágio precisa utilizar os pedidos emitidos pelo estágio anterior para estimar a demanda média. Conforme vimos, estes pedidos são mais variáveis do que os dados sobre os pedidos reais dos clientes e, por isso, as previsões geradas por eles são também mais variáveis, o que leva à variação nos pedidos em toda a cadeia de suprimentos.

Por fim, é importante enfatizar que o efeito chicote existe mesmo quando as informações sobre a demanda são completamente centralizadas e todos os estágios da cadeia utilizam a mesma técnica de previsão e política de estoque. Em outras palavras, se cada

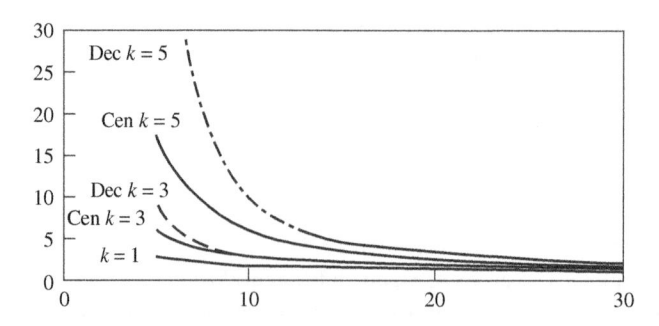

FIGURA 5-8 O aumento na variação para os sistemas centralizados e descentralizados.

estágio da cadeia de suprimentos adotar uma política simples de estoque-base e utilizar os mesmos dados de demanda do cliente e técnica de previsão para prever a demanda esperada, o efeito chicote ainda permanece. Contudo, a análise indica que se a informação não for centralizada – isto é, se cada estágio da cadeia de suprimentos não receber os dados da demanda do cliente – então o aumento na variação pode ser expressivamente maior. Assim, concluímos que *as informações de demanda centralizadas podem reduzir o efeito chicote de forma significativa, mas não eliminá-lo.*

5.2.3 Os métodos para lidar com o efeito chicote

A capacidade de identificar e quantificar as causas por trás do efeito chicote leva a uma série de alternativas para reduzir o efeito chicote e eliminar o impacto causado. Estas incluem reduzir a incerteza, a variabilidade no processo de demanda do cliente e os *lead times* e a adoção de parcerias estratégicas. Estas questões são tratadas brevemente, a seguir:

1. *A redução da incerteza.* Uma das alternativas mais frequentes para a redução ou eliminação do efeito chicote é a redução da incerteza ao longo de toda a cadeia de suprimentos, por meio da centralização das informações sobre demanda, isto é, com a disponibilização de todas as informações sobre a real demanda do cliente a todos os seus estágios. Os resultados apresentados na subseção anterior demonstram que a centralização da demanda consegue reduzir o efeito chicote.

   Contudo, é importante observar que embora cada estágio utilize os mesmos dados sobre a demanda, cada um deles tem a liberdade de utilizar técnicas de previsão diferentes e práticas de compra distintas. Estes dois fatores são capazes de contribuir com o efeito chicote. Além disso, os resultados apresentados também indicam que mesmo que cada estágio utilize os mesmos dados sobre demanda, a mesma metodologia de previsão e a mesma política de pedidos, o efeito chicote continua existindo.

2. *A redução da variabilidade.* O efeito chicote pode ser diminuído com a redução da variabilidade inerente ao processo de demanda do cliente. Por exemplo, se conseguirmos reduzir a variabilidade na demanda do cliente vivenciada pelo varejista, então, ainda que o efeito chicote ocorra, a variabilidade sentida pelo atacadista também será diminuída.

   No entanto, é possível reduzirmos a variação na demanda do cliente, por exemplo, adotando uma estratégia de "preço baixo todo o dia". Quando um varejista adota esta estratégia, ele oferece um produto a um único preço constante, em vez de cobrar um preço regular com promoções periódicas. Ao eliminar as promoções de preço, um varejista tem a chance de eliminar muitas das grandes oscilações em demanda que ocorrem ao longo dessas promoções. Portanto, as estratégias de "preço baixo todo o dia" levam a padrões de demanda do cliente muito mais estáveis, isto é, menos variáveis.

3. *Redução dos lead times.* Os resultados apresentados nas subseções anteriores demonstram claramente que os *lead times* intensificam o aumento na variação atribuído à previsão de demanda. Já demonstramos as graves consequências de aumentar os *lead times* sobre a variabilidade em cada estágio da cadeia de suprimentos. Portanto, a redução nos *lead times* pode reduzir de forma significativa o efeito chicote ao longo de toda a cadeia.

   Observe que os *lead times* via de regra incluem dois componentes: os *lead times* de pedido (o tempo necessário para produzir e despachar um item) e os *lead times* de informação (o tempo necessário para processar um pedido). Esta distinção é importante, uma vez que os *lead times* de pedido podem ser reduzidos com a adoção do *cross-docking*,

ao passo que os *lead times* de informação podem ser encurtados com o intercâmbio eletrônico de dados (EDI).
4. *As parcerias estratégicas.* O efeito chicote pode ser eliminado com a adoção de diversas parcerias estratégicas. Estas alteram a maneira como a informação é compartilhada e o estoque é gerenciado em um cadeia de suprimentos, possivelmente eliminando o impacto do efeito chicote. Por exemplo, em um estoque gerenciado pelo fornecedor (VMI, ver Capítulo 8), o fabricante administra o estoque de seu produto no varejista e, portanto, determina sozinho quanto estoque deve ser mantido e quantos produtos devem ser despachados, periodicamente. Portanto, no VMI o fabricante não depende dos pedidos emitidos pelo varejista, o que evita o efeito chicote por completo.

5.3 O COMPARTILHAMENTO DE INFORMAÇÕES E OS INCENTIVOS

A discussão anterior indica que a centralização das informações sobre demanda pode reduzir de forma expressiva a variação sentida pelos estágios a montante na cadeia de suprimentos. Portanto, está claro que estes estágios se beneficiariam de uma parceria que oferecesse um incentivo ao varejista, no sentido de ele disponibilizar os dados sobre demanda para todo o restante da cadeia de suprimentos. Na verdade, a análise anterior sugere que as instalações a montante estão em melhor situação quando recebem previsões verdadeiras geradas pelos fabricantes originais do equipamento ou varejistas.

Infelizmente, isto não ocorre em certas indústrias. Por exemplo, de acordo com a revista *BusinessWeek* [213], "As previsões feitas por empresas de telefonia e de componentes eletrônicos são muitas vezes exageradas". Um dos problemas com estes setores é que, naturalmente, os fabricantes originais do equipamento normalmente utilizam uma estratégia de montagem sob encomenda, ao passo que seus fornecedores via de regra precisam manter estoques devido aos longos *lead times*, antes de receber os pedidos do fabricante. Esta assimetria significa que o risco é assumido pelo fornecedor e, portanto, ele não tem de formar estoque, necessariamente (ver Capítulo 4 para uma discussão mais detalhada). Uma das possíveis reações do fabricante original do equipamento é a de inflar suas previsões, de forma que o fornecedor seja motivado a manter estoques maiores. Contudo, estas previsões exageradas podem fazer com que o fornecedor ignore as previsões por completo.

Dois tipos de contratos foram discutidos na literatura e que incentivam os compradores a revelarem suas verdadeiras previsões (ver [159]):

- **Os contratos de reserva de estoque.** Neste tipo de contrato, o fornecedor oferece ao fabricante do equipamento um menu com diferentes níveis de capacidade de estoque que ele pode armazenar e o preço para cada um deles. Então, para motivar o fabricante a revelar suas verdadeiras informações, o preço cobrado por unidade pelo fornecedor diminui com o nível da capacidade de estoque.
- **Os contratos de compra antecipada.** Neste contrato, o fabricante cobra um preço antecipado por pedidos emitidos antes da construção da capacidade de estoque e um preço diferente (maior) para qualquer pedido adicional emitido quando a demanda é realizada.

Um dos desafios que as empresas enfrentam quando compartilham informações com os parceiros da cadeia de suprimentos consiste em descobrir a maneira de garantir que estas informações não acabem beneficiando a concorrência. Para entender melhor este problema, considere o seguinte exemplo:

EXEMPLO 5-1

Este artigo ilustra os perigos do compartilhamento de informações.

Entre todas as pessoas que Mike Dreese encontrou na Gavin Convention de 1997 em Pines – uma grande feira da indústria fonográfica realizada no estado norte-americano de New Hampshire naquele ano – foi o representante de vendas da *rackjobber* Handleman Co. quem causou a melhor impressão. Dreese se lembra de ver esse cara caminhar com orgulho, batendo no próprio peito e bravateando sobre as fantásticas informações que a empresa dele estava obtendo sobre as vendas regionais de CDs. Naquele momento, a Handleman, a maior compradora de música dos EUA, sabia exatamente quais os gêneros de música que mais vendiam, onde e quando, regozijava-se o representante. Os dados auxiliavam a empresa a saber exatamente o que estocar nas gôndolas de CDs que eles atendiam em enormes varejistas de massa, como Wal-Mart e Kmart. Ao combinar estes novos dados com seus próprios números, a Handleman foi capaz de determinar exato número de unidades de, digamos, o primeiro álbum da banda Korn ou mais recente trabalho do 2 Skinnee J's que ela deveria expor nos *racks* da Wal-mart na Rota 1A em Lynn, Massachusetts. E esta nova riqueza de informações era oriunda de uma única *fonte:* SoundScan Inc., uma empresa privada que acompanha e controla eletronicamente todo e qualquer CD vendido por cerca de 85% dos varejistas do mercado fonográfico no país. A SoundScan então resume os números e vende relatórios às gravadoras, aos promotores e aos agentes dos artistas.

Mike Dreese não podia acreditar. Ele conhecia a origem de parte das informações. Elas vinham dele. Todo domingo à noite, nos últimos seis anos, ele havia incansavelmente relatado, direto de seu microcomputador IBM AS/400, as vendas de sua cadeia de lojas, que agora contava com 20 estabelecimentos, a Newbury Comics – sede por sede, selo por selo, artista por artista – ao poderoso servidor da SoundScan em Hartsdale, estado de Nova York.

Já no começo, ele havia sentido alguma preocupação com a divulgação eletrônica de seus dados por meio de terceiros, ainda que ele diga que os fundadores da SoundScan, Mike Shalett e Mike Fine haviam lhe garantido que seus números iriam para as gravadoras apenas, na forma de dados agregados. Mas agora ele estava ouvindo um representante da Handleman dizer que as informações dadas pela Newbury Comics à SoundScan estavam ajudando os grandes varejistas que competiam com ela, todos os dias. "O representante dava a entender que a Handleman tinha essa maravilhosa maneira de obter informações para ajudá-los a programar as gôndolas de CDs da Wal-Mart" disse Dreese, debruçando-se sobre sua velha escrivaninha de tampo de metal, que ele comprou de segunda mão na década de 1980 por 30 dólares. "Isso me fez entender como uma empresa como a Wal-Mart se beneficiava de dados regionais precisos que nunca conseguiria compilar sozinha".

Dreese tinha de tomar uma atitude – mas não com pressa. Após 19 anos no negócio, ele sabia que não deveria arriscar o apoio promocional – os dólares de preço e posição, as aparições dos artistas, a propaganda em cooperação – dado pelas gravadoras aos varejistas que mandavam seus dados para a SoundScan. Além disso, ele não queria entregar o ouro para o bandido por causa de um impulso. Assim, ele esperou e pensou e repensou. Mas, disse Dreese, cerca de três meses depois de ter retornado da Gavin Convention em Holderness, New Hampshire, ele telefonou para a SoundScan. "Perguntei se eles haviam na verdade oferecido consultas aos varejistas" disse ele "e eles responderam que de fato tinham".

Dreese sabia o que tinha a fazer. O compartilhamento de informações, diz a sabedoria tradicional, dá para sua empresa uma vantagem competitiva – não importa o setor em que você opera e em qual ponto da cadeia de suprimentos você está. E qualquer tecnologia que pode facilitar este compartilhamento (sejam pontos de venda conectados a *modems*, como no caso da indústria fonográfica, ou de *transponders* que operam em radiofrequência conectados a microcomputadores, como no caso da indústria frigorífica) apenas aumenta suas chances de sucesso.

Fonte: The Singer, "Sharer Beware," *Inc.*, 1/3/1990.

Portanto, o que deu errado? Na verdade, uma vez que o compartilhamento de informações é tão essencial à gestão eficaz da cadeia de suprimentos, por que a SoundScan Inc., um dos maiores atores no cenário musical dos EUA, e a Newbury Comics chegaram ao ponto de romper relações? A resposta tem a ver com a falta de alinhamento de incentivos da cadeia de suprimentos. Como explica o exemplo, a Newbury Comics se beneficiou do apoio em termos de preço dado pelas gravadoras em troca dos dados. Eles garantiram que apenas os dados agregados é que seriam enviados às gravadoras. Contudo, se o agregador de dados tem o compromisso de consultar diversos varejistas, estes dados podem ser uma ferramenta poderosa que os ajudará a administrar com mais eficiência o estoque e os canais de distribuição.

5.4 AS PREVISÕES EFICAZES

As informações levam a previsões mais eficazes. Quanto maior o número de fatores que as previsões são capazes de considerar, maior a precisão destas previsões. Ver o Capítulo 2 para uma discussão detalhada sobre previsões.

Por exemplo, consideremos as previsões dos varejistas. Estas são via de regra baseadas em uma análise das vendas anteriores no setor. Contudo, a demanda do cliente futura claramente sofre a influência de aspectos como preço, promoções e lançamento de novos produtos. Alguns destes fatores são controlados pelo varejista, mas outros são controlados pelo distribuidor, pelo atacadista, pelo fabricante ou pela concorrência. Se estas informações forem disponibilizadas àqueles que elaboram as previsões em nível de varejo, então todas as outras previsões obviamente serão mais precisas.

De modo semelhante, as previsões do distribuidor e do fabricante são influenciadas por fatores sob o controle do varejista. Por exemplo, ele pode preparar promoções ou definir preços. Além disso, ele pode lançar novos produtos em suas lojas, alterando assim os padrões de demanda. Outro aspecto é que, em função de um fabricante ou distribuidor ter menos produtos a considerar do que o varejista, eles podem ter em mãos mais informações sobre estes produtos. Por exemplo, as vendas podem estar intimamente vinculadas a algum evento. Se um varejista estiver ciente disto, ele tem a chance de aumentar os estoques ou os preços para tirar vantagem da situação.

Por todos estes motivos, muitas cadeias de suprimentos estão adotando sistemas de previsão colaborativa. Nestas cadeias de suprimentos, sofisticados sistemas de informação possibilitam um processo iterativo de previsão, em que todos os participantes da cadeia de suprimentos colaboram para chegar a uma previsão consensual. Isto significa que todos os componentes da cadeia de suprimentos compartilham e utilizam as mesmas ferramentas de previsão, o que leva a uma diminuição no efeito chicote (ver Capítulos 5 e 15).

EXEMPLO 5-2

No outono de 1996, a Warner-Lambert, fabricante de bens de consumo, e a Wal-Mart, a loja de departamentos, iniciaram um estudo-piloto sobre o sistema de planejamento, previsão e reabastecimento colaborativos (CPFR). Este software facilita a colaboração nos esforços de previsão entre varejistas e fabricantes. O CPFR facilita a troca de esquemas, previsões e detalhes sobre futuras promoções de vendas e tendências passadas. O software "facilita a cada um dos lados avaliar mensagens relacionadas e anexar novas." Outras empresas, incluindo a Procter & Gamble, pretendem adotar o sistema CPFR, e as empresas de software por sua vez querem lançar versões diferentes do mesmo programa. Estes sistemas são genericamente chamados de *sistemas colaborativos* [208].

5.5 AS INFORMAÇÕES PARA A COORDENAÇÃO DE SISTEMAS

Em qualquer cadeia de suprimentos existem muitos sistemas, que podem ser relativos à produção, estocagem, transporte e varejo. Vimos que a gestão de qualquer um destes sistemas envolve uma série de *trade-offs* complexos. Por exemplo, para executar uma operação de fabricação com eficiência, os custos de preparação e de operação precisam estar em equilíbrio com os custos de estoque e matérias-primas. De modo semelhante, vimos no Capítulo 2 que os níveis de estoque são uma forma delicada de equilíbrio entre os custos de armazenagem, os custos de preparação do pedido e o nível de serviço exigido. Também vimos no Capítulo 3 que existe um equilíbrio entre os custos dos estoques e dos transportes, pois o transporte via de regra envolve descontos por quantidade de diversas categorias.

Contudo, todos estes sistemas estão relacionados. Em especial, os dados gerados por um sistema na cadeia de suprimentos são os dados de entrada para o próximo sistema. Por exemplo, os dados de saída da operação de produção podem ser os dados de entrada de um sistema de transporte ou estocagem, ou ambos. Nesse sentido, tentar encontrar o melhor conjunto de *trade-offs* para qualquer estágio não é o bastante. Precisamos considerar o sistema como um todo e coordenar as decisões.

Isso será verdadeiro independentemente de haver ou não um único proprietário para diversos sistemas na cadeia de suprimentos. Se houver, fica claro que no melhor de seus interesses se deva reduzir os custos totais, ainda que isto possa levar a um aumento nos custos de um sistema se reduções expressivas ocorrerem em outros. Contudo, se não há um único proprietário, então os diversos sistemas precisam de uma certa coordenação para operar com eficácia. O problema, está claro, envolve os interesses de reduzir os custos *globais* do sistema e a maneira como esta economia pode ser compartilhada entre os outros proprietários.

Para explicar melhor esta situação, observemos que quando o sistema não é coordenado – isto é, cada unidade na cadeia de suprimentos faz o que é melhor para si – o resultado, conforme discutimos no Capítulo 1, é a *otimização local*. Cada componente da cadeia de suprimentos otimiza suas próprias operações sem respeitar o impacto de sua política nos outros componentes da cadeia.

A alternativa a esta abordagem é a *otimização global*, que significa que um elemento identifica o que é melhor para todo o sistema. Neste caso, duas questões têm de ser respondidas:

1. Quem fará a otimização?
2. Como as economias obtidas por meio da estratégia coordenada podem ser divididas entre as diferentes unidades na cadeia de suprimentos?

Estas perguntas podem ser respondidas de diversas maneiras. Por exemplo, no Capítulo 4 discutimos o uso de contratos de fornecimento, e no Capítulo 8 abordamos estes problemas como parte de uma abordagem detalhada às parcerias estratégicas.

Para coordenar estas facetas da cadeia de suprimentos, as informações precisam estar disponíveis. Em especial, o conhecimento do *status* de produção e de custos, a disponibilidade de transporte e os descontos por quantidade, os custos com estoques, os níveis de estoque, diversas capacidades de armazenagem e a demanda do cliente são alguns dos dados necessários para coordenar sistemas, sobretudo quando o objetivo é a eficácia.

5.6 A LOCALIZAÇÃO DOS PRODUTOS DESEJADOS

Existe mais de uma maneira de satisfazer a demanda do cliente. Normalmente, para um sistema de produção para estoque, pensamos em atender à demanda do cliente a partir do estoque real, se possível. Porém, há outras maneiras de tratar da questão.

Por exemplo, vamos supor que você vai a um varejista para comprar um equipamento de grande porte e que ele não está em estoque. Com isso, talvez você se dirija ao concorrente, na próxima esquina. Mas o que acontece se o varejista vasculha uma base de dados e promete entregar o item em sua casa dentro de 24 horas? É provável que você se sinta satisfeito ao receber esse tratamento, ainda que o varejista não tenha o item procurado em estoque. Assim, ser capaz de localizar e entregar mercadorias é por vezes tão eficaz quanto tê-la em estoque. Mas se as mercadorias estão na concorrência, ninguém sabe se uma loja concorrente estará disposta a transferir o item para a loja em que você entrou. Discutimos estes tipos de problema no Capítulo 7, Seção 7.3.3, "O compartilhamento de estoques", e no Capítulo 8, Seção 8.5, "A integração dos distribuidores".

5.7 A REDUÇÃO DOS *LEAD TIMES*

Nunca é demais enfatizar a importância da redução dos *lead times*. Eles geram:

1. A capacidade de atender com rapidez aos pedidos dos clientes que não podem ser preenchidos com produtos em estoque.
2. A redução do efeito chicote.
3. Previsões mais precisas devido ao menor horizonte de previsão.
4. A redução nos níveis de estoque de produtos acabados (ver Capítulo 2). Isto é verdade porque é possível estocar matérias-primas e material de embalagem (ou de montagem) para reduzir estoques de produtos acabados e tempo de ciclo.

Por todas estas razões, muitas empresas buscam, de forma ativa, fornecedores com *lead times* mais curtos, e muitos dos clientes em potencial consideram o *lead time* um critério muito importante para a seleção de representantes de venda.

A maior parte da revolução na produção vista nos últimos 20 anos levou à redução nos *lead times* (ver [95]). Da mesma forma, no Capítulo 6 discutimos os projetos de redes de distribuição que reduzem os *lead times*. Estes sistemas existem apenas em função da disponibilidade de informações sobre o *status* de toda a cadeia de suprimentos. Contudo, como vimos anteriormente, sistemas de informação eficazes (como o EDI) reduzem os *lead times* ao diminuir aquela parcela do *lead time* vinculada ao processamento de pedidos, à burocracia, ao manuseio de produtos no estoque, aos atrasos no transporte, e assim sucessivamente. Muitas vezes eles são parcelas significativas do *lead time* total, sobretudo se há diferentes estágios na cadeia de suprimentos e se estas informações são transmitidas a um estágio por vez. Sem dúvida, se um pedido do varejista *viaja rapidamente* na cadeia de suprimentos por meio dos *tiers* (camadas) de fornecedores, o quanto for necessário para ser atendido, os *lead times* podem ser reduzidos significativamente.

Da mesma forma, a transferência de dados de ponto de venda do varejista para seu fornecedor pode auxiliar a reduzir os *lead times*, pois este antecipa um pedido que está chegando ao estudar dados daqueles pontos. Estes problemas são tratados no Capítulo 8, em que discutimos as alianças estratégicas entre varejistas e fornecedores.

5.8 AS INFORMAÇÕES E OS *TRADE-OFFS* NA CADEIA DE SUPRIMENTOS

Conforme observamos no Capítulo 1, um dos maiores desafios para a gestão da cadeia de suprimentos é a substituição dos processos de planejamento sequencial pela otimização global. No planejamento sequencial, cada estágio da cadeia de suprimentos otimiza seus lucros sem considerar o impacto de suas decisões nos outros estágios da cadeia. Contrastando com isso, na otimização global o objetivo é **coordenar** as atividades da cadeia de suprimentos de forma a maximizar **o desempenho da cadeia**.

Infelizmente, conforme discutimos a seguir, os gestores de diferentes estágios na cadeia têm interesses diferentes, e são exatamente estes interesses que precisam da integração e da coordenação entre os diferentes estágios da cadeia. Até mesmo em um único estágio, os *trade-offs* precisam ser feitos entre a redução de estoque ou os custos de transporte, ou entre o aumento da variedade de produtos ou a redução do nível de estoques.

Ao utilizar as informações disponíveis, a cadeia de suprimentos pode se movimentar na direção da otimização global e, consequentemente, reduzir os custos globais do sistema e ao mesmo tempo tratar destes objetivos conflitantes e *trade-offs* diversos. Isto é mais fácil de concretizar em um sistema centralizado, mas até mesmo em um sistema descentralizado talvez seja necessário descobrir os incentivos certos para fazer valer a integração entre as unidades da cadeia.

5.8.1 Os objetivos conflitantes na cadeia de suprimentos[3]

Começamos com os fornecedores de matérias-primas. Para operar e planejar com eficiência, estes fornecedores precisam de volumes de pedido estáveis, com pequena variação no *mix* de materiais requisitados. Além disso, eles preferem tempos de entrega mais flexíveis, pois assim são capazes de entregar pedidos com maior eficiência a um número maior de clientes. Por fim, a maioria dos fornecedores gostaria de tratar de demandas de grandes volumes, de forma a tirar vantagem de economias de escopo e de escala.

A gestão da produção também tem sua própria lista de desejos. Custos de produção elevados via de regra limitam o número de setups dispendiosos e os problemas de qualidade que podem ocorrer no começo da jornada de trabalho. Normalmente os gerentes de produção querem atingir níveis elevados de produtividade com o aumento na eficiência das operações, o que por sua vez leva a menores custos de produção. Estes objetivos são facilitados se o padrão da demanda futura for conhecido e se sofrer pequena variabilidade.

A gestão de materiais, de armazenamento e de saída de produtos também tem uma lista de critérios. Estes incluem a minimização de custos de transporte por meio das vantagens oferecidas pelos descontos por quantidade, o que minimiza os níveis de estoque e rapidamente eleva esses níveis novamente. Por fim, para atender a seus clientes, os varejistas precisam de *lead times* curtos e da entrega precisa e eficiente de pedidos. Os clientes por sua vez exigem itens em estoque, uma grande variedade e preços baixos.

5.8.2 O projeto da cadeia de suprimentos diante de objetivos conflitantes

No passado, para satisfazer a alguns desses objetivos, era necessário que outros fossem satisfeitos antes. A cadeia de suprimentos era vista como um conjunto de *trade-offs* que tinham de ser concretizados. Via de regra, os níveis de estoque e os custos de transporte elevados, além da menor variabilidade em produtos, possibilitava aos fabricantes e varejistas chegar perto de atingir seus objetivos. Ao mesmo tempo, as expectativas dos clientes não eram tão altas quanto se vê hoje. Como sabemos, estas expectativas aumentaram de forma expressiva nos últimos anos, uma vez que os clientes demandam maior variedade a menor custo, ainda que a pressão pelo controle de estoque e dos custos de transporte também tenha chegado a um posto de relevância. Felizmente, o grande volume de informações hoje disponíveis permite que as cadeias de suprimentos sejam projetadas de forma a chegar mais perto de

---

[3] Esta seção é baseada em um trabalho recente de Lee e Billington [119].

satisfazer a estes objetivos aparentemente conflitantes. Com efeito, alguns dos *trade-offs* considerados há muitos anos como sendo inerentes a qualquer cadeia talvez não possam ser considerados como tal, hoje em dia.

Nas subseções a seguir, discutimos muitos destes *trade-offs* e como, por meio de avançada tecnologia da informação e do projeto criativo de redes logísticas, eles deixaram de ser considerados como tal em cadeias de suprimentos modernas – ou, pelo menos, como seu impacto pode ser reduzido.

O *trade-off* entre tamanho do lote e o estoque. Conforme já vimos, os fabricantes gostariam de trabalhar com lotes grandes. Os custos unitários de preparação são reduzidos, a experiência de produção de itens específicos aumenta e o controle de processos é facilitado. Infelizmente, a demanda típica não chega em grandes lotes e, por isso, temos estoques elevados. Na verdade, a maior parte dos esforços da "revolução na produção" da década de 1980 envolveu a adoção de sistemas de produção com lotes menores.

A redução do tempo de preparação, os sistemas *kanban* e CONWIP (estoque em processo constante) e outras "práticas modernas de produção" sempre estiveram direcionadas para a redução de estoques e o aperfeiçoamento das reações do sistema. Ainda que seja tradicionalmente vista em contexto de produção, esta abordagem tem implicações para toda a cadeia de suprimentos. Os varejistas e distribuidores desejam ter *lead times* de entrega curtos e uma grande variedade de produtos para atender às necessidades de seus clientes. Estes sistemas avançados de produção tornam possível aos fabricantes atender a essas necessidades, com uma resposta mais rápida a elas.

Isso se verifica sobretudo se as informações estão disponíveis para garantir que o fabricante tenha todo o tempo necessário para reagir diante das necessidades dos membros localizados a jusante na cadeia de suprimentos. Da mesma forma, se os distribuidores ou varejistas têm a capacidade de verificar o *status* da fábrica e o estoque de produção, eles são igualmente capazes de cotar *lead times* para os clientes com mais acuracidade. Além disso, estes sistemas possibilitam aos varejistas o desenvolvimento de melhores noções sobre as capacidades do fabricante, o que por sua vez aumenta o nível geral de confiança. Esta confiança permite aos distribuidores e varejistas reduzir o estoque que mantêm, na expectativa de ter de lidar com problemas de produção.

O *trade-off* entre estoque e custo de transporte. Há um *trade-off* semelhante entre estoque e os custos de transporte. Para entendê-lo, precisamos relembrar a natureza dos custos de transporte, mostrada no Capítulo 3. Primeiro, consideremos uma empresa que opera sua própria frota de caminhões. Cada um destes caminhões tem um custo fixo de operação (depreciação, tempo de trabalho do condutor) e custos variáveis (combustível). Se um caminhão sai cheio para fazer uma entrega, o custo de operá-lo é dividido no maior número possível de itens. Portanto, cargas cheias minimizam os custos de transporte, uma vez que o mesmo número total de mercadorias é entregue sempre (o que equivale, parcialmente, à demanda do cliente).

Da mesma forma, se uma empresa externa é utilizada para o transporte, ela normalmente oferece descontos por quantidade. Além disso, em geral é mais barato transportar quantidades em cargas cheias (transporte em CC) do que parciais (transporte em CP). Portanto, também nesse caso, a operação com caminhões cheios minimiza os custos de transporte.

Porém, em muitos casos a demanda se dá em unidades que não chegam a uma carga cheia. Assim, quando os itens são despachados em carga cheia, eles via de regra têm de esperar por períodos maiores antes de serem consumidos, o que leva a custos maiores de estoque.

Infelizmente, não é possível eliminar este *trade-off* por completo. Contudo, é possível utilizar avançadas tecnologias de informação para reduzir este efeito. Por exemplo, os sistemas de produção avançados podem ser utilizados para fabricar itens no limite do tempo hábil a fim de garantir cargas cheias. De modo semelhante, os sistemas de distribuição permitem a um gerente de materiais combinar carregamentos de diferentes produtos, dos depósitos aos varejistas, de forma a preencher seus caminhões. Esta abordagem requer o conhecimento de pedidos e de previsão de demanda, além dos cronogramas do fornecedor. O *cross-docking*, descrito anteriormente neste capítulo, também auxilia a controlar este *trade-off*, ao permitir que o varejista combine carregamentos de diferentes fabricantes em um caminhão destinado a uma loja em especial.

De fato, os recentes avanços em sistemas de apoio à decisão permitem à cadeia de suprimentos encontrar o equilíbrio adequado entre os custos de transporte e os custos de estoque. Independentemente da estratégia de produção escolhida, a competição na indústria transportadora empurra para baixo os custos. Este efeito é melhorado com os modos avançados de transporte de mercadorias e programas de seleção de transportadoras que garantem que a abordagem mais eficaz é aquela que será utilizada para uma entrega em especial, reduzindo os custos globais de transporte.

O *trade-off* entre *lead time* e custos de transporte. O *lead time* total é composto do tempo dedicado ao processamento de pedidos, ao *procurement* e à fabricação de itens e ao transporte destes entre os vários estágios da cadeia de suprimentos. Conforme já dissemos, os custos de transporte são menores quando grandes quantidades de itens são transportadas entre estes estágios. Contudo, os *lead times* muitas vezes são reduzidos se os itens são transportados imediatamente após terem sido produzidos ou terem chegado dos fornecedores. Assim, existe um *trade-off* entre estocar itens até o bastante ter sido acumulado, para reduzir os custos de transporte, e despachá-los imediatamente para reduzir o *lead time*.

Mais uma vez, este *trade-off* não pode ser totalmente eliminado, mas é possível recorrer à informação para minimizar seu efeito. Os custos de transporte são controlados conforme descrito na seção anterior, com a minimização da necessidade de estocar itens até que um número suficiente seja alcançado. Além disso, a melhoria nas técnicas de previsão e nos sistemas de informação reduzem os outros componentes do *lead time*, e assim talvez não seja essencial reduzir o componente relativo ao transporte.

O *trade-off* entre a variedade de produtos e o estoque. Evidentemente que a variedade de produtos aumenta a complexidade da gestão da cadeia de suprimentos. Os fabricantes que produzem muitos produtos diferentes em lotes pequenos descobrem que seus custos de fabricação aumentam e que sua eficiência produtiva diminui. Para manter os mesmos *lead times* de uma empresa com poucos produtos, quantidades menores são transportadas e, portanto, os depósitos precisam manter uma variedade maior. Assim, o aumento na variedade aumenta os custos, tanto de transporte quanto de armazenagem. Por fim, por ser difícil prever com precisão a demanda para cada produto, já que todos competem pelos mesmos clientes, níveis maiores de estoque precisam ser observados para garantir o nível de serviço desejado.

O principal problema que uma empresa fornecedora de uma variedade grande de produtos precisa resolver é o de como equilibrar a oferta e a demanda com eficácia. Por exemplo, consideremos um fabricante de jaquetas para a prática do esqui. Geralmente, 12 meses antes da temporada de vendas, a empresa lança uma variedade de modelos que serão vendidos no inverno. Infelizmente, não se sabe quantas jaquetas devem ser produzidas para cada modelo. Portanto, não está claro qual é a melhor maneira de planejar a produção.

Uma das formas de apoiar com eficiência a variedade de produtos exigida consiste em aplicar o conceito chamado *diferenciação adiada*, discutida na Seção 6.2 e no Capítulo 11. Em uma cadeia de suprimentos que recorre à diferenciação adiada, os *produtos genéricos* são despachados o máximo possível no interior da cadeia de suprimentos antes de a variedade ser introduzida. Isto significa que um único produto é recebido no centro de distribuição, e que lá ele é modificado ou customizado de acordo com a demanda do cliente, tal como vista pelo depósito.

Observe que, ao adotar esta estratégia, estamos mais uma vez empregando o conceito de compartilhamento do risco apresentado no Capítulo 2. Na verdade, ao despacharmos um produto genérico aos depósitos, agregamos a demanda do cliente em todos os produtos. Como vimos, isto implica uma previsão de demanda mais precisa, com variabilidade muito menor, o que leva à redução no estoque de segurança. Este processo de agregação de demanda para diferentes produtos é semelhante ao processo de agregação para diferentes varejistas (ver Capítulo 2).

A diferenciação adiada é um exemplo do *projeto para logística*, um conceito discutido no Capítulo 11.

O *trade-off* entre serviço ao cliente e custos. Todos estes *trade-offs* são exemplos do *trade-off* entre serviço ao cliente e custos. A redução de estoques, os custos de produção e os custos de transporte via de regra são minimizados às expensas do serviço ao cliente. Nas subseções anteriores vimos que o nível do serviço ao cliente pode ser mantido ao mesmo tempo em que diminuímos estes custos, por meio do uso de informações e de projetos adequados para nossas cadeias de suprimentos. Definimos, de forma implícita, o serviço ao cliente como a habilidade de um varejista atender à demanda do cliente a partir dos produtos em estoque.

Claro que o serviço ao cliente implica a habilidade de o varejista atender à demanda do cliente com rapidez. Discutimos como o transporte escalonado possibilita essa situação sem aumentar estoques. Além disso, o transporte direto a partir de depósitos até as lojas dos varejistas é outra maneira de concretizar o serviço ao cliente. Por exemplo, a Sears entrega uma grande proporção de equipamentos de grande porte que ela vende diretamente de seus depósitos ao cliente final. Esta estratégia controla os custos com estoques para tirar vantagem direta dos efeitos do compartilhamento do risco. Para este tipo de sistema funcionar, as informações sobre estoques em depósitos precisam estar disponíveis em todas as lojas e as informações sobre pedidos devem ser transmitidas rapidamente aos depósitos. Este é apenas um exemplo de um sistema em que as informações disponíveis e o projeto adequado da cadeia de suprimentos geram a diminuição de custos e o aumento no nível de serviço. Neste caso, os custos são menores se o estoque estiver armazenado em um depósito centralizado do que na situação em que existe um grande estoque na loja. Ao mesmo tempo, o serviço ao cliente é melhorado, pois os clientes têm estoques maiores para efetuar suas escolhas e os equipamentos são entregues imediatamente a suas casas.

Por fim, é importante lembrar que até agora enfatizamos a maneira como a tecnologia e a gestão da cadeia de suprimentos podem ser aplicadas para aumentar o nível de serviço ao cliente, *definido no sentido tradicional*, e assim reduzir custos. Contudo, as técnicas avançadas de gestão da cadeia de suprimentos e os sistemas de informação podem ser utilizados para dar aos clientes um tipo de serviço que eles nunca teriam sido capazes de realizar antes, e pelo qual os fornecedores poderiam cobrar mais. Um destes exemplos é a *customização em massa*, que envolve a entrega de mercadorias altamente personalizadas e de serviços aos clientes a preços razoáveis e em grandes volumes. Ainda que esta alternativa não tenha sido economicamente viável no passado, a melhoria na logística e nos sistemas de informação atualmente possibilita sua adoção. O conceito de customização em massa é explicado no Capítulo 11.

5.9 COMO DIMINUIR O VALOR MARGINAL DA INFORMAÇÃO

Concluímos este capítulo com um alerta. Ao longo de todo o capítulo, discutimos os benefícios da informação. Claro que a obtenção e o compartilhamento de informações não sai de graça. RFID, a identificação por radiofrequência, bancos de dados, sistemas de comunicação, ferramentas de análise e o tempo de trabalho das gerências têm custos significativos associados. Na verdade, muitas empresas estão lutando para descobrir a melhor maneira de utilizar dados coletados com programas de fidelidade, leitores de RFID, entre outros.

Até mesmo as empresas que entendem o valor da otimização global precisam comparar o custo do compartilhamento de informações à luz dos benefícios que ele traz. Muitas vezes talvez não seja necessário trocar todas as informações que temos disponíveis, ou compartilhá-las continuamente. Na verdade, são muitos os casos em que existe um valor marginal decrescente da informação, no sentido de que uma vez que os principais itens de informação tenham sido intercambiados, o benefício em trocar o remanescente dos dados é negligenciável.

Por exemplo, vários pesquisadores estudaram a frequência com que distribuidores e fabricantes precisam trocar informações. Eles descobriram, por exemplo, que em uma dada cadeia de suprimentos, se o distribuidor emite pedidos semanais, a maioria das vantagens em compartilhar informações sobre demanda pode se concretizadas com o compartilhamento destas, duas ou três vezes no período. As vantagens adicionais logradas com o compartilhamento de informações efetuado mais de quatro vezes em uma semana são desprezíveis. Em outras palavras, o benefício marginal de compartilhar informações diminui com o a frequência do compartilhamento de informações.

Além disso, as pesquisas revelam que em cadeias de suprimentos na produção multiestágios descentralizada, muitas das vantagens em termos de desempenho obtidas com o compartilhamento de informações ocorrem apenas se uma pequena quantidade destas é trocada entre os membros da cadeia. Por exemplo, para uma dada cadeia de suprimentos, em muitos casos aproximadamente três quartos das vantagens em termos de custo obtidas com o total compartilhamento de informações sobre produção e pedidos podem acontecer com o compartilhamento de estimativas simples sobre as datas de finalização das etapas de produção. O benefício adicional em trocar informações detalhadas é mínimo. Em outras palavras, o benefício marginal em compartilhar informações diminui com o aumento do nível de detalhe da informação cedida.

Em geral, a troca de informações detalhadas ou em maior frequência é mais cara. Assim, os integrantes das cadeias de suprimentos precisam entender os custos e os benefícios de determinados itens de informação. O foco deve ser posto na frequência em que esta informação é coletada, na quantidade destas informações que precisa ser armazenada ou compartilhada e em quais formas este compartilhamento deve ocorrer, visto que todos estes aspectos têm custos e vantagens associadas.

RESUMO

O efeito chicote sugere que a variação na demanda aumenta à medida que nos movemos na cadeia de suprimentos. Este aumento na variação gera expressiva ineficiência no âmbito operacional. Por exemplo, ela força todas as unidades na cadeia de suprimentos a aumentar estoques de forma significativa. Na verdade, em [120] os autores estimam que em certos setores da indústria, como o farmacêutico, estas informações distorcidas podem fazer com que o estoque total na cadeia de suprimentos exceda 100 dias de fornecimento. Assim, é importante identificar as estratégias para lidar com o efeito chicote de forma eficiente. Neste capítulo, identificamos técnicas específicas de "contra-atacar" o efeito chicote, uma das quais é o compartilhamento de informações, isto é, a informação de demanda centralizada. Também discutimos os desafios mais importantes na situação de compartilhamento de informações por parceiros da cadeia, incluindo os incentivos para compartilhar previsões concretas e o alinhamento das expectativas associadas ao uso das informações.

Por fim, examinamos a interação entre os diversos estágios da cadeia de suprimentos. Via de regra, a operação de uma cadeia de suprimentos é vista como uma série de *trade-offs*, tanto no interior quanto entre os diferentes estágios. Concluímos que a informação é o principal agente facilitador da integração dos diferentes estágios da cadeia de suprimentos, e discutimos como a informação pode ser empregada para minimizar a necessidade de muitos destes *trade-offs*. O Capítulo 6 traz outras noções sobre estes e outros tópicos relacionados.

QUESTÕES PARA DISCUSSÃO

1. Responda a estas perguntas sobre o estudo de caso da Barilla:
   a. Diagnostique as causas por trás das dificuldades que o programa DJIT foi criado para resolver. Quais são as vantagens deste programa?
   b. Quais são os conflitos ou barreiras internos que o programa DJIT gera na Barilla? Quais são as causas destes conflitos? Se você fosse Giorgio Maggiali, como você lidaria com isto?
   c. Como um dos clientes da Barilla, qual seria sua resposta ao DJIT? Por quê?
   d. No ambiente em que a Barilla operava em 1990, você acredita que o DJIT seria exequível? Ele seria eficiente? Em caso afirmativo, quais clientes você almejaria? Como você os convenceria de que vale a pena experimentar o DJIT? Em caso negativo, quais alternativas você apresentaria para combater algumas das dificuldades que o sistema de operações da empresa enfrenta?
   e. Compare a estratégia DJIT proposta pela Barilla à estratégia JIT desenvolvida pela Toyota e outras grandes empresas.
2. Discuta como cada um dos aspectos listados a seguir pode minimizar o efeito chicote:
   a. O *e-commerce* e a Internet.
   b. A entrega expressa.
   c. As previsões colaborativas.
   d. O preço baixo todo dia.
   e. O estoque gerenciado pelo fornecedor (VMI).
   f. Os contratos de fornecimento.
3. Quais são as vantagens para os varejistas em compartilhar estoques? Por exemplo, vamos supor que você vai a uma revenda de automóveis para encontrar um modelo de carro na cor azul e este não está disponível em estoque. Via de regra, a revendedora obterá o modelo com outra revendedora local. Quais são as desvantagens para o varejo?
4. Discuta cinco maneiras de reduzir os *lead times* dentro de uma cadeia de suprimentos.
5. Considere uma cadeia de suprimentos de cereais matinais. Discuta os objetivos dos fazendeiros que competem produzindo matérias-primas, da divisão de fabricação da empresa que produz o cereal, de sua divisão de logística, de seu departamento de marketing, do braço de distribuição da cadeia de mercados que vende o cereal, e do gerente de uma das lojas desta cadeia.
6. Considere o Exemplo 5-1 e discuta as estratégias que podem auxiliar a Newbury Comics e a SoundScan Inc. a resolver os problemas de falta de alinhamento que enfrentam.

ESTUDO DE CASO

Camisetas de futebol da Liga Nacional de Futebol Americano (National Football League, NFL): um caso para postergação

"Esta época do ano é demais para nós. Estamos com um depósito cheio de camisetas de times de futebol americano, e os varejistas estão pedindo times e números de jogadores que não temos! Todo ano parece que temos o mix correto de itens em estoque para a temporada, e então algum time azarão começa a se dar bem com uma goleada de 4 x 0 na estreia do campeonato, e aquele que todos achavam que iria ganhar a taça só perde. De repente temos mil camisetas que não vendem e mil em pedidos que não conseguimos atender."

Tony é o responsável pelo estoque de camisetas de times da NFL que a Reebok mantém em seu centro principal de distribuição. Estamos no começo de outubro, e a temporada da NFL está de vento em popa. "Não é de se admirar que chamamos esta época de 'corrida'. Parece que estou correndo sem parar há meses. Estou exausto. Queria que houvesse alguma maneira de planejar estoques que me permitisse reagir mais rápido diante das vitórias de alguns times e do desempenho surpreendente de alguns jogadores. Mas com a demanda por um jogador mudando a cada ano, realmente não posso aumentar estoques. Na verdade, eu quero minimizar estoques ao final do ano."

A HISTÓRIA DA EMPRESA

A Reebok International Ltd. tem sua matriz em Canton, Massachusetts. A companhia emprega cerca de 7.400 pessoas e é famosa por seus trajes para a prática de esportes e calçados. Em 1979, a Reebok era uma pequena empresa britânica de calçados, quando Paul Fireman adquiriu a licença exclusiva de vender os tênis Reebok nos EUA.[4] Em 1985 a Reebok USA adquiriu a Reebok britânica, e assim nasceu a Reebok International, empresa de capital aberto. Em 2003, as receitas brutas da Reebok foram de $3,485 bilhões e as receitas realizadas de operações contabilizaram $157 milhões. Paul Fireman continua como CEO da empresa.

Em dezembro de 2000 a Reebok assinou um contrato de dez anos com a NFL, que garantia licença exclusiva à empresa para fabricar, comercializar e vender mercadorias licenciadas da NFL, incluindo uniformes de campo, trajes diversos, trajes de exercícios, tênis e uma linha de trajes com a marca da NFL. A NFL é a maior liga profissional de futebol americano no mundo, com 32 times. Estes são organizados em duas divisões, a Divisão de Futebol Americano (American Football Conference, AFC) e a Divisão Nacional de Futebol (National Football Conference, NFC), com quatro subdivisões em cada uma.

A história do futebol americano data de 1869.[5] O Arizona Cardinals é o time mais antigo em atividade no futebol profissional, atuante desde 1899. Em 2004, a partida pela Super Bowl* entre o Tampa Bay Buccaneers e o Oakland Raiders teve 139 milhões de espectadores, o que fez dela o programa de maior audiência na história da TV. Desde seus modestos primórdios, a NFL cresceu até tornar-se uma liga de grande sucesso.

A EMPRESA DE TRAJES LICENCIADOS

A Empresa de Trajes Licenciados é uma empresa de alta margem, bastante lucrativa. Ao conferir licença exclusiva à Reebok, a NFL esperava que a Reebok oferecesse um alto nível de serviço aos clientes, os varejistas do mercado esportivo que vendem diretamente ao público. Contudo, a

---

Fonte: Copyright 2005, John C. W. Parsons. Este estudo de caso foi preparado por John C. W. Parsons sob a orientação do Professor Stephen C Graves como base para uma discussão em sala de aula, não para ilustrar o tratamento eficiente ou não de uma situação administrativa. O estudo de caso foi baseado na tese de mestrado em logística do autor, "Using a Newsvendor Model for Demand Planning of NFL Replica Jerseys" orientado pelo Professor Stephen C. graves, junho de 2004.

[5] www.nfl.com/history

* N. de T.: Partida final da NFL.

---

[4] www.reebok.com/useng/history/1890.htm

demanda é influenciada por muitos fatores fora de controle e, portanto, é difícil de prever. Prever quais os itens que venderão equivale a prever quem será o Melhor Jogador da Liga.

A Reebok tem uma história marcada por conseguir entregar produtos de qualidade. Um varejista diz: "A linha da Reebok é excelente. Estamos muito felizes e ansiosos ao mesmo tempo. [No passado] o medo era que as camisetas de um time pudessem ser feitas por cinco fabricantes diferentes e em cinco lojas distintas no *shopping center*. Hoje, o problema é por que o cliente tem de pagar $20 a mais por uma camiseta porque ela é da Reebok?[6]

Outros varejistas se preocupam em ter uma única fonte para estes produtos. "Como varejista *top-tier* em trajes, temos acesso a apenas uma marca" diz outro. "Acho que os produtos da Reebok são ótimos. Mas esperamos que ela seja capaz de entregar todos, porque não temos outras opções para recorrer."[7]

Muito importante é a habilidade da Reebok de entregar itens *hot market**, uma preocupação para varejistas em todas as áreas de negócios licenciados. "Acho que como um dos principais parceiros da Reebok estamos em uma posição melhor para comercializar itens *hot market*... A Reebok será capaz de assumir uma posição maior nos pontos em que faltam camisetas de futebol ou abrigos e aumentar a autoconfiança em poder atender às demandas dos varejistas.[8]

Um item *hot market*, no contexto do comércio de camisetas da NFL, é um item que não venderia bem antes da temporada, ou um item desconhecido que não apresentava expectativa de venda. As primeiras avaliações da Reebok diziam que o desempenho destes itens era satisfatório. "Para ser honesto, a entrega de produtos *hot market* sempre é um problema. Se você trabalha com 12 empresas ou com uma, o problema é constante. E tenho de dizer que,

neste ano, a Reebok está fazendo suas entregas na hora combinada."[9]

A Reebok desenvolveu sua experiência com trajes licenciados por meio de aquisições e expansões. Em 2001, ela comprou uma empresa relativamente pequena, a LogoAthletic, localizada em Indianápolis. A LogoAthletic tinha grande experiência em trajes esportivos, além de um bom relacionamento com a NFL. Como resultado, a Reebok decidiu colocar sua gestão para trajes licenciados nas instalações da antiga LogoAthletic em Indianápolis.

A DEMANDA POR CAMISETAS DE FUTEBOL

A camiseta de futebol da NFL é fabricada em náilon de cinco onças com uma imagem da quadra de futebol americano estilizada, um conjunto de mangas e pala de náilon brilhante em branco e na cor do time em questão, uma gola redonda em náilon de 8,6 onças e apliques bordados para alguns times. A camiseta de cada time tem uma combinação de estilo, cortes e cores (cor do time, branco e combinação das duas), além do logotipo da equipe (ver Figura 5-9 para os exemplos).

Ainda que a demanda por camisetas de futebol seja sentida todo o ano, a temporada da NFL motiva a maior parte das vendas, que atingem o pico em agosto e setembro, antes da temporada. Quando esta começa, certos times e jogadores fazem as vendas de suas camisetas subirem depressa, devido aos respectivos desempenhos no esporte. Por exemplo, em 2003 o Kansas City Chiefs começou a temporada com uma série de vitórias, e suas camisetas se tornaram itens *hot market*, o que levou à escassez do produto. Jogadores desconhecidos anteriormente começaram a vender bem: Dante Hall fez excelentes jogadas nas quatro primeiras partidas, o que levou sua camiseta a se tornar um produto *hot market*.

Com o decorrer da temporada, a demanda do cliente é motivada pela compra de presentes de férias e pela espera dos torcedores pelas partidas de *play-off*. Durante os *play-offs*, a demanda tem forte correlação com o desempenho semanal. Uma equipe que perde vê suas vendas despencarem, ao passo que aquela que vence e continua com um

---

* N. de T.: Produtos que chamam a atenção do cliente e vendem mais, de forma inesperada no comércio.

[6] Cara Giffin, "NFL's New World Order," *Sporting Goods Business* 35, N. 1, (janeiro de 2002), p. 56.

[7] *Ibid.*

[8] *Ibid.*

[9] *Ibid.*

FIGURA 5-9 Exemplos de camisetas dos times de futebol americano da NFL.

bom desempenho tem suas vendas aumentadas. As vendas para as duas equipes da Super Bowl são muito maiores do que antes de sua definição como finalistas. O vencedor da Super Bowl continua vendendo por uma ou duas semanas após o final do campeonato, mas as vendas caem rapidamente até o começo da próxima temporada.

Os negócios e as assinaturas de contratos, para a maioria dos jogadores, ocorrem fora da temporada, entre fevereiro e abril. Os consumidores reagem a estas movimentações dos jogadores com a demanda por camisetas do mais novo *super-star* em seu time favorito. Por exemplo, quando Warren Sapp assinou com o Oakland Raiders em março de 2004, os varejistas esperavam que a Reebok despachasse as camisetas do jogador de imediato.

O CICLO DAS VENDAS

O ciclo anual das vendas começa em janeiro e fevereiro. A Reebok oferece aos varejistas um desconto para que emitam pedidos com antecipação, que resultam em aproximadamente 20% de todos os pedidos emitidos em um ano, para entrega programada em maio. A Reebok utiliza informações sobre pedidos antecipados para planejar as compras de material de seus fornecedores para a temporada que está começando.

Os pedidos dos varejistas são menores entre fevereiro e abril, exceto por ajustes esporádicos. Por exemplo, os varejistas emitem pedidos para que a entrega com *lead times* curtos consiga atender à demanda inesperada devido aos jogadores, como ocorreu com Terrell Owers na Filadélfia, em 2004.

Os pedidos dos varejistas emitidos entre maio e agosto são principalmente dedicados a posicionar o estoque nos centros de distribuição do varejo (CDs), de forma a atender às necessidades de reabastecimento durante a temporada a partir das lojas dos varejistas. As expectativas em termos de *lead times* neste ponto são de três a quatro semanas. Ao final de agosto, a Reebok já despachou 50% das vendas antecipadas aos varejistas.

O reabastecimento durante a temporada, entre setembro e janeiro, é conhecido como *A Corrida*. No caso das camisetas que estão vendendo de acordo com as previsões feitas antes da temporada, os varejistas utilizam seu estoque nos CDs para reabastecer os estoques em suas lojas. Mas os varejistas precisam emitir pedidos de reabastecimento para a Reebok a fim de que os itens mais vendidos tenham seus estoques renovados nos CDs. Essa é a hora em que os consumidores reagem ao desempenho dos jogadores e dos times, criando o *status* de *hot market* para um produto. Os varejistas precisam ajustar seus estoques para "correr" atrás dos itens *hot market*, e esperam que a Reebok forneça o produto na mesma proporção. Jogadores desconhecidos se tornam astros, e os astros de outras temporadas são esquecidos. Existe uma oportunidade para os varejistas vender em maiores volumes de produto se forem capazes de estocar as camisetas dos jogadores certos para atender à demanda do cliente.

Um gerente sênior de vendas de um grande varejista de artigos esportivos explica: "Realmente precisamos prever quais os times e jogadores que serão populares na temporada e garantir que eles tenham estoque disponível. Reabastecemos o estoque na loja conforme exigido pelo CD a cada semana."

A CADEIA DE SUPRIMENTOS

A Reebok fornece diretamente aos centros de distribuição para seus maiores varejistas a partir de seu CD em Indianápolis.

Os varejistas esperam ter *lead times* de três e 12 semanas para o reabastecimento da demanda normal, mas esperam ter *lead times* bem menores, de uma a duas semanas, para a demanda de produtos *hot market*.

As Figuras 5-10 e 5-11 mostram a cadeia de suprimentos da Reebok. A empresa obtém todas as camisetas de fabricantes contratados (FC) em outros continentes, com um *lead time* de produção de 30 dias. A Reebok obtém o tecido e as matérias-primas que são estocadas pelos FCs. Contratos internos são assinados a fim de garantir os níveis suficientes de matéria-prima que forneçam a capacidade de produção de qualquer camiseta de time de futebol em demanda, se preciso. O transporte marítimo leva dois meses e o aéreo uma semana.

Estes FCs cortam, costuram e montam uma camiseta acabada com as cores e escudos dos times, mas sem o nome ou o número do jogador. Esta camiseta é chamada de "camiseta de time" ou "em branco". Ela então tem dois caminhos possíveis até o estoque de produtos acabados. Para alguns pedidos, o FC aplica uma serigrafia com o nome e o número do jogador para assim produzir uma camiseta "feita", que é então despachada para o centro de distribuição da Reebok como produto acabado. Sobre as camisetas em branco, Tony disse: "As camisetas em branco são despachadas diretamente para o centro de distribuição da Reebok sem o nome nem o número do jogador. Mantemos estas camisetas em estoque até o começo da demanda, então preparamos as camisetas prontas a partir das camisetas em branco para atender aos pedidos dos clientes no tempo definido".

Dentro de seu CD, a Reebok tem sua própria unidade de serigrafia, utilizada para o acabamento de camisetas em branco. A capacida-

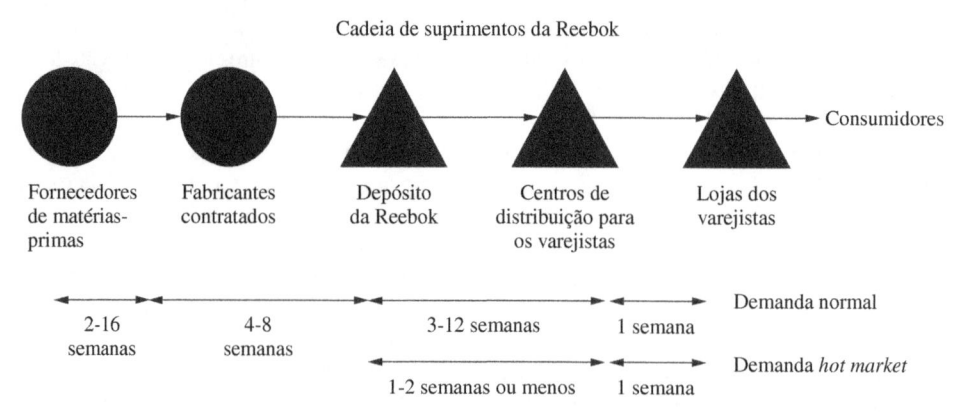

FIGURA 5-10 A cadeia de suprimentos da Reebok.

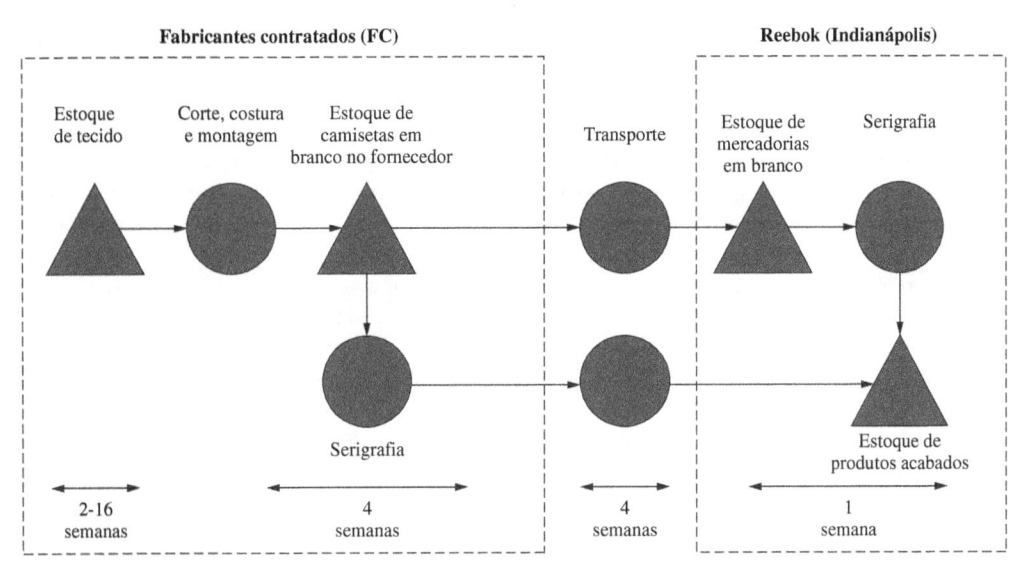

FIGURA 5-11 A cadeia de suprimentos da Reebok – detalhes.

de é de 10 mil camisetas serigrafadas ao dia no pico da temporada. As unidades de acabamento em Indianápolis têm diversas máquinas de costura e de serigrafia, capazes de bordar e serigrafar dentro dos mais altos padrões comerciais. (Esta capacidade é compartilhada com outros itens do vestuário, como camisetas da NBA, camisetas comuns e abrigos. Se as exigências imediatas excederem a capacidade de acabamento em Indianápolis, a Reebok identifica opções locais para terceirização com capacidade suficiente, mas a um custo adicional. O custo da terceirização é aproximadamente 10% maior do que o custo de acabamento nas instalações da empresa.)

O estoque de camisetas em branco em Indianápolis tem duas finalidades principais. A primeira é atender à demanda por camisetas de jogadores que são pedidas em pequenas quantidades; a segunda é reagir com rapidez diante de uma demanda maior do que a esperada por camisetas de jogadores populares. Os FCs e a Reebok têm um nível mínimo de pedido predefinido de 1.728 unidades para a camiseta completa de qualquer jogador. Uma camiseta com demanda menor do que esta tem seu acabamento feito a partir de camisetas em branco em Indianápolis. Um time típico da NFL tem apenas uns poucos jogadores cujas camisetas têm uma demanda grande o bastante para a produção por um FC.

A Reebok também utiliza camisetas em branco fora da temporada para atender à demanda imediata por camisetas de jogadores que trocam de time inesperadamente. Monty, o gerente de produção, cita um exemplo recente: "Quando Warren Sapp assinou contrato com o Oakland Raiders em março de 2004, os varejistas esperavam que começássemos a despachar sua camiseta de imediato. Não e possível esperar três meses para obter camisetas de nossos fornecedores. Temos de começar a imprimir agora. É bom termos algumas camisetas em branco do Raiders em estoque".

O PLANEJAMENTO DE COMPRAS

O ciclo de compras da Reebok começa muito antes do ciclo de vendas, ou seja, em julho, 14 meses antes do começo da temporada da NFL. Por exemplo, o ciclo de compras para a estação que começou em setembro de 2004 começou em julho de 2003. A Reebok emite pedidos de compra para seus FCs duas vezes ao mês, de julho a outubro, com a entrega planejada para abril. Todas os pedidos efetuados neste período são via de regra para camisetas em branco, devido à incerteza que cerca a lista de times da próxima temporada. A Reebok espera que o FC produza as camisetas de imediato e que mantenha um estoque de camisetas em branco. Se a Reebok exigir as camisetas no mesmo ano, então é possível solicitar que o FC envie estas camisetas como entrega imediata.

Nos meses de janeiro e fevereiro, a Reebok emite pedidos definidos pela demanda conhecida, ou seja, os pedidos adiantados dos varejistas. A Reebok faz compras em março e abril com base em uma combinação de pedidos conhecidos e de previsões. A empresa continua emitindo pedidos em maio e junho para a posição de estoques em seu CD de Indianápolis em antecipação aos pedidos dos varejistas para a temporada que está começando. De março a junho a empresa enfrenta o período mais difícil do ano para o planejamento: os pedidos adiantados foram atendidos, mas a empresa precisa decidir acerca de seu estoque com base em sua previsão de demanda para a próxima temporada.

O PROBLEMA DO PLANEJAMENTO

Conforme observado anteriormente, a janela de tempo de março a junho é o período mais crítico no ciclo de compras. A Reebok já emitiu seus pedidos para atender aos pedidos pré-temporada dos varejistas e agora precisa emitir a maioria de seus pedidos com base em suas previsões para a estação que começa. Nesta seção, apresentamos um exemplo do problema do planejamento para as camisetas do New England Patriots para a temporada de 2003.[10]

A Reebok vende camisetas aos varejistas a um preço de atacado de $24,00 por peça. O preço no varejo é $50,00 maior do que o no atacado. Os custos da Reebok dependem do FC, e os custos médios de uma camiseta em branco e para uma camiseta acabada entregues em Indianápolis são de $9,50 e $10,90, respectivamente. O custo do acabamento de uma camiseta em branco em Indianápolis é de cerca de $2,40.

A Reebok tem diversas opções para camisetas que não consegue vender aos varejistas e que sobram ao final da temporada. Ela pode vendê-las a lojas de descontos, mas precisa tomar cuidado para proteger seus canais no varejo. A empresa também pode vender camisetas que restaram em seu CD, ou tentar vendê-las na próxima temporada. Há um expressivo risco nesta opção, sobretudo no caso das camisetas prontas, devido às assinaturas com agentes com plenos poderes, negócios e saídas de algum jogador do time em que jogava. Além disso, as equipes muitas vezes trocam o estilo ou a cor de seus uniformes. Em todos estes casos, a Reebok pode acabar entulhada de camisetas de futebol ultrapassadas e com pouquíssimo valor.

A prática da empresa é a de vender as camisetas remanescentes a um desconto, mas manter as camisetas em branco para a próxima temporada, no caso dos times que não pretendem fazer alterações em suas camisetas.

O preço médio que a Reebok consegue com uma loja de descontos para uma camiseta pronta é de $7,00. A empresa estima que seu custo anual de armazenagem esteja em 11% para camisetas em branco, o que reflete tanto o custo de capital para o estoque quanto os custos de estocagem e manuseio. Portanto, o custo de manutenção de qualquer camiseta em branco não vendida do Patriots até a próxima estação é de $1,045 por unidade. O New England Patriots alterou seus uniformes há alguns anos, e não há indício de que outras mudanças estejam a caminho no futuro próximo.

A previsão da demanda é um desafio. A Reebok desenvolve previsões com base em uma combinação de fatores: vendas passadas, desempenhos de times e de jogadores, informações sobre o mercado, pedidos antecipados, palpites calculados. Além disso, a previsão é continuamente revista à medida que o ciclo de vendas avança, e a empresa obtém mais informações sobre a temporada em andamento.

Em fevereiro de 2003, depois de um pedido inicial dos varejistas, havia informações suficientes para gerar uma previsão em nível de jogador e de time. A Tabela 5-4 fornece esta previsão para o New England Patriots.

Ao mesmo tempo, seis jogadores foram os mais populares em termos de vendas de camisetas. Além disso, estes seis jogadores tinham cada um uma demanda prevista que era suficiente para cobrir as exigências de produção mínima do FC. Ainda que a Reebok esperasse uma demanda por outros jogadores (por exemplo, Ted Johnson, n.

---

[10] Esses números de custos, receita ou volume não são reais. Todos os números foram alterados.

TABELA 5-4		
PREVISÕES DE DEMANDA		
Descrição	Média	Desvio-padrão
Total para o New England Patriots	87.680	19.211
Tom Brady, n. 12	30.763	13.843
TY Law, n. 24	10.569	4.756
Troy Brown, n. 80	8.159	3.671
Adam Vinitieri, n. 04	7.270	4.362
Tedy Bruschi, n. 54	5.526	3.316
Antowain Smith, n. 32	2.118	1.271
Outros jogadores	23.275	10.474

52), esta demanda foi ainda mais difícil de prever, e provavelmente não chegaria ao limite mínimo estipulado pelo FC. Assim, a Reebok desenvolveu uma previsão agregada de mais de 23 mil camisetas para todos os outros jogadores.

QUESTÕES PARA DISCUSSÃO DO ESTUDO DE CASO

1. Dada a incerteza associada à demanda por camisetas de jogadores, como a Reebok deve tratar do planejamento de estoque para as camisetas da NFL?
2. Qual deve ser o objetivo de vendas da Reebok? Ela deve minimizar os estoques ao final da temporada? Ou deve maximizar os lucros? Ela tem a capacidade de fazer as duas coisas? Qual é o nível de serviço que a Reebok deve oferecer a seus clientes?
3. Os modelos apresentados na Seção 2.2.2 são úteis neste caso? Qual é o custo de vender a camiseta acabada cedo? Qual é o custo de vendê-la tarde? Como a Reebok decide entre camisetas em branco e camisetas acabadas?
4. Utilizando a previsão feita para o New England Patriots, qual é a quantidade ótima de pedido para cada jogador? E para as camisetas em branco? Qual é o lucro esperado para a Reebok? Quanto e qual é o tipo de estoque que deve restar ao final da temporada? Qual é o nível de serviço?

CAPÍTULO 6

A Integração da Cadeia de Suprimentos

ESTUDO DE CASO

A Dell Inc.: a melhoria na flexibilidade da cadeia de suprimentos dos microcomputadores desktop

Era junho de 2005, um período aparentemente bom para a Dell Inc. Desde o fim da bolha *dot com* em 2001, o valor das ações da empresa havia praticamente dobrado. Tanto a receita quanto a renda líquida haviam atingido novos patamares. Apesar da confiança e do otimismo, a divisão de fabricação dos microcomputadores desktop da Dell achava que seus custos de fabricação continuavam a subir. Tom Wilson, um dos diretores da divisão, desabafou: "O recente aumento na fabricação Nível 5 é motivo de alarme aqui na Dell. Na perspectiva da empresa, este aumento acrescenta custos a nosso processo global de fabricação. Não somos capazes de tirar a vantagem que poderíamos tirar da estrutura de custos reduzidos de nossos fabricantes contratados. Em vez disso, precisamos depender mais de integradores de terceiro nível (3PIs). O problema não se limita ao fato de estarmos recebendo produtos de qualidade inferior porque hoje não exigimos que nossos 3PIs executem os testes de integração das unidades. Além deste problema, temos a dificuldade de enviar uma previsão a estes 3PIs da capacidade de produção que deverão ter a fim de atender à demanda da Dell".

A HISTÓRIA DA INDÚSTRIA DO MICROCOMPUTADOR

Na década de 1960, os chamados microcomputadores (PCs) – computadores que não eram *mainframe* – como o LINC e o PDP-8, foram disponibilizados no mercado. Eles eram caros (custavam cerca de $50.000) e grandes (muitos eram tão grandes quanto um refrigerador). Contudo, eles eram chamados de "computadores pessoais", pois eram pequenos e baratos o bastante para serem utilizados em laboratórios e projetos. Estes computadores também tinham seus próprios sistemas operacionais, assim os usuários podiam interagir com estas máquinas de forma direta.

Os primeiros microcomputadores chegaram ao mercado em meados da década de 1970. Em geral, os entusiastas da informática compravam estes equipamentos para aprender a programá-los, utilizando-os para executar aplicativos simples de uso em escritórios, ou mesmo para jogos. O aparecimento de um microprocessador de chip único levou à diminuição considerável dos preços destas máquinas e, pela primeira vez, abriu caminho para o desenvolvimento de um espectro mais amplo de compradores no público em geral. O primeiro desktop a ser vendido com suces-

Fonte: Este estudo de caso foi baseado na tese de mestrado de Johnson Wu, aluno do curso de Lideres para Produção (LFM) de 2006 do MIT, e co-escrita com os orientadores Prof. Charles Fine e Prof. David Simchi-Levi, e com o Diretor do Programa LFM, o Dr. Donald Rosenfeld. © 2006, Institute of Technology Massachusetts. Todos os direitos reservados.

so em grande escala foi o Apple II, lançado em 1977 pela Apple Computer.

Na década de 1980, os computadores ficaram mais baratos e ganharam maior popularidade entre os usuários domésticos e empresariais. Esta tendência foi motivada em parte pelo lançamento do PC da IBM, e seu software específico, que possibilitava o uso de uma planilha, um editor de texto, um aplicativo de gráficos e um aplicativo simples de banco de dados, tudo em uma máquina de relativo baixo custo. Em 1982, o microcomputador foi eleito Homem Do Ano pela revista *Time*. Os computadores *laptops* eram do tamanho de um caderno, literalmente, e também apareceram na década de 1980. O primeiro computador portátil foi o Osborne I, de 1981, que utilizava o sistema operacional CP/M. Ainda que grande e pesado para os padrões atuais, e com um pequeno monitor CRT, ele exerceu um impacto quase revolucionário no setor, já que os profissionais passaram a ser capazes de levar consigo seus computadores e seus dados. Porém, o Osborne não funcionava a baterias, ele tinha de ser ligado na rede elétrica.

Os computadores pessoais ficaram mais potentes e capazes de executar tarefas mais complexas na década de 1990. Nesta época, eles ficaram semelhantes a computadores multiusuário, ou *mainframes*. Durante aquela década, os desktops foram amplamente divulgados como sendo capazes de suportar aplicativos gráficos e de multimídia, e esta capacidade levou a um maior emprego do desktop por parte de estúdios de cinema, universidades e governos.

Ao final da década de 1980, os *laptops*, exatamente do tamanho de um caderno grande, popularizavam-se entre executivos. Em 2005, os PCs de alto desempenho concentravam-se mais na maior confiabilidade e maior capacidade multitarefa.

A HISTÓRIA DA DELL E O MODELO DE VENDA DIRETA DA EMPRESA

A Dell foi fundada por Richard Dell em seu quarto na casa do estudante da Universidade do Texas-Austin, em 1984, com base em um modelo simples de negócio: a remoção dos varejistas do canal de vendas e a venda direta aos clientes. Ao adotar este modelo para entregar sistemas customizados aos clientes a preços menores do que a média do mercado, a Dell em breve começaria a lograr sucesso no setor, unindo-se assim às cinco maiores fabricantes de computadores do mundo em 1993 e chegando ao primeiro lugar nesta classificação em 2001. Com três grandes unidades de fabricação nos EUA (Austin no Texas, Nashville no Tennessee, Wiston-Salem na Carolina do Norte), e instalações no Brasil, na China, na Malásia e an Irlanda, a receita da Dell nos quatro últimos trimestres totalizou $56 bilhões. Hoje, a Dell emprega 65.200 pessoas em todo o mundo.[1]

Além dos computadores pessoais, a empresa também oferece uma variedade de produtos eletrônicos que incluem estações de trabalho, servidores, memórias, monitores, impressoras, computadores de mão, televisores LCD, projetores, entre outros. Alguns destes produtos são fabricados pelas empresas parceiras da Dell, outros são fabricados por empresas diferentes mas vendidos com o logo Dell.

Ao longo da história da empresa, o modelo básico da Dell manteve-se intacto: vender diretamente ao cliente tornou-se uma estratégia-chave e um ponto forte da empresa. O modelo de venda direta elimina o varejista e começa e termina com o cliente. Este faz seu pedido online ou por ligação telefônica com um computador, de acordo com sua configuração preferida. A Dell então monta este computador e o envia diretamente ao cliente. A empresa é capaz de manter os custos de fabricação abaixo daqueles da concorrência, pois ela economiza não apenas no transporte direto ao cliente, como também produz sob encomenda e, por isso, o estoque de componentes é baixo. O modelo de venda direta também reduz o tempo entre o pedido e o recebimento do PC. Além disso, ele oferece um ponto único de responsabilidade, o que permite à empresa projetar seu serviço de atendimento ao cliente com mais facilidade de forma a oferecer os recursos necessários para atendê-lo.

A FABRICAÇÃO EM PARCERIA

Em 2005, a maioria dos fabricantes de PCs adotava contratos de parceria na fabricação de seus produtos de alta tecnologia. O fenômeno da fabricação em parceria começou na década de 1980. Com vistas a tirar vantagem dos custos com mão de obra, a

---

[1] Website da Dell, link *Company Facts*.

maioria dos fabricantes originais do equipamento (OEMs) iniciou transações comerciais com fabricantes contratados (FCs). Quando o modelo de fabricação em parceria foi implementado pela primeira vez, os FCs eram responsáveis pela produção de materiais ou de componentes não montados em regiões menos caras e pelo transporte destes para as linhas de montagem dos OEMs nos EUA ou na Europa. Ao final da década de 1990, contudo, cada vez mais fabricantes contratados passaram a executar alguma parte da fabricação/montagem para seus clientes. Isto impulsionou o crescimento da fabricação em parceria. De acordo com a Alameda, uma empresa de previsão baseada na Califórnia, em 1998 a indústria da fabricação em parceria valia $90 bilhões. Em 2001, este número havia quase dobrado, para $178 bilhões.[2] Os OEMs decidiram deixar os fabricantes contratados possuir e administrar parte do processo de fabricação pelas seguintes razões:[3]

1. A capacitação: o OEM não tem a capacidade de produzir este item ou de adquirir esta capacidade com facilidade, e precisa procurar um fornecedor.
2. A competitividade na fabricação: o fornecedor tem custos mais baixos, maior disponibilidade, e assim sucessivamente.
3. A tecnologia: a versão do item apresentada por este fornecedor é melhor.

Em 2005, quase todos os desktops da Dell vendidos nos EUA eram inicialmente produzidos por fabricantes contratados na China. Em uma típica transação envolvendo um contrato de parceria, o OEM apresenta um projeto de produto ao fabricante contratado. As duas partes negociam e entram em acordo sobre preço, propriedade de materiais, fornecedores *subtier* e, por vezes, até sobre o processo de fabricação. O fabricante contratado então atua como fábrica do OEM. A maioria dos fabricantes contratados para os desktops ou *laptops* tem fábricas na China ou em outras regiões da Ásia. Dependendo do grau de competência na fabricação e do custo, alguns fabricantes contratados produzem tudo, o que inclui todo o processo de fabricação e o transporte de produtos integralmente montados para o OEM. Portanto, em 2005 a maioria dos fabricantes de PCs dos EUA eram *fabless**, mas a Dell era uma das poucas empresas que mantinha unidades de fabricação nos EUA.

No caso da Dell, em função de seu clientes poderem customizar alguns dos componentes para seus PCs ao fazerem seus pedidos, a fabricação de um produto acabado e o transporte por via marítima a partir da unidade do fabricante contratado na China até os EUA seria proibitiva em termos de tempo. Em contrapartida, a montagem de um produto acabado e o seu transporte por via aérea seria muito cara, se o produto fosse um desktop muito pesado ou grande. Assim, para os desktops da Dell, os fabricantes contratados na China produzem e transportam por navio seus produtos semiacabados até as fábricas da Dell nos EUA. Uma vez que estes carregamentos chegam e os componentes preferidos por um cliente estão definidos, os parceiros de montagem da Dell efetuam o restante do processo de produto: a instalação dos componentes customizados (incluindo o processador, a memória, o disco rígido, a placa de som, etc.), a instalação dos softwares necessários, a execução dos testes finais do produto e a entrega do produto acabado e em plena capacidade de funcionamento ao cliente, dentro do cronograma.

OS PRINCIPAIS COMPONENTES DE UM DESKTOP

Os dois principais componentes de um desktop são a placa-mãe e o chassi. (A Figura 6-1 ilustra estes componentes.) Uma placa-mãe é o "sistema nervoso" de um computador: ela contém os circuitos para uso da CPU (Unidade Central de Processamento), do teclado, do monitor de vídeo e muitas vezes contém também os conectores para a inclusão de circuitos adicionais. O chassi é a base ou a estrutura que contém e protege os componentes vitais da ação da umidade e da po-

---

[2] Drew Wilson, "Contract Manufacturing Revs Up for 2000", *The Electronics Industry Yearbook/2000*, p.88.

[3] Charles H. Fien e Dan Whitney, "Is the Make-Buy Decision Process a Core Competence?" Dissertação apresentada no MIT CTPID, 1996.

* N. de T.: Empresa "sem fábrica". Termo empregado para definir a empresa que terceiriza a fabricação de placas *wafers* de silício, estratégia adotada por centenas de empresas de semicondutores, em alusão a *homeless*, ou sem-teto.

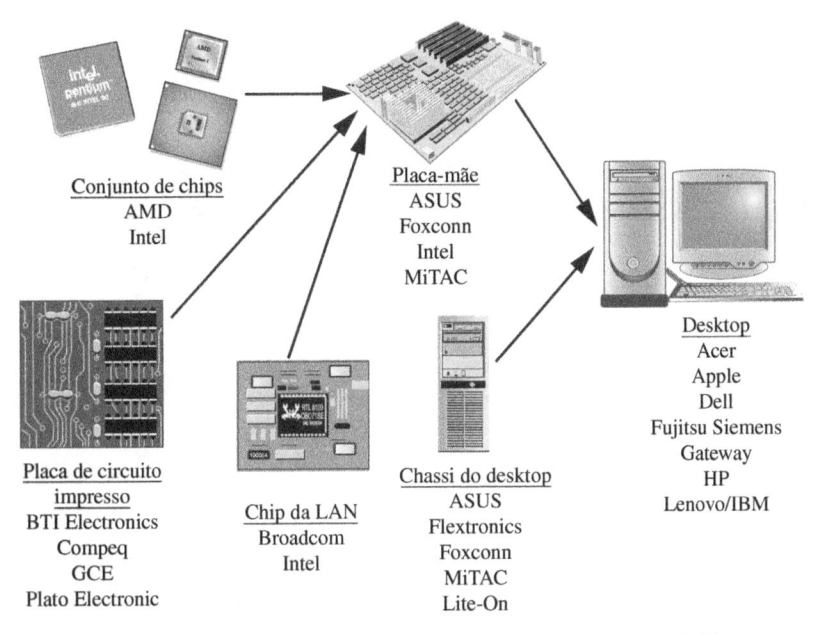

FIGURA 6-1 Principais elementos de um microcomputador desktop e principais fabricantes.

eira. As placas-mãe são comumente aparafusadas manualmente à base do gabinete do chassis, com as portas de entrada e de saída (E/S) expostas na lateral do chassi. O chassi também contém uma fonte de energia.

A placa-mãe contém três componentes principais: o conjunto de chips, a placa de circuito impresso e o chip para a rede de acesso local (LAN). A placa de circuito impresso é a base de uma placa-mãe. Ela consiste de condutores impressos fixos a uma folha de material isolante. Um conjunto de chips é um grupo de circuitos integrados que contém um *northbridge* e um *southbridge*. O *northbridge* se comunica com a CPU e com a memória, o *southbridge* se comunica com os dispositivos mais lentos, como o barramento da Conexão de Componentes Periféricos (PCI), o relógio de tempo real do computador, a unidade de energia, entre outros. O chip da LAN possibilita ao computador a comunicação com a Internet via tecnologia Ethernet ou Wi-Fi.

A FABRICAÇÃO NO NÍVEL 5 *VERSUS* A FABRICAÇÃO NO NÍVEL 6

Na fabricação de um PC, a montagem pode ser segmentada em 10 níveis. Quanto mais alto o nível, mais integrado ele é. As Figuras 6-2 e 6-3 mostram os 10 níveis de montagem de um PC desktop. Esta escala também pode ser aplicada na fabricação de servidores e de memórias.

O nível 5 (N5) inclui a montagem de um chassi de PC desktop, do *drive* do disquete e da ventoinha. Dependendo da configuração do chassi, ele pode também incluir a fonte em alguns casos. No nível 6 (N6), a placa-mãe é também instalada ao lado destes componentes.

Em outras palavras, quando um fornecedor efetua a fabricação em nível 6, ele instala a placa-mãe no chassi – uma atividade que não é efetuada no nível 5.

Quando um fabricante contratado na China produz um chassi de um desktop em nível 6, este chassi ainda não é uma unidade funcional e exige peças customizadas, como o processador, a memória, a unidade de disco rígido, a placa de som, entre outros. O fabricante contratado envia o chassi em nível 6 da China para os EUA e Irlanda, e então os parceiros da Dell instalam estas peças customizadas, e assim montam a unidade em nível 10. O produto em nível 10 está totalmente montado e é integralmente funcional, e pode ser enviado ao cliente. A Figura 6-4 mostra as semelhanças e diferenças entre as cadeias de valor de nível 5 e de nível 6.

Nível I	Nível II	Nível III	Nível IV	Nível V
Fabricação das peças Estampagem não impressa + Peças + Peças moldadas	Montagem das peças + estampagem impressa	Gabinete do computador	Gabinete do computador + SPS e/ou cabo-fita e/ou painel traseiro	PCE nível IV – FDD equipado com dissipador e/ou ventoinha

Montagem

Montagem dos cabos

Drive do disquete

Painel traseiro

e/ou ventoinha

Fonte de energia secundária

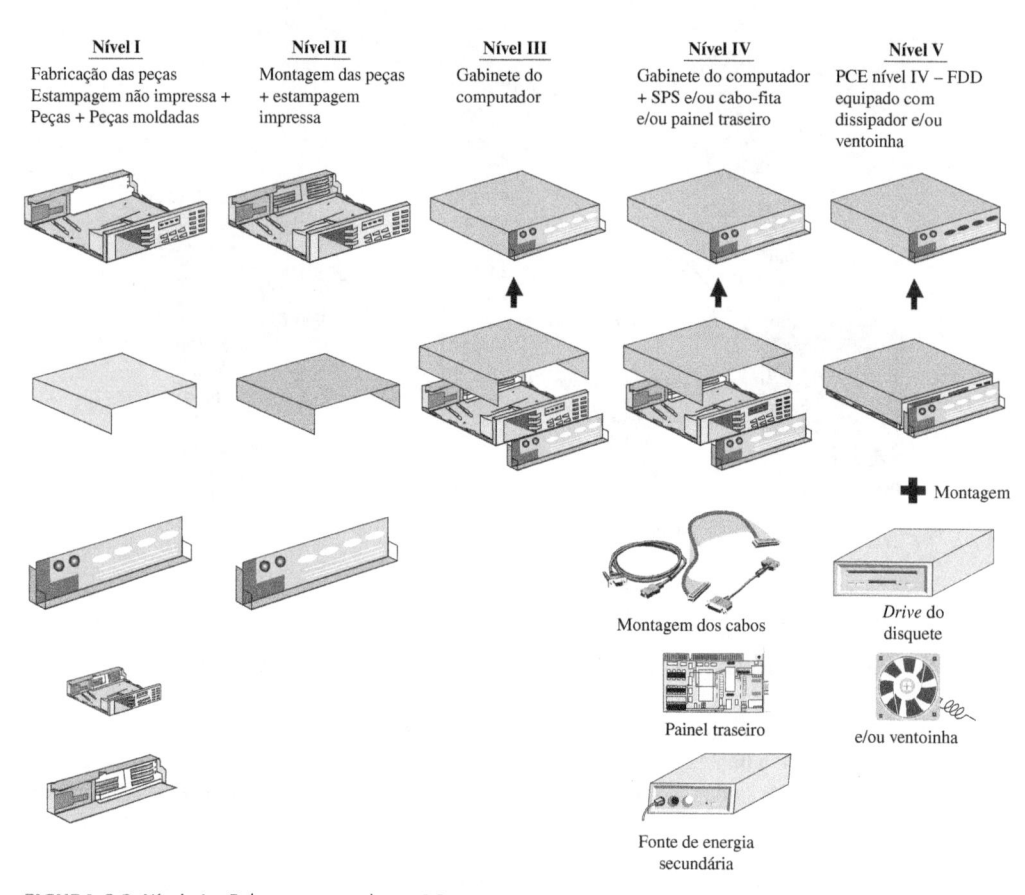

FIGURA 6-2 Níveis 1 a 5 da montagem de um PC.

Alguns dos produtos da Dell, como os computadores de mão e as impressoras, são fabricadas em nível 10 pelos fabricantes contratados. Isto significa que a Dell não investe recursos de fabricação ou de capacitação na montagem destes produtos. Ao contrário, os fabricantes contratados montam estes produtos, incluem o manual do usuário na embalagem e os enviam aos centros de distribuição da Dell. Estes produtos são então "incluídos" ao lado dos PCs montados pelos parceiros da Dell em um único carregamento, que reúne todos os itens pedidos. A Dell emprega esta estratégia de transporte para gerar uma experiência do cliente mais satisfatória.

AS PRINCIPAIS CAUSAS NO AUMENTO NA FABRICAÇÃO EM NÍVEL 5

O nível 5 tem custos globais mais altos de fabricação e logística em comparação ao nível 6. O aumento no custo de fabricação da Dell, causado pela utilização de fabricação em nível 5, pode ser visto na Figura 6-5. Além disto, como mostra a Figura 6-6, o nível de fabricação em nível 5 (em comparação ao nível 6) passou a subir de forma significativa em março de 2005. O percentual de nível 5 em junho (27%) foi mais de seis vezes o percentual de nível 5 em março (4%).

A maior parte das principais causas do aumento na fabricação em nível 5 tem relação com a incapacidade da Dell em fornecer placas-mãe aos fabricantes contratados dentro do prazo. Estas causas podem ser resumidas da seguinte maneira:

1. *Descumprimento de pedidos ou problemas de fornecimento com o fornecedor de conjuntos de chips.* Quando um fornecedor de conjuntos de chip não consegue entregar a quantidade contratada do produto, ele gera uma ruptura

CAPÍTULO 6: A INTEGRAÇÃO DA CADEIA DE SUPRIMENTOS **231**

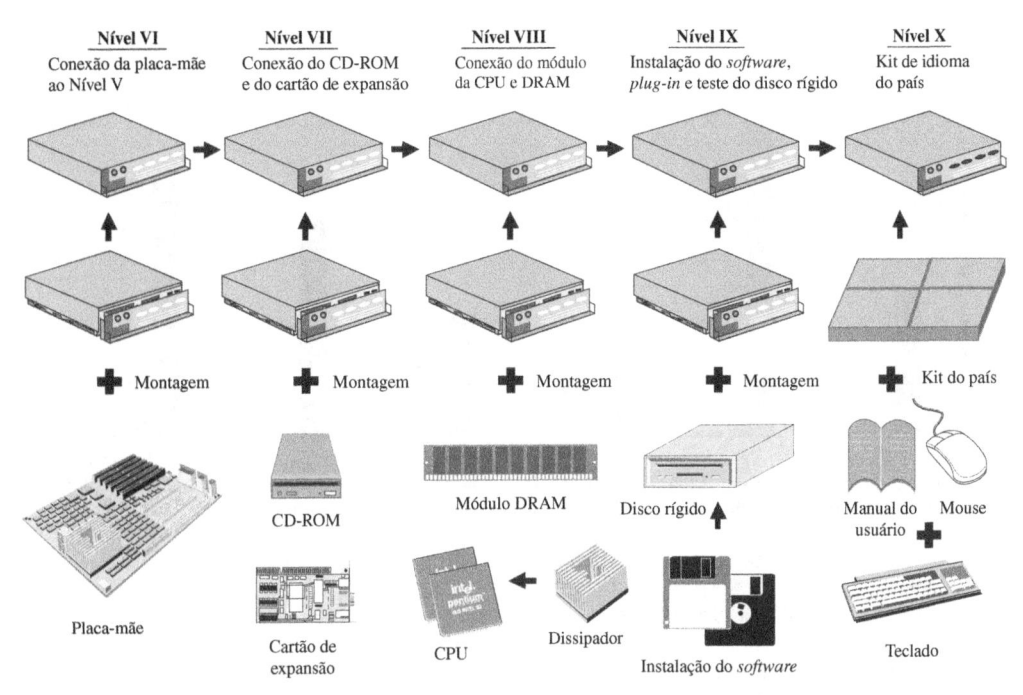

FIGURA 6-3 Níveis 6 a 10 da montagem de um PC.
Fonte: Foxconn Company.

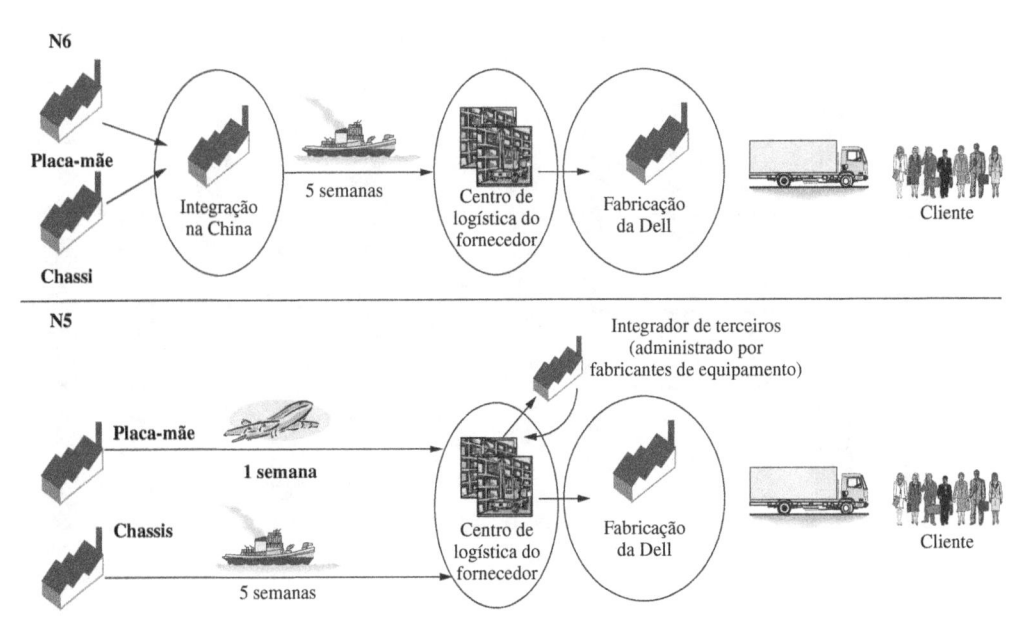

FIGURA 6-4 Comparação entre o valor no nível 5 e no nível 6.

232 CADEIA DE SUPRIMENTOS: PROJETO E GESTÃO

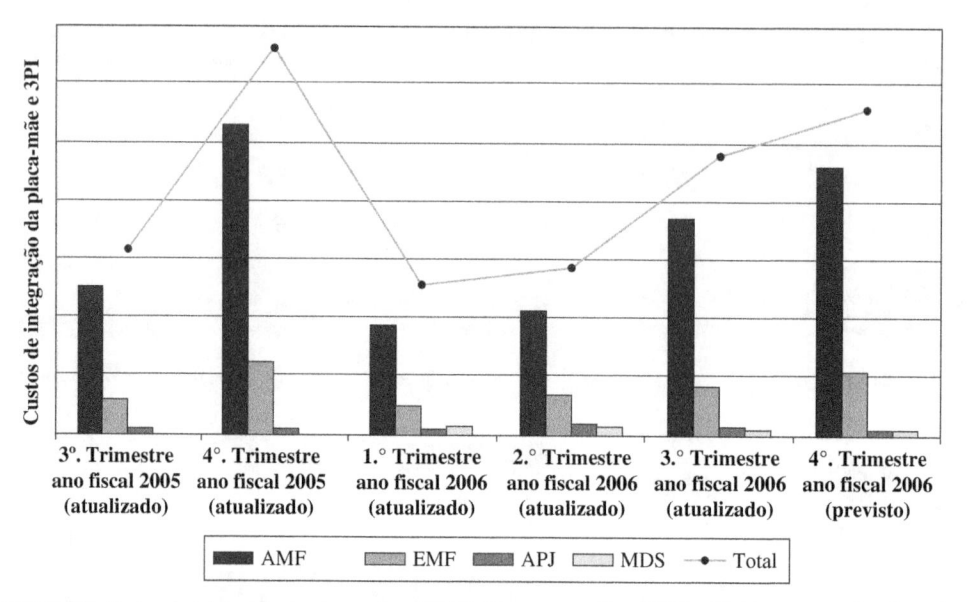

FIGURA 6-5 Custos de integração da placa-mãe e 3PI (3º. Trimestre ano fiscal 2005 - 4º. Trimestre ano fiscal 2006). *Nota.*: Os dados são do Departamento de *Procurement* Global da Dell (WWP). A AMF (Unidade Norte-americana de Fabricação) inclui o custo de integração. EMF (Unidade Europeia de Fabricação) e APJ (Ásia-pacífico Japão) não incluem este custo, pois a integração é feita na fábrica da Dell. O trimestre fiscal de 2005 da Dell vai de fevereiro a abril; o trimestre fiscal de 2006 vai de novembro de 2005 a janeiro de 2006.

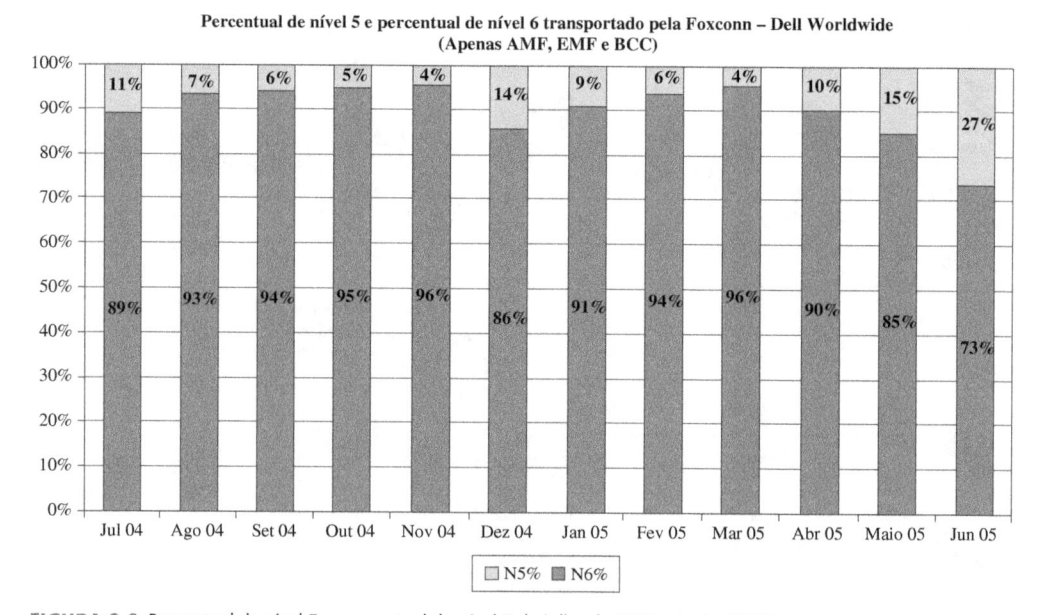

FIGURA 6-6 Percentual de nível 5 e percentual de nível 6 de julho de 2004 a junho 2005.

na cadeia de suprimentos do PC desktop. De acordo com os dados coletados no primeiro semestre de 2005, esta ruptura contabilizava mais de 65% da fabricação em nível 5, uma vez que as placas-mãe não estavam disponíveis para a fabricação em nível 6.
2. *Problemas de qualidade/engenharia.* Estes problemas levam à produção de placas-mãe defeituosas ou problemáticas que precisam ser consertadas ou substituídas por novas, o que por sua vez pode levar a uma demanda extra inesperada pelo componente, não prevista como parte do estoque requerido ao fornecedor da Dell.
3. *A precisão na previsão da Dell.* Quando a demanda real ultrapassa a prevista, a Dell precisa obter conjuntos extras de chips ou arriscar-se na possibilidade de não atender à demanda consumidora. Uma vez que o *lead time* para fabricação, montagem, teste e entrega de um conjunto de chips é de, em média, 13 semanas, este longo *lead time* dificulta a entrega de conjuntos adicionais de forma a atender ao cronograma de entregas da Dell.
4. *O lançamento de novos produtos (LNP).* Uma vez que a demanda real de um novo PC pode ser bastante volátil, a incerteza na previsão pode gerar uma necessidade por frete aéreo para as placas-mãe, o que via de regra não ocorre nos estágios maduros do produto que tem uma demanda estável e um nível 6 de fabricação constante. A volatilidade na demanda pode levar a um aumento na fabricação em nível 5 (montagem de placas-mãe e chassi nos EUA de forma a reduzir o tempo para comercializar um produto recém-lançado). Contudo, como a Figura 6-7 indica, a quantia que a Dell gasta na expedição de placas-mãe nestas condições é relativamente baixa – apenas 3,8%.

A Figura 6-7 mostra a divisão dos custos de transporte da placa-mãe em termos das causas principais na Dell AMF (Unidade de Fabricação Norte-americana).

A METODOLOGIA DE TRABALHO DA EQUIPE DELL DE MELHORIA DO PROCESSO DE NEGÓCIO: O FOCO NA GESTÃO DAS COMPLEXIDADES

De forma a resolver o problema do crescente aumento nos custos induzido por um maior nível de produção em nível 5, uma força-tarefa foi recrutada pela Dell. A equipe interdisciplinar de melhoria do processo de negócio (BPI – *Business Process Improvement*) consistiu de funcionários de vários departamentos da empresa: fabricação/operações, *procurement* global, *procurement* regional, planejadores *mestre* de produção, controle de produção, engenharia de qualidade no fornecedor, gestão de

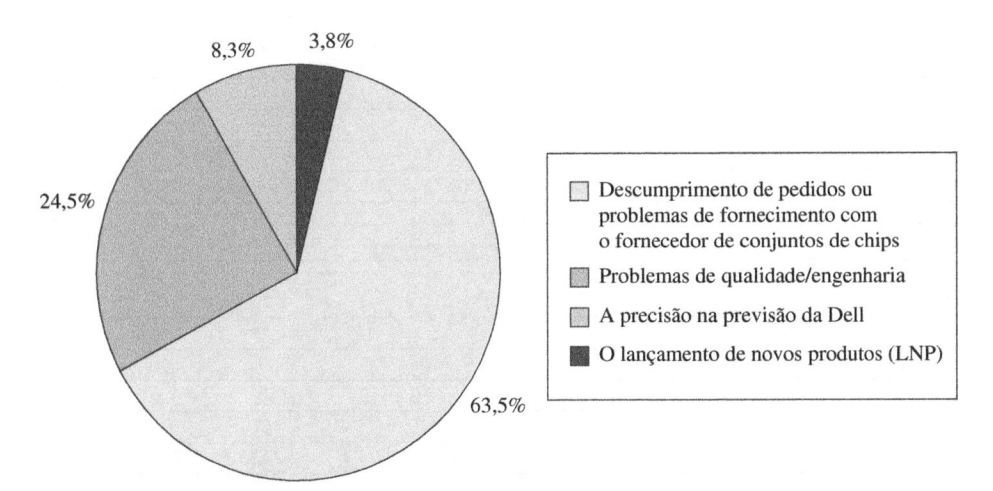

FIGURA 6-7 As despesas de expedição da Dell AMF para cada uma das principais causas no aumento de custos (janeiro a junho de 2005).
Fonte: Os dados são do Departamento de *Procurement* Global da Dell (WWP).

custos, controle de estoques e logística. A equipe, formada por membros das diferentes áreas da empresa afetadas pela escassez de conjuntos de chips, identificou seis opções de fabricação para a gestão do trabalho de montagem nos EUA:

1. Manter como está. A integração placa-mãe/chassi efetuada por um integrador de terceiro nível (3PI) administrada pelos fabricantes contratados.
2. A integração em células na Dell Operações América (DAO). Possibilita que as células de trabalho nas fabricas da Dell efetuem o trabalho de montagem de nível 5 ao nível 10.
3. Integração *off-line* do centro de logística do fornecedor (CLF). Manter o processo de fabricação nível 6 ao nível 10 vigente sem alteração. Administrar o trabalho de integração da placa-mãe/chassi em um CLF.
4. Integração *off-line* em um prédio arrendado pela Dell. Manter inalterado o processo de fabricação em nível 6 ao nível 10; administrar o trabalho de integração da placa-mãe/chassi em um prédio em separado, arrendado pela Dell.
5. 3PI administrado diretamente pela Dell.
6. O nível 6 das unidades de fabricação da Dell no México. Muitos fabricantes de computadores têm instalações em que produzem para seus outros clientes. A Dell tem a possibilidade real de negociar com outras empresas de computadores para dedicarem parte de sua capacidade de produção aos negócios da Dell.

A equipe de BPI definiu que faria levantamentos em diversos departamentos afetados para qualificar a complexidade e o custo de gestão de cada uma das seis opções de fabricação. As categorias dos levantamentos foram definidas pela equipe com base nos atributos dos processos de negócio que sofreriam impactos em função de alterações no método de fabricação. O levantamento foi enviado ao especialista lotado em cada um dos departamentos afetados. Estes especialistas estavam envolvidos nos processos diários e no planejamento e eram as melhores fontes de informações relativas ao impacto de cada opção em seus respectivos departamentos. A Tabela 6-1 ilustra o resultado do levantamento.

TABELA 6-1

COMPLEXIDADE E ANÁLISE DE CUSTOS DAS SEIS POSSÍVEIS OPÇÕES DE FABRICAÇÃO

	Opção 1	Opção 2 (original)	Opção 2 (revisada)	Opção 3A	Opção 3B	Opção 4	Opção 5
Procurement global	10	1	1	1	1	5	10
Procurement regional	8	5	5	5	5	5	10
Planejador mestre	5	5	5	5	5	5	5
Controle de produção	5	10	10	7	7	7	5
Operações	1	10	10	5	5	1	1
Qualidade	5	10	10	5	5	1	1
Engenharia de processos	1	10	10	5	5	1	1
Engenharia de qualidade no fornecedor (regional)	10	1	1	1	1	5	7
Engenharia de qualidade no fornecedor (global)	1	1	1	1	1	1	10
Gestão de custos	5	1	1	10	10	10	1
Controle de estoques	1	5	5	5	7	10	1
Logística	5	1	1	5	5	5	10
Total	57	60	60	55	57	56	62
Custo por caixa	$10,07	$7,00	$7,90	$7,54	$7,70	$7,61	$7,00

Nota: O "custo por caixa" foi modificado para preservar a confidencialidade dos dados da Dell.

Opção 1: 3PI administrado por empresas de computadores (original).
Opção 3A: Integração no centro de logística do fornecedor (SLC).
Opção 4: 3PI administrado pela Dell.
Opção 2: Integração nas células da Dell Operações América (DAO).
Opção 3B: Integração no prédio arrendado pela Dell.
Opção 5: Chassi integrado das fábricas de empresas de computadores no México.

Com base na complexidade de fabricação, a opção original (Opção 1) de fazer os fabricantes contratados administrar os 3PIs obteve uma nota média de complexidade. A Opção 3A recebeu a menor nota de complexidade, pois a maioria da Dell acreditava que fazer com que os próprios parceiros montassem as placas-mãe no chassi em nível 5 em um CLF exigiria apenas a compra de novos equipamentos para este CLF, assim o gasto com capital seria baixo e não teria grande impacto no processo de fabricação praticado pela Dell (observe que a complexidade da Opção 3A está apenas um ponto abaixo da Opção 4 – A gestão de 3PI na Dell). Do outro lado do espectro de complexidade está a Opção 5. Esta opção foi a mais complexa por exigir que o departamento birregional de *procurement* da empresa (em Austin, no Texas, e em Xangai, na China) coordenasse e reformasse por completo seus processos de negócio de gestão do chassi nível 6 no México. (No instante em que este estudo de caso estava sendo desenvolvido, todos os chassis nível 6 vinham apenas das fábricas chinesas dos fabricantes contratados.) A falta de uma estrutura robusta de transporte e de alfândega no México também contribuiu para uma nota mais alta de complexidade.

Com base no custo de fabricação, a opção original (Opção 1) da montagem da placa-mãe/chassi em um 3PI administrado por uma empresa de computadores tinha o menor custo de fabricação.

Este alto custo é motivado pelo processo de complexidade envolvido: há muitas mãos lidando com estoques de uma parte do processo para a próxima, como mostra o testemunho de um engenheiro de qualidade da Dell: "na nossa opção de fabricação em vigor, as placas-mãe transportadas por via aérea da China são as primeiras a serem estocadas na CLF e então transportadas ao local do 3PI para a integração ao chassi. Os chassis são então enviados de volta ao CLF antes de serem remetidas para as fábricas da Dell.

Existem muitos *stakeholders* que "retocam" o processo: fabricantes de computadores, gestão de CLF, pessoal de 3PI, equipe dos fabricantes que administra a produção em 3PI e os parceiros da Dell e engenheiros de processo. Há muitos caciques para poucos índios, tentando fazer a mesma coisa. Precisamos de um processo mais definido e direto. Isto não apenas facilitará a gestão do processo, como também melhorará os relacionamentos com os fabricantes e os 3PIs, uma vez que o processo atual gera muitas situações confusas e frustrantes e problemas de última hora relacionados à qualidade das placas-mãe".

Com todas estas informações em mãos, Tom Wilson e o restante da equipe de BPI tiveram de selecionar e implementar uma solução que traria vantagens para a Dell, tanto do ponto de vista de custos quanto da perspectiva de complexidade operacional. A equipe considerou as seguintes questões:

1. Por que o nível 5 tem custos maiores de fabricação e logística do que o nível 6? Quais são alguns dos custos enfrentados no nível 5 mas não no nível 6? Existem custos que se aplicam apenas ao nível 6 e não ao nível 5?
2. Entre as seis soluções de fabricação propostas, qual a Dell deve implementar, com base no resultado da pesquisa (Tabela 6-1)? Por quê? Quais são os prós e os contras desta recomendação?
3. Qual é a sustentabilidade da recomendação para a questão anterior se a escassez do conjunto de chips piorar?
4. Qual é a eficiência da metodologia adotada pela equipe de BPI para determinar a opção ótima de fabricação para a Dell? Existem abordagens mais eficientes?
5. Como é que a Dell pode tratar com eficiência as causas principais por trás do aumento da fabricação em nível 5?

Ao final deste capítulo você será capaz de responder as seguintes perguntas:

- O que é uma estratégia empurrada? O que é uma estratégia puxada? O que é uma estratégia puxada-empurrada? Como você caracterizaria a estratégia da cadeia de suprimentos da Dell?
- Em que situação a empresa deve adotar a estratégia empurrada? E a puxada? E a puxada-empurrada? Quais são os principais agentes atuantes na seleção da melhor estratégia?

- O que é necessário para implementar uma estratégia puxada-empurrada? Qual é o impacto associado? Qual é o custo associado?
- Qual é o impacto da Internet na estratégia da cadeia de suprimentos empregada pelos varejistas tradicionais e pelas lojas online? Especificamente, qual é o impacto da distribuição e das estratégias de atendimento de pedidos?

6.1 INTRODUÇÃO

No Capítulo 1, observamos que a gestão da cadeia de suprimentos gira em torno da *integração eficiente entre fornecedores, fabricantes, depósitos e varejo*. Portanto, o desafio para a integração da cadeia de suprimentos consiste em coordenar as atividades ao longo da cadeia de forma que a empresa possa melhorar seu desempenho com: a redução de custos, o aumento no nível de serviço, a minimização do efeito chicote, a melhor utilização de recursos e a reação eficaz diante de mudanças no mercado. Conforme muitas empresas já perceberam, estes desafios não são enfrentados apenas com a coordenação das decisões relativas à produção, ao transporte e aos estoques, mas, de modo mais geral, com a integração **do final** da cadeia de suprimentos, a demanda do cliente, **ao começo** da cadeia, a sua parcela relativa à produção e fabricação. O objetivo deste capítulo é ilustrar as oportunidades e os desafios associados à integração da cadeia de suprimentos, considerando:

- Várias estratégias da cadeia de suprimentos, incluindo as estratégias puxadas, empurradas, e um paradigma relativamente recente, a estratégia puxada-empurrada.
- Uma estrutura para a vinculação de produtos e setores industriais às estratégias da cadeia de suprimentos.
- As estratégias da cadeia de suprimentos motivadas pela demanda.
- O impacto da Internet na integração da cadeia de suprimentos.

Claro que a disponibilidade de informações desempenha um papel importante na integração da cadeia de suprimentos. Em alguns casos, a cadeia de suprimentos precisa ser projetada de forma a disponibilizar estas informações. Em outros, a estratégia da cadeia de suprimentos precisa ser pensada de forma a *tirar vantagem* das informações que já estão disponíveis. Além disso, são muitos os casos em que uma rede dispendiosa precisa ser projetada para compensar a falta de informações.

6.2 OS SISTEMAS EMPURRADOS, PUXADOS E EMPURRADOS-PUXADOS

As estratégias tradicionais da cadeia de suprimentos são muitas vezes classificadas como estratégias empurradas ou puxadas. É provável que estes termos tenham se originado na revolução na produção vista na década de 1980, em que os sistemas de produção foram divididos nestas categorias. É interessante observar que diversas empresas adotam uma abordagem híbrida, o paradigma da cadeia de suprimentos empurrada-puxada. Nesta seção explicamos cada uma destas estratégias.

6.2.1 A cadeia de suprimentos empurrada

Em uma *cadeia de suprimentos empurrada*, as decisões de produção e distribuição são tomadas com base em previsões de longo prazo. Via de regra, o fabricante baseia as previsões de demanda nos pedidos recebidos dos depósitos dos varejistas. Portanto, demora muito para uma cadeia de suprimentos empurrada reagir a uma mudança no mercado, o que pode levar à:

- Incapacidade de atender aos padrões de demanda cambiantes.
- Obsolescência do estoque na cadeia de suprimentos à medida que a demanda por certos produtos desaparece.

Além disso, conforme vimos no Capítulo 5, a variação nos pedidos recebidos dos varejistas e dos depósitos é maior do que a variação na demanda do cliente, devido ao efeito chicote. Este aumento na variação leva a:

- Estoques excessivamente altos devido à necessidade de maiores estoques de segurança (ver Capítulo 2)
- Lotes de produção maiores e mais variáveis
- Níveis de serviço inaceitáveis
- Obsolescência de produtos

De modo especial, o efeito chicote leva à ineficiência na utilização de recursos, uma vez que o planejamento e a gestão são muito mais difíceis. Por exemplo, não está claro como o fabricante pode determinar a capacidade de produção. Ela deve ser baseada no pico de demanda, o que implica que na maior parte do tempo o fabricante tem recursos caros em total estagnação, ou ela deve ser baseada na demanda média, o que requer capacidade extra – e mais cara – durante os períodos de pico de demanda? Da mesma forma, não está claro como deve ser planejada a capacidade de transporte: ela deve ser calculada sobre o pico de demanda ou sobre a demanda média? Assim, em uma cadeia de suprimentos puxada-empurrada, muitas vezes vimos custos de transporte elevados, altos níveis de estoque e/ou expressivos custos de produção, devido à necessidade de mudanças nas atividades de produção de caráter emergencial.

6.2.2 A cadeia de suprimentos puxada

Em uma *cadeia de suprimentos puxada*, a produção e a distribuição são motivadas pela demanda e por isso são coordenadas pela real demanda do cliente, não pela demanda prevista [17]. Em um sistema apenas puxado, a empresa não mantém estoques e apenas responde a pedidos *específicos*. Isto é possível pelo mecanismos de fluxo de informação muito rápidos, que transferem informações sobre a demanda do cliente (por exemplo, dados dos pontos de venda) aos diversos participantes da cadeia de suprimentos. A atratividade dos sistemas puxados se dá por eles levarem a:

- Uma diminuição nos *lead times* atingida por conta da capacidade de prever com mais eficiência os pedidos que chegam dos varejistas.
- Uma redução nos níveis de estoque nos varejistas, uma vez que os níveis de estoque nestas unidades aumentam com os níveis de estoque (ver Capítulo 2).
- Uma diminuição na variação no sistema e, sobretudo, na variação enfrentada pelos fabricantes (ver a discussão na Seção 5.2.3) devido à redução nos *lead times*.
- A diminuição nos estoques no fabricante devido à redução na variação.

EXEMPLO 6-1

Um grande fabricante de vestuário recentemente alterou sua estratégia da cadeia de suprimentos, adotando um sistema puxado. Os varejistas emitem pedidos cerca de uma vez ao mês, mas transferem dados de pontos de venda com maior frequência, diária ou semanalmente, por exemplo. Estes dados permitem ao fabricante adaptar as quantidades de produção de forma contínua, de acordo com a real demanda do cliente.

Assim, em uma cadeia puxada, geralmente vemos uma redução no nível de estoque no sistema, uma melhor capacidade de administrar recursos e uma redução nos custos do sistema, em comparação com um sistema equivalente que adota a estratégia empurrada.

Por outro lado, os sistemas puxados são comumente difíceis de implementar quando os *lead times* são longos demais para tornar praticável uma reação diante de informações sobre a demanda. Além disso, nos sistemas puxados, muitas vezes é mais difícil tirar vantagem das economias de escala na fabricação e no transporte, uma vez que estes sistemas não são planejados com antecipação. Estas vantagens e desvantagens das cadeias puxadas ou empurradas levaram muitas empresas a buscar uma alternativa que tire proveito de ambas. Muitas vezes, esta estratégia é chamada de **empurrada-puxada**.

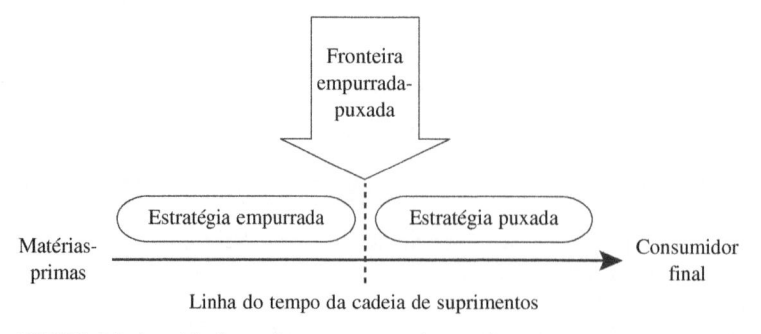

6.2.3 A cadeia de suprimentos empurrada-puxada

Em uma estratégia *empurrada-puxada*, alguns estágios da cadeia de suprimentos, normalmente os estágios iniciais, são operados de forma empurrada, ao passo que os restantes são administrados de forma puxada. A interface entre os estágios empurrados e puxados é conhecida como **fronteira empurrada-puxada**.

Para melhor entender esta estratégia, consideremos a **linha de tempo da cadeia de suprimentos** definida como o tempo que transcorre entre o *procurement* das matérias-primas, isto é, o começo da linha do tempo, e a entrega de um pedido ao cliente, isto é, o final da linha do tempo. A fronteira empurrada-puxada está localizada em algum ponto na linha do tempo, e indica o ponto em que a empresa substitui a gestão da cadeia de suprimentos por outra estratégia, muitas vezes uma estratégia empurrada, para administrá-la por meio de uma estratégia diferente, normalmente uma estratégia puxada. Esta troca está ilustrada na Figura 6-8.

Consideremos um fabricante de microcomputadores que produz para estoque e assim tem toda sua produção e distribuição baseadas em previsões. Este é o típico sistema empurrado. Em contrapartida, uma estratégia empurrada-puxada é aquela que o fabricante produz sob encomenda. Isto significa que o estoque de componentes é administrado com base em previsões, mas a montagem final ocorre em resposta a uma dada demanda de cliente. Assim, a parcela empurrada da cadeia de suprimentos do fabricante é a porção anterior à montagem, ao passo que a parcela puxada da cadeia começa com a montagem e é efetuada com base na demanda real do cliente. A fronteira empurrada-puxada está no começo da montagem.

Observe que, neste caso, o fabricante tira vantagem do fato de que *as previsões agregadas são mais precisas* (ver Capítulo 2). Na verdade, a demanda por um componente é uma agregação da demanda por todos os produtos acabados que utilizam este componente. Uma

FIGURA 6-8 A cadeia de suprimentos empurrada-puxada.

vez que as previsões agregadas são mais precisas, a incerteza na demanda de um componente é muito menor do que a incerteza na demanda dos produtos acabados, e isto leva a uma redução nos estoques de segurança. A Dell Computers vem adotando esta estratégia com muita eficiência, e é um excelente exemplo do impacto que a estratégia puxada-empurrada tem no desempenho da cadeia de suprimentos.

A postergação, ou o atraso diferenciado no projeto do produto (ver Capítulo 11), também é um excelente exemplo de uma estratégia empurrada-puxada. Na postergação, a empresa projeta o produto e o processo de fabricação de forma que as decisões sobre um dado produto sendo fabricado são proteladas o quanto for necessário. O processo de fabricação começa com a produção de um produto genérico ou de uma família de produtos, que se transforma em um produto final específico quando a demanda é revelada. A parcela da cadeia de suprimentos que antecede a diferenciação do produto é via de regra posta em operação por meio de uma estratégia empurrada. Em outras palavras, o produto genérico é montado e transportado com base em uma previsão de longo prazo (agregada). Uma vez que a demanda pelo produto genérico é uma agregação da demanda por todos os seus produtos finais correspondentes, as previsões são mais precisas e assim os níveis de estoque são reduzidos. Em contrapartida, a demanda do cliente por um produto final específico normalmente tem um alto nível de incerteza e, portanto, a diferenciação ocorre apenas em resposta à demanda individual. Assim, a parcela da cadeia de suprimentos que começa com a diferenciação é puxada.

6.2.4 A identificação da melhor estratégia para a cadeia de suprimentos

Qual é a melhor estratégia para a cadeia de suprimentos de um dado produto? A empresa deve adotar uma estratégia empurrada, puxada ou empurrada-puxada? A Figura 6-9 ilustra uma estrutura de relação das estratégias para a cadeia de suprimentos com produtos e setores industriais. O eixo vertical dá informações sobre a incerteza na demanda do cliente, ao passo que o eixo horizontal representa a importância das economias de escala, tanto na produção quanto na distribuição.

Mantendo todas as outras variáveis constantes, uma maior incerteza na demanda leva a uma preferência por uma gestão da cadeia de suprimentos com base na demanda realizada: uma estratégia empurrada. Em contrapartida, uma menor incerteza na demanda desperta o interesse na administração da cadeia de suprimentos com base em uma previsão de longo prazo: uma estratégia empurrada.

Da mesma forma, mantendo as outras condições inalteradas, quanto maior a importância das economias de escala na redução de custos, maior o valor na agregação da demanda e, assim, maior também a importância de administrar a cadeia de suprimentos com base em uma previsão de longo prazo, isto é, com uma estratégia empurrada. Se as economias de escala não são importantes, então a agregação não reduz custos e a estratégia puxada faz mais sentido.

A Figura 6-9 divide a região coberta por estas duas dimensões em quatro zonas. A Zona I representa as indústrias (ou, mais precisamente, os produtos) caracterizados por grande incerteza e por situações em que as economias de escala não são importantes na produção, montagem ou distribuição, como a indústria dos computadores. A estrutura sugere que uma estratégia puxada é a mais apropriada para estes setores industriais e seus produtos. Esta é a estratégia adotada pela Dell.

A Zona III representa os produtos caracterizados por baixa incerteza na demanda e grandes economias de escala. Os produtos da indústria de alimentos, como cervejas, massas e sopas pertencem a esta categoria.

240 CADEIA DE SUPRIMENTOS: PROJETO E GESTÃO

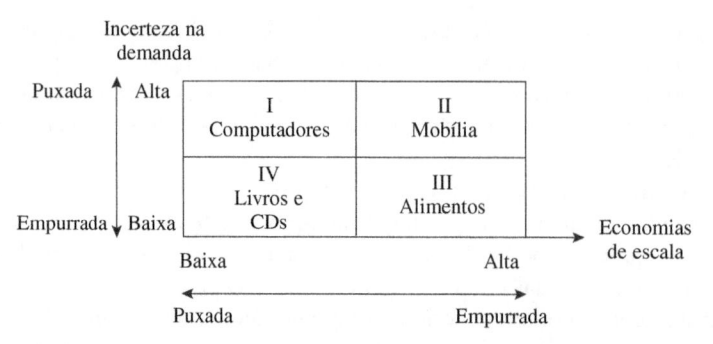

```
              Incerteza na
               demanda
   Puxada  ↑  Alta  ┌─────────────┬─────────────┐
                    │     I       │     II      │
                    │ Computadores│   Mobília   │
                    ├─────────────┼─────────────┤
                    │    IV       │    III      │
                    │  Livros e   │  Alimentos  │
   Empurrada ↓ Baixa│    CDs      │             │
                    └─────────────┴─────────────┘  →  Economias
                                                      de escala
                       Baixa          Alta
                    ←─────────────────────────→
                       Puxada      Empurrada
```

FIGURA 6-9 A relação entre estratégias para a cadeia de suprimentos e produtos: o impacto da incerteza na demanda e das economias de escala.

A demanda por estes produtos é bastante estável, ao passo que a redução nos custos de transporte ao expedir carregamentos de carga cheia é essencial para o controle de custos da cadeia de suprimentos. Neste caso, uma estratégia puxada não é indicada. Na verdade, a melhor estratégia para este caso é a estratégia tradicional, empurrada, vista no varejo, pois a gestão de estoques com base em previsões de longo prazo não aumenta os custos de armazenagem, ao mesmo tempo em que os custos de entrega são minimizados com a alavancagem das economias de escala.

As Zonas I e III representam situações em que é relativamente fácil identificar uma estratégia eficiente para a cadeia de suprimentos. Nos dois outros casos, há um desequilíbrio entre as estratégias sugeridas pelos dois atributos, a incerteza e a importância das economias de escala. Na verdade, nestas zonas, a incerteza "empurra" a cadeia de suprimentos para uma estratégia, ao passo que as economias de escala "puxam" a cadeia de suprimentos em direção oposta.

Por exemplo, a Zona IV representa os produtos caracterizados por baixa incerteza na demanda, o que indica uma estratégia empurrada, e baixas economias de escala, o que sugere uma estratégia puxada. Muitos livros e CDs, de grande volume de vendas e de comercialização rápida, caem nesta categoria. Neste caso, uma análise mais detalhada se faz necessária, uma vez que tanto as estratégias empurradas tradicionais no varejo quanto as estratégias empurradas-puxadas mais inovadoras podem não ser apropriadas, dependendo dos custos e incertezas específicos. Discutimos estas escolhas na Seção 6.4.

Por fim, a Zona II representa os produtos e indústrias para os quais a incerteza na demanda é alta, enquanto as economias de escala são importantes para a redução dos custos de produção e/ou entrega. A indústria moveleira é um excelente exemplo desta situação. Na verdade, um típico varejista de mobiliário oferece um grande número de produtos semelhantes distinguidos por forma, cor, tecido, e assim sucessivamente, e com isso a incerteza na demanda é muito alta. Infelizmente, estes são produtos de grande porte e, portanto, os custos de entrega são também elevados.

Assim, neste caso, há uma necessidade por distinguir entre as estratégias de produção e de distribuição. A estratégia de produção precisa obedecer a um padrão puxado, uma vez que é impossível tomar decisões de produção com base em previsões de longo prazo. Por outro lado, a estratégia de produção precisa tirar vantagem das economias de escala de forma a reduzir os custos de transporte. Esta é a estratégia adotada por muitos varejistas que não mantêm estoque de mobília. Quando um cliente emite um pedido, este é enviado para o fabricante, que emite um pedido de tecido e fabrica o produto, sob encomenda. Uma vez que o produto está pronto, ele é despachado, normalmente por meio de transportadoras de carga cheia, ao lado de muitos outros produtos para a loja do varejista e de lá para o cliente. Com isto em mente, o fabricante via de regra tem um cronograma fixo de entrega e este é empregado para agregar todos os produtos entregues em lojas na mesma região, o que reduz os custos de transporte devido às economias de escala. Assim, a estratégia para a cadeia de suprimentos adotada pelos fabricantes de mobília é, de certa forma, uma **estratégia puxada-empurrada**, em que a produção ocorre com base na demanda realizada, a estratégia puxada, ao passo que a entrega obedece a uma cronograma fixo, ou a uma estratégia empurrada.

A indústria automobilística é outro exemplo das condições da Zona II. Uma montadora típica oferece um grande número de produtos semelhantes distinguidos em termos de funcionalidade, de potência do motor, forma, cor, número de portas, rodas esportivas, e assim por diante. Consequentemente, a incerteza na demanda por uma dada configuração é muito alta. Os custos de entrega são muito altos, igualmente. Na maior parte dos casos, este setor emprega uma estratégia empurrada, ao construir estoque para os sistemas de distribuição das concessionárias. Assim, a indústria automobilística não adota o modelo apresentado na Figura 6-9, na atualidade.

No entanto, recentemente a GM anunciou uma visão radical para a reestruturação da maneira como a empresa vinha projetando, construindo e vendendo seus produtos [221]. O objetivo é permitir que os clientes customizem e peçam seus automóveis online, e que estes sejam entregues *na porta do cliente*, em menos de 10 dias. A GM está se movimentando exatamente na mesma direção prevista em nosso modelo, ou seja, para uma estratégia de produção sob encomenda.

Infelizmente, os *lead times* na indústria automobilística hoje são muito longos: de 50 a 60 dias, na média. Para concretizar esta mudança, a GM tem de redefinir o projeto de toda sua cadeia de suprimentos, incluindo a maneira com que faz parcerias com fornecedores e como ela distribui seus produtos. A redução nos *lead times* para 10 dias ou menos pode também exigir uma expressiva redução no número de opções e configurações oferecidas aos clientes.

6.2.5 A implementação de uma estratégia empurrada-puxada

A estrutura desenvolvida na seção anterior tenta padronizar a estratégia a níveis adequados de parcela empurrada e puxada. Por exemplo, uma parcela puxada grande é indicada para produtos que pertencem à Zona I da Figura 6-9. Claro que atingir o projeto ideal para um sistema puxado depende de diversos fatores, como a complexidade do produto, *lead times* de fabricação e o relacionamento fornecedor/fabricante. Da mesma forma, há muitas maneiras de implementar uma estratégia empurrada-puxada, dependendo da localização da fronteira empurrada-puxada. Por exemplo, a Dell posiciona esta fronteira no ponto de montagem, ao passo que a indústria de mobília a coloca no ponto de produção.

EXEMPLO 6-2

Consideremos a indústria automobilística, conhecida por seus longos *lead times*. Antes do último esforço da GM para adotar uma estratégia de produção sob encomenda, houve outras tentativas de implementar uma estratégia empurrada-puxada. Em 1994, a empresa anunciou a abertura de um centro regional de distribuição em Orlando, na Flórida, em que uma estoque de cerca de 1.500 Cadillacs seria mantido. As concessionárias poderiam emitir pedidos por carros que não tinham em seus pátios para o centro de distribuição, e estes seriam entregues em 24 horas. Assim, a GM estava tentando adotar uma estratégia empurrada-puxada em que o estoque em seu centro regional de distribuição seria administrado com base em previsões de longo prazo, enquanto a entrega às concessionárias seria baseada na demanda realizada. Isto significa que a fronteira empurrada-puxada estava localizada no centro de distribuição do fabricante.

> **EXEMPLO 6-2** *continuação*
>
> Conforme será discutido no Capítulo 12, dois grandes problemas contribuíram para a falha nesta estratégia. O primeiro deu-se porque o depósito regional transferiu os custos de estoque das concessionárias para a empresa, uma vez que permitiu que estas reduzissem os níveis de estoque. O segundo equívoco ocorreu porque o centro de distribuição deixava em pé de igualdade as grandes e as pequenas concessionárias. Se todas as concessionárias têm acesso ao depósito regional, então não há diferença entre elas. Assim, fica difícil entender o porquê de as grandes concessionárias terem tanto interesse em participar desta nova configuração.

A discussão apresentada até agora sugere que a estratégia empurrada seja aplicada àquela porção da cadeia de suprimentos em que a incerteza na demanda é relativamente pequena e, portanto, a gestão desta parte da cadeia com base em previsões de longo prazo é adequada. Por outro lado, a estratégia empurrada se aplica à parte da cadeia em que a incerteza é alta e, por isto, é importante administrá-la com base na demanda realizada. Esta distinção entre as duas parcelas da cadeia de suprimentos tem um impacto importante nos objetivos da estratégia, bem como nas habilidades organizacionais exigidas para administrar a cadeia com eficácia.

Uma vez que a incerteza na parcela empurrada da cadeia de suprimentos é relativamente pequena, o nível de serviço não é problema, e assim o foco pode cair sobre a **otimização de custos**. Além disso, esta parcela da cadeia de suprimentos é caracterizada não apenas por incerteza na demanda e economias de escala baixas na produção e/ou transporte, como também por *lead times* longos e estruturas complexas para a cadeia de suprimentos, incluindo a montagem de produtos em vários níveis. Assim, a minimização de custos é atingida com o uso mais racional de recursos, como as capacidades de produção e de distribuição, ao mesmo tempo em que os custos relativos aos estoques, ao transporte e à produção são minimizados.

Por outro lado, a parcela puxada da cadeia de suprimentos tem como atributos a alta incerteza, a estrutura simples da cadeia e um tempo de ciclo curto. Por isso, o foco aqui está no nível de serviço. Mais especificamente, o alto nível de serviço é atingido por meio da preparação de uma cadeia de suprimentos **flexível** e **responsiva**, isto é, uma cadeia facilmente adaptável às alterações na demanda do cliente.

Isto significa que diferentes processos precisam ser empregados em diferentes partes da cadeia. Uma vez que o foco da parcela puxada da cadeia está no nível de serviço, normalmente adota-se o processo de **atendimento de pedidos**. Da mesma forma, com o foco da parcela empurrada da cadeia sobre os custos e a utilização de recursos, os processos de **planejamento** são empregados aqui para desenvolver uma estratégia eficaz para as semanas ou meses que se seguem. No Capítulo 3 apresentamos uma discussão detalhada do planejamento da cadeia de suprimentos. A Tabela 6-2 resume as características das parcelas empurrada e puxada da cadeia de suprimentos.

EXEMPLO 6-3

Consideremos um fornecedor de trajes de esqui como a Sport Obermeyer [73]. A cada ano, a empresa lança muitos modelos ou produtos novos, para os quais a demanda é muito incerta. Uma das estratégias adotadas pela Obermeyer que teve muito sucesso envolveu a distinção entre modelos de alto e de baixo risco associados. Os produtos de baixo risco, isto é, aqueles para os quais a incerteza e o preço são baixos, são produzidos com antecedência com a utilização de previsões de longo prazo e com o foco na minimização de custos, ou seja, com uma estratégia empurrada. Mas as decisões sobre as quantidades de produção para os produtos de alto risco são postergadas até haver um claro sinal do mercado sobre a demanda do cliente para cada

> **EXEMPLO 6-3** *continuação*
>
> modelo, isto é, a estratégia é puxada. Uma vez que os *lead times* para tecidos são longos, o fabricante normalmente pede os tecidos para os modelos de alto risco com bastante antecedência, antes mesmo de receber as informações sobre a demanda do mercado, com base apenas em previsões de longo prazo.
>
> Neste caso, o fabricante tira vantagem do mesmo princípio adotado pela Dell: as previsões agregadas são mais precisas. Dado que a demanda por tecidos é uma agregação da demanda por todos os produtos que utilizam aquele tecido, a incerteza na demanda é baixa e o estoque deste tecido é administrado por meio de uma estratégia empurrada. Assim, a Sport Obermeyer utiliza uma estratégia empurrada-puxada para os produtos de alto risco, e uma estratégia empurrada para produtos de baixo risco.

Observe que as parcelas empurrada e puxada da cadeia de suprimentos interagem apenas na fronteira empurrada-puxada. Este é o ponto da linha do tempo da cadeia em que existe a necessidade de coordenar as duas estratégias, tipicamente por meio de **um estoque pulmão**. Contudo, este estoque desempenha um papel diferente em cada parcela da cadeia. Na parcela empurrada, o estoque pulmão na fronteira é parte de uma produção gerada pelo processo de planejamento tático, enquanto na parcela puxada ele representa a entrada de material para o processo de atendimento do pedido.

Assim, a interface entre a parcela empurrada e a parcela puxada da cadeia de suprimentos é a demanda prevista. Esta previsão, que é baseada em dados históricos obtidos da parcela puxada, é empregada para direcionar o processo de planejamento da cadeia de suprimentos e determina o estoque pulmão.

6.3 O IMPACTO DO *LEAD TIME*

A discussão anterior pede um exame detalhado no impacto do *lead time* na estratégia da cadeia de suprimentos. Em termos gerais, quanto maior o *lead time*, maior a importância da implementação de uma estratégia empurrada. Na verdade, muitas vezes é difícil implementar uma estratégia empurrada quando os *lead times* são longos o bastante para dificultar uma reação às informações sobre a demanda.

A Figura 6-10 apresenta o impacto do *lead time* e da incerteza na demanda sobre a estratégia da cadeia de suprimentos.

A Zona A representa os produtos com *lead times* curtos e alta incerteza na demanda, o que indica a adoção de uma estratégia puxada, dentro do possível, em toda a cadeia. Mais uma vez, a indústria de computadores é um bom exemplo deste tipo de produto e da aplicação de uma estratégia puxada na maior parte da cadeia. A Zona B representa itens com *lead times* de fornecimento longos e baixa incerteza na demanda. Como exemplo, mencionamos muitos itens da indústria de alimentos. Novamente, neste caso, a melhor cadeia é a empurrada.

TABELA 6-2

AS CARACTERÍSTICAS DAS PARCELAS EMPURRADAS E PUXADAS DA CADEIA DE SUPRIMENTOS

Parcela	Empurrada	Puxada
Objetivo	Minimizar custos	Maximizar o nível de serviço
Complexidade	Alta	Baixa
Foco	Alocação de recursos	Capacidade de reação
Lead time	Longo	Curto
Processos	Planejamento da cadeia de suprimentos	Atendimento do pedido

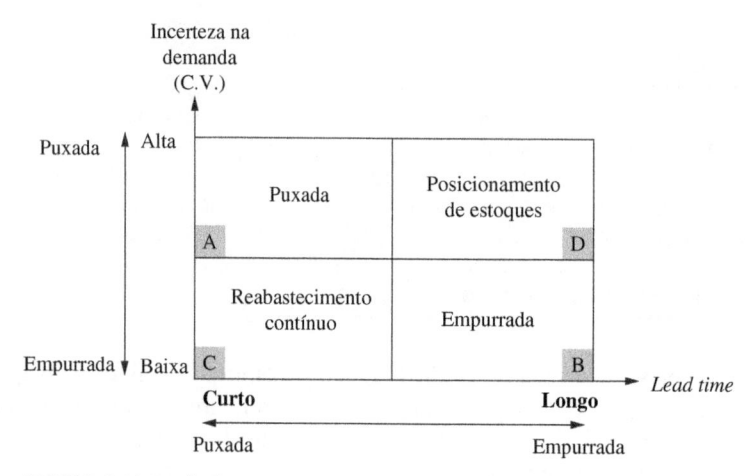

FIGURA 6-10 A relação entre estratégias para a cadeia de suprimentos e produtos: o impacto do *lead time* e da incerteza na demanda.

A situação traz um desafio maior no caso dos produtos com as características das Zonas C e D. Por exemplo, a Zona C inclui os produtos com *lead times* de fornecimento curtos e uma demanda altamente previsível. Como exemplo, mencionamos os produtos da indústria de alimentos com ciclo de vida curto, como o pão ou os laticínios. É interessante observar como a indústria varejista tira vantagem do *lead time* curto e da baixa incerteza na demanda destes produtos. Nestas situações, os varejistas e os supermercados utilizam uma estratégia chamada de *reabastecimento contínuo*. Nesta, os fornecedores recebem dados dos pontos de venda e os utilizam para preparar carregamentos a intervalos predefinidos de forma a manter os níveis especificados de estoque (ver o Capítulo 8 para uma discussão detalhada). Assim, uma vez que a demanda do cliente orienta as decisões de produção e de distribuição nesta cadeia de suprimentos, esta estratégia é puxada nos estágios de produção e distribuição, e empurrada nas lojas do varejo.

Por fim, as cadeias de suprimentos mais difíceis de administrar são aquelas associadas à Zona D, em que os *lead times* são longos e a demanda é imprevisível. O estoque é fator crítico neste tipo de configuração, mas isto requer a posição estratégica do estoque na cadeia (ver Capítulo 3, Seção 3.3). Estágios diferentes da cadeia de suprimentos são administrados de maneiras distintas, dependendo das economias de escala, entre outros fatores. Estes estágios que mantêm estoques são administrados com estratégia empurrada, ao passo que os outros estágios são gerenciados com uma estratégia puxada. Conforme veremos no exemplo a seguir, por vezes toda a cadeia de suprimentos é administrada com a adoção de um sistema empurrado.

EXEMPLO 6-4

Um grande fabricante de componentes metálicos tem uma unidade de fabricação na China, um centro de distribuição no mesmo país e muitos depósitos regionais e nacionais que atendem a diferentes mercados. Seus clientes incluem montadoras de automóveis como a GM, a Ford, a Toyota, entre outras. O compromisso que o fabricante assume com o fabricante original do equipamento é o de que qualquer pedido será liberado do depósito mais próximo em menos de oito dias. As principais características da cadeia de suprimentos são:

- O mesmo componente é usado em diferentes produtos.

CAPÍTULO 6: A INTEGRAÇÃO DA CADEIA DE SUPRIMENTOS

EXEMPLO 6-4 *continuação*

- Os *lead times* para as matérias-primas e para os produtos acabados (do centro de distribuição da China para os depósitos regionais e nacionais) são bastante longos.

Recentemente, a empresa percebeu que sua cadeia de suprimentos não é eficaz, com um excesso de estoque e ao mesmo tempo um baixo nível de serviço. Um exame cuidadoso da estratégia da cadeia de suprimentos existente na empresa sugere que, em função do apertado tempo de resposta para com os consumidores finais, a maior parte do estoque era mantida em locais próximos a eles, em centros de distribuição regionais ou nacionais. Assim, o estoque é administrado por meio de otimização local: cada unidade faz estoque com pouca preocupação em relação ao impacto desta decisão sobre o desempenho da cadeia de suprimentos. O resultado final desta estratégia é uma cadeia de suprimentos com baixo giro de estoques, de cerca de 3,5.

Para vencer estes desafios, o fabricante decidiu alterar a maneira como ele posicionava o estoque em sua cadeia de suprimentos (mais especificamente, a empresa aplicou técnicas semelhantes àquelas descritas na Seção 3.3). A Figura 6-11 mostra tanto o ponto de partida quanto a cadeia de suprimentos, após a mudança. o Cada gráfico pizza representa o estoque em diferentes locais, em que o marrom e o preto estão associados ao estoque de ciclo e ao estoque de segurança, respectivamente. Como podemos ver, a maior parte do estoque de segurança na cadeia de suprimentos otimizada está posicionado como matéria-prima na unidade e nos centros de distribuição regionais. Nos dois casos, a razão é o compartilhamento do risco (ver Capítulo 2). Na verdade, o estoque de matéria-prima tira vantagem dos conceitos de compartilhamento do risco ao agregar a demanda entre todos os produtos acabados que utilizam o mesmo componente. Os centros de distribuição regionais tiram proveito do conceito de compartilhamento do risco ao agregar a demanda ente muitos centros nacionais. O impacto final em posicionar o estoque corretamente nesta cadeia de suprimentos foi visto como uma significativa redução no estoque e em um aumento para 4,6 no giro de estoque.

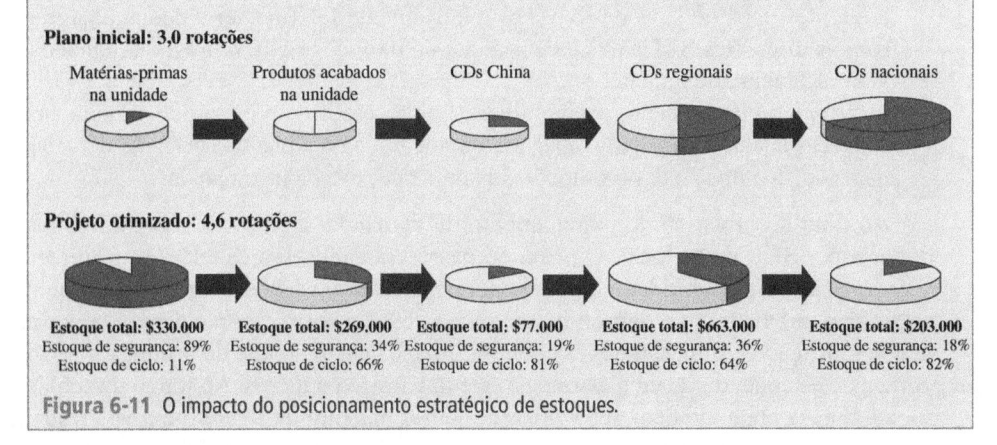

Plano inicial: 3,0 rotações

Matérias-primas na unidade → Produtos acabados na unidade → CDs China → CDs regionais → CDs nacionais

Projeto otimizado: 4,6 rotações

Estoque total: $330.000	Estoque total: $269.000	Estoque total: $77.000	Estoque total: $663.000	Estoque total: $203.000
Estoque de segurança: 89%	Estoque de segurança: 34%	Estoque de segurança: 19%	Estoque de segurança: 36%	Estoque de segurança: 18%
Estoque de ciclo: 11%	Estoque de ciclo: 66%	Estoque de ciclo: 81%	Estoque de ciclo: 64%	Estoque de ciclo: 82%

Figura 6-11 O impacto do posicionamento estratégico de estoques.

6.4 AS ESTRATÉGIAS ORIENTADAS PELA DEMANDA

A estrutura que desenvolvemos neste capítulo requer a integração das informações da demanda no processo da cadeia de suprimentos. Estas informações são geradas com a aplicação de dois processos:

- **A previsão da demanda:** um processo em que os dados históricos da demanda são empregados para a elaboração de estimativas da demanda esperada, isto é, as previsões (ver Capítulo 2 para detalhes).
- **A modelagem da demanda:** um processo em que a empresa determina o impacto de diversos planos de marketing, como promoções, descontos, devolução de valores, apresentação de novos produtos e remoção de um produto das previsões de demanda.

Nos dois casos, está claro que a previsão não é totalmente precisa e, portanto, um dos resultados importantes dos processos de previsão e de modelagem da demanda é a estimativa da **precisão** da demanda, o chamado **erro de demanda**, medido de acordo com seu **desvio-padrão**. Esta informação dá uma ideia da probabilidade de que a demanda seja maior (ou menor) do que o previsto.

Um erro grande na previsão de demanda tem um impacto negativo no desempenho da cadeia de suprimentos, o que acarreta perda de vendas, estoque obsoleto e a utilização ineficiente de recursos. A empresa poderá adotar estas estratégias para aumentar a precisão da demanda e assim minimizar o erro de previsão? Foram identificadas as seguintes abordagens:

- Selecione a fronteira empurrada-puxada de forma que a demanda é agregada ao longo de uma ou mais das seguintes dimensões:
  – A demanda é agregada entre produtos.
  – A demanda é agregada entre pontos geográficos.
  – A demanda é agregada ao longo do tempo.
  O objetivo é claro. Uma vez que as previsões agregadas são mais precisas, o resultado é uma maior confiabilidade nas previsões.
- Utilize a análise de mercado e as tendências demográficas e econômicas para melhorar a precisão da previsão (ver Capítulo 2 para detalhes).
- Defina o sortimento de produtos mais adequado por loja, para assim reduzir o número de SKUs competindo em um mesmo mercado. Na verdade, já estamos familiarizados com um grande varejista que costuma manter em cada uma de suas lojas mais de 30 diferentes tipos de latas de lixo. Foi relativamente fácil prever a demanda agregada para as diferentes SKUs na categoria lata de lixo, e foi difícil prever a demanda por uma SKU individualmente.
- Incorpore o planejamento colaborativo e os processos de previsão no relacionamento com seus clientes, para assim chegar a um melhor entendimento acerca da demanda do mercado, do impacto das promoções, da precificação e da propaganda.

Ao final do processo de planejamento da demanda, a empresa tem uma demanda prevista por SKU e por local. O próximo passo é a análise da cadeia de suprimentos e a verificação da possibilidade de ela suportar estas previsões. Este processo, chamado **equilíbrio entre oferta e demanda**, envolve a relação entre oferta e demanda por meio da identificação de uma estratégia que minimize os custos totais de produção, de transporte e de estoque, ou de uma estratégia que maximize os lucros. Ao longo deste percurso, a empresa pode também determinar a melhor maneira de lidar com a volatilidade e com os riscos presentes na cadeia de suprimentos. Este processo tático de planejamento foi descrito no Capítulo 3.

Claro que o planejamento da demanda e o planejamento tático tem impactos recíprocos. Assim, um processo interativo precisa ser adotado para identificar:

- A melhor maneira de alocar os orçamentos de marketing e os recursos associados de oferta e distribuição.
- O impacto dos desvios da demanda prevista.
- O impacto das mudanças nos *lead times* da cadeia de suprimentos.
- O impacto das atividades promocionais sobre a demanda e as estratégias da cadeia de suprimentos.

A importância do processo iterativo é demonstrada no exemplo a seguir.

EXEMPLO 6-5

Um clássico exemplo dos perigos de não incluir a análise da cadeia de suprimentos nos planos de mercado é a história da promoção de inverno da sopa Campbell. Em um infeliz inverno, o departamento de marketing decidiu fazer uma promoção da sopa de galinha com macarrão. Claro que há um pico sazonal na demanda por sopa no inverno. Por si só, este pico sazonal requer o planejamento e a estocagem de grandes quantidades de carne de frango e de outros ingredientes durante a primavera e o outono, para atender à demanda. Além disso, devido à promoção, a produção teve de ser iniciada mais cedo, com o emprego de capacidade de hora extra para atender à demanda. Infelizmente, o custo do excesso de produção e as exigências relativas aos estoques excederam grandemente a receita oriunda da promoção [47].

6.5 O IMPACTO DA INTERNET NAS ESTRATÉGIAS DA CADEIA DE SUPRIMENTOS

A influência da Internet e do *e-commerce* na economia em geral, e na prática dos negócios especificamente, é gigantesca. As mudanças estão ocorrendo rapidamente. Por exemplo, o modelo de venda direta adotado por gigantes da indústria, como a Dell e a Amazon.com, permitem aos clientes pedir produtos na Internet e assim possibilitam que as empresas vendam seus artigos sem depender do sistema de distribuição de terceiros. Da mesma forma, muitas empresas vêm relatando que o *business-to-business* e o *e-commerce* são convenientes e promovem a redução de custos.

Ao mesmo tempo, a Internet e os novos modelos de *e-commerce* que vêm sendo desenvolvidos geram expectativas de que muitos dos problemas nas cadeias de suprimentos serão solucionados com a simples adoção desta nova tecnologia e destes recentes modelos de negócio. Esperava-se que as estratégias de *e-commerce* chegassem para reduzir custos, aumentar o nível de serviço, elevar a flexibilidade e, naturalmente, os lucros, ainda que apenas no futuro. Na verdade, estas expectativas muitas vezes não se concretizaram, visto que uma boa parte das novas *e-business* não tiveram êxito em suas atividades. Em muitos casos, a falência de algumas das empresas da Internet mais lucrativas foi atribuída a suas estratégias de logística. Vários exemplos desta situação são dados a seguir.

EXEMPLO 6-6

A indústria moveleira parecia pronta para a modernização e o *e-business* quando os executivos da living.com adquiriram a Shaw Furniture Gallery, a décima maior loja de móveis da Carolina do Norte, em março de 1999. A aquisição teve o propósito de garantir o acesso da living.com a fabricantes de móveis top de linha. Após um investimento de $70 milhões em capital e um *spot* como link de mobília exclusivo na Amazon.com, a living.com declarou a falência em 29 de agosto de 2000. As razões para o fracasso incluíram o investimento em um sistema de informação que não funcionou corretamente e a contratação de uma transportadora sem experiência com a entrega de móveis. Tudo isto levou a uma taxa de devolução absurda de 30%.

EXEMPLO 6-7

A Furniture.com, que iniciou suas operações em janeiro de 1999, oferecia milhares de produtos de diversos fabricantes de móveis, mas apenas alguns poucos nomes de marcas. A empresa teve $22 milhões em vendas nos primeiros nove meses de 2000, e um milhão de visitantes por mês em seu website. Sua falência em novembro de 2000 deveu-se a detalhes de logística e, sobretudo, a processos ineficientes de entrega. No início, a Furniture.com utilizava os serviços de transportadoras para levar seus produtos de um depósito central até os clientes. Uma vez que os custos de transporte eram muito altos, a empresa firmou uma aliança com distribuidores regionais. Infelizmente, estes relacionamentos foram muito difíceis de conservar e deixaram sem solução muitos problemas, incluindo consertos e devoluções.

EXEMPLO 6-8

Fundada em 1989, a Peapod está baseada em Skokie, Illinois, e é considerada uma das principais fornecedoras de alimentos nos EUA. Sendo uma empresa com grande experiência online no setor, ela atende a mais de 130 mil clientes. Em 1999, a Peapod teve vendas de $73 milhões e um prejuízo de $29 milhões. Os crescentes prejuízos da empresa e sua incapacidade de garantir financiamentos adicionais resultaram na venda da maior parte de seu estoque de ações em abril de 2000. O comprador foi a Royal Ahold, uma multinacional do setor de alimentos. Com isso, a Peapod conseguiu evitar a sina da Shoplink.com, da Streamline.com e da Priceline's WebHouse Club, empresas que abandonaram o negócio de venda online de alimentos, na mesma época. Em geral, estes fracassos são atribuídos aos altos custos de entrega.

Algumas empresas, naturalmente, têm sucesso ao desenvolverem novos modelos de negócio que lhes permitem aumentar seus lucros de forma significativa e capturar uma boa fatia do mercado. Estas empresas utilizam a Internet como veículo da mudança no negócio.

EXEMPLO 6-9

O que iniciou em 1995 como a maior loja de livros do planeta, está hoje se tornando a maior loja do planeta. O site principal da Amazon.com oferece milhões de livros, CDs, DVDs, vídeos, brinquedos, ferramentas e equipamentos eletrônicos. Além disso, a Amazon.com organiza leilões de itens que variam de arte a imóveis, e fornece agendas, cadernos de endereços e cartões online. A empresa também tem negócios na venda de produtos para *pet shops*, medicamentos com receita médica, carros, alimentos e muito mais. Na verdade, a Amazon.com se tornou um modelo para as empresas com atuação na Internet ao dar mais importância à fatia de mercado do que aos lucros, e ao fazer aquisições com o apoio de sua meteórica capitalização de mercado. Em 1996, a empresa teve $16 milhões em vendas e um prejuízo de $6 milhões; em 1999, as vendas foram de $1,6 bilhão e o prejuízo foi de $720 milhões; em 2000, os valores foram $2,75 bilhões e $1,4 bilhão, respectivamente. Em 2005, viu-se uma transformação notável: as vendas foram de $8,49 bilhões e o prejuízo foi de $359 milhões.

A despeito do declínio em suas atividades comerciais e de uma perda de $2,25 bilhões em excesso de estoque em 2001, a Cisco é um bom exemplo de empresa que utiliza a Internet de forma inovadora.

EXEMPLO 6-10

De acordo com Peter Solvik, CIO da Cisco, "O modelo de negócio baseado na Internet foi providencial, ao provar que foi capaz de quadruplicar de tamanho entre 1994 e 1998 (de $1,3 bilhão para mais de $8 bilhões), com a contratação de aproximadamente mil novos funcionários a cada trimestre, ao mesmo tempo em que aumenta sua produtividade e acumula $560 milhões ao ano em gastos com negócio". Mais de 80% das transações comerciais da Cisco são efetuadas na Internet, e esta é apenas uma pequena parcela do total. A Cisco adquire empresas que detêm tecnologia de ponta e as integra com rapidez a seus sistemas. Ela também vende soluções de rede, não apenas componentes, a seus clientes. Isto exige coordenação de hardware, software e componentes de serviço em inúmeras operações de venda. A capacidade de fornecer estes serviços e de integrar vem do sistema de empresa única da Cisco. Este sistema é a espinha dorsal de todas as atividades da empresa, conectando clientes e funcionários e também os fabricantes de chips, os distribuidores de componentes, os fabricantes contratados, as empresas de logística e os integradores de sistemas. Estes atores conseguem trabalhar como se formassem uma única empresa, porque todos dependem das mesmas fontes de dados de um mesmo website. Todos os fornecedores da Cisco veem a mesma demanda e não dependem apenas de suas próprias previsões baseadas

> **EXEMPLO 6-10** *continuação*
>
> nas informações que fluem de diversos pontos na cadeia. Além disso, a Cisco construiu um sistema dinâmico de reabastecimento para ajudar a reduzir o estoque no fornecedor. Na média, as rotações da Cisco em 1999 foram 10, o que é muito bom, em comparação com a média da concorrência, que foi 4. As rotações de estoque para *commodities* são ainda mais impressionantes e chegam a ser de 25 a 35 ao ano.

Os exemplos dados levantam uma questão importante: por que, em alguns casos, estes novos modelos de negócio fracassam, e em outros, eles têm um sucesso impressionante? Se a Amazon, a Dell e a Cisco são capazes de utilizar a Internet para desenvolver modelos eficazes de negócio, o que impede outras empresas de fazer o mesmo?

Para responder a esta pergunta, é necessário entendermos melhor as estratégias para a cadeia de suprimentos para a Internet.

6.5.1 O que é o *e-business*?

Para entender melhor o impacto da Internet nas cadeias de suprimentos, começamos com a definição de *e-business* e *e-commerce*.

> **E-business** é uma coleção de modelos de negócio e processos baseados na tecnologia da Internet e com foco na melhoria do desempenho geral de uma empresa.
>
> **E-commerce** é a capacidade de efetuar grandes transações comerciais no meio eletrônico.

Estas definições levam a diversas observações. Em primeiro lugar, o *e-commerce* é apenas uma parte do *e-business*. Em segundo, a tecnologia da Internet é a força por trás da mudança no negócio. Por fim, o foco no *e-business* está na empresa estendida, isto é, nas transações intraorganizacionais, no *business-to-consumer* (B2C) e no *business-to-business* (B2B). B2C se refere a negócios que são "diretos ao consumidor", sobretudo as atividades varejistas na Internet, incluindo produtos, seguros, operações bancárias, entre outras. B2B se refere aos negócios conduzidos na Internet, mas predominantemente entre empresas. Estes incluem tanto o *sourcing* eletrônico (o chamado *e-sourcing*) e o leilão reverso, além das colaborações com fornecedores e representantes para atingir os objetivos em comum.

Muitas empresas reconhecem que a Internet pode exercer expressivo impacto no desempenho da cadeia de suprimentos. Na verdade, estas empresas vêm observando que a rede mundial tem o potencial de ajudá-los a se redirecionar, a abandonar as estratégias empurradas tradicionais adotadas em muitas cadeias de suprimentos. Inicialmente, este movimento deu-se na direção de uma estratégia puxada, mas muitas empresas acabaram adotando uma cadeia de suprimentos empurrada-puxada.

6.5.2 A indústria dos alimentos

Consideremos a indústria dos alimentos. Um supermercado típico adota uma estratégia empurrada-puxada em que os estoques nos depósitos e nas lojas são baseados em previsões. Quando a Peapod foi fundada, 17 anos atrás, a ideia era estabelecer uma estratégia exclusivamente puxada, sem estoque e sem instalações. Quando um cliente pedia seus alimentos, a Peapod pegava os produtos em um supermercado nas imediações. Esta estratégia apresentou expressivos problemas de serviço, uma vez que as taxas de esvaziamento de estoque eram altas (cerca de 8 a 10%). Em 1999, a Peapod mudou seu modelo de negócio e adotou uma estratégia empurrada-puxada, ao abrir diversos depósitos. Hoje, as taxas de esvaziamento de estoque estão abaixo de 2%. Neste caso, observe que a parcela empurrada é a parte da cadeia de suprimentos da Peapod anterior ao atendimento da demanda do cliente, e que a parcela puxada começa com o pedido do cliente. Além disso, já que os depósitos da Peapod atendem a uma grande área geográfica, sem dúvida muito maior do que aquela atendida por um supermercado, a demanda é agregada ao longo de muitos clientes e locais, o que resulta em melhores previsões e, portanto, na redução de estoque.

Claro que, no caso da indústria de alimentos online, há outros desafios, que incluem a redução nos custos de transporte e a reação rápida, isto é, dentro de 12 horas, normalmente, em uma janela apertada de entrega. Infelizmente, nenhum supermercado online tem a densidade de clientes que lhe permite controlar os custos de transporte e com isso competir com sucesso com os supermercados tradicionais. Esta é a razão por trás do fracasso de muitos supermercados online. De fato, a estrutura discutida na seção anterior sugere que esta indústria se caracteriza por uma baixa incerteza na demanda de muitos produtos e por altas economias de escala nos custos de transporte, o que significa que a estratégia empurrada-puxada é a mais apropriada.

6.5.3 A indústria editorial

A indústria editorial é outro bom exemplo da evolução das estratégias da cadeia de suprimentos empurradas para puxadas, e depois para empurradas-puxadas. Até recentemente, a Barnes and Noble tinha uma cadeia de suprimentos empurrada típica. Quando a Amazon. com foi fundada, há cerca de 10 anos, sua cadeia de suprimentos era um sistema exclusivamente puxado, sem depósitos nem estoques. Na verdade, naquela época, o Ingram Book Group é que atendia à maior parte da demanda da Amazon.

A Ingram Book é capaz de agregar muitos clientes e fornecedores e tirar vantagens das economias de escala. Assim, o modelo empurrado adotado pela Amazon.com foi uma estratégia apropriada no momento em que a empresa estava construindo o nome da marca. À medida que a demanda crescia, dois problemas ficaram evidentes. O primeiro era que o nível de serviço da Amazon.com era afetado pela capacidade de distribuição da Ingram Book, compartilhada com muitas livrarias. Nos períodos de demanda de final de ano, a Amazon.com não conseguia atingir os objetivos de nível de serviço. O segundo problema era que o trabalho ao lado da Ingram Book nos primeiros anos permitiu à Amazon.com evitar os custos com estoque, o que também reduziu as margens de lucro de forma expressiva. Com o aumento da demanda, ficou claro que a Ingram Book não conferia vantagens em muitas categorias de livros, pois a capacidade da Amazon.com de agregar diferentes áreas geográficas permitiu que a empresa reduzisse as incertezas e os custos com estoque sozinha, sem um distribuidor.

Quando a Amazon.com se deparou com estes problemas, a empresa mudou sua filosofia, e hoje ela tem diversos depósitos em todo o país, nos quais a maioria dos títulos são estocados. Assim, o estoque nos depósitos é administrado com uma estratégia empurrada, enquanto a demanda é atendida com base em pedidos individuais, ou seja, com uma estratégia puxada. Na verdade, a estratégia da Amazon é um pouco mais sofisticada. Livros de baixo volume de vendas e os de venda lenta, além dos CDs, não são estocados nos centros de distribuição da Amazon. A empresa pede estes produtos quando a demanda entra. Assim, a Amazon faz uma distinção entre livros de venda rápida e em grandes volumes, e aqueles de venda lenta e em baixos volumes. Neste último caso, a empresa está utilizando uma estratégia puxada, enquanto no primeiro a estratégia é empurrada-puxada (por quê?).

6.5.4 A indústria varejista

A indústria do varejo em geral demorou para reagir à competição imposta pelas lojas virtuais e para reconhecer as oportunidades oferecidas pela Internet. Contudo, recentemente a paisagem mudou. Muitas empresas chamadas "físicas" estão acrescentando a Internet como opção. Entre estas estão alguns gigantes do *click and mortar** como a Wal-Mart, a Kmart, a Target, e Barnes and Noble, entre outras. Estas empresas já têm uma infraestrutura de distribuição e depósitos de prontidão. Assim, elas estabeleceram lojas virtuais, atendidas por suas estruturas de depósitos e distribuição.

Como resultado da entrada no comércio online, as *click and mortar* alteraram sua abordagem aos estoques. Produtos de grande volume e venda rápida, cuja demanda pode ser vinculada com precisão à oferta com base em previsões de longo prazo, são estocados nas lojas. Em contrapartida, os produtos de baixo volume e de venda lenta são armazenados em depósitos centrais para a venda online. Os produtos de baixo volume têm maior incerteza na demanda e, por isso, requerem um nível maior de estoque de segurança. A armazenagem centralizada reduz as incertezas, ao agregar a demanda entre diferentes locais geográficos e assim reduz os níveis de estoque. Isto significa que estes varejistas utilizam uma estratégia empurrada para produtos de grande volume e de venda rápida, e uma estratégia empurrada-puxada para produtos de baixo volume e de venda lenta.

Evidente que a mudança da condição de empresa física para *brick and mortar* não é fácil e pode exigir habilidades que estas últimas não possuem.

EXEMPLO 6-11

A Wal-Mart sempre se orgulhou de suas operações de distribuição. Neste cenário, a surpresa foi grande quando a empresa anunciou seus planos de contratar uma empresa para tratar do atendimento de pedidos e do armazenamento para sua loja online, a Wal-Mart.com, aberta no outono de 1999. A Fingerhut Business Services foi a empresa escolhida para preencher os pedidos na loja eletrônica da Wal-Mart. De fato, com experiência no manuseio de pedidos individuais, a Fingerhut cresceu como importante fornecedor de serviços terceirizados de distribuição a outros varejistas e *e-tailers*** interessados na entrega na casa do cliente. A Fingerhut fornece o atendimento de pedidos, a estocagem, o transporte, o processamento do pagamento, o atendimento ao cliente e os serviços de devolução de mercadorias à Wal-Mart.com, quando do lançamento da loja virtual do grande varejista.

6.5.5 O impacto do transporte e do atendimento do pedido

Esta discussão sobre a evolução das estratégias para a cadeia de suprimentos em diversos setores traz a noção básica de que a Internet e os novos paradigmas associados à cadeia introduzem uma alteração nas estratégias de atendimento de pedidos: a substituição das caixas e carregamentos a granel por itens únicos e carregamentos de menor porte e o abandono do transporte para um número pequeno de lojas com o atendimento a clientes muito dispersos geograficamente. Esta alteração aumenta a importância e a complexidade da logística reversa.

A Tabela 6-3 resume o impacto da Internet nas estratégias de atendimento de pedidos. Os progressos nas estratégias para a cadeia de suprimentos são boas notícias para as empresas de encomendas e de transporte de carga parcial. Os sistemas, tanto puxados quanto empurrados, dependem bastante de carregamentos individuais (por exemplo, encomendas), não do transporte a granel. Isto é especialmente verdadeiro no B2C, em que um novo termo foi cunhado: o

---

* N. de T.: Termo cunhado para definir as empresas que combinam negócios tradicionais de sucesso com um novo canal de distribuição e atendimento pela Internet, um jogo de palavras que faz alusão a *brick-and-mortar companies*, ou as empresas físicas.

** N. de T.: Varejista que opera apenas com vendas pela Internet.

TABELA 6-3

ATENDIMENTO DE PEDIDOS TRADICIONAL *VERSUS E-FULFILLMENT*

	Tradicional	e-fulfillment
Estratégia para a cadeia de suprimentos	Empurrada	Empurrada-puxada
Transporte	Granel	Encomendas
Logística reversa	Pequena parte do negócio	Importante e muito complexa
Destino da entrega	Pequeno número de lojas	Grande número de clientes dispersos geograficamente
Lead times	Relativamente longos	Relativamente curtos

e-fulfillment, ou atendimento eletrônico de pedido. Outro impacto do *e-fulfillment* na indústria do transporte é visto no expressivo aumento na logística reversa. Sem dúvida, na arena do B2C o *e-fulfillment* significa que o fornecedor precisa lidar com muitas devoluções, cada uma delas consistindo em um pequeno carregamento. Isto é verdadeiro, já que os varejistas online precisam construir a confiança do cliente por meio de uma configuração generosa do sistema de devoluções. O transporte de encomendas está disponível para atender a estas devoluções, que constituem um grande problema no cenário do B2C e também, em muitos casos, no campo do B2B. Eis aí um desafio para a indústria do transporte de cargas parciais, que geralmente nunca se envolveu demais com o transporte ponto a ponto.

A logística do *e-fulfillment* exige *lead times* curtos, a capacidade de atender a clientes espalhados pelo mundo e a habilidade de reverter o fluxo de B2C para C2B com facilidade. Apenas o transporte de encomendas é que atende a todas estas exigências. Na verdade, uma importante vantagem oferecida pelo transporte de encomendas é a existência de uma excelente infraestrutura de informações que possibilita o acompanhamento da encomenda em tempo real. Assim, o futuro é promissor para a indústria do transporte de encomendas em especial para as transportadoras e os consolidadores que atuam na modificação de seus próprios sistemas para integrá-los com as cadeias de suprimentos de seus clientes.

RESUMO

Recentemente, muitas empresas melhoraram o desempenho, com a redução de custos e o aumento no nível de serviço, com a diminuição do efeito chicote e com o aperfeiçoamento da capacidade de resposta diante de mudanças no mercado. Isto foi possível por meio da integração da cadeia de suprimentos. Em muitos casos, esta tarefa foi facilitada pela implementação de estratégias empurradas-puxadas e com a adoção do foco em estratégias motivadas pela demanda. Particularmente, a Internet gerou oportunidades para revolucionar as estratégias para a cadeia de suprimentos. Sem dúvida, o sucesso de gigantes como a Dell e a Cisco, além da expressiva capitalização de mercado de empresas jovens, como a Amazon.com, podem ser atribuídos a estratégias sofisticadas para a cadeia de suprimentos, baseadas no trabalho na Internet.

Ao mesmo tempo, o colapso de muitas empresas da Internet emite um alerta, o de que o *e-business* apresenta não apenas oportunidades, como também grandes desafios. Um fator essencial para estes desafios é a capacidade de identificar a estratégia para a cadeia de suprimentos apropriada, para uma dada empresa e para produtos específicos. A premissa sobre a qual muitas das empresas da Internet se basearam – a de que na nova economia, não há necessidade de estrutura física nem de estoque – trouxe consigo resultados desastrosos em muitos casos. O novo paradigma da cadeia de suprimentos, a estratégia empurrada-puxada, defende os estoques, ainda que os empurre a montante na estrutura da cadeia.

QUESTÕES PARA DISCUSSÃO

1. Discuta as vantagens de uma estratégia empurrada para a cadeia de suprimentos. Compare com uma estratégia puxada.
2. Dê um exemplo de um produto com uma cadeia de suprimentos essencialmente empurrada, e um de um produto com uma cadeia principalmente puxada.
3. Quais são as vantagens de mover a fronteira empurrada-puxada para o começo da cadeia de suprimentos? Quais são as vantagens de deslocá-la para o final da cadeia?
4. A Amazon.com, a Peapod, a Dell e muitas empresas moveleiras adotam estratégias empurradas-puxadas para suas cadeias de suprimentos. Descreva como estas empresas podem tirar proveito do conceito de compartilhamento do risco.
5. Explique a estratégia da Amazon para produtos de lenta e de baixo volume, e para produtos de rápida e de alto volume.
6. Discuta outros exemplos de cada uma das quatro categorias da Figura 6-9.
7. É possível que a cadeia de suprimentos mais indicada (empurrada, puxada ou empurrada-puxada) seja diferente durante o ciclo de vida de um produto? Se não, por quê? Se for possível, quais são os exemplos específicos de produtos para os quais a cadeia de suprimentos adequada muda?
8. O *e-fulfillment* é um conceito novo? Qual é a diferença entre a venda online e por catálogo? Consideremos, por exemplo, a Land's End, uma empresa que utiliza os dois canais.
9. Explique como a demanda por um produto como a televisão pode ser moldada. Como este processo pode ser comparado ao modo como a demanda por um produto como sopa enlatada pode ser moldada?
10. Além dos exemplos listados na Seção 6.5, cite outros casos de estratégias para a cadeia de suprimentos para a Internet que fracassaram. Cite também exemplos de sucesso.
11. Responda as perguntas no final do estudo de caso "A Dell Inc.: A Melhoria na Flexibilidade da Cadeia de Suprimentos dos Microcomputadores Desktop".

ESTUDO DE CASO

A grande correção de estoque

John Chambers comparou o evento a uma enxurrada. Contudo, o problema não foi o excesso, mas a escassez. A rápida evaporação da demanda por tecnologia que começou no final do ano 2000 foi de fato excepcional, como sugeriu o CEO da Cisco. Os fabricantes de chips e de PCs subitamente viram-se com uma montanha de estoque e de capacidade. Os fabricantes de equipamentos de rede e para as telecoms sofreram um golpe especialmente duro. A Cisco, mais irracionalmente exuberante do que as outras empresas do ramo, viu-se forçada a se desvencilhar de $2,25 bilhões em equipamentos. Ao longo do primeiro semestre de 2001, uma procissão de empresas de alta tecnologia, incluindo líderes de mercado como a Nortel Networks, a Lucent Technologies, a Corning e a JDS Uniphase anunciaram grandes remarcações de estoque invendável.

Hoje, as empresas de alta tecnologia permanecem cheias de produtos de rápida depreciação. Em uma extremidade da cadeia alimentar, a indústria cíclica dos semicondutores passa por sua pior demanda desde 1998, o ano da crise asiática. No meio estão os fabricantes contratados de eletrônicos e seus fornecedores, os clientes e distribuidores, tentando descobrir quem tem os componentes em excesso. Na outra ponta da cadeia, os fabricantes de PCs travam uma batalha de preços e o *grey market** com equipamentos de

---

* N. de T.: Mercado ilegal, em que a única diferença é que este não paga todos os impostos para importação, ou é procedente de "roubo de carga" ou contrabando; logo, o produto comercializado em *grey market* não tem garantia do fabricante.

rede cresce rapidamente. Enxurrada ou não, as empresas de tecnologia estão seguindo as estapas necessárias para limitar sua exposição ao próximo evento traumático. Algumas delas estão revisando seus modelos de estoque, enquanto outras estão implementando softwares para a cadeia de suprimentos e montando *hubs* para servidores da Internet. Todas querem uma colaboração mais intensa com os fornecedores e informações oportunas dos clientes. Em síntese, as empresas de tecnologia estão tentando encurtar suas cadeias de suprimentos, deixando-as mais transparentes e flexíveis, dentro do possível.

A NOVA LÓGICA

Verifique os novos boletins de receita dos fabricantes de semicondutores (mas não os boletins *pro forma*) e você verá uma sucessão de remarcações: Agere Systems, $270 milhões; Mícron Technology, $260 milhões; Vitesse Semiconductor, $50,6 milhões; Alliance Semiconductor, $50 milhões; Xilinx, $32 milhões. Mundo afora, as vendas de chips em junho caíram 30,7% a partir do ano passado, de acordo com a Associação das Indústrias de Semicondutores e os analistas preveem um declínio nas receitas de 2001 de mais de 20% – o maior da história.

"Estou na indústria dos chips há 20 anos", diz Nathan Sarkisian, "e nunca vi algo assim". Sarkisian é o vice-presidente sênior e CFO da Altera Corp., uma empresa de chips com sede em San Jose, Califórnia, com receita de $1,4 bilhão em 2001. "Crescemos aproximadamente 65% no ano passado, com menos de quatro meses em estoque ao longo da maior parte do ano," lembra ele. "Não é nada mau, se você pensar nos ciclos de vida dos produtos com semicondutores."

Mas a fatalidade veio no quarto trimestre, quando as unidades despachadas para os distribuidores ficaram 25% abaixo das expectativas. A queda continuou em 2001, graças ao declínio na demanda dos principais clientes da Altera, as empresas de comunicação. Para o segundo trimestre de 2001, as receitas estavam em queda sequencial de 25% e 37% menores do que o mesmo período no ano 2000. A Altera acabou forçada a remarcar a bagatela de $115 milhões em estoque.

Mas a empresa olha para o futuro e quer garantir que quedas potenciais no mercado não cheguem ao limite, portanto ela está revisando seu modelo de estoque.

A Altera projeta dispositivos lógicos programáveis (DLPs). A empresa é uma produtora de chips *fabless* que terceiriza a fabricação com a fundição gigante Taiwan Semiconductor Manufacturing Corp. No passado, a empresa fabricava seus principais DLPs como produtos acabados, e os estocava nas fábricas asiáticas até surgir a demanda do cliente. "O estoque é nosso assim que ele sai da fábrica", diz Sarkisian. Além disso, a empresa montava seus produtos na expectativa de vendê-los, em quantidades muito acima do que o cliente precisava como protótipo. As virtudes deste modelo estão sublinhadas no relatório anual da Altera: "Nós, nossos distribuidores e os fabricantes contratados – não nossos clientes – têm estoques e, portanto, melhoram a vantagem do custo dos DLPs para nossos clientes."

Hoje, a Altera continua construindo seus produtos para estoque, mas somente em *die banks* (memórias de chips que não foram embaladas nem testadas). "Ao construir um *die*, eliminamos a maior parcela do *lead time*, mas o estoque está em sua forma mais flexível, com um mínimo de valor adicionado", diz Sarkisian. Apenas quando os pedidos são confirmados é que as contratadas pela Altera embalam, testam e despacham os DLPs.

O *lead time* para estes produtos é medido em semanas. Para os produtos amadurecidos da empresa, "temos de produzir estritamente sob encomenda" diz Sarkisian, e o *lead time* para estes é medido em meses. Por fim, os novos produtos não serão mais fabricados na expectativa de venda. Será necessário um pedido do cliente.

AS VISÍVEIS MELHORIAS

Os fabricantes de chips estão à mercê das leis da física. São necessárias entre três e sete semanas para transformar um disco de silício bruto em uma placa *wafer* com centenas de chips, dependendo da complexidade do chip e do quanto um cliente está disposto a pagar, diz Jim Kupec, presidente da United Electronics Corp. USA, uma divisão da fundição UMC, baseada em Taiwan. Mais tempo é necessário para separar, embalar e testar os chips. Além disso, no mundo real, "as coisas se estragam durante a fabricação" diz Arnold Maltz, professor adjunto de gestão da cadeia de suprimentos da Faculdade de Administração da Universidade Estadual do Arizona. "A toda hora, alguém traz o lote errado. A capacidade nem sempre está disponível. Depois disso, você tem o desequilíbrio entre oferta e demanda". Em um estudo de 1999 com as maiores fabricantes de chips dos EUA, Maltz e seus colaboradores de pesquisa descobriram que o tempo de ciclo médio para semicondutores, da fabricação até o cliente, era de 117 dias – tempo o bastante para a demanda trocar de direção.

De forma a reduzir sua exposição, uma empresa de chips pode postergar a agregação de valor ao estoque de *die banks*. Ela também tem a escolha de buscar melhores informações com seus clientes, como a Altera está fazendo hoje. "Estamos pedindo aos nossos clientes que nos dêem mais visibilidade em seus estoques e planos de produção", diz Sarkisian. Isto pode parecer a solução óbvia, mas nem sempre ela está disponível, diz Maltz, pois "Existem preocupações, de parte do cliente, de que você esteja divulgando informações estratégicas". Contudo, a Altera recentemente deu dois grandes passos na direção de uma maior visibilidade, ao anunciar *joint ventures* com a Nortel e a Motorola, para colaborar com o desenvolvimento de produtos.

Os fabricantes de chips também são capazes de reduzir os ciclos de tempo na fabricação das placas *wafers* por meio de softwares de gestão da cadeia de suprimentos (SCM – Supply Chain Management). O sistema i2 Technolgies da Altera, interligado às suas fábricas, fornecedores e distribuidores, diminuiu o tempo de ciclo de planejamento de longo prazo de quatro para uma semana. Cerca de 85% da produção é programada automaticamente pelo sistema. "O i2 controla nossas fundições", diz Tom Murchie, vice-presidente de operações. "Ele inicia a produção das placas *wafers* com o processo tecnológico, por fábrica e para cada meta estratégica de estoque que predefinimos.

Os clientes da UMC conseguem prever, de forma colaborativa, ao lado da fundição, por meio do portal MyUMC, utilizando o i2 com a capacidade aumentada por meio de um sistema de pedido disponível para promessa. "O que o MyUMC faz é aceitar o pedido de um cliente automaticamente e, quase ao mesmo tempo, encontrar a melhor janela de fabricação disponível", diz Kupec.

O SHOW DA EXTRAVAGÂNCIA

Outros tipos de empresas de tecnologia estão utilizando ferramentas de planejamento SCM de fornecedores como i2, Manugistics Group e SAP. A Cisco, por exemplo, utiliza o Manugistics para executar seu *hub* de servidores da web. No fabricante de servidores Sun Microsystems, uma combinação dos softwares i2 e Rapt Inc. possibilita "*lead times* curtos e previsíveis, com os menores custos possíveis", diz Helen Yang, vice-presidente da gestão de fornecimento.

Mas se o software SCM é tão bom assim, por que ele não previne a ocorrência do excesso de estoque? Uma das razões para isso é que nem todos o usam: apenas 20% das empresas com mais de $500 milhões em receita anual têm ferramentas de SCM, de acordo com a AMR Research.

Contudo, uma razão mais forte está no fato de que o software não consegue eliminar o problema do *garbage in, garbage out**. As ferramentas SCM dependem de algoritmos que transforma um *mix* de dados históricos em números de produção, e de "adivinhação", diz Kevin O'Marah, diretor de estratégias para a cadeia de suprimentos da AMR. "Qual é o seu palpite? Você está especulando sobre tendências que mudam com o tempo."

Isto é viável em setores maduros, diz O'Marah, mas as empresas de alta tecnologia, com suas oscilações na demanda, são outra história. Nos semicondutores, os longos tempos de ciclo significam que as empresas estão sempre apostando em um futuro incerto. E na Cisco, "o crescimento passou de 40% para 10% negativos. É o SCM!" exclama O'Marah. "Você consegue imaginar um sistema de previsões capaz de considerar um cenário destes?"

"Reconhecemos que as previsões não são precisas", diz Yang. "O jogo consiste em descobrir com que velocidade podemos reagir às mudanças."

---

* N. de T.: Expressão coloquial da língua inglesa referente a uma situação em que, quando não se parte de uma situação inicial favorável, é provável que os resultados de um processo sejam insatisfatórios. Literalmente, *lixo que entra, lixo que sai*.

O'Marah culpa o hábito, em parte, pelo problema com o estoque. A falta de componentes assola a indústria de eletrônicos há 10 anos, diz ele, "E o hábito das líderes de mercado é o de 'trancar' as alocações disponíveis para os componentes. É um modo razoável de pensar".

"Quando uma nova tecnologia aparece, como um chip mais potente, um novo *bus*, há sempre restrições no fornecimento", diz Karen Peterson, diretora de pesquisa da Gartner. "Uma boa parte dos fabricantes originais de equipamentos ou os contratados mente sobre o que eles precisam. Se eu sou um fabricante original, eu posso dizer que preciso de 200% a mais do que de fato preciso. Isto vai fazer com que o fornecedor dê prioridade para me atender."

Os pedidos em dose dupla de chips, capacitores e resistores emitidos pelos fabricantes e distribuidores também contribui para o excesso de estoque, acrescenta Pamela Gordon, presidente da Technology Forecasters, uma empresa de consultoria com sede em Alameda, Califórnia, que atende às empresas de serviços de fabricação de componentes eletrônicos. Estas peças estavam em falta em 2000, diz ela. Quanto aos outros tipos de equipamentos eletrônicos, como os de rede e empregados pelas telecoms, Gordon põe a culpa nos fabricantes por não cobrarem a assiduidade de clientes instáveis, como empresas *dot.com* ou outras.

NÃO SEI MUITO SOBRE HISTÓRIA

"Os rapazes das telecoms pensaram, 'Não tem erro'", diz Dan Pleshko, vice-presidente de *procurement* global e da gestão estratégica da cadeia de suprimentos da Flextronixs International Corp. "Eles esqueceram de examinar a história, em ciclos de negócio. Os caras do microcomputador já passaram por alguns desses ciclos. Eles sabem como dói."

A Flextronics, uma das maiores empresas de serviços de fabricação de componentes eletrônicos, com $12 bilhões em receitas, estava em uma situação especialmente vantajosa durante a bolha de estoques. A empresa de Cingapura fabrica de tudo, desde placas de circuitos a telefones celulares, para uma variedade de clientes de alta tecnologia, como a Cisco, a Lucent, a Nortel e a Ericsson. Em 2000, os estoques da empresa incharam de $470 milhões no início do ano para $1,7 bilhão no final.

À medida que os pedidos entravam, a Flextronics e outras empresas do ramo foram capazes de enxergar a magnitude da oferta agregada que produziam. Elas não deveriam ter avisado seus clientes? "Não acho que qualquer empresa de serviços de fabricação de componentes eletrônicos tenha feito isto alguma vez", diz Pleshko. "Acho que isso pode acontecer no futuro."

Pleshko diz que a Flextonics quer ter uma melhor compreensão junto a seus clientes da demanda consumidora e dos ciclos de vida do produto. Além disso, "estamos nos dirigindo, de forma bastante agressiva, para um ambiente de estoque administrado no fornecedor", diz ele. A empresa quer estabelecer *hubs* físicos, em que as instalações dos fornecedores estão localizadas próximo às fábricas da Flextronics. "A Compaq, a Dell e a IBM já fizeram isto", diz Pleshko. "Os rapazes das empresas de serviços de fabricação de componentes eletrônicos estão caminhando rápido."

Enquanto isto, há algumas disputas sobre a propriedade do estoque no mundo das empresas de serviços de fabricação de componentes eletrônicos. Alguns distribuidores reclamam que eles estão sendo forçados a manter excesso de peças de reposição. Mas esta situação é oposta à vista em 2000, quando "todos estavam buscando peças até debaixo de pedras", diz Pleshko. "Nos tempos de vacas gordas, os distribuidores estavam fazendo um monte de dinheiro. Mas eles se esqueceram disso."

A BOLA DE CRISTAL

Os ventos estão desfavoráveis e as empresas de tecnologia permanecem trabalhando para diminuir os estoques. Elas aguardam uma virada no ciclo dos negócios, algo novo que motive as vendas de computadores – o Windows XP da Microsoft, por exemplo, ou outro aplicativo superficiente – e o começo, em 2002, de um ciclo especialmente forte de substituição de PCs, de três anos de duração (as empresas estocavam em função do problema vivenciado em 2002).

Ao mesmo tempo, duas empresas de computadores estão melhor posicionadas do que a maioria para suportar a baixa, graças à gestão da cadeia de suprimentos de primeira qualidade. Uma é a Dell. Com seu modelo de fabricação por encomenda, a empresa é a fabricante de PCs de menor custo e nunca tem um estoque maior do que uns poucos dias.

A outra empresa é a IBM. É verdade que um terço das receitas do Big Blue são oriundas de empresas como as de serviço e de software. Mesmo com este risco diversificado, a IBM não está imune à baixa. As vendas ficaram relativamente estáveis no segundo trimestre ($21,6 bilhões) e a empresa alerta que suas vendas de chips cairão no segundo semestre. Mas os estoques da IBM também permanecem baixos. No geral, eles estão em seu menor nível desde 1988, de acordo com Steven Ward, gerente geral do Setor Industrial Global da IBM. Isto pode ter a ver com a integração vertical feita à moda antiga. Ainda assim, O'Marah, da AMR, e outros gerentes consideram a IBM a melhor nos negócios.

Estoques enxutos são "absolutamente essenciais", diz Ward. "Em setores de nossos negócios, o valor dos componentes cai cerca de 1,5% ao mês". A IBM de fato monta alguns itens sob encomenda, mas a maioria é montada rapidamente, com uma estratégia puxada ou *just-in-time*. "Nossos fornecedores têm acesso ao nível de nossos estoques", diz Ward.

Um sistema SAP oferece automação essencial, mas outras práticas também promovem estoques reduzidos. Por exemplo, a IBM reduziu o número de peças diferentes ao sublinhar os pontos em comum entre plataformas e produtos. Assim, por exemplo, as telas planas utilizadas nos ThinkPads e os monitores de tela plana vendidos para os PCs são os mesmos.

Também o número de fornecedores é conservado baixo. A compra é estruturada por meio de *commodities*, com um especialista no mercado em tempo integral para cada *commodity*. A IBM compra todas as suas peças eletronicamente, via Internet e EDI. "Isto significa que temos transações muito mais rápidas, que nos movimentamos com uma colaboração mais rápida com os fornecedores", afirma Ward.

Qual é a visão que a IBM tem do futuro? Ward diz que a empresa mantém uma previsão "bastante detalhada" para 90 dias do ano, e uma previsão "estratégica" para períodos mais longos. "Não sei dizer agora qual é o tipo de disco rígido que instalaremos em nossos ThinkPads daqui a dois anos" diz Ward, "mas sei quantos serão necessários".

A principal fonte de dados para estas previsões é naturalmente, a equipe de vendas da IBM. Eles não têm exatamente a mesma seriedade de seus superiores, que usam camisas brancas e gravatas pretas, mas conhecem as empresas de seus clientes como a palma da mão, bravateia Ward. Os gestores encontram-se com frequência para discutir e antecipar a demanda ("É uma necessidade conceitual, ou foi confirmada pelo cliente?")

Uma equipe de vendas racionalmente exuberante – na atualidade, isto é o mais próximo que uma empresa de alta tecnologia consegue chegar de ter em mãos uma bola de cristal.

QUESTÕES PARA DISCUSSÃO DO ESTUDO DE CASO

1. Como a Altera modificou sua estratégia? E por quê?
2. Você acha que a nova estratégia da Altera terá sucesso? Quais são algumas vantagens e desvantagens desta nova estratégia?
3. Como você antecipa a reação dos clientes da Antera diante desta nova estratégia? Quais são as vantagens e desvantagens para eles?
4. Que informação a Flextronic tem e que os clientes não têm? Por quê? Como a empresa será capaz de alavancar estas informações?
5. Como a IBM administra seus fornecedores com vistas a tornar mais eficaz sua estratégia puxada?

CAPÍTULO 7

As Estratégias de Distribuição

ESTUDO DE CASO

A estratégia de distribuição da Amazon.com Europa

Em janeiro de 2003, Tom Taylor, o diretor de Operações de Fornecimento da Amazon.com Europa, estava sentado em seu escritório em Slough, Reino Unido, pensando sobre as mudanças que a Amazon precisava implementar para sustentar seu crescimento na Europa.

Fundada no outono de 1998 por meio de aquisições de duas livrarias online, a Bookpages.co.uk do Reino Unido e a Telebuch.de da Alemanha, a Amazon Europa evoluíra na forma de três organizações fortes, independentes, baseadas no Reino Unido, na Alemanha e na França. A Amazon International, formada pela Amazon Europa e Amazon Japão, representava 35% das receitas do grupo e era o segmento de maior crescimento na empresa (ver Tabela 7-1). Para sustentar esse crescimento, a Amazon Europa tinha diversas opções de expansão: ela podia reproduzir a gama de produtos que a Amazon oferecia nos EUA, lançar novas atividades da Marketplace[1] ou expandir-se para outros países europeus. Além disso, a Amazon Europa tinha de decidir quais de suas atividades seriam coordenadas ou consolidadas em nível europeu.

Tom Taylor havia sido transferido da Amazon US para a Europa em junho de 2002, com a tarefa de tratar de algumas destas questões e, nas palavras de seu chefe na época, Jeff Wilke, "alcançar os EUA em cinco anos". Taylor percebeu que muito havia sido feito desde sua chegada, há seis meses. Sua equipe havia conseguido padronizar e melhorar os processos para a cadeia de suprimentos em toda a Europa nas áreas de processos da cadeia de representação, planejamento de vendas e de operações, registros de atraso no atendimento ao cliente e gestão de estoques. Taylor acreditava que a Europa superaria as expectativas de crescimento de Wilke. Ele esperava que a Europa ultrapassasse os EUA em receitas já em 2004. Contudo, muitas decisões tinham de ser tomadas. Um problema particularmente grave que Taylor teria de analisar era como configurar a rede de distribuição mais apropriada para dar apoio ao crescimento da Amazon Europa.

A EVOLUÇÃO DA CADEIA DE SUPRIMENTOS E DOS SISTEMAS DE DISTRIBUIÇÃO DA AMAZON NOS EUA

1885 – 1998: A fundação da Amazon.com

Jeff Bezos fundou a Amazon.com em julho de 1995 com a missão de "utilizar a Internet para transfor-

---

[1] Marketplace era o nome genérico sob o qual a Amazon operava seus negócios com leilões, as Z-stores e as operações com produtos usados e com grandes parceiras em alianças comerciais (Target, Toys"R"Us).

Fonte: Professora Janice Hammond e colaboradora Claire Chiron prepararam este estudo de caso. Os estudos de caso foram desenvolvidos apenas como base para discussão em sala de aula. Os estudos de caso não tem a finalidade de defender posições, de servir como fonte de dados ou de ilustrar gestões eficazes ou ineficazes. Copyright © 2005 Presidente e Colegas da Faculdade de Harvard.

TABELA 7-1
A EVOLUÇÃO DO PRINCIPAL INDICADOR DA AMAZON

A. A evolução das receitas da Amazon de 1995 a 2002 (em milhões de dólares)

	1995	1996	1997	1998	1999	2000	2001	2002
Livros, música, DVD e Vídeo dos EUA[a]	N/D	N/D	N/D	N/D	N/D	1.698,3	1.688,8	1.873,3
Eletrônicos, ferramentas e cozinha[b]	N/D	N/D	N/D	N/D	N/D	484,2	547,2	645,0
Serviços[c]	N/D	N/D	N/D	N/D	N/D	198,5	225,1	245,7
Internacional[d]	N/D	N/D	N/D	N/D	N/D	381,1	661,4	1.168,9
Receita total	0,5	15,7	147,8	609,8	1.636,8	2.762,0	3.122,4	3.932,9

B. Indicadores selecionados, relatório anual de taxas de 1996 a 2002

	1996	1997	1998	1999	2000	2001	2002
Margem bruta[e]	22,0%	19,5%	21,9%	17,7%	23,7%	25,6%	25,2%
Margem operacional[f]		−19,8%	−17,9%	−36,9%	−31,3%	−13,2%	1,6%
Receita líquida (em milhões de US$)		−31	−127	−720	−1.411	−567	−149
Giros de estoque	70	56	24,8	10,8	10,7	14,6	17

C. A evolução do número de clientes ativos[g] de 1996 a 1998

	1996	1997	1998	1999	2000	2001	2002
Número de clientes ativos no mundo	180	1.500	6.200	12.000	19.800	24.700	31.180

Fonte: Relatórios anuais da Amazon.com

[a] Inclui as vendas dos sites americanos e canadenses de livros, música e DVD/vídeos. Este segmento também inclui as comissões das vendas destes produtos, novos, usados ou colecionáveis, por meio das atividades da Amazon Marketplace.
[b] Inclui as vendas nos EUA de eletrônicos, melhorias domésticas e produtos para casa e jardim, além das vendas por catálogo entregues pelo correio. Este segmento também inclui as comissões das vendas destes produtos, novos, usados ou colecionáveis, por meio das atividades da Amazon Marketplace.
[c] Consiste em comissões, taxas e outras quantias obtidas por meio de serviços, como a loja Toysrus.com ou partes da loja Target na www.amazon.com. Também inclui Auctions, zShops, Amazon Payments e outros contratos de marketing e promoções.
[d] Este segmento inclui todas as vendas no varejo de websites voltados para mercados externos, como a Amazon UK, a Amazon Germany, a Amazon France e a Amazon Japan.
[e] Margem bruta = vendas líquidas − custos das vendas; custos das vendas = custos das mercadorias, custos de transporte de entrada e de saída, os custos de embalagem do produto.
[f] Margem operacional = margem bruta − despesas operacionais; despesas operacionais = atendimento de pedidos, marketing, tecnologia e conteúdos gerais, administração, amortização e outros intangíveis.
[g] Um cliente ativo é um cliente que compra pelo menos um item ao ano.

mar a compra de livros na experiência de compra mais rápida e agradável possível"[i]. A princípio um varejista puramente online com uma seleção de um milhão de títulos, a Amazon rapidamente aumentou este catálogo para 2,5 milhões de títulos e assim tornar-se a "maior livraria do mundo", uma posição que a Amazon viria a adotar para se diferenciar de seus competidores *brick and mortar*.[ii]

Já no início, a Amazon dependia de uma estratégia distinta para *procurement*: manter estoques modestos e depender dos atacadistas – principalmente a Ingram Book Company e a Baker & Taylor – para montar seu catálogo online de livros e alimentar sua vasta coleção. Por exemplo, em seus primeiros anos de operação, a Amazon ofe-

receu 2,5 milhões de títulos, mas estocava apenas 2 mil deles (cerca de 5% de seus pedidos) em seu próprio depósito – uma pequena instalação de 50 mil pés quadrados em Seattle.[iii] O restante de seus títulos era obtido conforme a necessidade, somente depois do recebimento do pedido do cliente. Quando a Amazon recebia um pedido por um item que não estivesse no estoque, a empresa emitia um pedido de compra a um atacadista. O atacadista via de regra atendia aos pedidos da Amazon com rapidez, com carregamentos que chegavam no centro de distribuição da empresa dentro de dois ou três dias. Com o aumento do volume, a Amazon abriu contas diretas com editoras a fim de obter descontos em suas compras. (A Amazon normalmente recebia um desconto de 48% no preço de capa de um livro com a compra direta nas editoras, em comparação com os 41% de desconto ganho dos atacadistas.[iv]) Contudo, as editoras não tinham a mesma eficiência operacional dos atacadistas e levavam semanas para atender aos pedidos da Amazon.[v] Uma vez que os títulos requeridos eram recebidos no depósito da Amazon, tanto das editoras quanto dos atacadistas, os funcionários da empresa embalavam o item e o despachavam ao cliente. Este processo possibilitou à Amazon atender à vasta maioria dos pedidos de seus clientes dentro de quatro a sete dias úteis, ao mesmo tempo em que o giro do estoque se mantinha alto – 70 giros por ano, em 1996.[vi]

Em 1996 e 1997 a Amazon teve um crescimento acelerado. Para dar apoio ao fluxo e às vendas que cresciam e ao mesmo tempo manter os excelentes níveis de serviço, a empresa construiu sua infraestrutura e seus sistemas.[vii]

- A capacidade dos centros de distribuição cresceu de 50 mil para 285 mil pés quadrados, incluindo uma expansão de 70% do centro de distribuição de Seattle (CD) e a abertura de um segundo CD em Delaware, em novembro de 1997. Este novo CD colocou a Amazon mais perto de seus clientes e editoras baseadas na costa leste, o que possibilitou à empresa diminuir os *lead times* de atendimento de pedidos e minimizar a dependência de seu maior fornecedor, a Ingram.[viii] "Hoje, com centros de distribuição nos dois lados dos EUA, conseguimos reduzir bastante o tempo entre o recebimento do pedido e a expedição da mercadoria para os clientes da Amazon.com em todo o lugar", disse Bezos, na época.[ix]
- A Amazon aumentou o número de títulos em seus CDs para mais de 200 mil no final de 2007 e reduziu os tempos prometidos para entrega para estes títulos.[x]
- Ao mesmo tempo, grandes esforços foram feitos no desenvolvimento de software de apoio às operações internas. De acordo com Jeff Bezos, "80% dos investimentos da empresa no desenvolvimento de software desde sua fundação em 1995 não vai para suas famosas telas voltadas para o conforto do usuário, mas para a logística das operações internas".[xi]

Em 1998, a Amazon expandiu suas linhas de produtos, lançando a loja de música em junho de 1998, e as lojas de vídeo e DVD em novembro do mesmo ano. Para estas novas categorias, a Amazon confiou no mesmo modelo de procedimento, construindo relacionamentos com varejistas do setor de música, vídeo e DVD. Mesmo com estas novas linhas de produto, o giro de estoque caiu de 56 em 1997 para 24,8 em 1998 (ver Tabela 7-1).

1999: A construção de infraestrutura adicional de atendimento de pedidos

No final de 1998, a empresa começava a enfrentar competição mais ferrenha de atores como a Buy.com (que baixou preços agressivamente), da BarnesandNoble.com e da CDNoe, todas oferecendo produtos semelhantes aos da Amazon. Com a finalidade de manter-se como a líder no *e-tailing*, a Amazon decidiu adotar uma estratégia "Crescer Rápido", que intencionava aumentar a receita da empresa por cliente. A Amazon começou a acrescentar novas linhas de produtos e ofertas a um ritmo rápido (a Tabela 7-2 mostra uma linha do tempo para os principais acontecimentos). Para dar apoio à esta transformação e à meta de crescimento de três dígitos, a Amazon adaptou sua cadeia de suprimentos e sua rede de distribuição.

A empresa tinha de decidir acerca do número e do local dos centros de distribuição que deveria abrir. Seus executivos procuraram a ajuda de especialistas externos e utilizaram o pacote de software da i2 Technologies, o Estrategista da Cadeia de Suprimentos.[xii] O software identificava as regiões a serem consideradas para as instalações de distribuição com base em fatores como a localização dos fornecedores e clientes, as taxas de frete de entrada e de saída, os gastos com depósitos, mão de obra, entre outros. Após selecionar as principais regiões, a gestão da Amazon refinava sua pesquisa com base em outros fatores, como tributos, níveis de emprego e a disponibilidade de instalações sustentáveis de distribuição que pudessem ser arrendadas.[xiii]

A primeira escolha da Amazon foi um CD próximo a Reno, Nevada, que atenderia o mercado do sul da Califórnia com *lead times* de dois ou três dias. A empresa arrendou uma instalação de 322.560 pés quadrados altamente mecanizada

TABELA 7-2
OS PRINCIPAIS EVENTOS NA EVOLUÇÃO DA AMAZON.COM

Data	Amazon.com	Amazon.co.uk	Amazon.de	Amazon.fr
Jul 1995	Lançamento da categoria livros			
Jun 1998	Lançamento da categoria música			
Out 1998		Lançamento da categoria livros	Lançamento da categoria livros	
Nov 1998	Lançamento da categoria vídeo			
Fev 1999	46% de participação na oferta de 15.000 produtos de saúde da Drugstore.com			
Mar 1999	Lançamento de 50% das participações na Auctions na empresa de produtos para animais de estimação Pets.com da Internet			
Jul 1999	Lançamento da participação de 49% da Electronics and Toys na empresa de artigos esportivos Gear.com da Internet			
Out 1999	Lançamento das zshops (terceiros que vendem seus produtos por meio da Amazon.com)	Lançamento da categoria música	Lançamento da categoria música	
Nov 1999	Lançamento das categorias de video games e software Lançamento das categorias melhorias domésticas, ferramentas e hardware Aquisição da empresa de venda por catálogo de ferramentas e equipamentos Tool Crib of the North	Lançamento da Auctions Lançamento das zshops	Lançamento da Auctions Lançamento das zshops	
Jan 2000	Criação de um *tab* de compras online de medicamentos			
Mar 2000		Lançamento da categoria vídeo	Lançamento da categoria vídeo	
Abr 2000	Lançamento das categorias jardim e pátio Lançamento das categorias saúde e beleza			
Maio 2000	Lançamento da categoria cozinha			
Jul 2000		Lançamento das categorias software e video games	Lançamento das categorias software e video games	
Ago 2000	Faz parceria com a Toys"R"Us. Com estes contratos, a Toys"R"Us identifica, compra e administra os estoques, enquanto a Amazon trata do desenvolvimento do website, do atendimento de pedidos e do serviço ao cliente			Lançamento das categorias livros, música e vídeo
Set 2000	Lançamento da categoria computadores			

TABELA 7-2 *continuação*

Data	Amazon.com	Amazon.co.uk	Amazon.de	Amazon.fr
Nov 2000	Lançamento da categoria celulares e serviços relacionados. Lançamento da categoria produtos usados. Lançamento da loja de *e-books* (livros eletrônicos que os clientes baixam pela Internet). Lançamento da Amazon.jp no Japão			
Abr 2001	Lançamento da Borders.com, um website que divide a marca e é administrado pela Amazon			
Maio 2001		Lançamento da categoria eletrônicos	Lançamento da categoria eletrônicos	Lançamento das categorias software e video games
Ago 2001	Contrato com a Circuit City, um varejista de eletrônicos. Busca de produtos na loja disponibilizada aos clientes da Amazon	Aliança estratégica com a Waterstone, livraria especializada do Reino Unido. Relançamento da venda de livros online da Waterstone, por meio da plataforma de *e-commerce* da Amazon		
Set 2001	Parceria com a Target para abrir uma loja Target na Amazon.com. Lançamento do agente de viagens			
Out 2001	Lançamento da loja de assinaturas de revistas			
Mar 2002		Lançamento da Marketplace (produtos usados)	Lançamento da Marketplace (produtos usados)	
Abr 2002	Contrato com a Borders Inc. para o fornecimento da opção de buscar os CDs, livros e DVDs aos clientes nas lojas da Border em todos os EUA			
Jun 2002	Lançamento da Amazon.ca no Canadá			
Set 2002	Lançamento da categoria produtos para escritório, em parceria com a Office Depot			
Nov 2002	Lançamento da categoria vestuário		Lançamento da loja de assinatura de revistas	
Dez 2002	A Amazon anuncia o relançamento do website CDNow, na plataforma de *e-commerce* da empresa			
Abril 2003		Lançamento da loja de produtos para casa e cozinha	Lançamento da loja de produtos para casa e cozinha	

em Fernley, Nevada, antes utilizada pela Stanley Tools.[xiv] (Ver Figura 7-1 para um mapa dos centros de distribuição.)

O próximo CD seria o de Ceffeyville, Kansas, que atenderia aos clientes nas áreas de Chicago, St. Louis, Dallas e Minneapolis. A empresa expandiu sua instalação existente, antes utilizada pela Golden Books, de 460 mil para 750 mil pés quadrados.[xv]

Outras três instalações foram acrescentadas em 1999 para reduzir os tempos de entrega em mercados importantes no meio-oeste e no sudeste dos EUA: uma unidade de 770 mil pés quadrados em Campbellsville, Kentucky, anteriormente da Fruit of the Loom, um prédio de 660 mil pés quadrados em Lexington, Kentucky, utilizado pela W.T. Young Storage Co e um centro de distribuição de 800 mil pés quadrados em McDonough, Geórgia.[xvi]

A adição de 3,2 milhões de pés quadrados à capacidade de distribuição da Amazon custou à empresa $320 milhões, mas aumentou sua capacidade de embalagem e despacho para um milhão de caixas postais ao dia. De acordo com Jeff Bezos: "Esta foi a expansão mais rápida em termos de capacidade de distribuição na história em períodos de paz".[xvii]

A seguir, a Amazon teve de decidir os tipos de produtos que cada um de seus centros de distribuição deveria armazenar. Ao final de 1999, a empresa oferecia a seus clientes uma variedade de mercadorias de características bastante distintas. Por exemplo, alguns itens (como churrasqueiras) eram grandes, enquanto outros (como CDs) eram pequenos. Alguns itens tinham demanda principalmente regional, outros eram mais amplamente distribuídos, com demanda nacional. Alguns produtos apresentavam padrões fortemente sazonais, ao passo que outros tinham demandas uniformes ao longo do ano.

Os brinquedos formaram uma categoria especialmente desafiadora: novos brinquedos tinham de ser pedidos junto aos fornecedores com antecedência de até oito meses de suas datas de lançamento, a demanda por muitos brinquedos era imprevisível e a sazonalidade era excessiva: aproximadamente 65% dos brinquedos eram vendidos no Natal, em comparação com 30% dos livros. Contudo, os executivos decidiram que em vez de criar instalações de distribuição especializadas

Grand Forks, ND
• Aberta em 2000
• 777.000 pés quadrados

Seattle, WA
• Aberta em 1996
• Fechada em 2001
• 85.000 pés quadrados

Femley, NV
• Aberta em 1999
• 322.560 pés quadrados

Delaware
• Aberta em 1997
• 220.000 pés quadrados

Lexington, KY
• Aberta em 1999
• 660.000 pés quadrados

McDonough, GA
• Aberta em 1999
• Fechada em 2001
• 800.000

Coffeyville, KS
• Aberta em 1999
• 750.000 pés quadrados

Campbellsville, KY
• Aberta em 1999
• 770.000 pés quadrados

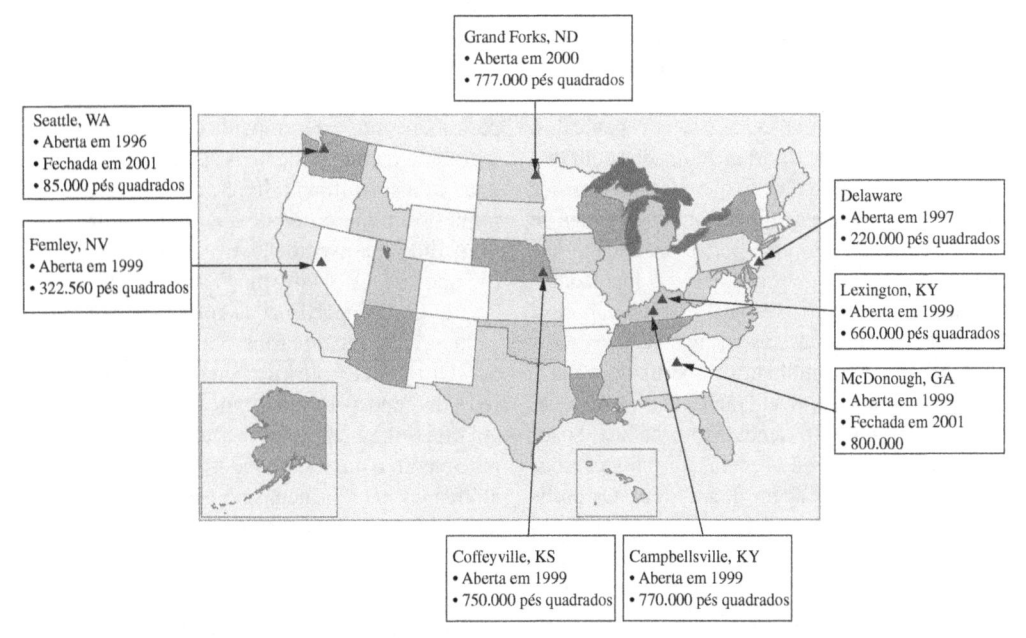

FIGURA 7-1 Mapa dos centros de distribuição da Amazon nos EUA no final de 2001.
Fonte: Adaptado pelo autor do estudo de caso.

para diferentes categorias de produtos, os centros de distribuição, em sua maioria, lidariam com o leque completo de produtos. Tom Taylor observou: "A decisão de que os centros de distribuição deveriam ter um *mix* de produtos foi baseada no custo de transporte, no tempo de entrega ao cliente e no custo em lidar com pedidos com diversos itens".[xviii] (Cerca de 25% dos pedidos da Amazon eram deste tipo,[xix] por exemplo, um pedido multicategoria poderia incluir um livro, um CD e um brinquedo.) Taylor continuou: "Todos os centros de distribuição têm todos os tipos de categorias, exceto o centro de distribuição em Delaware, que não foi capaz de ter produtos grandes, como brinquedos. Além disso, uma vez que Lexington e Campbellsville não estão distantes um do outro, decidimos colocar os itens maiores no primeiro e os menores no segundo. Isto fez sentido, pois os itens maiores nunca são despachados com itens menores. Por exemplo, uma churrasqueira e um CD sempre são enviados ao cliente em dois carregamentos separados".

Outra decisão tomada dizia respeito aos equipamentos nos novos centros de distribuição. A equipe de distribuição da Amazon decidiu tirar vantagem de algumas das tecnologias mais recentes de manuseio de materiais e instalá-las em seus depósitos. Cada centro foi equipado com um sistema *pick-to-light*, que utilizava luzes acesas sequencialmente para avisar aos funcionários o tipo e o número dos próximos itens a serem apanhados. Além disso, os centros foram equipados com tecnologia de radiofrequência, que redirecionava os funcionários aos depósitos por meio de sinais de rádio enviados ao terminal portátil de cada um. A tecnologia de voz, que permitiu aos computadores comunicar instruções "verbais" aos funcionários, foi testada em uma fase experimental. Os centros de distribuição mantinham os "perfis de separação" para os itens de venda rápida com base no tamanho do produto, na velocidade, na taxa de busca por local, nas zonas de separação e nos padrões de separação e estocagem de um item. Os perfis de separação eram utilizados para preparar listas de separação para os funcionários que especificavam combinações ótimas de pedidos de clientes para separação e transporte.[xx] Cada uma destas listas de separação continha aproximadamente 100 itens, cada um identificado por meio de seu título,

número de identificação padronizado da Amazon (ASIN) e localização no depósito e no vão. Todos os itens contidos em uma mesma lista de separação eram estocados na mesma zona do centro. Os tamanhos das zonas variavam com base no volume administrado no centro.

O sistema gerava dois tipos de lista de busca: um tipo continha apenas os itens para pedidos de item único, enquanto o outro continha apenas os itens que apareciam em pedidos de itens múltiplos. Os pedidos de item único eram relativamente simples de serem processados: cada item na lista de separação era apanhado na sequência especificada e colocado em um contêiner com a papelada pertinente. Depois, o contêiner cheio era enviado para o setor de embalagem, em que cada item era embalado individualmente. Os pedidos multi-item exigiam uma etapa adicional: após os itens nos pedidos terem sido apanhados e colocados no contêiner (a etapa de "pré-classificação"), aqueles destinados a um mesmo cliente eram agrupados (a etapa de "classificação"). Para agrupar os itens em pedidos, os funcionários encarregados da separação colocavam os itens em vãos de separação temporariamente designados aos pedidos na lista de separação. Com isto, os itens dos diferentes vãos eram removidos e embalados juntos.

Por fim, para manter os altos níveis de qualidade e produtividade nos centros de distribuição, a Amazon desenvolveu indicadores básicos para mensurar o desempenho dos funcionários, incluindo o número de itens apanhados por hora, a taxa de substituição livre[2], a precisão nos estoques, o número de horas entre a confirmação do pedido e a expedição e o custo por unidade transportada. As informações sobre desempenho eram compartilhadas rotineiramente com cada um dos funcionários.

Um pouco antes do Natal de 1999, a nova rede de centros de distribuição estava pronta e em funcionamento. Com a utilização da nova rede e com o auxílio de todos os funcionários de atividades não essenciais no período, como marketing, departamento editorial e de catálogo, a

---

[2] A taxa de substituição livre refere-se ao número de carregamentos que a Amazon reenvia sem despesas (porque um carregamento anterior não chegou ou contina os itens errados), dividido pelo número total de carregamentos.

Amazon entregou mais de 99% de seus pedidos para a estação dentro do cronograma. Apenas no quarto trimestre de 1999, a empresa expediu cerca de 20 milhões de itens e adquiriu mais de 2,5 milhões de clientes de primeira compra.[xxi]

O mantra da empresa, "entregue a qualquer custo", permitiu à Amazon crescer, mas a um alto preço: ela perdeu $323 milhões de $676 milhões em receitas no quarto trimestre.

2000 – 2002: A otimização da rede de atendimento de pedidos do cliente

No início de 2000, Wall Street começou a exigir lucros das empresas *dot.com*, incluindo a Amazon. O valor de suas ações, que atingira a marca recorde de $106,69 em dezembro de 1999, passou a cair vertiginosamente (a Figura 7-2 mostra os detalhes da história do valor das ações da empresa). Nesse contexto, Jeff Bezos reconheceu a necessidade de rentabilidade e de "um foco mais consistente na excelência operacional, o que implica tratar bem o cliente, mas a um custo baixo."[xxii] Em setembro de 1999, Jeff Wilke foi contratado para o cargo de vice-presidente de operações da Amazon. Wilke, formado no curso de Líderes da Produção (LFM) do MIT, havia sido consultor para assuntos de tecnologia junto à Andersen Consulting e vice-presidente e gerente geral da unidade de produtos químicos finos da Allied Signal's Pharmaceutical antes de ir para a Amazon em 1999. Na Allied Signal, ele adquiriu experiência em técnicas de gestão, como o *Seis Sigma* e a Gestão da Qualidade Total. Em seu novo cargo na Amazon, Wilke percebeu que a empresa tinha uma "oportunidade única de combinar os princípios da distribuição de classe mundial com conceitos-chave da fabricação de classe mundial, pois eles 'montam' inúmeros pedidos com diversas SKUs como parte de uma rede complexa".[xxiii] Assim, ele não demorou a dar início a uma série de iniciativas voltadas para a redução de custos associados com a armazenagem e o transporte de mercadorias (a Figura 7-3 mostra a evolução dos custos de atendimento de pedidos e de transporte).

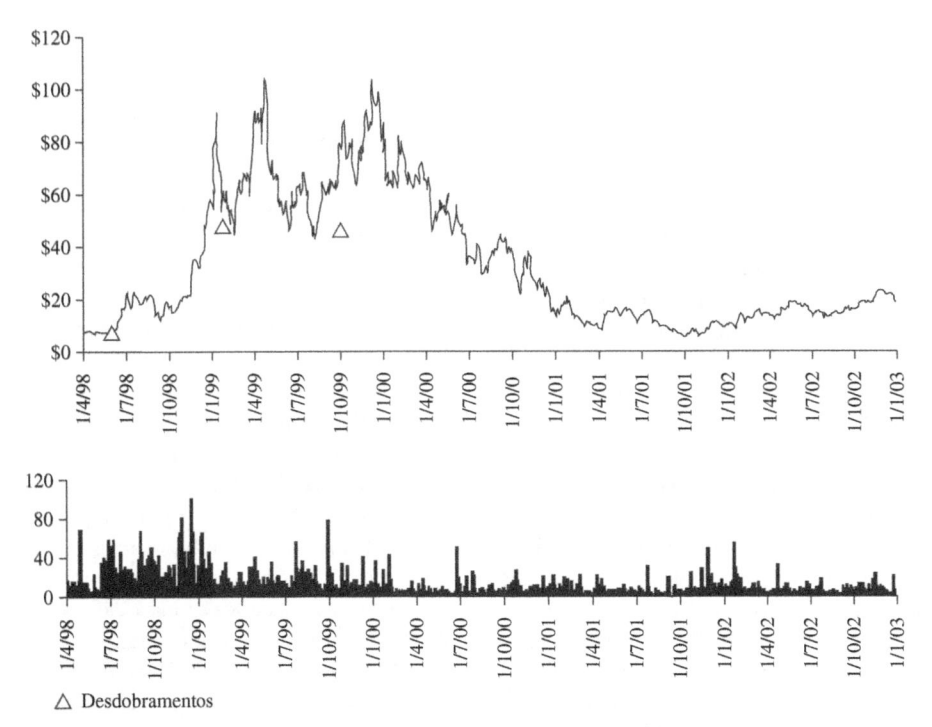

△ Desdobramentos

FIGURA 7-2 História do valor diário e volume (milhões de ações) das ações da Amazon de março de 1998 a dezembro de 2002.
Fonte: Adaptado pelo autor do estudo de caso a partir da Datastream International.

Trimestre	Margem bruta	Custo de atendimento de pedidos	Custo de transporte
2000/1	22,3%	17,3%	
2000/2	23,5%	15,1%	
2000/3	26,2%	15,1%	
2001/4	23,1%	13,5%	
2001/1	26,1%	14,1%	
2001/2	26,9%	12,8%	
2001/3	25,4%	12,8%	
2001/4	24,6%	9,8%	15,2%
2002/1	26,3%	10,6%	
2002/2	27,1%	10,7%	
2002/3	25,4%	10,6%	
2002/4	23,5%	8,9%	12,5%

Nota:

Margem bruta = Vendas líquidas – Custo das vendas

Custo das vendas = Custos das mercadorias + Custos de transporte de entrada e de saída + Custos de embalagem do produto

Os custos de atendimento do pedido não incluem os custos de transporte, que são incluídos no custo das vendas.

FIGURA 7-3 A evolução dos custos de atendimento de pedidos e de transporte como porcentagem da receita.
Fonte: Adaptado pelo autor do estudo de caso.

O aperfeiçoamento dos processos dos centros de distribuição

O primeiro grande feito de Wilke foi o de ensinar as equipes dos centros de distribuição nos EUA a utilizar o *Seis Sigma* DMAIC (Define/Measure/Analyse/Improve/Control – definir/mensurar/analisar/melhorar/controlar) como ferramenta para reduzir a variação e os defeitos. Em 2001, esta abordagem foi utilizada para melhorar a precisão de estoques-registros. Por exemplo, uma inspeção DMAIC possibilitou a Wilke descobrir as fraquezas presentes na maneira como o trabalho dos funcionários temporários era inspecionado. No passado, quando os temporários eram contratados pela Amazon para trabalhar em seus centros de atendimento de pedidos estocando itens, não havia uma camada extra de verificação que garantisse que eles estavam colocando as coisas no lugar certo. A inspeção DMAIC acarretou mudanças no processo de auditoria do atendimento de pedidos e assim eliminou os erros que os temporários cometiam. Este foi apenas um em uma série de melhorias que auxiliaram a reduzir os erros na precisão de estoques-registros em 50% no período de um ano.[xxiv]

Em segundo lugar, Wilke encorajou a equipe dos centros a simular as condições vistas no final do ano. Por exemplo, durante os períodos que não eram de férias, um centro de distribuição poderia fechar cerca de 15 de suas 20 portas disponíveis para as entregas feitas pelos caminhões dos fornecedores ou utilizar apenas uma parte dos equipamentos automatizados para simular a pressão da época de final de ano.

A experiência acumulada com esta prática possibilitou à Amazon identificar os gargalos no processo e atingir um fluxo mais uniforme entre as áreas de recebimento, separação, classificação, embalagem e transporte. Isto fez com que a Amazon gerasse um novo cargo, o de "Gerente de Fluxo" em cada centro de distribuição, e assim redefinir o projeto dos principais processos de distribuição e reconfigurar o leiaute de cada centro, facilitando a localização, a classificação e a expedição de pedidos. Por exemplo, para reduzir o tempo de separação, os itens pedidos em conjunto com muita frequência eram colocados próximos uns aos outros e uma área específica foi dedicada aos itens de maior venda.

Além disso, em 2001, Wilke iniciou os preparativos para uma capacidade extra de armazenagem no sistema para o final do ano. Por exemplo, ele alugou seis instalações, o que totalizou um espaço livre de aproximadamente 1,1 milhão de pés quadrados em espaço para apoiar o estoque e o atendimento de pedidos dos centros de distribuição dos EUA.

Os custos com estoque

A otimização de estoques na rede de atendimento de pedidos foi outra preocupação da equipe de trabalho de Wilke. Se os produtos da Amazon estivessem no local certo, na quantidade certa e na hora certa, os encargos sobre estoques diminuiriam expressivamente e evitariam que a empresa despachasse carregamentos divididos. Um carregamento dividido ocorria sempre que o pedido de um cliente contivesse itens múltiplos, o que forçava a Amazon a enviar o pedido em dois ou mais carregamentos separados, já que os itens solicitados não estavam todos em um mesmo centro de atendimento. Uma vez que a Amazon sempre arcou com os custos adicionais de transporte, ela evitava os pedidos divididos sempre que possível.

Para melhorar a gestão de estoques, a equipe de Wilke:

- Refinou o software empregado para prever a demanda consumidora, com a melhoria da capacidade de antecipar as demandas sazonais e regionais, o que reduziu o risco de adquirir mercadorias em quantidades excessivas ou insuficientes. "Refizemos a maior parte do software para podermos prever a demanda em diferentes regiões", disse Cayce Roy, vice-presidente do atendimento de pedidos nos EUA.[xxv]
- Estabeleceu regras de compra para melhor alocar volumes entre os atacadistas e representantes diretos. Mike Siefert, gerente geral da linha de livros na época, observou: "Os atacadistas estão mais acostumados a terem uma rede de proteção para itens sem estoque, para títulos de venda lenta e para reagirem a uma elevação rápida na demanda por um título específico".
- Integrou os sistemas de gestão dos fornecedores a seus próprios sistemas de estoque, depósito e transporte. Por exemplo, a Amazon introduziu as capacidades disponíveis para promessa a seus clientes, com a vinculação do estoque da Ingram à sua interface com o cliente. A funcionalidade da disponibilidade para promessa permitiu à Amazon mostrar a linha de tempo correta para a expedição do pedido do cliente em seu website. Os itens em estoque em um centro de distribuição da Amazon estavam identificados como disponíveis em 24 horas. Se um item não estivesse em estoque em um centro da Amazon mas estivesse em estoque em um centro da Ingram, o website informaria a disponibilidade em 2 a 3 dias, tempo necessário para a Ingram expedir o pedido para a Amazon e para esta enviar o produto ao cliente. Com a entrada de um pedido de um cliente, se um dos itens pedidos não estivesse no estoque de um de seus próprios centros, a Amazon enviava-o eletronicamente à Ingram. Esta despachava este item normalmente no mesmo dia, ou no dia seguinte, a um centro de distribuição da Amazon. Testada com a Ingram, a capacidade de atender para promessa foi mais tarde expandida para os outros atacadistas e editoras capazes de fornecer informações sobre seus estoques, em nível de item, a cada hora.
- Implementou um conjunto de regras de compra "em cascata", que definiam o fornecedor que oferecia o melhor preço e as melhores opções de entrega para cada item pedido pela Amazon. Os sistemas da empresa verificavam a disponibilidade dos produtos com os fornecedores. Se o item estivesse em estoque no fornecedor com o melhor preço, então a Amazon o pediria. Se não, o sistema identificaria o segundo melhor preço e verificaria a disponibilidade do item.

Ao mesmo tempo, a equipe de Wilke considerou outras opções para evitar a retenção de estoques. Para cada categoria de produto, a Amazon utilizava um software desenvolvido especialmente para avaliar as opções de atendimento de pedidos múltiplos, que incluía os seguintes aspectos:

- Fazer com que os atacadistas "pulassem a expedição", isto é, que eles enviassem um pedido diretamente ao cliente, sem enviar o produto a um centro de distribuição da Amazon. Isto permitiu à Amazon processar o pedido e o pagamento feito pelo cliente, e emitir o pedido ao atacadista que entregaria os produtos diretamente no endereço do cliente. Inicialmente, a Amazon adotou a estratégia com os produtos da linha livros com a Ingram, no caso de pedidos de item único, em 2001. De acordo com Mike Siefert, "A Amazon tem talento para enviar pedidos múltiplos a seus clientes, por isso fez sentido deixar aos atacadistas a tarefa de enviar os pedidos de item único". A estratégia permitiu aos clientes obter seus produtos dentro de dois a três dias. Além disso, o programa foi expandido para outros itens, como eletrônicos e computadores, caros e difíceis de lidar e estocar para a Amazon. Outra vantagem foi que a Amazon passou a utilizar a estratégia como "válvula de capacidade" para aumentar a capacidade de seus próprios centros de distribuição, integrando-a também no software. O algoritmo que alocava volumes entre os que saltavam sobre esta etapa do envio e a Amazon era baseado no preço do item (se o preço estivesse abaixo de $10, o desconto de 7% entre a compra direta e a compra com os atacadistas era baixo demais para garantir o salto na expedição), nos custos variáveis nos centros de distribuição e no custo de despacho ao cliente. No quarto trimestre de 2002, mais de 10% dos pedidos eram despachados em salto.[xxvi] Em alguns casos, a Amazon utilizava um despacho em saltos ainda que o estoque necessário estivesse disponível em um centro da própria empresa – o objetivo era encontrar a maneira mais eficiente e eficaz para o atendimento de cada pedido.

- Fazer parcerias com outras empresas, com a Amazon lidando com o atendimento de seus pedidos em troca de taxas e de uma porcentagem nas vendas, enquanto a empresa parceira cobria o custo com estoques. Por exemplo, em agosto de 2000, a Amazon firmou parceria com a Toys"R"Us e criou uma loja online compartilhada para a venda de brinquedos e produtos para bebês. A Amazon mantinha a loja online e tratava do processamento e atendimento dos pedidos e do atendimento ao cliente. A Toys"R"Us administrava as mercadorias e as compras, sendo a dona do estoque armazenado nas unidades de distribuição da Amazon. Este modelo permitiu que a Amazon transferisse o risco financeiro presente na obsolescência dos estoques de brinquedos para sua parceria, mais experiente no setor.

Os processos de entrega

Para reduzir os custos de expedição, a equipe de Jeff Wilke desenvolveu um método chamado "injeção postal", ou "salto em zonas", em que a Amazon conseguia que cargas cheias fossem transportadas de seus centros de distribuição até as principais cidades, o que representou um desvio dos centros de triagem postal.[xxvii] A injeção postal eliminou etapas do processo e as distâncias para o correio norte-americano e a UPS, o que reduziu os custos de expedição da Amazon para os pedidos enviados por injeção postal entre 5 e 17%.[xxviii]

As iniciativas de outras empresas para ganhar rentabilidade

Em 31 de janeiro de 2001, em um esforço para reduzir custos, a Amazon.com anunciou que cortaria sua folha de pagamento em 15% – com a eliminação de 1.300 postos de trabalho – e consolidaria seus serviços de atendimento de pedidos e de atendimento ao cliente com o fechamento de dois centros de distribuição (na Geórgia e em Seattle), além de um *call center* em Seattle.

Ao mesmo tempo, a Amazon continuou à procura de maneiras de aumentar as receitas oriundas dos clientes. A empresa passou a oferecer um desconto em todas as categorias de livros com preço acima de $20 em julho de 2001, e estendeu este desconto a livros com preço maior de $15 em abril de 2002. Ela também anunciou a expedição grátis de todos os pedidos feitos acima de $99 em novembro de 2001. Depois, ela expandiu esta promoção a todos os pedidos acima de $49 em junho de 2002 e a todos aqueles acima de $25 em agosto de 2002.[xxix] Em troca da entrega grátis, os clientes da Amazon concordavam em esperar por três ou cinco dias a mais para receber seus produtos.

No quarto trimestre de 2001, a Amazon conseguira cortar $22 milhões, ou 17%, dos gastos associados ao preenchimento de pedidos, tornando-se rentável pela primeira vez. Em 2002, a Amazon.com atingiu o recorde de $3,9 bilhões em vendas, o que representou um aumento de 26% sobre o ano de 2001. A receita operacional subiu para $64 milhões, ou 2% das vendas líquidas, em comparação com um prejuízo operacional de $412 milhões em 2001. As transações de vendas por terceiros (itens novos, usados ou reformados vendidos nas páginas da Amazon.com por pessoas ou empresas) cresceram para 21% das unidades vendidas no mundo todo no quarto trimestre de 2002. O giro de estoque passou de 14,6 em 2001 para 17 em 2002.

A AMAZON.COM NA EUROPA

O lançamento da Amazon no Reino Unido e na Alemanha

Em 1998, a Amazon.com entrou no mercado europeu, almejando dois países – o Reino Unido e a Alemanha – os maiores mercados online e os maiores mercados de livros na Europa (a Figura 7-4 compara as informações sobre o mercado europeu). Por exemplo, a Alemanha tinha cerca de 2 mil editoras, indicando o expressivo papel que o livro tem na cultura alemã.[xxx] Além disso, outros fatores específicos ao país o tornavam especialmente atraente para a Amazon. Por exemplo, os clientes alemães estavam acostumados a comprar livros por meio de empresas que atendiam pelo correio. No Reino Unido, o fim dos preços de livros controlados pelo governo no varejo, anunciado em 1995, e o resultante progresso com novos canais de distribuição como lojas especializadas, motivou um crescimento notável nas vendas de livros.

Para acelerar sua entrada no mercado europeu, em abril de 1998 a Amazon adquiriu uma livraria online em cada país: bookPages.co.uk no Reino Unido e a Telebuch.de na Alemanha. Os dois websites foram relançados em outubro de 1998 com os nomes de Amazon.co.uk e Amazon.de (ver Figura 7-5). Exatamente como a empresa norte-americana que as geraram, a Amazon.co.uk e a Amazon.de iniciaram suas atividades como varejistas de livros, com a oferta de 1,4 milhão de títulos publicados no Reino Unido e 200 mil publicados nos EUA no primeiro website, e 335 mil títulos alemães e 374 mil títulos norte-americanos no segundo. No outono de 1999, copiando a estratégia norte-americana "Crescer Rápido", a Amazon.co.uk e a Amazon.de passaram a incorporar uma maior gama de produtos, incluindo música em outubro de 1999, e leilões e zshops em novembro de 1999. Entre 2000 e 2002, outras linhas de produtos foram acrescentadas aos dois websites, como mostra a Tabela 7-2.

Apesar da competição com a BOL.co.uk e BOL.de da Bertelsmann e com a Barnesandnoble.com, a Amazon rapidamente passou a ser a líder na venda online de livros no Reino Unido e na Alemanha. Em 1999, a Amazon.co.uk e a Amazon.de tinham vendas que, juntas, somavam $167,7 milhões (o que equivalia a 10% das receitas totais da empresa), e cada uma delas tinha mais de um milhão de clientes ativos.

O lançamento da Amazon na França

Em setembro de 2000, a Amazon continuou sua expansão com a abertura da Amazon.fr. Para entrar no mercado francês, a empresa não adquiriu um varejista online de livros antes de sua abertura, construindo um site da estaca zero. Este processo incluiu as demoradas tarefas de formar uma base de dados que continha todos os produtos a serem colocados no website, abrir contas com centenas de editoras e distribuidores e montar o depósito naquele país. Além disso, diferentemente do que fez no Reino Unido e na Alemanha, e diante de competidores consolidados como a Fnac.com (o website do principal varejista francês de livros, mídia e outros bens de consumo), da Alapage.com (um braço da France Telecom) e da BOL (a livraria online da Bertelsmann) a Amazon decidiu lançar as linhas de livros, música, vídeo e DVD ao mesmo tempo.

No final de 2000, o segmento internacional da Amazon compreendia o Reino Unido, a Alemanha, e os recém-lançados websites francês e japonês (lançado em novembro de 2000) e atingia a marca de $381 milhões em vendas, com isso respondendo por 13,8% da receita total da empresa. As vendas internacionais cresceram 74% em 2001, atingindo $661 milhões. Com 21% das vendas, o segmento internacional passava a representar uma parcela significativa da receita total da empresa.

Os desafios da Amazon na Europa: a globalização e o zoneamento

Em seus primeiros anos na Europa, a Amazon enfrentou diversos desafios que trouxeram a necessidade de fazer escolhas operacionais e organizacionais.

Uma série de desafios era vista nas diferenças culturais entre os países almejados como mercado pela empresa. Diego Piacentini, Vice-presidente Sênior e Gerente Geral da Amazon.com Europa explica:

A. Gastos online por país, em 2001 (valores reais)

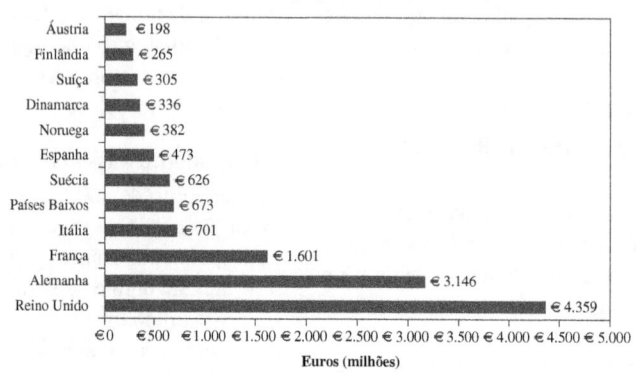

Gastos online por país, em 2001 (valores reais)

País	Euros (milhões)
Áustria	€ 198
Finlândia	€ 265
Suíça	€ 305
Dinamarca	€ 336
Noruega	€ 382
Espanha	€ 473
Suécia	€ 626
Países Baixos	€ 673
Itália	€ 701
França	€ 1.601
Alemanha	€ 3.146
Reino Unido	€ 4.359

B. Vendas de livros na Europa em 1999

Vendas de livros na Europa em 1999

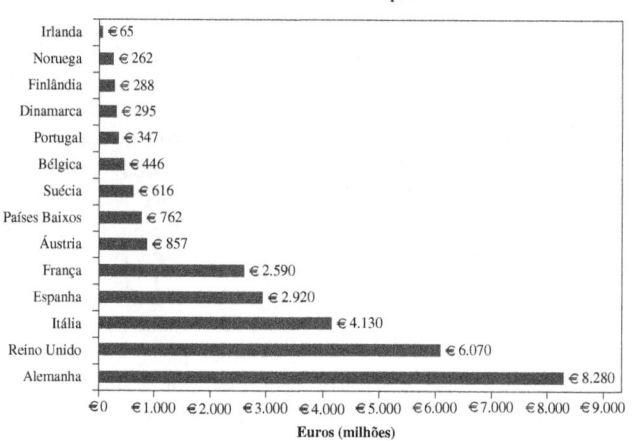

País	Euros (milhões)
Irlanda	€ 65
Noruega	€ 262
Finlândia	€ 288
Dinamarca	€ 295
Portugal	€ 347
Bélgica	€ 446
Suécia	€ 616
Países Baixos	€ 762
Áustria	€ 857
França	€ 2.590
Espanha	€ 2.920
Itália	€ 4.130
Reino Unido	€ 6.070
Alemanha	€ 8.280

C. Projeção da evolução das vendas online de livros na Alemanha (2000 a 2006)

Projeção da evolução das vendas online de livros na Alemanha (2000 a 2006)

Ano	Euros (milhões)
2000	€ 240
2001	€ 350
2002	€ 520
2003	€ 700
2004	€ 900
2005	€ 1.100
2006	€ 1.300

FIGURA 7-4 Os mercados online e o mercado editorial na Europa.
Fonte: (A) Mark Mulligan, "Europeans Consumer Commerce Forecasts, 2000 – 2006", *Jupiter* 26/10/01; (B e C) Forrester Research, Inc.

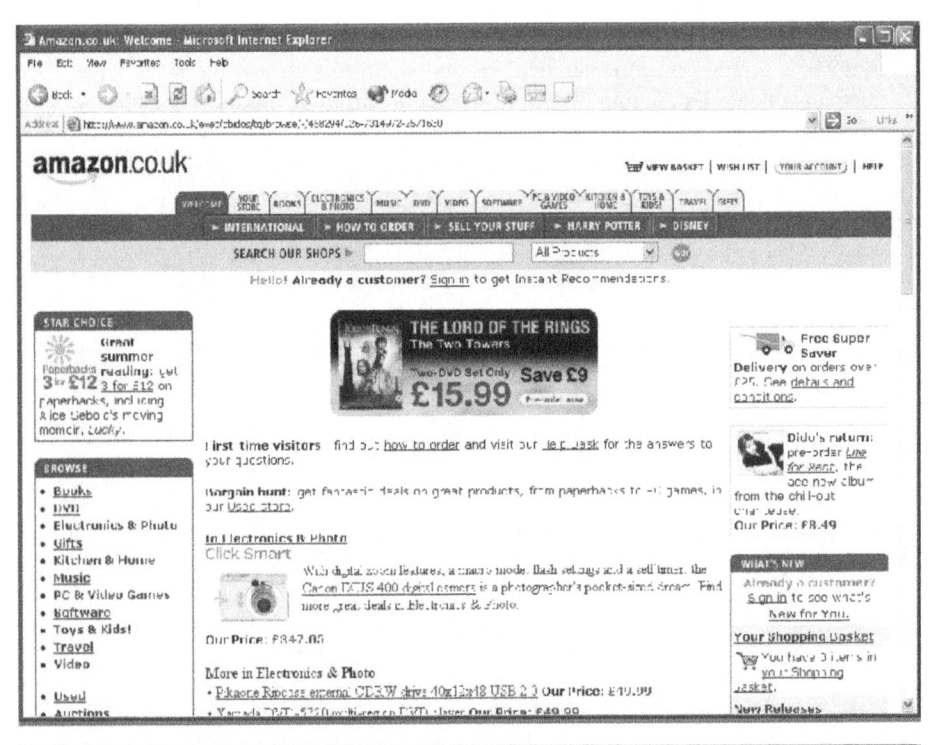

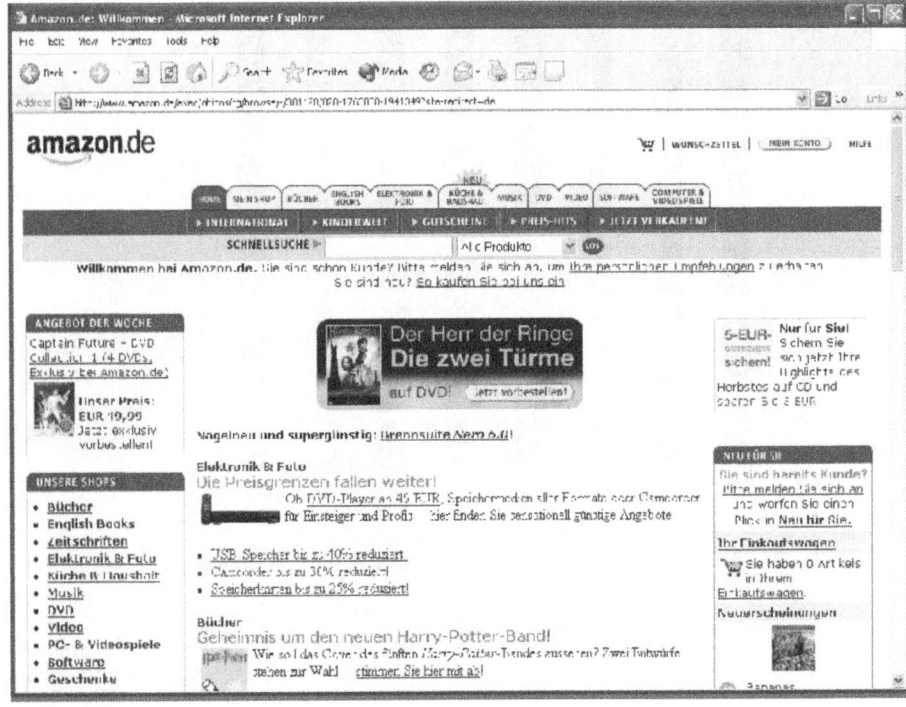

FIGURA 7-5 As páginas iniciais dos websites da Amazon.co.uk e Amazon.de em 2003.
Fonte: Amazon.co.uk e Amazon.de.

A. Utilização de cartões de crédito na Europa para compras online. (Porcentagem de consumidores europeus que emitiram pedidos online nos três meses anteriores e que responderam afirmativamente à pergunta: "Você utilizou um cartão de crédito para suas compras online recentemente?")

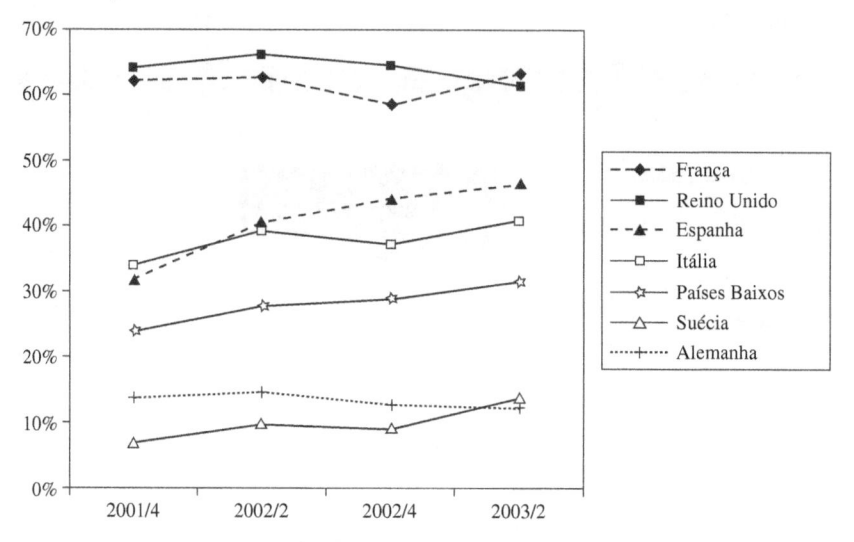

B. Forma de pagamento das compras online na Europa.

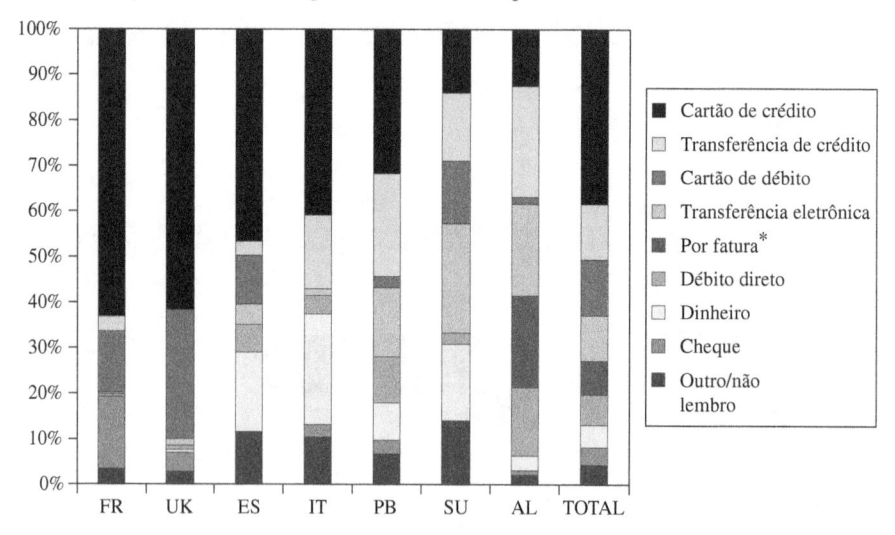

FIGURA 7-6 Os modos de pagamento por compras online na Europa.
Fonte: Forrester Research, "Europe's Online Payment Potpourri", de Joost van Krujsdijk, outubro 2003.

A chave para o sucesso no *e-commerce* internacional está em entender uma coisa simples: em todo lugar, os clientes querem uma melhor seleção, mais conveniência e melhor serviço. Depois de reconhecer este fato, os varejistas online não demorarão a entender que o maior desafio para a expansão internacional está na habilidade de trazer estes benefícios universais a todos seus clientes no mundo todo, ao mesmo tempo em que os costumes locais são respeitados.[xxxi]

Como resultado, a Amazon reconheceu o mercado europeu como um agregado de mercados regionais e decidiu aceitar as especificidades legais e culturais. Na prática, isto significou uma expressiva dose de adaptação da cadeia de valor da Amazon.com às necessidades locais.

Primeiro, a empresa decidiu manter os websites dedicados a cada uma das bases de clientes. Ainda que as funcionalidades da Internet, como navegação e busca, fossem idênticas, o idioma, o conteúdo editorial e os itens mostrados online eram únicos a cada país. Além disso, a Amazon dedicava centros de atendimento ao cliente 24 horas, com atendentes falantes do idioma nativo que entendiam as necessidades dos compradores europeus.

Em segundo lugar, a Amazon precisava considerar a legislação do consumidor em cada país. Na Alemanha e na França, os preços de livros eram tabelados e não poderiam ter desconto nos varejistas. Na França, os varejistas não podiam vender itens a um preço menor do que o constante na fatura de compra. Para anuir à legislação local e ao mesmo tempo manter uma oferta competitiva, em 2001 a Amazon lançou a entrega grátis. Além disso, ela tirou o máximo proveito da flexibilidade das legislações de cada país, ao lançar atividades promocionais como liquidações de estoque permitidas para livros de venda lenta durante um período definido nessas legislações.

Uma terceira área crítica era a opção de pagamento. Com vistas a ultrapassar 38% dos europeus que utilizavam cartão de crédito, a Amazon decidiu oferecer as alternativas preferidas localmente, como cheques no caso dos clientes franceses e vales postais para os alemães (ver Figura 7-3). Esta decisão não saiu de graça, uma vez que foi necessário uma grande dose de customização e a geração de novos processos para administrar estas formas de pagamento.

Em quarto lugar, a Amazon entendeu que não seria capaz de imitar a estratégia de *procurement* norte-americana na Alemanha e na França, em função de diferentes fatores no mercado fornecedor.

Ainda que nos EUA, e em menor extensão também no Reino Unido, a Amazon fosse capaz de depender de um número menor de atacadistas para atender à maioria de seus pedidos em poucos dias, na França não havia atacadistas de mídias (livros, música e vídeo) e na Alemanha havia apenas um único atacadista na indústria editorial e um único atuando nos mercados de música e vídeo. Assim, para atender a seus clientes a Amazon teve de estabelecer relacionamentos com centenas de editoras e distribuidoras. Os pedidos emitidos a estes em geral levavam cinco dias para chegar ao depósito da Amazon. Além disso, a Amazon utilizava o Intercâmbio Eletrônico de Dados (EDI – *Electronic Data Interchange*) para comunicar-se com seus fornecedores norte-americanos, o que permitia uma rápida confirmação dos pedidos emitidos pela empresa em nível de item. Se um item pedido estivesse fora de catálogo ou indisponível nos estoques, o fornecedor norte-americano enviava esta informação à Amazon (em um "arquivo de rejeição", contendo o código de barras e a razão para a rejeição). A equipe de compras da Amazon então enviava estas informações ao Serviço de Atendimento ao Cliente para que atualizasse o mesmo acerca da condição de seu pedido, e ao Departamento de Catálogos para a atualização do website. A penetração do EDI era pequena entre os distribuidores de livros, música e vídeo na Europa, onde a maioria dos vendedores ainda usava o e-mail e até mesmo o fax. Consequentemente, a Amazon não sabia se todos os itens requisitados eram atendidos até o pedido ser recebido fisicamente no centro de distribuição.

Por fim, a Amazon confiava nas transportadoras de encomendas na Europa para a entrega de seus pedidos domésticos e internacionais. As transportadoras de cada país ofereciam uma excelente cobertura e se adequavam bem ao modelo de entrega rápida da Amazon, com a oferta de um serviço de entrega no dia seguinte em Londres, Berlin e Paris, e de dois a três dias em outras partes dos países, um serviço comparável às entregas expressas mais caras nos EUA. Em 2002, Jeff Bezos enfatizou a importância destas parcerias para suas então jovens subsidiárias europeias: "Nenhum país entende seus sistema postal por completo, mas o Royal Mail e o Deutsche Post estão entre os melhores do mundo". [xxxii] Contudo, o Royal Mail, o Deutsche Poste e o La Poste (o serviço postal francês) não ofereciam serviços de logística além-fronteira de confiança, para todo o território europeu. O trâmite entre as transportadoras locais muitas vezes acarretava atrasos ou perda de itens, o que afetava negativamente a experiência do cliente. Por fim, a falta de concorrência doméstica ou de transportadoras para todo o território europeu dificultava a redução de custos de transporte ou o aumento no padrão do serviço.

A organização das subsidiárias europeias da Amazon

De forma a implementar estas escolhas estratégicas, a Amazon.co.uk, a Amazon.de e a Amazon.fr foram administradas como subsidiárias independentes em um sistema descentralizado. Cada país tinha sua própria organização, comandada por um gerente nacional. Os funcionários locais dos departamentos editorial, financeiro, marketing, catálogo, cadeia de suprimentos e logística se reportavam aos gerentes nacionais. A experiência local era essencial em todas as facetas da operação da Amazon. Por exemplo, na França, em que a subsidiária foi fundada da estaca zero, a empresa contratou um pessoal de compras altamente especializado, com vasta experiência na indústria da mídia francesa, para estabelecer os relacionamentos com fornecedores.

Cada subsidiária possuía e operava um depósito específico. No Reino Unido, um centro de distribuição localizado no parque logístico Marston Gate, 200 quilômetros ao norte de Londres, entregava todos os pedidos dos clientes feitos no website daquele país. Esta localização foi escolhida principalmente por seus baixos custos com mão de obra. O centro de distribuição da Amazon.de ficava em Bad Hersfeld, próximo a Frankfurt. Com localização central, Bad Hersfeld permitia à Amazon chegar em qualquer lugar da Alemanha em menos de cinco horas. Isto se traduziu em serviço noturno por meio da Deutsche Post para a maior parte das regiões alemãs. Os centros de distribuição britânicos e alemães tinham cada um mais de 400 mil pés quadrados de capacidade de armazenamento e eram altamente automatizados. O centro de distribuição da Amazon.fr ficava em Orleans, 150 quilômetros ao sul de Paris. Sua capacidade de armazenamento era de 225 mil pés quadrados e, diferentemente dos outros dois centros, todas as tarefas eram executadas manualmente. A Figura 7-7 mostra as localizações dos três centros de distribuição europeus.

Em 2001, a Amazon.com embarcou em um grande esforço de corte de custos e de reestruturação para atingir a rentabilidade. Uma das facetas deste programa foi a consolidação de certas funções das subsidiárias europeias da empresa. Em fevereiro de 2001, a Amazon transferiu a operação de seu serviço de atendimento ao cliente na Europa dos Países Baixos para centros de atendimento existentes no Reino Unido e na Alemanha. Uma porta-voz da Amazon explicou os motivos desta mudança: "As funções que estas pessoas estão executando continuam necessárias. Descobrimos que não precisamos de três centros para atender a nossa base de clientes. Esta mudança fez muito sentido".[xxxiii] Durante o ano de 2001, a Amazon decidiu unificar as funções de marketing e de branding para assim construir um conjunto de valores idênticos para a marca da empresa. Outras etapas importantes incluíram o desenvolvimento de formulários de avaliação dos departamentos de recursos humanos utilizados em comum. Por fim, Allan Lyall tornou-se o diretor de operações, um cargo recém-criado em 2001. A princípio, este cargo envolvia a gestão de três centros de distribuição europeus, mas as atribuições foram expandidas em 2002 para incluir o transporte, as operações da cadeia de suprimentos, o EDI, o departamento de excelência de operações e a engenharia de capacidades.

O avanço

Em 2002 as receitas internacionais foram de $1,2 bilhão (35% da receita total da Amazon). O segmento internacional era o que mais crescia – seu crescimento de 77% foi incentivado pela popularidade da entrega grátis, oferecida aos clientes dos três websites, e o lançamento de atividades com produtos usados no Reino Unido e na Alemanha.

Indo adiante, os executivos da Amazon em Seattle planejavam desenvolver algumas categorias de produtos e funcionalidades já existentes nos EUA. Isto incluía o desenvolvimento de atividades envolvendo produtos usados e a parceria com negociantes em categorias específicas para aumentar a seleção da Amazon. A Amazon estava avaliando oportunidades para a expansão em outros países europeus. A Amazon Europa precisava construir sua infraestrutura de apoio a esta visão ambiciosa.

Em junho de 2002, Tom Taylor foi transferido de Seattle para Londres para tratar de algumas das questões a seguir. Taylor descreveu sua missão com simplicidade: "A Europa estará em dois anos onde os EUA estão hoje, depois da expansão das

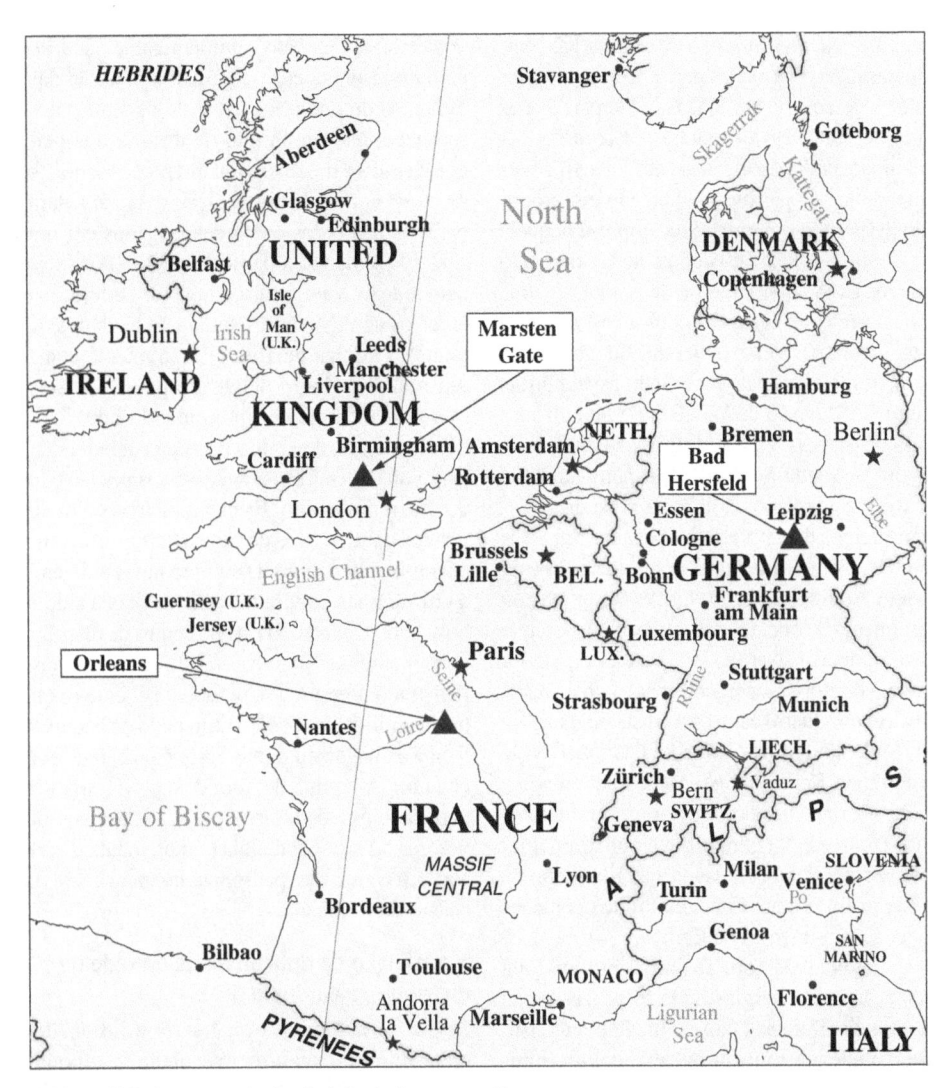

FIGURA 7-7 Os centros de distribuição da Amazon na Europa.
Fonte: Adaptado de <http://lib.utexas.edu/maps/europe/Europe_ref_2003.jpg>, acessado em 17/2/05.

categorias de produtos e do desenvolvimento do mercado de produtos usados. Isto exigirá uma nova organização e um novo conjunto de habilidades".

A história de Tom Taylor

A experiência profissional de Tom Taylor começou em 1985 na General Motors, como engenheiro de projeto na Divisão Blake. Durante suas frequentes interações com a equipe de operações, ele desenvolveu uma paixão pelo setor de produção. Em 1991 ele formou-se pelo programa de Líderes para a Produção do MIT e retornou à General Motors como primeiro supervisor de linha em uma unidade dos Sistemas Delphi, uma subsidiária da GM. Em 1992 ele foi promovido a Planejador de Produção. Em 1994 decidiu juntar-se à K2, uma empresa fabricante de esquis, localizada em Seattle. Contratado inicialmente como engenheiro de processo responsável pela adaptação dos processos de operações para uma nova geração de esquis, ele foi rapidamente promovido a gerente de unidade. Enfrentando uma ferrenha competição com países com menores custos com mão de obra, a K2 decidiu transferir suas operações para a China, e Taylor tornou-se o gerente de unidade naquele país. Antes de junho de 2002, Taylor tentara por diversas vezes trabalhar na Amazon, mas sem sucesso, pois aparentemente seu perfil especializado em produção não despertara o interesse da empresa naquela época. Em junho de 2000, depois de ter decidido retornar aos EUA, Taylor tentou mais uma vez uma posição na Amazon, desta vez com sucesso, ele foi contratado por Jeff Wilke, o vice-presidente Sênior de operações, que estava procurando especialistas em produção. A visão de Wilke era a de aplicar a melhoria de processos e a padronização de conceitos nas operações da Amazon. A primeira tarefa de Taylor foi administrar os dois centros de distribuição mais antigos da empresa (localizados em Seattle e em Delaware), que ainda eram operados manualmente. Ao final de 2000, Jeff Wilke organizou o departamento de operações em duas divisões, que cobriam as metades leste e oeste dos EUA. Taylor tornou-se o diretor de operações para a costa leste, responsável por quatro centros de distribuição: Delaware, McDonough na Geórgia e Campbellsville e Lexington no Kentucky. No espaço de um ano e meio, ele se concentrou em melhorar a produtividade dos centros e em garantir que poderiam lidar para os picos de demanda das férias. Em junho de 2002, Taylor foi promovido a diretor de operações da cadeia de suprimentos na Europa.

O foco inicial de Tom Taylor na Europa foi a padronização e as sinergias entre os processos de operações nos diferentes países. Inicialmente, isto exigiu uma etapa essencial, ou seja, definir e implementar métricas comparáveis (como o *lead time* dos representantes, a taxa de atendimento de pedidos) para os diferentes países poderem ter uma melhor compreensão de suas atividades com a operação. Tom adotou uma abordagem dupla: com base em seu conhecimento dos sistemas e processos nos EUA, ele escolheu áreas "de vitória fácil" em que as técnicas de embarque comuns naquele país teriam impacto imediato na Europa. Além disso, ele mobilizou o poder de seu recém-criado grupo de operações para a cadeia de suprimentos na Europa a fim de obter os recursos adequados do centro de tecnologia da informação da Amazon em Seattle.

No espaço de um ano, a equipe de Taylor havia levantado a proporção dos itens de venda rápida nos estoques, gerado e implementado *scorecards* para representantes, melhorado a precisão das ferramentas de previsão, reduzido os *lead times* dos fornecedores, diminuído os atrasos nos pedidos dos clientes e desenvolvido um processo que forneceu aos centros de distribuição uma lista clara dos pedidos recebidos e dos despachados em um período de semanas, a partir do evento. Por exemplo, para reduzir o atraso na entrega (os pedidos para os quais os carregamentos ainda não haviam sido gerados), a equipe de Tom primeiramente construiu um relatório diário detalhado para cada um dos três países europeus, apresentando uma lista dos atrasos de acordo com o tipo de problema que impedia que a Amazon atendesse aos pedidos dentro do prazo prometido. Estes problemas eram classificados por tipo: tipo de cadeia de suprimentos (por exemplo, um pedido de compra havia sido emitido a um varejista/editora mas ele não havia sido recebido pela Amazon), o tipo de centro de distribuição (por exemplo, o item havia sido recebido mas não registrado no estoque), ou tipo de cliente (o cliente havia emitido um pedido utilizando o cheque como forma de pagamento mas a Amazon não recebera o cheque). A equipe de Tom designava uma pessoa para cada tipo de atraso, que analisava os motivos por trás do atraso e definia e implementava processos e ferramentas padronizadas para resolver as causas do problema.

A avaliação da oportunidade da rede de distribuição europeia (RDE)

Taylor se perguntava qual seria a infraestrutura que no longo prazo melhor apoiaria o potencial de crescimento da Amazon na Europa. O modelo de atendimento de pedidos descentralizado parecia oferecer as melhores oportunidades para a racionalização e a redução de custos. Um dos alvos mais óbvios foi o estoque redundante de produtos "comuns", como CDs de artistas da música pop e do rock internacionais e livros norte-americanos atualmente mantidos em mais de um centro de distribuição europeu. O desenvolvimento de linhas de produtos menos específicos, que não eram de mídia (como produtos eletrônicos de consumo, da casa e jardim), deixou esta questão ainda mais interessante. A Amazon precisava de três centros de distribuição independentes no Reino Unido, na Alemanha e na França? Ela não poderia montar uma rede de distribuição europeia (RDE) em que a localização do estoque pudesse ser definida do ponto de vista estratégico, não geográfico?

Intrigado com esta oportunidade, Taylor vislumbrara os possíveis benefícios de uma RDE para a Amazon Europa. Primeiro, a empresa seria capaz de expandir de forma significativa a seleção de produtos dos websites existentes por meio do atendimento de pedidos por outros centros de distribuição. Por exemplo, o website francês poderia acrescentar os produtos de casa e cozinha (naquele momento disponíveis apenas no Reino Unido) em sua seleção e atender aos pedidos feitos pelo centro daquele país. Em vez de criar uma equipe de compras local e reproduzir estoques, a França poderia depender da equipe de compras e dos estoques britânicos mantidos no Reino Unido. Segundo, isto facilitaria o *global sourcing* com representantes de menor custo e permitiria o planejamento de estoques em nível de rede global. Terceiro, a estratégia reduziria o risco de depender de um único centro de distribuição para atender a uma base de clientes numerosa. Na verdade, os registros históricos demonstram que cada centro de distribuição europeu tinha vivenciado uma falha no sistema ao menos uma vez. Quarto, a experiência do cliente poderia ser melhorada com a Amazon selecionando o centro de distribuição adequado ao atendimento de pedidos. Por exemplo, os pedidos com produtos britânicos de um cliente na Suíça ou Espanha poderiam ser entregues em prazo menor, se atendidos por um centro de distribuição alemão em vez de um localizado no Reino Unido. Uma RDE auxiliaria a Amazon a equilibrar cargas entre todos seus centros de distribuição. Conforme disse Allan Lyall: "Se um depósito tem um atraso muito grande e que afeta os prazos de entrega prometidos, então a Amazon poderá realocar os pedidos dos clientes a outro centro". Quinto, se a Amazon decidisse expandir-se para outros países europeus, ela poderia simplesmente atender a estes novos mercados a partir dos centros de distribuição existentes, em vez de iniciar operações de distribuição locais.

Ao olhar para o mapa da Europa (ver Figura 7-8), Tom Taylor considerou e avaliou as alternativas para um projeto de RDE. Uma das opções era ligar os diferentes locais a um centro de distribuição europeu. Com esta opção, a Amazon deveria determinar a localização do centro de distribuição, formular os planos de transporte e tomar as respectivas decisões envolvendo a implementação. Uma segunda opção envolvia a conservação dos três centros de distribuição, com estes atendendo a todos os pedidos (talvez com uma abordagem de pular a expedição) dos websites de outros países. Neste caso, a Amazon teria de determinar quais produtos seriam transportados e quando. Por fim, uma última opção seria manter dois centros de distribuição, um atendendo aos clientes do norte da Europa e ou outro aos do sul. Mais uma vez, a localização dos centros, os planos de transporte e outras decisões de implementação deveriam ser definidas.

A resposta a estas perguntas dependia em parte das funções dos centros de distribuição na RDE. Havia três abordagens em consideração. Na primeira, a Amazon poderia continuar com sua estratégia existente de armazenar estoques nos seus três centros de distribuição, com a RDE funcionando essencialmente como apoio em caso de uma grande interrupção. Na segunda, a empresa poderia compartilhar estoques de forma seletiva com outros websites europeus com a finalidade de reduzir os custos com a manutenção de estoques. Por exemplo, uma categoria de produtos, como os eletrônicos, poderia ser atendida por um único centro de distribuição (por exemplo, o centro do Reino Unido, o que reduziria os níveis de estoque na França e na Alemanha). Na terceira, as operações da Amazon Europa poderiam ser integradas por completo, com os estoques dos três websites fisicamente combinados com base nos padrões de demanda e de custos com estoques e transporte. Estas escolhas exigiam análises de padrões de demanda, de custos, de opções de transporte, das necessidades em termos de tecnologia da informação e das capacidades dos centros existentes. Além disso, a Amazon teria de tomar decisões sobre a propriedade do estoque para cada uma destas opções.

Outras questões emergiram com relação à localização dos centros de distribuição da RDE. Com cerca de dois terços [xxxiv] dos pedidos emitidos no Reino Unido feitos por clientes localizados aos sul do centro de Marston Gate, a Amazon teria de preservar o centro de distribuição francês? Se a Amazon se expandisse para outros países europeus, ela deveria preencher estes pedidos a par-

FIGURA 7-8 O mapa da Europa.
Fonte: "European Countries", do website Houghton Mifflin Education Place <http://www.eduplace.com/ss/maps/pdf/eur_country.pdf>, acessado em 24/2/05. Copyright © Houghton Mifflin Company. Reproduzido sob permissão de Houghton Mifflin Company. Todos os direitos reservados.

tir de um centro existente ou considerar um local para um novo centro?

Tom Taylor também tinha de definir um plano de implementação. Ele começaria com a dissociação entre os centros de distribuição e os websites nacionais? Ele começaria com testes com categorias específicas de produtos de locais específicos?

Além disso, Taylor teria de considerar o impacto da implementação da RDE nos departamentos internos. Por exemplo, para construir uma RDE sustentável, a Amazon não poderia deixar de redefinir o projeto de seus processos de transporte e de selecionar as transportadoras adequadas para atender a seus padrões de tempo de entrega e preço. De acordo com Siobhan Farnon, diretora de transporte na Europa: "o impacto imediato no transporte provavelmente seria uma redução nos níveis de serviço de entrega. A maioria dos clientes no Reino Unido, na Alemanha e na França estão acostumados a entregas no dia seguinte ao pedido, mesmo quando escolhem a opção de transporte-padrão".

Para tratar deste problema, a equipe de transportes teria de trabalhar em colaboração com o serviço de atendimento ao cliente para ensinar os clientes a associar um preço de transporte diferente ao nível de serviço de entrega escolhido. Naquele momento, a Amazon.fr e a Amazon.de ofereciam uma única opção de transporte-padrão, que prometia a entrega em dois ou três dias úteis. No entanto, os clientes alemães e franceses estavam acostumados ao serviço no dia seguinte, devido à proximidade dos centros de distribuição locais em relação à base do cliente e aos curtos tempos de entrega do La Poste e do Deutsche Post. A Amazon.co.uk oferecia transporte-padrão grátis para as entregas domésticas. Cerca de 45% dos clientes do Reino Unido escolhiam esta forma de transporte.

Outra oportunidade seria a alavancagem do volume da RDE para implementar a "injeção postal". A Amazon julgou que precisaria alocar cerca de 12 horas de viagem entre um *hub* na Alemanha para um *hub* no Reino Unido (ou do Reino Unido para a França, ou da França para a Alemanha); assim, ela esperava atender à maioria dos pedidos dos clientes entre aqueles países em dois ou talvez três dias. Indo em frente, a Amazon poderia chegar a melhores termos com uma transportadora pan-europeia capaz de atender às exigências da empresa em termos de prazo. Allan Lyall esperava que a competição forçasse o Deutsche Post e/ou outras transportadoras a desenvolver as capacitações necessárias dentro de três a quatro anos, o que permitiria a elas oferecer os serviços de transporte em todo o continente europeu que a Amazon desejava.

A Amazon esperava que com a RDE, seu departamento de *procurement* seria capaz de centralizar suas compras e de obter maiores descontos por volume junto aos fornecedores. Contudo, os fornecedores de produtos de mídia comum estavam extremamente concentrados. Por exemplo, a Universal, a Warner, a Sony, a BMG e a EMI perfaziam cerca de 80% do total de vendas em música (e cerca de 80% das vendas de música da Amazon)

no Reino Unido, na Alemanha e na França. Porém, as negociações sobre os termos e as condições com cada um destes fornecedores e com muitos outros representantes sempre haviam sido conduzidas em nível de país, pois os fornecedores estavam organizados em subsidiárias nacionais, cada uma administrada de forma independente. Por exemplo, a equipe de gestão de representantes da Amazon na Alemanha conduzia negociações com a Sony Alemanha, enquanto a equipe de gestão de representantes da Amazon na França negociava com a Sony deste país. Os relacionamentos da Amazon com a Warner são outro exemplo desta fragmentação – em suas operações globais, a Amazon tinha seis diferentes relacionamentos com a Warner Home Video. Mike Siefert, o gerente de compras para a Europa, observou: "A maioria dos representantes na Europa está ultrapassada na maneira em que se organizaram, mas as boas notícias são que eles querem mudar e pensar no futuro, provavelmente porque a Amazon Europa hoje é grande o bastante para ter poder de negociação".

A RDE também exigiria uma melhor coordenação entre os departamentos e um plano mais claro de recursos humanos. No curto prazo, as pessoas trabalhando nas funções afetadas pela implementação da RDE teriam de aprender a trabalhar em colaboração de forma a alavancar as oportunidades e a economia que a RDE oferecia. No longo prazo, a otimização da rede levaria a uma redução no quadro de pessoal de operações comparável ao que ocorrera em 2001 nos EUA. Por exemplo, a Amazon poderia considerar a centralização da equipe de compras em um local como sendo de responsabilidade da atividade de compras na Europa como um todo. Esta estratégia implicaria uma realocação de pessoal a outras localidades e exigiria treinamento de compradores "europeus", não específicos a um dado país. A compra centralizada levantava também outros problemas. Faria sentido implementar uma infraestrutura em que os fornecedores do Reino Unido teriam seus itens enviados a um depósito na Alemanha e este enviaria estes mesmos itens de volta aos clientes britânicos que o compraram?

A importância da adoção da RDE

Diante destas opções, Taylor entendeu que sua equipe teria de defender a adoção de uma estratégia contundente de negócios.

Taylor teria de dar respostas às preocupações dos gerentes que trabalhavam nas funções de varejo na Amazon. A empresa estaria fazendo a coisa certa para seus clientes e para si mesma? A experiência do cliente se deterioraria? A Amazon seria capaz de identificar os itens de venda rápida ou outras tendências em demanda para cada país se as compras fossem consolidadas em nível europeu?

Além disso, tal como sempre ocorre com subsidiárias europeias, os recursos da tecnologia da informação seriam um obstáculo a vencer. Estes recursos, administrados nos EUA, limitavam o número de projetos desenvolvidos pela Amazon a cada ano. O projeto de estabelecer uma rede de distribuição europeia competiria com outros projetos de redução de custos. O grau de importância dado a este projeto dependeria do retorno sobre o investimento proposto no modelo de negócio. Não havia tempo a perder. A RDE fazia sentido no contexto de alto crescimento? Em caso afirmativo, qual opção Taylor deveria escolher?

i. <http://www.bizinfocentral.com/affiliate/Books/>. Link "sobre" a Amazon.com (acessado 30/3/04).
ii. Pankaj Ghemawat, "Leadership Online: Barnes & Noble vs. Amazon.com (A)," HBS Case No. 9-798-063 (Boston: Harvard Business School Publishing, 2000).
iii. Entrevista com Mike Siefert, gerente para a cadeia de suprimentos para a Europa, Amazon.com
iv. Pankaj Ghemawat, "Leadership Online: Barnes & Noble vs. Amazon.com (A)," HBS Case No. 9-798-063 (Boston: Harvard Business School Publishing, 2000).
v. Ibid.
vi. Ibid.
vii. "Earth's biggest bookstore" comes to Delaware," 18/11/97. <http://www.state.de.us/dedo/news/1997/amazon.htm> (acessado 30/03/04).
viii. Anthony Bianco, "Virtual Bookstores Start to Get Real: The 'sell all, carry few' strategy won't work forever," *Business Week* (27/10/97).
ix. Saul Hansell, "Amazon's Risky Christmas," *The New York Times*, 28/11/99.
x. Anthony Bianco, "Virtual Bookstores Start to Get Real: The 'sell all carry few' strategy won't work forever," *Business Week* (27/12/97).
xi. *Ibid.*
xii. James Aaron Cooke, "Clicks and Mortar," *Logistics Management and Distribution Report* 39, no. 1 (1/1/00).
xiii. *Ibid.*
xiv. "Amazon.com–New distribution center," *News-bytes News Network*, 8/1/99.
xv. "Amazon.com to Open Kansas Distribution Center", *Internetnews.com*, 15/4/99. http://www.Internetnews.com/ec-news/article.php/99121.
xvi. Beth Cox, "Amazon.com to Open Two Kentucky Distribution Centers," *Internetnews.com,* 27/5/99. <http://www.Internetnews.com/ec-news/article.php/128321> (acessado 17/12/04).
xvii. "Amazon.com: More Than a Merchant," by Miguel Helft, The Industry Standard, 18/01/00, <http://www.nwfusion.com/news/2000/0118amazonprof.html> (acessado 20/12/04).
xviii. Entrevista com Tom Taylor, diretor de operações para a cadeia de suprimentos Europa, Amazon.com
xix. Greg Sandoval, "How lean can Amazon get?" *CNet News.com,* April 19, 2002. <http://news.com.com/How+lean+can+Amazon+get%3F/2100-1017_3-886784.html> (acessado 17/12/04).
xx. James Aaron Cooke, "Clicks and Mortar," *Logistics Management and Distribution Report* 39, no. 1 (1/1/00).
xxi. Amazon.com, <http://phx.corporate-ir.net/phoenix.zhtml?c=97664&p=IROL-NewsText&t=Regular &id=231842&> (acessado 17/12/04).
xxii. "Jeff Bezos: There's No Shift in the Model," *Business Week* Online, August 2000. <http://www.businessweek.com/2000/0008/b3669094.htm> (acessado 8/7/04).
xxiii. http://www.amazon.com/exec/obidos/tg/feature/-/165151/102-5368591-9733717 (acessado 20/12/04).
xxiv. Chip Bayers, "The last laugh," *Business 2.0* 3, no.9 (Setembro 2002).

xxv. Sandoval, Greg. "How Lean Can Amazon Get?" CNET News.com (19/4/02), <http://news.com.com/How+lean+can+Amazon+get/2100-1017_3-886784.html> (acessado 17/12/04).

xxvi. "Event Brief of Amazon.com Conference Call – Final," 7/11/02, Fair Disclosure Wire, (c) CCBN and FDCH e-Media.

xxvii. Robert Hof and Heather Green, "How Amazon Cleared That Hurdle: To earn a profit, it cut costs and started growing again," *Business Week* (4/2/02): 60.

xxviii. Nick Wingfield, "Survival Strategy: Amazon Takes Page from Wal-Mart to Prosper on Web," *Wall Street Journal*, 22/12/02.

xxix. Beth Cox, "Amazon Expands Free Shipping Again" *Internetnews.com* (26/8/02). http://www.Internetnews.com/ecnews/article.php/1452161 (acessado 8/7/04).

xxx. Diego Piacentini, "Helping E-Commerce Sites Achieve International Success," <http://usinfo.state.gov/journals/ites/0500/ije/amazon2.htm> (acessado 8/7/04).

xxxi. *Ibid*.

xxxii. Malcolm Wheatley, "Amazon.com Sees Supply-chain as Crucial to Its Future," *Global Logistics & Supply Chain Strategies* (Setembro 2000). <http://www.supplychainbrain.com/archies.9.00. Amazon.htm?adcode=5> (acessado 8/7/04).

xxxiii. "Amazon.com to consolidate European service centers," News Story by Todd R. Weiss, FEBRUARY 09, 2001, Computerworld.com, <http://www.computerworld.com/industrytopics/retail/story/0,10801,57582,00.html> (acessado 20/12/04).

xxxiv. Entrevista com Allan Lyall, diretor de operações para a Europa, Amazon.com.

Ao final deste capítulo, você será capaz de entender as seguintes questões:

- As melhores práticas em diferentes estratégias de distribuição.
- A maneira de reconfigurar a rede de distribuição.
- O impacto de conceitos como compartilhamento de estoque e estratégias de transbordo.

7.1 INTRODUÇÃO

Conforme discutido em outros capítulos, a gestão da cadeia de suprimentos gira em torno da *integração eficiente* das várias entidades da cadeia, com a finalidade de melhorar seu desempenho. Na verdade, uma cadeia de suprimentos totalmente eficaz requer a integração do **final** da cadeia de suprimentos, a demanda consumidora, com o **começo** da cadeia, os processos de produção e fabricação.

Claro que, dependendo da situação, a empresa pode ter diferentes oportunidades de se concentrar nos diversos pontos da cadeia de suprimentos e obter consideráveis melhorias de desempenho. Neste capítulo, o foco está na função distribuição. Depois de os produtos terem sido fabricados e embalados, eles precisam ser armazenados e transportados (por vezes em diversos locais e várias vezes) até chegar ao final da cadeia. Isto pode ocorrer tanto por entrega direta a um cliente ou pela entrega a um varejista, em que o produto pode ser adquirido pelo cliente. O objetivo deste capítulo é ilustrar as diversas estratégias de distribuição possíveis e as oportunidades e os desafios associados a cada uma delas.

Fundamentalmente, há duas estratégias de distribuição possíveis. Os itens são **transportados diretamente** do fornecedor ou fabricante ao varejo ou cliente final, ou um ou mais **pontos de armazenagem de estoque intermediário** (normalmente depósitos e/ou centros de distribuição) podem ser utilizados. Os depósitos podem ser utilizados de diversas maneiras, dependendo da estratégia de fabricação (para estoque ou sob encomenda), do número de depósitos, da política de estoques, da taxa de giro de estoques, se são depósitos internos ou de propriedade da empresa ou de um distribuidor externo e se a cadeia de suprimentos é de uma única empresa ou de uma variedade de empresas. A maior parte deste capítulo está voltada para a exploração das estratégias de pontos de armazenagem de estoque intermediário, mas primeiramente consideramos a expedição direta.

7.2 AS ESTRATÉGIAS DE DISTRIBUIÇÃO COM EXPEDIÇÃO DIRETA

As estratégias de distribuição com expedição direta existem como atalho, evitando os depósitos e centros de distribuição. A expedição direta permite ao fabricante entregar as mercadorias diretamente às lojas do varejo.

As vantagens desta estratégia são:

- O varejista evita as despesas de um centro de distribuição.
- Os *lead times* são reduzidos.

Este tipo de estratégia de distribuição também traz diversas desvantagens importantes:

- Os efeitos do compartilhamento do risco, descritos no Capítulo 2, são anulados pelo fato de não haver um depósito central.
- Os custos de transporte para o fabricante e o distribuidor aumentam, porque caminhões menores têm de ser enviados a um maior número de localidades.

Por estes motivos, a expedição direta é comum quando o varejo exige caminhões em carga cheia, o que significa que o depósito não ajuda na redução dos custos com transporte. Na maioria das vezes, esta situação é uma exigência de varejistas poderosos, ou então ela é adotada em situações em que o *lead time* é um aspecto crítico. Por vezes, o fabricante reluta em se envolver com a expedição direta, mas pode acontecer de ele ficar sem escolha, se desejar manter o negócio. A expedição direta também é muito comum na indústria de alimentos, em que os *lead times* são importantes no caso de itens perecíveis.

EXEMPLO 7-1

A JC Penney teve sucesso ao implementar uma estratégia de expedição direta. A empresa vende produtos gerais por meio de quase mil lojas e milhões de catálogos. Com 200 mil itens e mais de 20 mil fornecedores, a gestão do fluxo de mercadorias é uma tarefa formidável. Cada loja tem total responsabilidade por suas vendas, estoques e lucros, respondendo pelas previsões e pela emissão de pedidos. Estes são comunicados aos compradores, que coordenam o carregamento com uma equipe de distribuição que garante resposta rápida, e um sistema interno de controle e acompanhamento é utilizado para monitorar o fluxo de materiais. Na maior parte dos casos, estes produtos são despachados diretamente às lojas da Penney.

7.3 AS ESTRATÉGIAS DE ARMAZENAGEM COM PONTOS DE ESTOQUE INTERMEDIÁRIO

Conforme mencionado, há uma variedade de características que podem ser utilizadas para distinguir entre as diferentes estratégias de armazenagem com pontos de estoque intermediário. Uma das mais importantes envolve o período em que o estoque fica estocado em depósitos e centros de distribuição. Em uma estratégia tradicional de estocagem em depósitos, os centros de distribuição e os depósitos mantêm estoques e fornecem os itens aos clientes a jusante (quer sejam outros depósitos na cadeia, quer sejam varejistas), conforme o necessário. Em uma estratégia *cross-docking*, os depósitos e os centros de distribuição atuam como pontos de transferência de estoque, mas nenhum estoque é conservado nestes. O compartilhamento centralizado e as estratégias de transbordo podem ser úteis quando existe uma variedade de produtos, de forma que a demanda por produtos finais específicos é relativamente pequena, e difícil de prever.

7.3.1 A armazenagem tradicional

No Capítulo 2 discutimos a gestão de estoques e o compartilhamento do risco e a influência que sofrem com o uso de depósitos. Investigamos o valor da utilização de depósitos com a finalidade de facilitar o compartilhamento do risco e consideramos as abordagens eficazes para a gestão de estoques em uma cadeia de suprimentos com um ou mais depósitos. Claro que existe outros problemas e decisões envolvidos em um sistema que opera por meio de depósitos.

A gestão centralizada *versus* descentralizada. Em um sistema centralizado, as decisões são tomadas em um local central, para toda a rede de fornecimento. Via de regra, o objetivo é minimizar o custo do sistema sujeito à necessidade de atender a um nível de serviço predefinido. Este é o caso de uma rede de propriedade de uma única entidade, mas também se aplica a um sistema centralizado que inclui muitas organizações diferentes. Neste caso, a economia, ou o lucro, precisa ser alocado ao longo da rede por meio de algum mecanismo protegido por contrato. Já observamos que o controle centralizado leva à otimização global. Da mesma forma, em um sistema descentralizado, cada unidade identifica a estratégia mais eficaz sem considerar o impacto em outras unidades na cadeia de suprimentos. Assim, o sistema descentralizado traz otimização local.

É fácil ver que, ao menos na teoria, uma rede centralizada de distribuição é no mínimo tão eficaz quanto uma rede descentralizada, porque os tomadores de decisão centralizada podem tomar as mesmas decisões que os tomadores de decisão descentralizada tomariam, com a opção de considerar a influência das decisões tomadas em diferentes localidades na rede de suprimento.

Infelizmente, em um sistema logístico em que cada unidade pode acessar apenas suas próprias informações (ou tem acesso limitado às informações de outras unidades), uma estratégia centralizada é impossível de ser implementada. Com os progressos nas tecnologias da informação, contudo, todas as instalações em um sistema centralizado podem ter acesso aos mesmos dados. Na verdade, no Capítulo 15, discutimos o conceito de *ponto de contato único*. Neste caso, as informações podem ser acessadas de qualquer ponto da cadeia de suprimentos, e são idênticas, não importando o modo de pesquisa utilizado ou quem busca as informações. Assim, os sistemas centralizados permitem compartilhar as informações e, o que é mais importante, possibilitam a utilização destas informações de maneiras que reduzem o efeito chicote (ver Capítulo 5) e melhoram as previsões. Por fim, elas permitem também coordenar estratégias ao longo de toda a cadeia, estratégias estas que reduzem os custos globais do sistema e melhoram os níveis de serviço.

Há vezes em que um sistema não pode ser "naturalmente" centralizado. Os varejistas, fabricantes e distribuidores podem todos ter diferentes proprietários e diferentes objetivos. Nestes casos, é interessante formar parcerias para alcançar as vantagens de um sistema centralizado. Abordamos estes tipos de parceria no Capítulo 8. Além disso, contratos de suprimento detalhados podem ser úteis, e estes foram estudados no Capítulo 4.

As instalações centrais *versus* as locais. Outra decisão importante a ser tomada no projeto de uma cadeia de suprimentos envolve a necessidade de utilizar unidades de produção e estocagem centrais ou locais. As unidades centralizadas implicam menor número de depósitos e de centros de distribuição, e estas estão mais distantes dos clientes. Os modelos que auxiliam uma empresa a decidir o número, a localização e o tamanho de cada unidade foram discutidos no Capítulo 3. Aqui resumimos algumas considerações adicionais importantes:

Estoques de segurança. A consolidação de depósitos permite ao representante tirar vantagem do compartilhamento do risco. Em geral, isto significa que quanto mais centralizada é uma operação, menores os níveis dos estoques de segurança.

Custos indiretos. As economias de escala sugerem que a operação de alguns poucos depósitos centrais leva a um custo indireto menor em comparação com a operação de diversos depósitos menores.

As economias de escala. Em muitas operações de produção, as economias de escala podem ser realizadas se a produção for consolidada. Muitas vezes é muito mais caro operar diversas unidades pequenas de produção do que umas poucas, de maior porte, com a mesma capacidade total.

Lead time. O *lead time* até o mercado muitas vezes pode ser reduzido se um grande número de depósitos for localizado mais próximo das áreas de negócio.

Serviço. O serviço depende de como ele é definido. Conforme mencionado, a armazenagem centralizada permite a utilização do compartilhamento do risco, o que significa que mais pedidos podem ser atendidos com um nível de estoque total mais baixo. Por outro lado, o tempo de transporte do depósito para o varejista será maior do que no sistema centralizado.

Os custos de transporte. Os custos de transporte estão diretamente relacionados ao número de depósitos usado. À medida que cresce este número, os custos de transporte entre as unidades de produção e os depósitos também sobe, pois a distância coberta é maior e, o que é mais importante, os descontos por quantidade não são aplicáveis. Contudo, os custos de transporte dos depósitos até os varejistas provavelmente serão menores, pois os depósitos tendem a estar muito mais próximos das áreas de negócio.

Claro que é possível que em uma estratégia de distribuição eficaz, alguns produtos sejam estocados em uma unidade central ao passo que outros podem ser estocados em diversos depósitos locais. Por exemplo, produtos muito caros, de baixa demanda do cliente e de alta incerteza na demanda podem ser armazenados em um depósito central, enquanto os produtos de menor custo, com alta demanda do cliente e baixa incerteza na demanda podem ser armazenados em depósitos locais. No primeiro caso, o objetivo é tirar vantagem do compartilhamento do risco ao utilizar um depósito central e com isto reduzir os níveis de estoque, ao passo que com o segundo a meta é transportar caminhões em carga cheia ao longo da cadeia de suprimentos para reduzir os custos com transporte. Ver Capítulo 3, Seção 3.3.2, para uma discussão detalhada da questão.

Além disso, o uso de unidades centralizadas ou locais para produção e armazenagem não envolve decisões mutuamente excludentes. Existem graus de operações locais e centralizadas, com diversos níveis de vantagens ou desvantagens, conforme listadas anteriormente. Por fim, os sistemas avançados de informação auxiliam cada tipo de sistema a manter alguma vantagem do outro tipo. Por exemplo, é possível reduzir os níveis de estoque de segurança quando o transbordo entre unidades for possível e a tecnologia permite identificar o estoque disponível.

7.3.2 O *cross-docking*

O *cross-docking* é uma estratégia que ficou famosa graças à Wal-Mart. Neste sistema, os depósitos atuam como pontos de coordenação dos estoques, não como pontos de armazenagem. Nos sistemas de *cross-docking* típicos, as mercadorias chegam nos depósitos a partir do fabricante, são transferidas a veículos que atendem aos varejistas e entregues a estes o mais rápido possível. As mercadorias passam pouco tempo estocadas no depósito – muitas vezes menos de 12 horas. Este sistema limita os estoques e diminui os *lead times* ao diminuir o tempo de estocagem.

O *cross-docking* requer investimentos iniciais altos e é difícil de administrar:
1. Os centros de distribuição, os varejistas e os fornecedores precisam estar conectados a sistemas avançados de informação para garantir que todas as retiradas e entregas sejam efetuadas dentro da janela de tempo exigida.
2. Um sistema de transporte rápido e responsivo é necessário ao funcionamento do *cross-docking*.
3. As previsões são críticas e não podem prescindir do compartilhamento de informações.
4. As estratégias de *cross-docking* são eficazes *somente* para sistemas de distribuição de grande porte, em que um grande número de veículos entrega e busca as mercadorias na unidade de *cross-docking* a um só tempo. Nestes sistemas, existe um volume suficiente a cada dia para permitir carregamentos de caminhões em carga cheia a partir dos fornecedores até os depósitos. Uma vez que estes sistemas via de regra incluem muitos varejistas, a demanda é suficiente e, por isso, os itens que chegam nas unidades de *cross-docking* podem ser entregues imediatamente nas lojas dos varejistas em carga cheia.

EXEMPLO 7-2

O imenso crescimento de mercado da Wal-Mart ao longo dos últimos 15 a 20 anos sublinha a importância de uma estratégia eficaz que coordene o reabastecimento de estoques e as políticas de transporte [197]. Ao longo deste período, a Wal-Mart se tornou o maior e mais lucrativo varejista no mundo. Vários componentes principais da estratégia de competição do grupo foram essenciais ao seu sucesso, mas talvez o mais importante em tudo isso foi a entusiasmada utilização do *cross-docking*. A Wal-Mart entrega cerca de 85% de suas mercadorias por meio de técnicas de *cross-docking*, em comparação com os cerca de 50% da Kmart. Para facilitar o *cross-docking*, a empresa utiliza um sistema de comunicação via satélite privado que envia dados de pontos de venda para todos seus representantes, o que permite a eles ter uma clara ideia das vendas e da necessidade de reabastecimento a cada semana. Além disso, a Wal-Mart dedica uma frota de 2 mil caminhões e, na média, as lojas são reabastecidas uma vez por semana. O *cross-docking* permite à empresa atingir economias de escala por meio da compra de cargas cheias. Ele reduz a necessidade de estoques de segurança e diminuiu os custos com vendas em 3%, em comparação com a média da indústria, o que explica as enormes margens de lucro da Wal-Mart.

7.3.3 O compartilhamento de estoques

Começamos nossa discussão sobre o compartilhamento de estoques com um exemplo.

EXEMPLO 7-3

Em 1994 a General Motors começou a testar um programa na Flórida que visava reduzir o tempo que os compradores do Cadillac precisavam esperar por seus novos automóveis. De acordo com o *Wall Street Journal*:

EXEMPLO 7-3 *continuação*

Com este programa, que começou em meados de setembro, cerca de 1500 Cadillacs entrarão pelos portões do centro de distribuição de Orlando, Flórida, para esperar pela entrega às concessionárias em todo o estado, o que deve ocorrer dentro de 24 horas... A GM espera que a melhoria no serviço ao cliente eleve as vendas de Cadillacs... Pesquisas comprovam que perdemos entre 10 e 11% em vendas porque o carro não está disponível... A GM diz que o programa-teste aumentará as vendas do modelo em 10%.

Por que a GM iniciaria um programa como este, conhecido como *programa de compartilhamento de estoques*? Por que as concessionárias participariam de um programa como este? As razões da GM são claras: conforme vimos ao longo deste livro, um sistema de distribuição centralizado tem um desempenho melhor do que os sistemas descentralizados. Normalmente, para um mesmo nível de estoque, um sistema centralizado oferece um maior nível de serviço e, por isso, um maior volume de vendas – e isto equivale precisamente ao conceito de compartilhamento do risco discutido no Capítulo 2. Além disso, lembremos do conceito de cadeia de suprimentos empurrada-puxada. Ao adotar o compartilhamento do estoque no depósito central de Orlando, retirando o carro dele após o cliente ter pedido seu automóvel, a GM está abandonando a cadeia de suprimentos empurrada, em que as concessionárias têm de pedir antes de a demanda ser realizada, para adotar uma cadeia de suprimentos empurrada-puxada, em que as concessionárias retiram o automóvel dos centros de distribuição nacionais. Isto significa que no final os clientes vivenciarão um serviço de melhor qualidade neste tipo de sistema, uma vez que mais automóveis estarão disponíveis para a venda.

Contudo, não está claro se a GM venderá mais carros às concessionárias da empresa com este tipo de sistema. Uma vez que os estoques são compartilhados, o número total de automóveis pedidos pelas concessionárias não necessariamente aumentará, ainda que o nível de serviço aumente. Esta estratégia trará algum benefício para a empresa no longo prazo? Esta questão será esclarecida no Exemplo 7-4.

E as concessionárias? Por um lado, elas têm acesso a um maior estoque e, com isso, podem vender mais. Por outro, este tipo de estoque centralizado tende a "nivelar o campo de jogo" entre as revendas. As concessionárias de pequeno porte e com estoques limitados preferem um sistema com estas características, pois na situação presente têm um enorme estoque disponível em menos de 24 horas para seus clientes. Contudo, as revendas maiores normalmente competem no mercado utilizando seus próprios estoques e, por isso, esse tipo de sistema arruína a vantagem que têm.

Para entendermos melhor as questões acerca do compartilhamento de estoques, consideremos o seguinte exemplo.

EXEMPLO 7-4

Consideremos dois varejistas que recebem demandas aleatórias para um único produto. Neste exemplo simplificado, os varejistas são idênticos, com os mesmos custos e características. Isto significa que problemas como a diferença entre o porte dos varejistas não têm influência na análise. Comparamos os dois sistemas, o centralizado e o descentralizado. No sistema compartilhado centralizado, os varejistas operam uma unidade em conjunto e retiram itens do estoque compartilhado para atender à demanda. No sistema descentralizado, cada varejista emite pedidos de forma individualizada junto ao fabricante com a mesma finalidade. Assim, em ambos os sistemas, o estoque é de propriedade dos varejistas. Os dois sistemas são mostrados na Figura 7-9.

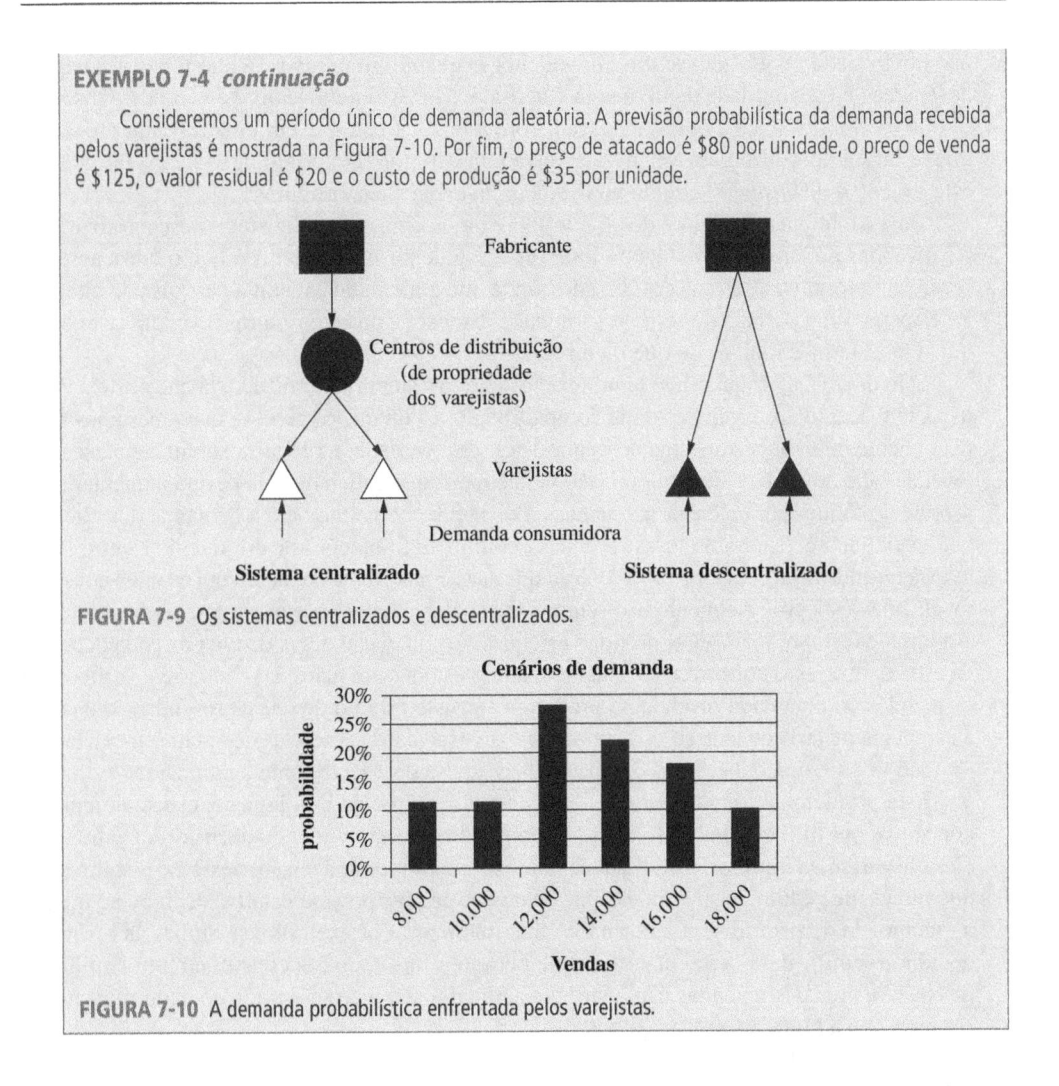

EXEMPLO 7-4 *continuação*

Consideremos um período único de demanda aleatória. A previsão probabilística da demanda recebida pelos varejistas é mostrada na Figura 7-10. Por fim, o preço de atacado é $80 por unidade, o preço de venda é $125, o valor residual é $20 e o custo de produção é $35 por unidade.

FIGURA 7-9 Os sistemas centralizados e descentralizados.

FIGURA 7-10 A demanda probabilística enfrentada pelos varejistas.

Aplicamos a mesma análise feita na Seção 2.2.2 para cada varejista no sistema descentralizado a fim de determinar que cada revenda pedirá 12 mil unidades com um lucro esperado por revenda de $470 mil, e um volume de vendas esperado de 11.240 unidades. Uma vez que cada revenda pede 12 mil unidades, o lucro do fabricante é $1.080.000 com este sistema. No sistema centralizado, em função do conceito do compartilhamento do risco, as duas revendas juntas pedirão 26 mil unidades, e o lucro esperado total é $ 1.009.392 com as vendas somadas esperadas de 24.470 unidades, em comparação com $940.000 e 22.680 unidades no sistema descentralizado simples. Observe que os pedidos são mais altos do que no sistema descentralizado, uma vez que o compartilhamento diminuiu o risco de baixa em pedir mais unidades (ao menos um dos varejistas provavelmente terá uma demanda maior do que a média). Por fim, uma vez que os varejistas emitem pedidos maiores, o lucro do fabricante sobe a $1.170.000, em comparação com o valor de $1.080.000 no sistema descentralizado.

Assim, conforme sugere o exemplo, espera-se que tanto o fabricante quanto as revendas prefiram o sistema centralizado. Porém, o exemplo anterior traz uma importante hipótese, não confirmada na prática: se um cliente chegar quando uma revenda não tem estoque, ele desaparece e esta unidade de demanda é perdida. Mas isto nem sempre é verdade. Observa-se que os clientes leais e que se deparam com a falta de estoque em uma revenda provavelmente buscarão outra, para verificar se esta tem estoque. Do ponto de vista do fabricante, este *processo de busca* do cliente pode ajudar a vender mais produtos.

Qual é o impacto da busca do cliente sobre os sistemas centralizados e descentralizados? As revendas podem tirar vantagem deste processo de busca? É verdade que o fabricante e a revenda preferem o sistema centralizado, ainda que tenham de encarar a pesquisa do cliente? E se apenas uma parcela dos clientes for leal e disposta a procurar outras revendas com estoque, um sistema é melhor do que o outro?

Sem dúvida, a pesquisa não tem impacto sobre o sistema centralizado, já que os dois varejistas têm acesso ao mesmo estoque compartilhado. Contudo, percebe-se que a pesquisa feita pelo cliente influencia o sistema descentralizado. Na verdade, a pesquisa significa que se uma revenda sabe que seus competidores não mantêm estoque suficiente, ela deverá aumentar seus próprios estoques para atender não apenas à demanda, como também à demanda dos clientes que inicialmente visitaram outras revendas que tinham limitações de estoque. Por outro lado, se esta revenda de alguma forma descobriu que suas concorrentes mantêm um estoque considerável, então esta provavelmente não será visitada pelos clientes que procuram outra revenda e, em virtude disto, reduzirá seus próprios estoques. Assim, a estratégia de uma revenda depende da estratégia de suas concorrentes. Quanto maior o estoque em mãos das concorrentes, menores os pedidos de uma dada revenda. O problema consiste no fato de que as revendas conhecem a estratégia de suas concorrentes e, portanto, não está claro como elas decidem seus níveis de estoque. Assim, desconhecemos o impacto da pesquisa do cliente sobre o fabricante.

Este problema é tratado por meio de conceitos da **teoria dos jogos** e, especialmente, o conceito do **equilíbrio de Nash**. Se dois competidores estão tomando decisões, dizemos que eles chegaram ao equilíbrio de Nash se ambos tomaram uma decisão, neste caso sobre uma quantidade de pedido, e nenhum é capaz de melhorar a própria expectativa de lucro ao mudar a quantidade de pedido se o outro não o fizer também. Por exemplo, se ambas as revendas decidiram emitir uma certa quantidade de pedido, estas decisões constituem um equilíbrio de Nash se uma das revendas não consegue aumentar seu lucro esperado ao pedir mais itens, a menos que a outra revenda peça menos itens.

Observe também que se o varejista 1 pede cerca de 20 mil unidades, o varejista 2 reage pedindo cerca de 12 mil unidades (curva em preto); contudo, se este for o caso, então

EXEMPLO 7-5

Retornemos a nosso exemplo. Façamos α representar a porcentagem de clientes que pesquisa o sistema – em outras palavras, a porcentagem de clientes que verifica os outros varejistas se sua demanda não é atendida no primeiro varejista. De posse desta informação, cada varejista consegue definir qual será a demanda efetiva (isto é, o total da demanda inicial mais a demanda pesquisada) se o outro varejista emite uma certa quantidade de pedido. Com base nestas informações, eles calculam o quanto deveriam pedir, diante de qualquer pedido de seus concorrentes. Isto se chama melhor resposta. A curva em preto da Figura 7-11 representa a melhor resposta do varejista 2 para um sistema com $\alpha = 90\%$, de forma que 90% dos clientes cuja demanda não é atendida em um primeiro varejista verificam se o item está nos estoques de outros varejistas.

Observe que à medida que o varejista 1 aumenta seus estoques, o estoque do varejista 2 diminui até uma certa quantidade. O mesmo ocorre para o estoque do varejista 1 em função da política do varejista 2.

EXEMPLO 7-5 *continuação*

Gráfico descentralizado

[Gráfico com eixo vertical "Pedido 2" de 3.600 a 36.000 e eixo horizontal de 7.200 a 36.000]

FIGURA 7-11 A melhor resposta dos varejistas.

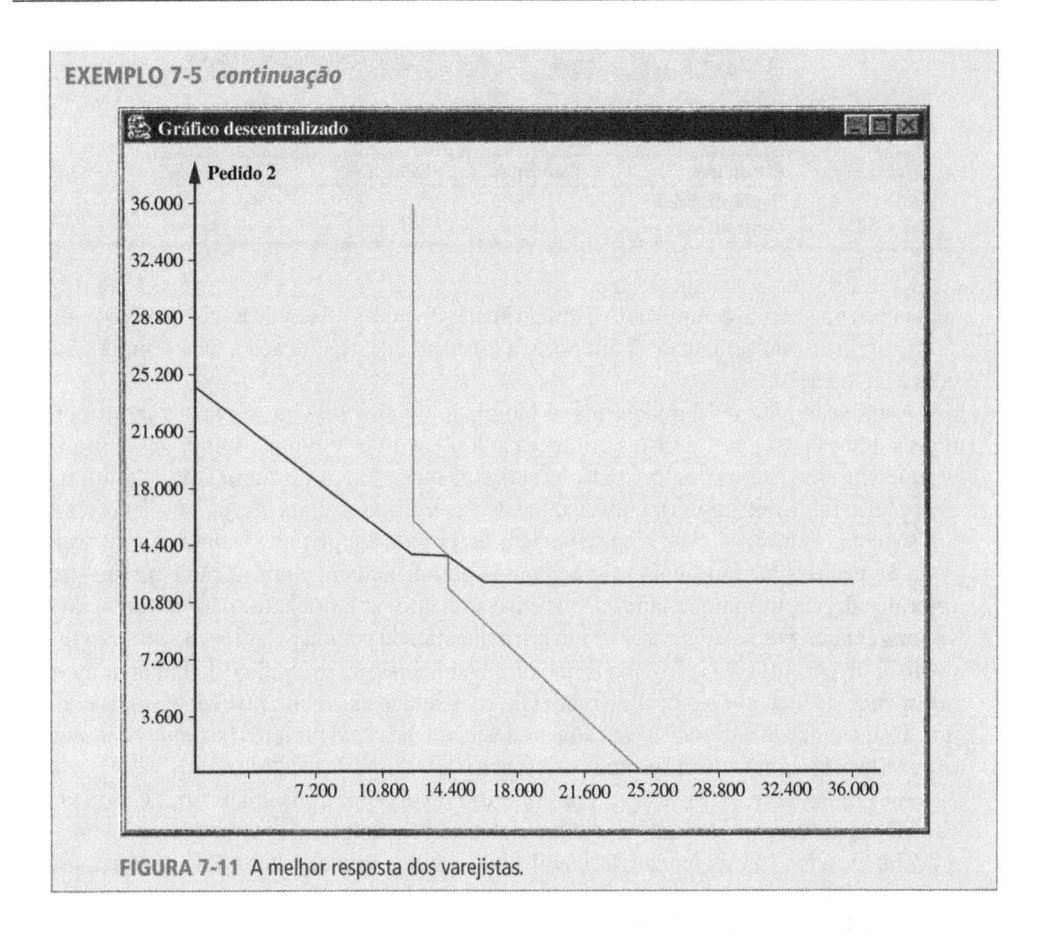

o varejista 1 deve alterar sua estratégia e reduzir sua quantidade de pedido (curva cinza). O único caso em que nenhum varejista tem um incentivo para modificar sua estratégia é aquele em que eles emitem pedidos por quantidades associadas à intersecção das duas curvas. Este é o equilíbrio de Nash para este sistema, e é único. Assim, a quantidade ótima de pedido para cada varejista é 13.900, e o lucro total esperado para cada varejista é $489.460 (para um lucro total esperado de $978.920). As vendas esperadas (por varejista) são 12.604 (de forma que as vendas totais esperadas são 25.208) e a quantidade total pedida junto ao fabricante é 27.800, o que significa que o lucro do fabricante é $1.252.000. A Tabela 7-3 compara o desempenho dos sistemas centralizado e descentralizado a uma taxa de pesquisa de 90%.

É interessante observar que o sistema centralizado não domina o sistema descentralizado. Na verdade, enquanto os varejistas mantêm sua preferência por um sistema centralizado, o lucro do fabricante é maior no sistema descentralizado. Também observa-se que se um sistema é inteiramente centralizado, seu lucro é um pouco maior, ficando em $2.263.536.

A observação feita no exemplo anterior vale para os sistemas deste tipo (com muitos varejistas concorrendo). Este equilíbrio de Nash é único nestes sistemas; a quantidade de pedido de cada varejista e o respectivo lucro aumentam com o aumento da fração de clientes que fazem pesquisa e, qualquer que seja esta fração, o lucro total esperado pelos varejistas

TABELA 7-3			
SISTEMAS CENTRALIZADO E DESCENTRALIZADO POR NÍVEL DE BUSCA DE 90%			
Estratégia	Varejistas	Fabricante	Total
Descentralizada	978.920	1.251.000	2.229.920
Centralizada	1.009.392	1.170.000	2.179.392

será maior no sistema centralizado compartilhado do que no sistema descentralizado. Assim, se os varejistas são semelhantes em porte e estratégia de precificação, eles sempre ganham com a cooperação.

A situação para o fabricante não é tão clara. Conforme vimos, para grandes porcentagens de pesquisa, os varejistas emitem pedidos maiores em um sistema descentralizado do que em um sistema centralizado, o que aumenta o lucro do fabricante. Assim, nestas situações, o fabricante preferirá um sistema descentralizado, ainda que os varejistas prefiram um sistema centralizado. Se a porcentagem de pesquisa é pequena, contudo, os varejistas emitirão pedidos menores em um sistema descentralizado em comparação com um sistema centralizado, de forma que tanto os varejistas quanto os fabricantes dão preferência a um sistema centralizado. A Figura 7-12 mostra a quantidade pedida pelas revendas como função do nível de pesquisa α no sistema descentralizado de nosso exemplo. Ela também mostra a quantidade pedida no caso centralizado. Observa-se que existe um nível de pesquisa crítico, que diz que quando a pesquisa está abaixo deste, o fabricante prefere o sistema centralizado, e, quando está acima, ele dirige sua preferência ao sistema descentralizado.

Assim, os fabricantes sempre preferem um nível de pesquisa mais alto. Como atingir isto? Duas abordagens comuns a este problema são estratégias de marketing que aumentam a fidelidade à marca e as iniciativas envolvendo a tecnologia da informação que melhoram a comunicação entre os varejistas.

Sem dúvida, se a fidelidade à marca aumenta, os clientes estarão mais propensos a procurar uma marca em outro varejista se sua escolha inicial não estiver presente nos estoques. Por exemplo, a Acura por diversos anos ofereceu um desconto de $500 a seus

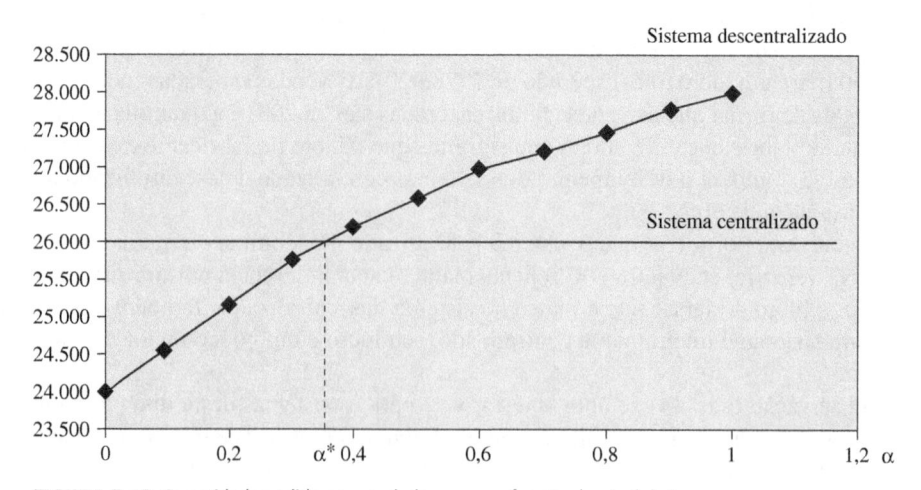

FIGURA 7-12 Quantidade pedida por vendedores como função do nível de busca.

clientes que desejavam substituir seu Acura por um novo. Este programa incentivou os clientes a visitarem diversas revendas da empresa, se necessário, para encontrar o carro que procuravam.

A tecnologia da informação aperfeiçoa a comunicação entre as revendas, e entre as revendas e os clientes. Isto facilita a pesquisa dos clientes no sistema e, portanto, aumenta a probabilidade de que eles efetuem estas pesquisas.

Por exemplo, a Ford e a Honda desenvolveram sistemas de informação que oferecem informações a cada revenda sobre os níveis de estoque de todas as revendas nos EUA. Quando uma revenda é incapaz de atender à demanda, ela tem a chance de verificar a disponibilidade do carro em uma revenda próxima. Da mesma forma, serviços como Auto-By-tel, Car-Point e GMBuyPower permitem aos clientes especificar o veículo que desejam adquirir e receber uma lista de concessionárias que têm aquele modelo específico em estoque. As concessionárias que decidem entrar neste sistema pagam uma taxa de participação.

7.4 O TRANSBORDO

Há vezes em que não é necessário, literalmente, ter um estoque centralizado para tirar vantagem do compartilhamento de estoque. Na verdade, o crescimento das opções de transporte rápido e o avanço nos sistemas de informação transformaram o transbordo em uma importante opção na seleção de cadeias de suprimentos e uma alternativa para a implementação de estratégias de compartilhamento de estoques. O termo *transbordo* significa um carregamento de itens entre diferentes instalações *ao mesmo nível da cadeia de suprimentos*, para atender a uma necessidade imediata.

Na maioria das vezes, o transbordo é considerado em nível de varejo. Conforme já mencionamos, a capacidade de transbordo permite ao varejista atender a demanda do cliente com *os estoques de outros varejistas*. Para alcançar isto, o varejista precisa saber o que os outros varejistas têm em estoque, e não pode prescindir de uma maneira rápida de transportar os itens tanto para a loja em que o cliente originalmente tentou fazer a compra, quanto para a casa deste cliente. Estas exigências são atendidas apenas com o uso de sistemas avançados de informação, que permitem a um varejista descobrir o que os outros varejistas têm em estoque e assim facilitar o transporte rápido entre eles.

É fácil entender que se os sistemas adequados de informação existem, os custos com transporte são razoáveis, e que se todos os varejistas são de um mesmo proprietário, o transbordo faz sentido. Neste caso, o sistema está tirando vantagem, com eficácia, do conceito de compartilhamento do risco, ainda que nenhum depósito central exista, uma vez que é possível examinar estoques em diferentes varejistas como parte de um *pool* único e maior.

Os varejistas independentes e que operam de acordo com seu próprio desejo querem evitar o transbordo, pois com ele estão auxiliando a concorrência. O Capítulo 8 considera os problemas associados à *integração dos distribuidores*, em que distribuidores independentes cooperam de diferentes maneiras, incluindo o transbordo de mercadorias.

Se estes varejistas concorrentes concordam em adotar o transbordo, eles terão de enfrentar problemas semelhantes aos discutidos no modelo de compartilhamento de estoques. Isto é, se os varejistas concordam em adotar a estratégia, a quantidade em estoque que cada um deverá manter não fica clara, pois a estratégia de um varejista depende das estratégias de seus concorrentes. O que se vê é que as técnicas e os resultados semelhantes aos apresentados na descrição do compartilhamento de estoques são conservados neste caso.

7.5 A SELEÇÃO DE UMA ESTRATÉGIA APROPRIADA

Pouquíssimas cadeias de suprimentos utilizam apenas uma destas estratégias. Normalmente, diferentes abordagens são empregadas para diferentes produtos, o que torna necessário analisar a cadeia de suprimentos e definir a abordagem ideal para um dado produto ou família de produtos.

Para avaliar estes conceitos, procedemos com uma questão simples: quais são os fatores que influenciam as estratégias de distribuição? Está claro que a demanda e a localização, o nível de serviço, além dos custos, incluindo os de transporte e de estoque, são fatores que igualmente desempenham um papel nesse panorama.

É importante observar a relação entre os custos de transporte e de estoque (ver Capítulos 2 e 3). Tanto um quanto outro dependem do tamanho do carregamento, mas de modos opostos. O aumento no tamanho dos lotes reduz a frequência de entrega e possibilita à transportadora tirar vantagem das diferenças de preço em termos de volume transportado, o que reduz os custos de transporte. Contudo, tamanhos maiores de lote aumentam os custos com estoques por item, pois os itens permanecem em estoque por um período maior até serem consumidos.

A variação na demanda também tem impacto na estratégia de distribuição. Na verdade, conforme visto no Capítulo 2, a variação na demanda exerce grande impacto no custo. Quanto maior a variação, maior o estoque de segurança necessário. Assim, os estoques mantidos nos depósitos fornecem uma proteção contra a variação e a incerteza na demanda e, devido ao *compartilhamento do risco*, quanto maior o número de depósitos de um distribuidor, maior o estoque de segurança necessário. Por outro lado, se os depósitos não são utilizados para a armazenagem de estoques, como ocorre na estratégia *cross-docking*, ou se não há depósitos, como na expedição direta, um maior estoque de segurança é necessário no sistema de distribuição. Isto é verdadeiro nos dois casos porque *cada loja* precisa manter um estoque de segurança suficiente. Este efeito é amenizado, contudo, pelas estratégias de distribuição que possibilitam a obtenção de previsões mais acuradas de demanda, e estoques de segurança menores, além da possibilidade de adotar estratégias de transbordo e compartilhamento. Qualquer avaliação de estratégias diferentes precisa também considerar o *lead time* e as exigências de volume, o comportamento e as exigências dos clientes, a variedade em produto final e o investimento de capital envolvido nas diversas alternativas.

A Tabela 7-4 resume e compara as estratégias de transporte direto, de estoques em depósitos e de *cross-docking*. A estratégia de estoques em depósitos se refere à estratégia clássica, em que o estoque é mantido em um depósito. A linha "alocação" na tabela se refere ao ponto em que a alocação de diferentes produtos a diferentes lojas do varejo precisa ser efetuada.

TABELA 7-4

ESTRATÉGIAS DE DISTRIBUIÇÃO

Estratégia → Atributo ↓	Despacho direto	*Cross-docking*	Estoque em depósitos
Compartilhamento do risco			Tira vantagem
Custos de transporte		Custos de transporte de entrada reduzidos	Custos de transporte de entrada reduzidos
Custos de estocagem	Sem custos com depósitos	Sem custos de estocagem	
Alocação		Postergada	Postergada

Sem dúvida, na expedição direta, as decisões sobre alocação precisam ser tomadas mais cedo, em comparação com as outras duas estratégias, por isso os horizontes de previsão precisam ser mais amplos.

RESUMO

Nos últimos anos, muitas empresas melhoraram o desempenho, a redução de custos, os níveis de serviço, o efeito chicote e a reação diante de alterações no mercado por meio da integração da cadeia de suprimentos. Contudo, é essencial implementar estratégias eficazes de distribuição, independentemente do nível final de integração da cadeia de suprimentos. Dependendo dos detalhes da situação, a expedição direta ou as estratégias de distribuição que utilizam pontos intermediários de armazenagem, como depósitos ou centros de distribuição, pode ser a estratégia mais apropriada. Ainda que os pontos de armazenagem de estoques sejam utilizados, outras decisões precisam ser tomadas. É preciso ter muitos depósitos e centros de distribuição, ou um de cada é o suficiente? Os estoques devem ser armazenados nestes locais, ou meramente transbordados? Para o varejista, faz sentido participar de um sistema de estoques compartilhados? O que dizer de um sistema de transbordo? Todas estas decisões dependem da natureza e das características dos custos, produtos e clientes.

QUESTÕES PARA DISCUSSÃO

1. Consideremos uma grande loja de descontos. Discuta alguns produtos e fornecedores para os quais a loja deve adotar as estratégias de *cross-docking*, de expedição direta e os produtos para os quais ela deve adotar a estratégia de depósitos tradicional.
2. Consideremos as cadeias de suprimentos a seguir. Para cada uma, liste as vantagens específicas das gestões centralizada e descentralizada das unidades locais.
    a. Laticínios.
    b. Jornais.
    c. *Mp3 players.*
    d. Automóveis.
    e. Calças jeans.
3. Quais são as empresas ou cadeias de suprimentos que podem adotar uma estratégia de compartilhamento de estoques?
4. Quais são as empresas ou cadeias de suprimentos que podem adotar uma estratégia transbordo?
5. Mencione duas semelhanças e duas diferenças entre as estratégias de compartilhamento de estoques e de transbordo. Por que uma é apropriada para um tipo de cadeia de suprimentos, e a outra é mais indicada para outro tipo?
6. Discuta como as empresas e revendas podem encorajar a pesquisa do cliente por itens em estoque.
7. Discuta como as revendas podem desencorajar esta pesquisa. Por que elas iriam querer desestimular este comportamento do cliente?
8. Responda às seguintes perguntas sobre o estudo de caso da Amazon no início deste capítulo.
    a. Quais são as opções de expansão que a Amazon pode escolher? Expandir para outros países? Lançar atividades com produtos usados?
    b. Qual é a configuração da rede de distribuição que a Amazon Europa deve adotar?

CAPÍTULO 8

As Alianças Estratégicas

ESTUDO DE CASO

Como a Kimberly-Clark conserva o cliente Costco

Certa manhã, uma das lojas Costco em Los Angeles viu seus estoques de fraldas *Huggies* tamanho P e M diminuírem. Era o sinal de uma crise.

Então, o que os gerentes da Costco fizeram? Nada. Eles não precisaram tomar uma atitude, graças a um plano conjunto com a Kimberly-Clark Corp., o fabricante daquela marca de fraldas.

Com este acordo, a responsabilidade pelo reabastecimento dos estoques cai sobre o fabricante, não sobre a Costco. Em troca, o grande varejista compartilha informações detalhadas sobre as vendas de cada uma de suas lojas. Assim, antes de os bebês de Los Angeles perceberem o que estava acontecendo, a escassez de fraldas foi revertida por um analista de dados da Kimberly-Clark, que trabalhava em um computador, há centenas de quilômetros dali, em Neenah, Wisconsin.

"Na época em que eles próprios preparavam seus pedidos, eles não entendiam direito como funcionavam as coisas", disse o analista de dados da Kimberly-Clark, Michael Fafnis. Hoje, um link com a Costco permite ao Sr. Fafnis tomar decisões rápidas sobre os locais para onde as fraldas Huggies ou outros produtos da empresa precisam ser enviados.

Há cerca de poucos anos, o compartilhamento destes dados entre um grande varejista e um distribuidor teria sido algo impensável. Mas o acordo entre a Costco Wholesale Corp. e a Kimberly-Clark marca uma virada no varejo norte-americano. Em todo o país, varejistas poderosos, como a Wal-Mart, a Target Co. e a J.C. Penney estão pressionando seus fornecedores a adotar um papel mais ativo no transporte de seus produtos até as prateleiras das lojas.

A TROCA DE TAMANHOS

Em certos casos, a troca de tamanhos significa que os fornecedores são requisitados a arcar com os custos do excesso de mercadoria nos depósitos. Em outros, isto quer dizer que os fornecedores são forçados a mudar o tamanho dos produtos ou das embalagens. No caso da Costco e da Kimberly-Clark, cujo plano de coordenação é oficialmente chamado de "estoque administrado pelo fornecedor", a Kimberly-Clark supervisiona e paga tudo o que está envolvido na gestão de estoques da Costco, exceto os funcionários encarregados de reabastecer as prateleiras.

Não importa o acordo ou a tecnologia. O principal foco destes grandes varejistas é o mesmo: cortar custos ao longo da cadeia de suprimentos, o que envolve todos os passos, desde a etapa de obtenção da matéria-prima até a chegada do produto final na prateleira. A hipótese é a de que os próprios fornecedores é que estão na melhor posição de identificar as ineficiências e de corrigi-las.

Fonte: Emily Nelson e Ann Zimmermann, *The Wall Street Journal*, Edição do Oriente, 7/9/2000. Copyright © Dow Jones & Company, Inc. Reproduzido com a permissão da Dow Jones & Company, Inc., para o formato de livro-texto por mediação do Copyright Clearance Center.

Para os consumidores, isto se traduz em preços menores na caixa registradora. Na verdade, o foco cada vez maior de parte das empresas dado à cadeia de suprimentos é uma das razões por trás da queda em 1998 de 1,5% nos preços de produtos em geral nos EUA, desde detergentes até os suéteres de lã. Ano passado esta queda se repetiu, e será vista mais uma vez neste ano, de acordo com Richard Brenner, economista-chefe para os EUA na Morgan Stanley Dean Witter. "A gestão da cadeia de suprimentos tem um impacto imenso", diz Berner, que compilou sua análise a partir de dados do governo.

O RETORNO AO *UNISSEX*

Existe também um lado negativo para os clientes: o número de marcas e modelos de embalagem disponíveis é menor. Por exemplo, há dois anos, a Kimberly-Clark parou de produzir modelos distintos de fraldas para meninos e meninas, e voltou a adotar o modelo unissex. Menor variedade implica uma maior facilidade de acompanhamento de estoques nas fábricas e nos caminhões, é o que diz a empresa, baseada em Dallas.

Em grande parte, uma melhor cooperação entre varejistas e fornecedores foi possibilitada por meio de melhorias na tecnologia – como o link entre computadores que a Kimberly-Clark utiliza. Isto também é consequência da maior força dos principais varejistas, à medida que se consolidam e se expandem no mundo todo. Muitos economistas dizem que uma coordenação mais apurada entre o varejista e o fornecedor em relação à cadeia de suprimentos é o modelo a ser adotado no futuro, e acabará definindo quais as empresas que terão sucesso no novo milênio.

"Um cliente compra um rolo de papel-toalha Bounty, e isso faz com que alguém tenha de cortar mais uma árvore na Geórgia", diz Steve David, que chefia os trabalhos com a cadeia de suprimentos para a Procter & Gamble Co., a gigante dos bens de consumo baseada em Cincinnati. "Encontramos o Cálice Sagrado!"

Hoje, a P&G emprega cerca de 250 pessoas em Fayetteville, Arkansas, a poucos minutos da matriz da Wal-Mart em Bentonville, apenas a fim de promover seus produtos para aquele varejista e garantir que eles se movimentem o mais rápido possível para as prateleiras de suas lojas. Os dois gigantes compartilham alguns dados sobre estoques.

O preço pago pelas ineficiências na cadeia de suprimentos é alto. A Revlon Inc. diminuiu seus carregamentos de produtos neste ano porque as prateleiras das lojas estavam cheias de estoque velho. O novo CEO da Kmart, Charles Conaway, em parte culpou publicamente a fraca estrutura da cadeia de suprimentos pelos lucros em queda do varejista que administra. No mês passado, ele disse que espera atualizar a tecnologia da Kmart e incluir sistemas para a coordenação com fornecedores. No início deste ano, a Esteé Lauder Cos., uma empresa de cosméticos, contratou o ex-presidente responsável pela cadeia de suprimentos da Compaq Computer Corp. para melhorar seu desempenho neste departamento.

São muitas as opiniões que dizem que a íntima colaboração entre a Costco e a Kimberly-Clark serve como modelo para outras empresas, e que também ajuda a explicar os recentes ganhos consideráveis em vendas das duas empresas. Nos dois últimos anos, a Kimberly-Clark expandiu seu programa gradualmente, e hoje administra estoques para cerca de 44 varejistas que comercializam seus produtos. A empresa diz que cortou $200 milhões em custos com a cadeia de suprimentos neste período e quer cortar outros $75 milhões ainda este ano.

"Isto é o que a era da informação trouxe para este setor da indústria", diz Wayne Sanders, presidente e CEO da Kimberly-Clark. "A estratégia nos dá vantagem competitiva". Na verdade, a Kimberly-Clark diz que a economia com custos que obtém com a cadeia de suprimentos é mais uma razão para que suas fraldas Huggies, e não as fraldas Pampers de sua rival P&G, sejam vendidas na Costco na maior parte do território norte-americano.

"Se uma empresa encontra um caminho para a redução de seus custos, ela consegue estes acordos", diz Richard Dicerchio, o CEO de operações da Costco. Uma porta-voz da P&G diz que sua cadeia de suprimentos é muito eficiente e que a Costco armazena muitos dos produtos que ela produz.

Para supervisionar os pedidos para os varejistas cujos estoques ela administra, a Kimberly-Clark emprega 24 pessoas, incluindo o Sr. Fafnis. Uma porta-voz da Kimberly-Clark diz que as vantagens do programa "ultrapassam de longe" os custos adicionais com mão de obra. Ano passado, a Kimberly-Clark registrou um aumento de 51% em sua receita líquida, para $1,67 bilhão com $13 bilhões em vendas, coroando um período de três anos de resultados surpreendentes.

Para a Costco, os benefícios de tão íntima cooperação com um fornecedor de grande porte também são evidentes: ela economiza dinheiro não apenas com pessoal dedicado a estoques, como também com a armazenagem. Antes de a Kimberly-Clark passar a administrar os estoques da Costco, no final de 1997, o varejista tinha de manter um estoque de um mês de produtos da Kimberly-Clark em seus depósitos. Hoje, uma vez que a Kimberly-Clark provou que é capaz de reabastecer os estoques com eficiência, a Costco mantém um estoque de duas semanas apenas.

Além disso, a Costco diz que suas prateleiras estão sob menor risco de se esvaziarem com este novo sistema. Isto é importante tanto para o varejista quanto para o fornecedor, já que estudos sobre o comportamento do cliente indicam que ele sairá de uma loja sem comprar algo, se não encontrar o produto de que necessita. A P&G, por exemplo, estima um prejuízo médio de cerca de 11% ao ano por conta da falta de estoque no varejo.

Para a Costco, que mantém seus custos reduzidos por conta de oferecer apenas uma marca por produto, além de sua marca própria Kirkland para cada categoria, a manutenção de estoque nas prateleiras é essencial. "Se ficarmos sem estoque, estamos sem uma categoria de produto, e com isto a chance de perda de uma venda é muito alta", diz o Sr. Dicerchio.

Susanne Shallon, de Redondo Beach, Califórnia, diz que sempre compra fraldas Huggies tamanho G para sua filha Beth de 22 meses, e Pull-Ups para seu filho Emil, de cinco anos, em uma loja da Costco próxima à sua casa, porque a loja tem amplos estoques. "É bom poder ter a confiança de entrar na loja e ver o produto à sua disposição", diz ela.

Um produto "puxado"

No momento, a Kimberly-Clark administra o estoque da Costco em todo o território norte-americano, exceto no nordeste. A Kimberly-Clark recentemente enviou analistas à matriz da Costco em Issaquah, estado do Washington, para tentar avançar um estágio: a expansão ao nordeste e a colaboração com as previsões, não apenas com os registros de venda.

James Sinegal, o CEO da Costco, diz que a cadeia de lojas da empresa sempre administrou seus estoques com eficiência, mas, "queremos levar as coisas a um nível mais alto", completa ele. A Costco tem um excelente desempenho entre os varejistas dos EUA, com crescimento de dois dígitos nas vendas a cada ano, desde 1996. Suas vendas subiram 13% e chegaram na marca de $26,98 bilhões no ano fiscal terminado em 29/8/99.

Na Costco, as fraldas são conhecidas como um produto "empurrado", isto é, os compradores fazem uma viagem às lojas da empresa com o intuito único de adquiri-las. Os pais que compram estas fraldas são muito conscientes acerca de preços e, por isso, a pressão é feita no sentido de o varejista manter fraldas em estoque e baratear o preço o máximo possível.

Para o Sr. Fafnis, o analista de dados da Kimberly-Clark, que tem apenas 34 anos, e é o responsável por examinar as 155 lojas da Costco em todo o oeste dos EUA, isto significa chegar em sua estação de trabalho às 7:30h da manhã e encontrar pilhas de planilhas que mostram o número exato de caixas de Huggies, Kleenex e toalhas de papel Scott que estão nas prateleiras da Costco. Ele está mais a par dos detalhes de vendas e dos estoques do que muitos executivos da Costco.

Sua missão: manter o estoque de cada loja o mais baixo possível, sem o risco de esvaziamento das prateleiras. Isto permite a ele uma margem de erro muito pequena, e em média é necessário uma semana entre o instante que ele entra com um pedido em seu computador e a hora em que um caminhão estaciona em uma das lojas da Costco.

Ao examinar as planilhas certa manhã, há alguns meses, o Sr. Fafnis, que estuda estatísticas do beisebol como passatempo, percebe rapidamente o provável problema que está para ocorrer em Los Angeles. O estoque de fraldas pequenas e médias da loja está em 188 embalagens. Na semana anterior, 74 embalagens haviam sido vendidas. Isto significa que a loja poderia ficar com seus estoques abaixo do nível de segurança – via de regra o equivalente a duas semanas de estoque – em poucos dias. O computador emite uma sugestão de pedido, mas o Sr. Fafnis o reduz em umas poucas embalagens. Como pai de uma criança de dois anos que usa as fraldas Huggies, ele tem um certo instinto para o mercado. "Quando o próximo caminhão estacionar para descarregar, você precisa ter certeza de estar entrando em seu estoque de segurança. Esta é a situação ideal", diz ele.

O Sr. Fafnis, que nunca entrou em uma loja da Costco (a empresa não tem lojas no Wisconsin), tenta adaptar os pedidos de acordo com as peculiaridades dos compradores e com as necessidades de um local específico. Em um mural presente em sua estação de trabalho, ele fixa uma lista de solicitações especiais intensamente iluminadas com um marcador de texto laranja. Por exemplo, uma loja em Reno, Nevada, pode receber entregas apenas nas manhãs de segunda-feira, para anuir ao regulamento sobre ruídos na cidade.

Após o Sr. Fafnis dar entrada dos pedidos em seu computador, um analista de transporte da Kimberly-Clark no centro de logística da empresa em Knoxville, Tennessee, abre o mesmo arquivo em seu computador e envia o pedido a uma empresa transportadora.

UM PEDIDO CANCELADO

As queixas são tratadas pela analista do atendimento ao cliente da Kimberly-Clark Rachel Pope, que trabalha em uma estação de trabalho próxima à do Sr. Fafnis. Certa tarde, um gerente de mercadorias da Costco telefona para dizer que um loja em Spokane, Washington, está sendo reformada e não deseja receber encomendas. A Sra. Pope telefona ao centro de logística em Knoxville, que diz a ela que o caminhão com destino a Spokane está próximo do ponto de descarga em Ogden, Utah. Ela liga para o motorista, por meio de teleconferência, um pouco antes de ele começar a carregar o caminhão. "Esta passou perto", diz ela.

A motivação para a excelência gera novos problemas. Ano passado, os gerentes de loja da Costco queixaram-se de que algumas entregas estavam incompletas. Os gerentes da Kimberly-Clark visitaram 13 lojas da Costco e viram alguns motoristas que acidentalmente descarregavam itens direcionados a uma filial adiante no percurso de entrega. Hoje, a Kimberly-Clark utiliza um simples divisor de papelão para separar cada pedido.

A patrulha das prateleiras das lojas em busca de itens sem estoque é feita por Donna Immes, vendedora da Kimberly-Clark para a Costco. A Sra. Imes, que mora próximo à matriz da Costco, normalmente liga seu computador às 4:30 toda a manhã e estuda os relatórios preparados pelo Sr. Fafnis. Ela percorre cada corredor de ao menos cinco lojas da Costco por semana, utilizando um caderno em espiral para anotar os preços dos competidores e seus *displays*, e aproveita para conversar com gerentes e clientes.

Recentemente, quando a Sra. Imes percebeu que alguns clientes alojavam as embalagens de fraldas na grade inferior dos carrinhos de compras, ela ligou para o gerente de marca da Huggies e pediu a ele para não fazer embalagens muito largas. Ao perceber que uma dada loja da Costco ficava com estoques baixos da fralda geriátrica Depend no começo do mês, o gerente do varejista avisou a Sra. Imes de que os residentes de uma casa de repouso para idosos localizada ao lado da loja sempre faziam suas compras naquele período. Assim, ela alertou o Sr. Fafnis, que programou seu computador para atender a esta demanda.

A importância da cadeia de suprimentos não se diluiu na Kimberly-Clark, que está tentando aplicar os mesmos princípios a seus próprios fornecedores. Hoje, ela mantém menos de um mês de estoque de fraldas em seus próprios depósitos, o que corresponde a menos de 50% do visto nos dois últimos anos.

No momento os carregamentos de matérias-primas continuam sendo o ponto fraco deste sistema. Os progressos são tímidos e se concentram em detalhes, como a maneira que a empresa estoca as tiras de *velcro* para suas fraldas. Há dois anos, a Kimberly-Clark passou a compartilhar seus planos de produção com a Velcro USA, Inc., via e-mails. Isto reduziu o estoque de *velcro* em 60% e representou uma economia de diversos milhões de dólares.

A Kimberly-Clark afirma que está tentando cortar custos ainda mais. Jim Steffen, o presidente do departamento de vendas ao cliente dos EUA, regularmente lembra seus funcionários de que o varejista é o cliente. "Da última vez que examinei a situação", diz ele, "não tínhamos lojas".

Ao final deste capítulo você será capaz de responder as seguintes perguntas:

- Por que os principais varejistas estão se movimentando na direção de relacionamentos em que o fornecedor é quem administra os níveis de estoque em suas lojas?
- Quando uma empresa deve lidar com suas necessidades logísticas sozinha, e em que situação ela deve recorrer a fontes externas?
- Quais são os outros tipos de parcerias de negócio que podem ser adotados para melhorar o desempenho da cadeia de suprimentos?
- As pressões como as descritas neste estudo de caso podem ser utilizadas como uma vantagem para a empresa?

8.1 INTRODUÇÃO

Um dos paradoxos dos negócios da atualidade diz que ao mesmo tempo em que práticas complexas de negócio (como as discutidas nos capítulos anteriores) estão tornando-se essenciais à sobrevivência das empresas, os recursos financeiros e de gestão necessários à implementação destas práticas estão tornando-se cada vez mais escassos. Esta é uma das razões pela qual talvez não seja sempre eficaz executar todas estas funções essenciais do negócio dentro da empresa. Muitas vezes, uma empresa pode descobrir que é eficaz empregar outras firmas que dispõem de recursos especiais e conhecimento técnico para executar estas funções. Ainda que uma empresa tenha os recursos disponíveis para a execução de uma dada tarefa, outra empresa na cadeia de suprimentos pode ser a mais preparada para executá-la, simplesmente porque sua posição relativa na cadeia lhe permite fazer isso.

Muitas vezes, a combinação da posição na cadeia de suprimentos, dos recursos e da experiência é que determina a empresa mais adequada para a execução de uma função específica. Claro que não basta saber quem na cadeia de suprimentos é que deveria executar esta função – são necessárias etapas para que a função seja de fato executada por uma empresa preparada para isto.

Como ocorre com qualquer função de negócio, existem quatro maneiras básicas para uma empresa garantir que uma função relacionada à logística seja completada [125]:

1. **As atividades internas.** Uma empresa é capaz de executar a atividade utilizando recursos e experiência interna, se estes estiverem disponíveis. Conforme discutimos nas seções a seguir, se esta atividade é um dos *principais pontos fortes* da empresa, então talvez esta seja a melhor maneira de executar a atividade.
2. **Aquisições.** Se uma empresa não tem a experiência ou os recursos especializados internamente, ela tem a escolha de adquirir uma empresa que tem estas vantagens. Não há dúvida de que isto dá à empresa controle total sobre a maneira em que uma dada função do negócio é executada, mas são muitas as possíveis desvantagens. Por um lado, a aquisição de uma empresa de sucesso pode ser difícil e cara. A cultura da empresa adquirida pode entrar em conflito com aquela da empresa adquirente, e a eficácia da primeira pode então ser perdida no processo de assimilação. A empresa adquirida talvez já tenha lidado com os concorrentes da empresa adquirente, e esta vantagem pode se diluir, afetando sua eficácia global. Por estas razões, e por muitas outras, uma aquisição talvez não seja apropriada.
3. **As transações de mercado.** A maior parte das transações são deste tipo. Uma empresa precisa de um item ou serviço específico, como a entrega de um carregamento de produtos, a manutenção de um veículo, ou o projeto e instalação de um software de gestão logística, e compra ou arrenda este item ou serviço. Muitas vezes uma transação de mercado é a maneira mais eficaz e apropriada a adotar. Claro que os objetivos e as estra-

tégias do fornecedor talvez não se equiparem aos do comprador. Em geral, este tipo de arranjo de curto prazo atende a uma dada necessidade de uma empresa, mas não leva a vantagens estratégicas de longo prazo.
4. **As alianças estratégicas.** Estas alianças são parcerias multifacetadas de longo prazo, orientadas por metas, entre empresas em que tanto os riscos quanto as recompensas são compartilhados. Nestes casos, os problemas da aquisição direta podem ser evitados ao mesmo tempo em que os objetivos mútuos levam ao comprometimento de um número maior de recursos, em comparação com as transações de mercado. As alianças estratégicas normalmente trazem benefícios estratégicos de longo prazo para as duas partes.

Este capítulo se concentra nas *alianças estratégicas* relacionadas à gestão da cadeia de suprimentos. Na próxima seção, apresentamos uma estrutura de análise das vantagens e desvantagens das alianças estratégicas. As Seções 8.3, 8.4 e 8.5 discutem em pormenor os três tipos mais importantes de alianças estratégicas relacionadas à cadeia de suprimentos: a logística terceirizada (LT), as parcerias varejista-fornecedor (PVF) e a integração dos distribuidores (ID).

8.2 UMA ESTRUTURA PARA AS ALIANÇAS ESTRATÉGICAS

Existem muitas questões estratégicas difíceis que desempenham um papel na seleção das *alianças estratégicas* adequadas. Jordan Lewis [125] apresentou uma estrutura genérica eficaz para a análise destas alianças. Esta estrutura, que apresentamos brevemente nesta seção, auxilia na consideração dos tipos de alianças estratégicas relativas à cadeia de suprimentos tratadas no restante deste capítulo.

Para determinarmos se uma dada aliança estratégica é apropriada para sua empresa, considere como a aliança pode ajudar a tratar das seguintes questões:

Agregando valor a produtos. Uma parceria com uma empresa apropriada pode auxiliar a agregar valor a produtos existentes. Por exemplo, as parcerias que melhoram o tempo de entrada no mercado, os tempos de distribuição ou os tempos de reparo ajudam a melhorar a percepção do valor de uma determinada empresa. Da mesma forma, as parcerias entre empresas com linhas complementares de produtos agregam valor aos produtos de ambas as empresas.

A melhoria no acesso ao mercado. As parcerias que levam a melhorias na propaganda ou que facilitam o acesso a novos mercados são benéficas. Por exemplo, os fabricantes de bens de consumo não essenciais cooperam um com o outro e assim tratam das necessidades dos principais varejistas, o que aumenta as vendas para todos.

O fortalecimento das operações. As alianças entre empresas aperfeiçoam as operações, por meio da diminuição dos custos do sistema e dos tempos de ciclo. As unidades e os recursos podem ser empregados com mais eficiência e eficácia. Por exemplo, empresas com produtos sazonais não essenciais têm a chance de utilizar depósitos e caminhões ao longo de todo o ano.

O acréscimo de potência tecnológica. As parcerias em que tecnologias são compartilhadas podem contribuir com a base de habilidades de ambas as partes. Além disso, as difíceis transições entre tecnologias velhas e novas são facilitadas pela experiência de uma das parceiras. Por exemplo, um fornecedor pode precisar de um sistema avançado de informações para trabalhar com um dado cliente. A parceria com uma empresa que tem experiência nesse sistema facilita o tratamento de questões tecnológicas complexas.

O aperfeiçoamento do crescimento estratégico. Muitas novas oportunidades sofrem com fortes barreiras de entrada. As parcerias possibilitam às empresas o compartilhamento de experiências e recursos para superar estas barreiras e explorar novas oportunidades.

O aperfeiçoamento das habilidades organizacionais. As alianças oferecem enormes oportunidades de aprendizado organizacional. Além de aprenderem uma com a outra, as parceiras são compelidas a aprender mais sobre si próprias e a se tornarem mais flexíveis, a fim de que estas alianças funcionem.

A construção da robustez financeira. Além de tratar destas questões competitivas, as alianças auxiliam a construir robustez financeira. A receita pode ser aumentada e os custos administrativos compartilhados entre as partes, ou mesmo reduzidos, devido à experiência de uma ou de ambas. Claro que as alianças também limitam a exposição dos investimentos por meio do compartilhamento do risco.

As alianças estratégicas têm também seus lados negativos, e essa lista é útil para defini-los. Cada empresa tem *seus pontos fortes principais* ou competências – talentos específicos que a diferenciam da concorrência e lhe conferem uma vantagem aos olhos dos clientes. Estes pontos fortes não podem ser distorcidos por uma aliança, o que pode ocorrer se os recursos forem redirecionados destes pontos fortes ou se as vantagens tecnológicas ou estratégicas forem comprometidas em nome do sucesso da parceria. De modo semelhante, as principais diferenças com a concorrência não podem ser minimizadas. Isto ocorre se uma tecnologia importante for compartilhada ou se as barreiras de entrada forem reduzidas para fins de concorrência.

A definição destes pontos fortes é indiscutivelmente importante. Infelizmente, ela também é muito difícil. Estes pontos fortes dependem da natureza do negócio e da empresa, e não necessariamente correspondem a um grande investimento de recursos, além da possibilidade de serem intangíveis, como habilidades de gestão ou imagem da marca. Para determinar os pontos fortes de uma empresa, consideremos como suas capacidades internas contribuem para diferenciá-la da concorrência em cada um dos sete itens listados anteriormente. Então, as alianças estratégicas auxiliam ou prejudicam a consolidação do desempenho em cada uma das áreas listadas? O Capítulo 9 aborda este assunto em detalhes com uma discussão sobre as decisões relativas à terceirização.

O exemplo a seguir ilustra as vantagens e desvantagens das alianças estratégicas. Consideremos como a IBM, a Intel e a Microsoft beneficiaram-se e ao mesmo tempo sofreram com as relações descritas na situação.

EXEMPLO 8-1

Ainda que não esteja especificamente relacionado à logística, o exemplo do microcomputador (PC) da IBM enfatiza as vantagens e desvantagens da terceirização das principais funções do negócio. No final de 1981, quando a IBM decidiu entrar no mercado de PCs, a empresa não tinha uma infraestrutura capaz de projetar e construir um microcomputador. Em vez de tentar desenvolver estas capacitações, a empresa terceirizou quase todos os componentes de seu PC. Por exemplo, o processador foi projetado e construído pela Intel e o sistema operacional fornecido por uma pequena empresa de Seattle chamada Microsoft. A IBM foi capaz de lançar o equipamento no período de 15 meses do início do projeto, aproveitando a experiência e os recursos das outras empresas. Além disso, no período de três anos a IBM substituiu a Apple no posto de principal fornecedora de PCs. Em 1985, a fatia de mercado da IBM era maior do que 40%. Contudo, as desvantagens na estratégia da empresa não tardaram a se manifestar, pois os computadores da Compaq foram capazes de entrar no mercado por meio dos mesmos forne-

> **EXEMPLO 8-1** *continuação*
>
> cedores da IBM. Além disso, quando a IBM tentou reconquistar o controle do mercado com o lançamento de sua linha PS/2 de computadores, que tinha um *design* novo e patenteado, e um sistema operacional chamado OS/2, as outras empresas não acompanharam a IBM e a arquitetura original permaneceu dominante no mercado. Ao final de 1985, a fatia de mercado da IBM havia despencado para menos de 8%, abaixo dos 10% da Compaq, a nova líder de mercado [46]. Por fim, em 2005, a IBM vendeu sua divisão de microcomputadores ao Grupo Lenovo.

Ainda que estas alianças estratégicas estejam no processo de tornarem-se as estratégias prevalentes em todas as esferas dos negócios, três tipos são especialmente importantes na gestão da cadeia de suprimentos. A logística terceirizada (LT), as parcerias varejista-fornecedor (PVF) e a integração dos distribuidores (ID) são discutidas em detalhe nas próximas três seções. À medida que você ler acerca de cada uma delas, tente colocá-las na perspectiva descrita anteriormente.

8.3 A LOGÍSTICA TERCEIRIZADA

A adoção de fornecedores de logística terceirizada (LT) para o controle de parte ou de todas as tarefas de logística de uma empresa está ganhando terreno. Na verdade, a indústria da logística terceirizada, que nasceu na década de 1980, cresceu muito, passando de uma indústria de $31 bilhões na última década para $85 bilhões (no final de 2004) e hoje responde por cerca de 8% de todos os recursos gastos em logística nos EUA [229].

8.3.1 O que é a LT?

A logística terceirizada é simplesmente o uso de uma empresa externa para executar toda ou parte da gestão de armazenagem e das funções de distribuição de produtos. Os relacionamentos da LT normalmente são mais complexos do que os relacionamentos da logística tradicional: eles constituem verdadeiras alianças estratégicas.

Ainda que as empresas tenham companhias externas encarregadas de serviços específicos, como o carregamento e a armazenagem, por muitos anos estes relacionamentos tiveram duas características principais: eles eram *baseados em transações*, e as empresas contratadas muitas vezes eram específicas *a uma única função*. Contudo, as configurações modernas da LT envolvem compromissos de longo prazo e não raro múltiplas funções ou processos de gestão. Por exemplo, a Ryder Dedicated Logistics hoje tem um contrato de vários anos para o projeto, a gestão e a operação de toda a logística de entrada da Whirlpool Corporation [117].

Os fornecedores de LT têm todas as formas e tamanhos, desde pequenas empresas com receitas de uns poucos milhões de dólares a imensas companhias com faturamentos que chegam aos bilhões. A maior parte destas empresas é capaz de administrar muitos estágios da cadeia de suprimentos. Alguns fornecedores de logística terceirizada possuem ativos como caminhões e depósitos, enquanto outros fornecem serviços de coordenação sem ter ativos próprios. Estas empresas muitas vezes são chamadas de 4PL.

Surpreende que a utilização de logística terceirizada é mais comum entre empresas de grande porte. Empresas como a 3M, a Eastman Kodak, a Dow Chemical, a Time Warner e a Sears Roebuck estão transferindo grandes parcelas de suas operações logísticas para fornecedores de logística terceirizada. Estes, por sua vez, estão com dificuldade de persuadir empresas pequenas a utilizar seus serviços, ainda que isto possa mudar, com os fornecedores de LT fazendo esforços maiores no sentido de desenvolver relacionamentos com empresas de pequeno porte [27].

8.3.2 As vantagens e desvantagens da LT

A maior parte das principais vantagens e desvantagens das alianças estratégicas discutidas na Seção 8.2 também se aplicam aqui.

O foco nos principais pontos fortes. A vantagem mais comumente observada na adoção da LT é que ela permite a concentração nas competências essenciais principais da empresa. Com os recursos corporativos ficando cada vez mais limitados, muitas vezes é difícil ser um especialista em todas as facetas do negócio. Os fornecedores de logística terceirizada oferecem a oportunidade de dar enfoque a uma área de especialidade da empresa e deixar a logística a cargo das empresas de logística. (Claro que, se a logística é uma especialidade da empresa, então a terceirização não faz sentido.)

EXEMPLO 8-2

A parceria entre a Ryder Dedicated Logistics e a divisão Saturn da General Motors é um bom exemplo destes benefícios. A Saturn se concentra na fabricação de automóveis e a Ryder administra a maior parte dos interesses logísticos daquela empresa. A Ryder lida com fornecedores, entrega peças à fábrica da Saturn em Spring Hill, no Tennessee, e também entrega veículos acabados às revendas. A Saturn emite pedidos por peças por meio de intercâmbio eletrônico de dados (EDI) e envia as mesmas informações à Ryder. Esta faz todas as coletas necessárias junto a 300 fornecedores nos EUA, Canadá e México, por meio de um software especial de apoio à tomada de decisão para planejar com eficiência as rotas de transporte, minimizando os custos relativos [55].

EXEMPLO 8-3

A British Petroleum (BO) e a Chevron Corp. também desejavam concentrar-se em suas competências essenciais. Para isto, elas fundaram a Atlas Supply, uma parceria com cerca de 80 fornecedores, para a entrega de itens como velas de ignição, pneus, fluido de limpeza de para-brisas, cintos de segurança e fluidos anticongelamento em seus 6.500 postos de serviço. Em vez de utilizar as redes de distribuição da BP e da Chevron ou de criar uma nova, a Atlas terceirizou toda a logística para a GATX, que se responsabilizou pela administração de cinco centros de distribuição e pela manutenção de estoques de 6.500 SKUs em cada posto de serviço. Cada um destes postos emite pedidos por meio de sua própria companhia, que os remete à Atlas e então à GATX. Cada posto tem um dia preestabelecido para seus pedidos, o que evita o congestionamento do sistema. Os sistemas da GATX definem as rotas e configurações de transporte adequadas e transmitem os pedidos ao centro de distribuição. No dia seguinte, o centro seleciona e embala os pedidos, carrega os caminhões com os respectivos pedidos, baseado no cronograma de entrega. À medida que as entregas são feitas, as devoluções e as entregas dos fornecedores da Atlas são coletadas. A GATX informa a Atlas, a Chevron e a BP, por meio eletrônico, acerca de todas as entregas. As empresas economizam em custos com transporte o bastante para justificar estas parcerias, e as duas empresas de petróleo conseguiram reduzir o número de centros de distribuição de 13 para 5, melhorando de forma significativa os níveis de serviço [5].

O suprimento de flexibilidade tecnológica. A crescente necessidade por flexibilidade tecnológica é outra importante vantagem da utilização de fornecedores de logística terceirizada. Com as mudanças nas exigências e os avanços na tecnologia, as tecnologias como a identificação por radiofrequência (RFID) tornam-se mais importantes, os melhores fornecedores de LT atualizam suas tecnologias da informação e seus equipamentos. Muitas vezes as empresas individuais não dispõem do tempo, dos recursos ou da experiência necessários à atualização constante de sua tecnologia. Varejistas diferentes podem ter exigências diferentes e variáveis em termos de entrega e tecnologia da informação, e o atendimento destas exigências é essencial à sobrevivência da empresa. Os fornecedores de LT muitas vezes são capazes de atender a estas exigências de forma mais rápida e econômica [89]. Além disto, os fornecedores de

LT provavelmente já dispõem da capacidade de atender a estas necessidades dos potenciais clientes de uma empresa, o que permite a esta o acesso a certos varejistas que de outra forma não seria possível ou não traria economia de custos.

O suprimento de outras flexibilidades. Terceiros são também capazes de oferecer flexibilidade a uma empresa. Um exemplo disto é a flexibilidade em localizações geográficas. É crescente a exigência sobre os fornecedores no sentido de oferecer reabastecimento rápido, o que por sua vez pode exigir armazenagem regional. Com a utilização de fornecedores de logística terceirizada para esta armazenagem, uma empresa consegue atender às exigências dos clientes sem comprometer o capital nem limitar a flexibilidade com eventual construção de uma nova unidade ou com um arrendamento de longo prazo. Além disso, a flexibilidade na oferta de serviços pode ser atingida por meio da utilização de terceiros, que podem estar equipados para oferecer uma variedade muito maior de serviços aos consumidores do varejo do que a empresa contratante. Em alguns casos, o volume de clientes demandando estes serviços talvez seja pequeno para a empresa, mas alto para o fornecedor de LT, que por sua vez pode estar trabalhando para diferentes empresas de diferentes setores [203]. Além disso, a flexibilidade de recursos e do tamanho da mão de obra também é possível por meio da terceirização. Os gestores têm a escolha de alterar o que seriam os custos fixos para custos variáveis, de forma a reagir com mais rapidez às condições variáveis nos negócios.

EXEMPLO 8-4

Em seu trabalho com a Simmons Company, um fabricante de colchões, a Ryder Dedicated Logistics fornecia novas tecnologias que permitiam à Simmons trocar por completo sua maneira de fazer negócios. Antes do envolvimento com a Ryder, a Simmons estocava entre 20 mil e 50 mil colchões em cada uma de suas unidades de fabricação para atender à demanda do cliente no tempo certo. Hoje, a Ryder mantém um gerente de logística internamente na unidade de fabricação da Simmons. Quando os pedidos entram, o gerente de logística utiliza um software especial para projetar uma sequência e uma rota ótimas para a entrega dos colchões aos clientes. Este plano de logística é então transmitido ao chão-de-fábrica, local de fabricação dos colchões, na exata quantidade, modelo e sequência exigidos – tudo a tempo para a expedição. Esta parceria logística praticamente eliminou a necessidade de a Simmons manter estoque [55].

EXEMPLO 8-5

A SonicAir, uma divisão da UPS, oferece um serviço de LT ainda mais sofisticado. A empresa atende a clientes especializados, fornecedores de equipamentos cujos tempos de parada são caríssimos. Ela entrega peças de reposição rapidamente, em qualquer lugar. A SonicAir mantém 67 depósitos e utiliza um software especializado para definir o nível de estoque apropriado para cada peça em cada depósito. Quando um pedido é emitido, o sistema define a melhor maneira de entregar as peças e as expede, em geral no próximo voo. O processo de entrega é concluído por uma das transportadoras terrestres da empresa. Este serviço possibilita aos clientes estocar um menor número de peças em cada posto de serviço de campo do que seria necessário com outra estratégia – sem deixar de oferecer o mesmo nível de serviço. Com algumas peças valendo centenas de milhares de dólares, a estratégia sem é econômica para o cliente. Ao mesmo tempo, este negócio é lucrativo para a SonicAir, pois os clientes estão sempre dispostos a pagar bem por este nível de serviço [55].

As desvantagens importantes da LT. A desvantagem mais óbvia da LT é a *perda de controle* inerente à terceirização de qualquer função. Isto é verdadeiro especialmente para a logística de saída, em que os funcionários da empresa de LT podem interagir com os clientes da empresa contratante. Muitas empresas de LT trabalham duro para tratar de problemas como este. Os esforços incluem a pintura de logos da empresa nas laterais dos caminhões, a utilização de uniformes da empresa contratante por funcionários da empresa de LT e o suprimento de relatórios exclusivos sobre a interação com os clientes.

Além disso, se a logística é uma das competências essenciais de uma empresa, não faz sentido terceirizar estas atividades a um fornecedor que pode não ser tão competente quanto os especialistas internos da empresa contratante. Por exemplo, a Wal-Mart construiu e administra seus próprios centros de distribuição, e a Caterpillar controla suas operações de suprimento de peças. Estas são vantagens competitivas e competências essenciais destas empresas, então a terceirização é desnecessária. Em particular, se certas atividades de logística caem dentro do escopo das competências essenciais da empresa e outras não, então pode ser interessante contratar um fornecedor de LT apenas para as áreas em que estes tem mais experiência do que a empresa contratante. Por exemplo, se as estratégias de reabastecimento de estoque administrados por volume e o manuseio de materiais são os pontos fortes de uma empresa mas o transporte não é, uma empresa de LT deve ser chamada para lidar exclusivamente com os carregamentos, desde a saída da expedição até a chegada ao consumidor. Da mesma forma, as empresas farmacêuticas montam e possuem centros de distribuição para medicamentos controlados, mas muitas vezes utilizam depósitos públicos localizados perto do cliente para itens mais baratos e fáceis de controlar [10].

8.3.3 Os problemas e as exigências da LT

Um contrato de LT normalmente envolve decisões de negócio importantes e complexas. Além dos prós e contras listados anteriormente, há uma série de considerações essenciais à decisão de assinar um contrato com uma dada fornecedora de LT.

1. **O conhecimento dos próprios custos.** Entre os problemas mais básicos a ser considerado na seleção de uma empresa de LT está o conhecimento de seus custos, de forma que eles podem ser comparados aos custos da utilização de uma empresa terceirizada. Muitas vezes é preciso utilizar técnicas de custo baseadas em atividades, o que envolve o cálculo de custos diretos e indiretos com produtos e serviços específicos [89].
2. **A orientação do cliente da empresa de LT.** Claro que não basta selecionar uma empresa com base apenas no custo. Muitas das vantagens listadas há pouco envolvem intangíveis, como a flexibilidade. Portanto, o plano estratégico de logística de uma empresa e como uma empresa de LT se encaixa neste plano precisa devem ser cuidadosamente considerados. Um levantamento junto a fornecedores de LT [117] identificou as seguintes características como as mais críticas para o sucesso de um contrato de LT. O aspecto mais importante foi a orientação do fornecedor, isto é, o valor de uma relação de LT está diretamente relacionado à habilidade do fornecedor de entender as necessidades da empresa contratante e de adaptar seus serviços às necessidades específicas daquela empresa. O segundo fator mais importante é a confiabilidade. A flexibilidade do fornecedor, ou sua habilidade de reagir às necessidades variáveis da empresa contratante e de seus clientes, veio em terceiro lugar. Surpreendentemente, a economia com custos teve menor importância.
3. **A especialização da empresa de LT.** No tocante ao processo de escolha de uma provável fornecedora de LT, alguns especialistas sugerem que as companhias devem considerar empresas cujas raízes estão na área específica da logística relevante às necessidades em questão. Por exemplo, a Roadway Logistics, a Menlo Logistics e a Yellow Logistics evoluíram a partir de transportadoras de pequenas remessas (PR). Por sua vez, a Exel Logistics, a GATX e a USCO começaram como administradoras de depósitos, e a UPS

e a Federal Express têm experiência na entrega no prazo de pequenos pacotes. Algumas empresas apresentam exigências ainda mais especializadas e estas devem ser consideradas com cautela na hora de escolher uma fornecedora de LT [6]. Há vezes em que uma empresa pode utilizar uma de suas principais transportadoras de confiança como fornecedora de LT. Por exemplo, a Schneider National, uma empresa que anteriormente já trabalhava com a Baxter Healthcare Corp., há alguns anos concordou em assumir a frota de transporte da Baxter.
4. **Ativos próprios da empresa de LT *versus* ativos de terceiros.** Há também vantagens e desvantagens na utilização de uma empresa de LT dona de seus próprios ativos em comparação com uma que não os possui. As empresas pertencentes ao primeiro grupo são de porte expressivo, tem considerável acesso a recursos humanos, uma grande base de clientes e economias de escopo e de escala, além de sistemas a postos. Contudo, elas tendem a favorecer suas próprias divisões no quesito recompensa ao trabalho feito, além de terem um ciclo de tomada de decisão muito longo. Por sua vez, as empresas que não detêm ativos podem ser mais flexíveis e apresentarem maior capacidade de adaptar os serviços, além da liberdade de combinar e conectar empresas fornecedoras. Elas também têm custos gerais menores e especialização industrial ao mesmo tempo; contudo, os recursos são mais escassos e o poder de barganha é menor [10].

8.3.4 Os problemas na implementação da LT

Depois que um programa de implementação foi selecionado, o processo está apenas começando. Contratos precisam ser firmados e os esforços apropriados feitos por ambas as empresas para iniciar o relacionamento de forma eficaz. Os especialistas destacam uma lição aprendida com contratos com fornecedoras de LT que não funcionaram: dedique o tempo necessário para as considerações iniciais, isto é, o princípio de um relacionamento eficaz no período compreendido entre os seis e 12 primeiros meses é ao mesmo tempo a parte mais difícil e mais importante de qualquer aliança com LT. A empresa adquirente dos serviços precisa identificar as necessidades exatas para o sucesso do relacionamento e também deve ser capaz de oferecer medidas de desempenho e atender às exigências da empresa de LT.

O fornecedor de logística, por sua vez, precisa considerar e discutir estas exigências em seu todo e com honestidade, incluindo sua relevância e o quanto estão próximas da realidade [27]. Ambas as partes devem se comprometer com o tempo dedicado e o esforço necessário para o sucesso do relacionamento. É essencial que lembrem de que a aliança é mutuamente vantajosa, e que tanto o risco quanto a recompensa são compartilhados. As empresas são parceiras – nenhuma delas pode ter uma mentalidade voltada para a barganha [9].

Em geral, uma *comunicação eficaz* é essencial para que qualquer projeto de terceirização tenha sucesso. Em primeiro lugar, dentro da empresa contratante, os gestores precisam explicar um ao outro e a seus funcionários o exato motivo de eles estarem terceirizando, e o que está sendo esperado deste processo, de forma que todos os departamentos relevantes estejam no "mesmo barco" e possam se envolver de maneira mais adequada. É fácil falar de aspectos gerais, mas a comunicação específica é essencial se as duas empresas querem tirar proveito do contrato de terceirização [27].

Em nível tecnológico, muitas vezes é preciso possibilitar a comunicação entre os sistemas de suprimento de LT e aqueles da empresa contratante. Na mesma linha de raciocínio, uma empresa deve evitar fornecedores de LT que utilizam os próprios sistemas de informação, pois estes são muito mais difíceis de integrar com outros sistemas.

Há outros aspectos importantes que devem ser discutidos acerca dos potenciais fornecedores de LT:

- Os terceiros e seus provedores de serviço precisam respeitar a confidencialidade dos dados fornecidos a eles.
- As medidas específicas do desempenho precisam ser definidas de comum acordo.
- Os critérios específicos para os subcontratados precisam ser discutidos.
- Questões relativas à arbitragem devem ser consideradas em um contrato.
- Cláusulas de rescisão contratual devem ser negociadas.
- Métodos de garantir as metas de desempenho precisam ser discutidas [9].

8.4 AS PARCERIAS VAREJISTA-FORNECEDOR

A formação de alianças estratégicas entre varejistas e fornecedores estão se tornando comuns em muitos setores. Vimos no Capítulo 5 que a variação na demanda para os fornecedores a partir dos varejistas nos relacionamentos varejista-fornecedor tradicionais é muito maior do que a variação na demanda vista pelos varejistas. Além disso, os fornecedores têm um conhecimento muito maior de seus *lead times* e das capacidades de produção do que os varejistas. Assim, à medida que as margens se apertam e que a satisfação do cliente fica mais importante, faz sentido recrutar os esforços corporativos entre fornecedores e varejistas com o intuito de alavancar o conhecimento das duas partes. Estas são as chamadas parcerias varejista-fornecedor (PVF). As seções a seguir descrevem alguns exemplos deste tipo de parceria.

8.4.1 Os tipos de PVF

Os tipos de parceria varejista-fornecedor podem ser interpretados como sendo um *continuum*. Em uma ponta do espectro está o compartilhamento de informações, que auxilia o fornecedor a planejar com maior eficiência. Na outra está o esquema de consignação, em que o fornecedor administra e possui o estoque até o momento em que o varejista o vender.

Em uma estratégia básica de *resposta rápida*, os fornecedores recebem os dados dos pontos de venda dos varejistas e utilizam estas informações para sincronizar suas atividades de produção e de estoque com as vendas reais vistas no varejista. Nesta estratégia, o varejista é quem prepara os pedidos individuais, mas os dados dos pontos de venda são empregados pelo fornecedor para melhorar as previsões e o planejamento e reduzir os *lead times*.

EXEMPLO 8-6

Entre as primeiras empresas a utilizar este esquema está a Milliken and Company, uma companhia de têxteis e produtos químicos. A Milliken trabalhou com diversos fornecedores de roupas e com as principais lojas de departamentos, que concordaram em utilizar dados de seus pontos de venda para "sincronizar" as emissões de seus pedidos e planos de produção. O *lead time* entre o recebimento do pedido nas unidades fabris da Milliken e o recebimento das roupas pelas lojas de departamento foi reduzido de 18 semanas para 3 semanas [185].

Em uma estratégia de *reabastecimento contínuo*, que às vezes é chamado de *reabastecimento rápido*, os fornecedores recebem os dados dos pontos de venda e os utilizam para preparar os carregamentos a intervalos previamente definidos e, assim, manter os níveis especificados de estoque. Em uma modalidade avançada do reabastecimento contínuo, os fornecedores podem gradualmente diminuir os níveis de estoque no varejo ou centro de distribuição, desde que os níveis de serviço sejam atendidos. Com isso, de modo estruturado, os níveis estoque estão em constante aperfeiçoamento. Além disso, os níveis de estoque não precisam ser níveis simples, e podem ser baseados em modelos sofisticados que alteram o nível apropriado com base na demanda sazonal, nas promoções e na demanda consumidora variável [151].

Em um sistema de *estoque gerenciado pelo fornecedor* (VMI), por vezes chamado de sistema de *reabastecimento gerenciado pelo fornecedor* (VMR – *Vendor Management Replenishment*), o fornecedor decide acerca dos níveis apropriados de estoque para cada produto (dentro de limites predefinidos) e das políticas de estoque apropriadas para manter estes níveis. Nos estágios iniciais, as sugestões dos fornecedores precisam ser aprovadas pelo varejista. Contudo, o derradeiro objetivo de muitos programas de VMI é eliminar a supervisão do varejista sobre pedidos específicos. Este tipo de relacionamento é ilustrado pelo exemplo da Wal-Mart e Procter & Gamble, cuja parceria, que começou em 1985, melhorou consideravelmente as entregas online da P&G para a Wal-Mart e ao mesmo tempo aumentou os giros de estoque [31]. Outras lojas de descontos seguiram o exemplo, incluindo a Kmart, que em 1992 havia desenvolvido mais de 200 parceiros de VMI [185]. Estes projetos de VMI em sua maioria tiveram sucesso. Os projetos da Dillard Department Stores, da JCPenney e da Wal-Mart tiveram aumentos nas vendas da ordem de 20 a 25%, e melhoria no giro de estoque de 30% [31].

As principais características das PVF são resumidas na Tabela 8-1.

EXEMPLO 8-7

A First Brands, Inc., fabricante de produtos como as embalagens de sanduíche Glad, firmou uma parceria de sucesso com a Kmart. Em 1991, a empresa entrou no programa de Parceiros em Fluxo de Mercadorias da Kmart, em que os fornecedores são responsáveis por garantir os níveis de estoque adequados para a Kmart, em todos os momentos do processo. Esta entrada deu-se por insistência da Kmart. Inicialmente, ela fornecia os registros das vendas dos últimos três anos, e, depois, as informações dos pontos de venda passaram a ser reveladas à First Brands, que utiliza um software especial para converter estes dados em um plano de produção e entrega a cada um dos 13 centros de distribuição da Kmart [54].

8.4.2 As exigências para a PVF

A exigência mais importante para uma parceria varejista-fornecedor eficaz, sobretudo aquela voltada para a extremidade VMI do espectro da parceria, é a existência de um *sistema avançado de informações*, tanto no lado do fornecedor quanto do lado do varejista da cadeia de suprimentos. O intercâmbio eletrônico de dados (EDI), ou o intercâmbio privado

TABELA 8-1

PRINCIPAIS CARACTERÍSTICAS DA PVF

Critérios Tipos	Tomador de decisão	Propriedade do estoque	Novas habilidades empregadas pelos fornecedores
Resposta rápida	Varejista	Varejista	Habilidades de previsão
Reabastecimento contínuo	Nível decidido por cláusula contratual	Qualquer das partes	Previsão e controle de estoque
Reabastecimento contínuo avançado	Nível decidido e melhorado continuamente por cláusula contratual	Qualquer das partes	Previsão e controle de estoque
VMI	Fornecedor	Qualquer das partes	Gestão do varejo

para a Internet – que repassa os dados dos pontos de venda ao fornecedor e as informações sobre entregas ao varejista – são essenciais à diminuição do tempo de transferência de dados e dos erros de entrada de dados. O código de barras e o *scanning* também são essenciais para a conservação da precisão dos dados. Além disso, os sistemas de estoques, de controle de produção e de planejamento precisam ser online, precisos e integrados, pois assim tiram proveito das informações adicionais disponíveis.

Em todas as iniciativas que podem alterar radicalmente a maneira que uma empresa opera, o compromisso da alta gerência é uma condição do sucesso do projeto. Isto é verdade sobretudo porque as informações mantidas confidenciais até este ponto têm de ser agora compartilhadas, e os problemas com a alocação de custos têm de ser considerados com seriedade (este aspecto é abordado a seguir).

Isto também é verdadeiro porque tal parceria pode transferir o poder no interior da organização de um grupo a outro. Por exemplo, quando uma parceria com VMI é implementada, os contatos diários com os varejistas passam do departamento de vendas e marketing para o de logística. Isto significa que os incentivos para e a compensação da equipe de vendas têm de ser modificados, uma vez que os níveis de estoque do varejista são influenciados pelas necessidades de vendas da cadeia de suprimentos, não pelas estratégias de precificação ou de desconto. Esta troca de poder pode exigir um expressivo envolvimento da alta gerência.

Por fim, a PVF exige que os parceiros desenvolvam um certo nível de confiança, sem o qual a aliança perecerá. Em um VMI, por exemplo, os fornecedores precisam demonstrar que são capazes de administrar toda a cadeia de suprimentos, isto é, eles administram não apenas seu próprio estoque, como também o do varejista. Da mesma forma, com uma resposta rápida, as informações confidenciais são fornecidas ao fornecedor, que via de regra atende a muitos varejistas em franca competição. Além disso, a formação de parcerias estratégicas em muitos casos acarreta uma expressiva redução nos estoques nas lojas do varejista. O fornecedor precisa garantir que o espaço disponível adicional não será utilizado em benefício dos concorrentes do varejista. Além disso, a alta gerência do fornecedor não pode deixar de entender que o efeito imediato do menor estoque no varejista é um *prejuízo pontual em termos de receita de vendas*.

8.4.3 A propriedade do estoque na PVF

Diversas questões importantes devem ser consideradas ao entrar em uma parceria varejista-fornecedor. Uma delas é a definição acerca de quem toma as decisões de reabastecimento. Isto coloca a parceria no *continuum* de possibilidades estratégicas já descrito. Esta definição pode ser feita em etapas, primeiramente com informação e, mais tarde, com a tomada de decisão, que é compartilhada entre os parceiros. As questões no entorno da propriedade do estoque são essenciais ao sucesso deste tipo de esforço de aliança estratégica, sobretudo aquela que envolve o estoque administrado pelo fornecedor. Originalmente, a propriedade dos mercadorias era transferida ao varejista quando do recebimento destas. Hoje, algumas parcerias com VMI estão adotando um relacionamento de consignação, em que o fornecedor tem a propriedade das mercadorias até estas serem vendidas. A vantagem deste tipo de relacionamento para o varejista é óbvia: menores custos com estoques. Além disso, uma vez que o fornecedor é o dono do estoque, ele se preocupará mais com a máxima eficácia possível na gestão deste estoque.

Uma das críticas possíveis ao esquema original de VMI é que o fornecedor tem o incentivo de entregar ao varejista o máximo estoque previsto em contrato. Se o item em questão é de venda rápida e as partes concordaram com um estoque de duas semanas, talvez seja exatamente isto o que o varejista quer ver em estoque. Contudo, no caso deste problema de gestão ser mais complexo, o fornecedor precisa de um incentivo para manter os estoques o mais baixos possíveis, e sujeitos a um nível de serviço predefinido entre as partes. Por exemplo, a Wal-Mart deixou de ser a proprietária do estoque de diversos itens que vende, incluindo a maioria das compras de alimentos. Ela é a proprietária destes produtos apenas por um breve instante, quando estão sendo passados pelo leitor de código de barras na caixa registradora [33].

No entanto, pairam dúvidas sobre a vantagem desta consignação para o fornecedor, já que ele é o proprietário dos estoques por um período de tempo mais longo. Diversas vezes, como no caso da Wal-Mart, o fornecedor não tem escolha, pois o mercado dita este tipo de acordo. Ainda que não seja o caso, este acordo é vantajoso ao fornecedor, pois lhe permite coordenar a produção e a distribuição, o que reduz o custo total. Para entendermos melhor este problema, lembremos da discussão apresentada no Capítulo 5 acerca da diferença entre *otimização global* e *otimização local*. Na cadeia de suprimentos tradicional, cada unidade faz o que é melhor para si própria, isto é, o varejista administra seu próprio estoque sem considerar o impacto no fornecedor. Por sua vez, o fornecedor identifica uma política que otimizará seus próprios custos, e que está sujeita à satisfação da demanda do varejista. No VMI, tenta-se otimizar todo o sistema por meio da coordenação da produção e da distribuição. Além disso, o fornecedor consegue diminuir ainda mais o custo total por meio da coordenação de produção e de distribuição para diversos varejistas. É exatamente por este motivo que a otimização global permite expressivas reduções nos custos totais do sistema. Por vezes, dependendo da relação entre os poderes do varejista e do fornecedor, o contrato de suprimento precisa ser negociado, de forma que o fornecedor e o varejista compartilhem a *economia global do sistema*. Os varejistas precisam considerar este ponto também quando estão comparando o custo de fornecedores concorrentes, pois diferentes esquemas logísticos têm diferentes custos.

EXEMPLO 8-8

A Ace Harware, um distribuidor para o varejo organizado como cooperativa, implementou com sucesso um esquema de VMI por consignação para materiais de construção e madeira. Neste programa, a Ace conserva a propriedade financeira destas mercadorias no varejista, mas este tem a custódia do material, o que o torna responsável se o produto for danificado ou destruído [6]. O programa é considerado de grande sucesso, com níveis de serviço que crescem de 92 a 96% nos itens em VMI. A Ace gostaria de expandir este esquema para outras linhas de produtos [8].

Além das questões da propriedade de estoque, as alianças estratégicas avançadas são capazes de cobrir outras áreas. Problemas como a previsão conjunta, os ciclos de planejamento estruturados e até o desenvolvimento conjunto de produtos são por vezes considerados [170].

8.4.4 As questões envolvendo a implementação da PVF

Para que qualquer contrato tenha sucesso, os critérios de mensuração de desempenho precisam ser definidos pelas partes. Estes critérios precisam incluir mensurações de ordem não financeira, além das tradicionais métricas financeiras adotadas normalmente. Por exemplo, os indicadores financeiros podem incluir a precisão no ponto de venda, a precisão com os estoques, com a expedição e com a entrega, os *lead times* e as taxas de abastecimento do cliente. Quando as informações estão sendo compartilhadas pelos varejistas e fornecedores, a *confidencialidade* torna-se um problema. Um varejista que lida com diversos fornecedores para uma mesma categoria de produto pode achar que as informações sobre categorias são importantes para o fornecedor, pois conferem precisão às previsões e decisões sobre armazenamento. Da mesma forma, pode haver uma relação entre as decisões sobre armazenagem tomadas por diversos fornecedores. Como é que estes prováveis conflitos podem ser administrados, se o varejista mantém a confidencialidade de cada parceiro?

Ao entrar em qualquer tipo de aliança estratégica, é importante para ambas as partes entender que inicialmente ocorrerão problemas que somente podem ser solucionados por meio da *comunicação* e da *cooperação*. Por exemplo, quando a First Brands iniciou uma parceria com a Kmart, esta muitas vezes afirmou que seu fornecedor não estava cumprindo com sua parte no acordo, ao manter estoques de duas semanas em mãos, todo o tempo. Acontece que este problema apareceu por conta de diferentes métodos de previsão, empregados pelas duas empresas. Este problema foi solucionado por meio de comunicação direta entre os especialistas em previsão da Kmart e os da First Brands – um tipo de comunicação que teria ocorrido por meio da equipe de vendas, antes do começo da parceria com VMI [54].

Em muitos casos, o fornecedor em uma parceria se compromete a dar uma resposta rápida diante de emergências e alterações nas situações do varejista. Se o varejista não tiver tecnologia de fabricação ou capacidade, talvez seja preciso providenciá-las. Por exemplo, a VF Mills, a fabricante dos jeans Wrangler e pioneira nos métodos de resposta rápida na indústria do vestuário, teve de promover a reengenharia de todos os seus processos de produção, incluindo o treinamento e o investimento de capital adicional [31].

8.4.5 Os aspectos da implementação da PVF

Os pontos importantes listados anteriormente podem ser resumidos nas seguintes etapas da implementação da PVF [97]:

1. Inicialmente, as cláusulas contratuais precisam ser negociadas. Estas incluem as decisões relativas à propriedade e o momento em que deve ser transferida, as cláusulas de crédito, as responsabilidades relativas aos pedidos e as métricas de desempenho, como os níveis de serviço e de estoque, onde aplicáveis.

2. Posteriormente, as três tarefas a seguir precisam ser executadas:

- Se não existirem, os sistemas integrados de informação precisam ser desenvolvidos para o varejista e para o fornecedor. Estes sistemas de informação devem ser de acesso fácil a ambas as partes.
- As técnicas de previsão eficazes a serem adotadas pelo fornecedor e pelo varejista precisam ser desenvolvidas.
- Uma ferramenta de apoio às decisões táticas para auxiliar a *coordenação* da gestão de estoques e de políticas de transporte precisa ser construída. Os sistemas desenvolvidos dependerão da natureza da parceria.

8.4.6 As vantagens e desvantagens da PVF

Uma das vantagens dos relacionamentos com VMI é ilustrada no exemplo a seguir.

> **EXEMPLO 8-9**
>
> A Whitehall Robbins (WR), fabricante de medicamentos como o Advil, tem um relacionamento PVF com a Kmart. Tal como a First Brands, a WR inicialmente discordou da Kmart acerca das previsões. Nesse caso, as previsões da WR eram mais precisas, pois a empresa tem um conhecimento muito mais extenso de seus produtos do que a Kmart. Por exemplo, as previsões da Kmart para o produto Chap Stick (protetor labial) não considerava a sazonalidade. Além disso, os planejadores da WR podem considerar questões de produção, como o tempo ocioso, quando planejam os carregamentos.
>
> Além disso, a WR se beneficia de outra maneira. No passado, a Kmart pedia grandes quantidas de itens sazonais no começo na estação, muitas vezes vinculados a uma promoção. Esta prática normalmente causava devoluções, pois era difícil para a Kmart prever com exatidão as quantidades que venderia. Hoje, a WR supre a demanda semanal a um "custo diário baixo" e, assim, os pedidos volumosos e as promoções que precedem a temporada foram eliminados, o que por sua vez reduziu consideravelmente as devoluções. O giro de estoque para os itens sazonais passou de três para mais de 10, e para os itens não sazonais de 12-15 para 17-20 [54].

Assim, em geral, uma grande vantagem das PVFs é o conhecimento que o fornecedor tem das quantidades a pedir, o que implica uma habilidade de controlar o efeito chicote (ver o Capítulo 5).

Isto naturalmente varia de um tipo de parceria para outro. Na resposta rápida, por exemplo, este conhecimento é obtido por meio da transferência de informações sobre a demanda do cliente que permite ao fornecedor reduzir o *lead time*, enquanto no VMI o varejista oferece informações sobre a demanda e o fornecedor toma as decisões sobre os pedidos e, com isso, controla a variação nas quantidades de pedido. Claro que esse conhecimento pode ser alavancado de forma a reduzir os custos e melhorar os níveis de serviço totais do sistema. As vantagens para o fornecedor em termos de melhores níveis de serviço, de despesas menores com gestão e com menores estoques são óbvias. O fornecedor deve ser capaz de reduzir as incertezas na previsão e assim coordenar com eficiência a produção e a distribuição. Em termos mais específicos, a menor incerteza nas previsões leva a menores estoques de segurança, menores custos de armazenagem e de entrega, e maiores níveis de serviço [97], conforme observado em nossa discussão sobre o efeito chicote no Capítulo 5.

Além das importantes vantagens listadas anteriormente, a implementação de uma parceria estratégica confere uma série de benefícios secundários. Ela abre uma boa oportunidade para a reengenharia do relacionamento entre varejista e fornecedor. Por exemplo, as entradas redundantes de pedidos podem ser eliminadas, as tarefas manuais podem ser automatizadas, as tarefas como a etiquetação de mercadorias e o projeto de expositores podem ser realocadas para fins de eficiência do sistema como um todo e as etapas de controle desnecessárias podem ser eliminadas do processo [31]. Muitas destas vantagens partem das mudanças e da tecnologia necessárias para implementar parcerias em primeiro lugar.

Muitos dos problemas com as parcerias varejista-fornecedor foram discutidos e estão resumidos aqui.

- É necessário empregar tecnologia avançada, que muitas vezes é cara.
- É essencial desenvolver a confiança no que pode ter sido um relacionamento fornecedor-varejista cheio de adversidades.

- Em uma parceria estratégica, o fornecedor muitas vezes tem mais responsabilidades do que tinha antes de a parceria ser firmada. Isto pode forçá-lo a acrescentar mão de obra para atender a estas responsabilidades.
- Por fim, as despesas no fornecedor muitas vezes aumentam com o crescimento das responsabilidades administrativas. Além disso, o estoque pode inicialmente ser posto como responsabilidade do fornecedor. Se um contrato de consignação for adotado, os custos com estoque em geral podem subir para o fornecedor. Assim, pode ser preciso conceber um relacionamento contratual em que o varejista compartilha os menores custos com estoque com o fornecedor.

A flutuação é outro problema com a implementação de EDI e precisa ser cuidadosamente considerada quando da entrada em uma parceria PVF. Os varejistas que se acostumaram a esperar entre 30 e 90 dias para pagar pelas mercadorias hoje têm de pagar no ato da entrega. Ainda que eles paguem apenas quando suas mercadorias sejam vendidas, isto pode ocorrer muito antes do que o período tradicional de flutuação [78].

8.4.7 Sucessos e fracassos

Citamos diversos exemplos de PVF nas seções anteriores. Incluímos outros exemplos de sucessos – e um exemplo de fracasso – a seguir.

EXEMPLO 8-10

A Western Publishing está utilizando uma PVF para sua linha de livros infantis Gold, em diversos varejistas, incluindo mais de 2 mil lojas da Wal-Mart. Neste programa, os dados dos pontos de venda emitem pedidos novos automaticamente sempre que os níveis de estoque caem abaixo de um dado ponto. Este estoque é entregue ou a um centro de distribuição, ou, em muitos casos, diretamente na loja. Nesse caso, a propriedade dos livros passa para o varejista, tão logo as entregas tenham sido feitas. No caso da Toys"R"Us, a Western Publishing foi capaz de até mesmo administrar toda a seção de livros para o varejista, incluindo o estoque de outros fornecedores. A empresa gerou expressivas vendas adicionais em ambos os casos, ainda que o programa tenha aumentado os custos significativamente. Estes custos estão relacionados às responsabilidades adicionais de gestão de estoques. Os custos devido a fretes extras também subiram. Mesmo assim, a gestão acredita que a PVF trouxe benefícios líquidos para a empresa [6].

EXEMPLO 8-11

Após a Wal-Mart ter incluído o fornecedor Mead-Johnson em seu programa de PVF, os resultados foram significativos. A Mead-Johnson tem informações completas dos pontos de venda, diante das quais ela reage em vez de receber pedidos. Desde que este programa foi implementado, os giros de estoque na Wal-Mart subiram de menos de 10 para mais de 100, e na Mead-Johnson de 12 para 52. Da mesma forma, a fábrica de papel Scott vem administrando estoques em 25 de seus centros de distribuição. Neste esforço, os giros de estoque nos clientes subiram de cerca de 19 para algo entre 35 e 55, os níveis de estoque foram reduzidos e os níveis de serviço melhoraram. Contudo, um alerta pode ser feito em nome das experiências da Schering-Plough Healthcare Products (SPHP) com os parceiros da Kmart no Programa de Fluxo de Mercadorias. No primeiro ano de implementação, a SPHP viu a diminuição da falta de estoques na Kmart, mas não percebeu uma melhoria expressiva nas vendas ou lucros. Ao persistir pacientemente com o programa, contudo, a SPHP acabou realizando expressivas vantagens nestas áreas [205].

EXEMPLO 8-12

O Sistema de Resposta ao Mercado da VF Corporation oferece outro exemplo de sucesso da PVF. A empresa, que tem muitos nomes de marca conhecidos (por exemplo, Wrangler, Lee, North Face, e Náutica), começou seu programa em 1989. Hoje, cerca de 40% de sua produção é administrada por meio de algum tipo de esquema de reabastecimento automático. Isto é especialmente notável, dado que o programa inclui 350 varejistas, 40 mil lojas e mais de 15 milhões de níveis de reabastecimento. Cada divisão utiliza um software automático para administrar o imenso fluxo de dados, além de técnicas especiais desenvolvidas na VF para agrupar os dados de forma que possam ser mais facilmente tratados. O programa da VF é considerado um dos mais exitosos na indústria do vestuário [181].

EXEMPLO 8-13

A Spartan Stores, uma cadeia de supermercados, encerrou seus esforços em PVF cerca de um ano após seu começo. Ao examinar os motivos para o fracasso do programa, alguns importantes ingredientes para o sucesso de qualquer programa PVF ficaram claros. Um dos problemas foi que os compradores não estavam gastando menos tempo com pedidos do que antes, porque eles não confiavam o bastante nos fornecedores para interromper o cuidadoso monitoramento que executavam com os estoques e entregas dos itens em PVF. Os compradores intervinham ao menor sinal de perigo. Além disso, os fornecedores não faziam muito para minimizar estes temores. Os problemas não estavam com as previsões dos fornecedores, mas com a incapacidade destes em lidar com as promoções de produtos, que são parte essencial do negócio de supermercados. Em função desta incapacidade de lidar com as promoções de forma adequada, os níveis de entrega muitas vezes eram inaceitavelmente baixos nos períodos de pico na demanda. Além disso, os executivos da Spartan sentiam que os níveis de estoque atingidos pela PVF não eram mais baixos do que os níveis que a empresa poderia ter atingido com um programa de suprimento tradicional bem administrado. É importante observar que a Spartan considerava o programa PVF um sucesso com alguns de seus fornecedores. Estes eram os fornecedores com as melhores capacidades de previsão. Além disso, a Spartan tem a intenção de manter os programas de reabastecimento contínuo, em que os níveis de estoque automaticamente desencadeiam quantidades fixas de entrega com alguns de seus fornecedores [135].

8.5 A INTEGRAÇÃO DOS DISTRIBUIDORES

Por muitos anos, os especialistas em negócios aconselharam os fabricantes, especialmente os do setor industrial, a tratar seus distribuidores como parceiros [149]. Via de regra, isto significava entender o valor dos distribuidores e seu relacionamento com os consumidores finais, além de fornecer a eles o apoio necessário para obter o sucesso. Os distribuidores têm uma riqueza de informações sobre as necessidades e desejos dos clientes, e os fabricantes de sucesso utilizam estas informações quando do desenvolvimento de novos produtos e linhas de produtos. Da mesma forma, os distribuidores normalmente confiam nos fabricantes para o suprimento de peças e experiência necessárias.

EXEMPLO 8-14

O antigo presidente e CEO da Caterpillar Corporation, Donald Fites, credita às concessionárias da empresa a maior parte de seu recente sucesso. Fites afirma que as concessionárias estão muito mais próximas dos clientes do que a própria corporação e são capazes de responder com maior rapidez às necessidades destes. Elas arranjam financiamentos quando o produto é comprado e cuidadosamente monitoram, reparam e consertam o produto. Fites diz que "a concessionária gera a imagem de uma empresa que não fica meramente atrás de seus produtos, mas que acompanha seus produtos em qualquer parte do mundo". A Caterpillar acredita que sua rede de concessionárias confere a ela uma imensa vantagem sobre a concorrência, sobretudo os grandes fabricantes japoneses de equipamentos de mineração e construção, como a Komatsu e a Hitachi [74].

Esta visão de distribuidor está mudando, contudo, à medida que as necessidades dos clientes representam novos desafios e a tecnologia da informação se ergue para enfrentá-los. Até mesmo uma rede de distribuição forte e eficaz não é capaz de atender às necessidades dos clientes em todas as ocasiões. Um pedido apressado pode ser impossível de atender a partir do estoque, ou o cliente pode exigir algum tipo de experiência técnica ou especializada que o distribuidor não tem.

No passado, estas questões eram tratadas com o aumento de estoque e de mão de obra, tanto pelo distribuidor quanto pelo fabricante. A moderna tecnologia da informação do presente traz uma terceira solução, em que os distribuidores estão integrados, de forma que a experiência e o estoque localizados em um distribuidor estão disponíveis a todos os outros.

8.5.1 Os tipos de integração dos distribuidores

A integração dos distribuidores (ID) é utilizada para resolver questões relacionadas ao estoque e ao serviço. No tocante ao estoque, a ID pode ser utilizada para gerar um grande conjunto de estoques em toda a rede do distribuidor, reduzindo os custos totais com estoque ao mesmo tempo em que eleva o nível de serviço. Da mesma forma, a ID é empregada para atender às necessidades de serviço técnico especializado do cliente, por meio do direcionamento destas necessidades aos distribuidores mais apropriados para resolvê-las. O Capítulo 7 aborda diversos problemas especificamente associados ao compartilhamento de estoques de concessionárias de automóveis (Seção 7.3.3). O presente capítulo explora outras questões associadas com a integração do fornecedor.

Conforme já dissemos em capítulos anteriores, um elevado estoque é normalmente empregado para atender a pedidos apressados e para fornecer peças de reposição com rapidez e facilitar consertos. Em empresas mais sofisticadas, os conceitos de compartilhamento do risco podem ser utilizados para conservar o estoque nos pontos iniciais da cadeia de suprimentos, em que ele pode ser distribuído de acordo com a necessidade. Na ID, cada distribuidor verifica os estoques de outros distribuidores para localizar um produto ou peça necessária. As concessionárias têm a obrigação contratual de substituir a peça sob certas condições e de acordo com uma remuneração predefinida. Este tipo de contrato melhora os níveis de serviço em cada um dos distribuidores e diminui o estoque total do sistema. Claro que este tipo de contrato somente é possível porque sofisticados sistemas de informação permitem aos distribuidores consultar os estoques de outros distribuidores, e os sistemas integrados de logística possibilitam a entrega de peças de forma eficiente e barata.

EXEMPLO 8-15

O fabricante de maquinário Okuma America Corporation implementou um sistema de ID. A Okuma tem em estoque diversas ferramentas e peças de reposição, mas o alto custo em manter toda sua linha torna a tarefa impossível para os 46 distribuidores da empresa na América do Norte e na América do Sul. Em vez disto, a Okuma exige que cada um de seus representantes mantenha um número mínimo de peças e ferramentas. A empresa administra todo o sistema de forma que cada ferramenta ou peça está estocada nele, ou em um dos depósitos da empresa ou em um dos distribuidores. Um sistema chamado Okumalink permite que cada distribuidor verifique os estoques dos depósitos e se comunique com outros distribuidores para encontrar a peça de que precisa. Uma vez que esta é localizada, a empresa garante que será entregue com rapidez ao representante que a solicita. A empresa planeja um *upgrade* para o sistema, para que cada distribuidor tenha total conhecimento do estoque mantido por todos os outros distribuidores. Desde a implementação do sistema, os custos com estoques em toda a empresa foram reduzidos, a chance de um distribuidor perder uma venda em função de escassez de estoque diminuiu e a satisfação do cliente cresceu [150].

Da mesma forma, a ID é empregada para melhorar a habilidade técnica percebida do distribuidor e sua capacidade de responder a pedidos incomuns. Neste tipo de aliança, diferentes distribuidores constroem experiência em diferentes áreas. Um pedido específico de um cliente é direcionado ao distribuidor com muita eficiência. Por exemplo, a Outra, uma grande *holding* holandesa com cerca de 70 subsidiárias do atacado de produtos elétricos, designou alguns destes como *centros de excelência* em áreas específicas, como leiaute de depósitos e materiais de pontos de venda. As outras subsidiárias, bem como os clientes, são direcionados a estes centros de excelência para atender a pedidos em especial [150].

8.5.2 Os problemas com a integração dos distribuidores

Há duas questões importantes envolvidas na implementação de uma aliança de ID. O primeiro é o ceticismo dos distribuidores em relação à participação no sistema. Existe a chance de eles sentirem que estão fornecendo parte de sua experiência com o controle de estoque a parceiros menos privilegiados, sobretudo quando alguns distribuidores são de grande porte e têm estoques maiores do que os outros. Além disso, os distribuidores participantes são forçados a depender de outros distribuidores, alguns dos quais podem ser desconhecidos, para o suprimento de um bom serviço ao cliente.

Este novo tipo de relacionamento também tende a afastar as responsabilidades e as áreas de experiência de certos distribuidores, concentrando-as em um menor número deles. Não causa surpresa que alguns distribuidores possam se preocupar com a perda destas habilidades e capacidades. Isto explica porque a ID requer uma grande dedicação de recursos e de esforços de parte da empresa fabricante. Os distribuidores precisam ter certeza de que a aliança é de longo prazo. Os organizadores da aliança devem trabalhar duro na construção da confiança entre os participantes. Por fim, o fabricante precisa demonstrar empenho e fornecer garantias para confirmar compromisso do distribuidor.

EXEMPLO 8-16

A Dunlop-Enerka é um fabricante holandês de esteiras transportadoras para empresas de mineração e fabricação espalhadas no mundo inteiro. A empresa sempre atendeu às necessidades de consertos por meio do armazenamento de vastas quantidades de estoques nos fornecedores em toda a Europa. Para reduzir estes estoques, a empresa instalou um sistema de informações computadorizado, o Dunnlocomm, que monitora estoques nos depósitos de cada distribuidor. Quando uma peça é requisitada, o distribuidor utiliza o sistema para pedir a peça e programar sua entrega. Para garantir a participação do distribuidor, a Dunlop-Enerka se compromete a entregar cada peça a cada distribuidor em 24 horas. Caso uma dada peça não esteja em estoque, a companhia a fabrica em separado e a transporta dentro do prazo disponível. Esta estratégia garantiu a segurança dos distribuidores, de forma que eles se comprometeram com o sistema e, ao longo do tempo, os estoques globais caíram em 20% [150].

RESUMO

Neste capítulo examinamos os vários tipos de parcerias adotadas para administrar a cadeia de suprimentos com mais eficácia. Começamos com a discussão dos diferentes caminhos que uma empresa pode trilhar para garantir que os problemas relacionados a uma dada cadeia de suprimentos sejam solucionados, incluindo a total execução ou a total terceirização da cadeia. Não resta dúvida de que muitas questões estratégicas e táticas desempenham um papel na seleção da abordagem mais indicada.

Discutimos a estrutura que pode auxiliar na seleção do caminho mais apropriado a uma dada questão logística. Cada vez mais, os fornecedores de logística terceirizada estão assumindo as responsabilidades da logística de uma empresa. Há vantagens e desvantagens na terceirização da função logística, além de importantes questões que devem ser consideradas depois que a decisão por adotar um contrato de LT foi tomada. As parcerias varejista-fornecedor, em que o fornecedor administra parte do negócio do varejista – normalmente os estoques – vem igualmente conquistando seu espaço. Há vários de tipos de parcerias varejista-fornecedor, que variam de contratos exclusivamente para o compartilhamento de informações, até aqueles em que o fornecedor tem total controle da política de estoques do varejista.

Várias questões e preocupações no tocante à implementação deste tipo de gestão foram considerados. Por fim, discutimos uma classe de alianças, chamada de integração dos distribuidores, em que os fabricantes coordenam os esforços de seus fornecedores (que podem ser potenciais competidores) para gerar oportunidades de compartilhamento do risco entre os vários distribuidores, possibilitando a eles desenvolverem-se em diferentes áreas de experiência.

QUESTÕES PARA DISCUSSÃO

1. Considere um gerente que desenvolve uma estratégia de logística. Discuta as situações específicas para as quais a melhor abordagem seria uma das seguintes.
   a. O emprego de experiência interna com logística.
   b. A aquisição de uma empresa com esta experiência.
   c. O desenvolvimento de uma estratégia e o emprego de fornecedores específicos para a condução de partes predefinidas da estratégia.
   d. O desenvolvimento de uma estratégia por meio de um fornecedor de logística terceirizada.
2. Quais as causas por trás do rápido crescimento da indústria da logística terceirizada?
3. Neste capítulo discutimos três tipos de parcerias varejista-fornecedor: *resposta rápida*, *reabastecimento contínuo* e *estoque gerenciado pelo fornecedor* (*VMI*). Para cada tipo, discuta as situações em que ele é o mais indicado em comparação aos outros dois. Por exemplo, compare a resposta rápida ao reabastecimento contínuo: sob quais condições um é mais adequado que o outro.
4. Considere a parceria com resposta rápida. Suponha que o varejista emite um pedido no início de cada mês, e transfere dados dos pontos de venda ao fornecedor a cada semana. Qual é o impacto da capacidade semanal de produção do fabricante na vantagem do compartilhamento de informações? Isto é, quais são as situações em que o compartilhamento de informações é mais útil: com alta ou baixa capacidade semanal de produção? Como o fornecedor deve utilizar os dados de demanda recebidos pelo varejista?
5. Discuta as políticas de propriedade de estoque possíveis para um contrato VMI. Quais são as vantagens e desvantagens de cada uma delas?
6. Reconsidere o Exemplo 8-13, que narra o fracasso dos esforços por um VMI da Spartan Stores. Discuta como a empresa poderia ter ajudado o programa a ter sucesso.

ESTUDO DE CASO

A Audio Duplication Services, Inc. (ADS)

A Audio Duplication Services é uma empresa de gravação e distribuição de CDs e cassetes. Seus principais clientes, as grandes gravadoras, utilizam os serviços da ADS para distribuir CDs e cassetes. A ADS estoca as matrizes e, quando um cliente as solicita, ela prepara um certo número de cópias e as entrega aos clientes de seus clientes, as lojas de música e outros pontos de venda, como as lojas de departamento Wal-Mart e Kmart, e lojas de produtos eletrônicos, como a Circuit City e a Best Buy. A ADS é um dos seis grandes atores no mercado de prensagem musical. A empresa tem cerca de 20% do mercado de $5 bilhões, ao passo que os outros dois grandes concorrentes têm 40% do mercado. Os gestores da ADS vêm tentando entender e reagir a alguns dos problemas relacionados à cadeia de suprimentos.

- Alguns dos varejistas norte-americanos estão pressionando os clientes da ADS, as gravadoras, para administrarem estoques da seguinte maneira, conhecida como estoque gerenciado pelo fornecedor (VMI). Neste acordo, as gravadoras ficariam responsáveis pela decisão acerca das quantidades de cada álbum, CD ou cassete a serem entregues em cada loja e quando cada entrega deve ser feita. Para ajudar com estas decisões, as gravadoras receberão continuamente os dados de ponto de venda atualizados de cada loja. Além disso, as gravadoras serão as proprietárias dos estoques, até a venda dos itens, em cujo momento o pagamento é transferido dos varejistas para elas. Uma vez que a ADS fornece serviços de prensagem e distribuição às gravadoras, estas pediram à ADS que as ajudasse com a logística do contrato de VMI.
- No passado, a ADS transportava as mercadorias aos centros de distribuição dos varejistas norte-americanos, e estes é que arranjavam a distribuição para as lojas individualmente. Hoje, os varejistas fornecem expressivos incentivos ao transporte direto para cada uma de suas lojas. Não há dúvida de que isto representa um custo adicional para a ADS.
- Como um todo, os custos de expedição da ADS vêm aumentando. No momento, a empresa tem um gerente de expedição que combina as entregas com diferentes transportadoras, para cada carregamento. Talvez haja uma maneira melhor de administrar estas entregas, ou por meio da aquisição de uma frota de caminhões e cuidando da expedição dentro da própria empresa, ou com a terceirização de toda a função de transporte. Contudo, é possível que a melhor solução seja um híbrido destas duas alternativas.

Claro que a ADS vêm enfrentando problemas ainda maiores, como o futuro da indústria de prensagem de áudio, além da prevalência das tecnologias online de distribuição. De qualquer maneira, cada gravadora revisa periodicamente seus contratos com prestadoras de serviços de prensagem de áudio e, com isso, a gestão consegue tratar de cada um desses problemas com a eficácia necessária ao sucesso da empresa.

QUESTÕES PARA DISCUSSÃO DO ESTUDO DE CASO

1. Por que os clientes dos clientes da ADS estão adotando contratos de VMI?
2. Qual é o impacto desta estratégia nos negócios da ADS? Como é que a gestão da ADS pode tirar proveito desta situação?
3. Como a ADS deve administrar sua logística?
4. Por que os grandes varejistas estão adotando o modelo de transporte direto?

Fonte: A ADS é uma empresa fictícia. O material deste estudo de caso é baseado na experiência dos autores com diversas empresas.

ESTUDO DE CASO

O Smith Group

O Smith Group é um líder norte-americano da fabricação de ferramentas elétricas e manuais de qualidade, como furadeiras e martelos, entre outros. A companhia é uma grande concorrente da ATW, a empresa descrita no estudo de caso do Capítulo 4. Tal como a ATW, a Smith mantém uma parceria exitosa com seus distribuidores e representantes, responsáveis pela maior parte das receitas da empresa. Além disso, o Smith Group também sempre teve contratos de VMI com seus distribuidores de grande porte.

Os pequenos distribuidores do Smith, contudo, normalmente não dispõem da capacidade de transmissão eletrônica de dados necessária para a implementação do VMI. Para superar este problema, a Smith adotou o sistema *kanban* com muitos destes distribuidores menores. Nesta abordagem, o Smith Group imita o sistema *kanban* desenvolvido pela Toyota para controlar o fluxo de material em uma unidade. Neste sistema, a produção da Toyota é acionada por uma demanda, sinalizada por meio de cartões. E é exatamente esta mesma abordagem que o Smith Group adotou. Quando os caminhões contendo as entregas chegam nas unidades distribuidoras, eles coletam todos os cartões que foram retirados dos itens vendidos pelos distribuidores. Isto fornece as informações sobre a demanda consumidora que o Smith Group utiliza em seu planejamento de produção e distribuição.

O sistema *kanban* do Smith Group é uma maneira inteligente de implementar uma abordagem semelhante ao VMI, sem a necessidade da transferência eletrônica de dados:

- O sistema disponibiliza **informações em tempo quase real** sobre a demanda do cliente sem a necessidade de EDI, ao Smith Group.
- Uma análise cuidadosa do sistema de cartões empregado pelo Smith Group sugere que ele administra estoques no fornecedor com eficácia. Na verdade, neste ambiente de inspeções periódicas, a melhor política de estoques é a de estoque-base. É interessante observar que o sistema de cartões significa que **o estoque é administrado de acordo com o nível de estoque-base, o que efetivamente reduz os custos com estoques no distribuidor**.
- O sistema permite que o Smith Group adote um ambiente de produção sob encomenda, o que reduz os custos com estoque ainda mais, no lado do fabricante. Na verdade, o conceito-chave da abordagem desenvolvida pela Toyota é a adoção de um processo puxado. A estratégia de produção sob encomenda transformará a cadeia de suprimentos do Smith Group em um sistema puxado e, portanto, capaz de reações mais eficientes no tocante à cadeia.

QUESTÕES PARA DISCUSSÃO DO ESTUDO DE CASO

1. Qual é a vantagem para o Smith Group em implementar o sistema *kanban* descrito?
2. Explique como o sistema de cartões pressupõe que o estoque é administrado de acordo com o estoque-base.
3. De que modo o sistema permitirá ao Smith Group adotar um ambiente de produção sob encomenda?
4. Qual é o risco que o sistema *kanban* oferece ao Smith Group?
5. Se o sistema *kanban* permitir ao Smith Group reduzir seus estoques, qual é o impacto disto no fornecedor? O que os distribuidores farão com o espaço livre resultante?

CAPÍTULO 9

As Estratégias de *Procurement* e de Terceirização

ESTUDO DE CASO
Zara

Em 15 de janeiro de 2002, José Maria Castellano Rios, presidente da Inditex, uma companhia espanhola de vestuário, subiu ao palco do Centro de Convenções Jacob Javits em Nova York para receber o prêmio de Varejista Internacional do Ano entregue pela Federação Nacional do Varejo. O ano recém-terminado havia sido tumultuado na cena internacional, e um período de baixa para os varejistas. As consolidações e as falências no varejo ocorriam a passos largos. Contudo, a Inditex e sua principal empresa, a Zara, tiveram sucesso em mais um ano de crescimento impressionante e forte rentabilidade. De fato, o ano de 2001, em diversos aspectos, havia sido memorável para a Inditex, para seu fundador Amancio Ortega Gaona e para Castellano.

Fonte: Os professores Nelson Fraiman e Medini Singh, da Escola de Administração de Columbia, ao lado de Linda Arrington e Carolyn Paris, prepararam este estudo de caso para discussão em sala de aula, não para ilustrar a gestão exitosa ou fracassada de uma situação empresarial. Este caso foi preparado com o auxílio do W. Edwards Deming Center e foi patrocinado pelo Instituto Chazen e pelo Centro para o Ensino dos Negócios Internacionais.

Os autores agradecem a José Maria Castellano Rios da Inditex e a Luis Bastida e Francisco González da BBVA por tornarem este projeto possível.

Copyright © 2002, Columbia Business School.

A HISTÓRIA DA ZARA

Amancio Ortega Gaona, nativo da Galícia, havia trabalhado como balconista em um varejista de roupas femininas antes de abrir sua própria empresa de fabricação de casacos em 1963. Ele abriu a primeira loja da Zara em La Conuña em 1975. Em 1989, havia 82 lojas da Zara na Espanha, e Ortega começou a expansão internacional da Zara em Portugal, Paris e Nova York. A empresa fundadora da Zara, a Inditex, desenvolveu quatro outros formatos, a Pull & Bear, a Massimo Dutti, a Breshka e a Stradivarius,[1] e em 2001 lançou a Oysho, uma linha de roupa íntima e de trajes de banho. Ver a Tabela 9-1 para as informações financeiras selecionadas. Os nomes de marca Zara, Pull & Bear, Bershka e Oysho foram inventados, sendo nomes genéricos adequados para a exportação. No ano fiscal de 2000, mais da metade das vendas da Inditex estavam concentradas fora da Espanha.

Durante o período de 2000 a 2001, a Inditex recebeu uma cobertura da mídia e de ana-

---

[1] A Pull & Bear (6,6% das vendas de 2000) foi aberta em 1991 com uma linha básica de moda masculina. A moda feminina foi acrescentada em 1998. A Inditex adquiriu uma parte da Massimo Dutti (7,8% das vendas de 2000), um fabricante de camisas masculinas, em 1991, e 100% em 1995. Neste período, a companhia evoluiu para uma linha mais clássica e sofisticada de moda masculina e feminina. Em 1998, a Breshka (com 5,2% das vendas de 2000), uma linha *club* para meninas adolescentes, foi aberta, e 90% da Stradivarius (2,8% das vendas de 2000), uma linha de roupas informais ou *streetwear* para meninas adolescentes, foi adquirida em 1999. Ver a Figura 9-1 para o posicionamento de diversos produtos Inditex.

TABELA 9-1
INFORMAÇÕES FINANCEIRAS SELECIONADAS PARA O GRUPO INDITEX

Euros (em milhões)	Ano fiscal				
	1996	1997	1998	1999	2000
Dados da declaração de imposto de renda					
Vendas líquidas	€1.008,5	€1.217,4	€1.614,7	€2.035,1	€2.614,7
Crescimento	16,8%	20,7%	32,6%	26,0%	28.5%
Lucro líquido	487,5	599,1	814,8	1046,7	1337,7
Margem bruta	48,3%	49,2%	50,5%	51,4%	51,2%
Receita operacional	152,4	192,8	242,1	299,6	390,3
Margem operacional	15,1%	15,8%	15,0%	14,7%	14,9%
Receita líquida	72,7	117,4	153,1	204,7	259,2
Dados do balancete					
Ativos					
Caixa e equivalentes	€79,6	€134,8	€151,7	€164,5	€203,9
Recebidos por conta	NA	NA	75,0	121,6	145,1
Estoques	NA	NA	157,6	188,5	245,1
Outros ativos existentes	110,7	139,2	7,1	7,3	6,2
Ativos de longo prazo	597,7	669,2	915,1	1168,8	1395,7
Intangíveis	0	1,7	1,2	98,1	89,1
Despesas suspensas	32,3	32,3	18,6	24,1	22,5
Ativos totais	820,3	977,2	1.326,3	1.772,9	2.107,6
Passivos					
Dívida de curto prazo	55,9	43,0	88,3	116,3	96,9
Outros passivos existentes	178,2	229,9	356,3	435,4	573,4
Dívida de longo prazo	168	164,1	186,3	290,9	231,8.
Outros passivos de longo prazo	3,3	10,3	22,0	37,1	34,6
Passivos totais	405,4	447,3	652,9	879,7	936,7
Participação acionária	414,9	529,9	673,4	893,2	1170,9
Total de passivos e participação acionária	820,3	977,2	1.326,3	1.772,9	2.107,6
Estatísticas financeiras					
Dias de estoque (final do ano fiscal)			35,6	33,8	34,2
Capital de giro líquido	(123,4)	(133,7)	(204,9)	(234,3)	(273,9)
Estatísticas de operação					
Vendas totais no varejista (milhões)			€1.525,5	€1.998,8	€2.606,5
Vendas médias por loja (milhões)			€2,04	€2,17	€2,41
Total de lojas do varejo			748	922	1.080
Vendas médias por metro quadrado			€4.752,34	€4.534,69	€4.853,82
Total de metros quadrados disponíveis			321.000	441.000	537.000
Vendas de mesma loja			11,0%	5,0%	9,0%

Vendas líquidas e EBIT por conceito do Inditex

Euros (em milhões)	Vendas líquidas		
	1998	1999	2000
Zara	€1.304,2	€1.603,4	€2.044,7
Pull & Bear	131,9	143,8	172,6
Massimo Dutti	120,5	144,2	184,0
Bershka	22,3	82,1	134,9
Stradivarius	N/A	26,3	72,5

TABELA 9-1 continuação

Euros (em milhões)	EBIT		
	1998	1999	2000
Zara	€213,0	€248,4	€327,9
Pull & Bear	15,0	17,1	24,1
Massimo Dutti	14,2	17,4	20,3
Bershka	(3,7)	7,1	8,4
Stradivarius	N/A	1,7	(3,2)

Fonte: Circular de oferta do Grupo Inditex, maio de 2001.

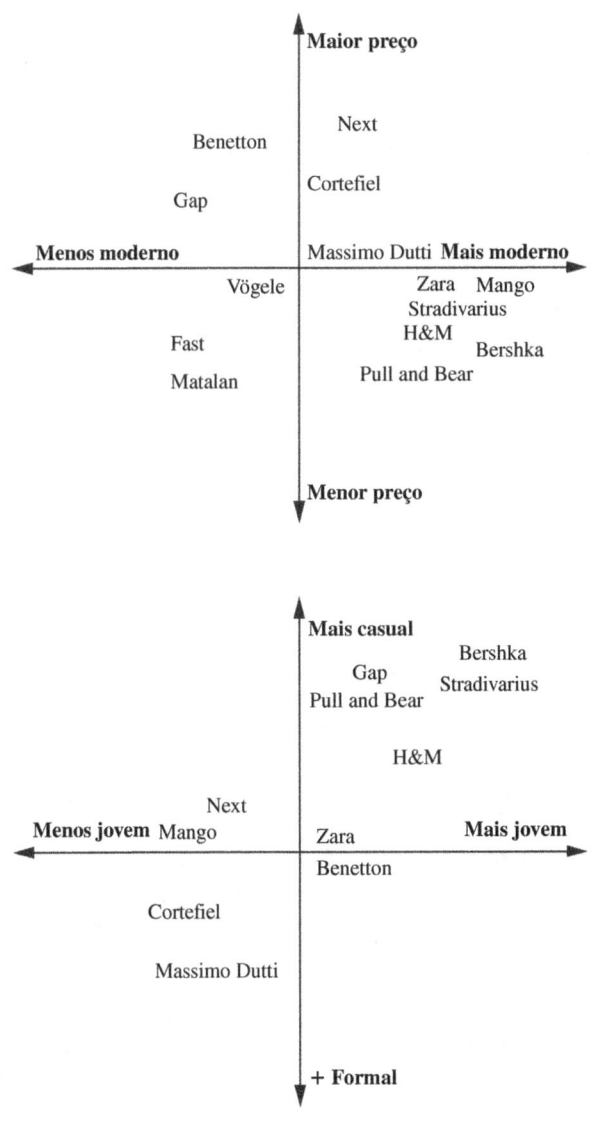

```
                         ▲ Maior preço
                         │
                         │
                         │    Next
              Benetton   │
                         │    Cortefiel
                  Gap    │
                         │
  Menos moderno          │ Massimo Dutti   Mais moderno
  ◄──────────────────────┼──────────────────────────►
                 Vögele  │          Zara   Mango
                         │          Stradivarius
                         │          H&M
                   Fast  │                 Bershka
                Matalan  │          Pull and Bear
                         │
                         │
                         ▼ Menor preço


                         ▲ Mais casual
                         │
                         │           Bershka
                         │    Gap
                         │           Stradivarius
                         │    Pull and Bear
                         │
                         │           H&M
                         │
                  Next   │
  Menos jovem  Mango     │    Zara             Mais jovem
  ◄──────────────────────┼──────────────────────────►
                         │    Benetton
                         │
               Cortefiel │
                         │
           Massimo Dutti │
                         │
                         │
                         ▼ + Formal
```

FIGURA 9-1 O posicionamento dos produtos do grupo Inditex.

listas muito favorável, que elogiava seu sucesso e o atribuía ao exclusivo modelo de negócio da Zara[2]. Este sucesso fez a Zara ser considerada "possivelmente varejista mais inovador e devastador do mundo" por Daniel R. Piette, Presidente e CEO da LV Capital. A Inditex fez uma oferta pública de ações inicial em maio de 2001, quando era a terceira varejista de vestuário. A participação de Ortega na Inditex valia bilhões, mas ele continuou levando sua vida como sempre, ainda vivendo perto de La Coruña e envolvido na administração da Inditex.

A Zara oferecia moda feminina (cerca de 58% das vendas), masculina (cerca de 22%) e infantil (cerca de 20%). Em sua circular de oferta, a Inditex descreveu a Zara da seguinte maneira:

> A Zara é um conceito de alta moda, que oferece vestuário, calçados e acessórios femininos, masculinos e infantis, desde recém-nascidos a adultos com 45 anos. As lojas Zara oferecem uma atraente mistura de moda, qualidade e preço, em lojas bem decoradas e com as melhores localizações em ruas comerciais importantes e *shopping centers* de alta classe. Nosso *design*, desenvolvido na própria companhia, ao lado de nossas capacidades de produção nos possibilitam oferecer novos modelos nas lojas Zara duas vezes por semana, ao longo de todo o ano.

No final de 2001, a Inditex operava mais de 1200 lojas em mais de 35 países em todo o mundo, sob seis nomes fantasia, e os analistas estimavam que as lojas da Inditex chegariam à casa das 2 mil em cinco anos. O modelo verticalmente integrado da Zara dependia, em grande parte, do *sourcing* na Espanha para atender à fabricação de grande parte de seus trajes. Mas Castellano havia considerado que a Zara transferiria uma boa parcela da produção a outros países, provavelmente a Ásia, para tirar proveito dos menores custos com mão de obra. Assim, a proporção que deveria ser transferida para apoiar a expansão da Zara e atender às possíveis pressões de precificação e a proporção de produção a ser transferida sem prejudicar o sucesso da empresa – eram questões cruciais colocadas diante da Inditex.

A INDÚSTRIA TÊXTIL E DO VESTUÁRIO

Em 1999, a indústria mundial de têxteis e vestuário respondeu por 5,7% do valor da produção mundial total e por mais de 14% dos empregos no mundo. O mercado do vestuário nos principais países foi estimado em cerca de $580 bilhões, com os EUA respondendo por aproximadamente $180 bilhões e a Europa ocidental por $225 bilhões. A Europa oriental (com cerca de $14 bilhões), a América Latina (com $45 bilhões) e algumas regiões da Ásia representavam áreas de potencial crescimento econômico, com o aumento dos níveis de receita e mercados amadurecendo depois de um período fragmentado dominado por varejistas independentes.

A produção de têxteis em geral requer muito capital, com a mão de obra respondendo por cerca de 40% dos custos das mercadorias vendidas, ao passo que para o vestuário esta proporção é de quase 60%. A fabricação de têxteis também tende a ser altamente especializada, dependendo das matérias-primas (naturais ou sintéticas, ou uma mistura das duas formas), do fio ser tramado, tricotado, trançado ou não tecido, do tingimento ou estamparia, do tratamento e acabamento e das características gerais de desempenho desejadas para o produto final, como o grau com que ele aceita e fixa o corante, o grau de isolamento térmico e de lavabilidade à máquina. Ainda que estes tecidos sejam simples e básicos, há constante pesquisa e desenvolvimento de novos tecidos de alto desempenho, incluindo têxteis para uso industrial específico.

A produção de vestuário envolve o *procurement* de tecidos, a confecção de modelos, incluindo amostras e padronagens, o corte e costura e o acabamento de trajes. Para trajes tricotados, o processo de produção é modificado para incorporar o *procurement* de fibra e o processo de tricotagem. A produção de vestuário está intimamente relacionada ao *procurement* de tecidos, e é por isso que os *designers* elaboram seus projetos

---

[2] "The Most Devastating Retailer in the World," *The New Yorker*, 18/9/2000; "Just-in-Time Fashion: Spanish Retailer Zara Makes Low-Cost Lines in Weeks by Running Its Own Show," *The Wall Street Journal*, 18/5/01; "Galician Beauty: Spanish clothier Zara beats the competition at efficiency—and just about everything else," *Forbes*, 28/5/01; "Fast Fashion: How a secretive Spanish tycoon has defied the postwar tide of globalization, bringing factory jobs from Latin America and Asia back to Continental Europe," *Newsweek*, 27/9/01.

com um determinado tecido, ou então projetam um tecido para um dado traje.

Em termos de produção, a indústria do vestuário pode ser dividida em três camadas de qualidade, com algum grau de correspondência com o *sourcing* da produção:

i. Um segmento de alta qualidade englobando itens que incorporam elementos de moda e enfatizam a qualidade do material e a habilidade, como os trajes femininos.
ii. Um segmento de média qualidade para itens mais básicos para os quais a qualidade do material e a habilidade têm de ser aceitáveis mas com pouca diferenciação entre produtores e relativamente pouca diferenciação em termos de componentes de moda mais sensíveis ao períodos (por exemplo, cardigãs e *khakis**).
iii. Um segmento de baixa qualidade (por exemplo, de roupa íntima masculina) em que os produtos apresentam características semelhantes a *commodities* e competem sobretudo no quesito preço.

Os países com baixos salários aumentaram seu volume de produção principalmente nos segmentos de média e baixa qualidade, mas aumentavam sua fatia na produção de alta qualidade. Cinquenta por cento das exportações europeias e apenas 20% de suas importações estavam concentrados no segmento de alta qualidade.

A indústria do vestuário era diferente, visto que muitos de seus segmentos não tiravam proveito real das economias de escala (a produção por volume de mercadorias idênticas) no sentido tradicional do termo, e a manutenção da margem por meio de uma maior precisão na satisfação da demanda por produtos de alta qualidade foi mais importante para a rentabilidade. Para os setores da produção mais mecanizados – a produção de tecidos, incluindo o tricô à maquina e o corte – o tempo de preparação para trajes do tipo *commodity*, a habilidade de administrar a produção em pequenos lotes para atender aos gostos em constante processo de mudança aumentaram a importância da flexibilidade e da capacidade de reação do sistema de produção. A costura e o acabamento continuavam sendo as etapas mais especializadas e trabalhosas do processo, tal como refletido na grande participação de pequenas e médias empresas na indústria do vestuário. Relevante também era a preponderância das mulheres, com seus salários relativamente mais baixos, entre os trabalhadores da produção do setor.

Dada a intensidade do trabalho envolvido na produção de vestuário, não causava surpresa o fato de que os níveis salariais relativos haviam sido um fator de expressiva motivação no *sourcing* para a produção. No entanto, ao lado da análise dos níveis salariais, as empresas consideravam outros aspectos importantes, como a qualidade e disponibilidade das matérias-primas, as exigências em termos de habilidade e produtividade do trabalhador, o tempo e os custos de transporte, além de outros componentes, como os *lead times*, o risco político e o risco na taxa de câmbio, problemas com regulamentação e responsabilidade social. Um complexo sistema de cotas e tarifas também havia sido uma importante parcela da equação do *sourcing*, o que resultou em uma variedade de distorções na cadeia de suprimentos, como o transbordo de mercadorias via Hong Kong com a finalidade de evitar as cotas sobre os produtos chineses. A entrada da China na Organização Mundial do Comércio, além do ensaiado desmantelamento do sistema de cotas sobre têxteis e vestuário – que seria finalizado em 2005 – eram fatores que, esperava-se, aumentariam a produção chinesa, bem como resultariam na redução das barreiras alfandegárias que afetavam as importações de mercadorias da União Europeia feitas pela América Latina, por exemplo. Neste período, a redução regional das barreiras comerciais fomentara o aumento da fabricação na Europa oriental, Turquia e África do norte em apoio aos mercados europeus, e a fabricação no México, no Caribe e na América Central em apoio ao mercado dos EUA.

A INDÚSTRIA DE TÊXTEIS E VESTUÁRIO NA UNIÃO EUROPEIA E NA ESPANHA

A indústria de têxteis e de vestuário na União Europeia empregava cerca de 2 milhões de pessoas em 1999 e respondia por 7,6% de todos os empregos da indústria da União Europeia, gerando com isso uma receita de €178 bilhões.

---

* N. de T.: Traje confeccionado no tecido *khaki*, tecido de algodão rústico usualmente na cor marrom.

A Itália tinha a maior porcentagem de empresas têxteis e do vestuário na União, com 31%, seguida por Reino Unido (15%), Alemanha (14%), França (13%), Espanha (9%) e Portugal (6%). A União Europeia era o segundo maior exportador de têxteis e vestuário no mundo, mas suas capacidades eram maiores no tocante à exportação de têxteis do que de roupas. Particularmente, os países da União eram os líderes no desenvolvimento de novas fibras de alta tecnologia e de tecnologias semelhantes.

A indústria era conhecida por sua fragmentação e pelo peso da subcontratação em agrupamentos regionais de empresas independentes e de pequeno porte mas que trabalhavam em colaboração, como se via no norte da Itália. Contudo, empresas de grande porte também eram visíveis, como a Inditex, que administravam ou aproveitavam as redes de subcontratação para produzir em grande escala.[3] Esta estrutura de "distrito industrial" da indústria têxtil e de vestuário da União Europeia, administrada com baixos custos indiretos e com alto nível de capacitação, significou um tipo diferente de economia de escala ou de rede, compartilhada entre um grupo de empresas. A possibilidade de todas as empresas neste sistema terem propriedade comum não era tão importante quanto a maneira com que as componentes trabalhavam em conjunto.

No setor do vestuário, o ponto forte da União Europeia era o *design* direcionado pela fabricação, no qual ele ficava próximo ao cliente e era controlado pela produção. A íntima relação entre as empresas de vestuário e as de produtos têxteis tinha uma importância especial, o que permitia a colaboração no projeto de tecidos. No outro lado da cadeia de produção havia um expressivo volume de terceirização de operações que exigiam intensos níveis de mão de obra (*Outward Processing Transaction*, OPT) para os países mediterrâneos e do leste europeu, localizados próximo o bastante para fornecer um trâmite rápido e serem facilmente monitorados para o controle de qualidade.

A indústria de vestuário e têxteis da Espanha era formada quase exclusivamente por empresas de pequeníssimo porte, sem tradição em pesquisa e desenvolvimento ou inovação tecnológica, pois tal necessidade não existia para competir no mercado interno. No entanto, na década de 1990, a Espanha passou por um período de grande prosperidade, com um aumento nos níveis salariais e com uma sofisticação de sua base interna de clientes. Os consumidores espanhóis davam muita importância à moda e à qualidade de suas roupas e pouca relevância ao fator preço. Porém, dados os níveis gerais de salário, as roupas de grifes de luxo estavam fora do alcance da maioria dos compradores.[4]

A província natal de Ortega, a Galícia, situada na chuvosa costa nordeste da Espanha, é uma terra pitoresca, montanhosa e de tradição celta. O clima na província é na maior parte do ano nublado ou nevoento. A economia local é baseada na agricultura, pesca e mineração. A Galícia sempre fora uma região pobre e passara por períodos de alto desemprego, em comparação com outras regiões da Espanha. No começo do século XX, muitos nativos da Galícia migraram para a Argentina, Uruguai e Cuba. A redução nos níveis de desemprego e a melhoria nos indicadores de habilidades da força de trabalho haviam sido prioridades do governo regional da província e dos sindicatos. A principal cidade da Galícia, La Coruña possuía um moderno e conveniente aeroporto, e os voos para Madri e Barcelona eram frequentes. Contudo, La Coruña não era uma grande cidade portuária.

Ainda que a Galícia não fosse conhecida como um centro de fabricação de têxteis e vestuário em nível industrial, na década de 1980 a região iniciou um esforço agressivo no sentido de desenvolver capacidades relativas à confecção de vestidos tradicionais e participar no setor, com a promoção de um conceito de "moda galega". Em 1998, estimou-se que 29

---

[3] Ver *The Competitiveness of the European Textile Industry*, de Maurizio Giuli (Universidade de South Bank, Londres, 1997), que cita o modelo do "distrito industrial" para a produção.

[4] De acordo com um relatório de 1999 do Serviço para o Comércio Exterior e do Departamento de Estado norte-americanos, seis em cada 10 mulheres espanholas citaram a qualidade, três em cada 10 a moda e apenas uma em cada 10 mencionou o fator preço como o mais importante na compra de roupas.

mil pessoas (a maioria mulheres) trabalhavam para cerca de 760 empresas galegas envolvidas no setor têxtil e vestuário. Muitas destas empresas (mais de 450) eram pequenas oficinas ou cooperativas, com uma média de 15 funcionários cada e 75% da produção consistia na linha de montagem de trajes e 16% na produção de itens tricotados. Havia também grandes empresas instaladas na Galícia, como a Adolfo Domingues, a Caramelo, a Mafecco e a Zara. A fatia da Galícia na produção nacional do setor de têxteis e vestuário aumentou de sete para 14% entre 1991 e 1997, o número de empregos gerados pelas empresas galegas do setor representava 10,5% do total do setor para a Espanha no mesmo período e as exportações da região cresceram 10 vezes entre 1991 e 1998.

O MODELO ZARA

O ciclo de planejamento e *design* da Zara

A linha do tempo da Zara para uma estação começou, como para qualquer outra empresa de vestuário, cerca de um ano antes do início da estação propriamente dita. Havia duas estações, em que a coleção primavera/verão programada para chegar às lojas nos meses de janeiro e fevereiro, e a coleção outono/inverno programada para os meses de agosto/setembro (esquema este invertido para o hemisfério sul). Cerca de um ano antes os *designers* começavam a trabalhar para definir os temas e as cores dominantes, e, feito isso, passavam a esboçar uma coleção.

A Zara tinha 200 *designers* em seu quadro de pessoal. Ainda que os estilistas fossem influenciados pela moda das passarelas e encorajados a adaptar o estilo da alta costura ao mercado de massa, "eles não eram estimulados a tornarem-se estetas pomposos dedicados à produção de manifestos idiossincráticos da moda", disse María Pérez, chefe do departamento de *design*. "A Zara produz cerca de 11 mil modelos a cada ano, talvez cinco vezes mais do que um varejista de mesmo porte, e todos estes modelos são produzidos em lotes relativamente pequenos, para começo de conversa", completou ela. "Isto encoraja os *designers* na direção da experimentação, mas sem deixar de lado o tino comercial."

Os *designers* trabalhavam em grandes ambientes na matriz da Zara, com um centro de *design* para cada uma das linhas de moda feminina, masculina e infantil. Os estilistas muitas vezes preparavam esboços à mão, e depois passavam para um sistema CAD para aprimorar o modelo e associar as especificações necessárias. Os centros de *design* eram iluminados e modernos e a música ambiental era uma seleção de canções *pop*.

Os especialistas em loja trabalhavam nestas mesmas salas, verificando os detalhados relatórios diários das vendas e conversando com os gerentes das lojas por telefone para obter um retorno informal das atividades. Cada especialista em loja era responsável por uma grupo de lojas em uma dada região e as visitava periodicamente. Os gerentes de loja tinham experiência com o varejista e eram selecionados de acordo com o tino para o *design* comercial e percepção das tendências de mercado, pois era tarefa destes gerentes coletar as informações de mercado das lojas e repassá-las aos encarregados das decisões relativas ao *design* e à produção. A comunicação e o trabalho fluíam muito bem no centro de *design*.

Padrões e protótipos

Em alguns casos, os *designs* eram enviados a fornecedores terceirizados que preparavam as amostras ou o desenho de padrões em um processo que durava entre dois e três meses. Depois disso, um protótipo de traje era preparado na empresa, em um processo no qual os desenhistas de padrões e as costureiras que costuravam os protótipos trabalhavam no mesmo centro de *design*, grande e aberto. Os padrões finalizados poderiam ser disponibilizados aos computadores que guiariam os movimentos das ferramentas de corte. Com base nestes protótipos, a coleção inicial da estação era finalizada e exibida na empresa.

O *sourcing* e a programação da produção

Depois que a coleção inicial para uma estação fora aprovada, o *procurement* para os tecidos necessários e o planejamento da produção começavam. Nos casos em que o *sourcing* era terceirizado (cerca de metade do total), os compromissos com a produção eram assumidos aproximadamente seis meses antes da entrega da coleção nas lojas, enquanto os trajes para a produção pela própria empresa eram programados para serem produzidos de forma que estariam prontos para a entrega programada nas lojas. Cerca de 60% da produção terceirizada era oriunda da Europa, 30% da Ásia e o restante vinha de diversas partes do mundo.

A decisão de obter materiais junto a fornecedores externos ou de fabricar na própria empresa foi tomada com base em diversas considerações, incluindo a experiência, o custo relativo e sobretudo a sensibilidade em relação ao tempo. A Inditex possuía 21 fábricas da Zara, cada uma administrada individualmente. As propostas dos gerentes de fábrica eram avaliadas em relação às propostas de fornecedores terceirizados para garantir que a fabricação pela própria companhia se mantivesse competitiva. Em geral, os trajes mais elaborados eram manufaturados pela própria companhia, enquanto as linhas básicas e os tricôs eram terceirizados.

A Zara entregava cerca de 15 a 25% de seu estoque da estação – os itens mais básicos – seis meses antes do começo da estação, em comparação com os 40 a 60% para a maior parte dos varejistas. No começo da estação, cerca de 50 a 60% de seu estoque da estação havia sido entregue (tanto os já fabricados quanto os sujeitos à entrega da empresa com especificações especiais), em comparação com o que a Zara estimava para a maioria dos varejistas de vestuário, que era de 80%. Aproximadamente um quarto da coleção da estação estava disponível no começo da estação, e estes estoques pendiam bastante para os itens básicos e incluíam a coleção inicial de trajes refinados, ambos produzidos com base nos *lead times* regulares, que maximizavam o *sourcing* por fornecedores terceirizados. A fabricação pela própria companhia estava reservada para a produção da coleção da estação atual. No geral, 85% da produção pela própria empresa era destinada à coleção da estação atual e 15% para a coleção da próxima estação.

A fabricação pela própria companhia

A fabricação pela própria companhia envolvia duas etapas básicas: o *procurement* para a fabricação e a montagem e o acabamento dos trajes. A Inditex possuía uma empresa de *sourcing* para tecidos em Barcelona (a Comdtitel), várias companhias de têxteis e uma parte de uma empresa de acabamento, a Fibracolor. A Comditel administrava cerca de 40% do *procurement* para tecidos e era especializada em tecidos *greige* (tecidos brutos, em geral de algodão, que podem ser tingidos ou estampados sob encomenda). O tempo de preparação para tingimento e estamparia era de quatro ou cinco dias, e o processo como um todo durava uma semana. No caso dos tecidos sintéticos e mais detalhados, a Zara dependia primordialmente do *sourcing* externo.

Com base nas decisões sobre os estilos que seriam produzidos e os respectivos tamanhos, as fábricas da Zara cortavam os tecidos. Um "colchão" de tecidos em camadas era disposto sobre longas mesas, selados a vácuo e cortados por máquinas operadas por um computador que armazenava o padrão em um programa. O padrão em si era preparado por pessoas do setor de informática, especialistas na preparação de moldes com o mínimo desperdício. Os gerentes da Zara haviam decidido que estes funcionários eram capazes de arranjar sozinhos o molde, em 15 ou 20 minutos, com uma maior taxa de utilização do tecido do que faziam os computadores. Mas os arranjos preparados pelos computadores, que levavam alguns poucos segundos, eram utilizados como padrão para o corte. As peças cortadas eram marcadas e empilhadas para então serem costuradas.

A costura era subcontratada junto a uma rede de 400 pequenas empresas da Galícia e do norte de Portugal. Nestas zonas rurais, em que os salários eram baixos e o desemprego alto, as subcontratadas para a costura dos trajes da Zara deram oportunidade de trabalho a muitas mulheres, incluindo o regime em meio-turno de trabalho. A Zara reservava tempo junto a estas empresas subcontratadas, mas não estava limitada em termos de especificações fornecidas antecipadamente.

As entregas entre as fábricas da Zara e as subcontratadas para o serviço de costura ocorriam diversas vezes por semana, em que estas aceitavam mais trabalho à medida que os pedidos terminados eram despachados. O tempo de costura era de uma a duas semanas. As operações de passar a ferro, etiquetagem e inspeção final dos trajes concluídos ocorriam quando estes retornavam às fábricas da Zara. Caso tivesse o tecido em estoque, a Zara poderia, com a ajuda das capacidades de *design*, projeto de padrões e corte, além de sua rede de subcontratadas para a costura, concluir a fabricação de um modelo em 10 dias.

A produção durante a estação

A Zara entregava apenas 50 a 60 % de sua produção antes da estação. O restante era fabricado continuamente durante a mesma. Era a parcela da produção da estação finalizada na própria empresa que poderia ser facilmente modificada em resposta à demanda do mercado. Se um item não vendia, sua produção poderia ser interrompida. Se um item vendia bem, mais unidades poderiam ser produzidas no espaço de uma semana, na hipótese de o tecido estar disponível. A Zara produzia mais para atender à demanda, dependendo da quantidade de tecido em estoque, mas não mais do que isso. Miguel Díaz Miranda, o vice-presidente da fabricação, explicou:

> O tamanho da produção – a "escala" – como dissemos aqui, não é problema. Recuperamos os custos com trajes por meio do aumento de preços, pois as pessoas pagam mais pelo traje certo na hora certa. É o produto que motiva o cliente.
>
> No caso de uma grande demanda esperada, corremos um risco maior no tocante à decisão de compra do tecido. Há vezes em que tomamos uma decisão que não faz sentido do ponto de vista econômico, mas sabemos disso. Por exemplo, podemos ter um item que vende bem, mas se pensarmos que estamos saturando o mercado com o visual que este item proporciona, interrompemos sua fabricação e geramos uma demanda insatisfeita de propósito. Do ponto de vista unicamente econômico, isto é ridículo. Mas a cultura que estamos criando com nossos clientes é a de que é melhor você comprar hoje, porque amanhã talvez você não encontre este produto em nossas lojas.

De acordo com a gestão da Zara, repetida pelos analistas e pela mídia, foi a capacidade de reagir durante a estação que colocou a Zara em uma posição privilegiada no mundo da moda, em relação a outros varejistas. Quando a coleção inicial tinha itens que não vendiam bem nas lojas, a Zara era capaz de reagir por meio de ofertas alternativas, enquanto a maioria dos varejistas respondia com liquidações e uma propaganda mais agressiva e cara, na tentativa de vender mercadorias pouco populares. Para a Zara, o reabastecimento durante a estação não exigia uma maior capacidade de um item ser encontrado ou custos de última hora muito maiores. Em vez disso, o cronograma de fabricação apertado em relação à venda permitia uma realocação de recursos no processo em andamento, com o mínimo de interrupção. A capacidade de fabricação pela própria empresa havia sido reservada e estava disponível, mas o que tinha de ser fabricado seria definido algumas semanas antes do momento em que os trajes aparecessem nas lojas. "Fomos capazes de trocar os estoques de trajes inspirados na equitação para trajes em preto no espaço de duas semanas após os ataques terroristas de 11 de setembro", disse Hugo Alvarez Gallego, do grupo de mercados de capital da Inditex.

A distribuição

A distribuição dos trajes terceirizados e dos produzidos pela própria companhia estava centralizada no centro de distribuição de 500 mil metros quadrados que a Zara tinha em Arteixo. Este centro de distribuição ficava equidistantemente localizado entre quatro unidades de fabricação. Os trajes eram transportados ao longo de 211 quilômetros de estrada, entre o grupo de fábricas localizadas na região e o centro de distribuição. Os trajes que precisavam ser transportados em cabides eram dispostos em relação ao código de barras, que os separava automaticamente em termos de modelo, dentro do centro de distribuição. A separação dos trajes dentro do estoque era efetuada manualmente. Os trajes dobrados eram separados em um carrossel, em que cada um deslizava em uma calha de transporte até uma caixa, em que era armazenado até sua chegada à loja, com base também no código de barras.

Cerca de 2,5 milhões de trajes podiam se movimentar pelo centro de distribuição a cada semana. Apesar de o centro de distribuição em Arteixo ser utilizado em apenas 50% de sua capacidade em 2001, com base nos planos de crescimento da empresa de 20 a 25% ao ano, uma maior capacidade de distribuição seria necessária, e a empresa estava construindo um segundo centro de distribuição em Zaragoza, no nordeste da Espanha.

Os carregamentos eram despachados para o centro de distribuição duas vezes por semana, por meio de caminhões e por voos fretados para as lojas na Europa, de forma que estas recebiam mercadorias dentro de 24-36 horas da expedição na Europa e de um a dois dias fora do continente. Não havia estoques centrais e a maioria dos estoques era composta por mercadorias em venda nas lojas.

O varejo

Os gerentes das lojas emitiam pedidos dos itens de uma coleção que eles queriam em suas lojas, mas as alocações finais de estoque eram centralizadas, considerando as vendas atuais e as informações sobre estoques e, por vezes, novos itens que não haviam sido solicitados pelos gerentes eram incluídos. As lojas recebiam novos estoques várias vezes por semana. "A novidade na variedade é muito importante para mercadorias que acompanham as tendências da moda. Ela gera uma expectativa excitante em nossos clientes. Eles sabem quando os caminhões chegam nas lojas mais próximas, e por isso eles podem ser os primeiros a ver as mercadorias", diz Josefina Lucía Bengochea Martín, uma gerente de loja em Barcelona. "Nossos clientes visitam nossas lojas em média 17 vezes ao ano, o que é três ou quatro vezes mais do que o visto para nossas concorrentes", comenta José María Castelllano.

Itens que não eram vendidos poderiam ser devolvidos para uma possível realocação para outras lojas ou para lojas de descontos. Os períodos de liquidação eram muito regulamentados na Europa. Apenas os itens que estavam em estoque é que poderiam ser remarcados. Em geral, a Zara tentara minimizar o volume de mercadorias marcadas com preços de final de estação, uma vez que no sistema da companhia não havia necessidade de uma grande queima de estoque. A Zara vivenciara uma redução no volume de liquidações de 15 a 20%, em comparação com os 30 a 40% da maior parte do setor. A Zara não anunciava e, em vez da propaganda confiava no *boca a boca*. Em geral, os gastos com propaganda no varejo eram de 3 a 4% das vendas. Na Inditex, estes gastos estavam em 0,3%, em sua maior parte voltados para anúncios simples das liquidações publicados em jornais.

As lojas

As lojas da Zara eram padronizadas, incluindo a iluminação e as vitrines, além da disposição dos trajes, e tinham um espaço de venda de 1200 metros quadrados (ver Figura 9-2). Havia uma loja-modelo localizada na matriz da Zara, mantida atualizada em termos de seleção de produtos. As lojas eram localizadas em áreas comerciais sofisticadas, como o Champs Elysées em Paris, a Regent Street em Londres e a Lexington Avenue em Nova York. O *design* das lojas, dos expositores e das vitrines transmitia uma mensagem de classe e atilada na moda. A disposição espaçosa das mercadorias em espaços sem aglomeração de itens e coordenados por cor tornava a experiência da compra semelhante àquela vivenciada em lojas de alto luxo e bem diferente daquela oferecida por lojas "de boa compra".

A estratégia de precificação

A Zara diferenciava sua estratégia de precificação daquela adotada por muitos outros varejistas, que definiam o preço como sendo igual ao custo acrescido de uma margem de lucro. "Os preços da Zara são baseados nos artigos comparáveis presentes nos mercados-alvo, sujeitos a cobrir os custos, mais uma margem predefinida", disse Pablo Alvarez, vice-presidente de marketing. Por exemplo, um casaco em Madri, na Espanha, deveria ter seu preço fixado em €100, e o mesmo casaco, na loja da Lexington Avenue em Nova York, pode ter seu preço definido como US$185 (um exemplo de etiqueta de preços é mostrado na Figura 9-3).

Durante sua longa expansão em 2001, a Zara imprimia etiquetas de preço que mostravam diferentes preços para diferentes países. Isto simplificava o procedimento de etiquetagem e também permitia que as mercadorias fossem transportadas entre países sem a necessidade de serem re-etiquetadas. Contudo, no começo de 2002, a Zara adotou um sistema local de marcação de preços nas lojas, por meio de um dispositivo que lia o código de barras e imprimia o preço local correto.

A estratégia de crescimento

O crescimento da Zara havia sido direcionado para os mercados externos, a partir de sua base, na Espanha. Novas localizações de lojas foram escolhidas com cautela para demarcar novos

FIGURA 9-2 O modo de apresentação e o leiaute de uma loja Zara.

territórios que pudessem ser mantidos, dentro do modelo da Zara. A maior parte das lojas era de propriedade da empresa, ainda que em alguns mercados (por exemplo, o Oriente Médio) a Zara tivesse aberto algumas lojas por meio de franquias e utilizando o sistema de alianças, como no Japão. A Zara não estabelecia centros de distribuição locais e depósitos quando entrava em algum mercado, nem se engajava em promoções de abertura de uma loja.

FIGURA 9-3 Exemplos de etiquetas de preço da Zara.

A companhia tinha cerca de 450 lojas em 33 países (ver a Tabela 9-2), e estava abrindo cerca de 10 lojas ao mês em 2002. Ainda que a empresa tivesse lojas em Nova York, Miami e Porto Rico, a gestão da Inditex indicava que uma grande expansão no mercado norte-americano não era uma prioridade de curto prazo. "Na nossa opinião, os EUA sofrem com um excesso de varejistas, e o consumidor norte-americano que está longe das costas marítimas do país tem um gosto simples para roupas", disse José María Castellano Ríos. "O mercado para modelos que vendem em grandes volumes típico nos EUA, como os *chinos** está saturado. Além disso, na América você geralmente precisa anunciar. Temos muito o que fazer em outros locais, mais próximos de casa."

UM DILEMA DE *SOURCING*

Enquanto Castellano subia ao palco, ele refletiu sobre a evolução da Zara, desde sua entrada na empresa, depois de ter saído da IBM, em 1984. Ele sentia-se confortável com a ideia de a Zara estar no caminho certo para continuar com o crescimento constante e orgânico com seu modelo de negócio e posicionamento único baseado na Galícia. Contudo, ele e outros membros de sua equipe de gestão, ao lado de Ortega, constantemente revisavam a estratégia da companhia.

Um dos elementos desta estratégia que ele tinha de considerar era o *sourcing* para a produção. A fim de proteger suas margens, sobre-

---

* N. de T.: Nome genérico para qualquer item de vestuário confeccionado em um tecido robusto de algodão.

TABELA 9-2
AS LOCALIZAÇÕES DAS LOJAS ZARA: ANO 2000

	Local próprio	Franquia	*Joint venture*	Total
Espanha	220			220
Portugal	32			32
Bélgica	12			12
França	63			63
Reino Unido	7			7
Alemanha			6	6
Polônia		2		2
Grécia	15			15
Chipre		2		2
Israel		9		9
Líbano		2		2
Turquia	4			4
Japão			6	6
EUA	6			6
Canadá	3			3
México	23			23
Argentina	8			8
Venezuela	4			4
Brasil	5			5
Chile	2			2
Uruguai	2			2
Kuaite		2		2
Dubai		2		2
Arábia Saudita		5		5
Barein		1		1
Catar		1		1
Andorra		1		1
Áustria	3			3
Dinamarca	1			1
Total	410	27	12	449

Fonte: Circular de oferta do Grupo Inditex, maio de 2001.

TABELA 9-3
NÍVEIS MÉDIOS DE SALÁRIO

	Valor da mão de obra por hora (US$)	
	Têxteis	Vestuário
Índia	$0,60	$0,39
China	0,62	0,43
Tunísia	1,76	ND
Marrocos	1,89	1,36
Hungria	2,98	2,12
Portugal	4,51	3,70
Espanha	8,49	6,79
EUA	12,97	10,12
Itália	15,81	13,60

TABELA 9-3 *continuação*

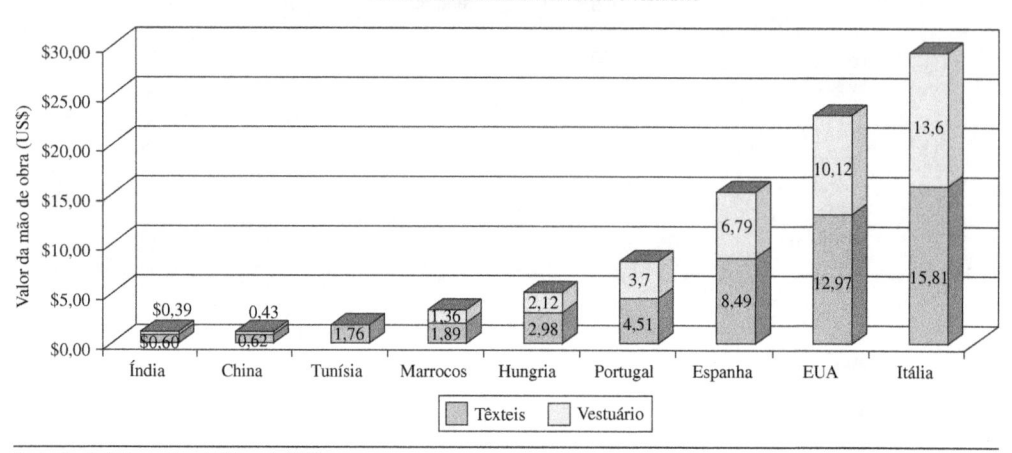

Níveis médios de salários: têxteis e vestuário

País	Têxteis	Vestuário
Índia	$0,60	$0,39
China	0,62	0,43
Tunísia	1,76	—
Marrocos	1,89	1,36
Hungria	2,98	2,12
Portugal	4,51	3,7
Espanha	8,49	6,79
EUA	12,97	10,12
Itália	15,81	13,6

Fonte: Comissão Europeia, estatísticas de 1998.

TABELA 9-4

MOVIMENTAÇÃO DA PRODUÇÃO

Alocação do produto	1998	1999	2000
Interna	53%	50%	44%
Externa	47%	50%	56%
	100%	100%	100%

Origem da produção	1998	1999	2000
Espanha	29%	25%	20%
Portugal	27%	24%	22%
União Europeia	10%	9%	5%
Restante da Europa	8%	11%	15%
Ásia	19%	23%	29%
Restante do mundo	7%	8%	9%
	100%	100%	100%

Fonte: Relatórios da companhia.

tudo em vista de uma possível pressão de precificação quando da adoção do euro na Europa, a Zara havia anunciado que aumentaria a proporção de fabricação terceirizada, inicialmente a 60%, para tirar vantagem da oferta de produção a custos baixos, principalmente a da China. Isto parecia um passo moderado e conservador na direção de adotar a sabedoria convencional, que dizia que margens maiores podem ser obtidas em uma estrutura de baixos custos com mão de obra. Contudo, esta posição se afastava do "modelo Zara" de produção local e verticalmente integrada. Sendo assim, como prosseguir com a produção local, feita para a estação, sem causar impactos negativos na imagem de líder de moda da Zara e, principalmente, sem prejudicar a vantagem competitiva que gerava suas margens?

Ao final deste capítulo você será capaz de responder as seguintes questões:

- Quais são os papéis que a terceirização e o *procurement* desempenham na cadeia de suprimentos? Quais são os riscos e as vantagens associados à terceirização de um grande número de atividades de uma empresa?
- Quais são os principais problemas envolvidos na decisão acerca do que produzir dentro da companhia e do que comprar de fornecedores externos?
- Quando uma empresa terceiriza um dado processo, quais são as maneiras de garantir um suprimento de componentes dentro do tempo programado?
- Qual é o impacto da Internet no processo de *procurement*?
- Qual é a estratégia de *procurement* que uma empresa deve adotar para produtos individuais? Existe uma estrutura que identifique a estratégia de *procurement* que a empresa precisa considerar para cada produto? Quais são os pontos-chave a serem considerados quando da tomada destas decisões?

9.1 INTRODUÇÃO

Na década de 1990, a terceirização foi o foco de muitas empresas do setor industrial. Elas terceirizavam tudo, desde a função de *procurement* até a fabricação propriamente dita. Os executivos estavam concentrados em acumular valor e uma imensa pressão era imposta sobre a organização no sentido de aumentar lucros. Está claro que uma das maneiras "fáceis" de aumentar lucros é a terceirização. De fato, em meados da década de 1990 observou-se um expressivo aumento no volume de compra como porcentagem das vendas totais de uma empresa. Mais recentemente, entre 1998 e 2000, a terceirização na indústria de eletrônicos aumentou de 15 para 40% de todos os componentes [186].

Por exemplo, consideremos a indústria de calçados esportivos, uma empresa do ramo da moda com produtos que exigem significativo investimento em tecnologia [171]. Nenhuma empresa do setor teve tanto sucesso quanto a Nike, uma empresa que terceiriza quase todas suas atividades de produção. Conforme observou Quinn e Himler, a Nike, o maior fabricante de tênis do mundo, concentra-se principalmente em pesquisa e desenvolvimento de um lado, e em marketing, vendas e distribuição de outro. Na verdade, esta estratégia permitiu à Nike crescer a uma taxa de cerca de 20% ao ano na década de 1990 [171].

A história de sucesso da Cisco é ainda mais surpreendente. De acordo com Peter Slovik, o CIO da Cisco, "O modelo baseado na Internet adotado pela empresa vem sendo muito útil devido à sua capacidade de quadruplicar de tamanho entre 1994 e 1998 (de $1,3 bilhão para mais de $8 bilhões), de contratar cerca de mil novos funcionários a cada trimestre ao mesmo tempo em que promove um aumento de produtividade e de economizar $560 milhões ao ano em despesas com negócios". Na especialização das soluções de rede da empresa, a Cisco usou, de acordo com Jon Chambers, CEO da companhia, "uma estratégia virtual global de fabricação." Ele explica, "Primeiro, estabelecemos unidades de produção em todo o mundo. Também desenvolvemos boas relações com importantes fornecedores. Assim, quando trabalhamos em parceria com eles, e se fazemos nosso trabalho corretamente, o cliente não consegue ver a diferença entre minhas próprias unidades e das de meus fornecedores em Taiwan ou em outro lugar" [115]. Esta abordagem foi possibilitada pelo sistema de empresa única da Cisco, a espinha dorsal de todas as atividades da companhia, e que conecta não apenas os clientes e fornecedores, como também os fabricantes de chips, os distribuidores de componentes, os fabricantes contratados, as empresas de logística e os integradores de sistemas. Estes atores conseguem desempenhos como os de qualquer outra empresa, pois todos dependem das mesmas fontes de dados para a Internet. Todos os fornecedores veem a mesma demanda e não dependem de suas próprias previsões feitas com base em informações que escoam de múltiplos pontos na cadeia de suprimentos. A Cisco também construiu um sistema de reabastecimento dinâmico para ajudar a reduzir o estoque no fornecedor. Os giros de estoque da companhia ficaram em 10, na média de 1999, em comparação com quatro, para a concorrência. Os giros de itens tipo *commodity* são ainda mais expressivos, e chegam a ficar entre 25 e 35 ao ano.

A Apple Computers também terceiriza a maior parte de suas atividades de produção. Na verdade, a empresa terceiriza 70% de seus componentes, incluindo produtos importantes, como impressoras. De acordo com Quinn e Himler, "A Apple concentrou seus recursos internos em seu próprio sistema operacional e no *macro* software de apoio, que confere a seus produtos características exclusivas" [171].

Nos últimos anos, as empresas norte-americanas e europeias terceirizaram não apenas suas atividades de produção, como também o projeto de seus produtos [62]:

- As empresas taiwanesas hoje projetam e fabricam a maior parte dos *laptops* vendidos no mundo todo.
- Marcas como Hewlett-Packard e PalmOne colaboram com fornecedores asiáticos no projeto de seus *personal digital assistants* (PDAs).

Assim, por que tantas empresas de tecnologia terceirizam a fabricação e até mesmo a inovação com fabricantes asiáticos? Quais são os riscos envolvidos nestes processos? As estratégias de terceirização devem depender das características do produto, como o ciclo de vida evolutivo? Em caso afirmativo, como?

Para responder a estas perguntas, primeiramente discutimos o processo de decisão de *comprar/fazer*. Identificamos as vantagens e os riscos associados à terceirização e apresentamos uma estrutura para a otimização das decisões de comprar/fazer.

Após apresentar esta estrutura, discutimos as estratégias de *procurement* eficazes. Defendemos a tese de que as estratégias de *procurement* variam para diferentes itens em uma mesma organização, dependendo do produto e das características do mercado associado a ele. Assim, apresentamos uma estrutura adequada de *procurement* mostrando que ela está intimamente relacionada à estratégia de terceirização da empresa.

Por fim, discutimos o processo de *procurement* propriamente dito, que pode ser muito caro para muitos compradores. Na verdade, desde 1995, quando o primeiro ponto de venda online foi aberto, a paisagem do *procurement* alterou-se de forma considerável, com a introdução de pontos de venda independentes (também conhecidos como públicos), privados, além daqueles baseados em consórcios. Estes avanços multiplicam as oportunidades e também os desafios impostos a muitos compradores.

9.2 AS VANTAGENS E OS RISCOS DA TERCEIRIZAÇÃO

Ao longo da década de 1990, a terceirização estratégica, ou seja, a terceirização da fabricação dos principais componentes, foi adotada como ferramenta para a rápida redução de custos. Em seu recente estudo, Lakenan, Boyd e Frey [115] analisam oito grandes fabricantes de equipamentos mediante contratos (CEMs – Contract Equipment Manufacturers): a Solectron, a Flextronics, a SCI Systems, a Jabil Circuit, a Celestica, a ACT Manufacturing, a Plexus e a Sanmina, que eram as principais fornecedoras para empresas como a Dell, a Marconi, a NEC Computers, a Nortel, e a Silicon Graphics. A receita agregada destas oito CEMs quadruplicou entre 1996 e 2000, enquanto seus gastos com capital cresceram 11 vezes [115].

Entre os motivos para a terceirização estão [115, 171]:

As economias de escala. Um dos principais objetivos da terceirização é a redução dos custos de fabricação por meio da agregação de pedidos de diferentes compradores. Sem dúvida, a agregação permite aos fornecedores tirar vantagem das economias de escala, tanto na compra quanto na produção.

O compartilhamento do risco. A terceirização permite aos compradores transferir a incerteza na demanda à CEM. Uma das vantagens da CEM é que ela agrega a demanda de muitas empresas compradoras e com isso reduz a incerteza, por meio do efeito do compartilhamento do risco. Com isso, as CEMs são capazes de baixar os níveis de estoque de componentes ao mesmo tempo em que mantêm ou mesmo aumentam o nível de serviço.

A redução do capital de investimento. Outro importante objetivo da terceirização, além da transferência da incerteza, é a passagem do capital de investimento como responsabilidade da CEM. Está claro que a CEM é capaz de fazer estes investimentos, porque eles são implicitamente compartilhados por seus clientes.

O foco nas competências essenciais. Ao escolher com cuidado as funções a serem terceirizadas, o comprador é capaz de concentrar-se em seus principais pontos fortes, isto é, seus talentos, habilidades e conhecimentos específicos que o diferenciam da concorrência. Por exemplo, a Nike concentra-se na inovação, no marketing, na distribuição e nas vendas, não na fabricação [171].

A maior flexibilidade. Com relação a este aspecto, mencionamos três problemas: (i) a habilidade de reagir melhor às alterações na demanda do cliente, (ii) a habilidade de empregar os conhecimentos técnicos do fornecedor para acelerar o desenvolvimento do produto e (iii) a possibilidade de ganhar acesso a novas tecnologias e inovações. Estas são questões cruciais nos setores em que os processos mudam com frequência, como o setor de alta tecnologia, ou quando os produtos têm um ciclo de vida muito curto, como na indústria da moda.

Estas vantagens são acompanhadas de novos e expressivos riscos. Consideremos como a IBM foi beneficiada e ao mesmo tempo prejudicada pela terceirização.

EXEMPLO 9-1

No final de 1981, quando a IBM decidiu entrar no mercado de microcomputadores, a companhia não tinha uma infraestrutura pronta para construir um PC. Em vez de dedicar tempo para o desenvolvimento desta capacitação, a IBM terceirizou a maioria dos principais componentes de seu PC. Por exemplo, o microprocessador foi projetado e construído pela Intel e o sistema operacional foi fornecido por uma pequena empresa de Seattle chamada Microsoft. A IBM introduziu seu computador no mercado no espaço de 15 meses a partir do começo do projeto, com a utilização da experiência e dos recursos destas empresas. Além disso, em três anos a IBM substituiu a Apple como principal fabricante de microcomputadores e, em 1985, a empresa detinha 40% do mercado. Contudo, o lado negativo da estratégia da IBM não tardou a se manifestar, pois concorrentes como a Compaq foram capazes de entrar no mercado *com a utilização dos mesmos fornecedores da IBM*. Além disso, quando a IBM tentou recuperar o controle do mercado com o lançamento de sua linha de computadores PS/2, que tinha um projeto novo e patenteado e um novo sistema operacional chamado OS/2, as outras empresas não acompanharam a tendência da IBM e a arquitetura original permaneceu dominante no mercado. Ao final de 1985, a fatia de mercado da IBM havia caído a menos de 8%, abaixo dos 10% da então líder, a Compaq [46].

Da mesma forma, a terceirização também trouxe problemas para a Cisco.

> **EXEMPLO 9-2**
>
> No ano 2000, a Cisco foi forçada a anunciar uma redução de $2,2 bilhões no valor de estoques obsoletos e o corte de 8.500 empregos. Isto foi o resultado de uma expressiva redução na demanda por infraestrutura de telecomunicação diante da qual a Cisco foi incapaz de apresentar uma resposta eficaz. É interessante observar que empresas de sistemas de rede menores perceberam a maré baixa nos negócios e rebaixaram suas previsões. Com isso, seus estoques diminuíram meses antes. Claro que o problema da Cisco é sua rede de fabricação virtual. Esta rede resultou em um longo *lead time* para componentes-chave, o que acabou tendo sério impacto na entrega aos clientes. Por isso a Cisco decidiu armazenar o estoque de componentes oferecido, muito antes do começo da baixa. Além disso, a competição em termos de capacidades limitadas de seus fornecedores forçou a empresa a assinar contratos de longo prazo com seus fornecedores, o que causou uma grande redução no valor dos estoques.

O exemplo do microcomputador da IBM e o caso mais recente da Cisco revelam dois riscos expressivos associados à terceirização. Estes incluem [70, 115, 171]:

A perda de conhecimento competitivo. A terceirização de componentes críticos abre oportunidades para os concorrentes (como no caso do PC da IBM). Da mesma forma, a terceirização significa que as empresas perdem sua habilidade de apresentar novos projetos baseados em sua própria agenda e, por isso, têm de anuir aos interesses do fornecedor [171]. Por fim, a terceirização da fabricação de diversos componentes a diferentes fornecedores pode evitar o desenvolvimento de novas percepções, inovações e soluções que em geral exigem uma equipe de trabalho interfuncional [171].

Objetivos conflitantes. Os fornecedores e compradores normalmente têm objetivos diferentes e conflitantes. Por exemplo, uma maior flexibilidade é um objetivo essencial quando os compradores terceirizam a fabricação de diversos componentes. Isto implica uma maior habilidade de equilibrar oferta e demanda por meio de um ajuste de taxas de produção, de acordo com a necessidade. Infelizmente, este objetivo está em conflito direto com os objetivos do fornecedor de compromisso estável de longo prazo com os compradores. Na verdade, este é um problema importante para o fornecedor, pois, diferentemente do comprador, suas margens de lucro são relativamente pequenas e, portanto, ele tem de se concentrar na redução de custos, não na flexibilidade. Em períodos favoráveis, quando a demanda está alta, este conflito pode ser resolvido por compradores dispostos a compromissos de longo prazo com a compra de quantidades mínimas especificadas em contrato (como no exemplo da Cisco). Contudo, em uma economia desaquecida, em que há um considerável declínio na demanda, estes compromissos de longo prazo trazem consigo riscos financeiros para os compradores [115]. De modo semelhante, as questões relativas ao projeto do produto são afetadas pelo conflito de objetivos entre fornecedores e compradores. Mais uma vez, os compradores que insistem na flexibilidade gostariam de resolver o problema o mais rápido possível, enquanto os fornecedores se concentram na redução de custos que, geralmente, implica uma lentidão de resposta às alterações em projetos.

9.3 UMA ESTRUTURA PARA AS DECISÕES DE COMPRAR/FAZER

Como uma empresa decide sobre qual componente fabricar e qual terceirizar? Consultores e autoridades da cadeia de suprimentos costumam sugerir o foco nas competências essenciais, mas como a empresa identifica seus pontos fortes e, portanto, o que deveria ser produzido por ela própria, e o que está fora destas competências e deve ser adquirido de fornecedores externos?

Uma estrutura desenvolvida por Fine e Whitney [70] é apresentada a seguir. Na introdução desta estrutura os autores classificam as razões para a terceirização em dois grandes grupos:

A dependência da capacidade. Neste caso, a empresa tem o conhecimento e as habilidades exigidas para produzir os componentes, mas por diversos motivos decide terceirizá-los.

A dependência do conhecimento. Neste tipo de dependência, a empresa não tem as pessoas, as habilidades e o conhecimento necessários para a produção de componentes e adota a terceirização para ter acesso a estas capacitações. Sem dúvida, a companhia tem de possuir o conhecimento e as habilidades para avaliar as necessidades do cliente e convertê-las nas características-chave que o componente deve apresentar.

Para ilustrar estes dois conceitos, Fine e Whitney consideraram as decisões de terceirização feitas pela Toyota. Como montadora japonesa de sucesso, a empresa projeta e fabrica cerca de 30% dos componentes de seus automóveis. Os detalhes fornecem muitas informações.

- A Toyota possui tanto o conhecimento quanto a capacidade para produzir seus motores, e na verdade 100% dos componentes são produzidos pela companhia, internamente.
- Para as transmissões, a empresa tem o conhecimento e projeta todos estes componentes, mas depende das capacidades de seus fornecedores, uma vez que 70% dos componentes têm sua produção terceirizada.
- Os sistemas eletrônicos dos veículos são projetados e produzidos pelos fornecedores da Toyota. Assim, neste caso, a empresa tem uma dependência tanto de capacidade quanto de conhecimento.

Fine e Whitney observam que "a Toyota parece variar suas práticas de terceirização, dependendo do papel estratégico dos componentes e sistemas". Quanto maior a importância estratégica de um componente, menor a dependência do conhecimento e da capacidade. Isto sugere a necessidade de uma melhor compreensão da arquitetura do produto, ao considerar os itens que devem ser terceirizados.

Com esta finalidade, e de acordo com Ulrich [206] e Swaminathan [201], fazemos a distinção entre produtos integrais e modulares. Um produto modular pode ser feito pela combinação de diferentes componentes. O microcomputador é um excelente exemplo de um produto modular em que o cliente especifica a capacidade da memória e do disco rígido, o monitor, o software e assim sucessivamente. Outros exemplos frequentemente citados incluem equipamentos de som e bicicletas de qualidade. A definição de produto modular implica [68]:

- Componentes independentes um do outro.
- Componentes intercambiáveis.
- O uso de interfaces padronizadas.
- A possibilidade de projetar um componente ou de aperfeiçoá-lo com pouca ou nenhuma preocupação com outros componentes.
- A preferência do cliente como fator determinante da configuração do produto.

Por outro lado, um produto integral é aquele formado por componentes cujas funcionalidades estão intimamente relacionadas. Assim,

- Os produtos integrais não são construídos com itens de prateleira.
- Os produtos integrais são projetados como um sistema, por meio de uma abordagem de opção única para seu projeto.

- Os produtos integrais são avaliados com base no desempenho do sistema, não do componente.
- Os componentes dos produtos integrais desempenham múltiplas funções.

Claro que na vida real são poucos os produtos que são exclusivamente modulares ou integrais. Na verdade, o grau de modularidade ou integralidade varia, com os microcomputadores em uma ponta do espectro, isto é, os produtos altamente modulares, e aviões na outra, como produtos altamente integrais. Por exemplo, um automóvel é um produto que inclui muitos componentes modulares, como o CD *player* ou outro item eletrônico, e muitos componentes integrais, como o motor.

A Tabela 9-5 ilustra uma estrutura simples para decisões de comprar/fazer, desenvolvida por Fine [68] e Fine e Whitney [70].

Esta estrutura considera produtos modulares e produtos integrais, e a dependência que a empresa tem do conhecimento e da capacidade. No caso dos produtos modulares, a captura do conhecimento é importante, enquanto a capacidade de produção interna não é essencial. Por exemplo, para um fabricante de PCs, o conhecimento refere-se ao projeto de diversos componentes. Assim, se a empresa tem o conhecimento, a terceirização do processo de fabricação oferece uma oportunidade de redução de custos. Em contrapartida, se a empresa não tem nem o conhecimento, nem a capacidade, a terceirização pode trazer riscos, uma vez que o conhecimento desenvolvido pelo fornecedor pode ser repassado para a concorrência. No caso de produtos integrais, a captura do conhecimento e da capacidade é importante desde que a empresa possua os dois. Isto significa que se a empresa tem o conhecimento e a capacidade, então a produção própria é adequada. Por outro lado, se a empresa não tem nem o conhecimento, nem a capacidade, então ela está no ramo errado.

A estrutura apresentada oferece uma abordagem geral para as decisões de fazer/comprar, mas ela não auxilia nas estratégias de terceirização em nível de componente. Como uma empresa define se um dado componente deve ser terceirizado ou fabricado internamente? Esta questão é considerada por Fine *et al.* [69], em que os autores desenvolvem um modelo hierárquico que inclui cinco critérios:

1. **A importância para o cliente.** Qual é a importância do componente ao cliente? Qual é o impacto do componente na experiência do cliente? O componente afeta a escolha do cliente? Em suma, qual é o valor que os clientes atrelam ao componente?
2. **O ciclo de vida evolutivo do componente.** Com que frequência a tecnologia do componente se altera em comparação com outros componentes do sistema?
3. **A posição competitiva.** A empresa tem uma vantagem competitiva ao produzir este componente?
4. **Os fornecedores capazes.** Quantos fornecedores capazes existem?
5. **A arquitetura.** Em que grau este elemento é integral em relação à arquitetura do sistema?

TABELA 9-5

UMA ESTRUTURA PARA AS DECISÕES DE COMPRAR/FAZER

Produto	Dependência do conhecimento e da capacidade	Independente do conhecimento, dependente da capacidade	Independente do conhecimento e da capacidade
Modular	A terceirização traz riscos	A terceirização é uma oportunidade	Oportunidade de reduzir custos com a terceirização
Integral	A terceirização traz muitos riscos	A terceirização é uma opção	Manutenção da produção interna

De acordo com estes critérios, a decisão pode ser a terceirização, a produção interna, a aquisição de capacidade, o desenvolvimento de uma parceria estratégica com um fornecedor, ou o auxílio no desenvolvimento das capacidades do fornecedor. Por exemplo,

1. Quando o componente é importante para o cliente (o primeiro critério), o ciclo de vida evolutivo é rápido (segundo) e a empresa tem uma vantagem competitiva (terceiro), não há dúvida de que a fabricação do componente pela própria empresa é adequada, independentemente do número de fornecedores (quarto) e da arquitetura do componente (quinto).
2. Quando o componente não é importante para o cliente, o ciclo de vida evolutivo é lento e a empresa não tem vantagem competitiva, a terceirização é adequada à revelia dos dois últimos critérios.
3. Se o valor para o cliente é alto, o ciclo de vida evolutivo é rápido e a posição competitiva é fraca, a empresa precisa investir no desenvolvimento de capacitação interna, adquirir um fornecedor, ou desenvolver uma parceria estratégica, dependendo do número de fornecedores no mercado.
4. Por fim, se o valor para o cliente é alto e a posição competitiva é fraca, a estratégia depende da arquitetura do componente. Quando a arquitetura é modular, a terceirização é indicada. Em contrapartida, quando o componente é parte integral de todo o sistema, o desenvolvimento conjunto com fornecedores ou o desenvolvimento de capacitação interna são indicados.

9.4 AS ESTRATÉGIAS DE *PROCUREMENT*

Até recentemente o *procurement* era considerado uma função administrativa com pouquíssimo valor agregado para a companhia. Hoje, o *procurement* é utilizado como arma de competição que separa as empresas de sucesso e de alta rentabilidade das outras dentro de um mesmo setor. Um levantamento com empresas de produtos eletrônicos identificou diferenças de 19 pontos percentuais em rentabilidade entre a empresa de melhor e a de pior desempenho, entre os quais 13 pontos respondiam pelo menor custo das mercadorias vendidas. Neste setor, entre 60 e 70% do custo das mercadorias vendidas é atribuído ao custo de mercadorias e serviços [110].

Para entender melhor o impacto do *procurement* sobre o desempenho da empresa, analisamos as margens de lucro líquido de três empresas em diversos setores. Em 2005, a margem de lucro da Pfizer foi cerca de 24% em comparação com os 5% da Dell e dos 2,8% da Boeing. Assim, a redução dos custos com *procurement* em exatamente um ponto percentual da receita teria se manifestado diretamente no principal elemento para uma empresa, ou seja, o lucro líquido. Para gerar o mesmo impacto no lucro líquido por meio de vendas maiores, a Pfizer teria de aumentar sua receita em 4,17% (0,01/0,24), a Dell em 20%, e a Boeing em 35,7%. As implicações estão claras! Quanto menor a margem de lucro, mais importante o foco na redução dos custos com *procurement*.

EXEMPLO 9-3

Em 2001, a receita da General Motors foi de $177,3 bilhões, os gastos anuais com peças foram de $143,8 bilhões, e a margem de lucro líquido foi de 0,3%. Uma redução de 0,5% nos gastos anuais teria aumentado os lucros em $0,72 bilhão. Para atingir o mesmo aumento no lucro por meio de maiores vendas, a GM teria de aumentar a receita à incrível cifra de $240 bilhões, uma tarefa impossível, sem dúvida [133].

O exemplo ilustra o impacto das estratégias de *procurement* eficazes no lucro líquido. A estratégia de *procurement* apropriada depende do tipo de produtos que a empresa está comprando e do nível do risco e da incerteza envolvidos. No setor automotivo, por exemplo, está claro que a estratégia de *procurement* que deve ser adotada para os sistemas eletrônicos de veículos é completamente diferente daquela aplicada para os sistemas de transmissão ou ferramentas e máquinas. Na verdade, estes itens têm diferentes características, como o nível do risco, o conhecimento da tecnologia, a capacidade disponível, o investimento inicial exigido, os desafios para a logística, entre outras.

Portanto, como a empresa desenvolve uma estratégia de *procurement* eficaz? Quais são as capacitações necessárias para uma função de *procurement* exitosa? Quais são os atores nestas estratégias? Como a empresa garante o fornecimento contínuo de material sem aumentar riscos?

A primeira tentativa séria de responder a estas perguntas foi feita por Peter Kraljic em seu seminal artigo "Purchasing Must Become Supply Management" (*As Compras Precisam se Transformar em Uma Gestão de Suprimento*) [113], no qual ele defende a ideia de que a estratégia de suprimentos de uma empresa deve depender de duas dimensões: (1) o impacto no lucro e (2) o risco no suprimento. De acordo com a estrutura proposta pelo autor, o risco no suprimento "é avaliado em termos de disponibilidade, número de fornecedores, demanda competitiva, oportunidades de fazer/comprar, e os riscos com a armazenagem e oportunidades de substituição." Em contrapartida, o impacto no lucro "é determinado em termos do volume adquirido, da porcentagem do custo total de compra ou do impacto na qualidade do produto ou no crescimento da empresa" [113].

Estas duas dimensões originaram a *matriz de suprimento de Kraljic*, em que o eixo horizontal representa o impacto no lucro e o eixo vertical os riscos de suprimento. Os dois eixos definem quatro quadrantes (Figura 9-4).

O quadrante superior direito representa os itens estratégicos em que o risco no suprimento e o impacto no lucro são altos. Como exemplos desta categoria citam-se os motores e sistemas de transmissão de automóveis. Estes são os itens que têm o maior impacto na experiência do cliente, e seu preço compõe uma grande parcela dos custos do sistema. Normalmente, estes itens são fornecidos por um fornecedor único [39]. A estratégia de suprimento mais adequada para estes itens consiste no foco em parcerias de longo prazo com os fornecedores.

O quadrante inferior direito representa os itens de grande impacto no lucro e baixo risco no suprimento, que Kraljic chama de itens de alavancagem. Estes itens têm muitos fornece-

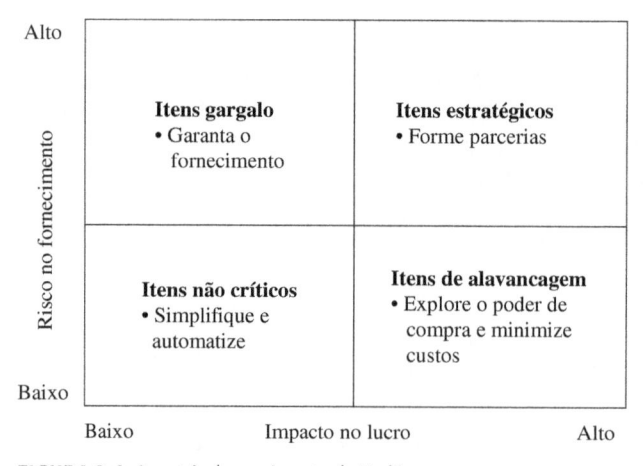

FIGURA 9-4 A matriz de suprimento de Kraljic.

dores, e uma pequena proporção de economia com custos terá um impacto grande no lucro líquido [394, 155]. Assim, o foco na redução de custos, por exemplo, ao forçar a competição entre fornecedores, é a estratégia de *procurement* apropriada.

O quadrante superior esquerdo representa os itens com alto risco de suprimento e baixo impacto no lucro. Estes componentes, chamados de componentes gargalo, não contribuem com uma grande parcela do custo do produto, mas há considerável risco no suprimento. Assim, diferentemente dos itens de alavancagem, neste caso os fornecedores desfrutam de uma posição com poder [39, 106]. Para estes itens gargalo, garantir um suprimento contínuo, ainda que a um custo maior, é importante. Isto pode ser obtido por meio de contratos de longo prazo ou com a armazenagem de estoque (ou ambos).

Por fim, para os itens não críticos, a meta é simplificar e automatizar o processo de *procurement* o máximo possível. Neste caso, uma política de *procurement* descentralizada é a mais indicada (por exemplo, uma política em que funcionários autorizados emitem pedidos diretamente, sem passar por uma requisição formal ou processo de aprovação [157]).

A implicação da matriz de suprimento está clara. Cada uma das quatro categorias de itens requer uma estratégia de *procurement* diferente. Por exemplo, contratos de longo prazo podem ser mais apropriados para itens gargalo, para garantir o suprimento contínuo dos componentes. Por outro lado, a compra pontual, ou a permissão dada aos funcionários para que comprem itens com a utilização de catálogos online previamente aprovados pode ser a mais indicada para itens não críticos. Os itens estratégicos devem ser o principal interesse da alta gerência, e as decisões de compra relativas a estes itens podem precisar de uma combinação de técnicas analíticas, como aquelas descritas no Capítulo 3, contratos de suprimento, como os mostrados no Capítulo 4, parcerias estratégicas, como as descritas no Capítulo 8, e estratégias de amenização do risco apresentadas no Capítulo 10.

9.4.1 A escolha do fornecedor

Nas três últimas décadas, muitas indústrias modificaram suas estratégias de suprimento. Na década de 1980, as montadoras de veículos automotivos dos EUA concentravam suas atividades com fornecedores atuantes tanto nos EUA quanto na Alemanha. Isto mudou na década de 1990, com uma troca por fornecedores do México, da Espanha e de Portugal. Por fim, nos últimos anos, estes fabricantes originais de equipamento mudaram de fornecedores e migraram para aqueles estabelecidos na China. Tendências semelhantes foram observadas na indústria de alta tecnologia. Na década de 1980, o foco das empresas norte-americanas de alta tecnologia estava no *sourcing* nos EUA; na década de 1990 foi para Cingapura e Malásia e, recentemente, foi para Taiwan e China continental.

O desafio portanto está em desenvolver uma estrutura que ajude as organizações a definir onde está o fornecedor mais apropriado. É possível dizer que a estratégia deve depender do tipo de produto ou componente adquirido, da habilidade em gerar previsões, do impacto no lucro, da tecnologia, do ciclo evolutivo do produto e assim sucessivamente.

Com esta finalidade, começamos nossa discussão introduzindo o conceito de produtos funcionais e inovadores proposto por Marshall L. Fisher em seu artigo "What Is the Right Supply Chain for Your Products?" (*Qual é a Melhor Cadeia de Suprimentos para seu Produto?*) [72]. A Tabela 9-6 mostra as principais características das duas categorias de produtos.

Como podemos ver, os produtos funcionais estão associados a ciclo evolutivo lento, demanda previsível e baixas margens de lucro. Como exemplos é possível mencionar fraldas, sopa, leite e pneus. Por outro lado, os produtos inovadores como artigos de vestuário, cosmé-

TABELA 9-6
CARACTERÍSTICAS DOS PRODUTOS FUNCIONAIS *VERSUS* INOVADORES

	Produtos funcionais	Produtos inovadores
Frequência do produto	Baixa	Alta
Características da demanda	Previsível	Imprevisível
Variedade do produto	Baixa	Alta
Margem de lucro	Baixa	Alta
Erro médio na previsão no momento do compromisso com a produção	Baixa	Alta
Taxa média de falta de estoque	Baixa	Alta

ticos ou produtos de alta tecnologia estão associados com ciclo evolutivo rápido, demanda imprevisível e altas margens de lucro.

Conforme observa Fisher, a estratégia para a cadeia de suprimentos que deve ser aplicada para produtos inovadores é diferente da estratégia da cadeia de suprimentos para produtos funcionais. De acordo com nossa terminologia, e com a discussão elaborada no Capítulo 6, fica claro que a estratégia apropriada para a cadeia de suprimentos para os produtos inovadores é a estratégia empurrada, em que o foco está na eficiência, na redução de custos e no planejamento da cadeia. Por outro lado, a estratégia apropriada para a cadeia de suprimentos de produtos inovadores é a estratégia puxada, em função das altas margens de lucro, do ciclo evolutivo rápido e da demanda imprevisível. De fato, aqui o foco está na capacidade de resposta, na maximização dos níveis de serviço e no atendimento de pedidos (ver Seção 6.2.5 e a Tabela 6-2).

As implicações das diferentes estratégias para a cadeia de suprimentos em termos de *procurement* são óbvias. Quando a empresa, um varejista, por exemplo, busca produtos funcionais, as atenções devem ficar com a *minimização do custo total nacionalizado*, isto é, o custo total da compra e da venda do produto em seu destino final. Este custo inclui:

- O custo unitário
- O custo com o transporte
- O custo de manutenção do estoque
- O custo com o manuseio
- Tributos e taxas
- O custo do financiamento

Em contrapartida, ao fazer o *procurement* de produtos inovadores, o foco no total nacionalismo é a estratégia errada. Em função do ciclo evolutivo rápido, das grandes margens e do expressivo erro nas previsões, neste caso as atenções ficam na *redução dos lead times e na flexibilidade do suprimento*.

Assim, quando um varejista ou distribuidor busca produtos funcionais, o *sourcing* em países de baixo custo, como a China continental ou Taiwan, é o mais apropriado. Por outro lado, no *sourcing* de produtos inovadores, o foco está nos fornecedores mais próximos à área de mercado, isto é, onde os produtos são vendidos. Como alternativa, menores *lead times* podem ser atingidos utilizando o transporte aéreo e, neste caso, os *trade-offs* são o custo unitário *versus* o custo com o transporte.

Até o momento, a análise se concentrou no *procurement* de produtos acabados, o que é indicado para varejistas e distribuidores ou até mesmo para fabricantes originais de equipamentos que terceirizam todas as atividades de produção para fabricantes contratados. Contudo, qual deveria ser a estratégia de *sourcing* para estes componentes?

Para responder a esta pergunta, combinamos as ideias contidas na matriz de suprimento de Kraljic com a estrutura de Fisher. De fato, a estrutura de Fischer preconiza o lado da demanda, ao passo que Kraljic sublinha o lado do suprimento. Assim, nossa estrutura considera quatro critérios:

- **A precisão nas previsões para os componentes**
- **O risco no suprimento dos componentes**
- **O impacto financeiro dos componentes**
- **O ciclo evolutivo dos componentes**

O único critério que pede certa discussão é a precisão nas previsões para os componentes. Observe que a precisão da previsão para componentes não é necessariamente idêntica à precisão da previsão para o produto acabado. Por exemplo, se um mesmo componente é utilizado em diversos produtos acabados, o conceito do compartilhamento do risco discutido no Capítulo 2 implica uma maior precisão da previsão em nível de componente.

Dependendo destes critérios, a decisão pode ser a ênfase na estratégia de *sourcing* na minimização dos custos totais nacionalizados, na redução dos *lead times*, ou no aumento da flexibilidade. Por exemplo, quando a precisão da previsão para o componente é alta, o risco com o suprimento é baixo, o impacto financeiro é alto e o ciclo evolutivo é rápido, uma estratégia para *sourcing* baseada nos custos é a mais indicada. Isto é, neste caso, a atenção na minimização do custo total nacionalizado deve ser o principal objetivo da estratégia de *procurement*. Isto via de regra implica o *sourcing* junto a países que possibilitam custos baixos, como os da Ásia-Pacífico.

Em contrapartida, quando a precisão da previsão para o componente é baixa, o risco financeiro é alto e o ciclo evolutivo é rápido, a estratégia mais apropriada é aquela baseada na redução do *lead time*. Se, além disso, o risco no suprimento é alto, o *sourcing* com duas fontes, a flexibilidade e a redução nos *lead times* são o objetivo da estratégia. Claro que a maneira de atingir todos estes objetivos não está definida. Uma solução para isto consiste em aplicar a abordagem de portfólio descrita no Capítulo 4, que combina um contrato de curto prazo (*lead time* curto por meio da armazenagem de estoques), contratos de opção (flexibilidade) e mercado à vista (múltiplas fontes de suprimento), conforme ilustra o exemplo a seguir:

EXEMPLO 9-4

No ano 2000, a Hewlett-Packard deparou-se com um importante desafio. A demanda por memórias rápidas teve crescimento exponencial e, como resultado, o preço do item e o seu suprimento caíram vítimas da incerteza. Este fator, ao lado da alta incerteza na demanda por memórias rápidas vivenciada pela companhia, trouxe um significativo risco financeiro e de suprimento. Isto quer dizer que se a HP se compromete a comprar uma grande quantia em estoques, a empresa está se expondo a um imenso risco financeiro diante do custo da obsolescência. Se, por outro lado, ela não tem suprimento o bastante, então a exposição se dá pelo risco financeiro e de suprimento, uma vez que a compra no mercado à vista nos períodos de escassez leva a um aumento nos preços. A solução adotada pela HP foi a estratégia de portfólio, em que são combinados o compromisso fixo, os contratos de opções e a compra à vista [174].

A Figura 9-5 resume esta estrutura, fornecendo uma abordagem qualitativa para a avaliação da estratégia de *sourcing* de componentes por meio da integração do impacto dos quatro critérios. Para avaliar esta estrutura, consideremos o *procurement* para bancos de automóvel na indústria automotiva. Os assentos são geralmente utilizados em todos os modelos; assim,

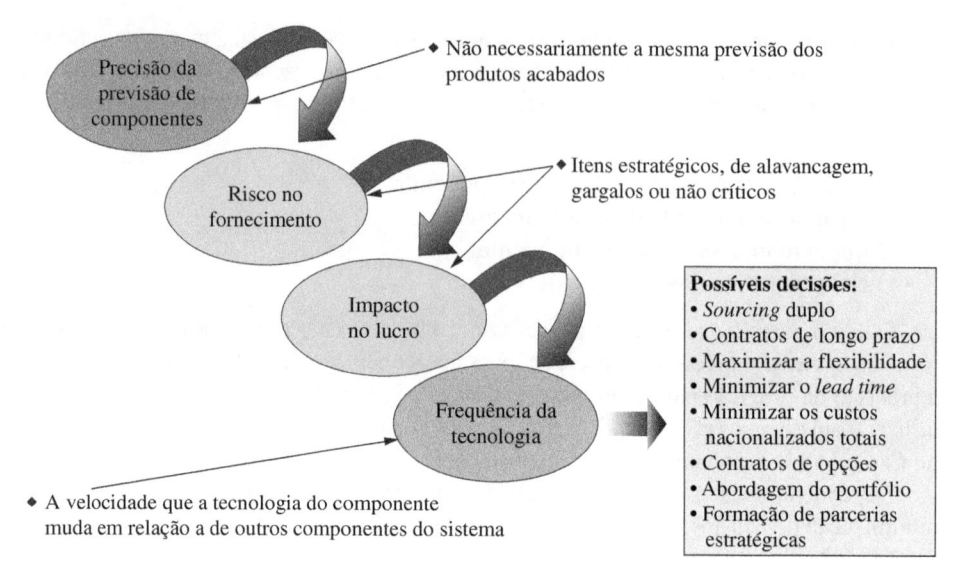

FIGURA 9-5 Uma abordagem qualitativa para a avaliação de uma estratégia para o *sourcing* de componentes.

Elementos do diagrama:
- Precisão da previsão de componentes → Não necessariamente a mesma previsão dos produtos acabados
- Risco no fornecimento → Itens estratégicos, de alavancagem, gargalos ou não críticos
- Impacto no lucro
- Frequência da tecnologia ← A velocidade que a tecnologia do componente muda em relação a de outros componentes do sistema

Possíveis decisões:
- *Sourcing* duplo
- Contratos de longo prazo
- Maximizar a flexibilidade
- Minimizar o *lead time*
- Minimizar os custos nacionalizados totais
- Contratos de opções
- Abordagem do portfólio
- Formação de parcerias estratégicas

a acuracidade da previsão é alta. Os fornecedores são muitos, o risco com o suprimento é baixo, mas o impacto nos lucros é alto. Por fim, o ciclo evolutivo é lento. O nível de risco com o suprimento e o impacto financeiro indicam que este item pertence à categoria dos produtos de alavancagem. Ao lado da alta precisão da previsão e do ciclo evolutivo lento, o foco recai na minimização dos custos totais nacionalizados.

9.5 O *E-PROCUREMENT*

Em meados da década de 1990, a automação B2B (*business-to-business*) era considerada uma tendência que traria importantes consequências para o desempenho da cadeia de suprimentos. Entre 1998 e 2000, centenas de *e-markets* foram fundados em dezenas de setores industriais, desde produtos químicos e aço até serviços públicos e recursos humanos. Estes mercados prometiam, entre outras coisas, aumentar o alcance tanto para compradores quanto para fornecedores, além da redução nos custos com *procurement* e a adoção de transações sem papel. Na verdade, empresas como a Ariba e a CommerceOne foram fundadas sobre a premissa de que o software de *e-procurement* que automatizava o processo de solicitação seria capaz de reduzir o custo com o processamento por pedido de $150 para $5 por pedido, um expressivo decréscimo [194].

Para entendermos melhor as imensas expectativas com o *e-procurement* e a necessidade de um novo modelo de negócio que permitisse aos fabricantes e fornecedores melhorar o desempenho da cadeia de suprimentos, consideremos o ambiente dos negócios da metade da década de 1990. Naquela época, muitos fabricantes estavam desesperados atrás da terceirização de suas funções de *procurement*. Estas empresas reconheciam que o processo de *procurement* é muito complexo, exige experiência significativa e é muito caro. Sem dúvida, as transações B2B representam uma enorme parcela da economia (muito maior do que as transações B2C – *business-to-consumer*) e o mercado para o B2B muitas vezes é fragmentado, com inúmeros fornecedores competindo em um mesmo local e oferecendo produtos semelhantes.

Está claro que um mercado fragmentado traz tanto oportunidades quanto desafios. Na verdade, os compradores reconhecem que ao forçarem muitos fornecedores que oferecem produtos semelhantes a competirem uns com os outros, os custos com *procurement* podem ser reduzidos de forma significativa. Infelizmente, para conseguir isto, os compradores precisam de muita experiência no processo de *procurement*, o que muitos deles não possuem.

Este é o ambiente que levou à oferta inicial de mercados eletrônicos independentes que tinham um foco vertical por setor, ou um foco horizontal no processo de negócio ou funcional. Empresas como a FreeMarkets (hoje parte da Ariba) ou a VerticalNet ofereciam tanto a experiência com o processo de *procurement* e a habilidade de forçar a competição entre vários fornecedores. A proposição de valor ofertada aos compradores por muitas das empresas iniciantes e mercados eletrônicos incluía:

- A atuação como intermediário entre compradores e fornecedores.
- A identificação de oportunidades para gerar economia.
- O aumento do número de fornecedores envolvidos na licitação.
- A identificação, a qualificação e o apoio aos fornecedores.
- A condução da licitação.

Assim, entre 1996 e 1999, o foco ficou na redução dos custos de *procurement*. De fato, dependendo do setor, verificou-se que os mercados eletrônicos reduziram essa modalidade de custo em alguns poucos pontos percentuais, fazendo-a chegar na casa dos 40% e, na média, 15%. Este modelo de negócio é o mais indicado em situações em que os compradores estão concentrados no mercado à vista ou no componente de alavancagem (ver a matriz de suprimento de Kraljic) e quando os relacionamentos com fornecedores não são importantes. Na verdade, se estes relacionamentos forem relevantes, a seleção de um fornecedor com base em uma licitação online pode ser arriscada.

Claro que o problema era que a proposição de valor para os fornecedores não estava muito clara. Sem dúvida, os mercados eletrônicos permitem que os fornecedores relativamente pequenos expandam seus horizontes de mercado e almejem a novos compradores, que de outra forma não seriam atingidos. Os mercados eletrônicos possibilitam aos fornecedores, em especial aqueles em operação em setores fragmentados, ter acesso a mercados à vista, em que os compradores não procuram relacionamentos de longo prazo, mas sim, bom preço e um nível aceitável de qualidade. Igualmente importante é o fato de que estes mercados favorecem a redução dos custos de venda e, com isso, aumentam a capacidade dos fornecedores de competir na esfera preço. Por fim, os mercados eletrônicos permitem aos fornecedores utilizar suas capacidades e estoques disponíveis com maior eficiência. A pergunta a ser feita envolve a possibilidade de estes benefícios compensarem uma redução na receita de 15%, e que às vezes pode chegar a 40%. Ao mesmo tempo, é possível que muitos fornecedores não se sintam confortáveis com a competição apenas na esfera preço. Por isso, os fornecedores, especialmente aqueles com um nome de marca reconhecido, podem demonstrar certa relutância em vender seus serviços nos mercados eletrônicos.

E o que dizer dos mercados eletrônicos? Como eles geram receitas? Inicialmente, muitos dos mercados cobravam uma *taxa de transação*, que era paga ou pelo comprador, ou pelos fornecedores, ou ainda por ambos. Esta taxa via de regra era composta por uma porcentagem do preço pago pelo comprador e ficava entre 1 e 5% [107]. Conforme [107], as taxas de transação trazem importantes desafios aos que atuam no mercado, pois:

1. Os vendedores resistem a pagar uma taxa para a empresa cujo principal objetivo é a redução do preço de compra.

2. O modelo de receita precisa ser flexível o bastante para que as taxas de transação sejam cobradas da parte que está mais motivada a garantir o relacionamento. Por exemplo, se a demanda for muito maior do que a oferta, os compradores estarão mais motivados do que os vendedores e, portanto, a taxa de transação deve ser paga pelos primeiros.
3. Os compradores também resistem ao pagamento de uma taxa extra, além do preço de compra.

Por fim, as barreiras de entrada menores geraram um setor fragmentado, inundado de participantes. Por exemplo, somente na indústria química existem hoje 30 mercados eletrônicos, incluindo a CheMatch, a e-Chemicals, a ChemB2B.com, a ChemCross, a OneChem, a ChemicalDesk, a ChemRound e a Chemdex [51]. As pequenas margens e a incapacidade de gerar escala causaram uma grande agitação neste setor.

Estes desafios motivaram um processo de evolução contínua do modelo de negócio dos mercados eletrônicos. Muitos desafios vêm alterando o processo de cobrança adotado por estes mercados. Observa-se que dois outros tipos de mecanismos de cobrança vêm sendo utilizados por alguns mercados eletrônicos. Estes incluem uma *taxa de licenciamento* e uma *taxa de assinatura*. No primeiro caso, o fornecedor do software emite uma licença para seu produto e, assim, a companhia pode automatizar o acesso ao mercado. No segundo, o mercado cobra uma taxa de adesão, que depende do porte da empresa, do número de funcionários que utilizam o sistema e do número de pedidos de compra [107].

Ao mesmo tempo, muitos mercados eletrônicos modificaram por completo sua proposição. Inicialmente, o foco da proposição de valor estava no alcance de mercado para compradores e vendedores, bem como no menor preço de compra. Nos últimos anos, a paisagem alterou-se completamente, com o aparecimento de quatro tipos de mercado:

Os mercados eletrônicos independentes (públicos) de valor agregado. Os mercados independentes expandiram sua proposição de valor com a oferta de serviços adicionais, como gestão de estoques, planejamento da cadeia de suprimentos e serviços financeiros [100]. Por exemplo, a Instill.com se concentra no setor de serviços de alimentação e fornece uma infraestrutura que une operadores, isto é, os restaurantes, distribuidores e fabricantes. Este mercado eletrônico gera valor para seus clientes por meio da oferta não apenas de serviços de *procurement*, como também de previsões, colaboração e reabastecimento.

Por exemplo, a Pefa.com atende o mercado europeu de peixe fresco. Ela oferece acesso a um "grande número de leilões independentes de peixe fresco". As vantagens para os compradores são evidentes:

• A visibilidade do preço praticado em muitos portos europeus.
• As informações sobre a qualidade do produto.

Os mercados eletrônicos privados. Recentemente, muitas empresas estabeleceram seus próprios mercados eletrônicos, o que lhes possibilita a condução de leilões reversos online, além da negociação online com o fornecedor. No leilão reverso, os fornecedores dão seus lances e o comprador seleciona o vencedor ou vencedores, normalmente com base no preço. Em muitos casos, este processo permite aos compradores consolidar seu poder de compra em todos os departamentos de suas empresas. Por exemplo, a franquia de restaurantes Subway, com 16 mil membros em mais de 70 países, tem um mercado eletrônico privado que permite aos diferentes restaurantes comprar junto a mais de 100 fornecedores. A Motorola, como outro exemplo, implementou um software de negociação com fornecedores que permite a condução de licitações, a negociação e a seleção da melhor estratégia de *procurement*. Desde a implementação da tecnologia Emptoris em 2002, mais de mil representantes da companhia utilizaram seu sistema de *procurement* [141].

Mercados eletrônicos baseados em consórcios. Estes mercados eletrônicos são semelhantes aos mercados eletrônicos públicos, exceto pelo fato de serem formados por um dado número de companhias atuantes em um mesmo setor. Como exemplos, mencionamos o Covisint (ver a seguir) da indústria automobilística, o Exostar da indústria aeroespacial, e Trade-Ranger da indústria do petróleo e o Converge e o E2Open no setor de eletrônicos. O objetivo destes mercados não se limita a agregar atividades e utilizar o poder de compra dos integrantes do consórcio, mas, o mais importante, eles objetivam oferecer aos fornecedores um sistema padronizado de apoio a todos os compradores no consórcio e, com isso, permite aos fornecedores reduzir custos e ganhar em eficiência. É interessante observar que nos últimos três anos, alguns consórcios decidiram abandonar o negócio dos leilões, como a Covisint e a E2Open, para concentrarem-se na tecnologia que possibilita a colaboração entre parceiras e, para isso, oferecem ferramentas utilizadas por compradores e fornecedores em um ambiente seguro.

Os mercados eletrônicos baseados em conteúdo. Estes incluem dois tipos de mercados. O primeiro se concentra em bens de manutenção, conserto e operações (MRO), ao passo que o segundo se dedica a produtos específicos à indústria. Como sugere o nome, o foco deste mercado eletrônico é o conteúdo, o que é concretizado por meio de catálogos de diferentes fornecedores. De forma a atingir escala e aumentar eficiências, os mercados eletrônicos baseados em conteúdo unificam os catálogos de diferentes fornecedores e ofertam ferramentas eficientes para a busca e a comparação de produtos. Por exemplo, a Aspect Development (hoje parte do i2) oferece catálogos de peças para produtos eletrônicos que integram os sistemas de CAD.

Para enfatizar a diferença entre os mercados privados e os baseados em consórcios, consideremos a indústria automotiva.

EXEMPLO 9-5

A Covisint foi fundada no começo do ano 2000 por três montadoras baseadas em Detroit. Mais tarde, a Renault, a Nissan, a Mitsubishi e a Peugeot juntaram-se ao mercado. Contudo, nem todas as montadoras se juntaram a elas. Por exemplo, com suas atenções voltadas para seus fornecedores e processos, a Volkswagen fundou seu próprio mercado eletrônico, o VWgroupsupply.com. O mercado eletrônico da corporação não apenas oferece capacitações semelhantes às da Covisint, como também dá informações de planos de produção em tempo real de forma que os fornecedores podem empregar melhor suas capacidades de produção e outros recursos. Em ambos os casos, os mercados eletrônicos não se concentram na redução de custos com compras, mas na melhoria dos processos da cadeia de suprimentos e das eficiências associadas. Por exemplo, ambos estão integrando atividades de projeto, de forma que se o engenheiro de uma montadora altera o projeto de um componente, então os fornecedores mais indicados são envolvidos no processo e podem responder com rapidez, o que diminui o tempo de ciclo e o custo relativo à alteração. Evidentemente, um dos principais desafios enfrentados pela Covisint diz respeito à disposição de montadoras em franca competição no sentido de arriscar seus padrões e processos mais sensíveis de *procurement* com a adoção dos serviços de consórcio [88]. Da mesma forma, não está claro se os fornecedores *tier* (camada) *1* da indústria automotiva aceitarão um sistema cujo proprietário é o fabricante original do equipamento para tratar de suas próprias necessidades de compra, uma vez que as informações sobre preço pago a seus próprios fornecedores podem vir a público. No final de 2003, a Covisint vendeu seu negócio de leilões à FreeMarket. Hoje, a Covinsint se especializa em duas áreas, o setor automotivo e o de saúde, e nos dois casos o foco está em possibilitar a colaboração e a melhoria nos processos de tomada de decisão.

Estas questões não são exclusivas à indústria automotiva, conforme ilustra o exemplo a seguir, sobre a indústria de eletrônicos.

EXEMPLO 9-6

A Celestica e a Solectron são concorrentes com produtos e clientes semelhantes, mas diferentes estratégias de *procurement*. Em 1999, a Celestica fundou um mercado eletrônico privado para oferecer dados de produção para seus 10 mil fornecedores. Os dados de previsão que ela recebe de seus clientes são transferidos a seus fornecedores por meio de um portal privado, o que possibilita aos fornecedores coordenar a extremidade final da cadeia de suprimentos da Celestica, isto é, as atividades de produção dos fornecedores, com a extremidade inicial da cadeia, a precisão da demanda do cliente. Diferentemente da Celestica, a Solectron utiliza um mercado eletrônico público. De acordo com Bud Mathaisel, CIO da companhia, seriam precisos mais de $80 milhões para arcar com os custos de construção e suporte de um mercado eletrônico privado para seus 8 mil fornecedores. Com suas atenções dirigidas a um mercado eletrônico público, a Solectron consegue tirar vantagem dos dados e processos de negócio padronizados possibilitados pela troca e, com isso, reduz seus custos [207].

RESUMO

Neste capítulo, examinamos estratégias de terceirização e de *procurement*. A terceirização traz vantagens e desafios e consideramos uma estrutura para decisões de comprar/fazer. Estas decisões dependem se o componente é modular ou integral, e se uma empresa tem ou não a experiência e a capacidade de fabricar um determinado componente ou produto. Sem dúvida, as decisões envolvendo componentes individuais dependem de uma variedade de critérios, incluindo a importância dada pelo cliente, o ciclo evolutivo, a posição competitiva, o número de fornecedores e a arquitetura do produto.

Da mesma forma, as estratégias de *procurement* variam de componente para componente. Identificamos quatro categorias de componentes: estratégicos, de alavancagem, gargalos, e não críticos, e as estratégias de *procurement* associadas a cada um. Esta estrutura abre caminho para uma abordagem mais clara à seleção de fornecedores, isto é, a produção doméstica *versus* produção em outros países. Enfatizamos quatro importantes categorias na seleção de fornecedores: a precisão das previsões para os componentes, o risco no suprimento, o impacto financeiro e o ciclo evolutivo.

QUESTÕES PARA DISCUSSÃO

1. Responda as seguintes questões sobre o estudo de caso no início deste capítulo:
   a. Descreva a estratégia atual da Zara para o *sourcing*. Como é que ela atua como vantagem competitiva para a companhia?
   b. Quais são os desafios específicos que resultam do rápido giro de estoque na Zara? Quais são os aspectos da estratégia de reabastecimento que facilitam sua gestão?
   c. A estratégia corrente de *sourcing* continuará sendo útil à medida que a Zara se expande? Em que aspectos esta estratégia deve mudar? Quais são os riscos associados com esta nova estratégia?
2. Discuta o impacto do ciclo de vida do produto na estrutura de comprar/fazer desenvolvida na Seção 9.3.
3. Aplique o modelo hierárquico discutido na Seção 9.3 à decisão da IBM, tomada no começo da década de 1980, de terceirizar a produção de microprocessadores de seus PCs à Intel.
4. Considere um fabricante de bens de consumo como a Procter & Gamble. Analise a possibilidade de a empresa terceirizar a produção de itens como o xampu. Sua recomen-

dação é consistente com a estratégia da empresa? Se não, explique os motivos para a diferença entre a estratégia que você propõe e aquela adotada pela P&G.
5. Discuta a estratégia de *sourcing* apropriada para um componente de baixa importância para o cliente, ciclo evolutivo alto e nenhuma vantagem competitiva.
6. Aplique o modelo da matriz de Kraljic à estratégia de fabricação virtual da Cisco.
7. Dê exemplos de três tipos de itens identificados no modelo da matriz de Kraljic: alavancagem, gargalo e não crítico.
8. Analise a estratégia de *procurement* de componentes em função do ciclo de vida do produto. Isto é, identifique a estratégia apropriada quando um produto está em seu estágio de crescimento (lançamento), maturidade (estado estacionário) e final de sua vida.
9. De acordo com Bill Paulk, Vice-presidente de mercados eletrônicos da IBM, "a IBM economizou cerca de $1,7 bilhão desde 1993, ao desenvolver a capacidade de divulgar informações de preço e estoque em uma bolsa eletrônica privada de negócios, construída para 25 mil fornecedores e clientes". Como proprietária da bolsa, a empresa conseguiu arcar com os custos da conexão dos fornecedores. A vantagem: a entrega dentro da programação aos clientes disparou de 50% para 90%, "o que nos ajudou a justificar o custo," diz Paul. Em 1999, a IBM investiu na E2open, um mercado eletrônico baseado em consórcios para a indústria de eletrônicos. Em sua opinião, por que a IBM precisa de uma bolsa de negócios privada e de um mercado eletrônico baseado em consórcios?

ESTUDO DE CASO

A Solectron: de fabricante contratada a integradora da cadeia de suprimentos global

A maioria das pessoas pensa que somos uma empresa do setor de fabricação. Somos bons na produção, mas na verdade somos uma empresa de serviços.
—Koichi Nishimura, CEO da Solectron[1]

Em meados de 2001, a Solectron Corporation enfrentava problemas inéditos em sua história de 20 anos de atuação. A companhia era o principal integrador da cadeia de suprimentos do mundo, com $18,7 bilhões em receitas anuais.[2] Desde sua abertura de capital em 1989, suas ações haviam se valorizado 280 vezes, antes do pico no valor observado em outubro de 2000.

A queda econômica de 2001 atingiu a companhia em cheio. Enquanto as receitas do primeiro trimestre do ano fiscal de 2001 (encerrado em 1/12/2000) foram o dobro do valor para o mesmo trimestre do ano anterior, a receita caíra a cada trimestre durante o ano fiscal de 2001, com uma diminuição de 27% entre o segundo e o terceiro trimestre. A empresa tinha imensos estoques em excesso. As arrecadações sofreram com isso e as contas a receber subiram significativamente (Tabela 9-7).

Em setembro, o valor das ações havia caído 77% e a capitalização de mercado era de apenas

Fonte: O pesquisador associado David Hoyt preparou este estudo de caso sob a supervisão do Prof. Ahu Lee, como base para uma discussão em sala de aula, não para ilustrar a gestão exitosa ou fracassada de uma situação empresarial. O estudo de caso foi preparado com o auxílio da Solectron Corporation. Os dados apresentados tem finalidade didática, e certos fatos podem ter sido alterados para aprimorar o objetivo. Antes de utilizar os fatos apresentados neste estudo de caso para outras finalidades, o leitor deve verificar a veracidade dos mesmos junto à Solectron. Este texto foi revisado por Mary Petrusewicz.

Copyright © 2001, Board of Trustees, Leland Stanford Junior University. Todos os direitos reservados.

---
[1] Bill Roberts, "CEO of the Year Koichi Nishimura, Contract Manufacturing Visionary," *Electronic Business*, dezembro de 1999.

[2] Para o ano fiscal terminado em 31/8/2001.

TABELA 9-7

DADOS FINANCEIROS ESCOLHIDOS
(Valores em milhões de US$)

	2001	2000	1999	1998	1997
Receita[a]	18.692	14.138	9.669	6.102	3.694
Custo das vendas	17.206	12.862	8.733	5.436	3.266
Lucro bruto	1.486	1.275	936	667	428
Despesas operacionais	(1.585)[b]	(571)	(420)	(298)	(192)
Receita operacional (prejuízo)	(98)	704	516	369	236
Impostos, juros, outros	26	(217)	(166)	(118)	(78)
Receita líquida (prejuízo)	(124)	497	350	251	158
Ativos totais	12.930	10.376	5.421	2.411	1.876
Estoque	3.209	3.787	1.197	789	495
Contas a receber (líquido)	2.444	2.146	1.283	670	419
Funcionários ao final do ano	60.800	57.000	33.00	22.000	17.000
Área em pés quadrados ao final do ano (milhões)	11	10	7	5,5	3
	4° trim. 2001	3° trim. 2001	2° trim. 2001	1° trim. 2001	4° trim. 2000
Receita	3.595	3.983	5.419	5.696	4.736
Custo das vendas	3.387	3.678	4.930	5.211	4.323
Lucro bruto	208	308	488	485	413
Despesas operacionais	(314)	(277)	(295)	(209)	(170)
Reestruturação e diminuição da capacidade	(207)	(285)	—	—	—
Receita operacional (prejuízo)	(313)	(254)	193	276	243
Impostos, juros, outros	63	68	(71)	(85)	(72)
Receita líquida	(250)	(186)	122	191	171
Registro de atrasos finais ($ bilhões)	2,2	2,5	4,4	5,8	4,9
Novos pedidos ($ bilhões)	3,3	2,1	4,0	6,5	6,5
Ativos totais	12.930	13.293	14.605	14.027	10.376
Estoque	3.209	4.201	4.882	4.584	3.787
Giros no estoque	3,7	3,2	4,2	5,0	5,5
Contas a receber (líquido)	2.444	2.391	3.188	2.688	2.146
Dias a receber em atraso	61	63	49	42	38
Funcionários ao final do período	60.800	65.800	79.800	71.900	65.000

Fonte: Solectron Corportation.
Ano contábil: 4° trim. 2001 – final em 31/8/2001
                3° trim. 2001– final em 1/6/2001
                2° trim. 2001– final em 2/3/2001
                1° trim. 2001– final em 1/12/2000
                4° trim. 2000– final em 25/8/2000
[a] Os resultados de 2000, 1999 e 1998 incluem as aquisições feitas no ano 2000 e respondem por interesses compartilhados. Estas aquisições não estão incluídas nos resultados de 1997. Em 1998, elas responderam por $813 milhões em receitas e $52 milhões de receita líquida.
[b] Inclui os custos com aquisição, reestruturação e diminuição da capacidade no total de $547 ($207 no 4° trimestre, $285 no 3° e $55 no segundo).

40% do faturamento anual (Figura 9-6)[3]. A companhia havia demitido 20 mil de seus 80 mil funcionários, e fechado unidades.[4] E agora, o que a Solectron iria fazer?

A INDÚSTRIA DE SERVIÇOS DE FABRICAÇÃO DE ELETRÔNICOS

O setor de serviços de fabricação de eletrônicos (EMS – *electronics manufacturing services*), também chamada de fabricação contratada) emergiu de várias pequenas empresas que fabricavam conjuntos para clientes. Os clientes, os fabricantes originais do equipamento, muitas vezes recorriam a estas pequenas empresas para complementarem suas próprias capacidades de produção ou para desfazerem-se da produção que não contribuía

---

[3] Valores do dia 10/9/01, antes dos ataques terroristas de 11 de setembro, que derrubaram o valor das ações ainda mais.

[4] Aaron Elstein e Scott Thurm, "Telecoms' Rout May Hit Firms They Hire," *The Wall Street Journal*, 10/8/01, C1.

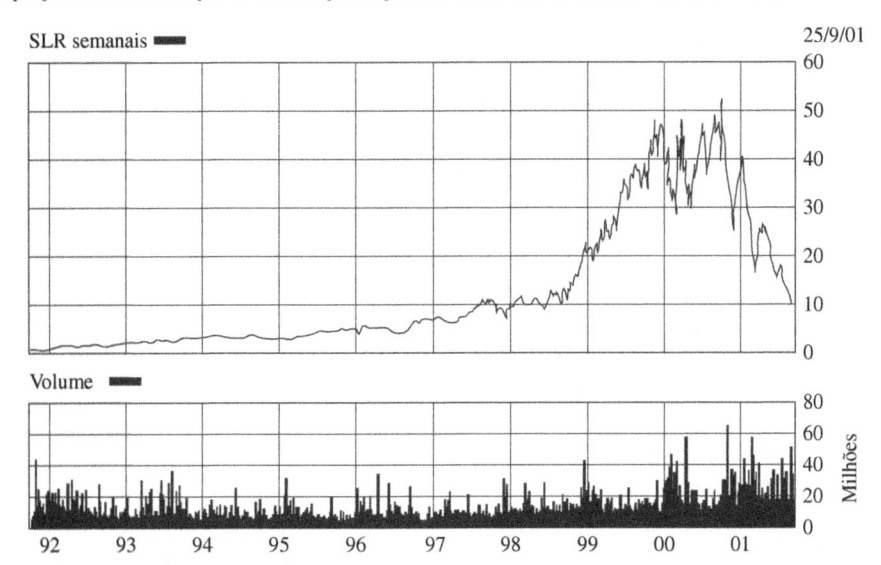

Os preços semanais das ações e volumes para o período de dez anos terminados em 26/9/01 foram:

FIGURA 9-6 Os preços das ações da Solectron.
Fonte: www.bigcharts.com, sob permissão.

para a vantagem competitiva, como cabos ou placas de circuitos impressos simples. Na década de 1970 e no começo da década de 1980, a produção era relativamente baixa e os bens de consumo eletrônicos não exigiam altos níveis de produção.

Na década de 1980, quando o microcomputador ganhou o *status* de produto do mercado de massa, algumas fabricantes contratadas cresceram rapidamente, lideradas pela SCI Systems. Este aumento na utilização de PCs motivou também os mercados relacionados, como o de impressoras e dispositivos de memória. Na década de 1990, a indústria manteve este rápido crescimento, motivado pelo desenvolvimento da Internet, com sua demanda por equipamentos de rede como roteadores e servidores. A explosão na demanda por telefonia celular e outros dispositivos sem fio, além de ferramentas eletrônicas, como os PDAs, também contribuiu para a necessidade por capacidade de produção no período. A Solectron cresceu rapidamente na década de 1980, tornando-se a empresa líder no setor em meados da década de 1990.

Em 2000, estima-se que o setor de EMS movimentava $103 bilhões, ou cerca de 13% do custo total das mercadorias vendidas por fabricantes originais de equipamento. As estimativas diziam que a taxa de penetração no mercado aumentaria para 22%, ou $231 bilhões em 2005, para uma taxa composta de crescimento anual (CAGR) de 18%. A mesma previsão antecipava que os fabricantes originais de equipamento *top tier* cresceriam a uma taxa desproporcionalmente alta, de 25% ao ano, na média, para o período.[5] O setor consistia de diversas empresas de capital aberto, a maior delas era a Solectron, e incluía a Sanmina/SCI Systems, a Flextronics, a Plexus, a Jabil Circuit e a Celestica, além de centenas de empresas menores, a maioria das quais de capital fechado.

UMA VISÃO GERAL DA SOLECTRON CORPORATION

A Solectron Corporation foi fundada em 1977, para gerar energia solar como parte do *boom*

---
[5] Ellen Chae e Todd Bailey, "Annual EMS Industry Update", *Prudential Financial*, 7/8/01. Previsões formuladas pelo IDC, Technology Forecasters e Prudential. Estas estimativas incorporam os efeitos das fraquezas na demanda por produtos eletrônicos em 2001, mas foram preparadas antes dos ataques terroristas de 11 de setembro.

visto no setor em meados da década de 1970.⁶ A empresa teve dificuldades financeiras e passou a construir itens compostos, principalmente placas de circuitos impressos (PCIs) para outras companhias de eletrônicos. Localizada em Milpitas, na Califórnia, a Solectron ficava próxima ao setor de eletrônicos baseado no Vale do Silício e, por isso, teve pronto acesso a inúmeros clientes em potencial que solicitavam seus serviços de fabricação. No começo da década de 1980, a companhia concentrou sua atenção na fabricação contratada e transformou seu pequeno negócio de PCIs em uma importante indústria, que oferecia serviços de fabricação de eletrônicos de alta qualidade.

Um dos elementos essenciais da estratégia da Solectron foi o intenso foco na qualidade e em uma cultura organizacional que reforçava este propósito em todas as suas áreas de atuação. A Solectron venceu o prestigiado Prêmio Nacional Malcolm Baldridge de Qualidade em 1991, e novamente em 1997 (seu primeiro ano de elegibilidade depois da primeira vitória, sendo a primeira empresa a repetir o feito em toda a história do prêmio), e em 2001 venceu mais de 250 prêmios de qualidade e serviço oferecidos por seus clientes. O processo de inscrição para o Prêmio Baldrige havia sido a base para as operações da empresa desde 1989, o que auxiliou-a a concentrar suas atenções na qualidade e na satisfação do cliente.

No início da década de 1990, a empresa lançou um programa de aquisições estratégicas, em que ela adquiria as unidades de fabricação de seus clientes e assinava contratos de longo prazo para o suprimento a estes clientes. Sob o comando da Solectron, estas unidades poderiam também ser utilizadas para o suprimento a diversos clientes, o que aumentou a utilização das unidades. A empresa concretizou diversas aquisições deste tipo, o que alimentou seu rápido crescimento. Em 1994, ela ultrapassou a marca de $1 bilhão em receitas. Em 1998, ela tornou-se a primeira companhia no setor de EMS a ser incluída no índice S&P 500.

A Solectron fabricava uma variedade de produtos para seus clientes, em diversos segmentos de negócios, que incluíam:

• Redes (27% da receita do ano fiscal de 2000) – *hubs*, modems, cartões de interface de rede, acesso remoto, roteadores e *switches*.
• Telecomunicações (29%) – equipamentos de acesso, estações de base, equipamento para a telefonia com IP, telefones celulares, *pagers*, equipamento de *switching*, equipamentos de transmissão e de vídeo-conferência.
• Computadores (25% relativos a PCs e *notebooks*, 16% a estações de trabalho e 9% a servidores) – *docking stations*, dispositivos de acesso à Internet, *mainframes*, servidores de desempenho médio, *notebooks*, servidores tipo PC, PCs, sistemas para o varejo, supercomputadores, estações de trabalho.
• Periféricos (12%) – eletrônicos para uso aeronáutico, bens eletrônicos de consumo, GPS, eletrônicos para uso na medicina, equipamentos semicondutores, instrumentação e controle de teste e industrial.⁷

A empresa dependia muito de seus principais clientes. No ano fiscal de 2000, 72% das vendas foram oriundas dos 10 maiores clientes, liderados pela Ericsson (com 13%) e pela Cisco (12%). Companhias como a Compaq, HP e IBM também estavam neste grupo.⁸

A Solectron cresceu e expandiu seus serviços. Em 1996, ela passou a oferecer serviços de rápida execução na construção de protótipos em consequência da aquisição da Fine Pitch Technologies. Ao final da década, ela possuía três unidades estratégicas de negócio: (1) Soluções em Tecnologia, que oferecia itens em

---

⁶ O nome da empresa é formado pela combinação dos termos "solar" e "electronics".

⁷ Website da Solectron, www.solectron.com/about/index.html. Percentuais de acordo com o Relatório Anual da Solectron de 2000, p. 8.

⁸ Relatório Anual da Solectron de 2000, p. 20. No ano fiscal de 1999, os 10 maiores clientes da Solectron responderam por 74% das vendas e foram liderados pela Compaq (12%) e Cisco (11%). No ano fiscal de 1998, estes 10 maiores clientes representaram 68% das vendas e foram liderados pela HP (11%) e Cisco (10%).

bloco que auxiliavam os clientes a reduzir o tempo de lançamento de um produto no mercado; (2) a Global Manufacturing, que fornecia o projeto, o lançamento de um novo produto, além de serviços de fabricação e distribuição; e (3) a Global Services, que fornecia consertos, *upgrade* e manutenção, além de logística, gestão de devoluções, armazenagem e muitas outras atividades de suporte pós-produção. Uma empresa chamada Global Materials Services dava suporte a todas as três unidades oferecendo *sourcing*, *procurement* e outros recursos de gestão básica.

A CULTURA E A QUALIDADE

A cultura corporativa da Solectron, e seu incrível foco na qualidade, era um elemento essencial do sucesso da companhia. Seus principais valores e crenças estavam profundamente enraizados na gestão e nos processos de planejamento estratégico (Apresentação 9-1, página 364).

A primeira fase do desenvolvimento cultural

O desenvolvimento cultural da Solectron iniciou em 1978, quando o Dr. Winston Chen, executivo da IBM por muitos anos, assumiu o cargo de presidente da companhia. Naquela época, as empresas do setor de eletrônicos que contratavam suas placas de circuito impresso junto a fabricantes externos escolhiam estes fornecedores com base no preço baixo e na entrega rápida, e não esperavam muito em termos de qualidade. O Dr. Chen desafiou esta prática, ao insistir que somente os mais altos padrões de qualidade é que trariam os menores custos.

Com base na experiência adquirida durante seus dias na IBM, o Dr. Chen utilizou dois princípios básicos para administrar a empresa: serviço ao cliente de qualidade superior e respeito pelo indivíduo. De forma a implementar estes princípios em sua plenitude, ele definiu sistemas que forneciam um rápido *feedback* das informações necessárias e a liberdade para os fornecedores agirem de modo a realizar estes objetivos. Por exemplo, ele estabeleceu um processo de mensuração da satisfação do cliente em base semanal, com a avaliação de cinco critérios: qualidade, capacidade de resposta, comunicação, serviço e suporte técnico. Os resultados eram revistos pela gestão da companhia a cada semana, e exibidos na linha de produção. Chen comentou, "Não dizemos a ninguém, 'Você é bom no que faz', ou 'Você é péssimo'. Nós dizemos, 'Eis aqui o que os clientes dizem', e isto é uma ferramenta muito poderosa."[9]

A empresa também desenvolveu demonstrativos semanais de lucro e prejuízo para cada linha de produção, que eram distribuídos a todos os gerentes de linha. Chen observou, "Se você realmente deseja respeitar os indivíduos, então você tem de informar estas pessoas como elas estão se saindo – e isto tem de acontecer na hora certa para que eles possam tomar uma atitude se for preciso. No "frigir dos ovos", os indicadores que importam são a satisfação do cliente, o lucro e o prejuízo."[10] Em 1984, quando Chen tornou-se o CEO, sua visão era a de "reacender a competitividade norte-americana e tornar-se a melhor empresa do setor de fabricação no mundo."

As operações da Solectron utilizava um grupo diversificado de funcionários, que a empresa chamava de "colaboradores". Muitos destes colaboradores eram imigrantes recém-chegados de seus países de origem. O setor de fabricante contratada, considerando a Solectron, pagava salários relativamente baixos a seus funcionários. Porém, a empresa não conseguiria concretizar sua visão a menos que estas pessoas fossem altamente motivadas e unidas no entorno de uma causa comum. A cultura da Solectron fornecia esse senso de unidade.

Em 1988, o Dr. Chen convenceu um de seus antigos colegas da IBM, o Dr. Koichi Nishimura, a juntar-se à empresa como presidente de operações. Naquela época, a empresa havia crescido a $93 milhões em receitas e contava sólidos lucros. A abordagem do Dr. Nishimura era a de nunca estar satisfeito, de questionar ininterruptamente todas as práticas em vigor e de lutar pela melhoria contínua. Isto se aplicava a todos os aspectos do negócio, desde o tempo

---

[9] Alex Markels, "The Wisdom of Chairman Ko," *Fast Company*, novembro de 1999.

[10] Ibid.

necessário para preparar os relatórios financeiros, o aperfeiçoamento da qualidade ou a maior satisfação do cliente.

O Prêmio Baldrige e o foco na qualidade

Tão logo chegou à Solectron, o Dr. Nishimura conheceu o Prêmio Nacional Baldrige de Qualidade, que havia sido instituído pelo Congresso dos EUA em 1987 para promover a excelência no setor de produção e serviços do país. Ele decidiu que o processo de avaliação para o prêmio era semelhante aos princípios da Solectron, e que poderia ser um padrão para a melhoria contínua. A empresa inscreveu-se para o prêmio em 1989, mas não recebeu uma visita às suas instalações, o que era uma das etapas exigidas para todas as empresas finalistas. Contudo, a empresa recebeu um relatório dos avaliadores que recomendava melhorias em diversos aspectos das operações da empresa.

O Dr. Nishimura deliciou-se com esta "consultoria grátis", e implementou as melhorias recomendadas. Após falhar em conseguir uma visita novamente no ano seguinte, Nishimura comentou, "Nós não estávamos tentando ganhar o prêmio, estávamos simplesmente tentando construir uma empresa de qualidade. O prêmio foi o plano de trabalho."[11]

Em 1991, a Solectron recebeu uma visita dos inspetores do Prêmio Baldrige e um grande volume de conselhos para a melhoria – e venceu o prêmio. Foi a primeira vez que o prêmio foi dado a uma empresa no setor de fabricação contratada.

Os vencedores do Prêmio Baldrige ficavam inelegíveis por cinco anos, mas a Solectron sentia que o processo de avaliação do prêmio era tão importante que ela preparou avaliações internas com base no mesmo a cada 18 meses. Nishimura observou que "[isto] mantém-nos concentrados na contínua melhoria para nossos clientes. Este é o único caminho para uma empresa se tornar a melhor".[12] Em 1997, o primeiro ano em que a Solectron passou a ser elegível para o prêmio novamente, ela mais uma vez venceu-o – tornando-se a primeira companhia a recebê-lo duas vezes.

A prática diária

As práticas culturais da Solectron eram compostas por diversos componentes, que reforçavam uns aos outros, e a maioria dos quais estava relacionada à missão da empresa.

A ênfase dada à melhoria contínua e o processo de criação e reforço de valores foram institucionalizados em toda a organização. Por exemplo, as reuniões das 7:30 das manhãs de terça, quarta e quinta-feira haviam sido uma marca registrada da Solectron desde seus primeiros dias. Estas reuniões eram frequentadas por cerca de 30 a 40 pessoas, desde engenheiros e gestores de programas até o pessoal de gestão local. Cada um destes encontros começava com uma revisão dos resultados da qualidade de dois dias antes (os mais recentes disponíveis). O progresso na direção das metas dos programas de qualidade era analisado a cada reunião. O restante da reunião de terça-feira era dedicado a uma discussão sobre a satisfação do cliente interno, ou ao treinamento em gestão fornecido por uma equipe de executivos da empresa ou palestrantes convidados.

A reunião de quarta-feira tinha como foco a qualidade e era um fórum para a discussão do processo de melhoria e compartilhamento do conhecimento. A ênfase era dada à prevenção de problemas, não à correção, por meio de equipes de trabalho autoadministradas (ETAA) e das do Processo de Melhoria da Qualidade (PMQ) da Solectron.[13] Os integrantes das ETAA faziam apresentações nas reuniões das 7:30 da manhã, que serviam como um fórum para o reconhecimento da excelência no desempenho. Quando uma equipe recebia um prêmio de reconhecimento de um cliente, o presidente da Solectron oferecia um cheque, cujo valor seria compartilhado pelos integrantes da equipe, e reconhecia publicamente o feito alcançado por eles.

O foco da reunião das manhãs de quinta-feira era a satisfação do cliente e a gestão de programas. A Solectron pedia a cada cliente que

---

[11] Ibid.

[12] Ibid.

[13] As equipes do PMQ vinham de diversas funções e tratavam de problemas específicos ou de oportunidades para a melhoria. Elas desenvolviam planos de ação com base nos objetivos da empresa relacionados à satisfação do cliente, à qualidade e à flexibilidade.

desse uma nota para o desempenho da companhia a cada semana, nos quesitos qualidade, entrega, comunicação e serviço. Nestas reuniões, estes dados eram inspecionados, problemas eram discutidos e planos de melhoria apresentados. As decisões eram tomadas consensualmente entre os integrantes das equipes. Esta tomada consensual de decisão tinha a meta de fortalecer o trabalho em grupo, que era um ponto forte entre os valores da Solectron e expressivamente enfatizado pela alta gerência.

Uma espécie de simbolismo era adotado na unidade da mão de obra. Por exemplo, todos os funcionários, desde o CEO até um montador iniciante, vestiam jalecos brancos com o logo da empresa.[14] Ainda que o uso destes jalecos fosse justificável para controlar descargas eletrostáticas, sua principal finalidade era a de fazer com que todos os colaboradores sentissem-se parte de uma única família. Placas com os lemas da companhia e os "Cinco Ss" também eram exibidos de forma conspícua nas unidades da Solectron.

A cultura e a integração de aquisições

Ao longo da década de 1990, a estratégia de crescimento da Solectron incluiu a aquisição de operações de fabricante de seus clientes. No final de 2000, o quadro de pessoal da empresa tinha mais de 80 mil pessoas, muitas das quais haviam se juntado à Solectron como resultado de aquisições. A integração destes funcionários era essencial para o sucesso do processo de aquisição, uma vez que ele dependia muito da destreza da Solectron em conduzir a inteligência, o *know-how* e a experiência dos novos funcionários. A cultura da companhia desempenhava um papel importante nesta integração.

A empresa designava uma equipe de integração para trabalhar com a equipe da empresa recém-adquirida, que era composta por entre quatro a oito pessoas que representavam as mais importantes áreas da empresa (por exemplo, financeiro, recursos humanos, operações, materiais e tecnologia da informação). A equipe envolveu-se com os primeiros estágios do processo de diligência necessário muito antes de a decisão sobre a aquisição ser finalizada. O processo de integração utilizava uma longa lista de verificação, incluindo as principais áreas funcionais que cobriam atividades executadas antes do anúncio da transação e que se estendiam até os 100 primeiros dias do fechamento do negócio (Tabela 9-8). Quando a decisão era tomada no sentido de prosseguir com a aquisição, um plano de integração detalhado era gerado. O desenvolvimento deste plano incluía a participação da empresa adquirida, o que garantia que ela se tornaria parte do processo. A equipe de integração da Solectron trabalhava com a empresa adquirida durante três a seis meses após a finalização da aquisição, ficando encarregada de treinar os novos funcionários e agir como ponto de consulta da Solectron.[15]

A EVOLUÇÃO DE UMA FABRICANTE CONTRATADA PARA INTEGRADORA DA CADEIA DE SUPRIMENTOS GLOBAL

A Solectron evoluiu de uma fabricante contratada para uma integradora da cadeia de suprimentos global, à medida que o tamanho e o escopo de seus serviços crescia. A visão dos fabricantes originais do equipamento do uso de serviços externos evoluiu concomitantemente e, assim, em 2001, eles terceirizavam atividades que jamais teriam considerado poucos anos antes (Apresentação 9-2, página 365).

Um executivo da Solectron descreveu esta evolução, comparando-a com a mudança no projeto de pontes, quando o aço passou a substituir a madeira.

> No começo, as pessoas imitavam os projetos de pontes de madeira, a única diferença era o material. À medida que aprendiam mais sobre o processo, elas passaram a modificar os projetos para tirar vantagem das propriedades do aço. As novas pontes tinham a mesma aparência das pontes tradicionais, mas os projetos modificados não poderiam ter sido construídos em madeira. Por fim, os engenheiros desenvolveram abordagens inteiramente novas para o projeto de pontes, que não poderiam ter sido imagina-

---

[14] Os visitantes recebiam jalecos azuis para fins de identificação.

[15] "Solectron's Aquisitions Get Careful Attention", *Electronic Buyers News*, 24/7/2000. Disponível online em http://www.ebnonline.com/story/OEG20000721S0011.

TABELA 9-8

DADOS FINANCEIROS ESCOLHIDOS

Uma pequena parcela da lista de verificação da integração de empresas:

F	GC	GESTÃO DE CONTAS		
U	CC	COMUNICAÇÕES CORPORATIVAS		
	INS	INSTALAÇÕES/EH&S		
	FIN	FINANÇAS	H = exigido no dia 1	
N	RH	RECURSOS HUMANOS	M = exigido no dia 100	
Ç	IT	ITSS	L = pode esperar até depois do dia 1000	
Ã	MAT	MATERIAIS		
	NPI	TECNOLOGIA/NPI		
O	OPS	OPERAÇÕES		
	GP	GESTÃO DO PROGRAMA		
	QT	QUALIDADE		

LEGENDAS:
V = VERMELHO (muito abaixo das expectativas, potencial sucesso)
A = AMARELO (abaixo do plano, precisa de mais foco)
V = VERDE (na meta)
X = Completo
/ = Não aplicável

LOG							SOLUÇÃO						
NO	PROCESSO	PRIORIDADE B/M/A	CRP* LEAD	(XXX) LEAD	DATA FINAL	IDENTIFICADO	VERIFICADO	DOCUSSINADO	IMPLEMENTADO	MAPEADO	PLANEJAMENTO	ADOTADO	OBSERVAÇÕES	DATA REAL DO CÁLCULO

Tarefas da gestão de contas

GC	1	Verif. lista de contas do cliente/comparação												
GC	2	Nova comunicação de entidade ao cliente												
GC	3	CRP a todos clientes												
GC	4	Desenvolvimento de nova estrutura de contas												
GC	5	Revisão de cotas												
GC	6	Revisão de contratos												
GC	7	Revisão da metodologia de previsão												
GC	8	Preparação de material de treinamento												
GC	9	Processo de treinamento CSI												
GC	10	Treinamento em gestão de contas												

Tarefas das unidades

INS	1	Definir os serviços de manutenção das unidades (portaria, jardinagem, manutenção geral)												
INS	2	Definir os contratos de serviço necessários (segurança, correspondência, cafeteria, ar condicionado, etc.)												

TABELA 9-8 continuação

INS	3	Contratos de arrendamento que não sejam de prédios		
INS	4	Endereço da Solectron		
INS	5	Sinalização de prédios e acessos		
INS	6	Linguagem local-visual da filosofia da Solectron (doutrinas, banners, mapas)		
INS	7	Transferência ou preparação de contratos das unidades (eletricidade, gás, vácuo, ar, etc.)		
INS	8	Cobertura de seguros conforme necessário		
INS	9	Sinalização e acesso às unidades		
INS	10	Transferência ou execução de arrendamento de prédios		
		Tarefas do financeiro		
FIN	1	Contas a pagar		
FIN	2	Contas a receber		
FIN	3	Designação de arrendamentos aplicáveis		

Fonte: Solectron Corporation.
* N. de T.: Carta de recomendação padrão.

das anteriormente. É neste estágio que estamos hoje. A fabricação e a tecnologia da informação de que dispomos nos permite fazer mudanças fundamentais à maneira com que nossos clientes operam.[16]

Quando a Solectron passou a oferecer serviços de fabricação contratada, ela disponibilizava um pouco mais do que a substituição por capacitações de que seus clientes já dispunham. Eles eram motivados por duas forças: o fluxo de caixa e a alocação de recursos. Eles buscavam a terceirização se pudessem cortar custos, ou se precisassem de capacidade extra em tempo exíguo para atender a um pico na demanda. Os clientes via de regra mantinham um nível de capacidade interna apropriado às necessidades correntes e terceirizavam quando um pico na demanda excedia este patamar.

Como os clientes mantinham um nível de produção interna e terceirizavam apenas alguns itens, eles muitas vezes estavam em posição mais confortável do que a Solectron para negociar com os fornecedores de peças. Consequentemente, os clientes muitas vezes consignavam kits de peças que a Solectron montava. A Solectron diferenciava-se de outras empresas de montagem de placas de circuitos principalmente pelo foco que dava à qualidade.

A Solectron adicionava mais clientes e aceitava mais pedidos dos clientes existentes, em um processo que fez seu volume total crescer. Por fim, ela estava em uma posição mais confortável para negociar com os fornecedores de peças do que seus próprios clientes, e passou a aceitar mais compras, maior estoque de peças e as funções de *kitting**. A Solectron então oferecia aos clientes a vantagem que eles não conseguiam consolidar: preços menores devido ao maior volume de compra. Em vez de terceirizar como forma de acesso à mão de obra relativamente barata e habilidosa, a estratégia tornou-se uma fonte de vantagem tática. Esta tática *turnkey*** de montagem significava que os fabricantes originais de equipamento especificavam o que era necessário, e a Solectron comprava todo o material, construía o produto e transportava ao cliente.

O progresso tecnológico

O desenvolvimento da tecnologia de montagem em superfície (SMT – *Surface Mount Technology*) trouxe uma incrível oportunidade para a Solectron. Na década de 1970 e em boa parte da década de 1980, as placas de circuitos impressos eram construídas inserindo os componentes em orifícios nas placas, com a posterior soldagem dos componentes. Esta técnica era barata para conjuntos pequenos, mas o número de componentes relativamente volumosos que poderia ser inserido em uma placa de circuitos impressos era pequeno e podiam ser inseridos em apenas um lado da placa. Em 1983, a Solectron começou um novo tipo de montagem de placa de circuito impresso, em que os componentes eram colados diretamente na superfície plana da placa. A tecnologia de montagem em superfície utilizava componentes muito menores e possibilitava sua instalação nos dois lados da placa, o que aumentou consideravelmente a densidade do circuito que poderia ser instalado em uma única placa.

As vantagens da SMT tinham um preço. O custo do capital para o equipamento necessário era muito maior do que aquele do equipamento para a montagem por inserção. Naquela época, poucos produtos eram exigidos em grandes quantidades. No começo da década de 1980, os telefones celulares ainda não estavam disponíveis, e até mesmo os microcomputadores não eram produzidos em massa. A maioria dos fabricantes originais de equipamento não conseguia justificar o custo de capital da SMT, ainda que tivessem benefícios com a tecnologia.

Contudo, a Solectron foi capaz de amortizar o custo do equipamento da SMT com o volume de muitos clientes, gerando a vantagem que os fabricantes originais de equipamento jamais te-

---

[16] Arthur Chait, vice-presidente para o departamento mundial de marketing, em teleconferência, 30/07/2001.

* N. de T.: Processo em que itens diferentes mas relacionados são agrupados, embalados e fornecidos juntos, como uma unidade.

** N. de T.: Termo utilizado em alusão ao *turnkey contract*, modalidade de contrato em que a parte contratada fica com todos os riscos, enquanto o contratante não corre riscos.

riam do ponto de vista econômico. Em 1992, a maior parte dos novos projetos utilizava a SMT dependendo bastante da Solectron e de outras fabricantes contratadas.

O novo modelo de negócio

Em 1992 a Solectron introduziu um novo modelo de negócio ao adquirir unidades de fabricação da IBM. Como parte da aquisição destes ativos, a Solectron recebeu contratos de suprimento de longo prazo. Esta abordagem permitiu aos fabricantes originais de equipamento tomar a decisão estratégica de concentrar seus esforços e recursos em seus pontos fortes, em geral a definição, a engenharia e o marketing do produto, e utilizar a Solectron para funções de *procurement* e produção, os principais pontos fortes da empresa. Uma vez que eles não mantinham produção interna, esta decisão foi de caráter estratégico, não tático, para os fabricantes.

A unidade da IBM baseada em Bordeaux, na França, uma aquisição feita em 1992, ilustrou o sucesso do modelo. A unidade de 27 mil metros quadrados lutara para ser lucrativa, e a IBM alocara todas as pessoas disponíveis, como a equipe de vendas e desenvolvedores de software, na unidade para preencher o espaço vazio. Mesmo assim, o número de funcionários diminuíra para mil, dos quais apenas 500 trabalhavam na fabricação de placas de circuitos impressos. No começo de 2001, sob o controle da Solectron, a unidade estava empregando 4.200 funcionários na fabricação de *switches* de telefones celulares para a Ericsson, equipamentos de rede para a Cisco, leitoras de códigos de barras e instrumentos médicos. Os produtos montados para a IBM utilizavam apenas uma pequena parcela da capacidade da unidade. O gerente da unidade da IBM, que permaneceu como funcionário da Solectron após a aquisição, observou que parecia que ele passara a trabalhar em uma fábrica totalmente diferente, "É inacreditável. Que aumento na atividade!"[17]

Este modelo foi repetido muitas vezes, e a Solectron cresceu com rapidez. Ela adquiriu unidades de fabricante de seus clientes, utilizando-as para atender a contratos de suprimento de longo prazo. Ela também empregava estas unidades na fabricação de produtos para outros clientes. Isto permitiu o compartilhamento do risco, uma vez que a flutuação na demanda de diferentes empresas era amenizada, e os estoques de segurança de componentes comuns podiam ser reduzidos (em comparação com os níveis exigidos se fossem armazenados individualmente pela empresa).

Ao longo dos anos que se seguiram, a Solectron adquiriu mais unidades, neste processo de venda mantido por mais de 20 companhias, que incluíram a Hewlett Packard, a Texas Instruments, a NCR, a Nortel Networks, a Sony, a Ericsson, a Cisco Systems, a Philips Electronics e a Mitsubishi.

À medida que a Solectron assumia a produção para diversas empresas de grande porte no mesmo setor (a Cisco e a Nortel, por exemplo), as economias de escala subiam cada vez mais, uma vez que estas companhias utilizavam processos semelhantes e peças em comum. A Solectron também aumentou sua visibilidade nestes setores, por meio de previsões agregadas de cada um dos atores. Contudo, as projeções de demanda feitas pelos fabricantes originais de equipamento estavam sujeitas a uma distorção nas informações fornecidas, e não refletiam por completo a demanda real do cliente final.

A consolidação e a realocação. Além de adquirir unidades dos fabricantes originais, havia a consolidação do setor de EMS no final da década de 1990, motivada pela íntima relação entre os fabricantes originais de equipamento e seus fornecedores. Os fabricantes originais preferiam estabelecer relacionamentos estratégicos com alguns poucos fornecedores *top tier*, que seriam capazes de atender às suas necessidades no mundo todo. Em julho de 2001, a Sanmina, então a quinta maior empresa de EMS, adquiriu a SCI, a quarta maior companhia do setor e duas vezes o porte da Sanmina. A Solectron adquiriu duas das 10 maiores empresas, a NatSteel Electronics, em agosto de 2001, e a Bluegum Group, a maior empresa de EMS da Austrália.[18]

---

[17] Michael J. Ybarra, "Vineyards and Surface Mount Technology," *Upside*, abril de 2001, 116-119.

[18] Petri, Lehtivaara, "The Electronics Manufacturing Services Industry", Estudo de caso GM 863, International Institute for Management Development, 1/10/01.

Havia também uma tendência por parte das principais empresas de fabricar produtos previsíveis e de grande volume de vendas em regiões que ofereciam custos menores, como a Ásia (exceto o Japão), o México e a Europa central. Em meados de 2001, a Solectron tinha 30% de sua produção nestas regiões, e o objetivo era de aumentar esta proporção para 70%.[19] Os benefícios desta estratégia eram dois: a diminuição dos custos de produção e o deslocamento da capacidade para mais perto de mercados de alto crescimento esperado para o futuro.

Com estas aquisições, a Solectron desenvolveu uma rede mundial de unidades estrategicamente localizadas perto de seus clientes e de mercados emergentes. Isto possibilitou a introdução em novos centros e com isso transferir a produção para as unidades melhor aparelhadas para a produção baseada em volume. Isto foi possível devido à estrutura de baixo custo do local de produção e de sua proximidade ao cliente final. A carga podia também ser equilibrada no interior da rede e a produção de um dado item transferida entre locais em seus diferentes ciclos de vida, a fim de maximizar a rentabilidade.

Os sistemas de informação. O desenvolvimento da Internet e das ferramentas para a comunicação entre sistemas de informação em diferentes empresas permitiu à Solectron utilizar a tecnologia para melhorar suas operações e habilitar seus clientes na otimização de sua cadeia de suprimentos de modo diferente. Do ponto de vista interno, a companhia investiu pesado em tecnologia da informação para a gestão de sua rede mundial de unidades e fornecedores. Seu Sistema para a Empresa Global e Recursos consistia em um sistema de planejamento de recursos corporativos que funcionava em combinação com aplicativos adicionais, como a gestão de dados de produto, o controle do chão-de-fábrica, a gestão de depósitos, a base de dados de materiais, ferramentas rápidas de previsão, de análise e de geração de relatórios, além de recursos humanos. A companhia criou uma *extranet* baseada na Internet que permitia o compartilhamento de informações com os clientes, fornecedores e parceiros. Isto ajudou a integrar a cadeia de suprimentos, ao dar a todos os atores o mesmo acesso a certas informações necessárias à análise de planejamento e decisão. Esta visibilidade de informações importantes ajudou a minimizar o efeito chicote, muitas vezes visto em um ambiente de incerteza, quando os sinais da demanda não estavam alinhados (Figura 9-7).[20]

A gestão da cadeia de suprimentos
Para seus clientes que utilizavam esta abordagem por completo, a Solectron assumiu a responsabilidade pela gestão de toda a cadeia de suprimentos. O cliente era responsável pela pesquisa e desenvolvimento básicos do produto, mas a Solectron desempenhava um papel importante no projeto do produto. Ela se encarregava do *procurement* de todas as peças, da montagem e dos testes, e entregava o produto no local especificado pelo cliente. A Solectron também se responsabilizava pelo serviço e suporte técnico, além da reciclagem do produto ao final de sua vida útil. Em suma, a companhia tinha para si todo o planejamento do ciclo de vida do produto. O cliente se concentrava na pesquisa, na definição do produto, no marketing e nas vendas.

Da perspectiva do fabricante original do equipamento, o principal aspecto não era mais a decisão de produzir ou comprar um dado item, mas sim, o problema maior de visualizar o local certo para a obtenção dos materiais. O problema crítico era o custo total de obter o item necessário, totalmente montado e pronto para o transporte para o cliente, quando e onde era necessário. Isto envolvia muito mais do que apenas o *procurement* e a fabricação, à medida que a logística global ficava extremamente importante. Se as peças eram obtidas em uma parte do mundo e seriam usadas em produtos destinados a clientes em outras regiões, então os custos com transporte, os tributos e as taxas referentes às peças seriam maiores do que os custos com mão de obra.

Anteriormente, a barreira de entrada fora o custo de capital para equipamentos construídos

---

[19] Chae e Bailey, 16.

[20] Brian Fukumoto, diretor corporativo para a transformação dos negócios. Comunicação por e-mail, 28/10/01.

Esta é a arquitetura do aplicativo GEARS:

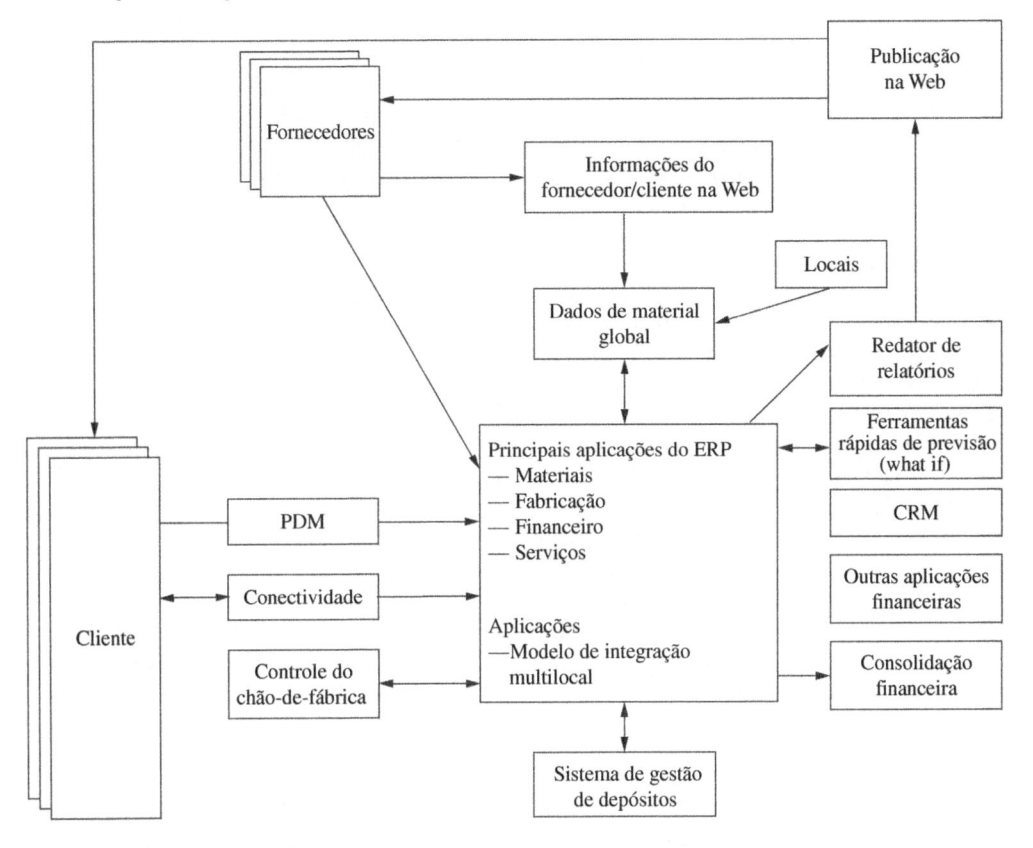

ERP – Planejamento de recursos da empresa (Enterprise Resource Planning)
CRM – Gestão do relacionamento com o cliente (Customer Relationship Management)
PDM – Gestão de dados do produto (Product Data Management)

FIGURA 9-7 Sistema para a empresa global e recursos.

com a tecnologia SMT. Hoje, o número de companhias com esta tecnologia era muito maior. A vantagem competitiva da Solectron residia na habilidade de operar com rapidez através de fronteiras internacionais, por meio de sua rede global de unidades. A experiência englobava mais do que a fabricação: ela estava também no desenvolvimento de uma rede global de fornecedores e no transporte eficiente de mercadorias em todo o mundo. Era comum ver maiores quantias de dinheiro sendo gastas em logística do que na montagem de componentes.

As operações da empresa na Romênia são um exemplo desta situação. As operações naquele país haviam iniciado em 2000. A unidade foi inicialmente empregada para a produção de itens destinados a clientes na Europa central, uma região cujo crescimento esperado era alto, devido a uma demanda reprimida por produtos eletrônicos. A mão de obra era barata, paga a cerca de $0,50 a hora, e a Romênia tinha uma excelente força de trabalho, com uma forte ética trabalhista. Contudo, era necessário um dia inteiro para trazer os materiais das fábricas dos países da Europa ocidental, e dois para tirar produtos finalizados da Romênia. Assim, havia um *trade-off* entre mão de obra e custos de logística, devido à maturidade da infraestrutura.

A organização para a integração da cadeia de suprimentos global

Para facilitar a gestão de toda a cadeia de suprimentos, a empresa organizou-se em três unidades: Soluções de Tecnologia, Global Manufacturing, e Global Services. O grupo de Serviços de Materiais Globais (Global Material Services) dava suporte a estas unidades.

As soluções de tecnologia. A unidade de Soluções de Tecnologia fornecia o projeto de sistemas modulares e integrados e sistemas de fabricação, com uma ampla gama de memórias e produtos I/O, além de placas integradas e sistemas que forneciam aos fabricantes originais do equipamento a tecnologia essencial que poderia ser utilizada para introduzir os produtos no mercado com rapidez. Esta unidade foi construída em torno das maiores subsidiárias da Solectron, em sua maior parte de propriedade da própria empresa, a Force Computers (adquirida em 1997) e a SMART Modular Computers (adquirida em 1999). Em 2000, a unidade de Soluções de Tecnologia teve receitas de $1,5 bilhão, o equivalente a 11% das vendas totais da Solectron.

Global Manufacturing. A unidade de Global Manufacturing oferecia serviços de fabricação aos clientes da Solectron. Sendo a maior unidade da Solectron, as receitas em 2000 foram de $12,4 bilhões, ou 88% do total da companhia. Além dos serviços tradicionais de fabricação contratada, esta unidade fornecia novos serviços de lançamento de produtos e capacitações de pré-fabricação, como o *projeto* para a fabricação, a engenharia simultânea e a geração de protótipos.[21]

O trabalho da Solectron com empresas iniciantes, instalado na unidade Global Manufacturing, refletia um aspecto destes serviços. Em 1996, a Solectron adquiriu a Fine Pitch Technologies especialmente para o trabalho com pequenas entrantes, que requeriam um protótipo de rápida geração e um alto nível de suporte de engenharia para lançarem seus produtos. A Fine Pitch foi projetada para fornecer um nível de apoio que não estava disponível com grandes fabricantes originais do equipamento e para garantir um caminho para a produção em grandes volumes. Contudo, a companhia teve de escolher com cuidado as empresas iniciantes com quem passaria a trabalhar, uma vez que o número destas que desejava este tipo de relacionamento com a Solectron era muito maior do que a companhia conseguira administrar. Cada um destes relacionamentos constituía uma parceria estratégica, pois a recompensa viria mais tarde, com o crescimento destas entrantes. A Solectron avaliava a viabilidade destes relacionamentos da mesma maneira que faria um investidor em capital de risco, e escolhia apenas as entrantes que ofereciam uma boa posição estratégica e um bom potencial de crescimento. A Brocade Communications e a Juniper Networks são dois exemplos de companhias que basearam suas operações em torno dos serviços disponibilizados pela Solectron.

Global Services. A unidade de Global Services oferecia serviços de conserto, manutenção e *upgrade* de produtos por meio de centros de fabricação e de serviços em todo o mundo. Ela também disponibilizava serviços como armazenagem, logística, gestão de devoluções, gestão de alterações na engenharia e gestão de produtos em fim de vida útil. Em 2001, ela era apenas uma pequena parte do negócio, com as receitas de 2000 na casa de apenas $233 milhões – menos de 2% das receitas da Solectron. No entanto, ela cresceu com rapidez e prometia tornar-se uma importante área de crescimento no futuro. Suas receitas em 2000 foram aproximadamente três vezes as de 1999.

Global Materials Services. Estas três empresas tinham o suporte do grupo de Serviços de Materiais Globais (Global Materials Services), que interagia com os fornecedores, lidava com o *procurement*, era responsável pela otimização de estoques, preparava previsões de mercado e fornecia apoio logístico nas operações em todo o mundo.

A SITUAÇÃO NO OUTONO DE 2001

O setor de tecnologia teve crescimento surpreendente no final da década de 1990 e no começo do ano 2000, em especial os de telecomunicações e rede. A Solectron beneficiou-se com esta

---

[21] A engenharia simultânea é o desenvolvimento constante do produto já em processo de produção.

situação, pois fornecia para muitas empresas de liderança neste campo de atividade. No outono de 2000, a empresa entendeu que um inchaço na oferta estava prestes a acontecer, pois cada um de seus clientes de grande porte, como a Cisco, a Ericsson e a Lucent, tinham expectativas de um crescimento explosivo. A Solectron acrescentou as previsões de cada concorrente e percebeu que seus valores esperados totais estavam bem acima do tamanho de qualquer mercado realista, ainda que no mais otimista dos cenários. Ela tentou restringir o excesso de pedidos dos fabricantes originais do equipamento e chegou ao ponto de exigir pagamentos adiantados para alguns pedidos. Os fabricantes originais insistiam no atendimento de seus planos de produção e prometiam pagar pelo excesso de material.[22] A arraigada cultura da Solectron de ser a melhor e manter a melhoria constante, além da enraizada crença no "cliente em primeiro lugar", tornou a tarefa de resistir à pressão dos clientes pelo aumento na produção extremamente difícil.

A economia começou a enfraquecer no final de 2000, e no começo de 2001 estava claro que a demanda estava caindo, sobretudo em setores em que a Solectron tinha clientes de peso, como o das telecomunicações. Da noite para o dia, o setor passou de um estado de grande alocação e luta para acompanhar a demanda, a uma condição de supercapacidade e excesso de estoques surpreendentes. Os novos pedidos caíram de $6,5 bilhões no trimestre terminado em 1/12/2000, para $2,1 bilhões no trimestre terminado em 1/6/01. As receitas viram seu pico de $5,7 bilhões no trimestre terminado em 1/12/2000, e uma queda de 36,9% e valor absoluto de $3,6 bilhões no trimestre terminado em 31/8/01. O atraso na entrega, que havia sido de $5,8 bilhões em 1/12/2000, caíra para apenas $2,2 bilhões em 31/8/01. O preço das ações caía consideravelmente.

A rápida alteração no ambiente de negócios levou a um grande aumento nos níveis de estoque, uma vez que a Solectron foi incapaz de interromper os pedidos que havia emitido a seus 4 mil fornecedores. Os estoques subiram a mais de $1 bilhão nos seis meses que terminaram em 2/3/01. A companhia conseguiu diminuir os estoques em mais de $1,6 bilhão a partir do nível máximo nos seis meses que se seguiram, mas o fez retornando o excesso de material aos fabricantes originais do equipamento e voltando a adotar seu antigo programa *kanban*, abandonado durante a fase de crescimento na tentativa de atender à maior demanda trazida pelos fabricantes originais.

A Solectron também anunciou uma reestruturação que incluía a redução do quadro de pessoal e o fechamento de unidades. A empresa estruturou uma equipe formada por profissionais de alto nível de diversas de suas áreas para validar a proposição de valor em cada local de atuação da empresa, desenvolver o planejamento e os objetivos da reestruturação e monitorar o progresso. A equipe avaliava novas estruturas de custos, projetos mais eficientes, além das melhorias na gestão do relacionamento com o cliente. Em outubro de 2001, o quadro de pessoal havia sido reduzido de seu máximo de 80 mil funcionários para menos de 60 mil. O número de linhas de SMT havia sido cortado de 1.110 para menos de 700, e o espaço de fabricação diminuído de 14 milhões para menos de 11 milhões de pés quadrados.[23] As despesas com reestruturação de $285 milhões foram anotadas nos livros contábeis no terceiro trimestre (maio), e outros $207 milhões no quarto trimestre (agosto). Duas unidades adquiridas como parte da Nasteel, uma na Hungria e outra no México, foram fechadas e a produção de cada uma transferida para outras unidades.[24]

Apesar da desaceleração ocorrida no curto prazo e das dolorosas etapas executadas, a Solectron continuou otimista para o longo prazo. O uso da terceirização como estratégia para os fabricantes originais do equipamento continuou a crescer. Os fabricantes originais estavam cada vez mais atraídos pela proposição de valor da Solectron como integradora da cadeia de suprimentos global. A empresa acreditava que a atmosfera econômica e industrial favorecia a concentração de negócios em um pequeno número de fornecedores de serviços no mercado dos fabricantes originais do equi-

---

[22] Pele Engardino, "Why the Supply Chain Broke Down," *Business Week*, 19/3/2001, p.41.

[23] Brian Fukumoteo, comunicação por e-mail, 28/10/01.

[24] Chae e Bailey, 15-16. Despesas com reestruturação listadas nas informações financeiras da empresa.

pamento. Ela esperava um crescimento drástico na Ásia (exceto no Japão), de um consumidor de pequeno porte a um que tomaria entre um terço e a metade do mercado mundial de eletrônicos. Ela também esperava que a demanda reprimida, combinada com o desenvolvimento rápido de receitas disponíveis, levaria ao surgimento de mercados maiores na Europa central e oriental.

Contudo, a Solectron lutava para encontrar a maneira de enfrentar a tempestade que atravessava e garantir um posicionamento adequado para o futuro.

QUESTÕES PARA DISCUSSÃO DO ESTUDO DE CASO

1. Como o valor da Solectron para seus clientes evoluiu com o tempo?
2. Como a expansão global contribuiu para a habilidade da Solectron de passar de um fornecedor de fabricação contratada para uma integradora da cadeia de suprimentos?
3. Como a empresa foi capaz de integrar com sucesso suas aquisições?
4. Qual é o impacto da cultura da empresa no seu sucesso, na queda de 2001, e em sua habilidade de responder a esta queda?
5. Quais são os produtos e serviços adicionais que a Solectron deve oferecer a seus clientes no futuro?
6. O que a companhia deve fazer no curto prazo? E no longo prazo?

APRESENTAÇÃO 9-1 A VISÃO, A MISSÃO, AS CRENÇAS E OS 5S DA SOLECTRON

MISSÃO[a]

"Nossa missão é fornecer resposta em nível global a nossos clientes, com a oferta da maior qualidade, do menor custo total, do projeto customizado e integrado e de soluções para a cadeia de suprimentos e para a produção por meio de parcerias de longo prazo baseadas em integridade e práticas éticas nos negócios."

CRENÇAS

O cliente em primeiro lugar	Fortalecer as parcerias com os clientes com a oferta de produtos e serviços de máxima qualidade por meio da inovação e experiência.
Respeito pelo indivíduo	Enfatizar a dignidade do colaborador, sua igualdade e crescimento pessoal.
Qualidade	Executar com excelência, motivar os seis sigma em todos os processos, exceder as expectativas dos clientes.
Parcerias com fornecedores	Enfatizar a comunicação, o treinamento, a mensuração e o reconhecimento.
Ética nos negócios	Conduzir negócios com integridade isenta.
Valor para o acionista	Otimizar os resultados dos negócios por meio da melhoria contínua.
Responsabilidade social	Ser um referencial positivo para a comunidade.

VISÃO

"Ser a melhor e continuar com a melhoria."

OS 5S

Em sua viagem às empresas-benchmarking japonesas em 1988, o Dr. Saeed Zohouri, o vice-presidente de tecnologia para a Solectron, observou um sinal em uma fábrica de motocicletas da Yamaha, que descrevia as práticas dos 5S.[b] Estas práticas foram adotadas pelo Dr. Nishimura, que sentiu que elas seriam úteis para a concretização de sua visão de combinação das melhores técnicas japonesas com a inovação norte-americana.

Seiri (Organização)
- Distinguir entre as coisas necessárias e as desnecessárias.
- Manter apenas os materiais necessários no local de trabalho.
- Descartar todos os itens desnecessários imediatamente.

Seiton (Ordem)
- Pôr as coisas na ordem certa e na área designada.
- Armazenar todos os materiais e informações ordenadamente, sempre.
  - Limpo
  - Pronto para uso
  - Organizado de acordo com a frequência de uso
- Um lugar para tudo e tudo em seu lugar.

Seiso (Limpeza)
- Os problemas ficam mais facilmente visíveis quando tudo está limpo e em ordem.
- Os defeitos menores são encontrados durante a "faxina".

Seiketsu (Padronização)
- Limpar as ferramentas, os equipamentos e o local de trabalho imediatamente após o uso.
- Equipamento mantidos limpos funcionam melhor.

Shitsuke (Disciplina)
- Utilize e obedeça aos procedimentos padronizados.
- Obedeça às regras e regulamentações da companhia.
- Obedeça aos procedimentos de segurança, sempre.

Fonte: Solectron Corporation.

[a] Revisado em 1997.
[b] O Dr. Sohouri tornou-se o presidente de operações da Solectron.

APRESENTAÇÃO 9-2 A DECISÃO DE TERCEIRIZAR

A decisão de terceirizar era estratégica para um fabricante original do equipamento, com prós e contras que tinham de ser cuidadosamente considerados para definir se a terceirização de fato melhoraria o desempenho do contratante e maximizaria seu valor. Ao mesmo tempo em que a terceirização trazia vantagens estratégicas, ela tinha custos – as mudanças eram traumáticas e difíceis de reverter para um fabricante original que tradicionalmente havia fabricado seus componentes internamente. A terceirização afetava milhares de trabalhadores, e revelava os aspectos críticos dos negócios de uma empresa à avaliação dos parceiros de suprimento e outras forças externas, além de expô-los a interrupções.*

Portanto, ao tomar a decisão por terceirizar, era essencial entender como o verdadeiro custo da produção interna se comparava com os custos da aquisição de componentes fabricados por terceiros. Isto envolvia três tipos de análises:

- Estratégica. A propriedade ou o acesso preferencial à produção têm alguma importância estratégica? Como a estratégia de fabricação da empresa atende às necessidades de sua estratégia de atuação global? Por exemplo, a propriedade do projeto e da produção dá à Intel um rápido fortalecimento de seus produtos e protege a propriedade intelectual da empresa.
- Operacional. Quais são as metas de desempenho, as necessidades de fabricação e da cadeia de suprimentos (como os *lead times* e os custos unitários)? Por exemplo, a Dell configurou sua cadeia de suprimentos de forma a atender a estratégia global de negócio de entrega customizada de computadores no recebimento dos pedidos.

- Organizacional. Como a empresa atinge seus resultados? As empresas bem estabelecidas em um setor sentem dificuldades ao transformar suas cadeias de suprimentos.

A Solectron identificou três vantagens que os fabricantes originais do equipamento iriam obter com a terceirização.** O tema central dizia que a terceirização permitia aos fabricantes originais alocar seus recursos em suas competências, essenciais como a pesquisa e desenvolvimento e o marketing. Estas três vantagens eram o tempo de entrada no mercado, a economia e a tecnologia.

O TEMPO DE ENTRADA NO MERCADO

A velocidade com que uma empresa coloca seus produtos no mercado ganhou crescente importância competitiva na década de 1990. As entrantes no mercado eram capazes de comandar a maior fatia de mercado e obter as recompensas financeiras correspondentes. Ao trabalhar com uma empresa de EMS que fosse capaz de levar o produto ao mercado com rapidez e incrementar a produção, os fabricantes originais conseguiram diminuir o tempo de entrada no mercado para seus produtos.

A ECONOMIA

As empresas de EMS conseguiram atingir uma maior utilização de ativos do que os fabricantes originais do equipamento, uma vez que foram capazes de utilizar os mesmos ativos para fabricar itens para diversas companhias. Isto trouxe uma expressiva economia de custos para os fabricantes originais do equipamento. Além disso, os riscos de alteração nos produtos, os ciclos de vida curtos e outras fontes de ineficiência foram reduzidos porque a empresa de EMS soube equilibrar o efeito das alterações em programações com a demanda da produção de outros produtos e clientes.

A TECNOLOGIA

O processo de fabricação ficou cada vez mais complicado e caro ao longo da década de 1990. O impacto da SMT já foi descrito, mas a questão manteve-se presente, enquanto as tecnologias de produto e de produção se desenvolviam com rapidez. O acesso às mais recentes tecnologias pode estar fora da realidade de muitos fabricantes originais do equipamento, em função dos custos e da complexidade. Contudo, uma empresa de EMS é capaz de oferecer a tecnologia para atender às necessidades de produção de muitos clientes e desenvolver as habilidades necessárias para utilizar novos processos de forma eficaz. Assim, a terceirização oferece o potencial para que o fabricante original acesse novas tecnologias relevantes sem sofrer com os altos custos iniciais (tanto de natureza econômica quanto de treinamento), nem arcar com os altos custos de produção.

---

* Esta seção foi baseada em uma comunicação por e-mail de Brian Fukumoto, 28/10/01.
** As vantagens são discutidas em: http://www.solectron.com/gscf/benefits.html, 12/9/01.

CAPÍTULO 10

A Logística e o Gerenciamento do Risco

ESTUDO DE CASO

A Wal-Mart altera sua tática para atender as preferências internacionais

São Bernardo, Brasil. A Wal-Mart Stores, Inc. está descobrindo que aquilo que funciona em Peoria* não necessariamente será um sucesso total nos subúrbios de São Paulo.

Os tanques com trutas vivas foram substituídos pelo *sushi*. Os jogadores de futebol americano foram substituídos por jogadores de futebol. Os ingredientes da feijoada, um prato feito com feijão preto e diferentes carnes defumadas, estão exibidos no balcão de produtos especiais. Os jeans no estilo americano de $19,99 foram trocados por roupas de $9,99.

Mas a adaptação a preferências locais foi a parte fácil. Três anos depois de iniciar uma viagem para trazer "preço baixo todo dia" aos mercados emergentes do Brasil e da Argentina, a Wal-Mart está descobrindo que esta iniciativa tem mais problemas do que inicialmente considerado.

Competição feroz, mercados que não jogam de acordo com a habilidade da Wal-Mart de atingir a eficiência por meio de economias de escala, além de alguns equívocos que a própria companhia cometeu, geraram prejuízo. Além disso, a insistência da Wal-Mart em fazer as coisas à sua própria maneira aparentemente indispôs alguns fornecedores e funcionários.

RECURSOS FINANCEIROS CONSIDERÁVEIS (*DEEP POCKETS*)

Claro que ninguém está dizendo que a Wal-Mart perdeu esta aposta. Com vendas de aproximadamente $105 bilhões ano passado e lucros de $3,1 bilhões, a loja gigante em Bentonville, Arkansas, tem recursos financeiros consideráveis. A empresa revisou sua maneira de operar no Brasil e na Argentina e fez outras alterações. Suas quatro novas lojas são menores do que as primeiras abertas em São Paulo e Buenos Aires, e estão em cidades de porte médio, em que a competição não é tão grande.

Bob L. Martin, o chefe das operações internacionais da Wal-Mart, acredita que a empresa vai se tornar o maior varejista da América do Sul. "Os peixes estão pulando na água em todo o lugar, na nossa frente." Ele acrescenta que a Wal-Mart planeja abrir oito novas lojas no Brasil e na Argentina no próximo ano, o que dobrará o número de lojas abertas em cada um destes países.

A maior parte destas iniciativas está baseada nos planos de expansão mundial da Wal-Mart, que almeja não apenas à América do Sul, como também à China e à Indonésia, mercados que também estão cheios de promessas e armadilhas.

Fonte: Jonathan Friedland e Louise Lee. *The Wall Street Journal*, edição online, 8/10/97. Copyright © 1997, Dow Jones & Company, Inc. Reproduzido com a permissão da Dow Jones & Company, Inc. no formato de livro-texto por intermédio da Copyright Clearance Center.

---

* N. de R. T.: Uma das principais cidades do estado de Illinois, EUA.

Com oportunidades de crescimento caindo no país de origem, a companhia está abrindo menos de 100 lojas nos EUA ao ano, menos das 150 abertas nos primeiros anos da década de 1990. A taxa atual de novas lojas não é capaz de gerar os lucros que a Wal-Mart deseja e, por isso, suas principais metas estão em outros continentes.

"Se formos bons o suficiente no mercado internacional, podemos duplicar a Wal-Mart," disse o presidente David D. Glass em uma entrevista em junho. "Nossas expectativas são muito altas."

UMA OPERAÇÃO DE PEQUENO PORTE, ATÉ AGORA

Contudo, até agora, as operações internacionais, iniciadas há seis anos, são relativamente modestas, respondendo por apenas 4,8% das vendas da Wal-Mart. A maioria das receitas internacionais da companhia vem do Canadá, país em que a Wal-Mart comprou 120 lojas da Woolworth Corp. em 1994, e do México, onde no começo do ano ela adquiriu o controle acionário da Cifra S.A., sua parceira, e hoje tem cerca de 390 lojas. Ano passado, a unidade internacional tinha um lucro operacional de $24 milhões, seu primeiro lucro, comparado com o prejuízo de $16 milhões em 1995. O Sr. Martin espera mais melhorias este ano. O Sr. Glass diz que tem expectativas de que o crescimento internacional da companhia responda por um terço do crescimento nas vendas e nos lucros da Wal-Mart num período de três a cinco anos.

O desempenho das 16 lojas da Wal-Mart na América do Sul pode ser um bom indício do panorama futuro. No Canadá e no México, muitos clientes estavam familiarizados com a empresa, que conheceram em viagens ao exterior, e devido à aquisição de varejistas locais, a Wal-Mart rapidamente atingiu o porte necessário para deter os custos. Na América do Sul e na Ásia, em comparação, a Wal-Mart está começando da estaca zero em mercados já dominados por concorrentes locais e estrangeiros de muita experiência, como o Grupo Pão de Açúcar S.A., do Brasil e o Carrefour S.A., da França.

AS PREVISÕES DOS PREJUÍZOS

A Wal-Mart não revela dados financeiros sobre suas operações na América do Sul. Porém, os analistas de varejo, mencionando as contas da parceira da Wal-Mart no Brasil, as Lojas Americanas S.A. estimam que a Wal-Mart terá um prejuízo de $20 a $30 milhões este ano, sobre os prejuízos estimados em $48 milhões acumulados desde 1995, quando iniciou suas operações na América do Sul. Na Argentina, país em que a empresa não tem parceiros, seus executivos admitem que a empresa está com prejuízo, mas afirmam que seu desempenho está dentro das metas. A empresa espera que suas operações sejam lucrativas no começo de 1999.

"O que vale é que estamos encontrando uma imensa aceitação por parte do cliente," diz o Sr. Martin. A Wal-Mart afirma que seu super-centro em Osasco, no Brasil, foi a loja com a maior receita entre todas as da companhia no ano passado. Além disso, na recente inauguração de um hipermercado em Ribeirão Preto, cidade brasileira de porte médio, os clientes praticamente derrubaram as portas para agarrar os fornos de microondas e os televisores vendidos a preços baixos.

Mas um entusiasmo destes é difícil de manter. Em um hipermercado mais antigo situado em Avellaneda, um subúrbio de Buenos Aires, alguns poucos clientes estão no interior da loja no horário de pico do domingo. Hugo e Mariana Faojo explicam por quê. Andando pelos corredores da seção de calçados, o jovem casal diz que não vê muita diferença entre as mercadorias da Wal-Mart e as vendidas em uma loja do Carrefour, nas proximidades. Para a compra de alimentos, eles preferem o Supermercado Jumbo S.A., uma cadeia de hipermercados baseada no Chile, em que eles encontram produtos e carnes de alta qualidade. Vestuário e itens utilizados na casa, o carro-chefe da Wal-Mart, são semelhantes em qualidade e preço aos do Carrefour, diz o Sr. Faojo, um pesquisador do governo.

O Carrefour não apenas começou suas operações no continente sul-americano antes de outras empresas – hoje a empresa tem cerca de 60 lojas no Brasil e na Argentina – como também vem trabalhando com preços e promoções para comprometer a estabilidade da Wal-Mart. Quando Thomas Gallegos, que administra a nova loja da Wal-Mart na cidade, manda imprimir e distribuir folhetos coloridos que anunciam as promoções, o Carrefour responde no intervalo de poucas horas com a oferta do mesmo produto na entrada do estacionamento da loja da Wal-Mart. "Você não tem noção do grau de agressividade da competição", diz o Sr. Gallegos, que anteriormente comandava uma loja da Wal-Mart em Harlingen, Texas.

O Carrefour, que, como a Wal-Mart nos EUA, faz grandes negócios vantajosos com seus fornecedores, é capaz de voar baixo, por assim dizer, por ter a "massa crítica" que a Wal-Mart não tem aqui. Além disso, o Carrefour limita seus custos indiretos armazenando uma seleção mais estreita de mercadorias. Por exemplo, a loja do Carrefour em La Plata, Argentina, armazena 22 mil itens, enquanto a Wal-Mart ao lado estoca 58 mil.

O Sr. Martin reage e diz que a vantagem do Carrefour é efêmera e que os clientes valorizam a maior variedade oferecida pela Wal-Mart. "Eles estão com dificuldade de nos combater," ele acrescenta. O Carrefour não respondeu a nossos pedidos por uma entrevista.

OS PROBLEMAS COM DISTRIBUIÇÃO

No entanto, no momento os esforços da Wal-Mart para ter em estoque tamanha variedade de produtos está causando problemas à companhia. A eliminação de custos na cadeia de suprimentos é essencial para sua fórmula do "preço baixo todo o dia". Nos EUA, a companhia funciona como um motor bem lubrificado, ao manter um sofisticadíssimo sistema de gestão de estoques e sua própria rede de centros de distribuição.

Mas a entrega das mercadorias dentro do prazo é um conceito relativo no tráfego intenso da cidade de São Paulo, em que a Wal-Mart depende de fornecedores ou de transportadoras contratadas para a entrega da maioria de suas mercadorias diretamente em suas lojas. Em função de não possuir um sistema de distribuição próprio, a Wal-Mart não consegue controlar entregas tão bem quanto o faz nos EUA, dizem os fornecedores. As lojas daqui processam cerca de 300 entregas ao dia, em comparação com as sete feitas nas lojas dos EUA, e já aconteceu de alguns carregamentos terem desaparecido, misteriosamente, entre o porto e a loja.

"O principal problema da Wal-Mart é o transporte e a colocação dos produtos na prateleira dentro do cronograma", diz Jim Russel, um gerente de contas para a Colgate Palmolive Co., em Benton-ville. A Wal-Mart recentemente construiu um depósito na Argentina e um no Brasil, na expectativa de reduzir os problemas com distribuição.

Mas a logística não é o único problema. Alguns fornecedores locais têm dificuldade em atender às especificações da Wal-Mart para embalagens de fácil manuseio e controle de qualidade, forçando o varejista a depender de mercadorias importadas, o que pode causar problemas se as políticas de estabilização econômica do Brasil fracassarem. Onze fornecedores sul-americanos ressentiram-se com as políticas agressivas de precificação da Wal-Mart e, durante certo tempo, recusaram-se a vender produtos à cadeia de hipermercados.

A Wal-Mart também tentou realizar transações lucrativas com divisões de seus maiores fornecedores nos EUA. A tentativa não foi exatamente exitosa. A Wal-Mart não consegue acordos especiais apenas por ser um grande cliente norte-americano, é o que dizem alguns fornecedores daquele país.

DIVERSOS EQUÍVOCOS

Os problemas da Wal-Mart na América do Sul se originam parcialmente dos erros que ela própria comete. Os analistas dizem que ela não adotou as medidas que deveria ter adotado antes de entrar naquele mercado. Além das trutas vivas e dos jogadores de futebol americano, a empresa inicialmente importava itens como ferramentas sem fio, que poucos sul-americanos utilizam, e os *leaf blowers**, inúteis em uma selva de pedra como São Paulo.

Contudo, os estragos feitos com a importação de produtos não são tudo. No Brasil, a Wal-Mart comprou equipamentos de manuseio de estoques que não se encaixavam nos paletes padronizados no país. Ela também instalou sistemas contábeis computadorizados que não conseguiram ao considerar o complicado sistema tributário brasileiro. Vicente Trius, que lidera as operações no Brasil, diz que a empresa não perdeu dinheiro em consequência de cálculos tributários mal-feitos.

Além disso, a Wal-Mart foi lenta ao tentar adaptar-se à cultura de crédito altamente variável

---

* N. de T.: Equipamentos para varrer folhas caídas em calçadas ou gramados com um jato de ar comprimido.

do Brasil. Foi somente depois de fevereiro último que a companhia passou a aceitar cheques pré-datados, que se tornaram a forma de pagamento mais comum desde que o país estabilizou sua moeda em 1995. O Grupo Pão de Açúcar, cuja rede de supermercados Extra compete com a Wal-Mart, aceita cheques pré-datados desde o instante em que ganhou popularidade e instalou um sofisticado sistema de verificação de crédito em suas caixas registradoras. A Wal-Mart está tentando fazer o mesmo.

As seis lojas da Sam's Club na América do Sul, o macroatacado que vende produtos em grande quantidade apenas a associados, começou devagar porque as pessoas não estavam preparadas para pagar uma taxa e não ter espaço o bastante em suas casas para estocar estas compras volumosas. Na Argentina, estes macroatacados enfrentaram outra barreira: as pequenas empresas não queriam associar-se com medo de que a Wal-Mart pudesse repassar informações sobre impostos às autoridades fiscais em suas compras.

A Wal-Mart não revela os dados de associação ao Sam's Club na América do Sul, mas ela oferece aos clientes a associação grátis por um dia, amarrada à compra de determinados itens. O Sr. Martin diz que a Wal-Mart está "desapontada" com o desempenho do macroatacado na Argentina, mas que ele está melhorando em suas operações no Brasil. A empresa diz que planeja a abertura de filiais do Sam's Club na América do Sul, mas não dá detalhes.

OS PROBLEMAS CHAMADOS DE TEMPORÁRIOS

O Sr. Glass da Wal-Mart caracterizou os passos em falso da companhia como sendo problemas temporários e inevitáveis na entrada em um novo mercado. "O processo de entrar na América do Sul é longo e envolve o recrutar de gerentes, trazê-los para a Wal-Mart e treiná-los e doutriná-los, ensinando a eles o que você precisa ensinar", disse ele em junho. "No começo é demorado e você gasta muito dinheiro. Você paga por muitas aulas para aprender o que você precisa aprender".

A Wal-Mart diz que está desenvolvendo uma equipe de jovens executivos e que ainda não sofreu uma rotação de funcionários. Mas Francisco de Narvaez, o proprietário da cadeia de supermercados argentinos Casa Tia S.A., diz que alguns gerentes deixaram a Wal-Mart porque "ela não ouvia os funcionários locais de nível sênior". Nos últimos seis meses, a Wal-Mart contratou dois gerentes que haviam trabalhado em suas operações no México e os levou para São Paulo.

O Sr. Trius, um executivo nascido na Espanha que anteriormente trabalhava para a cadeia de supermercados daquele país chamada Dairy Farm Ltd, acredita que as críticas às operações da Wal-Mart na América do Sul são exageradas. "Se a Joe Blow[*] abrisse uma loja no Brasil com o mesmo conceito e tivesse tudo organizado em dois anos, as pessoas diriam 'Que coisa incrível!'" diz ele. "As pessoas esperavam que estaláss emos nossos dedos e nos tornássemos como a Wal-Mart dos EUA, da noite para o dia. Para mim, estas críticas estão mais relacionadas às expectativas do que à realidade."

---

[*] N. de T.: Varejista norte-americana especializada na venda de camisetas.

Ao final deste capítulo você será capaz de responder as seguintes questões:

- Além da necessidade de expansão, quais são as outras razões que a Wal-Mart tem para abrir lojas no mundo todo?
- Qual é a vantagem para a Wal-Mart em ter fornecedores espalhados em todo o mundo?
- Por que a Wal-Mart precisa de um controle centralizado de suas lojas? Por que a Wal-Mart precisa de um forte controle de suas lojas?
- Quais são as armadilhas e as oportunidades que a Wal-Mart enfrentará nos próximos anos, além daquelas mencionadas pelo *Wall Street Journal*?
- Quais são as fontes de risco enfrentadas pela cadeia de suprimentos global, e como a empresa conseguirá minimizar estes riscos?

10.1 INTRODUÇÃO

Está claro que as operações e as cadeias de suprimentos globais estão se tornando cada vez mais importantes. Dornier et al. [59] coletou as seguintes estatísticas, que auxiliam a entender a magnitude desta tendência:

- Cerca de um quinto da produção das empresas norte-americanas está localizada em outros continentes.
- Um quarto das importações norte-americanas ocorre entre afiliadas estrangeiras e as empresas norte-americanas que as geraram.
- Desde o final da década de 1980, mais da metade das empresas norte-americanas aumentou o número de países em que operam.

Em diversos aspectos, a gestão da cadeia de suprimentos internacional é idêntica à gestão da cadeia tal como espalhada em uma grande área geográfica. No entanto, conforme discutimos no restante deste capítulo, as redes de cadeia de suprimentos internacionais oferecem uma diversidade de oportunidades adicionais, se administradas com eficácia. Ao mesmo tempo, são muitos os prováveis problemas e armadilhas que devem ser considerados.

As cadeias de suprimentos internacionais são capazes de administrar toda uma gama de empresas, desde a empresa de operações primordialmente domésticas com alguns fornecedores, até a cadeia de suprimentos global totalmente integrada. Algumas das vantagens e desvantagens que discutimos se aplicam igualmente a todos os sistemas da lista dada a seguir, ao passo que outras se aplicam apenas aos sistemas integrados mais complexos.

Sistemas de distribuição internacional. Neste tipo de sistema, a fabricação ocorre em nível doméstico, mas a distribuição e uma parte do marketing ocorre em outros países.

Fornecedores internacionais. Neste sistema, as matérias-primas e os componentes são fornecidos por fornecedores internacionais, mas a montagem final é executada em nível doméstico. Em alguns casos, o produto final é transportado aos mercados estrangeiros depois disso.

Fabricação em outros países (offshore). Neste tipo de sistema, os componentes são obtidos e o produto é produzido em um mesmo país estrangeiro e então transportado de volta aos depósitos para a venda e a distribuição.

A cadeia de suprimentos global totalmente integrada. Neste caso, os produtos são fornecidos, fabricados e distribuídos a partir de diversas unidades localizadas em todo o mundo. Em uma cadeia de suprimentos verdadeiramente integrada, pode parecer que a cadeia foi projetada sem considerar as fronteiras internacionais. Claro que isto não é verdade! Conforme veremos, o verdadeiro valor de uma cadeia de suprimentos global é realizado ao tirarmos proveito destas fronteiras internacionais.

Sem dúvida, uma dada cadeia de suprimentos pode encaixar-se em mais de uma destas categorias. Ao longo da discussão a seguir, considere como cada um dos problemas apresentados se aplica a empresas diferentes, dependendo de sua posição neste espectro global da cadeia de suprimentos.

Contudo, as empresas não podem deixar de se envolver nas questões pertinentes à cadeia de suprimentos global. Dornier et al. [159] identificou as seguintes forças que coletivamente atuam na tendência pela globalização:

- As forças dos mercados globais
- As forças tecnológicas

- As forças dos custos globais
- As forças econômicas e políticas

10.1.1 As forças dos mercados globais

As forças dos mercados globais envolvem as pressões geradas por competidores estrangeiros, além das oportunidades abertas por clientes estrangeiros. Ainda que as companhias não tenham negócios em outros continentes, a presença de concorrentes estrangeiros nos mercados domésticos é capaz de afetar suas transações de forma significativa. Para terem êxito na defesa dos mercados domésticos, as companhias descobrem que talvez seja preciso entrar em mercados estrangeiros. Há situações em que uma mera presença é o bastante, como no setor dos cereais matinais, dominado pela Kellogg Co. nos EUA e da Nestlé na Europa. Aparentemente, as fracassadas tentativas de penetrarem uma no mercado da outra, combinadas com as ameaças de retaliação, são o bastante para manter o *status quo*.

Além disso, a maior parte do crescimento na demanda disponível para as companhias está em mercados estrangeiros e emergentes. Recentemente, muitas empresas fizeram grandes sacrifícios (sobretudo em termos de propriedade de tecnologia) e correram consideráveis riscos ao se envolverem em negócios firmados na China continental. Na verdade, os EUA hoje respondem por um consumo de mercadorias cada vez menor em relação ao restante do mundo.

Uma das causas por trás desta crescente demanda por produtos em todo o planeta é a proliferação global da informação. A televisão apresenta os produtos aos europeus. Os japoneses viajam para o exterior em férias. As empresas enviam correspondências entre continentes no período noturno. A Internet oferece exposição internacional instantânea, além da possibilidade de adquirir mercadorias em um país e que serão entregues em outro, sem sair de casa ou do escritório.

EXEMPLO 10-1

No Brasil, milhares de pessoas estão migrando de pequenas cidades pré-industriais para cidades que crescem com rapidez. Lá chegando, o primeiro objetivo dessas pessoas é comprar um televisor, ainda que continuem "fazendo oferendas de frutas e galinhas recém-sacrificadas em rituais de macumba à luz de velas" [124].

Conforme Kneichi Ohmae, chefe da filial japonesa da empresa de consultoria McKinsey, as pessoas "tornaram-se cidadãos globais e as empresas que querem vender seus produtos têm de fazer o mesmo" [154]. Os produtos são desejados por todos e muitas companhias estão dispostas a vendê-los nos mercados globais. Esta é uma tendência de autoexpansão de um dado setor, pois, uma vez que as empresas atingem o *status* global, a concorrência precisa fazer o mesmo para continuar na competição. Assim, muitas empresas estão se tornando cidadãos globais que geram produtos universais, e abrem a oportunidade para a contratação de talentos em todo o mundo.

Na mesma linha de pensamento, mercados específicos muitas vezes atuam como força motriz para progressos tecnológicos em determinadas áreas. Ao participarem destes mercados competitivos, as companhias são compelidas a desenvolver e aprimorar tecnologias e produtos de ponta. Estes produtos podem ser empregados para aumentar ou conservar a posição no mercado em outras áreas ou regiões em que a competição não é tão grande. Por exemplo, para uma empresa chegar a líder no setor de software, você tem de competir no mercado norte-americano. Da mesma forma, o mercado de maquinário alemão e o de bens eletrônicos japoneses são muito competitivos.

10.1.2 As forças tecnológicas

As forças tecnológicas estão relacionadas ao produtos propriamente ditos. Vários subcomponentes e tecnologias estão disponíveis em diferentes regiões e locais ao redor do mundo e muitas empresas de sucesso precisam ter a capacidade de empregar estes recursos com rapidez e eficácia. Com vistas a concretizar esta meta, é necessário que as empresas instalem unidades de pesquisa, projeto e produção próximo a estas regiões. Esta estratégia é especialmente útil se os fornecedores estão envolvidos no processo do projeto, conforme discutido no Capítulo 11. A mesma lógica se aplica às colaborações e aos projetos de desenvolvimento promovidos entre empresas. Para ganhar acesso a mercados e tecnologias, as companhias estabelecidas em diferentes regiões muitas vezes colaboram uma com a outra, o que faz com que as unidades destas empresas sejam abertas umas próximas às outras.

Da mesma forma, o zoneamento global de unidades de pesquisa e desenvolvimento está ficando cada vez mais comum por duas razões. Em primeiro lugar, à medida que os ciclos de produto ficam mais curtos e ao mesmo tempo mais importantes, as empresas descobrem a utilidade de instalar unidades de pesquisa em proximidade geográfica às unidades de produção. Esta estratégia auxilia a transferência de tecnologia das unidades de pesquisa para as unidades de produção, acelerando a resolução de problemas que inevitavelmente surgem neste processo. Em segundo lugar, a experiência no campo técnico pode estar disponível em certas áreas ou regiões. Por exemplo, há poucos anos, a Microsoft abriu um centro de pesquisa em Cambridge, Inglaterra, para tirar proveito da experiência disponível no continente europeu.

10.1.3 As forças dos custos globais

As forças por trás dos custos ditam as decisões sobre as localizações globais. No passado, os baixos custos da mão de obra não treinada era um fator decisivo na definição da localização de uma fábrica. Recentemente, estudos descobriram que em muitos casos os custos da mão de obra barata e sem treinamento estavam sendo expressivamente ultrapassados pelos custos associados à operação de unidades em locais remotos. Em alguns casos, a mão de obra barata é motivo suficiente para adotar a fabricação em outros países. Contudo, recentemente outras forças de custos globais vêm ganhando relevância. Por exemplo, a mão de obra barata e *especializada* atrai várias empresas para outros países. Muitas das análises e programas que as empresas de consultoria norte-americanas utilizaram para investigar o problema do *bug do milênio* (em que, acreditava-se, os programas de computador poderiam entrar em colapso na passagem do ano de 1999 para 2000) foram desenvolvidos na Índia, país em que o desenvolvimento de softwares é bem mais barato.

Já discutimos como um fornecedor e a cadeia de suprimentos do fabricante precisam estar intimamente integrados para consolidar a entrega de produtos com eficácia. Isto muitas vezes pode ser feito da maneira mais econômica possível, se os diversos participantes encontram-se próximos uns aos outros. Neste cenário, surge a necessidade de definir cadeias de suprimentos integradas em diferentes mercados. Por fim, os custos de capital inerentes à construção de uma nova unidade muitas vezes ultrapassam os custos com mão de obra. Muitos governos se prontificam a oferecer incentivos fiscais ou contratos de compartilhamento de custos com o intuito de baixar os custos da nova unidade de uma empresa. Além disso, abatimentos nos preços dos fornecedores e *joint ventures* para o compartilhamento de custos ajudam a tomar este tipo de decisão.

10.1.4 As forças econômicas e políticas

As forças econômicas e políticas influenciam o incentivo à globalização. A Seção 10.2.1 discute a flutuação na taxa de câmbio e as abordagens operacionais para lidar com esta questão, mas há outros fatores políticos e econômicos. Por exemplo, os contratos de comércio regional podem motivar as companhias a expandirem-se a um dos países da região. Além disso, pode ser benéfico à companhia obter matérias-primas dos blocos comerciais da Europa, da Fronteira do Pacífico ou da América do Norte, ou mesmo processá-las nestes blocos. Em alguns casos, os processos de produção são redesenhados para evitar a tributação, como no caso de produtos semiacabados transportados a um bloco comercial para evitar as tarifas sobre produtos acabados.

Da mesma forma, diversos mecanismos de proteção afetam as decisões envolvendo a cadeia de suprimentos internacional. Tarifas e cotas afetam tudo o que é importado e podem levar uma companhia a decidir pela fabricação no país ou região em que os produtos serão comercializados. Regulamentações mais sutis, que incluem as exigências relacionadas a conteúdo local, também afetam a cadeia de suprimentos. Para tratar desta classe de exigências, a Texas Instruments e a Intel, duas empresas norte-americanas, fabricam microprocessadores na Europa e várias montadoras japonesas também produzem automóveis naquele continente. Até mesmo as restrições de natureza voluntária são capazes de afetar a cadeia de suprimentos: as montadoras japonesas passaram a fabricar automóveis mais caros após concordarem em limitar as exportações aos EUA. É preciso lembrar que é por esse motivo que marcas como Infiniti e Lexus ganharam vida. As políticas governamentais de *procurement* influenciam a habilidade de empresas de atuação internacional de terem sucesso em diversos mercados. Por exemplo, nos EUA, em suas licitações o Departamento de Defesa confere uma vantagem que chega a 50% para as companhias norte-americanas.

10.2 O GERENCIAMENTO DO RISCO

As diversas forças que motivam companhias a desenvolverem cadeias de suprimentos globais já foram discutidas. Claro que muitas das vantagens do *sourcing*, da fabricação e da venda em âmbito global ficam claras de imediato. Em muitas instâncias, o mundo vem convergindo para o uso de produtos padronizados.

Isto significa que vastos mercados vêm se abrindo cada vez mais para diferentes produtos. Estes mercados são muito maiores do que os gerentes teriam imaginado no passado. Ao tirar vantagem desta tendência, as empresas conseguem realizar imensas economias de escala em termos de produção, gestão, distribuição, marketing e assim sucessivamente [124].

De fato, conforme discutido nas seções anteriores, é possível cortar custos com o uso de um maior número de opções para o *sourcing* de matérias-primas e de mão de obra e com a adoção de mais potenciais locais de produção. Ao mesmo tempo, o aumento de potenciais mercados permite um aumento nas vendas e nos lucros. Estas vantagens se devem ao aumento no porte e no escopo da cadeia de suprimentos – e não dependem das características específicas da cadeia de suprimentos global.

Infelizmente, todas estas vantagens e oportunidades associadas às cadeias de suprimentos globais são acompanhadas por um expressivo aumento no nível dos riscos enfrentados por empresas de atuação global. Na terceirização e na produção em outros continentes, a cadeia de suprimentos é geograficamente mais diversificada e, portanto, está mais exposta a riscos. Da mesma forma, as recentes tendências na redução de custos, na fabricação enxuta e no *kanban* sinalizam que, em uma cadeia de suprimentos progressiva, os baixos níveis de estoque são observados. Contudo, no caso de um desastre imprevisto, a aderência a este tipo de estratégia pode levar ao fechamento das linhas de produção, em função da falta de matéria-prima ou de peças.

Assim, nesta seção, examinamos os diversos riscos inerentes às cadeias de suprimentos globais e as respectivas técnicas de minimização.

10.2.1 As diversas fontes de riscos

Os riscos a que estão expostas as cadeias de suprimentos globais são semelhantes àqueles enfrentados pelas cadeias de suprimentos domésticas; contudo, outros riscos, de natureza global, afetam também as primeiras. A Figura 10-1 mostra uma lista parcial dos diversos tipos de risco enfrentados por empresas de atuação global.[1] Desastres naturais, riscos políticos, epidemias ou ataques terroristas são capazes de interromper as linhas de produção em função da falta de estoque de peças. Esta situação foi verificada com algumas montadoras logo após os ataques de 11 de setembro de 2001.

Infelizmente, a preparação contra megadesastres, como o furacão Katrina (2005) ou Andrew (1992), é muito difícil, pois a experiência necessária para qualquer ação é muito pequena [52]. Uma epidemia de SARS, como a de 2003, poderia interromper o fluxo de componentes e produtos do Extremo Oriente para o restante do mundo outra vez, mas a preparação para um evento desta magnitude é difícil, devido à falta de dados. De acordo com o ex-secretário de defesa dos EUA, Donald Rumsfeld, estes riscos são chamados de *unknown-unknown*, uma vez que estão associados a cenários em que não se pode identificar a probabilidade de ocorrência dos mesmos.

Na outra ponta do espectro da Figura 10-1 vemos as origens dos riscos como o desempenho dos fornecedores, a precisão nas previsões e os problemas operacionais. Estes são riscos que podem ser quantificados e, portanto, são chamados de *known-unknown*. Por exemplo, a utilização de dados históricos permite a uma empresa caracterizar o erro nas previsões, o tempo médio entre a falha de uma máquina e o desempenho dos fornecedores em termos de *lead time*.

Devido à sua natureza, os riscos *unknown-unknown* são mais difíceis de controlar, ao passo que os riscos *known-unknown* são mais facilmente controláveis. Entre os dois extremos estão diversos tipos de riscos que podem ser controlados até certo ponto. Por exemplo, o risco associado à volatilidade nos preços do petróleo pode ser administrado por contratos de longo prazo, enquanto as flutuações na taxa de câmbio são tratadas com diversas estratégias compensatórias, discutidas a seguir.

Hoje, as flutuações na moeda trazem expressivos riscos às operações globais, alterando o valor da produção e o lucro relativo da venda de um produto em um dado país. Os custos relativos se alteram de forma que a fabricação, a armazenagem, a distribuição ou a venda em uma dada região a um dado preço pode deixar de ser extremamente rentável e passar a significar prejuízo total. Em muitos casos, certas regiões dentro de um mesmo país podem ter custos menores de armazenagem ou produção do que outras. No entanto, as diferenças de custo entre regiões de um mesmo país não são normalmente tão drásticas quanto aquelas entre nações e, o mais importante, elas não se alteram com tanta frequência.

---

[1] A figura foi inspirada em [32].

Desconhecido-desconhecido   **Incontrolável**
(Unknow – Unknow)
- Desastres naturais
- Riscos geopolíticos
- Epidemias
- Ataques terroristas
- Volatilidade no preço dos combustíveis
- Flutuações monetárias
- Atrasos em portos
- Mudanças em mercados
- Desempenho do fornecedor
- Precisão das previsões
- Problemas com execução

Conhecido-desconhecido   **Controlável**
(Know – Unknow)

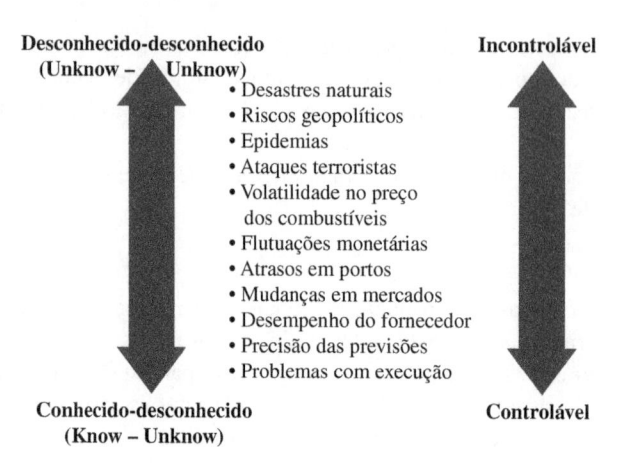

FIGURA 10-1 As fontes de risco e suas características.

É preciso destacar embora os gestores pensem que as taxas de câmbio afetam o valor em dólar de ativos e passivos denominados em moeda estrangeira, na verdade é a *exposição operacional*, descrita nos parágrafos anteriores, que pode exercer o efeito mais drástico sobre o lucro operacional anual. Esta exposição operacional reflete o fato de que, no curto prazo, as alterações nas taxas de câmbio não necessariamente refletem as mudanças nas taxas de inflação relativas entre países. Assim, no curto prazo, as operações regionais podem se tornar comparativamente mais ou menos dispendiosas em dólar. Observe que esta exposição operacional é função não apenas da cadeia de suprimentos global da empresa, como também da cadeia de suprimentos global da concorrência. Se os custos relativos de um competidor caem mais, a empresa pode estar com preços inferiores ao do mercado [123].

De fato, Dornier et al. [59] identificaram diversos fatores que afetam a influência da exposição operacional sobre uma empresa. As *reações dos clientes* influenciam a maneira com que uma empresa ajusta os preços em diversos mercados em resposta a alterações nas despesas operacionais. Conforme discutido anteriormente, as *reações da concorrência* também influenciam o modo com que uma empresa se posiciona diante de mudanças nos custos relativos nos negócios. Os competidores reagem a aumentos de preço com a elevação de seus próprios preços a fim de elevar a rentabilidade ou ganhar fatia de mercado. Conforme apresentamos na próxima seção, as *reações dos fornecedores* – a capacidade dos fornecedores de responder de forma flexível a variações na demanda – é um potente fator na eficiência de certas estratégias que ajudam empresas a enfrentar o risco presente na exposição operacional. Por fim, as *reações dos governos* desempenham um papel importante no palco da cadeia de suprimentos global. Os governos podem de intervir para estabilizar moedas ou até mesmo para fornecer apoio aberto a empresas em situação de perigo por meio de subsídios ou tarifas. Além disso, instabilidades de caráter político têm igualmente a capacidade de afetar companhias multinacionais. Circunstâncias tributárias sofrem alterações rápidas, pois fatores políticos ditam os diferentes tratamentos dispensados às corporações, sobretudo às empresas estrangeiras, em diversas regiões do mundo.

Da mesma forma, as empresas estrangeiras são capazes de entrar nos mercados domésticos de outras empresas e chegam a recorrer aos lucros obtidos em seus próprios mercados domésticos para subsidiar a produção de mercadorias mais baratas em seus mercados estrangeiros. Esta estratégia pode afetar as empresas que decidiram não competir globalmente.

Assim, quais são os métodos que a empresa global pode empregar para amenizar muitos dos riscos descritos nesta subseção? Nas duas subseções a seguir, consideramos as estratégias para lidar com os riscos *unknown-unknown* e com as classes de risco mais próximas da outra ponta do espectro, os riscos *known-unknown*.

10.2.2 O gerenciamento dos riscos *unknown-unknown* (desconhecido-desconhecido)

Existem estratégias que a empresa pode adotar para lidar com o *unknown-unknown*? Infelizmente, estas são as fontes de risco capazes de gerar um megadesastre que não apenas apagará anos de lucro, como também forçará a empresa a deixar uma certa região ou um dado mercado.

Esta seção aborda os seguintes métodos para o gerenciamento dos riscos na cadeia de suprimentos e sobretudo as estratégias para o gerenciamento dos riscos *unknown-unknown*.

- Investir em redundância.
- Aumentar a velocidade de percepção e resposta.
- Gerar uma comunidade capaz de adaptação na cadeia de suprimentos.

Conforme apresentamos a seguir, o uso eficaz destes métodos permite à cadeia de suprimentos recuperar-se de um evento negativo, o que gera a chamada *cadeia de suprimentos elástica*. Cada um destes métodos se concentra em uma dimensão diferente da cadeia de suprimentos. A redundância é construída no estágio de projeto, a percepção e resposta exigem informações precisas e na hora certa, e uma cadeia de suprimentos capaz de adaptação é aquela em que todos os elementos compartilham uma cultura semelhante, trabalham com os mesmos objetivos e se beneficiam com os ganhos financeiros.

A redundância. Um dos principais desafios no gerenciamento do risco consiste em projetar a cadeia de suprimentos de forma que ela possa responder a eventos imprevistos, ao *unknown-unknown*, sem um expressivo aumento nos custos. Isto é possível por meio de uma criteriosa análise dos *trade-offs* da cadeia de forma a inserir o nível adequado de redundância na cadeia de suprimentos.

EXEMPLO 10-2

Em 2001, uma empresa norte-americana de bens de consumo embalados tinha uma cadeia de suprimentos global com cerca de 40 unidades de fabricação espalhadas pelo mundo. A demanda por suas mercadorias, bens de consumo doméstico, dividia-se entre diversos países. A empresa cresceu de forma orgânica e com algumas aquisições. A gestão da empresa entendeu que era hora de racionalizar sua rede e fechar unidades de fabricação improdutivas. As análises iniciais revelaram que a empresa seria capaz de reduzir custos em cerca de $40 milhões ao ano, com o fechamento de 17 de suas unidades de fabricação, e a manutenção de 23 em operação, sem deixar de atender à demanda do mercado em todo o mundo.

Infelizmente, esta nova cadeia de suprimentos enxuta sofria de duas importantes fraquezas. A primeira era que o novo projeto não mantinha unidades nos EUA e na Europa, o que gerava *lead times* longos e variáveis. Estes *lead times* exigiam um expressivo aumento nos níveis de estoque. O mais importante é que as unidades mantidas em operação na Ásia e na América Latina estavam utilizando suas capacidades totais e, por isso, qualquer interrupção no suprimento destes países, devido a uma epidemia ou a problemas geopolíticos, impossibilitaria atender a muitos mercados. Então, como projetar a cadeia de suprimentos sem desconsiderar epidemias e instabilidades geopolíticas, difíceis de quantificar?

A abordagem adotada pela companhia consistiu em analisar os *trade-offs* dos custos. Estes *trade-offs* estão ilustrados na Figura 10-2, em que o eixo X representa o número de unidades que permanecerão abertas, e o eixo Y os diversos componentes dos custos, incluindo o custo variável de produção, os custos fixos,

> **EXEMPLO 10-2** *continuação*
>
> além dos custos de transporte, com tarifas e estoques. A linha superior corresponde ao custo total, isto é, à soma dos diversos componentes dos custos. Observe que o fechamento de 17 unidades e a conservação de 23 minimizaria os custos da cadeia. Contudo, é possível ver que a função custo total é praticamente constante na zona da estratégia ótima. Sem dúvida, o aumento do número de unidades abertas, de 23 para 30, aumentaria o custo total em menos de $2,5 milhões, ao mesmo tempo em que aumentaria a redundância de forma significativa. Assim, ainda que não possamos quantificar os riscos associados com epidemias ou instabilidades geopolíticas, é possível preparar a cadeia de suprimentos para a interrupção por meio de investimentos em redundância sem um correspondente aumento expressivo nos custos da cadeia.
>
> **FIGURA 10-2** *Trade-offs* no projeto da cadeia de suprimentos.

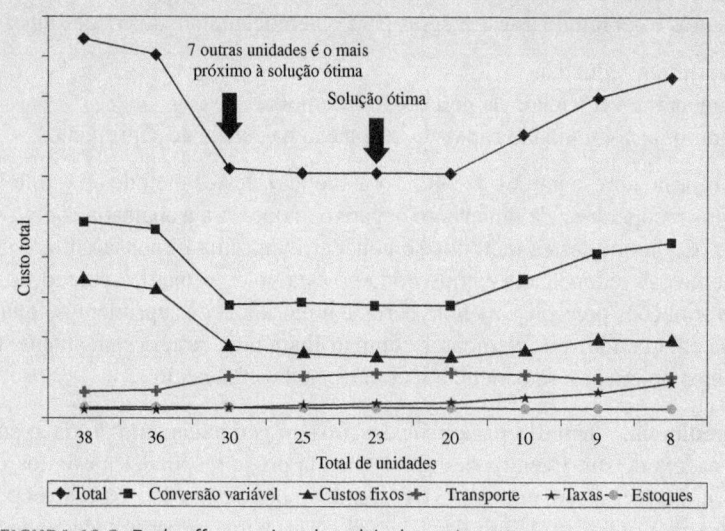

A percepção e a resposta. O exemplo a seguir ilustra como a velocidade em perceber e reagir auxilia a companhia a superar problemas inesperados com suprimento. Ele também demonstra como a incapacidade em perceber (e portanto responder a) estas alterações na cadeia de suprimentos são capazes de fazer uma companhia abandonar um dado mercado.

EXEMPLO 10-3

Em 2001, a fábrica de semicondutores da Philips em Albuquerque, Novo México, fabricava diversos tipos de chips de radiofrequência utilizados em telefones celulares. Os principais clientes da unidade eram fabricantes originais do equipamento, como a Ericsson e a Nokia. Às 8 horas da manhã de sexta-feira, 17/3/2000, a Mãe Natureza, na forma de um relâmpago, atingiu a unidade da Philips. Fogo, fumaça e a água utilizada para apagar o incêndio destruíram praticamente todo o estoque de silício da fábrica. Consequentemente, a unidade ficou fechada por meses.

Três dias depois do incêndio, a Nokia detectou atrasos nas entregas despachadas pela unidade de Albuquerque. Nos primeiros contatos efetuados, a Philips relatou que estimava que a unidade ficaria fechada por uma semana. Temendo o pior, a Nokia decidiu enviar engenheiros ao Novo México para avaliar os danos na Philips. Ao chegarem no local, eles não obtiveram acesso à unidade, e a Nokia elevou o nível de alerta para vermelho e passou a controlar as chegadas dos pedidos diariamente, e não semanalmente, como era habitual. Em 31 de março, duas semanas após o incêndio, a Philips confirmou para a Nokia que pedidos equivalentes a meses não seriam entregues.

EXEMPLO 10-3 *continuação*

A reação da Nokia à notícia foi decisiva. A empresa mudou o projeto do produto de forma a utilizar chips de outros fornecedores. Estes comprometeram-se com um *lead time* de cinco dias. Infelizmente, não era o bastante. Um dos cinco componentes fornecidos pela Philips não estava disponível em outros fornecedores. Por isso, a Nokia convenceu a Philips a suprir o componente a partir das unidades localizadas na China e na Holanda.

A experiência com a Ericsson foi bastante diferente. A notificação do problema levou quatro semanas para chegar à alta gerência, ainda que a Philips tenha informado a Ericsson sobre o incêndio três dias após o incidente. O mais importante é que foi somente depois de cinco semanas do incêndio que a Ericsson percebeu a gravidade da situação. A essas alturas, a fonte alternativa de chips estava engajada com a Nokia. O impacto na Ericsson foi devastador. Os prejuízos em vendas foram de $400 milhões. Parte deste prejuízo tinha a cobertura de um seguro. Isto, ao lado de outros problemas como a escassez de componentes, o *mix* de produtos equivocado e problemas de marketing geraram um prejuízo de $1,68 bilhão para a divisão de celulares da Ericsson em 2000, e forçou a companhia a deixar o mercado do produto [40].

Fonte: Adaptado de "An Integrative Framework for Architecting Supply Chains", de F. Cela Diaz, tese de mestrado, Instituto de Tecnologia de Massachusetts, 2005.

A capacidade de adaptação. Sem dúvida, este é o método de gerenciamento de risco mais difícil de implementar. Ele exige que todos os elementos da cadeia de suprimentos compartilhem uma mesma cultura, trabalhem com os mesmos objetivos e se beneficiem com os ganhos financeiros. Na verdade, este método gera uma comunidade de parceiros da cadeia que se moldam e se reorganizam para melhor reagirem diante de uma crise súbita. A seguir mostramos um exemplo interessante do impacto da cadeia de suprimentos adaptada.

EXEMPLO 10-4

Em 1997 a Aisin Seiki era o único fornecedor de 98% das válvulas proporcionadoras de frenagem (válvulas P) utilizadas pela Toyota Japão. As válvulas P não são caras (cada uma custa cerca de $7), mas são importantes na montagem de qualquer veículo. Se o suprimento destas válvulas for interrompido, a linha de produção da Toyota para. No sábado 1/2/97, um incêndio paralisou a fábrica da Aisin no distrito industrial de Kariya, local em que outros fornecedores da Toyota também operavam. Uma avaliação inicial dos danos deu conta de que seriam necessárias duas semanas para reiniciar a produção e seis meses para a completa recuperação da unidade [175].

A situação era crítica. A Toyota estava em um período de alta demanda, e suas linhas de montagem estavam operando em plena capacidade, produzindo cerca de 15.500 veículos ao dia. Em conformidade com o sistema just-in-time (JIT) do Sistema Toyota de Produção, os estoques disponíveis na empresa não passavam de dois ou três dias. Isto conferia uma margem de alguns poucos dias antes de as unidades pararem por completo.

Imediatamente após o incêndio, a Toyota iniciou um esforço de recuperação com o auxílio de seus fornecedores para reestruturar toda a cadeia de suprimentos das válvulas proporcionadoras de frenagem. Os planos de construção da válvula foram distribuídos a todos os fornecedores da Toyota e os engenheiros da Aisin e da Toyota foram enviados para unidades de fornecedores e empresas vizinhas, como a Brother – uma fabricante de impressoras e máquinas de costura. O maquinário existente foi adquirido no mercado à vista. Conforme dito em [151], "Dentro de poucos dias, empresas com pouca experiência com válvulas proporcionadoras estavam fabricando e entregando peças à Aisin, e esta as montava e inspecionava as válvulas antes de enviá-las à Toyota". Ao todo, cerca de 200 fornecedores da Toyota colaboraram para minimizar o impacto do incêndio na Aisin e recuperar a linha de produção da Toyota o mais rápido possível [151].

> **EXEMPLO 10-4** *continuação*
>
> A Figura 10-3 mostra a evolução da produção e dos estoques durante a crise. As fábricas ficaram completamente paradas por apenas três dias e a produção plena foi reiniciada em menos de uma semana. O acidente inicialmente custou 7,8 bilhões de ienes ($65 milhões) para a Aisin e 160 bilhões de ienes (ou $1,3 bilhão) para a Toyota [151]. Contudo, estima-se que o dano foi reduzido a 30 bilhões de ienes ($250 milhões) com a adoção de horas extras e turnos adicionais [175]. Além disso, a Toyota emitiu um prêmio de $100 milhões como presente, em reconhecimento às empresas que a ajudaram.
>
> *Fonte:* Adaptado de "An Integrative Framework for Architecting Supply Chains", de F. Cela Diaz, dissertação de mestrado, Instituto de Tecnologia de Massachusetts, 2005. A maior parte dos dados mencionados nessa dissertação foram baseados em [175], [151] e [13].
>
> **FIGURA 10-3** A produção de veículos e os níveis de válvulas proporcionadoras de frenagem.

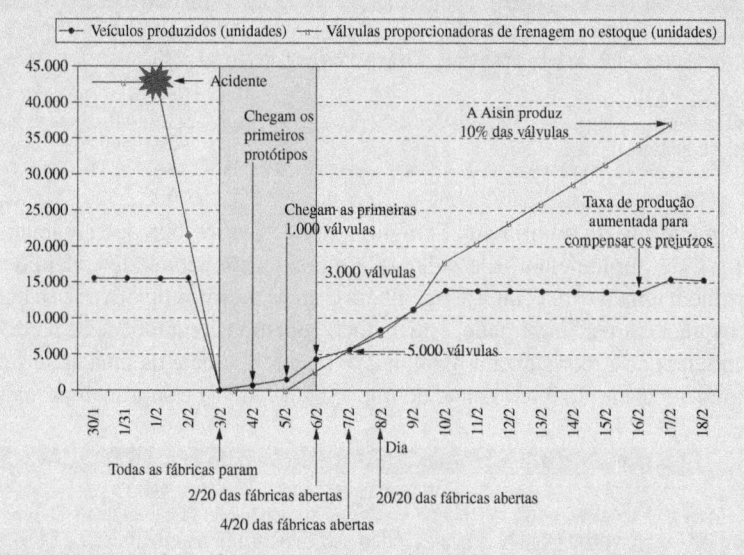

O exemplo ilustra a maneira com que os fornecedores da Toyota se auto-organizaram para tratar de uma interrupção súbita no suprimento de um componente-chave. Contudo, ele levanta três importantes questões. Uma estratégia de *sourcing* único faz sentido para um componente de tamanha importância? Ainda que uma estratégia de *sourcing* único seja apropriada, não seria prudente para a Toyota ter um estoque maior de um item tão barato e ao mesmo tempo tão importante? Além disso, os mecanismos subjacentes à cadeia de suprimentos da companhia auxiliam-na a recuperar-se com rapidez de uma interrupção brusca no suprimento deste item?

De acordo com Kiyoshi Kinoshita, gerente de controle da produção da Toyota, o *sourcing* único e a conservação de estoques mínimos era um risco calculado [175]. O *sourcing* único da Toyota permite à Aisin atingir economias de escala na produção de válvulas proporcionadoras de frenagem e oferece à montadora alta qualidade a custos baixíssimos [151].

A terceira questão é discutida em pormenor em [151]. Os autores observam que a chave para entender a habilidade da cadeia de suprimentos de adaptar-se ao novo ambiente é a filosofia do JIT adotada pela Toyota e seus fornecedores com devoção religiosa. De fato, a essência do JIT é manter o estoque de material em processamento (WIP) em níveis relativamente baixos. Este nível baixo do estoque WIP promove a alta qualidade e a rápida identificação de problemas na linha de produção. No JIT, cada funcionário tem a autoridade de parar a linha de produção para corrigir um problema. Isto também significa que o JIT com baixos níveis de estoque expande a capacidade de solução de problemas [151].

Estas são as qualidades que foram essenciais à rápida capacidade de adaptação da cadeia de suprimentos da Toyota. Tão logo a Toyota identificou o incêndio na Aisin como um problema, ela não somente interrompeu sua linha de produção, como também toda sua cadeia de suprimentos. Esta parada na linha forçou os parceiros da cadeia de suprimentos a lidar com o desafio [151].

10.2.3 O gerenciamento dos riscos globais

Voltamos nossa atenção aos outros riscos enfrentados pelas cadeias de suprimentos globais, incluindo aqueles que podem, até certo ponto, ser quantificados e controlados (isto é, os riscos em posição intermediária caracterizados na Figura 10-1). Bruce Kogut [111] identificou três maneiras em que a cadeia de suprimentos pode ser utilizada na abordagem aos riscos globais: as estratégias especulativas, as compensatórias e as estratégias flexíveis.

As estratégias especulativas. Ao adotar uma *estratégia especulativa*, uma companhia está fazendo uma aposta em um único cenário, muitas vezes com resultados formidáveis se o cenário se concretiza, ou consequências trágicas, se ele não ocorrer. Por exemplo, no final da década de 1970 e no começo da década de 1980, as montadoras japonesas apostaram que se toda sua produção fosse fabricada no Japão, os crescentes custos com mão de obra seriam mais do que compensados pelas vantagens na taxa de câmbio, pela crescente produção e pelos maiores níveis de investimento e produtividade. Estas apostas foram compensadoras por algum tempo, mas quando os altos custos com mão de obra e as taxas de câmbio desfavoráveis começaram a prejudicá-las, as montadoras viram a necessidade de abrir unidades em outros países. Claro que se as condições favoráveis à produção interna no Japão tivessem se mantido, as montadoras do país teriam "vencido a aposta", porque a construção de novas unidades em outros continentes é cara e demorada.

As estratégias compensatórias. A utilização de *estratégias compensatórias* permite a uma companhia projetar a cadeia de suprimentos de modo que qualquer prejuízo em parte da cadeia de suprimentos é compensado pelos ganhos em outra parte. Por exemplo, a Volkswagen opera unidades nos EUA, Brasil, México e Alemanha, países estes que são importantes mercados para os produtos da empresa. Dependendo das condições macroeconômicas, certas unidades são mais lucrativas do que outras. As estratégias compensatórias, *em sua essência*, têm êxito em alguns locais, e fracassam em outros.

As estratégias flexíveis. Quando adotadas adequadamente, as *estratégias flexíveis* possibilitam a uma empresa tirar vantagem em diferentes cenários. Via de regra, cadeias de suprimentos flexíveis são projetadas contendo diversos fornecedores e um excesso de capacidade de produção em diferentes países. Além disso, as fábricas são projetadas para serem flexíveis, de forma que os produtos podem ser transportados entre regiões a um custo mínimo, de acordo com as exigências da situação econômica.

Ao projetar a implementação de uma estratégia flexível, os gestores têm de considerar várias questões:

1. Existe variação suficiente no sistema para justificar a adoção de estratégias flexíveis? Quanto maior a variação nas condições internacionais, maiores as vantagens oferecidas por este tipo de estratégia.

2. Os benefícios de dividir a produção em diversas unidades justificam os custos inerentes, que podem incluir a perda de economias de escala no âmbito da fabricação e do suprimento?
3. A companhia tem o nível de coordenação e os mecanismos de gestão a postos para tirar proveito rápido das estratégias flexíveis?

Se a cadeia de suprimentos for projetada adequadamente, diversas abordagens podem ser utilizadas na implementação eficaz de estratégias flexíveis:

O deslocamento da produção. As fábricas flexíveis e o excesso de capacidade e de fornecedores podem ser empregados para deslocar a produção a outras regiões e assim tirar vantagem das circunstâncias presentes. No momento em que a taxa de câmbio, o custo com mão de obra, entre outros, sofrem alguma mudança, a produção pode ser transferida.

O compartilhamento de informações. Uma maior presença em muitas regiões e mercados muitas vezes melhora a disponibilidade de informações, que podem ser utilizadas para prever mudanças no mercado e encontrar novas oportunidades.

A coordenação global. Múltiplas unidades espalhadas pelo mundo conferem a uma companhia um certo nível de alavancagem de mercado que em outras circunstâncias ela talvez não possua. Se um concorrente estrangeiro atacar um de seus principais mercados, a companhia tem a chance de contra-atacar. Contudo, diversas legislações e pressões políticas locais limitam este tipo de retaliação.

A alavancagem política. A oportunidade de transferir operações com rapidez confere a uma empresa uma medida da alavancagem política nas operações em outros continentes. Por exemplo, se os governos são lenientes no cumprimento de contratos ou na observação das leis internacionais, ou se impõem alternativas tributárias dispendiosas, as companhias têm a chance de transferir suas operações para outro país. Em muitos casos, uma ameaça tácita desta transferência é o bastante para evitar que os políticos locais adotem ações desfavoráveis.

EXEMPLO 10-5

Quando a Michelin passou a almejar os mercados norte-americanos com mais agressividade, a Goodyear foi capaz de baixar seus preços na Europa, o que forçou a Michelin a desacelerar seu programa de investimentos em outros continentes.

10.2.4 As exigências para a implementação de uma estratégia global

Qualquer companhia, até mesmo uma empresa de grande porte no âmbito global, não está pronta, de imediato, para a gestão da cadeia de suprimentos global nesta escala. Michael McGrath e Richard Hoole [137] discutem os avanços importantes necessários à preparação do palco para este tipo de integração global maciça entrar em cena. Estes progressos são apresentados a seguir para cada uma das **cinco funções básicas de uma empresa**: desenvolvimento de produto, compras, produção, gestão da demanda e atendimento de pedidos.

1. **O desenvolvimento de produto.** É importante projetar produtos que podem ser facilmente modificados para a entrada em grandes mercados e que podem ser fabricados em diversas unidades. Conforme veremos na próxima seção, isto nem sempre é possível, mas não resta dúvida de que esta abordagem é útil nos casos em que ela é possível. Ao

mesmo tempo que é perigoso projetar um produto que fique na "média" do que diversos mercados desejam, é possível conceber um produto ou produtos-base que podem ser mais facilmente adaptados a vários mercados. Quanto a este aspecto, um projeto internacional traz diversas vantagens.

2. **As compras.** Uma companhia conhece a utilidade de manter equipes responsáveis pela compra de materiais importantes de muitos fornecedores em todo o mundo. Desta forma, é muito mais fácil garantir que as opções de qualidade e de entrega destes fornecedores sejam compatíveis e que uma equipe qualificada esteja presente para comparar preços de compra. Além disso, estas equipes trabalham para garantir que um número suficiente de fornecedores em diferentes regiões estejam prontos para garantir a flexibilidade exigida para tirar total proveito da cadeia de suprimentos.

3. **A produção.** Conforme vimos para o excesso de capacidade e de unidades em diferentes regiões são aspectos essenciais à uma empresa se ela deseja tirar o máximo de vantagens da cadeia de suprimentos global ao transferir sua produção dependendo das condições. Contudo, para adotar este tipo de estratégia, uma companhia precisa dispor de sistemas de comunicação eficazes de forma a administrar a cadeia de suprimentos com eficiência. A gestão centralizada é essencial neste sistema, o que significa que a informação centralizada precisa estar disponível. O conhecimento acerca do estado atual das fábricas, dos suprimentos e dos estoques é essencial ao tomar os tipos de decisão descritos anteriormente. Além disso, uma vez que as fábricas normalmente fornecem umas às outras em uma cadeia de suprimentos de alta complexidade, é importante que as comunicações entre estas unidades de produção estejam consolidadas e que a gestão centralizada dê ciência do *status* do sistema a cada uma delas.

4. **A gestão da demanda.** Muitas vezes a gestão da demanda, que envolve a definição de planos de venda e marketing com base na demanda projetada e no produto disponível, é feita em nível regional. Para que a cadeia de suprimentos seja administrada de forma integrada, a gestão da demanda não pode prescindir de ter ao menos um componente centralizado. Por outro lado, a maior parte destas informações delicadas e baseadas no mercado é fornecida por analistas posicionados em cada região. Assim, a comunicação é um aspecto crítico do sucesso da gestão da cadeia de suprimentos global.

5. **O atendimento de pedidos.** Para ter sucesso na implementação de um sistema verdadeiramente flexível de gestão para a cadeia de suprimentos, é preciso dispor de um sistema centralizado para que os clientes regionais possam receber suas entregas a partir de uma cadeia de suprimentos global com a mesma eficiência oferecida por cadeias de suprimentos baseadas local ou regionalmente. O grau máximo de flexibilidade é inútil se ele torna o sistema tão difícil e desagradável de utilizar ao ponto de os clientes buscarem soluções em outros lugares. Mostramos os sistemas de informação avançado exigidos pelo sistema centralizado de atendimento de pedidos no Capítulo 14.

Somente quando uma companhia está suficientemente aparelhada para implementar estratégias flexíveis é que ela poderá tirar proveito de tudo o que a cadeia de suprimentos tem a oferecer.

10.3 OS PROBLEMAS NA GESTÃO DA CADEIA DE SUPRIMENTOS INTERNACIONAL

Nesta seção apresentamos outros problemas importantes que afetam as cadeias de suprimentos internacionais e que não estavam relacionados às seções anteriores.

10.3.1 Produtos internacionais *versus* produtos regionais

A discussão anterior sugere que a empresa ideal fabrica "produtos universais" que podem ser vendidos em muitos mercados. Porém, em muitos casos isto não é tão simples. Ohmae [154] afirma que existem diversas categorias de produtos, cada uma com diferentes "exigências internacionais".

Produtos específicos a uma região. Alguns produtos precisam ser projetados e fabricados especificamente para uma dada região. Por exemplo, os modelos de automóveis muitas vezes são específicos a uma dada região. O modelo Accord de 1998 da Honda tem dois estilos básicos de carroceria: a carroceria pequena, desenhada para agradar aos mercados europeus e japoneses, e a carroceria grande, que atende ao mercado norte-americano. Ainda que os modelos regionais sejam diferentes, a gestão da cadeia de suprimentos eficaz tem a chance de tirar proveito dos componentes ou itens utilizados em comum nestes modelos. Esta questão é abordada no Capítulo 11.

EXEMPLO 10-6

A Nissan atribui um *status* de "líder de país" a cada um de seus modelos de automóveis. Por exemplo, o Maxima e o Pathfinder são projetados para o gosto norte-americano, muitas vezes por estúdios de *design* estabelecidos nos EUA. Modelos semelhantes são desenvolvidos principalmente para os mercados japoneses e europeus. Uma vez que os gerentes de produto garantem que os veículos atendem às exigências de liderança em um país, outros gerentes de produtos regionais sugerem pequenas modificações que podem aumentar as vendas locais. Mas o foco está na fabricação de automóveis para uma dada região. A Nissan não quer cair na armadilha de "agradar parcialmente a todos, sem agradar a alguém por completo". Não existe uma maneira eficaz de encontrar um meio-termo para tamanho, cor e outras características estéticas e funcionais em automóveis para diferentes regiões e despertar a preferência de todos os clientes. Claro que é útil, dentro do possível, modificar modelos ligeiramente de forma a aumentar as vendas em outra região, mas este não é o foco da empresa [154].

Produtos verdadeiramente globais. Estes produtos são verdadeiramente globais pois nenhuma modificação é necessária para atingir os níveis de vendas globais. Por exemplo, a Coca-Cola é a mesma em todo o mundo, como os jeans da Levi's e os hambúrgueres do McDonalds. Da mesma forma, marcas de luxo como a Coach e a Guci mantêm suas mesmas características essenciais em todo o globo. Contudo, é preciso observar que algumas destas marcas e produtos, como a Coca-Cola e o McDonald's, dependem de unidades de produção e redes de distribuição regionais específicas, ao passo que outros produtos são distribuídos e vendidos da mesma maneira em todo o mundo [124].

A diferença entre produtos específicos a uma região e os verdadeiramente globais não significa que um é melhor do que o outro. Porém, é importante considerar com cautela as classes de produto mais adequadas em uma dada situação, pois a adoção de estratégias projetadas para produtos globais na produção de produtos regionais, ou vice-versa, pode ser desastrosa.

10.3.2 Autonomia local *versus* controle central

O controle centralizado é importante para as vantagens oferecidas por algumas estratégias já discutidas, mas em muitos casos faz sentido permitir um grau de autonomia local à cadeia de suprimentos. Há vezes, após as operações regionais independentes terem sucesso comprovado, em que a matriz de uma companhia não resiste à tentação de mexer no sistema e o desempenho sofre.

Além disso, é importante que empresas de âmbito regional controlem suas expectativas, dependendo da região. Por exemplo, os retornos obtidos por companhias no curto prazo são relativamente baixos no Japão, médios na Alemanha e altos nos EUA. Na verdade, estas empresas que têm sucesso no Japão conheciam esta condição um tanto desfavorável [154].

Porém, os gestores podem sentir a tentação de acatar a sabedoria regional tradicional, deixando escapar algumas das oportunidades propiciadas pelo conhecimento adquirido na operação da cadeia de suprimentos global.

EXEMPLO 10-7

Quando o descongestionante Contac 600 foi lançado no mercado japonês, a SmithKline Corporation foi aconselhada a adotar a abordagem tradicional, que envolvia mais de mil distribuidores com quem a companhia não teria contato consistente. Em vez disso, ela utilizou 35 atacadistas, com quem ela mantinha contato íntimo. A SmithKline já tivera sucesso com esta estratégia em outros países. A despeito dos que duvidavam deste sucesso, ele se concretizou significativamente [124].

10.3.3 Perigos diversos

Não há dúvida acerca da existência de diversos desafios em potencial para uma empresa que está expandindo sua cadeia de suprimentos no âmbito global. As flutuações nas taxas de câmbio, já discutidas como uma oportunidade, podem facilmente tornarem-se um risco se não forem administradas corretamente. A administração de empresas em outros continentes pode ser difícil, sobretudo em países menos desenvolvidos. Da mesma forma, a promessa de mão de obra barata pode mascarar a ameaça de menor produtividade [132]. Há a necessidade de treinamento, mas mesmo assim a produtividade pode não chegar aos níveis domésticos.

Muitas vezes ocorre a colaboração local na cadeia de suprimentos. Neste caso, as partes em colaboração podem acabar tornando-se concorrentes da empresa.

EXEMPLO 10-8

- A Hitachi, que costumava fabricar sob licença da Motorola, hoje produz seus próprios microprocessadores.
- A Toshiba, que produzia fotocopiadoras para a 3M, hoje é um grande fornecedor do produto de marca própria.
- A Sunrise Plywood and Furniture, de Taiwan, foi por muitos anos uma parceira da Mission Furniture na Califórnia. Hoje, ela é uma das maiores concorrentes da ex-parceira [132].

Perigos idênticos existem com os governos estrangeiros. Para lidar com a China e ganhar acesso aos imensos mercados daquele país, muitas empresas estão entregando experiência essencial na área de fabricação e engenharia nas mãos do governo chinês ou de parceiras lá estabelecidas. Não tardará para que estas empresas chinesas, ou outras empresas selecionadas pelo governo, passem a competir em condições favoráveis com suas parceiras de ontem. A única questão que permanece diz respeito à possibilidade de as empresas estrangeiras que repassaram tecnologia serem capazes de competir no mercado chinês com sucesso, ou de elas perderem esta oportunidade ainda que as empresas chinesas iniciem a competição no âmbito mundial.

EXEMPLO 10-9

A Royal Dutch Shell e suas parceiras japonesas, a Mitsu e a Mitsubishi, há uma década vêm investindo no desenvolvimento de campos e na exploração de petróleo no extremo leste da Rússia. O projeto de exploração de petróleo encontrou diversas dificuldades e seus custos excederam a projeção original. Surpreendente é o fato de que, estando o projeto quase acabado, a cotação do petróleo vem batendo recordes sucessivos, e uma grande entrada de receitas é esperada, mas as parceiras venderam o controle acionário do projeto à Gazprom, a estatal de gás russa. No Ocidente especula-se que a Rússia reuniu forças e obrigou as três parceiras a transferir a propriedade do projeto, sob a ameaça de graves consequências para elas no caso de algum problema de natureza ecológica ocorrer. [15].

Indiscutivelmente, isto serve para salientar apenas um dos perigos que os governos estrangeiros impõem à cadeia de suprimentos internacional. Ainda que os mercados mundiais estejam se abrindo cada vez mais, o mundo ainda está longe de se tornar uma gigantesca zona de livre comércio. A qualquer momento a ameaça do *protecionismo* pode se elevar, e se a cadeia de suprimentos global não for equipada com algum tipo de mecanismo de defesa contra ela, as empresas não serão capazes de achar uma solução. Por vezes, a ameaça vem não dos governos estrangeiros, mas do governo doméstico, ao lidar com as preocupações das empresas de pequeno porte locais.

EXEMPLO 10-10

Em 1986, Taiwan tinha um superávit de $15,7 bilhões com os EUA, o que aumentava a pressão doméstica sobre o governo norte-americano para impor restrições aos produtos taiwaneses. Isto ocorria apesar do fato de que a maioria das importações da ilha consistia de peças destinadas a companhias norte-americanas, como GE, IBM, Hewlett-Packard e Mattel, que haviam transferido a produção para outros continentes com a intenção de tirar proveito dos custos inferiores. Em resposta a isso, Taiwan foi forçada a aumentar o valor de sua moeda em relação ao dólar, o que acabou removendo uma boa parte das vantagens de ter unidades de produção na ilha [132].

10.4 AS DIFERENÇAS REGIONAIS NA LOGÍSTICA

Nas seções anteriores, discutimos as vantagens, desvantagens e estratégias gerais da utilização eficaz de cadeias de suprimentos globais. Claro que é importante estar ciente das diferenças de caráter cultural, infraestrutural e econômicas entre regiões, ao tomar as decisões sobre elos específicos na cadeia de suprimentos global. Wood et al. [209] identificaram várias categorias de diferenças que os gestores precisam considerar ao projetar cadeias de suprimentos internacionais. As principais diferenças podem ser vistas entre a chamada *tríade*, ou nações do Primeiro Mundo (Japão, EUA e Europa Ocidental), os *países emergentes* (Tailândia, Taiwan, China, Brasil, Argentina e países da Europa Oriental) e o *Terceiro Mundo*. Estas diferenças são mostradas na Tabela 10-2.

10.4.1 As diferenças culturais

As diferenças culturais podem afetar significativamente a maneira com que as subsidiárias internacionais de uma empresa interpretam os objetivos e os pronunciamentos da gestão de uma empresa. Wood et al. [209] destacam as crenças e os valores, os costumes e o idioma destacam fatores que desempenham um papel essencial na esfera dos negócios globais, como afetando negociações e comunicações de forma expressiva.

O *idioma* consiste não apenas de palavras, como também de expressões, gestos e contexto. Muitas vezes, as palavras parecem ter sido traduzidas corretamente, mas o sentido não. Todos nós já ouvimos histórias de executivos norte-americanos que fizeram gestos equivocados na Ásia, que levaram a consequências desastrosas. É importante utilizar recursos que garantam uma comunicação eficaz.

As *crenças*, ou valores específicos sobre algo, podem apresentar diferenças enormes entre culturas, como é o caso da crença na importância da comunicação eficaz. Da mesma forma, os valores, ou conceitos mais gerais, também variam. Por exemplo, os fabricantes norte-americanos valorizam a "eficiência" de maneiras que outras culturas não o fazem [209]. Além disso, algumas culturas dão mais importância ao tempo do que outras, e assim uma entrega em atraso pode ser interpretada com um problema grave, ao passo que em outros ela não é particularmente importante.

Os *hábitos*, naturalmente, variam de país para país. Em muitos casos, é importante que os executivos adiram aos costumes locais para evitar ofender alguém. Por exemplo, a prática de oferecer presentes é vista com diferentes olhos em diferentes nações.

10.4.2 A infraestrutura

Em países do Primeiro Mundo, a infraestrutura de fabricação e de logística é muito desenvolvida. Os sistemas rodoviários, portuários, de comunicação e informação, além das avançadas técnicas de produção, permitem o desenvolvimento de cadeias de suprimentos evoluídas. As diferenças regionais têm existência factual, sobretudo por motivos geográficos, políticos ou históricos. Por exemplo, a largura das estradas, a altura das pontes e os protocolos de comunicação diferem de região para região, mas técnicas vêm sendo desenvolvidas para superar estas diferenças.

Independentemente da infraestrutura, a geografia também afeta as decisões sobre a cadeia de suprimentos, até mesmo nos países do Primeiro Mundo. Por exemplo, nos EUA, país em que as grandes distâncias são comuns entre as grandes cidades, é possível manter estoques maiores do que em países como a Bélgica, onde as distâncias entre as cidades são curtas.

Da mesma forma, as condições econômicas relativas afetam o *mix* de componentes de logística e da cadeia de suprimentos em muitos países do Primeiro Mundo. Por exemplo, países com mão de obra e terrenos relativamente baratos, como a França, construíram depósitos "de baixa tecnologia", ao passo que os países escandinavos desenvolveram a automação de depósitos porque a mão de obra nestes é muito cara [66].

Nas nações emergentes, a infraestrutura da cadeia de suprimentos normalmente não está totalmente a postos. A maioria das companhias baseadas nestes países entende a logística como um gasto necessário, não como uma vantagem estratégica e, por isso, limitam seus in-

TABELA 10-1

PRINCIPAIS DIFERENÇAS ENTRE DIFERENTES REGIÕES

	Primeiro mundo	Emergentes	Terceiro Mundo
Infraestrutura	Altamente desenvolvida	Em desenvolvimento	Insuficiente para apoiar uma logística avançada
Padrões de operação dos fornecedores	Altos	Variáveis	Via de regra não são considerados
Disponibilidade do sistema de informações	Disponível na maioria dos casos	Sistema de suporte não disponível	Não disponível
Recursos humanos	Disponíveis	Encontrados depois de uma busca	Muitas vezes difíceis de encontrar

vestimentos em infraestrutura logística. Em muitos casos, o produto interno bruto de um país emergente pode não ser grande o bastante para justificar a implantação de uma infraestrutura logística avançada por completo. Além disso, o foco do desenvolvimento da infraestrutura pode ter sido posto nas exportações, não na construção de um sistema apropriado às importações e exportações. Isto se verifica na China [209]. Contudo, estas nações estão "emergindo" porque passaram a tratar destes problemas. Por exemplo, muitos países têm políticas de transporte interno no papel e estão começando a implementá-las.

No Terceiro Mundo, em geral a infraestrutura é insuficiente para dar suporte a operações avançadas de logística. As estradas muitas vezes estão em péssimas condições. Instalações destinadas a armazenagem muitas vezes não existem. O mesmo ocorre com sistemas de distribuição. Em sua maior parte, as decisões específicas sobre a cadeia de suprimentos precisam ser tomadas com cuidado, pois muitos dos aspectos dados por certos na Tríade ou nos Países Emergentes talvez não existam nestes locais.

10.4.3 As expectativas e a avaliação do desempenho

Ainda que persistam as diferenças regionais entre as nações pertencentes ao Primeiro Mundo, os padrões de produção em geral são uniformes e altos. Por exemplo, as transportadoras noturnas devem fazer suas entregas neste período. Contratos são documentos com força legal. As legislações e restrições ambientais via de regra existem, e as empresas devem obedecê-las. Contudo, as abordagens ao desenvolvimento e à consolidação de relacionamentos de fato diferem de região para região. Por exemplo, as empresas europeias e norte-americanas utilizam contratos formais de parcerias com mais frequência do que as empresas japonesas, que tendem a favorecer contratos informais de parceria construídos ao longo do tempo [33].

Nos países emergentes, os padrões de produção normalmente variam muito. Algumas companhias têm – e atendem – expectativas elevadas, e dão muito valor a contratos e acordos. Porém, outras empresas talvez não tenham tal nível de escrúpulos. Pesquisas e negociações são essenciais para a consolidação exitosa de contratos em países emergentes. Além disso, os governos geralmente desempenham um papel considerável na esfera dos negócios e, por isso, as empresas e corporações estrangeiras muitas vezes precisam se preparar para reagir aos cambiantes caprichos do poder.

No Terceiro Mundo, as métricas tradicionais de desempenho não têm significado. Períodos de escassez são comuns e indicadores do serviço de atendimento ao cliente utilizadas no Ocidente (por exemplo, a disponibilidade de estoques, a velocidade e a consistência do serviço) são irrelevantes. Diante dessa situação, uma empresa tem controle limitado do ritmo e da disponibilidade dos estoques [209].

10.4.4 A disponibilidade do sistema de informação

Nas nações da Tríade, a tecnologia da informática aumentou a taxas aproximadamente semelhantes nas diferentes nações. Na maioria dos casos, dados de pontos de venda, ferramentas de automação, microcomputadores e outras ferramentas de sistemas de informação estão disponíveis igualmente na Espanha e na Califórnia.

Naturalmente que há incompatibilidades entre diversos sistemas. Por exemplo, os padrões europeus para o intercâmbio eletrônico de informações variam de país para país e de setor para setor. Além disso, os padrões jurídicos de proteção de dados e de autenticação de documentos também variam. No entanto, muitos esforços estão sendo perpetrados a fim de superar estes obstáculos e a tecnologia vem cumprir seu papel nesse sentido [143].

Os sistemas de suporte vistos em nações emergentes talvez não estejam prontos para a implementação de sistemas de informação. As redes de comunicação talvez sejam incompletas e incertas para dar suporte ao tráfego. A experiência com suporte técnico nem sempre está disponível para a utilização e manutenção de equipamentos. Mesmo assim, os governos nestas nações em geral têm planos ou programas a postos para tratar destas questões.

Tecnologias avançadas da informação simplesmente não existem em países do Terceiro Mundo. Sistemas como o de intercâmbio eletrônico de dados e de código de barras não encontram suporte neste tipo de ambiente. Até mesmo a importância de um PC é limitada, em função da ineficiência dos sistemas de informação. Além disso, dados sobre a economia e sobre a população muitas vezes não estão disponíveis.

10.4.5 Os recursos humanos

Na maioria dos países do Primeiro Mundo, existe uma oferta de mão de obra competente nas esferas técnica e administrativa. Conforme afirma Wood et al. [209]: "Se deixarmos de lado as diferenças culturais, um gerente de logística japonês sentiria-se funcionalmente em casa, ocupando o mesmo cargo em uma empresa nos EUA". Contudo, a mão de obra sem experiência é relativamente cara nestas regiões.

Ao mesmo tempo que é possível que pessoal capacitado nas esferas administrativas e técnicas não estejam disponíveis em países emergentes, na maioria dos casos isso não se verifica. Talvez seja preciso procurar, mas sempre é possível encontrar funcionários com o nível adequado de treinamento. Mais especificamente, as populações dos países da Europa Oriental via de regra têm um bom nível educacional [87]. Além disso, os salários dos trabalhadores capacitados nos países emergentes são mais competitivos no mercado mundial. Por outro lado, muitos gestores chineses eram costumeiramente selecionados por motivos políticos, não por sua experiência técnica ou administrativa e, por isso, neste caso, a experiência nem sempre é um indicador preciso da habilidade do funcionário contratado [87].

Ainda que seja possível encontrar funcionários adequados ao nível de tecnologia disponível, muitas vezes é difícil achar profissionais treinados em logística e gerentes familiarizados com as modernas técnicas de gestão em países do Terceiro Mundo. Assim, o treinamento ganha importância especial neste tipo de ambiente.

RESUMO

Este capítulo examinou questões específicas à gestão da cadeia de suprimentos *global*. Primeiramente discutimos os diversos tipos de cadeias de suprimentos internacionais, desde as cadeias essencialmente domésticas que têm algum nível de distribuição internacional de seus produtos, até as cadeias globais plenamente integradas. Depois examinamos as diversas forças que compelem as companhias a desenvolverem cadeias de suprimentos internacionais. Tanto vantagens quanto riscos estão presentes em todas as cadeias de suprimentos globais. Estes riscos variam muito, desde os riscos *unknown-unknown* até os riscos *known-unknown*. Apresentamos uma série de abordagens para os riscos *unknown-unknown* e algumas estratégias indicadas para as outras classes de risco. Isto quer dizer que atenção especial foi dada às vantagens de ter uma cadeia de suprimentos global verdadeiramente flexível para encarar os riscos inerentes à operação de uma empresa na economia global. Contudo, mesmo com uma cadeia de suprimentos flexível, as estratégias e abordagens utilizadas para lidar com estes riscos funcionam apenas se a infraestrutura apropriada estiver disponível.

Alguns dos muitos problemas da gestão da cadeia de suprimentos global foram investigados, incluindo os conceitos de produtos regionais e internacionais, e a questão do controle centralizado *versus* descentralizado em um contexto internacional. Concluímos com uma discussão das diferenças regionais em logística que influenciam o projeto de cadeias de suprimentos eficazes em diferentes partes do mundo.

QUESTÕES PARA DISCUSSÃO

1. Discuta as situações em que cada uma destas cadeias de suprimentos pode ser apropriada para uma empresa:
    a. Sistemas internacionais de distribuição
    b. Fornecedores internacionais
    c. Fabricação em outros continentes (offshore)
    d. A cadeia de suprimentos global plenamente integrada
2. Discuta um recente exemplo de risco *unknown-unknown* que foi danoso para uma cadeia de suprimentos. Explique como cada uma das seguintes estratégias poderia ter amenizado este risco:
    a. Investir em redundância.
    b. Aumentar a velocidade de percepção e resposta.
    c. Gerar uma comunidade capaz de adaptação na cadeia de suprimentos.
3. Você é o CEO de uma empresa de eletrônicos de pequeno porte prestes a desenvolver uma estratégia global. Você prefere uma estratégia especulativa, uma estratégia compensatória ou uma estratégia flexível? Você mudaria sua resposta se fosse o CEO de uma empresa de grande porte?
4. Discuta alguns exemplos de produtos regionais e de produtos realmente globais. Quais são as características de um produto que o tornam um candidato adequado para uma ou outra classe?
5. Você é o gerente de uma rede regional de padarias. Compare os problemas que você encontra se sua empresa estiver localizada em cada um destes países:
    a. Bélgica
    b. Rússia
    c. Cingapura
    d. Canadá
    e. Argentina
    f. Nigéria
6. Responda as seguintes perguntas sobre o estudo de caso no início deste capítulo:
    a. Além da necessidade de expandir, quais são as outras razões que a Wal-Mart tem para abrir lojas em todo o mundo?
    b. Quais são os benefícios para a Wal-Mart em ter fornecedores em diferentes países?
    c. Quais são as razões para a Wal-Mart ter um controle centralizado consistente em suas lojas? Quais são as razões para ela ter um controle local em suas lojas?
    d. Quais são as armadilhas e oportunidades, além daquelas mencionadas no estudo de caso, que a Wal-Mart enfrentará no futuro próximo?

O Projeto Coordenado da Cadeia de Suprimentos e do Produto

ESTUDO DE CASO

A Hewlett-Packard: a cadeia de suprimentos da impressora DeskJet

Brent Cartier, gerente de projetos especiais no Departamento de Materiais da Hewlett-Packard (HP) Divisão Vancouver, superara mais uma milha. A semana tinha sido longa, e parecia que o final de semana seria longo também, em função da preparação necessária para a reunião do grupo de gestão de níveis de estoques globais para a linha de impressoras DeskJet, marcada para a segunda-feira. Mesmo ocupado, ele sempre buscava tempo para o trajeto de 25 milhas até o trabalho (andar de bicicleta diminuía o estresse em tempos como esse).

A impressora DeskJet foi lançada em 1988 e havia se tornado um dos produtos mais populares da HP. As vendas haviam crescido constantemente, mais de 600 mil unidades em 1990 ($400 milhões). Infelizmente, o aumento nos estoques vinha acompanhando o crescimento das vendas de perto. Os centros de distribuição da HP estavam abarrotados com paletes de armazenagem das impressoras. Para piorar, as filiais europeias da empresa defendiam o aumento dos estoques a níveis mais altos ainda, para manter a disponibilidade do produto em níveis satisfatórios.

A cada trimestre, os representantes dos departamentos de produção, de materiais e de distribuição da Europa, Ásia-Pacífico e América do Norte encontravam-se para discutir a "questão E" como era chamado o nível de estoque, mas seus objetivos conflitantes impediam a chegada a um consenso. Cada departamento tinha suas próprias abordagens ao problema dos estoques. A produção não queria se envolver e dizia que "era um problema do departamento de materiais", porém reclamava sobre a contínua proliferação de modelos e opções. A fonte de reclamações mais frequente do departamento de distribuição era a imprecisão nas previsões. Seus integrantes não achavam que o departamento de distribuição tinha a obrigação de acompanhar e armazenar depósitos inteiros de estoque, só porque a Divisão de Vancouver não conseguia fabricar os produtos certos nas quantidades certas. O departamento de distribuição na Europa chegou ao ponto de sugerir que o custo extra do espaço de estocagem cedido à Divisão de Vancouver fosse cobrado diretamente da unidade, em vez de ser distribuído entre as outras unidades. Por fim, o chefe de Brent, David Arkadia, resumira a perspectiva do grupo de gestão na última reunião, ao dizer: "A ordem vem da presidência: não vamos tocar nossa empresa com este nível de ativos improdutivos. Temos de dar um jeito de atender à demanda do cliente com estoques menores".

Do ponto de vista de Brent, havia dois problemas principais. O primeiro era encontrar a

---

Fonte: Copyright © 1994, Board of Trustees, Leland Stanford Junior. Todos os direitos reservados. Utilizado com a permissão da Escola de Administração da Universidade de Stanford. Este estudo de caso foi escrito por Laura Kopczak e pelo Professor Hau Lee, do Departamento de Engenharia Industrial e Gestão da Engenharia da Universidade de Stanford.

melhor maneira de atender às necessidades dos clientes em termos de disponibilidade do produto ao mesmo tempo em que os níveis de estoque seriam minimizados.

O segundo problema, mais difícil, envolvia a maneira de chegar a um acordo entre as diversas partes no sentido de manter os níveis corretos dos respectivos estoques. Elas precisariam desenvolver um método consistente para definir e implementar as metas de estoque e fazer com que todos concordassem e adotassem estas metas. Mas isso não seria tarefa fácil. A situação era particularmente delicada na Europa. Brent não conseguia esquecer a imagem do fax que recebera no dia anterior, que mostrava a diminuição na disponibilidade de produtos no centro de distribuição europeu, mas ele tinha certeza de que montanhas de impressoras haviam sido despachadas para a Europa nos meses anteriores. O portal de voz de seu celular estava cheio de mensagens irritadas dos escritórios de venda, e todavia o centro de distribuição da Europa estava dizendo à Unidade de Vancouver que havia ficado sem espaço para estocar seus produtos.

Brent estacionou sua bicicleta e dirigiu-se para os vestiários da companhia para tomar uma ducha. A ducha da manhã era outro de seus rituais – era a hora de rever seus planos para o dia e examinar diferentes cenários. Talvez uma solução para o problema lhe viria à mente...

HISTÓRICO

A Hewlett-Packard Company foi fundada em 1939 por William Hewlett e David Packard, com matriz em Palo Alto, Califórnia. A empresa cresceu de forma ordenada nos 50 anos seguintes, diversificando sua linha de produtos, de equipamentos eletrônicos de medição e teste para computadores e periféricos, que hoje dominam as vendas. Em 1990, a HP tinha mais de 50 unidades em todo o mundo, com receitas de $13,2 bilhões e renda líquida de $739 milhões.

A HP estava organizada parcialmente em grupos de produtos, parcialmente em funções. O Grupo de Periféricos era o segundo maior dos seis grupos da empresa, com receitas na casa dos $4,1 bilhões em 1990. Cada uma das divisões do grupo atuava como unidade estratégica de negócios para um dado conjunto de produtos. Estes incluíam impressoras, plotadoras, *drives* de discos magnéticos e unidades de fitas magnéticas, terminais e produtos de rede.

O Grupo de Periféricos havia definido os padrões tecnológicos com muitos de seus produtos, com inovações como o cabeçote de impressão descartável utilizado em suas impressoras jato de tinta e plotadoras com movimentação do papel. Ao mesmo tempo em que estas inovações contribuíam para o sucesso da companhia, o Grupo de Periféricos também ganhava reconhecimento por sua habilidade de identificar e explorar lucrativamente as oportunidades no mercado, como era o caso de seu produto de maior sucesso, a impressora LaserJet.

O MERCADO VAREJISTA DE IMPRESSORAS

As vendas anuais de impressoras pessoais e para pequenas empresas em 1990 contabilizaram aproximadamente 17 milhões de unidades, ou $10 bilhões. O mercado de impressoras acompanhava de perto as vendas de computadores pessoais. Ele tinha chegado à maturidade nos EUA e na Europa Ocidental, mas ainda estava em processo de desenvolvimento na Europa Oriental e na região Ásia-Pacífico. As impressoras de uso doméstico ou de pequeno porte eram vendidas quase que exclusivamente por meio de revendas. Os canais de revenda sofriam rápidas mudanças, sobretudo nos EUA. Tradicionalmente, as impressoras haviam sido vendidas por lojas de computadores, mas à medida que estes se tornavam *commodities*, um volume cada vez maior de vendas passava a fluir para grandes varejistas e vendedores de produtos de consumo de massa, como a Kmart e o Price Club.

O mercado varejista de impressoras era composto de três segmentos no âmbito tecnológico: matricial/impacto (40%), jato de tinta (20%) e laser (40%). As impressoras matriciais tinham a tecnologia mais antiga, sendo vistas como equipamentos ruidosos e de menor qualidade de impressão em comparação com os outros dois tipos. As previsões davam conta de que a fatia de mercado para a impressora matricial cairia para 10% nos anos seguintes, com a substituição de sua tecnologia pelas tecnologias jato de tinta ou a laser, em todos os seus usos, exceto formulários de várias vias e impressões que exigiam um muitas colunas.

Antes de 1989, a maioria dos clientes desconhecia a tecnologia do jato de tinta. Contudo, eles estavam descobrindo que a qualidade do jato de tinta era quase tão boa quanto a do laser – e era vendida a um preço muito mais acessível. As vendas haviam subido de forma incrível. No mercado de impressão preto-e-branco, não era possível prever a tecnologia que assumiria a liderança. Esta questão dependia em grande parte do ritmo em que a tecnologia se desenvolvia na área do jato de tinta e na do laser e dos custos relativos.

A HP e a Canon foram as pioneiras na tecnologia do jato de tinta, cada uma em seus próprios laboratórios, no começo da década de 1980. Os principais avanços tecnológicos haviam sido a formulação da tinta e o cabeçote de impressão descartável. A HP lançara seu primeiro modelo de cabeçote descartável, a impressora ThinkJet, no final daquela década, ao passo que a Canon apresentaria sua versão somente em 1990.

A HP liderava o mercado do jato de tinta nos EUA, enquanto a Canon estava à frente no mercado japonês. As concorrentes na Europa incluíam a Epson, a Mannesmann-Tally, a Siemens e a Olivetti, ainda que esta última tenha lançado seu modelo com cabeçote descartável em 1991. Alguns fabricantes de impressoras matriciais também estavam tentando lançar seus próprios produtos com a tecnologia do jato de tinta.

As impressoras jato de tinta estavam rapidamente se tornando *commodities*. O consumidor final, ao ter de escolher entre duas impressoras com esta tecnologia e que ofereciam a mesma qualidade e velocidade de impressão, cada vez mais decidia com base em critérios gerais, como custo, confiabilidade, qualidade e disponibilidade do produto. A fidelidade ao produto continuava a cair.

A DIVISÃO DE VANCOUVER E SEU PEDIDO POR ESTOQUE ZERO

Em 1990, a declaração de missão da Divisão de Vancouver dizia: "Nossa missão é a de nos tornar a líder mundial em impressoras de alta qualidade e baixo custo para a comunicação impressa de usuários de computadores pessoais de uso doméstico e empresarial".

A Divisao Vancouver, localizada na cidade de mesmo nome, estado de Washington, EUA, foi fundada em 1979. A HP viu uma oportunidade de fornecer impressoras de uso pessoal para o mercado relativamente novo de microcomputadores, que crescia rápido. A companhia consolidou as atividades com a impressora pessoal de quatro divisões (Fort Collins, Colorado; Boise, Idaho; Sunnyvale, Califórnia; e Corvallis, Oregon) na unidade de Vancouver. A nova divisão tornou-se parte do Grupo de Periféricos HP e foi destinada para o projeto e produção de impressoras jato de tinta.

Como lembra Bob Foucoult, gerente de produção e um dos primeiros funcionários da unidade: "Os gerentes foram trazidos de todas as unidades da HP e largados em Vancouver. Não havia uma equipe coesa, nem um conjunto ordenado de práticas de negócio – talvez é por isso que estávamos tão abertos a novas ideias".

O departamento de produção entendeu logo de início que um processo rápido e de grande volume de produção seria necessário para o sucesso no mercado de impressoras. Com o ciclo de fabricação (na época) de 8 a 12 semanas e 3,5 meses de estoque, a Divisão de Vancouver estava fadada ao fracasso. O departamento passou a procurar, no interior da própria companhia, o conhecimento de processos de grande volume, mas nada encontrou. A HP, sendo uma fabricante de instrumentos, tinha uma experiência limitada à produção de produtos de baixo volume e altamente especializados utilizando processos de lote.

Certo dia, em meados de 1981, dois gerentes da Unidade de Vancouver embarcaram em um avião e tinham assentos, por coincidência, ao lado daqueles de dois professores universitários: Richard Shoenberger (da Universidade de Nebraska) e Robert Hall (da Universidade de Indiana). Shoenberger acabara de publicar um artigo técnico chamado "Driving the Productivity Machine" (Como Dirigir a Máquina da Produtividade), sobre um processo de fabricação em uso no Japão, o *kanban*. A gestão de Vancouver reconheceu o potencial deste "novo" conceito de fabricação e Robert Hall viu a chance de ter suas ideias testadas nos EUA. Eles decidiram trabalhar juntos.

No espaço de um ano, a Unidade Vancouver havia convertido a fábrica ao sistema *just-in-time*

(JIT) sem estoques, e reduzido os estoques de 3,5 para 0,9 mês, o que foi acompanhado de uma drástica redução nos tempos de ciclo. Vancouver tornou-se uma fábrica-modelo do método *kanban*. Entre 1982 e 1985, mais de 2 mil executivos da HP e de outras empresas foram até a unidade para conhecer o processo. Vancouver impressionava os visitantes ao pedir que assinassem uma placa de circuitos impressos vazia e dando-lhes uma impressora pronta, construída com aquela placa assinada e utilizando o processo-padrão, uma hora e meia mais tarde.

Contudo, alguma coisa estava faltando. De acordo com Bob Foucoult, "Estávamos todos elegantemente vestidos, mas não tínhamos com quem ir ao baile". A Unidade Vancouver ainda não havia lançado um produto de grande volume capaz de tirar o máximo de vantagem daquela linha de produção avançada. A unidade havia lançado produtos com a tecnologia jato de tinta, mas, como acontece com qualquer nova tecnologia, ela tinha de ganhar experiência para conseguir descartar os problemas inerentes. Os primeiros modelos tinham resolução ruim e exigiam um papel especial para a impressão, o que resultava em um limitado sucesso de mercado. Em 1988 as coisas começaram a mudar. A Unidade Vancouver apresentou um novo modelo, com resolução maior e que utilizava papel-padrão. O lançamento foi um sucesso total. Uma vez que o processo de produção estava definido e havia sido praticado em todas as suas etapas, tudo o que a empresa precisava era "ligar o interruptor". O conhecimento da HP e a implementação da tecnologia jato de tinta, combinados com seu processo de fabricação aperfeiçoado, conferiram à companhia a vantagem necessária para tornar-se a líder de mercado no setor de impressoras jato de tinta.

A CADEIA DE SUPRIMENTOS DA IMPRESSORA DESKJET

A rede de fornecedores, os pontos de fabricação, os centros de distribuição, os representantes e os clientes dos produtos DeskJet formavam a cadeia de suprimentos DeskJet (Figura 11-1). A fabricação estava nas mãos da HP em Vancouver. Os principais estágios de fabricação eram dois: (1) a montagem e teste da placa dos circuitos impressos (MTPC), e (2) a montagem e os testes finais (MFT). O MPTC envolvia a montagem e o teste de componentes eletrônicos, como os ASICs (circuitos integrados específicos à aplicação), as ROMs (*Read Only Memory*) e placas de circuitos não processados para a construção de placas lógicas e placas para os cabeçotes de impressão das impressoras.

A MFT envolvia a montagem de outros subconjuntos, como o motor, os cabos, o interruptor, o chassi e os detalhes visuais, as engrenagens e os conjuntos de circuitos impressos do MPTC para formar uma impressora pronta, além do teste do equipamento acabado. Os componentes necessários para a MPTC e MFT eram obtidos junto a outras divisões da HP, além de fornecedores externos em todo o mundo.

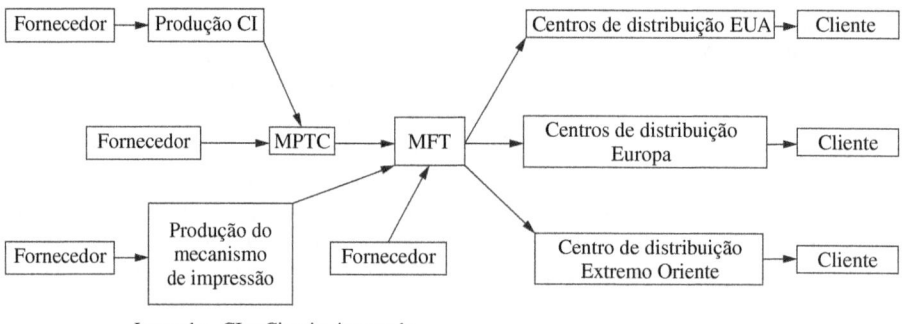

Legenda: CI = Circuito integrado
MPTC = Montagem e teste da placa de circuito integrado
MFT = Montagem final e teste

FIGURA 11-1 A cadeia de suprimentos da unidade de Vancouver.

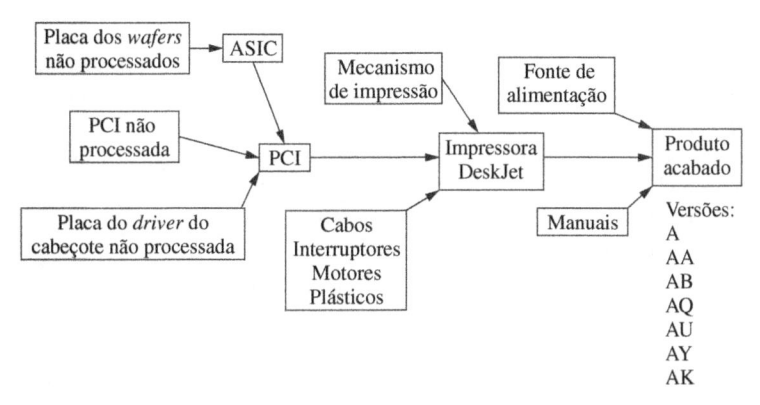

```
Placa dos wafers     ASIC
não processados              Mecanismo      Fonte de
                             de impressão   alimentação
   PCI não
   processada     PCI      Impressora       Produto
                           DeskJet          acabado
   Placa do driver do   Cabos         Manuais    Versões:
   cabeçote não processada  Interruptores        A
                            Motores              AA
                            Plásticos            AB
                                                 AQ
                                                 AU
                                                 AY
                                                 AK
```

FIGURA 11-2 A lista de materiais da cadeia de suprimentos da unidade de Vancouver.

A venda da Deskjet na Europa exigia a customização do produto para atender às necessidades relativas a idiomas e de energia dos países do continente, um processo conhecido como "zoneamento". Em síntese, o zoneamento da DeskJet para diferentes países envolvia a montagem do módulo apropriado para a fonte de energia, que contemplava as exigências de tensão elétrica (110 ou 220 V), plugue e a embalagem da impressora pronta, acompanhada de seu manual de instruções escrito no respectivo idioma. O projeto do produto era tal que a montagem do módulo da fonte tinha de ser feita como parte do processo de teste e montagem finais e, portanto, o zoneamento da impressora era feito na fábrica. Assim, os produtos acabados saídos da fábrica eram as impressoras destinadas a todos os diferentes países. Estes produtos eram então divididos em três grupos, destinados aos três centros de distribuição: América do Norte, Europa e Ásia-Pacífico. A Figura 11-2 mostra a lista de materiais e as diversas opções disponíveis.

Os produtos prontos para a expedição eram transportados aos três centros de distribuição por via marítima. Em Vancouver, os estoques dos componentes e das matérias-primas eram observados de forma a atender às necessidades de produção. Fora isso, o estoque pulmão entre a MPTC e a MFT não eram expressivos. A gestão mantivera a preferência por não ter um estoque de produtos acabados na fábrica, uma tradição iniciada em 1985, conforme descrita na seção anterior.

O tempo de ciclo total da fábrica, dos estágios MPTC a MFT, era cerca de uma semana. O tempo de transporte de Vancouver até o centro de distribuição dos EUA, em San Jose, Califórnia, era de um dia, ao passo que eram precisos de quatro a cinco semanas para transportar as impressoras para a Europa e Ásia. Este tempo tão longo devia-se ao tráfego oceânico e ao tempo necessário para pagar as despesas aduaneiras nos portos de entrada.

A indústria das impressoras era muito competitiva. Os clientes dos produtos de informática da HP (as revendas) queriam armazenar o mínimo possível de estoque. Por isso, a manutenção do alto nível de disponibilidade do produto para atender aos clientes finais (consumidores) era crítica para elas. Assim, havia uma crescente pressão para que a HP, como fabricante, mantivesse os altos níveis de disponibilidade em seus centros de distribuição para as revendas. Em reação a esta pressão, a gestão decidiu operar os centros de distribuição na modalidade "para estoque" e, assim, garantir a disponibilidade dos produtos HP em níveis altos. Os níveis almejados de estoque, idênticos às vendas previstas mais o nível de estoque de segurança, eram definidos nos três centros de distribuição.

Conforme mencionado, a Unidade Vancouver tinha orgulho de ser uma fábrica quase sem estoque. Portanto, em comparação com a distribuição, a fabricação da impressora DeskJet era puxada. Os planos de produção eram definidos semanalmente para reabastecer os centros de distribuição de acordo com o *just-in-time*, a fim de manter a meta de nível de estoque. Com o intuito de garantir a disponibilidade, estoques de segurança dos materiais que entravam na unidade também eram formados.

Havia três principais fontes de incerteza que poderiam afetar a cadeia de suprimentos: (1) a chegada de materiais (atrasos, peças erradas, etc.), (2) processos internos (rendimentos e tempos de parada) e (3) a demanda. As duas primeiras fontes de incerteza traziam atrasos nos *lead times* de fabricação para reabastecer os estoques nos centros de distribuição. As incertezas na demanda levavam à acumulação de estoque ou a pedidos em atraso nos centros de distribuição. Uma vez que as impressoras eram despachadas de Vancouver por via marítima, o resultado do longo *lead time* para os centros de distribuição europeu e asiático era a limitação na capacidade destes de responder às flutuações na demanda para as diferentes versões do produto. De forma a garantir a alta disponibilidade do produto aos clientes, os centros de distribuição da Europa e da Ásia tinham de manter altos níveis de estoques de segurança. A situação do centro de distribuição norte-americano era menos complexa. Visto que uma imensa parte da demanda era pela versão norte-americana da impressora DeskJet, a flutuação no *mix* de zoneamento para o produto era pequena.

O PROCESSO DE DISTRIBUIÇÃO

Na HP, enquanto um centro de distribuição típico despachava centenas de diferentes produtos de informática e periféricos, um pequeno número de produtos respondia por uma grande fatia do volume total. A impressora DeskJet era um destes produtos de alto volume.

O Gerente de Operações de cada centro de distribuição regional se reportava ao Gerente de Distribuição Mundial que, por sua vez, se reportava diretamente ao Vice-presidente de Marketing da HP, e indiretamente ao Gerente do Grupo de Periféricos (os periféricos compunham a maior parte dos carregamentos nos centros de distribuição). Cada Gerente de Operações tinha uma equipe de seis gerentes funcionais, que representavam os departamentos de Finanças, NGS, Qualidade, Marketing, Distribuição Física e Serviços de Distribuição. As três primeiras funções eram semelhantes às suas respectivas funções em uma organização de produção. O departamento de Marketing era responsável pelas interações com os fornecedores. O departamento de Distribuição Física era o encarregado pelos "processos físicos", isto é, desde o recebimento até a expedição. O departamento de Serviços de Distribuição tinha a função de planejamento e *procurement*.

Os principais indicadores de desempenho de um centro de distribuição incluíam a Taxa de Atendimento do Item para a Linha (TAIL) e a Taxa de Atendimento do Pedido (TAP). A TAIL era calculada como o número de itens da linha presentes no pedido do cliente entregues no prazo dividido pelo número total de itens da mesma linha constante no pedido. (Toda vez que a HP tentava puxar material para um item de linha, ele era considerado uma tentativa.) A TAP era um indicador semelhante, mas baseado nos pedidos completados, em que um pedido contém diversos itens de linha. Os indicadores secundários incluíam níveis de estoque secundário e custo de distribuição pelo faturamento bruto em dólar. Os dois principais custos eram o frete de saída e os salários. O frete era cobrado das linhas de produto com base no peso real dos produtos despachados. Além disso, os centros de distribuição estimavam o "percentual de esforço" necessário para o apoio a uma dada linha de produto e cobrava esta porcentagem dos custos não incluídos no frete junto à linha de produto. O sistema tinha um certo grau de informalidade e importantes negociações ocorriam entre os centros de distribuição durante o processo de definição orçamentária que determinava a porcentagem de alocação apropriada para cada linha de produto.

Os centros de distribuição tradicionalmente vislumbravam seus processos como sendo simples, em linha reta e padronizados. As etapas de processo eram quatro:

1. Receber produtos (completos) de diversos fornecedores e estocá-los.
2. Selecionar os produtos necessários para atender ao pedido de um cliente.
3. Embalar os pedidos completos e identificá-los.
4. Expedir o pedido junto a uma transportadora apropriada.

A impressora DeskJet se adaptou bem ao processo-padrão. Em contrapartida, outros produtos, como computadores e monitores, exigiam um processamento especial, chamado "integração", que incluía a inclusão de um teclado adequado e de um manual específico para o país de destino. Ainda que este processamento não exigia uma grande dose de trabalho adicional, ele era difícil de adaptar ao processo-padrão e interrompia o fluxo de material. Além disso, o sistema de gestão de materiais dos centros de distribuição dava apoio à distribuição (o processamento de passagem de "itens acabados" na forma de modelos e opcionais individualizados), mas não suportava a fabricação (montagem de componentes para formar o produto acabado). Não havia planejamento de recursos materiais nem sistemas de análise da lista de materiais e os centros de distribuição não tinham um quadro de pessoal treinado no *procurement* de componentes.

A frustração no departamento de distribuição era considerável com relação ao suporte aos processos de montagem. Em geral, a alta gerência enfatizava o papel dos centros de distribuição como o de um depósito, e a necessidade de continuar a "fazer o que eles sabem fazer melhor – a distribuição". Tom Beal, o gerente de materiais do centro de distribuição dos EUA, traduziu a preocupação geral no departamento: "Temos de decidir qual é nossa principal competência e qual é o valor que somos capazes de acrescentar. Precisamos decidir se estamos no negócio de armazenagem ou de integração, e então adotar as estratégias para o apoio aos negócios. Se quisermos assumir os processos de fabricação (aqui), temos de considerar os processos de forma a gerar suporte".

A CRISE NO ESTOQUE E NO SERVIÇO

Limitar os estoques ao longo de toda a cadeia de suprimentos da DeskJet e ao mesmo tempo fornecer o nível alto de serviço exigido formavam um grande desafio para os gerentes de Vancouver. O grupo de fabricação em Vancouver havia trabalhado duro com a gestão do fornecedor para reduzir as incertezas causadas pelas variações na entrega de materiais para melhorar os rendimentos dos processos e para reduzir os tempos de parada na unidade. O progresso feito fora admirável; contudo, a melhoria da precisão da previsão continuava sendo uma tarefa extraordinária.

A magnitude dos erros de previsão era especialmente alarmante na Europa. A escassez de produtos diante da demanda de certos países era vista com frequência, ao passo que os estoques de outros modelos subiam. No passado, as metas para níveis de estoque nos centros de distribuição eram baseadas nos estoques de segurança, por sua vez definidos empiricamente. Parecia que a crescente dificuldade de obter previsões acuradas significava que as regras de definição dos estoques de segurança teriam de ser revistas.

David Arkadia havia solicitado a ajuda de um jovem especialista em estoques da HP, o Dr. Billy Corrington, para definir um sistema de estoques de segurança cientificamente embasado, que reagisse aos erros nas previsões e aos *lead times* de reabastecimento. Billy havia recrutado diversas pessoas para formar uma equipe, entre elas Laura Rock, uma engenheira industrial, Jim Bailey, o supervisor de planejamento e José Fernandez, o supervisor de compras da Unidade Vancouver, encarregada de revisar o sistema de gestão de estoques de segurança. Eles tinham de recomendar uma método para calcular corretamente os níveis de estoque dos diversos modelos e opcionais nos três centros de distribuição. A coleta dos dados apropriados mostrou-se uma tarefa demorada para a equipe. Eles perceberam que tinham em mãos uma boa amostra de dados de demanda (Tabela 11-1) e desenvolveram uma metodologia para os estoques de segurança. Brent esperava que esta metodologia resolveria o problema de estoque e serviço. Ele teria ficado feliz em poder dizer a seu gerente que toda esta bagunça com estoques e serviços devia-se à falta de uma metodologia consistente para estoques de segurança, e sua experiência teria sido a salvação do grupo.

Um dos problemas recorrentes era a escolha do custo de armazenagem a ser utilizado na análise do estoque de segurança. As estimativas internas da companhia variavam de 12% (o custo da dívida da HP mais os gastos com depósitos) a 60% (baseado no retorno do investimento esperado para os projetos de desenvolvimento de

TABELA 11-1
ALGUNS DADOS DA DEMANDA DA DESKJET - EUROPA

Opção	Nov	Dez	Jan	Fev	Mar	Abr	Maio	Jun	Jul	Ago	Set	Out
A	80	0	60	90	21	48	0	9	20	54	84	42
AA	400	255	408	645	210	87	432	816	430	630	456	273
AB	20.572	20.895	19.252	11.052	19.864	20.316	13.336	10.578	6.096	14.496	23.712	9.792
AQ	4.008	2.196	4.761	1.953	1.008	2.358	1.676	540	2.310	2.046	1.797	2.961
AU	4.564	3.207	7.485	4.908	5.295	90	0	5.004	4.385	5.103	4.302	6.153
AY	248	450	378	306	219	204	248	484	164	384	384	234
Total	29.872	27.003	32.344	18.954	26.617	23.103	15.692	17.431	13.405	22.692	30.735	19.455

novos produtos). Outro problema consistia na escolha da meta para a TAIL a ser adotada. A meta da empresa era 98%, um valor que teria de ser desenvolvido "com a ajuda do marketing".

Os faxes e os telefonemas sobre a piora da situação no centro de distribuição da Europa continuavam, e Brent também começou a receber sugestões de seus colegas que tinham uma natureza mais agressiva.

Rumores sobre a abertura de uma unidade-irmã de Vancouver na Europa começaram a circular. O volume naquele continente seria suficiente para justificar uma nova unidade? Onde ela seria construída? Brent sabia que o pessoal de vendas e marketing na Europa adoraria a ideia. Ele também gostava da possibilidade de ter uma unidade europeia para tomar conta do problema com estoques e serviço naquele continente. Essa nova unidade talvez fosse a solução para seu recente problema de insônia.

Sem dúvida, havia um grupo que defendia níveis maiores de estoque. De acordo com este grupo, a lógica era simples: "Quando o assunto é faturamento, os custos com estoques não entram nos demonstrativos de lucros e perdas, mas as vendas perdidas afetavam nossas receitas. Não mencione os *trade-offs* entre estoque e serviço. Ponto final".

Kay Johnson, o supervisor do Departamento de Tráfego, havia sugerido, há algum tempo, a utilização de transporte aéreo para as impressoras destinadas à Europa. "A diminuição dos *lead times* significa um maior tempo de reação diante de mudanças inesperadas no *mix* de produtos. Na minha opinião, o transporte aéreo é caro, mas vale a pena."

Brent recordou a conversa que teve com um estagiário da Universidade de Stanford na hora do almoço. O entusiasmado estudante estava passando um sermão em Brent, dizendo que ele teria tentado "atacar a raiz do problema". Isto, de acordo com o estagiário, era o que os professores ensinavam na faculdade, e também o que diversos gurus da qualidade pregavam. "A raiz do problema é que o sistema de previsão é péssimo. Não há uma saída fácil. Você tem de investir na arrumação deste sistema. Eu conheço esse professor lá em Stanford, que poderia ajudá-lo. Você já ouviu falar do método Box-Jenkins?" Brent lembrou-se de como ele tinha perdido o apetite naquele almoço, enquanto ouvia o estudante que estava tão disposto a dar conselhos.

E AGORA?

Brent repassou seus compromissos do dia. Ele havia planejado encontrar-se com Billy, Laura, Jim e José às 11h para revisar os níveis de estoque que haviam calculado utilizando o modelo do estoque de segurança. Ele estava um pouco preocupado com o grau da mudança que o modelo recomendaria. Se o modelo sugerisse mudanças modestas, a gestão talvez achasse que ele não era útil, e se as mudanças sugeridas fossem grandes, eles poderiam não aceitá-las.

Brent teria uma reunião rápida, após o almoço, com os gerentes de fabricação e de materiais para repassarem os resultados e preparar suas recomendações. Às 14h ele conversaria com o gerente de materiais do centro de distribuição dos EUA, por telefone. Ele contataria Cingapura naquela noite, e a Alemanha na manhã de sábado. Com um pouco de sorte, ele conseguiria o apoio de todos. Brent também se perguntava se haveria outra abordagem a considerar. Ele sabia que os números que ele apresentaria seriam muito altos.

CAPÍTULO 11: O PROJETO COORDENADO DA CADEIA DE SUPRIMENTOS E DO PRODUTO

Ao final deste capítulo, você será capaz de responder as seguintes questões:

- Quais são as estruturas, ferramentas e processos que as empresas podem utilizar em suas análises sobre a engenharia de processo e sobre o impacto que ela traz para o desempenho da cadeia de suprimentos?
- De que maneira o projeto para os conceitos de logística pode ser usado para controlar os custos e tornar a cadeia de suprimentos mais eficiente?
- O que é a diferenciação adiada e como a HP pode utilizá-la para tratar dos problemas apresentados neste estudo de caso? Como as vantagens da diferenciação adiada podem ser quantificadas?
- Quando os fornecedores devem se envolver no processo de desenvolvimento de novos produtos?
- O que é a customização em massa? A cadeia de suprimentos desempenha um papel importante no desenvolvimento de uma estratégia eficaz de customização em massa?

Por muitos anos, a engenharia de produção foi a última parada no processo de engenharia de produto. Os pesquisadores e engenheiros de projeto costumavam trabalhar no desenvolvimento de um produto que funcionasse, ou que utilizasse os materiais mais baratos, dentro do possível. Depois disso, os engenheiros de produção recebiam o desafio de determinar a maneira mais eficiente de produzir este item. Mas, na década de 1980, este paradigma começou a mudar. A gestão entendeu que o projeto de produto e de processo eram importantes fatores de custo do produto, e que a análise do processo de produção nos primeiros estágios do projeto era a única maneira de aumentar sua eficiência. Foi assim que nasceu o conceito de projeto para produção (*design for manufacturing*).

Recentemente, uma transformação semelhante iniciou na área da gestão da cadeia de suprimentos. Já discutimos as estratégias apropriadas para o projeto e operação da cadeia de suprimentos, com a suposição de que *as decisões sobre o projeto de produto foram tomadas antes do projeto da cadeia*. O projeto da cadeia de suprimentos, de acordo com nossa hipótese, envolve a definição da melhor maneira de fornecer produtos utilizando os processos de fabricação existentes. Contudo, nos últimos anos os gestores começaram a entender que se considerassem os problemas enfrentados relativos à cadeia de suprimentos na fase de projeto de produto e de processo, seria possível aumentar a eficiência da cadeia significativamente. Isto equivale à prática, vista no projeto para a produção, de considerar a fabricação durante a fase de projeto do produto.

Na maior parte deste capítulo, discutimos diversas abordagens que alavancam o projeto de produto para administrar a cadeia de suprimentos com maior eficiência. Antes de passarmos a tratar dos problemas mais específicos ao projeto, examinamos uma estrutura geral que integra a cadeia de desenvolvimento, apresentada no Capítulo 1, com a cadeia de suprimentos.

11.1 UMA ESTRUTURA GERAL

No Capítulo 1 apresentamos o conceito de cadeia de desenvolvimento, o conjunto de atividades e processos associados ao lançamento de um novo produto. De fato, ainda que na maior parte deste texto nos concentramos na cadeia de suprimentos, em muitas organizações são encontrados dois tipos de cadeia:

- A **cadeia de suprimentos**, que se dedica ao fluxo de produtos físicos a partir dos fornecedores, atravessando a fabricação e a distribuição e chegando aos varejistas e clientes.

- A **cadeia de desenvolvimento**, que se concentra no lançamento de um novo produto e envolve a arquitetura do mesmo, as decisões de comprar/fazer, o envolvimento dos primeiros fornecedores, a formação de parcerias estratégicas, a pegada do fornecedor e os contratos de suprimento.

Sem dúvida, estas duas cadeias se encontram quando os produtos se deslocam do desenvolvimento para a produção e, da mesma maneira, as decisões tomadas para a cadeia de desenvolvimento terão um impacto na eficiência da cadeia de suprimentos. Infelizmente, na maior parte das organizações, diferentes gerentes são responsáveis por diferentes atividades que são parte destas cadeias. Via de regra, o vice-presidente da engenharia é o responsável pela cadeia de desenvolvimento, o vice-presidente da fabricação é o encarregado pela porção de produção das cadeias e o vice-presidente da cadeia de suprimentos ou logística controla o atendimento à demanda do cliente. Além disso, cada um destes gestores muitas vezes recebe incentivos ao desempenho baseados em suas responsabilidades individuais, e ignoram o impacto de suas decisões nos outros pontos das cadeias de desenvolvimento e de suprimento. A menos que seja tratado com cuidado, o impacto destas estruturas organizacionais e motivacionais constitui um desequilíbrio nas estratégias de projeto de produto e da cadeia de suprimentos.

É importante lembrar que cada cadeia tem características diferentes. Por exemplo, as principais características da cadeia de suprimentos são:

- **A incerteza e a variação na demanda**, especialmente o efeito chicote, discutido no Capítulo 5.
- **As economias de escala** na produção e no transporte (Capítulos 2 e 3).
- **O *lead time***, especialmente devido à globalização (Capítulos 9 e 10).

Claro que cada uma destas dimensões tem um expressivo impacto na cadeia de suprimento apropriada e, por isso, neste capítulo desenvolvemos uma estrutura para vincular estas dimensões com as estratégias para a cadeia de suprimentos (ver Seções 6.2 e 6.3).

A cadeia de desenvolvimento traz um conjunto diferente de desafios e é caracterizada pelas seguintes variáveis:

- **O ciclo evolutivo do produto**, isto é, a velocidade com que a tecnologia muda em uma determinada indústria. O ciclo evolutivo exerce um visível impacto no projeto do produto e, portanto, na cadeia de desenvolvimento.
- **As decisões de comprar/vender**, ou as decisões sobre o que pode ser produzido pela própria empresa e o que comprar de fornecedores externos. (Para mais detalhes, ver a discussão no Capítulo 9.)
- **A estrutura do produto**, isto é, o grau modular ou integral que um produto precisa ter. No decorrer deste capítulo, discutimos o conceito de produto modular, mas para os objetivos desta seção, basta dizer que um produto altamente modular é montado a partir de uma variedade de módulos, e para cada módulo existem diversas opções. Desta forma, a maior parte da produção pode ser completada antes que a seleção de módulos e conjuntos para o produto final ocorra.

Cada uma destas características exerce um impacto na estratégia da cadeia de suprimentos que a empresa precisa adotar. A estratégia para a cadeia de suprimentos de um produto com ciclo evolutivo rápido, como microcomputadores ou impressoras a laser, é bem diferente da estratégia para a cadeia de suprimentos de um produto de ciclo evolutivo lento, como

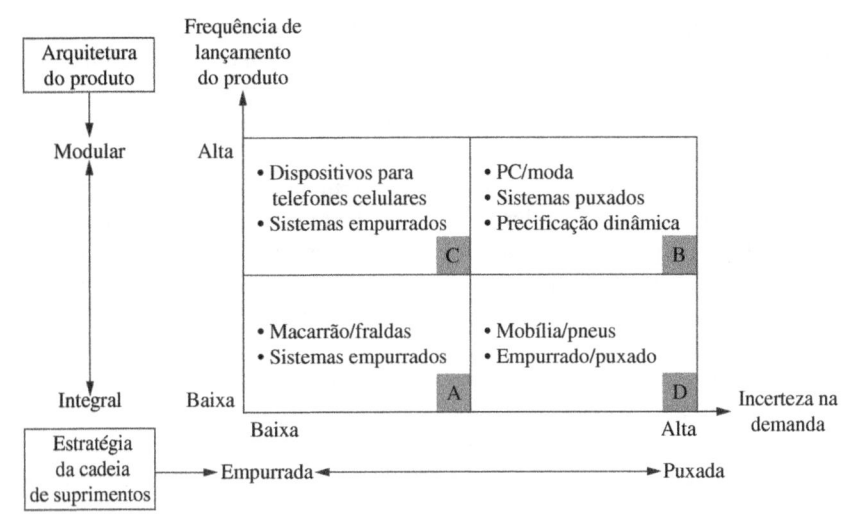

```
Arquitetura          Frequência de
do produto           lançamento
                     do produto

Modular       Alta
                   ┌─────────────────────┬─────────────────────┐
                   │ • Dispositivos para │ • PC/moda           │
                   │   telefones celulares│ • Sistemas puxados │
                   │ • Sistemas empurrados│ • Precificação dinâmica│
                   │             C       │             B       │
                   ├─────────────────────┼─────────────────────┤
                   │ • Macarrão/fraldas  │ • Mobília/pneus     │
                   │ • Sistemas empurrados│ • Empurrado/puxado │
                   │             A       │             D       │
                   └─────────────────────┴─────────────────────┘
Integral      Baixa                                              Incerteza na
                     Baixa                          Alta          demanda
Estratégia
da cadeia         ──► Empurrada ◄──          ──► Puxada
de suprimentos
```

FIGURA 11-3 O impacto da incerteza na demanda e da frequência de lançamento de novos produtos no projeto de produto e na estratégia da cadeia de suprimentos.

aviões. Da mesma forma, o nível de terceirização, a escolha do fornecedor e a arquitetura do produto também têm impacto na estratégia da cadeia de suprimentos.

Conceitos como o de cadeia de suprimento e desenvolvimento e ciclo evolutivo da tecnologia estão diretamente relacionados no estudo de Marshall Fisher. Em seu seminal artigo "What Is the Right Supply Chain for Your Product?" (*Qual é a cadeia de suprimentos correta para seu produto?*) [72], o Professor Fisher distingue dois tipos extremos de produtos, **os produtos inovadores** e **os produtos funcionais**. Os produtos funcionais são caracterizados pelo ciclo evolutivo lento e por margens de lucro tipicamente pequenas. Exemplos de produtos funcionais incluem alimentos, como sopas e cerveja, pneus, produtos para escritório, entre outros. Por outro lado, os produtos inovadores se caracterizam por um ciclo evolutivo rápido e um ciclo de vida do produto curto, por grande variedade de produto e margens relativamente altas.

Assim, *quais são as melhores estratégias para a cadeia de suprimentos e para cada tipo de produto?* Sem dúvida, produtos de ciclo evolutivo rápido (produtos inovadores) exigem uma abordagem diferente daquela para produtos com ciclo evolutivo lento (produtos funcionais). Ao mesmo tempo, as estratégias tanto para a cadeia de suprimentos quanto para o projeto de produto precisam considerar o nível de incerteza na demanda.

A Figura 11-3 mostra uma estrutura para relacionar as estratégias de projeto do produto e da cadeia de suprimentos com as características da cadeia de desenvolvimento (ciclo evolutivo). O eixo horizontal informa sobre a incerteza na demanda, ao passo que o eixo vertical representa a frequência com que um novo produto é lançado, ou o ciclo evolutivo.

Conforme observado no Capítulo 6, se todas as outras variáveis forem mantidas constantes, uma maior incerteza na demanda leva a uma preferência pela gestão da cadeia de suprimentos de acordo com uma estratégia puxada. Em contrapartida, uma menor incerteza na demanda desperta o interesse em administrar a cadeia de suprimentos por meio de uma estratégia empurrada. Lembremos das características das estratégias puxada e empurrada para cadeias de suprimentos. Na estratégia empurrada, o foco está na previsibilidade da demanda, na alavancagem de grandes economias de escala e na concretização da eficiência de custos. Ao contrário, em uma cadeia de suprimentos puxada, o foco está na reação à imprevisibilidade na demanda, nas baixas economias de escala e na concretização da capacidade de reação, o que em parte é obtido por meio de uma agressiva redução nos *lead times*.

Da mesma forma, se todas as variáveis se mantiverem constantes, uma frequência alta de lançamento de produtos (ciclo evolutivo rápido) sugere o foco na arquitetura modular para o produto, uma vez que esta abordagem permite o desenvolvimento independente de subcomponentes do produto, de forma que a seleção do conjunto de características finais e a diferenciação do produto são adiadas ao máximo possível, por vezes até a realização da demanda. (Estas ideias serão discutidas detalhadamente na Seção 11.2.4.) Por outro lado, a aceleração do desenvolvimento de produto e o adiamento da diferenciação e, portanto, o caráter modular do produto, não têm tanta importância na situação em que a frequência do lançamento do produto é baixa (isto é, para produtos com ciclo evolutivo lento).

Na Figura 11-3, a região compreendida por estas duas dimensões, a incerteza na demanda e a frequência no lançamento do produto, é dividida em quatro quadrantes. O quadrante A representa os produtos caracterizados por uma demanda previsível e por uma baixa frequência de lançamento do produto. Fraldas, sopa e macarrão são exemplos desta classe de produtos. Nossa estrutura sugere que, neste caso, o foco está em uma estratégia empurrada, na eficiência da cadeia de suprimentos e no alto giro de estoques.

O quadrante B representa produtos com ciclo evolutivo rápido e uma demanda expressivamente imprevisível. Muitos produtos de alta tecnologia, como PCs, impressoras e telefones celulares, além de vestuário, pertencem a esta categoria. Neste caso, o foco está na capacidade de resposta, na estratégia puxada e na arquitetura modular para o produto. Assim, os produtos colocados nesta categoria requerem uma cadeia de suprimentos que valoriza a capacidade de reação mais do que o custo – o estudo de caso da Zara apresentado no Capítulo 9 ilustra como isto é possível por meio do excesso de capacidade e pela redução dos *lead times* até o cliente. Em muitos casos, a precificação dinâmica também é adotada para melhor relacionar oferta e demanda, conforme discutido no Capítulo 13.

O quadrante D representa os produtos com ciclo evolutivo lento e alta incerteza na demanda. Estes são os produtos de setores em que uma combinação das estratégias empurrada e puxada é essencial. Além disso, analogamente ao quadrante B, estas são situações em que a redução no *lead time*, se possível, é importante. Exemplos de produtos que caem nesta categoria incluem mobília de qualidade, produtos químicos para a agricultura, produtos químicos de uso geral e específico, além de produtos como pneus de grande diâmetro utilizados na indústria de mineração, em que o volume é relativamente pequeno e, portanto, a demanda é altamente imprevisível.

Por fim, o quadrante C representa os produtos com ciclo de vida rápido e baixa incerteza na demanda. Não existem muitos produtos com estas características, mas um exemplo emblemático é o mecanismo do telefone celular. Atualmente, diversos fabricantes de celulares utilizam o mesmo mecanismo em todos os seus produtos, de forma que a demanda por ele é uma agregação das demandas para todos os modelos que produzem. Assim, a incerteza na demanda é pequena. O mecanismo do telefone celular em si não tem uma arquitetura modular, mas ele faz parte de um produto modular. Mais uma vez, tal como ocorre com o quadrante A, o foco está em uma cadeia de suprimentos empurrada, que enfatiza a eficiência ou a redução de custos.

> **EXEMPLO 11-1**
>
> Para testar nossa estrutura, consideremos produtos como televisores. Em geral, a tecnologia neste setor não muda com frequência, ainda que os fabricantes alterem os modelos periodicamente (recentemente observamos uma expressiva tendência de abandonar a tecnologia antiga, como a de tubos catódicos, em favor da tecnologia da tela plana). Assim, a frequência de lançamento do produto é alta, mas talvez não tão alta quanto aquela do PC. A incerteza na demanda não é muito alta e, portanto, ela é previsível, exceto no caso de promoções e pelo fato de que recentemente os preços dos televisores caíram cerca de 10% ao mês, o que afetou o nível de demanda. Desta forma, os televisores se encaixam em algum ponto sobre a linha que separa os quadrantes B e D na Figura 11-3, ficando talvez mais próximos da linha vertical central. Quais são as estratégias de projeto de produto e de cadeia de suprimentos para este setor? É interessante observar que, dependendo do fabricante e da região, as estratégias mais indicadas são uma arquitetura modular para o produto e a redução dos *lead times*. De fato, ao mesmo tempo em que a maior parte da produção fica na China, a estratégia de negócio depende do destino final do aparelho. Os fabricantes de televisores sofisticados transportam componentes para países pobres e montam os produtos de acordo com a demanda. Esta estratégia empurrada-puxada requer o projeto modular e permite aos fabricantes reduzir custos e atender às exigências legais que muitas vezes forçam a montagem efetuada por empresas locais. Por outro lado, para o mercado norte-americano, recentemente o foco está na redução do *lead time* entre a fabricação e a chegada nas lojas de 90 para cerca de 30 dias. *Lead times* curtos como este reduzem estoques expressivamente, e a cadeia de suprimentos com isso fica menos vulnerável ao impacto de uma queda de 10% no preço do produto [16].

Na próxima seção discutimos alguns conceitos apresentados pelo Professor Hau Lee [118], conhecidos pelo nome coletivo de projeto para a logística (PPL). Estes conceitos sugerem abordagens para o projeto de produto e de processo que auxiliam a controlar os custos com logística e o aumento nos níveis de serviço para o cliente.

Na sequência, tratamos das vantagens de incluir os fornecedores no processo de projeto do produto. Esta discussão está baseada em um extenso relatório publicado pela Global *Procurement* and Supply Chain Benchmarking Initiative (*Iniciativa para Referências para o Procurement Global e a Cadeia de Suprimentos*) da Universidade do Estado de Michigan, com o título "Executive Summary: Supplier Integration into Product Development: A Strategy for Competitive Advantage" (*Sumário Executivo: A Integração do Fornecedor no Desenvolvimento do Produto: Uma Estratégia para a Vantagem Competitiva*) [145].

Por fim, discutimos o conceito de customização em massa, desenvolvido por Joseph Pine II, com a ajuda de diversos co-autores. Mais especificamente, dirigimos o foco para as maneiras em que as práticas avançadas de logística e cadeia de suprimentos auxiliam na viabilização deste novo e interessante modelo de negócio.

11.2 O PROJETO PARA A LOGÍSTICA

11.2.1 Uma visão geral

Os custos com transporte e estoques, como vimos, muitas vezes são fontes de custos importantes na cadeia de suprimentos, sobretudo quando os níveis de estoque precisam ser altos para garantir um bom nível de serviço. Estes são os problemas que o projeto para a logística (PPL) aborda, utilizando três componentes-chave [118]:

- A embalagem e o transporte econômicos
- O processamento concomitante e paralelo
- A padronização

Cada um destes componentes trata da questão dos custos com estoque ou transporte e níveis de serviço de modo complementar. Eles são explicados nas subseções a seguir.

11.2.2 A embalagem e o transporte econômicos

Entre os diversos componentes do PPL, talvez o mais óbvio envolve o projeto de produtos de forma que possam ser embalados e transportados com eficiência. Produtos mais facilmente embalados têm custo de transporte menor, sobretudo em casos em que a variável a considerar é o limite de espaço, e não o limite de carga dos caminhões. Isto significa que se o espaço ocupado por um produto, não o seu peso, é o que limita o número de itens a ser carregado em um veículo de transporte, os produtos podem ser estocados de forma mais compacta e a custos mais baixos.

EXEMPLO 11-2

A Ikea, uma varejista de móveis sueca, tem vendas da ordem de $18 bilhões, sendo a maior varejista mundial para o setor. Fundada por Ingvar Kamprad, a companhia tem 220 lojas em 33 países [102, 222]. Seu crescimento foi impressionante, devido "à reinvenção do negócio de móveis" [130]. Tradicionalmente, as vendas de itens de mobília eram compartilhadas por lojas de departamentos e lojas locais menores. Os clientes emitiam um pedido e a entrega poderia ocorrer em até dois meses.

A Ikea mudou esta fórmula, ao dispor todos os seus 10 mil itens em imensos espaços, semelhantes a depósitos, em suas lojas localizadas nos arredores de grandes cidades, e mantendo todos estes itens no depósito da companhia. Isto foi possível com o projeto de produtos que podem ser embalados compacta e eficientemente na forma de kits, que os próprios clientes levam e montam em casa. Estes kits são práticos e fáceis de transportar, o que facilita a produção em um pequeno número de fábricas, e o transporte a diversas lojas espalhadas pelo mundo a custos baixos. Uma vez que a Ikea tem inúmeras lojas, todas de grande porte, a companhia é capaz de tirar vantagem de vastas economias de escala. Isto permitiu a ela vender móveis de boa qualidade a preços mais baixos do que a concorrência [130].

Em seu trajeto de crescimento expressivo, a Ikea continua trabalhando para melhorar o projeto e a embalagem de seus produtos. "Recentemente, a empresa descobriu como diminuir em um terço a largura da embalagem de um modelo de estante de livros, ao embalar as partes que compõem o fundo da estante em separado." [164]

Há outras razões para projetar produtos de forma a embalá-los compactamente. Por exemplo, muitos dos principais varejistas favorecem produtos que ocupam espaços de armazenamento menores e que são empilhados com maior facilidade. A armazenagem eficiente reduz certos componentes do custo com estoques, pois os custos de armazenagem, o espaço por produto (e portanto de aluguel por produto) diminuem, ao mesmo tempo que a receita por pé quadrado aumenta. Por exemplo, muitos dos grandes produtos plásticos vistos em lojas de desconto, como lixeiras, são projetados para serem empilhados, o que minimiza o espaço de prateleira ou de chão que ocupam. Assim, ao mesmo tempo em que talvez não baste projetar embalagens eficientes depois da finalização do projeto do produto, é possível que redefinir o projeto do produto propriamente dito seja interessante, para resolver esse tipo de problema.

EXEMPLO 11-3

Recentemente, a Rubbermaid recebeu diversos prêmios da revista BusinessWeek. Ao descreverem o motivo de conceder um prêmio aos recipientes para alimentos Clear Classics, os jornalistas da revista mencionavam que a "Wal-Mart adota produtos projetados para caber em prateleiras de 14 polegadas de altura por 14 polegadas de profundidade", uma das razões do sucesso destes produtos. Além disso, ao referirem-se ao trenó Icy Rider para crianças projetado pela Rubbermaid (e que também recebeu um prêmio), eles afirmam: "Claro que nem todos os produtos vendidos pela Wal-Mart cabem em prateleiras de 14 polegadas. Mas, se os *designers* projetam produtos que podem ser empilhados e portanto economizam espaço, estes têm lugar certo na Wal-Mart... Depois de pesquisar sobre as necessidades da Wal-Mart, a Rubbermaid tornou o Icy Rider mais fino e fácil de empilhar [152].

Do mesmo modo, muitas vezes é possível transportar mercadorias a granel e concluir o processo de embalagem no depósito ou mesmo no varejista. Esta estratégia economiza em termos de custos com transporte, pois as mercadorias a granel normalmente são transportadas com mais eficiência.

EXEMPLO 11-4

A indústria havaiana do açúcar adotou o transporte a granel depois da Segunda Guerra Mundial, quando os custos começaram a subir. As estimativas do setor dizem que o custo de transporte de uma tonelada de açúcar a granel hoje está em cerca de $0,77, enquanto o custo de transportar a mesma quantidade em pacotes sobe para $20,00 [56].

Em alguns casos, a embalagem final pode ser adiada até as mercadorias serem vendidas de fato. Por exemplo, muitos estabelecimentos que comercializam alimentos vendem farinha, cereais, mel, sabão líquido, arroz, feijão, grãos e muitos outros itens a granel, o que permite aos clientes adquirir as quantias que desejam.

Lembremos que o *cross-docking* (ver Capítulo 7) envolve o deslocamento de mercadorias de um caminhão (por exemplo, do fornecedor) para outro conjunto de caminhões (por exemplo, para as lojas do varejo). Em alguns casos, caixas ou paletes são transportadas de um caminhão que acabou de chegar para outro, que está prestes a sair. Contudo, frequentemente é preciso reembalar alguns dos produtos. Em muitos casos, paletes de transporte a granel com itens únicos chegam dos fornecedores, mas são paletes mistas, com diferentes itens, que têm de ser transportadas para os varejistas. Nesta situação, as mercadorias precisam ser reembaladas em um ponto de *cross-docking* e, assim, serão necessárias operações adicionais de etiquetação e identificação, se as embalagens se romperem [187]. Em geral, as embalagens e os produtos projetados para facilitar este tipo de operação de *cross-docking* igualmente contribuem para a redução dos custos de logística.

11.2.3 O processamento paralelo e simultâneo

Na subseção anterior concentramos nossa atenção em como a redefinição do projeto do produto e da embalagem ajuda a controlar os custos de logística. Nesta subseção, nosso foco está na modificação do *processo* de fabricação – que também pode exigir a modificação do projeto do produto.

Vimos que muitas das dificuldades na operação da cadeia de suprimentos devem-se aos longos *lead times* de fabricação. A maior parte dos processos consiste de etapas de produção efetuadas em sequência. As exigências em termos de tempos de partida e os ciclos de vida do produto, cada vez menores, ditam a obrigação de que certas etapas da fabricação sejam executadas em locais diferentes, para aproveitar melhor equipamentos ou experiência. O *processamento paralelo e simultâneo* engloba a modificação do processo de fabricação de forma que as etapas anteriormente executadas em sequência possam ser finalizadas ao mesmo tempo. Sem dúvida, isto ajuda a reduzir o *lead time* de fabricação, diminui os custos com estoques por conta da melhoria nas previsões e minimiza o estoque de segurança, entre outras vantagens.

Uma das variáveis essenciais ao processo de produção paralelo é o desacoplamento. Se muitos dos componentes do produto podem ser desacoplados, ou separados fisicamente, durante a fabricação, então é possível que estes componentes possam ser produzidos em paralelo. Se a fabricação de cada um dos componentes toma o mesmo período de tempo no novo projeto desacoplado, mas as etapas de fabricação são executadas em paralelo, o *lead time* diminui. Mesmo que alguns dos componentes modulares levem um tempo ligeiramente maior para serem produzidos, o *lead time* total pode diminuir, pois os diversos componentes estão sendo fabricados em paralelo. A vantagem adicional desta estratégia de fabricação em desacoplamento está na possibilidade de projetar uma estratégia de armazenagem diferente para cada um dos componentes, individualmente. Se o suprimento de matérias-primas ou o rendimento de produção é incerto para um dado componente, um nível de estoque mais alto pode ser mantido unicamente para este componente, não para o produto final como um todo.

EXEMPLO 11-5

Uma empresa europeia produz impressoras de rede para o mercado europeu, em parceria com uma empresa do Extremo Oriente. A placa de circuitos principal da impressora é projetada e montada na Europa. Depois, ela é despachada para a Ásia e integrada à carcaça da impressora, em um processo que envolve a construção da impressora, incluindo o motor, o cabeçote de impressão, a carcaça, e assim sucessivamente, no entorno da placa. O produto acabado é transportado para a Europa. O fabricante está preocupado com os longos *lead times* de fabricação e de transporte, o que torna essencial manter um grande estoque de segurança na Europa. Contudo, a maior parcela do *lead time* de fabricação deve-se ao processo de fabricação sequencial. A redefinição do processo de fabricação e de produto, de forma a possibilitar a integração da placa ao final da fabricação da impressora, diminuirá os *lead times* ao permitir a fabricação paralela na Europa e no Extremo Oriente. Além disso, a transferência da montagem final para a Europa aumentará a capacidade de reação e diminuirá os *lead times* consideravelmente. Os dois processos estão ilustrados na Figura 11-4 [118].

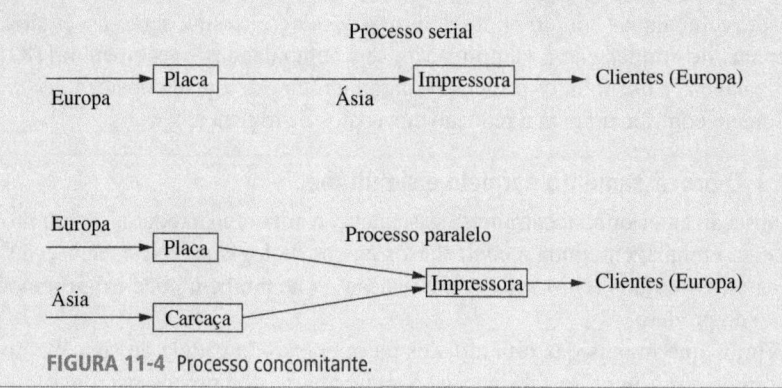

Processo serial

Europa → Placa → Ásia → Impressora → Clientes (Europa)

Processo paralelo

Europa → Placa ↘
                 Impressora → Clientes (Europa)
Ásia → Carcaça ↗

FIGURA 11-4 Processo concomitante.

11.2.4 A padronização

Conforme discutido, em alguns casos é possível encurtar os *lead times* (por exemplo, tirando vantagem do processamento paralelo) de forma a reduzir os níveis de estoque e aumentar a precisão da previsão. No entanto, há vezes em que é impossível reduzir o *lead time* além de certo ponto. Nestes casos, é possível atingir os mesmos objetivos por meio da padronização.

Lembremos o terceiro princípio da previsão, descrito no Capítulo 2: as informações sobre a demanda agregada são mais precisas do que os dados desagregados. Assim, é possível prever a demanda com mais precisão para um continente do que para um país, ou para uma família de produtos (por exemplo, jaquetas para a prática do esqui) do que para um produto específico (ou modelo). Infelizmente, em um ambiente tradicional de fabricação, as previsões agregadas não são muito úteis – o gerente de produção precisa saber, com exatidão, o que precisa ser feito antes de iniciar o processo. Porém, ao adotar a padronização de forma eficaz, é possível utilizar as informações sobre a demanda agregada com bons resultados. As abordagens baseadas nos pontos em comum para um produto ou para um processo possibilitam adiar as decisões sobre o produto específico a ser fabricado, até um instante qualquer posterior à tomada de decisões sobre a fabricação ou compra. Assim, estas decisões podem ser tomadas em nível agregado, utilizando as previsões agregadas mais precisas.

O professor Jayashankar Swaminathan desenvolveu uma ampla estrutura para a implementação e padronização eficientes, por meio da adoção de uma estratégia operacional correta [201]. Swaminathan sugere que a modularidade do produto e a modularidade do processo são os principais fatores que viabilizam uma estratégia de padronização que minimize os custos com estoque e aumente a precisão das previsões.

De acordo com Swaminathan, é necessário definir os seguintes conceitos:

Produto modular. É o produto montado a partir de diversos módulos de forma que para cada módulo existem diversas opções. O exemplo clássico de produto modular é o microcomputador, que pode ser customizado por meio da combinação de diferentes cartões de vídeo, discos rígidos, memórias, e assim sucessivamente. É importante lembrar que este conceito de modularidade também vale para a implementação do *processamento paralelo e simultâneo*, descrito na subseção anterior.

Processo modular. É um processo de fabricação que consiste de operações discretas, de forma que o estoque pode ser formado antes de o produto ter sido totalmente concluído, entre operações. Os produtos são diferenciados com a finalização de um subconjunto diferente de operações durante o processo de fabricação. É importante observar que os produtos modulares não são necessariamente fabricados com processos modulares, pois talvez não seja possível armazenar estoques intermediários ou de produtos semiacabados.

Swaminathan identifica quatro abordagens para a padronização:

- A padronização de peças
- A padronização de processos
- A padronização de produtos
- A padronização do *procurement*

Na **padronização de peças**, uma mesma peça é utilizada em comum para diversos produtos. A utilização de peças em comum reduz o tamanho do estoque de peças, devido ao compartilhamento do risco, e reduz os custos com peças, devido à economia de escala. Claro que o excesso de peças utilizadas em comum pode acarretar a diminuição da diferenciação do produto e, com isso, as opções mais baratas de customização acabam devorando as vendas de peças mais caras. Por vezes, pode ser necessário redefinir o projeto das linhas ou das famílias de produtos para atingir a utilização de peças em comum.

A **padronização de processos** envolve a padronização da maior parte possível do processo, para diferentes produtos, e a posterior customização destes o mais tarde possível. Neste caso, os produtos e processos de fabricação são projetados para que as decisões sobre os produtos a serem fabricados – a diferenciação – possa ser adiada até o momento em que a fabricação esteja ocorrendo. O processo de fabricação inicia com a formação de um produto *de família* ou *genérico*, que posteriormente é diferenciado na forma do produto final. Por esta razão, esta abordagem também é conhecida como *diferenciação adiada* ou *postergação* [118]. Com o adiamento da diferenciação, o começo da produção pode ser baseado em previsões agregadas. Assim, o projeto para a diferenciação adiada pode ser utilizado com eficácia para resolver a incerteza na demanda final, ainda que as previsões não possam ser melhoradas.

Normalmente é necessário redefinir o projeto dos produtos especialmente para a diferenciação adiada. Por exemplo, pode ser preciso redefinir a sequência do processo de fabricação a fim de tirar proveito da padronização de processos. A *redefinição de sequência* refere-se à alteração na ordem das etapas de fabricação de forma que as operações que resultem em diferenciação de itens ou produtos específicos são adiadas o máximo possível. Um célebre e interessante exemplo de uma empresa que adotou a redefinição de sequência para melhorar a operação de sua cadeia de suprimentos é a Benetton Corporation.

EXEMPLO 11-6

A Benetton é uma grande fabricante de vestuário, a maior da Europa, e a maior compradora de lã no setor [223]. A companhia fornece seus produtos a centenas de lojas. Uma das características da indústria da moda é a rápida variação na preferência do cliente. Contudo, em função do longo *lead time* de fabricação, os proprietários de lojas frequentemente têm de emitir pedidos de suéteres de lã com até sete meses de antecedência. O processo de fabricação de suéteres de lã consiste na aquisição do fio bruto, em seu tingimento, acabamento, fabricação das partes do traje e posterior costura destas para formar o produto acabado. Infelizmente, esta sequência dava pouca flexibilidade de reação diante da variação no gosto do cliente. Para tratar deste problema, a Benetton revisou o processo de fabricação, adiando o tingimento do suéter para *depois* da costura de suas partes. Assim, as escolhas por cor poderiam ser adiadas até que um volume maior de informações de vendas e mais previsões estivessem disponíveis. Por isso, em função do adiamento do processo de tingimento, foi possível basear a compra do fio e os planos de fabricação nas demandas agregadas para famílias de produtos, em vez de previsões para combinações específicas de suéteres/cores. A redefinição da sequência do processo encareceu a produção do item em 10%, e exigiu a compra de novos equipamentos, além do treinamento dos funcionários. Contudo, a companhia foi de alguma forma recompensada, pois passou a usufruir de previsões mais exatas e estoques menores. Muitas vezes, a estratégia trouxe também um aumento nas vendas [192].

Uma fabricante norte-americana de discos rígidos é outro exemplo notável. Neste exemplo podemos ver que, apesar dos baixos níveis de estoque exigidos para atingir níveis de serviço específicos, o custo por unidade estocada tende a ser mais expressivo.

EXEMPLO 11-7

Uma grande fabricante norte-americana de memórias produz diferentes produtos para uma variedade de clientes com exclusividade. Os pedidos são entregues dentro de um certo prazo e, uma vez que os *lead times* são muito longos, o fabricante precisa manter uma variedade de produtos em processamento para cumprir as datas de entrega. Uma vez que a variação na demanda é grande e que cada produto é exclusivo, o processo de fabricação envolve um segmento genérico curto, por meio do qual os produtos destinados a todos os clientes precisam passar. A seguir, inicia-se uma longa etapa de customização dos produtos da empresa. Sem dúvida, o ponto ideal para armazenar estoque é antes do início da customização. Contudo, infelizmente a maior parte do tempo de fabricação, devido sobretudo ao demorado processo de teste do produto, ocorre depois do começo da diferenciação. Estes testes precisam ocorrer após o começo da diferenciação, pois uma dada placa de circuito tem de ser integrada ao conjunto antes destes testes ocorrerem, e esta placa é diferente para cada cliente. De forma a adiar a diferenciação, é possível inserir uma placa genérica no conjunto, executar a maior parte dos testes, remover a placa genérica e mais tarde integrar a placa customizada. Desta maneira, é possível adiar a diferenciação dos discos rígidos até o momento em que mais informações sobre pedidos estejam disponíveis. Esta estratégia reduz o nível de estoque em processamento necessário para atender à demanda de forma confiável. No entanto, ela também aumenta o número de etapas de fabricação, pois a placa genérica tem de ser acrescentada e depois removida. Por isso, é preciso comparar as ineficiências no processo de fabricação geradas com estas duas etapas aos ganhos da economia com estoques. Os processos de fabricação estão ilustrados na Figura 11-5 [118].

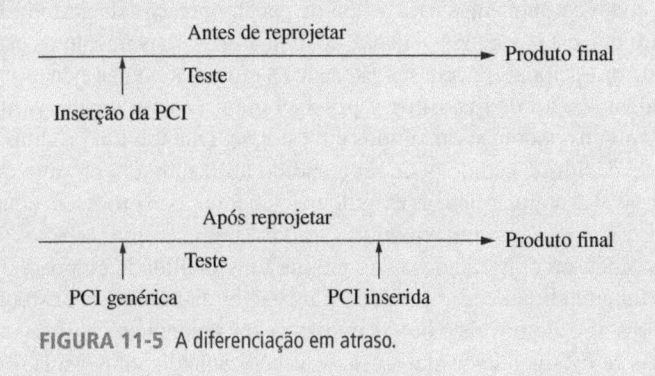

FIGURA 11-5 A diferenciação em atraso.

A padronização de peças e a de processos normalmente estão interligadas. Há situações em que a padronização de peças é necessária para implementar a padronização de processos.

Em alguns casos, os conceitos de redefinição de sequência e emprego de peças em comum permitem que as últimas etapas da fabricação sejam completadas em centros de distribuição ou depósitos, em vez da fábrica. Uma das vantagens desta abordagem é que se os

EXEMPLO 11-8

Uma grande fabricante preparava-se para lançar uma nova impressora a cores no mercado. Estimava-se que a demanda por esta nova impressora e a demanda por uma impressora existente seriam muito variáveis e que teriam uma correlação negativa. Os processos de fabricação dos dois produtos eram semelhantes, exceto pelas placas de circuitos e cabeçotes de impressão. Estas diferenças geravam processos de fabricação distintos. De modo a implementar a padronização do processo, isto é, a diferenciação adiada, é preciso garantir que os

> **EXEMPLO 11-8** *continuação*
> processos de fabricação sejam semelhantes até a última de suas etapas. Para isso, o projeto das impressoras foi redefinido para que ambos os produtos fossem equipados com a mesma placa e o mesmo cabeçote de impressão. Isto garantiu o adiamento da diferenciação ao máximo possível. Assim, a diferenciação de peças viabiliza a padronização de processos neste caso [118].

centros de distribuição estiverem muito mais próximos aos pontos de demanda do que as unidades de produção, os produtos podem ser diferenciados mais proximamente à demanda, o que eleva a capacidade da companhia de reagir com rapidez às mudanças no mercado. Esta é uma das abordagens mostradas na Seção 11.2.8, na qual analisa o estudo de caso apresentado no início deste capítulo.

Há vezes em que os processos podem ser redefinidos de forma que as etapas de diferenciação não precisam ser executadas em uma unidade de produção ou em um centro de distribuição, mas em um dos varejistas em que o produto é comercializado. Isto é possível com o foco na modularidade durante a fase de projeto, ao conferir funcionalidade a *módulos* que podem ser facilmente integrados ao produto. Por exemplo, diversas impressoras e copiadoras a laser são embaladas em sua versão mais básica. Junto com as impressoras, as lojas recebem módulos embalados em separado, que acrescentam as características específicas da impressora ou da copiadora, como componentes para o tipo de papel, operação de grampeamento, e assim por diante. Claro que esta estratégia é capaz de reduzir expressivamente os estoques necessários, pois somente os opcionais podem ser estocados na forma modular, não as impressoras em si.

Na **padronização de produtos**, é possível oferecer uma grande variedade de produtos, mas apenas alguns podem ser mantidos em estoque. Quando um produto que não é mantido em estoque é pedido, o pedido pode ser atendido utilizando um produto que oferece o maior número possível de características exigido pelo cliente. Este processo, conhecido como *substituição decrescente*, é comum em muitos setores. Por exemplo, no setor de semicondutores, é comum vender um chip rápido ou de grande funcionalidade como se fosse um chip lento e de baixa funcionalidade, se o primeiro não estiver disponível em estoque. Da mesma forma, locadoras de automóveis e hotéis muitas vezes preenchem as reservas com veículos ou quartos mais caros, quando os mais acessíveis não estão disponíveis. Há vezes em que é possível redefinir o projeto de produto para que ele possa ser adaptado às exigências do cliente final. Por exemplo, vimos anteriormente que muitos produtos são semelhantes, exceto pelas tensões elétricas de entrada, que variam entre diferentes mercados. Em vez de fabricar duas versões do produto, os fabricantes podem utilizar um produto padronizado, com uma opção de troca de tensão. Esta questão é discutida no estudo de caso no final deste capítulo.

Por fim, a **padronização do *procurement*** envolve a padronização de equipamentos e estratégias de processo, mesmo que o produto em si não seja padronizado. Esta padronização é especialmente útil quando o equipamento de processamento é muito caro. A produção de circuitos integrados de aplicação específica, por exemplo, exige equipamentos muito caros. Apesar de os produtos finais serem muito customizados e a demanda ser imprevisível, o mesmo equipamento é utilizado para produzir cada um dos possíveis produtos finais. Assim, o *procurement* para equipamentos pode ser administrado independentemente da demanda final.

11.2.5 A seleção da estratégia de padronização

Para auxiliar na seleção da estratégia apropriada de padronização, Swaminathan [201] propôs uma estrutura com base na observação de que esta escolha é uma função da capacidade da companhia de modularizar seus produtos e processos. A Tabela 11-2 mostra as escolhas de estratégias propostas para diferentes cenários.

- Se um processo e um produto são modulares, a padronização do processo auxiliará a maximizar a precisão eficaz das previsões e a minimizar os custos com estoques.
- Se o produto é modular, mas o processo não, então não é possível adotar a diferenciação adiada. Contudo, a padronização de peças provavelmente será eficaz.
- Se o processo é modular, mas o produto não, então a padronização do *procurement* é capaz de reduzir as despesas com equipamento.
- Se nem o processo e nem o produto são modulares, então algumas vantagens podem advir da padronização do produto.

11.2.6 Considerações importantes

As diversas estratégias descritas são projetadas para lidar com as previsões inexatas e a variedade de produto. Nem sempre é possível ou interessante, no âmbito dos custos, implementar estas estratégias no contexto de um determinado produto ou de uma cadeia de suprimentos específica. Mesmo que a implementação de uma dada estratégia seja teoricamente possível, em muitos casos as despesas resultantes da redefinição do projeto de produto e de embalagem excedem as economias geradas com este novo sistema. Além disso, gastos com capital provavelmente serão necessários para reaparelhar as linhas de montagem. Há vezes, conforme visto anteriormente, que talvez seja preciso incorporar capacidade de fabricação nos centros de distribuição. Via de regra, o valor destes tipos de mudança é maior no início do ciclo de vida do produto, pois o tempo disponível para a amortização destas despesas é maior, ou seja, toda a vida útil do mesmo. É possível que as iniciativas para o projeto para logística que fazem sentido no começo do ciclo de vida do produto não sejam compensadoras se implementadas mais tarde [118].

Talvez também seja mais caro fabricar um produto utilizando um novo processo. Em muitos dos exemplos mencionados, os produtos e os processos de fabricação se tornaram dispendiosos. Portanto, é necessário estimar a economia gerada por um produto ou processo projetado para ser mais eficaz, e comparar esta economia com o maior custo de fabricação. Muitos dos benefícios da implementação de tal sistema são muito difíceis de quantificar. A maior flexibilidade, o serviço ao cliente mais eficiente e os menores tempos de reação podem ser difíceis de ser mensurados em termos de valor, o que torna qualquer análise complicada. Para piorar, os engenheiros muitas vezes são forçados a adotar uma perspectiva mais ampla do que aquela a que foram treinados nestes processos de tomada de decisão.

Além disso, as alterações nos processos, como a redefinição de sequências, em muitos casos reduzem o nível de estoque, mas o valor de estoque unitário sofre um aumento. No exemplo do suéter, talvez seja possível manter um estoque de lã menor, porque não é preciso tingi-la antes das outras etapas do processo. Contudo, uma boa parte desta lã será

TABELA 11-2

ESTRATÉGIAS OPERACIONAIS PARA A PADRONIZAÇÃO

		Processo	
		Não modular	*Modular*
Produto	Modular	Padronização das peças	Padronização dos processos
	Não modular	Padronização do produto	Padronização do *procurement*

conservada na forma de suéteres, que têm valor maior do que a lã tingida. Claro que, se as etapas de fabricação ou de customização forem adiadas, os produtos genéricos terão menor valor do que os produtos customizados e, por isso, o valor é acrescentado em etapas subsequentes da cadeia de suprimentos.

Por fim, em alguns casos as tarifas e despesas aduaneiras são menores para produtos semiacabados ou não configurados do que para produtos acabados [118]. Assim, a implementação de uma estratégia para completar o processo de fabricação em um centro de distribuição local pode ser interessante para diminuir os custos associados com tarifas e despesas aduaneiras.

Todos estes problemas precisam ser considerados durante a implementação de um projeto específico para a estratégia de logística. No entanto, está claro que, em muitos casos, o projeto para logística pode ajudar a melhorar o serviço e reduzir os custos de operação da cadeia de suprimentos de forma expressiva.

11.2.7 A fronteira empurrada-puxada

Lembremos nossa discussão sobre a fronteira empurrada-puxada, apresentada no Capítulo 6. Em sistemas empurrados, as decisões relativas à produção são baseadas em previsões de longo prazo, ao passo que em cadeias de suprimentos puxadas, a produção obedece à demanda. Listamos diversas vantagens dos sistemas puxados e concluímos que, em comparação com os sistemas empurrados, eles trazem uma redução dos *lead times* da cadeia, dos níveis de estoque e dos custos do sistema, ao mesmo tempo que facilitam a gestão dos recursos do sistema.

Infelizmente, nem sempre é prático implementar um sistema puxado em toda a cadeia de suprimentos. Os *lead times* podem ser bastante longos, ou talvez seja necessário tirar vantagem das economias de escala na produção ou no transporte. As estratégias de padronização discutidas nesta seção podem ser vistas como métodos para combinar sistemas empurrados e puxados em uma única cadeia de suprimentos, naquilo que chamamos, no Capítulo 6, de sistema empurrado-puxado. A parte da cadeia de suprimentos anterior à diferenciação do produto normalmente atende ao sistema empurrado. Isto quer dizer que o produto não diferenciado é construído e transportado com base em previsões de longo prazo. Em contrapartida, a diferenciação ocorre como resposta à demanda de mercado. Assim, a parcela da cadeia de suprimentos que começa com a diferenciação obedece a uma estratégia puxada.

Por exemplo, no caso da Benetton, Exemplo 11-6, os suéteres não tingidos são produzidos de acordo com as previsões, mas a operação de tingimento ocorre em resposta à demanda do cliente. Chamamos o ponto de diferenciação de **fronteira empurrada-puxada**, uma vez que ela é o ponto em que o sistema substitui a estratégia empurrada por uma estratégia puxada.

Para entendermos o conceito de fronteira empurrada-puxada, é preciso recorrer à terceira regra da gestão de estoques, discutida no Capítulo 2. Uma vez que as informações sobre a demanda agregada são mais precisas do que as referentes a dados desagregados, a parcela empurrada da cadeia de suprimentos inclui tão-somente atividades e decisões referentes a etapas anteriores à diferenciação do produto. Estas atividades e decisões são baseadas em dados de demanda agregada.

Então, não resta dúvida de que uma vantagem adicional do adiamento é que ele permite que a empresa concretize muitas das vantagens dos sistemas puxados e ao mesmo tempo possibilita as economias de escala inerentes aos sistemas empurrados. Muitas vezes, se existe mais de um ponto de diferenciação possível na implementação de uma estratégia de padronização, pode ser interessante refletir acerca da melhor posição para a fronteira empurrada-puxada, com vistas a atingir o equilíbrio entre as vantagens dos sistemas empurrado e puxado.

11.2.8 A análise do estudo de caso apresentado

Consideremos o estudo de caso da Hewlett-Packard que você leu no início deste capítulo. Apesar de diversos problemas terem sido listados, concentramos nossa atenção na análise dos problemas de estoque do centro de distribuição europeu. Isto significa que a HP enfrenta longos *lead times* de entrega, que chegam a ser de quatro a seis semanas, a partir de sua unidade de produção em Vancouver, Washington, até a chegada dos produtos na Europa. A Unidade Vancouver é uma unidade de alta velocidade e de alto volume, em que a produção dura aproximadamente uma semana.

A HP está preocupada com os altos níveis e o desequilíbrio de estoque na Europa. Uma das características da impressora DeskJet é sua customização para mercados locais, concretizada em um processo chamado *zoneamento*. Este processo envolve a rotulação e a documentação no idioma correto e a customização da fonte de energia para a tensão elétrica e o plugue. A customização é feita em Vancouver muitas semanas antes de o produto chegar na Europa. Além disso, uma vez que as impressoras chegam a seu destino, o desequilíbrio de estoque pode ocorrer da seguinte maneira: o centro de distribuição europeu muitas vezes descobre que tem estoques muito altos de impressoras customizadas para certos mercados, mas não para outros.

Quais são as causas deste problema? Com base no estudo de caso e nas discussões apresentadas nos capítulos anteriores, as seguintes questões estão claras:

- Há expressiva incerteza acerca da maneira de definir o nível correto de estoque.
- As diferentes opções de zoneamento dificultam a gestão do estoque.
- Os longos *lead times* trazem a dificuldade na previsão e geram níveis altos de estoque.
- A incerteza em muitos mercados locais dificulta a previsão.
- A manutenção da cooperação entre as diversas divisões da HP é um desafio.

No curto prazo, o primeiro problema pode ser solucionado com a racionalização dos estoques de segurança, adotando os métodos discutidos no Capítulo 2. Para tratar destes problemas no longo prazo, as seguintes soluções foram propostas:

- Adotar o transporte aéreo para levar as impressoras de Vancouver até a Europa.
- Construir uma fábrica na Europa.
- Elevar o nível dos estoques na Europa.
- Aperfeiçoar os métodos de previsão.

Infelizmente, cada uma das alternativas propostas tem problemas graves. O transporte aéreo é economicamente proibitivo neste setor competitivo e de margens pequenas. Os volumes europeus negociados não são altos o bastante para justificar a construção de uma nova fábrica. O estoque já é um problema, e um nível mais alto pioraria a situação. Por fim, não se conhece uma estratégia para aperfeiçoar as previsões.

Assim, a gestão da HP está pensando em outra opção: a padronização do processo, ou a *postergação*. Isto quer dizer que esta alternativa envolve o transporte de impressoras "não zoneadas" para o centro de distribuição europeu e o seu subsequente zoneamento após a confirmação da demanda local. A questão é: qual é a economia com estoques com esta estratégia? Para tratar do problema, utilizamos as políticas de gestão de estoque detalhadas no Capítulo 2.

É importante lembrar que podemos calcular o estoque de segurança necessário para cada um dos produtos customizados, observando que o estoque de segurança precisa ser igual a $z \times DSV \times \sqrt{L}$, em que z é escolhido de forma a manter o nível de serviço exigido (ver Tabela 2-2). Na análise a seguir, supomos que o *lead time* é de cinco semanas e que o nível de serviço exigido é de 98%. Ao dividirmos esta quantidade pela demanda média, obtemos o número de semanas de estoque de segurança exigido. Assim, as seis primeiras linhas da Tabela 11-3 contêm os resultados destes cálculos para cada uma das opções de customização especificadas na Tabela 11-1. A penúltima linha mostra o total dos estoques exigidos. Vemos que, ao adotarmos estratégias eficientes de gestão de estoque no sistema de distribuição atual, a HP precisa ter um estoque de segurança de três semanas e meia para atender o nível de serviço de 98% exigido. A tabela também mostra o efeito de adiar o zoneamento até a demanda final ter sido verificada. Neste caso, o centro de distribuição mantém apenas impressoras genéricas em estoque e customiza os itens de acordo com a demanda. Isto permite ao centro de distribuição concentrar seus esforços com base nos níveis de demanda agregada e, portanto, conforme vimos na seção sobre o compartilhamento do risco no Capítulo 2, a demanda agregada tem um desvio-padrão muito menor do que aquele da demanda individual. O desvio-padrão da demanda agregada é mostrado na última linha da Tabela 11-3. Este novo desvio-padrão é utilizado para determinar o estoque de segurança para o modelo genérico. Observe que este novo sistema, em que o zoneamento é adiado, requer um menor estoque de segurança em comparação com o sistema existente.

A economia em dólar para os custos com armazenagem de estoques depende da taxa do custo adotada. Por exemplo, se o custo de armazenagem é de 30% e o custo de um produto é $400, as economias anuais chegam a $800.000. Além disso, há outros benefícios com a implementação da estratégia de adiamento, que incluem:

- O valor do estoque em trânsito, e portanto os custos com seguro, diminuem.
- É possível reduzir o custos com frete.
- Alguns dos materiais zoneados podem ser obtidos localmente, o que reduz custos e atende às exigências de "conteúdo total".

Por outro lado, há custos associados com a implementação desta estratégia de padronização de processo. Em primeiro lugar o produto e a embalagem precisam ser redefinidos de forma que o zoneamento possa ser adiado. Isto traz despesas e exige esforços de pesquisa e desenvolvimento para um produto que já vende bem. Além disso, o centro de distribuição europeu tem de ser modificado para facilitar a execução do zoneamento. Lembremos que, além de investimentos de capital, a mentalidade da distribuição de operação – "A distribuição, e não a produção, é nossa principal competência" – precisa ser alterada.

A HP implementou essa estratégia, e com grande sucesso. Os estoques caíram ao mesmo tempo que o nível de serviço subiu, o que levou a uma expressiva economia com custos e a uma maior rentabilidade. A fim de atingir estes resultados, a impressora teve

TABELA 11-3

ANÁLISE DO ESTOQUE

Parâmetro	Demanda média mensal	Desvio-padrão na demanda média	Demanda semanal média	Desvio-padrão na demanda semanal	Estoque de segurança	Semanas de estoque de segurança
A	42,3	32,4	9,8	15,6	71,5	7,4
AA	420,2	203,9	97,7	98,3	450,6	4,6
AB	15.830,1	5.624,6	3.681,4	2.712,4	12.433,5	3,4
AQ	2.301,2	1.168,5	535,1	563,5	2.583,0	4,8
AU	4.208,0	2.204,6	978,6	1.063,2	4.873,6	5,0
AY	306,8	103,1	71,3	49,7	227,8	3,2
Total	23.108,6		5.373,9		20.640,0	3,8
Genérico	23.108,6	6.244	5.373,9	3.011,1	13.802,6	2,6

seu projeto redefinido para o zoneamento e o centro de distribuição passou a aceitar mais trabalho e responsabilidades.

11.3 A INTEGRAÇÃO DO FORNECEDOR NO DESENVOLVIMENTO DE NOVOS PRODUTOS

Outro aspecto-chave da cadeia de suprimentos envolve a seleção de fornecedores adequados para os componentes do novo produto. Tradicionalmente, esta seleção é feita após os engenheiros de projeto e de produção terem definido o projeto final de um produto. Recentemente, um estudo publicado pela Global *Procurement* and Supply Chain Benchmarking Initiative (*Iniciativa para Referências para o Procurement Global e a Cadeia de Suprimentos*) da Universidade do Estado de Michigan [145] descobriu que as empresas muitas vezes realizam enormes benefícios com o envolvimento de fornecedores no processo de projeto. Os benefícios incluem a redução nos custos com materiais comprados, um aumento na qualidade deste, uma diminuição no *lead time* e nos custos de desenvolvimento e um aumento no nível de tecnologia do produto final.

Além das forças competitivas que motivam os gerentes a procurar por todos os tipos de eficiências na cadeia de suprimentos, diversas forças competitivas vêm despertando o interesse destes gerentes por oportunidades de trabalhar com fornecedores durante o projeto do produto. Estas forças incluem a manutenção do foco em estratégias que incentivem as empresas a concentrarem-se em suas competências essenciais e terceirizar outras, além de manter a redução dos ciclos de vida do produto. Ambas as forças encorajam as companhias a desenvolver processos que aumentem a eficiência do projeto. Sem dúvida, tirar proveito das competências do fornecedor é uma das maneiras de atingir estes objetivos.

11.3.1 O espectro da integração do fornecedor

O estudo sobre a integração do fornecedor [145] observa que não há um único "nível apropriado" de integração. Ao contrário, ele apresenta a noção de *espectro de integração do fornecedor* e identifica uma série de etapas, que variam da responsabilidade mínima até a responsabilidade máxima do fornecedor.

Nenhuma. O fornecedor não tem envolvimento no projeto de produto. Os materiais e os subconjuntos são fornecidos de acordo com as especificações e o projeto definidos pelo cliente.

Retângulo branco. Este nível de integração é informal. O comprador faz uma "consulta" informal ao fornecedor durante o projeto e a especificação do produto, apesar de não haver colaboração formal.

Retângulo cinza. Este nível representa a integração formal com o fornecedor. Equipes colaborativas são formadas pelos engenheiros do comprador e do fornecedor e, com isso, ocorre o desenvolvimento conjunto do produto.

Retângulo preto. O comprador oferece ao fornecedor várias exigências de interface, e este projeta e desenvolve, com independência, o componente solicitado.

Sem dúvida, o fato de o retângulo preto estar no final da lista não significa que a abordagem é a melhor em qualquer situação. Em vez disso, as empresas precisam desenvolver uma estratégia que ajude a determinar o nível apropriado de integração do fornecedor para diferentes situações. A Global *Procurement* and Supply Chain Benchmarking Initiative (*Iniciativa para Referências para o Procurement Global e a Cadeia de Suprimentos*) da Universidade do Estado de Michigan desenvolveu um processo de planejamento estratégico para auxiliar as empresas a concluir essa definição [145]. As primeiras etapas do processo são resumidas a seguir:

- A definição das competências essenciais internas.
- A definição do desenvolvimento de produtos existentes e novos.
- A identificação das necessidades de desenvolvimento e fabricação externas.

Estas três etapas auxiliam a gestão a definir o que deve ser obtido com fornecedores e o nível de experiência apropriado. Se os produtos a serem lançados no futuro têm componentes que exigem experiência que a empresa não tem, e o desenvolvimento destes componentes pode ser separado de outras fases do desenvolvimento do produto, então a adoção da abordagem do retângulo preto faz sentido. Se esta separação não for possível, então faz sentido adotar a estratégia do retângulo cinza. Se o comprador tem alguma experiência mas quer garantir que o fornecedor possa fabricar o componente adequadamente, talvez a abordagem do retângulo branco seja a melhor.

11.3.2 As chaves para a integração eficiente do fornecedor

A mera seleção de um nível adequado de integração do fornecedor não basta. A maior parte do trabalho é voltada para garantir que o relacionamento tenha sucesso. As etapas seguintes do processo de planejamento estratégico [145] auxiliam a garantir este êxito.

- A seleção dos fornecedores e a construção de relacionamentos com eles.
- O alinhamento de objetivos com fornecedores selecionados.

A seleção de fornecedores em geral envolve diversas considerações, como a capacidade de produção e o tempo de reação. Uma vez que os parceiros na integração do fornecedor fornecem os componentes (além de cooperarem com o projeto), todas as considerações tradicionais continuam válidas. Além disso, a natureza especial da integração do fornecedor traz várias exigências adicionais para o fornecedor.

O mesmo estudo identifica muitas destas exigências, incluindo:

- A capacidade de participar no processo do projeto.
- A disposição de participar no projeto do processo, incluindo a habilidade de firmar contratos de propriedade intelectual e de confidencialidade.
- A habilidade de dedicar a mão de obra e o tempo necessários ao processo. Isto pode incluir a realocação de funcionários, se preciso.
- Os recursos suficientes para comprometer-se com o processo de integração do fornecedor.

Claro que a importância relativa destas exigências depende do projeto e do tipo de integração. Uma vez que os fornecedores foram identificados, é essencial trabalhar na construção de relacionamentos com eles. Por exemplo, as empresas descobriram a utilidade de envolver os fornecedores no começo do processo de projeto. As empresas que se dedicam a essa integração precoce relatam lucros maiores do que aqueles das empresas que integram os fornecedores apenas depois de os conceitos de projeto terem sido gerados. O compartilhamento de planos futuros e de tecnologias com os fornecedores ajuda a construir este relacionamento, tal como um objetivo comum de melhoria contínua. Grupos independentes dentro da organização dedicados à gestão destes relacionamentos são igualmente úteis. Em todos estes casos, as metas da empresa compradora giram em torno da construção de relacionamentos eficazes e de longo prazo com fornecedores confiáveis. Estes relacionamentos alinham os objetivos da compradora e do fornecedor, resultando em uma integração mais eficaz.

11.3.3 Um "baú" de tecnologias e fornecedores

O grupo do Estado de Michigan também desenvolveu a ideia de "baú" de tecnologias e fornecedores dentro do contexto de integração do fornecedor. Este conceito envolve a monitoração e o desenvolvimento de novas tecnologias importantes e o acompanhamento aos fornecedores que demonstraram experiência com elas. Assim, sempre que for apropriado, uma empresa compradora é capaz de introduzir estas tecnologias em novos produtos com rapidez, por meio da integração da equipe de projeto do fornecedor com a sua própria equipe. Isto possibilita à empresa equilibrar as vantagens e as desvantagens de estar na frente com estas tecnologias de ponta. Por um lado, não há a necessidade de utilizar a tecnologia de imediato para ganhar experiência com ela: os fornecedores estão desenvolvendo esta tecnologia com outros clientes. Por outro, o perigo em tardar a introduzir tecnologia de ponta e conceitos modernizantes é minimizado. O conceito de baú é um excelente exemplo do poder da integração do fornecedor.

11.4 A CUSTOMIZAÇÃO EM MASSA

11.4.1 O que é a customização em massa?

Em seu livro "Mass Customization" (*A Customização em Massa*) [165], Joseph Pine apresenta um conceito que vem ganhando importância para um número cada vez maior de empresas: *customização em massa*. Nesta seção, apresentamos o conceito e como as redes logísticas e a cadeia de suprimentos desempenham um papel importante na implementação destas ideias.

A customização em massa evoluiu a partir de dois paradigmas da produção do século XX: a produção artesanal e a produção em massa. A produção em massa envolve a produção eficiente de uma grande quantidade de uma pequena variedade de produtos. Incentivada pela Revolução Industrial, as empresas chamadas *mecanicistas* desenvolveram-se com um tipo de gestão que dava alta prioridade à automação e à mensuração de tarefas. Nestas empresas, são comuns as estruturas de gestão altamente burocráticas, com grupos e tarefas rígidos e definidos em termos de função, além do controle de perto sobre os funcionários. Este tipo de organização viabiliza alto controle e previsibilidade, o que tende a elevar os graus de eficiência. A qualidade de um pequeno número de itens pode ser alta e os preços podem ser mantidos relativamente baixos. Isto é essencial, especialmente para *commodities*, produtos para os quais as empresas competem no preço e, mais recentemente, também na qualidade.

A produção artesanal, por outro lado, envolve mão de obra altamente especializada e flexível, muitas vezes composta por pessoal treinado no setor de produção cujo desempenho é governado por padrões profissionais ou mesmo pessoais, e cuja motivação se baseia no desejo de criar produtos e serviços exclusivos e interessantes. Estes trabalhadores, encontrados nas organizações *orgânicas*, são via de regra treinados com o desenvolvimento do aprendizado e a aquisição de experiência. Esta organização é flexível e vive em constante mudança. As organizações orgânicas são capazes de fabricar produtos altamente diferenciados e especializados, mas que são difíceis de regulamentar e controlar, a fabricação destes produtos é muito mais cara e os seus indicadores de qualidade e de produção são difíceis de mensurar e reproduzir, [166].

No passado, os gestores muitas vezes tinham de tomar uma decisão quanto ao modo de produção a adotar, o mecanicista ou o artesanal, com os respectivos *trade-offs*. Para alguns produtos, uma estratégia de baixos custos e baixa variedade era a mais indicada, ao passo que para outros a melhor estratégia envolvia altos custos e alta variedade e uma maior capacidade de adaptação. O desenvolvimento da customização em massa demonstra que nem sempre é necessário fazer este *trade-off*.

A customização em massa envolve a entrega rápida e a baixos custos de uma ampla variedade de mercadorias ou serviços customizados. Assim, ela incorpora muitas das vantagens dos sistemas de produção em massa e artesanal. Ainda que não seja apropriada para todos os produtos (por exemplo, as *commodities* nem sempre se beneficiam com a diferenciação), a customização em massa confere às empresas importantes vantagens competitivas e auxilia a condução de novos modelos de negócio.

11.4.2 Como operacionalizar a customização em massa

Pine [166] afirma que para operacionalizar a customização em massa, é preciso ter disponível mão de obra, processos e unidades modulares altamente especializadas e autônomas, de forma que os gerentes possam coordenar e reconfigurar estes módulos para atender a pedidos e demandas específicas dos clientes.

Cada módulo luta continuamente para aprimorar suas capacitações, e seu sucesso depende da eficácia, rapidez e eficiência com que completa suas tarefas, e de sua destreza em expandir estas capacitações. Os gestores têm a responsabilidade de definir como estas capacitações "se encaixam" com eficiência. Assim, o sucesso da gestão depende da eficiência que ela gerará, manterá e combinará – de forma criativa – os elos entre os módulos, de diferentes maneiras, para atender aos diferentes pedidos dos clientes. Este êxito também depende da criação de um ambiente de trabalho que encoraje o desenvolvimento de uma variedade de módulos diferentes.

Uma vez que cada unidade tem habilidades altamente especializadas, os funcionários desenvolvem experiência e eficiência na forma de produção em massa. Além disso, dado que estes módulos podem ser montados de diversas maneiras, a diferenciação da produção artesanal é tornada possível. Pine chama este tipo de organização de *rede dinâmica*.

Existem muitos atributos essenciais que uma empresa, ou, mais especificamente, *os sistemas dentro de uma empresa que unem os diferentes módulos*, precisa ter para implementar a customização em massa com sucesso [166]. Estes são:

A instantaneidade. Os módulos e processos precisam ser ligados um ao outro com muita agilidade. Isto permite uma reação rápida a diversas demandas do cliente.

Economia. Estas conexões não devem acrescentar custos, ou se o fizerem, estes têm de ser baixos. Este atributo permite que a customização em massa seja uma alternativa acessível.

Transparência. As conexões entre os módulos precisam ser invisíveis para o cliente, pois assim o serviço não é prejudicado.

Fluidez. Os custos indiretos com estas conexões têm de ser baixos. Além disso, a comunicação têm de ser instantânea, sem tomar tempo da equipe. Isto é necessário em muitos outros tipos de ambiente.

Quando estes atributos estão disponíveis, é possível projetar e implementar uma empresa dinâmica e flexível, capaz de reagir às diversas necessidades dos clientes com rapidez e eficiência.

EXEMPLO 11-9

A National Bicycle é uma subsidiária da Matsushita que vende bicicletas com as marcas Panasonic e National, no Japão. Há muitos anos, a gestão da companhia descobriu que as vendas não estavam em níveis aceitáveis, principalmente porque a empresa era incapaz de prever e atender satisfatoriamente à demanda variável do cliente. Um ano antes do começo da mobilização pela customização em massa, 20% das bicicletas produzidas no ano anterior permaneciam em estoque. Em vez de dirigir suas atividades para um nicho específico ou melhorar as previsões, a empresa adotou o sistema de customização em massa.

Ela desenvolveu uma unidade altamente flexível de fabricação de quadros de bicicleta. A pintura do quadro e a instalação e regulagem de componentes eram funções separadas que poderiam ser executadas em outros "módulos" da unidade de fabricação. A seguir, a National instalou um sofisticado sistema de pedido chamado Panasonic Order System nos varejistas. Este sistema inclui um equipamento exclusivo que mede o peso e a altura do cliente e calcula as dimensões apropriadas do quadro, a posição do selim e o tamanho do guidão. Os clientes também podem selecionar o tipo de modelo, as cores e diversos outros componentes. As informações dos revendedores são instantaneamente transmitidas à fábrica. Um computador equipado com CAD produz os detalhes técnicos do item em três minutos. Estas informações são transmitidas automaticamente aos módulos apropriados, em que a fabricação é completada. Com isto, a bicicleta é entregue ao cliente em duas semanas.

Assim, ao perceber que o processo de produção poderia ser dividido em módulos de produção independentes, de maneira invisível e essencialmente sem custos e com a adoção de sistemas avançados de informação, a National Bicycle foi capaz de aumentar as vendas e a satisfação do cliente, sem aumentar os custos de fabricação de forma expressiva [71].

11.4.3 A customização em massa e a gestão da cadeia de suprimentos

Sem dúvida, muitas das abordagens e técnicas avançadas para a gestão da cadeia de suprimentos discutidas nos capítulos anteriores são essenciais ao sucesso da customização em massa. Isto é verdadeiro, sobretudo se os componentes se espalham entre diversas unidades.

A mesma tecnologia da informação que é tão essencial para a gestão eficiente da cadeia de suprimentos é também essencial para a coordenação de diferentes módulos na rede dinâmica, a para a garantia de que juntos estes módulos possam atender às exigências dos clientes. Os atributos do sistema necessários, mencionados anteriormente, tornam obrigatória a eficiência dos sistemas de informação. Da mesma forma, em muitos casos os módulos da rede dinâmica existem entre diferentes empresas. Isto torna conceitos como parcerias estratégicas e integração do fornecedor essenciais ao sucesso da customização em massa. Por fim, como indicam muitos dos exemplos relacionados com a produção de impressoras, a postergação desempenha um papel importante na implementação da customização em massa. Por exemplo, a postergação da diferenciação regional até o produto ter chegado aos centros de distribuição facilita a customização regional. Conforme ilustra o exemplo a seguir, a postergação da diferenciação até o recebimento dos pedidos permite a customização caso a caso.

EXEMPLO 11-10

A Dell Computer tornou-se um dos principais atores no setor de PCs e vende mais sistemas do que qualquer outra empresa no mundo [224], com a adoção de uma estratégia exclusiva baseada na customização em massa. A Dell nunca monta um microcomputador para um cliente antes de ele enviar seu pedido. Isto permite que o cliente especifique suas necessidades exclusivas, e a empresa produz o equipamento de acordo com elas. Uma crescente maioria de pedidos é emitida via Internet. O sistema de recebimento de pedidos tem uma interface com o sistema

> **EXEMPLO 11-10** *continuação*
>
> de controle da cadeia de suprimentos da empresa, o que garante que o estoque está onde ele tem de estar para que o computador seja montado com rapidez. Além disso, os custos com estoque são baixos e a Dell minimiza o perigo de obsolescência de peças na indústria da informática, que passa por constantes alterações. Desta forma, a Dell se tornou uma das líderes nos mercados de computadores desktop, *laptop* e servidores.
>
> Para atingir seus objetivos, a Dell utiliza muitos dos conceitos importantes discutidos neste livro. A empresa tem sistemas de informação avançados, que fazem de tudo, desde receber pedidos (pela Internet) até a gestão de estoques na cadeia de suprimentos. Parcerias estratégicas foram firmadas com muitos dos fornecedores da Dell, e a empresa passou a implementar a integração do fornecedor com algumas das principais empresas de quem adquire componentes (por exemplo, a 3Com, fornecedora de equipamentos de rede) para garantir que novos computadores e dispositivos de rede sejam compatíveis. Por fim, a Dell vem utilizando o conceito de postergação ao adiar a montagem final de computadores até os pedidos terem sido recebidos e, assim atingir a customização em massa [139].

RESUMO

Neste capítulo, concentramos nossa atenção nas diversas maneiras em que o projeto do produto interage com a gestão da cadeia de suprimentos. Primeiramente consideramos os diversos projetos para os conceitos de logística, em que o projeto de produto é utilizado para reduzir os custos com logística. Os produtos projetados para facilitarem a embalagem e a estocagem obviamente têm menores custos de transporte e armazenagem. O projeto de produtos, conduzido de forma que as etapas da produção possam ser executadas em paralelo, permitem diminuir os *lead times* de produção, o que leva a uma redução nos níveis de estoque e à maior capacidade de resposta diante de mudanças no mercado. Por fim, a padronização viabiliza o compartilhamento do risco entre produtos, o que gera estoques menores e permite que as companhias utilizem as informações contidas nas previsões agregadas com mais eficiência.

Outra interação essencial entre o projeto e a cadeia de suprimentos envolve a integração de fornecedores no processo de projeto de produto e de desenvolvimento. Discutimos diferentes maneiras em que os fornecedores podem ser integrados ao processo de desenvolvimento e consideramos orientações para a gestão eficiente da integração.

Por fim, a gestão avançada da cadeia de suprimentos auxilia a customização em massa. Este processo envolve a entrega de uma ampla gama de produtos ou serviços customizados com rapidez e eficiência, a custos baixos. Claro que esta abordagem favorece as empresas, ao fornecer vantagens competitivas importantes e, da mesma forma, a gestão eficaz da cadeia de suprimentos é um aspecto crítico ao sucesso da customização em massa.

QUESTÕES PARA DISCUSSÃO

1. Dê dois exemplos de produto de ciclo evolutivo rápido, dois de ciclo evolutivo médio e dois de ciclo evolutivo lento.
2. De que maneira o ciclo evolutivo lento influencia a estratégia de projeto do produto? E o ciclo evolutivo lento?
3. Dê um exemplo de um produto apropriado para cada um dos quadrantes na Figura 11-3.
4. Discuta alguns exemplos de produtos projetados para terem custos baixos de transporte e armazenagem.
5. De que maneira a proliferação de produtos, modelos e opcionais torna a gestão da cadeia de suprimentos mais difícil?
6. Quais são as vantagens da substituição decrescente? E as desvantagens?

7. Quais são os produtos ou setores que vêm sofrendo com a excessiva padronização de peças?
8. Discuta alguns dos exemplos de produtos e processos modulares e não modulares.
9. Como as estratégias de padronização auxiliam os gestores a lidar com a variação na demanda e com a dificuldade de obter previsões precisas?
10. Quais são as vantagens e desvantagens da integração de fornecedores no processo de desenvolvimento de produto?
11. Você é o CEO de uma empresa de pequeno porte, fabricante de vestuário. Você está considerando uma estratégia de customização em massa para alguns de seus produtos. Como você escolhe os produtos adequados, se houver algum, para a customização em massa?

ESTUDO DE CASO

A Hewlett-Packard Company: o projeto da impressora em rede com vistas à universalidade

INTRODUÇÃO

Sarah Donohoe, gerente de engenharia de produção da divisão de impressoras a laser com rede da Hewlett-Packard (HP), ouvia atentamente seus colegas na reunião de revisão de projeto para o desenvolvimento de seu mais novo produto. Ao lado de Sarah estavam a gerente de marketing Jane Schushinski, o chefe de projeto de produto Leo Linbeck e o controlador da divisão David Hooper.

O tópico principal da reunião era a decisão de utilizar uma fonte de energia única para a próxima geração de impressoras a laser com rede, chamada pelo nome-código "Rainbow". Anteriormente, as impressoras no mercado norte-americano e no mercado europeu tinham diferentes fontes e fusores associados ao mecanismo principal do equipamento. As impressoras destinadas ao mercado norte-americano tinham uma fonte de 110 Volts, enquanto aquelas destinadas ao mercado europeu eram equipadas com uma fonte de 220 Volts. Este mecanismo de impressão era construído pela parceira de produção da HP baseada no Japão. Devido ao longo *lead time* de fabricação do mecanismo, a HP tinha de prover as especificações dos dois tipos de impressora com no mínimo 14 dias de antecedência. O tempo necessário para que a parceira japonesa complete sua parte na fabricação das impressoras e as prepare para o transporte, o tempo de transporte e o de liberação aduaneira totalizam quatro semanas. Portanto, se uma única fonte de energia for utilizada, a HP terá a flexibilidade para adiar a especificação do mecanismo da impressora em dois meses, no mínimo, no processo de planejamento. Consequentemente, a equipe de produção acreditava que uma fonte de energia universal permitiria à HP responder melhor às mudanças na demanda em diferentes mercados e, com isso, reduzir seus custos com estoques.

Linbeck havia iniciado a reunião com a leitura de um fax que recebera da parceira japonesa. "Já faz tempo que passamos a solicitar fonte e fusores únicos para nossa parceira japonesa. Agora, quando estamos prestes a finalizar nosso projeto para a próxima geração de impressoras com rede, ela nos diz que é possível projetar a nova fonte, e que este projeto pode ser concluído dentro do limite de tempo que definimos para entregar o produto no mercado. Mas temos de decidir dentro de duas semanas, pois assim os japoneses podem

---

Fonte: Copyright © 1996, Board of Trustees, Leland Stanford Junior. Todos os direitos reservados. Utilizado com a permissão da Escola de Administração da Universidade de Stanford. Este estudo de caso foi escrito pelo Professor Hau L. Lee, com base em um estudo de caso escrito por Steven Pious e Toni Cupal. A intenção do texto é servir como base para uma discussão em sala de aula, não para ilustrar a gestão exitosa ou fracassada de uma situação empresarial. Os nomes do produto e das pessoas foram alterados.

mobilizar seus engenheiros para trabalhar no projeto." Hooper resumiu a situação financeira da seguinte forma: "Desconheço os outros custos ou benefícios para a cadeia de suprimentos que serão gerados com esta mudança, mas sei que nossa parceira japonesa diz que esta fonte única aumentaria os custos em $30 por unidade".

À medida que a conversa avançava, as palavras de Hooper revelavam as impressões do grupo como um todo. O único indicador indiscutível para a análise de custos e benefícios da mudança era o aumento de $30, como dissera a parceira japonesa. Se a equipe decidisse implementar a mudança, eles teriam de convencer a gestão de que os benefícios superariam os custos. Infelizmente, à medida que a reunião prosseguia, a quantificação das vantagens e desvantagens ficava cada vez mais difícil.

A HEWLETT-PACKARD COMPANY

A Hewlett-Packard era uma das lendas vivas do Vale do Silício. Fundada em 1939 por William Hewlett e David Packard, formados pela Universidade de Stanford, a empresa se orgulhava em fabricar instrumentos de qualidade superior para uso na engenharia, projetados por engenheiros. Com o crescimento da companhia e sua diversificação, ela conservou a forte premissa da inovação tecnológica como principal vantagem competitiva.

Inovação era a palavra-chave na estratégia da HP. Em 1957, Packard revelou sua crença na importância desta capacitação:

> A melhoria é atingida por meio de métodos, técnicas, maquinário e equipamentos melhores, e por pessoas que continuamente procuram os melhores caminhos para executarem suas tarefas e trabalharem juntas, em equipe. Sempre há espaço para mais aperfeiçoamento.

Ao longo do tempo, a prioridade à inovação dada pela HP trouxera ao mundo uma série de produtos, como a calculadora de mão e a impressora jato de tinta. Em 1992, a empresa continuava investindo pesado em tecnologia, com despesas da ordem de $1,6 bilhão, ou 10% da receita, em pesquisa e desenvolvimento. Os altos níveis de investimento geraram frutos. Por três anos seguidos, mais da metade dos pedidos recebidos pela HP era por produtos lançados nos dois anos anteriores.

A MUDANÇA NAS CONDIÇÕES DO MERCADO

No começo da década de 1990, ao mesmo tempo em que a inovação permanecia como fonte do sucesso da companhia, muitas unidades estavam sendo forçadas a competir em outras dimensões. Nas linhas de bens de consumo, os preços baixos, a ampla disponibilidade e a praticidade de uso haviam se tornado elementos de competição. Lew Platt, então presidente e CEO da HP, reconheceu a importância de melhorar o serviço ao cliente e a capacidade de resposta:

> Não estamos atendendo aos pedidos com a eficiência necessária. Na verdade, é no atendimento a pedidos que temos nossas piores notas junto aos clientes. Precisamos facilitar nosso jeito de fazer negócio. A melhoria no atendimento a pedidos fortalecerá a competitividade da HP, aumentará a satisfação do cliente e reduzirá gastos. Por isso, essa área precisa de tratamento urgente. Essa é nossa prioridade, ao lado do aumento na lucratividade da empresa.

Além disso, os ciclos de vida do produto não paravam de encolher, movendo-se rápido para oferecer a diferença entre a maximização das oportunidades de mercado e perder estas oportunidades. Em nenhum outro lugar estas demandas eram mais importantes do que na divisão de impressoras a laser da HP. A empresa tinha a fatia de 57% do mercado do produto, mas outras concorrentes de peso, como a Apple, Fuji-Xerox, Kyocera, Oki e Compaq, haviam recentemente entrado no mercado. Os ciclos de vida haviam caído para menos de três meses, e a qualidade dos produtos da concorrência despertaram a disposição dos consumidores de substituir as marcas produzidas pela HP se o preço estivesse muito acima da média de mercado ou se o produto não estivesse facilmente disponível.

Para enfrentar estes desafios, a HP havia trabalhado agressivamente para melhorar seu processo de desenvolvimento de produto. Equipes multidisciplinares que recrutavam especialistas de todas as áreas funcionais da companhia para criar uma novo produto estavam se tornando o padrão. O principal benefício trazido por estas equipes era a habilidade de identificar e eliminar os problemas em potencial o mais cedo possível no ciclo de projeto, ao mesmo tempo em que minimizavam os custos financeiros do tempo de entrada no mercado relativos a mudanças no projeto de produto. Exatamente como se desejava, as diferentes perspectivas dos integrantes das equipes muitas vezes davam vazão a acalorados debates sobre as decisões de projeto.

A CADEIA DE SUPRIMENTOS DA DIVISÃO DA IMPRESSORA COM REDE

Os produtos a laser, como um grupo, constituem uma parcela importante e de rápido crescimento no conjunto de receitas da HP. Em 1992, a receita gerada pelos produtos a laser foi de $3 bilhões, e as estimativas previam o valor de $8 bilhões para o ano de 1998. A impressora com rede é uma impressora a laser de alta qualidade que tem mecanismos de rede e características especiais. A Rainbow, a impressora com rede em desenvolvimento, é um produto com um número muito maior de opções configuráveis e características de impressão, como memória, possibilidade de grampear o papel, software integrado, software de sistema, modems, facilidades para o manejo de papel, ligação com servidor de impressão, scanner e base. O preço do equipamento ficará entre $5.000 e $6.000.

A divisão de impressoras com rede da HP hoje terceiriza o *procurement* e a montagem do mecanismo principal do equipamento junto a uma parceira japonesa. Os componentes, incluindo a fonte e a unidade do fusor, eram totalmente integrados com uma placa de circuito impresso (fabricada pela unidade de Boise da HP), ao mecanismo de impressão na fábrica da parceira. O monopólio de um dos principais componentes permitia a esta parceira exigir da HP um *lead time* de 14 semanas.

A equipe de projeto da Rainbow reconhecia que as milhares de opções de configuração para o novo produto seriam um pesadelo para a geração de previsões e o planejamento da produção. Consequentemente, esforços especiais foram feitos para o projeto de produtos de forma que a maior parte da customização, como a instalação de itens de entrada de papel, bases, modems, itens de saída do papel, pacote de otimização da operação de grampear, memórias e ligação com servidor pode ser feita, para todos eles, nos centros de distribuição. Portanto, todos estes opcionais podem ser instalados como acessórios nos centros de distribuição. Além disso, o zoneamento do produto por meio da inclusão de software para o driver, manuais, cabos de alimentação e painéis frontais (com o *mix* correto de idiomas) também é feito no centro de distribuição.

Assim, o processo para a cadeia de suprimentos envolve o transporte da impressora incompleta, quase totalmente por via marítima, da unidade da parceira para os centros de distribuição da HP, tanto nos EUA quanto na Europa. O processo de transporte durava um mês. A demanda por uma impressora com rede na Ásia e na América Latina ainda era muito pequena em comparação com a demanda nos EUA e na Europa. Da mesma forma, todos os acessórios e materiais para o zoneamento também eram transportados para os centros de distribuição dos respectivos fornecedores. Tanto as impressoras quanto os outros materiais eram armazenados nos centros de distribuição. Quando os pedidos do cliente emitidos pelas revendas chegavam, as impressoras eram customizadas e zoneadas, ao que se seguia a etiquetação e a embalagem adequadas. O tempo de transporte final, geralmente feito por caminhão, para as revendas em cada região, EUA ou Europa, variava entre uns poucos dias a aproximadamente uma semana.

A DECISÃO DE INSTALAR UMA FONTE ÚNICA
A perspectiva do marketing

Jane Schushinski, gerente de marketing:

> Acho que uma fonte de energia única é uma ideia fantástica se não acrescentar custos ao produto. Os clientes não pagam por características que eles não precisam, e uma fonte única não é relevante para eles – a impressora com rede não é como um secador de cabelo portátil, que você carrega para viajar pelo mundo.
>
> A maior dificuldade que temos no marketing não se limita a especular se teremos uma demanda para nosso produto, mas quanto e onde ela aparecerá. A HP faz excelentes impressoras. Sempre fomos a líder em inovação, confiabilidade e serviço. A Rainbow é apenas a primeira de uma série de linhas de impressoras com rede, e esperamos vender 25 mil produtos ao mês, em todo o mundo, com 60% destas vendas concentradas na América do Norte.

O que nos prejudica é nossa incapacidade de prever com exatidão o *mix* de demanda em diversas regiões. Quando pensamos que as vendas na América do Norte serão de 2 mil e na Europa de 10 mil, descobrimos que serão 15 mil e 15, respectivamente. O problema está nas condições de mercado, em que a grande concorrência e a constante mudança nas inovações técnicas são capazes de alterar a demanda de forma drástica, em poucas semanas. Além disso, há muitas empresas tentando competir no preço. Isto também altera a demanda. A previsão destas mudanças é bastante difícil.

Finalmente, o longo *lead time* do Japão deixa minha equipe de marketing de cabelo em pé. Temos de especificar o mercado para a impressora com quatro meses e meio de antecedência em relação à entrega do produto. Nossas estimativas dizem que todo o ciclo de vida do produto é de no máximo 18 meses. Quatro meses e meio de *lead time* em um ciclo de vida de 18 meses? Isso é ridículo! A última coisa que eu quero é repetir o fracasso da VIPER. O que aconteceu naquela época deixou meu cabelo grisalho para sempre. Tínhamos tanto daquele produto espalhado em todo o local, que começamos a chamar nossa fábrica de "ninho de cobras!"*

É fácil ver porque todos adoramos a fonte única. Com ela, é preciso estimar somente a demanda mundial do produto com quatro meses de antecedência, em vez de descobrir os números para cada mercado. Podemos determinar as demandas de cada mercado individualmente, muito tempo depois, e esta postergação nos ajudará a gerar previsões mais precisas e a evitar erros dispendiosos com zoneamento.

A VIPER foi uma geração inicial de impressoras a laser da HP. Ao passo que a impressora propriamente dita fora um sucesso, a história da VIPER ilustra as dificuldades com a incerteza na demanda. A VIPER foi desenvolvida da mesma maneira que a nova impressora em análise. Os principais componentes da VIPER eram obtidos no Japão e tinham o mesmo *lead time* de quatro meses e meio até as fábricas. O produto exigia uma fonte e um fusor específicos, de 110 ou 220 Volts, e estes não eram intercambiáveis. A especificação da fonte especial, no começo do período de três meses e meio, comprometia o produto, tanto no mercado dos EUA quanto no mercado da Europa.

---

* N. de T.: Brincadeira com o termo "viper", ou víbora.

A HP não havia feito uma previsão do *mix* correto da demanda norte-americana e europeia da VIPER. Os estoques da impressora eram totalmente vendidos na Europa, mas a demanda nos EUA era menor do que a prevista. A companhia encheu um depósito com impressoras que o mercado norte-americano não queria e que ao mesmo tempo não poderiam ser empregadas para atender à demanda na Europa sem incorrer em custos altíssimos de desmontagem da impressora e de configuração da nova fonte e do novo fusor do mecanismo de impressão. No final, foi necessária a oferta de imensos descontos, ou "queima de estoque", para que a empresa se livrasse do excesso de estoque, o que gerou altos custos. Os compradores nos EUA agora estavam esperando que a HP reduzisse o preço de todas suas impressoras com o tempo. Inadvertidamente, a empresa perdeu sua capacidade de impor preços mais altos no mercado.

A perspectiva do desenvolvimento de produto
O ciclo de vida das impressoras pode ser dividido em três estágios: escala comercial, maturidade e fim da vida. O período de escala comercial é aquele compreendido entre o lançamento e o nivelamento dos volumes de produção da HP. Neste estágio, o produto geralmente é a única impressora no mercado a oferecer características distintas. O estágio da maturidade reflete o período de crescente competição, com impressoras comparáveis sendo lançadas e com o preço assumindo um papel importante no mercado do produto. No último estágio, o fim da vida, a competição é ferrenha de todo lado. Os lucros no varejo atingem seu nível mais baixo, com a minimização das margens. É neste ponto que a HP planeja lançar sua nova geração de produtos.

Quando existe um desequilíbrio na demanda da América do Norte e na Europa, a divisão consegue sobreviver com a consequência de ter excesso de estoque em um continente, e escassez em outro, ou transportar de um continente para outro (em uma operação conhecida como "transbordo"), onde a impressora é reconfigurada e vendida.

No estágio do fim da vida, além do transbordo de produtos entre continentes para corrigir desequilíbrios, a divisão tem a escolha de oferecer descontos no produto para aumentar a demanda, de desmontá-lo e vender as peças para a divisão de manutenção em Roseville, ou simplesmente destruí-lo.

O escritório de Leo Linbeck continha pilhas de cópias de todos os jornais sobre negócios relacionados à tecnologia de impressão. Sentado em sua estação de trabalho, ele explicou seu ponto de vista com relação à fonte única de energia.

> Enquanto a Jane ganha com "capacidade de resposta", eu ganho um aumento de $30 em custos por unidade. Com a pressão para desenvolver materiais de custo menor, a equipe de projeto acha difícil justificar este aparentemente desnecessário aumento no custo com material. Ainda que o mecanismo de impressão custe cerca de $1.000 cada, de forma que $30 talvez não seja uma quantia tão alta assim, cada dólar de aumento no custo com material é um dólar a menos em nossos lucros. É por isso que nossa equipe de projeto está sentindo a pressão para baixar o custo com material. Minha preocupação é que não teremos um modo para prever, com confiabilidade, o valor representado por estes benefícios da fonte única.
>
> Mas tenho de dizer que sou o primeiro a admitir que não sou um especialista em marketing, mas ao mesmo tempo está claro para mim que se formos capazes de aprender a prever a demanda com maior eficiência, então esta fonte única será totalmente inútil. É possível que injetar $30 por unidade na melhoria do processo de previsão faça mais sentido do que enviar porta afora dentro de uma caixa de papelão. No primeiro caso, ao menos há a chance de recuperar o valor.
>
> Concordo com a Jane em relação aos benefícios do final do ciclo de vida do produto. Hoje, a reconfiguração do produto com uma fonte diferente é uma chateação. Temos de comprar fontes novas com a tensão correta, transportar as impressoras através do Atlântico a partir da região em que não foram vendidas, substituir a fonte, trocar o circuito elétrico do fusor e sua lâmpada, e finalmente distribuir o produto no varejo. As antigas fontes têm de ser descartadas. Para piorar, há um monte de problemas com regulamentação. Uma fonte única elimina todo o retrabalho que é necessário hoje, e ninguém sabe se os ganhos obtidos com essa troca suplantarão o aumento no custo com material.
>
> Qualquer que seja o caminho que escolhermos, uma coisa é certa. Não podemos atrasar nosso cronograma de desenvolvimento para tomar esta decisão. Precisamos escolher uma estratégia de uma vez e botar a mão na massa!

Já em 1991, para melhorar sua posição de custos e reduzir o tempo de entrada no mercado, as divisões de impressoras em Boise implementaram duas novas métricas de desenvolvimento de produtos. Na primeira, elas definiram metas de redução de custos para cada nova geração de impressoras. Os custos capturados nesta métrica incluíam os custos gerais com mão de obra, material e fabricação. A segunda métrica, chamada "tempo de equilíbrio contábil" havia sido solicitada pela alta gerência. Ela mensurava o tempo entre o começo do projeto até o equilíbrio nas contas, definido como o ponto em que a entrada de caixa descontada igualava-se à saída de caixa descontada.

A perspectiva financeira

Os demonstrativos de receita pró-forma e os balancetes para o novo projeto estavam ordenadamente empilhados na mesa de David Hooper. Ele enfatizou o efeito da fonte única, observando que:

> Se incorporarmos a fonte única e vendermos 450 mil unidades da Rainbow, o custo adicional com material será de $13,5 milhões. Se não formos capazes de repassar este aumento ao cliente, ou pelo menos aos varejistas, este valor vai sair de nosso lucro líquido.
>
> Claro que concordo que a fonte única tem vantagens. Talvez devêssemos examinar melhor os custos da falta de estoque e do aumento dele.
>
> A demanda flutua em cada um dos três ciclos de vida do produto e os custos de vender ou não também. Normalmente prevemos que para cada venda perdida, na verdade deixamos escapar vários múltiplos de nossa margem de lucro. A razão para isso é que se um cliente compra uma marca da concorrência devido à nossa incapacidade de manter o estoque dos revendedores, então há uma chance de ele ficar com aquela marca quando ele comprar outra impressora no futuro. Este efeito pode se estender por três ou quatro gerações do produto. Além disso, talvez percamos os lucros com as vendas de itens de consumo, como os cartuchos de toner e até mesmo outros periféricos da HP.
>
> O custo da falta de estoque, quando o produto está sendo lançado no mercado, é ainda maior, já que a propaganda boca a boca e os efeitos da publicidade podem prejudicar as vendas futuras e até mesmo o sucesso do produto. Por outro

lado, o custo da falta de estoque no fim da vida do produto talvez seja consideravelmente menor, já que o medo de efeitos adversos nas vendas futuras também é menor e os revendedores podem incentivar o cliente a esperar pelo novo produto que vem substituir o que está à venda.

Ainda que o custo da falta de estoque no estágio de escala comercial seja o maior, é também nesta etapa que sabemos muito pouco sobre a reação do mercado a nosso novo produto, e nossos erros de previsão são muito maiores. Entendo que o pessoal do planejamento de material cumpriu seu papel e descobriu que o desvio-padrão no erro em nossas previsões mensais (uma nova métrica de precisão na previsão que o grupo começou a utilizar) esteve próximo a 40% da demanda média mensal em ambos os mercados nos estágios de maturidade e fim da vida. O grupo estima que a porcentagem correspondente ao estágio de escala comercial seja de 80 a 90%.

O outro grande custo que devo monitorar é o de estoque. Meus analistas financeiros estimam que nossos custos anuais com a armazenagem são de 30%, cobrindo depósitos, seguros, custo de capital e *shrinkage**.

A perspectiva da fabricação

Sara Donohoe, gerente de engenharia da produção, comentou:

> Acho que a fonte única é uma grande ideia. Esta inovação melhorará nossa flexibilidade de atendimento a pedidos de duas maneiras. A primeira é óbvia, pois poderemos adiar o ciclo de decisão de alocação regional por dois meses e meio. Tenho certeza de que o pessoal do marketing critica esse problema há muito tempo. A segunda vantagem é mais sutil. Veja bem, ao mesmo tempo que o transbordo sempre foi possível, pelo menos na teoria, nós sempre evitamos adotá-lo. Eu explico.
>
> No estágio de escala comercial, sempre tentamos encher nossos centros de distribuição com toneladas de impressoras, para não corrermos o risco de ficar sem estoque e, diante do alto custo

da falta de estoque neste estágio, isso parece razoável. Na fase de maturidade do produto, se continuarmos fazendo o que todo mundo na HP faz e mantivermos um estoque de segurança alto o bastante para atender às metas de serviço de 98%, então a chance de termos de recorrer ao transbordo continua pequena. Mas eu não tenho certeza de que vamos manter o nível de serviço em 98% no fim da vida do produto e, na verdade, é nesse ponto que o transbordo é mais necessário.

A finalidade do transbordo é ajustar os estoques em resposta à demanda do mercado. Para fazer isso com eficiência, você precisa transportar o produto com rapidez. Infelizmente, enviar uma impressora por via aérea através do Oceano Atlântico nos custa $75. O transporte marítimo reduz custos significativamente, a mais ou menos $15 por unidade, mas um mês navegando pelo mar não acrescenta muito em termos de capacidade de resposta. Mas é exatamente essa capacidade de resposta que queremos conquistar! Além do custo com transporte, sabemos que a reconfiguração da fonte e do fusor é um processo tedioso. Se eu tivesse que dar um palpite, minha estimativa, por baixo, para o custo relativo apenas à operação de reconfiguração seria de $250 por impressora.

Você deve estar imaginando que o pessoal da qualidade fica maluco quando descobrem que você está fazendo uma coisa dessas. Como é que você consegue estabelecer um controle de processo se você faz uma coisa apenas uma vez ao ano? Para piorar, já que a rede envolve componentes eletrônicos, os padrões de segurança exigem que o processo de reconfiguração seja certificado pela Underwriter's Laboratories. Se você já teve de trabalhar com a UL, então você sabe como é difícil conseguir a aprovação de um projeto desses.

A fonte única vai ajudar a evitar esta bagunça, pois torna o transbordo uma alternativa mais distante. O custo da reconfiguração é quase zero. É uma possibilidade, mas não tenho certeza de quem vai coordenar o processo ou decidir quando fazer o transporte... nossos amigos da distribuição, talvez.

Minha única preocupação de verdade com a fonte única é o jogo de poder que poderá começar na hora de alocar a produção da impressora em uma das duas regiões. Gostaria de ter um pouco de visibilidade e controle sobre o número de impressoras que eu terei para receber.

---

* N. de T.: *Shrinkage factor*, ou fator de redução. Fator percentual no registro mestre de um item que compensa a perda esperada durante o ciclo de manufatura seja aumentando as necessidades brutas ou reduzindo a quantidade de conclusão esperada de pedidos planejados ou em aberto.

A perspectiva da distribuição

Rob Seigel comanda o centro de distribuição da América do Norte. Ele trabalhou em vários cargos antes de ser transferido.

No caso de um produto unificado, o transbordo não é um grande problema para o centro de distribuição. Ele é apenas outro transporte, e podemos "zonear" o produto com facilidade, basta acrescentar o manual e os adaptadores no centro de distribuição. Mas, na minha opinião, acho que é uma ótima maneira de mandar os lucros de uma companhia pelo ralo. Dá para imaginar, enviando mil impressoras para a Alemanha em fevereiro, para recebê-las de volta em março. As duas viagens podem fazer sentido na hora, mas no final das contas a empresa perde centenas de milhares de dólares!

Quem é que vai decidir deslocar estoques de um centro de distribuição para outro? Vai haver confusão se um centro de distribuição precisa de mais produtos e o outro não quer entregar seu excesso de estoque. Todos nós sofremos pressão para atender aos níveis de serviço e ainda que eu tenha um excesso de estoque no momento, isso não quer dizer que não precise dele daqui a um mês. Enviar uma impressora para a Europa ajuda a melhorar o desempenho lá, mas e o meu desempenho, onde fica? Tomara que eu não tenha de fazer isso! Uma das coisas que eu mais odeio é passar metade de meu dia de trabalho ao telefone com a Alemanha tentando negociar uma transferência de produto.

Mas acho que, se conseguirmos evitar o que aconteceu com a VIPER, a gente sai no lucro. Aquilo foi interessante. Você vê aquele depósito? Grande não? Ele estava tão cheio, que tivemos de começar a estocar impressoras nos corredores, uma ao lado da outra, do chão até o teto. Eu pagaria para que isso não acontecesse de novo. Todo o resto do trabalho para quando uma crise como essa acontece.

A DECISÃO

A equipe tinha a autoridade na tomada de decisão, mas eles teriam de defender a decisão tomada diante da alta gerência. Com base na experiência passada, eles sabiam que se decidissem por adotar uma fonte única, a gerência iria querer garantir que as análises corretas fossem feitas para todos os custos e benefícios envolvidos, e iria também querer ver as estimativas dos respectivos riscos. Além disso, o possível efeito sobre futuras gerações de produtos também teria de ser avaliado.

QUESTÕES PARA DISCUSSÃO DO ESTUDO DE CASO

1. De que maneira a adoção de uma fonte única constitui uma estratégia de postergação?
2. Quais são os custos e as vantagens de uma fonte única? (Formule novas hipóteses.)
3. De que maneira estes custos e benefícios variam ao longo do ciclo de vida do produto?
4. Além de decidir sobre uma fonte única, que outras melhorias organizacionais você sugeriria à unidade de Boise da HP?
5. Qual é a sua recomendação para a adoção de uma fonte única?

CAPÍTULO 12

O Valor para o Cliente

ESTUDO DE CASO

Feito sob medida

Em uma tarde de sábado, em agosto, Carolyn Thurmond entrou em uma loja da J.C. Penny para comprar uma camisa Stafford tamanho 5, em tecido que não amarrota, para seu marido.

Na manhã de segunda-feira, em Hong Kong, um técnico em informática baixou o registro da venda. Na quarta-feira, pela tarde, um funcionário de uma fábrica de Taiwan havia empacotado uma camisa idêntica para ser enviada à loja, em Atlanta.

Este rápido processo, parte de um sistema de produção e cadeia de suprimentos para camisas e que consumiu anos de trabalho, pôs a Penney na dianteira da contínua revolução no varejo dos EUA. Em um setor em que a meta é o giro rápido das mercadorias, as lojas da Penney hoje quase não têm estoques extras de camisas com a própria marca. Há menos de uma década, a Penney tinha milhares dessas camisas estocadas em todo o território norte-americano, que imobilizavam o capital da empresa e lentamente saíam de moda.

Neste novo processo, a Penney está visivelmente ausente. Todo o programa é projetado pela TAL Apparel Ltd., uma fábrica de camisas de capital fechado baseada em Hong Kong. A TAL coleta os dados de pontos de venda das camisas na Penney diretamente das lojas nos EUA, e então entra com os dados em um sistema que ela própria projetou. A empresa de Hong Kong então decide sobre o número, o modelo, a cor e o tamanho das camisas que vai fabricar. O fabricante envia as camisas diretamente para cada uma das lojas da Penney, sem passar pelos depósitos do varejista – nem pelos tomadores de decisão da corporação.

A TAL é uma gigante sem nome de marca, fabricante de uma em oito camisas vendidas nos EUA. Sua íntima relação com os varejistas é parte de uma troca de poder que ocorreu no setor de produção em todo o mundo. À medida que os varejistas lutam para cortar custos e acompanhar os gostos dos clientes, eles aumentam a própria dependência junto aos fornecedores que respondem com rapidez às suas diferentes necessidades. Isto abre uma série de oportunidades para os fabricantes inteligentes. Nesse processo, a TAL não perdeu tempo e passou a controlar áreas problemáticas, como a previsão de vendas e a gestão de estoques.

No final de semana em que a Sra. Thurmond fez sua compra, a mesma loja de Atlanta vendeu duas camisas verde pálido, de mesmo tamanho, mas de outra marca da Penney, a Crazy Horse. Esta operação zerou o estoque deste item específico na loja. Com base em dados de vendas passadas, os computadores da TAL determinaram que o nível de estoque ideal para essa marca, modelo, cores e tamanho era de duas unidades. Sem consultar a Penney, a fábrica da TAL em Taiwan

Fonte: Gabriel Khan. *The Wall Street Journal*, Edição Oriental, 11/9/03. Direitos autorais 2003, Dow Jones & Company, Inc. Reproduzido com permissão da Dow Jones & Company, Inc., para o formato livro-texto por intermédio da Copyright Clearance Center.

produziu duas novas camisas, e enviou uma por navio, e outra por avião, para chegar mais rápido. A TAL pagou pelo transporte, mas enviou a conta da produção das camisas para a Penney.

Em vez de perguntar à Penney o que ela gostaria de comprar, "eu digo a eles quantas camisas eles acabaram de comprar", diz Harry Lee, diretor administrativo da TAL.

A TAL nasceu em 1947, após os guardas da fronteira chinesa terem impedido o tio do Sr.Lee, C. C. Lee, de importar teares de última geração para Xangai, com medo de prejudicar a indústria têxtil local. Por isso, o tio de Lee fundou seu negócio em Hong Kong, que então era governado pelos britânicos. Os baixos custos de fabricação na Ásia ajudaram a TAL a crescer. Hoje, ela fornece para marcas como J. Crew, Calvin Klein, Banana Republic, Tommy Hilfiger, Liz Claiborne, Ralph Lauren e Brooks Brothers. Harry Lee, hoje com 60 anos, juntou-se aos negócios da família 30 anos atrás, após obter seu doutorado em engenharia elétrica nos EUA e trabalhar como temporário na Bell Labs.

Hoje, a TAL está negociando um contrato para administrar o estoque de camisas da Brooks Brothers da mesma maneira que faz com a Penney. Para a Lands' End, a TAL fabrica calças sob medida na Malásia e as envia direto para os clientes norte-americanos, com uma fatura que tem o logo da Lands' End.

Estes varejistas estão dispostos a ceder algumas de suas funções outrora vistas como de seu próprio escopo, porque TAL é capaz de executá-las com maior eficiência e menores custos. Rodney Birkins Jr., vice-presidente para o *sourcing* da J. C. Penney Inc., descreve como "fenomenal" o acréscimo em eficiência que a Penney conquistou com a ajuda da TAL. Antes de começar a trabalhar com a TAL, há uma década, a Penney rotineiramente mantinha cerca de seis meses de estoque em seus depósitos, e três meses nas lojas. Hoje, para as linhas Stafford e Crazy Horse que a TAL fabrica, o estoque "é zero", diz o Sr. Birkins.

Com decisões tomadas na própria fábrica, a TAL responde rapidamente às alterações na demanda consumidora, aumentando a produção se há um pico nas vendas, ou reduzindo, se há uma queda. O sistema "liga o fabricante diretamente ao cliente", diz o Sr. Birkins. "O futuro chegou."

Os varejistas no ramo estão sempre tentando reduzir seus estoques, tanto para cortar custos quanto para reduzir o número de mercadorias que têm de ser vendidas com desconto. Isto implica trabalhar em maior proximidade com os fornecedores. A Wal-Mart Stores Inc. foi a pioneira em um sistema que abre seu sistema de informações aos fornecedores em todo o mundo. Eles acompanham as vendas totais de seus itens, e até aquelas efetuadas em lojas individualmente. Eles conseguem prever a demanda e comunicarem-se melhor com os compradores da Wal-Mart. Mas é a Wal-Mart que continua no controle dos depósitos e da distribuição, e não deixa os fornecedores emitirem eles mesmos os pedidos.

O poder que a Penney entregou nas mãos da TAL é muito grande. "Você está abrindo mão de uma função muito importante quando terceiriza a gestão de seus estoques", diz Wai-Chan Chan, um dos mediadores junto à McKinsey & Co., em Hong Kong. "Este é o tipo de negócio de que muitos varejistas não querem nem ouvir falar."

A princípio, a Penney também relutou e deu esse passo somente depois de ter adquirido confiança, após anos de trabalho com a TAL. Mas a Penney hoje deixa a TAL levar o negócio um pouco mais longe: o projeto de novos modelos de camisa e a execução dos testes de mercado para o produto.

As equipes de *design* da TAL baseadas em Nova York ou Dallas criam um novo modelo, e em um mês as fábricas da companhia liberam 100 mil novas camisas. Para fins de teste de mercado, elas são oferecidas em 50 lojas da Penney. Nem todas as camisas serão vendidas, mas a oferta de uma gama de cores e tamanhos viabiliza a execução de um verdadeiro teste de impressão do consumidor. Após analisar os dados de venda para um mês, a TAL – não a Penney – decide quantas destas novas camisas serão fabricadas e as respectivas cores.

Como a TAL administra todo o processo, desde o *design* até o pedido de fio, ela consegue colocar no mercado um novo modelo, em quatro meses, o que é muito mais rápido do que a Penney conseguiria fazer sozinha.

O sistema em operação permite que os consumidores, não os gerentes de marketing, elejam os modelos que serão comercializados. "No momento em que conseguimos pôr em uma loja um item que o cliente já escolheu, é aí que ganhamos um monte de dinheiro", diz o Sr. Birkins.

Tal como o varejista, a TAL alterou seus métodos em resposta a pressões econômicas. Ela testemunhou a queda de quase 20% nos preços das camisas ao longo de cinco anos, com a explosão da fabricação de têxteis de baixo custo na província de Guangdong, na China. Esta produção poderá subir ainda mais em 2005, quando nações importadoras de têxteis, como os EUA, terão de completar uma interrupção gradual nas cotas de importações de países-membros da Organização Mundial do Comércio. A maior parte da fabricação da TAL encontra-se em lugares com salários maiores do que Guangdong, como Tailândia, Malásia, Taiwan e Hong Kong. Assim, "nossos clientes precisam de um motivo para continuar comprando de nós", diz o Sr. Lee.

A TAL aprendeu o negócio da cadeia de suprimentos da maneira mais difícil. Em 1988, um atacadista norte-americano que vendia as camisas da TAL, a Damon Holdings Inc., faliu. O Sr. Lee, temendo a perda das vendas e descobrindo que começava a entender o funcionamento do atacado, comprou a Damon. O resultado foi um "grande choque". Um gerente da TAL transferido para administrar a Damon foi às compras, e não tardou para que seus depósitos estivessem abarrotados com estoques de dois anos de camisas que estavam prestes a sair de moda. A fabricação de cada camisa custou $10, mas o preço de venda ficou em $3. No momento em que a TAL fechava a Damon, em 1991, o prejuízo chegava a $50 milhões.

Mas esta experiência fez o Sr. Lee começar a pensar em uma maneira mais eficiente de fazer negócios, que conectaria suas fábricas na Ásia diretamente às lojas nos EUA. "Este fracasso abriu caminho para um novo começo", diz ele.

Na mesma época, a TAL começou a fornecer camisas de marca própria para a Penney. O Sr. Lee percebeu que a Penney estava com estoques de até nove meses, o dobro do que a maioria dos concorrentes armazenava. "Você não precisa ser um gênio para perceber que isso pode ser melhorado", diz ele. Ao visitar as instalações da Penney em Plano, no Texas, ele sugeriu uma solução radical: por que TAL não fornecia as camisas diretamente às lojas da Penney, em vez de enviar pedidos inteiros para o depósito da companhia?

O Sr. Birkins estava cético, mas percebeu a possibilidade de a economia ser grande. A Penney gastava 29 centavos por camisa para que seus funcionários preparassem os pedidos nos EUA. A TAL poderia fazer a mesma coisa por 14 centavos.

Além disso, o sistema permitiria à Penney reagir com mais rapidez à demanda do cliente. Este havia sido um grande problema para a varejista, que muitas vezes precisava de meses para reabastecer os estoques de modelos que vendiam bem. As lojas acabavam perdendo as vendas destes modelos ao mesmo tempo que guardavam os menos populares, que somente seriam vendidos com desconto.

O Sr. Birkins levou a ideia para seus superiores da Penney e encontrou uma parede de tijolos. Todas as divisões viam algum problema com a ideia. Os executivos encarregados da armazenagem diziam que o plano seria desastroso se a TAL não entregasse as camisas no prazo ou nas lojas certas. O pessoal da tecnologia estava preocupado com a possibilidade de os sistemas de computador serem incompatíveis. O plano ficou na gaveta por alguns anos, até um gerente sênior da Penney começar a fazer pressão por uma melhoria na eficiência, com a redução de estoque em todas as lojas. "Foi isso que usamos como alavanca para nossa ideia", diz o Sr. Brikins. "Foi isso que fez a ideia pegar."

Foi preciso um ano para a TAL instalar o sistema na Ásia. O Sr. Lee então começou a fornecer para uma única loja da Penney, em Kansas City, Missouri. Ele chamou um numerólogo para escolher a melhor data: 20 de junho de 1997. Os funcionários da fábrica brindaram à ocasião com champanha. Tudo estava dando certo, e no espaço de poucos meses a TAL estava entregando camisas diretamente a todas as lojas da Penney na América do Norte. Os níveis de estoque caíram.

Mas, havia um lado negativo incontestável. Se uma loja vendesse todos os itens de um dado modelo de camisa, ela não seria capaz de se reabastecer junto a um depósito regional. Assim, a TAL concordou em enviar algumas camisas por via aérea, esporadicamente. Foi uma iniciativa dispendiosa para a TAL, mas ela manteria o cliente satisfeito.

Não tardou para que o Sr. Lee percebesse outra oportunidade. As previsões de vendas da Penney muitas vezes deixavam de considerar, ou superestimavam, as necessidades dos clientes, em até dois meses de vendas. A previsão de vendas é uma das tarefas mais difíceis para um varejista e é também aquela em que é extremamente importante acertar quando os estoques começam a baixar. A Penney culpa os softwares ultrapassados pelo problema.

Convencido de que ele poderia fazer melhor, o Sr. Lee teve uma ideia ainda mais extravagante: por que não deixar o pessoal da TAL em Hong Kong prever o número de camisas que cada loja da Penney precisaria a cada semana? Desta vez, os executivos da Penney estavam escutando.

O Sr. Lee estava raciocinando sobre um preceito lógico. Se ele conseguisse obter dados de venda diretamente das lojas, ele conseguiria medir o pulso do cliente e responder de imediato, pedindo mais tecido e aumentando a produção, de acordo com a necessidade. Os compradores da Penney estariam apenas atrapalhando. "Eu sou capaz de colocar todas as peças no quebra-cabeça", diz ele.

Ele contratou vários programadores de software, que projetaram o modelo computacional para estimar o estoque ideal das marcas internas de cada uma das 1.040 lojas da Penney nos EUA, por modelo, cor e tamanho. A Penney forneceu as metas de intervalo de reabastecimento de suas lojas, e deixou que ele fizesse o resto. "O sistema está no piloto automático", diz o Sr. Birkins, "e a TAL é o piloto automático".

O modelo computacional da TAL conseguiu ser melhor do que o modelo que a Penney utilizava para suas outras mercadorias. Os estoques de alguns modelos de camisas podiam agora ser mantidos na metade do que eram anteriormente.

Mas este sistema não é infalível. Ming Chen, uma gerente da fábrica de Taiwan, lembra de algumas ocasiões em que a TAL subestimou as necessidades da Penney de forma expressiva. Ela diz que a fábrica "sacrificou outros clientes" para despachar um pedido da Penney antes, enviando as camisas por via aérea para garantir que chegassem na hora. Com um custo 10 vezes maior do que o do transporte via marítima, o transporte aéreo era "uma alternativa dolorosa", diz ela. "Mas, há vezes em que você tem de decidir quais clientes você deve priorizar."

Sentado em seu escritório em Hong Kong, em um bairro em que as fábricas deram lugar a prédios de escritórios, o Sr. Lee pensa sobre as maneiras de levar a ideia até o próximo nível. Ele gostaria de formar uma *joint venture* com a Penney, que administrasse a cadeia de suprimentos de outros fornecedores da varejista. A TAL já fazia isso com a roupa íntima vendida pela Penney. "Por que não consolidar tudo por aqui?", pergunta ele.

O Sr. Birkins diz que a Penney está considerando seriamente esta possibilidade.

Ao final deste capítulo você será capaz de responder as seguintes perguntas:

- O que é o valor para o cliente?
- Como é mensurado o valor para o cliente?
- Como você relaciona a cadeia de suprimentos às características do produto e à estratégia de vendas?
- De que forma a tecnologia da informação é utilizada para aumentar o valor para o cliente na cadeia de suprimentos?
- Como é que a gestão da cadeia de suprimentos contribui para o valor para o cliente?
- Como uma empresa consegue agregar valor ao que oferece, de forma a competir melhor?

12.1 INTRODUÇÃO

Nos mercados atuais, controlados pelo cliente, não são o produto ou o serviço propriamente ditos que importam, mas o valor percebido pelo cliente na relação com uma companhia. A maneira com que uma empresa mensura a qualidade de seus produtos e serviços evoluiu, da verificação interna da qualidade para a satisfação do cliente, e daí para o *valor para o cliente*. Indicadores internos de qualidade, como o número de defeitos de produção, dominavam as metas de uma empresa na era da fabricação motivada pela oferta. A habilidade de fornecer ao cliente um produto de qualidade era o objetivo principal de qualquer empresa. Os indicadores externos da satisfação do cliente se concentravam na compreensão dos clientes que a empresa tinha no momento, da maneira em que utilizavam os produtos da empresa, e da impressão que tinham de seu serviço. Isto fornecia informações valiosas sobre os clientes no momento e gerava ideias para a melhoria no interior da empresa. A ênfase atual no valor para o cliente vai adiante, com o estabelecimento das razões para um cliente escolher o produto de uma empresa em detrimento do de outra, e com o exame de toda uma gama de produtos, serviços e intangíveis que constituem a imagem e a marca da companhia.

O foco no valor para o cliente abre uma perspectiva mais ampla sobre o que a empresa oferta e sobre seus clientes. Ele exige que aprendamos por que os clientes compram, continuam comprando, ou porque abandonam uma empresa. Quais são suas preferências e necessidades, e como estas podem ser satisfeitas? Quais são os clientes rentáveis e que oferecem um potencial para o crescimento de receitas, e quais são os que trazem prejuízo? As hipóteses sobre o valor para o cliente precisam ser examinadas com atenção, para garantir que os *trade-offs* feitos sejam os corretos. Alguns exemplos destas hipóteses são:

- O cliente valoriza preços baixos mais do que serviços de atendimento de qualidade?
- O cliente prefere a entrega no dia seguinte ou preços mais baixos?
- O cliente prefere comprar um item em uma loja especializada ou em uma grande *megastore* que oferece oportunidades únicas de compra?

Estas são questões críticas para qualquer empresa, e devem embasar qualquer estratégia de negócio ou indicador de desempenho.

De fato, a *logística*, anteriormente considerada uma função secundária, evoluiu para uma disciplina altamente visível para a gestão da cadeia de suprimentos, em parte por causa desta mudança de perspectiva. A gestão da cadeia de suprimentos tem sua própria importância no atendimento às necessidades do cliente e na geração de valor. Além disso, ela define a disponibilidade de produtos, a velocidade com que chegarão no mercado e o respectivo custo. Nossa definição de *gestão da cadeia de suprimentos* (ver Capítulo 1) diz que a capacidade de responder às necessidades dos clientes é a principal função da disciplina. Esta função se refere não apenas aos atributos físicos da distribuição do produto, como também às informações relacionadas a eles, como o *status* da produção ou da entrega, e à capacidade de acessar esta informação.

A gestão da cadeia de suprimentos também pode exercer um importante impacto no valor que o cliente dá para o preço, pois conduzida adequadamente reduz custos de forma expressiva. A estratégia da Dell de reduzir seus custos da cadeia de suprimentos por meio do adiamento da montagem final de seus produtos para depois da consolidação da compra (isto é, com a produção sob encomenda) permite a ela oferecer preços mais baixos do que a concorrência no setor de microcomputadores. A Wal-Mart foi capaz de reduzir custos com o lançamento de uma estratégia de *cross-docking* e com a formação de parcerias estratégicas com seus fornecedores. Por fim, a política de preço baixo todo dia, praticada pela Wal-Mart e outros varejistas, também é motivada em grande parte pela eficiência na cadeia de suprimentos.

> **EXEMPLO 12-1**
>
> A queda da Kmart é atribuída em parte à sua estratégia de competir com a Wal-Mart no preço. Desde o início da década de 1990, o objetivo da Wal-Mart vem sendo o de fornecer aos clientes o acesso a mercadorias quando e onde eles as desejam, e desenvolver estruturas de custo que possibilitam a precificação competitiva. A chave para atingir estes objetivos foi tornar as eficiências da cadeia de suprimentos o foco desta estratégia. Por outro lado, o forte desejo da Kmart de manter as receitas desencorajou os investimentos nas eficiências da cadeia de suprimentos e, sobretudo, na tecnologia da informação. Ao final da década de 1990, ficou claro que a cadeia de suprimentos da Kmart não era tão eficiente quanto a da Wal-Mart [195].

O exemplo sugere a importância do vínculo entre as estratégias de precificação e as eficiências da cadeia de suprimentos. Discutimos esta questão no Capítulo 13.

O valor para o cliente motiva mudanças e melhorias na cadeia de suprimentos, algumas forçadas pelo cliente e por atividades da concorrência, outras executadas para conquistar vantagem competitiva. Além disso, grandes fabricantes, distribuidores ou varejistas impõem certas exigências a seus fornecedores que os forçam a adotar cadeias de suprimentos que viabilizem o atendimento destes pedidos. No caso específico da Wal-Mart, ela exige que seus fornecedores adotem o estoque administrado pelo fornecedor. Mais recentemente, em janeiro de 2005, a Wal-Mart adotou a tecnologia da identificação por radiofrequência (RFID) e exigiu que seus fornecedores fizessem o mesmo, com a meta de melhorar os tempos de reabastecimento e diminuir a falta de estoque de diversos itens (ver Capítulo 15). Grandes fabricantes, do porte da Hewlett-Packard e Lucent Technologies, exigem que os fabricantes das peças que utilizam tenham 100% de disponibilidade de estoque para as mesmas. Em troca, elas estão dispostas a comprometer-se com um único fornecedor para o item ou serviço, ou ao menos comprometer-se a adquirir um volume mínimo de produtos ou serviços de um fornecedor principal.

O valor para o cliente também é importante na determinação do tipo de cadeia de suprimentos exigido para atender ao cliente e os serviços necessários para retê-lo. A estratégia adotada por uma empresa para sua cadeia de suprimentos é definida pelo tipo de produtos ou serviços que ela oferece e pelo valor de diversos elementos oferecidos. Por exemplo, se os clientes valorizam a ideia de comprar tudo o que precisam em um único lugar, isto implica ter um alto número de produtos e opções em estoque, mesmo que seja dispendioso em termos de gestão de estoques. Se os clientes valorizam produtos inovadores, então as empresas que os produzem precisam direcionar suas cadeias de suprimentos para fornecer estes produtos de forma eficiente durante a existência da demanda. Se uma empresa oferece a customização de seus produtos, então sua cadeia de suprimentos não pode prescindir da flexibilidade necessária para dar infraestrutura a esta customização. Assim, a cadeia de suprimentos precisa ser considerada em qualquer estratégia de produto e de venda e pode, por si só, gerar vantagens competitivas e levar a um maior valor para o cliente.

Por fim, o estudo de caso "Feito sob Medida" ilustra a importância de oferecer serviços inovadores aos clientes, neste caso específico, com a gestão de toda a cadeia de suprimentos. O estudo de caso também mostra a importância do desenvolvimento da gestão da cadeia de suprimentos como uma competência essencial e de prepará-la para ter sucesso em setores extremamente competitivos.

12.2 AS DIMENSÕES DO VALOR PARA O CLIENTE

Anteriormente definimos valor para o cliente como a maneira com que ele percebe tudo o que uma empresa oferece, incluindo produtos, serviços e outros intangíveis. A percepção do cliente pode ser dividida em diversas dimensões:

- Conformidade a exigências
- Seleção do produto
- Preço e marca
- Serviços com valor agregado
- Relacionamentos e experiências

A lista de dimensões começa com os essenciais – os três primeiros itens da lista – e prossegue com características mais sofisticadas, que nem sempre são importantes. Contudo, as características menos críticas podem ser exploradas em busca de ideias que gerem uma maneira exclusiva de agregar valor e diferenciação a tudo o que uma empresa oferece. Esta seção sugere maneiras em que cada dimensão é afetada pela gestão da cadeia de suprimentos e, em função disso, a cadeia precisa levar em consideração o valor para o cliente inerente a cada dimensão.

12.2.1 A conformidade às exigências

A habilidade de oferecer o que o cliente deseja e precisa é uma exigência básica para a qual a cadeia de suprimentos contribui, por meio da geração da disponibilidade e da seleção. Marshall Fisher chama isto de função de *mediação de mercado* da cadeia de suprimentos [72]. Esta função se distingue da função física da cadeia de suprimentos que consiste em converter matérias-primas em mercadorias e transportar estas ao longo da cadeia até o cliente. Os custos associados com a mediação de mercado ocorrem quando há diferenças entre a oferta e a demanda. Se a oferta excede a demanda, então há custos com estoque presentes na cadeia. Se a demanda ultrapassa a oferta, há vendas perdidas e possivelmente há perda de fatia de mercado.

Se a demanda do produto é previsível, como com *itens funcionais* como fraldas, sopa ou leite, a mediação de mercado não é um problema grave. Sem dúvida, as cadeias de suprimentos eficientes para produtos funcionais são capazes de reduzir custos com o foco na redução dos custos com estoque e transporte, entre outros. Esta é a estratégia que a Campbell Soup e a Procter & Gamble adotam para administrar suas cadeias de suprimentos.

No entanto, ao lidar com vestuário ou outros itens de grande variação, a natureza da demanda pode gerar grandes custos, devido a vendas perdidas ou excesso de estoque. Estes produtos de alta variação requerem cadeias de suprimentos capazes de reação rápida, o que se manifesta como *lead times* curtos, flexibilidade e velocidade, não como eficiência com custos. Nos casos em que a estratégia para a cadeia de suprimentos não estabelece uma relação com as características do produto, ocorrem importantes implicações para a habilidade de se adaptar ao mercado, conforme ilustra o exemplo a seguir.

EXEMPLO 12-2

A Zara é uma empresa do grupo Inditex, um dos maiores varejistas do setor de vestuário do mundo, com oito modalidades de venda e 2.951 lojas espalhadas em 64 países. A primeira loja Zara foi aberta em 1975 em La Coruña, Espanha, cidade que viu o grupo nascer e que hoje sedia seu escritório central. As lojas do grupo são encontradas nos principais distritos comerciais de mais de 400 cidades europeias, americanas, asiáticas e africanas.

> **EXEMPLO 12-2** *continuação*
>
> As lojas Zara são administradas de acordo com a filosofia de seu fundador, Amancio Ortega, que diz que "você precisa ter cinco dedos na fábrica e cinco dedos no cliente". A cadeia de suprimentos da Zara, com sua extraordinária capacidade de resposta, desenha, produz, entrega um novo traje e o exibe em uma das 650 lojas do grupo no espaço de 15 dias. Esta capacidade de fornecer uma ampla variedade de roupas modernas, com rapidez e em quantidades limitadas, permite que ela fique com 85% do preço de etiqueta, quando a média no mercado é de 60 a 70%. Com isso, as margens líquidas da companhia são muito maiores do que as da concorrência.
>
> A Zara faz muitas coisas de um jeito nada convencional, desafiando as tendências do setor:
>
> - Ela conserva metade de sua produção internamente, em vez de terceirizá-la, como fazem muitas empresas do setor.
> - Ela mantém capacidade extra, intencionalmente, em seus depósitos.
> - Ela fabrica e produz em pequenos lotes, sem tentar atingir economias de escala.
> - Ela administra sozinha todo o *design*, a armazenagem, a distribuição e a logística, sem recorrer a terceiros.
> - Ela impõe às suas lojas um cronograma rígido para a emissão e o recebimento de pedidos.
> - Ela etiqueta os itens antes de serem transportados, não em cada loja.
> - Ela conserva extensas áreas vazias em suas lojas e tolera, até mesmo encoraja, a falta de estoques.
>
> De acordo com [65], o sucesso da Zara se deve à conformidade a um sistema construído sobre estes três pilares:
>
> - **O fechamento do ciclo da comunicação.** A cadeia de suprimentos é organizada de forma a poder acompanhar o material e o produto em tempo real, como também fecha o ciclo da comunicação tanto para dados confiáveis quanto secundários.
> - **A obediência a um ritmo em toda a cadeia de suprimentos.** A Zara está disposta a investir em tudo o que aumente a velocidade e a capacidade de resposta de sua cadeia de suprimentos.
> - **A alavancagem de ativos fixos para aumentar a flexibilidade da cadeia de suprimentos.** Ela utiliza o investimento em unidades de produção e distribuição para tornar a cadeia de suprimentos capaz de responder a novos padrões de demanda. Por exemplo, ela produz os produtos mais complexos internamente e terceiriza os mais simples.

A conformidade a exigências é alcançada também com a atenção ao **acesso para o cliente**, ou a capacidade que ele tem de encontrar e adquirir um produto com facilidade. Para empresas como McDonald's, Starbucks e Walgreens, o acesso envolve bens imóveis de primeira linha. O oferecimento de acesso a correio, telefone e Internet além ou em vez de lojas aperfeiçoa a possibilidade de adquirir produtos com conveniência. Por fim, o **acesso** inclui a percepção de oferecer aos clientes um leiaute de loja ou de página da Internet que facilite encontrar e comprar o produto que procuram [53]. O sucesso de Grainger em integrar a Internet a seus antigos canais de negócio é um bom exemplo da capacidade de oferecer aos clientes o acesso aos serviços de uma empresa de que eles necessitam.

> **EXEMPLO 12-3**
>
> A empresa fundada por William W. Grainger em 1927 é uma das histórias de sucesso da Internet. Grainger queria oferecer uma solução eficiente à necessidade por um suprimento de motores elétricos oferecido com velocidade e consistência. A MotorBook, como era originalmente chamada, foi a base para o Catálogo da Grainger®. Desde sua fundação, a linha de produtos se expandiu para mais de 220 mil itens e peças de manutenção, conserto e operação. A Grainger é a maior empresa no mercado de produtos industriais, com receitas de $4,5 bilhões em 1999. Em 1995, a Grainger começou sua empreitada na Internet com vários objetivos:

> **EXEMPLO 12-3** *continuação*
>
> - Fornecer aos clientes o acesso a todos os produtos que a Grainger oferece, mais de 220 mil, não somente aos 85.500 que podem ser listados no catálogo.
> - Fornecer aos clientes melhores ferramentas de busca, localização e seleção do produto que atende às suas necessidades com mais eficiência.
> - Entregar os produtos no mesmo dia a partir da filial mais próxima ao cliente que emitiu o pedido, ou transportá-los de um dos centros de distribuição da Grainger e entregar no dia seguinte.
>
> A Grainger enfrenta alguns desafios:
>
> - A Grainger oferece 65 milhões de diferentes pontos de preço, de forma que "nenhum preço se encaixa em todos" e a Internet precisa honrar a estrutura exclusiva de precificação da conta da empresa.
> - O serviço com as contas da empresa requer a verificação do crédito e a definição das orientações de pagamento.
> - Disponibilidade em tempo real do estoque – muitos clientes que procuram peças não podem esperar e precisam do serviço imediatamente.
> - A compensação para a equipe de vendas – a Grainger decidiu pagar comissões pelos pedidos feitos via Internet, e assim conseguir uma compensação para seus representantes de vendas, que mantêm relacionamentos com os clientes e podem encorajá-los a utilizar a Internet que, por sua vez, é um canal mais barato.
>
> A iniciativa teve um imenso impacto na Grainger. Em 1999, a empresa gastou $20 milhões no desenvolvimento, marketing e serviço ao cliente da grainger.com, o que levou a $100 milhões em pedidos. Na primeira metade de 2000, a Grainger gerou $120 milhões em receitas, com o valor médio de um pedido estando em $250, em comparação com aqueles feitos nas filiais ou via telefone [189].

12.2.2 A seleção do produto

Muitos produtos vêm com uma diversidade de opções, modelos, cores e formas. Por exemplo, um carro pode ter cinco modelos, dez diferentes cores para a carroceria, dez cores para o interior, câmbio automático ou câmbio manual – o que dá um total de mil diferentes configurações. O problema está na necessidade de os distribuidores e varejistas estocarem a maior parte destas configurações e combinações de produtos. Conforme explicado no Capítulo 2, esta proliferação de opções dificulta prever a demanda para um modelo específico, o que força os varejistas e distribuidores a manter estoques diversificados e volumosos.

A contribuição da proliferação de produtos para o valor para o cliente é difícil de ser analisada e entendida. Três tendências que tiveram sucesso são:

- A especialização na oferta de um tipo de produto. Exemplos incluem empresas como a Starbucks e a Subway.
- *Mega-stores* que permitem a compra de diversos produtos em um único local. A Wal-Mart e a Target são exemplos desta tendência.
- *Mega-stores* que se especializam em uma área de produto. Como exemplo, citamos a Home Depot, a Office Max e a Staples.

Estas tendências também são vistas na Internet, um canal em que alguns websites obtiveram sucesso com a oferta de uma grande variedade de produtos, enquanto outros se especializam em um único. Por exemplo, a ballsonline.com se especializou em bolas para a prática de esportes de todos os tipos, a theworldofgolf.com se concentra em itens para o golfe, ao passo que a amazon.com é um *shopping center* virtual com muitas opções, além de livros.

Um dos aspectos interessantes da Internet é que ela é o fenômeno "cauda longa"*, que ocorre no mercado quase ilimitado de oferta e demanda aberto pela Internet. Neste mercado, descrito no livro *The Long Tail* (*A Cauda Longa*) de Chris Anderson [7], a falta de restrições físicas ou locais permite que os varejistas se concentrem e engrossem receitas com os itens menos populares de seus catálogos. Estes itens aparecem como uma cauda, quando livros ou DVDs são classificados em termos de popularidade. Na verdade, empresas como a Amazon, Netflix e Rhapsody obtiveram entre um quarto e metade de suas receitas de 2005 com títulos não oferecidos por varejistas tradicionais como a Wal-Mart, que estoca apenas os itens mais populares. Ver a Figura 12-1 para uma comparação entre a Rhapsody e a Wal-Mart em 2004 e 2005.

O setor de microcomputadores passou por expressivas mudanças na maneira em que seus produtos são vendidos. Em meados da década de 1980, os PCs eram vendidos em lojas especializadas, como a Egghead. No começo da década de 1990, os microcomputadores passaram a ser comercializados por lojas de departamentos, como a Sears. Contudo, nos últimos anos o modelo da venda direta é que vem fazendo sucesso. Ainda assim, a Dell, líder na utilização deste tipo de modelo, em julho de 2006 anunciou que abriria suas lojas próprias, de forma a competir com a Apple. Isto sugere que talvez exista a necessidade de que uma companhia venda seus produtos por meio de diversos canais, para chegar ao maior número possível de clientes. De fato, as empresas como a Circuit City permitem que os clientes efetuem a compra pela Internet e apanhem os itens nas lojas.

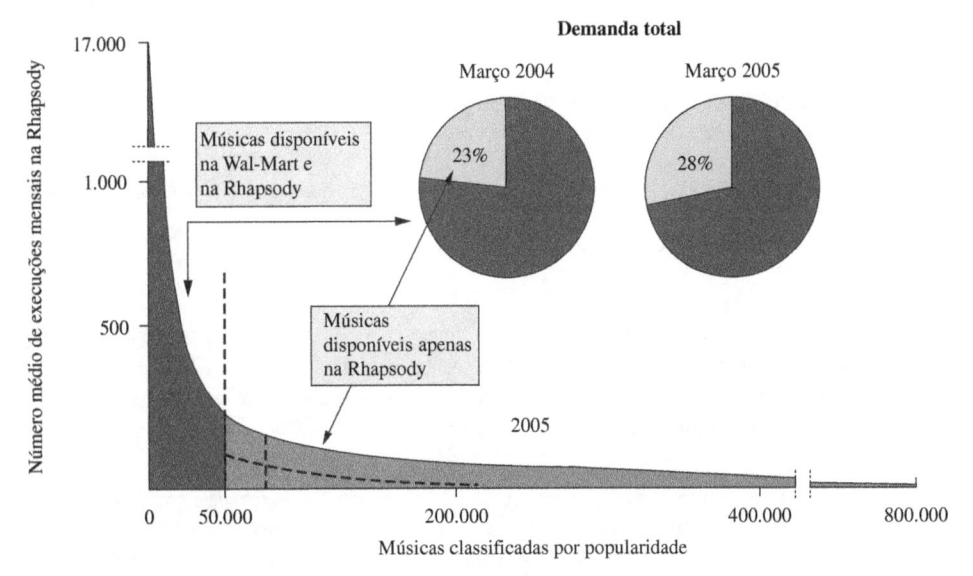

FIGURA 12-1 Os números da Rhapsody de 2004 comparados aos de 2005.
Fonte: Chris Anderson, [7].

---

* N. de T.: *Long tail*, termo cunhado por Chris Anderson, editor-chefe da revista Wired. Ele explorou pela primeira vez o fenômeno da Cauda Longa em um artigo que se tornou um dos mais influentes ensaios sobre negócios de nosso tempo. Usando o mundo dos filmes, dos livros e das músicas, mostrou que a Internet deu origem a um novo universo, em que a receita total de inúmeros produtos de nicho, com baixos volumes de vendas, é igual à receita total dos poucos grandes sucessos.

Conforme dissemos anteriormente, a proliferação de produtos e de distribuidores e a dificuldade de prever a demanda de um modelo específico força varejistas e fornecedores a manter estoques altos.

Existem diversas maneiras de controlar o problema com estoques de uma grande variedade de configurações ou produtos.

1. A abordagem iniciada pela Dell é o **modelo de produção sob encomenda**, em que a configuração do produto é definida apenas quando da entrada do pedido. Esta é uma maneira eficaz de implementar a estratégia empurrada-puxada discutida no Capítulo 6, com a adoção do conceito de postergação apresentado no Capítulo 11. O exemplo a seguir ilustra uma maneira interessante de implementar esta estratégia.

EXEMPLO 12-4

A amazon.com é o varejista eletrônico de maior sucesso e eficiência no setor. Ela começou suas atividades com a venda de brinquedos, eletrônicos e outras mercadorias. A estratégia de atendimento de pedidos da companhia evoluiu com o tempo. Inicialmente, a companhia não mantinha estoques. Quando um cliente emitia o pedido de um livro, a Amazon transferia-o para a Ingram Books. Contudo, em 1999 a Amazon abriu sete grandes depósitos, todos próprios, chamados de centros de atendimento de pedidos (um destes foi posteriormente fechado), e passou a expedir os produtos diretamente ao cliente. Hoje, a Amazon tem 16 centros de atendimento de pedidos nos EUA.

Em 2001, a Amazon.com deslocou seu foco para o aprimoramento de suas operações de distribuição a fim de aumentar os lucros. Ela melhorou os custos de atendimento de pedidos, que incluem os custos associados a seis depósitos, além do serviço de atendimento ao cliente as taxas de cartão de crédito, dos 13,5% das vendas no quarto trimestre de 2000 para 9,8% no quarto trimestre de 2001. Isto foi possível com:

- Uma melhoria da ordem de sortimento e a utilização de sofisticados equipamentos de embalagem, o que permitiu à empresa despachar 35% a mais de unidades com o mesmo número de funcionários do ano anterior.
- A utilização de software para a previsão de padrões de compra, o que permitiu diminuir os níveis de estoque em 18% no quarto trimestre.
- O transporte consolidado de 40% das mercadorias por meio de caminhões em carga cheia para as principais cidades, sem passar pelas unidades regionais de separação, o que diminuiu os custos de transporte de forma expressiva.
- A parceria na venda de mercadorias para outras empresas, como a Toys"R"Us e a Target, que pagam à Amazon pela distribuição e pelo atendimento ao cliente. Estas parcerias trouxeram uma receita de $225 milhões e margens de lucro bruto que foram o dobro das margens gerais de 25%.
- A permissão concedida a outras empresas de oferecer livros usados, o que aumentou as vendas durante as férias em 38%. Para estes produtos, as margens da Amazon eram de 85%.

Em 2006, a Amazon havia aumentado sua rede para um total de 24 centros de atendimento de pedidos em todo o mundo. Estes centros eram de dois tipos: os que permitiam a combinação de itens em um mesmo pedido, e os que despachavam itens separadamente. Ela também aumentou sua linha de produtos para 34 categorias, algumas das quais atendidas pela própria Amazon, outras por empresas diferentes.

A Amazon.com também encarou desafios no âmbito da precificação. Para livros de mais de $20, a empresa oferece descontos de 30%. Certa vez ela ofereceu descontos que chegaram a 50% nos itens de maiores vendas, e de 20% nos preços de outros livros. No início de 2001, a empresa passou a elevar os preços dos livros – e os descontos ficaram entre 5 e 10% – mas acabou tendo de abandonar estes aumentos quando as vendas caíram. No setor de livros, são poucas as outras varejistas que oferecem descontos, exceto para os itens que mais vendem. A Amazon tem boas razões para diminuir o preço dos livros: na média, um livro fica na prateleira de uma loja de seis meses a um ano antes de ser vendido. O custo dos estoques em uma cadeia

> **EXEMPLO 12-4** *continuação*
>
> de centenas de lojas é imenso. A Amazon, por outro lado, consegue manter entre uma e duas cópias de um item em seus depósitos, sem deixar de disponibilizá-lo em todo o país, e reabastecer o estoque tão logo os livros são comprados [94].

2. Uma estratégia diferente, adequada para produtos com *lead times* longos, como automóveis, consiste em manter **estoques maiores em grandes centros de distribuição**. Estes centros de distribuição permitem que o fabricante reduza os níveis de estoque, tirando proveito do compartilhamento do risco (ver Capítulo 2 e a discussão sobre o compartilhamento de estoques na Seção 7.2.3) e entregando os veículos aos clientes com rapidez. A General Motors adotou esta estratégia com seu Cadillac, na Flórida. As concessionárias emitem pedidos de automóveis que elas não têm em seus pátios junto a um depósito regional que transporta o automóvel em um dia. Contudo, há dois grandes problemas com esta estratégia:
   - *Os custos com os automóveis no depósito regional.* É o fabricante (por exemplo, a General Motors) que vai arcar com os custos de estoque no depósito regional? Em caso afirmativo, então há algum incentivo para as concessionárias reduzirem o estoque em seus pátios e também seus custos, ao mesmo tempo que aumentam os custos do fabricante.
   - *A equalização entre concessionárias de pequeno e de grande porte.* Se todas as concessionárias têm acesso ao depósito regional, então não há diferença entre as diferentes concessionárias. Assim, é difícil entender porque as concessionárias de grande porte se interessariam em participar de um programa deste tipo, sobretudo se elas acabarão pagando por um estoque no depósito regional.
3. Outra possibilidade é a oferta de um **conjunto fixo de opções que atendem à maior parte das exigências dos clientes**. Por exemplo, a Honda oferece um número limitado de opções em seus automóveis. A Dell oferece poucas opções em termos de modem ou software que podem ser instalados em suas máquinas, ainda que o número total de configurações possíveis permaneça alto. Na verdade, uma variedade grande de produtos não é necessária em todos os casos. Por exemplo, um nível incerto de variedade existe em muitos produtos no ramo de alimentos – 28 variedades de creme dental, por exemplo [72]. Não está claro se esta variedade de fato acrescenta valor para o cliente.

12.2.3 O preço e a marca

O preço dos produtos e o nível de serviço são elementos essenciais do valor para o cliente. Apesar de o preço não ser o único fator que um cliente considera, pode existir uma estreita faixa de preço considerada aceitável para certos produtos. Por exemplo, para *commodities* – até mesmo itens relativamente sofisticados, como computadores, caem nesta categoria – existe uma pequena flexibilidade de preço. Portanto, as empresas alcançam vantagens de custos por meio de inovações em suas cadeias de suprimentos. Conforme demonstra o modelo de venda direta da Dell, conceder ao cliente a chance de configurar seu próprio sistema e construir uma cadeia de suprimentos de apoio não apenas melhora o valor para o cliente, como também reduz custos.

A Wal-Mart é uma inovadora da cadeia de suprimentos, o que lhe permite oferecer produtos de baixo custo e eliminar a concorrência (ver Exemplo 12-1). Além disso, vimos que a política de "preço baixo todo o dia" adotada por varejistas como a Wal-Mart e fabricantes como a Procter & Gamble é uma importante ferramenta para a redução do efeito chicote (ver

Capítulo 5). Esta política agrada aos clientes que não precisam se preocupar com o melhor momento de efetuar uma compra, e ao varejista, que não precisa considerar as variações na demanda resultantes de promoções.

Um importante fator que afeta o preço de um produto é a marca. Nos mercados atuais, é menor o número de vendedores e maior o número de clientes atrás de um modelo de compras semelhante ao dos supermercados [177]. Isto se verifica em uma variedade de ambientes no varejo, desde as grandes revendas de automóveis até os varejistas eletrônicos.

EXEMPLO 12-5

Consideremos os preços de livros e CDs vendidos no mercado. Em 2000, um estudo revelou "diferenças de preço substanciais e sistemáticas entre varejistas na Internet. Os preços anunciados na Internet diferiam em 33% para livros e 25% para CDs, na média". O mais interessante é que os varejistas na Internet que oferecem os menores preços nem sempre são os que têm maiores vendas. Por exemplo, a pesquisa descobriu que a Books.com tinha preços menores do que a Amazon.com em 99% dos casos analisados, mas a Amazon detinha cerca de 80% do mercado e a Books.com apenas 2% no momento em que a pesquisa foi realizada. É possível explicar este comportamento por meio da "confiança que o cliente tem nos diversos varejistas da Internet e o valor que associam a uma dada marca" [30].

É interessante observar que a Internet e seu impacto no comportamento do cliente aumentaram a importância dos nomes de marca, pois eles são garantia de qualidade na mente do cliente. Nomes como Mercedes, Rolex e Coach podem ser promovidos em termos de qualidade alta e prestígio e ditar preços mais altos do que aqueles produtos que não têm essa imagem. Além disso, o preço maior pode ser, por si só, parte deste prestígio e qualidade, tal como percebidos pelo cliente. As margens altas de um produto exigem atenção ao nível de serviço e, portanto, a cadeia de suprimentos precisa exibir maior capacidade de resposta. Assim, o aumento no custo com a cadeia de suprimentos é amenizado pelas maiores margens.

EXEMPLO 12-6

Um dos principais elementos do sucesso da Federal Express como transportadora de encomendas é o fato de ela ser a primeira a estreitar seu foco, concentrando suas atividades na entrega no dia seguinte, o que a torna a proprietária do termo *overnight* no mercado.* Ainda que existam alternativas mais baratas, os clientes estão dispostos a pagar mais pelo transporte da Federal Express, devido ao nome da marca e da percepção de confiabilidade que ele transmite [177].

* N. de T.: *Overnight delivery*, ou entrega no dia seguinte.

Em muitos setores, o termo "produto" em geral significa tanto o "produto físico" quanto os "serviços" associados. Normalmente, a precificação de um produto físico não é tão difícil de executar quanto a precificação de serviços. Ao mesmo tempo, é muito complexa a comparação de diferentes serviços e, consequentemente, aumenta a variação nos preços. Isto traz oportunidades para as empresas que desenvolvem novas ofertas e serviços que são mais difíceis de transformar em *commodities*. Conforme veremos a seguir, há um desafio inerente à transformação destas oportunidades em ofertas pelas quais os clientes estejam de fato dispostos a pagar.

No Capítulo 13, examinamos a precificação estratégica, em que as empresas adotam sofisticados métodos de análise para alinhar a preferência do cliente aos custos da cadeia de suprimentos.

12.2.4 Os serviços com valor agregado

Em uma economia que sofre com a abundância de oferta, muitas empresas não conseguem competir apenas no preço. Portanto, elas precisam considerar outras fontes de receita. Esta contingência empurra estas empresas na direção de produtos com valor agregado, que as diferenciam da concorrência e lhes fornecem estruturas de precificação mais rentáveis.

Serviços com valor agregado, como suporte e manutenção, representam um importante fator na compra de alguns produtos, sobretudo os produtos técnicos. Observa-se que muitas empresas hoje acrescentam novos serviços a seus produtos [109]. Isto se deve em parte aos seguintes aspectos:

1. A transformação de produtos em *commodities*, em que o preço é o fator importante, enquanto todas as outras características são consideradas idênticas, o que reduz a rentabilidade e a vantagem competitiva da venda destes produtos.
2. A necessidade de chegar mais próximo do cliente.
3. O aumento nas capacitações relativas à tecnologia da informação, que tornam esta oferta possível.

Uma sofisticada oferta de serviço é ilustrada no exemplo a seguir.

EXEMPLO 12-7

A Goodyear Tire & Rubber Co. fornece um serviço de automatização da cadeia de suprimentos para a Navistar International Transportation Corp., um fabricante de caminhões. O serviço inclui a entrega de pneus montados para a utilização na linha de montagem do cliente, que adota o sistema *just-in-time*. A Goodyear tem um grupo de tecnologia da informação composto por 13 integrantes e dedicado à sua divisão de gestão de materiais. Esta divisão atua como integradora de sistemas em projetos para a cadeia de suprimentos que ela assume junto com o fabricante de rodas Accuride Inc., em Henderson, Kentucky. Sob a *joint venture* chamada AOT Inc., a Goodyear e a Accuride fornecem conjuntos de roda e pneu completos, pintados e prontos para utilização à Mitsubishi Motor Co. e à Ford Motor Co., além da Navistar. Estes conjuntos incluem pneus da própria Goodyear ou de seus concorrentes, dependendo da especificação do cliente.

Um exemplo recente de mercado com baixas barreiras de entrada e um número inicialmente alto de companhias competindo no preço é o de B2B. Não foi preciso mais do que alguns anos para que os atores neste tipo de mercado reconhecessem a necessidade de estenderem a oferta de seus serviços. Hoje, eles fornecem uma variedade de serviços adicionais, que incluem os de ordem financeira e logística, além de serviços para a cadeia de suprimentos (ver Capítulo 9 para mais detalhes).

Conforme observamos na seção anterior, a precificação de serviços não é uma tarefa fácil. Por muitos anos, empresas como a IBM não cobravam por seus serviços, ainda que seu slogan fosse "IBM significa serviço". Hoje, o setor de serviços é responsável pela maior parte das receitas da companhia. As empresas que não dão ênfase ao atendimento ao cliente, como a Microsoft, vêm aprimorando suas capacidades nesta área. Em muitos casos, há uma taxa a pagar pelo serviço de atendimento, como uma chamada ou um contrato de serviço com a empresa. O serviço e o atendimento não se limitam a gerar receitas adicionais. O mais importante é que eles aproximam a empresa do cliente e oferecem noções de como melhorar tudo o que ela oferece, de como adaptar o serviço de atendimento e de como encontrar novas alternativas para agregar valor a seus produtos e serviços.

Um dos mais importantes serviços com valor agregado é o acesso à informação. O acesso dos clientes a suas informações, como pedidos em aberto, histórico de pagamento e pedidos típicos melhora a experiência deles com a companhia. Por exemplo, sabemos que os clientes valorizam a possibilidade de conhecer o *status* de seus pedidos, por vezes mais do que o tempo de entrega. Esta capacidade desperta confiança e viabiliza o planejamento. A FedEx foi a pioneira nos sistemas de rastreamento de encomendas que hoje são padrão no setor. Conforme veremos a seguir, isto não apenas melhora o serviço, como também pode acarretar maiores economias ao fornecedor da informação, pois ele repassa ao cliente algumas das funções de entrada de dados e de pesquisa que de outro modo teriam de ser executadas por seus próprios funcionários.

A possibilidade de os clientes acessarem informações vem se tornando uma exigência importante no âmbito da gestão da cadeia de suprimentos, uma vez que a visibilidade da informação é o que deseja um número cada vez maior de clientes. A Internet viabiliza estas capacidades e as empresas terão de investir em sistemas de informação para dar suporte a esta tendência. O Capítulo 14 considera estas questões em detalhe.

12.2.5 Os relacionamentos e as experiências

O último nível de valor para o cliente é a conexão mais forte entre a empresas e seus clientes, obtida por meio de um relacionamento. Este relacionamento dificulta aos clientes a troca por outra empresa que atenda às suas necessidades, uma vez que este relacionamento requer o investimento de tempo, tanto de parte do cliente quanto da empresa. Por exemplo, a Dell configura seus PCs e oferece suporte para seus clientes de grande porte. Quando a Dell administra todo o processo de compra de computadores para um destes clientes, o que inclui características especiais customizadas, dificilmente o cliente trocará a Dell por outra empresa.

O relacionamento de aprendizado, em que as companhias constroem perfis de usuário específicos e utilizam estas informações para aumentar as vendas e reter clientes [168], é outro exemplo de um relacionamento que traz valor para o cliente. Empresas como a Individual Inc., que desenvolve sistemas de informação customizados, e a USAA, que utiliza bases de dados para oferecer a seus clientes outros serviços e produtos, são exemplos deste tipo de organização.

EXEMPLO 12-8

Fundada em 1989 pelos irmãos Andrew e Thomas Parkinson, a Peapod tornou-se uma das principais varejistas do setor de alimentos a entrar na Internet. A empresa é uma subsidiária da Royal Ahold, a fornecedora internacional de alimentos que detém a propriedade integral da Peapod. A Peapod trabalha em parceria com a rede de supermercados Ahold USA, incluindo a Stop & Shop e a Giant Food. A empresa, que tem operações em Boston, no sul do estado de Connecticut, Washington, Chicago e Long Island, atende a mais de 103 mil membros. Os clientes navegam pelas ofertas da Peapod na Internet por meio de uma interface personalizada, baseada no local em que se encontram. Os computadores da Peapod estão ligados diretamente às bases de dados dos supermercados dos quais ela adquire os produtos. Os clientes têm a opção de criar seus próprios supermercados virtuais, por intermédio do acesso às informações de acordo com a categoria e da geração de listas de compras personalizadas que podem ser salvas para serem utilizadas outras vezes. Ao final de cada sessão de compras, a Peapod aproveita a oportunidade e aprende mais sobre seus clientes, ao perguntar: "Qual foi nosso desempenho em seu último pedido?". Além disso, a companhia recorre à taxa de resposta relativamente alta de seus clientes (35%) para implementar as mudanças nos serviços que estes solicitam [168].

A abordagem adotada pela Peapod Inc. é um exemplo do conceito de *empresa one-to-one*, apresentado por Peppers e Rogers [161]. De acordo com este conceito, as empresas aprendem sobre seus clientes por meio de bases de dados e comunicações interativas, e vendem a um dado cliente o maior número possível de produtos e serviços ao longo da preferência que este lhes confere. Neste sentido, a Peapod vem empregando suas bases de dados para apresentar novos produtos a seus clientes com o rastreamento de suas preferências e necessidades e com a maior customização de tudo o que ela oferece a seus clientes.

O processo de aprendizado pode ser demorado, mas esta demora torna difícil aos concorrentes imitar a estratégia. Além disso, ela em geral garante que um dado cliente, que considera trocar de empresa, terá de considerar o investimento em termos de tempo e dinheiro necessário a esta substituição.

Sem dúvida, alguns websites da Internet, como Amazon.com, estão aplicando novos modos de aprendizado, com sugestões apresentadas aos clientes com base em suas próprias compras anteriores ou naquelas de clientes que fazem compras semelhantes. Um dos problemas vistos com um serviço baseado na Internet que fornece análise e sugestões é que um cliente pode distinguir entre o website em que ele adquire o produto e aquele onde ele encontra informações sobre o produto. Logo, não está claro se um serviço no qual um website disponibiliza ferramentas de sugestões e comentários de clientes é de fato capaz de convencer o cliente a adquirir o produto anunciado no website. É perfeitamente possível que o cliente colete informações em um website e adquira o produto em outro [30].

Uma abordagem diferente, adaptada a clientes de maior porte e projetada para dificultar a troca por outra empresa fornecedora, foi apresentada pela Dell. A abordagem oferece configurações personalizadas de PCs a grandes corporações. Estas configurações têm diferentes softwares, indicadores e outras características especiais. A Dell também adaptou seu website de forma a permitir que diferentes tipos de clientes possam acessá-lo de acordo com suas necessidades específicas. Em diversos aspectos, esta abordagem é uma forma ampla da customização em massa, discutida no Capítulo 11.

Além dos relacionamentos, algumas companhias também estão projetando, promovendo e vendendo experiências exclusivas a seus clientes, o que, de acordo com Pine e Gilmore [167], é uma maneira de diferenciar-se e sobreviver em uma economia ditada pelo cliente. Os autores definem experiência como a oferta de algo que não se limita ao serviço ao cliente:

> Uma experiência ocorre quando uma empresa utiliza, no âmbito internacional, serviços como se fossem o palco, e os produtos como se fossem os acessórios em uma peça de teatro, para engajar cada cliente de forma a gerar eventos memoráveis [167].

Exemplos desta abordagem incluem os frequentes programas de milhagem de companhias aéreas, parques temáticos, encontros dos proprietários de automóveis Saturn, além do *brunch* de fim-de-semana e dos eventos organizados em lava-jatos para donos de carros Lexus.

EXEMPLO 12-9

Como extensão de sua experiência de marca, a Apple tem lojas nos EUA, Canadá, Japão e Reino Unido. As lojas armazenam a maior parte dos produtos da empresa, além de produtos de terceiros. Elas também oferecem suporte e manutenção para hardwares e softwares da Apple. As primeiras lojas foram abertas em maio de 2001 e foram projetadas com duas finalidades: interromper a queda na fatia de mercado de computadores

> **EXEMPLO 12-9** *continuação*
>
> da Apple e atacar o problema da comercialização dos produtos da empresa por terceiros. Conforme observado em [79], o projeto das lojas considerou:
>
> 1. A geração da experiência. Isto foi possível com a incrível escada construída em vidro, o *design* da loja e a atenção à linha de visão, que despertava a sensação de estar entrando em um museu de verdade, não em uma loja de computadores.
> 2. O compromisso com o contexto. A loja é organizada em termos do contexto em que as pessoas utilizam estes tipos de produto. Com a exibição conjunta de câmeras digitais, impressoras de qualidade fotográfica e o software de fotografia da Apple, o iPhoto, os clientes conseguem vislumbrar como podem utilizar estes produtos em suas vidas. Ao reconhecer a importância deste contexto no *design* de suas lojas, a Apple está encorajando seus clientes a sonhar com todas as possibilidades.
> 3. A priorização de suas mensagens. A loja não exibe as embalagens e o número de produtos expostos é pequeno. Ela se concentra em mensagens importantes.
> 4. A implementação da consistência. A personalidade da Apple aparece toda a vez que um cliente vê a marca, seja na televisão, em anúncios na imprensa ou na rua, ou com a interação com algum produto da companhia. As lojas da Apple não são diferentes e a empresa é capaz de projetar este aspecto de sua personalidade em todos estes canais, por meio da conservação desta rigorosa consistência no *design*.
> 5. O *design* para a mudança. As mercadorias são expostas na vitrine sobre plataformas simples, montadas com painéis dispostos sobre estruturas metálicas ou suspensos por cabos. Este sistema permite que os produtos sejam substituídos com rapidez e facilidade, sem obstruir uma ampla gama de possibilidades para atrair a atenção de quem passa na frente da loja.
> 6. A lembrança do espírito humano. As pessoas que trabalham na loja fazem parte da experiência global. Os funcionários da Apple não se parecem nem um pouco com os atendentes rotineiramente vistos no varejo. Em vez de crachás, eles têm cartões de visita. Além disso, todos têm iPods presos em seus cintos, o que gera a impressão de que eles não se limitam a trabalhar para a Apple – eles também vivem um estilo de vida Apple, que vendem aos clientes. Os funcionários das lojas da companhia são os emissários da marca [79].

A Internet oferece outras oportunidades para a geração de experiências que permanecem inexploradas. Um dos pontos fortes da Internet é a capacidade de criar comunidades colaborativas que podem ser utilizadas no desenvolvimento de relacionamentos entre pessoas que têm interesses semelhantes, ou meramente o desejo de colaborar. Uma destas tecnologias é o "eRoom", um espaço de trabalho virtual em que diversas partes podem examinar e trabalhar com quase todas as formas de dados não estruturados, como desenhos e apresentações, que são muito pesadas para serem transmitidas via e-mail. Estes dados podem ser colocados em uma eRoom, discutidos e analisados com clientes existentes ou potenciais via teleconferência e *Webdemo*. Além disso, os participantes podem trocar comentários dentro da eRoom, sem contato telefônico. Uma vez que a eRoom está sempre disponível, ela pode ser acessada a qualquer hora. As empresas utilizam a mesma tecnologia para criar "comunidades de interesses comuns", algumas envolvendo apenas seus próprios funcionários, outras com uma mistura de funcionários internos e de parceiros externos [122].

Tal como ocorre no lançamento de serviços, as empresas ainda não começaram a cobrar por experiências. Antes de uma empresa passar a cobrar por esta oferta, as experiências precisam ser vistas pelo cliente como dignas do preço cobrado. Isto exige um grande investimento no valor que esta experiência deverá ter. Os parques temáticos da Disney são o principal exemplo de uma experiência de êxito, pela qual muitas pessoas estão dispostas a pagar. Estes parques também podem ser vistos como um canal para as vendas dos produtos da Disney – filmes, além de brinquedos e acessórios diversos.

A capacidade de fornecer interações sofisticadas com o cliente (por exemplo, relacionamentos e experiências) é bastante diferente da capacidade de fabricar e distribuir produtos. Isto sugere o aparecimento de empresas que se especializam em fornecer estas interações. Patrícia Seybold, em "The Customer Revolution" *(A Revolução do Cliente)* [189], afirma que a sobrevivência de uma empresa em um ambiente controlado pelo cliente requer que ela se transforme em uma entidade completamente centralizada no cliente. Ela lista oito etapas para a concretização da total experiência do cliente:

1. Crie uma personalidade atraente para sua marca – uma oferta diferente, com que os clientes possam se identificar.
2. Concretize uma experiência unificada entre os canais e os pontos de contato. Em outras palavras, certifique-se de que a experiência dos clientes e suas informações sejam as mesmas, não importando o método de acesso que eles escolherem para utilizar em um dado ponto.
3. Interesse-se pelos clientes e pelo que acontecer a eles.
4. Avalie o que interessa aos clientes: a qualidade da experiência do cliente em relação aos indicadores internos da companhia.
5. Busque a excelência operacional.
6. Valorize o tempo do cliente.
7. Dê importância central às exigências e necessidades que os clientes têm no âmbito da informação. Isto requer a capacidade de ser proativo. Por exemplo, é importante lembrar aos clientes as exigências de manutenção e as oportunidades de treinamento.
8. Prepare-se para a adaptação – a capacidade de alterar suas práticas com base no que o cliente deseja.

O desempenho da cadeia de suprimentos é essencial na maioria desses pontos – ela tem um papel no processo de *branding** e na experiência unificada e na excelência operacional exigida para concretizar uma experiência do cliente extraordinária. O estudo de caso "Feito sob Medida", no começo deste capítulo, ilustra com clareza muitos desses pontos, desde a criação de uma oferta distinta aos clientes, a consolidação dos sistemas de informação, a disposição de pagar por fretes caros no intuito de tratar de exceções, a excelência operacional, a economia para o cliente em termos de tempo e gastos com a cadeia de suprimentos, além da redução dos níveis de estoque e da habilidade de se adaptar com base nas exigências.

12.2.6 As dimensões e a concretização da excelência

Nossa análise das dimensões do valor para o cliente mostra com clareza que as empresas precisam selecionar suas metas de valor para o cliente, uma vez que a cadeia de suprimentos, a segmentação do mercado e o conjunto de capacidades necessárias para o sucesso dependem destas variáveis. Em "The Myth of Excellence" *(O Mito da Excelência)* [53], os autores analisam muitas empresas em termos de preço, produto, serviço, acesso e relacionamento. A conclusão foi a de que as empresas não alcançam a excelência em todas estas dimensões (daí o título do livro). A análise revela que, para ter sucesso, uma empresa precisa dominar um atributo, diferenciar-se em outro, e ser adequada nos atributos restantes. Alguns dos princípios dos autores são:

---

* N. de T.: *Branding* é o conjunto de ações ligadas à administração das marcas. São ações que, tomadas com conhecimento e competência, levam as marcas além da sua natureza econômica, passando a fazer parte da cultura e influenciando a vida das pessoas.

1. A Wal-Mart se sobressai no quesito preço, conforme diz seu lema "Sempre preço baixo, sempre" e, em segundo plano, coloca uma ampla gama de marcas.
2. A Target compete por meio da ênfase na seleção de marcas, não no preço.
3. As lojas da Nike priorizam a experiência, o produto vem depois.
4. O McDonald's oferece acesso antes de tudo (ela tem restaurantes quase em todo lugar); o serviço vem em segundo lugar.
5. A American Express põe o serviço em primeiro lugar, ao passo que o acesso é atributo secundário.

12.3 OS INDICADORES DO VALOR PARA O CLIENTE

Uma vez que o valor para o cliente é baseado nas percepções que ele desenvolve, ele requer indicadores que começam com o cliente. Os indicadores mais comuns incluem o nível de serviço e a satisfação do cliente. Seybold [189] dá um passo a frente e sugere a gestão de empresas por meio de outros indicadores do valor para o cliente, como o crescimento no número de clientes ativos, a retenção dos clientes, as desistências, indicações sobre custos de aquisição e fatia dos gastos do cliente.

Nesta seção apresentamos diversos indicadores básicos do valor para o cliente, além de indicadores do desempenho da cadeia de suprimentos. Este último grupo é mais importante, já que o desempenho da cadeia de suprimentos oferece uma grande contribuição ao valor para o cliente.

1. **O nível de serviço.** O nível de serviço é o indicador típico empregado para quantificar a adaptação de uma empresa ao mercado. Na prática, a definição de nível de serviço pode variar entre empresas, mas o termo *nível de serviço* normalmente está relacionado à capacidade de entregar o produto na data combinada com o cliente. Muitas empresas consideram este indicador tão importante no seu sucesso nos mercados atuais que investem pesado em sistemas de apoio à decisão que lhes permitem cotar datas de entrega com precisão, de acordo com uma análise das informações presentes em toda a cadeia de suprimentos.

    Existe uma relação direta entre a capacidade de concretizar um certo nível de serviço e o custo e o desempenho da cadeia de suprimentos. Por exemplo, a variação na demanda, os *lead times* da produção e da informação definem a quantidade de estoque que precisa ser observada na cadeia de suprimentos. Sem dúvida, ao definir o nível de serviço a ser adotado para uma dada oferta, é importante entender o valor para o cliente. Por exemplo, os clientes talvez deem mais importância ao menor custo, às informações sobre a data de entrega e à possibilidade de customizar um produto, em comparação com a entrega imediata propriamente dita. Este é o caso dos clientes da Dell, que preferem esperar o tempo necessário para a montagem de um microcomputador, em vez de comprar o produto em uma prateleira.

2. **A satisfação do cliente.** Levantamentos da satisfação do cliente são adotados para medir o desempenho dos departamentos de vendas e pessoal, e também para fornecer o *feedback* para as melhorias necessárias para produtos e serviços. Além disso, conforme o exemplo da Peapod, há outras maneiras inovadoras de receber informações sobre a satisfação do cliente. Contudo, as pesquisas com clientes nem sempre são o melhor caminho para conhecer o valor para o cliente. Conforme afirma Reichheld [174], a dependência das pesquisas com o cliente podem levar a decisões equivocadas. Estas pesquisas são facilmente manipuláveis e geralmente efetuadas no ponto de venda, nada dizendo sobre a retenção do cliente.

Na verdade, mais importante do que as palavras do cliente sobre seu grau de satisfação é a *fidelidade do cliente*, que é mais fácil de aferir do que sua satisfação. Uma análise dos padrões de segunda compra do cliente, feita com uma base de dados internos, possibilita ter uma ideia da fidelidade do cliente.

EXEMPLO 12-10

O Lexus é um constante vencedor de prêmios da satisfação do cliente com automóveis, mas ele se recusa a considerar pesquisas como o melhor indicador de satisfação. Para o Lexus, a única medida verdadeiramente significativa da satisfação é a fidelidade de segunda compra. O Lexus considera as atividades de segunda compra de automóveis e serviços como o único indicador do sucesso da concessionária. Cada revenda do Lexus tem uma antena parabólica para o fluxo de informações entre elas e a matriz, em que estes indicadores são analisados constantemente [174].

Outra opção consiste em aprender com as desistências dos clientes. Infelizmente, a identificação destes clientes não é tarefa fácil, pois um cliente insatisfeito raramente cancela uma conta por completo. Em vez disso, ele em geral transfere suas compras para outra empresa, o que consiste em uma desistência parcial. Contudo, se este tipo de rastreamento for possível, ele pode trazer a chave para o aumento do valor para o cliente.

Outro exemplo é dado pela Charles Schwab [189]. A corretora online rastreia a acumulação de ativos de um cliente, sua satisfação, a retenção do cliente e de funcionários. É sobre estes indicadores que os gerentes e funcionários recebem seus incentivos.

3. **Os indicadores de desempenho da cadeia de suprimentos.** Conforme vimos, o desempenho da cadeia de suprimentos afeta a capacidade de fornecer valor para o cliente, sobretudo na dimensão mais básica, a da disponibilidade dos produtos. Portanto, existe a necessidade de desenvolver critérios independentes para aferir o desempenho da cadeia de suprimentos. A necessidade de indicadores bem definidos para a cadeia de suprimentos surge da presença de muitos parceiros no processo e da exigência de uma linguagem comum a todos. É exatamente isto que justifica iniciativas pela padronização, como os modelos de referência do Supply-Chain Council (*Conselho para a Cadeia de Suprimentos*).

O Conselho para a Cadeia de Suprimentos foi fundado em 1996 pela Pittiglio Rabin Todd & McGrath (PRTM) e AMR Research. Inicialmente, ele incluía 69 empresas com o título de membros voluntários. Em 2006, ele tinha aproximadamente mil empresas associadas espalhas em todo o mundo e contava com representações em diversos países. Os membros do conselho consistiam principalmente de profissionais liberais que representavam um amplo leque de setores, incluindo produção, serviços, distribuição e varejo [225].

O primeiro modelo apresentado foi o SCOR, que utiliza um *modelo de referência para o processo* que inclui a análise do estado atual dos processos e metas de uma empresa, a quantificação do desempenho operacional e a comparação com dados de referência. Para este fim, o SCOR desenvolveu um conjunto de métricas para o desempenho da cadeia de suprimentos. Seus membros estão em vias de formar grupos de setores para coletar informações sobre as melhores práticas que as empresas podem utilizar para avaliar o desempenho de suas próprias cadeias de suprimentos. A Tabela 12-1 mostra exemplos dos indicadores utilizados com este objetivo pelo SCOR, de acordo com [138].

TABELA 12-1

INDICADORES SCOR – NÍVEL 1

Perspectivas	Indicadores	Medida
Confiabilidade da cadeia de suprimentos	Entrega no prazo	Porcentagem
	Lead time de atendimento do pedido	Dias
	Índice de atendimento	Porcentagem
	Atendimento do pedido perfeito	Porcentagem
Flexibilidade e capacidade de resposta	Tempo de resposta da cadeia de suprimentos	Dias
	Flexibilidade de produto na chegada	Dias
Despesas	Custos com a gestão da cadeia de suprimentos	Porcentagem
	Custos com garantias expressos como porcentagem da receita	Porcentagem
	Valor agregado por funcionário	Dólares
Ativos/utilização	Dias de estoque total	Dias
	Tempo de ciclo do caixa	Dias
	Giros nos ativos líquidos	Giros

Uma vez que os indicadores de uma empresa específica são calculados, eles são comparados àqueles dos valores de referência do setor, como médio e *best-in-class**. Isto permite a identificação das vantagens da empresa e das oportunidades para a melhoria na cadeia de suprimentos. Exemplos destes indicadores estão listados no levantamento "Overall Business Performance" (*Desempenho Geral da Empresa*) conduzido pelo PRTM [80].

- **Os custos de gestão da cadeia de suprimentos.** Estes custos incluem o custo total para administrar o processamento de pedidos, a aquisição de materiais, a gestão de estoques, além das finanças e do sistema de informação da cadeia de suprimentos. A pesquisa descobriu que as maiores companhias que dela participaram têm custos totais que ficam entre 4 e 5% das vendas totais. As empresas com desempenho médio gastam entre 5 e 6%, ou mais.
- **Tempo de ciclo do caixa.** O número de dias entre o pagamento feito pelas matérias-primas e o recebimento do pagamento pelos produtos fabricados, calculado pelo número de dias de estoque de suprimentos acrescido do número de dias de vendas a receber, menos o período médio de pagamento por material. A pesquisa mostra que uma empresa *best-in-class* tem um tempo de ciclo do caixa abaixo de 30 dias, ao passo que para as empresas com desempenho médio este tempo pode chegar a 100 dias.
- **Flexibilidade de produção de chegada.** O número de dias necessários para um aumento de 20% sustentável e não planejado na produção. Este indicador é de menos de duas semanas para as companhias *best-in-class*, e menos de uma semana para alguns setores. A principal limitação é a disponibilidade de material, não as restrições de fabricação interna ou mão de obra.
- **Desempenho da entrega do pedido.** A porcentagem de pedidos atendidos antes ou na data solicitada pelo cliente. A pesquisa revelou que o desempenho para as *best-in-class* é de no mínimo 94%, mas pode chegar a 100% em alguns setores. O nível médio de desempenho varia entre 69 e 81%.

Recentemente, o Conselho para a Cadeia de Suprimentos apresentou o modelo de Referência para as Operações da Cadeia de Projeto (DCOR), que conecta os processos

---

* N. de T.: Empresas reconhecidas como provedoras de serviços e produtos de alta qualidade e que despertam um alto nível de satisfação do cliente.

de negócio, os indicadores, as melhores práticas e as características tecnológicas em uma única estrutura de apoio à comunicação entre os parceiros de projeto da cadeia, e que melhora a eficiência da cadeia de suprimentos estendida, incluindo a cadeia de desenvolvimento. O DCOR original, inspirado no SCOR, foi desenvolvido pelo departamento de Gestão do Processo de Negócio da Hewlett-Packard e apresentado ao Conselho para a Cadeia de Suprimentos em 2004.

Enquanto o modelo SCOR está organizado em torno de processos de planejamento, obtenção, fabricação, entrega e devolução, o DCOR trata dos processos de planejamento, pesquisa, projeto, integração e retificação. Ele envolve o desenvolvimento e a pesquisa de produto, mas não tenta descrever todos os processos de negócio ou atividades relacionadas. Enquanto o SCOR trata das categorias de processo de fabricação para estoque, sob encomenda, e engenharia do pedido, o DCOR se concentra na renovação do produto, nos novos produtos e em novas tecnologias como seus principais processos de execução.

O modelo SCOR é um bom exemplo de um conjunto de métricas para a cadeia de suprimentos, oferecendo um meio de comparar o desempenho de uma empresa ao de outras empresas de um mesmo setor, ou mesmo de outros setores. Além disso, ele tem sido cogitado para se tornar um padrão industrial, o que é uma vantagem extra. O modelo DCOR dá um passo além, ao incluir as decisões relativas à cadeia de suprimentos na fase de projeto.

Apesar do uso disseminado destes modelos, as empresas precisam entender o ambiente em que operam, com todas suas particularidades, e definir os indicadores adequados com base nestes critérios. Por exemplo, a Dell mensura a velocidade dos estoques e não os giros de estoque (mais comumente vistos como indicador).

12.4 A TECNOLOGIA DA INFORMAÇÃO E O VALOR PARA O CLIENTE

A tecnologia da informação trouxe diversos benefícios valiosos para clientes e empresas. Estes aspectos são brevemente resumidos a seguir. O primeiro deles é o intercâmbio de informações. O segundo é a utilização de informações por empresas com o objetivo de aprender mais sobre seus clientes e assim adaptar seus serviços com maior eficiência. O terceiro é a melhoria na capacitação B2B.

1. **Os benefícios para o cliente.** As razões por trás das mudanças sofridas pelo serviço de atendimento ao cliente são diversas. Uma das principais é o acesso das bases de dados de corporações, governos e instituições de ensino ao cliente. Este acesso começou com os quiosques multimídia e o correio de voz, e vem aumentando com a utilização de ferramentas de acesso de dados uniformes da Internet. Estas inovações aumentaram o valor para o cliente, ao mesmo tempo que reduziram custos para o fornecedor da informação. Os bancos foram os primeiros a entender que a instalação de caixas automáticos reduziria sua mão de obra. O correio de voz foi inicialmente visto, como uma força desumanizadora, pois impediria as interações entre pessoas. Contudo, ele permite o acesso, sem intermediários a contas de um cliente a qualquer hora do dia, de quase qualquer lugar. A Internet expandiu estas vantagens e permite a seus usuários acessar suas contas e executar transações a partir de qualquer lugar, a qualquer hora. Esta abertura das fronteiras da informação entre cliente e empresa é uma parcela da nova equação de valor para o cliente, em que a informação é parte do produto.

   A Internet também tem alguns efeitos menos visíveis [25]:

   • *A maior importância dos intangíveis.* Os clientes se acostumaram a emitir pedidos de produtos caros junto a pessoas invisíveis, pelo telefone ou via Internet. Este comportamento

aumenta a importância de nomes de marca e de outros intangíveis, como capacitações relativas a serviços ou experiência com comunidades durante as decisões de compra.
- *As maiores possibilidades de conexão e desconexão.* A Internet facilita não apenas a identificação de empresas parceiras e o contato com elas, como também a ruptura de um relacionamento e a busca de novas parcerias. A crescente disponibilidade de informações, incluindo os indicadores e dados de desempenho, minimiza a necessidade de relacionamentos de confiança de longo prazo. As empresas têm a escolha de recorrer a registros publicados e acessíveis para tomar decisões sobre a qualidade do serviço. Esta possibilidade é importante sobretudo quando não há um investimento inicial considerável na construção desta parceria. Se este investimento existir, então as frequentes mudanças de parceiros podem trazer impactos sérios em termos de custos e recursos disponíveis.
- *As crescentes expectativas dos clientes.* A possibilidade de comparar e a facilidade de executar diversas transações via telefone e Internet elevaram as expectativas no âmbito de serviços semelhantes nas atividades de todos os tipos de empresas, bem como nas interações B2B.
- *A experiência customizada.* A possibilidade de fornecer a cada cliente uma experiência exclusiva é uma importante característica da Internet. A Amazon.com salva todas as informações de seus clientes e recomenda livros e outros itens com base em compras anteriores. A customização em massa permite aos usuários armazenar suas preferências pessoais e tamanhos para o pedido de roupas e calçados sob medida junto a diversas empresas, sem ter de dar entrada das informações outra vez.
2. **Os benefícios para as empresas.** Uma das maneiras de aprimorar o valor para o cliente consiste em usar informações capturadas na cadeia de suprimentos para gerar novas ofertas. As informações disponíveis hoje permitem que as empresas "percebam e reajam" aos desejos dos clientes, em vez de simplesmente fabricar e vender produtos e serviços. Na verdade, que conforme já discutimos, o aprendizado sobre o cliente é um processo demorado, consome tempo do próprio cliente e acaba dificultando a substituição de uma empresa fornecedora. O processo de aprendizado assume muitas formas, desde os métodos sofisticados de mineração de dados utilizados para correlacionar padrões de compra, até o aprendizado sobre cada cliente individualmente, com a armazenagem de dados detalhados de suas compras e preferências. O método aplicado depende do setor e do modelo de negócio. O varejo utilizaria o primeiro método, ao passo que as empresas prestadoras de serviço, conforme o exemplo a seguir, preferiria rastrear as preferências e exigências do cliente individual.

> **EXEMPLO 12-11**
>
> Na década de 1930, os militares tinham dificuldade em contratar apólices de seguro a um preço razoável. Por isso, um grupo de oficiais formou a United Services Automobile Association (USAA) a fim de oferecer apólices de seguro para oficiais militares. A USSA continua oferecendo serviços, não apenas para oficiais da ativa e reformados, como também a seus familiares, por meio de transações efetuadas por telefone ou correio. A USAA utiliza volumosas bases de dados, com a meta de expandir suas atividades e oferecer serviços financeiros e de compras a seus associados. Quando um cliente entra em contato com a USAA, as informações sobre ele podem ser acessadas e atualizadas, e a ele são oferecidas uma variedade de serviços que atendem às suas necessidades. Por exemplo, se um cliente possui um barco adquirido ou financiado pela USAA, ele recebe uma oferta para a compra de uma apólice de seguros [168].

3. **Os benefícios para o B2B.** O estudo de caso "Feito sob Medida", no início deste capítulo, ilustra como a tecnologia da informação permite aos fornecedores oferecer serviços

inéditos a seus clientes. Outros exemplos dessa abordagem incluem a abertura do mercado eletrônico privado da Dell (ver Capítulo 6) e a utilização da Internet para melhorar a colaboração na cadeia de suprimentos com a oferta de informações sobre demanda e dados de produção a seus fornecedores. Assim, estes avanços possibilitam terceirizar porções importantes dos negócios de uma empresa, sem entregar o controle dos produtos e serviços que oferece. Por exemplo, as alianças estratégicas dependem do compartilhamento de informações, possibilitando que os parceiros concretizem as eficiências da cadeia de suprimentos (ver Capítulos 5 e 8).

EXEMPLO 12-12

O modelo de venda direta da Dell

Michael Dell fundou sua empresa de informática em seu dormitório na casa do estudante em que vivia, em 1984, com base em uma ideia simples: passar direto pelo canal de distribuição, por meio do qual os computadores pessoais eram vendidos na época, e vender diretamente aos clientes, depois de montar os microcomputadores de acordo com o pedido. A ideia, hoje chamada de *modelo de venda direta*, eliminou o custo com estoques e as despesas de revenda. O modelo trouxe também outras vantagens que na época não estavam aparentes. "Na verdade, você tem de ter um relacionamento com o cliente", explica Michael Dell, "e isto é o que gera informações valiosas que, por sua vez, permitem alavancar nossos relacionamentos tanto com fornecedores quanto com clientes. Acrescente estas informações à tecnologia disponível e você tem a infraestrutura necessária para revolucionar os modelos básicos de negócio praticados pela maioria das empresas de atuação global".

O modelo da Dell Computer envolve a montagem de computadores com base em componentes disponíveis no mercado. A decisão de não fabricar os componentes do computador liberou a Dell da responsabilidade de possuir seus próprios ativos, de assumir os riscos com pesquisa e desenvolvimento e de administrar um grande número de funcionários. O compartilhamento do risco do desenvolvimento e da produção entre diversos fornecedores permitiu à Dell crescer muito mais rapidamente do que em uma situação em que estas funções fossem executadas pela própria companhia.

A utilização de tecnologia e informações de parte da Dell para eliminar as fronteiras tradicionais existentes entre fornecedor, fabricantes e usuários finais na cadeia de suprimentos foi chamada de *integração virtual*. Em uma empresa de computadores tradicional, como a Digital Computer, os processos eram *verticalmente integrados*, com todas as atividades de pesquisa e desenvolvimento e de produção e distribuição executadas pela própria empresa. Isto permitia um alto nível de comunicação e o desenvolvimento da capacidade de desenvolver produtos com base na interação da companhia com seus clientes. A desvantagem era o alto risco e os expressivos custos de desenvolvimento, além da propriedade de ativos em um setor altamente volátil. Para concretizar as vantagens de uma companhia integrada, a Dell trata fornecedores e provedores de serviço como se estivessem dentro da empresa. Seus sistemas estão conectados em tempo real ao sistema da Dell, e seus funcionários participam de equipes de projeto e dos lançamentos de produtos. O uso da tecnologia aumenta os incentivos para a colaboração, pois possibilita compartilhar as bases de dados de projetos e as metodologias, o que encurta o tempo de entrada no mercado.

A Dell mensura a *velocidade dos estoques*, isto é, a recíproca do período médio de tempo que um produto passa nos estoques. Para isso, cada componente recebe um adesivo informando a data da entrada no estoque. A acumulação de estoque em um setor rápido como o de microcomputadores impõe altos riscos, uma vez que os componentes podem se tornar obsoletos com rapidez. Em alguns casos, como o dos monitores da Sony, a Dell não mantém estoques, utilizando os serviços da UPS ou Airborne Express para apanhar os monitores na fábrica da Sony no México e a CPU na unidade da Dell em Austin, no Texas, a fim de entregar estes itens ao mesmo tempo ao cliente. Os fornecedores da Dell se beneficiam das informações em tempo real sobre a demanda e do compromisso da Dell de adquirir um certo nível de seus itens. Os resultados são impressionantes. Ao passo que a Compaq, a IBM e a Hewlett-Packard anunciaram seus planos, no final de 1998, de imitar parte do modelo de venda direta da Dell, com diversos planos para a produção sob encomenda,

> **EXEMPLO 12-12** *continuação*
>
> todas estas empresas encontraram dificuldades em efetuar a transição. A maioria delas está migrando para um sistema de metas para o nível de estoque equivalente a quatro semanas, enquanto a Dell mantém apenas oito dias de estoque, o que lhe permite um giro de estoque de 46 vezes ao ano.
>
> Do lado do cliente, a Dell segmentou sua base de clientes para poder oferecer serviços com valor agregado a diferentes clientes. A Dell configura seus PCs e oferece suporte para clientes de grande porte. A empresa também instala softwares e coloca plaquetas de identificação de patrimônio, de acordo com o pedido do cliente. Para alguns clientes, a Dell oferece uma equipe de atendimento no próprio cliente para auxiliar a compra e a manutenção de computadores. "A ideia por trás da integração virtual é que ela permite atender às necessidades dos clientes com maior rapidez e eficiência do que qualquer outro modelo". Além disso, ela permite que a Dell seja eficiente e ao mesmo tempo tenha uma boa capacidade de resposta diante de mudanças. Ao passar mais tempo com os clientes e acompanhar as tendências tecnológicas, a Dell tenta manter-se à frente das mudanças, gerando-as e dando forma a elas.
>
> *Fonte:* Baseado em [128].

Outros exemplos de compartilhamento de informação entre empresas são dados em [150]. Os autores descrevem os planos de fornecedores e distribuidores para o compartilhamento de informações sobre estoques que resultam na redução de custos. Estes planos, incentivados pelo conceito de compartilhamento do risco apresentado no Capítulo 2, fazem com que os fabricantes e fornecedores reduzam estoques totais por meio do compartilhamento de dados de estoques em todos os locais, permitindo que qualquer integrante do canal compartilhe estoques.

RESUMO

A geração de valor é a força motriz por trás das metas de uma empresa, e a gestão da cadeia de suprimentos é um dos meios importantes para consolidá-la. A estratégia da cadeia de suprimentos afeta o valor para o cliente. Seus objetos de interesse influenciam cada um dos aspectos do valor para o cliente, e precisam fazer parte de qualquer estratégia ou plano, não uma consideração posterior. É importante escolher a estratégia apropriada para relacionar o valor para o cliente ao mercado da companhia. A excelência na gestão da cadeia de suprimentos se traduz em valor para o cliente em diversas dimensões, desde a disponibilidade e seleção, até a influência no preço em que um dado produto pode ser comercializado.

A estratégia da cadeia de suprimentos adotada pela Dell foi seu modelo de negócio e gerou o valor que o cliente dá para preços baixos. O estudo de caso da TAL demonstrou que a habilidade em administrar o estoque do cliente gerou um grande diferencial em um setor de *commodities* altamente competitivo. A Zara cria uma cadeia de suprimentos de giro rápido, próxima a seus mercados, de forma a manter-se atualizada e ver seus clientes retornarem às suas lojas para novas compras.

O acesso do cliente às informações sobre disponibilidade de produtos e ao *status* de pedidos e entregas vem se consolidando como um ponto essencial a qualquer empresa. Esta situação também gera oportunidades de aprender sobre os clientes e suas preferências e de criar novos modos de interação. A Dell utiliza estas informações para melhorar a qualidade de seus serviços, a TAL faz uso do acesso ao cliente para prever vendas com mais precisão e a Zara tem um sistema de *feedback* simples mas eficaz.

O acréscimo de serviços, relacionamentos e experiências é uma maneira de as companhias se diferenciarem em termos do que oferecem no mercado e de aprenderem mais sobre seus clientes. A estratégia também dificulta aos clientes a troca por outros provedores de serviços ou de produtos.

A mensuração do valor para o cliente está no cerne das metas e objetivos de uma companhia; contudo, a identificação de um indicador adequado não é tarefa fácil. A Dell mede a velocidade de seus estoques, a recíproca do período médio que um produto passa nos estoques, não os giros de estoque, como fazem tantas outras empresas.

A possibilidade de oferecer interações sofisticadas entre clientes (por exemplo, relacionamentos e experiências) é diferente da capacidade de fabricar e distribuir produtos. Uma vez que a experiência diferenciada é exigida para cada função, as companhias ganham com a especialização. Observamos esta tendência nos setores de bens de consumo, em que companhias como a Nike e a Sara Lee emprestam seus nomes a produtos fabricados por muitas empresas diferentes.

Não existe um verdadeiro valor para o cliente sem um íntimo relacionamento com ele. Hoje, este relacionamento é possibilitado não apenas por meio de interação direta, como também com o uso da tecnologia da informação e da comunicação. Ao permitir que os clientes revelem suas preferências, e aprendendo com isso – em uma verdadeira interação nos dois sentidos – uma empresa passa a ser capaz de desenvolver o caminho para o maior valor para o cliente e, com isto, conquistar sua fidelidade. Vimos que as empresas de sucesso, em sua totalidade, valorizam esta capacidade e a inserem em seus modelos de negócio e da cadeia de suprimentos.

QUESTÕES PARA DISCUSSÃO

1. Discuta os *trade-offs* entre a qualidade e o preço do produto para o varejo tradicional e online.
2. Consideremos as estratégias de precificação dinâmica e seus impactos no lucro. Explique por que a precificação estratégica traz lucros expressivos em comparação com a (melhor) estratégia de preço fixo, em situações em que:
   a. A capacidade disponível diminui.
   b. A incerteza na demanda aumenta.
   c. A sazonalidade no padrão da demanda aumenta.
3. Discuta como as decisões tomadas sobre a cadeia de suprimentos influenciam a capacidade de superação em certas dimensões. Particularmente, considere:
   a. Conformidade a exigências.
   b. Seleção do produto.
   c. Preço e marca.
   d. Serviços com valor agregado.
   e. Relacionamentos e experiências.
4. Qual é o aspecto dominante no valor para o cliente em cada uma das companhias a seguir?
   a. Starbucks
   b. The Gap
   c. Expedia.com
5. Quais são as outras possibilidades para a experiência oferecidas pela Internet?
6. Quais são os indicadores que você adotaria em uma empresa como a Amazon.com para avaliar o desempenho dos negócios? E para avaliar a cadeia de suprimentos?

CAPÍTULO 13

A Precificação Inteligente

ESTUDO DE CASO

A economia da Starbucks: a solução do mistério do indefinível cappuccino "curto"

Eis aqui um segredinho que a Starbucks não quer que você descubra: se você quiser, ela serve a você um cappuccino melhor e mais forte e cobra menos por ele. Peça um destes em qualquer loja da Starbucks e o barista* prepara seu cappuccino num piscar de olhos. O mistério está em descobrir por quê.

A bebida em questão é o indefinível "cappuccino curto" – de oito onças** (266 ml), um terço menor do que o menor dos tamanhos listados no menu, o "alto", e reduzido a um mero anãozinho daquele que a Starbucks chama de o "tamanho preferido do cliente", o "Venti", de 20 onças (666 ml) e que tem mais de 200 calorias, sem considerar o açúcar.

O cappuccino curto tem a mesma quantidade de pó de café que o de 12 onças (360 ml) e seu sabor é mais forte e, portanto, melhor. As regras do Campeonato Mundial de Baristas, por exemplo, definem um cappuccino tradicional como uma bebida com "cinco a seis onças" (166 a 200 ml) este é o mesmo tamanho servido por diversas cafeterias no continente. É possível dizer que quanto menor o cappuccino, melhor seu sabor.

O problema com cappuccinos grandes é que é impossível preparar a delicada espuma de leite ("microespuma", como informa o jargão dos baristas) em grandes quantidades, independentemente da habilidade do barista. Um cappuccino de 20 onças (666 ml) é uma contradição. Depois de ter experimentado o cappuccino curto em diversas lojas da Starbucks em todo o mundo, posso afirmar categoricamente que ele é muito melhor do que aqueles baldes de leite quente coberto com uma lâmina de espuma que a cadeia de cafeterias anuncia em seus cardápios.

Além de tudo isso, este cappuccino secreto é mais barato – na Starbucks que fica perto de minha casa, ele custa $2,35, e não $2,65. Mas por que esta bebida melhor e mais barata – ao lado de suas irmãs, o *latte* curto e o café curto – não ganha espaço nos anúncios da empresa? A resposta oficial da Starbucks é que não há lugar para mais um item no menu, apesar de isto não explicar porque o cappuccino curto não é mencionado no abrangente website da companhia, ou porque os baristas servem o café com um sussurro, e não aos brados, como fazem com outros produtos.

A economia tem a resposta: esta é a maneira que a Starbucks tem de fugir do doloroso dilema de definir preços. Fixe um preço baixo demais e a margem desaparece, fixe um preço alto demais, e os clientes é que desaparecem. Qualquer empresa

---

* N. de T.: Pessoa especializada na preparação de cafés.
** N. de T.: Uma onça (volume) = 33,33 ml.

Fonte: Tim Harford, *State Magazine*, 6/1/06, www.slate.com/id/2133754

que é capaz de cobrar um dado preço dos clientes mais sensíveis e um preço maior dos restantes consegue evitar parte deste desconfortável *trade-off*.

Não é difícil identificar os clientes cegos ao preço dentro da Starbucks. Eles são os que compram *latte* o bastante para dar um banho em Cleópatra. Os principais custos com mão de obra, lugar na fila e embalagem são os mesmos para todos os tamanhos de suas bebidas. Assim, os cafés maiores tem um preço expressivamente maior, de acordo com Brian McManus, professor assistente da Faculdade de Administração Olin, que estudou o mercado de café.

A dificuldade está na possibilidade de que, se um de seus produtos é barato, então você pode perder a receita gerada por clientes dispostos a pagar mais. Assim, as empresas tentam desencorajar seus clientes mais extravagantes a gastar menos, fazendo seus produtos mais baratos parecerem menos atraentes, ou, no caso da Starbucks, fazendo esse produto barato ficar invisível. A cadeia de supermercados britânica Tesco tem uma linha de produtos "de bom preço", com embalagens absurdamente feias, não por falta de *designers* talentosos, mas porque a rede deseja espantar clientes dispostos a gastar mais. "As esferas inferiores de todos os mercados tendem a ser distorcidas", diz McManus. "Quanto maior o poder de mercado de uma companhia, menos atraentes serão seus produtos de preço acessível."

Esta observação é importante. Uma empresa atuante em um mercado competitivo sofreria consequências desagradáveis se sabotasse seus produtos de menor preço, porque suas concorrentes aproveitariam a oportunidade para abocanhar os clientes insatisfeitos com a estratégia. A Starbucks, com sua supremacia do café, pode dar-se ao luxo de adotar este tipo de discriminação, graças a seus clientes leais, ou simplesmente preguiçosos.

Esta prática não é novidade. O economista francês Emile Dupuit estudou o transporte ferroviário em seus primórdios, quando os vagões de terceira classe eram construídos sem teto, ainda que as coberturas disponíveis fossem de baixo custo. "O que a companhia está tentando fazer é evitar que passageiros que podem pagar por um bilhete de segunda classe viajem na terceira. Isto afeta os pobres, não porque a empresa deseja prejudicá-los, mas porque ela quer espantar os ricos."

O equivalente a isto nos dias de hoje é a sala de embarque dos aeroportos. Os aeroportos são perfeitamente capazes de construir salas de espera mais atraentes, mas isso frustraria as companhias aéreas que oferecem suas próprias salas de embarque exclusivas, e pelas quais cobram mais de seus passageiros.

A jogada da Starbucks é muito mais simples e ao mesmo tempo mais audaciosa: ela oferece o produto mais barato, mas certifica-se de que ele esteja disponível apenas para os clientes que concordam em enfrentar a insegurança ou o constrangimento de ter de fazer um pedido específico. Felizmente, esta tática é facilmente vencida: se você quer beber um café de qualidade e pagar menos por ele, tudo o que você tem a fazer é pedir.

Ao final deste capítulo você será capaz de responder as seguintes perguntas:

- De que forma empresas como a Starbucks tentam diferenciar seus clientes?
- De que forma outras empresas fazem isso? Quais são os perigos de adotar esta tática?
- Como é que as empresas tiram proveito do fato de que diferentes clientes estão dispostos a pagar diferentes valores por um mesmo produto?
- Qual é o objetivo dos fabricantes quando oferecem abatimentos? Se todos os abatimentos forem efetuados, os fabricantes continuam tirando alguma vantagem deles? E os varejistas?
- Qual é o objetivo das empresas com o controle de preços?
- De que forma a precificação dinâmica pode ajudar as empresas a utilizar suas capacidades de modo eficiente?
- Quais são as lições que as empresas aprendem com o sucesso da gestão de receitas das companhias aéreas?

13.1 INTRODUÇÃO

Até aqui, consideramos várias abordagens para tratar da demanda do cliente final e da variação nesta demanda, mas sempre pressupomos que a demanda está além do controle de uma empresa. Porém, isto está longe de ser verdade. Anúncios, expositores e ferramentas promocionais podem ser utilizados para alterar o nível de demanda até certo ponto. O mais importante de tudo isso é que a precificação é uma ferramenta de peso na capacidade de influenciar a demanda. De fato, empresas com um olho no futuro utilizam a precificação para administrar a cadeia de suprimentos com eficácia, por meio da gestão do nível de demanda.

Nenhuma empresa salienta o impacto das estratégias de precificação na gestão eficaz da cadeia de suprimentos mais do que a Dell. Um mesmo produto é vendido a preços diferentes no website da companhia, dependendo se a compra é feita por uma pessoa física, por uma empresa de pequeno, médio ou grande porte, pelo governo federal ou por uma escola ou hospital. Além disso, o preço de um mesmo produto para um mesmo mercado não é fixo [2] – ele pode mudar rapidamente com o tempo, e alternativas mais acessíveis do que outras hoje poderão ser mais caras amanhã. A Dell não está sozinha no uso de uma estratégia sofisticada de precificação. Consideremos os seguintes casos:

- A IBM está investindo em software que permitirá ajustar preços de acordo com a demanda [40].
- Um dado modelo da câmera digital Coolpix da Nikon é vendido tanto online quanto em lojas por cerca de $600. Contudo, a fabricante oferece um desconto de $100, não importa o canal de compra. Da mesma forma, um certo modelo de filmadora da Sharp é vendido por $500 em uma loja no varejo ou loja virtual. A companhia oferece um desconto de $100 para qualquer caso.
- A Boise Cascade Office Products vende diversos produtos online. Ela afirma que os preços para os 12 mil itens mais frequentemente pedidos online podem mudar a cada dia [104].

A análise destes casos levanta uma série de questões. O que estas empresas estão fazendo? Por que a Dell tem preços diferentes para clientes diferentes e em momentos diferentes? Se a Dell é capaz de fazer isso, ouras empresas também são capazes? Qual é o impacto do desconto pós-pagamento? Na verdade, a Sharp e a Nikon não poderiam simplesmente reduzir o preço no atacado pago pelo varejista, em vez de pedir ao cliente que envie o cupom de desconto pelo correio? Por fim, o que está errado na política tradicional do preço fixo?

Uma análise cuidadosa destas empresas sugere que elas têm uma coisa em comum: elas estão tentando aumentar seus lucros utilizando a chamada precificação inteligente, ou técnicas de gestão de receitas. Estas técnicas foram adotadas pela primeira vez por empresas dos setores de aviação, hotelaria e aluguel de automóveis. Na indústria da aviação, a gestão de receitas fez estas subirem expressivamente. A American Airlines estima que a gestão de suas receitas traz um aumento de $1 bilhão ao ano [49]. Na verdade, se não fosse pela combinação da gestão de receitas e dos sistemas de planejamento de voos, a American Airlines teria sido lucrativa em apenas um ano nos 10 últimos anos [50].

13.2 O PREÇO E A DEMANDA

Se todas as outras variáveis forem mantidas constantes, a demanda por um produto geralmente sobe à medida que seu preço cai. Há exceções a esta regra (no caso em que os clientes consideram o preço um indicador de qualidade, por exemplo), mas estes são raríssimos. Claro que certos produtos podem ser mais ou menos sensíveis às alterações de preço, dependendo de suas características específicas, mas esta diminuição indiscriminada na demanda acompanhada de um aumento de preço, a chamada "curva de demanda decrescente", quase sempre é válida. Esta situação apresenta um interessante problema para os gestores no momento em que tentam determinar o preço ideal para seus produtos. Se a demanda sobe e o preço desce, e se a receita é o produto da demanda e do preço (e não resta dúvida de que é), então qual é o melhor preço a ser cobrado por um dado item? Em geral, este problema é difícil de resolver. Para encontrar o preço ótimo, um gerente precisa ser capaz de caracterizar a relação entre precificação e demanda para todos os itens que ele comercializa. Observe que esta necessidade envolve diversos aspectos complexos. Por exemplo, inúmeros dados devem ser analisados e o comportamento da concorrência tem de ser considerado nesta relação. Apesar destas dificuldades, muitas empresas conseguem no mínimo gerar uma aproximação desta relação. No exemplo a seguir, supomos que este relacionamento é conhecido, e então determinamos o preço ótimo.

EXEMPLO 13-1

Consideremos um varejista que vende um único item. Com base na experiência passada, os gerentes estimam a relação entre a demanda (D) e o preço (p), de acordo com a função linear $D = 1.000 - 0{,}5p$. Isto significa que no momento em que o preço é $\$1.600$, há uma demanda por 200 unidades do item, ao passo que se o preço é $\$1.200$, há uma demanda por 400 itens. Observe que a receita é igual ao preço multiplicado pela demanda com este mesmo preço. Assim, é possível calcular a receita em diferentes níveis de preço (veja a Tabela 13-1).

TABELA 13-1
PREÇO *VERSUS* RECEITA PARA O EXEMPLO 13-1

Preço	Demanda	Receita
$ 250	875	$ 218.750
$ 500	750	$ 375.000
$ 750	625	$ 468.750
$ 1.000	500	$ 500.000
$ 1.250	375	$ 468.750
$ 1.500	250	$ 375.000

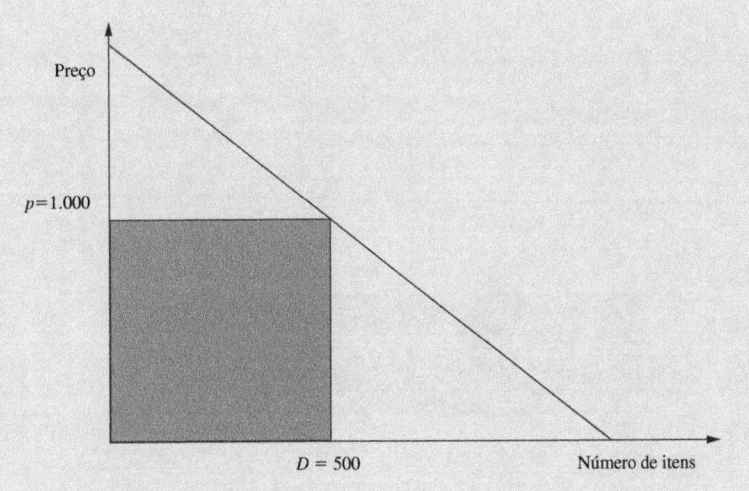

FIGURA 13-1 A curva preço/demanda para o Exemplo 13-1.

> **EXEMPLO 13-1** *continuação*
>
> Assim, sempre que os itens tiverem seu preço fixado em $1.000, a receita é 1.000 x 500 = 500.000, ou a receita máxima. A Figura 13-1 mostra a curva demanda/preço, em que a área sombreada representa a receita total.

13.3 AS REMARCAÇÕES

Sem dúvida, ainda que no exemplo anterior supomos que a demanda é uma função determinística do preço, na verdade esta hipótese quase nunca é aplicável. Na maioria dos casos, a demanda é aleatória e, conforme discutido no Capítulo 2, precisamos definir os níveis de estoque com base nas estimativas da demanda futura. Assim, as empresas muitas vezes adotam as **remarcações**, ou **liquidações**, para eliminar o excesso de estoque. Para entendermos o conceito de remarcação, a demanda precisa ser interpretada de modo ligeiramente diferente. Em vez de considerar a demanda agregada que, como sabemos, diminui à medida que o preço aumenta, temos de pensar nos clientes que compõem a demanda agregada. Cada um destes clientes tem um preço máximo que ele está disposto a pagar pelo produto – o chamado *preço de reserva*.

> **EXEMPLO 13-2**
>
> Consideremos o mesmo produto descrito no exemplo anterior, com a relação entre demanda (D) e preço (p) dada pela função linear $D = 1.000 - 0,5p$ (ver Figura 13-1). Já vimos que quando o preço é $1.200, serão vendidos 400 itens. Isto significa que 400 clientes terão um preço de reserva de ou acima de $1.200 – quando o preço está abaixo de seu preço de reserva, eles efetuam a compra. Da mesma forma, se o preço é $600, a demanda será de 700 unidades, conforme ilustra a Figura 13-2. Em outras palavras, há 700 clientes com preços de reserva de ou acima de $600.

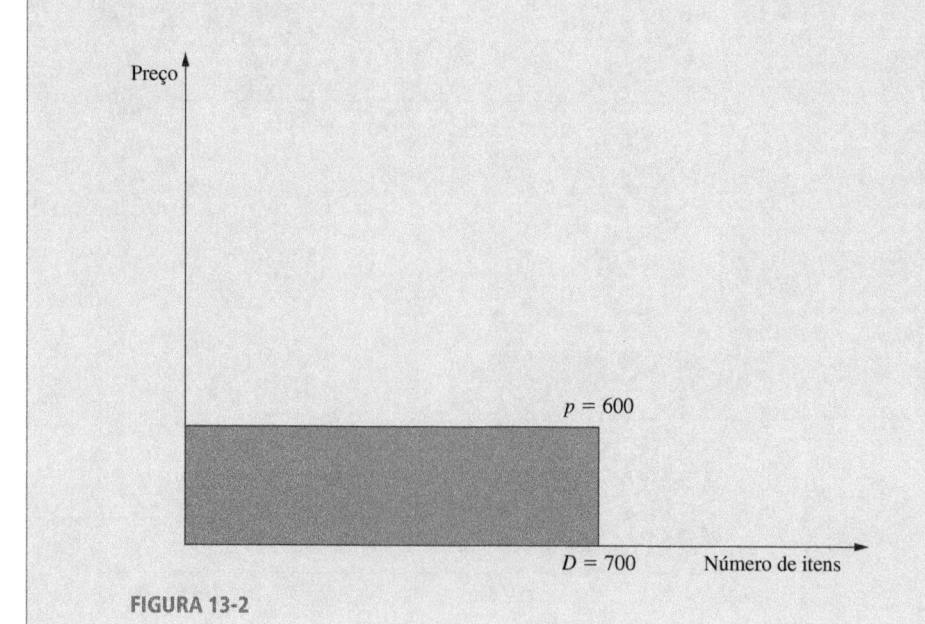

FIGURA 13-2

Logo, quanto menor o preço, maior o número de clientes com preço de reserva igual ou maior do que este. O conceito de remarcação, ou liquidação, consiste portanto em vender o produto aos clientes cujos preços de reserva estavam abaixo do preço original, mas acima do preço de venda. Normalmente, os varejistas tentam evitar remarcações. Como diz Robert Philips [162, p. 242]: "muitos varejistas consideram as remarcações como ... prova dos erros cometidos em seus processos de compra, precificação ou marketing". De fato, os clientes que buscam preços baixos (baixo preço de reserva) não são muito desejados pelo varejo, pois não são lucrativos, ainda que sejam úteis às metas de redução de estoque.

13.4 A DIFERENCIAÇÃO DO PREÇO

Vimos que as remarcações auxiliam as empresas a se livrar do excesso de estoques. Contudo, varejistas inovadores reconheceram uma importante verdade: em muitos casos, até mesmo os preços de liquidação são lucrativos, e os clientes que estão dispostos a comprar mercadorias com estes preços são diferentes daqueles que estavam dispostos a pagar o preço original. Por exemplo, no setor da moda, alguns clientes acompanham as tendências de perto. Este tipo de cliente demonstra ansiedade por comprar suas roupas no início da estação e disposição de pagar mais para ter roupas da moda antes das outras pessoas. Outros clientes demonstram consciência do preço. Estes estão dispostos a esperar até o final das liquidações e não aceitam pagar os mesmos preços altos que o primeiro tipo de consumidor paga. Se diferentes preços forem cobrados destes diferentes clientes, então é possível aumentar a receita. Esta prática de cobrar preços diferentes para conjuntos distintos de clientes é chamada de *diferenciação do preço*. Consideremos o seguinte exemplo.

EXEMPLO 13-3

Retomemos o produto discutido nos exemplos anteriores, em que o relacionamento entre demanda, D, e preço, p, é dado pela função linear $D = 1.000 - 0,5p$. Vimos que quando o preço é fixado em $1.000, a receita é 1.000 x 500 = 500.000, o que, à primeira vista, parece a melhor estratégia de precificação. A Figura 13-1 mostra a curva de demanda/preço, em que a área sombreada representa a receita total. Uma vez que $1.000 é o preço que maximiza a receita, esta parece a melhor estratégia de precificação. Contudo, observemos que, de acordo com a curva demanda/preço, o varejista cobra apenas $1.000 de um grupo de clientes que está disposto a pagar mais do que este valor. Na verdade, há cerca de 200 clientes entre os 500 que pagariam $1.600 por item. Entre estes 200 clientes, há aproximadamente 100 prontos para pagar $1.800. Contudo, todos estes clientes pagam o mesmo preço: $1.000.

Esta análise simples ilustra que, ao cobrar um único preço, a gerência está abrindo mão de uma boa parcela de receitas. Na verdade, o montante destas receitas negligenciadas é representado pelo triângulo superior na Figura 13-1, e é igual a $(2.000 - 1.000) \times 500/2 = 250.000$ (você saberia explicar por quê?). Portanto, a questão é: como os gerentes conseguirão aumentar a receita, tirando vantagem do valor negligenciado?

Para respondê-la, consideremos uma estratégia de precificação mais sofisticada, a estratégia de precificação *diferencial* ou *customizada*. Na precificação diferencial, a empresa adapta sua precificação aos diferentes segmentos de mercado: os segmentos que podem pagar mais e os que estão dispostos a pagar apenas o preço menor. Por exemplo, analisemos uma estratégia de dois preços, $1.600 e $1.000.

Com o preço fixado em $1.600, existe uma demanda por 200 itens, ao passo que se o preço fixado é $1.000, a demanda é 500 itens. Dentro deste número, 200 clientes pagam o maior preço. Assim, a receita total neste caso é $1.600 \times 200 + 1.000 \times (500 - 200) = 620.000$.

Portanto, esta estratégia permite à empresa aumentar suas receitas em $120 mil, com a captura de aproximadamente 50% das receitas negligenciadas. Mas, é possível aumentar ainda mais as receitas? Ob-

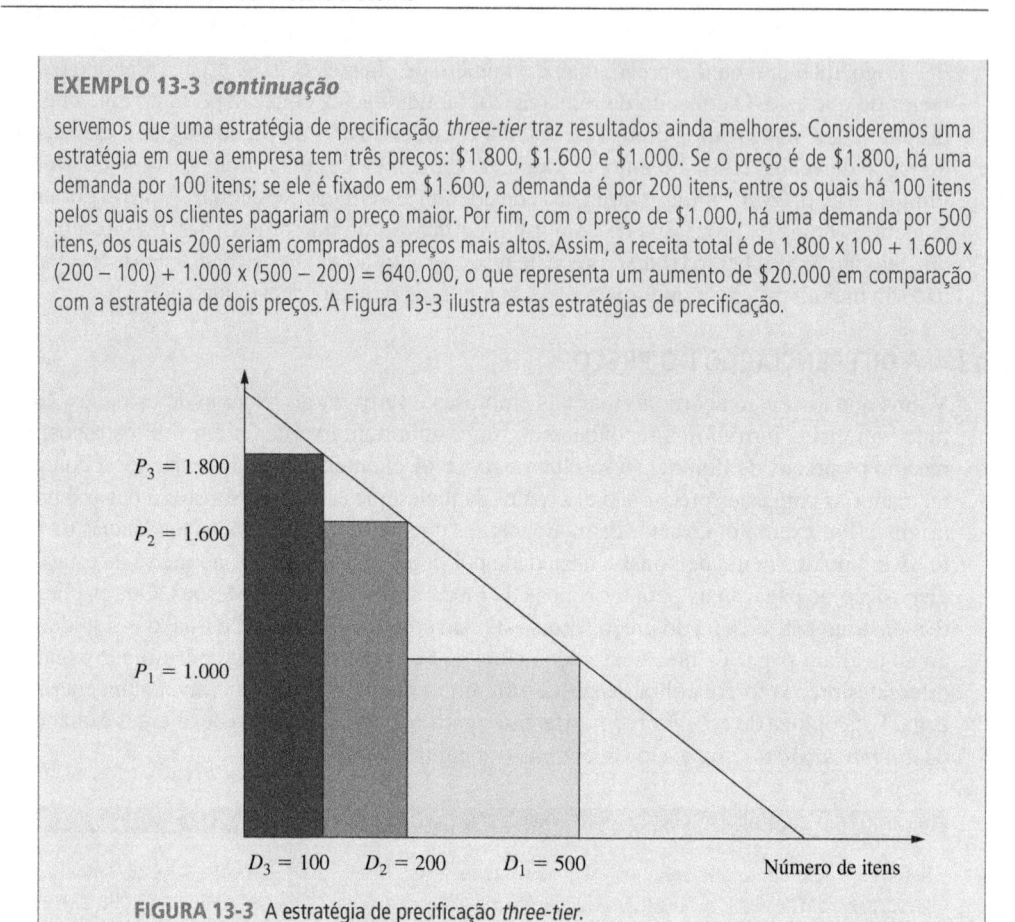

> **EXEMPLO 13-3** *continuação*
>
> servemos que uma estratégia de precificação *three-tier* traz resultados ainda melhores. Consideremos uma estratégia em que a empresa tem três preços: $1.800, $1.600 e $1.000. Se o preço é de $1.800, há uma demanda por 100 itens; se ele é fixado em $1.600, a demanda é por 200 itens, entre os quais há 100 itens pelos quais os clientes pagariam o preço maior. Por fim, com o preço de $1.000, há uma demanda por 500 itens, dos quais 200 seriam comprados a preços mais altos. Assim, a receita total é de 1.800 x 100 + 1.600 x (200 − 100) + 1.000 x (500 − 200) = 640.000, o que representa um aumento de $20.000 em comparação com a estratégia de dois preços. A Figura 13-3 ilustra estas estratégias de precificação.
>
> $P_3 = 1.800$
> $P_2 = 1.600$
> $P_1 = 1.000$
>
> $D_3 = 100$ $D_2 = 200$ $D_1 = 500$ Número de itens
>
> **FIGURA 13-3** A estratégia de precificação *three-tier*.

Contudo, uma pergunta importante precisa ser respondida: o que uma empresa tem de fazer para ter sucesso ao cobrar preços diferentes de clientes diferentes? Na Seção 13.6, discutimos esta questão em detalhe. Na seção a seguir, exploramos este problema no contexto específico da gestão tradicional de receitas nos setores de companhias aéreas, hotelaria e aluguel de automóveis – pois são setores que tiveram um sucesso que motivou os gerentes de outros setores a interpretarem a precificação como ferramenta útil.

13.5 A GESTÃO DE RECEITAS

Nos últimos anos, as técnicas de gestão de receitas vêm ganhando expressiva atenção de empresas que tentam melhorar sua rentabilidade. Estes métodos, que incorporam estratégias de precificação e estoque para influenciar a demanda do mercado, possibilitam às empresas o controle de seus lucros líquidos. A gestão de receitas é descrita como "a venda da unidade certa ao cliente certo, na hora certa e pelo preço certo" [108].

Conforme observado anteriormente, as técnicas de gestão de receitas são normalmente aplicadas nos setores de companhias aéreas, hotelaria e aluguel de automóveis. O emprego da gestão de receitas em todos estes setores tem diversas características em comum, que incluem (ver [108]):

1. A existência de produtos perecíveis, isto é, de produtos cujo prazo de validade expira ou é irrelevante após certa data.
2. A demanda flutuante.
3. A capacidade fixa do sistema.
4. A segmentação do mercado baseada, por exemplo, na sensibilidade ao preço ou ao tempo de serviço.
5. Os produtos vendidos com antecedência.

A empresa pioneira na adoção destas abordagens foi a American Airlines na década de 1980. Após a desregulamentação do setor, as companhias aéreas tradicionais passaram a enfrentar a concorrência com as entrantes, especialmente a PeopleExpress. Pela primeira vez, as companhias aéreas se deparavam com a competição na tarifa. A fim de neutralizar estas ameaças, a American Airlines adotou técnicas de gestão de receitas, com a precificação diferenciada voltada para o objetivo de "deixar menos dinheiro escapar por entre os dedos". A estratégia teve estrondoso sucesso. A PeopleExpress não tardou a fechar as portas, e as mesmas técnicas de gestão de receitas passaram a ser adotadas por outras companhias aéreas de grande porte, depois por hotéis e locadoras de automóveis. (Para uma revisão detalhada da história da gestão de receitas, ver [162]).

Em geral, a gestão de receitas envolve o direcionamento de metas a produtos e preços específicos em segmentos de atividade definidos. Em outras palavras, a gestão de receitas de uma companhia aérea está concentrada na implementação da diferenciação do preço descrita na seção anterior. No setor aéreo, a chave para a diferenciação do preço e, portanto, da gestão de receitas, é a classificação dos passageiros em dois segmentos: classe turística e classe executiva. Os passageiros da classe turística são sensíveis ao preço, mas não se importam com a duração da viagem. Além disso, eles demonstram a disposição de reservar passagens sem direito a devolução com bastante antecedência. Por outro lado, os passageiros da classe executiva não são especialmente sensíveis a preços, mas importam-se muito com a duração da viagem. Da mesma forma, os viajantes da classe turística precisam de alta flexibilidade para ajustarem seus planos de viagem conforme a necessidade. Isto sugere o uso da estrutura desenvolvida por Duadel e Vialle [60] para a diferenciação de clientes, apresentada na Figura 13-4.

Portanto, a companhia aérea se esforça para oferecer passagens diferentes (em termos de preço, horários e flexibilidade) a estes diferentes clientes. Em outras palavras, as companhias "constroem muros de proteção", com o propósito de evitar que os passageiros da classe executiva se desloquem do quadrante superior esquerdo da Figura 13-4 para o quadrante inferior direito. Isto é possível com a exigência de estadias de finais de semana e reservas antecipadas. Claro que, quanto maior o número de classes, maior o número de barreiras a serem erguidas entre os diferentes segmentos de mercado.

Uma vez que estas distinções tenham sido traçadas, as estratégias de gestão de receitas passam a se concentrar na definição do preço e da quantidade de bilhetes que devem ser emitidos para cada segmento. A história do setor ajuda a entender que esta decisão é dividida em duas partes. Desde a década de 1960, as companhias aéreas vêm utilizando sistemas computadorizados de marcação de reservas para seus voos. A gestão de receitas foi introduzida para ser adotada nestes sistemas relativamente inflexíveis.

Para isso ser possível, a gestão de receitas das companhias aéreas tem duas etapas:

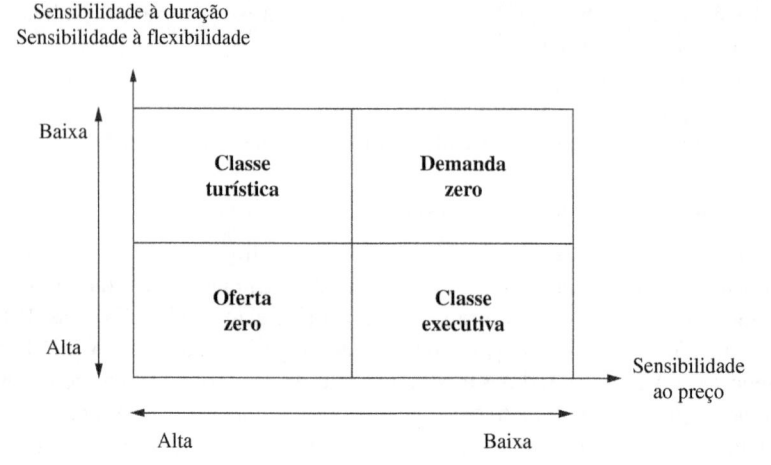

```
                Sensibilidade à duração
                Sensibilidade à flexibilidade
                        ▲
            Baixa   │
                    │  ┌─────────────┬─────────────┐
                    │  │   Classe    │   Demanda   │
                    │  │  turística  │    zero     │
                    │  ├─────────────┼─────────────┤
                    │  │   Oferta    │   Classe    │
                    │  │    zero     │  executiva  │
            Alta    │  └─────────────┴─────────────┘
                    │                                      Sensibilidade
                    └──────────────────────────────────►      ao preço
                        Alta             Baixa
```

FIGURA 13-4 A diferenciação do cliente no setor de companhias aéreas.

1. **A segmentação de mercado.** Para um dado voo e horário (tanto na origem quanto no destino), diferentes produtos são projetados e precificados para diferentes segmentos de mercado. Estes produtos englobam diversas restrições. Por exemplo, eles podem não permitir a devolução, ou estarem disponíveis apenas 21 dias antes do voo.
2. **O controle de reservas.** Uma vez especificados produtos e preços, o sistema de controle de reservas distribui as poltronas disponíveis para as classes de passagens, em geral definindo limites para o número de poltronas que podem ser destinados às classes de menor preço.

O projeto de ofertas de produtos e a gestão do controle de reservas são problemas complexos e que exigem algoritmos e técnicas especiais. Contudo, o conceito básico por trás destas etapas é simples. As poltronas são distribuídas nas classes de valor de bilhete de forma que a receita marginal de cada uma das classes é a mesma.

EXEMPLO 13-4

Consideremos um exemplo simplificado em que uma companhia aérea distribui dois tipos de poltronas em um voo. A tarifa para a classe turística é $100 e para a classe executiva é $250 e o número de poltronas na aeronave é 80. As companhias aéreas supõem que são capazes de vender todos os assentos que disponibilizarem na classe turística, mas a classe executiva tem um padrão aleatório e obedece à distribuição de demanda mostrada na Figura 13-5.
Com base nesta distribuição de demanda, a receita esperada para cada número de poltronas alocadas pode ser calculada (da mesma maneira que os valores de estoque foram calculados no Capítulo 2), e a receita marginal esperada (a receita associada com a alocação de uma poltrona adicional) também pode ser avaliada, conforme mostra a linha preta na Figura 13-6. Como era de se esperar, esta receita marginal decresce à medida que aumenta o número de poltronas. A receita marginal associada com as poltronas da classe turística é mostrada na cor cinza, na mesma figura. Uma vez que existe uma demanda ilimitada por estas poltronas, a receita marginal é constante.
A receita marginal para os dois produtos é igual com 18 poltronas. Portanto, o número de poltronas a serem alocadas para a classe executiva é 18.

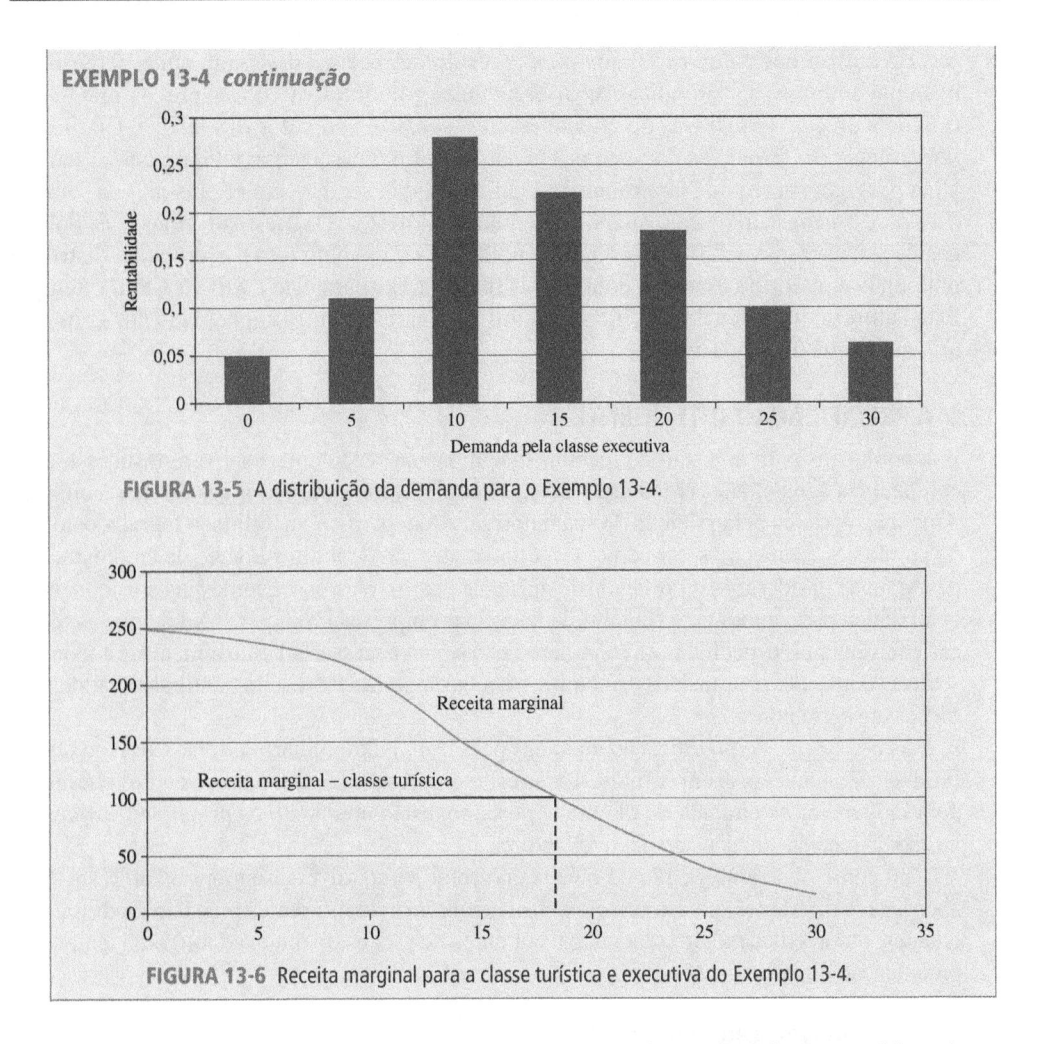

> **EXEMPLO 13-4** *continuação*
>
> **FIGURA 13-5** A distribuição da demanda para o Exemplo 13-4.
>
> **FIGURA 13-6** Receita marginal para a classe turística e executiva do Exemplo 13-4.

Contudo, na vida real, os problemas com a gestão de receitas de companhias aéreas são muito mais intrincados. Isto se deve ao grande número de classes de voo, às diferentes hierarquias destas classes e às complexas informações sobre demanda. Porém, o conceito básico de equiparação de receitas marginais das classes de tarifa permanece no cerne destes sistemas.

Outro desafio enfrentado por muitos sistemas de gestão de receitas diz respeito ao que é conhecido como *gestão de redes*. Em uma típica rede de uma companhia aérea, um dado percurso entre as escalas de um voo pode fazer parte de diversas rotas. Por exemplo, um trecho de São Francisco a Chicago pode fazer parte de um voo São Francisco-Chicago, de um voo São Francisco-Pittsburg ou de um voo São Francisco-Detroit, entre muitos outros. O sistema de gestão de receitas precisa compensar esta circunstância, com a alocação de poltronas em voos específicos, além de todas as outras questões já discutidas. Isto torna o problema ainda mais difícil e, neste sentido, técnicas sofisticadas têm de ser utilizadas na solução destas questões.

Há outro importante problema para a gestão de receitas de companhias aéreas: nós nos concentramos na precificação diferenciada, que objetiva cobrar preços mais altos (maiores preços de reserva) de clientes menos sensíveis ao valor das tarifas. De mesma importância é o fato de as companhias aéreas adotarem preços que mudam com o tempo. Uma passagem aérea de São Francisco a Chicago pode ser cara em alguns dias da semana e ter preço menor em outros, quando a demanda é inferior. Da mesma forma, se as poltronas de uma aeronave não estão sendo vendidas, a companhia tem a escolha de distribuir um número maior de assentos com tarifas mais baixas para este dado voo com o tempo. Esta natureza dinâmica da precificação é útil para garantir que a capacidade dos voos seja utilizada o máximo possível.

13.6 A PRECIFICAÇÃO INTELIGENTE

As abordagens para a gestão de receitas discutidas na seção anterior tiveram sucesso com companhias aéreas. Na verdade, o CEO da PeopleExpress culpou a gestão de receitas da American Airlines pela falência de sua empresa. Além disso, a visibilidade lograda pelo uso da gestão de receitas no setor aéreo despertou a atenção de muitos líderes de empresas, que passaram a considerar a importância do ajuste de preços, e o consequente ajuste na demanda, como tática para aumentar a rentabilidade de suas empresas [162, p. 6]. Ainda que as técnicas e ferramentas específicas ao setor aéreo não sejam necessariamente aplicáveis a todos os setores e situações, muitos dos princípios básicos da gestão de receita continuam válidos, ao menos até certo ponto.

As estratégias de precificação adotadas pela Dell, Nikon, Sharp e Boise Cascade Office Products têm uma coisa em comum. Todas estas empresas utilizam o preço como ferramenta para influenciar a demanda do cliente e, portanto, estão aplicando os princípios básicos da gestão de receitas em seus respectivos setores.

Tal como ocorre na gestão de receitas no setor aéreo, diversas empresas utilizam duas abordagens diferentes, porém relacionadas: a cobrança de diferentes preços para diferentes clientes, ou precificação diferencial, e a cobrança de preços distintos ao longo do tempo, ou precificação dinâmica.

13.6.1 A precificação diferencial

Conforme discutimos nas outras seções deste capítulo, se todos os clientes tiverem de pagar o mesmo preço por um produto, então os clientes prontos para pagar mais acabam pagando um preço menor do que teriam pago. Assim, o objetivo da precificação diferencial é cobrar preços diferentes de clientes diferentes, de acordo com sua sensibilidade ao valor cobrado. A Dell implementa esta estratégia por meio da distinção entre clientes pessoa física, empresas de pequeno ou médio porte, órgãos governamentais e hospitais. Claro que esta diferenciação nem sempre é fácil. Em seu livro seminal *Pricing and Revenue Optimization* (*A Precificação e a Otimização de Receitas*) [162], Robert Philips identifica diversas estratégias para a troca de preços de um mesmo produto ou de produtos semelhantes:

> **A precificação por grupo.** A prática de conceder descontos para grupos específicos de clientes é muito comum em diversos setores. Descontos para aposentados em restaurantes, para universidades na aquisição de softwares, para estudantes na compra de entradas para cinemas, além das *ladies' nights* em bares, são exemplos de precificação por grupo. Naturalmente, estes tipos de descontos funcionam somente para grupos em que houver uma correlação entre seus membros e a sensibilidade a preços.

A precificação por canal. É a prática de cobrar preços diferentes para canais distintos de venda de um mesmo produto. Por exemplo, muitas empresas vendem certos produtos com diferenças de valor entre websites e suas lojas. As companhias aéreas vendem passagens a um dado preço em seus websites e em agências de viagem a outro. Mais uma vez, esta estratégia de precificação surte efeito apenas se os clientes que utilizam canais distintos para suas compras exibirem diferentes níveis de sensibilidade ao preço.

A precificação regional. Esta é a prática de explorar diferentes sensibilidades a preço em diferentes regiões. Por exemplo, a cerveja é muito mais cara em um estádio de futebol do que em um bar; mesmo assim, a bebida vende muito bem em dias de jogos. Da mesma forma, muitos mercados têm preços diferentes em diferentes locais, e varejistas com marcas próprias operam mercados em pontos relativamente inconvenientes, com preços muito inferiores.

A diferenciação temporal. Muitos produtos podem ser diferenciados com base no tempo. Por exemplo, a Amazon.com cobra taxas diferentes para cada tempo de entrega que disponibiliza. É provável que esta diferença no preço de entrega não equivale ao custo da Amazon – a técnica tem como meta a segmentação de clientes sensitivos a preços e de clientes mais sensíveis a prazos de entrega. Da mesma forma, a Dell cobra preços distintos em contratos de manutenção que efetuam reparos em períodos diferentes (noturnos ou semanais, por exemplo).

As versões do produto. Se é impossível oferecer a precificação diferencial para produtos absolutamente idênticos, então é possível oferecer produtos com pequenas modificações e assim diferenciar, atendendo a clientes com distintas sensibilidades ao preço. Em alguns casos, esta modalidade de diferenciação assume a forma do *branding*. Por exemplo, uma cadeia de supermercados conhecida vende duas marcas de leite, uma das quais é cara, e a outra é mais acessível, destinada a clientes sensíveis ao valor do produto. Os clientes compram as duas marcas de leite, ainda que o leite dentro da embalagem seja exatamente o mesmo. Da mesma forma, o fabricante de uma marca conhecida em todo um país pode decidir fabricar produtos designados por marcas genéricas ou próprias de um dado estabelecimento de venda. É possível criar linhas de produtos, e vender os produtos de qualidade inferior ou superior a clientes com diferentes sensibilidades a preços, ainda que a diferença no custo dos produtos seja expressivamente menor do que a diferença no preço. Os fabricantes de eletrodomésticos e eletrônicos costumam criar linhas de produtos de itens semelhantes, em que as características adicionais são colocadas nos produtos das linhas de maior preço. As pessoas que adquirem estes produtos demonstram esta inclinação, ainda que estes itens custem muito mais do que os produtos mais baratos e um pouco menos para serem produzidos.

Cupons e devoluções. Muitas companhias adotam cupons e a devolução de valores para distinguir os clientes que dão importância ao fator tempo ou à flexibilidade e aqueles que não se importam em gastar mais tempo para obter um preço menor, com a utilização de cupons ou o preenchimento de um formulário de devolução de quantia. Os varejistas e fabricantes oferecem cupons em jornais ou revistas e anunciam descontos pós-pagamento nos pontos de venda. Por exemplo, a Sharp e a Nikon utilizam descontos pós-pagamento para diferenciar seus clientes com base na sensibilidade ao preço. Isto é possível por meio de um grande empecilho ao processo de compra. Para ter direito ao desconto, o cliente tem de preencher e enviar o cupom de desconto ao fabricante. O fabricante supõe que aqueles clientes que estão dispostos a pagar mais não necessariamente se interessam em enviar o cupom. Contudo, o problema com esta hipótese é que, diferente das técnicas tradicionais de gestão de receitas, os descontos pós-pagamento não incorporam barreiras que impedem os clientes dispostos a pagar mais de enviarem seus cupons e reclamar o desconto. Assim, os descontos pós-pagamento pedem uma análise mais detalhada.

- Sem o desconto, cada varejista decide o preço e a quantidade a pedir junto ao fabricante, de forma a maximizar seus próprios lucros. Os *trade-offs* para o varejo são claros: quanto maior o preço, menor a demanda. Assim, o varejista precisa encontrar um preço e emitir um pedido de quantidade suficiente para maximizar seu lucro esperado. O fabricante, por outro lado, gostaria que o varejista emitisse o maior pedido possível. Seu lucro é proporcional ao preço de atacado, não ao preço pago pelos clientes.
- Com descontos pós-pagamento, o fabricante influencia a demanda do cliente e oferece um incentivo ao varejista para que este aumente suas quantidades de pedido. De fato, quando o desconto é oferecido, o preço efetivo pago pelo(s) cliente(s) ao varejista é menor e, por isso, este recebe uma maior demanda. Assim, seus lucros aumentam. Claro que o aumento na demanda força o varejista a emitir mais pedidos ao fabricante. Com a seleção dos descontos adequados, este aumento na quantidade de pedido compensa o desconto com boa folga, e assim implica um aumento no lucro esperado do fabricante.
- Da perspectiva do fabricante, a questão é: por que não oferecer o desconto no preço de atacado? Esta pergunta tem diversas respostas. Em primeiro lugar, a estratégia de desconto tem a vantagem de que nem todo o cliente envia o cupom ao fabricante. Em segundo, se o fabricante se limita a reduzir o preço de atacado, o varejista talvez não o repasse ao cliente. Em terceiro, e mais importante, ainda que o varejista utilize o preço de atacado descontado para otimizar suas decisões sobre precificação e emissão de pedidos, e mesmo que todos os clientes enviem seus cupons, é o fabricante que colhe os melhores resultados com a estratégia de desconto pós-pagamento. Isto é, a estratégia é mais eficiente em aumentar o lucro do fabricante do que do preço de atacado descontado. Para entender isso, vamos supor que o varejista emite pedidos de mesma quantidade em ambas as estratégias, isto é, na estratégia do desconto pós-pagamento e na estratégia do preço de atacado descontado. Consideremos duas situações. Na primeira, a quantidade de pedido é menor do que a demanda realizada. Na segunda, ela é maior do que a demanda realizada. Se a quantidade de pedido é menor do que a demanda, as duas estratégias oferecem ao fornecedor o mesmo lucro (por quê?). Por outro lado, se a quantidade de pedido é maior do que a demanda, então o lucro do fabricante com o desconto é maior do que o lucro com o preço de atacado descontado (por quê?).

13.6.2 A precificação dinâmica

Conforme nossa discussão sobre remarcações, a precificação dinâmica, ou a adoção de preços que são alterados ao longo do tempo sem necessariamente distinguir os diferentes tipos de cliente de forma explícita, é utilizada há muito tempo, em geral para a eliminação do excesso de estoque. Por exemplo, os varejistas do setor de vestuário oferecem descontos no final da estação para reduzir estoques, e estes descontos são os mesmos para todos os clientes em um dado momento.

Contudo, muitas vezes faz sentido promover liquidações periódicas se o varejista não está conseguindo vender o excesso de estoque. Por exemplo, a marca de roupa íntima Jockey promove liquidações a cada seis meses, ainda que os modelos que comercializa sejam os mesmos há anos. Por que o fabricante adota essa tática? Tal como ocorre com a situação de remarcação descrita anteriormente, a Jockey utiliza esta estratégia para distinguir os clientes de maior poder aquisitivo dos de menor. Quando os clientes com preços de reserva altos percebem que precisam de roupas íntimas novas, eles se dirigem à loja e as compram. Contudo, os clientes com preços de reserva baixos esperam pela liquidação. Claro que a oferta de preços dinâmicos pode dificultar a gestão da cadeia de suprimentos, conforme vimos no Capítulo 5. Assim, o principal desafio está em determinar o melhor momento de promover uma liquidação para maximizar receitas. Acontece que, sempre que os clientes valorizam a disponibilidade de um item, e tendem a comprá-lo assim que seus orçamentos permitirem, liquidações mais frequentes ajudam a maximizar os lucros. Esta estratégia é empregada, por exemplo, por lojas que vendem produtos a clientes de maior poder aquisitivo que dão maior valor à disponibilidade do item. Contudo, lojas de desconto como a Wal-Mart adotam estratégias de preços baixos diariamente, já que seus clientes preferem esperar por preços mais baixos. De modo geral, estudos revelam que, dependendo dos dados e das hipóteses consideradas no modelo, liquidações frequentes podem levar a um aumento nas receitas que varia entre 2 e 10% [3].

Outra corrente atual de precificação inteligente prega a aplicação desta estratégia dinâmica ao ambiente da produção, utilizando o preço como ferramenta para um melhor equilíbrio entre oferta e demanda. Este tipo de estratégia não se dedica a diferenciar entre clientes sensíveis ou insensíveis a preços. Em vez disso, o foco está no ajuste da demanda agregada, a períodos fixos, à medida que a situação da cadeia de suprimentos se altera. Em períodos em que a capacidade global do sistema é alta, ou em que uma grande capacidade de transporte está disponível, talvez seja mais lucrativo aumentar o nível de demanda. Em contrapartida, em tempos de menor estoque ou menor capacidade, talvez seja mais prudente ajustar os preços com vistas a diminuir a demanda. Da mesma forma, para produtos que normalmente apresentam uma demanda sazonal, em termos de eficiência da operação da cadeia de suprimentos é interessante diminuir os preços em momentos de demanda baixa.

Sem dúvida, estas considerações exigem que os executivos no começo da cadeia de suprimentos, isto é, aqueles que tomam as decisões relativas à precificação, desfrutem de total visibilidade na direção do final da cadeia – os estoques dos fornecedores – e de suas próprias programações de produção.

O principal desafio na consideração das estratégias de precificação dinâmica consiste em identificar as condições sob as quais elas trazem lucros maiores do que a (melhor) estratégia de preço fixo:

- **A capacidade disponível:** se mantivermos constantes todas as outras variáveis, quanto menor a capacidade de produção em relação à demanda média, maior a vantagem oferecida pela precificação dinâmica [42].
- **A variação na demanda:** a vantagem da precificação dinâmica aumenta com o aumento na incerteza na demanda, medida por meio do coeficiente de variação [63].

- **A sazonalidade no padrão da demanda:** a vantagem trazida pela precificação dinâmica aumenta com o aumento no nível de sazonalidade na demanda [42, 63].
- **A extensão do horizonte de planejamento:** quanto mais amplo o horizonte de planejamento, menores os benefícios da precificação dinâmica [63].

Em síntese, estudos [42, 63] indicam que, dependendo dos dados e das hipóteses consideradas no modelo, o aumento dos lucros pela adoção da precificação dinâmica pode ficar entre 2 e 6%. Este aumento é expressivo em setores com baixas margens de lucro, como varejo e fabricantes de computadores.

13.7 O IMPACTO DA INTERNET

Conforme mencionamos, o sucesso da gestão de receitas das companhias aéreas visto em meados da década de 1980 motivou muitos gerentes, de diversos setores, a explorar a importância da precificação inteligente. Hoje, este interesse continua intenso. Uma das razões dessa popularidade está no fato de a Internet e o *e-commerce* terem tornado mais prática a aplicação de muitas das técnicas e abordagens da precificação inteligente:

Custo com o preço anunciado. É o custo que os varejistas têm quando trocam o preço que anunciam (ver [30]). Este custo é bem menor na Internet do que no varejo físico. Ele permite que as lojas online, como a Dell e a Boise Cascade Office Products, atualizem seus preços diariamente. No passado, muitas empresas emitiam catálogos de validade de um ano, o que lhes dava uma única oportunidade de alterar seus preços no prazo de 12 meses.

O menor custo com pesquisa para o comprador. Este é o custo que os compradores têm quando estão procurando um produto. Ele força a competição entre varejistas [30, 211] e, assim, leva à adoção de estratégias de precificação inteligente. Do mesmo modo que a desregulamentação e a PeopleExpress forçaram as companhias aéreas a se voltarem para a gestão de receitas, esta maior competição está trazendo expressivos avanços na aplicação da precificação inteligente.

A visibilidade. Ter acesso ao que ocorre no final da cadeia de suprimentos possibilita coordenar as decisões sobre precificação, estoques e produção. Da mesma maneira que a informação facilitou muitos dos progressos na gestão da cadeia de suprimentos, ela está também facilitando o crescimento da precificação inteligente.

A segmentação do cliente. A segmentação do cliente utilizando os dados históricos dos compradores é possível na Internet, e muito difícil no varejo tradicional [18]. Sempre que um consumidor acessa o website da Amazon.com usando sua senha, os computadores da empresa recuperam seu histórico de compras completo e adaptam as ofertas que indicam a este cliente com o objetivo de maximizar receitas.

A capacidade de teste. Em função de seu baixo custo de listagem de produtos, a Internet pode ser utilizada para testar estratégias de precificação em tempo real [18]. Conforme sugerem Baker, Marn e Zawada [18], um varejo online pode testar um preço mais alto com um pequeno grupo de visitantes de seu website, e assim utilizar os resultados obtidos com este teste para definir uma estratégia de precificação.

13.8 ALGUMAS ADVERTÊNCIAS

Depois destas discussões, algumas advertências devem ser feitas. As experiências recentes de inúmeras empresas revelam que qualquer pessoa que considere a utilização de estratégias de precificação inteligente precisa evitar a impressão de estar tratando seus clientes de maneira antiética.

- A Amazon.com fez uma experiência com uma estratégia de precificação em que os clientes pagavam valores diferentes pelo mesmo DVD, com base em aspectos demográficos ou até no programa de navegação na Internet que usavam. Conforme relatado em [199]:

  "A Amazon estava tentando descobrir o valor que seus clientes leais estavam dispostos a pagar", disse Barret Ladd, um analista de varejo que trabalha na Comez Advisors. "Mas os clientes descobriram a manobra da Amazon." Diversos clientes da DVDTalk.com ficaram muito irritados ao descobrir que os preços pareciam maiores para os clientes mais fiéis. "Eles acham que somente porque somos clientes fiéis eles 'nos ganharam' e por isso podem cobrar preços um pouco maiores, e que nós não vamos nos importar e/ou perceber que estamos pagando entre 3 e 5% a mais por alguns itens", escreveu um usuário cujo apelido online é *Deep Sleep.*

  A reação dos clientes diante desta estratégia foi negativa e a Amazon.com interrompeu os testes de precificação. Na verdade, a percepção da ética é um grande problema quando da implementação de estratégias de precificação. É possível que os clientes se irritem ao descobrir que outros clientes estão conseguindo preços melhores para um dado produto ou em outro momento.

- Doug Ivester, o ex-CEO da Coca-Cola Co., achou interessante implementar uma estratégia de precificação dinâmica em que o preço variaria com a temperatura anual. Ele anunciou que a Coca Cola estava desenvolvendo uma máquina de venda de refrigerante que mediria a temperatura ambiente e aumentaria os preços das bebidas de acordo com o calor, uma vez que as pessoas dão mais valor a uma lata de refrigerante em dias quentes. Há rumores de que Ivester deixou a companhia em parte devido à insatisfação do cliente com suas estratégias de precificação [162, p.302].

- Websites como o Priceline e o Hotwire.com, de São Francisco, oferecem passagens e quartos de hotel que não foram reservados, de última hora, com tarifas chamadas opacas. Isto significa que os fornecedores de serviços de viagem tem a chance de cortar seus prejuízos com a oferta de passagens que não foram vendidas e de quartos de hotel que não foram reservados a grandes descontos, sem identificar o hotel ou a companhia aérea que fornecem os serviços. Isto "protege" as tarifas anunciadas pelas companhias aéreas e pelos hotéis em condições normais. As tarifas opacas são como as marcas próprias de supermercados, vendidas por muito menos do que as mercadorias idênticas que têm nomes de marcas. Contudo, estas tarifas opacas são consideradas fontes auxiliares de receita, e tentar encontrar o correto equilíbrio pode ser perigoso. Em uma economia instável, quando tarifas anunciadas são tão boas quanto as opacas, a Priceline e a Hotwire encontram dificuldades de atrair clientes para seus websites [58].

RESUMO

Os gerentes das cadeias de suprimentos que são mais audaciosos passaram a dar atenção ao fato de que a demanda não é algo que está fora de seu controle. Na verdade, a precificação e as promoções podem ser utilizadas para influenciar o nível de demanda. Tradicionalmente, os varejistas do setor de vestuário utilizam remarcações para vender o excesso de estoque ao final da estação. Contudo, em meados da década de 1980, os executivos das companhias aéreas começaram a usar abordagens sofisticadas para manipular a demanda. Estas abordagens são chamadas de gestão de receitas, e têm dois objetivos. O primeiro é diferenciar a demanda, de forma que os clientes dispostos a pagar preços mais altos o farão, o que aumenta receitas. O segundo é utilizar a precificação para ajustar a demanda agregada, de modo que a capacidade e a demanda possam ser equilibradas com a maximização dos lucros.

Inspirados pelo imenso sucesso da gestão de receitas no setor aéreo, os gestores de diversos setores passaram a explorar a importância da precificação inteligente. Os gerentes estão utilizando uma variedade de técnicas para oferecer a precificação diferencial e definir preços dinâmicos, e assim equilibrar a oferta e a demanda na cadeia de suprimentos com eficácia. A Internet e o comércio eletrônico, em muitos casos, aumentam a eficácia da precificação inteligente e, à medida que estes canais de venda se expandem, cresce também o interesse na precificação inteligente. Contudo, a precificação inteligente traz perigos. Se os clientes pressentirem que estão sendo tratados de forma antiética, então as técnicas de precificação podem prejudicar a empresa.

QUESTÕES PARA DISCUSSÃO

1. Consideremos um varejista que vende um único produto. Com base na experiência passada, a gerência estima que a relação entre demanda, D, e preço, p, é a função linear $D = 2.000 - 0,6p$. Qual é o preço em que a receita é maximizada? E se o varejista cobrar dois preços diferentes? Você é capaz de encontrar um conjunto de preços que aumente os lucros neste caso?
2. Cite um exemplo específico para cada uma das estratégias de precificação a seguir. Explique as vantagens para a empresa, em cada caso.
   a. Precificação por grupo
   b. Precificação por canal
   c. Precificação regional
   d. Diferenciação temporal
   e. Versões do produto
   f. Cupons e descontos
3. Neste capítulo, discutimos o sucesso da gestão de receitas no setor aéreo. Se este sucesso é mesmo verdade, como explicar as dificuldades financeiras de muitas companhias aéreas?
4. Considere a estratégia de precificação dinâmica e seus respectivos impactos no lucro. Explique por que a precificação dinâmica traz lucros expressivos em comparação com a (melhor) estratégia de preço fixo, nos seguintes casos:
   a. Diminuição da capacidade disponível.
   b. Aumento na incerteza na demanda.
   c. Aumento na sazonalidade do padrão de demanda.
5. Cite dois tipos de empresas para os quais liquidações periódicas são benéficas. Cite dois tipos para os quais a estratégia de preço baixo todo o dia é interessante. Explique suas escolhas.
6. Discuta os motivos pelos quais não é necessariamente correto considerar a remarcação de um varejista como indicador de algum erro com pedidos.
7. Considere uma loja de bicicletas. Em que situações o varejista deve baixar os preços e em que situações é interessante subir os preços? Por quê?
8. Considere a estratégia que a Coca-Cola estava considerando implementar para alterar os preços de forma dinâmica com base na temperatura ambiente. Discuta as vantagens e as desvantagens desta estratégia. Se a companhia decidisse adotá-la, qual seria a melhor maneira de superar a resistência do cliente?

ESTUDO DE CASO

A incrível reviravolta dos descontos pós-pagamento

Oh, as compras de Natal: Papai Noel, as renas – e o inferno dos descontos. Estas irritantes ofertas de desconto pós-pagamento estão em todo o lugar atualmente. Os clientes detestam guardar toda essa papelada, detestam preencher os formulários e detestam enviá-los pelo correio, somente para ganhar de volta $10 ou $100. Mas não importa o quanto os clientes detestem estes formulários de desconto, pois os varejistas e fabricantes de todo o país os adoram.

Desde a grande fabricante de PCs, a Dell, até as cadeias de lojas de cobertura nacional, como a Circuit City e a OfficeMax, inclusive o colutório Listerine vendido na rede de farmácias Rite Aid, os descontos estão se proliferando. Aproximadamente um terço de todos os produtos de informática são comercializados com algum tipo de desconto. O mesmo ocorre com 20% das vendas de câmeras digitais, filmadoras e televisores com tela de cristal líquido, diz o NPD Group, que prepara pesquisas de mercado.

Hal Stinchfield, um veterano com 30 anos de experiência com o negócio de descontos, calcula que cerca de 400 milhões de descontos são oferecidos a cada ano. O valor de face total: $6 bilhões. A varejista de produtos para escritório, a Staples, diz que ela e suas representantes pagam $3,5 milhões em descontos pós-pagamento a cada semana.

IMPOSTOS TÊM DE SER COBRADOS DOS DESORGANIZADOS

Qual é o motivo para tantos descontos pós-pagamento? A indústria diz que exatos 40% dos descontos nunca são reclamados, porque os clientes deixam de solicitá-los ou porque seus formulários são rejeitados, é o que estima Peter S. Kastner, diretor da empresa de consultoria Vericours. Isto se traduz em mais de $2 bilhões em receita extra para os varejistas e seus fornecedores a cada ano. O que estes tipos de desconto pós-pagamento fazem é concentrar suas atenções no desconto oferecido em um produto, mas comprá-lo pagando o preço integral.

"A jogada é óbvia. Tudo o que ficar abaixo do valor total que pode ser reclamado é dinheiro de graça", diz Paula Rosenblum, diretora de pesquisa para o varejo na empresa de consultoria Aberdeen Group.

O impacto no lucro líquido de uma companhia pode ser impressionante. Considere a TiVo. A empresa pegou Wall Street de surpresa ao reduzir drasticamente seus prejuízos, de $9,1 milhões no primeiro trimestre do ano passado, para $857.000 este ano. O motivo para esse desempenho? Cerca de 50 mil dos 104 mil novos assinantes da empresa não entregaram seus formulários de desconto, o que reduziu as despesas esperadas com desconto pós-pagamento em $5 milhões. A TiVo diz que as taxas de solicitação de desconto são baixas nas compras de final de ano, quando os clientes talvez não estejam concentrados o bastante para enviarem os formulários dentro do prazo concedido.

Este período de tranquilidade vivenciado por varejistas e fornecedores se deve à natureza humana. Muitos clientes são muito preguiçosos, distraídos ou ocupados para enviar os formulários. Outros acham que 50 centavos, $50 ou mesmo $200 oferecidos como desconto não são valores que justificam o trabalho envolvido na solicitação destes tipos de descontos.

"EU FIQUEI SEM PALAVRAS"

Mas são muitos os consumidores – além das autoridades estaduais e federais – que suspeitam que as companhias fazem as regras com o objetivo de manter baixos os números de solicitação destes descontos. Eles dizem que as empresas contam com regras complexas, períodos reservados ao preenchimento de formulários muito curtos, diversas solicitações de cópias e notas fiscais e com a demora na entrega de cheques, para desmotivar os clientes. Além disso, quando o cheque chega, muitas vezes ele inadverti-

---

Fonte: Brian Grow, *BusinessWeek Online*, 23/11/2005, www.businessweek.com/maginanial/D5_49/b396274.htm.

damente acaba na lata do lixo, porque o envelope que o contém parece propaganda enviada pelo correio.

Mas isto não é obstáculo para Chuck Gleason. Sendo um viciado por descontos, ele já solicitou inúmeros descontos com os equipamentos eletrônicos que compra. Mas conseguir o desconto é de enlouquecer.

Por exemplo, em 7/11/04 Chuck, de 57 anos, diretor de operações de uma empresa de reciclagem em Portland, Oregon, comprou um gravador de vídeo digital da TiVo por $300. A TiVo prometia que um desconto de $100 chegaria pelo correio em seis a oito semanas, se Gleason enviasse a nota fiscal de compra e o código de produto informado na embalagem do aparelho decodificador, e se mantivesse a assinatura com a TiVo por no mínimo 30 dias*.

Gleason enviou a papelada no dia seguinte à compra e nada aconteceu. Em fevereiro, não havia sinal de seus $100, apesar de suas constantes consultas junto à companhia, e por isso ele ameaçou fazer uma reclamação junto às autoridades estaduais e federais. Mas a empresa processadora dos descontos da TiVo o deixou ainda mais exasperado "Em função de seu pedido precisar de investigações adicionais, seu e-mail foi encaminhado a uma equipe especial", dizia um e-mail de uma representante do atendimento ao cliente da empresa, chamada Sophie.

Por fim, em 29/3/04, mais de 14 semanas depois da compra de seu gravador, seu cheque chegou. "Eu fiquei sem palavras", diz ele.

"BREAKAGE" E "SLIPPAGE"

Os funcionários da TiVo alegam razões de privacidade para não discutir o caso. Mas a companhia lamenta qualquer inconveniente e avisa que alterou seu processo de descontos ao incluir um formulário disponível para impressão no website da companhia, com o objetivo de minimizar os erros nos formulários preenchidos à mão. A Parago também recusou-se a discutir o incidente, e afirmou que erros são raros entre as "dezenas de milhões" de pedidos de desconto pós-pagamento que recebe a cada ano.

Na verdade, as companhias que oferecem e as que processam os descontos insistem que não existe um esforço intencional de não disponibilizá-los. De acordo com Stinchfield, CEO da empresa de consultoria Promotional Marketing Insights baseada em Orono, Minnesota, esta tática é um "suicídio da marca". Ao contrário, as companhias afirmam que esta metodologia tem o objetivo de evitar fraudes. As empresas que processam os pedidos de desconto não revelam estatísticas de fraudes, mas a Young America Corp., a maior processadora de pedidos de desconto dos EUA, diz que monitora 10 mil endereços suspeitos de enviar formulários de desconto pós-pagamento falsos.

A busca por compradores que não solicitam descontos gerou um jargão específico no setor. As compras efetuadas por clientes que nunca reclamam seus descontos são chamadas de "breakage". Por exemplo, as companhias de telefones celulares que pagam descontos de 100% em alguns de seus aparelhos confiam no "breakage" como fonte de economia de custos. Os cheques que não são descontados são chamados de "slippage".

O NÚMERO DE QUEIXAS SUBIU ÀS ALTURAS

Uma empresa de processamento de descontos, a TCA Fulfillment Services, de New Rochelle, Estado de Nova York, publicou o "Rebate Redemption Guide" (*Guia para a Solicitação de Descontos Pós-pagamento*), destinado às empresas que contratam seus serviços. A publicação mencionava as baixas taxas de solicitação de descontos que as empresas poderiam esperar depois de contratar os serviços da TCA: apenas 10% para um desconto de $10 em um produto de $100, e apenas 35% para um desconto de $50 em um produto que custa $200. "Se você está utilizando os serviços de outra companhia de processamento, acrescente 20% a estas taxas de solicitação", diz o texto.

A Parago, localizada em Lewsville, Texas, adquiriu a lista de clientes da TCA em dezembro

---

* N. de T.: A TiVo oferece serviços de captura digital de sinal de vídeo. O funcionamento do equipamento é semelhante ao de um videocassete, mas em vez de fitas, ele armazena programas em um disco rígido. Além de uma unidade armazenadora, a empresa oferece diversos serviços por uma assinatura, que inclui a gravação de programas e a pausa em programas ao vivo, que podem ser assistidos por completo em outro momento.

último e desautoriza aquela publicação. Ela diz que não é capaz de estimar as taxas de solicitação atuais, pois os clientes não informam seus dados de vendas. O fundador da TCA, Frank Giordano, não retornou vários telefonemas, nem respondeu a uma carta que pedia esclarecimentos.

As fabricantes de bens de consumo, como a Procter & Gamble, foram as pioneiras na concessão de descontos pós-pagamento na década de 1970. Estas companhias viam estes descontos como uma maneira elegante de remarcar produtos. Na década de 1990, a popularidade destes descontos cresceu, quando as fabricantes de computadores, telefones celulares e televisores perceberam que a técnica as ajudaria a se livrarem de pilhas de produtos, antes de estes se tornarem ultrapassados. Além disso, o valor dos descontos oferecidos também aumentou de alguns dólares para valores na casa de $100 ou mais.

Com um maior número de empresas adotando os descontos pós-pagamento – e mais dinheiro em jogo para os clientes – as queixas também aumentaram. As reclamações junto aos conselhos de defesa do consumidor triplicaram desde 2001, de 964 para 3.641 no ano passado. Mas as empresas de processamento de pedidos de desconto dizem que este número é pequeno diante da vasta quantidade de solicitações que processam.

A MINUCIOSA AVALIAÇÃO DA REGULAMENTAÇÃO

David S. Bookbinder encaminha muitas destas queixas. A cada ano, o técnico em informática, de 40 anos, reclama mais de 100 mil pedidos de desconto pós-pagamento. Ele estima que estas transações economizam, para ele e os clientes de sua empresa de consertos de computador, a Total PC Support, de Revere, Massachusetts, até $2.500. Se o cheque do desconto não chega em oito semanas, ele em geral telefona para os números do serviço de atendimento ao cliente na caça a seu cheque. Se o representante alega que a papelada está errada ou pede mais tempo, ele automaticamente encaminha uma reclamação para o conselho de defesa do consumidor, para a Comissão Federal de Negócios e para a promotoria pública.

As autoridades estão apertando o cerco contra a indústria. Em outubro, o promotor de justiça do Estado de Nova York, Eliot Spitzer, fez um acordo com a Samsung Electronics América. A empresa concordou em pagar $200 mil a 4.100 consumidores que tiveram suas solicitações de desconto recusadas por conta de residirem em prédios de apartamentos. De acordo com Spitzer, o programa de desconto da Samsung permitia apenas um desconto por endereço e o formulário não continha um espaço para o preenchimento do complemento de endereço. A Samsung não se pronunciou a respeito.

Ao mesmo tempo, em Connecticut, as autoridades estão investigando anúncios que informam os preços já aplicados os descontos – um esquema de marketing proibido no Estado. O promotor Richard Blumenthal não revela o nome dos varejistas. "Se os clientes se sentem atraídos devido à omissão de informações necessárias, ou se não recebem seus descontos por motivos ilógicos, então temos um caso a investigar", diz ele.

"NADA DE INCENTIVOS"

Algumas agências reguladoras passaram a adotar novas táticas. Em 7/11, as autoridades do estado de Massachusetts abriram um processo contra a Young America, exigindo que ela apresentasse uma auditoria sobre o valor de $43 milhões em cheques que não haviam sido descontados. A empresa, com sede em Young America, Minnesota, mantinha essa quantia, de 1995 a meados de 2002, em troca de taxas mais baixas cobradas de seus clientes, diz ela. As autoridades de Massachusetts acreditam que guardar cheques que não foram descontados é um incentivo para negar os pedidos de desconto. "É quase igual à velha técnica do *"bait and switch*"*, diz o Tesoureiro do Estado de Massachusetts, Timothy P. Cahill.

A Young America está reagindo. Em resposta por escrito às perguntas da *BusinessWeek*, o CEO Roger D. Andersen defende a política da companhia e afirma que os varejistas e fornecedores por vezes preferem que ela guarde os cheques que não são descontados. Isso evita que a Young America tenha de enviar os cheques de volta a eles e coletar as taxas cobradas destes clientes.

---

* N. de T.: Técnica de vendas que consiste em oferecer ao cliente um produto de preço acessível e na sequência convencê-lo a adquirir outro produto, de preço muito mais alto.

"A Young America recebe as mesmas taxas, quer a solicitação por desconto seja válida ou não", diz ele. "Temos de incentivar o aumento do número de solicitações inválidas."

REGRAS PARA TODOS

A reação contra os descontos pós-pagamento está forçando algumas empresas a abandonar a estratégia. A Best Buy planeja eliminar esta modalidade de desconto em dois anos. Na Staples, este tipo de desconto era o principal motivo de queixas dos clientes, durante anos, diz Jim Sherlock, diretor de vendas e divulgação. Assim, há um ano, a empresa baseada em Framingham, Massachusetts, adotou um sistema online chamado Easy Rebates, que os clientes utilizam para solicitar seus descontos pós-pagamento e acompanhar a evolução do processo.

A Staples diz que os tempos de espera pelos pagamentos caíram de quase dez semanas para apenas quatro, e as queixas sobre os descontos diminuíram 25%. O "breakage" também caiu, cerca de 10%, mas esta queda nos descontos não solicitados é amenizada pela prevenção contra fraudes, que está mais eficiente, diz a companhia.

As empresas de atendimento também estão revisando seus sistemas. A Parago não divulga números, mas diz que investiu "dezenas de milhões" de dólares em tecnologia em informática. Assim, são os computadores, e não os agentes de atendimento ao cliente, que avaliam a maioria das solicitações. Feita esta avaliação, os clientes recebem atualizações via e-mail e visitam websites como RebatesHQ.com para acompanhar a situação de seus descontos. Antes da implantação deste sistema, obter uma atualização da situação do desconto era "um buraco negro", diz a gerente do financeiro da Parago, Juli C. Spottiswood.

Com bilhões de dólares em jogo, os pedidos pela uniformização das regras encontraram oposição feroz. Ano passado, a senadora do Estado da Califórnia, Liz Figueroa, apresentou um projeto de lei que exigia que as empresas concedessem 30 dias, no mínimo, para que os clientes solicitassem o desconto, que os cheques enviados pelo correio chegassem dentro de 60 dias do recebimento da solicitação e que a documentação e os dados pessoais para uma solicitação fossem padronizados.

"A REGULAMENTAÇÃO ESTÁ ASSEGURADA"

As gigantes da telecomunicação SBC Communications, T-Mobile e California Manufacturers & Technology Assn. mobilizaram-se rapidamente. As empresas argumentaram que o projeto de lei da senadora elevaria custos e aumentaria o número de fraudes, pois aboliria a necessidade de apresentar as provas que autorizam este tipo de desconto. Após ser aprovado no Congresso do Estado da Califórnia, o projeto foi vetado pelo governador Arnold Schwarzenneger.

Hoje, a senadora Figueroa, do Partido Democrata, está avaliando a reapresentação de seu projeto de lei. "Esta é uma área em que a regulamentação está assegurada", sustenta ela.

A despeito dos atritos e dos esforços por reformas, a concessão dos descontos pós-pagamento nunca será um processo agradável de ser conduzido. "Em um mundo ideal, os consumidores adorariam que os descontos pós-pagamento não existissem", diz Stephen Baker, diretor de análise industrial do grupo NPD. "Mas, eles querem o melhor preço possível. E estas duas coisas são essencialmente incompatíveis."

QUESTÕES PARA DISCUSSÃO DO ESTUDO DE CASO

1. Este artigo descreve os motivos para os fabricantes oferecerem descontos pós-pagamento em vez de diminuirem o preço no atacado. Explique como esta estratégia pode ser considerada como um exemplo de precificação customizada.
2. Ainda que todos estes descontos fossem entregues, por que os fabricantes insistiriam em oferecê-los em vez de baixar os preços no atacado?
3. Na sua opinião, por que é a Best Buy, não um de seus grandes fornecedores como a Sony ou a Panasonic, que está considerando abolir os descontos pós-pagamento?

CAPÍTULO 14

A Tecnologia da Informação e os Processos de Negócio

ESTUDO DE CASO

A cadeia de suprimentos da Whirlpool

Há cinco anos, a Whirlpool iniciou um esforço para mudar sua cadeia de suprimentos global. Hoje, a companhia está testemunhando os resultados, mas o processo ainda não terminou.

Em 2000, a cadeia de suprimentos da Whirlpool estava quebrada. Na época, um gerente da companhia gracejou, dizendo que entre as maiores fabricantes de eletrodomésticos dos EUA, a Whirlpool tinha o quinto lugar em desempenho de entrega.

"Tínhamos excesso de estoque, falta de estoque, estoques errados, estoques certos nos lugares errados, ou uma combinação de tudo isso", diz J. B. Hoyt, na época diretor de projeto da cadeia de suprimentos. Ele conta que certa vez um vice-presidente de vendas aproximou-se dele e disse que aceitaria um desempenho ainda pior dos sistemas de fornecimento, se estes sistemas fossem constantes, sem oscilar para cima ou para baixo, entre planos de produção e de transporte bons e ruins.

Assim, em 2001, a unidade da Whirlpool de Benton Harbor, Michigan, embarcou em uma melhoria global com diversos projetos para seus sistemas de cadeia de suprimentos. O meta-projeto continua em desenvolvimento, com diversos sistemas ainda por serem implementados e algumas das principais questões técnicas a serem resolvidas. Mas os gerentes da Whirlpool dizem que o sucesso visto até o presente – que inclui consideráveis melhorias no atendimento ao cliente e menores custos com a cadeia de suprimentos – está promovendo o ímpeto psicológico e financeiro necessário ao trabalho com os outros sistemas.

O gerente geral de informações, Esat Sezer, diz que no ano 2000 a empresa havia crescido por meio de aquisições e expansão geográfica, a ponto de os velhos sistemas, unidos por planilhas e procedimentos manuais, não conseguirem dar conta da crescente complexidade das coisas. "Nossa cadeia de suprimentos estava se tornando uma desvantagem competitiva para nós", diz ele. A disponibilidade – a porcentagem do tempo que um produto está no local certo e na hora certa – estava em 83%, um valor inaceitavelmente baixo, ainda que os estoques em geral estivessem muito altos.

Os sistemas de suprimento desenvolvidos pela própria empresa eram primitivos e não estavam satisfatoriamente integrados ao sistema SAP ERP, que havia sido instalado em 1999, nem com um sistema de programação de produção preexistente, diz Sezer. Além disso, os sistemas da Whirlpool não estavam integrados com aqueles dos maiores clientes do varejo ou fornecedores de peças e materiais. "Os planos que estávamos elaborando não tinham um pé na realidade", diz ele.

Outro aspecto importante que Sezer menciona é que os sistemas da cadeia de suprimentos não eram aperfeiçoados o bastante, nem eficientes para lidar com diferentes prioridades e restrições. Quando eram solicitados a tratar destas questões, isto era feito por meio de métodos manuais lentos e complicados. Muitas vezes, a empresa adotava a otimização em nível local – uma única linha de produção em um único local, por exemplo – e nunca para a cadeia de suprimentos como um todo.

Aqui está o que a Whirlpool estava utilizando com sua cadeia de suprimentos norte-americana em 2000:

- Um sistema de produção elaborado na própria empresa, o Sistema Whirlpool de Controle da Produção (WCMS), desenvolvido em meados da década de 1980 e expressivamente modificado ao longo dos anos.
- O sistema R/3 ERP da SAP AG, instalado em 1999 e utilizado em atividades de transação e processamento, como contabilidade e processamento de pedidos.
- O Demand Planner da i2 Technologies Inc. (hoje chamado Demand Manager), instalado em 1997 e utilizado para prever a demanda.
- Um sistema de planejamento de distribuição desenvolvido sob encomenda para a Whirlpool no final da década de 1980 que utilizava um software de otimização da ILOG Inc.

Então, em 2001, a Whirlpool passou a implementar um sistema de planejamento e programação avançados (APS – *Advanced Planning and Scheduling*). Este sistema incluía um conjunto de ferramentas de integração e otimização da cadeia de suprimentos da i2 – o Supply Chain Planner para o Planejamento Mestre, o Planejamento de Alocação e o Planejamento de Estoques. Estes três módulos, o cerne dos esforços da Whirlpool para consertar sua cadeia de suprimentos, foram instalados em três fases, entre 2001 e 2003.

Em meados de 2002, a Whirlpool instalou o sistema TradeMatrix de Planejamento, Previsão e Reabastecimento Colaborativos (CPFR – *Colaborative Planning, Forecasting and Replenishment*) da i2, uma ferramenta de colaboração baseada na Internet para o compartilhamento e a combinação de previsões de venda da Whirlpool e de suas principais parceiras nos negócios – a Sears, a Roebuck and Co. a Lowe's Co., e a Best Buy Co.

O lançamento de um componente para a colaboração com fornecedores baseado na Internet e no *hub* de Colaboração com Estoques da SAP está a caminho. Além disso, a Whirlpool continua utilizando o velho WCMS para a programação da produção, mas planeja substituí-lo pelo módulo de Planejamento da Produção da SAP.

ESTÁ DISPONÍVEL

De acordo com a opinião geral, a melhoria da cadeia de suprimentos foi um estrondoso sucesso para a empresa de $13 bilhões. O sistema CPFR diminuiu os erros com previsão pela metade. O APS aumentou a disponibilidade nos EUA de 83% para 93% (hoje está em 97%), reduziu os estoques de produtos acabados em mais de 20% e eliminou 5% dos custos com frete e depósitos. A Whirlpool não discute os custos destes projetos.

Os gerentes da Whirlpool imputam o sucesso destes projetos à íntima parceria entre o departamento de tecnologia da informação (TI) e as unidades de negócio. "Foi uma das primeiras vezes que o pessoal da TI não disse, 'OK, aqui está sua ferramenta'. Fomos nós que dissemos, 'a ferramenta tem de fazer isso e aquilo'. As análises das exigências foram feitas com o pessoal da TI", diz Hoyt.

Na América do Norte, a Whirlpool considerou padronizar todos os sistemas ERP e de cadeia de suprimentos de acordo com a SAP, mas a i2 acabou recebendo a incumbência de desenvolver o sistema APS, a parte essencial para resolver os problemas com estoque e disponibilidade da companhia. "Houve muita confusão, mas depois de muitas arengas e discussões sobre nossas necessidades escolhemos o conjunto de ferramentas oferecido pela i2 na América do Norte", completa Hoyt.

Contudo, ao mesmo tempo que a i2 era tida como mais preparada do que a SAP para lidar com os detalhes da otimização, com o planejamento baseado em restrições e com a priorização que as unidades queriam, ela estava longe do ideal, na perspectiva da TI. Para o departamento de TI, que tem um orçamento de aproximadamente $190 milhões, o sistema APS representaria um custo maior do que aquele de uma cadeia de suprimentos integralmente projetada pela SAP. Isto porque a integração seria menor, haveria um maior número de interfaces e seria necessária mais capacidade para manter a operação pela própria empresa. Além disso, o departamento de TI estava preocupado com as condições financeiras da i2, que se deterioravam.

A Whirlpool já havia adotado a padronização para os servidores de aplicativos IBM AIX e os servidores *mainframe* de bancos de dados zSeries, além de ter concentrado todos os sistemas para suas operações em todo o mundo em um único centro de processamento de dados, em Benton Harbor. Porém, havia chegado a hora de padronizar softwares.

Assim, em 2001, uma ordem do gerente geral de informações, emitida por meio do Comitê Executivo da Whirlpool, determinou que daquela data em diante todas as modernizações da cadeia de suprimentos seriam feitas com base na SAP. De modo especial, os novos sistemas planejados para a Europa (para o ano de 2003) e América Latina adotariam o Advanced Planner and Optimizer da SAP, em vez do sistema APS da i2 adotado na América do Norte. Estes sistemas também deveriam utilizar o NetWeaver da SAP para a colaboração pela Internet com fornecedores e parceiros de negócios em vez do sistema Trade-Matrix de Planejamento, Previsão e Reabastecimento Colaborativos (CPFR) da i2 em uso na América do Norte.

Vivek Mehta, um analista da cadeia de suprimentos de alto escalão na Whirlpool, diz que a SAP se equipara à i2 em termos de capacitação para a otimização, mas a situação financeira da i2 estava realmente começando a preocupar. "Antes havia dez funcionários da i2 com quem interagíamos, mas eles saíram da empresa', diz ele. "Há uma falta de comunidade."

"Estamos diante de um desafio, em que o departamento de TI quer que tudo seja feito de acordo com a SAP, mas a companhia, por outro lado, prefere adotar a alternativa mais econômica", diz Mehta. "Eles se acostumaram com o plano de otimização, os altos níveis de serviço, os menores estoques. Por isso, se apresentarmos outra alternativa e dissermos que a disponibilidade vai cair um ou dois pontos percentuais, eles não vão aceitar."

Sezer diz que a Whirlpool "algum dia" provavelmente substituirá a i2 pela SAP, mas a companhia não está com pressa. "Queremos ver o retorno deste investimento antes de tomar decisões relativas a plataformas", diz ele.

Sezer prossegue, dizendo que nos quatro anos desde que a Whirlpool padronizou com a IBM e a SAP como "parcerias estratégicas", a receita subiu em média $1 bilhão ao ano e os gastos com TI caíram 6% para igual período. Ele diz que existem diversos projetos de desenvolvimento sendo conduzidos em conjunto pelas três companhias.

Mas, por agora, a combinação da SAP e da i2 está funcionando para a Whirlpool, com eficiência muito maior do que as antigas ferramentas utilizadas recentemente. Sezer diz que a cadeia de suprimentos da companhia hoje tem uma vantagem competitiva: "Em escala global, não acho que nossos concorrentes são capazes de administrar todas as suas plataformas de operação", diz ele.

Este capítulo se dedica especialmente às seguintes questões:

- Qual é o impacto das mudanças nos processos de negócios na implementação da TI?
- Quais são os objetivos da TI, na perspectiva da gestão da cadeia de suprimentos?
- Quais são os componentes da TI necessários para atingir as metas da gestão da cadeia de suprimentos?
- Quais são os sistemas componentes da cadeia de suprimentos e como eles devem ser tratados?
- Quais são os sistemas de suporte à decisão e de que maneira eles podem apoiar a gestão da cadeia de suprimentos?
- Quais são os critérios a serem utilizados para selecionar os sistemas de suporte à decisão?
- O que está por trás da seleção dos melhores sistemas de decisão?

14.1 INTRODUÇÃO

A tecnologia da informação (TI) é um importante facilitador da gestão eficaz da cadeia de suprimentos. Em geral, ela se estende por toda a corporação, e vai além, englobando fornecedores de um lado e clientes de outro. Portanto, nossa discussão sobre a TI para cadeias de suprimentos inclui tanto os sistemas internos em uma dada empresa, quanto os sistemas externos, que facilitam a transferência de informação *entre* diversas empresas e indivíduos.

De fato, observamos no Capítulo 3 que, quando aplicamos estratégias para a cadeia de suprimentos que reduzem custos e *lead times* e que aumentam o nível de serviço, a disponibilidade de informações importantes é essencial. Além disso, cada vez mais empresas fornecem serviços baseados em TI com valor agregado a seus clientes como forma de diferenciação no mercado e de desenvolvimento de relacionamentos de longo prazo com estes. Sem dúvida, é preciso que estes tipos de serviços sejam oferecidos por uma única empresa de um dado setor para que eles rapidamente passem a ser exigência básica para todos os outros ramos de atividade.

Um tema comum em nossa discussão sobre a TI, abordado na primeira seção deste capítulo, é a importância de combinarmos as mudanças nos processos de negócios com as melhorias na TI. Um recente estudo feito pelo MIT, PRTM e a SAP sugere que existe um forte elo entre a estratégia de TI, os processos de negócios consistentes e o desempenho da cadeia de suprimentos.

Esta afirmação é complementada por uma discussão sobre um importante processo integrante da cadeia de suprimentos, o chamado planejamento de vendas e operações (Sales and Operations Planning) e sobre os tipos de soluções em TI que auxiliam no aumento da eficácia deste processo.

No Capítulo 15 tratamos de questões no âmbito da tecnologia relacionadas a normas, infraestrutura e *e-commerce*. Neste capítulo, revisamos os objetivos básicos da TI para a cadeia de suprimentos e os componentes específicos ao sistema que estão relacionados à gestão da cadeia de suprimentos. Além disso, exploramos o suporte à decisão e as tecnologias de inteligência para os negócios como elas se relacionam com o planejamento da cadeia de suprimentos. Por fim, discutimos diversas formas de analisar como tomar decisões e integrar a funcionalidade da cadeia de suprimentos aos sistemas em uso ou à situação da TI.

14.2 A IMPORTÂNCIA DOS PROCESSOS DE NEGÓCIO

Um recente estudo conduzido pelo MIT, PRTM e a SAP [91], além de várias evidências empíricas, como no estudo de caso da Whirlpool, sugere que existe um elo entre a estratégia de TI, os processos de negócio consistentes e o desempenho da cadeia de suprimentos. Infelizmente, além do estudo mencionado, são poucas as evidências que corroboram este vínculo. É interessante observar que, naquele estudo, os autores recorreram a dados de aproximadamente 75 cadeias de suprimentos para argumentar que as empresas que mais investem em processos de negócio têm melhor desempenho do que as que investem apenas em TI e que não aplicam processos de negócio apropriados. Na verdade, os dados sugerem que os investimentos concentrados exclusivamente em tecnologia, na ausência de processos de negócios indicados, geram retornos negativos.

Neste caso, o objetivo do estudo foi descobrir se existe uma correlação direta entre a maturidade do processo de negócio, o volume de investimento em infraestrutura de TI e o desempenho da cadeia de suprimentos.

Dois desafios são enfrentados quando tratamos destas questões:

- A identificação de indicadores da eficácia da cadeia de suprimentos.
- O desenvolvimento de indicadores do nível de maturidade do processo de negócio e da TI empregados pela empresa.

Sem dúvida, é relativamente fácil mensurar o desempenho da cadeia de suprimentos. Nos últimos anos, muitas empresas passaram a utilizar indicadores-chave de desempenho (KPI – *Key Performance Indicators*), que identificam oportunidades e desafios em suas cadeias de suprimentos. Na verdade, este tem sido o principal motivo por trás das metodologias de referência recentemente desenvolvidas, como o modelo SCOR (*Supply Chain Operations Reference*), projetado pelo Conselho da Cadeia de Suprimentos (*Supply Chain Council*).

Infelizmente, a aferição do nível de maturidade destes processos de negócios ou da infraestrutura da TI que uma companhia possui é uma atividade muito complexa. Contudo, ela se torna um verdadeiro desafio pelo fato de que diferentes partes dos negócios da empresa podem ter diferentes níveis de maturidade. Na verdade, uma mesma esfera da empresa pode estar em desequilíbrio, no sentido de que a maturidade dos processos de negócio e a TI não se complementam muito bem. Assim, em [91], os autores desenvolveram dois conjuntos de questões: o primeiro caracteriza o nível de maturidade dos negócios, o segundo define o nível de maturidade da TI.

O nível global de maturidade dos processos de negócios de uma companhia é baseado no modelo SCOR. Existem **quatro categorias de processos de negócios**:

Nível I: os processos desconectados. As empresas neste nível são caracterizadas pela proliferação de muitos processos independentes. Elas se organizam na esfera funcional, com pouca ou nenhuma integração. O planejamento da cadeia de suprimentos é geralmente feito para cada local, independentemente dos outros locais. As características deste nível incluem:

- Estratégias funcionais (silo).
- Falta de processos claros e consistentes para a gestão da cadeia de suprimentos.
- Nenhum indicador, ou indicadores não alinhados com os objetivos da companhia.

Nível II: a integração interna. Neste nível, as empresas estão organizadas do ponto de vista funcional, com um alto grau de integração. As decisões são tomadas por meio da integração de áreas funcionais, isto é, vendas, fabricação e logística. As previsões mais comumente utilizadas são aplicadas em toda a organização. As características deste nível são:

- A integração de algumas informações funcionais para reduzir estoques e melhorar a eficiência.
- Os processos documentados que são executados em toda a organização.
- Os indicadores-chave adotados pelos departamentos.

Nível III: a integração intraempresa e a integração externa limitada. Neste nível, as companhias se organizam no modo de função cruzada. As empresas neste estágio envolvem os principais fornecedores e clientes nos processos de tomada de decisão. As características deste nível incluem:

- As decisões otimizadas em toda a cadeia de suprimentos interna.
- Os processos sofisticados que envolvem todos os departamentos afetados.
- Os principais fornecedores e clientes incluídos no planejamento da cadeia de suprimentos.

Nível IV: a integração multiempresa. As empresas neste nível adotam processos multiempresa, utilizam objetivos de negócio comuns e têm um amplo conhecimento dos ambientes de negócio dos fornecedores e clientes. A colaboração une os parceiros de negócio e lhes possibilita operar como uma corporação virtual. As características deste estágio incluem:

- A colaboração em toda a cadeia de suprimentos.
- A gestão da cadeia de suprimentos colaborativa interna e externa está concentrada nos principais objetivos nos âmbitos de serviços e finanças.
- Os indicadores que ligam os resultados da cadeia de suprimentos diretamente às metas corporativas.

Os diferentes níveis de processos de negócio precisam ser suportados por uma infraestrutura de TI correspondente. A seguir são listadas as **quatro categorias de sistemas de TI** aplicadas no estudo:

Nível I: os processos em lote, os sistemas independentes e os dados redundantes em toda a organização. O foco está em planilhas e no tratamento manual de dados para a tomada de decisão.

Nível II: os dados são compartilhados em toda a cadeia de suprimentos. As decisões são tomadas utilizando ferramentas de planejamento que aplicam dados em toda a cadeia de suprimentos. Por exemplo, o módulo de planejamento da demanda que aplica conhecimento especializado, algoritmos avançados e métodos estatísticos para a elaboração de previsões.

Nível III: há total visibilidade dos dados internos. Os principais fornecedores e clientes têm acesso a alguns destes dados. Por exemplo, as previsões são compartilhadas com os principais fornecedores. Os processos, mas não os dados, são compartilhados em toda a cadeia de suprimentos;

Nível IV: os dados de processos são compartilhados interna e externamente.

Para caracterizar o vínculo entre o desempenho da cadeia de suprimentos, a maturidade dos processos de negócios e a infraestrutura de TI, a equipe de pesquisa coletou e analisou dados de 60 empresas em todo o mundo que ofereciam informações detalhadas (e confidenciais) sobre 75 cadeias de suprimentos. O grupo incluiu integrantes da SAP e PTRM, e os dados foram coletados em 2002 e 2003.

A equipe de estudo coletou dados de diversas cadeias de suprimentos por meio de questionários enviados aos participantes. Estes questionários estavam voltados aos processos e sistemas de planejamento da cadeia de suprimentos. Ela aplicou o modelo SCOR para avaliar o estado atual dos processos de negócio de uma cadeia de suprimentos. Neste modelo, sete áreas de planejamento foram avaliadas:

- **O planejamento estratégico:** o projeto de redes, a posição de estoques e a estratégia de produção.
- **O planejamento da demanda:** as previsões da demanda e o planejamento de promoções.
- **O planejamento do suprimento:** a coordenação da produção, estoques e as atividades relacionadas a transporte em toda a cadeia de suprimentos.
- **O equilíbrio oferta-demanda:** o *trade-off* entre a capacidade do fornecedor e a demanda do cliente é considerado; a precificação e as atividades promocionais são aplicadas de modo sistemático para concretizar uma melhor relação entre oferta e demanda.
- **O planejamento do *procurement*:** a estratégia de *sourcing* de materiais e de *commodities*.
- **O planejamento da produção:** a estratégia de local único ou de empresa total.

- **O planejamento da entrega:** os compromissos com os clientes são baseados em previsões, capacidade disponível ou informações em tempo real sobre estoques e fabricação.

Para cada área de planejamento, a equipe identificou os sistemas e os processos, de acordo com o nível de maturidade definido na seção anterior. Em especial, a equipe utilizou os dados coletados junto a 75 cadeias de suprimentos para definir o grau de maturidade dos processos e sistemas ao longo de cada uma das sete dimensões. Assim, a maturidade de um processo de negócio de uma cadeia de suprimentos é determinada como sendo a média de sete escores, um para cada dimensão. Desta forma, o nível de maturidade de um processo de negócio em uma cadeia de suprimentos é um número compreendido entre um e quatro. A maturidade de uma cadeia de suprimentos é definida do mesmo modo.

Dizemos que uma empresa tem um (sistema de) processo de negócio amadurecido se o nível de maturidade é ao menos dois. Por fim, definimos os sistemas *best-in-class* (BICS) como sendo as 20 cadeias de suprimentos com melhor TI, isto é, aquelas com o mais alto nível de maturidade. Claro que nem todas estas empresas têm processos de negócio maduros.

Ao utilizar estas definições e com base no estudo empírico, os resultados foram os seguintes:

- **As empresas com processos de negócio maduros têm menores níveis de estoques.** A Figura 14-1 sugere que as empresas com processos de negócio maduros conseguiram uma expressiva redução no número de dias de estoque, no tempo de ciclo de caixa*, nos custos de armazenagem e nos custos totais de obsolescência, mensurados como porcentagem da receita. Por exemplo, empresas maduras no âmbito de seus processos e com os melhores desempenhos em seus sistemas – isto é, as *best-in-class* com processos de negócio plenamente desenvolvidos – foram capazes de reduzir o custo de armazenagem de estoques em 35%. Isto leva à próxima conclusão importante do estudo.
- **As melhorias em certas áreas exigem investimentos em TI.** Consideremos as taxas de atendimento de pedidos (Figura 14-2). Observe que somente as companhias que produzem para estoque (MTS – *Make-to-Stock*) é que foram incluídas, uma vez que este regime não se aplica a empresas que produzem sob encomenda ou por configuração. Isto significa que a infraestrutura de TI oferece uma imensa vantagem competitiva com relação à taxa de atendimento de pedidos. Para entendermos melhor esta conclusão, consideremos uma participante na pesquisa, uma fabricante de brinquedos com operações em todo o mundo e que recebe milhares de pedidos a cada minuto na alta temporada de negócios do setor, o quarto trimestre. Cada pedido tem de ser alocado ao depósito correto e a substituição de produtos precisa ser considerada. Este ambiente exige um expressivo investimento em infraestrutura de TI para garantir o nível adequado de atendimento de pedidos.
- **As empresas *best-in-class* que têm processos maduros atingem um desempenho financeiro melhor.** Uma das conclusões mais significativas do estudo salienta a importância dos investimentos, tanto em sistemas quanto em processos. De fato, a Figura 14-3 sugere que as empresas com processos maduros e sistemas qualificados como *best-in-class* têm em média um lucro líquido de 14%, em comparação com os 8% de empresas que estão na média do mercado, isto é, as primeiras têm uma rentabilidade 75% maior do que as imaturas.
- **O investimento exclusivo em infraestrutura de TI causa ineficiências importantes.** Uma das conclusões mais surpreendentes do estudo deu conta de que as empresas que investiram apenas na infraestrutura da TI, e negligenciaram os processos de negócio de

---

* N. do R. T.: Tempo entre o pagamento/recebimento do cliente final e o pagamento aos fornecedores.

Dias de estoque (dias)
- 101,2
- −22%
- 78,8
- −16%
- 66,3

Tempo de ciclo de caixa (dias)
- 121,1
- −24%
- 91,5
- −21%
- 72,3

Custo de armazenagem (% das receitas)
- 3,2%
- −28%
- 2,3%
- −35%
- 1,5%

Custo total da obsolescência de matérias-primas, de estoque em processo e de estoque de produtos acabados (% das receitas)
- 0,9%
- −44%
- 0,5%
- −40%
- 0,3%

▢ Imaturas ▨ Maduras ▮ Maduras com sistemas *best-in-class*

FIGURA 14-1 As empresas com processos maduros aperfeiçoaram o desempenho com estoques; as empresas *best-in-class* que têm processos maduros possuem desempenho ainda melhor.

Desempenho da entrega no prazo pedido (%)
- 79%
- 11%
- 88%
- 5%
- 92%

Taxa de atendimento de pedidos (apenas para produção para estoque)
- 70%
- 6%
- 74%
- 31%
- 97%

Lead time do atendimento de pedidos em dias (apenas para a produção para estoque)
- 5,7
- −14%
- 4,9
- −18%
- 4,0

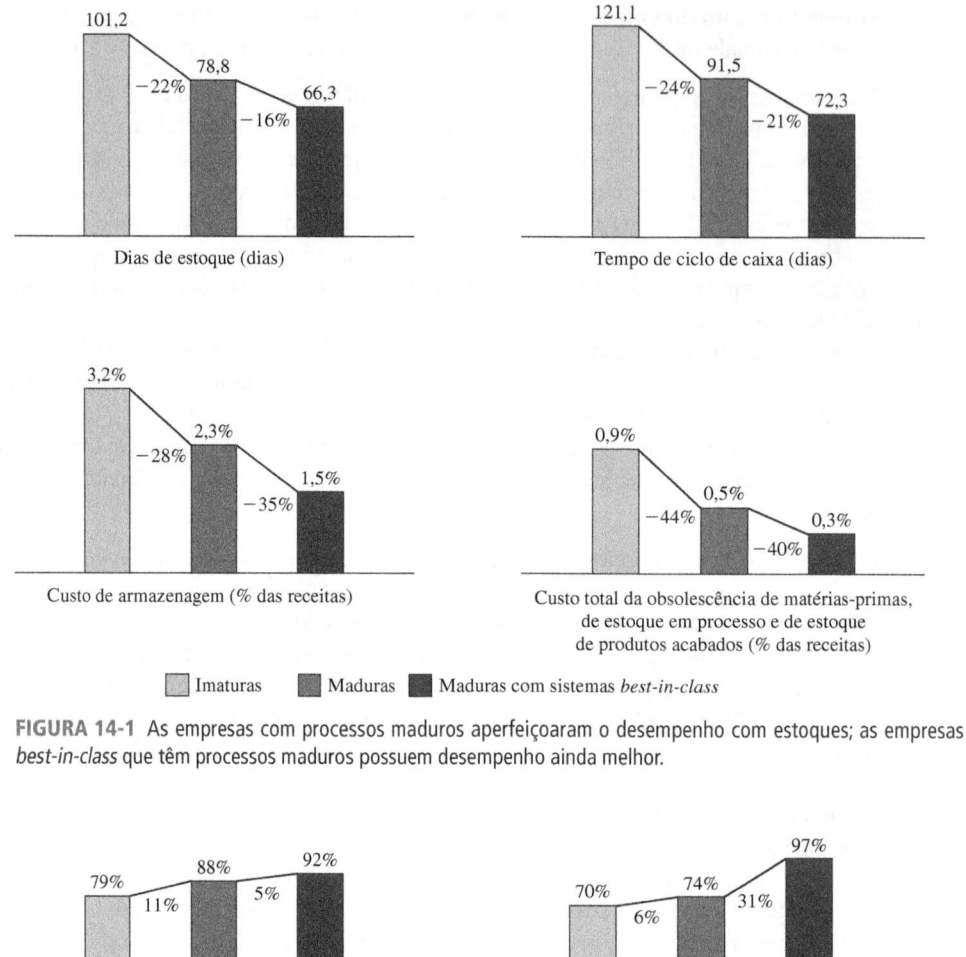

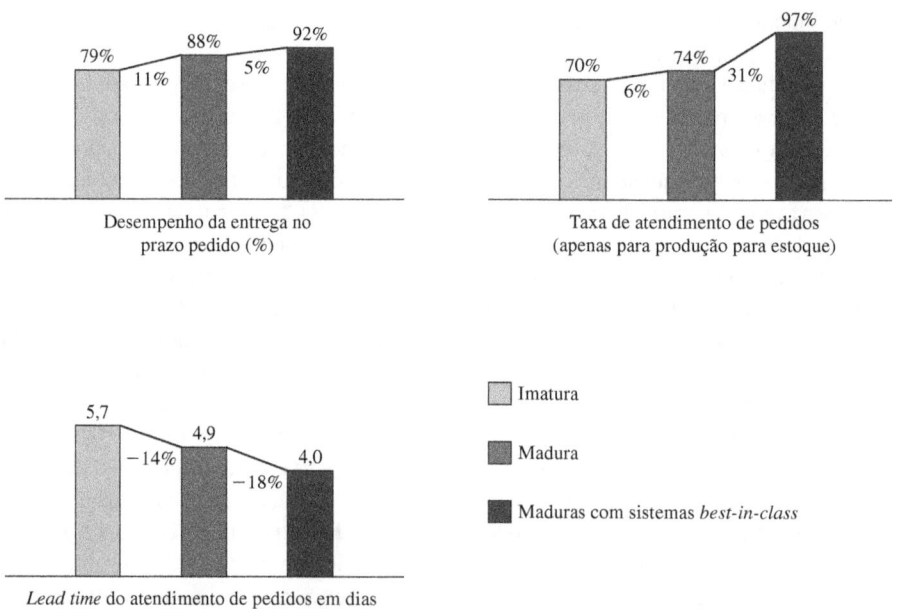

▢ Imatura
▨ Madura
▮ Maduras com sistemas *best-in-class*

FIGURA 14-2 Entrega no prazo, nível de atendimento de pedidos e *lead time* do atendimento de pedidos.

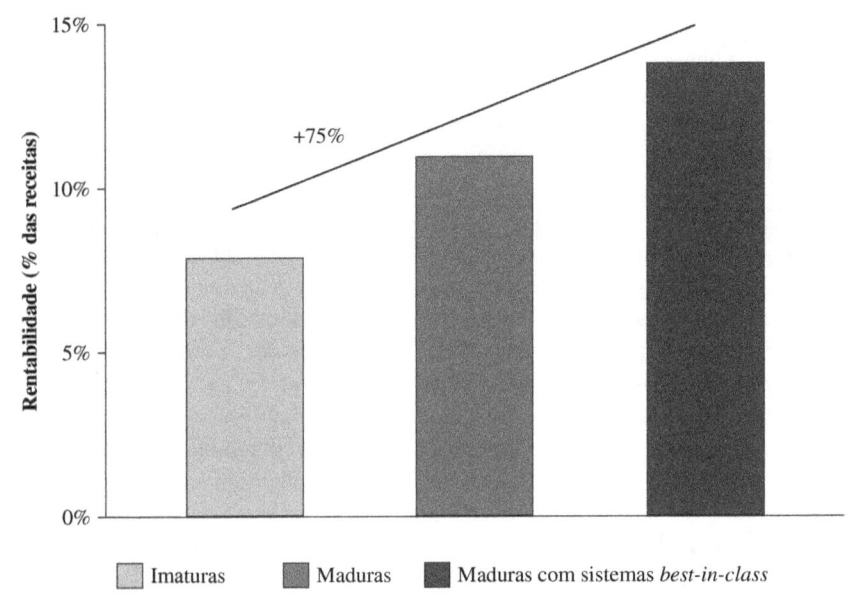

FIGURA 14-3 A maturidade de processos e sistemas e o desempenho financeiro.

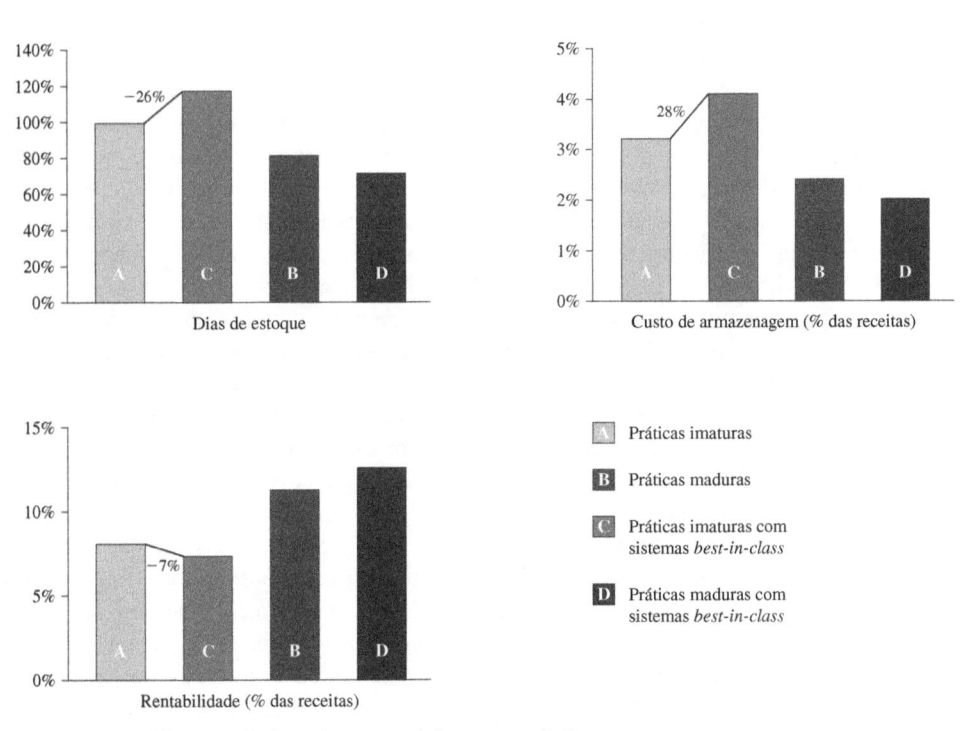

Legenda: Imaturas | Maduras | Maduras com sistemas *best-in-class*

Eixo Y: Rentabilidade (% das receitas), 0% a 15%. Valores aproximados: Imaturas ~8%, Maduras ~11%, Maduras com sistemas best-in-class ~14%. Indicação: +75%.

Gráfico 1 — Dias de estoque: A ~100%, C ~118% (−26%), B ~82%, D ~72%.

Gráfico 2 — Custo de armazenagem (% das receitas): A ~3,2%, C ~4,1% (28%), B ~2,4%, D ~2,0%.

Gráfico 3 — Rentabilidade (% das receitas): A ~8%, C ~7,2% (−7%), B ~11,2%, D ~12,5%.

Legenda:
- **A** Práticas imaturas
- **B** Práticas maduras
- **C** Práticas imaturas com sistemas *best-in-class*
- **D** Práticas maduras com sistemas *best-in-class*

FIGURA 14-4 O impacto dos investimentos na infraestrutura de TI.

apoio, sofrem com expressivas ineficiências (ver Figura 14-4). Conforme indica a figura, as empresas *best-in-class*, isto é, as 20 empresas com TI mais madura mas que são imaturas no âmbito dos processos, têm um número maior de dias de estoque, maiores custos de armazenagem, e menores lucros, em comparação com as empresas imaturas no tocante a processos e que não investiram em infraestrutura de TI. Por exemplo, as empresas *best-in-class* cujos processos não estão totalmente evoluídos têm um número de dias de estoque 26% maior, custos de armazenagem 28% mais altos e lucros médios 7% menores. Estes números parecem dizer que a mera implementação de sistemas de TI sem os processos de negócios necessários é um desperdício de dinheiro.

- **A prioridade nos investimentos com TI depende de seus objetivos.** Uma pergunta frequente é: qual é o impacto das diferentes TIs nos diferentes critérios de desempenho, como *lead time* de atendimento de pedidos, níveis de estoque ou tempo de ciclo de caixa? É interessante observar que os resultados indicam que as empresas que oferecem suporte a seus processos e planejamento de demanda por meio de um módulo de software condizente, isto é, um módulo de planejamento de demanda, encurtam o *lead time* de atendimento de pedidos em 47% e reduzem o tempo de ciclo de caixa em 49%. O impacto nos níveis de estoque medidos em termos de dias de estoque é mínimo (menos de 10% de redução). Por outro lado, o apoio ao processo de planejamento de suprimento por meio de sistemas de TI reduz os níveis de estoque (dias de suprimento) em cerca de 40%.

A análise anterior pode ser resumida de forma sutil na Figura 14-5. O eixo vertical oferece informações sobre o nível de maturidade dos processos de negócio, ao passo que o eixo horizontal informa sobre o nível de maturidade dos sistemas de TI. Os parágrafos seguintes descrevem o que representa cada quadrante da Figura 14-5.

O quadrante A representa as empresas (ou, mais precisamente, as cadeias de suprimento) caracterizadas por processos de negócios e sistemas de TI imaturos. O estudo sugere que estas cadeias de suprimentos sofrem com desempenhos abaixo da média, o que inclui altos níveis de estoque, longos tempos de ciclo de caixa e baixa rentabilidade, entre outros pontos negativos.

O quadrante B representa as cadeias de suprimentos com processos de negócio maduros e sistemas de TI pouco evoluídos. As empresas desta categoria têm um desempenho muito melhor do que aquelas que não investiram nem em processos, nem em sistemas. Contudo, elas perdem receita. Particularmente, o estudo sugere que estas cadeias podem aumentar os lucros (mensurados como porcentagem das receitas) em 27% na média, com investimentos em TI, isto é, ao amadurecerem seus sistemas de TI pela passagem por todos os estágios de excelência. Naturalmente, estes investimentos em TI podem exigir ajustes nos processos de negócios.

O quadrante C representa as cadeias de suprimentos com sistemas e processos maduros. Estas cadeias exibem expressivas melhorias no desempenho operacional. O mais importante é que as cadeias líderes, isto é, as cadeias que têm processos maduros e são *best-in-class*, ou as que perfazem as 20% melhores em termos de TI, têm lucros 65% maiores do que outras companhias. Sem dúvida, isto é o que se chama de desempenho notável!

Por fim, o quadrante D representa as cadeias de suprimentos com sistemas de TI maduros, mas com processos que não evoluíram totalmente. É interessante observar que o estudo revelou que estas companhias têm níveis de desempenho que podem ser piores do que aqueles das companhias com sistemas e processos imaturos. Naturalmente, esta situação requer uma análise detalhada. Se mantivermos constantes todas as outras variáveis, então podemos esperar que quanto maior o nível de maturidade dos sistemas de TI de uma companhia, melhor seria o desempenho de sua cadeia de suprimentos. Contudo, o estudo sugere que esta hipótese não se verifica.

CAPÍTULO 14: A TECNOLOGIA DA INFORMAÇÃO E OS PROCESSOS DE NEGÓCIO

	Imaturos	Maduros
Maduros	**B** Falta de sistema de suporte • Rentabilidade básica melhorada • Potencial de melhoria de 27%	**C** Práticas de planejamento e sistemas estão alinhados • Expressiva melhoria no desempenho operacional • Rentabilidade 75% maior para *best-in-class*
Imaturos	**A** Local único; processos de planejamento são manuais e informais • Desempenho do negócio abaixo da média	**D** Sistemas não complementados por práticas de planejamento • Ineficiências expressivas

Processos de negócio (eixo vertical) / *Sistemas de TI* (eixo horizontal)

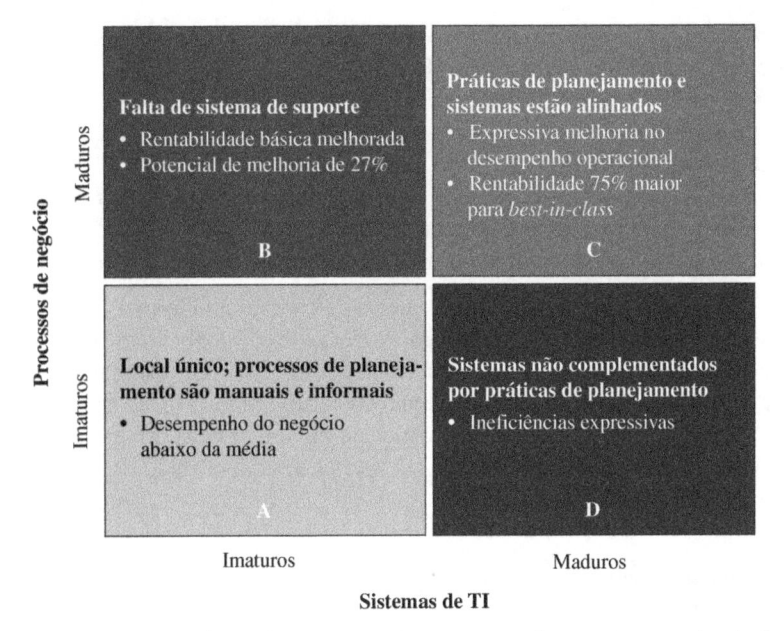

FIGURA 14-5 As relações dos processos e sistemas com o desempenho operacional e financeiro.

As explicações para esta dicotomia são muitas. Em primeiro lugar, a infraestrutura de TI normalmente exige expressivos investimentos acompanhados por um dispendioso esforço de mão de obra. Ao mesmo tempo, a TI oferece apenas informação. Se não existir um processo capaz de converter informações em conhecimento e decisões, a cadeia de suprimentos reage com voracidade a esta enxurrada de dados brutos, o que gera ineficácia.

O estudo de caso da Whirlpool revela que o sucesso destes projetos é imputado à íntima parceria entre o departamento de TI e as unidades de negócio. Conforme afirma Hoyt, diretor de projeto da cadeia de suprimentos da Whirlpool, "Foi uma das primeiras vezes que o pessoal da TI não disse, 'OK, aqui está sua ferramenta'. Fomos nós que dissemos, 'a ferramenta tem de fazer isso e aquilo'. As análises das exigências foram feitas com o pessoal da TI".

A importância de combinar os processos de negócio com a TI foi reconhecida pela indústria. No Capítulo 15, também discutimos em detalhe uma nova infraestrutura e tecnologia de software chamada arquitetura orientada a serviços (SOA – *Service-Oriented Architecture*) e as tecnologias de gestão de processos de negócio (BPM – *Business Process Management*) relacionadas que permitem uma melhor integração do projeto de TI com os processos de negócio e abrem caminho para as soluções desenvolvidas com esta finalidade.

14.3 OS OBJETIVOS DA TI PARA A CADEIA DE SUPRIMENTOS

Uma perspectiva diferente para as oportunidades e os desafios da TI para as cadeias de suprimentos consiste na consideração de alguns dos objetivos da TI à medida que eles se relacionam com a gestão da cadeia de suprimentos e suas exigências específicas. Algumas companhias e setores estão longe de atingir estes objetivos, ao passo que outras estão a caminho de concretizar muitos deles. Para utilizarmos informações, precisamos coletá-las, acessá-las, analisá-las e dispor da capacidade de compartilhá-las para fins colaborativos. As metas dos sistemas de gestão da cadeia de suprimentos nestas áreas são:

- Coletar informações sobre cada produto, desde a produção até o ponto de venda, e oferecer total visibilidade a todas as partes envolvidas.
- Acessar todos os dados do sistema a partir de um *único ponto de contato*.
- Analisar, planejar atividades e compor os *trade-offs* com base nas informações oriundas de toda a cadeia de suprimentos.
- Colaborar com os parceiros da cadeia de suprimentos. Conforme vimos em outros capítulos, a colaboração permite às empresas administrar oportunidades, por meio do compartilhamento de informações, por exemplo, e com isso concretizar a otimização global.

O principal objetivo da TI na cadeia de suprimentos é formar um elo invisível entre o ponto de produção e o ponto de entrega ou compra. A ideia é ter disponível um percurso de informação que acompanhe o percurso do produto. Isto permite planejar, rastrear e estimar os *lead times* com base em dados reais. Qualquer uma das partes que quer localizar o produto deve ter acesso a estas informações. Conforme vemos na Figura 14-6, as informações e os produtos se deslocam do fornecedor ao fabricante, internamente, por meio do sistema de distribuição deste, e então vão para os varejistas.

Cada um dos objetivos é discutido a seguir:

- **Coletar informações.** Evidentemente, o varejista precisa conhecer o *status* de seus pedidos e os fornecedores precisam prever a entrada de um pedido do fabricante. Isto envolve o acesso a dados que estão nos sistemas de informação de outras empresas e entre funções e locais diferentes dentro de uma mesma empresa. Além disso, os participantes necessitam interpretar estes dados de sua própria perspectiva, isto é, se os fornecedores de algodão estão examinando a demanda por cotonetes, eles precisam traduzi-la em quilos de algodão que serão consumidos. Portanto, tabelas de conversão, como listas de material, são uma necessidade em todo o sistema.

  A disponibilidade do sistema de informação quanto ao *status* de produtos e materiais é a base sobre a qual são tomadas todas as decisões inteligentes sobre a cadeia de suprimentos. Além disso, não basta simplesmente rastrear os produtos na cadeia de suprimentos. É preciso também alertar os sistemas sobre as implicações deste procedimento. Se uma entrega atrasar, afetando as programações de produção, os sistemas implicados precisam ser notificados para que possam efetuar os ajustes adequados, adiando a programação ou buscando fontes alternativas. Este objetivo exige a padronização da identificação do produto (por exemplo, o código de barras) entre empresas e setores. Por exemplo, a FedEx implementou um sistema de rastreamento que fornece informações atualizadas sobre a localização de todas as encomendas transportadas pela companhia

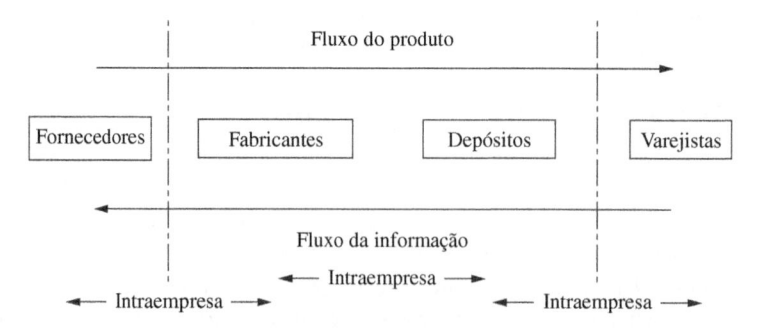

FIGURA 14-6 O fluxo da informação e de mercadorias na cadeia de suprimentos.

e disponibiliza esta informação tanto internamente quanto para os seus clientes. A tecnologia de identificação por radiofrequência (RFID), discutida no Capítulo 15, é uma tentativa de tratar desta questão no âmbito da cadeia de suprimentos estendida.
- **Acessar as informações.** Neste ponto, apresentamos o importante conceito de ponto único de contato. O objetivo é possibilitar o acesso de todas as informações disponíveis, tanto aquelas fornecidas a um cliente quanto aquelas requeridas internamente, de uma única vez. Além disso, é importante que elas sejam consistentes, independentemente do modo de busca adotado (isto é, telefone, faz, Internet, quiosque) ou de quem as solicita. Esta necessidade fica mais complexa pelo fato de que, para atender a uma consulta de um cliente, talvez seja preciso acessar informações presentes em diversos locais no interior de uma mesma companhia e, em alguns casos, entre diversas companhias. Em muitas empresas, os sistemas de informação tendem a ser isolados, dependendo das funções que lhes são atribuídas. O serviço de atendimento ao cliente funciona com um sistema, a contabilidade com outro, ao passo que os sistemas de fabricação e de distribuição estão completamente separados (ver Figura 14-7). Ocasionalmente, pode ocorrer uma transferência de informações cruciais que precisam ser acessadas em diferentes sistemas, mas se ela não for executada em tempo real, então estes sistemas nunca terão dados idênticos. O funcionário do serviço de atendimento ao cliente encarregado de receber um pedido talvez não seja capaz de fornecer informações sobre o *status* do envio. Por sua vez, é possível que a unidade não possa averiguar os pedidos pendentes. Na situação ideal, todas as pessoas que precisam utilizar certos dados devem ter acesso garantido aos mesmos dados em tempo real, por meio de uma interface adequada (ver Figura 14-8).

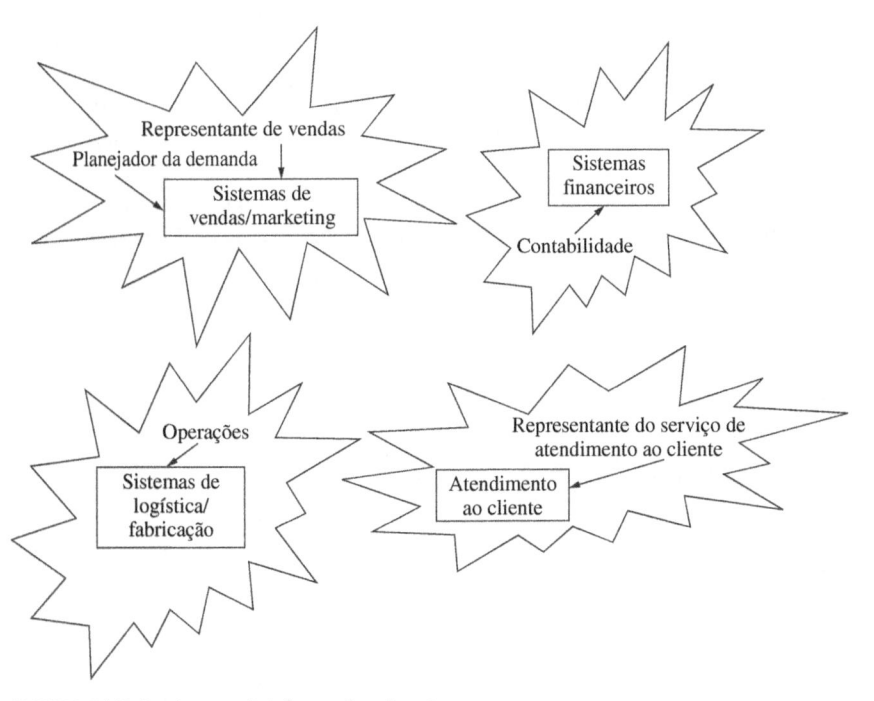

FIGURA 14-7 Os sistemas de informação existentes.

- **Executar uma análise com base nos dados da cadeia de suprimentos.** O terceiro objetivo se relaciona com a análise de dados, sobretudo de modo a considerar o panorama global do compartilhamento. Além disso, o sistema de informações deve ser utilizado para indicar os caminhos mais eficientes para produzir, montar, armazenar e distribuir produtos – em outras palavras, encontrar a melhor maneira de operar a cadeia de suprimentos. Conforme vimos, isto inclui diversos níveis de tomada de decisão: desde as decisões operacionais pertinentes ao atendimento de pedidos até as decisões táticas relacionadas à armazenagem de um dado produto em um dado depósito, das decisões sobre os planos de produção para os próximos três meses, às decisões estratégicas sobre localização de depósitos e sobre o desenvolvimento e fabricação de produtos. Para facilitar esta análise, os sistemas precisam ser flexíveis o bastante para acomodar mudanças nas estratégias da cadeia de suprimentos. Com vistas a esta flexibilidade, eles devem ser configuráveis e novos padrões precisam ser desenvolvidos. Estas questões são discutidas a seguir.
- **Colaborar com os parceiros da cadeia de suprimentos.** A capacidade de colaborar com os parceiros da cadeia de suprimentos é essencial para o sucesso de uma empresa. De fato, conforme observamos no Capítulo 1, um dos objetivos mais importantes da gestão da cadeia de suprimentos é a substituição de processos sequenciais pela otimização global. Isto requer não apenas um sofisticado alinhamento dos sistemas de TI, como também a integração dos processos de negócio. Dependendo do papel da cadeia de suprimentos, uma empresa pode sentir a necessidade de integrar-se com o sistema de *procurement* de seu cliente, ou requerer que seus próprios fornecedores se conectem a seus sistemas ou a plataformas de colaboração, ou a ambos. O nível e o tipo de colaboração varia entre setores de atuação. Por exemplo, a previsão colaborativa foi lançada pelo setor de bens de consumo embalados, enquanto a integração do fornecedor é mais comum no setor de alta tecnologia, em que a terceirização de componentes essenciais exige sistemas de suporte ao produto e a coordenação logística.

Recentemente, a colaboração tornou-se o foco dos sistemas da cadeia de suprimentos. A capacidade de se unir e trabalhar com os fornecedores de forma eficaz gerou novos sistemas chamados de gestão do relacionamento com o fornecedor (SRM – *Supply Relationship Management*). Além disso, as diversas modalidades de intercâmbio desenvolvidas durante a expansão da Internet no final da década de 1990 estão assumindo a

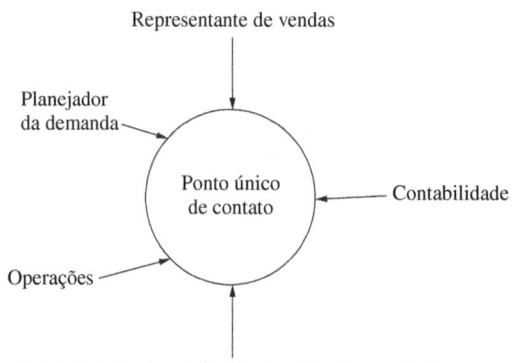

FIGURA 14-8 A nova geração de sistemas de informação.

função de plataformas de colaboração, tanto públicas quanto privadas. Na outra extremidade da cadeia de suprimentos, os sistemas de gestão do relacionamento com o cliente (CRM) evoluem para possibilitar um melhor contato com o cliente e uma compreensão mais profunda de suas necessidades. Um padrão de cadeia de suprimentos especializado para a colaboração entre fornecedores e representantes chamado de planejamento, previsão e reabastecimento colaborativos (CPFR) é descrito detalhadamente no Capítulo 15.

Os quatro objetivos da gestão da cadeia de suprimentos não necessariamente precisam ser concretizados ao mesmo tempo e nem sempre são interdependentes. Eles podem ser almejados em paralelo, ou ordenados por importância de acordo com o setor, o porte da companhia, as prioridades internas e as configurações de investimentos. Por exemplo, um banco não sobreviveria sem uma capacitação de ponto único de contato, do mesmo modo que uma empresa de transporte de encomendas não progrediria sem um sofisticado sistema de rastreamento e um fabricante do setor de alta tecnologia sem um sistema de planejamento de produção.

Os sistemas de planejamento de recursos da empresa (ERP) estão presentes na maior parte das empresas e atendem às duas primeiras exigências anteriores em boa amplitude de ação. Eles oferecem uma infraestrutura comum em toda a companhia, com o acesso aos dados definido com base em papéis de atuação. Os portais na Internet possibilitam um ponto de entrada para estes sistemas, tanto para uso na própria empresa quanto por clientes, fornecedores e parceiros. Estes portais simplificam o acesso a dados por oferecerem um ponto único de contato, além de serem uma plataforma de colaboração. Além disso, eles estão começando a adotar um ponto abstrato de acesso que a AMR Research chama de "The unbound portal" (*O portal livre*) [191]. Este portal será acessível a partir de qualquer sistema de dispositivo ou de interface que o usuário estiver acessando, a certo ponto, e não apenas via Internet, como os portais hoje em uso.

O estudo de caso sobre o varejo a seguir ilustra muito bem a maneira de atingir estes objetivos com a utilização da tecnologia da informação.

ESTUDO DE CASO

A 7-Eleven se abastece com experiência tecnológica

Parada diante de uma geladeira no interior da loja da 7-Eleven em Rockwall, Texas, numa manhã de sexta-feira, Sherry Neal, gerente da loja, refletia sobre uma tarefa aparentemente banal, mas na verdade muito importante. Quantos sanduíches de frango teriam de ser pedidos para o dia seguinte?

Para auxiliar na decisão, ela tinha em mãos uma levíssima *tablet* (prancheta digital) que mostrava diversas informações em sua tela colorida. Sherry percebeu que havia dois sanduíches com data de validade para o dia seguinte e seis para dois dias. Utilizando o teclado virtual de sua *tablet*, ela registrou as informações sobre o estoque na forma de dados eletrônicos.

Na mesma tela, ela viu que o Serviço Nacional de Meteorologia previa tempo bom e quente para os próximos cinco dias. Funcionária da 7-Eleven desde 1979, ela conhecia o comportamento do cliente e sabia que tempo bom significava bons negócios para o próximo fim de semana. Em outra parte da tela constavam as vendas de sanduíches de frango nos últimos quatro sábados.

Fonte: TheDeal.com, "Item by Item", http://news.com.com/7-Eleven+stocks+up+on+tech+savvy/2100-1022_3-5841919.html, 23/8/05. Utilizado com permissão de TheDeal.com.

Além disso, a tela também mostrava informações que permitiam a Sherry ver que os estoques deste sanduíche, cada vez mais popular, sempre se esgotaram nos dias anteriores.

"Tenho de ser mais agressiva", concluiu ela, enquanto utilizava o instrumento para emitir um pedido de outros quatro sanduíches, e prevendo que seis deles seriam vendidos na sexta-feira e outros seis no sábado. Ela transmitiu o pedido por tecnologia sem fio ao servidor da loja, instalado no escritório. Este por sua vez enviou-o via rede para o centro de processamento de dados da companhia, que o repassou ao fornecedor de alimentos frescos da 7-Eleven. Este prepara os sanduíches, embala e os carrega em um caminhão, que entrega os alimentos na loja à meia-noite.

Graças à inovação tecnológica que permeia todas as camadas da maior loja de conveniência do planeta, a 7-Eleven conhece o número exato de sanduíches de frango que é vendido em cada uma de suas 5.800 lojas nos EUA a cada dia, mês e ano. O melhor é que ela é capaz de prever com exatidão o número de sanduíches que será vendido amanhã, e pode fazer o mesmo para os 2.500 itens vendidos em suas lojas.

As centenas de milhões de dólares que a 7-Eleven investiu em tecnologia nos últimos 10 anos parecem ter sido recompensadas. A empresa, bastante lucrativa, que tem as cotações de suas ações acima de $30, em comparação com as cotações abaixo de $6 de 2003, bravateia aumentos nas vendas de cada loja por 35 trimestres consecutivos e teve uma receita total de $12,2 bilhões no ano passado.

Mas a companhia nem sempre vivenciou resultados tão bons quanto os atuais. No final da década de 1980, ela amargou prejuízos com a aquisição da refinaria de gasolina Citgo e com outra aquisição alavancada, feita em péssima hora e agravada pelo colapso da bolsa de outubro de 1987. O socorro chegou em 1991, quando uma licenciada da 7-Eleven no Japão, a Ito-Yokado, tornou-se acionista majoritária da companhia e introduziu sua própria metodologia de varejo em toda a organização.

ITEM POR ITEM

A inovadora abordagem para o varejo da Ito-Yokado, baseada na cadeia de demanda e utilizada com grande êxito na 7-Eleven Japão, é conhecida pelo nome de "tanpin kanri", que significa *gestão item por item*, em oposição à gestão categoria por categoria. No varejo tradicional, a ênfase está na maneira em que as bebidas, como uma classe de produto, estão sendo vendidas. Na metodologia *tanpin kanri*, a ênfase é dada ao modo em que uma dada bebida, Dr. Pepper, por exemplo, está sendo vendida. A ideia é dar atenção aos pequenos detalhes das preferências dos clientes e deixar que eles próprios definam quais os produtos que a loja deve oferecer, o que significa, em última análise, quais os produtos que devem ser desenvolvidos.

No Japão, a estratégia transformou as lojas da 7-Eleven em locais de grande atratividade, sobretudo no quesito lanches sofisticados e alimentos frescos. Nos EUA, é provável que os clientes visitem uma das lojas da 7-Eleven duas vezes por semana, mas no Japão este número sobe para diversas vezes ao dia, para tomarem o café da manhã, almoçarem, jantarem ou mesmo fazerem um lanche. Em geral, as pessoas estão sempre procurando algo novo para provar e a oferta de alimentos novos e saborosos é um aspecto-chave para fazer com que os clientes retornem às lojas da companhia, tanto no Japão quanto nos EUA.

Neste sentido, a tecnologia desempenha um papel essencial na coleta, análise e distribuição de informações no *tanpin kanri*, e em sua modalidade norte-americana, conhecida como iniciativa do varejista. Antes da 7-Eleven introduzir a iniciativa do varejista em suas lojas nos EUA, em 1994, a empresa não dispunha de uma estrutura precisa para saber quais os produtos que suas lojas estavam vendendo. A empresa apenas sabia quais os produtos que havia adquirido junto aos fornecedores.

"Os fornecedores costumavam decidir as quantidades de seus produtos que iriam para nossas prateleiras", lembra Margaret Chabris, diretora de relações públicas da companhia desde 1978. "As decisões eram tomadas nos interesses dos fornecedores, não necessariamente nos interesses dos clientes."

Keith Morrow, CEO para informações e vice-presidente para sistemas de informações da companhia, é ainda mais direto: "Foi preciso de uma boa dose de tecnologia e de automação para retomarmos o controle de nossas próprias prateleiras. Precisamos de dinamismo nas informações de nossas lojas, ou acabamos como meros tomadores de pedidos de nossos fornecedores."

Atualmente, a estratégia do varejista está em toda a tecnologia da 7-Eleven. "Nossa filosofia diz que as decisões sobre o que deve estar em nossas lojas são tomadas com maior eficiência na própria loja, no momento, por pessoas que trabalham na loja, em tempo real," diz Morrow, que está na companhia desde o começo de 2001. "As informações nos permitem adaptar nossas lojas e todos os nossos produtos à curva de demanda de nossos clientes, com base no que eles fazem todos os dias, minuto a minuto, e não com base em grupos focais, pesquisas de marketing ou palpites grosseiros sobre o que os clientes talvez façam."

O QUE OS CLIENTES QUEREM

A capacidade de reagir com rapidez às volúveis preferências dos clientes é essencial no setor de lojas de conveniência. "O cliente recompensa as lojas que sabem o que eles querem", diz Jeff Lenard, da Associação Nacional de Lojas de Conveniência. Ele afirma que a competição pelo cliente neste setor intensificou-se nos últimos anos, período em que *pet shops*, lojas de brinquedos, farmácias, vídeo-locadoras e até lojas de produtos eletrônicos passaram a vender bebidas e lanches.

"Ao longo dos últimos sete anos, a 7-Eleven se manteve na liderança como empresa inovadora no uso da tecnologia para atender a seus clientes", diz ele. "Talvez os clientes em geral não percebam isso, mas nossos clientes percebem, pois a loja sempre sabe o que eles desejam."

Quando se trata de coletar informações sobre as preferências dos clientes e de "utilizar informações tanto na esfera tática, para a emissão de pedidos, quanto na esfera estratégica, para a oferta de nossos produtos, a 7-Eleven está muito adiante de qualquer de suas concorrentes", diz John Heinbockel, um analista da Goldman, Sachs que trabalha com a 7-Eleven. "Outras cadeias de lojas de conveniência conseguiram no máximo implementar a coleta de dados de pontos de venda, nestes últimos anos. Elas não têm a estrutura e os dados que a 7-Eleven tem, item por item, loja por loja, dia após dia, há dez anos."

O Terminal de Operações Móveis, ou MOT – *Mobile Operations Terminal*, da NEC, que ajudou Sherry a pedir sanduíches de frango, é um dos dois novos instrumentos com tecnologia sem fio que a 7-Eleven está trazendo para suas lojas este ano, com o objetivo de poupar tempo e mão de obra necessários para avaliar estoques e emitir pedidos. O outro instrumento é o MC3000, uma leitora de mão colorida produzida pela Symbol Technologies e utilizada para coletar dados de cada item no momento em que ele é descarregado do caminhão de entrega. Os dois dispositivos utilizam o sistema operacional Microsoft Windows CE e operam na Microsoft.Net.

O MOT está muito distante dos métodos de avaliação de estoque e emissão de pedidos que os gerentes da 7-Eleven utilizavam no passado. A combinação de desespero e esforço, que geralmente faz parte da falta de automação, era vista naqueles sistemas, que incluíam destacar etiquetas de blocos de papel, marcar itens em cores à mão, controlar os estoques e as datas de validade de sanduíches congelados em pedaços de papel, e, em caso de emergência, preparar sanduíches no local, de acordo com as instruções dos gerentes da empresa.

Mas os avanços da companhia não se limitam a instrumentos sem fio. Ano passado a 7-Eleven gastou $93 milhões com tecnologia. Em suas 5.300 lojas espalhadas nos EUA, a empresa instalou novos servidores ProLiant da Hewlett-Packard, além de redes locais sem fio e software para o treinamento de funcionários. A empresa também introduziu um sistema de pedidos de alimentos frescos, uma categoria que cresce rápido em volume e importância para a 7-Eleven.

A nova tecnologia instalada pela companhia opera por meio de um sistema próprio baseado no Windows, conhecido como sistema de informação do varejista, ou RIS – *Retail Information System*, que vem sendo desenvolvido desde meados da década de 1990. O sistema dá suporte à iniciativa do varejista com a disponibilização oportuna de dados de venda que permite a cada loja adaptar o sortimento de seus produtos de acordo com as preferências de seus clientes. O RIS também auxilia os funcionários da loja a detectar os itens que vendem melhor e os que não vendem bem, e permite-lhes aumentar o espaço para os primeiros e para produtos novos. O RIS reduz o risco envolvido no lançamento de um novo produto, já que os dados de venda estão disponíveis para a avaliação depois de 24 horas de seu lançamento.

O COMPARTILHAMENTO DE DADOS

A 7-Eleven compartilha parte de sua análise de dados com alguns de seus principais fornecedores, como a Anheuser-Busch, a Kraft Foods e a PepsiCo, em um programa de parceria chamado 7-Exchange. O sistema de dados 7-Exchange para a categoria gestão, que os fornecedores acessam por meio de um website seguro, disponibiliza noções que promovem o desenvolvimento de novos produtos ou de novas embalagens.

"Estávamos trabalhando com a Anheuser-Busch quando percebemos uma expressiva mudança no comportamento do cliente com relação ao tamanho da embalagem", lembra Morrow. "Fizemos uma análise e descobrimos que a preferência do cliente estava migrando das embalagens com algumas latas ou garrafas de cerveja para embalagens únicas e de maior volume."

Um estudo de caso auxiliou a gigante da produção de bebidas a reduzir o tamanho das embalagens com mais de um vasilhame e a aumentar o volume das latas a serem vendidas individualmente.

As informações do sistema 7-Exchange também emitem alertas às empresas participantes quanto a oportunidades de negócio. Recentemente, a Kraft Foods percebeu que algumas das lojas da 7-Eleven não estavam disponibilizando as novas e populares embalagens de três onças* (90 g) da linha Big Bag de Oreos e outros biscoitos doces ou salgados da Nabisco no mesmo volume que outras lojas.

"Entramos em contato com nosso grupo de apoio e enviamos seus membros para conversarem com os gerentes das lojas e mostrar a eles que os produtos da linha Big Bag estavam vendendo muito bem em outras lojas da companhia", diz Randy Watkins, gerente de contas para os EUA da Kraft Foods. "A decisão de comprar ou não é atribuição dos gerentes de loja, mas levamos a eles as informações de que precisavam para tomar a decisão que, para nós, é a melhor dentro do RIS."

A 7-Eleven também utiliza a tecnologia para abrir suas portas para pequenos fornecedores. Apesar de a maioria de seus fornecedores de grande porte trocarem informações com a cadeia de lojas de conveniência por meio de sistemas de transmissão eletrônicos tradicionais, os fornecedores menores utilizam um portal da Internet chamado "Web Vendor Terminal" para comunicarem-se com a empresa. O bom deste sistema para a Internet, explica Morrow, é que milhares de pequenos fornecedores que não têm sistemas eletrônicos de intercâmbio de dados podem aceitar pedidos das lojas, permitindo a elas terem em estoque itens específicos a um dado local, como torradas e café expresso que o próprio cliente prepara em uma loja de Manhattan que foi inaugurada no último verão.

A tecnologia possibilita que 7-Eleven entre no "micromercado", diz Lenard. "O que faz sucesso em Dallas talvez não seja popular em Nova York ou na Califórnia, e por isso é essencial ter a tecnologia certa para descobrir o que vender em cada loja e o que cada cliente deseja."

TENTATIVA E ERRO

Nem todas as iniciativas da 7-Eleven com a tecnologia tiveram êxito. Muitas pessoas esperaram pela implementação de caixas registradoras *self-service*, que as grandes varejistas como a Wal-Mart e Home Depot estavam disponibilizando em um número cada vez maior. Estas pessoas achavam que o novo sistema faria sucesso com os clientes de uma loja de conveniência. Contudo, a empresa conduziu testes e descobriu que "menos de 4% de nossos clientes preferem falar com uma máquina do que com um atendente de nossas lojas", explica Morrow.

Isto contrasta com a crescente popularidade dos quiosques de comércio virtual da ATM, ou *v-com*, instalados em mais de mil lojas da 7-Eleven nos EUA. "Com serviços como o desconto de cheques, o fiel da balança vai para o outro lado", explica Morrow. "As pessoas preferem efetuar transações financeiras com uma máquina, pois é um método mais seguro e confidencial. Com o *v-com*, você não precisa falar com uma pessoa sobre uma ordem de pagamento ou explicar em nome de quem você precisa efetuar um depósito."

Outra tecnologia que a 7-Eleven ainda tem de adotar é a identificação por radiofrequência, utilizada para etiquetar produtos para fins de rastreamento de estoques. Grandes varejistas como a Wal-Mart utilizam a RFID para manter

---

* N. de T.: Uma onça (massa) = 28,60 g.

etiquetas nos estoques, mas Morrow acredita que a tecnologia não é adequada para o regime item a item de uma loja de conveniência.

"O custo e a confiabilidade da RFID são proibitivos em nível de item, e a situação não vai mudar tão cedo", diz ele. "Não faz sentido fixar uma etiqueta de 50 centavos em um sanduíche que custa dois dólares."

Contudo, a RFID vem sendo utilizada para pagamentos com a tecnologia sem contato* em algumas lojas da 7-Eleven, e a companhia espera instalá-la em todas as lojas até o começo de 2006. Esta iniciativa permite que um cliente da 7-Eleven pague suas compras deslocando um cartão contendo um chip com RFID próximo a uma leitora especial, sem entregar o cartão a um funcionário para ser passado em uma leitora convencional.

As inovações tecnológicas que decolam na 7-Eleven são muitas vezes o resultado de amplos programa piloto que testam aspectos como viabilidade e resposta do cliente. Por exemplo, a 7-Eleven começou as experiências com comércio virtual em 1998. Os dois instrumentos digitais sem fio que a empresa utiliza não são exceção. No programa-piloto da loja de Rockwell, Texas, a gerente Sherry Neal utilizou diversas versões da leitora e do MOT durante 15 meses. Ela parece maravilhada com os produtos que recebe todos os dias, e feliz com o novo potencial que tem em mãos.

"Com este sistema posso pedir exatamente os itens que quero." E é exatamente isto que a 7-Eleven quer.

---

* N. de T.: Tecnologia *contactless*, que permite efetuar um pagamento aproximando o cartão da leitora. A tecnologia é adotada para pequenas quantias, com um cartão que pode ser carregado com um dado valor em crédito.

Este estudo de caso ilustra admiravelmente a concretização dos quatro objetivos descritos anteriormente:

- A 7-Eleven coleta dados item por item, loja por loja, dia a dia, há uma década, enquanto outros varejistas coletam apenas dados dos pontos de venda.
- O Terminal de Operações Móveis e uma *tablet* leve e com tecnologia sem fio e tela colorida permitem o acesso às informações sobre um dado item na loja e o registro das alterações no estoque. Isto possibilita que estas informações sejam acessadas em todo o sistema.
- O sistema de informações do varejo instalado nas lojas fornece dados de venda atualizados que possibilitam a cada loja adaptar seu sortimento de produtos às preferências dos clientes. O sistema auxilia as lojas a aumentar o espaço destinado a produtos que vendem melhor e para produtos novos. Ele também reduz o risco envolvido no lançamento destes novos produtos, pois os dados sobre as vendas são disponibilizados para avaliação dentro de 24 horas do surgimento do produto nas prateleiras das lojas.
- Por fim, a colaboração com fornecedores é favorecida com o compartilhamento da análise dos dados da 7-Eleven por um software chamado 7-Exchange. O sistema de dados 7-Exchange para a categoria gestão, que os fornecedores acessam por meio de um website seguro, pode disponibilizar noções que promovam o desenvolvimento de novos produtos ou embalagens.

14.4 OS COMPONENTES DOS SISTEMAS DE GESTÃO DA CADEIA DE SUPRIMENTOS

As questões sobre infraestrutura e acesso, que os sistemas de ERP tentam resolver, reúnem as funções de negócio para aumentar a eficiência de uma corporação. Contudo, os sistemas de ERP não auxiliam a responder as questões básicas sobre o que deve ser feito, onde, quando e para quem. Este é o papel dos planejadores humanos, que trabalham com a ajuda de ferramentas analíticas, como os sistemas de apoio à decisão (SAD ou DSS – *Decision-Support System*).

Os sistemas de apoio à decisão apresentam diversas formas, de planilhas, em que os usuários executam suas próprias análises, até sistemas especializados, que tentam incorporar o conhecimento de especialistas de diversos setores e sugerir as alternativas possíveis. O SAD adequado para uma dada situação depende da natureza do problema, do horizonte de planejamento e do tipo de decisão que precisa ser tomada. Além disso, muitas vezes há um *trade-off* entre as ferramentas genéricas, que não são específicas a um problema e que permitem a análise de diferentes tipos de dados, e os sistemas mais dispendiosos, customizados para uma aplicação específica.

No bojo das diversas disciplinas que compõem a gestão da cadeia de suprimentos, os SADs são utilizados para solucionar uma variedade de problemas, desde os de natureza estratégica, como o planejamento de rede discutido no Capítulo 3, os problemas de caráter tático, como a designação de produtos a depósitos e unidades de fabricação, até aqueles envolvendo as operações cotidianas, como planejamento de produção, seleção do meio de entrega e definição de rotas de transporte. O tamanho e a complexidade inerentes a cada um destes sistemas tornam os SADs essenciais à tomada de decisão eficaz.

Os SADs que diversas companhias adotam dependem, entre outros fatores, das características de produção, da flutuação na demanda e dos custos de transporte e de estoque. Por exemplo, se os custos predominantes em uma empresa são os custos de transporte, então o primeiro SAD a ser implementado deve ser um sistema de definição de rotas ou de projeto de rede. Em contrapartida, se existe uma alta variação na demanda e os complexos processos de produção requerem tempo de preparação entre as trocas de regimes de produção, então sistemas para o planejamento da demanda e de programação de produção são os que têm de ser implementados com maior urgência.

Os níveis estratégicos, táticos e operacionais geralmente têm o suporte de diferentes sistemas. Alguns dos componentes da cadeia de suprimentos predominantemente dão apoio a um nível, ao passo que outros podem oferecer suporte a mais de um, dependendo de como são definidos e utilizados.

14.4.1 Os sistemas de apoio à decisão

Para ter sucesso com o uso de um SAD, é preciso escolher indicadores de desempenho adequados. Por exemplo, a redução no custo total pode ser um dos objetivos, mas em alguns casos, a melhoria no nível de serviço ao cliente pode ser mais premente. As interfaces de um SAD normalmente viabilizam ao usuário a seleção da importância relativa de diferentes objetivos.

Uma vez que os dados tenham sido coletados, eles precisam ser analisados e apresentados. Dependendo do SAD e da decisão sendo tomada, existem diferentes caminhos para analisar os dados. É importante que os tomadores de decisão *entendam* como o SAD analisa os dados para que a validade e a precisão das recomendações emitidas pelo sistema sejam avaliadas sem vieses. É o tomador de decisão que definem as análises mais apropriadas.

Existem duas maneiras principais de analisar os dados. A primeira utiliza ferramentas analíticas de negócio, que são métodos com finalidades gerais utilizados em dados extraídos de sistemas de ERP ou outros. Normalmente, estes sistemas são baseados nas técnicas seguintes:

Consultas. Muitas vezes, as imensas quantidades de dados dificultam a análise manual. Nestes casos, as decisões são facilitadas simplesmente permitindo que os tomadores de decisão formulem perguntas específicas sobre os dados, como "Quantos clientes são atendidos por nós na Califórnia?" ou "Quantos clientes fizeram compras acima de $3.000 de um certo produto, em cada estado?"

Análises estatísticas. Há vezes em que as perguntas não são o bastante. Nestes casos, técnicas estatísticas podem ser utilizadas para caracterizar tendências e padrões nos dados. Por exemplo, dados estatísticos, como os estoques médios em depósitos, o número médio de paradas e a extensão de uma rota de transporte e a variação na demanda do cliente, com frequência são úteis aos tomadores de decisão.

Mineração de dados. No passado recente, com o aumento do tamanho e da cobertura das bases de dados das corporações, novas ferramentas vêm sendo desenvolvidas para encontrar padrões, tendências e relacionamentos "ocultos" nestes dados. Por exemplo, a mineração de dados revelou uma pedra preciosa para as equipes de marketing: os homens compram cerveja e fraldas nas tardes de sexta-feira, o que indicou aos varejistas que seria uma boa ideia dispor estes dois produtos um próximo ao outro no interior da loja.

Ferramentas de processamento analítico online (OLAP – *Online Analytical Processing***).** As ferramentas de processamento analítico online oferecem um caminho intuitivo para examinar dados corporativos. As ferramentas OLAP agregam dados ao longo de dimensões comuns aos negócios e permitem que os usuários naveguem entre diferentes hierarquias e dimensões por meio de operações de "drill up", "drill down" ou "drill across"*. As ferramentas OLAP também disponibilizam ferramentas detalhadas para analisar e apresentar estes dados. A maior parte destas ferramentas é genérica – elas têm um nível maior de sofisticação do que uma planilha e são mais fáceis de usar do que as ferramentas de bases de dados – para a análise de grandes quantidades de dados.

A segunda maneira de analisar dados consiste em utilizar SADs que fornecem interfaces especializadas que, por sua vez, exibem e relatam resultados com base no problema específico sendo solucionado. Por exemplo, a Figura 14-9 mostra uma interface que usa sistemas de informação geográfica e a gestão de cenário. Estes SADs utilizam ferramentas analíticas que contêm algum conhecimento específico sobre o problema sendo solucionado. Uma vez que em geral estes são problemas complexos, o SAD utiliza o conhecimento que tem do problema para encontrar soluções eficientes.

Estes sistemas normalmente utilizam as seguintes ferramentas de análise:

Calculadoras. Estas são ferramentas de apoio à decisão bastante simples, que podem facilitar cálculos especializados, como a contabilidade de custos. Em muitos casos, cálculos mais difíceis não são garantidos, sobretudo se as mudanças não são previsíveis nem fáceis de avaliar. As calculadoras são utilizadas no caso da previsão ou da gestão de estoque, para alguns tipos de produtos, enquanto outros podem requerer ferramentas mais sofisticadas.

Simulação. Todos os processos de negócio possuem componentes aleatórios. As vendas podem assumir diferentes valores. Um equipamento pode falhar ou não. Muitas vezes, estes elementos aleatórios, ou estocásticos, de um problema dificultam sua análise. Nestes casos, uma *simulação* é uma ferramenta útil para a tomada de decisão. A simulação cria um modelo para o processo em um computador. A cada um dos elementos aleatórios do modelo (por exemplo, vendas, falhas de equipamento) é designada uma distribuição probabilística. No momento em que o modelo é executado, o computador simula a execução do processo. A cada vez que um evento aleatório ocorrer, o computador utiliza a distribuição probabilística designada para "decidir" aleatoriamente o que acontece.

Por exemplo, consideremos um modelo de simulação de uma linha de produção. À medida que o computador o executa, diversas decisões são tomadas. Qual é a duração

---

* N. de T.: Funcionalidades que permitem navegar para cima (*drill up*), para baixo (*drill down*) ou entre (*drill across*) as dimensões de um cubo OLAP.

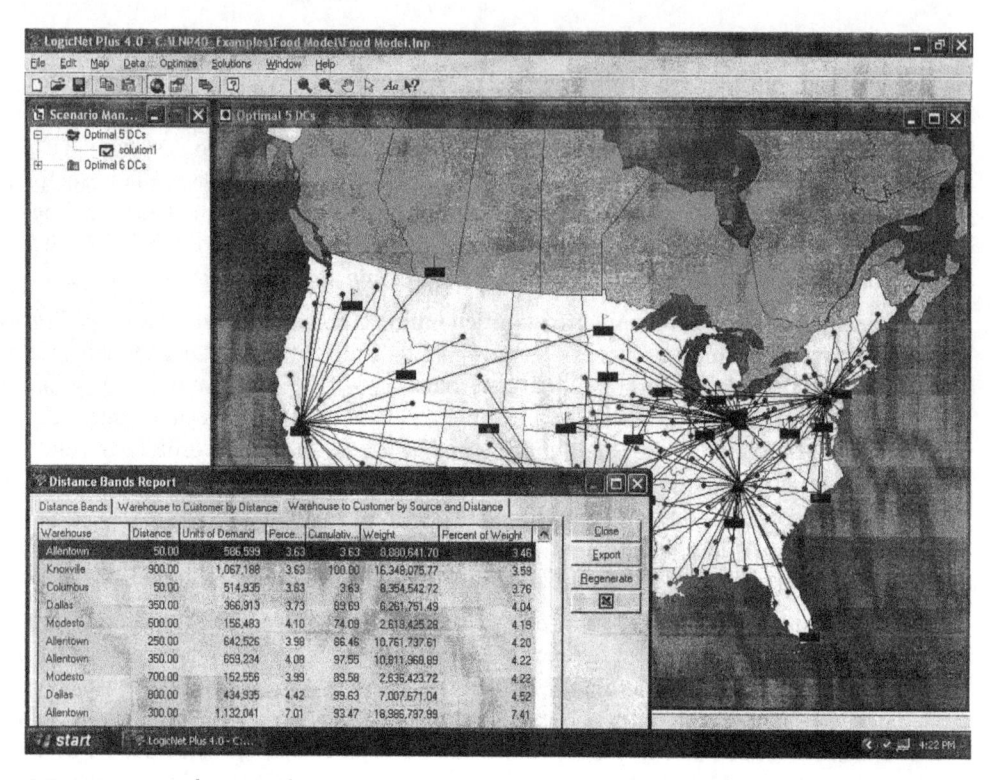

FIGURA 14-9 Interface típica de um sistema de informação geográfica para a gestão da cadeia de suprimentos.

de uma tarefa na máquina 1? E na máquina 2? A máquina 3 pifa quando a tarefa 4 está sendo executada nela? À medida que a execução do modelo avança, os dados estatísticos (como taxas de utilização, tempos de execução) são coletados e analisados. Uma vez que este modelo é aleatório, toda vez que ele é executado os resultados podem ser diferentes. As técnicas estatísticas são utilizadas para calcular uma média para os resultados deste modelo e a variação destes resultados. Por exemplo, diferentes sistemas de distribuição podem ser comparados utilizando a mesma simulação de demanda do cliente. A simulação frequentemente é uma ferramenta útil para entender sistemas muito complexos que são difíceis de analisar pelos métodos convencionais.

Inteligência artificial (IA). Estas técnicas tentam criar sistemas que demonstram inteligência com a incorporação de uma forma de aprendizado. Por exemplo, os *agentes inteligentes* utilizam a IA como ferramenta na tomada de decisão, especialmente naquelas que definem maneiras de suprir um cliente dentro do menor prazo possível ou de estimar um *lead time* de entrega enquanto o cliente aguarda do outro lado da linha. Fox, Chionglo e Barbuceanu [77] definem um *agente* como um processo de software cujo objetivo é a comunicação e interação com outros agentes, de forma que as decisões que afetam toda a cadeia de suprimentos podem ser tomadas em nível global. Por exemplo, o agente inteligente que auxilia o representante de atendimento ao cliente na definição dos *lead times* apropriados pode interagir com o agente inteligente que programa a produção para ajudar a garantir que os *lead times* serão observados [212].

Na verdade, diversos SADs para a gestão da cadeia de suprimentos podem ser entendidos como sistemas que utilizam agentes inteligentes para planejar e executar diferentes atividades na cadeia de suprimentos. Estes sistemas são caracterizados nos seguintes aspectos, que estão inter-relacionados [77]:

- As atividades alocadas a cada agente inteligente (isto é, o processador do software)
- O nível e a natureza das interações entre os diferentes agentes
- O nível de conhecimento inserido em cada agente

Por exemplo, uma ferramenta de planejamento em tempo real para a cadeia de suprimentos envolve os seguintes componentes: agentes inteligentes que estão alocados em cada unidade coletam informações e possibilitam o planejamento e a programação para a unidade. Neste caso, as unidades incluem as de produção e de distribuição. Cada agente interage com outros agentes para juntos equilibrarem o excesso de capacidade em diferentes unidades, encontrar peças extraviadas ou coordenar a produção e a distribuição. Um agente de planejamento central comunica-se com os agentes localizados nas diferentes unidades para coletar informações sobre *status* e vincular as decisões sobre planejamento tomadas no âmbito central. O tipo e o nível das decisões tomadas pelo agente – em comparação com os operadores humanos – e a frequência e o nível de comunicação entre os agentes depende da implementação em questão.

Os *sistemas especialistas* também caem na categoria inteligência artificial. Estes sistemas inserem o conhecimento de um especialista em uma base de dados e o utilizam para resolver problemas. Os sistemas especialistas recorrem a uma extensa base de conhecimento, expressa em geral como um conjunto de regras. A solução de um problema envolve a aplicação de regras na base de conhecimento e a geração de uma conclusão capaz de explicar a si mesma. No contexto de um sistema de apoio à decisão, este tipo de sistema especialista sugere soluções alternativas para as quais o tomador de decisão humano não tem o tempo nem a experiência necessários. Apesar de não serem muito utilizados na logística prática, estes sistemas desempenham um papel importante, em função de sua capacidade de capturar e explicar o raciocínio especializado.

Os modelos e algoritmos matemáticos. As ferramentas matemáticas, muitas vezes oriundas da disciplina de pesquisa operacional, podem ser aplicadas aos dados para definir as soluções possíveis para um problema. Por exemplo, estas ferramentas geram o melhor conjunto de localizações para a instalação de novos depósitos, a rota mais eficiente para um caminhão ou uma política de estoque eficaz para um varejista. Estes algoritmos são classificados em duas categorias:

- *Os algoritmos exatos.* Dado um problema específico, estes algoritmos encontram a "melhor solução possível" do ponto de vista matemático, também chamada solução ótima. Em geral, estes tipos de algoritmos de otimização têm tempos de execução muito longos, sobretudo se o problema é complexo. Em muitos casos os algoritmos exatos encontram a solução ótima. Em outros é possível utilizá-los, mas o resultado talvez não compense os esforços de execução. Isto ocorre porque os dados de entrada para estes algoritmos frequentemente são aproximados ou agregados e, por isso, *uma solução exata para a aproximação de um problema talvez tenha o mesmo valor que uma solução aproximada para a mesma aproximação.*

- *A heurística*. Os algoritmos baseados em heurísticas oferecem boas soluções, mas não necessariamente ótimas, aos problemas em questão. A heurística via de regra tem execução mais rápida do que os algoritmos exatos. A maioria dos SADs que utilizam algoritmos matemáticos faz uso da heurística. Uma heurística eficiente oferece uma solução rapidamente que se aproxima da solução real. O projeto da heurística muitas vezes envolve um *trade-off* entre a qualidade da solução e a velocidade em que ela é gerada. Além disso, é interessante que a heurística ofereça também uma estimativa da *semelhança entre a solução que ela oferece e a solução ótima*.

As ferramentas analíticas utilizadas na prática são normalmente um híbrido de muitas das ferramentas descritas anteriormente. A maioria dos sistemas de apoio à decisão adotam uma combinação de ferramentas, e muitos permitem a condução de análises complementares executadas por meio de ferramentas genéricas, como as planilhas. Além disso, algumas das ferramentas listadas podem igualmente ser inseridas em ferramentas genéricas (por exemplo, planilhas).

Há diversos fatores que governam a escolha das ferramentas apropriadas a serem utilizadas em um dado sistema de apoio à decisão, como:

- O tipo de problema sendo considerado.
- A precisão necessária para a solução – talvez uma solução ótima não seja estritamente necessária.
- A complexidade do problema – algumas ferramentas podem não ser as mais apropriadas para problemas complexos, ao passo que outras talvez estejam superdimensionadas para problemas que na verdade são relativamente simples.
- O número e o tipo de indicadores de saída confiáveis.
- A velocidade exigida para o SAD – no caso de sistemas operacionais, como na cotação de *lead times* e definição de rotas, a velocidade pode ter papel essencial.
- O número de objetivos ou metas do tomador de decisão – por exemplo, um SAD para a definição de rotas de caminhões talvez exija uma solução que proponha o número mínimo de caminhões e a menor distância a cobrir.

A Tabela 14-1 lista diversos problemas e as respectivas soluções analíticas mais apropriadas para cada um.

TABELA 14-1

APLICAÇÕES E FERRAMENTAS ANALÍTICAS

Problema	Ferramentas utilizadas
Marketing	Consulta, análise estatística, mineração de dados
Definição de rotas de transporte	Heurística, algoritmos exatos
Programação de produção	Simulação, heurística, regras de despacho
Configuração da rede logística	Simulação, heurística, algoritmos exatos
Seleção de modo	Heurística, algoritmos exatos

14.4.2 A TI para a excelência na cadeia de suprimentos

Nesta seção descrevemos as principais capacitações em termos de TI necessárias para a excelência na cadeia de suprimentos, e as relações existentes entre estas exigências. Elas são descritas na Figura 14-10 e, como podemos ver, estão agrupadas em quatro camadas.

1. **O projeto estratégico de redes** permite aos planejadores escolher o melhor número, local e tamanho para depósitos e/ou unidades, determinar a melhor estratégia de *sour-*

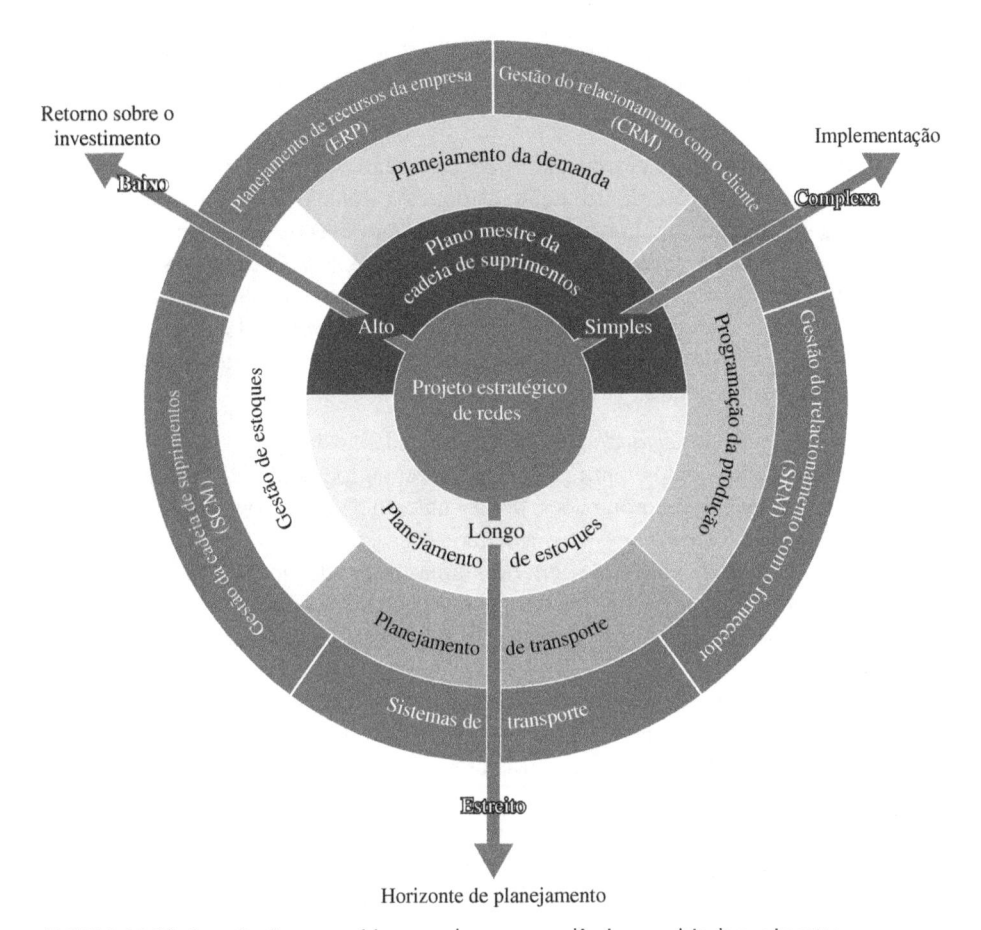

FIGURA 14-10 Capacitações necessárias para alcançar a excelência na cadeia de suprimentos.

cing, isto é, a unidade ou fornecedor que deve oportunizar um dado produto. Ele permite também definir os melhores canais de distribuição, ou seja, os depósitos que devem atender a um dado cliente. Seu objetivo é minimizar os custos finais, incluindo os custos de *sourcing*, produção, transporte, armazenagem e estoque, com a identificação dos melhores *trade-offs* entre o número de unidades e os níveis de serviço. O horizonte de planejamento para estes sistemas normalmente é de alguns poucos meses, mas pode chegar a alguns anos, com o uso de dados agregados e previsões de longo prazo.

2. **O planejamento tático** determina a alocação de recursos durante períodos de tempo curtos, como semanas ou meses. Estes sistemas incluem:

    - O *plano mestre da cadeia de suprimentos,* que coordena as exigências no âmbito de produção, distribuição e armazenagem por meio da alocação eficiente de recursos da cadeia de suprimentos, de forma a maximizar os lucros e minimizar o custo global do sistema. Permite que as companhias elaborem seus planos no tocante a sazonalidade, promoções e problemas de capacidade com antecedência.
    - O *planejamento de estoques* determina o estoque de segurança ótimo e o melhor posicionamento de estoque na cadeia de suprimentos.

O projeto estratégico de redes e o planejamento tático representam o processo de **planejamento de rede** descrito no Capítulo 3. A otimização é aplicada em todos estes casos com o fim de promover estratégias eficazes.

3. **O planejamento operacional** viabiliza a geração de eficácia no planejamento de *procurement*, produção, distribuição, estoques e transporte no curto prazo. O horizonte de planejamento é normalmente definido em dias ou semanas. O sistema está voltado para uma única função, por exemplo, a produção. Portanto, estes sistemas se concentram na geração de estratégias exequíveis, não em soluções otimizadas, por causa da falta de integração com outras funções, do nível de detalhe da análise e do estreito horizonte de planejamento. Os sistemas de planejamento operacional envolvem quatro componentes:

    - O *planejamento da demanda* gera previsões de demanda com base em diversas informações históricas ou de outra categoria relevante. Ele também permite aos usuários analisar o impacto das promoções, do lançamento de novos produtos e de outros planos de negócio. O método usado na maioria das vezes é a análise estatística.
    - O *planejamento de produção* gera programas de produção detalhados com base no plano mestre da cadeia de suprimentos ou nas previsões de demanda. O método usado é a análise de exequibilidade baseada em restrições que atende a todas as limitações de produção.
    - A *gestão de estoques* gera planos de estoque para as diversas unidades na cadeia de suprimentos com base nos *lead times* médios para demanda, variação na demanda e obtenção de material. Os métodos usados são de caráter estatístico e computacional.
    - O *planejamento de transporte* gera rotas e programação de transporte com base na disponibilidade de transporte nas programações de vias, custo e entrega ao cliente. Existe uma grande variedade de opções para o planejamento de transporte. Assim, estes sistemas podem variar do planejamento de frotas, a seleção do modo de transporte até a definição de rotas e distribuição.

    Em função da natureza do planejamento operacional, os métodos empregados são heurísticos em sua maioria.

4. **Sistemas de execução operacional** fornecem os dados, o processamento de transações, o acesso do usuário e a infraestrutura para a gestão de uma empresa. Estes sistemas tendem a ser de tempo real, no sentido de que os dados são constantemente atualizados pelos usuários e eventos. Estes sistemas incluem cinco componentes:

    - O *planejamento de recursos da empresa* (*ERP*) tradicionalmente engloba a fabricação, os recursos humanos e o departamento financeiro, mas hoje ele é a espinha dorsal da estrutura da TI de muitas companhias. Estes sistemas estão passando por um processo de expansão para incluírem novas funcionalidades cobertas por outros componentes que discutimos neste livro. Eles também fornecem acesso e serviços para a Internet e estão se abrindo cada vez mais para a integração de outros componentes.
    - A *gestão do relacionamento com o cliente* (*CRM*) envolve sistemas que atualizam e rastreiam as interações com os clientes. Estes sistemas conectam-se com outros sistemas de rastreamento e de servidores para oferecer informações de maior qualidade aos clientes e aos representantes de serviços que os atendem.

- A *gestão do relacionamento com o fornecedor* (*SRM*) oferece a interface necessária para os fornecedores efetuarem o *procurement*, as transações e as atividades colaborativas.
- Os *sistemas de gestão da cadeia de suprimentos* (*SCM*) disponibilizam o rastreamento das atividades de distribuição nas unidades e depósitos, além da gestão de eventos que acompanha as exceções com base nos indicadores de desempenho. Além disso, eles fornecem estimativas de *lead time* com base no *status* atual da cadeia de suprimentos – chamados de disponibilidade para promessa (ATP – *Available-to-Promise*) ou capacidade para promessa (CTP – *Capable-to-Promisse*).
- Os *sistemas de transporte* oferecem o acesso interno e externo e o rastreamento de mercadorias durante o transporte. Este nível oferece a possibilidade de um nível de planejamento de rotas, porém em escala menor em termos de escopo e horizonte, em comparação com os sistemas de planejamento de transporte.

A Figura 14-10 ilustra as diferenças entre os diversos níveis de capacitação:

- **O horizonte de planejamento** para o projeto de redes estratégicas é muito mais amplo do que para um sistema de operações. Na verdade, as empresas fazem investimentos de longo prazo em unidades no espaço de poucos anos. Por outro lado, o planejamento mestre da cadeia de suprimentos desenvolve uma estratégia para períodos que variam de poucos meses a um ano. Por fim, os sistemas operacionais têm um horizonte de dias ou semanas.
- **O retorno sobre o investimento** para sistemas estratégicos pode ser bastante alto, uma vez que as decisões exercem grande impacto nas escolhas sobre investimentos de capital de grande porte e de distribuição. Via de regra, as empresas relatam uma redução de custos na ordem de 5 a 15% devido à implementação do projeto de redes estratégicas. Consideremos agora a execução e o planejamento operacionais, que igualmente podem exercer um expressivo impacto nos custos. Infelizmente, elas exigem um investimento muito maior e geram um ganho modesto.
- **A complexidade da implementação** de um projeto de rede estratégica não é alta, uma vez que as ferramentas utilizadas e os processos empregados não precisam ser integrados com os sistemas e processos. Da mesma forma, o projeto de redes estratégicas não exige atualizações em tempo real e o número de pessoas que têm de interagir com este projeto é pequeno. Os sistemas operacionais, por outro lado, são reconhecidamente difíceis de implementar e integrar, exigindo dados em tempo real e treinamentos detalhados.

14.5 O PLANEJAMENTO DE VENDAS E OPERAÇÕES

Alguns dos conceitos descritos há pouco podem ser ilustrados por meio de um importante processo integrado de gestão da cadeia de suprimentos chamado **planejamento de vendas e operações** (S&OP, *sales and operation planning*). O S&OP é um processo de negócio que, de forma contínua, equilibra a oferta e a demanda. Ele trabalha com diversas funções, ao integrar vendas, marketing, lançamento de novos produtos, fabricação e distribuição em um único plano, em geral envolve a análise de volume agregado, como famílias de produtos. O S&OP nasceu em meados da década de 1980 e se concentra principalmente no planejamento de análise de demanda. O processo normalmente envolve reuniões mensais em que as previsões de demanda e as limitações na capacidade de suprimento são comparadas, ao lado da definição de possíveis planos de execução. A maior parte das companhias adota softwares de planejamento de demanda e análises de planilhas de dados coletados de diversos sistemas de ERP, de gestão do relacionamento com o cliente e de fabricação.

ESTUDO DE CASO

A "evolução" do S&OP na Adtran

A Adtran é uma empresa avaliada em $500 milhões que projeta e fabrica componentes para a indústria de telecomunicações com sede em Huntsville, Alabama. O estudo de caso da Adtran é típico, pois a empresa normalmente aproveita uma crise, ou o que se pode chamar de "hora de acordar", para adotar mudanças profundas. No caso da empresa, foi o aumento nos estoques e a diminuição na satisfação do cliente que chegaram a patamares em que uma mudança era necessária. Esta situação foi motivada, em grande parte, pela complexidade do ambiente em que a Adtran opera: ciclos de vida do produto curtos, produtos para os quais a elaboração de previsões é tarefa difícil, um grande número de alterações de engenharia, ciclos de entrega de pedidos curtos e com *lead times* no fornecedor longos, e pouca ou nenhuma capacidade para "definir" demandas. Tudo isso, mais uma precisão de previsão abaixo de 50% "e estávamos entrando no olho do furacão, com graves consequências para os lucros da companhia", disse Dadmun.

As inúmeras "paredes de silêncio" que restringiam o fluxo de informações eram particularmente irritantes. Por exemplo, eram escassas ou inexistentes as informações sobre os motivos por trás do fato de uma previsão não ter sido cumprida. "Quando alguém perguntava, 'por que as previsões não foram cumpridas?' a resposta era, 'porque os clientes não emitiram pedidos'. Mas, o motivo para eles não fazerem pedidos, ninguém sabia dizer qual era."

Também havia paredes de silêncio entre o lado do suprimento e o lado do marketing, e entre o lado das vendas e o da engenharia. "Apenas o pessoal da engenharia é que sabia de verdade quais eram as verdadeiras datas de lançamento de novos produtos", observou Dadmun. "Muitas vezes nós montávamos capacidade de suprimento e planos de receita que não refletiam a verdadeira programação da empresa."

Diante desta situação, Dadmun auxiliou na composição de diversas iniciativas no intuito de melhorar estes resultados. Estas iniciativas incluíam a formação de uma equipe multidisciplinar de suprimentos, vendas, marketing e engenharia que ficaria encarregada de examinar os problemas, de investir em novas tecnologias para a cadeia de suprimentos e em dar a partida para o processo eficaz de S&OP.

Havia uma sequência de passos a seguir. Em primeiro lugar, para ter uma base de trabalho melhor estruturada, a Adtran trabalhou com a empresa de software (i2) para elaborar testes retroativos para 20 das principais SKUs da companhia nos últimos dois ou três anos. O resultado foi surpreendente: a previsão básica da ferramenta, feita unicamente sobre dados históricos, era melhor para 18 das 20 SKUs do que a previsão feita pela equipe – o que de imediato despertou o interesse e gerou apoio dos executivos.

A Adtran também contratou consultores externos para auxiliar a definir padrões em relação à melhor prática na área. Isto serviu para mostrar aos executivos da empresa que ela não estava trabalhando próximo aos melhores do setor. "Foi o sinal de alerta", lembra Dadmun.

Dadmun também ajudou a convencer a organização de que, ainda que uma previsão básica gerada por uma nova ferramenta fosse útil, ela não era o bastante. "A visão não é completa", disse ele. "Você precisa de mais dados do pessoal de vendas, marketing e engenharia para enxergar as curvas e as saídas."

A "evolução" do S&OP na Adtran foi projetada em três fases:

Fase 1 (finalizada)
- A implementação de tecnologia no lado do suprimento para entender melhor a sua capacidade e suas limitações.
- A implementação de tecnologia de planejamento de demanda.
- O lançamento de um processo integrado de S&OP, com o objetivo de desenvolver pre-

Fonte: SC Digest, "Thomas Dadmun VP Supply Chain Operations Adtran", News and Views, www.scdigest.com/assets/newsviews/05=10=28=2.cfm, 28/10/05.

visões verdadeiramente consensuais e um plano financeiro integrado.
- A indicação de "capitães de processo", oriundos dos setores de vendas e de marketing, para cada divisão.
- A adoção de uma pré-reunião antes da reunião do S&OP propriamente dita, com as atribuições de receber dados, definir as questões pertinentes, identificar as informações necessárias, entre outras. Com isto, a reunião pode se dedicar à elaboração do plano.
- O foco na "gestão das exceções".

Fase 2 (em andamento)
- A utilização de um "painel" para o S&OP que forneça uma visão detalhada das previsões e dos resultados obtidos, e que permita um rápido *drill down* no sentido de encontrar informações de apoio.
- A atenção na identificação do momento e da maneira em que as previsões e os planos fracassaram.
- Derrubar as "paredes de silêncio" utilizando processos e tecnologias específicos.

Fase 3 (planejada)
- Facilitar a análise de causas originais, sobretudo com a tentativa de descobrir, em nível de cliente, os motivos da inexatidão das previsões.

Entre as principais soluções para atingir o sucesso com o S&OP está "começar tudo com um objetivo em mente", disse Dadmun. "Você realmente precisa definir onde você quer chegar. Isto é essencial, e não tão fácil quanto parece."

Outras lições aprendidas incluem:
- Não há mudança sem sofrimento – prepare-se para enfrentar processos ineficientes e ver esses resultados serem levados para executivos e avaliadores.
- Desenvolva pontos de verificação inicial, talvez como projeto-piloto, para gerar uma base de segurança.
- Defina como padrão pessoal a frase: "Está feito".
- Recorra a especialistas e consultores externos. Se isso for uma coisa inédita em sua empresa, converse com companhias que já trilharam este caminho.
- Trabalhe duro para desenvolver outros defensores do processo, além de você.
- Comemore o sucesso – quando um dos planejadores atingiu a marca de 72% de precisão, o nível mais alto, nós levamos toda a equipe para jantar em um restaurante.

"Temos de ser capazes de chegar ao ponto em que possamos resolver a equação da demanda no mesmo nível de detalhe e visão com que resolvemos a equação do suprimento", diz Dadmun.

O estudo de caso Adtran reflete as práticas de S&OP empregadas atualmente, que se concentram no planejamento da demanda, no esforço para que o pessoal de vendas e de marketing concordem sobre as previsões e em reuniões que viabilizam o equilíbrio entre capacidade de produção e demanda.

Sem dúvida, concretizar o nível de sucesso com o processo de S&OP descrito no caso Adtran é um grande desafio. Mesmo assim, o processo não inclui a otimização, as decisões sobre estoques, nem as capacitações para lidar com situações inesperadas. Além disso, ele não está vinculado às soluções de ERP ou a um sistema de planejamento e programação avançados (APS), uma vez que ele foi executado principalmente por meio de uma análise de planilha. Contudo, na maioria dos casos, os dados são excessivamente complexos e há inúmeras opções para serem analisadas em uma planilha. Além disso, existe a necessidade de gerar um processo reproduzível e visível, integrado com os sistemas de ERP. Portanto, há oportunidades de utilizar a TI como suporte ao processo.

Recentemente, uma nova fase do S&OP entrou em operação. Nesta fase, o S&OP é auxiliado por novas plataformas que facilitam a integração de dados e a otimização, sem a necessidade de atenção exclusiva às previsões. A Figura 14-11 descreve como uma empre-

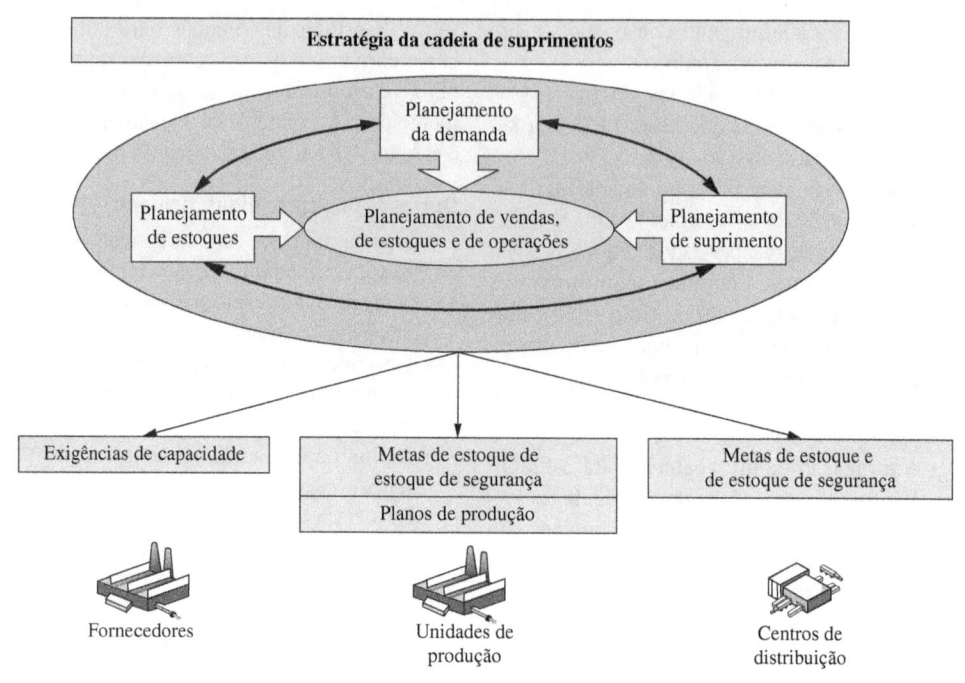

FIGURA 14-11 Planejamento de vendas e operações-processo avançado.

sa de $5 bilhões interpreta o processo S&OP e como ela utiliza o SAP para implementar o sistema. A chave é a integração das diferentes atividades em um processo S&OP. O primeiro elemento é o planejamento de demanda tradicional para fins de perfil e previsão de produto. O segundo é o planejamento de suprimento que visa à verificação das capacidades interna e externa. O terceiro elemento é o planejamento de estoque executado para a determinação das metas gerais de estoque e para a otimização do estoque de segurança e do nível de serviço. O S&OP se concentra no alinhamento da oferta e da demanda, além da definição da direção a ser tomada.

A integração destes processos é um desafio que muitas companhias têm de enfrentar. Ela é um processo em que as novas tecnologias para a gestão dos processos de negócios e as aplicações compostas descritas no Capítulo 15 exercem um forte impacto nas capacitações de uma companhia.

14.6 A INTEGRAÇÃO DAS TECNOLOGIAS DA INFORMAÇÃO PARA A CADEIA DE SUPRIMENTOS

De que modo todos estes elementos de TI são integrados? A gestão de uma cadeia de suprimentos é extremamente complexa. Por isso, não existe uma solução simples e barata para as questões levantadas neste livro. Muitas companhias não consideram válida a adoção de inovações em TI, pois não estão certas que há um retorno expressivo sobre o investimento. As empresas de transporte não adquirem sistemas sofisticados de rastreamento porque são poucos os clientes que ficariam realmente satisfeitos em receber informações com este nível de detalhe. Os gerentes de depósitos não investem em tecnologia RFID porque ela é muito cara.

A solução está em analisar a contribuição de cada componente para a empresa e depois planejar os investimentos de acordo com as necessidades específicas da companhia e as demandas do setor. Contudo, é preciso observar que a solução holística muitas vezes é melhor do que a soma aritmética das partes – isto é, a instalação de um sistema de controle de depósitos e de um sistema de gestão de transporte podem fazer maravilhas para o desempenho do serviço de atendimento ao cliente.

As companhias precisam decidir sobre a alternativa de automatizar seus processos internos ou anuir a algumas das convenções do respectivo setor – o que em geral acontece quando se investe em um sistema ERP de um dos principais fornecedores de software (por exemplo, a SAP e a Oracle). À medida que aumenta o número de empresas que compartilham informações como entrada de pedidos, requisições, lista de material, e assim sucessivamente, e que tomam parte em estratégias de planejamento conjuntas, podemos esperar que as abordagens-padrão para o compartilhamento destas informações reduzem os custos dos negócios. Na gestão da cadeia de suprimentos, nenhum padrão único está disponível no momento, uma vez que cada fornecedor de ERP define seus próprios padrões.

Na próxima seção discutimos a implementação de ERP e SAD. Quais são as prioridades de implementação? Em qual dos dois sistemas a empresa deve investir antes? Por fim, discutimos o dilema de ficar com o *best of breed* ou o pacote único, e o ilustramos utilizando os estudos de caso apresentados neste capítulo.

14.6.1 A implementação de ERP e SAD

A implementação de um sistema de apoio à integração da cadeia de suprimentos envolve infraestrutura e os sistemas de apoio à decisão. Os sistemas de ERP normalmente presentes na infraestrutura são diferentes, em diversos aspectos, do SAD da cadeia de suprimentos. A Tabela 14-2 compara o planejamento de recursos da empresa (ERP) e os sistemas de apoio à decisão com base em diversas questões relativas à implementação de cada um.

A questão diz respeito à estratégia que uma companhia deve utilizar na decisão acerca do sistema que implantará e do momento apropriado para esta implementação. Os objetivos da TI para a gestão da cadeia de suprimentos, descritos na Seção 14.3, sugerem que uma empresa precisa instalar um sistema de ERP para que os dados sejam acessíveis e completos. Somente assim é que ela poderá iniciar a análise dos processos em toda sua cadeia de suprimentos, utilizando diversas ferramentas de SAD. Esta é a situação ideal, mas na realidade os dados necessários à concretização das eficiências da cadeia já existem – talvez não em uma base de dados única e de fácil acesso, mas o tempo necessário para a montagem da base de dados, em comparação com o custo de esperar pela instalação de um sistema ERP.

Estas questões estão ilustradas na Tabela 14-2. A implementação de um sistema de ERP normalmente é muito mais demorada do que a implementação de um sistema SAD. A importância de um sistema de ERP, para a empresa, envolve dois objetivos principais – a visibilidade e o ponto único de contato – e, ao passo que estes podem levar à melhoria das operações, o SAD também exerce um impacto na capacidade de executar os planejamentos estratégico e tático. Isto significa que os projetos de SAD têm um retorno no investimento muito mais compensador. Por fim, as instalações de SAD são mais econômicas e fáceis de implementar. Além disso, elas afetam um número menor de usuários altamente treinados em comparação com as instalações dos sistemas de ERP que, por sua vez, têm inúmeros usuários que requerem menos treinamento extensivo.

TABELA 14-2
ERP E SAD PARA A GESTÃO DA CADEIA DE SUPRIMENTOS

Problema de implementação	ERP	SAD
Duração	18-48 meses	6-12 meses
Importância	Operacional	Estratégica, tática e operacional
Retorno sobre o investimento	Amortização em 2-5 anos	Amortização em 1 ano
Usuários	Todos os usuários finais	Um pequeno grupo
Treinamento	Simples	Complexo

Na verdade, conforme vimos no estudo de caso da Whirlpool, no começo deste capítulo, as empresas não necessariamente aguardam que a implementação de um sistema de ERP prossiga com implementações de SAD. Em muitos casos, faz sentido adotar um SAD que ofereça um retorno mais imediato e observável. Claro que as empresas examinam seus recursos financeiros e humanos antes de decidirem acerca do pedido e do número de projetos com que lidarão de uma única vez.

O tipo de SAD implementado depende do setor e do provável impacto na empresa. A Tabela 14-3 ilustra alguns exemplos de diversos setores. No ramo de refrigerantes, em que a distribuição é um dos principais fatores de custo, as prioridades são diferentes daquelas de uma empresa fabricante de computadores, cujo processo de produção é complexo, tem um grande número de produtos e cujos custos de distribuição são apenas uma fração do custo do produto. Portanto, no segundo caso, o fabricante pode adotar soluções de transporte mais dispendiosas.

14.6.2 As soluções de ERP *best of breed versus* fornecedor único

As soluções de TI da cadeia de suprimentos consistem de uma série de peças que precisam ser montadas, para a empresa atingir uma vantagem competitiva. Estas peças incluem a infraestrutura de ERP e diversos sistemas de apoio à decisão (SAD). Duas abordagens extremas são possíveis. A primeira é a aquisição do sistema de ERP e do SAD para a cadeia de suprimentos de um único fornecedor de software. A segunda consiste em construir uma solução *best of breed*, que promove a aquisição da melhor solução para cada categoria, de diversos fornecedores, o que gera um sistema que atende a cada função na companhia com maior eficiência. Enquanto a solução *best of breed* é mais complexa e toma mais tempo para ser implementada, ela pode acabar se tornando um investimento que promove maior flexibilidade no longo prazo e soluções mais eficazes para os problemas da empresa. Sem dúvida, seu longo período de implementação também pode comprometer a real utilidade da solução e gerar dificuldades no tratamento da equipe de TI e comprometer o entusiasmo para com o projeto. Muitas companhias escolhem uma abordagem temporária, que inclui um fornecedor principal de ERP. A funcionalidade que o fornecedor não consegue oferecer ou que não é indicada para a companhia é fornecida por sistemas *best of breed* ou da própria empresa.

Por fim, há companhias (como a Wal-Mart) que conservam a preferência pelo desenvolvimento de software próprio [36]. Isto faz sentido para companhias de grandíssimo porte, com departamentos e sistemas especializados de TI que já atendem a seus interesses a contento. Recentemente, com o advento das novas tecnologias discutidas no Capítulo 15, que fornecem o desenvolvimento e a implementação voltados para o negócio de fácil implementação, verifica-se um movimento no sentido de adotar o desenvolvimento de softwares internos ou de integradores, em vez da dependência de fornecedores de sistemas de ERP.

TABELA 14-3

AS PRIORIDADES NA INSTALAÇÃO DE SAD

Setor	SAD
Distribuidor de refrigerantes	Rede e transporte
Fabricante de computadores	Demanda e fabricação
Bens de consumo	Demanda e distribuição
Vestuário	Demanda, capacidade e distribuição

A Tabela 14-4 resume os prós e os contras das abordagens de ERP e *best of breed*.

RESUMO

O sucesso da TI da cadeia de suprimentos depende de uma combinação de processos e de novas tecnologias da forma mais eficaz para a empresa. Mostramos de que as empresas que adotam tanto os processos de negócio quanto as novas tecnologias ultrapassam a concorrência no quesito desempenho.

Definimos os quatro maiores objetivos da TI:

1. A disponibilidade de informações sobre cada produto, desde a produção até o ponto de entrega.
2. O ponto único de contato.
3. A tomada de decisão com base nas informações de toda a cadeia de suprimentos.
4. A colaboração com os parceiros da cadeia de suprimentos.

Como são atingidos estes principais objetivos? Qual é o impacto da concretização destas metas na gerência de logística?

Em primeiro lugar, a padronização dos processos, as comunicações, os dados e as interfaces geram métodos mais baratos e fáceis para a implementação da infraestrutura de TI básica. A infraestrutura ficará mais acessível para empresas de qualquer porte. No futuro, estas infraestruturas funcionarão entre diferentes empresas de modo quase imperceptível, o que permitirá o acesso à TI e a integração de sistemas na cadeia de suprimentos em todos os seus níveis. Portanto, haverá maior disponibilidade de informações e o rastreamento de produtos será mais completo, em cada nível. As novas tecnologias, como o RFID, permitirão que os produtos sejam etiquetados e rastreados em toda a cadeia de suprimentos, e facilitará seu rastreamento, como as encomendas da FedEx.

Em segundo lugar, a visualização e o acesso a dados em diversas formas estão sendo mais comumente integrados aos sistemas que não exigem conhecimentos especializados.

TABELA 14-4

AS ESTRATÉGIAS *BEST OF BREED*, FORNECEDOR ÚNICO E DESENVOLVIMENTO DE *SOFTWARE* PRÓPRIO

Problema com a implementação	Best of breed	Fornecedor único	Desenvolvimento próprio
Duração	2-4 anos	12-24 meses	Desconhecida
Custo	Maior	Menor	Depende da experiência
Flexibilidade	Maior	Menor	A maior
Complexidade	Maior	Menor	A maior
Qualidade da solução	Maior	Menor	Indefinida
Adequação à companhia	Maior	Menor	A maior
Treinamento de pessoal	Mais longo	Mais curto	O mais curto

Isso torna as interfaces mais intuitivas e relevantes na tarefa em questão. Os portais, descritos neste capítulo, são um exemplo destas interfaces.

Em terceiro lugar, diversos sistemas interagirão de modo a eliminar as fronteiras que existem hoje. As arquiteturas orientadas a serviços permitirão maior integração e, em consequência, os sistemas adquiridos como *best of breed* por diferentes pessoas em diferentes níveis da organização se integrarão com maior eficácia, com o uso de interfaces em comum. Da mesma forma, haverá uma proliferação de aplicativos que poderão ser conectados ao sistema da companhia para disponibilizar funcionalidades especiais. O terceiro objetivo será atingido por meio de sistemas de apoio à decisão e de agentes inteligentes que são mais sofisticados, dependem de dados em tempo real e são interoperáveis.

Por fim, o *e-commerce* está alterando a maneira com que trabalhamos, interagimos e fazemos negócios. O *e-commerce* oferece uma interface para as empresas e governos que viabiliza a comparação de dados relevantes e transações conduzidas com a concomitante verificação de erros e correção de capacidades. Ele possibilita o acesso a dados existentes em bases de dados do governo, instituições de ensino e instituições privadas, além da habilidade de modificar ou corrigir estes dados. Os mercados eletrônicos, privados ou públicos, hoje permitem aos compradores integrar seus fornecedores a seus sistemas de informação.

No futuro, as empresas serão capazes de expandir suas transações com outras companhias em aplicativos mais avançados que podem executar alguns dos processos mais básicos e remeter as informações para outros aplicativos. Em um processo tão complexo como a gestão da cadeia de suprimentos, os sistemas que não se limitam a executar suas próprias funções – e que são capazes de emitir alertas – serão especialmente vantajosos à concretização dos quatro objetivos discutidos.

Estes tópicos são abordados no Capítulo 15.

Encerramos este capítulo com uma citação de Lou Gerstner, ex-CEO da IBM (ver [127]): "A vantagem da tecnologia da informação estará na capacidade de tornar transações e processos mais eficientes e eficazes. Por isso, não se trata de criar uma nova economia, ou novos modelos de comportamento ou de indústria. Trata-se de tomar uma ferramenta, uma ferramenta poderosa, e dizer: 'Como é que eu posso deixar minha cadeia de suprimentos mais eficiente e eficaz? Como é que eu posso tornar meus processos de compra mais eficientes? Como é que eu posso tornar a comunicação interna de minha empresa mais eficiente e eficaz? Como é que o governo pode oferecer serviços aos cidadãos de forma mais eficiente e eficaz?'".

QUESTÕES PARA DISCUSSÃO

1. Quais são os principais desafios para as cadeias de suprimentos que podem ser auxiliados pela TI?
2. Qual é o impacto dos processos de negócio na TI da gestão da cadeia de suprimentos?
3. Como é que os fornecedores de sistemas de ERP tiram proveito da Internet?
4. Compare as capacitações exigidas para atingir a excelência na cadeia de suprimentos (ver Figura 14-10) de acordo com:
    a. O foco da decisão.
    b. O nível de agregação de dados.
    c. O tempo de implementação.
    d. O número de usuários envolvidos na análise.

Os Padrões Tecnológicos

ESTUDO DE CASO

A Pacorini se mantém na liderança do mercado de logística global com a arquitetura orientada a serviços (SOA) da IBM

Em todo o mundo, empresas voltadas para a fabricação e a distribuição conquistaram a capacidade de oferecer a seus clientes as mercadorias que estes desejam, no momento certo, processadas e entregues com qualidade – graças em parte ao trabalho eficiente de empresas de logística como a Pacorini (Pacorini Group). Com sede na cidade italiana de Trieste, a Pacorini oferece a entrega de café, metais, alimentos e fretes em geral. A empresa processa o controle de qualidade destas mercadorias e as entrega no exato momento em que são necessárias na gestão da cadeia de suprimentos do cliente. A Pacorini, com excelente reputação internacional, tem 22 unidades e 550 funcionários. Ela é proprietária de diversas empresas em três continentes e 11 países.

As soluções de gestão da cadeia de suprimentos da Pacorini foram a origem da indústria logística da Itália e inspiraram muitas de suas concorrentes em todo o mundo. Como líder de mercado na entrega de grãos de café não torrado, a Pacorini conserva sua posição competitiva por meio da oferta de serviço ao cliente na hora certa. Contudo, apesar de usar as tecnologias mais avançadas e um moderno software para a gestão da cadeia de suprimentos, os processos internos da empresa não estavam integrados. A gestão dos silos de informação e a oferta de serviço consistente eram um desafio em um setor que trabalha 24 horas por dia, sete dias por semana. Assim, a Pacorini estava preocupada com sua capacidade de manter-se à frente de suas concorrentes.

"Da gestão de pedidos à gestão de depósitos, de pedidos de compra, de tarefa, tarifas aduaneiras e contabilidade, os sistemas existentes da Pacorini não estavam integrados com as interfaces dos clientes e dos funcionários", diz Cristian Paravano, o executivo-chefe do departamento de informações da empresa. "Quando os clientes queriam conhecer o *status* de seus pedidos, eles telefonavam a um representante do atendimento ao cliente, que investigava a solicitação junto a diversos sistemas e então telefonava ou enviava um fax com a resposta ao clientes. Precisávamos construir uma estrutura integrada que possibilitasse aos nossos funcionários recuperar ou transmitir informações de uma única vez. Uma estrutura dessas otimizaria nossos processos internos, reduzindo custos e encurtando os tempos de resposta."

A REVISÃO DOS PROCESSOS DE NEGÓCIO

A Pacorini passou por expressivas mudanças. Depois de uma análise de seus processos de negócio existentes, feita para definir as tarefas prioritárias e reuni-las por meio de *workflows* otimizados, a Pacorini construiu uma estrutura de processos

---

Fonte: Estudo de caso da IBM, 20/6/06. Utilizado com permissão da IBM.

online integrados. A empresa instalou uma arquitetura orientada a serviços (SOA) que viabilizou a recuperação de informações e os processos de trabalho, por meio de serviços de informações reprodutíveis e customizados para cada tarefa de forma consistente.

A IMPLEMENTAÇÃO DA SOLUÇÃO, PASSO A PASSO

Com base na solução da IBM, a empresa implementou um portal acionado por pedidos para clientes internos e externos. Ela também adotou uma solução de gestão de pedidos entre seu sistema e o da maior compradora de café da Itália. Hoje, a Pacorini está em vias de adotar os padrões de comunicação que desenvolveu com sua maior cliente também com nove de seus outros dez grandes clientes. No futuro, ela estenderá esta solução aos clientes do ramo metalúrgico e às áreas de encaminhamento de encomendas e distribuição.

A emissão de pedidos online possibilitará à companhia automatizar aproximadamente 30 mil transações este ano, com uma economia projetada equivalente aos salários de quatro funcionários de tempo integral. Por fim, a Pacorini ampliará toda uma gama de serviços de negócios a clientes internos e externos, como a gestão de documentação, a emissão de faturas eletrônicas e a disponibilização de informações online.

Quando este objetivo for atingido, tanto os clientes quanto os funcionários serão capazes de monitorar o atendimento a pedidos em diversos estágios do processo. "Somos capazes de administrar os prováveis problemas que teremos com clientes, avisos, certificados e muitos outros controles que antes eram feitos por meio de telefonemas, e-mails e fax", diz Paravano. "Com o software de integração de negócios WebSphere, é possível designar, conduzir e monitorar um processo", diz Paravano. "Estes são os componentes formadores de um extraordinário serviço ao cliente."

Paravano completa: "Este é um projeto que continuará no futuro, à medida que formos descobrindo mais e mais caminhos para a eficiência, para atender aos clientes do modo que lhes agrada".

A ECONOMIA COM A GESTÃO DE PROCESSOS DE NEGÓCIO E COM A ARQUITETURA ORIENTADA A SERVIÇOS

Com todo seu processo de gestão de pedidos integrado e automatizado, os funcionários da Pacorini são capazes de administrar pedidos com eficiência, fornecendo informações pertinentes de forma consistente e precisa.

A construção gradual de eficiências por meio de processos-padrão de trabalho e serviços de transmissão de informações significa uma redução de custos de suporte à TI, além de uma melhor gestão de processos de negócio. "A arquitetura orientada a serviços e a gestão de processos de negócio andam de mãos dadas", diz Paravano. "Em cada país, em cada local e para cada cliente, utilizamos diferentes componentes de serviço de informações na construção de processos de negócio eficientes. Isto nos dá a flexibilidade de que precisamos para responder às demandas do cliente e para reduzir os custos operacionais."

As reduções de custos, por sua vez, significam um melhor posicionamento competitivo. Alguns dos mercados da Pacorini, como o de grãos de café não torrado e de metais, já conquistaram a maturidade e oferecem pequenas margens de lucro, sem grandes barreiras de entrada. Assim, novas eficiências e redução de custos são essenciais na competição. "A automação e a integração de nossos negócios nos ajuda a consolidar nossa posição no mercado", diz Paravano. "Temos certeza de que nossa vantagem competitiva se origina na alta funcionalidade dos produtos da IBM e de suas soluções, o que leva a uma integração total por meio da arquitetura orientada a serviços."

Neste capítulo, responderemos as seguintes questões:
- De que modo os padrões tecnológicos influenciam as melhorias na gestão da cadeia de suprimentos?
- Quais são os padrões e as tendências tecnológicas importantes?

- De que modo a gestão de processos de negócios se relaciona com as tecnologias de *web service*?
- O que é a RFID e qual é seu impacto no desempenho da cadeia de suprimentos?

15.1 INTRODUÇÃO

O objetivo deste capítulo é revisar os padrões relativos à TI, as novas plataformas tecnológicas e outros padrões tecnológicos em desenvolvimento e que são importantes na gestão da cadeia de suprimentos, em função da natureza dinâmica dos relacionamentos entre companhias, como vemos no estudo de caso da Pacorini.

Recentemente, diversas mudanças importantes vêm ocorrendo no mundo da TI e de tecnologias afins, que têm grande impacto na gestão da cadeia de suprimentos. O desenvolvimento tecnológico mais relevante foi o da identificação por radiofrequência (RFID), a sofisticada substituta do código de barras. Esta tecnologia ainda está em seus primeiros passos e algumas de suas características mais avançadas ainda não foram implementadas. Contudo, ela vem tendo grande aceitação, conquistando adeptos de peso no setor industrial, como a Hewlett-Packard, o Departamento de Defesa dos EUA e a Wal-Mart.

Ao mesmo tempo, o panorama da TI vem mudando consideravelmente, com a consolidação do mercado em torno de alguns poucos atores de grande porte. Estes atores estão tentando definir os padrões para a infraestrutura de plataformas, por meio de parcerias com diversos desenvolvedores de software, na esperança de tornarem-se o ator principal e assim fornecer facilidades de integração e adoção.

Por fim, a Internet vem incentivando as novas abordagens ao projeto de sistemas. A mais notável destas abordagens é a arquitetura orientada a serviços (SOA), um conjunto de serviços independentes que se comunicam uns com os outros com base em padrões definidos. A SOA normalmente é combinada com a gestão de processos de negócio (BPM), que se refere às atividades executadas por empresas com vistas à otimização e à adaptação de seus processos.

Conforme descrito no Capítulo 14, a infraestrutura e as decisões sobre padrões são dois dos mais importantes elementos de uma estratégia de TI. Neste capítulo, mostramos os padrões e a infraestrutura e nos concentramos em alguns padrões específicos à cadeia de suprimentos, sobretudo a próxima geração de plataformas, como a SOA e a RFID, que formam a base de muitas atividades de rastreamento e reabastecimento praticadas na atualidade.

15.2 OS PADRÕES DA TI

A tendência pela adoção de padrões de TI é forte e está em franco desenvolvimento. Apesar de algumas questões serem específicas à logística e à gestão da cadeia de suprimentos, a maior parte dos progressos está ocorrendo entre indústrias e áreas de aplicação diferentes. O setor de TI está evoluindo para um alto patamar de padronização pelas seguintes razões:

- *As forças de mercado*. As corporações usuárias de TI precisam de padrões para reduzir o custo de desenvolvimento e manutenção dos sistemas.
- *A interconectividade*. A necessidade de conectar diferentes sistemas e trabalhar entre redes forçou o desenvolvimento de padrões.
- *Novos modelos de software*. A Internet trouxe a necessidade de softwares com novas características de desenvolvimento e utilização.
- *As economias de escala*. Os padrões reduzem o preço dos componentes do sistema, o desenvolvimento, a integração e a manutenção.

Nas três últimas décadas, a padronização da TI passou por quatro fases principais, como mostra a Figura 15-1:

- **Sistemas proprietários.** O desenvolvimento dos computadores, até o começo da década de 1980, envolvia sistemas proprietários, principalmente *mainframes* acessados por meio de cartões perfurados e posteriormente por terminais sem capacidade de processamento (os chamados "terminais burros"). A comunicação entre sistemas era pouca, e as opções como redes privadas ou meios físicos eram limitadas.
- **Computadores stand alone.** O hardware e o software do computador pessoal (PC) da IBM, lançados no começo da década de 1980, tornaram-se a primeira plataforma padronizada, chamada Wintel, o padrão do Microsoft Windows e da Intel. Isto gerou uma imensa base de usuários e expandiu o mercado de aplicativos. Os padrões de comunicação também foram desenvolvidos principalmente para redes locais – a Ethernet e o *token ring* da IBM eram grandes concorrentes. Para as redes de negócio, alguns padrões foram desenvolvidos, mas a maior parte das redes privadas era utilizada para a transferência de arquivos. O intercâmbio eletrônico de dados (EDI), um formato comum de transação, foi lançado naquela época. Ele permitia a transmissão eletrônica de dados que em geral eram averiguados depois da impressão em papel. Nossa discussão sobre o EDI será expandida na Seção 15.3.3.

  Resultado da popularidade dos PCs, o sistema cliente/servidor integrava as capacidades e os padrões dos PCs com os sistemas de negócios, por meio da aplicação da capacidade de processamento do PC para gerar uma interface controlada pelo cliente mais sofisticada.
- **Computadores conectados.** A Internet preencheu a lacuna existente no setor de comunicações e levou os padrões de visualização para além da rede local. A princípio

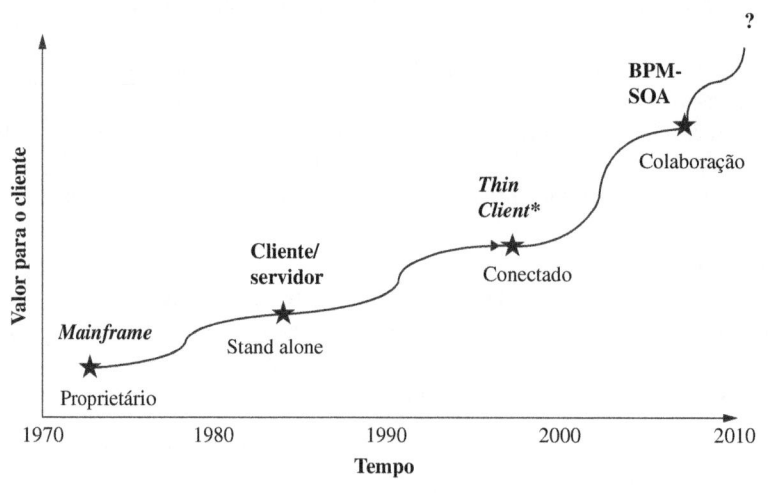

FIGURA 15-1 Os padrões de software e o ponto de inflexão seguinte.
Fonte: Inspirado em [169].

---

* N. de R.: Um *thin client* é um computador cliente em uma rede de modelo cliente-servidor de duas camadas o qual tem poucos ou nenhum aplicativos instalados, de modo que depende primariamente de um servidor central para o processamento de atividades.

desenvolvido pelo governo norte-americano e utilizado principalmente por institutos de pesquisa, o programa de navegação aperfeiçoado no início da década de 1990 definiu uma interface-padrão acessível, que passou a ser utilizada por universidades, empresas e cidadãos. Outra vantagem foi o fato de a Internet possibilitar que as formas de comunicação que até então existiam apenas internamente em muitas empresas fossem utilizadas na comunicação entre empresas, e se tornassem tão comuns quanto os telefones. O exemplo mais óbvio é o correio eletrônico, mas ele não é o único. A transferência de arquivos e de informação entre cidadãos e empresas foi expressivamente simplificada pela Internet. Depois disso, a rede expandiu o comércio eletrônico, das compras, cotações e trocas para o rastreamento de produtos e a colaboração estendida entre empresas quanto a previsões conjuntas, transporte e outras atividades.

Ao mesmo tempo, devido em grande parte aos temores sobre a virada do ano 2000, muitas empresas substituíram seus sistemas antigos por sistemas de planejamento de recursos da empresa (ERP) baseados na relação cliente/servidor, que tornaram-se o padrão da TI para empresas. A primeira geração de sistemas de ERP estava voltada principalmente para aplicações financeiras e de recursos humanos. Contudo, outras funcionalidades surgiram para áreas como fabricação e distribuição. Mais recentemente, as fornecedoras de sistemas de ERP passaram a acrescentar opções para a cadeia de suprimentos.

- **Colaboração.** A fase seguinte dos padrões, a atual, trata da colaboração, uma forma mais sofisticada de comunicação entre as empresas. A tecnologia necessária para dar suporte a esta fase é baseada nas tecnologias SOA e BPM. Todas as grandes desenvolvedoras de software estão dando suporte a este conceito, competindo no desenvolvimento de plataformas para sua implementação.

A nova fase da colaboração também aumentou a importância dos sistemas de ERP e sua capacidade de dar suporte às tecnologias SOA e BPM. Este assunto será tratado na Seção 15.4.

É difícil identificar o que causará a próxima alteração na TI. Na verdade, é interessante dizer que nas fases anteriores, os desenvolvimentos exitosos ocorreram de forma inesperada e, portanto, é difícil identificar o momento em que um novo padrão emergirá, bem como seu grau de sucesso.

15.3 A INFRAESTRUTURA DA TI

A infraestrutura da TI é um fator crítico ao sucesso ou ao fracasso na implementação de qualquer sistema, pois forma a base para a coleta de dados, as transações, o acesso a sistemas e a comunicação. A infraestrutura da TI normalmente tem os seguintes componentes:

- Dispositivos de interface/apresentação
- Comunicações
- Bases de dados
- Arquitetura de sistemas

15.3.1 Os dispositivos de interface

Os computadores pessoais, o correio de voz, os terminais, dispositivos da Internet, os leitores de código de barras e os computadores de mão (PDAs) são alguns dos dispositivos de interface mais comuns. Uma das principais tendências na TI é a disponibilização de acesso uniforme a qualquer hora e em qualquer lugar, e os dispositivos de interface desempenham um papel importante nesse sentido. O navegador da Internet vem rapidamente se tornando a interface preferida para o acesso à informação, apesar de ele não ser tão sofisticado quanto o Windows na apresentação de formulários e dados gráficos. Além disso, outros dispositivos, como os PDAs e os telefones, também entraram na competição como dispositivos de acesso a sistemas de usuário. A gestão da cadeia de suprimentos requer um modo padronizado de rastrear produtos de forma a fornecer aos participantes as informações de que precisam para terem um desempenho eficiente em suas próprias funções. Por exemplo, é importante registrar as informações dos pontos de venda, sobretudo se estes dados são acessíveis ao fornecedor, conforme ocorre com sistemas de estoques administrados pelo fornecedor (VMI).

Em 1973 o Uniform Code Council (*Conselho de Uniformização de Código*) criou o código de barras, ou o Código Universal de Produtos (UPC). O código de barras vem sendo utilizado extensivamente para a leitura e o registro de informações sobre produtos. Interfaces de captura automática de dados, como os leitores de código de barras e as etiquetas de radiofrequência (RF), são padronizados e utilizados amplamente. A mesma tecnologia, ao lado de dispositivos de comunicação sem fio e GPS, possibilita o rastreamento de mercadorias etiquetadas durante o transporte. Uma inovação recente em breve substituirá o código de barras: a etiqueta de identificação por radiofrequência (RFID), discutida na Seção 15.5

15.3.2 A arquitetura de sistemas

A arquitetura de sistemas inclui a maneira com que os componentes – bases de dados, dispositivos de interface e comunicações – estão configurados. Este tópico foi incluído na seção sobre infraestrutura da TI porque o projeto das redes de telecomunicação e a escolha de sistemas dependem da implementação destes sistemas.

Os *sistemas antigos* evoluíram como soluções individuais, com a utilização de *mainframes* ou microcomputadores que eram acessados por meio de terminais burros (ver Figura 15-2). A princípio, o PC era utilizado em separado dos principais sistemas de uma companhia, para aplicações especiais, como a edição de textos ou de planilhas. Mas os PCs presentes em um escritório acabaram conectados por meio de redes de acesso local (LANs – *Local Area Networks*), de forma que seus usuários passaram a compartilhar arquivos, trocar e-mails, entre outras atividades.

Estas redes eram então estendidas entre empresas por meio de *wide area networks** (WANs) que conectavam os escritórios de uma mesma empresa que estavam localizados em diferentes pontos. Por fim, novos sistemas foram desenvolvidos para tirar vantagem da capacidade de processamento dos PCs e das interfaces gráficas de fácil utilização. Nestes sistemas, o PC é normalmente chamado de "cliente" e o processador principal de "servidor". O *processamento cliente/servidor* é uma forma de processamento distribuído, no qual alguns processos são executados centralmente para muitos usuários, enquanto outros são executados localmente, no PC de um dado usuário.

A maior parte dos sistemas atuais envolve a estrutura cliente/servidor (Figura 15-3), ainda que a sofisticação e o preço do cliente, o número e o tipo de servidores e outros pa-

---

* N. de T.: Rede de longa distância, também conhecida como rede geograficamente distribuída, é uma rede de computadores que abrange uma grande área geográfica, geralmente um país ou continente.

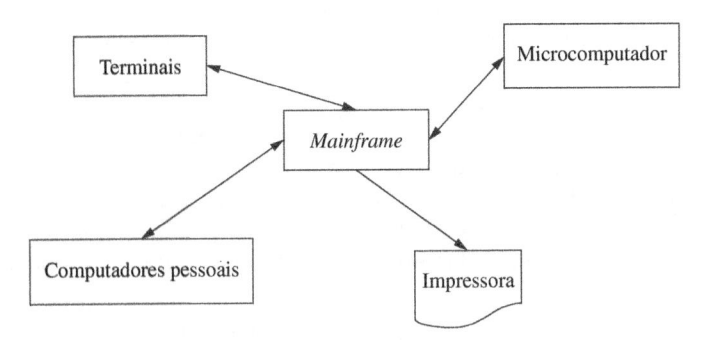

FIGURA 15-2 A arquitetura dos sistemas antigos.

râmetros de projeto variem muito de sistema para sistema. Como exemplos de servidores, menciona-se os servidores de bases de dados que permitem solicitações de usuários baseadas na Linguagem SQL (Structured Query Language), além dos monitores de processamento de transações, os servidores de diretório/segurança e os servidores de comunicação. Ver [85] para uma introdução aos conceitos de cliente/servidor.

A Internet é uma forma de arquitetura cliente/servidor em que o navegador do PC local processa as páginas em formato HTML ("Hypertext Markup Language", ou *Linguagem de Marcação de Hipertexto*) e os "Java applets" (ou *aplicativos JAVA*) que são recuperados de servidores – neste caso de todo o mundo. O modelo cliente/servidor está evoluindo na direção de se tornar um modelo centrado na Internet, em que o cliente é um programa de navegação conectado a um servidor.

O poder do conceito cliente/servidor está na distribuição de funções entre servidores especializados que as executam com eficiência. Além disso, existe a facilidade de acrescentar novos módulos e funções. A desvantagem está no acréscimo em termos de complexidade na navegação entre servidores, e na garantia de que os dados serão processados corretamente e atualizados em toda a rede. A implementação de sistemas cliente/servidor deu ímpeto à tendência para a padronização, pois cada servidor precisa ser capaz de comunicar tarefas e processos em toda a rede. Esta característica é chamada *interoperabilidade*, em que dois sistemas são capazes de interagir com sofisticação, o que é um atributo específico de seu projeto.

Muitas interfaces entre sistemas são geradas por meio de transferências de arquivos ou outros esquemas temporários, pois os sistemas utilizam diferentes formatos de arquivo e modos de comunicação. Quando os padrões para a operação intrassistema se tornarem comuns,

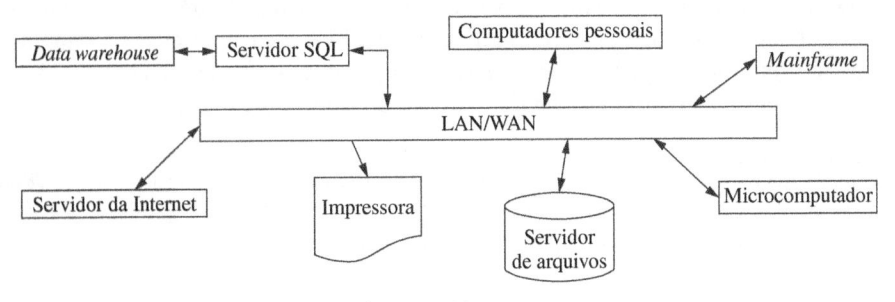

FIGURA 15-3 A arquitetura do sistema cliente/servidor.

ferramentas serão criadas para executar estas interfaces e fornecer mecanismos de compartilhamento total de dados e processos.

Os aplicativos existentes entre o servidor e o cliente têm a designação geral de *middleware*, representados pela barra (/) na expressão cliente/servidor. Um *middleware* é uma ferramenta que facilita a comunicação entre diferentes arquiteturas de sistemas, protocolos de comunicação, arquiteturas de hardware, e assim sucessivamente. As partes de um aplicativo que residem no servidor, cliente ou *middleware* dependem das implementações específicas. Este é o modelo *three-tier* preferido por diversos desenvolvedores de arquiteturas cliente/servidor.

O *middleware* é importante na implementação de sistemas de cadeia de suprimentos. Em muitos casos, as informações requeridas pela ferramenta de planejamento estão disponíveis em diversos locais e formatos em toda a companhia. O *middleware* apropriado é utilizado para coletar dados e formatá-los de forma a poderem ser usados por várias ferramentas de planejamento. É assim que muitos aplicativos para a cadeia de suprimentos estão sendo implementados. Por exemplo, uma empresa de telecomunicações tem informações sobre cobrança para os diversos serviços que oferece, como discagem direta à distância ou serviços sem fio, armazenadas em diferentes sistemas. Um funcionário do setor de atendimento ao cliente pode precisar procurar em diversos locais por informações da conta de um cliente, se ele adquiriu mais de um serviço. O *middleware* tem a função de procurar estas informações em diversas bases de dados e de combiná-las. Quando estes tipos de processos são aplicados entre empresas, via Internet, eles são chamados de integração de aplicações (EAI – *Enterprise Application Integration*).

Uma geração mais avançada de infraestruturas de sistema tem o objetivo de fornecer plataformas de conectividade e colaboração entre empresas. A tecnologia necessária para atingir este nível é a arquitetura orientada a serviços (SOA), discutida em detalhes na Seção 15.4.

15.3.3 O comércio eletrônico[1]

O comércio eletrônico (*e-commerce*) se refere à substituição de processos físicos por processos eletrônicos e à geração de novos modelos de colaboração com clientes e fornecedores. O *e-commerce* é utilizado para facilitar a interação entre diferentes empresas e entre indivíduos em uma dada companhia. Exemplos de *e-commerce* incluem as compras pela Internet, *exchanges*, rastreamento de pedidos e correio eletrônico.

O *e-commerce* existe há muitos anos, e utiliza redes privadas no caso de corporações (por exemplo, WANs) e públicas para universidades e órgãos governamentais. A aceitação dos padrões da Internet acelerou a adoção do *e-commerce*, sobretudo entre compradores individuais e empresas, e também entre companhias. O uso inicial da Internet, a exibição de material de marketing, expandiu-se para permitir a visualização do *status* do cliente e rastreamento de solicitações, além de compras de produtos. As empresas permitem que os usuários acessem suas bases de dados para resolver problemas com produtos, o que economiza recursos em termos de chamadas destinadas a oferecer suporte.

---

[1] Apesar de existir uma diferença entre as definições de *e-business* e *e-commerce* (ver Capítulo 6), na prática estes termos são intercambiáveis.

As empresas utilizam padrões da Internet internamente – as *intranets* – bem como externamente – as *extranets* e *exchanges*. A diferença entre Internets, intranets e extranets é explicada principalmente em termos de quem tem acesso ao sistema. As intranets permitem às empresas implementar aplicações internas sem a necessidade de desenvolver interfaces customizadas, evitando o uso de tipos incompatíveis de hardware e procedimentos especiais de discagem. As aplicações da Internet normalmente permitem acesso ilimitado, mas as extranets permitem acesso limitado, ao restringirem o número de parceiros e clientes externos a certas aplicações e dados. Os padrões da Internet vem sendo utilizados para criar exchanges – privadas e públicas – que permitem a troca de informações.

Outro conceito desenvolvido em torno do uso interno da Internet em uma companhia é o de portal – uma entrada baseada em funções que dá acesso aos sistemas da empresa. Um portal agrega em um único ambiente de desktop todas as aplicações e fontes de informações de que os fornecedores precisam para executarem suas funções. Isto normalmente é possível por meio de um navegador da Internet. O portal não apenas dá poder ao funcionário em termos de produtividade individual, como também facilita a interação entre funcionários, tanto interna quanto externamente à companhia. Os portais requerem a tecnologia da integração para fontes de dados estruturados e não estruturados, que incluem bases de dados, classes Java, *web services* e XML. Ao mesmo tempo que novas organizações passam a desenvolver uma estrutura corporativa de portal, elas buscam maneiras de reduzir o tempo e os custos associados à construção de portais. A possibilidade de os usuários finais agregarem conteúdo e fornecerem acesso mais rápido a mais fontes de informação é essencial ao sucesso na construção e manutenção de portais.

EXEMPLO 15-1

Na fabricante de móveis para escritório Herman Miller, Inc., cerca de 300 funcionários que passam a maior parte do tempo fazendo contato com fornecedores utilizam um portal customizável, que lhes oferece acesso rápido a notícias e informações. Isto permite que eles lidem com os parceiros de negócio com mais eficiência, pois eles não precisam caçar ou combinar diversos tipos de dados. No início, a empresa sentiu-se atraída pela tecnologia da Top Tier Software (que foi adquirida pela SAP em março de 2001). Ela oferecia uma maneira para os fornecedores interagirem com o sistema de planejamento de recursos da Herman Miller.

Tão logo a empresa percebeu que o portal tinha o potencial de aumentar a eficiência dos funcionários, ela passou a utilizá-lo internamente também. Hoje, a empresa tem diversos portais independentes destinados a diversos tipos de funcionários, e considera desenvolver seu website como uma espécie de "superportal", que encaminhará os clientes, fornecedores e funcionários a diversos subportais, dependendo das necessidades de cada um. As vantagens da colaboração são imensas. Por exemplo, os funcionários podem decidir sobre o tipo de alerta que querem receber em suas telas ("A entrega de material do fornecedor X está atrasada três dias"), e assim examinarem os dados e identificar a causa do problema e as possíveis consequências. Contudo, o sistema não é uma panaceia. Ao mesmo tempo que a tecnologia é muito eficiente na pesquisa com dados estruturados (como os armazenados em bases de dados), ela não tem um bom desempenho com os não estruturados, como correspondências, desenhos preparados via CAD, entre outros. A SAP recentemente combinou sua divisão de portais com outra unidade de negócio que lida com mercados online, em que dados não estruturados predominam. Assim, com o tempo, toda esta funcionalidade pode ficar concentrada em um único produto [122].

O comércio eletrônico tem diversos níveis de sofisticação, desde a comunicação de direção única, como a navegação na Internet, até o acesso direto a bases de dados para a recuperação de dados pessoais ou a criação de transações como compras online ou controle de contas bancárias. As aplicações mais avançadas via de regra adotam o intercâmbio eletrônico de dados (EDI) e, mais recentemente, elas passaram a utilizar processos baseados na linguagem XML para a troca de dados. A linguagem XML é um padrão geral que não trata da questão da terminologia em um setor de atividade industrial específico. Esta questão vem sendo estudada por um consórcio de empresas de alta tecnologia chamado RosettaNet (ver [231]), que se define como um equivalente no ramo do *e-business* à Pedra de Rosetta, que exibia uma mesma mensagem em três idiomas, o que possibilitou a tradução a partir dos hieróglifos. A iniciativa da RosettaNet tem como meta a produção de um padrão flexível que governe a colaboração online entre fabricantes e fornecedores. A RosettaNet define dicionários e processos de interface entre parceiros, que lidam com múltiplas transações de dados. Ela vem sendo usada por algumas empresas de alta tecnologia, mas tem altos custos de implementação. Contudo, isto ainda pode mudar, se o padrão passar a ser adotado por um maior número de empresas e se os fornecedores colocarem à disposição sistemas de suporte.

Por fim, a possibilidade de compartilhar processos por via eletrônica é especialmente utilizável na gestão da cadeia de suprimentos. Como exemplo de aplicação para o compartilhamento de processos mencionamos o planejamento, a previsão e o reabastecimento colaborativos (CPFR), um padrão da Internet que aprimora os estoques administrados pelos fornecedores e o reabastecimento contínuo com a incorporação de previsões conjuntas. Com o CPFR, as partes trocam entre si uma série de comentários por escrito e dados de apoio, que incluem tendências de vendas passadas, promoções programadas e previsões. Isto permite que os participantes coordenem as previsões conjuntas por meio do foco nas diferenças entre os números previstos. As partes tentam encontrar a causa das diferenças e compor números melhorados, em conjunto. Conforme enfatizamos no Capítulo 5, as previsões múltiplas podem trazer altos custos à gestão da cadeia de suprimentos. Na verdade o compartilhamento de previsões entre parceiros da cadeia pode acarretar uma expressiva redução nos níveis de estoque, já que ela tende a reduzir o efeito chicote. Para concretizar isso, os sistemas têm de ser projetados para permitir a verificação dos dados e garantir as práticas padronizadas de coordenação.

O planejamento, a previsão e o reabastecimento colaborativos é um sistema desenvolvido por um comitê da VICS – *Voluntary Interindustry Commerce Standards Association* (Associação Voluntária de Padrões de Comércio Intersetoriais), composto por varejistas, fabricantes e provedores de soluções. O grupo desenvolveu uma série de processos de negócio que as entidades no interior de uma cadeia de suprimentos adotam para colaborar ao longo de um número de funções de comprador/vendedor, com o intuito de melhorar o desempenho da cadeia de suprimentos. De acordo com o comitê, sua missão é gerar relacionamentos colaborativos entre compradores e vendedores por meio de processos administrados em conjunto e pelo compartilhamento de informações. Ao integrar os lados da oferta e da demanda, o CPFR melhora as eficiências, aumenta as vendas e reduz os ativos fixos, o capital de giro e os estoques em toda a cadeia de suprimentos, sem desrespeitar as necessidades dos clientes.

O comitê da VICS desenvolveu as Orientações Voluntárias para o CPFR, para explicar os processos de negócio, a tecnologia de apoio e para alterar as questões de gestão associadas à implementação do CPFR. As Orientações para o CPFR receberam a aprovação do conselho da VICS em junho de 1998. Em novembro de 1999 o comitê publicou o Roteiro para o CPFR, que explicava como os fornecedores e varejistas devem implementar uma parceria CPFR. Este roteiro (ver [233]) inclui as seguintes etapas:

1. O desenvolvimento de orientações para os relacionamentos.
2. O desenvolvimento de um plano empresarial conjunto.
3. A geração de previsões de vendas.
4. A identificação de exceções para as previsões de venda.
5. A colaboração sobre os itens que são exceção.
6. A geração de previsões de pedidos.
7. A identificação de exceções para as previsões de pedidos.
8. A solução/colaboração acerca dos itens que são exceções.
9. A geração de pedidos.

EXEMPLO 15-2

A Henkel é uma grande empresa alemã, com mais de 57 mil funcionários em todo o mundo e mais de 11 bilhões de euros em vendas. A Henkel fabrica mais de 10 mil produtos, como detergentes, cosméticos, adesivos, entre outros. A Eroski é a principal varejista do setor de alimentos na Espanha, com mais de quatro bilhões de euros em vendas a cada ano. Ela é uma das maiores clientes da Henkel na Espanha. Em dezembro de 1998, as duas companhias decidiram adotar o sistema de planejamento, previsão e reabastecimento colaborativos (CPFR). O objetivo era lidar com o serviço ao cliente e com os problemas de falta de estoque dos produtos da Henkel nas prateleiras da Eroski. Inicialmente, o foco estava nos detergentes, com o objetivo de melhorar o serviço ao cliente, reduzir as vendas perdidas e aumentar a taxa de giro. Por meio de software disponível no mercado, as duas companhias passaram a colaborar nos negócios, nos planos de promoção e nas previsões de vendas. O processo começou em dezembro de 1999. Com ele, as empresas vêm observando uma drástica melhoria na qualidade das previsões. Antes de o processo iniciar, metade das previsões de vendas tinha um erro médio de cerca de 50%. Vários meses após a implementação, 75% das previsões exibiam erros abaixo de 20%. Melhorias semelhantes foram observadas nos níveis de falta de estoque. Um dos desafios da implementação do CPFR entre estas duas empresas foi o envolvimento das unidades de negócio no processo de previsão, as quais não haviam sido envolvidas no passado. Por exemplo, o pessoal do serviço ao cliente da Henkel teve de estabelecer íntimos relacionamentos de trabalho com a equipe de previsão de vendas da Eroski. Uma vez vencida a relutância inicial, as vantagens deste processo foram rapidamente realizadas. Foi possível preparar previsões que combinavam o conhecimento da dinâmica de cada uma das lojas da Eroski e o impacto que teriam com promoções de vendas, com o conhecimento que a Henkel tem de cada um de seus produtos e o impacto de fatores externos nas vendas dos mesmos [92].

15.4 A ARQUITETURA ORIENTADA A SERVIÇOS (SOA)

A arquitetura orientada a serviços (SOA) é definida como "uma abordagem baseada em padrões para a gestão de serviços, disponibilizada por diferentes pacotes de software para a orquestração de processos de negócio que permitem a flexibilidade de reutilização e de reconfiguração" [191].

A importância da SOA está no fato de ser a arquitetura adotada pelas grandes empresas fornecedoras de software como base de suas ferramentas de desenvolvimento e plataformas, e por ser amplamente utilizada por sistemas integradores no desenvolvimento de aplicações customizadas. Além disso, a SOA trouxe três importantes contribuições [156]:

1. **A integração baseada na SOA.** A integração sempre foi executada ponto a ponto ou por meio da integração de aplicações (EAI). Estes tipos de integração tendem a dificultar a manutenção e a utilização de tecnologias proprietárias com uma infraestrutura individual. A integração baseada na SOA utiliza os padrões e a linguagem de execução de processos de negócio que torna a manutenção muito mais simples e fácil de aprender.

2. **O desenvolvimento de aplicações compostas.** O uso da gestão de processos de negócio (BPM) a fim de criar uma abordagem decrescente para o desenvolvimento de aplicações e a composição de elementos pré-prontos que são reutilizáveis e têm integração embutida (serviços) facilitam sua utilização e manutenção.
3. **A modernização de aplicações antigas.** Muitos departamentos de TI gastam entre 70 e 80% de seus orçamentos na manutenção de *mainframes* ou outras aplicações antigas. A utilização da SOA permite às empresas definir os processos de negócio e passar a separar a lógica do negócio da aplicação.

A SOA tem um forte vínculo com a IBM e, conforme vimos no Capítulo 14, a capacidade de definir e melhorar os processos de negócio é essencial ao sucesso dos investimentos em TI. A gestão de processos de negócio [visite o site www.bpm.com] fornece a disciplina e as ferramentas para os usuários do negócio definirem os processos totais, identificar as metas de desempenho e administrá-las. As raízes da BPM estão no *workflow*, mas as diferenças são significativas, em função da natureza global dos processos, da maior visibilidade e do apoio embutido no sistema para executar as mudanças. A BPM não exige uma SOA, mas seu desempenho será melhor se houver acesso facilitado aos serviços da empresa. Os sistemas de BPM normalmente fornecem interfaces gráficas para a definição de processos e a vinculação com os serviços. Outra tecnologia normalmente utilizada com a BPM é o Sistema de Gestão de Regras de Negócio (BRMS – *Business Rules Management Systems*), que permite ao usuário de uma empresa manter as regras e vinculá-las ao processo.

A SOA e a BPM coordenam uma abordagem em camadas em que as ferramentas de processos de negócios utilizam serviços de negócio ou ferramentas compostas para projetar a aplicação. Os níveis mais baixos fornecem a orquestração, os serviços de implementação e as aplicações propriamente ditas, como mostra a Figura 15-4.

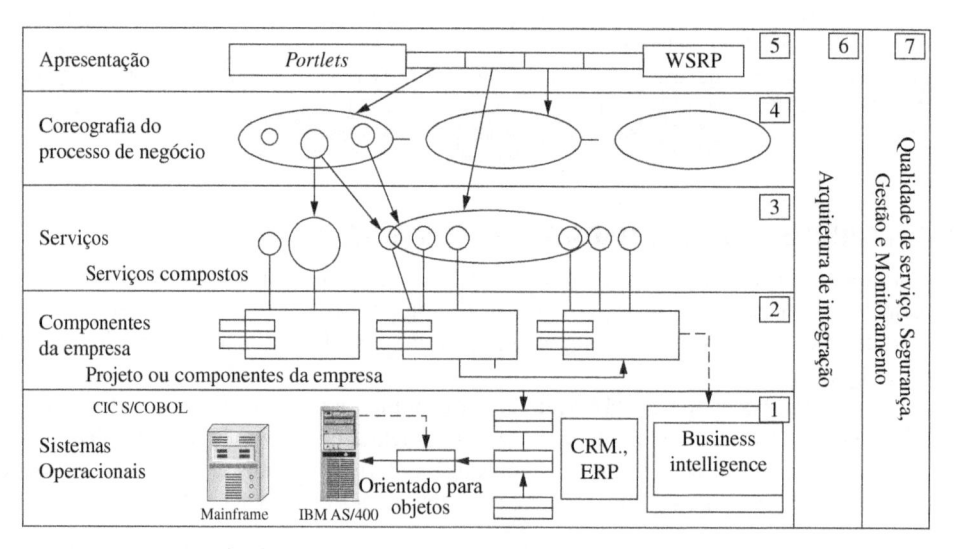

FIGURA 15-4 As camadas da SOA.
Fonte: [226].

Em função de as interfaces serem independentes das plataformas, qualquer cliente de qualquer dispositivo que utiliza uma dada plataforma ou *sistema operacional* pode, em tese, acessar ou utilizar o serviço. Este serviço faz parte de um conjunto de serviços que reside em um repositório em uma rede, e estes serviços comunicam-se uns com os outros. Estes serviços incluem certas funções de negócio, como o processamento de ordens de pagamento, o cálculo ou a atualização de taxas de câmbio, a autenticação de usuários e a exibição de endereços em mapas.

Cada um dos quatro principais fornecedores de software adotou a SOA e definiu uma estratégia relacionada à implementação em sua própria plataforma de processos de negócio. A Tabela 15-1 resume as abordagens dos quatro maiores fornecedores de software, definidos no âmbito de estratégia, plataforma composta, repositório e ecossistema.

15.4.1 A base tecnológica: a IBM e a Microsoft

O foco da Microsoft está no desenvolvimento de plataformas para o desenvolvimento de softwares para a SOA. Ela fornece, ao lado da linguagem Java, os padrões exigidos para a implementação da SOA. As duas principais plataformas, a **Java 2 Enterprise Edition (J2EE)** e a **Microsoft .NET**, estão voltadas para uma visão semelhante do futuro dos *web services*, e vêm construindo estruturas tecnológicas semelhantes para os desenvolvedores. As duas plataformas, Java e .NET, dependem do mesmo conjunto de padrões estabelecidos, como:

- *eXtensible markup language* (XML), uma linguagem que facilita a comunicação direta entre computadores na Internet. Diferente da linguagem mais antiga, a *hypertext markup language* (HTML), que aplica extensões HTML que dão instruções para um navegador acerca de como exibir informações, a XML aplica extensões que dão instruções sobre a categoria das informações.
- *Universal description, discovery and integration* (UDDI) é um diretório distribuído via rede que permite que as empresas insiram a si próprias na Internet e que descubram umas às outras, como uma lista telefônica tradicional.

TABELA 15-1

ESTRATÉGIAS DOS PRINCIPAIS FORNECEDORES DE SOFTWARE PARA A SOA

Fornecedor	Estratégia para a SOA	Plataforma composta	Repositório	Ecossistema
IBM	Foco na plataforma para aplicações; fornecedores de software customizado e independente	Estrutura IBM SOA	Registro Web Sphere	PartnerWorld Industry Networks
Microsoft	Foco na plataforma e em algumas interfaces de serviços para aplicações existentes	.NET Estrutura + WinFX + Servidor Biztalk	Nenhum	Parceiro Net
Oracle	Plataforma de fusão	*Middleware* de fusão da Oracle	Parte da arquitetura de fusão	Parceiro genérico
SAP	Aplicações de serviço para a empresa na plataforma NetWeaver	Aplicações compostas NetWeaver	Parte da arquitetura NetWeaver	Parceiro NetWeaver

Fonte: Adaptado de [81].

- *Web services description language* (WSDL) é uma linguagem no formato XML utilizada pelo UDDI, desenvolvida em conjunto pela Microsoft e pela IBM. Ela também é usada para descrever as capacidades de um *web service* como coleções de pontos finais de comunicação capazes de trocar mensagens.
- *Simple object access protocol* (SOAP) é um protocolo no formato XML utilizado para codificar as informações na solicitação *web service* e em mensagens de resposta antes de serem enviadas por uma rede. As mensagens SOAP são independentes de qualquer sistema operacional ou protocolo e podem ser enviadas por meio de diversos protocolos da Internet.
- *Business Process Execution Language* (BPEL) é uma especificação que define a maneira com que os *web services* podem ser combinados para orquestrar processos de negócio de longa duração. A BPEL foi submetida à padronização por um grupo liderado pela IBM e pela Microsoft. A BPEL é uma linguagem no formato XML que permite aos desenvolvedores descrever formalmente um processo de negócio, como as etapas envolvidas no processamento de um pedido de empréstimo ou de solicitação de compra. Ela tem o potencial de tornar-se um dos padrões principais para a integração de aplicações e processamento B2B. Além disso, é provável que a BPEL se torne a base dos produtos de integração de aplicações que a IBM e a Microsoft desenvolverão no futuro.

A IBM também volta suas atenções para a plataforma de tecnologia, não para as aplicações. Por meio de sua forte tecnologia de *middleware*, a WebSphere, a empresa está se posicionando como fornecedora de componentes e serviços para a geração de aplicações customizadas. Além disso, ela forma parcerias com fornecedoras independentes de software, que fornecem aplicações *off-the-shelf** que utilizam a tecnologia da IBM. O estudo de caso da Pecorini no início deste capítulo é um exemplo desta situação.

15.4.2 A plataforma da fornecedora de ERP: a SAP e a Oracle

As empresas de ERP como a SAP e a Oracle hoje competem por meio de suas próprias plataformas de ERP e tentam criar uma comunidade de desenvolvedores em seu redor. A estratégia da SAP (ver [210]) tem o objetivo de vincular desenvolvedores a sua plataforma e criar um ambiente de inovação que acarrete a sua adoção. A Oracle está mais concentrada em integrar, sob uma única plataforma, os diversos pacotes de software que adquiriu nos últimos anos. A empresa também oferece ferramentas semelhantes às da IBM e da Microsoft.

A SOA da SAP eleva o projeto, a composição e a mobilização de *web services* ao nível corporativo para tratar das exigências dos negócios. Um serviço para corporação em geral é uma série de *web services* combinados com uma lógica de negócio simples que pode ser acessada e utilizada repetidas vezes para dar suporte a um dado processo de negócio. A agregação de *web services* em serviços para corporação em nível de negócio fornece blocos mais significativos para a tarefa de automatizar os cenários de negócio em escala corporativa.

Os serviços para corporação permitem às empresas desenvolver aplicações compostas com eficiência. Aplicações compostas são aquelas que fazem parte da funcionalidade e das informações de sistemas existentes para dar apoio a novos processos e cenários de negócio. Todos os serviços para corporação se comunicam por meio de padrões de *web service*, po-

---

* N. de T.: Aplicações completas, comercializadas diretamente, sem a oportunidade de customização.

dem ser descritos em um repositório central e são criados e administrados com a utilização de ferramentas fornecidas pelo SAP NetWeaver, que lhes serve de base.

O SAP NetWeaver é um conjunto de tecnologias de infraestrutura e de integração que suporta as aplicações da SAP, mySAP ERP, gestão de recursos do fornecedor e gestão de recursos do cliente, entre outras, e permite que operem uma com a outra, com flexibilidade e com partes de aplicações de outros fornecedores de software. Em síntese, os elementos do NetWeaver incluem o servidor da aplicação, o servidor de integração, o portal da Internet, o software de *business intelligence*, os sistemas de gestão de dados mestre e o ambiente de desenvolvimento de aplicação composta. A ideia é fazer com que o NetWeaver substitua a arquitetura cliente/servidor *three-tier* utilizada pela suíte de ERP atual.

A Oracle é uma tradicional fornecedora de desenvolvimento de aplicações. Desde 2005, a companhia vem crescendo com a aquisição de diversas fornecedoras de aplicações, como a Peoplesoft (que já incluía a JD Edwards), a Siebel (fornecedora de sistemas de gestão de relacionamento), além de fornecedoras de aplicações para a cadeia de suprimentos, como a Demantra (para o planejamento de demanda) e a G-log (para transporte). Ela criou uma plataforma chamada Oracle Fusion, em torno da qual estas aplicações acabarão sendo padronizadas. A Oracle também tem potentes aplicações de *middleware*, incluindo JDeveloper, BPEL Process Manager, Enterprise Service Bus, Oracle Web Services Manager, Business Rules e Oracle Business Activity Monitoring. A companhia criou uma plataforma de composição que suporta processos BPEL, dessa forma orquestrando a execução de serviços e eventos.

A Oracle habilita profissionais do setor de TI para adaptar o ambiente de composição a partir do código de programação até a orquestração de processos de negócio. Contudo, o impacto da empresa além de sua base instalada não é muito grande e, tal como a Microsoft, seu ponto forte está nos desenvolvedores baseados na tecnologia tradicional [81].

15.4.3 Conclusão

A natureza técnica desta discussão não deve suprimir a noção básica de que a SOA altera o método e as possibilidades de projeto de software de aplicações. Os principais elementos da SOA, conforme definidos no início desta seção, são [191]:

1. Ela é uma arquitetura de aplicação com modos padronizados de integração de serviços.
2. Os serviços são definidos por meio de uma linguagem descritiva padronizada e têm interfaces que podem ser solicitadas.
3. Os serviços podem ser parte de processos de negócio e há aplicações que auxiliam os usuários a descrevê-los.
4. Os processos, as transações e os componentes funcionais especiais precisam ser expostos como serviços, o que permite que as aplicações compostas e diversas também sejam expostas.
5. As interações devem ser independentes umas das outras e dos protocolos de interconexão dos dispositivos de comunicação. Isto permite a integração de plataformas diferentes. A plataforma e a linguagem da aplicação utilizadas são indiferentes, desde que os serviços sejam expostos para recrutarem esta aplicação.

A SOA permitirá aos usuários das empresas combinar informações de diversas aplicações e utilizá-las para a análise e a colaboração. Isto é especialmente importante na gestão da cadeia de suprimentos, em que as informações solicitadas normalmente se espalham entre diversas aplicações e companhias.

15.5 A IDENTIFICAÇÃO POR RADIOFREQUÊNCIA (RFID)[2]

15.5.1 Introdução

A identificação por radiofrequência (RFID) é uma tecnologia que utiliza etiquetas que emitem sinais de rádio e dispositivos, chamados unidades leitoras, que detectam o sinal. As etiquetas podem ser ativas ou passivas, isto é, elas podem emitir informações ou responder quando solicitado por uma leitora. Além disso, elas podem ser do tipo "somente leitura" ou permitirem leitura e armazenamento de informações, descartáveis ou reutilizáveis. Elas são utilizadas para ler o código eletrônico de produto (EPC Eletronic Code Product), um número exclusivo que identifica um item específico na cadeia de suprimentos, além de registrar as informações de modo a direcionar o fluxo de trabalho em uma linha de montagem ou ainda monitorar e registrar alterações no ambiente. Uma das principais razões por trás da popularidade da RFID é a rede EPCglobal, que permite o acesso protegido por senhas à rede de dados RFID em qualquer ponto da cadeia de suprimentos.

A proliferação da RFID e a implementação total da tecnologia levará muitos anos e a rede EPCglobal ainda não foi integralmente aceita como padrão. Além disso, alguns desafios persistem como a padronização internacional das etiquetas, os problemas técnicos com a precisão na leitura e a redução no custo das etiquetas. Outro exemplo é a confiabilidade das etiquetas que, de acordo com analistas do setor [28], têm uma taxa de funcionamento com sucesso de apenas 80%. É normal as antenas se soltarem das etiquetas, e ainda que estas mantenham-se intactas, as leitoras nem sempre são confiáveis. Há também os problemas com a leitura de etiquetas através de metais ou líquidos, e a interferência das esteiras de transporte confeccionadas em náilon. Outros problemas com a RFID estão relacionados com questões de política de implementação, como a privacidade.

Contudo, exigências específicas de líderes como a Wal-Mart acelerarão a adoção da RFID, mesmo que apenas no nível *slap and ship**. Esta técnica envolve a colocação de uma etiqueta caixas ou paletes que estão sendo enviados ao depósito. As etiquetas são lidas na doca de carregamento do fornecedor e um "aviso de expedição" é enviado à Wal-Mart por e-mail, que compara-o aos carregamentos que chegam. Mesmo limitado, este uso da RFID tem vantagens no âmbito de velocidade do pagamento do pedido e de soluções para as devoluções de valores pedidas pelo comprador [183].

Todas estas evoluções geraram um mercado em rápida expansão para a tecnologia e os serviços de RFID. Muitas empresas estão fazendo testes com diversas aplicações de RFID e preparando-se para as exigências de gigantes de cada setor, como a Wal-Mart e a maior agência de *procurement* do planeta, o Departamento de Defesa dos EUA. Estas aplicações incluem o uso da RFID na melhoria de processos de fabricação, de gestão de SKUs em centros de distribuição e o rastreamento de produtos ou contêineres. De acordo com o "Wireless Data Research Group" (WDRG) (*Grupo de Pesquisas com Dados Sem Fio*), o mercado de hardware, software e serviços de RFID cresceu de $1 bilhão em 2003 para um valor previsto de $3,1 bilhões em 2007 [114].

---

[2] Baseado em "The Impact of RFID on Supply Chain Efficiency", Capítulo 8, de David Simchi-Levi e em *RFID and Beyond: Growing your Business Through Real World Awareness* (Nova York: Wiley, 2005). Reproduzido com permissão de John Wiley & Sons, Inc.

* N. de T.: Etiquetação com um pequeno número de informações do produtos a constar na etiqueta.

A maior parte das aplicações existentes *está entre as quatro paredes* em que a vantagem da RFID é evidente e sua implementação relativamente fácil. Contudo, a pergunta é: como atingir a eficiência além de uma única unidade? Isto é, como a tecnologia RFID pode ser utilizada para melhorar as eficiências da cadeia de suprimentos? Os estudiosos da cadeia de suprimentos e os especialistas em tecnologia dizem que a RFID aumentará a eficiência na cadeia ao melhorar a visibilidade e acelerar os processos no interior da mesma. Evidentemente, não duvidamos destas noções; mas, o sentido delas é vago. A visibilidade e a aceleração de processos permitem que a cadeia de suprimentos responda com maior rapidez, mas quais são os processos de negócio que viabilizam esta vantagem? Estes processos precisam considerar não apenas a complexidade da cadeia, como também as economias de escala e a variação e a incerteza. De fato, conforme observado no Capítulo 14, é somente por meio de uma combinação entre tecnologia e processos de negócio que a cadeia de suprimentos conquista melhorias expressivas.

Assim, o objetivo desta seção é propor uma estrutura e um processo que viabilizem uma melhoria no desempenho da cadeia de suprimentos com a RFID. Em nossa análise, voltamos nossa atenção para a vantagem que a RFID oferece em relação aos dados de ponto de venda. Além disso, discutimos as questões associadas à colaboração na cadeia de suprimentos, ao custo com a tecnologia e à definição das partes que devem arcar com estes custos.

15.5.2 As aplicações da RFID

São dois os principais fatores que motivam as empresas a começarem a experimentar as aplicações da RFID. O primeiro é a obrigação, que é gerada junto aos grandes atores em um dado setor e agências de *procurement*. O segundo é a vantagem imediata que pode ser obtida com a implementação da tecnologia.

Uma importante decisão que os fabricantes e fornecedores precisam tomar ao considerarem a RFID diz respeito ao nível de implementação: palete/caixa ou item individual? A etiquetação em nível de item é necessária para atingir muitos dos benefícios da RFID, como a prevenção da pirataria e do furto. Infelizmente, em função do custo das etiquetas, este nível de etiquetação será implementado primeiramente em produtos de valor alto, como automóveis e cartuchos de tinta para impressoras.

Os sistemas de informação atuais administram os dados sobre produtos em nível agregado, como número de itens ou contêineres. Assim, o rastreamento de produtos ou caixas individuais por meio da RFID exigirá uma nova tecnologia da informação (TI) que forneça o apoio necessário, mesmo em nível de caixa. Sem dúvida, a maior vantagem pode ser conquistada com a implementação da RFID em nível de produto. Por exemplo, a RFID permite a armazenagem em sua base de dados de informações como o momento em que um corte de carne foi embalado, a vaca que deu origem a ele, a fazenda em que esta vaca vivia e o frigorífico em que foi abatida. Estes dados são fornecidos em tempo real, em toda a cadeia de suprimentos, à medida que as paletes entram em um depósito ou que os itens saem das prateleiras. A modelagem destes dados é, por si só, um imenso desafio, e o desenho de aplicações para entender e utilizar este nível de informação ou mesmo da informação em nível de palete será um grande problema que toda empresa terá de enfrentar [28].

Algumas das aplicações solicitadas dentro dos próximos cinco anos são discutidas nos exemplos a seguir:

EXEMPLO 15-3

A WAL-MART STORES INC.
Em janeiro de 2005, a Wal-Mart adotou a tecnologia RFID e exigiu que os fornecedores fizessem o mesmo. A princípio, a Wal-Mart tinha mais de 100 fornecedores etiquetando produtos. Hoje, o número de fornecedores que adotou a RFID mais do que triplicou. Eles enviam seus produtos com etiquetas de RFID a 500 unidades da companhia por meio de cinco centros de distribuição. A Wal-Mart espera que o número de lojas capazes de lidar com itens etiquetados dobre para mil em janeiro de 2007, com 600 fornecedores utilizando a tecnologia nesta data. A empresa está tendo retorno sobre o investimento. Os itens cujos estoques acabam mais rapidamente estão sendo reabastecidos a uma velocidade três vezes maior com as etiquetas de RFID, em comparação com o sistema antigo, e o número destes itens que têm de ser reabastecidos manualmente caiu em 10%.

EXEMPLO 15-4

O DEPARTAMENTO DE DEFESA DOS EUA
Os fornecedores do Pentágono serão obrigados a colocar etiquetas nas caixas e paletes enviados ao Departamento de Defesa a partir de janeiro de 2005 primeiramente a um dado número de produtos e depósitos. Este número será expandido em 2006 [234].

EXEMPLO 15-5

A FDA – FOOD AND DRUG ADMINISTRATION
A FDA, a agência de vigilância sanitária dos EUA, recomenda que as companhias farmacêuticas, os atacadistas e os varejistas desenvolvam planos para a colocação de etiquetas de RFID em paletes, caixas e itens unitários em 2007 [183].

Existem aplicações de RFID sendo implementadas por uma empresa em uma unidade ou processo. Os exemplos a seguir ilustram a situação. O primeiro diz respeito ao rastreamento de embalagens.

O rastreamento de embalagens

EXEMPLO 15-6

A UK BREWERIES
No final de maio de 2004 a Trenstar, uma companhia de logística baseada em Denver, assinou um contrato com a Coors UK, e hoje tem parcerias com as três maiores cervejarias do Reino Unido para a gestão de seus carregamentos de barris de cerveja. Anteriormente, as cervejarias eram proprietárias destes barris e administravam seus carregamentos e devoluções – em um processo caro e demorado. A Trenstar adquiriu os barris das cervejarias e equipou cada um com uma etiqueta de RFID. As cervejarias hoje têm contratos de coordenação das operações com a Trenstar, que fornece auditorias detalhadas sobre a localização e previsão de retorno destes contêineres. A maior vantagem para as cervejarias, com a RFID, é a redução de prejuízos com ativos, uma vez que elas perdiam em média 5 a 6% de seus barris a cada ano. Hoje, este número caiu em mais da metade.
A implementação da RFID pelas cervejarias britânicas também trouxe algumas vantagens inesperadas. Em função da tecnologia oferecer o rastreamento de cada barril, as empresas têm condição de reclamar um crédito tributário em função da quantidade de cerveja que resta em cada um. Via de regra, uma cervejaria paga tributos pela quantidade de cerveja que despacha a seus clientes. Com o rastreamento de barris efetuado com rigor, as empresas pesam as caixas no retorno, e recebem créditos tributários pelo volume de cerveja que não é consumido ou, se o barril estiver danificado, este crédito se refere a todo o contêiner. Com isso, elas têm uma economia de $1 a $12 por barril, dependendo do volume de cerveja que resta em seu interior [38].

O rastreamento de produtos

EXEMPLO 15-7

A MICHELIN NORTH AMERICA INC.

A Michelin North America implantou as etiquetas de RFID em alguns de seus pneus para acompanhar seu desempenho ao longo de um período de tempo. Os engenheiros da companhia desenvolveram um transponder com tecnologia RFID que é inserido no pneu durante o processo de fabricação e permite que o número de identificação do produto seja associado à placa do veículo em que está instalado, o que possibilita sua identificação e a verificação de sua data de fabricação, a pressão máxima de trabalho, seu tamanho, e assim sucessivamente. As informações são obtidas por meio de uma pequena leitora manual que lê a etiqueta, de modo semelhante ao código de barras em uma embalagem de um produto em um supermercado.

Os principais usos da eletrônica para um pneu são três: a identificação, as condições de operação (que incluem o monitoramento da pressão de operação) e o desempenho do veículo (em que um pneu pode "sentir" as condições da estrada e ajustar o desempenho por meio da comunicação entre o pneu e os sistemas de operação do veículo).

Além do armazenamento de informações importantes, a tecnologia de RFID permite vantagens do ponto de vista logístico, ao oferecer às companhias uma melhoria no desempenho com transporte gerada pela redução no número de inspeções manuais o que, por sua vez, economiza horas de trabalho e melhora a eficiência do processo. Além disso, a RFID reduz o tempo necessário para processar devoluções, aumenta a precisão na expedição de mercadorias e reduz vendas perdidas [142].

Lojas

EXEMPLO 15-8

A MARKS AND SPENCER (M&S)

A M&S é uma das pioneiras na adoção de etiquetas de RFID no setor de varejo do Reino Unido. Os primeiros testes com a tecnologia foram feitos para o rastreamento de mercadorias no setor de moda masculina, na loja de High Wycombe, em 2003. As etiquetas de RFID estão presentes nas etiquetas de papel descartáveis fixas, mas não inseridas, em uma variedade de itens de vestuário masculino e feminino nas lojas. A M&S utiliza leitoras portáteis para ler as etiquetas no interior da loja. Os portais nos centros de distribuição e as docas de descarregamento nas lojas permitem que as grades contendo os trajes pendurados passem diretamente, fornecendo a leitura das etiquetas com grande velocidade.

Com o sucesso da etiquetação com RFID em nível de item em 42 lojas, a M&S planeja estender a metodologia a toda a cadeia. A etiquetação em nível de produto de certas classes de roupas será estendida a outras 80 lojas na primavera de 2007. As roupas incluem uma variedade de itens com complexidade de tamanhos, como ternos masculinos e calças e saias femininas.

A varejista planeja adotar as etiquetas de RFID na concretização de suas metas de 100% de precisão em estoques, e assim garantir que os tamanhos certos das mercadorias certas estejam presentes em todas as lojas para atender à demanda [136].

Manufatura

EXEMPLO 15-9

CLUB CAR INC.

Uma fabricante de carrinhos de golfe e de veículos utilitários baseada no estado da Geórgia implementou a tecnologia de RFID no processo de fabricação de um novo modelo de luxo chamado *Precedent*. O processo começa com a instalação de uma etiqueta de RFID permanente em todos os veículos do modelo montados. A

> **EXEMPLO 15-9** *continuação*
>
> cada etapa da linha de montagem, a carroceria passa por um leitor que lê os dados de identificação e os envia para um sistema próprio de execução de processos de fabricação. O software determina os opcionais que devem ser instalados no veículo e as especificações do motor, como torque, que precisam ser obedecidas. Antes de o veículo deixar o posto de trabalho em questão, os funcionários se certificam de que todas as respectivas tarefas designadas para o ponto da linha foram executadas. Este processo substitui as instruções impressas e diminui o tempo de montagem de um *Precedent* de 88 para 45 minutos. Os gastos com a implementação do sistema não chegaram a $100 mil [183].

A gestão de depósitos

> **EXEMPLO 15-10**
>
> **GILLETTE**
>
> Em 2003, a Gillette lançou um grande teste para a implementação de um código eletrônico de produto (EPC) em seu centro de embalagem e distribuição localizado em Fort Deens, Massachusetts. A companhia está rastreando todas as caixas e paletes de seus aparelhos para depilação feminina nesta unidade, e conhece a localização de cada contêiner dos aparelhos Venus dentro do centro de embalagem, o tempo em que cada contêiner está no local e a data de expedição. O objetivo do teste é desenvolver sistemas e processos de negócio necessários à sustentabilidade de altos níveis de eficiência e produtividade. No momento em que a empresa adotar a exigência de etiquetação feita pela Wal-Mart, a Gillette será capaz de eliminar os custos com contagem e leitura de contêineres, entre outros [179].

O lançamento de produtos

> **EXEMPLO 15-11**
>
> **GILLETTE**
>
> O lançamento do aparelho Fusion da Gillete em março de 2006 foi feito integralmente com a tecnologia de EPC. Etiquetas inteligentes de RFID foram instaladas em todas as caixas e paletes expedidos às 400 unidades dos dois clientes varejistas da empresa que estavam equipadas com a tecnologia e que participaram do teste. A Gillete também instalou etiquetas nos expositores promocionais do Fusion enviados aos varejistas, que chegaram às prateleiras três dias depois de terem sido expedidos do centro de distribuição da Gillete. Normalmente, este processo leva 14 dias para o lançamento de um novo produto.
>
> A rapidez no lançamento do Fusion é atribuída à maior visibilidade que as mercadorias etiquetadas trouxeram para a companhia. Esta visibilidade começou no momento em que as mercadorias chegaram aos centros de distribuição dos varejistas, e terminou – o que é o mais importante – nas máquinas retalhadoras de embalagens do varejista, em que a leitura das etiquetas dos contêineres do Fusion permitiram à Gillete inferir que todos os conteúdos haviam sido dispostos nas prateleiras. Nos casos em que a rede de *feedback* de EPC do varejista revelou que os aparelhos Fusion ou os expositores promocionais haviam sido levados para as dependências de acesso restrito da loja e que nenhuma leitura fora registrada para a colocação dos aparelhos no interior da loja dentro do prazo, a Gillete entrou em contato com os gerentes destas lojas e solicitou que os aparelhos e expositores fossem para os respectivos pontos de exibição.
>
> A Gillette prevê um retorno de 25% sobre o investimento com RFID nos próximos dez anos, manifestado em um aumento nas vendas e em economia no âmbito da produtividade. O sucesso da empresa em colocar os aparelhos Fusion nas prateleiras dos varejistas com velocidade 90% maior do que a normal indica o expressivo impacto da RFID como facilitadora de operações mais eficientes para a cadeia de suprimentos [153].

15.5.3 A RFID e os dados dos pontos de venda

Os dados comumente utilizados por varejistas e seus fornecedores na elaboração de previsões de demanda são os dados dos pontos de venda. Estes dados, coletados junto às caixas registradoras, mensuram o que é de fato vendido. Mais especificamente, estes são os dados históricos utilizados por muitas ferramentas de planejamento de demanda. Infelizmente, os dados dos pontos de venda não mensuram a demanda real, em função das vendas perdidas devido à falta de estoque.

Na verdade, inúmeras vendas são perdidas devido itens mal localizados ou ausentes das prateleiras em que os clientes esperam encontrá-los. A falta de estoque é estimada, de forma conservadora, como equivalente a 7% das vendas [14], mas a verdadeira porcentagem é desconhecida. Por exemplo, Raman, Dehoratius e Ton [172] listam diversos problemas em nível de centro de distribuição e de loja que impossibilitam os clientes de encontrarem os produtos dentro da loja. Alguns dos motivos por trás dos problemas de execução estão relacionados a processos de reabastecimento da loja e do centro de distribuição, como erros de leitura, itens que não são levados dos estoques para as prateleiras, erro na separação do item no centro de distribuição, além de itens enviados pelo centro de distribuição que não estão presentes na loja. O alto nível de variedade, depósitos cheios e altos níveis de estoque dificultam a precisão e o reabastecimento das prateleiras. Isto tudo causa o extravio de SKUs e expressivas discrepâncias entre níveis de estoque físico e registros de estoques presentes nos sistemas de informação.

Temos aqui um grande campo de atuação da RFID, que viabiliza o acesso a informações muito mais precisas sobre os estoques disponíveis. Por exemplo, as empresas que concordaram com as exigências da Wal-Mart recebem informações em nível de detalhe muito maior do que as geradas pelos pontos de venda [4]. O processo inclui os seguintes eventos:

- Recebimento no centro de distribuição da Wal-Mart
- Saída do centro de distribuição
- Recebimento na loja
- Expedição do depósito interno da loja (chegada na prateleira)
- Destruição da caixa (ou etiqueta)

Estas informações oferecem os seguintes benefícios imediatos:

- Melhor controle sobre o excesso e a falta de estoques e sobre a gestão de pedidos de indenização, além de uma maior capacidade de repassar responsabilidades aos fornecedores, às transportadoras ou à própria Wal-Mart.
- Melhor controle sobre *recall* de produtos.
- A utilização dos dados para a melhoria de processos, por meio da colaboração entre os fornecedores e a Wal-Mart.

Porém, a verdadeira vantagem das informações obtidas via RFID em relação às dos pontos de venda é que, *pela primeira vez, é possível quantificar as vendas perdidas*. Uma vez que o varejista conhece as quantidades vendidas, as que permanecem em estoque e os momentos em que as prateleiras não estão sendo reabastecidas, é possível determinar a demanda *realizada* com base nas *vendas reais mais as vendas perdidas*. Esta análise exigirá novas técnicas estatísticas e de previsão, que utilizarão esta nova modalidade de informação de modo mais proveitoso.

15.5.4 As vantagens para os negócios

A implementação da RFID melhorará tanto a precisão quanto a velocidade dos processos de coleta de dados. A precisão é conquistada com a redução no número de erros de leitura e com uma prevenção mais eficiente contra furtos e desvios de mercadorias, além do rastreamento eficaz de datas de validade. Por sua vez, a velocidade de leitura está vinculada à menor taxa de manuseio de produtos, à facilidade na contagem de estoques em uma unidade equipada com um sistema de leitura multiobjeto, entre outros aspectos. A combinação destas vantagens com os novos processos levará a uma aceleração na cadeia de suprimentos que, por sua vez, aumentará a eficiência em toda a cadeia.

Os varejistas serão os maiores beneficiados com a implementação da tecnologia de RFID. De acordo com um estudo feito por A. T. Kearney [14], as vantagens esperadas podem ser vistas em três áreas principais:

1. **A redução de estoques.** Espera-se uma economia real de cerca de 5% em valores para o sistema de estoques totais. Esta meta pode ser atingida por meio da redução no tempo de ciclo dos pedidos e na melhoria da visibilidade, o que por sua vez aperfeiçoa o processo de elaboração de previsões. Os tempos de ciclo de pedido mais curtos trazem a redução nos estoques de ciclo e também nos estoques de segurança, ao mesmo tempo em que as previsões mais acuradas geram a redução destes últimos.
2. **A redução na mão de obra nos depósitos e nas lojas.** A redução esperada para os gastos com mão de obra é de 7,5%.
3. **A redução dos eventos de falta de estoque.** Um ganho de 7 centavos de dólar em vendas é esperado, a cada ano, devido à queda dos números de falta de estoque e de furtos para um dado item.

Em geral, um varejista com um sistema de RFID instalado em todas as suas lojas e que inclua leitoras e bases de dados corporativos que recebem dados em tempo real em plena operação são capazes de economizar 32 centavos a cada dólar em vendas, já incluído o custo de implementação [14].

As empresas vêm enfrentando problemas para estimar os custos de implementação da RFID, que variam significativamente para varejistas e fabricantes. As estimativas de custos diretos da adoção da RFID incluem:

- **A etiquetação.** O custo relativo à etiquetação é constante para os fabricantes. A maioria das empresas que vende etiquetas de RFID não cota preços, pois o processo de precificação é baseado no volume, na capacidade de memória e na forma de apresentação das etiquetas (embaladas em plástico ou inseridas em um rótulo, por exemplo) [20]. Em geral, uma etiqueta de EPC com 96 bits custa entre 20 e 40 centavos de dólar, mas estes preços sobem com a necessidade de características especiais, como no caso do transporte sob refrigeração.[3] A etiquetação é efetuada durante o processo de produção. Por isso, as companhias utilizam etiquetas em todas as caixas, até naquelas expedidas a clientes que não requerem a tecnologia. Portanto, uma companhia que despacha 20 milhões de embalagens ao ano terá um aumento de despesas de $4 milhões no primeiro ano, e verá este valor cair nos anos seguintes.
- **As leitoras.** As leitoras representam principalmente um custo fixo para fabricantes e fornecedores. As primeiras estimativas dão conta de que os varejistas de grande porte terão um custo de $400 mil para um centro de distribuição e de $100 mil por loja [14]. O único custo variável diz respeito à manutenção de hardware e software.
- **Os sistemas de informação.** As vantagens de longo prazo da RFID se concretizarão, conforme descrevemos a seguir, no momento em que os sistemas de informação forem capazes de processar informações em nível de item e em tempo real, que a tecnologia proporciona.

---

[3] www.rfidjournal.com/faq/20/85.

Os benefícios com a adoção da RFID variam com o setor de atuação da empresa. As vantagens imediatas com a implementação interna incluem:

1. **A visibilidade dos estoques.** A RFID proporciona o rastreamento eficiente em todas as unidades da empresa.
2. **A eficiência de mão de obra.** A RFID reduz a contagem de ciclos, a leitura do código de barras e os registros manuais.
3. **O aperfeiçoamento do atendimento de pedidos.** Menor *shrinkage**, melhor utilização das docas e dos caminhões e maior acompanhamento da produtividade são vantagens da RFID.

No longo prazo, tanto os fabricantes quanto os varejistas tirarão vantagem da expressiva redução do **efeito chicote** (o aumento na *variabilidade à medida que nos deslocamos na cadeia de suprimentos*). Na verdade, conforme observamos no Capítulo 5, a total visibilidade em toda a cadeia de suprimentos, tal como viabilizada pela RFID, reduzirá a variação em seu interior. Isto não apenas permite a redução nos níveis de estoque, como também leva à utilização mais eficiente de recursos, como os de fabricante e transporte. Ao mesmo tempo, a amenização do efeito chicote traz benefícios aos varejistas em termos de melhoria nos níveis de serviços. De forma indireta, os fabricantes tiram proveito da redução dos índices de falta de estoque junto aos varejistas. Uma redução nesta categoria de 50% traz aos fornecedores um ganho de receitas da ordem de 5% [183].

Na verdade, no caso das empresas do setor de produção que vendem um pequeno volume de mercadorias com preços altos, como medicamentos e produtos em geral, as vantagens são muitas [14]. Por outro lado, para as empresas que comercializam grandes volumes de produtos acessíveis, como alimentos, as vantagens da RFID não estão muito bem definidas. Isto se deve a dois aspectos:

1. Estes setores já conquistaram a eficiência da cadeia de suprimentos por meio da implementação de um leque de tecnologias e processos.
2. A incerteza nestes setores é relativamente baixa e, portanto, a demanda é altamente previsível.

Logo, *é provável que estas empresas que produzem grandes volumes de produtos de preço baixo implementarão a RFID em nível de caixa e palete*, até a tecnologia atingir um grau de amadurecimento e os preços das etiquetas baixarem. Isto significa que as vantagens da RFID, como a prevenção de furtos no interior das lojas e a possibilidade de "ler" o carrinho de compras do cliente tardarão a se concretizar.

No entanto, há muitos benefícios a ser atingidos com a implementação da RFID em nível de caixa. Por exemplo, a Gillette vê as seguintes vantagens para os negócios com a implementação da RFID:

1. A redução no número de pontos de toque para a palete, o que se traduz em economia com mão de obra.
2. A eliminação da leitura manual de caixas e paletes.
3. A eliminação da contagem manual de caixas.
4. A diminuição na impressão e aplicação de rótulos.

---

* N. de R. T.: Diferença entre o que havia em estoque e o que diminuiu, mas não por renda e sim por algum problema ocorrido.

5. A diminuição do tempo necessário para a verificação de um pedido antes de sua expedição.
6. A melhoria na precisão dos pedidos.
7. A redução nas negociações com varejistas acerca de produtos extraviados.
8. A redução em *shrinkage* nos centros de distribuição, depósitos e no trânsito de produtos.
9. O aperfeiçoamento da elaboração de previsões.
10. A redução geral nos níveis de estoque.
11. O aumento na disponibilidade em prateleira do produto.
12. A melhoria nos níveis de serviço ao cliente.

Observe que os itens um a oito resultam da implementação física da RFID, e não exigem o desenvolvimento de novos processos de negócio. Contudo, os itens nove a 12 requerem a coordenação da cadeia de suprimentos e novos processos para a cadeia de suprimentos a fim de serem concretizados.

15.5.5 A eficiência na cadeia de suprimentos

A informação recebida dos sistemas de RFID ao longo de toda a cadeia de suprimentos oferece uma visibilidade quase instantânea em tempo real do estoque e do *status* de produtos em trânsito. Esta vantagem tem o potencial de melhorar o desempenho dos sistemas de estoque, de transporte e de reabastecimento que dependem destas informações.

Em uma cadeia de suprimentos com *lead time* zero, capacidade ilimitada e nenhuma economia de escala, a tecnologia de RFID acarretaria a reação imediata da cadeia a qualquer sinal de demanda. Assim, nesta cadeia de suprimentos ideal, os lotes de produção e transporte são compostos por uma unidade apenas, e a cadeia é administrada com base na condição de cada setor da companhia. Mais especificamente, em um ambiente deste tipo, quando um cliente retira um produto da prateleira, o centro de distribuição expede o produto à loja do varejista, o que desencadeia a produção de uma unidade do produto no fabricante.

É precisamente este o conceito de **produção enxuta**, em que cada unidade de fabricação reage à demanda da unidade à jusante, isto é, a estratégia é puxada, não a uma previsão, o que configuraria uma estratégia empurrada. Assim, em uma cadeia de suprimentos ideal, o principal efeito positivo da RFID é a possibilidade de desfrutar das vantagens associadas às estratégias de produção enxuta.

Contudo, não podemos duvidar que, nas cadeias de suprimentos do mundo real, a resposta a uma manifestação de demanda é muito mais complexa. Em primeiro lugar, existe a possibilidade de a demanda ser atendida por um centro de distribuição, transferida de uma loja nas proximidades ou satisfeita por meio de um carregamento de emergência expedido pelo fabricante. Estas alternativas abrem as oportunidades para a gestão mais eficiente da cadeia de suprimentos, mas assumem as feições de um desafio, à medida que sobe o grau de complexidade da cadeia de suprimentos. Além disso, o mais importante é que as cadeias de suprimentos têm tempos de preparação e custos de operação, sofrem com longos *lead times* e com expressivas economias de escala na produção e no transporte – variáveis estas que inviabilizam possíveis reações a demandas isoladas.

Portanto, ainda que a RFID ofereça dados em tempo real, ela nem sempre é sagaz o bastante para *responder* em tempo real a qualquer evento. Especificamente, a tecnologia RFID não se refere à possibilidade de implementar estratégias puramente puxadas. Assim, de que maneira a cadeia de suprimentos considera as economias de escala e os *lead times* quando utilizam dados gerados por RFID? A resposta a esta pergunta pede uma abordagem híbrida, em que sistemas de planejamento e execução são integrados com vistas a obter o equilíbrio entre cadeias puxadas requeridas pela tecnologia de RFID e as estratégias empurradas, exigência dos *lead times* e das economias de escala.

RESUMO

Os progressos nos padrões trouxeram uma expressiva contribuição para a capacidade de aperfeiçoamento da cadeia de suprimentos. Na década de 1990, a evolução da Internet foi o principal fator de mudanças na organização das cadeias de suprimentos. Na década seguinte, os dois principais padrões passaram a ser a SOA e a RFID.

A SOA é a espinha dorsal de sistemas de maior capacidade de adaptação e que podem funcionar entre diferentes infraestruturas tecnológicas. Em termos evolutivos, a SOA ainda está na fase de desenvolvimento de suas tecnologias básicas, mas sem dúvida exercerá um imenso impacto na evolução de sistemas da cadeia de suprimentos. As tecnologias de processos de negócio associadas facilitarão a definição e execução de novos processos e, por isso, ganharão flexibilidade.

A RFID é uma tecnologia revolucionária que terá um impacto significativo para a gestão das cadeias de suprimentos e concretizará maiores níveis de eficiência. As etiquetas de RFID não se limitarão a substituir os códigos de barra: elas permitirão o rastreamento de produtos – ou ao menos de caixas e paletes – em tempo real. De modo especial, ela possibilitará uma maior redução em vendas perdidas, que são muito dispendiosas para toda a empresa. Contudo, a concretização destas eficiências exigirá novos sistemas de informação capazes de tirar proveito das informações detalhadas de cada produto fornecidas em tempo real pela tecnologia de RFID.

QUESTÕES PARA DISCUSSÃO

1. Qual é o impacto da tecnologia da SOA na gestão da cadeia de suprimentos? Particularmente, de que modo uma companhia de transporte pode utilizar esta tecnologia para oferecer novos serviços ou melhorar os existentes?
2. Qual é a importância dos padrões na gestão da cadeia de suprimentos global?
3. Qual é a maneira de tirar proveito da RFID para a gestão de promoções?
4. Como será a cadeia de suprimentos quando todos os produtos tiverem etiquetas de RFID?

APÊNDICE A

O Jogo da Cerveja Informatizado

A.1 INTRODUÇÃO[1]

Se você cursou administração de operações nos últimos 20 anos, você certamente está familiarizado com o Jogo da Cerveja (*Beer Game*). Concebido pelo MIT, o jogo é um simulador de um sistema simples de produção e distribuição, e vem sendo utilizado em inúmeros cursos de nível universitário, pós-graduação e de formação de executivos desde seu lançamento na década de 1960.

O Jogo da Cerveja Informatizado (*The Computerized Beer Game*), incluído neste livro, é semelhante ao jogo da cerveja em diversos aspectos. Contudo, conforme você verá nas próximas páginas, ele oferece muitas opções e características que possibilitam explorar uma variedade de conceitos básicos e avançados da gestão da cadeia de suprimentos que não podem ser ensinados com facilidade na versão tradicional do jogo.

Para jogá-lo, é necessário que seu computador tenha o sistema operacional *Windows 95* ou versão superior. Para instalar o software, coloque o CD que acompanha o livro em sua unidade de CD-ROM. Se o programa de instalação não iniciar automaticamente, abra o Windows Explorer, selecione "CD", dê um duplo clique no ícone do *setup*. Então, clique no link "Games" e então no link "Risk Pool Game and Computerized Beer Game" para baixar o arquivo de *setup*.

A.2 O JOGO DA CERVEJA TRADICIONAL

Para fins de comparação, apresentamos uma breve revisão da versão manual tradicional do Jogo da Cerveja, geralmente jogado em um grande tabuleiro. As localizações no tabuleiro representam quatro componentes ou estratégias da cadeia de suprimentos da cerveja: a fábrica, o distribuidor, o atacadista e o varejista. Os pedidos emitidos pelos gerentes de cada uma destas unidades, além dos estoques em trânsito e os presentes em cada local, são representados por marcadores e pelo dinheiro de brinquedo colocados nos locais apropriados no tabuleiro. A demanda externa é representada por uma pilha de cartões.

Cada jogador administra uma unidade desta cadeia de suprimentos. A cada semana, o gerente do varejo observa a demanda externa (tirando um cartão, o "cartão da demanda"), atende a demanda dentro do possível, registra os pedidos em atraso a serem atendidos e emite um pedido junto ao atacadista. Na sua vez de jogar, o gerente do atacado observa a demanda do varejista, atende a esta demanda dentro do possível, registra os pedidos em atraso e emite um pedido para o distribuidor. O gerente de distribuição repete este processo, emitindo um pedido junto à fábrica. Por fim, o gerente da fábrica, após observar e atender à demanda e

---

[1] Uma versão do Jogo da Cerveja para a Internet está disponível no Fórum MIT para a Inovação da Cadeia de Suprimentos em http://supplychain.mit.edu.

aos pedidos em atraso, inicia a produção. O processamento de pedidos e os atrasos no atendimento são incorporados no jogo para fins de representação dos *lead times* de processamento de pedidos, transporte e produção. As regras do jogo exigem que todos os pedidos em atraso sejam atendidos o mais rápido possível. O gerente de cada estágio da cadeia de suprimentos tem informações locais, e somente o varejista conhece a demanda do cliente. O objetivo do jogo é minimizar os custos totais de armazenagem e de pedidos em haver em cada estágio. A cada semana, um custo de $0,50 por unidade em estoque e de $1,00 por unidade constante em pedidos não atendidos é acrescentado na contabilidade.

Normalmente, uma partida dura de 25 a 50 "semanas". Durante o jogo, a comunicação entre os jogadores é limitada. Em geral, os níveis de estoque e de pedidos em atraso variam consideravelmente a cada semana. Ao final do jogo, os participantes precisam estimar a demanda do cliente. Com exceção do gerente do varejo, que conhece a demanda, os jogadores, via de regra, estimam uma grande variação da demanda. Após serem informados de que a demanda passando de quatro unidades por semana era constante para as quatro primeiras semanas, passando para oito unidades por semana nas semanas seguintes, os jogadores ficam surpresos. O instinto de cada um culpa os outros pelas estratégias inadequadas que adotaram.

A.2.1 As dificuldades com o Jogo da Cerveja tradicional

Quando o Jogo da Cerveja foi lançado, na década de 1960, o conceito de *gestão da cadeia de suprimentos integrada*, e os sistemas de informações avançados que dão suporte ao conceito, ainda não haviam sido desenvolvidos. Nestes casos, a cadeia de suprimentos era administrada por gerentes diferentes em cada estágio, com base na intuição, na experiência e nos objetivos individuais. Desde então, contudo, tanto na teoria quanto na prática a gestão da cadeia de suprimentos passou por expressivas melhorias. Infelizmente, tal como tradicionalmente jogado, o Jogo da Cerveja não necessariamente reflete as práticas em vigor para a gestão da cadeia. Talvez o mais importante é que o Jogo da Cerveja não necessariamente oferece aos alunos uma noção da *melhor maneira de administrar uma cadeia de suprimentos*.

Estes pontos fracos do Jogo da Cerveja tradicional podem ser atribuídos a suas características. Nossa experiência com o jogo sugere que os alunos muitas vezes se ocupam com a dinâmica do jogo, certificando-se de que obedecem às suas regras, tanto que não conseguem desenvolver estratégias eficazes. Ainda que um participante adote uma estratégia sofisticada, ele tende a atribuir seus problemas com estoque e pedidos em atraso, além dos custos maiores do que o esperado, às estratégias dos outros participantes, em vez de investigar as prováveis falhas de suas próprias decisões.

Além disso, o padrão de demanda exibido no Jogo da Cerveja não reflete um cenário realista da cadeia de suprimentos. Em sua versão tradicional, a demanda duplica, inesperadamente, na quinta semana e permanece neste nível até o final do jogo. Na vida real, não é normal imaginar que os gerentes de cada uma das unidades de uma cadeia de suprimentos não seriam informados dessa grande mudança nos padrões de demanda.

Por fim, o Jogo da Cerveja tradicional não apresenta uma grande variedade de questões importantes para a cadeia de suprimentos. Por exemplo, nas cadeias de suprimentos do mundo real, várias (ou muitas) estratégias têm um único proprietário. Assim, o verdadeiro objetivo consiste em minimizar o custo total do sistema, não melhorar o desempenho individual. Infelizmente, na versão tradicional não há uma forma de averiguar os prejuízos com a gestão individual das unidades.

Muitas das dificuldades na gestão da cadeia de suprimentos enfatizadas pelo Jogo da Cerveja podem ser tratadas com a redução dos tempos de ciclo e a centralização da tomada de decisão e das informações. Infelizmente, estas abordagens para a solução de muitos dos problemas enfrentados na cadeia não são evidenciados pelo Jogo da Cerveja tradicional – os alunos aprendem sobre estas questões apenas na discussão que ocorre depois da partida.

O Jogo da Cerveja Computadorizado foi desenvolvido precisamente para resolver as dificuldades inerentes ao jogo tradicional. Nas seções a seguir, descrevemos os cenários, os comandos e as opções disponíveis e diversos conceitos para a gestão da cadeia de suprimentos que ensinamos com sucesso utilizando o Jogo da Cerveja tradicional.

A.3 OS CENÁRIOS

O Jogo da Cerveja (computadorizado ou em sua versão tradicional) simula os cenários discutidos a seguir. No primeiro, consideremos uma cadeia de suprimentos simplificada para a cerveja. Ela consiste de um único varejista, um único atacadista que fornece para este varejista, um único distribuidor que atende a este atacadista, e uma única fábrica, com estoque ilimitado de matérias-primas que fermenta a cerveja e supre o distribuidor. Cada unidade da cadeia de suprimentos tem uma capacidade de armazenagem ilimitada, e há um *lead time* de suprimento fixo e um tempo de atraso de pedidos entre cada unidade.

A cada semana, as unidades da cadeia esforçam-se para atender à demanda da unidade à jusante. Todos os pedidos que não forem atendidos são registrados como pedidos em atraso, e atendidos assim que possível. Nenhum pedido pode ser ignorado, e todos precisarão, a um dado momento, ser atendidos. A cada semana, cada unidade da cadeia de suprimentos tem de arcar com um custo de $1,00 relativo à falta de estoque por item constante em pedido em aberto. Além disso, também a cada semana, as unidades são as proprietárias dos estoques em seus próprios depósitos. O atacadista é o proprietário do estoque em trânsito ao varejista, o distribuidor é o proprietário no trajeto ao atacadista, e a fábrica é a proprietária dos itens durante a produção e no trajeto ao distribuidor. Cada unidade tem um custo de armazenagem de $0,50 por unidade que possui, e emite pedidos junto à unidade a montante. Um pedido emitido ao final de uma semana é entregue no fornecedor no começo da semana seguinte. Tão logo um pedido chega, o fornecedor tenta atendê-lo recorrendo ao estoque que tem disponível. Assim, um pedido emitido ao final da semana w chega no fornecedor na semana $w + 1$. O material é expedido (se estiver disponível em estoque) no começo da semana $w + 1$, e chega na unidade da cadeia de suprimentos que emitiu o pedido no começo da semana $w + 3$, na pior das hipóteses. Isto significa que o *lead time* de pedido real é de duas semanas. As unidades da cadeia desconhecem a demanda externa (exceto o varejista, naturalmente) e os pedidos e os estoques das outras unidades. O objetivo do varejista, do atacadista, do distribuidor e da produção é a minimização do custo total, tanto no âmbito individual quanto de todo o sistema.

O Jogo da Cerveja Informatizado oferece outras opções que simulam situações diferentes. Estas opções permitem ao instrutor ilustrar e comparar conceitos, como a redução nos *lead times*, o compartilhamento global de informações e a gestão centralizada. Por exemplo, consideremos um cenário exatamente idêntico ao descrito há pouco, exceto pelo fato de que cada unidade da cadeia tem pleno conhecimento da demanda externa, dos pedidos e dos estoques das outras unidades. Em outro cenário possível, os *lead times* são reduzidos de duas semanas, conforme mencionado anteriormente, para uma semana.

Por fim, em um cenário centralizado, o jogo é alterado da seguinte maneira: o gerente da produção controla toda a cadeia de suprimentos e tem informações sobre todos os níveis de estoque na cadeia, além da demanda externa. Em função de o sistema ser centralizado, as unidades – exceto a de produção – não emitem pedidos. Todo o estoque é movimentado no sistema com a maior velocidade possível. Além disso, uma vez que não podem existir pedidos em aberto em qualquer etapa, exceto no primeira, o varejista arca com um custo de falta de estoque de $4,00 para cada item em um pedido que não é atendido. Isto possibilita uma comparação justa entre o cenário descentralizado descrito anteriormente e o cenário centralizado. Em função da eliminação de três etapas de pedido, a movimentação do produto nesta cadeia de suprimentos é três semanas mais rápida do que na cadeia de suprimentos descrita há pouco. Estes são os três principais cenários simulados pelo Jogo da Cerveja Informatizado. As seções a seguir descrevem como utilizar o software para simular estas situações.

A.4 COMO JOGAR UMA RODADA

Nesta seção descrevemos como jogar uma rodada do Jogo da Cerveja Computadorizado, utilizando as configurações-padrão para simular o primeiro cenário descrito. Na seção a seguir, apresentamos cada um dos menus de comando que permitem a simulação de vários cenários.

A.4.1 A apresentação do jogo

Quando o software do Jogo da Cerveja Informatizado é iniciado, a seguinte tela é exibida:

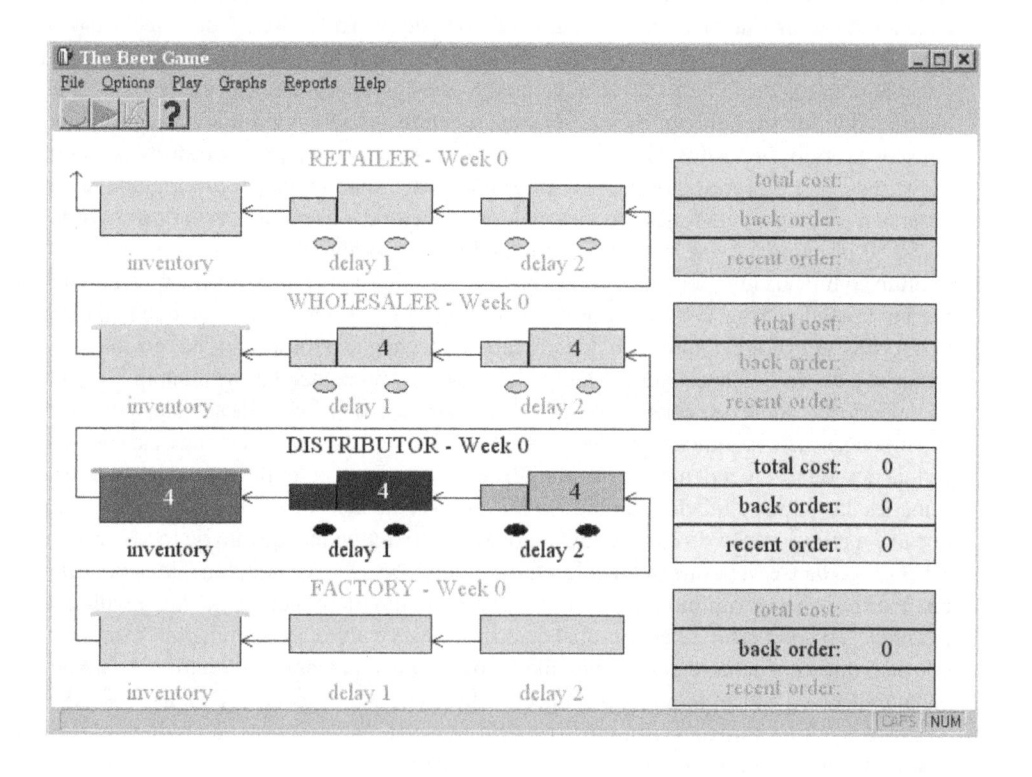

Nesta simulação, o jogador assume o papel de gerente de uma das unidades da cadeia de suprimentos da cerveja: no varejo, no fornecedor, no distribuidor ou na fábrica. Este papel é chamado de *papel interativo*. O computador assume os outros papéis. Na tela, o papel interativo é exibido em cores, ao passo que os outros papéis são exibidos em cinza. As informações para os outros papéis estão ocultas (com exceção dos pedidos em atraso na unidade da cadeia que está imediatamente a montante da unidade com o papel interativo e dos dois caminhões que estão saindo). Na tela exibida como exemplo, o distribuidor tem o papel interativo. *A jusante* significa a direção da cadeia de suprimentos que leva à demanda externa, e *a montante* representa a direção da fábrica. Além disso, chamamos os componentes da cadeia de suprimentos de *instalações*.

A ordem dos eventos. A simulação é executada como uma série de semanas. Em cada semana, primeiramente o varejista, depois o atacadista, então o distribuidor e por fim a fábrica executa a seguinte série de eventos, à medida que a simulação prossegue a montante. Para cada unidade, as etapas são as seguintes:

Etapa 1. Os conteúdos do *delay 2* (Atraso 2) são deslocados para o *delay 1* (Atraso 1) e estes são deslocados para o estoque. O *delay 2*, neste ponto, é zero.

Etapa 2. Os pedidos da instalação imediatamente a jusante (o cliente, no caso do varejista [*RETAILER*]), são atendidos na medida do possível. Lembre-se de que um pedido consiste do pedido atual e de todos os pedidos em aberto. Os pedidos restantes (iguais ao estoque atual menos a soma do pedido atual e dos pedidos em aberto) ficam acumulados, para serem atendidos o mais breve possível. Exceto pelo varejista (*RETAILER*), que envia os pedidos fora do sistema, os pedidos são atendidos para a localização *delay 2* da instalação imediatamente a jusante. Este é o início do atraso de duas semanas.

Etapa 3. Os custos com pedidos em aberto e com estoque são calculados e acrescidos ao total acumulado de custos dos períodos anteriores. Este custo incremental é calculado da seguinte maneira: o estoque total na unidade em trânsito até a próxima unidade a jusante é multiplicado pelo custo de armazenagem ($0,50), ao passo que o custo total de pedidos em atraso é multiplicado pelo custo da falta de estoque ($1,00).

Etapa 4. Os pedidos são enviados. Se este for o papel interativo, o usuário informa a quantidade de pedido desejada. Se o papel for automático, o computador emite um pedido utilizando um entre diversos esquemas de controle de estoque tradicionais. Os esquemas podem ser controlados pelo instrutor, conforme explicado na próxima seção.

Os atrasos e o atendimento a pedidos. Esta sequência de eventos implica diversos aspectos. O primeiro diz que, uma vez que a instalação a jusante emite um pedido ao final de uma semana, este será atendido no começo da terceira semana que se segue (isto é, se o pedido é emitido ao final da semana w, então o material será recebido no começo do período definido por $w + 3$, o que representa um *lead time* de duas semanas). *Além disso, uma vez que um pedido é emitido ao final de uma semana, ele não é recebido antes do começo da semana seguinte. Por exemplo, se o varejista emite um pedido por cinco unidades ao final deste período, o atacadista não se preocupa em atendê-lo antes do começo da semana seguinte. Durante este período, o atacadista tenta atender ao pedido emitido no período anterior.*

É preciso lembrar que não há garantias de que um pedido será atendido, mesmo com este atraso. Um fornecedor a montante tem a capacidade de atender a um pedido apenas se ele dispor do estoque necessário para tal. Caso contrário, ele acumulará este pedido e tentará atendê-lo o mais breve possível. *A exceção é a fábrica. Não há limite para a capacidade de produção e, portanto, o pedido junto à fábrica será sempre atendido por completo após o atraso adequado.*

A.4.2 Como entender a tela

Todas as instalações na cadeia de suprimentos são representadas na tela. Como exemplo, reproduzimos a exibição do *Distribuidor* (*DISTRIBUTOR*):

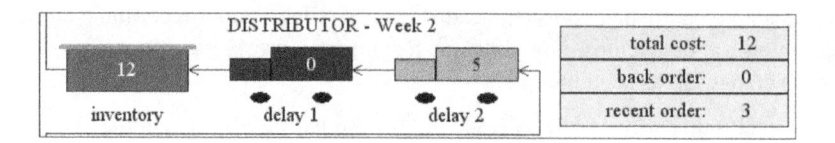

```
          DISTRIBUTOR - Week 2
   ┌────┐     ┌────┐     ┌────┐        total cost:   12
   │ 12 │ ←── │  0 │ ←── │  5 │ ←──    back order:    0
   └────┘     └────┘     └────┘        recent order:  3
  inventory   delay 1    delay 2
```

O número de itens em estoque é exibido no lado esquerdo da tela. Os próximos dois elementos (da esquerda para a direita) representam os itens em trânsito até o estoque, isto é, o número na caixa identificada como *delay 1* equivale ao número de itens que chegarão ao estoque em uma semana, e aquele na caixa *delay 2* é o número de itens que chegarão na segunda semana. A caixa à direita mostra (1) o custo total com estoque e com a falta de estoque até o presente, (2) os pedidos em atraso (isto é, as demandas recebidas pela instalação que não foram atendidas devido à falta de estoque) e (3) o pedido mais recente recebido pela instalação – neste exemplo, o pedido do *Distribuidor* (*DISTRIBUTOR*) para a instalação a montante, a *Fábrica* (*FACTORY*). Observe que, neste caso, os pedidos em aberto se referem aos pedidos recebidos pelo *Distribuidor* (*DISTRIBUTOR*) que não foram atendidos. De forma a descobrir os pedidos emitidos pelo *Distribuidor* (*DISTRIBUTOR*) que foram acumulados, isto é, que não foram atendidos pela fábrica, temos de verificar os pedidos acumulados na *Fábrica* (*FACTORY*). Além disso, o número do pedido recente exibido na caixa representa o pedido mais recente emitido pelo *Distribuidor* (*DISTRIBUTOR*) à *Fábrica* (*FACTORY*). Este pedido chegará ao fornecedor a montante no início do próximo período.

A.4.3 Como jogar

Para iniciar o jogo, selecione **Start** (início) no menu **Play** (jogar) ou pressione a tecla iniciar na barra de ferramentas. O computador automaticamente joga a primeira rodada no papel das instalações a jusante da instalação interativa. Por exemplo, se o *Distribuidor* (*DISTRIBUTOR*) é a instalação interativa, o computador desempenha o papel do *Varejista* (*RETAILER*) e do *Atacadista* (*WHOLESALER*), nesta ordem.

Uma vez que esta parte termina, inicia a rodada para a instalação interativa. As Etapas 1 e 2 (expedir estoques e atender a pedidos, ações descritas na seção "Ordem dos Eventos" (*order of events*) são completadas. Neste ponto, os números relativos a estoques são atualizados na tela e a caixa de diálogo "Entrada de Pedido" (*order entry*) aparece. A seguinte tela é exibida:

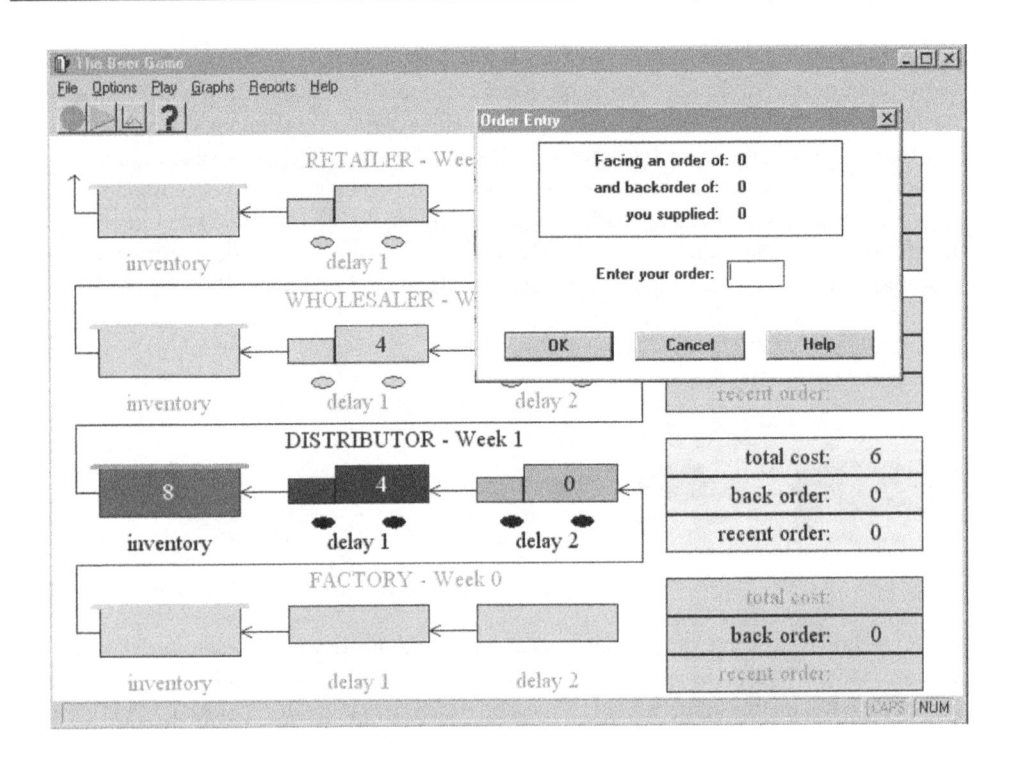

Examinemos esta tela em detalhe. Lembremos que o estoque inicial é de 4 unidades e que tanto o *delay 1* quanto o *delay 2* contêm quatro itens (ver tela anterior). Isto vale para cada uma das instalações da cadeia de suprimentos. Com isso, as Etapas 1 e 2 foram concluídas. Como podemos ver na caixa de diálogo Entrada de Pedido (*order entry*), inicialmente não há pedidos em atraso, nem pedidos do *Atacadista* (*WHOLESALER*). Uma vez que o estoque inicial era oito unidades (quatro itens iniciais mais quatro do *delay 1*) o número de unidades em estoque é oito. Com isso, o *delay 2* está vazio. Há quatro unidades no *delay 1* no *Atacadista* (*WHOLESALER*), sobre as quais o *Distribuidor* (*DISTRIBUIDOR*) arcará com um custo de armazenagem para o período. Esta é a primeira rodada, portanto, não há pedidos anteriores do *Distribuidor* (*DISTRIBUTOR*) para a *Fábrica* (*FACTORY*). Assim, a caixa de diálogo *Pedidos Recentes* (*recent orders*) informa o valor zero. Contudo, se esta fosse uma rodada posterior e houvesse um pedido emitido pelo *Distribuidor* (*DISTRIBUTOR*) para a *Fábrica* (*FACTORY*) na rodada anterior, então este pedido seria exibido na caixa *Pedidos Recentes* (*recent orders*).

A caixa de diálogo Entrada de Pedido (*order entry*) indica o número de itens constantes em pedidos em aberto e quantos estão em pedidos emitidos que foram verificados pelo jogador interativo nesta jogada (mais uma vez, o *Distribuidor* [*DISTRIBUTOR*]) e o quanto destes pedidos foi atendido com sucesso. Observe que a caixa de pedidos em aberto à direita na tela indica o nível atual de pedidos em atraso, enquanto a caixa de diálogo mostra o nível de pedidos em aberto no início da rodada, antes de o jogador (neste caso, o *Distribuidor* [*DISTRIBUTOR*]) tentar atender os pedidos a jusante (neste caso, do *Atacadista* [*WHOLESALER*]).

Neste ponto, dê entrada da quantidade de demanda. Esta pode ser zero ou qualquer outro número inteiro. Lembre-se de que você está tentando alcançar um equilíbrio entre os custos de armazenagem e de falta de estoque. Além disso, ao examinar a caixa de pedidos em atraso de seu fornecedor (neste caso, a *Fábrica* [*FACTORY*]), você verá a quantidade de pedido em aberto que seu fornecedor a montante tem de atender, isto é, o número de itens que você pediu em rodadas anteriores e que não foram recebidos. Uma vez que uma quantidade foi inserida no jogo, as outras unidades a montante na cadeia de suprimentos jogam automaticamente, e a tela é atualizada. Se você der entrada de um pedido de três unidades para o *Distribuidor* (*DISTRIBUTOR*) o restante da Semana 1 é executado, e a seção referente ao *Distribuidor* (*DISTRIBUTOR*) exibida na tela é:

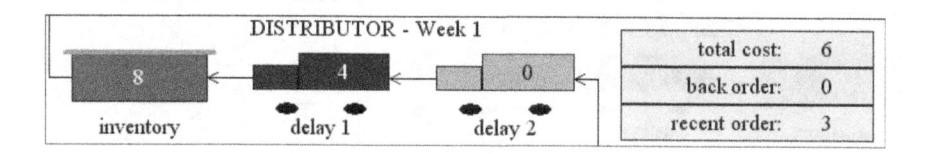

DISTRIBUTOR - Week 1				
8	4	0	total cost:	6
			back order:	0
inventory	delay 1	delay 2	recent order:	3

O pedido de três unidades aparece na caixa de pedidos recentes (*recent orders*) e a caixa de custos totais (*total cost*) reflete o custo de armazenagem cobrado pelas oito unidades em estoque e pelas quatro unidades em *delay 1* no *Atacadista* (*WHOLESALER*).

Para jogar a próxima rodada, selecione **Next Round** (Próxima Rodada) no menu **Play** (Jogar), ou clique em *"next round"* na barra de ferramentas. O computador executa a próxima rodada automaticamente no papel de próxima instalação a jusante da instalação interativa. Mais uma vez, a caixa de diálogo para a entrada de pedidos aparece. Neste ponto, tanto o *delay 1* quanto o *delay 2* mostram nível de estoque zero, uma vez que o estoque foi despachado e o *delay 2* inicialmente era zero. Lembre-se de que após você dar entrada de um pedido, o fornecedor a montante (neste caso, a *Fábrica* [*FACTORY*]), tentará atender ao último pedido de três unidades. Se você pedir seis unidades neste período e os jogadores a montante da cadeia jogarem automaticamente, então a parcela relativa ao distribuidor na tela, ao final da semana 2, será assim:

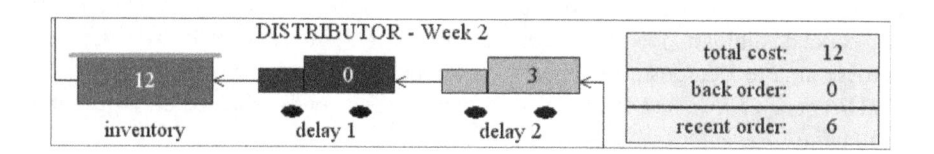

DISTRIBUTOR - Week 2				
12	0	3	total cost:	12
			back order:	0
inventory	delay 1	delay 2	recent order:	6

Prossiga com o jogo e selecione **Next round** (Próxima Rodada) no menu **Play** (Jogar), ou clique no botão *next round* ao começo de cada rodada. A qualquer instante, você pode visualizar um gráfico de seu desempenho até o momento, selecionando **Player** (jogador) no menu **Graphs** (gráficos), ou clicando no botão **player graph**. Este gráfico exibe os pedidos, os pedidos em aberto, o estoque e o custo total ao longo do tempo. A tela a seguir mostra um gráfico:

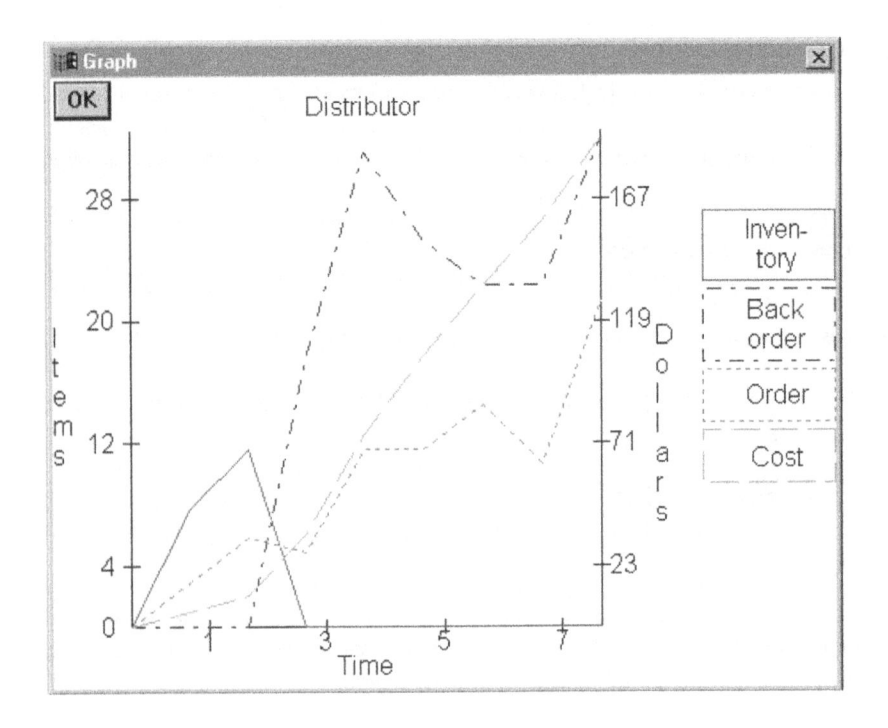

Além disso, você pode visualizar uma lista de pedidos emitidos até o momento, selecionando **Player** (jogador) no menu **Reports** (relatórios).

A.4.4 Outras características

Além de praticar com o Jogo da Cerveja Informatizado, como o descrevemos, é possível jogá-lo em três outras modalidades: o *Modo de Informação Global* (*Global Information Mode*), em que os níveis de estoque e os pedidos em todas as instalações e a demanda externa são disponibilizados ao jogador interativo, o *Modo dos* Lead Times *Curtos* (*Short Lead Time Mode*), em que os *lead times* em todo o sistema são reduzidos com a eliminação do *delay 2* em cada unidade, e o Modo Centralizado (*Centralized Mode*), em que todas as informações são disponibilizadas ao jogador interativo e os pedidos emitidos junto à Fábrica (*FACTORY*) são enviados ao Varejista (*RETAILER*) pelo sistema, o mais rápido possível. Estas opções são descritas na próxima seção.

O software também tem funções adicionais. A maior parte destas funções é selecionada no menu **Options** (opções) e controlam as alternativas de *setup* do jogo. Por exemplo, elas permitem selecionar as políticas de estoque adotadas pelo computador para os jogadores automáticos e para o jogador interativo. Além disso, é possível visualizar os gráficos e relatórios do desempenho de cada integrante da cadeia de suprimentos e do sistema como um todo. Estas opções também são mostradas na próxima seção.

A.5 OPÇÕES E CONFIGURAÇÕES

Esta seção acompanha o menu do Jogo da Cerveja Informatizado e descreve a função de cada um dos parâmetros e opções que o usuário pode configurar. Nas subseções a seguir, o item convencional **menu-selection** (menu-seleção) é utilizado para descrever as seleções de menu.

A.5.1 Os comandos de arquivo

Estes comandos são utilizados para parar e reiniciar o jogo, e para sair do programa:

File – Reset (arquivo – reiniciar). Este comando reinicia o jogo. Todos os dados da partida anterior são perdidos.

File – Exit (arquivo – sair). Este comando fecha o Jogo da Cerveja Computadorizado e retorna ao sistema operacional Windows.

A.5.2 Os comandos de opções

Estes comandos permitem configurar as opções do jogo e, com isso, a simulação de diferentes cenários.

Options – Player (opções – jogador). Este comando exibe a caixa de diálogo do jogador reproduzida a seguir. Ela permite a seleção do *jogador interativo*, que é o papel que o jogador assumirá. O computador assume os outros papéis.

Clique no botão no painel ou designação para selecionar o papel, e então clique em **OK**. Para cancelar um comando, clique em **Cancel**. Observe que se **None** (nenhum) for selecionado, o computador assume todos os papéis e, assim, todos os resultados poderão ser observados.

Options – Policy (opções – política). Este comando exibe a seguinte caixa de diálogo, denominada **Policy** (política), e permite a seleção de políticas para cada um dos jogadores automáticos.

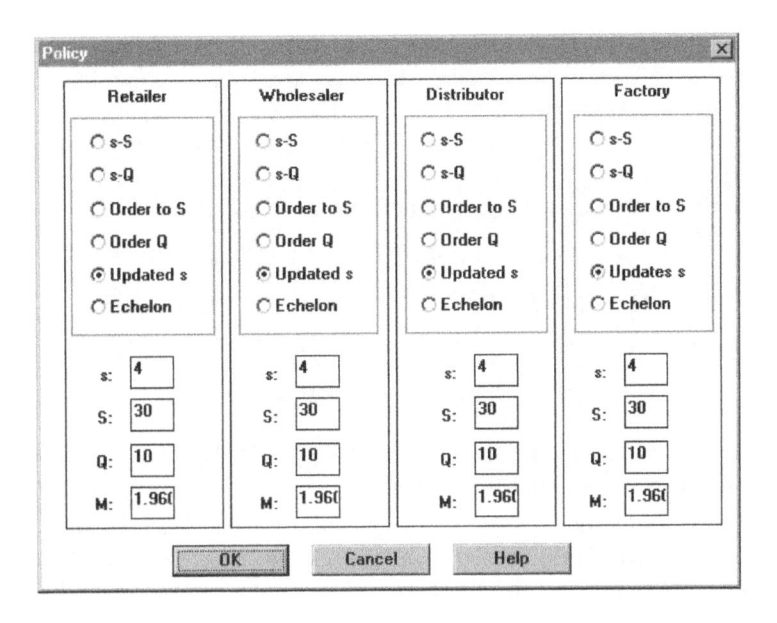

Estas políticas são parâmetros aplicáveis apenas aos jogadores desempenhados pelo computador. Diferentes políticas podem ser selecionadas para cada um dos jogadores automáticos. Seis políticas estão disponíveis (observe que "posição de estoque" significa a soma dos estoques em um local, os pedidos em aberto que lhe são devidos, os itens em trânsito para este local e os pedidos em aberto que ele deve):

s-S. Quando o estoque cai abaixo de s, o sistema emite um pedido para que ele seja elevado a S. Neste exemplo, s tem o valor quatro, e S é definido como 30 unidades.

s-Q. Quando o estoque cai abaixo de s, o sistema emite um pedido de Q unidades.

Order to S (Pedir até S). A cada semana, o sistema emite um pedido para elevar o estoque a S unidades.

Order Q (Pedir Q). O sistema pede Q unidades a cada semana.

Updated s (Atualizar s). O pedido até o nível s é atualizado continuamente até o valor definido como: a média móvel da demanda recebida pelo jogador nas últimas dez semanas (ou menos, se este número ainda não foi atingido no jogo) multiplicada pelo *lead time* para um pedido emitido pelo jogador, mais M vezes uma estimativa do desvio-padrão durante o *lead time* (baseado no mesmo período de dez semanas). Quando o nível de estoque cai abaixo de s, o sistema emite uma quantidade de pedido até s. Contudo, o maior tamanho possível de pedido é S. Além disso, a emissão de pedidos para as quatro primeiras semanas é ajustada para contabilizar a inicialização sem pedido de demanda (ou com a inclusão na média móvel) durante a primeira semana no atacadista, as duas primeiras semanas no distribuidor e as três primeiras semanas na fábrica.

Echelon (estágio hierarquizado). Esta é uma versão modificada da política de revisão periódica por estágio global. O valor de s para cada um dos jogadores é determinado da seguinte maneira. Façamos *MED(D)* ser a média móvel de dez semanas da demanda do cliente externo, *DSV(D)* ser o desvio-padrão da demanda externa e *L +r* ser igual a três no jogo regular (em que o *lead time* é dois, conforme discutido anteriormente, e o intervalo para o segundo pedido é de uma semana), ou dois (no jogo com *lead time* curto, conforme descrito a seguir):

Então, em cada período de cada estágio, s é determinado dessa forma:

Varejista (*retailer*): $s = (L + r) * MED(D) + M * DSV(D) * (L + r)^5$

Atacadista (*wholesaler*): $s = (L + L + r) * MED(D) + M * DSV(D) * (L + L + r)^5$

Distribuidor (*distributor*): $s = (2 * L + L + r) * MED(D) + M * DSV(D) * (2 * L + L + r)^5$

Fábrica (*factory*): $s = (3 * L + L + r) * MED(D) + M * DSV(D) * (3 * L + L + r)^5$

Quando a posição do estoque cai abaixo de *s*, o sistema pede até *s* unidades. Contudo, o tamanho máximo possível para o pedido é *S* itens.

Options – Short *Lead time* (opções – *lead time* curto). Este comando reduz os *lead times* do sistema por meio da eliminação do *delay 2*. Os *lead times* são reduzidos em uma semana e a mudança no sistema é exibida assim:

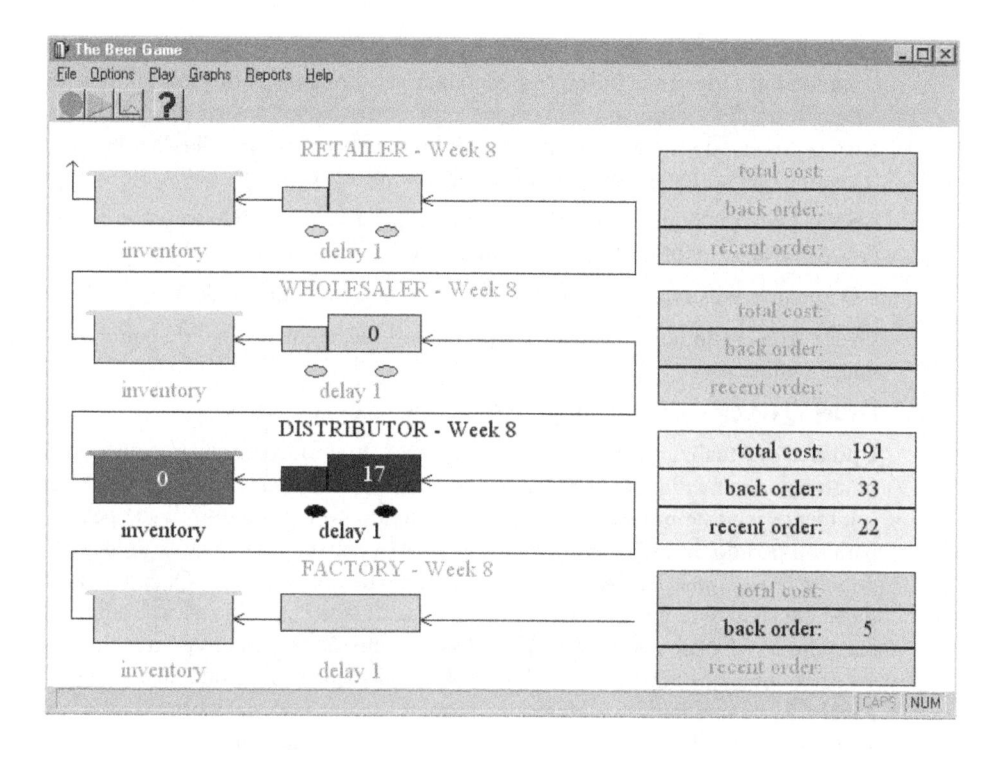

Options – Centralized (opções – centralizado). Alterna a modalidade do jogo entre padrão e centralizado. Na modalidade centralizada, o jogador interativo administra a fábrica. A demanda externa é informada e o gerente da fábrica responde a ela. Além disso, quando o estoque atinge um certo estágio, ele é imediatamente encaminhado ao estágio seguinte de forma que o estoque é armazenado apenas pelo *Varejista* (*RETAILER*). Isto significa que mais informações estão disponíveis para o jogador e que o *lead time* foi reduzido, uma vez que não há atraso nos pedidos em qualquer estágio, exceto na *Fábrica* (*FACTORY*).

Options – Demand (opções – demanda). Este comando exibe a caixa de diálogo da demanda para a configuração da demanda do cliente externo.

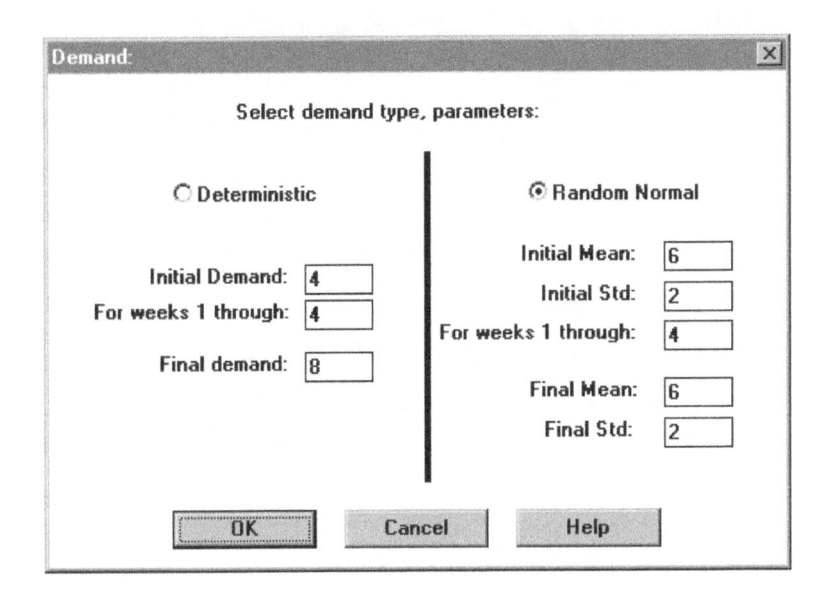

Por meio desta caixa de diálogo, o jogo pode alternar uma aleatória normal (*Random Normal*) e uma demanda determinística (*Deterministic*). Para o modo com demanda determinística, demandas constantes diferentes podem ser selecionadas para um dado número de semanas iniciais e para o restante do tempo de jogo. Da mesma forma, para a demanda aleatória normal, diferentes médias e desvios-padrão podem ser selecionados para as semanas iniciais e o restante do tempo.

Options – Global Information (opções – informações globais). Este comando exibe informações sobre estoques e custos em todos os estágios, não apenas no estágio interativo. A demanda externa também é exibida. Esta é a configuração-padrão para o modo centralizado.

A.5.3 Os comandos do jogo

Estes comandos possibilitam o início e a continuação do jogo.

Play – Start (jogar – iniciar). Este comando inicia um jogo. Ele também pode ser acionado com o botão "*play*" da barra de ferramentas.

Play – Next Round (jogar – próxima rodada). Uma vez que o jogo tenha começado, este comando continua com o processo. A cada semana, este comando precisa ser selecionado para o jogo prosseguir. Ele também pode ser acionado utilizando o botão "*next round*" na barra de ferramentas.

A.5.4 Os comandos de gráfico

Estes comandos apresentam as informações sobre o *status* do jogo de forma gráfica.

Graphs – Player (gráficos – jogador). Este comando exibe um gráfico de pedidos, pedidos em atraso e custo para o jogador interativo. Ele também pode ser acionado por meio do botão "*graphs*" na barra de ferramentas. A tela a seguir ilustra o comando:

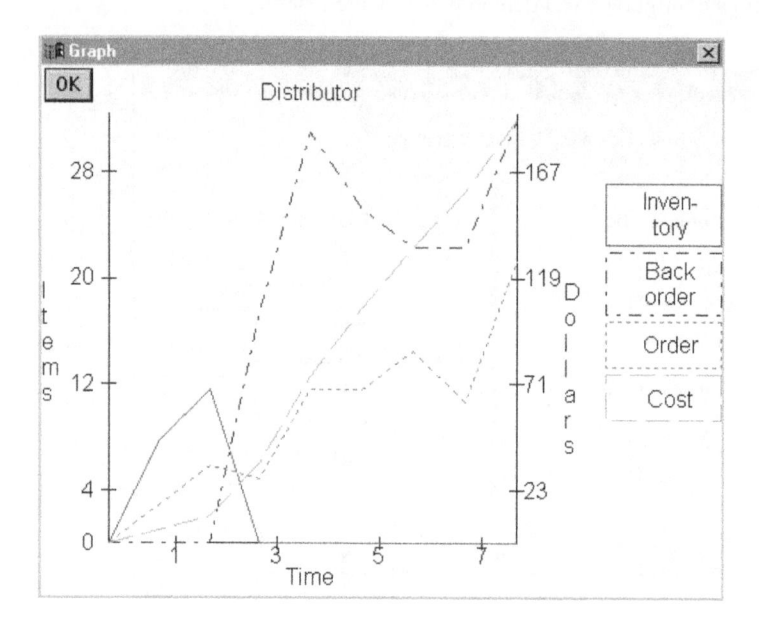

Graphs – Others (gráficos – outros). Quando este comando é acionado, você deve selecionar um jogador na caixa de diálogo reproduzida a seguir:

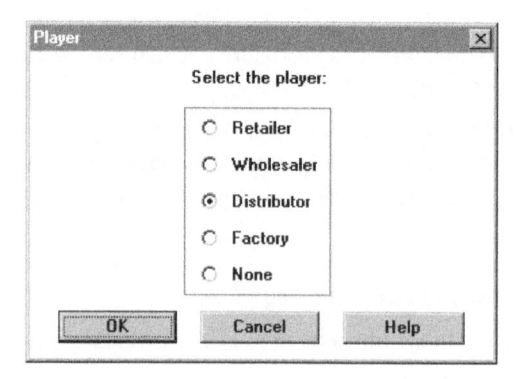

Um gráfico de pedidos, pedidos em atraso, estoque e custos para o jogador selecionado é exibido. Este é diferente do comando **Graphs – Player** anterior, que exibe um gráfico apenas para o jogador em questão.

Graphs – System (gráficos – sistema). Este comando exibe um gráfico de pedidos para cada estágio.

A.5.5 Os comandos de relatório

Estes comandos exibem uma série de relatórios sobre o *status* do sistema no momento em que o comando é selecionado.

Reports – Player (relatórios – jogador). Este comando exibe o Relatório de *Status* (*Status Report*) para o jogador interativo. Este é um exemplo de relatório:

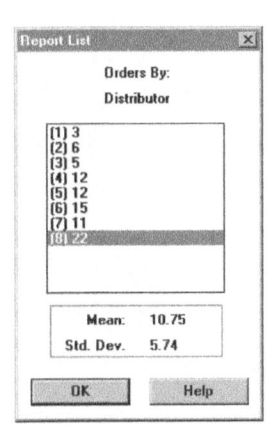

```
Report List
            Orders By:
            Distributor
    [1] 3
    [2] 6
    [3] 5
    [4] 12
    [5] 12
    [6] 15
    [7] 11
    [8] 22

         Mean:     10.75
         Std. Dev.  5.74

      [ OK ]    [ Help ]
```

Este relatório lista todos os pedidos emitidos pelo jogador e que estão listados no topo da caixa de diálogo, bem como a média e o desvio-padrão para estes pedidos.

Reports – Other (relatórios – outros). Quando este comando é acionado, você deve selecionar um jogador na caixa de diálogo reproduzida a seguir:

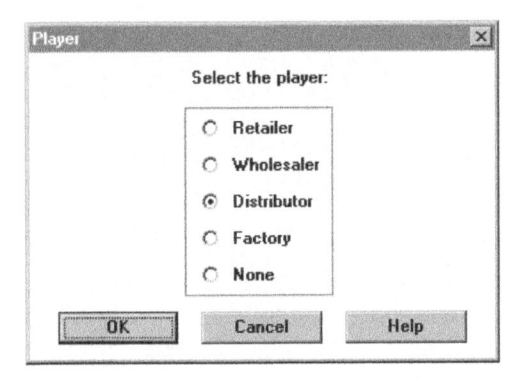

```
Player
            Select the player:

               O  Retailer
               O  Wholesaler
               ⦿  Distributor
               O  Factory
               O  None

       [ OK ]   [ Cancel ]   [ Help ]
```

Um relatório de *status* para o jogador selecionado é exibido. Este comando é diferente do comando **Reports – Player** anterior, que exibe um relatório de *status* apenas para o jogador interativo.

Reports – System (relatórios – sistemas). Este comando exibe o Relatório com Resumo do Sistema (*System Summary Report*)

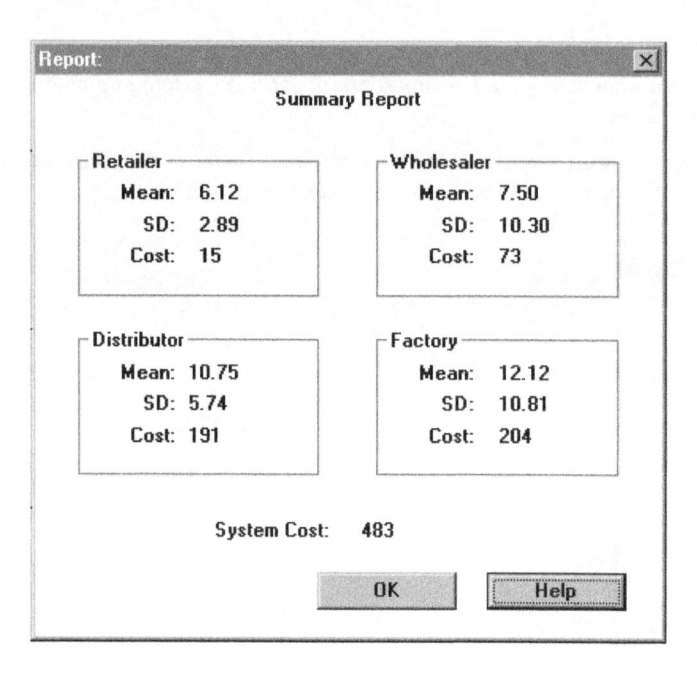

```
Report:                                             [X]
                      Summary Report

   ┌─Retailer─────────────┐  ┌─Wholesaler───────────┐
   │   Mean:   6.12       │  │   Mean:   7.50       │
   │   SD:     2.89       │  │   SD:    10.30       │
   │   Cost:   15         │  │   Cost:   73         │
   └──────────────────────┘  └──────────────────────┘

   ┌─Distributor──────────┐  ┌─Factory──────────────┐
   │   Mean:  10.75       │  │   Mean:  12.12       │
   │   SD:     5.74       │  │   SD:    10.81       │
   │   Cost:  191         │  │   Cost:  204         │
   └──────────────────────┘  └──────────────────────┘

              System Cost:    483

                  [  OK  ]      [  Help  ]
```

Este relatório resume a média e o desvio-padrão dos pedidos emitidos pelos jogadores até o momento, o custo total com que cada um tem de arcar e o custo total do sistema (na parte inferior da caixa de diálogo).

O Jogo do Compartilhamento do Risco

B.1 INTRODUÇÃO

Um dos conceitos mais importantes da gestão da cadeia de suprimentos é o "compartilhamento do risco". Lembremos que o compartilhamento do risco envolve a utilização de estoque centralizado para tirar proveito do fato de que se a demanda é maior do que a média para alguns varejistas, é provável que ela será menor para outros. Portanto, se cada varejista mantiver estoques normais e de segurança em separado, então um nível mais alto de estoque tem de ser observado em comparação com a possibilidade de os dois tipos de estoque serem reunidos em um só. Portanto, o sistema com compartilhamento do risco tem um estoque total menor e mais barato de administrar, com o mesmo nível de serviço.

Desenvolvemos o Jogo do Compartilhamento do Risco, incluído neste livro, para ilustrar os conceitos do compartilhamento do risco. Neste jogo, você administra, simultaneamente, um sistema com compartilhamento do risco (que chamaremos também de sistema centralizado) e um sistema sem o compartilhamento do risco (um sistema descentralizado). O jogo registra os lucros de ambos os sistemas para fins de comparação de desempenho.

Para instalar o jogo é necessário ter o *Windows 95* ou uma versão superior. Coloque o CD que acompanha o livro na unidade de CD-ROM de seu microcomputador. Se o programa de instalação não for executado automaticamente, abra o Windows Explorer, selecione CD e dê um duplo clique no programa de *setup*. Clique no link "Games" (Jogos) e então no link "Risk Pool Game and Computerized Beer Game" (Jogo do Compartilhamento do Risco e Jogo da Cerveja Informatizado) para baixar o arquivo de *setup*.

B.2 OS CENÁRIOS

O Jogo do Compartilhamento do Risco simula os cenários descritos a seguir. A metade superior da tela, o jogo centralizado, representa a seguinte cadeia de suprimentos: um fornecedor atende a um depósito que, por sua vez, atende a três varejistas. O transporte entre o fornecedor e o depósito leva dois períodos de tempo. Este material pode ser transportado durante o mesmo período ou ser armazenado em estoque. Uma vez expedido, são necessárias outras duas semanas para que ele chegue aos varejistas. Os varejistas então atendem à toda demanda verificada, dentro de suas possibilidades. Se a demanda não puder ser atendida no momento, então ela é perdida.

A parte de baixo da tela exibe o sistema descentralizado. Três varejistas emitem pedidos separadamente junto ao fornecedor, e este despacha o material diretamente a cada um deles. Este processo leva quatro semanas a partir da emissão do pedido, período idêntico ao *lead time* total mínimo no sistema centralizado. Tal como no sistema centralizado, os varejistas atendem à demanda dentro de suas possibilidades – a demanda que não for atendida é perdida. Em cada sistema, o custo total de estocagem, os custos com materiais e as receitas são registrados. O objetivo dos dois sistemas é a maximização do lucro.

B.3 COMO JOGAR VÁRIAS RODADAS

Nesta seção, descrevemos como jogar diversas rodadas do jogo utilizando as configurações-padrão. Nas seções seguintes, mostramos as configurações e opções a fim de customizar o jogo.

B.3.1 A apresentação do jogo

Quando o Jogo do Compartilhamento do Risco é iniciado, a seguinte tela é exibida:

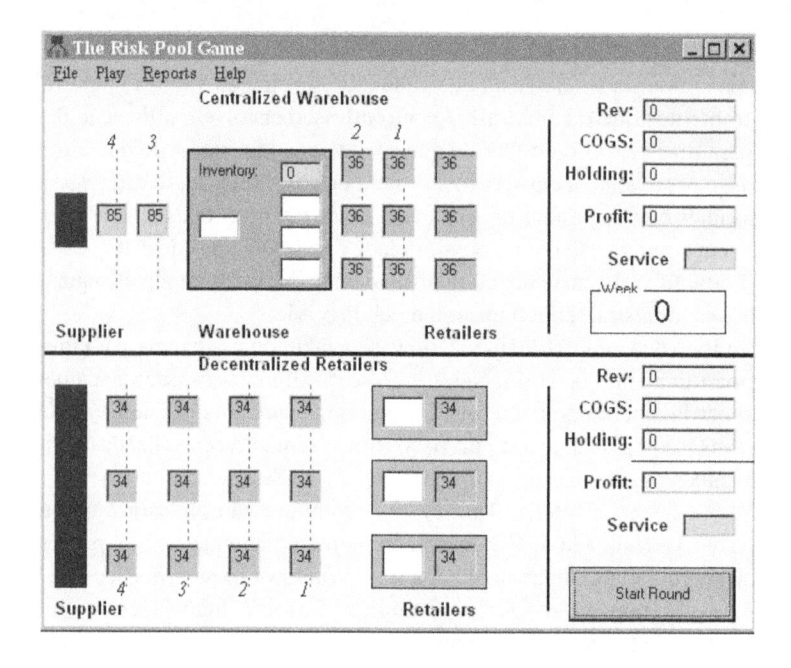

Ordem dos eventos. Em cada período ou rodada do jogo, vários eventos acontecem.

Etapa 1. *Para iniciar esta etapa, clique no botão* **Start Round** (Iniciar Rodada). O estoque é avançado. Na modalidade centralizada, isto significa que o estoque que está há quatro períodos avança para três períodos, o estoque que está há três períodos é acrescentado ao estoque do depósito, o estoque há dois períodos se move a um período, e o estoque há um período é acrescentado ao estoque do varejista. Na modalidade descentralizada, os estoques há quatro, três e dois períodos avançam três, dois e um período, respectivamente. O estoque que está há um período é acrescentado ao estoque do varejista.

Etapa 2. *Esta etapa inicia automaticamente*. A demanda é atendida. Cada varejista percebe a demanda e a atende dentro do possível. Observe que o varejista no topo, tanto no regime centralizado quanto no descentralizado, recebe a mesma demanda. O mesmo é válido para os varejistas intermediário e inferior. Além disso, a demanda não pode ser atrasada. Demanda não atendida é demanda perdida.

Etapa 3 *Emitir pedidos*. No sistema centralizado, dê entrada de um pedido para o fornecedor na caixa mais próxima a ele. Aloque o estoque do depósito aos três varejistas nas três caixas mais próximas a eles. Observe que a quantidade alocada precisa ser menor ou igual ao estoque total do depósito. No sistema descentralizado, dê entrada de um pedido para cada varejista. Você pode manter os valores da configuração original ou entrar com valores novos. Conforme mostramos na próxima seção, você controla a maneira com que o sistema seleciona os valores-padrão. Quando a entrada de valores for concluída (ou a decisão de manter a configuração-padrão tiver sido tomada), então clique no botão **Place Orders** (Emitir Pedido).

Etapa 4. *Esta etapa inicia automaticamente*. Os pedidos são atendidos. A quantidade pedida é enviada para a posição de estoque de quatro semanas. No sistema centralizado, a quantidade alocada a cada varejista é transferida para as posições relativas a duas semanas.

Etapa 5. *Esta etapa inicia automaticamente*. Custos, receitas e níveis de serviço. Um custo de armazenagem é cobrado para cada unidade mantida em estoque, as receitas são realizadas para cada unidade vendida, e o custo de cada item vendido é calculado como fração da demanda atendida em termos da demanda total. Por isso, chamamos o nível de serviço neste jogo de *taxa de atendimento de pedido* ("Fill rate").

Os *lead times*. Observe que nos dois sistemas, o período mínimo necessário para que os itens pedidos cheguem ao varejista é de quatro semanas. No sistema centralizado este tempo pode ser maior, se o estoque é armazenado no depósito.

B.3.2 Como entender a tela

No começo de cada rodada, a seguinte tela é exibida:

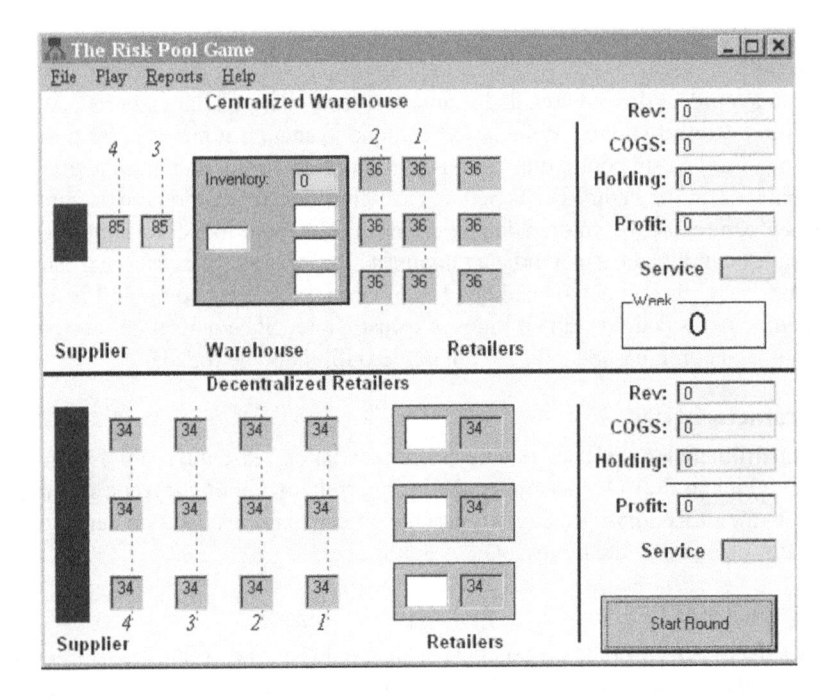

Na metade superior da tela, o fornecedor é representado pela caixa à esquerda. As duas linhas verticais tracejadas, identificadas como *4* e *3*, têm caixas inseridas ao longo de seu comprimento para representar o estoque no mínimo há quatro ou três períodos de chegar ao varejista, respectivamente. A caixa central (maior) representa o depósito. A linha superior no depósito indica o estoque que ele contém. As outras caixas são utilizadas para dar entrada de pedidos a partir do fornecedor, com a subsequente alocação no depósito, quando apropriado. Observe que o botão no canto inferior direito da tela inicialmente exibe **Start Round** (Iniciar Rodada). Isto indica que o momento de dar entrada de pedidos e executar a alocação não é o apropriado. As duas linhas tracejadas verticais à direita do depósito estão rotuladas *2* e *1*, o que indica o estoque há dois e um período dos varejistas, respectivamente. Observe que diferentemente das linhas *3* e *4* à esquerda do depósito, as linhas *1* e *2* podem ter até três caixas de estoque, que representam o estoque enviado a cada um dos três varejistas. À direita destas linhas estão as três caixas representando os varejistas – os números nestas caixas representam os estoques presentes em cada um. O lado direito da tela exibe dados de custos e lucros. Os custos de armazenagem e os custos de mercadorias vendidas (COGS – *Costs of Goods Sold*) são subtraídos à receita para calcular o lucro. O nível de serviço e o número do período também são indicados.

A metade inferior da tela é semelhante à metade superior, exceto pela inexistência de depósito. Além disso, quando apropriado, os pedidos são informados diretamente aos varejistas.

A caixa no canto inferior direito inicialmente exibe **Start Round** (Iniciar Rodada). Depois que a rodada começa, ela aparece da seguinte forma:

[Place Orders]

B.3.3 Como jogar

O jogo acompanha a ordem dos eventos dados anteriormente. Para iniciar cada rodada, clique no botão **Start Round** (Iniciar Rodada). O estoque avança, e o maior nível possível de demanda é atendido. Neste ponto, o botão no canto inferior direito da tela se altera para exibir **Place Orders** (Emitir Pedidos). Os pedidos são emitidos de acordo com as configurações-padrão ou com os novos valores de pedido escolhidos pelo jogador. Lembre-se de que na modalidade centralizada, a quantidade máxima a alocar para os varejistas é o estoque presente no depósito. Uma vez que os pedidos foram emitidos, clique no botão **Place Orders** (Emitir Pedidos). Os pedidos são emitidos, e o custo, a receita e o nível de serviço são calculados. É possível continuar jogando por um número ilimitado de rodadas.

B.3.4 Outras características

O Jogo do Compartilhamento do Risco tem outras características, discutidas em detalhe nas próximas seções. O menu **Play** (Jogar) tem opções que permitem definir as diversas configurações do jogo. O menu **Reports** (Relatórios) permite a você exibir as listas de demandas e pedidos para todos os pedidos, até o presente.

B.4 OPÇÕES E CONFIGURAÇÕES

Esta seção apresenta o menu no Jogo do Compartilhamento do Risco e as funções de cada um dos parâmetros e opções que podem ser definidos pelo usuário ou instrutor. Nas subseções a seguir, a convenção **menu-selection** (menu-seleção) é utilizada para descrever as seleções relativas ao menu.

B.4.1 Os comandos de arquivo

Estes comandos são empregados para interromper e reiniciar o jogo, bem como sair do sistema.

File – Reset (arquivo – reiniciar). Este comando reinicia o jogo. Todos os dados da partida anterior são perdidos.

File – Exit (arquivo – sair). Este comando fecha o jogo.

B.4.2 Os comandos do jogo

Estes comandos controlam a execução do jogo e permitem a configuração de diversos parâmetros.

Play – Start Round (jogar – iniciar rodada). Este comando reproduz as funções do botão **Start Round** (iniciar rodada) no canto superior direito da tela. Clique sobre ele para iniciar uma rodada.

Play – Place Orders (jogar – emitir pedidos). Este comando reproduz o botão **Start Round** (iniciar rodada) no canto inferior direito da tela. Clique sobre ele após dar entrada dos valores de pedidos e das alocações.

Play – Options (jogar – opções). Este comando exibe um submenu que disponibiliza as seguintes escolhas:

Condições iniciais. Este comando exibe a seguinte caixa de diálogo:

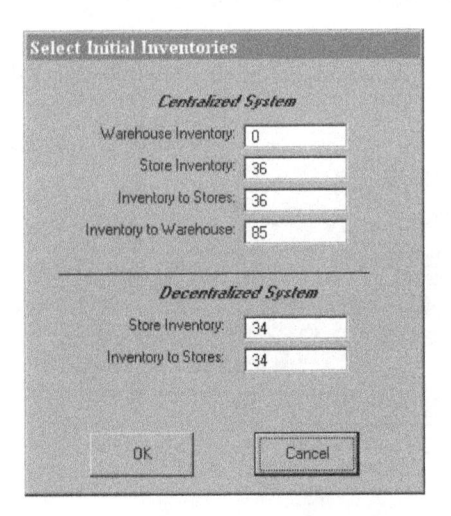

```
Select Initial Inventories

            Centralized System
    Warehouse Inventory:  [0]
         Store Inventory: [36]
       Inventory to Stores: [36]
    Inventory to Warehouse: [85]

            Decentralized System
         Store Inventory: [34]
       Inventory to Stores: [34]

           [OK]    [Cancel]
```

Esta caixa possibilita selecionar os estoques iniciais ao longo dos dois sistemas, o centralizado e o descentralizado. Observe que para o primeiro, os varejistas precisam ter o mesmo nível de estoque inicial, e o estoque em trânsito do depósito ao varejista precisa estar no mesmo nível para cada um dos varejistas e para ambos os períodos. Após ter efetuado as alterações, clique em **OK** para aceitá-las ou **Cancel** (Cancelar) para manter os níveis existentes. Observe que esta opção pode ser adotada apenas antes do início da rodada.

Demand (demanda). Este comando exibe a caixa de diálogo reproduzida a seguir:

[Random Demand Parameters dialog box: Demand Correlation slider from Strong Negative to Strong Positive with None in center; Mean: 25; Standard Deviation: 10; OK and Cancel buttons]

Esta caixa de diálogo permite controlar a demanda recebida pelos varejistas. A demanda obedece à distribuição normal, com média e desvios-padrão que podem ser digitados na caixa. A barra de rolagem no topo da caixa permite controlar a correlação de demanda nos varejistas. No caso de o botão estar no centro de sua faixa de deslocamento, a demanda é independente. Se ele está à direita, a demanda tem forte correlação positiva (Strong Positive), e se está à esquerda, ela tem forte correlação negativa (Strong Negative). As posições intermediárias do botão permitem diversos graus de correlação, positiva ou negativa.[1] Após fazer as alterações, selecione **OK** para aceitar as alterações ou **Cancel** (cancelar) para conservar os níveis existentes. Observe que esta opção pode ser utilizada apenas antes do início da rodada.

Inventory Policy (Política de estoque). Este comando exibe a seguinte caixa de diálogo:

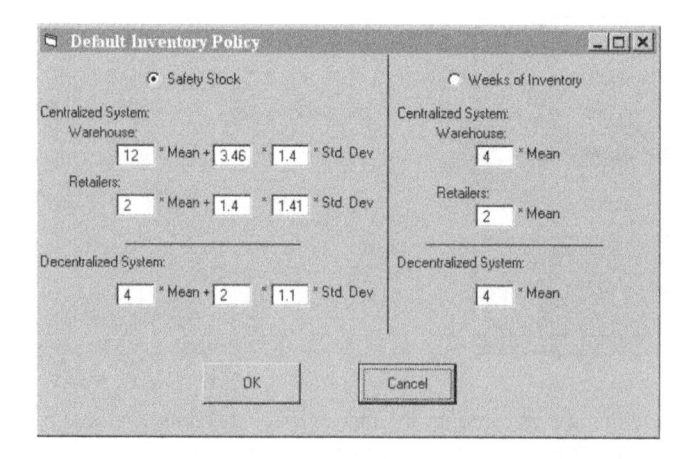

[Default Inventory Policy dialog box with Safety Stock and Weeks of Inventory options; Centralized System: Warehouse 12 *Mean + 3.46 *1.4 *Std.Dev, Retailers 2 *Mean + 1.4 *1.41 *Std.Dev; Weeks of Inventory side: Warehouse 4 *Mean, Retailers 2 *Mean; Decentralized System: 4 *Mean + 2 *1.1 *Std.Dev and 4 *Mean]

---

[1] Se a demanda tiver correlação positiva, então é provável que se um varejista enfrenta uma demanda alta, todos os outros passam por uma situação idêntica. Se a demanda tiver correlação negativa, então é provável que se um varejista enfrenta uma demanda alta, os outros enfrentam demandas baixas.

Esta caixa permite controlar a política de estoques que mostra a ordem-padrão e as alocações-padrão. Observe que sempre é possível cancelar as sugestões-padrão durante a partida; contudo, é interessante lembrar que as condições-padrão favoráveis aumentam a velocidade de execução da partida. Há dois tipos de políticas-padrão: a política de *Estoque de Segurança* (*Safety Stock*) e a política de *Semanas de Estoque* (*Weeks of Inventory*). Selecione a política desejada por meio dos botões de rádio exibidos no topo da caixa de diálogo. A política de Estoque de Segurança permite selecionar os níveis máximos para pedidos para o depósito e o varejista no sistema centralizado, e para os varejistas no sistema descentralizado, como função da média e do desvio-padrão da demanda. Para cada nível, há três caixas de entrada de valores: a primeira caixa é o multiplicador da média (*mean*), a segunda e a terceira são multiplicadas pelo desvio-padrão. Estas quantidades são então adicionadas para gerar o nível máximo de estoque.

Na política de Estoque de Segurança, um único valor multiplicado pela demanda média é utilizado para definir o nível máximo de pedido.

Para determinar as quantidades-padrão para os pedidos, o sistema executa o procedimento a seguir. Para o sistema centralizado, o estoque padrão por estoque (isto é, o estoque em trânsito até o depósito, o estoque presente no depósito, o estoque em trânsito até os varejistas e o estoque presente nos varejistas) é subtraído dos níveis máximos de estoque para determinar a quantidade de pedido. O estoque nos varejistas e em trânsito entre o depósito e os varejistas é subtraído do nível máximo de estoque no varejista para definir as alocações. Se o estoque disponível no depósito é insuficiente, ele é alocado de forma que a mesma fração do nível desejado é enviada ao varejista. No caso do sistema descentralizado, o estoque em cada varejista mais o estoque em trânsito até o varejista é elevado ao nível máximo de estoque.

Após efetuar as alterações, selecione **OK** para confirmar ou **Cancel** (cancelar) para manter os níveis existentes. Observe que esta opção pode ser feita no início de qualquer rodada.

Costs (custos). Este comando exibe a tela reproduzida a seguir:

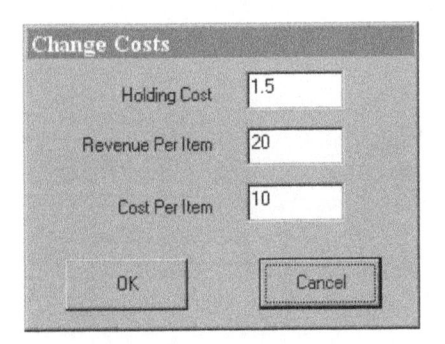

```
Change Costs
    Holding Cost     1.5
    Revenue Per Item 20
    Cost Per Item    10
         OK          Cancel
```

Esta caixa de diálogo permite ajustar os custos. O custo de armazenagem é definido por item e por período. O custo e a receita são definidos por item. Após efetuar as alterações, clique em **OK** para confirmar ou **Cancel** (cancelar) para retornar aos níveis existentes. Observe que esta opção pode ser feita no início de qualquer rodada.

B.4.3 Os comandos de relatório

Estes comandos exibem as informações relativas ao jogo.

Reports – Orders (relatórios – pedidos). Este comando exibe o relatório reproduzido a seguir, que lista os pedidos emitidos pelo depósito na modalidade centralizada e pelo varejista na modalidade descentralizada.

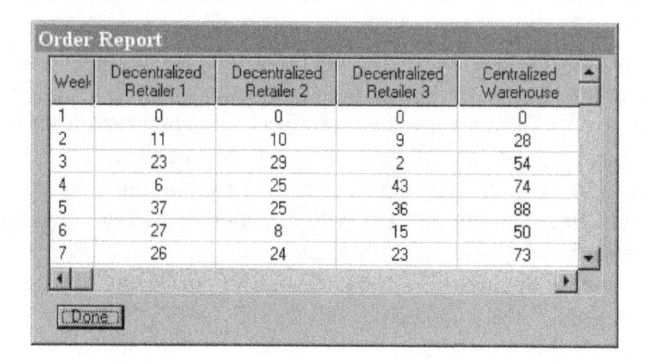

Order Report

Week	Decentralized Retailer 1	Decentralized Retailer 2	Decentralized Retailer 3	Centralized Warehouse
1	0	0	0	0
2	11	10	9	28
3	23	29	2	54
4	6	25	43	74
5	37	25	36	88
6	27	8	15	50
7	26	24	23	73

Selecione **Done** (concluído) para fechar o relatório.

Reports – Demands (relatórios – demandas). Este comando exibe o relatório reproduzido a seguir, que lista a demanda recebida pelo varejista no começo da rodada.

Demand History

Week	Retailer 1	Retailer 2	Retailer 3
1	31	30	29
2	28	28	28
3	23	29	2
4	6	25	43
5	37	25	36
6	27	8	15
7	26	24	23
8	24	27	17

Selecione **Done** (concluído) para fechar o relatório.

APÊNDICE C
A Planilha Excel

C.1 INTRODUÇÃO

Criamos uma planilha Excel, DMSC3e.xls, que implementa muitos dos exemplos dos Capítulos 2 e 4. Para utilizar a planilha, é necessário ter a versão do *Windows 98* ou superior e o Microsoft Excel 2000 ou superior instalados em seu computador. Para instalar o software, coloque o CD incluído neste livro na unidade de CD-ROM de seu computador. Se o programa de instalação não iniciar automaticamente, então abra o Windows Explorer, selecione "CD" e dê um duplo clique no ícone do programa de *setup*. Clique em "Excel Files" (arquivos Excel) para abrir ou salvar o arquivo.

C.2 A PLANILHA

A planilha é autoexplicativa. Ela consiste de oito páginas, cujos conteúdos são detalhados a seguir. Sugerimos que você faça experiências com diferentes valores de parâmetros para ter uma ideia de como eles afetam o sistema.

As páginas são:

- **Cenários de demanda.** Esta página contém a previsão probabilística da demanda descrita nos exemplos da fabricação de trajes de banho, no Capítulo 2 (Exemplos 2-3 a 2-5).
- **Cálculos sobre estoques.** Esta página contém os cálculos de estoque em estágio único dos exemplos da fabricação dos trajes de banho mencionados há pouco.
- **Contrato de recompra.** Dá um exemplo do contrato de recompra de dois estágios discutido no Exemplo 4-2, Capítulo 4.
- **Contrato de compartilhamento de receita.** Dá um exemplo do contrato de compartilhamento de receita discutido no Exemplo 4-3, Capítulo 4.
- **Otimização global.** Dá um exemplo da otimização global do sistema de produção de trajes de banho em dois estágios descrito no Exemplo 4-4, Capítulo 4.
- **Contrato com *payback*.** Exemplo do contrato com *payback* para o compartilhamento de custos da jaqueta para a prática do esqui, Exemplo 4-11, Capítulo 4.
- **Contrato de compartilhamento de custos.** Dá um exemplo do contrato de compartilhamento de custos da produção da jaqueta para a prática do esqui, Exemplo 4-11, Capítulo 4.
- **Otimização global – produção para estoque.** Dá um exemplo da otimização global de dois sistemas de produção de jaquetas para esqui (produção para estoque e produção sob encomenda), conforme o Exemplo 4-13, Capítulo 4.

APÊNDICE D
O Jogo das Cotações

D.1 INTRODUÇÃO

O Jogo das Cotações disponibiliza uma plataforma para experiências com leilões de *procurement*. Esta plataforma permite aos jogadores assumir os papéis de um único comprador e de múltiplos fornecedores. Os fornecedores competem no preço e na flexibilidade, ao passo que o comprador contrata um ou mais fornecedores para maximizar os lucros. O jogo demonstra a importância de contratos de portfólio e do impacto de uma competição de múltiplos atributos entre diferentes fornecedores.

Existem duas versões do jogo: a versão para Excel, incluída neste livro, e a versão para Internet (ver http://supplychain.mit.edu/ProcurementPortal/). Ambas as versões foram desenvolvidas por Victor Martinez de Albeniz e David Simchi-Levi. A versão para Internet do jogo contou com a colaboração de Michael Li. A versão para Excel deste jogo requer a instalação do Microsoft Excel 2000. Para instalar o software do jogo, coloque o CD que acompanha este livro na unidade de CD-ROM de seu computador. Se o programa de instalação não for executado automaticamente, abra o Windows Explorer, selecione CD e dê um duplo clique no programa de *setup*.

Este jogo é baseado nas ideias discutidas em [138].

D.2 O CENÁRIO

Um comprador precisa de um componente para um dos produtos que fabrica. Vamos supor que este componente seja o único elemento de custo para este comprador. Depois de fabricado, o produto é vendido aos clientes com o preço p.

Infelizmente, a demanda para o produto (e, portanto, para a quantidade de componentes necessários) é desconhecida no estágio de planejamento/terceirização. Em vista disso, o comprador precisa decidir acerca da compra de componentes com base somente em algumas informações sobre a distribuição de demanda.

Para conseguir a flexibilidade exigida pelo comprador, um leilão é organizado de forma que a cotação de cada fornecedor consista de dois parâmetros:

- Uma taxa de reserva, ou prêmio, que será cobrada para cada unidade de capacidade reservada pelo comprador.
- Uma taxa de execução, ou de exercício, cobrada para cada componente exigido pelo comprador depois de a demanda ter sido revelada.

Dadas as cotações preparadas pelos participantes do leilão, o comprador reserva uma capacidade junto a cada fornecedor. Passado certo intervalo de tempo, a demanda passa a ser conhecida e o comprador atende a ela por meio da capacidade disponível no portfólio de fornecedores. Naturalmente, ele inicia com os fornecedores que oferecem o menor preço de exercício e, à medida que se esgotam as capacidades dos fornecedores mais acessíveis, o comprador se dirige para aqueles com os maiores preços de execução.

Este jogo simula o processo de cotações em leilões. Um jogador (o instrutor) assume o papel de comprador, enquanto os outros (os alunos) assumem os papéis de fornecedores. No ato do leilão o comprador precisa especificar:

- O número de fornecedores presentes no leilão. O número de fornecedores exigido na versão para Excel deste jogo é sete.
- O número de rodadas a serem jogadas. A versão para Excel permite múltiplas rodadas.

Definimos o preço de venda como $p = 100$, e os parâmetros de custo de cada fornecedor serão selecionados de forma que cada um deles tenha a oportunidade de realizar algum lucro.

Dados estes parâmetros, cada fornecedor se depara com o problema de cotar um preço de reserva r e um preço de execução e. Para isso, o fornecedor pode utilizar um simulador em que ele avalia os pagamentos a receber, isto é, o lucro esperado (o simulador utiliza as informações sobre os parâmetros de custos de todos os outros participantes, ao lado da distribuição da demanda). Neste estágio, a dificuldade reside no fato de o fornecedor desconhecer as cotações lançadas por seus concorrentes. De qualquer modo, ele pode utilizar as informações disponíveis sobre as cotações e custos anteriores dos outros fornecedores. Depois que o grupo estiver pronto, cada fornecedor lança uma cotação para o comprador. Ao final da rodada, as cotações são reveladas a todos os participantes, uma dada capacidade é alocada a cada fornecedor e os pagamentos esperados são computados. O leilão pode prosseguir por um número indefinido de rodadas.

D.3 AS INSTRUÇÕES PARA A VERSÃO PARA EXCEL DO JOGO DAS COTAÇÕES

1. Os participantes do jogo são: um comprador (normalmente o instrutor do curso) e sete grupos de fornecedores (formados pelos alunos).
2. Cada grupo representa um fornecedor, numerado de um a sete, e recebe uma cópia do jogo (software).
3. Cada fornecedor tem informações sobre os custos de execução e de reserva de todos os outros fornecedores. Eles também conhecem a distribuição de demanda e o preço de venda (o preço pago pelo cliente final). Todos estes dados são visualizados na parte superior da tela.
4. Os grupos de fornecedores utilizam o software para decidir acerca das cotações (preço de reserva e de execução). Naturalmente, eles desconhecem as outras cotações (isto é, as ofertas de preço apresentadas pelos outros fornecedores). O software permite a execução de uma análise de prováveis cenários, por meio de palpites para as cotações propostas pelos outros fornecedores e as correspondentes capacidades de alocação (quantidade) e lucros.
5. Os grupos de fornecedores precisam enviar suas cotações iniciais ao comprador (em geral, em um ambiente de sala de aula, as cotações iniciais são definidas fora da sala e enviadas por e-mail ao instrutor).
6. Uma vez que o comprador recebeu todas as cotações, ele pode dar entrada dos valores em seu sistema e revelar a alocação de capacidade a cada grupo e o lucro correspondente.
7. Depois, o comprador pergunta para cada grupo de fornecedores sobre o desejo de alterar as cotações originais (é possível utilizar o software na tomada desta decisão).
8. O jogo prossegue até a rodada em que nenhum grupo de fornecedores deseja modificar sua cotação.

Assim, é possível perguntar: o que os resultados finais revelam sobre a maneira em que a capacidade é alocada e sobre o impacto do processo em cada fornecedor?

Referências

1. Aberdeen Group, The. "The Supply Risk Management Benchmark Report: Assuring Supply and Mitigating Risk in an Uncertain Economy," September 2005.
2. Agrawal, V., and A. Kambil. "Dynamic Pricing Strategies in Electronic Commerce." Dissertação, Stern Business School, New York University, 2000.
3. Ahn, H.-S.; M. Gumus; and P. Kaminsky. "Pricing and Manufacturing Decisions When Demand Is a Function of Prices in Multiple Periods." To appear in *Operations Research*, 2007.
4. Aimi, G. "Finding the Value in Wal-Mart RFID Mandates: It's in the Information." *AMR Research*, June 22, 2004.
5. Andel, T. "There's Power in Numbers." *Transportation & Distribution* 36 (1995), pp. 67–72.
6. Andel, T. "Manage Inventory, Own Information." *Transportation & Distribution* 37 (1996), p. 54.
7. Anderson, C. *The Long Tail: Why the Future of Business Is Selling Less of More*. New York: Hyperion Books, 2006.
8. Andreoli, T. "VMI Confab Examines Value-Added Services." *Discount Store News* 34 (1995), pp. 4–61.
9. Anônimo. "Divorce: Third-Party Style." *Distribution* 94 (1995), pp. 46–51.
10. Anônimo. "Choosing Service Providers." *Transportation & Distribution* 36 (1995), pp. 74–76.
11. Anônimo. "Supply Disruptions May Linger as Quake Aftershock." http://www.eetimes.com, September 22, 1999.
12. Anônimo. "Idapta: At the Core of E-Markets." *ASCET* 3 (2001), pp. 145–47.
13. Anônimo. "Toyota's Fire Caused Production Cut at 70,000 Units." *Japan Economic Newswire* (via Factiva), February 17, 1998.
14. Anônimo. "Meeting the Retail RFID Mandate." *AT Kearney*, November 2003.
15. Anônimo. "Don't Mess with Russia." *The Economist*, December 16–22, 2006.
16. Anônimo. "High-Definition Television." *The Economist*, November 4–10, 2006.
17. Artman, L. B. "The Paradigm Shift from 'Push' to 'Pull' Logistics-What's the Impact on Manufacturing?" Northwestern University, Manufacturing Management Symposium, Evanston, IL, May 1995.
18. Baker, W.; M. Marn; and C. Zawada. "Price Smarter on the Net." *Harvard Business Review* 79, no. 2 (2001), pp. 122–27.
19. Ballou, R. H. *Business Logistics Management*. 3rd ed. Englewood Cliffs, NJ: Prentice Hall, 1992.
20. Barias, S. "RFID Bandwagon Rolls On: With Wal-Mart's Deadline Fast Approaching, Shippers Are Learning to Adapt." *Logistics Today*, August 2004.
21. Bausch, D. O.; G. G. Brown; and D. Ronen. "Consolidating and Dispatching Truck Shipments of Mobil Heavy Petroleum Products." *Interfaces* 25 (1995), pp. 1–17.
22. Berinato, S. "What Went Wrong at Cisco?" *CIO Magazine*, August 1, 2001.
23. Billington, C. "HP Cuts Risk with Portfolio Approach." *Purchasing Magazine Online*, February 21, 2002.
24. Blumenfeld, D. E.; L. D. Burns; C. F. Daganzo; M. C. Frick; and R. W. Hall. "Reducing Logistics Costs at General Motors." *Interfaces* 17 (1987), pp. 26–47.
25. Bovet, D., and Y. Sheffi. "The Brave New World of Supply Chain Management." *Supply Chain Management Review*, Spring 1998, pp. 14–22.
26. Bowers, M. R., and A. Agarwal. "Lower In-Process Inventories and Better On-Time Performance at Tanner Companies, Inc." *Interfaces* 25 (1995), pp. 30–43.
27. Bowman, R. "A HighWire Act." *Distribution* 94 (1995), pp. 36–39.
28. Bradbury, D. "RFID: It's No Supply Chain Saviour-Not Yet Anyway." http://www.silicon.com, September 9, 2004.
29. Bramel, J., and D. Simchi-Levi. *The Logic of Logistics: Theory, Algorithms and Applications for Logistics Management*. New York: Springer, 1997.
30. Brynjolfsson, E., and M. D. Smith. "Frictionless Commerce? A Comparison of Internet and Conventional Retailers." *Management Science* 46 (2000), pp. 563–85.
31. Buzzell, R. D., and G. Ortmeyer. "Channel Partnerships Streamline Distribution." *Sloan Management Review* 36 (1995), p. 85.

32. Byrne, M. P. "Best Practice in Global Operations." Presentation at the 2006 MIT Manufacturing Conference, December 6, 2006.
33. Byrne, P., and W. Markham. "Global Logistics: Only 10 Percent of Companies Satisfy Customers." *Transportation & Distribution* 34 (1993), pp. 41–45.
34. Cachon, G. P. "Supply Coordination with Contracts." In *Handbooks in Operations Research and Management Science*, ed. Steve Graves and Ton de Kok. Amsterdam: North-Holland, 2002.
35. Cachon, G. P., and M. A. Lariviere. "Supply Chain Coordination with Revenue Sharing Contracts: Strengths and Limitations." Dissertação, the Wharton School, University of Pennsylvania, 2000.
36. Caldwell, B. "Walt-Mart Ups the Pace." http://www.informationweek.com, December 9, 1996.
37. Camm, J. D.; T. E. Chorman; F. A. Dill; J. R. Evans; D. J. Sweeney; and G. W. Wegryn. "Blending OR/MS, Judgment, and GIS: Restructuring P&G's Supply Chain." *Interfaces* 27 (1997), pp. 128.
38. Campbell, A. "RFID Brings Big Gains in Breweries." http://www.RFID-weblog.com, July, 16, 2004.
39. Caniels, M. C. J., and C. J. Gelderman. "Purchasing Strategies in Kraljic Matrix-A Power and Dependence Perspective." *Journal of Purchasing and Supply Management* 11 (2005), pp. 141–155.
40. Cela Diaz, F. "An Integrative Framework for Architecting Supply Chains." MS Thesis, Massachusetts Institute of Technology, 2005.
41. Chambers, J. C.; S. K. Mullick; and D. D. Smith. "How to Choose the Right Forecasting Technique." *Harvard Business Review* 49, no. 4 (1971), pp. 45–69.
42. Chan, L. M. A.; D. Simchi-Levi; and J. Swann, "Effective Dynamic Pricing Strategies with Stochastic Demand." Dissertação, Massachusetts Institute of Technology, 2001.
43. Chen, F. Y.; Z. Drezner; J. K. Ryan; and D. Simchi-Levi. "The Bullwhip Effect: Managerial Insights on the Impact of Forecasting and Information on Variability in the Supply Chain." In *Quantitative Models for Supply Chain Management*, ed. S. Tayur, R. Ganeshan, and M. Magazine. Norwell, MA: Kluwer Academic Publishing, 1998, chap. 14.
44. Chen, Y. F.; Z. Drezner; J. K. Ryan; and D. Simchi-Levi. "Quantifying the Bullwhip Effect: The Impact of Forecasting, Leadtime and Information." *Management Science* 46 (2000), pp. 436–43.
45. Chen, F. Y.; J. K. Ryan; and D. Simchi-Levi. "The Impact of Exponential Smoothing Forecasts on the Bullwhip Effect." *Naval Research Logistics* 47 (2000), pp. 269–86.
46. Chesbrough, H., and D. Teece. "When Is Virtual Virtuous: Organizing for Innovation." *Harvard Business Review* 74, no. 1 (1996), pp. 65–74.
47. Clark, T. "Campbell Soup Company: A Leader in Continuous Replenishment Innovations." *Harvard Business School* Case 9-195-124, 1994.
48. Clemmet, A. "Demanding Supply." Work Study 44 (1995), pp. 23–24.
49. Cook, T. "SABRE Soars." *ORMS Today*, June 1998, pp. 26–31.
50. Cook, T. "Creating Competitive Advantage in the Airline Industry." Seminar sponsored by the MIT Global Airline Industry Program and the MIT Operations Research Center, 2000.
51. Copacino, W. C., and R. W. Dik. "Why B2B e-Markets Are Here to Stay. Part I: Public Independent Trading Exchanges." http://TechnologyEvaluation.Com, March 18, 2002.
52. Coy, P. "How Hedge Funds Are Taking On Mother Nature." *BusinessWeek*, January 15, 2006.
53. Crawford, F., and R. Mathews. *The Myth of Excellence*. New York: Crown Business, 2001.
54. Davis, D. "State of a New Art." *Manufacturing Systems* 13 (1995), pp. 2–10.
55. ———. "Third Parties Deliver." *Manufacturing Systems* 13 (1995), pp. 66–68.
56. Davis, D., and T. Foster. "Bulk Squeezes Shipping Costs." *Distribution Worldwide* 78, no. 8 (1979), pp. 25–30.
57. Deutsch, C. H. "New Software Manages Supply to Match Demand." *New York Times*, December 16, 1996.
58. Disabatino, J. "Pricelino.com Reports $1.3 Million Q4 Loss." *Computerworld*, February 4, 2002.
59. Dornier, P.; R. Ernst; M. Fender; and P. Kouvelis. *Global Operations and Logistics: Text and Cases*. New York: John Wiley, 1998.
60. Duadel, S., and G. Vialle. *Yield Management: Applications to Transport and Other Service Industries*. Paris: ITA, 1994.
61. Eid, M. K.; D. J. Seith, and M. A. Tomazic. "Developing a Truly Effective Way to Manage Inventory." Council of Logistics Management Conference, October 5–8. 1997.
62. Engardio, P.; B. Einhorn; M. Kripalani; A. Reinhardt; B. Nussbaum; and P. Burrows. "Outsourcing Innovation." *BusinessWeek*, March 21, 2005.
63. Federgruen, A., and A. Heching. "Combined Pricing and Inventory Control under Uncertainty." *Operations Research* 47 (1999), pp. 454–75.
64. Feitzinger, E., and H. Lee. "Mass Customization at Hewlett-Packard: The Power of Postponement." *Harvard Business Review* 75, no. 1 (1977), pp. 116–21.
65. Ferdows, K.; M. A. Lewis; and J. A. D. Machuca. "Rapid-Fire Fulfillment." Harvard Business Review 82, no. 11 (November 1, 2004), pp. 104–10.
66. Fernie, J. "International Comparisons of Supply Chain Management in Grocery Retailing." *Service Industries Journal* 15 (1995), pp. 134–47.

67. Figueroa, Claudia. "Local Reps See Temporary Delays after India Quake." http://www.Aparelnews.net, March 9, 2001.
68. Fine, C. H. *Clock Speed: Winning Industry Control in the Age of Temporary Advantage*. Reading, MA: Perseus Books, 1998.
69. Fine, C. H.; R. Vardan; R. Pethick; and J. El-Hout. "Rapid-Response Capability in Value-Chain Design." *Sloan Management Review* 43, no.2 (2002), pp. 69–75.
70. Fine, C. H., and D. E. Whitney. "Is the Make-Buy Decision Process a Core Competence?" Dissertação, Massachusetts Institute of Technology, 1996.
71. Fisher, M. L. "National Bicycle Industrial Co.: A Case Study." The Wharton School, University of Pennsylvania, 1993.
72. Fisher, M. L. "What Is the Right Supply Chain for Your Product?" *Harvard Business Review*, March–April 1997, pp. 105–17.
73. Fisher, M. L.; J. Hammond; W. Obermeyer; and A. Raman. "Making Supply Meet Demand in an Uncertain World." *Harvard Business Review*, May–June 1994, pp. 83–93.
74. Fites, D. "Make Your Dealers Your Partners." *Harvard Business Review*, March–April 1996, pp. 84–95.
75. Flickinger, B. H., and T. E. Baker. "Supply Chain Management in the 1990's." http://www.chesapeake.com/supchain.html.
76. Flynn, Laurie. "Intel Posts Sharp Fall in Profit." *New York Times*, April 20, 2006.
77. Fox, M.S.; J.F. Chionglo; and M. Barbuceanu. "The Integrated Supply Chain Management System." Dissertação, University of Toronto, 1993.
78. Gamble, R. "Financially Efficient Partnerships." *Corporate Cashflow* 15 (1994), pp. 29–34.
79. Gerrett, J. J. "Six Design Lessons from the Apple Store." *Adaptivepath*, July 9, 2004.
80. Geary, S., and J. P. Zonnenberg. "What It Means to Be Best in Class." *Supply Chain Management Review*, July/August 2000, pp. 42–48.
81. Genovese, Y.; S. Hayward; J. Thompson; D. M. Smith; and D. W. Cearley. "BPP Changes Infrastructure and the Business Application Vendor Landscape." Gartner Report, September 28, 2006.
82. Geoffrion, A., and T. J. Van Roy. "Caution: Common Sense Planning Methods Can Be Hazardous to Your Corporate Health." *Sloan Management Review* 20 (1979), pp. 30–42.
83. Georgoff, D. M., and R. G. Murdick. "Managers' Guide to Forecasting." *Harvard Business Review* 64, no. 1 (1986), pp. 1–9.
84. Greenhouse, S. "Labor Lockout at West's Ports Roils Business." *New York Times*, October 1 2002.
85. Guengerich, S., and V. G. Green. *Introduction to Client/Server Computing*. Dearborn, MI: SME Blue Book Series, 1996.
86. Hagel, J., III, and J. S. Brown. "Your Next IT Strategy." *Harvard Business Review* 79, no. 10 (2001).
87. Handfield, R., and B. Withers. "A Comparison of Logistics Management in Hungary, China, Korea, and Japan." *Journal of Business Logistics* 14 (1993), pp. 81–109.
88. Hannon, D. "Online Buy Gains Speed." *Purchasing Magazine Online*, February 7, 2002.
89. Harrington, L. "Logistics Asset: Should You Own or Manage?" *Transportation & Distribution* 37 (1996), pp. 51–54.
90. Hax, A. C., and D. Candea. *Production and Inventory Management*. Englewood Cliffs, NJ: Prentice Hall, 1984.
91. Heinrich, C. E., and D. Simchi-Levi. "Do IT Investments Really Change Financial Performance?" *Supply Chain Management Review*, May 2005, pp. 22–28.
92. Henkel-Eroski CPFR Pilot Case Study." Compiled by Thierry Jouenne. Copyright © 2000 by Jowen Editions, 2000. Available at cpfr.org.
93. Henkoff, R. "Delivering the Goods." *Fortune*, November 28, 1994, pp. 64–78.
94. Hof, R. "How Amazon Cleared That Hurdle." *BusinessWeek*, February 4, 2002, pp. 60–61.
95. Hopp, W., and M. Spearman. *Factory Physics*. Burr Ridge, IL: Richard D. Irwin, 1996.
96. House, R. G., and K. G. Jamie. "Measuring the Impact of Alternative Market Classification Systems in Distribution Planning." *Journal of Business Logistics* 2 (1981), pp. 1–31.
97. Huang, Y.; A. Federgruen; O. Bakkalbasi; R. Desiraju; and R. Kranski. "Vendor-Managed-Replenishment in an Agile Manufacturing Environment." Dissertação. Philips Research.
98. Jacobs, D. A.; M. N. Silan; and B. A. Clemson. "An Analysis of Alternative Locations and Service Areas of American Red Cross Blood Facilities." *Interfaces* 26 (1996), pp. 40–50.
99. Jakovljevic, P. J. "Understanding SOA, Web Services, BPM, BPEL, and More. Part One: SOA, Web Services, and BPM." http://www.Technologyevaluation.com, December 22, 2004.
100. Johnson, E. M. "Money for Nothing." *CIO Magazine*, September 15, 2000.
101. Johnson, J. C., and D. F. Wood. *Contemporary Physical Distribution and Logistics*. 3rd ed. New York: Macmillan, 1986.
102. Jones, H. "Ikea's Global Strategy Is a Winning Formula." *Marketing Week* 18, no. 50 (1996), p. 22.
103. Kaufman, L. "Wal-Mart's Huge Slice of American Pie." *New York Times*, February 16, 2000.
104. Kay, E. "Flexed Pricing." *Datamation* 44, no. 2 (1998), pp. 58–62.
105. Keenan, F. "One Smart Cookie." *BusinessWeek E.Biz*, November 20, 2000.

106. Kempeners, M., and A. J. van Weele. "Inkoopportfolio: Basis voor inkoop-en marketingstrategie." In *Dynamiek in Commercië 1e Relaties*, ed. H. W. C. Van der Hart and A. J. Van Week. Bunnik, Netherlands: F&G Publishing, 1997.
107. Kerrigan, R.; E. V. Roegner; D. D. Swinford; and C. C. Zawada. "B2Basics." McKinsey and Company Report, 2001.
108. Kimes, S. E. "A Tool for Capacity-Constrained Service Firms." *Journal of Operations Management* 8 (1989), pp. 348–63.
109. King, J. "The Service Advantage." *Computerworld*, October 28, 1998.
110. Kluge, J. "Reducing the Cost of Goods Sold." *McKinsey Quarterly*, no.2 (1997), pp. 212–15.
111. Kogut, B. "Designing Global Strategies: Profiting from Operational Flexibility." *Sloan Management Review* 27 (1985), pp. 27–38.
112. Koloszyc, G. "Retailers, Suppliers Push Joint Sales Forecasting." *Stores*, June 1998.
113. Kraljic, P. "Purchasing Must Become Supply Management." *Harvard Business Review*, September–October 1983, pp. 109–17.
114. LaFond, A. "RFID Market Update: Revenue Forecasts Down 15 Percent." *Manufacturing.net*, August 10, 2006.
115. Lakenan, B.; D. Boyd; and E. Frey. "Why Outsourcing and Its Perils?" *Strategy + Business*, no. 24 (2001).
116. Lawrence, J. A., and B. A. Pasternack. *Applied Management Science: A Computer Integrated Approach for Decision Making*. New York: John Wiley, 1998.
117. Leahy, S.; P. Murphy; and R. Poist. "Determinants of Successful Logistical Relationships: A Third Party Provider Perspective." *Transportation Journal* 35 (1995), pp. 5–13.
118. Lee, H. "Design for Supply Chain Management: Concepts and Examples." Dissertação, Department of Industrial Engineering and Engineering Management, Stanford University, 1992.
119. Lee, H. L., and C. Billington. "Managing Supply Chain Inventory: Pitfalls and Opportunities." *Sloan Management Review*, Spring 1992, pp. 65–73.
120. Lee, H.; P. Padmanabhan; and S. Whang. "The Paralyzing Curse of the Bullwhip Effect in a Supply Chain." *Sloan Management Review*, Spring 1997, pp. 93–102.
121. ———. "Information Distortion in a Supply Chain: The Bullwhip Effect." *Management Science* 43 (1996), pp. 546–58.
122. Leibs, S. "Deskbound for Glory." *CFO Magazine*, March 14, 2002.
123. Lessard, D., and J. Lightstone. "Volatile Exchange Rates Put Operations at Risk." *Harvard Business Review* 64 (1986), pp. 107–14.
124. Levitt, T. "The Globalization of Markets." *Harvard Business Review* 61 (1983), pp. 92–102.
125. Lewis, J. *Partnerships for Profit*. New York: Free Press, 1990.
126. Lindsey. *A Communication to the AGIS-L List Server.*
127. Lohr, S. "He Loves to Win. At I.B.M., He Did," *NewYork Times*, March 10, 2002.
128. Magretta, J. "The Power of Virtual Integration: An Interview with Dell Computer's Michael Dell." *Harvard Business Review*, March–April 1998, pp. 72–84.
129. Maltz, A. "Why You Outsource Dictates How." *Transportation & Distribution* 36 (1995), pp. 73–80.
130. "Management Brief: Furnishing the World." *The Economist*, November 19, 1994, pp. 79–80.
131. Manrodt, K. B.; M. C. Holcomb; and R. H. Thompson. "What's Missing in Supply Chain Management?" *Supply Chain Management Review*, Fall 1997, pp. 80–86.
132. Markides, C., and N. Berg. "Manufacturing Offshore Is Bad Business." *Harvard Business Review* 66 (1988), pp. 113–20.
133. Martinez de Albeniz, V. Course presentación material, 2005.
134. Martinez de Albeniz, V., and D. Simchi-Levi. "Competition in the Supply Option Market." Dissertação, Massachusetts Institute of Technology, 2005.
135. Mathews, R. "Spartan Pulls the Plug on VMI." *Progressive Grocer* 74 (1995), pp. 64–65.
136. McCue, A. "Marks & Spencer Extends RFID Tagging Nationwide." http://www.silicon.com, November 14, 2006
137. McGrath, M., and R. Hoole. "Manufacturing's New Economies of Scale." *Harvard Business Review* 70 (1992), pp. 94–102.
138. McKay, J. "The SCOR Model." Presented in *Designing and Managing the Supply Chain*, an Executive Program at Northwestern University, James L. Allen Center, 1998.
139. McWilliams, G. "Whirlwind on the Web." *BusinessWeek*, April 7, 1997, pp. 132–36.
140. McWilliams, G. "Dell Fine-Tuned Its Pricing to Gain an Edge in Slow Market." *The Wall Street Journal*, June 8, 2001.
141. Metty, T.; R. Harlan; Q. Samelson; T. Moore; T. Morris; R.Sorensen; A. Schneur; O. Raskina; R. Schneur; J. Kanner; K. Potts; and J.Robbins. "Reinventing the Supplier Negotiation Process at Motorola." *Interface* 35, no. 1 (January–February 2005), pp. 7–23.
142. Michelin. "Intelligent Tires: Michelin Outlines New Tecnology at Industry Conference." Press release, Hilton Head, SC, March 9, 2005.
143. Mische, M. "EDI in the EC: Easier Said Than Done." *Journal of European Business* 4 (1992), pp. 19–22.
144. Mitchell, R. L. "Unilever Crosses the Data Streams." *Computerworld*, December 17, 2001.

145. Monczka, R.; G. Ragatz; R. Handfield; R. Trent; and D. Frayer. "Executive Summary: Supplier Integration into New Product Development: A Strategy for Competitive Advantage." *The Global Procurement and Supply Chain Benchmarking Initiative*, Michigan State University, The Eli Broad Graduate School of Management, 1997.
146. Mottley, R. "Dead in Nine Months." *American Shipper*, December 1998, pp. 30–33.
147. Nagali, V.; D. Sangheran; J. Hwang; M. Gaskins; C. Baez; M. Pridgen; P. Mackenroth; D. Branvold; A. Kuper; and P. Scholler. "Procurement Risk Management (PRM) at Hewlett-Packard Company." Council of Supply Chain Management Professionals, 2005.
148. Nahmias, S. *Production and Operations Analysis*. 3rd ed. Burr Ridge, IL: Irwin/McGraw-Hill, 1997.
149. Narus, J., and J. Anderson. "Turn Your Industrial Distributors into Partners." *Harvard Business Review*, March–April 1986, pp. 66–71.
150. ———. "Rethinking Distribution: Adaptive Channels." *Harvard Business Review*, July–August 1986, pp. 112–20.
151. Nishiguchi, T., and A. Beaudet. "Case Study: The Toyota Group and the Aisin Fire." *Sloan Management Review*, Fall 1998, pp. 49–59.
152. Nussbaum, B. "Designs for Living." *BusinessWeek*, June 2, 1997, p. 99.
153. O'Connor, M. C. "Gillette Fuses RFID with Product Launch." *RFID Journal*, May 27, 2006.
154. Ohmae, K. "Managing in a Borderless World." *Harvard Business Review* 67 (1989), pp. 152–61.
155. Olsen, R. F.; and L. M. Ellram. "A Portfolio Approach to Supplier Relationships." *Industrial Marketing Management* 26, no. 2 (1997), pp. 101–13.
156. Oracle. "Bringing SOA Value Patterns to Life." Oracle white paper, June 2006.
157. Owens, G.; O. Vidal; R. Toole; and D. Favre. "Strategic Sourcing." Accenture report, 2001.
158. Özer, Ö. "Strategic Commitments for an Optimal Capacity Decision under Asymmetric Forecast Information." PowerPoint presentation (2003).
159. Özer, Ö., and W. Wei. "Strategic Commitments for an Optimal Capacity Decisions under Asymmetric Forecast Information." *Management Science* 52 (2006); pp. 1239–58.
160. Patton, E. P. "Carrier Rates and Tariffs." In *The Distribution Management Handbook*, ed. J. A Tompkins and D. Harmelink. New York: McGraw-Hill, 1994, chap. 12.
161. Peppers, D., and M. Rogers. *Enterprise One to One*. New York: Doubleday, 1997.
162. Phillips, R. L. *Pricing and Revenue Optimization*. Stanford, CA: Stanford University Press, 2005.
163. Pidd, M. "Just Modeling Through: A Rough Guide to Modeling." *Interfaces* 29, no. 2 (March–April 1999), pp. 118–32.
164. Pike, H. "IKEA Still Committed to U.S., Despite Uncertain Economy." *Discount Store News* 33, no. 8 (1994), pp. 17–19.
165. Pine, J. B., II. *Mass Customization*. Boston: Harvard University Business School Press, 1993.
166. Pine, J. B., II, and Boynton. "Making Mass Customization Work." *Harvard Business Review* 71, no. 5 (1993), pp. 108–19.
167. Pine, J. B., II, and J. Gilmore. "Welcome to the Experience Economy." *Harvard Business Review*, July–August 1998, pp. 97–108.
168. Pine, J. B., II; D. Peppers; and M. Rogers. "Do You Want to Keep Your Customers Forever?" *Harvard Business Review*, March–April 1995, pp. 103–15.
169. Plattner, H. "Design and Innovations in Enterprise Applications." Presented at the MIT Forum for Supply Chain Innovation, September 2006.
170. Pollack, E. "Partnership: Buzzword or Best Practice?" *Chain Store Age Executive* 71 (1995), pp. 11A–12A.
171. Quinn, J. B., and F. Hilmer. "Strategic Outsourcing." *Sloan Management Review*, 1994, pp. 9–21.
172. Raman, A.; N. Dehoratius; and Z. Ton. "Execution: The Missing Link in Retail Operations." *California Management Review* 43, no. 3 (Spring 2001) pp. 136–52.
173. Rayport, J. F., and J. J. Sviokla. "Exploiting the Virtual Value Chain." *Harvard Business Review*, November–December 1995, pp. 75–85.
174. Reichheld, F. F. "Learning from Customer Defections." *Harvard Business Review*, March–April 1996, pp. 57–69.
175. Reitman, V. "To the Rescue: Toyota's Fast Rebound after Fire at Supplier Shows Why It is Tough." *The Wall Street Journal*, May 8, 1997.
176. Rich, S. "Saturday Interview-with Doug McGraw; A Hurricane and Espresso. What's Next?" *New York Times*, March 18, 2006.
177. Ries, A., and L. Ries. *The 22 Immutable Laws of Branding*. New York: HarperBusiness, 1998.
178. Rifkin, G. "Technology Brings the Music Giant a Whole New Spin." *Forbes ASAP*, February 27, 1995, p. 32.
179. Roberti, M. "Gilletta Sharpens Its Edge." *RFID Journal*, April 2004.
180. Robeson, J. F., and W. C. Copacino, eds. *The Logistics Handbook*. New York: Free Press, 1994.
181. Robins, G. "Pushing the Limits of VMI." *Stores* 77 (1995), pp. 42–44.
182. Ross, D. F. *Competing through Supply Chain Management*. New York: Chapman & Hall, 1998.
183. Rothfeder, J. "What's Wrong with RFID." *CIO Insight*, August 2004, pp. 45–53.
184. SAP. "Stages of Excellence." www.sap.com/scm/.
185. Schoneberger, R. J. "Strategic Collaboration: Breaching the Castle Walls." *Business Horizons* 39 (1996), p. 20.

186. Schrader, C. "Speeding Build and Buy Processes across a Collaborative Manufacturing Network." *ASCET 3* (2001), pp. 82–88.
187. Schwind, G. "A Systems Approach to Docks and Cross-Docking." *Material Handling Engineering* 51, no. 2 (1996), pp. 59–62.
188. SearchStorage.com staff. http://www.SearchStorage.com, July 11, 2006.
189. Seybold, P. B. *The Customer Revolution*. New York: Crown Business, 2001.
190. Shenk, D. *Data Smog: Surviving the Information Glut*. New York: HarperCollins, 1997.
191. Shepard, J. "The Future of Enterprise Applications." *AMR Research*, November 9, 2006.
192. Signorelli, S., and J. Heskett. "Benetton (A)." Harvard University Business School Case (1984), Case No. 9-685-014.
193. Simchi-Levi, D.; X. Chen; and J. Bramel. *The Logic of Logistics: Theory, Algorithms and Applications for Logistics and Supply Chain Management*, 2nd ed. New York: Springer-Verlag, 2004.
194. Singh, A. Private communication.
195. Sliwa, C. "Beyond IT: Business Strategy Was a Problem, Too." *Computerworld*, January 25, 2002.
196. Songini, M. L. "Nike Says Profit Woes IT-Based."*Computerworld*, March 5, 2001.
197. Stalk, G.; P. Evans; and L. E. Shulman. "Competing on Capabilities: The New Rule of Corporate Strategy." *Harvard Business Review*, March–April 1992, pp. 57–69.
198. Stein, T., and J. Sweat. "Killer Supply Chains." http://www.informationweek.com, November 9, 1988.
199. Streitfeld, D. "Amazon Pays a Price for Marketing Test." *Washington Post*, October 2000.
200. Supply Chain Council. "SCOR Introduction." Release 2.0, August 1, 1997.
201. Swaminathan, J. M. "Enabling Customization Using Standardized Operations." *California Management Review* 43, no. 3 (Spring 2001), pp. 125–35.
202. Temkin, B. "Preparing for the Coming Shake-Out in Online Markets." *ASCET 3* (2001), pp. 102–107.
203. Troyer, C., and R. Cooper. "Smart Moves in Supply Chain Integration." *Transportation & Distribution* 36 (1995), pp. 55–62.
204. Troyer, T., and D. Denny. "Quick Response Evolution." *Discount Merchandiser* 32 (1992), pp. 104–107.
205. Trunnick, P.; H. Richardson; and L. Harrington. "CLM: Breakthroughs of Champions." *Transportation & Distribution* 35 (1994), pp. 41–50.
206. Ulrich, K. T. "The Role of Product Architecture in the Manufacturing Firm." *Research Policy* 24 (1995), pp. 419–40.
207. Varon, E. "What You Need to Know about Public and Private Exchange." *CIO Magazine*, September 1, 2001.
208. Verity, J. "Clearing the Cobwebs from the Stockroom." *BusinessWeek*, October 21, 1996.
209. Wood, D.; A. Barone; P. Murphy; and D. Wardlow. *International Logistics*. New York: Chapman & Hall, 1995.
210. Woods, D. and T. Mattern. *Enterprise SOA: Designing IT for Business Innovation*. Sebastopol, CA: OíReilly Media, 2006.
211. Yannis, B. J. "The Emerging Role of Electronic Marketplaces on the Internet." *Comm. ACM* 41, no. 9 (1998), pp. 35–42.
212. Zweben, M. "Delivering on Every Promise." *APICS*, March 1996, p. 50.
213. *BusinessWeek*, March 19, 2001.
214. *Journal of Business Strategy*, October–November 1997.
215. *The Wall Street Journal*, October 23, 1997.
216. *U.S. Surgical Quarterly Report*, July 15, 1993.
217. *The Wall Street Journal*, October 7, 1994.
218. *The Wall Street Journal*, August 1993. *(Dell Computer ref.)
219. *The Wall Street Journal*, July 15, 1993. *(Liz Claiborne ref.)
220. *The Wall Street Journal*, October 7, 1994. *(IBM ThinkPad ref.)
221. *The Wall Street Journal*, February 22, 2000.
222. http://www.ikea-group.ikea.com/corporate/PDF/IKEA_FF_0405_GB.pdf.
223. http://www.made-in-italy.com/fashion/fashion_houses/benetton/intro.htm.
224. http://www.dell.com.
225. www.supply-chain.org.
226. http://www-128.ibm.com/developrworks/webservices/library/ws-soa-design1/.
227. http://www.develocity.com/articles/20060801/news.cfm.
228. http://www.smc3.com.
229. http://www.develocity.com/articles/20051101/enroute.cfm.
230. http://phx.corporate-ir.net/phoenix.zhtml?c=108468&p=irol-newsArticle&t=Regular&id=730231&.
231. http://www.rosettanet.org.
232. http://www.national.com.
233. http://www.cpfr.org.
234. http://www.dodrfid.org.

* *Breve referência ao tópico.*

Índice

Os números de página seguidos da letra "n" indicam notas.

A.T. Kearney, 529–530
A "evolução" do S&OP na Adtran (Estudo de caso), 501–503
A 7-Eleven se abastece com experiência tecnológica (Estudo de caso), 489–493
A American Tool Works (Estudo de caso), 166–168
A Audio Duplication Services, Inc. (ADS) (Estudo de caso), 316–318
A Bis Corporation (Estudo de caso), 117–119
A cadeia de suprimentos da Whirlpool (Estudo de caso), 475–478
A Dell Inc.: a melhoria na flexibilidade da cadeia de suprimentos dos microcomputadores desktop (Estudo de caso), 226–236
A economia da Starbucks: a solução do mistério do indefinível cappuccino "curto" (Estudo de caso), 454–456
A estratégia de distribuição da Amazon.com Europa (Estudo de caso), 258–281
A grande correção de estoques (Estudo de caso), 253–257
A Hewlett-Packard: a cadeia de suprimentos da impressora DeskJet (Estudo de caso), 391–399
A Hewlett-Packard Company: o projeto da impressora em rede com vistas à universalidade (Estudo de caso), 421–427
A incrível reviravolta dos descontos pós-pagamento, 471–474

A matriz de suprimento de Kraljic, 339–341
A Meditech Surgical (Estudo de caso), 51–60
A Pacorini se mantém na liderança do mercado de logística global com a arquitetura orientada a serviços (SOA) da IBM (Estudo de caso) 509–511
A Solectron: de fabricante contratada a integradora da cadeia de suprimentos global (Estudo de caso), 349–366
A Steel Works, Inc. (Estudo de caso), 61–65
A Wal-Mart altera sua tática para atender às preferências internacionais (Estudo de caso), 367–370
Abordagem ABC à gestão de estoques, 92–93
Abordagem *best of breed*, 505–508
Accuride, Inc., 441–442
Ace Hardware, 309–310
Acesso para o cliente, 435–436
ACT Manufacturing, 334–335
Adtran, 501–503
Advanced Micro Devices, 37–38
Agarwal, A., 563
Agentes inteligentes, 496–497
Agrawal, V., 563
Agregação de clientes, 122–126
Agregação de dados, 122–126
Ahn, H., 563
Aimi, G., 563
Airborne Express, 451–452
Aisin Seiki, 378–379

Alavancagem política, 381–383
Algoritmos, 131–134, 496–499
Algoritmos exatos, 496–497
Alianças estratégicas, 294–318; *ver também* Parcerias
 fornecedores de logística terceirizada, 41–42, 300–307
 gestão no fornecedor, 92–93, 197–198, 207–208, 306–314, 432–434
 integração dos distribuidores, 313–316
 parcerias varejista-fornecedor, 306–314
 valor das, 298–301
 vantagens e desvantagens, 299–301
Alocação de recursos, 119–120, 145–149
Alta frequência de lançamento do produto, 401–402
Amazon.com, 246–251, 436–437, 437–439, 442–443, 465–466, 468–469
American Airlines, 456–457, 460–461, 464–465
American Express, 445–446
AMR Research, 447–448, 488–489
Análise de dados, 487–489, 494–495
Análise de regressão, 94–95
Análise de sensibilidade, 70–71
Análise estatística, 494–495
Andel, T., 563
Anderson, Chris, 436–437, 563
Anderson, J., 567
Andreoli, T., 563

Anthes, Gray H., 475–476
Apple, 36–37, 333–334, 437–439, 441–442
APS, 476–477
Aquisições, 298–299
Área de cobertura do fornecedor, 340–344
Ariba, 344, 345–346
Armazenagem; *ver também* Planejamento da rede logística
  aumento em número, 120–122
  capacidade, 129–131
  centralizada *versus* descentralizada, 282–292
  compartilhamento do risco, 281–285, 292–293
  custos, 128–130
  decisões sobre a localização, 45–47, 120–122, 130–131, 283–285
  espaço exigido para, 129–131
  unidades centrais vs. locais, 283–285
Armazenagem com pontos de estoque intermediário, 282–292
Arquitetura de sistemas, 513–517
Arquitetura orientada a serviços (SOA), 484–486, 509–512, 515–517, 519–524
Arrington, Linda, 319
Artman, L. B., 563
As cinco funções básicas de uma empresa, 381–384
AT&T, 174–175, 179–181
Atendimento de pedidos, 242–243, 251–253, 383–384
Autonomia local *versus* controle central, 384–385
Avaliação contínua de estoques, 76–80
Avaliação do desempenho
  cadeias de suprimentos globais, 387–388
  da cadeia de suprimentos, 447–449
  do serviço de atendimento ao cliente, 446–447

Baez, C., 567
Bailey, Todd, 349–350n, 363–364n
Baker, W., 468–469, 563
Bakkalbasi, O., 565
Ballou, R. H., 563

Barbuceanu, M., 496–497, 565
Barias, S., 563
Barilla SpA (A) (Estudo de caso), 187–198
Barker, T. E., 565
Barnes and Noble, 250–251
Barone, A., 568
Bausch, D. O., 563
Baxter Healthcare Corp., 305–306
Bayers, Chip, 280–281
Beaudet, A., 567
Benetton Corporation, 408–409, 412–413
Berg, N., 566
Best Buy Co., 476–477
Bezos, Jeff, 280–281
Bianco, Anthony, 279–281
BICS, 480–481
Billington, C., 212–213n, 563, 566
Blockbuster, 173–174
Blumenfeld, D., 563
Boeing, 339–340
Boise Cascade, 456–457, 464–465, 467–468
Bovet, D., 563
Bowers, M. R., 563
Bowman, R., 563
Boyd, D., 334–335, 566
Bradbury, D., 564
Bramel, J., 564, 568
Branvold, D., 567
British Petroleum, 301–302
Brown, G. G., 563
Brynjolfsson, E., 564
Burns, L. D., 563
Burrows, P., 564
Business Process Execution Language (BPEL), 521–522
Business-to-business (B2B), 249–252
Business-to-consumer (B2C), 249–252
Buzzell, R. D., 564
Byrne, M. P., 564

Cachon, G. P., 564
Cadeia de desenvolvimento; *ver também* Cadeia de suprimentos
  características, 400–401
  definição, 35–36
  foco da, 399–400
  integração com a cadeia de suprimentos, 35–37, 399–403

Cadeia de suprimentos
  capacitações necessárias para a excelência, 497–502
  características, 400–401
  centralizada; *ver* Sistema de distribuição centralizado
  colaboração entre parceiros, 488–489
  conflitantes, objetivos, 212–214, 336–337
  descentralizada; *ver* Sistema de distribuição descentralizado
  em série, 88–92
  empurrada, 236–238
  empurrada-puxada, 238–244, 401–403
  fatores de variabilidade na, 200–202
  foco da, 399–400
  gargalos, 147–148
  identificação da estratégia apropriada, 239–242
  impacto da Internet na, 246–253
  integração, 47–48, 399–403
  mensuração da importância da, 447–449
  objetivos da TI, 484–489
  puxada, 237–239, 401–403
  sequencial, 168–169
  trade-offs, 213–217
Cadeia de suprimentos elástica, 376–377
Calculadoras, 494–495
Caldwell, B., 564
Camisetas de futebol da Liga Nacional de Futebol Americano (NFL): Um caso para postergação (Estudo de caso), 218–225
Camm, J. D., 564
Campbell, A., 564
Campbell Soup, 434–435
Candea, D., 565
Caniels, M. C. J., 564
Canon, 36–37
Capacidade, 129–131, 467–468
Capacidade de adaptação ao risco, 378–379
Capacidade para promessa (CTP), 501
Carga cheia (CC), 126–127, 214–215
Carga parcial (CP), 126–127, 214–215

ÍNDICE **571**

Carroll, Thomas J., 150–151
Caterpillar Corporation, 303–304, 313–314
Cearley, D. W., 565
Cela Diaz, F., 564
Celestica, 334–335, 347–348
CEMs, 334–335
Centrais de compra, 52–53
Centros de excelência, 314–315
Chae, Ellen, 349–350n, 363–364n
Chait, Arthur, 355, 358n
Chambers, John, 95–96, 333–334, 564
Chan, L. M. A., 564
Charles Schwab, 447–448
Chem, X., 568
Chen, F. Y., 564
Chesbrough, H., 564
Chevron Corp., 301–302
Chionglo, J. F., 496–497, 565
Chiron, Claire, 258
Chorman, T. E., 564
Ciclo de vida lento, 400–403
Ciclo evolutivo, 338–339, 341–343, 400–403
Ciclo evolutivo do componente, 338–339, 341–343
Ciclo evolutivo rápido, 400–403
Circuit City, 437–439, 471–472
Cisco, 66–67, 248–250, 252–253, 333–337
Clark, T., 564
Classificação Nacional de Fretes por Veículos Motorizados (*National Motor Freight Classification*), 126
Classificação Uniforme de Fretes (*Uniform Freight Classification*), 126
Clemmet, A., 564
Clemson, B. A., 565
Click and mortar, 251–252
Cliente/servidor, 512–517
Coca-Cola, 384–385, 468–469
Código de barras, 307–308, 388–389, 511–514
Código eletrônico de produto (EPC), 523–524
Código Universal de Produtos (UPC), 513–514
Coeficiente de variação, 84, 86–88
Colaboração, 512–513

Coleta de dados, 120–123, 486–487
Começo da cadeia de suprimentos, 236
Comércio eletrônico, 246–247, 249–250, 515–519
CommerceOne, 344
Commodities, 167–169, 179–183
Como a Kimberly-Clark conserva o cliente Costco (Estudo de caso), 294–298
Compartilhamento de estoque, 285–292
Compartilhamento do risco
 coeficiente de variação, 84, 86–88
 conceito, 84
 consolidação de depósitos, 281–285, 292–293
 estudo de caso, 85–87
 exemplo de, 71
 pontos importantes, 87–88
 posicionamento do estoque e, 244–245
 terceirização e, 334–335
Competências essenciais, 298–302, 335–336
Componentes estratégicos, estratégias para, 168–175
Componentes gargalo, 340–341
Componentes não estratégicos, estratégias para, 179–183
Composição da equipe de vendas, 93–94
Compra a termo, 181–182, 201–202
Compra à vista, 181–182, 340–343, 345–346
Compras em um único local, 432–434
Compromisso básico, 182–183
Computadores de mão, 513–514
Computadores *mainframe*, 511–512
Computadores *stand alone*, 511–512
Comunicação, 305–306, 309–310
Concretização da excelência, 445–446
Condução de testes na Internet, 468–469
Confiança, construção da, 173–174, 308–309
Confidencialidade, 309–310

Conformidade a exigências, 434–436
Consenso, 93–95
Construção de relacionamentos, com clientes, 441–446
Consulta, 494–495
Contagem de ciclos, 92–93
Contratos
 com *payback*, 175–176
 de abatimento nas vendas, 171–172
 de compartilhamento de custos, 177–179
 de compartilhamento de receita, 170–175
 de compartilhamento de reserva, 179–181
 de compra antecipada, 179–181, 207–208
 de compromisso fixo, 181–182
 de flexibilidade, 181–182
 de longo prazo, 181–182, 340–343
 de opções, 181–182
 de portfólio, 181–183, 342–343
 de recompra, 169–171, 173–174
 de reserva de capacidade, 179–181, 207–208
 flexibilidade de quantidade, 171–172
 fornecedores de logística terceirizada, 303–306
 globais, 387–388
Contratos a termo, 181–182
Contratos de compra antecipada, 179–181, 207–208
Contratos de compromisso fixo, 181–182
Contratos de flexibilidade na quantidade, 171–172
Contratos de fornecimento, 166–186
 componentes estratégicos, 168–175
 componentes não estratégicos, 179–183
 conceito de, 16–47
 importância, 172–173
 limitações, 173–175
 para produção para estoque/produção sob encomenda, 174–179
 pontos negociáveis, 168–169

Controle centralizado, 384–385
Controle da produção, 307–308
Controle de reservas, 461–462
Converge, 346–347
CONWIP, 213–214
Cook, T., 564
Cooke, James Aaron, 280–281
Cooper, R., 568
Coordenação global, 381–383
Copacino, W. C., 564
Correio eletrônico, 512–513
Correlação positiva, 87–88
Cotas, 374–375
Council of Supply Chain Management Professionals, 39–40
Covisint, 346–348
Cox, Beth, 280–281
Coy, P., 564
CPFR, 210–211, 245–246, 476–477, 488–489, 518–520
Crawford, F., 564
Crenças, 386–387
Cross-docking, 207–208, 214–215, 282–285
Cupai, Toni, 421–422
Cupons, 465–467
Curva da demanda, 456–458
Curva preço/demanda, 456–458
Custo com o preço anunciado, 467–468
Custo variável de produção por unidade, 72–73
Custo/lucro marginal, 73–74
Customização em massa, 216–217, 416–420
Custos
 com depósitos, 128–130
 com logística, 39–41
 com mão de obra, 373–374
 de armazenagem, 66–71, 128–129
 de manuseio, 128–130
 de manutenção das instalações, 66–67
 de manutenção dos estoques, 66–67
 de obsolescência, 66–67
 de oportunidade, 66–67
 de pedido, 66–67
 de processamento de pedidos de compra, 344
 estocagem, 67–71, 128–129
 fixos, 67–71, 128–129
 indiretos, 88–89, 283–284
 logística global, 373–374
 total nacionalizado, 341–343, 448–449
 transporte, 39–40, 88–89, 125–128, 283–284
Custos com a frota, 125–127
CZAR-Lite, 126–127

Dados sazonais, 94–95
Daganzo, C. F., 563
Davis, D., 564
DCOR, 448–449
Decisões de comprar/fazer, 336–339; *ver também* Terceirização
Decisões em nível estratégico, 45
Decisões em nível operacional, 45
Decisões em nível tático, 45
Decomposição sazonal, 94–95
Dehoratius, N., 528–529, 567
Dell, 39–40, 42–43, 47–48, 66–67, 238–243, 246–247, 249–250, 252–253, 334–335, 339–340, 419–420, 431–434, 437–443, 450–452, 455–457, 464–468, 471–472
Dell, Michael, 450–451
Delphi, 36–37
Demanda
 agregada, 458–459
 gestão da, 383–384
 impacto da abertura de depósitos, 130–131
 incerteza no, 65–66, 70–71
 preço e, 456–458; *ver também* Precificação
 previsão da, 66–67, 200–202, 245–246
 sazonalidade, 467–468
Demantra, 523
Denny, D., 568
Departamento de Defesa dos EUA, 511–512, 523–524, 526–527
Desacoplamento, 406
Descontos, 465–467, 471–474
Descontos pós-pagamento, 465–467
Desenho de redes; *ver* Planejamento de redes
Desenvolvimento de produto
 cadeia de desenvolvimento, 35–37
 estudo de caso, 51–60
 reprojeto, 47–48
 terceirização do, 334–335
Desenvolvimento do aspecto, 347–348
Desiraju, R., 565
Deslocamento da produção, 381–383
Desvio-padrão, 80–81, 84, 245–246
Deutsch, C. H., 564
Diaz, F. Cela, 378–379
Diferenças regionais, na logística global, 386–387–388–389
Diferenciação adiada, 215–216, 238–239, 401–402, 408–409
Diferenciação do produto, 401–402, 408–409
Diferenciação temporal, 465–466
Dik, R. W., 564
Dill, F. A., 564
Dillard Department Stores, 307–308
Disabatino, J., 564
Disponibilidade para promessa (ATP), 501
Dispositivos de interface, 513–514
Distribuição *just-in-time* (DJIT), 187–198
Dobbs, Johnnie, 37–38
Dornier, P., 370–372, 376–377, 564
Dow Chemical, 41–42, 301–302
Dreese, Mike, 209–210
Drezner, Z., 564
Duadel, S., 460–461, 564
Dunlop-Enerka, 315–316
Duração do ciclo, 67–68, 448–449

E2Open, 346–348
Eagar, Thomas W., 150–151
EAI, 515–517, 519–520
Eastman Kodak, 41–42, 301–302
e-business, 41–43, 246–247, 249–250
e-commerce, 246–247, 249–250, 515–519
Economia, 418–419
Economias de escala, 65–67, 239–241, 283–284, 334–335
EDI, 301–302, 307–308, 388–389, 511–513, 517–518

EDLP, 206–207, 432–434, 439–440, 466–467
Efeito chicote
  cadeia de suprimentos empurrada e, 237–238
  definição, 198–200
  impacto da centralização, 203–207
  maior variação no, 200–202
  métodos para lidar com, 206–208, 439–440
  quantificação, 201–204
  redução do, 530–531
e-fulfillment, 251–253
Eid, M. K., 564
Einhorn, B., 564
ElecComp Inc. (Estudo de caso), 138–144
El-Hout, J., 565
Ellram, L. H., 567
Elstein, Aaron, 349–350n
e-markets, 344–348
Embalagem, 403–405
EMC Corp, 37–38
Empresa one-to-one, 442–443
Empresas físicas, 251–252
Empresas mecanicistas, 416–417
Empresas orgânicas, 416–417
Engardio, Pete, 362–363n, 564
Engenharia simultânea, 361–362
Entrega na data, 45
EOQ, 67–71
e-procurement, 344–348
Equilíbrio de Nash, 288–291
Ericsson, 174–175, 179–181, 378–379
Ernst, R., 564
eRoom, 441–442
ERP, 488–489, 500–501, 504–508, 512–513, 521–523
Erros, na previsão, 245–246
e-sourcing, 249–250
"Estante" de tecnologias, 416–417
Estimativa de milhagem, 127–129
Estoque
  a jusante, 88–89
  custos, 66–71
  de matéria-prima, 65–66, 135–136
  de produto acabado, 65–66, 135–136

  de produtos em processamento, 65–66, 135–136, 380–381
  giro do, 92–94, 129–130
  global por estágio, 88–92
  pulmão, 242–243
  razões para manter, 65–67, 76–77
Estoque de segurança
  armazenagem e, 283–285
  centralizado *versus* descentralizado, 87–88
  controle, 92–93
  definição, 77–78
  estudo de caso, 138–144
  onde manter, 135–137
  redução, 92–93
Estoque em processo constante (CONWIP), 214
Estoque gerenciado pelo fornecedor (VMI), 92–93, 197–198, 207–208, 306–314, 432–434
Estoque zero, 393–394
Estratégia de distribuição com expedição direta, 281–283
Estratégia de precificação customizada, 459–460
Estratégia de resposta rápida, 306–307
Estratégia do preço fixo, 467–468
Estratégias compensatórias, 375–376, 380–381
Estratégias de distribuição; *ver também* Gestão de estoques; Novos depósitos
  armazenagem com pontos de estoque intermediário, 282–292
  centralizada; *ver* Sistema centralizado de distribuição
  compartilhamento de estoque, 285–292
  configuração da rede, 45–47
  cross-docking, 207–208, 214–215, 282–285
  descentralizada; *ver* Sistema descentralizado de distribuição
  expedição direta, 281–283
  política do estoque global por estágio, 88–92
  seleção da estratégia, 291–293
Estratégias de gestão de receitas, 48–49, 456–457, 460–465

Estratégias de *procurement*, 146–147, 338–348, 378–380
Estratégias especulativas, 380–381
Estratégias flexíveis, 380–383
Estratégias funcionais (silos), 478–479
Estratégias orientadas pela demanda, 245–247
Estrutura burocrática de gestão, 416–417
Estudos de caso
  A "evolução" do S&OP na Adtran, 501–503
  A 7-Eleven se abastece com experiência tecnológica, 489–493
  A American Tool Works, 166–168
  A Audio Duplication Services, Inc. (ADS), 316–318
  A Bis Corporation, 117–119
  A cadeia de suprimentos da Whirlpool, 475–478
  A Dell Inc.: a melhoria na flexibilidade da cadeia de suprimentos dos microcomputadores desktop, 226–236
  A economia da Starbucks: a solução do mistério do indefinível cappuccino "curto", 454–456
  A estratégia de distribuição da Amazon.com Europa, 258–281
  A grande correção de estoques, 253–257
  A Hewlett-Packard: a cadeia de suprimentos da impressora DeskJet, 391–399
  A Hewlett-Packard Company: o projeto da impressora em rede com vistas à universalidade, 421–427
  A incrível reviravolta dos descontos pós-pagamento, 471–474
  A Meditech Surgical, 51–60
  A Pacorini se mantém na liderança do mercado de logística global com a arquitetura orientada a serviços (SOA) da IBM, 509–511
  A Solectron: de fabricante contratada a integradora da cadeia

de suprimentos global (estudo de caso), 349-366
A Steel Works, Inc., 61-65
A Wal-Mart altera sua tática para atender às preferências internacionais, 367-370
Barilla SpA (A), 187-198
Camisetas de futebol da Liga Nacional de Futebol Americano (NFL): Um caso para postergação 218-225
Como a Kimberly-Clark conserva o cliente Costco, 294-298
Compartilhamento do risco, 85-87
ElecComp Inc., 138-144
Feito sob medida, 318-431
H.C. Starck, Inc., 150-164
O Smith Group, 317-318
Sport Obermeyer, 100-116
Zara, 319-333
Ethernet, 511-512
Evans, J. R., 564
Evans, P., 568
Excelência, concretização, 445-446
Exchanges, 515-517
Execução operacional, 500-501
Exel Logistics, 303-304
Exigências, conformidade a, 434-436
Exostar, 346-347
XML (Linguagem extensível de formatação), 517-518, 520-522
Extranets, 515-517

Fabricantes de equipamentos mediante contratos (CEM), 334-335
Fábricas flexíveis, 381-383
Fator de segurança, 77-79
Favre, D., 567
Federal Express, 303-304, 440-442, 486-487
Federgruen, A., 565
Feito sob Medida (Estudo de caso), 318-431
Feitzinger, E., 565
Fender, M., 564
Ferdows, K., 565
Fernie, J., 565
Ferramentas analíticas do negócio, 494-495

Ferramentas de processamento analítico online (OLAP), 494-495
Ferrozzi, Claudio, 195n
Fidelidade do cliente, 446-447
Figueroa, Claudia, 565
Final da cadeia de suprimentos, 236
Fine, Charles, 226-227, 227-228n, 336-339, 565
First Brands, Inc., 307-311
Fisher, Marshall L., 341-343, 400-401, 565
Fites, Donald, 313-314
Flexibilidade, 134-135, 335-336
Flextronics, 174-175, 179-181, 334-335
Flickinger, B. H., 565
Fluidez, 418-419
Flutuações na moeda, 375-377
Flynn, Laurie, 565
Food and Drug Administration, 526-527
Forças dos mercados globais, 371-374
Forças econômicas, 373-375
Forças políticas, 373-375
Ford, 36-37, 244-245, 290-291
Fornecedoras independentes de software, 521-522
Fornecedores de logística 4PL, 301-302
Fornecedores de logística terceirizada, 41-42, 300-307
Foster, T., 564
Fox, M. S., 496-497, 565
Fraiman, Nelson, 319
Frayer, D., 567
FreeMarkets, 345-346
Frey, E., 334-335, 566
Frick, M. C., 563
Friedland, Jonathan, 367-368
Fronteira empurrada-puxada, 138, 238-239, 411-413
Frota externa, 125-127
Frota interna, 125-127
Fukumoto, Brian, 360-361n, 363-364n
Furniture.com, 42-43, 246-247

Gamble, R., 565
Gargalos na cadeia de suprimentos, 147-148

Gaskins, M., 567
GATX, 301-304
Geary, S., 565
Gelderman, C. J., 564
General Electric, 385-386
General Motors, 41-42, 240-242, 244-245, 285-286, 301-302, 339-340, 439-440
Genovese, Y., 565
Geoffrion, A., 131-132, 565
Georgoff, D. M., 95-96, 565
Geração de experiências, 441-446
Gerrett, J. J., 565
Gestão da cadeia de suprimentos
  chave para o sucesso, 43-45
  definição, 33
  estratégias orientadas pela demanda, 245-247
  evolução da, 39-44
  importância da, 39-44
  incerteza e risco, 37-40
  objetivos da, 33-34
  problemas principais, 45-49
  versus gestão logística, 33
Gestão da cadeia de suprimentos internacional, 367-390
  autonomia local *versus* controle central, 384-385
  avaliação do desempenho, 387-388
  diferenças regionais, 386-389
  estudo de caso, 367-370
  flutuações na moeda, 375-377
  forças dos mercados globais, 371-374
  forças tecnológicas, 373-374
  gerenciamento do risco, 374-384
  infraestrutura, 386-388
  perigos, 385-386
  problemas com recursos humanos, 388-389
  problemas de custos, 373-374
  produtos internacionais *versus* regionais, 383-385
  questões culturais, 386-387
  questões políticas e econômicas, 373-375
  sistemas de informação para, 388-389
  tendências da, 370-371
  tipos da cadeia de suprimentos, 370-372

ÍNDICE **575**

Gestão de estoques, 61–116; *ver também* Estratégias de distribuição
 ABC, 92–93
 avaliação contínua, 76–80
 código de barras, 307–308, 388–389, 511–514
 compartilhamento do risco; *ver* Compartilhamento do risco
 contagem de ciclos, 92–93
 efeito da incerteza na demanda, 70–71
 estoque de segurança
  armazenagem e, 283–285
  centralizado *versus* descentralizado, 87–88
  controle, 92–93
  definição, 77–78
  estudo de caso, 138–144
  onde manter, 135–137
  redução, 92–93
 estoque inicial disponível, 74–77
 gestão no fornecedor, 92–93, 197–198, 207–208, 306–314, 432–434
 lead times variáveis, 80–81
 modelo do tamanho do lote econômico, 67–71
 modelos de período único, 71–75
 nível de segurança, 67–68, 77–79, 83–84, 88–89, 130–131, 446–447
 nível-base do estoque, 80–82, 200–203
 oportunidades de pedidos múltiplos, 76–77
 política de avaliação periódica, 76–77, 80–82, 91–93, 200–201
 política de mínimos e máximos, 75–76
 previsão; *ver* Previsão
 regras, 95–9–98
 remarcações, 457–459
Gestão de processos de negócio (BPM), 484–486, 511–512, 519–520
Gestão de redes, 463
Gestão do relacionamento com o cliente (CRM), 488–489, 500–501
Gestão do relacionamento com o fornecedor (SRM), 488–489, 500–501

Gestão do valor da cadeia; *ver* Gestão da cadeia de suprimentos
Ghemawat, Pankaj, 279–280
Gillette, 527–529, 530–531
Gilmore, J., 442–443, 567
Gilpin, Bryan, 51–52
Giro de estoque, 92–94, 129–130
GIS (Sistemas de Informações Geográficas), 128–129
Gomez Advisors, 468–469
Goodyear Tire & Rubber Co., 381–383, 441–442
Grainger, William W., 435–436
Grainger Co., 435–436
Graves, Stephen C., 51–52, 61–62, 150–151, 218–219
Green, Heather, 280–281
Green, V. G., 565
Greenhouse, S., 565
Griffin, Cara, 219–221n
Grow, Brian, 471–472
Grupos de especialistas, 93–95
Guengerich, S., 565
Gumus, M., 563

H. C. Starck, Inc. (Estudo de caso), 109–121
Hagel, J., III, 565
Hall, R. W., 563
Hammond, Janice H., 100–101, 187, 258, 565
Handfield, R., 565, 567
Hannon, D., 565
Hansell, Saul, 280–281
Harford, Tim, 454
Harlan, R., 566
Harrington, L., 565, 568
Harris, Ford W., 67–68
Hax, A. C., 565
Hayward, S., 565
Heching, A., 565
Heinrich, Claus E., 523–524n, 565
Helft, Mike, 280–281
Henkel, 518–519
Henkoff, R., 565
Herman Miller Inc., 517–518
Heskett, J., 568
Heurística, 131–134, 497–499
Hewlett-Packard, 35–37, 39–40, 182–183, 334–335, 342–343, 385–386, 412–413, 432–434, 511–512
Hilmer, F., 333–334, 567

Histogramas, 73–75
Hitachi, 313–314, 385–386
Hof, Robert, 280–281, 565
Holcomb, M. C., 566
Home Depot, 436–437
Honda, 291–292, 383–384
Hoole, Richard, 381–383, 566
Hopp, W., 565
Horizonte de planejamento, 467–468, 500–501
Hotwire.com, 468–469
House, R. G., 565
Hoyt, David, 349–350
Hoyt, J. B., 475–478, 484–486
HTML, 514–515, 520–522
Huang, Y., 565
Hwang, J., 567
HTML (Linguagem de Marcação de Hipertexto), 514–515, 520–522

i2 Technologies Inc., 347–348, 476–477
IBM, 36–37, 66–67, 299–301, 335–336, 385–386, 441–442, 456–457, 511–512, 520–522
Identificação por radiofrequência (RFID), 510–514, 523–533
Ikea, 403–404
Incerteza
 gestão da, 37–40
 na demanda, 65–66, 70–71
 redução, 206–207
Inditex, 434–435
Individual Inc., 442–443
Indústria automobilística, 290–292
Informação
 centralização da, 203–207
 como diminuir o valor marginal da, 216–218
 compartilhamento da, 41–42, 179–181, 207–211, 309–310, 381–383
 coordenação da, 210–212
Informação em tempo real, 41–42
Ingram Book Group, 250–251
Iniciativa para Referências para o Procurement Global e a Cadeia de Suprimentos (The Global Procurement and Supply Chain Benchmarking Initiative), 402–404, 414–417
Instantaneidade, 418–419

Instill.com, 346-347
Integração de aplicações (EAI), 515-517, 519-520
Integração do fornecedor, 415-417
Integração dos distribuidores, 291-292, 313-316
Integração externa limitada, 479-480
Integração interna, 478-480
Integração intraempresa, 479-480
Integração multiempresa, 479-480
Integração virtual, 450-451
Intel, 36-38, 299-300, 374-375
Inteligência artificial, 496-497
Intercâmbio eletrônico de dados (EDI), 301-302, 307-308, 388-389, 511-513, 517-518
Intercâmbio privado baseado na Internet, 307-308
Internet
  atendimento de pedidos e, 251-253
  catálogos online, 340-341
  compra do produto via, 435-437
  desenvolvimento da, 512-513
  e-business, 41-43, 246-247, 249-250
  e-commerce, 246-247, 249-250, 515-519
  efeitos da, 449-450
  e-procurement, 344-348
  geração de experiências e, 441-446
  HTML, 514-515, 520-522
  impacto na cadeia de suprimentos, 246-253
  impacto na precificação, 467-469
  indústria de alimentos, 249-251
  indústria editorial e, 250-251
  indústria varejista e, 250-252
  XML, 517-518, 520-522
Interoperabilidade, 514-515
Intranets, 515-517
Investimento de capital, redução no, 334-335
Itens de alavancagem, 340-341
Itens não críticos, 340-341
Ivester, Doug, 468-469

Jabil Circuit, 334-335
Jacobs, D. A., 565
Jakovljevic, P. J., 565
Jamie, K. G., 565
Java 2 Enterprise Edition (J2EE), 520-522
JC Penney, 122-123, 282-283, 307-308
Johnson, E. M., 565
Johnson, J. C., 566
Jones, H., 566
Just-in-time (JIT), 378-381

Kahn, Gabriel, 318
Kambil, A., 563
Kaminsky, P., 563
Kamprad, Ingvar, 403-404
Kanban, 213-214
Kanner, J., 566
Kaufman, L., 566
Kay, E., 566
Keenan, F., 566
Kellogg Co., 371-372
Kempeners, M., 566
Kerrigan, R., 566
Kimberly-Clark, 41-42
Kimes, S. E., 566
King, J., 566
Kinoshita, Kiyoshi, 380-381
Kletter, David, 61-62
Kluge, J., 566
Kmart, 250-251, 307-312, 432-434
Kogut, Bruce, 380-381, 566
Koloszyc, G., 566
Komatsu, 313-314
Kopczak, Laura, 391-392
Kouvelis, P., 564
Kraljic, Peter, 339-340, 345-346
Kranski, R., 565
Kripalani, M., 564
Kuper, A., 567

Ladd, Barrett, 468-469
LaFond, A., 566
Lakenan, B., 334-335, 566
Lariviere, M. A., 564
Lawrence, J. A., 566
Lead time
  aumento, 201-202
  curto, 36-37
  de reabastecimento, 66-67
  do cliente, 88-89
  do estoque global por estágio, 89-91
  impacto do, 243-245
  líquido, 136-137
  local de armazenagem e, 283-284
  médio, 80-81
  redução, 207-208, 212-213, 341-343
  variável, 80-81
Leahy, S., 566
Lee, Hau L., 212-213n, 391-392, 402-403, 421-422, 565, 566
Lee, Louise, 367-368
Lehtivaara, Petri, 358-360n
Leibs, S., 566
Leilões reversos, 346-347
Lessard, D., 566
Levi's, 384-385
Levitt, T., 566
Lewis, Jordan, 298-299, 566
Lewis, M. A., 565
Líder de país, 384-385
Lightstone, J., 566
Lindsey, A., 566
Linha de tempo da cadeia de suprimentos, 238-239
Lista de materiais, 135-136
Liz Claiborne, 66-67
Logística; *ver também* Projeto de logística
  custos, 39-41
  fornecedores de logística 4PL, 301
  fornecedores de logística terceirizada, 41-42, 300-307
  reversa, 251-252
  versus gestão da cadeia de suprimentos, 33
Logística global, 367-390
  autonomia local *versus* controle central, 384-385
  avaliação do desempenho, 387-388
  diferenças regionais, 386-389
  estudo de caso, 367-370
  flutuações na moeda, 375-377
  forças dos mercados globais, 371-374
  forças tecnológicas, 373-374
  gerenciamento do risco, 374-384
  infraestrutura, 386-388

perigos, 385-386
problemas com custos, 373-374
problemas com recursos humanos, 388-389
produtos internacionais *versus* produtos regionais, 383-385
questões culturais, 386-387
questões políticas e econômicas, 373-375
sistemas de informação para, 388-389
tendências da, 370-371
tipos de cadeia de suprimentos, 370-372
Lohr, S., 566
Lowe's Co., 476-477
Lucent Technologies, 432-434

Machuca, A. D., 565
Mackenroth, P., 567
Magretta, J., 566
Maltz, A., 566
Manrodt, K. B., 566
Manutenção, conserto e operações (MRO), 347-348
Marconi, 334-335
Marginal, lucro, 73-74
Markels, Alex, 353-354n
Markham, W., 564
Markides, C., 566
Marks and Spencer, 527-528
Marn, M., 468-469, 563
Martinez de Albeniz, V., 566
Mathaisel, Bud, 347-348
Mathews, R., 564, 566
Matsushita, 418-419
Mattel, 385-386
Mattern, T., 568
McCue, A., 566
McDonald's, 384-385, 435-436, 445-446
McGrath, Michael, 381-383, 566
McKay, J., 566
McKinsey, 371-372
McWilliams, G., 566
Mead-Johnson, 311-312
Média móvel, 94-95
Mediação de mercado, 434-435
Mehta, Vivek, 476-477
Menlo Logistics, 303-304
Menor custo com pesquisa para o comprador, 467-468

Mercado, segmentação de, 461-462
Mercados eletrônicos baseados em consórcios, 346-348
Mercados eletrônicos baseados em conteúdo, 347-348
Mercados eletrônicos independentes, 346-347
Mercados eletrônicos independentes de valor agregado, 346-347
Mercados eletrônicos privados, 346-348
Método da previsão causal, 93-96
Método de Holt, 94-95
Método de previsões baseado nas séries históricas, 93-95
Método de Winter, 94-95
Método Delphi, 93-95
Métodos baseados em julgamentos, 93-95
Métodos de previsão baseados em pesquisas de mercado, 93-95
Metty, T., 566
Michelin, 526-527
Microsoft, 299-300, 335-336, 441-442, 511-512, 520-522
Microsoft.NET, 520-522
Middleware, 515-517
Milliken and Company, 41-42, 306-307
Mineração de dados, 449-450, 494-495
Minimização de custos, 241-242
Mische, M., 567
Mitchell, R. L., 567
Mitsubishi, 347-348, 385-386
Mitsui, 385-386
Modelagem da demanda, 245-246
Modelo de produção sob encomenda, 437-440
Modelo de referência para o processo, 447-448
Modelo de venda direta, 450-451
Modelo do tamanho do lote econômico, 67-71
Modelos de estoque de período único, 71-75
Modelos de simulação, 131-135, 495-496
Modelos matemáticos, 496-499
Monczka, R., 567
Moore, T., 566
Morris, T., 566

Motorola, Inc., 36-37, 346-347
Mottley, R., 567
MRO, 347-348
MRP, 54-57, 61-62
Mullick, S. K., 95-96, 564
Murdick, R. G., 95-96, 565
Murphy, P., 566, 568

Nações do Terceiro Mundo, 386-387,
Nações emergentes, 386-388
Nagali, V., 567
Nahmias, S., 567
Narus, J., 567
National Bicycle, 418-420
National Semiconductor, 36-37
Navistar International Transportation Corp., 441-442
NEC Computers, 334-335
Nelson, Emily, 294-295
Netflix, 436-437
NetWeaver, 522-523
Nike, 333-336
Nikon, 456-457, 464-466
Nishiguchi, T., 567
Nissan, 347-348, 384-385
Níveis de pedidos em atraso, 38-39
Nível de opção, 182-183
Nível de serviço
  em um sistema centralizado, 88-89
  exigências, 67-68, 77-79, 130-131
  mensuração 446-447
  otimização, 83-84
Nível-base do estoque, 80-82, 200-203
Nokia, 378-379
Nomes de marca, 439-441
Nortel, 334-335
Nussbaum, B., 564, 567

O fenômeno da "Cauda Longa", 436-437
O Jogo da Cerveja Informatizado, 49-51, 535-550
O Jogo das Cotações, 560-561
O Jogo do Compartilhamento do Risco, 49-51, 551-558
O Jogo do *Procurement*, 49-51
O Smith Group (Estudo de caso), 317-318

O'Connor, M. C., 567
Obermeyer, W., 565
Objetivos conflitantes, 212–214, 336–337
Oferta e demanda, 37–38, 245–246
OfficeMax, 436–437, 471–472
Ohmae, Kenichi, 371–372, 383–384, 567
Okuma America Corporation, 314–315
Olsen, R. F., 567
Oportunidades de pedidos múltiplos, 76–77
Oracle, 504–506, 521–523
Ortega, Amancio, 434–435
Ortmeyer, G., 564
Otimização
  com modelos de simulação, 131–135
  dos níveis de serviço, 83–84
  global, 36–38, 146–147, 171–173, 211–212
  localizada, 141–143, 211–212
  sequencial, 141–143
  técnicas matemáticas, 131–134
Otra, 314–315
Owens, G., 567
Özer, Ö., 567

Pacorini Group, 509–510
Padrão de distribuição, 122–123
Padrão dente-de-serra para estoques, 67–68
Padrões de fluxo, 134–135
Padrões tecnológicos, 511–513, 520–522; *ver também* Tecnologia da informação
Padronização, 407–411, 511–514
Padronização de peças, 407–408
Padronização de processos, 408–411
Padronização de produto, 410–411
Padronização do *procurement*, 410–411
Paravano, Cristian, 509–511
Parcerias; *ver também* Alianças estratégicas
  efeito chicote e, 207–208
  perguntas a fazer, 47–48
  redução de custos via, 41–42

valor das, 298–301
varejista-fornecedor, 306–314
Paris, Carolyn, 319
Parsons, John C. W., 218–219
Pasternack, B. A., 566
Patton, E. P., 567
Peapod, 248–250, 442–443, 446–447
Peças em comum, 409–410
Pedidos
  com margem de segurança, 57–58
  custos de, 66–67
  em aberto, 157–158
  em lote, 201–202
  modelo do tamanho do lote econômico, 67–71
  níveis de pedidos em atraso, 38–39
  oportunidades de pedidos múltiplos, 76–77
  ponto de reabastecimento, 75–78, 89–91
Pedidos de compra, custos para o processo, 344
Pedidos inflados, 201–202
Pefa.com, 346–347
PeopleExpress, 460–461, 464–465, 467–468
Peppers, D., 442–443, 567
Percepção e resposta ao risco, 378–379
Pethick, R., 565
Peugeot, 347–348
Pfizer, 339–340
Philips, Robert L., 458–459, 464–465, 567
Piacentini, Diego, 280–281
Pidd, M., 567
Pike, H., 567
Pine, Joseph B., II, 416–419, 442–443, 567
Pious, Steven, 421–422
Pittiglio Rabin Todd & McGrath, 447–448
Planejamento
  da demanda, 245–246, 500–501
  operacional, 499–501
  plano mestre da cadeia de suprimentos, 145–150, 499–500
  sequencial, 212–213
  tática, 245–246, 499–500

Planejamento, previsão e reabastecimento colaborativos (CPFR), 210–211, 245–246, 476–477, 488–489, 518–520
Planejamento da produção, 54–57
Planejamento da rede logística, 117–164; *ver também* Armazenagem
  alocação de recursos, 119–120, 145–149
  características da, 149–150
  definição, 119–120
  estudos de caso, 117–119, 138–144, 150–164
  posição do estoque, 77–78, 119–120, 135–146, 244–245
  projeto da rede logística, 119–136
    agregação de dados, 122–126
    capacidade dos depósitos, 129–131
    coleta de dados, 120–123, 486–487
    custos com depósitos, 128–130
    demanda futura, 130–131
    estimativa de milhagem, 127–129
    estratégico, 497–499
    localização de depósitos, 45–47, 120–122, 130–131, 283–285
    nível de serviço exigido, 130–131
    principais características, 134–136
    principais decisões, 119–122
    tarifas de transporte, 125–128
    técnicas de solução, 131–135
    validação do modelo e dos dados, 130–132
Planejamento de Necessidades de Materiais (MRP), 54–57, 61–62
Planejamento de recursos da empresa (ERP), 488–489, 500–501, 504–508, 512–513, 521–523
Planejamento de vendas e operações, 501–504
Planilhas, 559
Plano mestre da cadeia de suprimentos, 145–150, 499–500
Plattner, H., 567

Plexus, 334–335
Poist, R., 566
Política (Q, R), 77–81, 89–91, 201–202
Política (s, S), 75–76
Política de avaliação periódica, 76–77, 80–82, 91–93, 200–201
Política de estoques, 66–68
Política de estoques mínimos e máximos, 75–76
Política do estoque global por estágio, 88–92
Pollack, E., 567
Ponto de estoque máximo, 75–76, 202–203
Ponto de reabastecimento, 75–78, 89–91
Ponto único de contato, 283–284, 486–487
Pontos de venda, 528–529
Portais, 517–518
Posição do estoque, 77–78, 119–120, 135–146, 244–245
Postergação, 238–240, 408–409, 412–414
Potts, K., 566
Precificação, 454–474
 cupons e descontos, 465–467, 471–474
 curva de demanda descendente, 456–458
 de serviços com valor agregado, 441–442
 diferenciação temporal, 465–466
 diferencial, 458–460, 464–467
 dinâmica, 466–468
 e demanda, 456–458
 estratégias de gestão de receitas, 48–49, 456–457, 460–465
 estudos de caso, 454–456, 471–474
 ética e, 468–469
 fixo, 467–468
 flutuação na, 201–202
 inteligente, 48–49
 Internet e, 467–469
 por canal, 464–465
 por grupo, 464–465
 "Preço baixo todo o dia", 206–207, 432–434, 439–440, 466–467
 preço de exercício, 181–182
 promoções, 206–207

 regional, 465–466
 remarcações, 457–459
 reserva, 458–459, 466–467
 valor para o cliente e, 439–441
 versões do produto, 465–466
Preço anunciado, 467–468
"Preço baixo todo o dia", 206–207, 432–434, 439–440, 466–467
Preço de execução, 181–182
Preço de exercício, 181–182
Preço de reserva, 458–459, 466–467
Previsão
 agregada 238–239, 242–243, 407–408
 colaborativa, 210–211
 CPFR, 210–211, 245–246, 476–477, 488–489, 518–520
 demanda, 66–67, 200–202, 245–246
 erros na, 245–246
 método Delphi, 93–95
 métodos baseados em julgamentos, 93–95
 métodos baseados em pesquisa de mercado, 93–95
 métodos baseados nas séries históricas, 93–95
 métodos causais, 93–96
 precisão na, 245–246, 342–343
 princípios da, 70–71
 probabilística, 71
 seleção da técnica, 95–96
Priceline, 468–469
Pridgen, M., 567
Processamento paralelo, 404–406
Processamento simultâneo e paralelo, 404–406
Processo modular, 407–408
Processos de negócio desconectados, 478–479
Processos de negócios
 best-in-class, 480–483
 categorias de, 478–480
 desconectados, 478–479
 importância dos, 478–486
 maturidade dos, 478–486
Procter & Gamble, 38–44, 47–48, 199–200, 307–308, 434–435, 439–440
Procurement
 área de cobertura do fornecedor, 340–344

 de componentes, 342–344
 de produtos funcionais, 341–343
 de produtos inovadores, 341–343
 descentralização do, 340–341
 e-procurement, 344–348
 estratégia para, 338–348
 estratégias de produção para estoque, 135–136, 168–169, 174–179
 estratégias para componentes estratégicos, 168–175
 estratégias para componentes não estratégicos, 179–183
 impacto do, 338–340
 Jogo das Cotações, 560–561
 matriz de suprimento de Kraljic, 339–341
 mudança de foco, 340–342
 terceirização do, 344
Produção
 artesanal, 416–417
 customização em massa, 216–217, 416–420
 enxuta, 532–533
 JIT, 378–381
 modelo de produção sob encomenda, 437–440
 MRP, 54–57, 61–62
 off-shore, 47–48, 370–371
 padronização, 407–411, 511–514
 processamento paralelo e simultâneo, 404–406
 projeto para produção, 399
Produção sob encomenda/produção para estoque, 135–136, 168–169, 174–179, 480–481
Produto integral, 337–339
Produto modular, 337–339, 400–401, 407–408
Produtos funcionais, 341–343, 400–401, 434–435
Produtos inovadores, a compra de, 341–343, 400–401
Produtos regionais *versus* produtos internacionais, 383–385
Programação, 54–57, 500–501
Programação da produção, 54–57, 500–501
Programação integral, 133–134
Programação linear, 133–134

Projeto de produtos, 391–427
  estudos de caso, 391–399,
    412–415, 421–427
  integração do fornecedor,
    414–417
  projeto para produção, 399
  terceirização do 334–335
Projeto para logística; *ver também*
  Logística
  customização em massa, 416–
    420
  diferenciação adiada e,
    215–216, 238–239, 401–402,
    408–409
  padronização, 216–217, 407–
    411
  problemas com embalagem e
    transporte, 403–405
  processamento paralelo e si-
    multâneo, 404–406
Promoções, preço, 206–207
Propriedade de pedido de estoque
  zero, 67–68
Proteção comercial, 374–375
Protecionismo, 385–386

Quantidade de pedido, 66–67
Quantidade econômica do pedido
  (QEP), 67–71
Questões culturais, na logística
  global, 386–387
Questões de idioma, 386–387
Quinn, J. B., 333–334, 567

Ragatz, G., 567
Raman, Ananth, 100–101, 528–
  529, 565, 567
Raphsody, 436–437
Raskina, O., 566
Rastreamento de embalagens,
  526–527
Rastreamento de produtos,
  526–528
Rayport, J. F., 567
Reabastecimento contínuo, 243–
  244, 306–307
Reabastecimento gerenciado pelo
  fornecedor (VMR), 306–307
Reabastecimento rápido, 306–307
Receita marginal, 461–463
Recursos humanos, 388–389
Rede dinâmica, 418–419
Rede EPCglobal, 523–524

Rede logística, 33–34
Rede logística em grade, 122–123
Redefinição de sequência,
  408–410
Redes de acesso local (LAN),
  513–515
Redução do tempo de preparação,
  213–214
Redundância, 377–378
Referência para as Operações
  da Cadeia de Projeto (DCOR),
  448–449
Referência para as Operações da
  Cadeia de Suprimentos (SCOR),
  447–449, 478–480
Reichheld, F. F., 446–447, 567
Reinhardt, A., 564
Reitman, V., 567
Relacionamento de aprendizado,
  442–443
Remarcações, 457–459
Renault, 347–348
Retorno sobre o investimento,
  501–502
Revolução industrial, 416–417
RFID, 510–514, 523–533
Rich, Laura, 567
Richardson, H., 568
Ries, A., 567
Ries, L., 567
Rifkin, G., 567
Risco
  capacidade de adaptação,
    378–379
  compartilhamento do, 169–170
  estratégias para a gestão do ris-
    co global, 374–384
  fontes do, 374–377
  gerenciamento do, 37–40,
    42–43
  known-unknown, 375–376
  no suprimento, 339–341
  percepção e resposta ao, 378–
    379
  redundância, 377–378
  unknown-unknown, 375–381
Roadway Logistics, 303–304
Robbins, G., 568
Robbins, J., 566
Roberti, M., 567
Roberts, Bill, 349–350n
Roegner, E. V., 566
Rogers, M., 442–443, 567

Ronen, D., 563
Rosenfield, Donald, 226–227
RosettaNet, 517–518
Ross, D. F., 568
Rothfeder, J., 568
Royal Ahold, 248–249
Royal Dutch Shell, 385–386
Rubbermaid, 404–405
Ryan, J. K., 564
Ryder Dedicated Logistics,
  300–303

SAD, 493–499, 504–508
Samelson, Q., 566
Sandoval, Greg, 280–281
Sangheran, D., 567
Sanmina, 334–335
SAP, 475–476, 504–506, 521–523
Sazonalidade da demanda,
  467–468
Scanning, 307–308
Schneider National, 305–306
Schneur, A., 566
Schneur, R., 566
Scholler, P., 567
Schoneberger, R. J., 568
Schrader, C., 568
Schwind, G., 568
SCI Systems, 334–335
SCOR, 447–448, 479–480
Sears Roebuck, 215–216, 301–
  302, 437–439, 476–477
Segmentação de mercado,
  459–460
Seith, D. J., 564
Seleção de produto, 436–440
Serviço ao cliente, 215–217,
  449–450
Serviços com valor agregado,
  440–442
Serviços para corporações,
  522–523
Setor aéreo, 460–465
Seybold, Patricia B., 445–446,
  568
Sezer, Esat, 475–478
Sharp, 456–457, 464–466
Shaw Furniture Gallery, 246–247
Sheffi, Y., 563
Shenk, D., 568
Shepard, J., 568
Shulman, L. E., 568
Siebel, 522–523

Siefert, Mike, 279–280
Siemens, 36–37
Signorelli, S., 568
Silan, M. N., 565
Silicon Graphics, 334–335
Simchi-Levi, David, 226–227, 523–524n, 564, 565, 568
Simmons Company, 302–303
Simultânea, engenharia, 361–362
Singer, Thea, 209–210
Singh, A., 568
Singh, Medini, 319
Sistema centralizado de distribuição
  benefícios, 86–88
  efeito chicote e, 203–207
  estudo de caso, 85–87, 285–292
  perguntas a fazer, 16–48
  versus descentralizado, 87–89, 282–284
  versus unidades locais, 283–285
Sistema de empresa única, 333–334
Sistema de Gestão de Regras de Negócio (BRMS – *Business Rules Management Systems*), 519–520
Sistema de planejamento e programação avançados (APS), 476–477
Sistema descentralizado de distribuição
  efeito chicote e, 204–206
  estudo de caso, 285–292
  perguntas a fazer, 16–48
  versus centralizado, 87–89, 282–284
Sistema Toyota de Produção, 378–379
Sistema Whirlpool de Controle da Produção (WCMS), 476–477
Sistemas antigos, 512–515, 519–520
Sistemas avançados de informação, 307–308
Sistemas *best-in-class*, 480–483
Sistemas de apoio à decisão (SAD), 493–499, 504–508
Sistemas de gestão da cadeia de suprimentos, 500–501
Sistemas especialistas, 496–497
Slap-and-ship, 523–524

Sliwa, C., 568
SMC3 RateWare, 126–127
Smith, D. D., 95–96, 564
Smith, D. M., 565
Smith, M. D., 564
SmithKline Corporation, 384–385
SOAP (*Simple object access protocol*), 521–522
Software
  abordagem do fornecedor único, 502–508
  padrões de, 511–514
  principais fornecedores, 520–522
  proprietário, 505–508, 511–512
Software de negociação, 346–347
Solectron, 334–335, 347–348
Soluções de rede para a empresa, 333–334
Solvik, Peter, 248–249, 333–334
Songini, M. L., 568
SonicAir, 302–303
Sorensen, R., 566
Sourcing eletrônico, 249–250
Sourcing único, 339–340, 378–380
Spartan Stores, 313–314
Spearman, M., 565
Sport Obermeyer (Estudo de caso), 100–116
Sport Obermeyer, 242–243
Stalk, G., 568
Staples, 436–437
Starbucks, 435–437
STDL, 80–81
Stein, T., 568
Stinchfield, Hal, 471–472
Streitfeld, D., 568
Structured Query Language (SQL), 514–515
Suavização exponencial, 94–95, 200–201
Substituição decrescente, 410–411
Subway, 346–347, 436–437
Sunrise Plywood and Furniture, 385–386
Supply Chain Council (Conselho da Cadeia de Suprimentos), 447–449, 478–479
Sviokla, J. J., 567
Swaminathan, Jayashankur, 337–338, 407–408, 410–411, 568

Swann, J., 564
Sweat, J., 568
Sweeney, D. J., 564
Swinford, D. D., 566

Target, 250–251, 436–437, 445–446
Tarifas, 126–127, 374–375
Taxa de transação, 345–346
Taxas de câmbio, 376–377
Taxas de inscrição, 346–347
Taxas de licenciamento, 346–347
Teach, Edward, 253–254
Técnica de agrupamento, 122–123
Técnicas matemáticas de otimização, 131–134
Técnicas-padrão de adaptação de previsões, 200–201
Tecnologia da informação, 475–533
  abordagem do fornecedor único, 505–508
  arquitetura de sistemas, 513–517
  arquitetura orientada a serviços (SOA), 484–486, 509–512, 515–517, 519–524
  best of breed, 506–508
  capacitações necessárias para a excelência, 497–502
  categorias de, 479–480
  comércio eletrônico, 246–247, 249–250, 515–519
  disponibilidade global, 388–389
  dispositivos de interface, 513–514
  emprego pela indústria automobilística, 290–292
  ERP, 488–489, 500–501, 504–508, 512–513, 521–523
  estudos de caso, 475–478, 489–493, 501–503, 509–511
  fases, 511–513
  ferramentas de análise de dados, 494–499
  identificação por radiofrequência (RFID), 510–514, 523–533
  importância da, 47–49
  infraestrutura, 513–520
  instalação de sistemas, 503–506
  inteligência artificial, 496–497

intercâmbio eletrônico de
  dados, 301–302, 307–308,
  388–389, 511–513, 517–518
  Internet; *ver* Internet
  objetivos, 484–489
  padrões de software, 511–514
  planejamento de vendas e ope-
    rações, 501–504
  principais fornecedores de soft-
    ware para a, 520–523
  processos de negócio e, 478–
    486
  sistemas de apoio à decisão
    (SAD), 493–499, 504–508
  sistemas especializados, 496–
    497
  sistemas proprietários, 505–
    508, 511–512
  valor para o cliente e, 448–452
Teece, D., 564
Temkin, B., 568
Tempo de ciclo do caixa, 448–449
Tendências, 94–95
Teoria dos jogos, 288
Terceirização, 319–366
  crescimento da, 41–42, 167–
    168, 333–335
  da função de *procurement*, 344
  estratégias de, 338–348
  estrutura de decisão, 336–339
  fornecedores de logística terceí-
    rizada, 41–42, 300–307
  perguntas pertinentes, 47–48
  razões para, 336–337
  vantagens e riscos, 334–337
Terminais burros, 511–514
Testes/pesquisas de mercado,
  94–95
Texas Instruments, 374–375
Thompson, J., 565
Thompson, R. H., 566
Thurm, Scott, 349–350n
Time Warner, 41–42, 301–302
Tomada de decisão, 45
Tomazic, M. A., 564
Ton, Z., 528–529, 567
Toole, R., 567
Toshiba, 385–386
Toyota, 244–245, 336–337,
  378–381
Trade-off entre a variedade de pro-
  dutos e o estoque, 215–216

Trade-off entre estoque e custo de
  transporte, 214–215
Trade-off entre *lead time* e custos
  de transporte, 214–216
Trade-off entre serviço ao cliente
  e custos 215–217
Trade-off entre tamanho do lote e
  estoque, 213–215
Trade-Ranger, 346–347
Transações de mercado, 298–299
Transbordo, 291–292
Transparência, 418–419
Transporte
  custos, 39–40, 88–89, 125–128,
    283–284
  economias de escala, 65–67,
    239–241, 283–284
  embalagem, 403–405
  frota interna *versus* frota exter-
    na, 125–127
  impacto da Internet no, 251–
    253
  meios de, 126–127
  sistema de planejamento para,
    500–501
  tipos de frete, 126–127
Trenstar, 526–527
Trent, R., 567
3M, 41–42, 301–302
Trunnick, P., 568
Tryoer, C., 568

U.S. Surgical Corporation, 37–38
Ulrich, K. T., 337–338, 568
Unidades de pesquisa e desenvol-
  vimento, 373–374
Uniform Code Council (Conselho
  de Uniformização de Código),
  513–514
United Technologies Corp.
  (UTC), 42–44
Universal Description, Discovery,
  and Integration (UDDI), 520–522
UPS, 303–304, 451–452
USAA, 442–443, 450–451
USCO, 303–304
UTC, 43–44

Validação do modelo e dos dados,
  130–132
Valor para o cliente
  definição, 431–432

dimensões do
  concretização da excelência,
    445–446
  conformidade a exigências,
    434–436
  preço e marca, 439–441
  relacionamentos e experiên-
    cias, 441–446
  seleção de produto, 436–440
  serviços com valor agregado,
    440–442
  estudo de caso, 318–431
  importância do, 432–434
  indicadores do, 446–449
  tecnologia da informação e,
    448–452
Valor residual, 72–73
Van Roy, T. J., 131–132, 565
van Weeke, A. J., 566
Vardan, R., 565
Varejo online; *ver* Internet
Variabilidade, redução da,
  206–207
Varon, E., 568
Velocidade dos estoques, 450–451
Verity, J., 568
Versões do produto, 465–466
VerticalNet, 345–346
VF Corporation, 313–314
VF Mills, 309–310
Viabilidade, 146–147
Vialle, G., 460–461, 564
VICS – *Voluntary Interindustry
  Commerce Standards Associa-
  tion* (Associação Voluntária de
  Padrões de Comércio Interseto-
  riais), 518–519
Vidal, O., 567
Visibilidade, 468–469
VMI 92–93, 197–198, 207–208,
  306–314, 432–434
Volkswagen, 347–348, 380–381

Walgreens, 435–436
Wal-Mart, 37–38, 41–44, 47–48,
  92–93, 122–123, 210–211,
  250–251, 284–285, 303–304,
  307–309, 311–312, 367–370,
  404–405, 432–434, 436–437,
  439–440, 445–446, 466–467,
  505–506, 511–512, 523–526,
  528–530

Walt Disney Company, 173–174
WAN – *Wide area networks* (Rede de longa distância), 514–515
Wardlow, D., 568
Warner-Lambert, 210–211
Web services description language (WDSL), 520–522
WebSphere, 521–522
Wegryn, G. W., 564
Wei, W., 567
Western Publishing, 311–312
Whang, S., 566
Wheatley, Malcolm, 280–281
Whirlpool, 484–486
Whitehall Robbins, 310–311
Whitney, Dan, 227–228n, 336–339, 565
Wilson, Drew, 227–228n
Wingfield, Nick, 280–281
Wireless Data Research Group (WDRG), 523–524
Withers, B., 565
Wood, Donald F., 386–389, 566, 568
Woods, Dan, 568
Wu, Johnson, 226–227

XML, 517–518, 520–522

Yannis, B. J., 568
Ybarra, Michael J., 34n
Yellow Logistics, 303–304

Zara (Estudo de caso), 319–333
Zara, 434–435
Zawada, C., 468–469, 563, 566
Zimmerman, Ann, 294–295
Zonas de clientes, 122–123
Zoneamento, 412–413
Zonnenberg, J. P., 565
Zweben, M., 568